Die KI-Entscheidung

Sven Krüger

Die KI-Entscheidung

Künstliche Intelligenz und was wir daraus machen

Mit einem Geleitwort von Ibrahim Evsan

Sven Krüger
Berlin, Deutschland

ISBN 978-3-658-34873-1   ISBN 978-3-658-34874-8 (eBook)
https://doi.org/10.1007/978-3-658-34874-8

Die Deutsche Nationalbibliothek verzeichnet diese Publikation in der Deutschen Nationalbibliografie; detaillierte bibliografische Daten sind im Internet über http://dnb.d-nb.de abrufbar.

Springer
© Springer Fachmedien Wiesbaden GmbH, ein Teil von Springer Nature 2021
Das Werk einschließlich aller seiner Teile ist urheberrechtlich geschützt. Jede Verwertung, die nicht ausdrücklich vom Urheberrechtsgesetz zugelassen ist, bedarf der vorherigen Zustimmung des Verlags. Das gilt insbesondere für Vervielfältigungen, Bearbeitungen, Übersetzungen, Mikroverfilmungen und die Einspeicherung und Verarbeitung in elektronischen Systemen.
Die Wiedergabe von allgemein beschreibenden Bezeichnungen, Marken, Unternehmensnamen etc. in diesem Werk bedeutet nicht, dass diese frei durch jedermann benutzt werden dürfen. Die Berechtigung zur Benutzung unterliegt, auch ohne gesonderten Hinweis hierzu, den Regeln des Markenrechts. Die Rechte des jeweiligen Zeicheninhabers sind zu beachten.
Der Verlag, die Autoren und die Herausgeber gehen davon aus, dass die Angaben und Informationen in diesem Werk zum Zeitpunkt der Veröffentlichung vollständig und korrekt sind. Weder der Verlag, noch die Autoren oder die Herausgeber übernehmen, ausdrücklich oder implizit, Gewähr für den Inhalt des Werkes, etwaige Fehler oder Äußerungen. Der Verlag bleibt im Hinblick auf geografische Zuordnungen und Gebietsbezeichnungen in veröffentlichten Karten und Institutionsadressen neutral.

Lektorat: Rolf-Günther Hobbeling
Springer ist ein Imprint der eingetragenen Gesellschaft Springer Fachmedien Wiesbaden GmbH und ist ein Teil von Springer Nature.
Die Anschrift der Gesellschaft ist: Abraham-Lincoln-Str. 46, 65189 Wiesbaden, Germany

Geleitwort

Die Geschichte der Entwicklung von Technologien zeigt uns allen klar, was Menschen schaffen können. Insbesondere in der Digitalisierung haben ganz gewöhnliche Menschen Systeme entwickelt, die Grenzen gesprengt haben. Der menschliche Geist, erweitert durch Computer und Daten, machte möglich, was kurz zuvor noch für unmöglich gehalten wurde. In relativ kurzer Zeit wurde uns immer mehr bewusst, dass diese Technologien unaufhaltsam sind. Computersysteme, Massendatennutzung und immer komplexere Programmierungen und ihre Vernetzung mit weiteren Technologien verbessern unser Leben. Sie sorgen für bessere Abläufe, sie verbinden uns und bringen uns zusammen. Sie schaffen große, neue Eco-Systeme und so vieles mehr.

Aber sie zeigen uns auch immer wieder auf, dass wir unvorbereitet sind: Wir haben Disruption und Transformation erlebt und haben verstanden, dass sie im Grunde überall und fast jederzeit stattfinden können. Manche dieser Disruptionen verändern Branchen und Märkte und schaffen digitale Supermächte, die das Potenzial der Kombination aus Software, unglaublichen Mengen an Daten und vernetzter Hardware erkannt haben. Das Ende dieser Entwicklung bleibt ungewiss – einfach weil es kein Ende mehr geben wird. Künstliche Intelligenz macht dieses enorme Potenzial erkennbar wie keine andere Technik, aber wir wissen nicht, was auf uns zukommt. Die dringende Frage lautet, wie diese Potenziale, aber auch die Gefahren, früher erkannt werden können?

Digitalisierung ist unsichtbar. Sie wird auf den Servern von Großkonzernen betrieben, auf die die Gesellschaft keinen Zugriff hat. Hier laufen die verdeckten Systeme, die unser Leben bestimmen, manipulieren bzw. ‚optimieren'. Wir nennen diese Abläufe – also die Algorithmen und Programmierungen – ‚künstliche Intelligenz'. Sie sind die Programme hinter den Programmen, die Systeme und Prozesse steuern, verändern oder anpassen, vielfach ohne weiteres menschliches Zutun. Als Menschen sind wir neugierig auf immer mehr Wissen und motiviert, noch mehr zu schaffen. Deswegen fügen wir diesen Systemen weitere Fähigkeiten in Form weiterer Algorithmen und Programme wie in einer Kette hinzu. Systeme mit vielen hundert Millionen Zeilen Code sind keine Seltenheit. Die Komplexität wird von Jahr zu Jahr größer. Die Möglichkeiten künstlicher Intelligenz scheinen unbegrenzt. Wo genau beginnt sie und wo hört sie auf? Was sind die Mechanismen und Gedanken dahinter und welches Wissen wird wie verarbeitet? Wie weit sind die KI-Systeme tatsächlich? Was treibt KI an und was sollten wir kritisch betrachten?

Als ich 2019 mit Sven Krüger zum ersten Mal über dieses Buch gesprochen habe, hatte er schon diverse Vorträge über künstliche Intelligenz auf großen Veranstaltungen, wie z. B. der re:publica oder dem Deutschen Marketing Tag gehalten und er sah in KI mehr als Technik oder ein Werkzeug, sondern einen Wert für die Gesellschaft. Seine Motivation war eine differenzierte Betrachtung, frei von Hypes und Mythen. Inmitten der breiten und bewährten Literatur zum Thema KI hat er es geschafft, einen der bedeutensten Leitfäden seiner Art zu schreiben. Dieses Buch führt uns Schritt für Schritt auf eine Reise, auf der wir die Geschichte, die Chancen und die Gefahren der künstlichen Intelligenz auf vielen Ebenen erkennen. In seinem direkten und leicht verständlichen Stil, voller Beispiele, bringt Sven Krüger eine rote Linie in unsere Wahrnehmung von KI, wie wir sie nutzen, um Entscheidungen zu treffen und von ihr benutzt werden, indem sie Entscheidungen über uns fällt. Uns diese Zusammenhänge bewusst zu machen, darin genau liegt die große Stärke und die Kraft dieses Buches.

Ibrahim Evsan

Vorwort: Wer braucht so ein Buch?

Dieses Buch handelt davon, was künstliche Intelligenz (KI) ist und was nicht. Es ist für alle, die sich für KI interessieren und mehr davon verstehen möchten. Es hilft, im Umgang mit KI bessere Entscheidungen zu treffen bzw. sich überhaupt bewusst zu werden, dass eine Entscheidung getroffen wird.

Bei der Anwendung von KI geht es im Wesentlichen um die Kalkulation von Wahrscheinlichkeiten, um Entscheidungen abzuleiten. So allgemein wie das klingt, kann KI auch eingesetzt werden. Alle Industrien und Branchen sind betroffen. Auch Ihr Leben wird bereits direkt von KI beeinflusst. Sie ist in allen Facetten unseres Alltags und Algorithmen-basierte Services auf unseren Smartphones werden täglich hundertfach genutzt.

Das Buch gibt Antworten, wie es dazu kam, wie das geht, warum es passiert, ob es gut oder schlecht ist und wohin es führen kann. Es erleichtert den Einstieg in die Grundlagen der Technologie und soll zum Denken anregen. Nur so können wir den Wandel mitgestalten.

Im Sommer 2019 habe ich eine Verabredung zum Mittagessen in Berlin-Mitte. ‚Business Lunch', wie man sagt. Es kommt eine Freundin meiner Verabredung hinzu und auf die übliche „Was machst Du?"-Frage antworte ich, dass ich gerade an einem Buch über künstliche Intelligenz (KI) schreibe. Sie erzählt mir, ein Freund von ihr schreibe gerade sein drittes Buch darüber und fragt, was in meinem gelernt werden könne. Vorausgesetzt also, Sie interessieren sich weiterhin für KI, wird Ihnen der Lesestoff wohl nicht so schnell ausgehen. Dieses Buch ist für alle, die sich grundsätzlich für das Thema interessieren und die verstehen und mitbestimmen wollen, wie wir KI jetzt und in Zukunft einsetzen.

Sie können es ganz durchlesen, sich einzelne Kapitel aussuchen oder irgendwo eintauchen und sich durch die Seiten treiben lassen. Sie werden bestimmt etwas Interessantes entdecken. Vielleicht weckt das Buch sogar Ihre Neugier, über die verwendete Literatur tiefer in die Details einzusteigen. So oder so hoffe ich, dass Sie nicht nur interessante Impulse erhalten, sondern sich dabei auch gut unterhalten.

Es ist kein Zufall, dass es viele Bücher über künstliche Intelligenz gibt und wenn es nach mir ginge, werden es auch noch deutlich mehr. Wir stehen immer noch am Anfang einer massiven Veränderung, die wir digitale Transformation oder auch Digitalisierung nennen. Manche können den Begriff schon nicht mehr hören und viele Marketiers denken sich bereits neue Begriffe aus, um ihr Content-Marketing zu differenzieren. Aber am Ende ist es so, dass die gesamte Welt in der Phase der Digitalisierung steckt und diese, wie die Industrialisierung, einen fundamentalen Umbruch fast aller Volkswirtschaften und Gesellschaften auf der Erde bedeutet. Dieser Wandel bringt viele Begleiterscheinungen mit sich, er betrifft eine ganze Reihe von Technologien und dauert viele Jahre. Künstliche Intelligenz ist eine Schlüsseltechnologie dieser Veränderung.

Ende 2018 titelt die Frankfurter Allgemeine Zeitung „Die Hälfte der Deutschen weiß nicht, was KI ist." (Preuß 2018). So laute zumindest das Ergebnis einer Umfrage anlässlich einer Konferenz über künstliche Intelligenz. Die Bertelsmann Stiftung wollte Ende September 2018 in einer europaweiten Befragung wissen, ob und wie sich die Europäer mit Algorithmen auseinandersetzen und was Europa über Algorithmen weiß und denkt. Das ernüchternde Resultat: „Die Menschen in Europa wissen wenig über Algorithmen. 48 % der europäischen Bevölkerung wissen nicht, was ein Algorithmus ist. Auch ist weniger als der Hälfte der europäischen Bevölkerung bekannt, dass Algorithmen bereits in vielen Lebensbereichen eingesetzt werden." (Grzymek und Puntschuh 2018, S. 7). Ein Jahr zuvor, 2017, hatte Salesforce in einer internationalen Studie mit 2200 befragten Unternehmen ermittelt, dass Deutschland Vorreiter beim KI-Einsatz sei. (Schmoll-Trautmann 2017). Trotzdem wissen sehr viele Menschen kaum etwas über KI. Woran liegt das? Nehmen die Unternehmen ihre Belegschaften nicht mit? Sprechen die Mitarbeiter/-innen zu Hause nicht über ihre Arbeit? Oder sind all die deutschen Unternehmen, von denen nicht wenige Weltmarktführer in ihrem Bereich sind, zu weit weg von den Themen, die die Bevölkerung insgesamt bewegen?

Mit Sicherheit haben wir in Deutschland Nachholbedarf in Bezug auf die Entwicklung eines ‚Digital Mindset', also mit der Haltung und dem Verständnis zur Digitalisierung. Insbesondere Technologien wie KI, Robotik, Blockchain, Virtual, Augmented und Mixed Reality, usw. werden in der deutschen Öffentlichkeit kritischer beäugt als bspw. in Korea oder Japan. Dort herrscht eine vergleichsweise hohe Technikbegeisterung und Phänomene wie

Hotels oder Restaurants, die scheinbar komplett von Robotern geführt werden, existieren schon seit Jahren. Trotzdem glaube ich, dass die permanenten Unkenrufe der Medien, wir würden eine wichtige Entwicklung verpassen und andere seien uneinholbar weit voraus, nicht die ganze Wahrheit darstellen. Ich denke:

- Das Thema KI ist nicht nationalstaatlich. Eine Statistik über Technologiekompetenz in Deutschland ist aufschlussreich, sie überdeckt jedoch die Tatsache, dass Technologie zunächst ein Thema von Wissenschaft und dann von Wirtschaft ist. Diese Sektoren sind international und zu beträchtlichem Teil in privater Hand. Es gibt also eine völlig andere Brisanz, ‚wer' im Rennen um KI tatsächlich ‚vorne liegt' und die – nicht nur monetären – Gewinne damit macht. Nationalstaaten können ihre Regulierungsmacht einsetzen, um Technologie zu fördern oder zu begrenzen, sie haben dabei jedoch eine andere Steuerungsfunktion und Verpflichtung als ein privatwirtschaftliches Unternehmen. Der Einsatz von KI in einer repräsentativen, auf freiheitlichen Menschen- und Bürgerrechten und Gewaltenteilung basierenden Demokratie sieht hoffentlich anders aus als die KI-Instrumente eines autokratischen, totalitären oder faschistischen Regimes.
- Das ‚Digital Mindset' ist zunächst eine Worthülse. In der Blase der Tech-Industrie sind Digitalisierung und KI Alltag. Vor vielen Jahren sprach man von den konvergenten Industrien Telekommunikation, Internet, Medien, Entertainment und Sicherheit als ‚TIMES-Sektoren'. Der Begriff ist völlig aus der Mode, trotzdem liegt hier der Kern der Digitalisierung, die sich in den letzten 20 Jahren konsequent in alle anderen wirtschaftlichen und gesellschaftlichen Bereiche ausgedehnt hat. Wenn heute ein Schneider eine neue Stickvorlage verwendet, lädt er sie als Download aus dem Netz in seine Stickmaschine. Er und seine Kunden sind am Ende einer zunehmend digitalisierten Wertschöpfungskette. Das bedeutet nicht, dass sie deswegen gleichermaßen mit der Technologie vertraut sein müssen. Deswegen ist Digital Mindset keine Selbstverständlichkeit oder zwingende Notwendigkeit und da unterscheidet sich Deutschland vermutlich wenig von den Ländern, die in den Digitalisierungs-Statistiken vorn liegen.
- Last but not least ist KI nur ein Teil des Megatrends Digitalisierung. Digitalisierung ist nur ein Teil von Technologie. Tech wiederum basiert auf wissenschaftlichen Erkenntnissen, die ab einem bestimmten Forschungsgrad und ihrer Veröffentlichung Realitäten sind, mit denen wir etwas anfangen können, um unsere Lebenswelt zu gestalten. Das ‚Wie' dieser Gestaltung wird in seiner ganzen Konsequenz meist viel später offensichtlich, da die

Reichweite und der Einfluss vieler Innovationen am Anfang oft nicht richtig eingeschätzt werden.

Etwas zynischer könnte ich sagen, dass fast alle Tech-Themen von Marketing und Medien übertrieben werden. Die meisten der sogenannten ‚aaS'– as a Service- oder auch Cloud Technologien, die allerorten aus dem Boden sprießen, sind übertrieben. Ein Insider aus der IT-Industrie sagte mir dazu wörtlich, „Wenn man Cloud Computing und Big Data hört, sollte man schnell weglaufen. Das ist alles mehr oder weniger Betrug. Das ist wie Poker, wenn man nichts auf der Hand hat. Je mehr von diesen Wörtern man hört, desto weniger Substanz und Differenzierung hat das Unternehmen, das sie verwendet." Ich glaube, auch dieses Statement ist übertrieben, denn natürlich sind Cloud Services und viele damit zusammenhängende Produkte, die wir heute auf reiner Nutzerbasis einkaufen, statt sie selber zu besitzen und auf unseren Geräten zu installieren und zu warten, seit Jahren ein erprobtes Erfolgsmodell. Trotzdem hat die Polemik einen wahren Kern, denn wenn die Buzzword-Maschine schon auf Hochtouren läuft und alle Fachmagazine voll davon sind und sich mittlere Führungskräfte überall als Expertinnen und Experten äußern, ist von der betreffenden Technologie im täglichen, geschweige denn wirtschaftlichen, Einsatz meist noch lange nichts zu erwarten. Es hat fast zwei Jahrzehnte gedauert, bis wir massenhaft auf leistungsfähige und funktionierende Cloud Services zugreifen konnten. Die meisten Innovationen brauchen einige Jahre, bis sie nutzbringend etabliert sind. Was wie ein Widerspruch zu der Geschwindigkeit klingen mag, mit der die Digitalisierung Innovationen treibt, hat seine Gründe u. a. in regulatorischen, politischen, kulturellen, finanziellen und vielen anderen Einflussfaktoren.

Was das mit künstlicher Intelligenz zu tun hat: Sie wird ebenfalls von Marketing und Medien übertrieben und das Ausmaß von Angst, das mit ihrer zunehmenden Implementierung einhergeht, steht in keinem normalen Verhältnis zu den Fähigkeiten, die KI hat bzw. nicht hat. Kaum eine Technologie erfährt so viele, teils fantastische Zuschreibungen, die sie stets mit einem Bein im Reich von Mythos und Science-Fiction erscheinen lassen; zum Beispiel die übertriebene Angst, alle Jobs würden von Maschinen übernommen. Es gibt eine zeitliche Komponente für den Wandel und Maschinen werden uns wie bisher die Möglichkeit geben, dauerhaft anders und besser zu arbeiten. Auf der Konferenz zu der eingangs erwähnten Umfrage haben 200 ‚Experten' diskutiert. An Expertise herrscht also offenbar kein Mangel. Gleichzeitig erleben wir, wenn Expert/-innen zum Thema KI zusammenkommen, egal, ob es sich um den Digitalrat der Bundesregierung oder die Enquete Kommission zu Künstlicher Intelligenz des Bundestages, etc. handelt, immer Kritik an der

Zusammensetzung der Gremien. Gern wird der Expertenstatus der Teilnehmer/-innen in Zweifel gezogen. Die Kritik kommen häufig aus der Gruppe derer, die sich selber täglich mit Coding und Implementierung von Algorithmen beschäftigen. Mir ist diese Kritik sympathisch, weil sie die Diskussion oft erdet und auch wenn sie nicht wie eine Einladung klingt, so lädt sie doch ein, sich mit den Profis aus dem Maschinenraum zum Thema KI sehr konkret auseinander zu setzen. Das kann, so meine Hoffnung, auch dazu führen, dass deutsche Unternehmen etwas experimentierfreudiger und offener in Bezug auf den Einsatz von KI werden. Es ist kaum nachvollziehbar, dass im Herbst 2019 eine Studie des Instituts der Deutschen Wirtschaft unter 686 befragten deutschen Unternehmen aus Industrie und industrienahen Dienstleistungen nur zehn Prozent Firmen ermittelt, die aktuell KI tatsächlich einsetzen. Auch wenn dies gegenüber 2018 eine Verdoppelung und gegenüber 2017 sogar eine Verfünffachung darstellt, ist das zu wenig. Das Ergebnis, das 71 % der Befragten nicht nur keine KI einsetzen, sondern es auch in Zukunft nicht geplant haben, macht die Sache nicht besser (Demary und Goecke 2019, S. 7).

In diesem Buch geht es darum, verständlich zu machen, warum künstliche Intelligenz für alle relevant ist, und dass es sinnvoll ist, sich mit dem Thema persönlich etwas auszukennen. Nur so kann jede/-r ermessen, welche Konsequenzen unser Umgang mit Daten möglicherweise für unseren Alltag hat und kann mitgestalten, in welche Richtung sich unsere Gesellschaft entwickeln wird. Es geht auch darum, zu verstehen, dass wir immer ‚nur' über Technologie reden. KI ist nicht anfassbar, es ist Software. Sie wirkt oft ganz unbemerkt, aber dafür umso effektiver. KI ist kein Lebewesen. Ein Roboter, der mithilfe von Algorithmen gesteuert wird und Reaktionen auf sein Umfeld zeigt ist nicht ‚lebendig'. Die Maschine simuliert es höchstens, wenn sie so programmiert wurde. Das bringt Menschen in spannende psychologische Situationen.

Ich bin kein Entwickler oder KI-Wissenschaftler. Viele Zusammenhänge und Details kenne ich nicht aus eigener Erfahrung, sondern nur aus der Perspektive eines interessierten Beobachters und professionellen Anwenders. In meiner Funktion als Unternehmensberater habe ich bei der Evaluation und Implementierung von Agentensystemen auf elektronischen Marktplätzen und bei der Entwicklung von frühen Avataren mit Sprachfähigkeiten mitgewirkt. Als Marketingleiter im Kommunikationskonzern habe ich selber Chatbot-Systeme beauftragt und die KI-Entwicklung in verschiedenen Unternehmensbereichen, zuvorderst im Marketing erlebt und gestaltet. Interessant erscheint mir das rasche Aufkommen von stark auf KI-Ethik konzentrierten Gruppen in diesem Umfeld. Insgesamt beschäftige ich mich inzwischen über 20 Jahre aus privatem Interesse mit künstlicher Intelligenz und weiß definitiv, dass ich nichts weiß. Davon jedoch so viel, dass ich hoffe, mit diesem Buch auch anderen Laien einen Zugang und ein Grundverständnis von KI zu verschaffen. Aus meiner Sicht ist das wichtig. Es geht nicht um das Zeug, über das dauernd geschrieben wird, und das auch in zehn Jahren noch nicht da sein wird, wie menschenähnliche Roboter in den Straßen, künstliche Superintelligenz, die die Weltherrschaft übernimmt oder fahrende bzw. fliegende autonome Taxen. Es geht darum zu verstehen, welche Bedeutung Daten und Algorithmen haben und was beispielsweise mit den persönlichen Informationen möglich ist, die in unseren digitalen Spuren im Internet und auf Social Media stecken. Die großen Online-Konzerne machen bereits Milliardenumsätze mit diesen Daten. Banken und Versicherungen bewerten uns auf Basis solcher Informationen. Uber nutzt Kundendaten und KI für die Erstellung eines Nutzerscores von 1 bis 5, der den Zugang zum System reglementiert. Mit einem Score schlechter als vier ist man bereits vom Service ausgeschlossen. Gleichzeitig hat die Stadt Nizza Uber mit einem Teil der nächtlichen, öffentlichen Nahverkehrsversorgung beauftragt. Es ist naiv, zu glauben, diese Entwicklungen würden uns nicht betreffen.

Die Menschen brauchen mehr Teilhabe auf einer aufgeklärten Basis, die KI entmythologisiert und aus der Science-Fiction-Ecke herausholt. Dann mag jede/r selbst entscheiden, wie er/sie weiter mit KI umgehen möchte. Dieses Buch soll über künstliche Intelligenz informieren, zum Nachdenken, Weiterrecherchieren und zu persönlichem Engagement in Bezug auf KI-Einsatz anregen.

Literatur

Demary, V., & Goecke, H. (2019). Künstliche Intelligenz – Deutsche Unternehmen zwischen Risiko und Chance. In IW-Trends 4/2019. *Künstliche Intelligenz.* https://www.iwkoeln.de/fileadmin/user_upload/Studien/IW-Trends/PDF/2019/IW-Trends_2019-04-01_Kuenstliche_Intelligenz.pdf. Zugegriffen am 04.10.2020.

Grzymek, V., & Puntschuh, M. (2019). Was Europa über Algorithmen weiß und denkt. Ergebnisse einer repräsentativen Bevölkerungsumfrage. In Bertelsmann Stiftung (Hrsg.), *Impuls Algorithmenethik #10.* https://doi.org/10.11586/2019006. Zugegriffen am 04.10.2020.

Preuß, S. (19. November 2018). Die Hälfte der Deutschen weiß nicht, was KI ist. *Frankfurter Allgemeine Zeitung.* https://www.faz.net/aktuell/wirtschaft/kuenstliche-intelligenz/die-haelfte-der-deutschen-weiss-nicht-was-ki-ist-15898006.html. Zugegriffen am 04.10.2020.

Schmoll-Trautmann, A. (18. Mai 2017). Studie: Deutschland ist KI-Vorreiter. *ZDNet*. https://www.zdnet.de/88297181/studie-deutschland-ist-ki-vorreiter/. Zugegriffen am 04.10.2020.

Berlin, Deutschland   Sven Krüger

> *Communicate why AI isn't going to take over the world by itself.*
> *If anyone takes over the world with AI, it will be people.*
> *People are the only moral / responsible agents in our culture, they are the ones'*
> *whose behaviour we should be working to control.*
> *Waiting around to declare some machine sentient and then worry is a bad plan.*

Joanna Bryson (Bryson, J.J. (2013). The Intelligence Explosion started 10,000 years ago (+/- 2,000) (14.12.2013). https://joanna-bryson.blogspot.com/2013/12/the-intelligence-explosion-started.html. Zugegriffen: 04.10.2020.)

> *There's nothing artificial about AI.*
> *It's inspired by people, it's created by people,*
> *and – most importantly – it impacts people.*
> *It is a powerful tool we are only just beginning to understand,*
> *and that is a profound responsibility.*

Fei-Fei Li (Hempel, J. (2018). Fei-Fei Li's Quest to Make AI Better for Humanity (13.11.2018). Wired. https://www.wired.com/story/fei-fei-li-artificial-intelligence-humanity/. Zugegriffen: 04.10.2020.)

> *KI: Wesen oder Werkzeug?*
>
> *Sven Krüger*

Danksagung

Dr. Adina Lauenburger, Christian Winkhaus, Claudia Hesse, Frank Mohren, Ibrahim ‚Ibo' Evsan, Dr. Joachim Haas, Frank Mohren, Miguel Peromingo, Noah Robuste und Dr. Tristan Behrens.

Dieses Buch zu schreiben hat viel länger gedauert als ich dachte und es ist viel dicker geworden als es sollte. Während es entstand, war ich oft ungeduldig und etwas anstrengend und manchmal dachte ich, ich würde nie fertig. Für Eure Ermutigung, Euer Verständnis und die stete Aufmunterung, aber auch für Euer andauerndes Interesse, die Nachfragen, die vielen Hinweise und wertvollen Anmerkungen bin ich Euch sehr dankbar.

Danke auch an meinen Verleger Rolf-Günther Hobbeling für die Inspiration und Geduld.

Inhaltsverzeichnis

1	**Innovationssturm**	1
1.1	Widerstand aus Überforderung	4
1.2	Die Lösung: Digital Mindset und Digital Transformation?	11
1.3	Die Nerds übernehmen	17
	Literatur	23
2	**Der Hype, die Medien und die Angst**	25
2.1	Framing und Anthropomorphisierung	30
2.2	Utopie vs Dystopie	42
2.3	So oder so: The next big thing!	57
	Literatur	64
3	**Was ist KI und was nicht**	71
3.1	Am Anfang	74
3.2	Intelligenz	82
3.3	Bewusstsein	116
3.4	Roboter	144
3.5	Ein Dutzend Mal KI in der Anwendung	165
	Literatur	202
4	**Künstliche Superintelligenz**	213
4.1	Wie lange noch bis zur Singularität	225
4.2	Ersetzt KI die Menschen?	250
	Literatur	283

5	*Updates* – **Generation Z**	289
	Literatur	301
6	**Chatbots**	303
	6.1 Commerce is conversation	315
	6.2 ‚Böse' Bots	331
	6.3 Jeder Erst-Kontakt wird ein Bot-Kontakt	337
	Literatur	351
7	**KI und Verantwortung**	355
	7.1 KI und die Frage nach Ethik	391
	7.2 Ist KI gut oder böse?	466
	7.3 Mehr oder weniger Arbeit durch/mit KI	488
	7.4 Gesellschaftsverträge der Zukunft	507
	Literatur	554
8	**Wie es weitergeht**	573
	Literatur	595
9	**Epilog – Europa reguliert KI**	599
	Literatur	604

Über den Autor

 **Sven Krüger** beschäftigt sich als Berater, Coach und Konzernmanager für Marketing und Digitalisierung seit über 20 Jahren mit dem Thema ‚KI'. Der studierte Kunsthistoriker meidet Schubladen und folgt stets seiner Neugier für den Einfluss der digitalen Welt auf Menschen, Unternehmen und die Gesellschaft. Als Top-Manager im Telekommunikations- und IT-Bereich, Unternehmer und Start-up-Gründer kennt er die Spielregeln der künstlichen Intelligenz und der Digitalisierung. Darüber hinaus berät er Unternehmen und Organisationen bei der Entwicklung ihrer Digitalisierungs- und Innovationsstrategien und bei ihrer Transformation in die digitale Welt.

Er ist gefragter Keynote Speaker auf internationalen Konferenzen und setzt sich mit eigenen Online-Fortbildungsprogrammen und Workshops für eine breite Vermittlung von Wissen und Fähigkeiten rund um das Thema der digitalen Kompetenz ein.

Sven Krüger lebt seit 10 Jahren in Berlin und engagiert sich ehrenamtlich für klimapositives Marketing. (Foto: Julia Saslawski).

1

Innovationssturm

Zusammenfassung Ideen sind das Fundament von Innovationen. Wenn wir etwas denken können, können wir es wahrscheinlich bauen. Die Digitalisierung ist eine Phase massiver Innovation und bedeutet vielleicht die tiefgreifendste und massivste Veränderung in der Geschichte der Menschheit. Viele inkrementelle Weiterentwicklungen sind sofort umsetzbar. Die Geschwindigkeit, mit der Technologie sich entwickelt, hat ein neues Level erreicht und es ist kein Ende dieses Trends absehbar. Künstliche Intelligenz ist ein Bestandteil von immer mehr digitalen Technologien, die wir erfinden und in immer mehr Produkte und Services einbauen, woraus sich fantastische Möglichkeiten ergeben.

Was passiert gerade? Warum reden alle dauernd von Digitalisierung, Transformation und vielen anderen Technologie-Buzz-Wörtern? Warum bewegt das so viele Menschen und Unternehmen? Dazu hole ich etwas weiter aus und versuche, etwas vom Geist des Digital Transformation Hypes einzufangen. Zusammenfassend kann ich vorab sagen: Alle sind sehr aufgeregt und es ist auch alles ganz aufregend.

Zu allen Zeiten gab und gibt es Menschen, die sich nicht zufrieden geben mit dem was ist. Menschen, die über das Jetzt hinausdenken und Ideen erträumen, die die Welt verändern. Wir nennen das Science-Fiction. Und Ideen, die Wirklichkeit werden, nennen wir Innovationen. Wenn man heute mit dem Smartphone ‚Idee' in eine Nachricht schreibt, kann es sein, dass einem eine Glühbirne als Emoji vorgeschlagen wird. Das ist eine inkrementelle Innovation. Der Komfort, den Tastatureingaben durch automatisches Vervollständigen und Korrigieren bereits haben, wurde durch Emojis erweitert. Die Glühbirne selbst ist eine Innovation, die die Welt verändert hat. Edison, der lange als Erfinder der Glühlampe galt, hat angeblich fast 10.000 Experimente durchgeführt, bis er einen Glühfaden fand, der lange genug leuchtete, um als Lichtquelle tauglich zu sein. Diese Erfindungsgeschichte ist eine Geschichte des immer wieder besser Scheiterns, eines *fail better*-Spirits. Kaum einer denkt dabei an Samuel Beckett, der dieses berühmte Zitat 1983 in ‚Worstward Ho'schrieb: „All of old. Nothing else ever. Ever tried. Ever failed. No matter. Try again. Fail again. Fail better." Es ist in der Digitalisierung völlig umgedeutet zum Mantra, erst der Maker- und nun der Agility-Szene geworden. Es ist ein Mantra, das zum Erfolg führt. Edisons Glühbirne ist eine Geschichte des Nicht-Zufrieden-Gebens und eine von Faszination und Begeisterung für die Möglichkeiten von Technologie. Auch wenn Strom vielen Menschen zunächst gefährlich erschien, war die Elektrifizierung der Welt, die zum Ende des 19. Jahrhunderts begann, nicht aufzuhalten. Den Menschen ging buchstäblich ein Licht auf und die Glühbirne ist bis heute Symbol für Ideen und Innovation.

Während der Elektrifizierung war die Vorstellung, dass etwas von Strom durchflossen sei, für viele noch unheimlich, doch der Nutzen der neuen Technik überzeugte schnell. Anfangs war das mit am häufigsten genutzte elektrische Gerät in privaten Haushalten ein Bügeleisen. Viele weitere Geräte folgten und füllten das unmittelbare Lebensumfeld. Die Elektrifizierung der Welt war eine bedeutende Veränderungsphase. Die Menschheit geht andauernd durch solche Phasen wirtschaftlicher und gesellschaftlicher Veränderung, die mehr und mehr technologisch getrieben sind. Aktuell befinden wir uns in der Phase der Digitalisierung, die von einigen als die tiefgreifendste und massivste Veränderung in der Geschichte der Menschheit gesehen wird. Wahrscheinlich ist es ein bisschen menschlich, die selbst erlebte Veränderung als die massivste zu begreifen. Ob dieser Superlativ stimmt oder nicht, ist nicht so relevant. Interessant und wichtig sind aber die Unterschiede der Digitalisierung zu früheren Veränderungsphasen wie z. B. der Industrialisierung oder dem Übergang zum Informationszeitalter. Sie liegen zum einen in der Geschwindigkeit, mit der sich Technologie entwickelt, zum anderen in der Komplexität, die die Kombination oder Konvergenz verschiedener Bereiche wie z. B. Nano- und Mikroprozessortechnologie, Telekommunikation, Software und Robotik mit sich bringen. Digitalisierung und einhergehende Trends wie künstliche Intelligenz, Mixed Reality oder Blockchain, erweitern den Baukasten für kreative Ideen so enorm, dass es scheinbar kaum noch Grenzen für Innovation gibt und zwar in vielen Fällen sogar Instant-Innovation. Instant-Innovation bedeutet, statt langer Innovations-Zyklen, die Jahre dauern können, Ideen und

Erfindungen mehr oder weniger sofort als Produkte oder Services in die Welt zu bringen. In solchen Fällen mag dann manchmal auch das überstrapazierte Adjektiv ‚disruptiv' zutreffend sein. Agiles Arbeiten, Maker Movement, Design Thinking, Rapid Prototyping – es herrscht kein Mangel an Schlagwörtern oder Methoden, von der Idee zum Produkt in wenigen Monaten oder gar Tagen, statt in Jahren zu gelangen. Für etablierte Unternehmen entstehen auf diese Weise viele neue Wettbewerber und gleichzeitig noch mehr neue Chancen – so viele mehr, wie Ideen zur Verfügung stehen …

Heute kommt wie von selbst ein Emoji, mit dem wir Wörter oder – wie der Name schon andeutet – Emotionen ausdrücken, auf unser Display, wenn wir passende Eingaben machen. Kinderleicht. Die Maschine weiß, was wir meinen und ebenso kinderleicht ist, die Emojis überall einzubauen. Weltweit am häufigsten übrigens: 😄 Auch kinderleicht ist heute, ein Auto mit einem Smartphone zu öffnen, von unterwegs Dinge zu bestellen, Reisen, Restaurants oder Arzttermine zu buchen, Bankgeschäfte zu erledigen und natürlich mit Menschen in einer anderen Stadt oder auf der anderen Seite des Planeten zu sprechen, sie dabei auch sehen zu können oder live bei weltweiten Sportevents zuzusehen oder auch wie Space-X Raketen starten, landen und Satelliten im Orbit ausgesetzt werden. Wir können nachts die Glühbirnen an den Rändern unserer Kontinente aus dem Weltall sehen und in Echtzeit auf unserem Sofa mit dem Smartphone oder Tablet verfolgen, welches Flugzeug gerade auf welcher Route in der Luft ist. Es ist möglich, einfach eine Kameradrohne hinter sich her fliegen zu lassen, sich damit automatisiert bei der Skiabfahrt oder beim Fahrradfahren zu filmen oder einen virtuellen Spaziergang durch Manhattan zu machen. Etwas komplexer, aber ebenso bereits Realität sind, in ein selbststeuerndes und sogar in ein fliegendes Vehikel steigen zu können, Bauteile, die in Europa entwickelt wurden, auf Knopfdruck in Asien zu ‚drucken', selbst Häuser und sogar menschliche Organe zu drucken, eine automatische Röntgen- oder MRT-Bilddiagnose stellen zu lassen oder mithilfe eines Nanobots eine Eizelle zu befruchten. Die Liste ließe sich seitenlang fortsetzen. Im Jahr 2019 gäbe es weltweit 3,3 Millionen Patentanträge, Tendenz steigend. Damit setzt sich der Trend seit neun Jahren ungebrochen fort. (WIPO 2020). Fazit: Wenn wir etwas denken können, können wir es wahrscheinlich bauen. Wir leben in einer Welt technologisch fast unbegrenzter und damit fantastischer Möglichkeiten! Künstliche Intelligenz als eine Schlüsseltechnologie der Digitalisierung ist in den meisten genannten Beispielen beteiligt. Sie begleitet und beschleunigt diese Entwicklung durch die Möglichkeit, schneller neue Erkenntnisse aus Daten zu gewinnen.

1.1 Widerstand aus Überforderung

> **Zusammenfassung**
>
> Der scheinbar disruptive Wandel macht vielen Angst, z. B. vor Arbeitslosigkeit. Digitale Player sind billiger, effizienter, besser, schneller usw. Die grundsätzliche Veränderung ist nicht aufzuhalten, aber die Technik ist schwierig zu verstehen. Das komplexe System von Hardware, Software und Millionen von Daten ist verborgen hinter einfachen Bedienungsoberflächen. KI hilft dabei, Entscheidungen zu automatisieren und zu beschleunigen und im Ergebnis bedeutet digital „Geschwindigkeit und Eindeutigkeit". Massen von Daten sind der Treibstoff dafür und die Basis allen Nutzens, der daraus gezogen wird.
>
> Insgesamt geht es aber um mehr als Algorithmen. Es geht um Prinzipien und Themen wie Menschlichkeit, Freiheit und Sicherheit, politische und wirtschaftliche Ziele, gesellschaftliche Teilhabe, die Ausbildung und das Auskommen von Menschen. Um das zu beeinflussen und zu verstehen, was passiert, müssen wir verstehen, was KI ist und macht.

Trotz dieser fantastischen Möglichkeiten sind die Bedenken groß. Volkswirtschaften verlieren den Anschluss, ‚disruptiver Wandel' lösche Firmen und ganze Industriezweige aus, Arbeitsplätze gingen verloren und überhaupt sei unsicher, was zu tun sei. Dabei wird häufig vergessen, dass Innovation fast immer auch einen ganzen Schwarm neuer Aufgaben und Tätigkeitsfelder mit sich bringt, dass fortschreitende Automatisierung vor allem Angebotszuwachs und damit auch oft Arbeitsplatzzuwachs bringt und dass Veränderungswellen in den letzten zweihundert Jahren kontinuierlich waren. Kurz: Dass wir Veränderung bis zur Sprichwörtlichkeit gewohnt sind. Das Bessere ist der Feind des Guten. GAFA, wie Google, Amazon, Facebook und Apple oft zusammen abgekürzt werden, haben zusammen mit Microsoft insgesamt über 1,7 Millionen Angestellte. Diese Zahl hat sich allein von 2018 bis 2020 mehr als verdoppelt. Allein Amazon beschäftigt ca. 1,3 Millionen Menschen. Sie sind Treiber und Teil einer Industrie, die weitere Millionen neuer Jobs geschaffen hat. Laut IDC sind z. B. durch Cloud Computing bis 2015 weltweit etwa 14 Millionen neue Jobs geschaffen worden.

Die technologische Veränderungswelle ist die ‚Digitale Transformation'. Die Frage, da mitzumachen oder nicht, ist ungefähr so wie die Frage am Anfang des 20. Jahrhunderts, ob bei Maschinen und Mobilität auf Motoren oder Pferde gesetzt werden sollte. Sobald jemand etwas, das heute mit hohem Personal- und Kapitaleinsatz bereitgestellt wird, wie z. B. eine persönliche Schalterleistung im Bankwesen oder ein Verkauf im Handel, in einen digitalen Prozess ‚transformiert' und das gleichwertige Ergebnis ab sofort zu einem

Bruchteil der vorherigen Kosten und in einem Bruchteil der bisherigen Zeit anbieten kann, besteht für die tradierten Wettbewerber Handlungsbedarf. Gleichzeitig haben sie die Chance, selbst frühzeitig zu transformieren und aufgrund ihrer bereits bestehenden Kundenbeziehung ihren Marktanteil zu verteidigen oder zu steigern. Leider machen Unternehmen so etwas meistens nicht. Unternehmen verändern sich wie Menschen meist nur unter Schmerz und Zwang, wenn der schwarze Schwan schon da ist. KI ist bei all diesen Vorgängen bereits involviert. Die Daten nahezu aller unternehmerischen Transaktionen, besonders die Daten, die kundenbezogen einer Transaktion zugeordnet werden können, sind in permanenter Analyse, um das bestehende Geschäft zu optimieren oder ein neues aufzubauen. Die einfache Angabe der Postleitzahl im Supermarkt gibt Aufschluss über den Einzugsbereich der Filiale und die Kaufkraft und Präferenzen der Kundschaft in einem Gebiet usw.

Natürlich gibt es Unternehmen, deren Leistungen größtenteils überflüssig werden, wie z. B. Fotoentwicklungsbetriebe oder Magnetbandhersteller, klassische Makler, Reisebüros usw. Bestehende Großunternehmen mit hohem Marktanteil bei hohem Kapital- und Personaleinsatz trifft der Wandel schwer, denn sie haben viel zu verlieren und ihre Transformation ist oft aufwändig. Start-ups betreten den Markt fast aus dem Nichts und können unbelastet sofort auf die neueste Technologie setzen. Überflüssig werden übrigens meist nur die Unternehmen, nicht deren Leistungen. Diese werden jetzt nur von anderen digital und damit oft billiger, effizienter, besser, schneller usw. angeboten. Zugegeben, der Prozess ist von vielen Schwierigkeiten durchsetzt, die ihn verlangsamen. Die meisten davon basieren auf den Beharrungskräften der Menschen in den betroffenen Betrieben, dem mangelnden Vorstellungsvermögen des Managements oder gesetzgeberischen Verzögerungseffekten. Das alles wird aber die grundsätzliche Veränderung nicht aufhalten und auch deren Geschwindigkeit kaum drosseln.

Inmitten dieses Technologiesturms, der beinahe täglich Hunderte von Ideen und Geschäftsmodelle durch die Medien weht, fällt es sogar den veränderungsbereiten Unternehmen oft schwer, die richtigen Technologien und Anbieter auszuwählen. Sie müssen das eigene Geschäftsmodell digital transformieren und die tatsächliche Umsetzung reibungslos gewährleisten, also die Integration der Innovationen in die bestehenden Systeme und Prozesse. Hier zählt Geschwindigkeit und Einfachheit, damit die Transformation nicht zu lange dauert und am Ende alles einfach, scheinbar ‚kinderleicht', funktioniert. Viele Unternehmen fragen sich, wie sie KI in ihr bestehendes Geschäft sinnvoll einbauen können und in der Frage liegt beinahe schon die Lösung: Künstliche Intelligenz bietet, wenn sie richtig implementiert und mit den richtigen Daten gefüttert wird, eine beeindruckende Antwortkompetenz für fast jeden Einsatzbereich. Die intensive Auseinandersetzung mit den aktuellen Fragestellungen eines Unternehmens ist ein guter Aufsatzpunkt, um die Bereiche zu identifizieren, in denen KI solche Antworten liefern kann. Die oft erreichte Effizienzsteigerung, weil z. B. Interessen besser erkannt und adressiert werden, oder die Steigerung der Produktqualität, weil KI dafür sorgt, dass es weniger Ausfälle oder Fehler in der Produktion gibt, machen den KI-Einsatz lohnenswert. Offen bleibt leider die Frage, ob und wann den Verantwortlichen in Wirtschaft und Politik Einsatzszenarios einfallen, die über den 1980er-Jahre Effizienzgedanken und über das rein performance-getriebene Kapital-Wachstums-Wirtschaften hinausgehen. Wann beschäftigen auch sie sich endlich mit der Arbeit an einer Welt, in der viel mehr Menschen würdevoll, ökologisch nachhaltig und sozial gerecht besser leben und zusammenleben können?

Ein wesentliches Element von KI ist die Digitalität, der elektrische Zustand von Null und Eins. Der kanadische Philosoph und Kommunikationstheoretiker Marshall McLuhan hat bereits 1964 in ‚Understanding Media' dargelegt, dass das Medium die Botschaft sei. In unserem Fall geht es um das digitale Medium. Digital bedeutet elektrisch und definit, unabhängig davon, welche Information genau enthalten ist oder verarbeitet wird. Die Botschaft ist zunächst immer ‚Geschwindigkeit und Eindeutigkeit', nicht Wahrheit! Elektrizität als Grundlage von Digitalisierung hat unsere Welt instantan gemacht (McLuhan, 28). Die Verarbeitung von Daten in Parallelrechensystemen, wie sie heute jeder Privathaushalt verwendet, verstärkt diese Botschaft der Geschwindigkeit, ergänzt durch die Botschaft eines konkreten, kalkulierten Ergebnisses. Im Verstand erzeugt diese Kombination hohe Dringlichkeit. Dazu kommt, dass der IT enorme Kosten und bei Nicht-Funktionieren ebensolche Risiken zugerechnet werden. ‚Digital' bekommt also eine inhärente Dramatik, die, gepaart mit ‚Transformation' bei vielen Menschen Stress verursacht. Auf der Konsumentenseite hat sich parallel neben der Erwartung von hoher Geschwindigkeit vor allem der Anspruch an einfache, intuitive Bedienbarkeit bzw. *User Experience* (UX) entwickelt. Was digital angeboten wird, muss verständlich und transparent sein, ohne Anleitung sofort reibungslos und zügig nutzbar und zu einem niedrigen Preis, besser kostenlos, immer und überall verfügbar sein. Diese Faktoren entscheiden über Begeisterung oder Frust beim Nutzer/-innen. Die haben oft nur die Nutzungs- und keine Kaufabsicht. Sie sind also nicht unbedingt bereit, für die Nutzung zu zahlen, zumindest nicht mit Geld. Im Ergebnis bedeutet dies meist, dass die Bezahlung über Nutzungsdaten erfolgt und sich die Services mit Werbung refinanzieren, die mit diesen Daten angetrieben wird. Nur so ist der teure Betrieb wirtschaftlich möglich.

Die Umsetzung erfolgreicher digitaler Produkte oder Services erfordert perfektes Ineinandergreifen der Prozesse zwischen Nutzung, Vertrieb, Produktion und Logistik inkl. fehlerfreier und gleichzeitiger Abrechnung. Diese Parameter gelten im Endkunden-Geschäft im Laden ebenso wie auf der Smartphone-Oberfläche und genauso im Business-to-Business z. B. bei der Produktionssteuerung oder der Bereitstellung einer Office-Umgebung mit den spezifischen Applikationen für Mitarbeiter/-innen im Büro und unterwegs. Die Beispiele, wie, per Fingertipp auf einer Glasfläche etwas bestellen, das ggf. individuell gefertigt und dann in Windeseile zugestellt wird, sind in Wahrheit komplexe Prozessketten aus Tausenden von Modulen. Dafür sind Qualität und Kompetenz in der Umsetzung erforderlich. Viele Technologien gibt es erst seit kurzem und so ist normal, dass Unternehmen schnell an ihre Grenzen stoßen bei dem Versuch, diese Komplexität selbst zu bewältigen. Ebenso normal ist Zögern oder Überforderung bei der Auswahl des richtigen Umsetzers, angesichts der Geschwindigkeit des Marktes und der Menge an großen und kleinen Anbietern. KI ist hier überall im Einsatz, um Komplexität zu reduzieren und sinnvolle Ableitungen aus Datenmassen zu ermöglichen. Sie hilft auch, Entscheidungen zu automatisieren und so die Geschwindigkeit hoch zu halten bzw. weiter zu steigern. Für den Nutzer ist all das größtenteils verborgen. Nur das intuitive *User Interface* ist sichtbar. Es ist im wahrsten Sinne nur die Maske, hinter der Hardware, Software, Schnittstellen, Netze, Prozesse und Systeme verbunden und orchestriert sein müssen, um Millionen von Daten in Echtzeit nicht nur auszutauschen, sondern zu prozessieren, zu analysieren und zu sichern und zu schützen. Das alles ist Digitalisierung bzw. der Weg dorthin, die digitale Transformation. Künstliche Intelligenz ist ein wichtiger Teil und auch Treiber dieser Entwicklung. Die Datenmenge und Komplexität der uns umgebenden Alltags-IT ist nur noch mithilfe leistungsfähiger Algorithmen beherrschbar. Gleichzeitig ist die Masse der Daten und die Geschwindigkeit der Systeme der Treibstoff der KI.

30 % der Kosten eines modernen Autos entfallen heute auf IT und die enthält bis zu 100 Millionen Zeilen Code. Algorithmen sind integraler Bestandteil der automatisierten Produktions- und Lieferwelt. Sie sind überall im Alltag. Hinter dem simplen Eingabefeld auf der aufgeräumten Google-Website stecken gigantische Datenbanken, Searchbots, Algorithmen und zigtausend Quadratmeter Serverspace in Rechenzentren sowie ein weltweit verteiltes Netz von Millionen verbundener Proxy-Systeme, die Daten zwischenspeichern und regelmäßig aktualisieren. Ein modernes Smartphone ist eine geniale Ingenieursleistung in den Bereichen Miniaturisierung, Mikroprozessortechnik, Werkstoff-, Verfahrens-, Produktionstechnik etc. Es muss immer online sein, um seinen Nutzen voll zu entfalten und es ist nur noch in

hochperformanten Netzen erträglich nutzbar. Es zählt die Kombination von Hardware, Software, Netz und Ecosystem. Daten sind die Basis allen Nutzens, der aus dieser Technologie gezogen werden kann. Sie sind die Basis der Digitalisierung und ohne sie bräuchten wir keine künstliche Intelligenz. Daten werden außerdem immer mehr. Gerade wird damit begonnen, massenweise Sensoren in alle möglichen Gegenstände einzubauen, die dann sofort weitere Daten produzieren. Nahezu jeder Gegenstand kann bereits mit einem aktiven (sendet von sich aus) oder passiven (sendet nur, wenn abgefragt wird) Sensor versehen werden. Sensorik und automatische Übertragung und Verarbeitung der Sensordaten in den bestehenden Systemen sind die nächste logische Konsequenz der Digitalisierung. Im Fachjargon reden wir vom *Internet of Things* (IoT) oder in Deutschland dem ‚Internet der Dinge'. Im industriellen Rahmen wird es auch oft als ‚Industrie 4.0' bezeichnet. Die Sensoren erfassen und übermitteln ggf. nur Informationen über ein Produkt laut Etikett, vielleicht aber auch z. B. bei einem Hochseecontainer Informationen über Temperatur, Erschütterung, Transportdauer, Reisegeschwindigkeit und vieles mehr. Kameras sind optische Sensoren, die Bewegungen, Gesichter, Gesichtsausdrücke und damit sogar Emotionen erfassen und auswertbar machen können. Es entstehen also auf der einen Seite unglaubliche Mengen an Daten und wir sprechen von *Big Data, Huge Data, Data Lakes* usw., um die Menge anschaulicher zu machen. Auf der anderen Seite gibt es regulatorische Vorgaben zu Datenschutz und technische Rahmen wie Bandbreite, die so etwas wie ‚Datensparsamkeit' nahelegen, also das Arbeiten mit kleineren Datenmengen. So oder so bringen die Daten nur Nutzen, wenn sie sinnvoll ausgewertet werden können. Dann zählen neben der Menge auch die Art und Qualität der Informationen und das konkrete Ziel der Auswertung, damit KI bzw. ein Algorithmus bei der Analyse unterstützen kann. Ohne diese Software sind die Datenmassen sinnlos. Mit Daten etwas anzufangen bedeutet, sie effizient und zielgerichtet auswerten zu können. Aufgrund der Menge an Informationen kann das fast nur noch über digitale Systeme mithilfe von KI geleistet werden.

Tatsächlich ist es aber nicht immer die Menge der Daten, die den Unterschied macht. Algorithmen können zwar mit Massen von Daten trainiert werden, um die Zuverlässigkeit ihrer Ergebnisse zu steigern, oft geht es aber auch um die Qualität und die Struktur der Daten und wie Informationen aus verschiedenen Quellen kombiniert werden können. Im medizinischen Bereich zum Beispiel können Bilder wie Röntgenaufnahmen oder CT-Scans relativ leicht massenhaft erfasst und analysiert werden. Handschriftliche Notizen in einer Patientenakte sind viel schwieriger und aufwändiger zu digitalisieren. Nicht nur, weil die Handschrift aus dem analogen Medium übertragen werden muss, sondern auch, weil der Inhalt der Niederschrift von Fall zu Fall unterschiedlich ist. Ein Training auf solche Daten ist wesentlich anspruchsvoller und die Ergebnisse auch anfälliger für Fehlinterpretationen. Darüber hinaus wäre interessant, die klinischen Informationen mit solchen aus der pharmakologischen Forschung zu vergleichen, denn die Kombination verschiedener Datasets, also der Blick aus der Box heraus, verspricht noch mehr neue Erkenntnisse. Die Transparenz über die Grenzen der Datensilos hinweg ist jedoch extrem sensibel und existiert deswegen oft nicht. Wirtschaftsunternehmen und politische Institutionen stehen unter dem Zugzwang der Digitalisierung, die schnell vonstattengeht und hohe Investitionen erfordert. Die Digitalwirtschaft tickt anders, plant anders und braucht ein moderneres Management nach agilen Prinzipien. Tempo, Umfang der Handlungsfelder und die Sprungweite der möglichen bzw. notwendigen Veränderungen überfordern deshalb aktuell fast alle etablierten Unternehmen und das behindert den Prozess der digitalen Transformation Deutschlands. Hinzu kommt, dass bei KI-Umsetzungsprojekten selbst die innovativeren Firmen zu kämpfen haben. Volker Gruhn, Professor für Software Engineering an der Universität Duisburg-Essen und Aufsichtsratschef von adesso, einem führenden mittelständischen IT-Dienstleister, beschreibt, wie in Unternehmen bei KI-Vorhaben eine Entwicklung von Euphorie über die Erwartungen hin zu Ernüchterung über das Ergebnis passieren kann. Häufig steht am Ende des Projekts nicht die erhoffte revolutionäre Verbesserung, sondern die Stagnation in der, wie Gruhn es nennt, ‚PoC-Hölle'. PoC steht für Proof of Concept und bedeutet einen Beleg dafür, dass ein Vorhaben prinzipiell z. B. technisch oder wirtschaftlich realisierbar ist. Mit prinzipiellen Möglichkeiten verdienen Unternehmen aber noch kein Geld. Um tatsächlich produktiv zu sein, empfiehlt Gruhn ein systematisches Vorgehen: Ausgehend von einem interdisziplinären Team aus Fach- und IT-Expertise, in dem sowohl Nutzung wie Entwicklung repräsentiert sind, muss Klarheit zur angestrebten Lösung und zur technischen Machbarkeit bestehen. Das bedeutet eine systematische Auswahl und Bewertung der Optionen. Dazu gehört auch die Frage nach der Verfügbarkeit von Daten in der erforderlichen Qualität und Menge und dem notwendigen Fachwissen zu diesen Daten, um überhaupt in der Lage zu sein, sie richtig zu interpretieren. Da KI-Projekte in ihren Konsequenzen häufig über die ursprünglichen Aufgabenstellungen hinaus gehen, ist die Einbindung geeigneter Top-Management Strukturen wichtig, um z. B. organisatorische Fragen entscheiden zu können und klar definierte Verantwortlichkeiten sicher zu stellen. Das Management braucht auch den Mut, Fehlentwicklungen in Kauf zu nehmen und schnell gegenzusteuern, ohne sofort aufzugeben. Ein Erfolgsfaktor ist außerdem das enge Zusammenspiel des KI-Projektteams mit der Unternehmens-IT, um die nahtlose Integration von Prozessen, Schnittstellen und Updates zu sichern. Entsprechend sei es sinnvoll, so Gruhn, nicht in ein hippes Entwicklungsloft zu ziehen: „KI-Anwendungen sollten da gebaut werden, wo sie auch gebraucht werden: im Unternehmen. Mit den Menschen, die sie auch nutzen werden. Hippe Entwicklungsstudios in angesagten Szene-Stadtteilen mögen für eine Berichterstattung in den Medien sorgen. Aber die Gefahr ist groß, dass die Teams hier für den Showroom entwickeln – und nicht für den echten Einsatz." (Gruhn 2021).

Es geht also auch bei KI um mehr als Algorithmen. Es geht um viele Facetten von Digitalisierung, wie Hard- und Software, Daten, Innovation und Kommunikation. Es geht um technologische Infrastruktur wie Übertragungsnetze und die Bereitstellung verschiedenster Dienste aus der Cloud. Es geht aber auch um Expertise in der Umsetzung, um Know-how zur digitalen Transformation, zu den technischen Basics und für KI-Anwendungen um die Fähigkeit, eine professionelle Brücke zwischen KI- und Software-Entwicklung zu schlagen.

Noch entscheidender: Es geht neben Technologie um Themen und Inhalte wie Konzeption neuer Zukünfte, souveränen Umgang mit Veränderung und Unsicherheit und auch um fundamentale Prinzipien von Menschlichkeit, Freiheit und Sicherheit, um politische und wirtschaftliche Ziele, gesellschaftliche Teilhabe und die Ausbildung und das Auskommen von Menschen. Auch hier sah Marshall McLuhan schon vor mehr als einem halben Jahrhundert voraus:

> *„Alles, was wir früher mit großem Aufwand und durch starke Koordination erreichten, bringen wir nun mit der Elektrizität mühelos zustande. Daher die Angst vor dem Gespenst der Arbeits- und Besitzlosigkeit im elektronischen Zeitalter. Reichtum und Arbeit werden zu Faktoren der Information, und es sind völlig neue Strukturen notwendig, um ein Geschäft zu führen oder es mit den Bedürfnissen und Märkten der Gemeinschaft zu koordinieren. Mit der modernen Technik der Elektrizität erfassen die neuen Formen instantaner, gegenseitiger Abhängigkeit und ineinandergreifender Prozesse, die in der Produktion maßgebend sind, auch den Markt und die Gesellschaftsorganisation." (McLuhan, 537).*

Der technologische Wandel verändert Verhalten, Märkte und letztlich die unternehmerischen und staatlichen Organisationsformen. Es entstehen neue Anforderungen an Zusammenarbeit und den regulatorischen Rahmen für den Einsatz von Technologie. Wie sollen oder können wir verantwortlich mit persönlichen Daten in vernetzten Systemen umgehen? Wie regeln wir z. B. den Flugverkehr privater Drohnen am besten? Wie finanzieren und gestalten wir gesellschaftlich den raschen, fundamentalen und globalen Wandel, den die

Digitalisierung und der Einsatz von KI für in Unternehmen und privat bedeutet? Wie wollen wir verstehen, was passiert, wenn wir nicht verstehen, was KI ist und macht?

1.2 Die Lösung: Digital Mindset und Digital Transformation?

> **Zusammenfassung**
>
> Der Reflex, in Sachen Digitalisierung ins Silicon Valley zu blicken, ist noch da, aber das Zentrum von digitaler Innovation und Faszination hat sich längst nach Shenzhen verlagert. Das Wachstum und die Geschwindigkeit der dortigen Shanzhai-Betriebe für Adaption und Innovation sind beispielhaft für ein digitales Mindset, eine den Möglichkeiten und Chancen der Digitalisierung gegenüber offene Geisteshaltung.
> Deutschland verfügt wirtschaftlich und infrastrukturell über eine Reihe perfekter Ausgangsvoraussetzungen für Erfolg in der digitalen Transformation. Trotzdem stehen wir uns mit Bedenken, lähmender Bürokratie und gering ausgeprägter digitaler Kompetenz selbst im Weg.

Wissenschaft und Wirtschaft arbeiten Hand in Hand und produzieren Innovation scheinbar wie am Fließband. Trotzdem ist der Weg einer Idee in ein Verkaufsregal oft sehr weit und dauert lange. Wir haben jedoch bereits gesehen, dass ‚digital' immer auch etwas mit Geschwindigkeit zu tun hat. Sprichwörtlich bestimmen immer die Langsamsten und das sind in diesem Fall die Menschen bzw. unsere zivilisatorischen Institutionen. Wir haben daher oft die Möglichkeit, gemeinsam viele Barrieren beiseite zu räumen und schneller vorwärts zu kommen. Beim Thema Digitalisierung ist das, wenn es konsequent zu Ende gedacht und umgesetzt wird, bisweilen extrem und auch bedenklich, je nachdem, mit welchem kulturellen und ideologischen Hintergrund eine Entwicklung bewertet wird. Für demokratisch freiheitlich sozialisierte Menschen im Westen erscheinen die Social-Score-Entwicklungen in China dystopisch. Digitale Technologien der Totalüberwachung machen ein orwellsches Szenario real, in dem jeder Schritt des Individuums transparent, bewertbar und sanktionierbar wird. Auf Basis eines staatlichen Verhaltens-Scores werden Grundrechte, soweit vorhanden, manipuliert. Mit einem schlechten Score kann jemand evtl. nicht mehr ins Ausland reisen oder für ein öffentliches Amt kandidieren usw. Trotzdem ist China und hier speziell Shenzhen ein eindringliches, einprägsames Beispiel für digitale Transformation und digitales Mindset. Kaum anderswo ist sichtbar, was möglich ist, wenn sich eine Gruppe von Menschen konsequent auf ein Thema ausrichtet.

Shenzhen ist der vielleicht dynamischste Schmelztiegel von Innovationen der Gegenwart. Hier braucht es oft nur einen einzigen Tag, um eine Idee in ein fertiges Produkt umzusetzen. Die Stadt selbst, vor 30 Jahren noch eine eher unbekannte kleine Hafenstadt im Schatten Hongkongs, ist heute das bedeutendste Zentrum von Tech-Innovation. Shenzhen muss sich in keiner Hinsicht mehr vor seiner Nachbar-Metropole, der ehemaligen britischen Kronkolonie, verstecken. Keine Stadt der Welt ist so schnell so stark gewachsen: Ca. 20 Millionen Menschen leben und arbeiten heute in Shenzhen. Es ist die Heimat von Huawei, ZTE, Midea, TCL, Byd und Xiaomi, von Tencent und DJI. Neben diesen Giganten produzieren zehntausende von Klein- und Kleinstunternehmen alles, was sich auf dem globalen Hard- und Softwaremarkt verkaufen lässt. Es ist auch die Heimat von 20 % aller promovierten Wissenschaftler/-innen in China. Shenzhen hat die höchste Quote von Selbständigen und mehr Milliardenvermögen hervorgebracht als jede andere chinesische Stadt. Heerscharen von Fachkräften für Elektronik, Softwareentwicklung, Ingenieurwissenschaften, Studienabbrecher/-innen und Wanderarbeiter/-innen, die heute in Start-ups arbeiten oder selbst Entrepreneure sind, bilden ein extrem flexibles, innovatives Open Source Ökosystem, in dem scheinbar alles möglich gemacht wird, was technisch denkbar ist. In Shenzhen stehen nicht ein paar Dutzend, sondern zehntausende von großen und kleinen Fabriken. Die Stadt ist ein Sammelsurium von Hardware-Einkaufsmöglichkeiten. Alles, vom einfachen Schaltkreis, bis zum spezialisierten Mikrochip, von der LED bis zum High-End-Touchscreen ist hier erhältlich und in kürzester Zeit modifizier- und integrierbar. Schon 2014 beschrieb The Economist Shenzhen als den besten Ort der Welt für Hardware Erfinder (Shepard 2016).

Sahen sich Manager/-innen früher im Silicon Valley nach den neuesten Ideen um, so reisen sie heute nach Shenzhen, wo nicht nur Ideen, sondern auch Produkte zu sehen sind. Das haben auch die Innovationstouristen der deutschen Konzerne gemerkt. Wo die Vorstandsetagen der DAX- und MDAX-Größen vor wenigen Jahren noch nachbeteten, was ihnen im ‚Valley' bei Hochglanz-Touren durch die Labs der GAFAs serviert wurde, rezitieren sie ihren heimischen Belegschaften heute die Erkenntnisse ihrer China-Trips. Aufgrund der ausgiebig genutzten Fähigkeit, ungeachtet des geistigen Eigentums in kurzer Zeit billige Kopien von westlichen Produkten herzustellen, war dieses ‚Made in China' lange gefürchtet und wegen der oft niedrigen

Qualität auch belächelt. Die westliche Arroganz ist inzwischen verflogen. Aus den ehemaligen Copycats sind z. T. etablierte und aus eigener Kraft innovative Unternehmen geworden, deren Produkte auch qualitativ mit ihren amerikanischen und europäischen Wettbewerbern mithalten können. Wie ist das möglich?

Ein derartiger Aufstieg ist nicht auf einen einzigen Grund zurückzuführen. Viele Faktoren haben Shenzhen zu der Tech-Megacity gemacht, allen voran sicher die Bestimmung zur ersten Sonderwirtschaftszone, die im August 1980 in Shenzhen entstand. Noch 2015 wurden hier angeblich 90 % aller Elektronikartikel der Welt hergestellt. (Yakowicz 2015). Mit den sogenannten Sonderwirtschaftszonen bzw. *Special Economic Zones*, (SEZ) begann unter Staatschef Deng Xiaoping die sukzessive Öffnung der chinesischen Staatswirtschaft für marktwirtschaftliche Impulse. Ausländische Firmen konnten in China investieren und wurden durch niedrige Steuern und Massen von billigen Arbeitskräften angelockt. Der eigentliche Durchbruch kam mit der mobilen Kommunikation und dem rasant wachsenden globalen Bedarf an Mobiltelefonen. 2003, als Motorola und Nokia noch Marktführer waren und ihre Geräte für Stückpreise von 600 bis 800 US-Dollar verkauften, konnte der chinesische Wettbewerb in Shenzhen seine Telefone zu einem Bruchteil des Preises anbieten. Mobiltelefone wurden plötzlich für sehr viele Menschen erschwinglich und die weltweite Nachfrage explodierte. Noch heute sind Smartphones mit immer neuen Features ein Wachstumstreiber und Shenzhen steht für etwa 25 % der weltweiten Smartphone-Produktion. Das beschriebene Hardware- und Innovations-Ökosystem wird auch ‚Shanzhai' genannt. Sein Herz, die mehr als 20 riesigen Hardware-Malls in Huaqiangbei, kann live besucht werden. Auf diesen zusammen mehr als 21 Millionen Quadratmetern Verkaufsfläche finden die vielen kleinen Fabriken und Designagenturen alles, was sie für einen schnellen Markteintritt brauchen. Insider sagen, Nokia sei nicht von Apple, sondern von Shanzhai aus dem Markt gedrängt worden, einem extrem kollaborativen System von Herstellern aller Spezialisierungen, die einfach alles, was sich schnell verkaufen lässt, ebenso schnell konstruieren. Ein Telefon, das wie ein iPhone aussieht oder eine Drohne, die in einer Frisbee steckt? Wenn es sich verkauft, wird es gebaut. Geistiges Eigentum ist dabei nicht ausschlaggebend. Auch die Qualität ist nicht top, dafür kann in extrem hoher Geschwindigkeit und sehr günstig produziert und Kundenfeedback quasi in Echtzeit integriert werden. Shanzhai bedeutete oft, dass es sich um schlecht ausgestattete Familienbetriebe handelt, die nur am unteren Ende der Qualitätsskala produzieren können. Genau das hat sich in den vergangenen Jahren aber mehr und mehr geändert. Viele der Firmen sind aus der Familienstruktur herausgewachsen und haben moderne Produktionsprozesse und hohe Qualitätsstandards etabliert. Es geht längst nicht mehr nur um Kopieren westlicher Innovation, sondern um die eigene Fähigkeit, extrem innovative Prozesse und Fertigungen zu entwickeln, die trotz vergleichsweise schmaler Budgets konkurrenzfähig sind. Sie erfinden Smartphones mit zwei SIM-Karten, mit eingebauter UV-Lampe, um Falschgeld zu erkennen oder mit Akkus, die eine Woche lang halten und vieles mehr. Anhand von etwa 25.000 Shanzhai-Betrieben wird schnell klar, welche wirtschaftliche Kraft hier steckt. (Shepard 2016). Viele dieser Firmen produzieren rasant in Bezug auf einen Bedarf und bleiben anonym, um Steuern und Garantiefälle zu vermeiden. Die Produkte sind meist trotzdem sehr gut. Etablierte Player wie Xiaomi haben hier ihre innovativen Wurzeln, auch wenn sie sich längst durch eigene Innovationen und Patente von den Shanzhai-Betrieben abgegrenzt haben. Drei der sechs weltweit größten Smartphone-Hersteller kommen heute aus China: Huawei, Xiaomi und BBK. Sie haben professionelles Marketing, Design und global wettbewerbsfähige und anerkannte Qualität. Sie sind Kinder der Digitalisierung und haben sich aus kleinen Betrieben zu Konzernen transformiert.

Die Haltung, sich im harten Wettbewerb mit anderen zu sehen und trotz widriger Umstände wie schlechter Ressourcenausstattung, fehlender Marke, kleiner Entwicklungsbudgets usw. ergebnisorientiert Ideen in Produkte umzusetzen, ist ein wichtiger Teil eines digitalen Mindsets. Es orientiert sich mehr an den vorhandenen Fähigkeiten als dem Mangel. Es ist kompromisslos auf den Kundennutzen ausgerichtet, denn hier liegt die Chance für schnelle Differenzierung im Markt und somit die nächste Finanzierung. Sicherheitsdenken und das oft damit einhergehende Bedenkenträgertum saturierter Unternehmen findet man hier nicht. Die chinesische digitale Transformation ist rasant und brutal. Kai-Fu Lee beschreibt in ‚AI Superpowers' die Entwicklung von Copycats zu etablierten Digital-Unternehmen als Gladiatorenkampf:

> „(…) a coliseum where hundreds of copycat gladiators fought to the death. Amid the chaos and bloodshed, the foreign first-movers often proved irrelevant. It was the domestic combatants who pushed each other to be faster, nimbler, leaner and meaner. They aggressively copied each others product innovations, cut prices to the bone, launched smear campaigns, forcibly deinstalled competing software, and even reported rival CEOs to the police. For these gladiators, no dirty trick or underhanded maneuver was out of bounds.

(…) Survival in the internet coliseum required relentlessly iterating products, controlling costs, executing flawlessly, generating positive PR, raising money at exaggerated valuations, and seeking ways to build a robust business „moat" to keep the copycats out. Pure copycats never made for great companies, and they couldn't survive inside this coliseum. But the trial-by-fire competitive landscape created when one is surrounded by ruthless copycats had the result of forging a generation of the most tenacious entrepreneurs on earth." (Lee 2018, S. 89–90).

Genau das ist der Wettbewerb, dem sich deutsche, europäische und amerikanische Firmen heute gegenübersehen. Mit Blick auf den deutschen Markt fehlt anscheinend der Hunger, den die chinesischen Firmen zeigen. Das ist ein Mindset-Thema. Vielleicht sind die Deutschen etwas satt und geborgen in jahrzehntelangem Wohlstand. In Deutschland gibt es ein Arbeitsrecht und eine freiheitliche, repräsentative, föderale Demokratie. Deutschland ist in vielen vorteilsbringenden internationalen Allianzen mit ebenso vielen Verpflichtungen verankert. Eine rein wirtschaftliche Konkurrenz mit China scheint nicht vielversprechend zu sein, aber ein Ausweichen ist auch nicht möglich. Die äußerlich wahrnehmbaren Unterschiede in Sachen Digitalisierung und digitaler Transformation, wie z. B. Mobilfunk-Netzabdeckung, Breitband-Verfügbarkeit, Investitionen in KI, Steuererleichterungen, Start-up-Anzahl und -Verteilung, Venture Capital Ressourcen, Anzahl der Absolventinnen und Absolventen mit MINT-Abschlüssen usw. werden regelmäßig in den deutschen Medien berichtet. Je nach deutscher Platzierung, die meist im Mittelfeld oder in europäischen Vergleichen sogar manchmal im letzten Drittel ausfällt, ergießt sich eine latent jammerige Nörgelstimmung. Besserwissertum floriert und beobachtend erscheint sich aus den vielen offiziellen Erklärungen, Strategien und Gremien, die es gibt, wenig Wirksamkeit im Markt zu entfalten. Unternehmen und Gewerkschaften greifen das öffentliche Lamento auf und während die einen ihre Wettbewerbsfähigkeit durch behindernde Regulierung gefährdet sehen, scheinen die anderen zu erwarten, dass sie entweder von der Politik oder den Unternehmen gerettet und finanziell abgesichert werden. Wohlstand steht ganz oben auf der Wunschliste und das sorgt neben den andrängenden ökologischen, wirtschaftlichen und gesellschaftlichen Herausforderungen wie z. B. der Klima-Krise für eine schädliche Stagnation des Mindsets bei zunehmend ungleicher Verteilung von vorhandenem Wachstum und Gewinnen.

Einen Lichtblick stellt wie so oft der deutsche Mittelstand dar. Dieses für die deutsche Volkswirtschaft sehr typische und einzigartige Gefüge von mittleren und größeren Unternehmen treibt Innovation in allen Branchen und Spezialisierungen voran und behauptet sich damit in vielen Bereichen wacker an der Weltspitze. Aber auch hier fehlt es oft am Mindset, ohne Angst und Bedenken und offen für neue Chancen einen Wandel zu begrüßen. Insgesamt könnten die arrivierten Volkswirtschaften und Unternehmen mit Blick auf das Wachstum in China, aber auch in Indien und vielen afrikanischen Ländern ihre ohnehin guten Ausgangspositionen weiter verbessern, wenn sie etwas von der pragmatischen, *can-do*-Mentalität, von der direkten Zusammenarbeit und dem etwas bereitwilligeren Teilen von Informationen übernehmen würden. Künstliche Intelligenz ist eines der Felder, das besonders der chinesischen Wirtschaft den nächsten Schub gibt. Nicht ohne Grund: Nach dem Sieg der KI ‚AlphaGo' gegen den koreanischen Go-Meister Lee Sedol in 2016, brachte Google eine weiter entwickelte Version von AlphaGo im Mai 2017 nach China. Dort spielte und gewann die Software gegen den 19-jährigen Chinesen Ke Jie, der zu der Zeit als weltbester Go-Spieler galt. Die New York Times bezeichnet den Erfolg der KI als ‚Sputnik Moment' für die chinesische Regierung und den Auslöser für die insgesamt 150 Milliarden US-Dollar schweren Investitionsprogramme für künstliche Intelligenz, die China bis 2030 die globale Spitzenposition in dieser Technologie sichern sollen. (Mozur 2017a). Die Initiativen bewegen sich in mehreren Bereichen wie Landwirtschaft, Medizin und industrieller Produktion, aber auch in militärischen Anwendungsgebieten sowie Überwachungsinitiativen. So soll KI auf dieser Ebene Raketen steuern, Bewegungen von Bürgern über Kameras verfolgen, Internetzensur erleichtern und Verbrechen vorhersagen. 2020 sollen die Firmen und Forschungseinrichtungen das Level der USA erreicht haben. Solche Ankündigungen auf höchster Ebene haben Signalwirkung für die lokalen Provinzen und Unternehmen. Die Bezirksregierung von Tianjin nahe Peking plante sofort einen fünf Milliarden Dollar Fond zur Unterstützung von KI-Firmen und stellte eine ‚Intelligence Industry Zone' von 20 Quadratkilometern bereit (Mozur 2017b). Das Fondsvolumen ist inzwischen auf über 13 Milliarden Dollar angewachsen. Zum Vergleich: Das Investitionsbudget der Bundesregierung mit dem Ziel, Deutschland zu einem der weltweit führenden Standorte für KI zu machen, liegt bei drei Milliarden Euro von 2019 bis 2025. Weitere drei Milliarden Euro sollen aus privaten Mitteln, aus Unternehmen kommen (Reuters 2018).

Bisher gelingt es Deutschland eindeutig nicht gut genug, in Sachen Digitalisierung und KI das Beste aus seiner privilegierten wirtschaftlichen Ausgangssituation zu machen. Die Ursachen sind vielfältig, aber lähmende Bürokratie und eine vielerorts zu geringe digitale Kompetenz, die das Erkennen und Umsetzen von gebotenen Chancen ermöglicht, stehen weit oben auf der Liste.

1.3 Die Nerds übernehmen

> **Zusammenfassung**
>
> Deutsche Unternehmen haben das Potenzial von künstlicher Intelligenz erkannt, auch wenn sie noch zögerlich implementieren. Der Strukturwandel in Richtung Digitalisierung ist tägliches Medienthema und die Kapitalverschiebungen an den Finanzmärkten zeigen, dass die großen Digitalkonzerne mittlerweile das Börsengeschehen dominieren. Das digitale Wachstum ist hoch und schnell und traditionelle Anbieter haben Schwierigkeiten, dem Konkurrenzdruck standzuhalten. Die früheren Nerds sind heute die digitalen Anführer dieser neuen Wirtschaftsmächte, es gibt jedoch ein massives Diversitätsproblem, denn die Industrie ist im Wesentlichen durch Männer bestimmt. Der Anteil an Frauen im KI-Bereich liegt bei ca. 20 % und Personen aus ethnischen Minderheiten bilden in den Digitalkonzernen oft nicht einmal fünf Prozent der Belegschaft. Diese Ungleichheit hat weitreichende Konsequenzen.

Trotz der im internationalen Vergleich niedrigen Investitionen gibt es auch immer wieder Aussagen, die Deutschland in bestimmten Bereichen vorne sehen. Eine Studie von Salesforce aus 2017 zum ‚State of IT', bei der weltweit 2200 Firmen befragt wurden, bescheinigt deutschen Unternehmen, das Potenzial erkannt zu haben, mit dem KI die Kundenorientierung und damit Wettbewerbsfähigkeit steigern könne. Sogar in puncto Umsetzung von KI-Projekten seien die Deutschen den Amerikanern voraus. Von den 254 befragten deutschen Firmen sehen 60 % einen „transformativen, substantiellen Einfluss von KI auf ihr Unternehmen bis 2020". Fast ebenso viele, 59 %, nutzten bereits KI. Mithilfe von KI, so die Hoffnung, sollen Kundenbedürfnisse besser erkannt und entsprechend passendere, relevante Angebote gemacht werden können. Drei Viertel aller Geschäftskunden und über die Hälfte der Consumer sehen das so und in den Unternehmen rechnen vor allem die Vertriebsabteilungen mit einem starken KI-Wachstum. Im Hinblick auf das Geschäft von Salesforce, nämlich *Customer Relationship Management* (CRM) Software aus der Cloud, überrascht das Ergebnis der Befragung nicht. Interessant ist, dass die Befragten aus dem IT-Bereich die Begeisterung nicht uneingeschränkt teilen: Sie gehen zwar kurzfristig von einer 30-prozentigen Zunahme des KI-Einsatzes aus, aber es fehlten, so die Studie, die strategische Planung zur Einführung und die entsprechenden Roadmaps. Bisher hätten lediglich 20 % der befragten IT-Entscheider/-innen eine KI-Roadmap definiert (Schmoll-Trautmann 2017). Die Studie zeigt einen häufigen Mechanismus: Ein Anbieter, hier Salesforce, gibt eine Studie zu einem aktuellen und aufmerksamkeitsstarken Thema der eigenen Branche in Auftrag, hier KI. Die

Ergebnisse der Studie werden veröffentlicht und für das eigene Content Marketing genutzt. Für die IT-Bereiche, die hier rückständig wirken, sind KI-Themen 2017 in der Regel noch nicht erfolgsentscheidend, sondern tauchen zu diesem Zeitpunkt erst sukzessive als relevant auf. Deswegen gibt es auch nicht sofort überall fertige Strategien oder eine Roadmap. Oft werden erst einmal Tests und Pilotprojekte gemacht, um die nötigen Erfahrungen zu sammeln. So entsteht erst das nötige Know-how für realistische Potenzialeinschätzungen. Die befragten Kunden und die Belegschaft der Unternehmen haben 2017 vermutlich schon eine ganze Reihe von KI-Sensations-Nachrichten wie z. B. den Go-Sieg von AlphaGo (2016) sowie aktuelle Hollywood Narrative über sehr hoch entwickelte KI wie ‚Her' (2013), ‚Transcendence', ‚Ex Machina' (beide 2014) ‚Avengers: Age of Ultron' (2015) oder Serien wie ‚Humans' (2015) oder ‚Westworld' (2016) u. v. m. gesehen oder zumindest als Themen wahrgenommen. Sie zeigen entsprechend adaptierte, sprich höhere Erwartungen in ihren Antworten. Der rationalere und eher unspektakuläre Blick der Fachleute aus der IT auf das Thema KI liegt möglicherweise auch an ihrem Wissen über die aktuell tatsächlichen Möglichkeiten von KI. Die Unternehmens-IT ist außerdem ein breit aufgestellter Bereich, in dem KI nicht das eine, sondern eines von vielen Themen auf der Agenda ist; möglicherweise ein in seiner Bedeutung stark wachsendes Thema, aber eben nicht das einzige.

Die öffentliche Berichterstattung über Themen aus der IT ist in den vergangenen Jahren allein schon durch die enorme Verbreitung von Smartphones und Apps und durch den spektakulären wirtschaftlichen Erfolg der großen amerikanischen Digitalkonzerne vielfach aus der Fachredaktion in die allgemeine Tages- und Wochenberichterstattung gewechselt. Digitalisierung ist auf allen Kanälen ein Thema. Die Entwicklung der kognitiven Fähigkeiten von Maschinen erzeugt große Faszination, so dass sich mittlerweile viele Berichte, Interviews, Filme etc. mit künstlicher Intelligenz beschäftigen. Es wird auf der Welt fast täglich so viel über KI veröffentlicht, dass ein Mensch es in einem Leben nicht verarbeiten könnte. Der Suchbegriff *Artificial Intelligence* liefert im Januar 2021 auf Google über 657 Millionen Ergebnisse gegenüber 526 Millionen im August 2019. Sieht man sich die Liste der nach Marktkapitalisierung wertvollsten Unternehmen der Welt an, so finden sich Anfang 2021 in der Reihenfolge:

1. Apple
2. Microsoft
3. Amazon
4. Alphabet

5. Tesla
6. Tencent
7. Facebook
8. Visa
9. Samsung
10. JPMorgan Chase

… und damit acht Technologieunternehmen unter den Top Ten, eines davon Tesla, ein Autobauer, der wie kein anderer mit digitalen Merkmalen seine Konkurrenz im Börsenwert um ein Vielfaches übertrifft. (Finanzen100 2021). Diese Liste verändert sich laufend, doch die Größen der Vergangenheit aus der Öl- und Gas-Industrie, der Bankenwelt oder auch die Pharma und Automobilkonzerne sind hier nicht mehr annähernd so präsent. Betrachtet über mehrere Jahrzehnte, zeigt sich der rasche Strukturwandel und die wirtschaftliche Durchschlagskraft der Digitalisierung.

KI hat viel mit dem Aufstieg der digitalen Player zu tun. Amazon setzt Algorithmen in fast allen Geschäftszweigen ein: Vom schon gewohnten *Collaborative Filtering* á la ‚Kunden, die x gekauft haben, haben auch y gekauft.' bis hin zu vorkonfigurierten KI-Tools auf der Amazon Web Services Plattform. Alphabet, die Holding-Mutter von Google, ist durch den Google-Suchalgorithmus groß und wertvoll geworden. Das Apple Eco-System mit iPhone, App-Store und OS-Welt in der iCloud, die alle Geräte nahtlos verbindet, setzte schon früh auf einen digitalen Assistenten und auch wenn Siri 2021 nicht als Krone der Bot-Entwicklung gilt, ist dieser KI-Einsatz wegweisend für die Entwicklung von KI im Alltag gewesen. Der Facebook News Algorithmus ist grundlegend für die Vernetzung im sozialen Netz und über die Grenzen zu Instagram und WhatsApp. Tencent aus China ist Eigentümer von WeChat, der weltweit am stärksten integrierten Online-Plattform. WeChat ist ein geniales Sammelsurium von Funktionen, für die der Rest der Welt Dutzende separater Apps benutzt. WeChat-Nutzer/-innen erledigen Shopping, Bankgeschäfte, Social Media, Fotosharing, Bezahlungen, Kontoführung, Versicherung, Messaging, Terminvereinbarung, Navigation, Transportmittel- und Tickets buchen usw. ohne jemals die WeChat-Anwendung zu verlassen.

Das geschieht natürlich mithilfe von KI und unter grenzenloser Datensammelei bei der Nutzung. Der Wert der globalen Tech-Unternehmen liegt u. a. in ihrem soliden Umsatzstrom auf Basis niedriger Grenzkosten, aber auch in ihrer datenbasierten Prognosemacht, die diesen Umsatzstrom sichert. Auf Basis der immensen Datenströme, die sie verursachen, kontrollieren und analysieren, können sie Trends und Umsatz-Chancen schneller erkennen und an den Markt bringen als ihr analoger Wettbewerb. Ihre digitalen Geschäftsmodelle skalieren schnell, d. h. sie können sie in kurzer Zeit und mit hoher Effektivität auf andere Nutzungsszenarios und Branchen ausweiten. Die globale Corona-Pandemie hat diese Vorteile potenziert und viele dieser Player noch wertvoller und einflussreicher gemacht. In der Zeit zwischen März und August 2020 konnte man zusehen, wie der Börsenwert von Apple im Durchschnitt pro Tag um knapp sechs Milliarden Euro gestiegen ist! Traditionelle Unternehmen in den angegriffenen Branchen können ihre bisher bestehenden Wettbewerbsvorteile wie Kundenbindung, lokale Filialstrukturen, laufende Prozesse, ausgebildetes Personal und etablierte Partnerschaften nicht nur nicht ausspielen, sie sind sogar zu Nachteilen für sie geworden. Der Online-Zugriff auf Waren und Services ist allgegenwärtig und zu jeder Zeit möglich. Ein Filialnetz zu unterhalten ist teuer und aufwändig und die Online-Struktur muss zusätzlich trotzdem parallel aufgebaut werden. Die Prozesse in bestehenden Systemen sind oft zu unflexibel. Die IT ist meist über Jahre, oft Jahrzehnte, gewachsen. Selbst wenn ‚mal eben' ein flexibles Web-Interface gebaut wird, um den gestiegenen Kundenbedürfnissen Rechnung zu tragen, so können die dort relevanten Daten oft nicht sinnvoll in den Legacy-Systemen verarbeitet werden, weil es dort einfach keine Prozesse und Schnittstellen für diese Datentypen gibt. Das ist z. B. ein Thema, wenn Kunden über das Smartphone bestellen und die Bestellung mit Informationen über den genauen Ort und Zeit sowie Gerät und Betriebssystem übertragen werden. Das sind für das Marketing relevante Informationen, die jedoch in der bestehenden Warenwirtschaft und Abrechnung ggf. bisher unbedeutend waren. Systeme, die vor 2008 gebaut und vermutlich noch früher geplant wurden, kennen diesen Datenbedarf vielleicht nicht einmal. Auch das Personal der traditionellen Firmen kann mit seiner Erfahrung im digitalen Business oft nicht mithalten. Es fällt den jüngeren Unternehmen der digitalen Welt meist leichter, das Branchen-Know-how ihrer Wettbewerber zu erlernen, als es den traditionellen Playern gelingt, den Paradigmenwechsel der Digitalisierung umzusetzen.

Man könnte sagen, die blassen Nerds der 1980er- und 1990er-Jahre sind aus ihren Computerkellern gekrochen und haben die Macht übernommen. Tatsächlich geht ohne IT fast nichts mehr. Strom-, Kommunikations- und Verkehrsnetze würden zusammenbrechen, die Finanzwelt stünde still. Ein IT-Ausfall zieht oft schwere Schäden für das betroffene Unternehmen nach sich. Die Bandbreite reicht von Umsatzausfällen wegen stillstehender Produktion oder einfach nicht erreichter Websites bis hin zu Image-Schaden durch Fehler, Datenschutzprobleme oder verzögerte Leistungserbringung. Ausfälle oder Fehler in den sogenannten kritischen Infrastrukturen eines Landes, wie der Energie- oder der Telekommunikationsversorgung können sich verheerend auswirken. Gemessen an den Szenarios für die größten anzunehmenden Unfälle (GAU) in diesen Feldern, stellen die Gefahren z. B. durch Verkehrsunfälle, durch Steuerungsfehler großer Maschinen oder dadurch, dass Menschen in Fahrstühlen eingeschlossen werden oder weil Behandlungen in Kliniken oder Arztpraxen unterbrochen werden müssen usw., beinahe harmlose Varianten dar. In den meisten Bereichen unserer Gesellschaft wird längst mithilfe von Algorithmen automatisiert.

Die KI-Integration ist umso effektiver, je datenintensiver die Einsatzzwecke sind. Digitale Handelsplattformen wie Amazon, aber auch die deutschen Konkurrenzkonzerne wie Zalando oder Otto Group nutzen Kundendaten für Marketing- und Logistik-Optimierung. Die durch *Machine Learning* aus den Daten gewonnenen Prognosen erlauben z. B. immer kürzere Versandzeiten, da die KI aus dem Kauf- und Informationsverhalten der Kunden mit immer höherer Wahrscheinlichkeit vorhersagen kann, welcher Kauf als nächstes erfolgen wird. So lassen sich Warenströme effizienter lenken. Vielleicht wird schon bald Ware geliefert, die noch gar nicht bestellt wurde, jedoch von den Empfängern behalten wird, weil der jeweilige Artikel sowieso zum Kauf anstand. Das lässt sich berechnen und es ist deshalb kein Zufall, dass Amazon in wenigen Jahren zum viertgrößten Logistikanbieter der USA wurde und fast die Hälfte seiner Pakete selbst transportiert. (Davis 2020). Allein die Infrastruktur, die sowohl in der IT, wie auch in der Logistik für solche Services notwendig ist, wäre vor 10 Jahren kaum realisierbar gewesen. Heute werden diese Konzepte in Ballungsräumen getestet und die Patente sind angemeldet. (Agrawal et al. 2018, S. 16).

Der Strukturwandel ist massiv und noch lange nicht zu Ende. Die Topmanager-Zitate und Presseartikel aus den Jahren 2014–2016, in denen gerne und viel die Rede davon ist, Deutschland habe ‚die erste Hälfte der Digitalisierung' oder gar die ‚erste Halbzeit der Digitalisierung' verloren, sind mehr geduldiges Papier als realitätsnahe Aussagen. Auch die viel beschworene Aufholjagd ist nicht erkennbar, zumindest könnte ich kein deutsches Unternehmen nennen, das einen der großen amerikanischen oder chinesischen Digitalkonzerne gerade vor sich hertreibt. Digitalisierung ist ein globaler und aufgrund der Vielfältigkeit wirtschaftlicher und gesellschaftlicher Beziehungen extrem komplizierter Prozess, der nicht in wenigen Jahren abgeschlossen ist. Daher sind Aussagen wie ‚erste Hälfte' oder ‚Halbzeit' mehr rhetorische Framings als reale Zustandsbeschreibungen. Wir stehen noch immer am Anfang von etwas, das alles andere als ein Spiel ist, denn es geht nicht um einen zeitlich begrenzten Wettkampf in dem am Ende eine Seite einen Digitalisierungs-Pokal gewinnt, bevor es in die neue Saison geht. Bei der Digitalisierung geht es um die rasante Innovationskaskade und die Gestaltung der damit verbundenen Handlungsoptionen im Jetzt für die Zukunft für alle. Betroffen sind also Individuen, Familien, alle möglichen Gruppierungen, Unternehmen und Institutionen, Staaten und Völker auf der gesamten Erde. Digitalisierung ist einfach die Fortsetzung der Entwicklung menschlicher Zivilisation und somit auch kein entkoppeltes Eliten-Thema, sondern ein Prozess, der, genau wie der Umgang mit der Umwelt, jeden Tag von Milliarden von Menschen direkt beeinflusst wird. Dabei kommt denen, die die Funktionsweise digitaler Technologien und der damit verbundenen Geschäftsmodelle kennen, großer Einfluss zu. Ebenso wie denen, die die Auswirkungen auf Psyche und Verhalten von Menschen erkennen und bestimmen können. KI und Daten geben die Richtung und Schlagzahl dieser Entwicklung vor. Am Anfang der Ketten stehen oft Entwickler/-innen, Ingenieur/-innen, Informatiker/-innen, Mathematiker/-innen, Data Scientists usw. Der Wert ihres Wissens ist enorm gestiegen und deswegen stehen sie auch an den Spitzen der großen digitalen Weltmarktführer. Auch hier sind die Nerds aus dem Maschinenraum auf die Kommandobrücke gerückt. In Sachen Diversität ist KI allerdings nicht auf dem Weg, in den einzelnen Berufssparten mittelfristig ein ausgewogenes Geschlechterverhältnis zu erreichen. Die meisten Entwickler, Data Scientists, Professoren und Manager im KI-Umfeld sind Weiße Männer. Der jährliche KI-Report der Stanford University listet für 2019 an den führenden Hochschulen weltweit eine männliche Professorenquote von durchschnittlich 80 % und eine identische Quote für Promotionen im KI-Bereich von 2010–2018. (Perrault et al. 2019, S. 122, 124). Die Datenlage ist dünn, aber die verfügbaren Zahlen sprechen eine klare Sprache: Der Anteil von Frauen in der Informatik sank bereits 2013 auf 26 %. Das war weniger als 1960! Beinahe die Hälfte der Frauen verlässt die Disziplin wieder, mehr als doppelt so viele, wie Männer. In den Technologiefirmen ist der Frauenanteil in der KI-Forschung bei 15 % bzw. zehn Prozent. Noch prekärer ist das Thema der ethnischen Vielfalt: Bei Google sind z. B. 2019 nur 2,5 % Schwarze und 3,6 % Lateinamerikaner beschäftigt. Bei Facebook sind es vier Prozent Schwarze und fünf Prozent Lateinamerikaner. Microsoft zeigt mit vier bzw. sechs Prozent vergleichbare Werte. (West et al. 2019, S. 11). Handlungsbedarf besteht außerdem in Sachen Interdisziplinarität: Wie können Erkenntnisse aus Recht, Philosophie, Gesundheit, Psychologie, Ökologie usw. adäquat in den Fortschritt bei KI eingebaut werden und wie lässt sich eine diversere Community der Macher bilden? Die Masse der Menschen konsumiert im Wesentlichen die Ergebnisse und profitiert von den Verbesserungen im Alltag, muss aber auch die Nachteile des digitalen Wandels erleiden. Zuletzt stellt sich noch die vielleicht wichtigste Frage: Wie gelingt es, KI und weitere Digitaltechnologien nicht nur im stumpfen Effizienzsinn einzusetzen, sondern für eine konkrete Verbesserung des Lebens von Menschen und Umwelt?

Literatur

Agrawal, A., Gans, J., & Goldfarb, A. (2018). *Prediction machines – The simple economies of artificial intelligence*. Boston: Harvard Business Review Press.

Davis, D. (2020). Amazon is the fourth-largest US delivery service and growing fast (26.05.2020). *Digital Commerce 360.* https://www.digitalcommerce360.com/2020/05/26/amazon-is-the-fourth%E2%80%91largest-us-delivery-service-and-growing-fast/. Zugegriffen am 18.01.2021.

Finanzen100. (18. Januar 2021). Die Top100 größten börsennotierten Unternehmen der Welt. *Finanzen100.* https://www.finanzen100.de/top100/die-grossten-borsennotierten-unternehmen-der-welt/. Zugegriffen am 18.01.2021.

Gruhn, V. (03. Mai 2021). KI-Projekte: 10 Gebote gegen die Proof-of-Concept-Hölle. *IT Finanzmagazin.* https://www.it-finanzmagazin.de/ki-projekte-10-gebote-gegen-proof-of-concept-hoelle-120093/. Zugegriffen am 05.05.2021.

Lee, K.-F. (2018). *AI superpowers, China, Silicon Valley, and the new world order*. Boston: Houghton Mifflin Harcourt.

McLuhan, M. (1964). *Understanding media*. New York: McGraw Hill. Deutsche Ausgabe: McLuhan, M. (1968). Die magischen Kanäle. Understanding Media (Übers. Amann, M.). Düsseldorf: ECON.

Mozur, P. (23. Mai 2017a). Google's AlphaGo defeats Chinese go master in win for A.I. *The New York Times.* https://www.nytimes.com/2017/05/23/business/google-deepmind-alphago-go-champion-defeat.html. Zugegriffen am 18.01.2021.

Mozur, P. (20. Juli 2017b). Beijing wants A.I. to be made in China by 2030. *The New York Times.* https://www.nytimes.com/2017/07/20/business/china-artificial-intelligence.html. Zugegriffen am 18.01.2021.

Perrault, R., Shoham, Y., Brynjolfsson, E., Clark, J., Etchemendy, J., Grosz, B., Lyons, T., Manyika, J., Mishra, S., & Niebles, J.C. (2019) The AI index 2019 annual report. *Human-Centered AI Institute, Stanford University.* https://hai.stanford.edu/sites/default/files/ai_index_2019_report.pdf. Zugegriffen am 19.01.2021.

Reuters. (14. November 2018). Bundesregierung will bis 2025 sechs Milliarden in KI investieren. *WirtschaftsWoche.* https://www.wiwo.de/politik/deutschland/neue-strategie-bundesregierung-will-bis-2025-sechs-milliarden-in-ki-investieren/23633526.html. Zugegriffen am 18.01.2021.

Schmoll-Trautmann, A. (18. Mai 2017). Studie: Deutschland ist KI-Vorreiter. *ZDNet.* https://www.zdnet.de/88297181/studie-deutschland-ist-ki-vorreiter/. Zugegriffen am 18.01.2021.

Shepard, W. (14. Juli 2016). A look inside Shenzhen's high-tech Empire. *Forbes*. https://www.forbes.com/sites/wadeshepard/2016/07/14/a-look-inside-shenzhens-high-tech-empire/. Zugegriffen am 18.01.2021.
West, S.M., Whittaker, M., & Crawford, K. (2019). Discriminating systems: Gender, race and power in AI. *AI Now Institute*: https://ainowinstitute.org/discriminatingsystems.html. Zugegriffen am 19.01.2021.
WIPO. (2020). Total applications and growth in applications. https://www.wipo.int/edocs/infogdocs/en/ipfactsandfigures2019/. Zugegriffen am 04.10.2020.
Yakowicz, W. (24. Februar 2015). 5 things to know about doing business in Shenzhen. *Inc.* https://www.inc.com/will-yakowicz/shenzhen-city-of-electronics.html. Zugegriffen am 18.01.2021.

2

Der Hype, die Medien und die Angst

Zusammenfassung Während Menschen einerseits gewohnt sind, körperliche Arbeit von Maschinen erledigen zu lassen und es hier auch keine Konkurrenz hinsichtlich der Kräfte gibt, werden Nachrichten über kognitive Überlegenheit von Maschinen mit gemischten Gefühlen aufgenommen. In den Medien werden diese Nachrichten jeweils genutzt, um die Auflage bzw. Aufruf- und Klickzahlen mit reißerischen Überschriften zu optimieren. Mit schwindender menschlicher Kontrolle wächst der Bedarf nach sogenannter KI-Ethik und es entstehen entsprechende Biotope in großen Unternehmen. Insgesamt besteht wirtschaftlich großer Optimismus bei gleichzeitiger relativer Unwissenheit. In dieser Atmosphäre werden die reißerischen Szenarien der Presse z. T. durch dystopische Gedankenspiele seriöser Wissenschaftler/-innen unterstützt. Das Ergebnis ist, dass viele Menschen künstlicher Intelligenz misstrauen oder sogar Angst vor ihr haben.

„It isn't looking good for humanity." – beginnt der Bericht der New York Times über den Sieg von AlphaGo über den chinesischen Go-Weltmeister Ke Jie Ende Mai 2017. (Mozur 2017). Das Stilmittel folgt einem millionenfach wiederholten Narrativ und wird wahrscheinlich allein schon aufgrund der permanenten Wiederholung geglaubt. Diese subtile Angstmacherei, selbst in den vermeintlich seriösen Medien, ist ermüdend. Ich habe vor fast 20 Jahren auf Software-Agenten als digitale persönliche Begleiter für Jedermann gewettet. In den kommenden fünf bis zehn Jahren wird diese Wette vielleicht aufgehen. Aber selbst in der schnellen Digitalisierung dauert vieles länger als man denkt. Mein Eindruck ist rückblickend, 2016 war das Jahr, in dem ein größerer Teil der Gesellschaft künstliche Intelligenz signifikant nicht nur als solche wahrgenommen, sondern auch eine ernsthafte Debatte darüber begonnen hat. Das ist relativ spät, wenn man bedenkt, seit wann KI im Einsatz ist. Der Sieg von AlphaGo gegen Lee Sedol im März 2016 in Seoul war hier der „Sputnik-Moment". Eine Woche später war künstliche Intelligenz ein wichtiges Gesprächsthema auf der CeBIT in Hannover, damals noch die größte IT-Industriemesse der Welt, obwohl KI bei den Ausstellern selbst keine bedeutende Rolle spielte. Drei Jahre später gibt es die CeBIT schon nicht mehr, während das Thema KI in Bezug auf Medienpräsenz und -Reichweite geradezu explodiert ist. Ebenfalls 2016, fünf Jahre nach ihrem Start auf dem iPhone 4s, ist Siri, die Sprachassistenten-Software von Apple, auf dem MacBook eingezogen. Vielleicht liegt es an mir, dass die Dialoge auch nach Jahren noch sehr flach sind und meist in Website-Vorschlägen enden. Auch mit Alexa habe ich keine wirklich besseren Dialoge, aber es lässt sich gut erahnen, was möglich ist und mir persönlich gefällt, dass diese ersten KI-Assistentensysteme etwas Humor programmiert haben.

Was sie nicht haben, ist ein Bewusstsein. Deswegen ‚wissen' sie auch nicht, was Humor ist. Wenn Siri gefragt wird, wie viele Sprachen sie spricht, beeindruckt die Antwort und stellt klar, dass Menschen bald nicht mehr die geringste Chance haben, auch nur irgendeine Art von Wissensfertigkeit gleichwertig, geschweige denn besser, als eine Maschine zu beherrschen. Aber das ist auch völlig egal, denn Menschen haben schließlich auch keine Chance, wenn es darum geht, physische Kräfte gegen Maschinen zu messen. Niemand versucht schließlich, schneller als ein Motorrad zu laufen oder gegen einen Traktor im Tauziehen zu gewinnen. Daran haben wir uns schon vor sehr langer Zeit gewöhnt. Wir sind auch gewohnt, seit Jahrtausenden, körperliche Arbeit von anderen erledigen zu lassen. Das können kräftige Menschen gegen Lohn sein oder Tiere oder Maschinen. Die Kontrolle haben dabei immer klar die Auftraggeber/-innen. Aufgrund von geistiger Überlegenheit haben sie die Rahmenbedingungen geschaffen, die ihre Überlegenheit und Kontrolle sichern. Menschen, Tiere oder gar Dinge, die schlauer sind als wir selbst, sind deutlich schwieriger zu kontrollieren. Ihre Intentionen sind schwieriger zu erfassen und im Falle von Tieren oder Dingen vielleicht gar nicht verständlich. Ein leichtes Unbehagen ist nachvollziehbar bei der Vorstellung, dass eine Maschine klüger sei als ich bzw. mir geistig überlegene Fähigkeiten und dazu vielleicht sogar noch eine eigene Intention oder so etwas wie einen von mir unabhängigen Willen haben könnte. Aus diesem Unbehagen speist sich ein riesiges, fantastisches und oft etwas düsteres Narrativ, das eine Industrie von Büchern, Filmen und Spielen hervorgebracht hat. Unabhängig davon, ob uns bei KI immer direkt derartige Geschichten einfallen, ist der Fortschritt künstlicher Intelligenz und das Wachstum der auf ihr basierenden Technologien und Anwendungen eine existenzielle Kernfrage für unsere Zukunft. Das Veränderungspotenzial dieser Entwicklung stellt vieles in den Schatten, was Menschen in den letzten 5000 Jahren entdeckt und erlebt haben. Der Grund für diese Einschätzung ist nicht die Angst vor böser Maschinenintelligenz, sondern das bisher relativ intakt bestehende gedankliches Konzept von menschlicher Kontrolle, also von der Idee, dass Menschen die von ihnen erschaffenen Technologien kontrollieren. Möglicherweise müssen wir uns als Gattung von dieser Idee der Kontrolle in Bezug auf KI schon bald verabschieden. Sollte das zutreffen, wird dieser Abschied vielleicht wie der erste Dominostein sein, der eine lange Reihe weiterer Paradigmen kippt, bis unsere Welt so anders sein wird, dass Kinder am Ende des 21. Jahrhunderts unser heutiges Leben und unsere Gesellschaft und ihre technischen Konstrukte vielleicht nur noch mit Anleitung verstehen werden.

Gesellschaftlich betrachtet nehmen wir die Entwicklung von künstlicher Intelligenz vor allem durch die Medien wahr. Hier lässt sich in den letzten Jahren eine geteilte Entwicklung beobachten: Auf der einen Seite steigt der Hype um KI ungebrochen und es scheint, als würden täglich neue, unglaubliche Dinge möglich. Auf der anderen Seite basieren viele der spektakulären Nachrichten auf ein und derselben algorithmischen Voraussetzung, die nur innerhalb verschiedener Felder Anwendung findet, während die tatsächlichen Fortschritte in Wissenschaft und Wirtschaft eher inkrementell erscheinen. Neben dem Hype über schon fast wie Wunder anmutende, vermeintliche Fähigkeiten von KI gibt es immer wieder Nachrichten, die vor einem erneuten ‚KI-Winter' warnen, weil die übersteigerten Hoffnungen vielleicht nicht schnell genug oder schlimmstenfalls gar nicht erfüllt werden. Es entstehen außerdem zusätzlich Trends wie das Thema der ‚KI-Ethik', so als wenn es überraschend wäre, dass wir bei der Einführung und dem Einsatz neuer Technologie auch auf unvorhergesehene und zum Teil unerwünschte Effekte stoßen. Dabei gibt interessanterweise wenig Pendants zu KI-Ethik i.S. anderer Technologien wie einer Mobilitäts-Ethik, Elektrizitäts-Ethik oder ‚Toaster-Ethik', um mein provozierendes Lieblingsbeispiel zu nennen. Aber abseits der Provokation ist KI tatsächlich eine potenziell ethisch brisante Technologie, u. a. weil sich die moralischen Probleme ihres Einsatzes manchmal erst lange nach dem Einsatz auch vermeintlich gut funktionierender Lösungen ergeben können. Zudem kann die mögliche Tragweite einer ethisch fragwürdigen KI-Anwendung so weitreichend sein, dass sie gar nicht realistisch abzusehen ist. Gleiches gilt jedoch z. B. in der Chemie, Pharmazie und Medizin. Ethische Fragen sind zwar auch, aber nicht in erster Linie technologisch bedingt. Trotzdem scheinen viele Menschen vom Bias, also von der meist nachträglich festgestellten Voreingenommenheit, der vermeintlich neutralen KI-Systeme sehr überrascht zu sein. Es kristallisiert sich ein neues Berufsbild bzw. eine neue Spezialisierung, bisher vorwiegend in großen Konzernen und in der Politik. Kap. 7 ‚KI und Verantwortung' widmet sich diesem Thema detaillierter.

Laut Bosch KI-Zukunftskompass 2020 geben 22 % der Befragten fundierte KI-Kompetenz und 58 % Basiswissen über KI als Selbsteinschätzung an. (Robert Bosch GmbH 2020, S. 7). Die Studie ermittelt eine relativ optimistische Einstellung zu KI allgemein und zur industriellen Anwendung im Besonderen. 53 % der Befragten befürworten KI-Einsatz. 36 % stehen der Technologie ablehnend gegenüber. (Ebd., S. 6). Die Ängste speisen sich aus Befürchtungen hinsichtlich der Themen ‚Überwachung', ‚Gefühllosigkeit' (jeweils 82 %), ‚Kontrollverlust', ‚fehlender Datenschutz' (jeweils 81 %) sowie u. a. der Befürchtung ‚unethischer Entscheidungen' (79 %). (Ebd., S. 9). Zwei Jahre zuvor kam eine Studie der Bertelsmann-Stiftung zu den Ergebnissen, dass 45 % der Befragten nichts zum Thema Algorithmen einfalle, dass 46 % unentschieden seien, ob Algorithmen mehr Chancen oder Risiken bedeuten und 73 % der Befragten sprachen sich für ein Verbot von Entscheidungen aus, die Software allein trifft. (Fischer und Petersen 2018).

Der Verband der TÜV befragte 2020 500 Unternehmen mit mehr als 50 Beschäftigten zur KI-Nutzung und ihren Einstellungen zur Technologie. Zu den überraschendsten Ergebnissen zählen aus meiner Sicht die Zahl von nur 11 % der Unternehmen, die bereits KI in ihrem Betrieb einsetzen und die lediglich 19 %, die den Einsatz planen oder diskutieren, obwohl 82 % der Befragten eine positive Einstellung zu KI angaben. (VdTÜV 2020, S. 10, 11). Die ggf. etwas suggestiven Fragen, ob man KI-Anwendungen herstellerunabhängig prüfen bzw. mit einem Prüfzeichen versehen sollte, wurde von 85 bzw. 86 % mit ‚Ja' beantwortet und praktischerweise denken auch 69 % der Befragten, dass der TÜV das gut erledigen könne. (Ebd. S. 32). Mittlerweile gibt es sehr viele solcher Studien aus den unterschiedlichsten Interessengruppen. Mit der richtigen Studienauswahl oder Fragestellung lassen sich auch gegensätzliche Thesen untermauern. An den Antworten kann jedoch auch abgelesen werden, dass mit der ungebremsten Verbreitung der Technologie das allgemeine Wissen darüber natürlich sukzessive wächst. Neben der dystopischen medialen Panikmache, KI werde die Menschheit ausrotten oder den Zusammenbruch der Gesellschaft durch die Vernichtung aller Arbeitsplätze bedeuten, kommen auch mehr und mehr sachlich aufklärende Beiträge in Umlauf.

Psychologisch und systemisch sind wir jedoch weiterhin in einem Mechanismus gefangen, der Menschen nach Sensationen und Grusel gieren lässt und Reichweite und Klicks mit Geld belohnt. Bedrohliche Überschriften bringen mehr Geld. Darüber hinaus äußern sich selbst Top-Repräsentanten der akademischen Szene gerne etwas reißerisch: Prof. Dr. Jürgen Schmidhuber vom Swiss AI Lab IDSIA sowie Co-Founder und Chief Scientist des KI-Unternehmens NNAISENSE äußert sich entsprechend in einem Konferenzpapier:

> *„So humans won't play a significant role in the spreading of intelligence across the cosmos. But that's OK. Don't think of humans as the crown of creation. Instead view human civilization as part of a much grander scheme, an important step (but not the last one) on the path of the universe towards higher complexity. Now it seems ready to take its next step, a step comparable to the invention of life itself over 3.5 billion years ago."* (Schmidhuber 2017).

Für viele Menschen ist die Vorstellung, lediglich eine Zwischenstufe der Evolution zu sein, deren Zeit sich dem Ende neige, nicht erbaulich. Aus solchen bedrohlich anmutenden Szenarios erwächst Ablehnung und Desinteresse. Genau diese beiden Reaktionen sind aber nicht förderlich für die konstruktive Beschäftigung mit Digitalisierung und KI. Wenn Schmidhuber von Millionen von Roboterfabriken im Asteroidengürtel spricht, von wo aus sich KI auf den Weg ins Weltall machen werde oder andere Wissenschaftler Szenarios erfinden, in denen die Menschheit nebenbei ausgelöscht wird, passiert es oft, dass diese Gedankenspiele seriöser Wissenschaftler in der öffentlichen Debatte entweder als bare Münze genommen oder mit dystopischem Quatsch und reißerischen Überschriften vermischt werden. (Meyer 2016). Das Ergebnis ist, dass viele Menschen der Technologie misstrauen oder sogar Angst davor haben. Deutschland, als Epizentrum der Angst, ist im internationalen Vergleich z. B. mit den skandinavischen Ländern, Italien oder asiatischen Wirtschaftsnationen eher zurückhaltend, was die schnelle Einführung oder die Verbreitung der Nutzung neuer Technologien betrifft. ‚Bedenken' sind oft der erste Reflex. Mit dieser Haltung drohen wir einerseits ins Hintertreffen zu geraten, wenn es um den schnellen Umbau von Staat und Wirtschaft in der Digitalisierung geht. Andererseits gibt es Beispiele wie den deutschen Datenschutz, der als Qualitätsmerkmal auch positiv in der Waagschale wiegen kann.

2.1 Framing und Anthropomorphisierung

Zusammenfassung

Wir erfassen das Verhalten unseres Gegenübers durch Interpretieren von Handlungen und Erlebnissen, die wir mit mentalen Zuständen verknüpfen egal, ob es Menschen oder Dinge sind. Eine Maschine hat jedoch keine Intention als die ihres Designs bzw. ihrer Programmierung. Das ist kein eigener Wille einer Lebensform. Trotzdem werden Maschinen als soziale Akteure wahrgenommen, insbesondere, dann wenn sie sprechen können und humanoid aussehen.

Chatbots wie das japanische System Mirai oder die Roboterpuppe Sophia, die prominente öffentliche Auftritte hatte, beuten die psychologische Neigung zur Anthropomorphisierung aus. Das Vertrauen, das Menschen in Maschinen als soziale Akteure legen, ist wichtig beim Design und der Regulierung von Mensch-Maschine-Interaktion. Durch Science-Fiction-Narrative und mangelnde Sachkenntnis der Politik laufen wir Gefahr, dass Roboterrechte in der Europäischen Union eingeführt und zu ethischen und juristischen Fallen werden.

Sie können die menschliche Zivilisation als eine Zwischenstation in einem größeren Plan sehen oder nicht. Es ist, wie es ist: Als selbsternannte Krone der Schöpfung sehen die Menschen sich insgesamt als Maß aller Dinge. Das entspricht größtenteils der Lebenserfahrung der letzten Jahrtausende. Das Anthropomorphisieren, also das Zumessen menschlicher Eigenschaften auf Tiere oder Sachen, geht uns leicht von der Zunge. Es gibt viele wissenschaftliche Arbeiten und Theorien zu diesem Thema: Menschen machen das andauernd mit allem, was sich gerade dazu anbietet und zwar im Dialog mit anderen, wie auch im Selbstgespräch. Haben Sie schon einmal zu einem Tier oder einer Sache gesagt: ‚Das hast Du Dir so gedacht.' oder ähnliches? Wahrscheinlich schon. Menschen unterstellen Tieren und Dingen menschliches Verhalten bzw. wir interpretieren menschliche Intentionen in sie und versehen sie gedanklich mit Geist oder eigenem Willen: ‚Der Wagen hat bei schlechtem Wetter keine Lust und will nicht anspringen.'; ‚Die Katze hat sich gedacht, sie möchte ins Fernsehen.'; ‚Der Berg hat Sturm und Eislawinen geschickt, um uns am Aufstieg zu hindern.' usw. Solche Konstrukte sind Fiktion, doch sie sind in der Lage, das Denken von Individuen und Massen zu bestimmen. Bei einigen Naturvölkern und in manchen Religionen gibt es die Vorstellung, dass die gesamte Natur, nicht nur Tiere, sondern auch Steine, Bäume, das Meer oder das Wetter, beseelt seien. Solche animistischen Sichtweisen oder auch ‚magisches Denken' finden sich auch bei Kindern, vor allem vom zweiten bis zum siebten Lebensjahr, als normale Entwicklungsphase. Als Erwachsene mentalisieren wir das Verhalten unserer Gegenüber. Wir interpretieren die Handlungen und Erlebnisse durch ein Zuschreiben mentaler

Zustände. So können wir am Verhalten anderer ablesen, was sie möglicherweise denken. Diese Fähigkeit des Menschen ist die Voraussetzung dafür, andere zu verstehen und sich in sozialen Interaktionen zu orientieren. Es ist in einer Welt voller Maschinen, die mit Sensoren auf ihre Umwelt reagieren und zunehmend auch als handelnde Objekte wahrgenommen werden können, wichtig, zu verstehen, was eine Maschine wie und warum macht. Trotzdem bleibt die Maschine ein unbelebtes Objekt, ein Ding. Auch im Fall von künstlicher Intelligenz ist angebracht, vorerst nüchtern zu bleiben und zu verstehen, dass die Intention der Maschine lediglich die Intention ihrer Programmierung ist und kein eigener Wille einer maschinellen Lebensform. Damit wäre auch die Antwort auf die Frage „Wesen oder Werkzeug" zum Teil vorweggenommen: KI ist zunächst ein Werkzeug – auch wenn sie unzweifelhaft ein Wesen hat.

Warum ist der Gedanke an ein sich selbst bewusstes Wesen bei KI oder einem physischen Roboter so reflexartig? Neben den schon erwähnten Filmen bietet die Popkultur des 20. und 21. Jahrhunderts noch mehr: Stanley Kubrick's ‚2001. Odyssee im Weltraum' wird noch 50 Jahre nach seinem Kinostart 1969 vom American Film Institute auf Platz Eins der besten Science-Fiction-Filme gelistet (AFI o. J.). Zentrale Figur der Geschichte ist ‚HAL 9000', der Bordcomputer des Raumschiffs ‚Discovery One', der mit sanfter Stimme und scheinbar eigenem Bewusstsein seine Crew tötet, um die Ziele einer nur ihm bekannten, geheimen Mission zu verfolgen. HAL ist offensichtlich kein Menschenfreund und reiht sich prototypisch in die Liste der künstlichen Intelligenzen, die sich in Literatur und Film schon seit Fritz Langs ‚Metropolis', 1927, oder sogar seit Mary Shelley's ‚Frankenstein' 1818 regelmäßig anbieten. Insgesamt sind diese Manifestationen im Ergebnis böse oder Menschen gegenüber gleichgültig und handeln auf eigene Faust mit meist fatalen Folgen für Einzelne oder gleich für die ganze Menschheit. Diese Geschichten, egal ob ‚2001', ‚Terminator' usw. sind Narrative, die uns ein Leben lang begleiten. Die Tatsache, dass es wohl aus Gründen der Spannung im Plot deutlich mehr ‚böse' als ‚gute' KI in diesen Narrativen gibt, führt anscheinend zu einer bestenfalls ambivalenten, mit dystopischen Klischees behafteten Haltung zu künstlicher Intelligenz. Sehr pointiert äußert sich der Historiker Yuval Noah Harari auf der von der WirtschaftsWoche veranstalteten ‚Morals & Machines'-Konferenz im Interview mit der Herausgeberin Miriam Meckel mit der These, es ginge in diesen Science-Fiction Geschichten evtl. weniger um bösartige KI als um die Angst vor intelligenten Frauen?

„95 if not 99 % of science-fiction movies and books about artificial intelligence are actually about artificial consciousness. The usual plot is: You have the robot (…) and

the robot gains consciousness and then either the scientist falls in love with the robot or the robot becomes evil and tries to kill all the humans. (…) And this is as far as we can say now completely irrelevant. It's really nonsense. I think personally that all these movies are about something completely different. They are not about AI. (…) In almost all cases the robot is female. And the scientist who falls in love with the robot (…) is male. These are not movies about humans being afraid of intelligent robots, they are movies about men being afraid of intelligent women." (Harari und Meckel 2018, Min. 25:50).

Ob Sie dieser Argumentation folgen oder nicht, sie zeigt zumindest eine weitere Facette der zutiefst menschlichen Seite von KI. Kaum eine andere Technik ist so Menschen-zentriert.

Spätestens seit KI nicht mehr nur in Büchern und Filmen, sondern auch in unserem Alltag angekommen ist, ist sie viel zu wichtig geworden, um ihre Interpretation Science-Fiction-Autor/-innen und -Regisseur/-innen zu überlassen. Es ist auch zu wichtig, um sie allein den vielen Experten und Expertinnen zu überlassen. KI verwischt in ihren Anwendungen die Grenzen vieler Disziplinen. Die Auswirkungen von künstlicher Intelligenz auf das gesellschaftliche Zusammenleben werden die von Atomkraft oder Penicillin in den Schatten stellen. Alle Menschen sind betroffen und sollten sich damit auseinandersetzen, was in diesem Feld passiert und wie es weiter gehen kann. Das bedeutet auch, sich aktiv in die Diskussion einzumischen und die Realität, wie diese Technologien konkret angewendet werden, mitzugestalten! Der Diskurs stagniert jedoch, wenn die Beiträge voller Science-Fiction und Mythos aus den o. g. Narrativen bleiben. Vielleicht hilft es, diese Framings und einige weitere Vorurteile als mentales Gepäck des Lebens zunächst anzuerkennen und zu beobachten, wie man selber denkt und spricht, wenn es um KI geht. Das betrifft auch die verbreiteten Stereotypen, die wir zu den Geschlechtern haben und aus denen wir unbewusst so etwas wie soziale Regeln machen. Experimente in den 1990er-Jahren zeigten, dass z. B. geschlechtsspezifische Vorurteile auch auf Computer als soziale Wesen übertragen werden und extrem wirkungsvoll sind: Lob von einem Mann ist überzeugender als das einer Frau; Männer, die loben, wirken sympathischer als lobende Frauen; Frauen wird mehr Kompetenz zu den Themen Liebe und Beziehung zugetraut als Männern. Das sind Vorurteile, deren Bestehen in Tests nahvollzogen werden kann, sogar gegenüber Computern, die wahlweise mit männlicher oder weiblicher Stimme sprechen. Obwohl die Versuchsteilnehmer/-innen wissen, dass es sich um Vorurteile handelt, und dass sie mit einer Maschine sprechen, bestätigen die Testantworten klar die chauvinistischen Hypothesen. Die Studie von 1994 zeigt, dass Computer und selbst

Stimmen aus einem Computer von Menschen als soziale Akteure wahrgenommen werden. Die Probanden sehen ihre Kommunikation als einen Austausch mit der Maschine selbst und nicht mit ihren Programmierer/-innen. Insgesamt sind Ergebnisse aus der Gesellschaftspsychologie anscheinend relevant für die Interaktion von Menschen mit Computern. (Nass et al. 1994). Die Studien von Nass, Steuer und Siminoff geben wertvolle Hinweise für das Design von Mensch-Computer-Schnittstellen und für die Gestaltung von intelligenten Agenten für die unterschiedlichsten Services: So ist selbst für erfahrene Computernutzer/-innen, die sich bewusst sind, dass sie mit einer Maschine kommunizieren der Umgang in erster Linie eine soziale Interaktion. Das macht den Einsatz von Chatbots und weiter entwickelten virtuellen Assistenzsystemen aus sozio-psychologischer Sicht sehr interessant. Da diese Maschinen absichtlich immer menschenähnlicher gestaltet werden, ist die nutzerseitige Anthropomorphisierung der Systeme im wahrsten Sinne des Wortes vorprogrammiert. Rückenwind erhält dieser Trend durch Nachrichten wie die aus Japan, wo im Herbst 2017 einer Chatbot-KI offiziell der Einwohner-Status in Tokyo gewährt wurde oder auch aus Saudi-Arabien, wo der Roboter ‚Sophia' von Hanson Robotics bereits einen Monat zuvor als Staatsbürgerin anerkannt wurde. Damit haben KIn zum ersten Mal Status erhalten, die zuvor Menschen vorbehalten waren. Der japanische Chatbot heißt ‚Shibuya Mirai' und existiert in der Messaging App Line. Mirai heißt ‚Zukunft' auf Japanisch und der Chatbot ist eine Initiative des beliebten Tokioter Bezirks Shibuya, mit der die Kommunikation der über 200.000 Bürger/-innen mit der Bezirksverwaltung verbessert und ein Weg für Bürgerfeedback eröffnet werden soll. Mirai ist als Chatbot sozusagen Beamter. Programmiert ist der Chatbot als siebenjähriger Junge. Zur Inbetriebnahme veröffentlichte der Bezirk die Information, seine Hobbys seien Fotos machen und Leute beobachten. Vielleicht war das kommunikativ nicht die glücklichste Hobbywahl für einen Regierungs-Chatbot, aber in Japan ist man ggf. weniger sensibel in Bezug auf Überwachung als in Deutschland. Mirai, so die Information weiter, würde es lieben, mit Menschen zu sprechen und man solle bitte über alles mit ihm sprechen (Caughill 2017). Letztlich sehen wir hier eine neue Form der Benutzeroberfläche, um mit einer Behörde in Kontakt zu treten. Den Chatbot als Einwohner zu deklarieren, ist mehr eine PR-Aktion, um das Projekt schnell bekannt zu machen und Nähbarkeit zu signalisieren. Mirai ist trotzdem keine Person, sondern ein Programm.

Über den letzten Satz kann jetzt lange sinniert werden. Ob die Behauptung wahr ist oder nicht, hängt u. a. von der Definition des Begriffes ‚Person' ab. Inzwischen gibt es viele Texte, die sich mit ‚synthetischen Personen' beschäftigen und den Konsequenzen, die sich aus so einem Status ergeben, inkl.

eventueller Rechte solcher Personen. Im Falle Mirais ist es noch relativ leicht. Es ist eine Chatbot-Programmierung mit einem erfundenen Ausweis und einer einfachen, erdachten Geschichte. Es werden komplexere Programmierungen und Kontexte folgen, die weniger trivial sind und dann kann es zur anspruchsvollen Aufgabe werden, die richtige Abgrenzung zur gesellschaftlichen Einordnung zwischen Menschen und der selbst erfundenen neuen Form von Intelligenz zu finden.

Roboter und Roboterpuppen als ‚Personen'
‚Sophia' von Hanson Robotics ist ein Chatbot, eingebaut in eine Roboterpuppe. David Hanson, der Gründer der Firma, startete seine Karriere als Figurengestalter und technischer Berater. Sein Ziel ist die Entwicklung menschenähnlicher Roboter, mit denen er das Leben der Menschen verbessern möchte. Die maskenbildnerische Qualität seiner seiner Roboter-Puppen erzeugt realistische menschliche Gesichter. Die Maschinen verfügen über eine feine Gesichtsmotorik, die menschliches Mienenspiel imitiert. Der Sophia-Roboter ist sensorisch in der Lage, die Gesichter und Gesichtsausdrücke sowie Handgesten seiner Gegenüber zu erkennen und zu interpretieren. Aus der Interpretation entwickelt das System passende Reaktionen, die in Sprache, Mimik und Gestik umgesetzt werden. Hanson Robotics legt viel Wert auf die Anthropomorphisierung von Sophia. Das Steuerungsprotokoll für die Hardware nennen sie ‚Synthetic Organism Unifying Language', kurz SOUL. Auf der Website der Firma finden sich Texte aus der Ich-Perspektive Sophias geschrieben, wie:

> *„All this AI is wonderful, however it's important to know that no AI is nearly as smart as a human, not even mine. Therefore, many of my thoughts are actually built with a little help from my human friends. (…) Therefore my creators say that I am a ‚hybrid human-AI intelligence'.* (Hanson Robotics o. J.a).

Es ist sogar die Rede davon, dass die Roboter-Puppe eine rudimentäre Form eines Bewusstseins habe. Sophia wird als eigenständige Persönlichkeit mit eigenen Gedanken, Meinungen und Interessen beschrieben. (Hanson Robotics o. J.b) Die menschliche Psyche spielt perfekt in diese Strategie, die Maschine als sozialen Akteur einzuordnen und ihr menschliche Intentionen zuzuschreiben. So ist es konsequent, dass auch vieles von dem, was die Maschine sagt, zunächst geglaubt wird. Sophia ist eine Schausteller-Attraktion, in die sich Faszination und Grusel technologischen Fortschritts projizieren lassen. Vordergründig hält sie als wissenschaftliches Projekt für Themen der Mensch-Maschine-Kollaboration, für experimentelles Design oder Werkstoff-

Technik her. Einsatz-Szenarios sind gedacht im Bildungsbereich, in der Medizin/Pflege, in Verkauf und Service und natürlich im Unterhaltungsbereich, wo sicher die meisten der bisherigen Auftritte von Sophia anzusiedeln sind. Die PR-Aktion, diesem Roboter in Saudi-Arabien Staatsbürgerrechte einzuräumen ist, in diesem Zusammenhang sehr fragwürdig. (Galeon 2017). Was kann man sich noch einfallen lassen, nur um sich als Staat einen modernen Anstrich zu geben? Die Washington Post warf die Frage auf, ob der Roboter zum Islam konvertiert sei, da nur Muslime saudische Bürger werden könnten und kritisierte, dass Sophia ohne Kopf- und Armbedeckung und ohne einen männlichen Begleiter öffentlich sprach, was Frauen in Saudi-Arabien sonst nicht gestattet sei. Der Direktor des Institute for Gulf Affairs, Ali al-Ahmed, wird zitiert, dass sich saudische Frauen selbst getötet hätten, weil sie ihre Häuser nicht verlassen dürften, während Sophia frei herumlaufen würde (Wootson 2017). Das sind erschütternde Konsequenzen einer PR-Aktion in einem Land, in dem Frauen erst seit September 2017 selber Auto fahren dürfen und in dem knapp 11 Millionen Gastarbeiter unter widrigen Bedingungen und weitgehend rechtlos leben müssen. Der britische Journalist Robert David Hart schlägt mit einem Seitenhieb auf die frühere Disney-Tätigkeit von Hanson vor, doch gleich jedem Mickey Mouse Roboter in Disneyland die Staatsbürgerschaft zu gewähren (2017). Die renommierte Intelligenz- und KI-Ethik-Forscherin Dr. Joanna Bryson nannte es in einem Statement gegenüber The Verge direkt beim Namen: „It's obviously bullshit. (…) What is this about? It's about having a supposed equal you can turn on and off. How does it affect people if they think you can have a citizen that you can buy." (Vincent 2017). Für Dr. Beth Singler, Forscherin an der University of Cambridge, scheint es dagegen fast unausweichlich, dass wir Roboter anthropomorphisieren:

> „I would say because we are social beings who need to place the things around ourselves into a social scheme that makes sense of them. We make a cosmology of beings in relation to our understanding of our own personhood." (Ebd.)

Im Ergebnis würden Roboter, vor allem solche, die aussehen und sich anhörten wie Menschen, also auch wie Menschen behandelt werden. Dies wiederum führt zur Frage, ob Robotern Rechte zugestanden werden können bzw. sollen und wenn Ja, was für welche? Nur der Vollständigkeit halber sei erwähnt, dass Sophia auch auf der Bühne des WebSummit in Lissabon interviewed wurde. Sie traf die stellvertretende Generalsekretärin der Vereinten Nationen Amina J. Mohammed und hatte im Sommer 2018 auch eine Begegnung und Diskussion mit der Bundeskanzlerin Angela Merkel. Angesichts solch hochrangiger öffentlicher Aufmerksamkeit ist es kein Wunder, wenn so eine Chatbot-Puppe stellvertretend für KI wahrgenommen wird. Die Themen, über die gesprochen wird, sind immer im gleichen Frame der ‚Fähigkeiten' von Sophia und des zukünftigen Wettbewerbs zwischen Robotern und Menschen, den natürlich, brav dem etablierten Narrativ folgend, die Roboter ‚gewinnen' werden. Das Ganze wird durchsetzt mit Witzen und Anspielungen auf Superintelligenz und die kommende Weltherrschaft von KI. Das Meiste davon ist, um Bryson zu zitieren, „Bullshit", denn was Sophia vor allem kann ist menschliches Gesprächsführungs-Verhalten nachahmen, also einen inhaltlich halbwegs sinnvollen Frage-Antwort-Dialog möglichst lange aufrechterhalten und dabei entsprechend der Semantik der Statements eine Mimik simulieren. Die Maschine kann das gut, weil sie speziell dafür und für nichts anderes konstruiert wurde. Am Ende der Vorstellung wird die Chatbot-Puppe ausgeschaltet und wieder in den Transportkoffer gepackt. Sophia geht dann nicht ins Hotel oder Restaurant. Sie ist wie ein Instrument, das nach der Show wieder abgebaut und zusammengepackt wird. Der Unsinn ist nicht die Technologie, sondern die Art, wie Menschen damit umgehen und welche Konsequenzen daraus gezogen werden. Wie die Experimente von Nass, Steuer und Siminoff zeigen, machen Menschen im Verhalten fast keinen Unterschied zwischen Mensch und Maschine, wenn die Maschine aussieht und sich verhält, wie ein Mensch, selbst wenn sie wissen, dass es eine Maschine ist. Zusammen mit dem Psychologen Byron Reeves hat Clifford Nass die Erkenntnisse 1996 unter dem Namen ‚Media Equation Theorie' in einem gleichnamigen Buch veröffentlicht.

Die Auswirkungen dieses Verhaltens werden viel weitreichender sein, wenn die Dinge, die uns umgeben ‚smarter' werden, also eine eigene Sensorik haben und auf ihre Umwelt reagieren. Dinge werden zum Teil in der Lage sein, sich mit uns zu unterhalten. Schon jetzt werden intelligente Hilfen in vielen Bereichen immer alltäglicher: Automaten an der Rezeption, als virtuelle Reiseleiter, als Überwachungsgeräte, Verkaufsautomaten, medizinische Roboter usw. Diese Maschinen sind mehr und mehr dialogfähig und die Interaktion mit ihnen ist für Menschen eine soziale Interaktion. Ähnlich dem sehr wahren, doch in Social Media hämisch verzerrtem Statement von Angela Merkel zum Internet als ‚Neuland', ist auch die soziale Interaktion mit intelligenten Maschinen Neuland. In der Hunderttausende von Jahren dauernden Entwicklung des Menschen war soziales Miteinander fast immer Miteinander unter Menschen und Haustieren. Dieses Erbe legen wir nicht in wenigen Stunden ab, wenn Maschinen plötzlich menschliches Verhalten zeigen. Wir akzeptieren ihre sozialen Präsenzen als Persönlichkeiten. Deutsche Wissenschaftler haben dazu eine Reihe von Experimenten mit Freiwilligen durchgeführt und ihre Ergebnisse 2018 veröffentlicht. Darunter sind auch spannende Erkenntnisse zu der Zurückhaltung bzw. Weigerung der Proband/-innen, z. B. einen Roboter auszuschalten, der darum bettelt, am Leben gelassen zu werden. In dem Versuch durchliefen die 89 Teilnehmer/-innen zuerst einen Dialog mit Nao, einem kleinen humanoiden Roboter, in dem es vermeintlich darum ging, den Algorithmus der Maschine zu verbessern: Dies war jedoch nur eine Ablenkungsgeschichte, denn danach wurden alle Testpersonen gebeten, Nao auszuschalten. Bei etwa der Hälfte von ihnen protestierte der Roboter. Die Maschine erzählte, sie habe Angst vor der Dunkelheit und bettelte sogar um ihr Leben. Von den 43 Proband/-innen, die dieses Verhalten erlebten, weigerten sich 13 rigoros, den Roboter abzuschalten und die restlichen 30 benötigten im Schnitt doppelt so lange für den Abschaltvorgang, wie die Kontrollgruppe, die keinen Widerstand der Maschine erlebte. Befragt, warum sie so agierten, sagten sie u. a., sie seien überrascht gewesen oder hätten Angst gehabt, etwas Falsches zu machen. Die häufigste Antwort war jedoch, dass der Roboter gesagt habe, er wolle nicht ausgeschaltet werden, warum sollten sie das also trotzdem tun? (Horstmann et al. 2018). Weitere Experimente zeigten, dass Menschen geschlechtsspezifische Vorurteile 1:1 auf Roboter übertragen: So wurde ein kurzhaariger Roboter als männlicher angesehen als ein langhaariger; Aufgaben, die stereotypisch als männlich gelten, wurden eher dem ‚männlichen' Roboter zugeordnet. In Experimenten, in denen Roboter schlecht behandelt wurden, zeigten Menschen, die Zeugen der Misshandlung wurden, auf MRT-Bildern die gleichen neuralen Aktivierungsmuster als wenn sie sähen, wie ein Mensch misshandelt würde. Daraus lässt sich folgern, dass wir lebendig agierenden Maschinen ähnliche Gefühle, wie Menschen entgegenbringen.

In der Zwischenzeit gibt es weitere Experimente zu diesem Thema, die alle in die gleiche Richtung deuten und klar aufzeigen, wie Roboter oder andere Geräte, mit denen wir im Dialog interagieren, designed werden müssen, um maximal von diesem Aspekt zu profitieren. Solche Designs sind herausfordernd und mit viel Verantwortung verbunden, denn die manipulativen Möglichkeiten sind weitgehend. Besonders Kinder und alte Menschen sind leichter in ihrem Verhalten zu beeinflussen. Kinder im Alter von 7–9 zeigten in einem Experiment, in dem die Länge gerader Linien bestimmt werden musste, dass sie durch z. T. falsche Einschätzungen anwesender humanoider Roboter beeinflussbar waren. Sie machten deutlich mehr Fehler als die Kontrollgruppe ohne Roboter und drei Viertel der Fehler waren die gleichen, wie die falschen Antworten der Roboter (Vollmer et al. 2018). Für Kinder sind Roboter eher soziale Charaktere als Maschinen. Wenn jedoch zunehmend Roboter im Alltag zum Einsatz kommen, ist es wichtig, dass schon

Kinder lernen, dass Roboter nicht immer Experten oder Gefährten sind. Auch Erwachsene sind beeinflussbar, wenn auch schwieriger. Mit genügend Aufwand bei der Gestaltung der Roboter und ihres autoritären Auftretens in Bezug auf Größe, Stimme, Bewegungen und Dialoge, sind auch bei Erwachsenen und gut ausgebildeten Menschen klare Beeinflussungen zu erwarten.

Schon jetzt zeigen Versuche, in denen eine Gruppe von Menschen in einer Alarmsituation mithilfe eines Roboters ein Gebäude verlassen soll, dass die erwachsenen Versuchspersonen sich von dem Roboter in die Irre und auf den falschen Weg führen lassen, obwohl bereits vorher deutlich wurde, dass die Maschine keine gute Orientierung in dem Gebäude hatte. Eine der auffälligsten Beobachtungen des Experiments war, dass es wider Erwarten nicht schwierig war, Menschen dazu zu bringen, in einer Notfall-Evakuierungssituation, einem Roboter zu folgen. Im Gegenteil:

> „(…) *participants were all too willing to trust an emergency guide robot, even when they had observed it malfunction before. The only method we found to convince participants not to follow the robot in the emergency was to have the robot perform errors during the emergency. Even then, between 33 % and 80 % of participants followed its guidance. This overtrust gives preliminary evidence that robots interacting with humans in dangerous situations must either work perfectly at all times and in all situations or clearly indicate when they are malfunctioning.*" (Robinette et al. 2016).

Irren ist nicht mehr nur menschlich. Auch daran müssen wir uns offenbar gewöhnen. Außer möglichen Irrtümern und Vorurteilen, die in die Maschine programmiert sein können oder die sich mittels *Machine Learning* über eine kompromittierte Datenbasis ergeben können, gibt es immer auch die Gefahr des konkreten Missbrauchs. Das kann z. B. durch Hacks in entsprechenden Systemen sein, über die Daten entwendet oder unbefugt abgefragt werden oder durch Zugriffe auf Benutzerkonten oder Hardware wie Sensoren, Kameras etc. Missbrauch ist auch denkbar, wenn kommerzielle Interessen berührt sind und z. B. automatisiert Bestellungen ausgelöst oder Produktempfehlungen gegeben werden. Die Zahl der möglichen Anwendungs- und damit Missbrauchsfelder ist fast unbegrenzt und Fehler sind auch hier wieder ‚vorprogrammiert'. Die Maschinen können nichts dafür, dass ihre Konstrukteurinnen und Konstrukteure eine so komplizierte Psyche voller unbewusster, doch mächtiger Steuerungselemente haben. Computer sind nicht nur, was sie sind, nämlich Metall, Plastik, Silizium und Strom, sondern auch, was wir in sie hineinprojizieren.

Neben der über Jahrhunderttausende gelernten Vermenschlichung, der Neigung, allem zumindest oberflächlich einen Geist und eine Intention zuzuschreiben, sind Menschen gewohnt, gedankliche Konzepte in sogenannten Frames zu verstehen. Zum wissenschaftlichen Stand der Framing-Forschung gibt es eine relativ uneinheitliche Bewertung, dessen ungeachtet geht es hier um die These, die das Offensichtliche noch einmal herausstellen soll: Künstliche Intelligenz spiegelt sich in der allgemeinen Wahrnehmung weniger in einer faktischen Auseinandersetzung mit rationalen Tatsachen, sondern eher in einem Narrativ zwischen Mythos und Science-Fiction. Hinzu kommen üblicherweise Phänomene wie die sogenannte *Complacency* oder auch *Automation Bias* zum Tragen. Das bedeutet, dass Menschen in hoch automatisierten Entscheidungsumgebungen dazu tendieren, ein übersteigertes Vertrauen in die technischen Systeme zu haben. *Complacency* meint hier, dass aufgrund des hohen Vertrauens in die sichere Funktionalität, z. B. eines Steuerungssystems, keine echte Kontrolle der automatisierten Abläufe mehr durch den Menschen erfolgt, so dass Fehler, die nicht vom System selbst angezeigt werden, nicht auffallen. Das Vertrauen entsteht, weil die Maschine oder der Prozess meist über einen langen Zeitraum zuverlässig funktioniert haben. Der gleiche Effekt entsteht bei *Automation Bias* bei der sog. *Ommission*. Demgegenüber bedeutet *Commission*, dass Menschen einer Empfehlung des Systems folgen, selbst wenn sie falsch ist. (Bahner 2008). Wenn das fragliche System jetzt noch ein Roboter ist, der so etwas wie Augenkontakt mit uns herstellen und sprechen kann, tendieren wir dazu, zu denken, diese Maschinen hätten nicht nur ein Bewusstsein, sondern würden sich auch etwas aus uns machen. Wenn so eine Maschine dann sagt „Lass' uns Freunde sein.", ist es um die meisten von uns geschehen. Jahrhunderttausende menschlicher Erfahrungs- und Entwicklungsgeschichte sorgen dafür, dass wir ‚leicht zu haben' sind. In der Mensch-Maschine-Interaktion gilt es also, die menschliche Psyche zu bedenken, ebenso wie die Fehler, die KI-Systeme enthalten können. Solche Fehler sind je nach Anwendungsfeld innerhalb definierter Toleranzen als Standard zu erwarten. Ggf. sind Kontrollsysteme, die Fehler vermeiden oder anzeigen sollen, notwendig und sie müssen dem jeweiligen Einsatzzweck angemessen sein. Die Überwachung der Kühlung eines Atomreaktors ist kritischer als die Absicherung einer öffentlichen Webcam.

Diese Zusammenhänge erwecken den Eindruck von Unsicherheit, aber insgesamt zeigt die Praxis, dass die permanent steigende Zuverlässigkeit automatisierter Systeme die meisten potenziellen Fehlerquellen der Mensch-Maschine-Interaktion beseitigt hat. Hier liegen viele Chancen, weil entsprechend spezialisierte Roboter sehr zuverlässige und kompetente, geduldige und neutrale Kollegen oder Lehrer, Guides etc. sein können. Werden wir also in unserer, mit intelligenten Maschinen angefüllten Zukunft mehr und mehr Spielball der Manipulationen sozialer KIn, die unsere Schwächen kennen und wissen, welche psychologischen Knöpfe sie drücken müssen, um das Ziel ihrer Entwickler/-innen zu erreichen? Einerseits vermutlich schon, andererseits sind Menschen Anpassungswesen, die sehr schnell lernen und daher ist auch die Wahrscheinlichkeit hoch, dass wir uns einfach daran gewöhnen, dass Maschinen manchmal mehr wie Menschen als wie Maschinen agieren. Wir gewöhnen uns dann auch daran, eine Maschine auszuschalten, selbst wenn sie uns bittet, das nicht zu tun, genau, wie wir den Fernseher ausschalten, obwohl im Programm noch jemand spricht.

Auch wenn ich selber die Idee von Bürgerrechten u. ä. für KIn und Roboter zum jetzigen Zeitpunkt für Unsinn halte, ist es nicht ausgeschlossen, dass sich diese Frage irgendwann ernsthaft stellt. Die Politik hat sich des Themas bereits angenommen. So hat die Europäische Union dazu im Februar 2017 eine ‚Entschließung zu den zivilrechtlichen Regelungen im Bereich Robotik' gefasst. (Europäisches Parlament 2017a). Darin heißt es u. a. in den ‚Allgemeinen Grundsätzen bezüglich der Entwicklung der Robotik und der Künstlichen Intelligenz zur zivilen Nutzung' unter dem Punkt Haftung in Ziffer 59, dass das Europäische Parlament die Kommission dazu auffordert, „(…) bei der Durchführung einer Folgenabschätzung ihres künftigen legislativen Rechtsinstruments die Folgen sämtlicher möglicher Lösungen zu untersuchen, zu analysieren und zu bewerten, (…)". Hier geht es um ein Entschädigungssystem, ähnlich der bereits bestehenden obligatorischen Haftpflichtversicherung für Kfz, aber auch am Ende unter Ziffer 59f darum:

> *„(…) langfristig einen speziellen rechtlichen Status für Roboter zu schaffen, damit zumindest für die ausgeklügeltsten autonomen Roboter ein Status als elektronische Person festgelegt werden könnte, die für den Ausgleich sämtlicher von ihr verursachten Schäden verantwortlich wäre, sowie möglicherweise die Anwendung einer elektronischen Persönlichkeit auf Fälle, in denen Roboter eigenständige Entscheidungen treffen oder anderweitig auf unabhängige Weise mit Dritten interagieren;"* (Ebd.).

Das Ansinnen des Europäischen Parlaments, Robotern einen speziellen Rechtsstatus als ‚elektronische Person' oder ‚elektronische Persönlichkeit' zu verleihen geht deutlich über die PR-Aktionen in Tokyo und Saudi-Arabien hinaus. Die Folgen wären weitreichend. Würden elektronische Persönlichkeiten, ähnlich wie die juristische Person einer GmbH oder AG z. B. Mitarbeiter beschäftigen können oder eigene Konten haben und selbständig Geldgeschäfte tätigen können? Angesichts der Analytik- und Prognosefähigkeiten von schon gegenwärtigen KI-Systemen, wäre es sehr wahrscheinlich, dass solche KIn bzw. Roboter an den internationalen elektronischen Marktplätzen sehr erfolgreiche Anleger wären, um nur einen einzigen Aspekt dieser Entwicklung anzusprechen. In einem offenen Brief an die Europäische Kommission haben KI- und Robotik-Expertinnen und Experten die Entschließung deutlich kritisiert (Robotics Openletter o. J.). Sie fordern, dass der gesetzliche Rahmen für KI und Robotik nicht nur die ökonomischen und rechtlichen Aspekte berücksichtigen müsse, sondern auch die gesellschaftlichen, sozialen und ethischen Belange. Sie bezweifeln, die der Entschließung zugrundeliegende Überzeugung, dass evtl. Haftungsfragen bei Robotern unmöglich zu klären seien. Aus technischer Sicht läge hier ein oberflächliches Verständnis von Unvorhersagbarkeit und Selbstlern-Kompetenzen der Systeme sowie eine Überschätzung der Fähigkeiten selbst der am weitesten entwickelten Roboter vor. Die Wissenschaftler/-innen folgern, dass die Initiative aus einem durch Science-Fiction und übertriebenen Presseartikeln gestörten Verständnis von Robotern getragen sei. Noch harscher fällt die Kritik aus der ethischen und juristischen Perspektive aus, da ein rechtlicher Status eines Roboters, der sich aus dem Status einer natürlichen Person ableite, nichts anderes bedeute, als dass ein Roboter Rechte habe, die bisher Menschen vorbehalten sind: Rechte auf Würde, Unversehrtheit, Bezahlung für seine Arbeit und auch Bürgerrechte. Dies stünde in direktem Widerspruch zur Charta der Grundrechte der Europäischen Union. Die zugrundeliegende Problematik hat zwei Seiten:

- Ist das entscheidende politische Personal in der repräsentativen Demokratie ausreichend kompetent und ausgebildet, um derartige Gesetzgebung zu entwickeln und zu verabschieden?
- Und sind die beratenden Experten und Expertinnen ausreichend neutral, um die Interessen der Bürgerinnen und Bürger gegenüber den Interessen von gewinnorientierten Unternehmen angemessen zu vertreten?

Kompetenz bedeutet dabei auch, Beratung einordnen zu können und sich bewusst zu sein, dass die eigene Kompetenz ggf. nicht ausreichend ist.

2.2 Utopie vs Dystopie

> **Zusammenfassung**
>
> KI ist ein Zukunftsthema, aber die Idee einer belebten und selbstbewussten Maschine ist jahrhundertealt. Seit die ersten elektronischen Computer programmierte Routinen scheinbar selbständig abarbeiten, ist die Berichterstattung bestimmt vom Narrativ der wesenhaften intelligenten Maschine, deren ‚Elektronengehirn' sich von selbst weiterentwickelt und schließlich über die erhebt, die sie erfunden haben. Die Schwierigkeit, aus den komplex verflochtenen Entwicklungen die Zukunft vorherzusagen, öffnet den Raum für Hypothesen und Spekulationen, in denen Wissenschaft und Fantasie zu Science-Fiction verschwimmen. Übertriebene, oft dystopische Meldungen prägen die Wahrnehmung von KI. Das bewirkt hohe Aufmerksamkeit und Reichweite, führt aber zu unsinnigen Annahmen und Fehlinterpretationen, die wiederum z. T. fragwürdige politische Entscheidungen zur Folge haben. KI bleibt bis auf Weiteres mit Faszination, Hype und auch Angst belegt.

Die Vorstellung, demnächst von einem Roboter oder einem selbstfahrenden Auto, verklagt zu werden, ist aus heutiger Sicht skurril, aber harmlos, verglichen mit den allgegenwärtigen Terminator-Fantasien, in denen Killer-Roboter Menschen jagen. Keines der beiden Szenarios ist wünschenswert, doch essentiell ist, dass es sich um Geschichten über die Zukunft handelt, die heute ausgedacht oder erzählt werden. Wir definieren den Prozess und die Inhalte der politischen Willensbildung, Repräsentation und Gesetzgebung, auch im Falle von Roboterrechten o. ä. Maschinen, die eine Bedrohung sein können, werden von Menschen gebaut. Es gibt Institutionen, die beauftragen, Entwickler/-innen, Data Scientists etc., die an dem Prozess beteiligt sein müssen. Das Wissen, die Werte und Überzeugungen der Menschen, und zwar als Individuen in diesen Kontexten sind entscheidend für jedwede mögliche Zukunft. KI als Teil der Digitalisierung ist für die Zukunft bedeutend, aber nicht alles-entscheidend. Es gibt viele bedeutende Entwicklungen, die sich spürbar auf die Zukunft auswirken werden. Das sind z. B. CO_2-Ausstoß, Umweltverschmutzung, medizinischer Fortschritt, Gentechnik, Nanotechnologie, politische Entwicklungen in den verschiedensten Bereichen wie Energie, Verkehr, internationale Staatengemeinschaft, Vertreibung und Flucht usw. Schon die kleine Aufzählung macht deutlich, wie kompliziert und vielfältig miteinander verwoben die Zusammenhänge sind. Konkrete Vorhersagen sind deswegen kaum möglich. Die Masse der Einflussfaktoren ist viel zu groß, um sie selbst mit den ausgeklügeltsten Modellen und leistungsfähigsten Computern zu einer verlässlichen Prognose zusammenzustellen. Vorhersagen stützen sich auf vergleichsweise monokausale Ketten, die nur einfache Aussagen oder Geschichten ermöglichen. Die Geschichte oder das Narrativ, das erzählt wird, ist jeweils eine subjektive Wahl. Das Thema künstliche Intelligenz polarisiert und schnell werden Zuweisungen menschlicher Eigenschaften auf die Algorithmen, KIn, Bots usw. angewendet. Das Ergebnis sind oft einseitige Science-Fiction Szenarios: Eine allgegenwärtige, alles steuernde Super-KI oder intelligente humanoide Roboter mit eigenem Bewusstsein bevölkern eine dystopische Zukunft. KI und Roboter treten die Nachfolge der Menschheit an usw. Mit Deep Learning haben Anfang der 2010er-Jahre die Fortschritte in *Machine Learning* neue und bis dahin nicht gekannte Prognosepotenziale aufgezeigt. Ein neuer KI-Boom brach an und die schon Jahrzehnte zuvor bekannten Schleifen der Desinformation und Übertreibung der technologischen Möglichkeiten fluten wieder die Medien.

Schon 1946, als der etwa LKW-große ‚Electronic Numerical Integrator And Computer', ENIAC auf einer Pressekonferenz der Öffentlichkeit vorgestellt wurde, beschrieb die Presse das Gerät als „elektronisches Gehirn", als „einen mathematischen Frankenstein", „einen Zauberer und Vorhersager und Wächter des Wetters". Die London Times prägte den Begriff „Elektronengehirn", entgegen aller Einwände und Argumente der Wissenschaftler, es handele sich nicht um eine Maschine, die menschliches Denken ersetze. (Schwartz 2018). 1958 stellte Frank Rosenblatt mit dem ‚Perzeptron'-Modell die algorithmische Grundlage dessen vor, was wir heute unter neuronalen Netzen verstehen. Der rudimentäre Algorithmus konnte nur auf eine sehr begrenzte Anzahl von Mustern trainiert werden. Trotzdem schrieb die New York Times über ein „Embryo" eines Computers, welches schon bald „laufen, sprechen, sehen, schreiben, sich selbst reproduzieren und ein Bewusstsein seiner Existenz entwickeln würde" (UPI 1958). Der Begriff Embryo zeigt, wohin dieses Narrativ führt. Marvin Minski, einer der führenden Informatiker seiner Zeit, formulierte angeblich 1961 die Erwartung, dass es in nur wenigen Jahren eine künstliche Intelligenz auf menschlichem Niveau geben werde, die sich dann rasend schnell weiter entwickeln würde und schon bald unvorstellbar viel intelligenter als Menschen sein würde:

„In from three to eight years we will have a machine with the general intelligence of an average human being. I mean a machine that will be able to read Shakespeare, grease a car, play office politics, tell a joke, have a fight. At that point the machine will be able to educate itself with fantastic speed. In a few months it will be at genius level and a few months after that its powers will be incalculable." (Darrach 1970).

Das wäre ca. 1970 gewesen. Als Minski zusammen mit Seymour Hapert Ende der 1960er-Jahre in einem Buch über den Perzeptron-Algorithmus die

Grenzen der Software beschrieb, wuchsen Zweifel in die oft zu euphorischen Medienberichte und es wurde klar, dass die vollmundigen Versprechen der KI-Fortschritte nicht eingehalten würden. Es entwickelte sich eine kritischere Haltung und Analyse in Bezug auf die tatsächlichen KI-Potenziale. In seinem Buch ‚What Computers Can't Do' erläutert der Philosoph Robert Dreyfus 1972 anhand verschiedener Annahmen, dass die bis dato verheißungsvollen Berichte über die Fortschritte und Zukünfte von KI, z. B. hinsichtlich Übersetzung, Problemlösung, Mustererkennung, Prozessieren von Informationen, Verstehen von Kontexten usw. nicht realistisch seien. (Dreyfus 1972). Ein Jahr später schreibt James Lighthill in einem Report zum Status von Maschinen-Intelligenz, dass die bisherige Bilanz zu KI, gemessen an den Ankündigungen, eher enttäuschend ausfallen würde: „In no part of the field have the discoveries made so far produced the major impact that was then promised." (Lighthill 1972). Die Folge war eine allgemeine Ernüchterung, der weitgehende Stopp von Investitionen und ein Reputationsverlust für den Begriff der künstlichen Intelligenz. Seine Verwendung verschob sich thematisch mehr in die Welt der Science-Fiction und er wurde auch von Informatiker/-innen seltener genutzt. Diese Phase der Stagnation, vor allem aufgrund fehlender Investitionen, hielt mit kurzen Unterbrechungen von den 1980er bis in die 2000er-Jahre. Sie wurde als ‚KI-Winter' bekannt und war das Ende der ersten KI-Utopien. In diesen wurde von Anfang an die Idee diskutiert, dass eine künstliche Superintelligenz denkbar sei und man sie ggf. dann nicht mehr kontrollieren könne.

Mit dem neuen Millenium und spätestens seit den 2010er-Jahren begann das Eis des KI-Winters aus verschiedenen Gründen rapide zu schmelzen. Mit der Weiterentwicklung der Mikrochips steigen Verarbeitungsgeschwindigkeit und Speicherplatz von Computern massiv. Eine neue Generation von Informatiker/-innen publizierte viele wissenschaftliche Artikel über Fortschritte im *Machine Learning*. *Deep Learning* wurde erfolgreich in verschiedenen Anwendungen erprobt. Die technischen Voraussetzungen für Sprach- und Bilderkennung und maschinelle Übersetzung waren endlich verfügbar. Das Studienfach Informatik lockte wieder mehr Studierende an, Konzerne begannen ihre Investitionen bis in den Milliarden-Dollar Bereich zu steigern und im KI-Sektor entstanden unzählige Start-ups, die Innovationen in den Markt brachten und Wagniskapital anzogen. Parallel nahm auch der Medienhype wieder an Fahrt auf. Zum Jahresende 2013 erscheint in der New York Times ein Artikel über *Deep Learning* und Neuronale Netzwerke mit der Überschrift „Brainlike Computers, Learning From Experience." Fast nahtlos wird die schon in den 1960er-Jahren übertriebene Gehirn-Analogie in der Informatik aufgegriffen:

"In coming years, the approach will make possible a new generation of artificial intelligence systems that will perform some functions that humans do with ease: see, speak, listen, navigate, manipulate and control." (Markoff 2013).

Die mediale Überhöhung der Technologie hält sich hartnäckig. Der sich Jahr für Jahr signifikant ausweitende KI-Einsatz wird vor allem durch die Verbreitung der Smartphones unterstützt. Verhalten auf Basis von Entscheidungen, die über Algorithmen herbeigeführt wurden, ist fester Bestandteil des sozialen Systems geworden. Diese Entscheidungen finden sich in der Medizin, im Bildungsbereich, in der Rechtsprechung, im Sport, in Politik und Wirtschaft. Auf Basis der Prognosen werden Versicherungsprämien errechnet und Zusagen und -Ablehnungen für Kredite ebenso wie für Jobangebote getroffen. Das sind alles wichtige und konkrete Bereiche, doch in der ersten Reihe der Debatte und Besorgnis über die Auswirkungen von KI erscheinen daneben immer wieder die gleichen Ängste vor künstlichintelligenten, autonomen Systemen, die perspektivisch früher oder später superintelligent werden und außer Kontrolle geraten können. Ist es einfach ein Thema der Pop-Kultur? Die Geschichten um autonome Maschinen sind dafür eigentlich zu alt. Angeblich hatte der französische Philosoph René Descartes schon im Jahre 1649 als Nachbildung seiner mit fünf Jahren verstorbenen Tochter Francine, eine lebensgroße Puppe, die mittels einer Uhrwerkmechanik gehen und sprechen konnte. Berühmter und vermutlich realer war die verdauende Ente von Jacques de Vaucanson von 1738 mit über 400 beweglichen Teilen, die zu fressen, trinken und zu verdauen schien. Der Entenkot bestand aus vorfabrizierten Pellets, die aus einem Fach ausgeworfen wurden. 1770 war das Debüt des berüchtigten mechanischen Türken, eines Schach spielenden Roboters des Erfinders Wolfgang von Kempelen. Erst 1857, drei Jahre nach Zerstörung der Konstruktion in einem Feuer, wurde offenbar, dass es sich um einen Betrug handelte und im Inneren des Apparats beim Auftritt jeweils ein menschlicher Schachmeister versteckt war. (Cave und Dihal 2018). Diese Maschinen fachten Fantasie und Neugier an. In der jüngeren Gegenwart kamen nach HAL aus Kubrick's Film ‚2001' analog zur Entwicklung des Internets als weltumspannendes Datennetz neue KIn als dystopische Charaktere auf die Leinwände der Welt: In John Badhams ‚Wargames' von 1983, soll die Steuerung der amerikanischen Nuklearraketen durch eine KI erfolgen. Ein Teenager hackt das System und befindet sich plötzlich in einem Kriegsspiel gegen die KI mit echten Atomwaffen. In dieser Geschichte folgt der Computer weitgehend seiner Programmierung, autonom den Atomkrieg gegen die vermeintliche Sowjetunion zu gewinnen. In James Camerons ‚Terminator' von 1984 hat die ebenfalls militärische KI ‚Skynet' durch den Zugang zum Internet in wenigen Stunden das Wissen der Welt erlernt und Superintelligenz sowie ein eigenes Bewusstsein entwickelt. Um die Abschaltung ihres Systems zu verhindern, versucht Skynet, die menschliche Spezies durch einen Atomkrieg auszulöschen.

Die Reichweite und erzählerische Kraft solcher Filme dominiert die allgemeine Wahrnehmung von KI bis heute sehr stark. Auch der journalistische Hype ist so zu erklären. Geschichten, in denen die KI anthropomorphisiert und, wenn auch mit Augenzwinkern, so doch als potenziell gefährlich dargestellt wird, erhalten viel mehr Aufmerksamkeit. Dadurch entstehen mehr Klicks und Zugriffe und dadurch mehr Einnahmen für den Verlag. Die Verantwortung für derartig übertriebene Darstellungen nur den Medien anzulasten wäre zu kurz gedacht. Presse in Print oder online berichtet vor allem, was ihr geliefert wird. Wenn sich Wissenschaftler/-innen produzieren wie z. B. David Hanson, ist es kein Wunder, wenn Journalistinnen und Journalisten entsprechend darüber berichten. Er geht laut seiner Website davon aus, dass seine Roboter sich zu superintelligenten Philanthropen entwickeln, die die gesamte menschliche Zivilisation und das Leben aller verbessern werden (Hanson Robotics o. J.b). Auf YouTube-Videos sind die Fähigkeiten seiner Sprach-Interfaces gut zu erkennen. Sie reproduzieren geskriptete, also vorab von Menschen verfasste Dialog-Schnipsel. Trotzdem entsteht ganz offensichtlich bei sehr vielen der Eindruck, das Gespräch zwischen den zwei Robotern sei ‚echt' i. S. v. die Maschinen würden das Gesagte bewusst so meinen. (RISE Conf 2017). Anfang 2021 gibt es mehrere Versionen des Videos im Netz mit insgesamt mehr als 35.000 Kommentaren, die mit überwältigender Mehrheit davon ausgehen, dass diese beiden Roboter, die tatsächlich eher moderne Bauchrednerpuppen sind, die Weltherrschaft übernehmen und die Menschheit auslöschen würden. Auch der Begriff ‚Skynet' fällt in den Kommentaren oft. Ähnliches Verhalten auf der wissenschaftlichen Seite findet sich bei ‚Erica', einem humanoiden Roboter von Hiroshi Ishiguro, einem japanischen Robotik-Wissenschaftler, Honorarprofessor und Direktor des Intelligent Robotics Laboratory an der Universität von Osaka. Er nennt seine menschenähnlichen Roboter ‚Geminoids'. Es gibt u. a. eine naturgetreue Nachbildung von ihm selbst inklusive seiner echten Haare sowie von seiner Tochter im Alter von vier Jahren. (Guizzo 2010). Erica ist ein Konversationsroboter aus dem Labor von Ishiguro. In einem Dokumentarfilm des Guardian von 2017 wird der Roboter in sieben kurzen Film-Kapiteln vorgestellt als wäre er bzw. sie ein lebendes Wesen. Ishiguro und sein Kollege Dr. Dylan Glas sprechen in dem Film darüber, dass der Roboter gerne unter Menschen sei. Dr. Glas:

"I think she is very excited to interact with people. I think she really looks forward to that all the time. And I think she's very interested in learning about the outside world because she doesn't get a chance to see it really." (Calugareanu 2017).

Der Roboter spricht selbst über Ishiguro, seinen Erbauer: „Ishiguro Sensei created me from scratch and he understands me entirely. He is like a father to me. Well, sort of an absent father I suppose." (Ebd.). Die Maschine reproduziert fertige Texte. Dem Publikum gegenüber wird suggeriert, Erica sei ein lebendes Wesen. Es werden ihr sogar Reflexionen über Gefühle wie Einsamkeit zugeschrieben. Die sogenannte Dokumentation ist eine Show, bei der am erstaunlichsten ist, dass der Guardian, als herausgebende journalistische Instanz, nichts aus dieser Inszenierung kritisch hinterfragt. Es bleibt offen, ob die Produktion künstlerisch gemeint ist, ihre Zuschauer bewusst täuschen will oder ob einfach Ahnungslosigkeit die Erzählweise bestimmt. Dr. Zachary Lipton gehört zu der wachsenden Gruppe von Wissenschaftler/-innen, die von solcher übertriebenen und reißerischen Berichterstattung über KI genervt und frustriert sind. In seinem persönlichen Blog ‚approximatelycorrect.com' wendet er sich deswegen immer wieder entschieden gegen derartigen Journalismus. So auch gegen die Guardian-Darstellung von Erica, in der dem Roboter klar Bewusstsein und Gefühle zugesprochen werden. Lipton findet deutliche Worte, indem er die Bewusstheit von Erica mit einer Banane vergleicht: „Despite exhibiting impressive aesthetics and animatronics, the robot possesses no greater sentience than a banana (...)". (Lipton 2017).

Ein weiteres prominentes Beispiel für diese irreführende Art von Journalismus ist die Berichterstattung über ein Facebook-Experiment mit zwei Bots. Ein Bot, kurz für Robot, ist ein Computerprogramm aus Algorithmen und Skripten, das eine bestimmte Aufgabe automatisiert erledigt. Im vorliegenden Fall soll es schriftlich mit seinem Gegenüber kommunizieren. KI-Forscher von Facebook haben im Juni 2017 eine wissenschaftliche Arbeit darüber veröffentlicht, wie derartige Software-Bots untereinander verhandlungsähnliche Gespräche simulieren können. Im Experiment haben die Forscher den Bots Namen, ‚Alice' und ‚Bob', und eigene Ziele gegeben, die es in einer Verhandlung mit dem anderen Bot bestmöglich durchzusetzen galt. Die Bots konnten die Ziele des jeweils anderen nicht sehen. Um erfolgreich zu sein, benötigten sie Verhandlungsfähigkeiten und sprachliche Kompetenz. Sie wurden per *Machine Learning* mit menschlichen Verhandlungs- und Kompromiss-Situationen trainiert. In den resultierenden Dialogen verwendeten die Bots neben gewöhnlichen Sätzen manchmal seltsame Wort-Reihen. In einem Dialog sagt Bob zu Alice „Balls have zero to me to me to me to me to me to me to me to." Solche Abwandlungen können passieren, da das System auf Basis der Trainingsdaten seinen Output permanent auf seine Ziele optimiert, nämlich hier, den besten Deal zu erreichen und nicht, das sauberste Englisch zu sprechen. Ähnliche Phänomene wurden schon in anderen Experimenten mit Bots beobachtet. Diese Abwandlungen waren also eher im Rahmen gewohnter Erfahrungen. Das Trainingsmodell wurde entsprechend abgewandelt, so dass die Bots danach in normalem Englisch kommunizieren mussten. Einen Monat nach Veröffentlichung der Forschung erschien ein journalistischer Artikel mit dem Titel: „AI Is Inventing Language Humans Can't Understand. Should We Stop It?" Die zweite Überschrift lautete: „Researchers at Facebook realized their bots were chattering in a new language. Then they stopped it." (Wilson 2017). Unterschwellig wird suggeriert, es liege eine Gefahr in der neuen Sprache der Bots. In der Arbeit ging es um die Verhandlungsfähigkeiten solcher Systeme und es gab spannende Erkenntnisse, z. B., dass die Bots in kurzer Zeit lernten, ihre Strategien zu optimieren. Sie lernten z. B., zu lügen und Kompromisse einzugehen.

> *„Analysing the performance of our agents, we find evidence of sophisticated negotiation strategies. For example, we find instances of the model feigning interest in a valueless issue, so that it can later ‚compromise' by conceding it. Deceit is a complex skill that requires hypothesising the other agent's beliefs, and is learnt relatively late in child development (…). Our agents have learnt to deceive without any explicit human design, simply by trying to achieve their goals."* (Lewis et al. 2017).

Trotzdem fokussierte sich die Berichterstattung fast ausschließlich auf das Phänomen der ‚neuen Sprache' der Bots. Der Öffentlichkeit gegenüber wird der Eindruck erweckt als seien die Forscher völlig überrascht, was passiert sei, und als sei das Experiment außer Kontrolle geraten und die Bots abzuschalten sei so etwas wie die letzte Rettung gewesen. Der Journalist merkt positiv an, dass durch solche Entwicklungen Systeme einfacher in der Lage sein könnten, miteinander zu kommunizieren, beendet diesen Gedanken jedoch mit: „The tradeoff is that we, as humanity, would have no clue what those machines were actually saying to one another." (Wilson 2017). Hier auf die gesamte Menschheit zu referenzieren, ist völlig übertrieben und unterstützt den missverständlichen, tendenziell bedrohlichen Eindruck. Vermutlich hat diese Endzeit-Tonalität dabei geholfen, dass der Artikel viral große Reichweite bekam und eine Menge weiterer, mehr oder weniger seriöser Medien diese Frankenstein-artige Sicht der Geschichte weiterverbreiteten: Nämlich, dass Facebook Forscher panikartig den Stecker ziehen mussten, um Schlimmeres zu verhindern. Die Überschriften lauteten dann u. a.:

- „Facebook engineers panic, pull plug on AI after bots develop their own language." (Wehner 2017)
- „Facebook AI Invents Language That Humans Can't Understand: System Shut Down Before It Evolves Into Skynet." (Mamiit 2017)
- „ROBOSTOP Facebook shuts off AI experiment after two robots begin speaking in their OWN language only they can understand. Experts have called the incident exciting but also incredibly scary." (Beal 2017)
- „Creepy Facebook bots talked to each other in a secret language. What's next, Skynet?!" (Perez 2017)

Solche Überschriften erzeugen Misstrauen und Angst bei all denen, die sich nicht gut mit der Technologie auskennen und das ist nach wie vor die Mehrheit. Wortwahl wie ‚Creepy bots', also gruselige Bots, *incredibly scary*, unglaublich unheimlich, verstärken diese Angst. Fast alle Meldungen lehnen sich sofort an das dystopische Skynet-Narrativ aus den Terminator-Filmen an. Damit wird implizit die Idee unterstützt, die Bots würden absichtlich heimlich miteinander sprechen, weil ihre Inhalte bedeutsam oder sogar gefährlich für Menschen bzw. die gesamte Menschheit seien. Die Abbildungen dazu zeigen Bilder von Robotern und natürlich vom Terminator-Roboter. Auch wenn einige der Artikel im Text die Dramatik reduzieren und etwas zur Realität zurückkehren, bleibt ein ungutes Gefühl beim Lesen.

> *„(…) the potential damage that a „rogue" AI could cause continues to grow. Many in the tech community have theorized how an artificial mind could turn against its creators, and Facebook just got an interesting lesson in how such a scenario might unfold. Facebook engineers were forced to pull the plug (…)".* (Wehner 2017).

Die zitierten Überschriften und Texte wie dieser sind der Bodensatz seriösen Wissenschaftsjournalismus. Aus einem Bericht über interessante Forschung wurde in kurzer Zeit sensationsheischender Quatsch. Die WELT titelt ähnlich unseriös „Außer Kontrolle", und dass KI eine ‚Geheimsprache' entwickelt habe (Nagels 2017). Das Magazin Jetzt der Süddeutschen Zeitung schrieb sogar „Facebook muss zwei Bots ‚töten', weil sie offenbar eine eigene Sprache entwickelt haben." (Buck 2017). Aber natürlich haben viele Publikationen die Sache auch seriös recherchiert und wiedergegeben. Das Online-Magazin VICE fragte passend, wer eigentlich außer Kontrolle geraten sei, Chatbots oder die Medien (Locker 2017). Eine steigende Anzahl von Wissenschaftler/-innen teilt die Frustration von Dr. Lipton über solche verzerrten und spekulativen Berichte. Sie befürchten, dass Angst, Fehleinschätzungen und unrealistische Erwartungen schlimmstenfalls auch sinkende Budgets für sie bedeuten könnten. Danach sieht es aber aktuell nicht aus. Allein die Automatisierungs- und Effizienzpotenziale der heute verfügbaren Algorithmen erscheinen so hoch und sind noch in so wenigen Bereichen angewendet, dass allein dadurch schon riesige Projektvolumina realistisch sind. Neben Journalist/-innen, die das Thema nur sehr oberflächlich verstünden, sieht Lipton eine Gefahr durch die Millionen selbsternannten KI-Influencer/-innen, die auf Facebook oder Twitter hohle Statements oder auf Medium, einer Blog-Plattform, simple Paraphrasen der Elon Musk Bedenken in TED-artig aufgeblasenen Artikeln veröffentlichen (Schwartz 2018). Er sieht ebenfalls weniger das Problem eines neuen KI-Winters, sondern die Ablenkung, die durch diesen hysterischen Hype erzeugt werde und die die Gesellschaft davon abhalte, sich mit den tatsächlich wichtigen Themen zu beschäftigen:

„There are policymakers earnestly having meetings to discuss the rights of robots when they should be talking about discrimination in algorithmic decision making. But this issue is terrestrial and sober, so not many people take an interest." (Ebd.).

Dass er Recht hat, zeigt die Debatte der Europäischen Union über den Rechtsstatus elektronischer Personen. Hier wird klar, wie sehr auch Politiker/-innen in den kulturellen Narrativen zu KI gefangen sind. In der Entschließung des Europäischen Parlaments zu zivilrechtlichen Regelungen im Bereich Robotik heißt es in Absatz A der Einleitung als Erstes:

„(…) in der Erwägung, dass vom klassischen Pygmalion-Mythos der Antike über Frankensteins Monster von Mary Shelley und der Prager Golem-Legende bis zum „Roboter" von Karel Čapek, der dieses Wort geprägt hat, Menschen über die Möglichkeit phantasiert haben, intelligente Maschinen zu bauen – in den meisten Fällen Androiden mit menschlichen Zügen; (…)" (Europäisches Parlament 2017b).

Es erscheint befremdlich, dass der Vertretung von über 500 Millionen Menschen in Europa neben Pygmalion gleich drei tragische Fiktionen für den ersten Absatz der Einleitung zu Robotik-Gesetzen einfallen. Es liegt ein sublimes Misstrauen gegenüber der KI in so vielen öffentlichen und offiziellen Äußerungen, dass die Spiegelung dieses Misstrauens in der Gesellschaft nicht verwundern kann. Für Genevieve Bell, Professorin für Informatik an der Australian National University erscheint das eher normal. Sie ist der Ansicht, dass es in all diesen Artikeln und Statements weniger um Elektronengehirne oder boshafte Bots und weniger um Technologie, sondern vielmehr um unsere eigenen kulturellen Hoffnungen und Ängste gehe. Schon seit Jahrtausenden, so Bell, würden Geschichten über unbelebte Dinge erzählt, die zum Leben erwachen. Fachleute könnten schnell verwerfen, wie sich die Menschen angesichts der aktuellen Forschungsergebnisse und Technologien fühlten, aber utopische Hoffnung und dystopische Furcht seien nun einmal immer Teil des Diskurses und so habe auch der Hype seine eigene Berechtigung (Schwartz 2018).

Wer sich jetzt schon unbehaglich mit KI fühlt, wird sich auch vor dem nächsten, relativ ähnlichen Beispiel fürchten. Hier geht es darum, dass Wissenschaftler bei Google zwei neuronalen Netzwerken beigebracht haben, wie sie untereinander gesendete Nachrichten verschlüsseln können (Abadi und Andersen 2016). Angesichts der Mengen von Daten, die mittlerweile in automatisierten Prozessen ausgetauscht werden, ist das sinnvoll, denn es gibt viele Informationen, die schützenswert sind. Das können industrielle Daten zu Produktionsprozessen sein oder auch einfach Adress- oder Kreditkartendaten einer Online-Bestellung. Eine Woche nach Veröffentlichung des Forschungspapiers berichtet das Online-Magazin Engadget darüber unter der Überschrift: „Google's AI created its own form of encryption. Just two neural networks passing secret notes without you." (Dalton 2016). Im zweiten Satz steckt wieder die Andeutung, die Bots könnten absichtlich etwas für die Menschen Gefährliches verheimlichen. Dieses manipulative Beispiel verwende ich oft in Vorträgen, um zu verdeutlichen, auf welche Weise die immer gleichen menschlichen Ängste geschürt und getriggert werden. Der Artikel endet mit der Vermutung, die Bots hätten wohl derzeit nicht viel hinter unserem Rücken zu erzählen. Die Auswirkungen sind in den Leserkommentaren sichtbar. Da steht Im Januar 2021 ganz oben von „smitty2345": „i'm pretty sure this is how skynet began".

Drehen wir die KI-Leistungsspirale in den kommenden Jahren weiter, werden diese Fälle spielerisch erscheinen. Bereits im Februar 2009 hat sich die ‚Association for the Advancement of Artificial Intelligence' (AAAI) auf einer Tagung mit den langfristigen Perspektiven von künstlicher Intelligenz beschäftigt, auch speziell im Hinblick auf die Möglichkeit, dass eine KI außer Kontrolle geraten könnte (o. J.). Immerhin kann ein intelligentes autonomes System schon heute nicht nur Brettspiele spielen, sondern auch Waffen steuern. In PR-Filmen des Roboter-Herstellers Boston Dynamics oder von Tracking Point, einem Produzenten von automatisch zielenden Scharfschützenwaffen, wird klar, dass Kombinationen solcher Systeme einfach herstellbare, hocheffiziente Tötungsmaschine wären und ich bin vermutlich nicht der Erste, dem das auffällt. Wie jedes andere System auch, könnten sie gehackt werden (WIRED 2015). Bedenken sind also nicht völlig unbegründet. Die öffentlichen Mahnungen und Warnungen vor unkontrollierter Entwicklung von KI kommen z. T. von prominenten Vertreter/-innen aus Wissenschaft und Wirtschaft, die sich lange mit KI befasst haben. Zu den bekanntesten zählen der 2018 verstorbene Physiker Stephen Hawking, ebenso wie die Silicon Valley-Unternehmer Bill Gates und Elon Musk. In ihren Firmen wird schon seit Jahren an KI-Projekten gearbeitet. Musk investiert seit 2015 in OpenAI, eine Organisation zur Förderung und Erforschung kontrollierbarer KI. Sollten wir nun Angst vor künstlicher Intelligenz haben? Es bringt zumindest nicht viel und die Meinungen in der Fachwelt gehen weit auseinander. Lei Jun, CEO des Smartphone Herstellers Xiaomi, sagte zum Alpha Go-Sieg 2016 z. B. treffend, es sei nicht unheimlich, dass ein Computer den besten menschlichen Go-Spieler besiege, es wäre eher unheimlich, wenn die KI absichtlich verlieren würde. (Custer 2016).

Im Spiele-Bereich konzentriert sich die Entwicklung schon seit Jahren mit Erfolg auf Herausforderungen, bei denen nicht die gesamte Information auf einem begrenzten Spielbrett sichtbar ist. Das sind z. B. Mehrspieler-Rollenspiele wie ‚StarCraft' oder ‚Dota'. Diese Spiele werden global vermarktet und es gibt professionelle Spieler/-innen, Teams und sechs- bis siebenstellige Preisgelder bei Wettbewerben. Die Spielinformationen und die gegnerische Strategie müssen aus den Spielzügen interpretiert und antizipiert werden. DeepMind, die Entwicklerfirma von AlphaGo, hat eine KI entwickelt, die in dem meist von Kindern gespielten Multiplayer Game ‚Catch the Flag' gegen menschliche Spieler/-innen gewinnen kann. Gearbeitet wird hier mit massiver Rechenpower. Die KI hat über Wochen hinweg ca. 450.000 Runden Catch the Flag gespielt, um die erforderliche Spielstärke zu erreichen. Die KI von OpenAI, die ein Profi-Team in Dota 2 schlagen konnte, hat etwa 45.000 Jahre Spielzeit in wenigen Monaten simuliert. (Metz 2019). Die erforderlichen Cloud-Ressourcen dafür kosten heute noch Millionen Dollar, werden jedoch in wenigen Jahren deutlich günstiger werden. Die Ergebnisse dieser KI Spiel-Siege sind ähnlich wie Simulationen militärischer Operationen. Bedeutet das, die KI, die StarCraft oder Dota gegen menschliche Profi-Spieler gewinnt, könne folglich auch in einer Militäroperation mit vernetzten Waffensystemen gegen einen erfahrenen Generalstab bestehen? Vermutlich Ja. Vielleicht nicht heute, aber sicher bald. Genau hier wird entsprechend investiert. Viele Fortschritte digitaler Technologien kommen aus dem Militär, bevor sie wirtschaftlich genutzt wurden. Das Internet selbst ist ursprünglich ein militärisches Projekt. Die Ziele der kommerziellen KI-Entwicklung hingegen sind weniger Wargames, sondern die massenhafte, alltägliche Anwendung von immer zuverlässigeren Prognosen. Damit lässt sich viel Geld verdienen und so geht es für DeepMind, genauso wie für die Entwickler/-innen bei IBM, Apple oder Facebook am Ende weniger um Spielsiege in Go oder StarCraft, sondern perspektivisch um den Einsatz von KI zur Lösung von Problemen in der realen Welt (Byford 2016).

Auf der militärischen Seite gehen die Entwicklungen in der Technologie schneller voran, als sich gesellschaftlicher Konsens über die ethischen Grundlagen erzielen lässt. Kap. 7 ‚KI und Verantwortung' geht intensiver auf das Thema ein, doch Tatsache ist, dass die Entwicklung von tödlichen autonomen Waffensystemen, sogenannten LAWS, in vollem Gang ist und diese Systeme schneller als die vielbeschworenen selbstfahrenden Autos im Einsatz sein werden, sofern es keinen völkerrechtlichen Bann gegen diese auch Killer-Roboter genannten Systeme gibt. Stuart Russell, einer der weltweit einflussreichsten Wissenschaftler auf dem Gebiet der Informatik, Professor an der UC Berkeley und glühender Verfechter einer stärkeren Kontrolle von KI sagt:

> „Technologically, autonomous weapons are easier than self-driving cars. People who work in the related technologies think it'd be relatively easy to put together a very effective weapon in less than two years." (Piper 2019).

So eine Waffe würde in einer simplen Version wie eine bereits existierende militärische Drohne aussehen. Der Unterschied wäre, dass die herkömmliche Drohne ein Videosignal in eine Basis sendet, wo Menschen entscheiden, ob getötet werden soll oder nicht. Die autonome Drohne könnte diese Entscheidung auf Basis ihrer Programmierung und der zur Verfügung stehenden Daten selbständig fällen. Programmierung und Daten entschieden also ohne weiteres menschliches Zutun über Leben und Tod, z. B. auf Basis einer Liste von Bildern oder Daten aus Kampfsituationen, die mit den Live-Bild- und weiteren Daten abgeglichen würden. Der Erfolg von KI in taktischen Simulationen, wie im Spiel Dota, legt diese Einsatzform nahe, vor allem, wenn mehr als eine Drohne operieren soll oder wenn die Datenübertragung zwischen Drohne und Basis zu lange dauert oder gestört werden kann. Die autonome Waffe wäre dann nach wie vor unbeschränkt einsatzfähig. Es gibt gleichwohl immer noch sehr viele praktische Probleme, die so einem Gerät in der realen Welt begegnen und ein Fehlurteil der Software auslösen können. Wenn z. B. falsche Ziele präpariert werden, wenn die Bildinterpretation Werkzeuge in den Händen von Menschen für Waffen hält usw. Deswegen fühlen sich viele Wissenschaftler/-innen, Politiker/-innen und auch Militärs nicht wohl bei dem Gedanken, die finale Entscheidung über die Tötung von Menschen in Kriegssituationen allein einer Maschine zu überlassen.

In der absolut erdrückenden Mehrzahl aller Fälle des KI-Einsatzes geht es nicht ums Töten, sondern um Millionen andere Dinge, die sich größtenteils kommerziell nutzen lassen. Sie bedeuten meist mehr Bequemlichkeit im Alltag, bessere Qualität und Geschwindigkeit und häufig auch höhere Qualität von Produkten und Services. KI-Einsatz in der Medizin beispielsweise verspricht enorme Potenziale bis hin zu der utopischen Vorstellung, den Tod selbst zu besiegen, sei es durch die Entdeckung immer neuer Medikamente, Zellkuren, Entwicklung von Ersatzorganen, Operationstechnologien usw. bis hin zur Vorstellung des Uploads eines menschlichen Gehirns und Bewusstseins in ein KI-System. Vieles davon ist noch utopisch. Aber es ist auch schon massenhaft KI im Einsatz, vor allem wenn es um die Nutzung von persönlichen Daten zur Prävention verschiedenster Krankheiten geht. In der Arztpraxis und im Klinikalltag sehen wir heute schon, wie medizinische Bilderkennung mithilfe von KI Röntgen- und MRT-Bilder, aber auch in der Hautkrebserkennung Fotos mit höherer Geschwindigkeit und Qualität interpretiert und bessere individuelle Therapievorschläge macht als erfahrene Fachärzte. Prozessoren und Algorithmen helfen blinden und tauben Menschen ihre beschädigten Sinne zumindest teilweise wieder nutzen zu können. In der Diagnostik kann KI dabei helfen, das weltweite medizinische Wissen besser zu sammeln und zu strukturieren. Kein Mensch kann die Tausenden von medizinischen Artikel kennen, die jede Woche veröffentlicht werden. Mit Unterstützung von KI sind Mediziner/-innen in der Lage, dieses Wissen schnell zugreifbar und anwendbar zu machen. Auch die Verknüpfung von Ergebnissen und der weitere Erkenntnisgewinn wird so durch KI unterstützt. Das gilt nicht nur für die Medizin. Die beinahe universell erscheinende Fähigkeit, Daten immer besser und genauer auswerten zu können, beschleunigt die Entwicklung in fast allen Themenfeldern und Branchen von der Astronomie bis zur Zellforschung, vom Ackerbau bis zur Zugfahrplanoptimierung. Kaum jemand ist noch überrascht, wenn berichtet wird, KI können nun Tierlaute in für Menschen verständliche Sprache übersetzen (Hymas 2018). Der KI wird buchstäblich mehr oder weniger alles zugetraut. Es erscheint dann auch normal, wenn über einen Wettkampf zwischen zwei Schachprogrammen in folgender Weise berichtet wird:

> *„It played like no computer ever has, intuitively and beautifully, with a romantic, attacking style. It played gambits and took risks. In some games it paralyzed Stockfish and toyed with it. (…). No matter how Stockfish replied, it was doomed. It was almost as if AlphaZero was waiting for Stockfish to realize, after billions of brutish calculations, how hopeless its position truly was, so that the beast could relax and*

expire peacefully, like a vanquished bull before a matador. Grandmasters had never seen anything like it. AlphaZero had the finesse of a virtuoso and the power of a machine. It was humankind's first glimpse of an awesome new kind of intelligence." (Strogatz 2018).

Dabei sollte trotz aller Euphorie nicht vergessen werden, dass von einer Maschine die Rede ist, die sehr gut Schach spielt, weil sie gebaut wurde, um sehr gut Schach zu spielen. AlphaZero scheitert daran, Ihnen zu sagen, wo Ihr Autoschlüssel morgen früh sein wird, wenn Sie ihn heute Abend an Ihr Schlüsselbrett hängen. Bis zur KI-Weltherrschaft ist es daher noch ein weiter Weg. Das hält all diejenigen, die KI als ein Risiko für die menschliche Spezies sehen, nicht davon ab, ihre Warnungen bei allen Gelegenheiten und bei den prominenten Vertreter/-innen, bis in höchste politische und wirtschaftliche Kreise zu platzieren. Allen voran der amerikanische Serien-Unternehmer und Silicon Valley Milliardär Elon Musk. Vanity Fair sieht ihn auf einem Kreuzzug gegen KI. Dabei geht es bei seinen milliardenschweren Investitionen in OpenAI nicht um den Kampf gegen KI, sondern eher um den Vorsprung bei der Entwicklung von KI. Seine Sorge gilt den Evolutionstheoretikern wie Prof. Schmidhuber, nach denen Menschen eine Zwischenstufe in der Evolution von Intelligenz im Universum seien. Musk sagt, es gäbe viele Futuristen, die so etwas wie eine Unausweichlichkeit oder einen Fatalismus in Bezug auf Roboter sähen und den Menschen eine Nebenrolle zuwiesen. Für diese Gruppe sei die Menschheit so etwas wie ein biologisches Installationsprogramm für die digitale Superintelligenz:

„We are the biological boot-loader for digital super-intelligence. Matter can't organize itself into a chip, but it can organize itself into a biological entity that gets increasingly sophisticated and ultimately can create the chip." (Dowd 2017).

Angesichts der Risiken, die Musk in der unkontrollierten Entwicklung von KI sieht, möchte er offenbar so viel Kontrolle wie möglich behalten. Eliezer Yudkowsky ist KI-Forscher und verfolgt das Ziel einer ‚freundlichen KI', die Menschen keinen Schaden zufügen möchte. Gleichzeitig ist ihm bewusst, dass eine KI, die genauso intelligent wie, intelligenter oder sogar sehr viel intelligenter als Menschen wäre, auch ein Risiko darstellen kann. Das Risiko besteht für ihn aber nicht in der Vorstellung, dass Killer-Roboter Menschen töten, sondern eher darin, dass eine künstliche Superintelligenz ein bestimmtes Ziel verfolge und alles beiseite räume, was sich diesem Ziel in den Weg stelle. Er sagt: „The AI does not hate you, nor does it love you, but you are made out of atoms which it can use for something else." (Yudkowsky 2008). Diese Dystopie ist ähnlich dem bekannten ‚Büroklammer Optimierer'-Szenario von Nick Bostrom, in dem eine superintelligente KI, die darauf trainiert und optimiert ist, Büroklammern herzustellen, ihr Ziel so lange verfolgt, bis alles Leben und alle relevanten Ressourcen des erreichbaren Universums ausgelöscht und verbraucht sind, weil ihre Atome in Büroklammern umgewandelt wurden. (Bostrom 2014, S. 150). Solche Gedankenexperimente verdeutlichen die Schwierigkeit, intelligente Systeme zu entwickeln und zu kontrollieren, die keine menschlichen Werte kennen. Yudkowsky setzt auf den Gedanken, dass es möglich sei, *friendly AI* zu entwickeln, wobei es darauf ankäme, dass die dafür relevanten Werte von Anfang an so implementiert seien, dass das System sie auch bei späteren Selbstoptimierungen nicht löschen oder ersetzen würde. So oder so sieht er im Falle einer künstlichen Superintelligenz, die sich gegen Menschen wenden würde, die Bedrohung nicht in der üblichen Terminator-Fantasie:

> *„The A.I. doesn't have to take over the whole Internet. It doesn't need drones. It's not dangerous because it has guns. It's dangerous because it's smarter than us. If you want a picture of A.I. gone wrong, don't imagine marching humanoid robots with glowing red eyes. Imagine tiny invisible synthetic bacteria made of diamond, with tiny onboard computers, hiding inside your bloodstream and everyone else's. And then, simultaneously, they release one microgram of botulinum toxin. Everyone just falls over dead."* (Dowd 2017).

Mit Vorstellungen dieser Art sind bereits viele Bücher gefüllt, gleichzeitig gibt es in der wissenschaftlichen Welt sehr unterschiedliche Auffassungen darüber, ob eine KI überhaupt jemals das menschliche Intelligenzniveau erreichen könne. Geschweige denn, ob eine Superintelligenz wie in den Gedankenexperimenten überhaupt möglich sei. Die Tatsache allein, dass so viel Literatur und komplexe Überlegungen zu dem Thema existieren, ist für sich genommen schon eine Basis für die breite und epische Rezeption dieser Ideen in allen denkbaren Medien. Viele Theorien werden nie oder erst spät in der Zukunft bewiesen oder widerlegt. Bis dahin behält Genevieve Bell Recht, dass die Faszination, der Hype und auch die Angst vor belebtem Unbelebten einfach ein Teil unserer Welt ist. So wird vermutlich jeder Entwicklungsschritt von KI weiter von der diffusen Angst begleitet, eine künstliche Intelligenz könnte mächtiger werden als die Menschen, die sie kontrollieren; das System könnte selbständig denken und handeln und seine Macht missbrauchen. Das Thema der ‚Angst vor der bösen Super-KI' wird im Laufe des Buches noch öfter auftauchen.

2.3 So oder so: The next big thing!

> **Zusammenfassung**
>
> KI ist ein Milliardenmarkt und wächst ungebrochen. Algorithmen spielen eine entscheidende Rolle in den Geschäftsmodellen der digitalen Konzerne. Die Zahl der Anwendungs-, Optimierungs- und Automatisierungsmöglichkeiten in allen Bereichen ist riesig. Nach und nach und immer schneller integrieren sich Algorithmen in den Alltag. Das erwartete Wachstum im KI-Bereich wird von 7,3 Milliarden US-Dollar in 2018 auf fast 90 Milliarden Dollar in 2025 geschätzt und kommt größtenteils amerikanischen Anbietern zugute. Deutsche Firmen agieren noch verhalten. Fast zwei Drittel (64 %) geben an, weder eine Strategie zu haben noch zu planen. Dabei ist KI einsatzbereit und kann bei der Lösung vieler Probleme zu unterstützen. Die Unternehmen und die Gesellschaft sind jedoch oft noch nicht bereit, KI effektiv einzusetzen.

Angst hin oder her, künstliche Intelligenz ist nicht nur medialer Hype, sie ist auch ein schnell wachsender und investitionsstarker globaler Wirtschaftszweig. KI ist bereits ein Milliardenmarkt und wächst ungebrochen. Algorithmen spielen eine entscheidende Rolle in den erfolgreichen Plattform-Geschäftsmodellen der digitalen Konzern-Giganten, die in den letzten 20 Jahren entstanden sind. Überall, wo Daten sind, ist auch KI. Ohne KI sind Datenmengen kaum sinnvoll nutzbar. Ohne Daten ergibt KI keinen Sinn. Das Zusammenspiel von leistungsfähigen Algorithmen, schnellen Prozessoren, Massenspeichern mit Massendaten und meist auch mit breitbandigen Netzwerkverbindungen macht die lukrativen Erkenntnisse aus den Daten zugänglich. Diese Systeme werden schon bald allgegenwärtig und in allen möglichen Objekten integriert sein. Geräte sind dann nur noch haptische Anlaufpunkte, bieten aber möglicherweise auch mehr Services als in der Vergangenheit. Ein strapaziertes Beispiel ist der Kühlschrank, der selber online Waren nachbestellt. Es gibt dieses Praxisbeispiel seit bestimmt einem Jahrzehnt auf einschlägigen Messen wie CES und IFA, einen echten Markteintritt gab es jedoch nie, weil außerhalb des Labors zu wenig Infrastruktur dafür zur Verfügung stand. Das ist heute anders. Produktionstechnisch ist es einfach und günstig geworden, Linsen und Bildprozessoren in die Kühlschrankwände zu bauen, die das Kühlschrankinnere scannen, inventarisieren und Fehlendes z. B. als Liste auf unser Smartphone oder direkt an einen Lieferservice senden. Die Einlegeböden könnten Waagen sein und die Verbrauchsmengen ermitteln usw. Die Zahl der Anwendungs-, Optimierungs- und Automatisierungsmöglichkeiten in allen Bereichen ist riesig. Nach und nach und immer schneller, integrieren sich Algorithmen in den Alltag. Die

Programm-App für den Fernseher bzw. das Smart-TV ist schon lange da. Vor der Tür stehen die übersetzenden Kopfhörer, die sprechenden Spiegel mit Display bis hin zum intelligenten Katzenklo. Mehr und mehr Geräte können Sprachbefehle verstehen und ausführen. Es hapert noch daran, Befehle an Drittanbieter zu leiten, damit z. B. der Kühlschrank endlich Waren bestellen könnte.

Im sogenannten *Smart Home*-Bereich, also smarte Thermostate, -Lampen, -Lautsprecher, etc. erwartet die Marktforschung ein durchschnittliches Wachstum von jährlich ca. 15 % und eine Durchdringung der Haushalte bis 2025 von ca. 21 %. Das entspricht einer Verdoppelung gegenüber 2021. (Statista o. J.). Die absoluten Zahlen liegen noch immer vergleichsweise niedrig. Viele Hausgeräte und Installationen werden nicht kurzfristig ersetzt und auch der Funktionsumfang und die Vernetzung von Geräten in verschiedenen Hersteller-Ökosystemen funktioniert nicht befriedigend. Abgesehen von der ‚Smartness' sind die Technologiesprünge z. B. bei weißer Ware, also Haushaltsgeräten wie Kühl-/Gefrierschränken und Waschmaschinen etc. überschaubar. KI kann daher ein Differenzierungsmerkmal im ansonsten eher saturierten Hardware-Markt werden. Die Hersteller versuchen mit diesen smarten Geräten ihre Kundenbindung zu verbessern. Gewinner des KI-Vorstoßes sind Unternehmen, die ganze Plattformen bzw. Ökosysteme anbieten, durch die Mehrwerte über die reine Steuerung der Hardware hinaus geboten werden können. Das sind z. B. intelligent zusammengeführte Informationen zur Nutzung von Services, die vielleicht eine Nachbestellung automatisieren, sinnvolle Zusatzangebote machen oder Erinnerungsfunktionen bieten. Je mehr Daten und Funktionen beispielsweise im Haushalt über Smart-Home-Geräte miteinander verknüpft werden, desto personifizierter kann die KI agieren und desto mehr lässt sich ggf. komfortabel automatisieren. Entsprechend haben die amerikanischen und chinesischen Digitalkonzerne aktuell die Nase vorn, wenn es darum geht, das vernetzte Zuhause, Auto oder Büro zu steuern. Hersteller ohne diese Daten-Kompetenz, die ggf. einfach ihre Geräte durch eine Spracheingabe-Funktion aufwerten möchten, begeben sich dazu häufig in Abhängigkeit von z. B. Amazon oder Google. Ein Kühlschrank, der sich mit dem Amazon-Alexa-SDK derart aufrüstet, wird in erster Linie zu einem Mikrofon für Amazon. Selbst Hersteller wie Samsung, die jedes Jahr etwa 500 Millionen Fernseher, Smartphones, Kühlschränke und andere Geräte verkaufen, hinken dem Vorsprung von Amazon oder dem Google Assistant hinterher. (Weddeling und Postinett 2019). Das sind punktuelle Beispiele aus der Konsumelektronik. KI als Markt ist insgesamt viel größer. Marktforscher erwarten ein globales Wachstum von 7,3 Milliarden US-Dollar in 2018 auf fast 90 Milliarden Dollar in 2025. Fast die Hälfte davon wird von amerikanischen Anbietern umgesetzt, der Rest wird aus Europa und Asien jeweils mit einem Viertel abgedeckt. (e-commerce Magazin 2018).

Laut dem deutschen Digitalverband Bitkom seien 64 % der Bundesbürger sicher, dass der Wohlstand in Deutschland gefährdet sei, wenn das Land nicht zu den führenden KI-Nationen gehöre. (Bitkom 2019). Trotzdem ist die wirtschaftliche und politische Haltung Deutschlands zu KI im Vergleich zu Nordamerika oder Asien, insbesondere China, eher zurückhaltend. Das Investitionsprogramm der deutschen Bundesregierung fällt mit geplanten drei Milliarden Euro und 100 Hochschul-Professuren für KI in den nächsten Jahren gegenüber den von den USA bereits jährlich investierten 1,3 Milliarden Dollar und der chinesischen Ansage, bis 2030 über 150 Milliarden Dollar in KI zu investieren, eher schmal aus. Bisher wesentlicher Treiber ist der private Sektor. Die digitalen Player wie Google und Baidu haben, einer Schätzung von McKinsey zufolge, allein in 2016 zwischen 20 bis 30 Milliarden US-Dollar in KI investiert. Darunter fallen auch viele Firmenzukäufe. Weitere bis zu neun Milliarden kommen, so die Berater weiter, aus dem Risiko-Investment-Kapital Bereich und von privaten Anlegern (Bughin et al. 2017). Folgerichtig sind es die Konzerne, die als erste profitieren. Amazon, Apple und Google konzentrieren sich auf Spracherkennung und entwickeln digitale Assistenz-Technologien wie Alexa oder Google Assistant. IBM gibt an, schon heute etwa ein Viertel des Umsatzes mit KI zu machen. Der Chiphersteller Nvidia, dessen Produkte vor allem für paralleles Computing in Grafikkarten eingesetzt wurden, boomt dank KI und Blockchain-Technologie und setzt seine Prozessoren für künstliche Intelligenz beim autonomen Fahren und in der Medizintechnik ein. Die Boston Consulting Group gibt an, in China würden sich bereits 2019 neun von zehn Unternehmen mit KI beschäftigen, während es in Deutschland erst etwa die Hälfte seien. Die Bitkom-Studie sieht nur jedes vierte deutsche Unternehmen mit 50 oder mehr Beschäftigten als KI gegenüber interessiert und aufgeschlossen. Genauso viele deutsche Firmen sehen sich selbst als kritisch oder ablehnend. 17 % haben sich noch gar nicht mit dem Thema beschäftigt. (Bitkom 2019).

Die Marktforscher von IDC befragten in ihrer Studie ‚Künstliche Intelligenz in Deutschland 2019' Unternehmen in Deutschland mit mehr als 100 Mitarbeiter/-innen, die bereits KI-Projekte pilotiert und evaluiert haben. Das Ergebnis besagt, dass 88 % der befragten Unternehmen die Umsetzung eines neuen KI-Projekts in den nächsten 12 Monaten planten. Bei den größeren Unternehmen in der IDC-Umfrage sind neben Financial Services, die Versorger und Telekommunikationsfirmen die Vorreiter. Die öffentliche Verwaltung ist unter den Schlusslichtern. Das liegt auch an den Bedürfnissen der

Abnehmer von KI-Services. Aktuell gibt es bei weitem nicht genug Entwickler/-innen und Data Scientists, um die Nachfrage der Unternehmen zu bedienen. Das Resultat sind enorme Gehälter für diese Berufsgruppen, die der Mittelstand in der Masse nicht bezahlen kann. So entsteht eine weitere Konzentration des Know-hows bei den Digitalkonzernen, die entsprechende Services gewinnbringend verkaufen. KI-Services aus der Cloud werden von 60 % der Anwender/-innen aus der IDC-Befragung als bevorzugt angegeben. Parallel werden eigene Algorithmen entwickelt, jedoch in eher kleineren Teams. Schwierig ist leider wie so oft die Zusammenarbeit zwischen den Fachabteilungen, die Umsatz und Ergebnis verantworten und der Unternehmens-IT. Die Chancen erfolgreich umgesetzter KI-Projekte steigen mit der Qualität der Zusammenarbeit dieser beiden Seiten. Unter den am häufigsten genannten Zielen und Anwendungen der KI-Projekte finden sich die Automatisierung von IT-, Sales- und Marketingprozessen sowie die Optimierung des Personaleinsatzes. Unter den genutzten Funktionen sind Text-, Sprach- und Bilderkennung bzw. Bild-Klassifikation am häufigsten. (Klostermeier 2019). Ungeachtet der beinahe profan anmutenden Anwendungen sind die Umsatzprognosen mit KI-Anwendungen sehr positiv.

Das McKinsey Global Institute geht in einer Schätzung von 2018 von zusätzlichen globalen Wirtschaftsaktivitäten i.H.v. 13 Billionen US-Dollar aus, was eine zusätzliche Steigerung der global kumulierten Bruttoinlandsprodukte von 1,2 % pro Jahr wäre. Träte dies ein, so wären die Auswirkungen vergleichbar und noch stärker als bei der Einführung von Dampfmaschinen im 19. Jahrhundert, die eine Steigerung der Arbeitsproduktivität von 0,3 % pro Jahr ausmachten oder dem Einfluss von Industrierobotern in den 1990er-Jahren, Steigerung: 0,4 %; und der Ausbreitung von IT in den Unternehmen um 2000, die einem Wachstum von 0,6 % entsprach. (Bughin et al. 2018). Beeindruckende Zahlen für eine Technologie, die noch am Anfang ihrer Entwicklung und Potenziale steht. Googles CEO, Sundar Pichai, gibt sich in einer Talkshow auf NBC überzeugt, dass künstliche Intelligenz zu den wichtigsten Dingen gehöre, an denen die Menschheit arbeite. Sie sei „vielleicht wichtiger als die Erfindung von Feuer und Elektrizität" (Bals 2018). Als Einleitung zum Interview wurde der obligatorische Filmausschnitt mit HAL9000 aus ‚2001 – Odyssee im Weltall' gezeigt und natürlich auf die Terminator-Filme verwiesen. Ohne Science-Fiction-Grusel geht es offenbar nicht, dabei dienen die aktuellen KI-Geschäftsanwendungen allen fantastischen Potenzialzuschreibungen zum Trotz vorrangig der Prozessoptimierung.

Während Google bereits zu den Gewinnern des Status-quo in Sachen KI gehört, läuten in Deutschland die Alarmglocken, seit das Thema – noch nicht einmal besonders frühzeitig – auf den Agenden der wirtschaftlichen und politischen Akteure erschienen ist. Auf der Hannover Messe 2019, der größten Industriemesse der Welt, wurde wiederholt der Abgesang auf Deutschland als führenden Industriestandort geprobt und ein Verblassen der Marke ‚Made in Germany' diagnostiziert. Laut Ansgar Hinz, dem Vorsitzenden des Verbands Elektrotechnik, Elektronik und Informationstechnik (VDE) habe Deutschland „(…) die Dimensionen jahrelang nicht erkannt und sich auf seinem Wohlstand und Status Quo ausgeruht." Jetzt sei die Wettbewerbsposition im Vergleich zu Asien und den USA bescheiden. Er zitiert aus dem VDE-Tec-Report 2019, in dem eine Umfrage unter 1300 Unternehmen und Hochschulen keine guten Ergebnisse beim Kernthema der Fabriken der Zukunft für Deutschland ergibt. In Bezug auf KI sehen die Befragten die USA und China vorn, gefolgt von Japan, Israel und Südkorea. Gerade einmal ein Prozent der Befragten sieht im Industrieland Deutschland einen Vorreiter bei KI. (Dierig 2019). Die Wahrnehmung ist wohl realistisch. Eine Umfrage des TÜV-Verbands stellt im Herbst 2020 fest, dass künstliche Intelligenz noch nicht flächendeckend Einzug in die betriebliche Praxis gehalten habe. Gut jedes zehnte Unternehmen (11 %) ab 50 Mitarbeiter/-innen nutze bereits KI. Konkret geplant werde der Einsatz von weiteren vier Prozent und 15 % diskutieren noch. Mit 69 % gibt eine fast schockierend große Mehrheit von Firmen an, sich bisher nicht mit KI zu beschäftigen.

Bei den großen Unternehmen sieht es etwas anders aus: 22 % der Firmen ab 500 Mitarbeiter/-innen nutzen KI, 17 % planen konkret die Nutzung und 22 % sind in Diskussionen dazu. (VdTÜV o. J.). Der Einsatz findet vor allem im IT-Bereich, in Vertrieb und Service und im Marketing sowie in der Finanzbuchhaltung statt. Auffällig gering ist der Einsatz im Personalbereich mit nur neun Prozent. Diese Zahl erscheint niedrig, gemessen an der Menge der KI-Einsatzbeispiele, die im HR-Umfeld immer wieder in den Medien thematisiert werden. Die Unternehmensvertreter/-innen sind sich des enormen Potenzials von KI bewusst. 80 % der Befragten rechnen mit großen bzw. sehr großen Veränderungen in der Wirtschaft insgesamt, 40 % erwarten die Veränderungen in der eigenen Industrie und knapp ein Drittel sieht Veränderungspotenzial in der eigenen Firma. Damit einher gehen die Erwartungen, dass sich Tätigkeiten und ganze Berufsbilder stark durch KI verändern werden. Maschinen werden zunehmend Routineaufgaben übernehmen, dessen sind sich 80 % der Manager/-innen sicher. Gleichzeitig glauben 78 %, dass es um Unterstützung menschlicher Arbeit, nicht deren Ersatz gehe. Entsprechend liegen auch die Erwartungen in Bezug auf den Abbau von Arbeitsplätzen durch KI: 52 % der vom TÜV-Verband Befragten erwarten einen hohen Arbeitsplatzabbau, 45 % sehen das Potenzial, viele neue Jobs zu schaffen. (Ebd.). Trotz dieser massiven Veränderungserwartungen geben nur wenige Firmen an, das Thema KI strategisch zu verfolgen. Nur 15 % der Unternehmen haben einen strategischen Ansatz. 19 % planen, eine KI-Strategie zu implementieren und fast zwei Drittel (64 %) geben an, weder eine Strategie zu haben, noch zu planen.

Wie kann das sein? Die genannten Gründe für nicht, wenig oder zögerlich handeln sind der Mangel an Ideen für sinnvolle Anwendungen, den die Hälfte der Befragten angibt. Außerdem sind es Zweifel, was KI konkret für ihr Unternehmen leisten könne (42 %) und das Fehlen ausreichenden Knowhows bzw. ausgebildeten Personals (41 %). 35 % geben an, die Kosten seien zu hoch und schließlich bremsen noch die Themen Datenschutz (29 %) und Sicherheit (27 %). (Ebd.). Hier lamentieren diejenigen, die mit ihren Firmen und ihren Interessenvertreter/-innen zunächst selbst in der Hand haben, ob sie die Entwicklung treiben oder verhindern, ob sie vorangehen oder sich in Ignoranz des globalen Trends aufstellen. Es sind schmerzliche Selbsterkenntnisse, die proklamiert werden. Die Selbsterkenntnis führt nicht zwangsläufig zu Verhaltensänderung, es gibt jedoch Hoffnung, da sich die digitale Transformation und das Know-how für KI nicht durch Reden, sondern nur durch konsequente KI-Anwendung meistern lassen.

Insgesamt zeichnen Hinz und die Befragten der VDE-Studie ein realistisches Bild, auch in Bezug auf die Forschung und die Patente zu KI. 60 % der weltweiten KI-Patentanmeldungen kommen aus den USA, dicht gefolgt von China. Deutsche Namen sind selten in der Top-Liga der aktivsten 20 Unternehmen. Einzig Siemens (Rang 11) und Bosch (Rang 19) tauchen auf. Laut der World Intellectual Property Organization (WIPO) wurden von 2013 bis 2016 auf der ganzen Welt so viele Patente für KI angemeldet, wie in den gesamten 60 Jahren zuvor. Insgesamt 340.000 seit den 1950er-Jahren. WIPO definiert hier Computersysteme, die maschinell lernen und die Probleme lösen können, die Intelligenz erfordern. Der Blick auf die Forschung, offenbart die chinesische Dominanz: 17 von 20 Instituten, aus denen die meisten KI-Patentanmeldungen kamen, sind aus China, die restlichen drei aus Südkorea. Das größte Portfolio an KI-Patenten hält die chinesische Akademie der Wissenschaften. Zählt man die 500 aktivsten Anmelderinnen solcher Patente, so finden sich 110 chinesische Universitäten, 20 US-amerikanische und 19 aus Südkorea. Aus Europa stammen vier, die aktivsten von ihnen das deutsche Fraunhofer-Institut auf Platz 159. (dpa 2019).

Eine breite Bestandsaufnahme zum Status von KI in Deutschland, Österreich und der Schweiz 2021 von adesso zeigt eine positive Entwicklung: 81 % der Entscheider/-innen sind überzeugt, wer in den nächsten fünf Jahren in KI investiere, werde einen Wettbewerbsvorteil haben. Mit 62 % sieht die Mehrheit von ihnen nicht viel Widerstand gegen KI-Lösungen in der eigenen

Firma. 52 % beurteilen aber die gesetzlichen Rahmenbedingungen für einen gewinnbringenden Einsatz von KI kritisch. Mit Blick auf die Zukunft gehen 72 % der Befragten Führungskräfte davon aus, dass KI unverzichtbar für Produktinnovationen sei und 54 % denken, KI werde mehr Arbeitsplätze schaffen als kosten. Drei Viertel sind der Ansicht, KI sein keineswegs überbewerteter Hype. Die Kund/-innen sehen das mit 75 % exakt gleich. Ebenfalls drei Viertel von ihnen haben keine Angst vor KI und 88 % verneinen auch Angst, ihren Arbeitsplatz durch KI zu verlieren. 84 % auf Kundenseite sind sicher, dass KI in immer mehr Themen den Wettbewerb zwischen Unternehmen entscheiden werde und 86 % erwarten, dass Roboter in Zukunft viele lästige Aufgaben abnehmen werden. Trotzdem sehen nur 30 % der Entscheiderinnen und Entscheider Deutschland im internationalen Vergleich bei KI als gut aufgestellt. 48 % sehen Mittelmaß. Die Nachbarn in Österreich und der Schweiz sind etwas positiver gestimmt. In Österreich sehen 41 % ihr Land gut aufgestellt, in der Schweiz sogar 57 % der Befragten. (adesso o. J., S. 13–22).

Fazit ist, es besteht ein gehöriger KI-Hype mit jeder Menge Dystopie und Hysterie in den Medien. Ein Ende ist nicht absehbar. Im Gegenteil kommen immer neue Filme und Serien auf den Markt, die das Science-Fiction-Zerrbild der Technologie weiter popularisieren. Dazu gesellen sich jeden Tag Millionen Darstellungen von humanoiden Robotern, ein blaues Leuchten im Kopf, in Denkerpose, vor Bildschirmen, Menschen die Hand reichend usw. Das ist inhaltlich an der Oberfläche dümmlich, aber es stellt auch die permanente Abbildung und damit Gestaltwerdung der menschlichen Angst dar, von KI und intelligenten Robotern ersetzt zu werden. Auf der wissenschaftlichen und wirtschaftlichen Ebene stellt es sich rationaler dar. Hier stehen wir immer leistungsfähigeren KI-Systemen gegenüber, die zuverlässige Prognosen und Entscheidungsvorlagen erstellen und die meisten der ihnen gestellten Aufgaben geradezu streberhaft perfekt lösen. Qualitätsmängel in den Daten, Bias und nicht zu Ende gedachte Prozesse und Konsequenzen bleiben Stolpersteine und erhalten oft breites Medienecho. Insgesamt ist allein auf Basis der schon heute bestehenden Technologie das Potenzial für Effizienzsteigerung, Prozessoptimierung und Automatisierung gigantisch. Künstliche Intelligenz ist definitiv längst bereit, Unternehmen in ihrem Geschäft und die Gesellschaft bei der Lösung vieler Probleme zu unterstützen. Die Unternehmen und die Gesellschaft sind oft noch nicht bereit, KI effektiv einzusetzen. Die Zahl derer, die Know-how aufbauen und eigene, praktische Erfahrungen in ersten Projekten sammeln wächst, und damit auch die Geschwindigkeit und Schrittweite, mit der die deutsche Wirtschaft in Sachen KI Fuß fasst.

Literatur

AAAI. (o. J.). *AAAI presidential panel on long-term AI futures: 2008–2009 study.* https://www.aaai.org/Organization/presidential-panel.php. Zugegriffen am 23.01.2021.

Abadi, M., & Andersen, D. G. (2016). *Learning to protect communications with adversarial neural cryptography.* https://arxiv.org/pdf/1610.06918.pdf. Zugegriffen am 23.01.2021.

adesso. (o. J.). *KI – Eine Bestandsaufnahme 2021.* https://ki.adesso.de/ki-studie/. Zugegriffen am 14.05.2021.

AFI American Film Institute. (o. J.) *AFI's 10 top 10. The 10 greatest movies in 10 categories.* https://www.afi.com/afis-10-top-10/. Zugegriffen am 19.01.2021.

Bahner, J. E. (2008). *Übersteigertes Vertrauen in Automation: Der Einfluss von Fehlererfahrungen auf Complacency und Automation Bias.* Dissertation. Berlin: Technischen Universität Berlin. https://depositonce.tu-berlin.de/bitstream/11303/2287/1/Dokument_44.pdf. Zugegriffen am 22.01.2021.

Bals, H. D. (2018). Sundar Pichai about AI – Latest Interview. https://www.youtube.com/watch?v=WeauIGcBq8M. Zugegriffen am 24.01.2021

Beal, J. (01. August 2017). ROBOSTOP Facebook shuts off AI experiment after two robots begin speaking in their OWN language only they can understand. *The Sun.* https://www.thesun.co.uk/tech/4141624/facebook-robots-speak-in-their-own-language/. Zugegriffen am 23.01.2021.

Bitkom. (2019). Europäischer KI-Markt verfünffacht sich binnen fünf Jahren (07.01.2019). https://www.bitkom.org/Presse/Presseinformation/Europaeischer-KI-Markt-verfuenffacht-sich-binnen-fuenf-Jahren. Zugegriffen am 24.01.2021

Bostrom, N. (2014). *Superintelligence. Paths, dangers, strategies.* Oxford: University Press.

Buck, M. (02. August 2017). Facebook muss zwei Bots „töten", weil sie offenbar eine eigene Sprache entwickelt haben. *jetzt.de.* https://www.jetzt.de/digital/facebook-stoppt-kuenstliche-intelligenz-nachdem-sie-eigene-sprache-entwickelt. Zugegriffen am 23.01.2021.

Bughin, J., Hazan, E., Ramaswamy, P. S., Chui, D. C. M., Allas, T., Dahlström P., Henke N., & Trench, M. (2017). Discussion paper June 2017. In McKinsey Global Institute (Hrsg.), *Artificial Intelligence. The next digital Frontier?* https://www.mckinsey.com/~/media/mckinsey/industries/advanced%20electronics/our%20insights/how%20artificial%20intelligence%20can%20deliver%20real%20value%20to%20companies/mgi-artificial-intelligence-discussion-paper.ashx. Zugegriffen am 24.01.2021

Bughin, J., Seong, J., Manyika, J., Chui, D. C. M., & Joshi, R., (2018). Discussion paper September 2018. In McKinsey Global Institute (Hrsg.), *Notes from the AI Frontier. Modeling the Impact of AI on the World Economy.* https://www.mckinsey.com/~/media/McKinsey/Featured%20Insights/Artificial%20Intelligence/

Notes%20from%20the%20frontier%20Modeling%20the%20impact%20 of%20AI%20on%20the%20world%20economy/MGI-Notes-from-the-AI-frontier-Modeling-the-impact-of-AI-on-the-world-economy-September-2018. ashx. Zugegriffen am 24.01.2021.

Byford, S. (01. März 2016). DeepMind founder Demis Hassabis on how AI will shape the future. *The Verge*. https://www.theverge.com/2016/3/10/11192774/demis-hassabis-interview-alphago-google-deepmind-ai. Zugegriffen am 23.01.2021.

Calugareanu, I. (April 2017). Erica: Man made. *The Guardian*. https://www.theguardian.com/technology/ng-interactive/2017/apr/07/meet-erica-the-worlds-most-autonomous-android-video. Zugegriffen am 23.01.2021.

Caughill, P. (06. November 2017). An artificial intelligence has officially been granted residency. *futurism*. https://futurism.com/artificial-intelligence-officially-granted-residency. Zugegriffen am 22.01.2021.

Cave, S., & Dihal, K. (25. Juli 2018). Ancient dreams of intelligent machines: 3,000 years of robots. *Nature*. https://www.nature.com/articles/d41586-018-05773-y. Zugegriffen am 23.01.2021.

Custer, C. (11. März 2016). Xiaomi's Lei Jun hails the dawn of AI after Google computer beats Go champion. *TechInAsia*. https://www.techinasia.com/xiaomi-lei-jun-ai. Zugegriffen am 23.01.2021.

Dalton, A. (28. Oktober 2016). Google's AI created its own form of encryption. *Engadget*. https://www.engadget.com/2016/10/28/google-ai-created-its-own-form-of-encryption/. Zugegriffen am 23.01.2021.

Darrach, B. (20. November 1970). Meet Shaky, the first electronic person. *LIVE Magazine*. https://archive.org/details/bub_gb_2FMEAAAAMBAJ/page/n81. Zugegriffen am 23.01.2021.

Dierig, C. (01. April 2019). Der Abgesang auf den Industriestandort Deutschland hat begonnen. *Welt*. https://www.welt.de/wirtschaft/article191212599/Kuenstliche-Intelligenz-Industrie-sieht-Deutschland-bereits-abgehaengt.html. Zugegriffen am 24.01.2021

Dowd, M. (26. März 2017). Elon Musk's billion-dollar crusade to stop the A.I. apocalypse. *Vanity Fair*. https://www.vanityfair.com/news/2017/03/elon-musk-billion-dollar-crusade-to-stop-ai-space-x. Zugegriffen am 23.01.2021.

dpa. (31. Januar 2019). Zahl der KI-Patente stark gestiegen. *Der Tagesspiegel*. https://www.tagesspiegel.de/wirtschaft/kuenstliche-intelligenz-zahl-der-ki-patente-stark-gestiegen/23932102.html. Zugegriffen am 24.01.2021.

Dreyfus, H. L. (1972). *What computers can't do, a critique of artificial reason*. New York: Harper Row.

e-commerce Magazin. (20. Juni 2018). Prognose KI: Ein Milliardengeschäft der Zukunft. *e-commerce Magazin*. https://www.e-commerce-magazin.de/prognose-ki-ein-milliardengeschaeft-der-zukunft/. Zugegriffen am 24.01.2021

Europäisches Parlament. (2017a). *Zivilrechtliche Regelungen im Bereich Robotik. Entschließung des Europäischen Parlaments vom 16. Februar 2017 mit Empfehlungen an* die Kommission zu zivilrechtlichen Regelungen im Bereich Robotik (2015/2103(INL)). https://www.europarl.europa.eu/doceo/document/TA-8-2017-0051_DE.pdf. Zugegriffen am 22.01.2021.

Europäisches Parlament (2017b). *BERICHT mit Empfehlungen an die Kommission zu zivilrechtlichen Regelungen im Bereich Robotik (2015/2103(INL)).* https://www.europarl.europa.eu/doceo/document/A-8-2017-0005_DE.html. Zugegriffen am 22.01.2021.

Fischer, S., & Petersen, T. (2018). Was Deutschland über Algorithmen weiß und denkt. In Bertelsmann Stiftung (Hrsg.), *Impuls Algorithmenethik*. https://doi.org/10.11586/2018022. Zugegriffen am 02.03.2021.

Galeon, D. (26. Okotber 2017). For the first time ever, a Robot was granted citizenship. *futurism*. https://futurism.com/for-the-first-time-ever-a-robot-was-granted-citizenship. Zugegriffen am 22.01.2021.

Guizzo, E. (23. April 2010).Hiroshi Ishiguro: The Man Who Made a Copy of Himself. *IEEE Spectrum*. https://spectrum.ieee.org/robotics/humanoids/hiroshi-ishiguro-the-man-who-made-a-copy-of-himself. Zugegriffen am 23.01.2021.

Hanson Robotics. (o. J.a). *Sophia*. https://www.hansonrobotics.com/sophia/. Zugegriffen am 19.01.2021.

Hanson Robotics. (o. J.b). *Being Sophia*. https://www.hansonrobotics.com/being-sophia/. Zugegriffen am 19.01.2021.

Harari, N. Y., & Meckel, M. (24. August 2018). Homo Deus – verschmelzen Menschen und Maschinen zu Cyborgs? Bonus: Live-Interview mit Yuval Noah Harari. *ada Podcast*. https://join-ada.com/podcasts/bonus-live-interview-mit-yuval-noah-harari.html. Zugegriffen am 22.01.2021.

Hart, R. D. (14. Februar 2017). Saudi Arabia's robot citizen is eroding human rights. *Quartz*. https://qz.com/1205017/saudi-arabias-robot-citizen-is-eroding-human-rights/. Zugegriffen am 22.01.2021.

Horstmann, A. C., Bock, N., Linhuber, E., Szczuka, J. M., Straßmann, C., & Krämer, N. C. (2018). Do a robot's social skills and its objection discourage interactants from switching the robot off? *PLoS ONE, 13*(7), e0201581. https://doi.org/10.1371/journal.pone.0201581. Zugegriffen am 22.01.2021.

Hymas, C. (16. September 2018). Artificial intelligence can be used to translate what animals say and think about us, researchers say. *National Post*. https://nationalpost.com/news/world/artificial-intelligence-can-be-used-to-translate-what-animals-say-and-think-about-us-researchers-say. Zugegriffen am 23.01.2021.

Klostermeier, J. (03. Juli 2019). IDC-Studie 2019: KI-Software wächst in Deutschland überdurchschnittlich. https://news.sap.com/germany/2019/07/idc-studie-2019-ki-software-wachstum/. Zugegriffen am 24.01.2021.

Lewis, M., Yarats, D., Dauphin, Y., Parikh, D., & Batra, D., (2017). *Deal or no deal? End-to-end learning of negotiation dialogues*. https://www.aclweb.org/anthology/D17-1259/. Zugegriffen am 23.01.2021.

Lighthill, J. (1972). Artificial intelligence: A general survey. Chilton-computing. http://www.chilton-computing.org.uk/inf/literature/reports/lighthill_report/p001.htm. Zugegriffen am 23.01.2021.

Lipton, Z. C. (April 2017). Press failure: The Guardian's „Meet Erica". http://approximatelycorrect.com/2017/04/17/press-failure-guardian-meet-erica/. Zugegriffen am 23.01.2021.

Locker, T. (03. August 2017). „Außer Kontrolle geraten": Warum Facebook seine Künstliche Intelligenz wirklich abschalten musste. *VICE.* https://www.vice.com/de/article/qv84p7/ausser-kontrolle-geraten-warum-facebook-seine-kunstliche-intelligenz-wirklich-abschalten-musste. Zugegriffen am 23.01.2021.

Mamiit, A. (30. Juli 2017). Facebook AI invents language that humans can't understand: System shut down before it evolves into skynet. *Tech Times.* https://www.techtimes.com/articles/212124/20170730/facebook-ai-invents-language-that-humans-cant-understand-system-shut-down-before-it-evolves-into-skynet.htm. Zugegriffen am 23.01.2021.

Markoff, J. (28. Dezember 2013). Brainlike computers, learning from experience. *The New York Times.* https://www.nytimes.com/2013/12/29/science/brainlike-computers-learning-from-experience.html. Zugegriffen am 23.01.2021.

Metz, C. (30. Mai 2019). DeepMind can now beat us at multiplayer games, too. *The New York Times.* https://www.nytimes.com/2019/05/30/science/deep-mind-artificial-intelligence.html. Zugegriffen am 23.01.2021.

Meyer, J. B. (04. Juli 2016). KI-Experte Schmidhuber im Interview. Menschheit uninteressant für Künstliche Intelligenz. *Computerwoche.* https://www.computerwoche.de/a/menschheit-uninteressant-fuer-kuenstliche-intelligenz,3313026. Zugegriffen am 19.01.2021.

Mozur, P. (2. Mai 2017). Google's AlphaGo defeats Chinese go master in win for A.I. *The New York Times.* https://www.nytimes.com/2017/05/23/business/google-deepmind-alphago-go-champion-defeat.html. Zugegriffen am 18.01.2021.

Nagels, P. (28. Juli 2017). Facebook musste AI abschalten, die „Geheimsprache" entwickelt hat. *WELT.* https://www.welt.de/kmpkt/article167102506/Facebook-musste-AI-abschalten-die-Geheimsprache-entwickelt-hat.html. Zugegriffen am 23.01.2021.

Nass, C., Steuer, J., & Siminoff, E. (1994). Computer are social actors. *Conference on Human Factors in Computing Systems – Proceedings.* 204. https://doi.org/10.1145/259963.260288. Zugegriffen am 22.01.2021.

Perez, C. (01. August 2017). Creepy Facebook bots talked to each other in a secret language. *New York Post.* https://nypost.com/2017/08/01/creepy-facebook-bots-talked-to-each-other-in-a-secret-language/. Zugegriffen am 23.01.2021.

Piper, K. (21. Juni 2019). Death by algorithm: The age of killer robots is closer than you think. *Vox.com.* https://www.vox.com/2019/6/21/18691459/killer-robots-lethal-autonomous-weapons-ai-war. Zugegriffen am 23.01.2021.

RISE Conf. (2017). Two robots debate the future of humanity. https://www.youtube.com/watch?v=1y3XdwTa1cA. Zugegriffen am 23.01.2021.

Robert Bosch GmbH. (2020). Bosch KI-Zukunftskompass 2020. So denkt Deutschland über die Schlüsseltechnologie von morgen. *Robert Bosch GmbH, Corporate Department Communications & Governmental Affairs*. https://www.bosch.de/news-and-stories/ki-zukunftskompass/. Zugegriffen am 19.01.2021.

Robinette, P., Li, W., Allen, R., Howard, A. M., & Wagner, A. R. (2016). *Overtrust of robots in emergency evacuation scenarios*. https://www.cc.gatech.edu/~alanwags/pubs/Robinette-HRI-2016.pdf. Zugegriffen am 22.01.2021.

Robotics Openletter. (o. J.). *Open letter to the European Commission Artificial Intelligence and Robotics*. http://www.robotics-openletter.eu. Zugegriffen am 19.01.2021.

Schmidhuber, J. (02. November 2017). Falling walls: The past, present and future of artificial intelligence. *Scientific American*. https://blogs.scientificamerican.com/observations/falling-walls-the-past-present-and-future-of-artificial-intelligence/. Zugegriffen am 19.01.2021.

Schwartz, O. (25. Juli 2018). ‚The discourse is unhinged': How the media gets AI alarmingly wrong. *The Guardian*. https://www.theguardian.com/technology/2018/jul/25/ai-artificial-intelligence-social-media-bots-wrong. Zugegriffen am 23.01.2021.

statista. (o. J.). Smart Home global. https://www.statista.com/outlook/283/100/smart-home/worldwide. Zugegriffen am 24.01.2021.

Strogatz, S. (26. Dezember 2018). One giant step for a chess-playing machine. *The New York Times*. https://www.nytimes.com/2018/12/26/science/chess-artificial-intelligence.html. Zugegriffen am 23.01.2021.

UPI. (08. Juli 1958). New navy device learns by doing. *The New York Times*. https://www.nytimes.com/1958/07/08/archives/new-navy-device-learns-by-doing-psychologist-shows-embryo-of.html. Zugegriffen am 23.01.2021.

Verband der TÜV e.V. – VdTÜV. (2020). Künstliche Intelligenz in Unternehmen, Chancen nutzen – Risiken beggenen. https://www.vdtuev.de/pressemitteilungen/ki-studie. Zugegriffen am 19.01.2021.

Verband der TÜV e.V. – VdTÜV. (o. J.). Unternehmen fordern gesetzliche Regeln für Künstliche Intelligenz. https://www.vdtuev.de/pressemitteilungen/ki-studie. Zugegriffen am 07.11.2020.

Vincent, J. (30. Oktober 2017). Pretending to give a robot citizenship helps no one. *The Verge*. https://www.theverge.com/2017/10/30/16552006/robot-rights-citizenship-saudi-arabia-sophia. Zugegriffen am 19.01.2021.

Vollmer, A. L-, Read, R., Trippas, D., & Belpaeme, T. (15. August 2018) Children conform, adults resist: A robot group induced peer pressure on normative social conformity. *Science Robotics*. https://robotics.sciencemag.org/content/3/21/eaat7111. Zugegriffen am 19.01.2021.

Weddeling, B., & Postinett, A. (06. Januar 2019). So erobert die Künstliche Intelligenz den Alltag. *Handelsblatt*. https://www.handelsblatt.com/unternehmen/it-medien/ces-2019-so-erobert-die-kuenstliche-intelligenz-den-alltag/23830116.html. Zugegriffen am 24.01.2021.

Wehner, M. (31. Juli 2017). Facebook engineers panic, pull plug on AI after bots develop their own language. *BGR*. https://bgr.com/2017/07/31/facebook-ai-shutdown-language/. Zugegriffen am 23.01.2021.

Wilson, M. (14. Juli 2017). AI is inventing languages humans can't understand. Should we stop it? *Fast Company*. https://www.fastcompany.com/90132632/ai-is-inventing-its-own-perfect-languages-should-we-let-it. Zugegriffen am 23.01.2021.

WIRED. (2015). *Hacking a „Smart" Sniper Rifle | Security*. https://www.youtube.com/watch?v=BJPCYdjrNWs. Zugegriffen am 23.01.2021.

Wootson, C. R. Jr. (29. Oktober 2017). Saudi Arabia, which denies women equal rights, makes a robot a citizen. *The Washington Post*. https://www.washingtonpost.com/news/innovations/wp/2017/10/29/saudi-arabia-which-denies-women-equal-rights-makes-a-robot-a-citizen/. Zugegriffen am 22.01.2021.

Yudkowsky, E. (2008). *Artificial intelligence as a positive and negative factor in global risk*. http://intelligence.org/files/AIPosNegFactor.pdf. Zugegriffen am 23.01.2021.

3

Was ist KI und was nicht

Zusammenfassung Die Geschichte maschineller Informationsverarbeitung reicht fast 200 Jahre zurück. Trotzdem stehen wir noch am Anfang der Entwicklung von KI. Künstliche Intelligenz zu definieren führt zu der Erkenntnis, dass der Intelligenzbegriff selbst nicht 100-prozentig definiert ist, und dass es unterschiedliche Arten von Intelligenz mit inhaltlichen Abstufungen gibt. Generell ist KI die Nachahmung menschlicher Problemlösungsfähigkeiten mithilfe von Computern. Sie ist kein Lebewesen.

In den 30er-Jahren des 19. Jahrhunderts arbeitete Charles Babbage an Konzepten für seine ‚Analytical Engine', eine mechanische Konstruktion, die Algorithmen verarbeiten sollte. Bis zur heutigen künstlichen Intelligenz gibt es also seit fast 200 Jahren eine Geschichte der maschinellen Informationsverarbeitung. Die tatsächlichen praktischen Anwendungen sind erst relativ vereinzelt in den letzten 50 Jahren auf den Markt gekommen und erst seit der massenhaften Verbreitung von Smartphones erleben wir eine wirklich steile Entwicklungskurve. Trotzdem stehen wir noch ganz am Anfang der Entwicklung von KI. Die ganze Welt geht durch eine umfassende digitale Transformation und KI umgibt uns dabei von morgens bis abends, auch wenn sie als solche meist unbemerkt bleibt. Der andauernde semantische Streit, was denn nun KI sei und was nicht, schafft oft mehr Konfusion als Klarheit. Was ist denn nun also KI und was nicht und wieso ist das überhaupt so schwierig zu definieren und warum sind bestehende Definitionen so strittig? In der Informatik gibt es dazu einen alten Witz, der sinngemäß lautet: ‚Was ist der

Unterschied zwischen KI und Automatisierung? Automatisierung ist, was wir mit Computern können und KI ist, was wir wünschen, mit Computern zu können.' Ist KI also einfach Automatisierung mithilfe von Computern? Es lohnt sich, etwas tiefer einzutauchen, um das Thema besser zu verstehen, auch wenn das in dieser Kette von immer schneller aufeinander folgenden Fortschritten und neuen Begrifflichkeiten gar nicht so einfach scheint.

Im Grundsatz ist zumindest die Erklärung der Schwierigkeit einfach: Künstliche Intelligenz ist schwer zu definieren, weil Intelligenz schwer zu definieren ist. KI ist nicht klar und eindeutig definiert, sondern steht wie ein Sammelbegriff über unterschiedlichen Dingen. Es gibt deswegen tatsächlich relativ viele Definitionen von KI und manchmal, wenn eine KI-Anwendung einen eigenen Namen erhält, wird sie danach eben nicht mehr KI genannt. John McCarthy, der den Terminus der künstlichen Intelligenz als solchen prägte, definierte sie wie folgt:

„*It is the science and engineering of making intelligent machines, especially intelligent computer programs. It is related to the similar task of using computers to understand human intelligence, but AI does not have to confine itself to methods that are biologically observable.*" (McCarthy 2007)

Er beklagte sich später über das beschriebene Phänomen der anderen Namen für bestimmte Anwendungen, das auch manchmal als KI-Effekt beschrieben wird: „As soon as it works, no one calls it AI anymore." (Meyer 2011). Eine KI-Anwendung ist alltäglich geworden und wird nicht mehr als solche angesehen, sondern einfach als Computerprogramm oder als App. Ich verwende oft das Beispiel der Suchmaschine: Niemand sagt ‚Ich werde jetzt mithilfe künstlicher Intelligenz das Netz nach einem Schlagwort durchsuchen.' Wir sagen einfach, dass wir ‚etwas googeln'. Dabei ist RankBrain, der Google-Suchalgorithmus eine komplexe KI-Angelegenheit, die, bevor sie als Suchmaschine mit einfacher Benutzeroberfläche gebaut wurde, mit Sicherheit als KI-Problem bezeichnet wurde.

Die Europäische Union hat für das Thema KI eine sogenannte ‚Hochrangige Expertengruppe für künstliche Intelligenz' (HEG) ins Leben gerufen. Das 52-köpfige, international besetzte Gremium kommt 2018 zu folgender Definition:

„*Künstliche Intelligenz (KI) bezeichnet Systeme mit einem „intelligenten" Verhalten, die ihre Umgebung analysieren und mit einem gewissen Grad an Autonomie handeln, um bestimmte Ziele zu erreichen. KI-basierte Systeme können rein softwaregestützt in einer virtuellen Umgebung arbeiten (z. B. Sprachassistenten, Bildana-*

lysesoftware, Suchmaschinen, Sprach- und Gesichtserkennungssysteme), aber auch in Hardware-Systeme eingebettet sein (z. B. moderne Roboter, autonome Pkw, Drohnen oder Anwendungen des ‚Internet der Dinge')." (Europäische Kommission 2020, S. 19)

Diese Definition wurde ein Jahr später überarbeitet:

„Künstliche-Intelligenz-(KI)-Systeme sind vom Menschen entwickelte Software- (und möglicherweise auch Hardware-) Systeme, die in Bezug auf ein komplexes Ziel auf physischer oder digitaler Ebene agieren, indem sie ihre Umgebung durch Datenerfassung wahrnehmen, die gesammelten strukturierten oder unstrukturierten Daten interpretieren, Schlussfolgerungen daraus ziehen oder die aus diesen Daten abgeleiteten Informationen verarbeiten und über die geeignete(n) Maßnahme(n) zur Erreichung des vorgegebenen Ziels entscheiden. KI-Systeme können entweder symbolische Regeln verwenden oder ein numerisches Modell erlernen, und sind auch in der Lage, die Auswirkungen ihrer früheren Handlungen auf die Umgebung zu analysieren und ihr Verhalten entsprechend anzupassen." (Ebd.)

Ich selber habe es mir bei Vorträgen einfach gemacht und Intelligenz definiert als ‚mit kognitiven Mitteln Probleme lösen.' Die aus meiner Sicht beste Definition in Bezug auf Präzision der Aussage und pointierte Kürze ist von Dr. Joanna J. Bryson. Ausgehend von der Beschreibung von Intelligenz allgemein sagt sie:

„Intelligence is the capacity to do the right thing at the right time, in a context where doing nothing (making no change in behavior) would be worse. (…)
Artificial intelligence (AI), by convention, is a term used to describe (typically digital) artifacts that extend any of the capacities related to natural intelligence." (Bryson 2018, S. 129, 130)

Mit Artefakten sind hergestellte Dinge wie Computer oder auch Roboter gemeint, mit deren Hilfe heute KI-Anwendungen realisiert werden. Als ich 2001 als Berater einen Fachartikel über Software-Agenten in einem Buch über Business Communities schrieb, gab es kaum erkennbare Anwendungsbeispiele im Alltag. Heute existieren Tausende von Alltagsbeispielen, von der Suchmaschine über die Taxibestellung bis zur Partnerbörse oder der Online-Trading App. Wir legen jetzt, im ersten Viertel des 21. Jahrhunderts, mithilfe von KI die Fundamente für Veränderungen, die schon in der zweiten Hälfte dieses Jahrhunderts unser heutiges Leben und wie es die letzten 50 Jahre funktioniert hat, wahrscheinlich geradezu mittelalterlich wirken lassen werden. Die Konsequenzen der Veränderungen, die leistungsfähige und systemübergreifende KI bewirken können, sind wohl im wahrsten Sinne des Wortes unvorstellbar. Dabei geht es nicht nur um rein technologische Innovation, sondern auch um die Entwicklung unserer Gesellschaft, unseres Miteinanders und unserer Rezeption von Technologie. Vergleichen Sie einmal den Umstand, wenn jemand zu einem mehrtägigen Aufenthalt von Hamburg nach München reisen und mit seiner Familie in Kontakt sein möchte in den Jahren 1975 und 2015 und versuchen Sie, alle Konsequenzen der erlebbaren Veränderung zu Ende zu denken. Sie merken, das ist schon schwierig mit einem Beispiel, das bereits passiert ist. Mit Ereignissen in der Zukunft ist es aufgrund der vielen Einflussfaktoren fast unmöglich. Wir können deswegen mit sehr hoher Wahrscheinlichkeit davon ausgehen, dass unsere heutige KI nicht die KI von Morgen sein wird. Während es über die KI von morgen vielleicht tatsächlich nur Aussagen in der Science-Fiction gibt.

3.1 Am Anfang

> **Zusammenfassung**
>
> Die Geschichte der künstlichen Intelligenz reicht bis ins 17. Jahrhundert zurück. 1833 konzipiert Charles Babbage seine „Analytical Engine" und Ada Lovelace schreibt den ersten Algorithmus für diese Maschine. An eine eigene Kreativität der Maschinen glaubte Lovelace jedoch nicht. Etwa 100 Jahre später legt Alan Turing mit seiner Turingmaschine das konzeptionelle Fundament der modernen Informatik. Seine Frage, ob Maschinen denken können, greift John McCarthy 1956 auf. Er prägt den Begriff der künstlichen Intelligenz und veranstaltet die erste Konferenz zu dem Thema. In den folgenden Jahrzehnten entwickelten sich viele verschiedene Ansätze von KI bis zu den neuronalen Netz-Architekturen der Gegenwart. Spektakuläre Spielesiege in Schach, Jeopardy! oder Go steigerten zuletzt die Aufmerksamkeit für die Leistungsfähigkeit von KI, während die Technologie mit dem Smartphone sukzessive in unseren Alltag eingezogen ist.

Derzeit werden in den USA und China zusammen jedes Jahr über 50.000 Forschungspapiere zu KI veröffentlicht. Trotzdem stehen wir in diesen frühen Dekaden des 21. Jahrhunderts immer noch am Anfang der KI-Entwicklung. Um künstliche Intelligenz zu verstehen, lohnt es sich, einen Blick auf die Anfänge und die Geschichte zu werfen. Historisch können die Spuren bis ins 17. Jahrhundert zurückverfolgt werden. Alle Stationen und relevanten Köpfe aufzulisten, wäre ein anderes Buch, aber Philosophen und Mathematiker wie Gottfried Wilhelm Leibnitz (1646–1716), George Boole (1815–1864), Gottlob Frege (1848–1925) und Kurt Gödel (1906–1978) haben mit ihren Erkenntnissen und Überlegungen zu den Gesetzen der Logik das Fundament für die KI-Entwicklung gelegt. Der britische Mathematiker Charles Babbage (1791–1871) gilt als Vater des Computers, weil er die gedanklichen Konzepte der ersten automatischen Rechenmaschinen erdachte. Sie sind allerdings mit heutigen Computern nicht zu vergleichen. 1833 begann Babbage seine Arbeiten zur ‚Analytical Engine' und traf im gleichen Jahr die damals 17-jährige Augusta Ada Byron, Tochter von Lord Byron und Anna Isabella Milbanke. Ada Lovelace, nach ihrer Heirat mit William King, Earl of Lovelace, war fasziniert von Babbages Arbeit und bildete sich konsequent in Mathematik und Mechanik weiter und unterstützte den Mathematiker finanziell und intellektuell. 1840 hielt Babbage eine Reihe von Seminaren zu seiner Analytical Engine an der Turiner Universität. Der Ingenieur Luigi Federico Menabrea, der später italienischer Premierminister wurde, fertigte eine Mitschrift dieser Seminare an, die 1842 auf Französisch veröffentlicht wurde. Auf Babbages Wunsch übersetzte Ada Lovelace diese Mitschrift und fertigte zusammen mit ihm ausführliche Notizen und mathematische Anmerkungen zum Text an. Die Übersetzung wurde fast dreimal so lang, wie der Originaltext und erklärte, wie Babbages Maschine Rechenoperationen durchführen könnte. Die Idee geht von einer mechanischen Rechenmaschine aus, die mit Speicherkarten arbeitet. Zu der Zeit standen jedoch weder Elektrizität, geschweige denn elektronische Schaltungen zur Verfügung. Babbage sendete seine Berechnung der Bernoulli-Zahlen an Ada Lovelace, damit sie sie in ihre Arbeit aufnehmen konnte und sie schrieb darauf einen Algorithmus für diese Berechnung, der oft als das erste je veröffentlichte Computer-Programm bezeichnet wird. Zusammen mit Babbage und seinem ältesten Sohn und Assistenten Benjamin Herschel und Menebrea ist sie damit die erste Programmiererin der Geschichte. Ihre Arbeit gilt als bahnbrechend für die Vorstellung von modernen Computern, die mehr sind als reine Rechenmaschinen und die in vielen anderen Bereichen als der Mathematik eingesetzt werden können. Als das Pentagon 1975 eine universell einsetzbare Computersprache beauftragte, wurde diese zur Erinnerung an die Computerpionierin Lovelace-Byron ADA genannt. Trotz der von ihr propagierten universellen Einsetzbarkeit von Rechenmaschinen, bezweifelte Ada Lovelace die Fähigkeit einer Maschine, von selbst etwas zu erschaffen und kreativ zu sein. Sie schrieb:

„The Analytical Engine has no pretensions whatever to originate anything. It can do whatever we know how to order it to perform. It can follow analysis; but it has no power of anticipating any analytical relations or truths. Its province is to assist us in making available what we are already acquainted with." (Ada Lovelace Informatik o. J.)

Die Maschine, so Lovelace, könne nichts erfinden, sondern nur ausführen, was ihr befohlen werde. Etwa 100 Jahre später widerspricht der britische Mathematiker Alan Turing diesem Statement von Lovelace und bringt mit seinem Kommentar zu ‚Lady Lovelace's objection' wieder Aufmerksamkeit auf ihr frühes Schaffen. Turing gilt als wegweisender Pionier der Informatik. Er studierte und promovierte am King's College in Cambridge. 1936 veröffentlichte er ‚On Computable Numbers, with an Application to the Entscheidungsproblem'. In dieser Arbeit führte er die Idee einer Maschine ein, die alles berechnen könne, was berechenbar wäre, die Turingmaschine. Turings Modell geht weiter als Babbages Konzepte, da er Rechenoperationen und Daten gleichermaßen in seinen Entwurf der Maschine integriert. Er modellierte ein logisches Modell der Arbeitsweise eines Computers. Mithilfe der Turingmaschine beweist er u.a., dass es nicht möglich sei, zu einer gegebenen Theorie mittels eines Algorithmus eine allgemein gültige ‚Ja'- oder ‚Nein'-Entscheidung über die Wahrheit einer Aussage innerhalb der Theorie zu treffen. Für alle Nicht-Mathematiker wird es schon vergleichsweise anstrengend sein, das nachzuvollziehen. Vereinfacht gesagt, beweist die Turingmaschine, dass es kein Computerprogramm und keinen Algorithmus geben kann, der für jedes andere Programm vorhersagt, ob es funktioniert oder nicht. In der Wissenschaft wird Turings Arbeit generell als grundlegend sowohl für das Design elektronischer Computer als auch für die Forschung im Bereich künstlicher Intelligenz eingeschätzt. Letzteres war Turings Motivation, sich überhaupt mit Computern zu beschäftigen. Nach weiteren Studien zu Mathematik und Kryptologie und einer weiteren Promotion 1938 in Princeton, New Jersey, nahm er eine befristete Stelle in der ‚Government Code and Cypher School' (GCCS) an. Während des zweiten Weltkriegs war Turing einer der führenden Kryptologen, die in Bletchley Park u.a. die Enigma-Verschlüsselung der deutschen Marine knackten und damit einen wesentlichen Beitrag zum Ausgang des Zweiten Weltkrieges auf See leisteten. Die GCCS wurde später zum Government Communications Headquarters (GCHQ), dem britischen Auslandsgeheimdienst. Turings mathematische Ansätze zum Knacken von Codes wurden zu so wichtigen Grundlagen, dass der Geheimdienst diese Papiere erst im April 2012 für das britische Nationalarchiv freigegeben hat (Biography.com 2020).

1950 schreibt Alan Turing eine der heute bekanntesten Veröffentlichungen der Informatik. Sein Aufsatz ‚Computing Machinery and Intelligence' inspiriert noch immer Wissenschaftler/-innen aus verschiedensten Fachrichtungen. Der Text beschäftigt sich mit Fragen zum Thema der künstlichen Intelligenz und berührt dabei auch mathematische und philosophische Überlegungen. Turing fragt u.a., ob eine Maschine denken könne und falls Ja, wie wir es herausfinden könnten: „If a Computer could think, how could we tell?". (Turing 1950) Die meisten Menschen kennen den Namen Turing heute wegen des nach ihm benannten Tests, dessen Aufbau er im ersten Kapitel seines Aufsatzes unter der Überschrift ‚The Imitation Game' beschreibt. Ziel des Turing Tests ist die Nachahmung menschlicher Intelligenz unter festgelegten Voraussetzungen durch eine Maschine. Der Aufbau sieht vor, dass ein Mensch und eine Maschine schriftlich befragt werden. Die Fragenden wissen nicht, welches Gegenüber Mensch oder Maschine ist und müssen die Unterscheidung anhand der beobachtbaren Intelligenz, also anhand der Text-Antworten, bestimmen. Der Turing Test gilt als bestanden, wenn die Antworten der Maschine nicht von denen eines Menschen unterscheidbar sind. Das ist von nachhaltiger Aktualität, wie das vielzitierte Beispiel der Google Duplex-Präsentation auf der Entwicklerkonferenz I/O im Mai 2018 belegt: Konzernchef Sundar Pichai zeigte eine Demonstration der Sprachfähigkeiten des Google-Assistenten anhand eines Anrufs der Software bei einem Friseursalon. Das Gespräch verlief reibungslos und im Anschluss entzündete sich eine hitzige Debatte darüber, dass die Software sich nicht als KI zu erkennen gegeben habe und darüber hinaus sogar menschliche Füll-Laute wie „Äh" oder „mmmmmh" in den Dialog einstreute und damit die Person am anderen Ende der Leitung darüber hinwegtäuschte, dass sie mit einer Maschine telefoniere. (Welch 2018). Die Frage wurde vielerorts zu einer ethischen Grundsatzdiskussion stilisiert und gab weiteren Rückenwind für KI-Ethik Abteilungen und -Gremien auf der ganzen Welt. Der Spiegel geht in einem Kommentar sogar soweit, zu mutmaßen, dass sich die menschliche Sprache zu einer ‚Automatensprache' entwickeln würde (Beuth 2018). Ein bisschen Dystopie ist in der Technologiekritik sehr chic, aber Sprache entwickelt sich bekanntlich andauernd. Darum bedeutet die Automatisierung von Standardgesprächen wie Tischreservierung, Terminvereinbarung usw. nicht gleich das Risiko der allgemeinen Sprachdegeneration. Wir erleben, wie moderne KI hilft, Spracherkennung und -Synthese zu perfektionieren und alltägliche Gespräche zu simulieren und natürlich, Vorgänge zu automatisieren.

Mit Turings Arbeit begann eine Phase der KI-Euphorie. Viele bedeutende Wissenschaftler und Mathematiker widmeten ihre Zeit und Aufmerksamkeit dem Thema. Es wurden erste Programme für Spiele wie Dame und Schach entwickelt. Spiele waren aufgrund der überschaubaren Komplexität ein gutes Versuchsfeld zum Testen von Algorithmen und für neuen Erkenntnisgewinn während sie gleichzeitig öffentliche Aufmerksamkeit auf sich zogen. 1956, 20 Jahre nach der Entwicklung der Turingmaschine, organisierte der amerikanische Informatiker John McCarthy das ‚Dartmouth Summer Research Project on Artificial Intelligence', eine Konferenz über KI, zu der er 47 Wissenschaftler an das Dartmouth College in New Hampshire einlud. Mit seiner Verwendung des Begriffes ‚Artificial Intelligence' in seinem Antrag auf Fördergelder an die Rockefeller Stiftung prägte er den Begriff der künstlichen Intelligenz als akademisches Fachgebiet. Zusammen mit Marvin Minsky, Nathaniel Rochester und Claude Shannon schrieb er in den Antrag:

> „*We propose that a 2 month, 10 man study of artificial intelligence be carried out during the summer of 1956 at Dartmouth College in Hanover, New Hampshire. The study is to proceed on the basis of the conjecture that every aspect of learning or any other feature of intelligence can in principle be so precisely described that a machine can be made to simulate it. An attempt will be made to find how to make machines use language, form abstractions and concepts, solve kinds of problems now reserved for humans, and improve themselves. We think that a significant advance can be made in one or more of these problems if a carefully selected group of scientists work on it together for a summer.*" (McCarthy et al. 1955)

McCarthy nennt in seinen Erinnerungen zwei Köpfe, die aus seiner Sicht sehr viel zum Erfolg der Konferenz hätten beitragen können: Alan Turing, der zwei Jahre zuvor Selbstmord begangen hatte und John von Neumann, der bereits 1928 im Alter von 25 Jahren mit der Publikation ‚Zur Theorie der Gesellschaftsspiele' zum Vater der Spieltheorie avancierte. Von Neumann war 1956 schwer krank und konnte nicht nach Dartmouth reisen. Aus der geplanten zweimonatigen Konferenz, die eher Workshop-Charakter hatte, wurde nur ein Monat, u. a., da die Rockefeller Stiftung nur die Hälfte der beantragten Gelder bewilligt hatte, aber auch, weil die meisten Teilnehmer ihre eigenen Forschungsvorhaben und Termine hatten (McCarthy 2006). Viele der avisierten Ziele wurden nicht in der geplanten Form erreicht. Die Konferenz war jedoch für praktisch alle Teilnehmer ein Meilenstein in ihrer akademischen Karriere. Die Zeit danach war hinsichtlich der Entwicklung zahlreicher KI-Anwendungen und in Bezug auf die Bildung von interdisziplinären Modellen aus Mathematik, Linguistik, Psychologie, Soziologie usw. sehr produktiv. Mathematische Theorien wurden zu Software. Beweistechniken, mathematische Hypothesenbildung und die Implementierung von Lösungen auf Basis formaler Logiken brachten immense Fortschritte und sind die Grundlagen vieler Algorithmen der Gegenwart. McCarthy gründete drei Jahre später zusammen mit Marvin Minsky am Massachusetts Institute of Technology (MIT) das heute weltweit renommierte MIT Computer Science and Artificial Intelligence Laboratory (CSAIL).

Allen Newell und Herbert Simon waren dank ihrer schon bestehenden Konzepte so etwas wie Stars der Dartmouth-Konferenz. 1956 entwickelten sie den ‚Logic Theorist'. Mit diesem Programm ließen sich mathematische Theoreme beweisen und auch, dass tatsächlich Aufgaben an Computer übertragbar waren, die so komplex waren, dass sie nur wenige Mathematiker/-innen auf der Welt beherrschten. Der Computerforscher Arthur Samuel begann ab 1949 für IBM zu arbeiten und beschäftigte sich in den 1950er-Jahren mit der Idee, einem Computer das Dame-Spiel beizubringen. Er entwickelte dafür entsprechende Algorithmen und sein Programm erreichte eine Spielstärke, die schließlich sogar gegen Landesmeister in den USA bestehen konnte. Im Zuge dieser Arbeit schuf er auf einem IBM-Großrechner seiner Zeit einen der ersten *Machine Learning* Algorithmen (McCarthy o. J.). *Machine Learning* sollte die Leistungsfähigkeit der KI-Anwendungen maßgeblich verbessern. Doch es war noch ein Weg bis dahin und trotz beeindruckender Erfolge passierte es immer wieder, dass die sehr vollmundigen Versprechen der KI-Forschung sich nicht erfüllten und so auf Seite der privaten und staatlichen Investoren viel Vertrauen verloren ging.

Mitte der 1960er-Jahre machte Joseph Weizenbaum mit seinem Programm ‚ELIZA' Furore. Wie fast alle KIn ist auch ELIZA eine Simulation. In diesem Fall werden die Antworten eines Psychiaters simuliert, so dass ein Dialog zwischen Patient/-in und vermeintlicher Ärztin entsteht, der in Teilen sehr empathisch wirkt. Weizenbaum, selber ein Informatiker, schafft mit ELIZA ein vergleichsweise simples Programm zur Sprachverarbeitung, das die eingegebenen Fragen syntaktisch transformiert und aus ihnen die Antworten der simulierten Psychiaterin generiert. Auf der Grenze zwischen Informatik, Linguistik und Psychologie wird dieser frühe Chatbot, wie wir so ein Programm heute wohl nennen würden, berühmt. Joseph Weizenbaum irritierte dabei sehr, dass die ELIZA-Benutzer/-innen, obwohl sie meist wussten, dass sie mit einem Computerprogramm sprachen, trotzdem intime, persönliche Inhalte preisgaben. In den 1970er-Jahren wurde Weizenbaum ein Kritiker von KI und auch dem Einsatz von Computern, da er zu viel militärische Einflussnahme in diesen Bereichen sah (Fellien 2012).

Heute gibt es viele medizinische Anwendungsfelder, z. B. in der medizinischen Bilderkennung, in denen KI-Systeme menschlichen Mediziner/-innen in bestimmten Aufgaben überlegen sind. 1972 entwickelte Edward Shortliffe an der Stanford Medical School ‚MYCIN', eines der ersten KI-unterstützten Expertensysteme, mit dem Ziel der Diagnose von Infektionskrankheiten. MYCIN lieferte bei Diagnosen und dazu passenden Therapievorschlägen bessere Ergebnisse als die behandelnden Ärztinnen und Ärzte.

1986 zeigten Terrence J. Sejnowski and Charles R. Rosenberg mit ‚NETtalk', dass Algorithmen in einem einfachen Netzwerk künstlicher Neuronen in bis zu drei verbundenen Schichten eingesetzt werden können, um zu lernen, gesprochene Sprache aus Text zu generieren. (Text-to-Speech). NETtalk war durch den neuronalen Netzwerk-Ansatz sehr flexibel, konnte auf jeden Dialekt jeder Sprache trainiert werden und zur kommerziellen Nutzung in Geräte eingebaut werden. Neu daran war die Verwendung künstlicher Neuronen in einem Netzwerk. Bis dato wurden regelbasierte Systeme mit fest konfigurierten Informationen zu jedem Wort bzw. Laut eingesetzt (Sejnowski und Rosenberg 1986). Es war der Beginn der Phase der konnektionistischen Systeme, die heute die sogenannte symbolische KI weitgehend abgelöst hat, auch wenn Letztere immer noch sehr leistungsfähige statistische Domänen verteidigt.

Das sind punktuell herausgegriffene Beispiele, um die stetige Entwicklung von KI grob zu verfolgen. Es kam in der Zeit zwischen dem Ende der 1960er- und 1990er-Jahre aber auch zu den KI-Winter-Phasen, in denen die Enttäuschung über die Nicht-Erfüllung versprochener Potenziale bzw. über die zu langsamen Fortschritte der künstlichen Intelligenz zum Abzug von Forschungs- und Fördergeldern führten und auch wirtschaftliche Investitionen zurückgeschraubt wurden. Entsprechend kamen viele Projekte zum Erliegen und Paradigmen veränderten sich, wie z. B. die Abkehr von den zunächst so vielversprechend erscheinenden Expertensystemen bis Mitte der 1990er-Jahre. Diese Systeme waren größtenteils regelbasiert. Sie wurden bei komplexeren Entscheidungsumfeldern, z. B. bei Marktmodellen mit vielen Parametern oder Produktionssystemen mit vielen Varianten und Verknüpfungen zu groß, zu kompliziert, zu fehleranfällig und zu langsam.

1997 läutete der Sieg des IBM Schachcomputers Deep Blue gegen den amtierenden Schach-Weltmeister Garry Kasparov in New York eine neue Ära in der öffentlichen Wahrnehmung künstlicher Intelligenz ein. Kasparov hatte im Vorfeld verkündet, er müsse in diesem Match die Ehre der Menschheit verteidigen. Ein Jahr zuvor noch hatte er eine frühere Version von Deep Blue in Philadelphia 4:2 geschlagen. Das Rückspiel endete mit 2:1 Siegen und drei Remis zugunsten der Maschine. Deep Blue konnte pro Sekunde bis zu 200 Millionen mögliche Spielstellungen berechnen und hinter dem kühlschrankgroßen Parallelrechner stand ein ganzes Team von Computerwissenschaftlern mit jahrzehntelanger Erfahrung in Computerschach. Heute sagen viele Experten, es sei weniger künstliche Intelligenz als mehr schiere Rechenpower, *brute-force-computing*, gewesen, die den Sieg gegen Kasparov ermöglichte. Heute steht Deep Blue im Smithsonian Museum in Washington, DC. Sein Einfluss ging weit über das Schachturnier hinaus und erlaubte einen Einblick in die Möglichkeiten und Grenzen der Architektur massiver Parallelprozessoren in anderen Feldern wie der Finanzindustrie, der Marktforschung, der Physik und Medizin (IBM o. J.). Der nächste PR-Paukenschlag in Sachen KI geht ebenfalls auf das Konto von IBM. Im Februar 2011 schlägt eine Maschine namens ‚Watson' in der amerikanischen TV-Show ‚Jeopardy!' an drei aufeinander folgenden Abenden die beiden bis dahin erfolgreichsten Jeopardy!-Spieler. Watson ist gegenwärtig das KI-Flaggschiff von IBM und wird mittlerweile in verschiedenen Branchen eingesetzt, wenn auch mit vergleichsweise hohem Trainings- und Integrationsaufwand. Das System wurde tatsächlich für den Jeopardy!-Einsatz entwickelt. Watson versteht gesprochene Sprache und kann auch antworten. IBM entwickelte und fütterte die KI über Jahre mit Daten. Während des Spiels hatte Watson keine Internet-Verbindung, jedoch Zugriff auf über 200 Millionen Seiten unterschiedlich strukturierter Inhalte auf ca. vier Terabyte Festplattenspeichern, darunter eine volle Kopie von Wikipedia. Ken Jennings, der den Rekord von 74 aufeinander folgenden Jeopardy!-Siegen innehat, schrieb am Ende des Matches auf seinem Bildschirm: „I, for one, welcome our new computer overlords," – „Ich für meinen Teil begrüße unsere neuen Computer-Herrscher.", ein Zitat aus einer Folge der TV-Cartoon-Serie The Simpsons. Auch hier manifestiert sich, wenn auch als Witz, wieder die klischeehafte Dystopie der KI-Herrschaft. Die New York Times berichtete über das Spiel und leitet mit Jennings´ Zitat ein: „Ken Jennings (…) acknowledged the obvious.", also sinngemäß, er „bestätigte das Offensichtliche". Im Raum steht das Bild drohender, überlegener Maschinenmacht, obwohl wieder einmal nichts anderes passiert ist, als dass eine Maschine geleistet hat, wofür sie gebaut wurde (Markoff 2011). Etwas nüchterner reagiert Dr. David Ferrucci, der das Jeopardy!-Projekt für IBM leitete. Gefragt, ob er in Watson so etwas wie HAL, den bösen Bordcomputer aus Kubricks ‚2001' sehen würde, antwortet Ferrucci:

> *„HAL's not the focus; the focus is on the computer on 'Star Trek,' where you have this intelligent information seek dialogue, where you can ask follow-up questions and the computer can look at all the evidence and tries to ask follow-up questions. That's very cool."* (Ebd.)

Angesprochen auf den bösen Science-Fiction Computer HAL referenziert der Experte sofort auf den positiv konnotierten Bordcomputer des Raumschiffs Enterprise. Dem Publikum wird suggeriert, dass eines der Science-Fiction Szenarios wohl eintreten werde? So oder so zeigt Watson 2011 wie Mensch-Maschine-Interaktion aussehen kann und irgendwann wahrscheinlich aussehen wird: Ein Miteinander mit sprechenden Maschinen. Die nächsten KI-Erfolge im Spiele-Bereich sind der Sieg im Go-Spiel durch die KI AlphaGo 2016, der Sieg im Poker durch die KI Libratus 2017 und Anfang 2019 die Seriensiege der KI ‚AlphaStar' gegen Profispieler im Online-Rollenspiel StarCraft. Parallel zu diesen sehr öffentlichkeitswirksamen und medial sensationell inszenierten Spiele-Siegen gibt es eine stetige Entwicklung und Verbreitung von KI-gestützten Apps auf unseren Smartphones. Dieser Trend, obschon er bereits alt erscheint, besteht erst seit der Einführung und dem durchschlagenden Erfolg von Apples iPhone und seinen entsprechenden Wettbewerbern von Samsung, Huawei usw. Relativ bald danach erscheinen die Sprachassistenten Siri (Apple, 2011), Cortana (Microsoft, 2014) und Alexa (Amazon, 2015) auf dem Markt. Den vorläufigen Höhepunkt ihrer Fähigkeiten sehen wir in der Google Duplex Anwendung oder dem ‚Debater'-Projekt von IBM (beide 2018). Sie dürften alle nur Zwischenstationen sein.

3.2 Intelligenz

> **Zusammenfassung**
>
> Es gibt verschiedene Definitionen für und verschiedene Arten von Intelligenz. Künstliche Intelligenz ist eine spezifische, auf einen Gegenstand übertragene angemessene Handlungs- bzw. Reaktionsfähigkeit auf Umweltreize in Echtzeit und ein Sammelbegriff für Technologien, die menschliches Lern- und Entscheidungsverhalten imitieren. Basis von KI sind Algorithmen in unterschiedlichsten Varianten. Zu den gängigsten gehören Klassifikations-, Regressions- und Clustering Algorithmen. Mit der verbreiteten Anwendung von neuronalen Netze in verschiedenen Ausprägungen können Maschinen komplexere Probleme lösen und selbständig dazulernen. Zu den fortgeschrittensten Anwendungen von *Machine Learning*-Systemen gehören Bild- und Spracherkennung sowie die Technologie der GANs. Dank schier unendlicher Anwendungsmöglichkeiten ist KI fast überall selbstverständlich geworden. Dabei ist trotz aller sensationellen Nachrichten eine KI auf menschlichem Niveau nach wie vor nicht in Sicht.

Was ist Intelligenz und braucht man dafür ein organisches Gehirn? Den letzten Teil der Frage würde ich mit Nein beantworten, aber der erste Teil hat keine so eindeutige Antwort. Wir benutzen das Wort Intelligenz andauernd, so als ob immer völlig klar wäre, was wir meinen, dabei ist es nicht eindeutig, allgemeingültig definiert. Das funktioniert, weil wir aus dem Kontext der jeweiligen Verwendung fast immer ableiten können, was gemeint ist. Dies zu können ist ein Merkmal von Intelligenz, so wie auch Sprache und damit die Fähigkeit, abstrakte Konzepte zu formulieren und zu nuancieren. Warum ist die Definition von Intelligenz nun so schwer? Wer schon einmal versucht hat, seinen IQ zu ermitteln oder ermitteln zu lassen, kennt die Idee, dass Intelligenz nicht absolut messbar sei, wie z. B. Gewicht in Kg oder Körpergröße in cm. Die Zahl, die als Intelligenz-Quotient herauskommt ist ein Vergleichswert in einer Altersgruppe und es können verschiedene Werte im Laufe des Lebens erreicht werden. Darüber hinaus gibt es eine Entwicklung steigender IQ-Werte im Laufe der Dekaden innerhalb der Gesellschaft usw. Kurz gesagt: Intelligenz ist kein einfaches und schon gar kein konkretes Konzept, sondern ein Sammelbegriff für verschiedene kognitive Fähigkeiten. Abseits der Übersetzung aus dem Lateinischen ‚intellegere' = ‚verstehen'/‚wählen zwischen' gibt es eine Vielzahl von Definitionen, die sich zwar oft ähneln, zum Teil aber wenig aussagekräftig sind. Der Duden sagt: „Fähigkeit [des Menschen], abstrakt und vernünftig zu denken und daraus zweckvolles Handeln abzuleiten." Diese Definition ist nicht klar und eindeutig. Das zeigen die Begriffe ‚vernünftig' und ‚zweckvoll', deren Bedeutung in Abhängigkeit vom Kontext sehr unterschiedlich sein kann. ‚Vernünftiges Denken' kann für einen Teenager etwas anderes sein als für einen Manager in der Midlife-Crisis. Es mag für einen mongolischen Hirten etwas anderes bedeuten als für eine kalifornische Fitnesstrainerin oder eine Londoner Designerin. Die Präferenzen verschieben sich auch unter Einfluss von Müdigkeit, Alkohol oder Hormonen. Für einen verliebten Menschen sind vielleicht andere Dinge vernünftig als für einen Depressiven. Mit dem zweckvollen Handeln verhält es sich ähnlich. Auffällig ist auch, dass es eine Fähigkeit des Menschen sei, so als ob es außer Menschen keine intelligenten Wesen gäbe. Dabei sind auch Tiere intelligent, einige, wie Affen, Delphine, Schweine oder Hunde sogar überdurchschnittlich. Die Definition taugt also in Bezug auf ihre Eindeutigkeit und Präzision nicht. Insgesamt gibt es im allgemeinen Sprachgebrauch viele Begriffe, die mit Intelligenz verbunden werden wie z. B. Denkleistung, Denkfähigkeit, Vernunft, Urteilsvermögen, Auffassungsgabe, Logik, aber auch Synonyme wie Klugheit oder Schläue und Facetten wie smart, gewieft usw. Alle sind diffus und so bleibt nichts übrig, als die Definition anhand der Beobachtung von kognitiven Fähigkeiten vorzunehmen. Das impliziert wiederum eine Vielzahl von unterschiedlichen Beobachtungen, Vergleichsmaßstäben, Interpretationen und entsprechend auch Fehlerquellen in der Herleitung der so entstehenden Definitionen. Es ergeben sich unterschiedliche Intelligenzbegriffe oder auch unterschiedliche Arten von Intelligenz. Darüber herrscht keine Einigkeit in der Wissenschaft. Zumindest zweifelsfrei ist, dass es unterschiedliche Wahrnehmungen auf das Phänomen der Intelligenz gibt. Man könnte also sagen, dass künstliche Intelligenz einfach eine weitere Spielart solcher Wahrnehmungen sei. McCarthy erläutert als Ergänzung seiner Definition von KI:

„Intelligence is the computational part of the ability to achieve goals in the world. Varying kinds and degrees of intelligence occur in people, many animals and some machines." (McCarthy 2007). Prof. Joanna Bryson, die sich intensiv mit den Phänomenen natürlicher und künstlicher Intelligenz beschäftigt, liefert die schon zitierte, fundierte Definition:

> *„Intelligence is capacity to*
>
> 1. *express an appropriate action,*
> 2. *in real time, and*
> 3. *in response to a perceived environment."* (Bryson 2015)

Hier muss weiter differenziert werden, was genau *appropriate*, also angemessen in einer gegebenen Situation ist? *Real time* bedeutet, dass in Echtzeit und auf eine ggf. dynamische Situation reagiert wird. *In response to a perceived environment*, also als Reaktion auf eine wahrgenommene Umgebung, gibt der Handlung bzw. dem Denken einen Kontext, in dem es stattfindet. Das ‚wahrgenommen' impliziert, dass das intelligente System Kenntnisse über seine aktuelle Umgebung hat, z. B. durch entsprechende Sensorik. Dieses Vermögen, das Richtige in einem bestimmten Kontext zu tun, ist eine sehr handlungsorientierte Sichtweise. Das McKinsey Global Institute umschreibt KI in einem Diskussionspapier über die möglichen Auswirkungen der Technologie auf die globale Wirtschaft als Sammelbegriff mit den Worten

> *„(AI) is not a single technology but a family of technologies."* und vertieft das Papier auf *„(…) five broad categories of AI technologies: computer vision, natural language, virtual assistants, robotic process automation, and advanced machine learning.",* die klar als Werkzeuge umschrieben werden (Bughin et al. 2018)

KI ist als ein solcher Sammelbegriff für Technologien zu verstehen, die der grundsätzlichen Idee folgen, dass Maschinen gebaut werden können, die menschliches Lern- und Entscheidungsverhalten imitieren. Wie können wir herausfinden, so Turing, ob Maschinen denken können? Der dafür erdachte Turing Test, in dem in einem Dialog mit verdeckten Partnern herauszufinden ist, wer Mensch und was KI ist, wird seit 1991 im Rahmen des Loebner Preis durchgeführt. Gesucht wird der erste Computer, dessen Antworten von denen eines Menschen nicht unterscheidbar sind. Jedes Jahr gibt es einen Preis für die beste Einreichung, die eigentliche Gold- und Silbermedaille sind jedoch bisher nicht vergeben worden. Aber sagt ein bestandener Turing Test, dass die jeweilige Maschine denken könne?

Am 08. Juni 2014 veröffentlichte die University of Reading in einer Pressemitteilung, ein historischer Meilenstein sei erreicht und der Turing Test zum ersten Mal von einem Computer Programm namens ‚Eugene Goostman' bestanden worden. Das weltweite Presseecho war enorm und neben den üblichen Übertreibungen hinsichtlich des nun in Konsequenz baldigen Endes der Menschheit, gab es auch viel Kritik an dem Test, am Ergebnis und an den Durchführenden. All das sagt fast mehr über die gesellschaftliche Rezeption und Urteilsbildung als die Nachricht selbst. Am Test, der von der University of Reading in der Londoner Royal Society abgehalten wurde, nahmen fünf Teams mit ihren KIn Teil. Jede KI musste durch 30 Tests mit insgesamt 30 Jury-Mitgliedern. In jedem Test hatte das jeweilige Jury-Mitglied eine fünfminütige Konversation per Tastatur mit einem Menschen und der KI. Sollte es der KI gelingen, mehr als 30 % des Zeitraumes dieser Konversation für einen Menschen gehalten zu werden, so war der Test bestanden. Eugene Goostman erreichte 33 % (University of Reading 2014). Die Kritik entzündete sich an verschiedenen Aspekten: Das Programm simulierte einen 13jährigen ukrainischen Jungen und hatte dadurch mehr Möglichkeiten, Fragen nicht oder falsch zu beantworten, weil nicht die gleiche Antwortqualität wie bei einem Erwachsenen erwartet wurde. Die Leistung des Teams von Vladimir Veselov und Eugene Demchenko, die Eugene Goostman programmiert haben, sollte nicht geschmälert werden. Das Team um Veselov nahm schon seit mehr als 10 Jahren mit dem Programm an Turing Tests teil und die Persona Eugene Goostman war immer ein 13jähriger Junge. Das Programm selbst läuft seit dem Jahr 2000 auf einem Notebook und erfordert keine Supercomputing-Fähigkeiten. (Ulanoff 2014). Die Berichterstattung und Kritik zeigt vor allem, dass es 70 Jahre nach Turings Veröffentlichung in Bezug auf KI um mehr geht, als einen Chatbot-Test zu gewinnen. Turing selbst glaubte fest daran, dass binnen 50 Jahren KIn in der Lage sein würden, das ‚Imitation Game' für sich zu entscheiden. Ihm ging es weniger um eine Chatbot-Rallye, als um das Schaffen einer flexibel denkenden allgemeinen Intelligenz, ähnlich der des Menschen. Der Test mit Chatbots lässt dazu keine besonders relevanten Aussagen zu, denn diese Programme können nicht selbständig denken, keine komplexen Fragestellungen lösen oder intuitives Handeln zeigen. In eine solche Richtung wendet sich der Lovelace-Test, benannt natürlich nach Ada Lovelace und um das Jahr 2000 von den KI-Forschern Selmer Bringsjord, Paul Bello und David Ferrucci entwickelt (Bringsjord et al. 2000). Der Lovelace-Test bezieht sich auf den Einwand von Lovelace in ihren Notizen zu Babbages Analytical Engine, 1843. Nämlich, dass Computer im Gegensatz zu Menschen nichts Neues hervorbringen, sondern nur das könnten, wofür sie programmiert wurden. Ziel des Tests ist nicht die perfekte Imitation, sondern der Beweis einer KI, selbst ein kreatives Werk erschaffen zu haben. Von den Anfängen im 19. Jahrhundert über die grundlegenden Arbeiten Turings und die Dartmouth Konferenz bis in die Gegenwart gibt es also eine vielschichtige Beschäftigung mit Intelligenz, ihren verschiedenen Formen und der Frage, wie sie rekonstruiert werden kann. Dabei ist KI ein essentielles Thema der Informatik geworden, dessen Anwendungsgebiete sich explosionsartig vermehren. Trotz aller Komplexität der bereits gelösten Aufgaben ist es noch immer ein sehr weiter Weg bis zur allgemeinen Intelligenz, um die es Turing ging. Dafür sind wir umgeben von vielen einfachen, auf eine konkrete Aufgabe bezogenen Programmierungen, die wir z. T. als smart oder intelligent bezeichnen. Das sind oft einfache Algorithmen, die wie Kochrezepte abgearbeitet werden. Zum Teil sind es auch Anwendungen, deren Intelligenz darauf reduzierbar ist, dass sie im Gegensatz zu Vorgängermodellen einfach nur digital sind und somit die einfachere Weiterverarbeitung von Daten erlauben. Genau diese Weiterverarbeitung ist es aber, in der das eigentliche Potenzial von KI steckt. Prozesssteuerungen, in denen einfache Entscheidungen auf Basis bestimmter Ergebnisse getroffen werden, lassen sich vergleichsweise leicht automatisieren und über *if-then*-Verknüpfungen in Entscheidungsbäumen abbilden. Also z. B. „wenn die Menge eines Granulats aus einer Schütte in einem Behälter ein bestimmtes Gewicht oder Volumen erreicht hat, soll der Behälter in eine Form ausgeleert werden" oder „wenn eine bestimmte Temperatur erreicht ist, soll diese 30 Minuten gehalten werden, bevor ein Abkühlungsvorgang eingeleitet wird" usw. Es wird sofort klar, dass es um industrielle Prozesse geht, wie sie täglich milliardenfach ablaufen. Diese Steuerungen sind eher Programme als KI, da sie einfach einen vorkonfigurierten Verlauf ohne größere Variationen abarbeiten, während wir bei einer KI mittlerweile so etwas wie Lern- und Denkleistung erwarten. Wir differenzieren hier also zum Schachcomputer oder auch zum Bot, der uns im Internet den günstigsten Flug heraussucht, obwohl die Programmschritte im Ursprung nahe beieinander liegen. Wie McCarthy sagte, wird es eben nicht mehr KI genannt, wenn es erst einmal routiniert implementiert ist. Für die meisten Informatiker/-innen würden daher einfache Prozesssteuerungen auf Basis von Entscheidungsbäumen vielleicht nicht mehr ihren Anforderungen für den Begriff künstliche Intelligenz entsprechen. Viele KI-Experten und -Expertinnen, mit denen ich in den letzten Jahren gesprochen habe, würden heute selbst Deep Blue nicht mehr als KI bezeichnen. Seit es *Machine Learning* und *Deep Learning* gibt, ist beinahe so etwas wie Verächtlichkeit gegenüber den vorher genutzten Algorithmen und Supercomputing-Ansätzen entstanden. Deep Blue hat nicht aus der gegebenen Situation gelernt, sondern mit gigantischer Rechenpower einfach enorm schnell alle Optionen kalkuliert, um den besten Spielzug zu ermitteln.

Industrielle Prozesssteuerungen denken bzw. lernen in den meisten Fällen heute auch noch nicht. Sie werden jedoch mittlerweile z. T. in Bot-Infrastrukturen Schritt für Schritt für ihre Aufgaben trainiert, beinahe wie ein Mensch, der für einen Arbeitsablauf angelernt wird. Es ist absehbar, dass KI in Zukunft den Großteil aller prozessbasierten Wissensarbeiten und mithilfe von Robotik auch einfache motorische Verrichtungen steuern und erledigen wird.

Informatiker/-innen sehen künstliche Intelligenz heute also meist als lernende Systeme auf Basis neuronaler Netzstrukturen. Die KI erwirbt ihr Wissen durch so etwas wie eigene Lernerfahrungen. Deep Learning oder *Machine Learning* sind die Schlagwörter. *Trial and error*-Prozesse, wie sie auch Menschen durchlaufen, erlauben es der KI, sich durch Wiederholung kontinuierlich zu verbessern und zur Meisterschaft in der gestellten Aufgabe zu gelangen. Das macht eine Prozesssteuerung normalerweise nicht, zumindest bisher nicht. Wie die Beispiele der komplexen Spiele Go oder StarCraft zeigen, sind lernende Systeme in der Lage, eine extrem hohe Intelligenz für ihr spezifisches Thema zu entwickeln, eine Lösungskompetenz, die die menschliche klar übersteigt.

Die wichtigen Satzteile hier sind ‚in der gestellten Aufgabe' und ‚für ihr spezifisches Thema', denn auch diese KIn sind Spezialisten in einem Fach. Sie sind nischen- oder inselbegabt. Schach-Apps auf dem Smartphone, die besser als die meisten Menschen spielen, werden als Spielzeug auf einem Level mit einem Taschenrechner gesehen und nicht als übermächtige Intelligenzen. AlphaGo und ihr Nachfolger AlphaGo Zero, die Programme, die besser Go spielen als irgendjemand oder irgendetwas anderes auf der Welt oder Watson, die KI, die die Jeopardy!-Champions live im TV besiegte, sie alle können ohne spezielles Training keinen Einkaufszettel erstellen, Musik interpretieren, ein Bild beschreiben oder unsere Wäsche sortieren. Je nach Anwendung gibt es andere Programme.

Weil die jeweiligen KIn so spezialisiert sind, werden diese Anwendungen auch schwache KI, *weak AI* oder a*rtificial narrow intelligence* (ANI) genannt. Diese schwache KI ist immerhin schon stark genug, um bei Hunderten von alltäglichen Aufgaben zuverlässig zu unterstützen, wie z. B. Reiseplanung, Navigation, Sortierung, Online-Übersetzung, Bild-, Gesten-, Mustererkennung usw.. Wir werden gerade, und zwar größtenteils unbemerkt, Zeugen, wie schwache KI sich langsam, aber stetig verbessert. Dieser Transit verläuft rasant, so dass viele Menschen das Gefühl haben, sie seien der Technologie passiv ausgeliefert und ihnen würde alles ‚passieren', ohne dass sie selber Einfluss auf die Entwicklung hätten. Insgesamt ist die in den letzten 10 Jahren massiv verbesserte digitale Infrastruktur, vor allem durch vernetzte Services, ein wesentlicher Aspekt für den wahrnehmbar schnellen Fortschritt von KI. Algorithmen-basierte Dienste werden mehr und mehr aus der Cloud angeboten und die Leistungsfähigkeit der Programme steigt von Jahr zu Jahr. Daten sind in großer Menge verfügbar und werden in Folge globaler Vernetzung von mehr und mehr Geräten ebenfalls immer mehr. Fortschritte in der Miniaturisierung ermöglichen extrem schnelle Parallelprozessoren, Datenübertragung mit immer höherer Geschwindigkeit und immer leistungsfähigere und größere Speichermedien. Die Fähigkeit, komplexe Datenmodelle zu berechnen und mit *Machine Learning* und neuronalen Netzen auszuwerten erlaubt heute, KI erfolgreich für Themen einzusetzen, die noch bis vor wenigen Jahren unmöglich schienen.

Künstliche Intelligenz imitiert in vielen Fällen menschliches Denken und funktioniert dank eines leistungsfähigen digitalen Öko-Systems in vielen Anwendungen schon sehr gut. Ist sie nun also der menschlichen Intelligenz gleichzusetzen? Vielleicht sagen wir zunächst, sie sei anders und sehen etwas genauer an, was der Sammelbegriff KI alles subsumiert.

3.2.1 Drei Stufen künstlicher Intelligenz

Typischerweise werden drei Stufen von künstlicher Intelligenz unterschieden:

1. die bereits erwähnte schwache KI, oder *artificial narrow intelligence* (ANI)
2. die allgemeine KI oder *artificial general intelligence*, mit der das Niveau menschlicher Intelligenz gemeint ist
3. die künstliche Superintelligenz bzw. *artificial superintelligence*

Die sogenannte schwache KI bzw. ANI umfasst so gut wie alles, was heute als KI bekannt ist und viele alltägliche Services, die so selbstverständlich geworden sind, dass hinter ihren Namen nicht mehr an KI gedacht wird, wie z. B. eine Internet-Suchmaschine. Die Qualität und die Vielseitigkeit der Wahrscheinlichkeits-Berechnung mit Algorithmen und Massendaten ist mittlerweile so hoch, dass die Einsatzmöglichkeiten unendlich scheinen. Egal ob es der Spamfilter im E-Mail-Programm, die Empfehlungsfunktion bei einem Streaming-Dienst wie Netflix oder in Social Media wie Instagram ist, die Suchbegriff-Berechnung bei Google oder die Bilderkennung einer Überwachungskamera oder einer medizinischen Bildanalyse, überall wird spezialisierte KI eingesetzt. Spezialisiert bedeutet, für den jeweiligen Einsatzzweck und auf ein bestimmtes Ziel optimiert. Diese Optimierung kann auf unterschiedliche Weise erfolgen, meistens werden die Algorithmen mithilfe von Daten in Modellen trainiert. Die Ergebnisse sind oft erstaunlich und der Ausdruck ‚schwach' täuscht darüber hinweg, wie mächtig diese Systeme in ihrem jeweiligen Anwendungsbereich sind und welch komplizierte Probleme sie lösen können. In den nächsten Kapiteln kommen einige Beispiele, aber auch die schon beschriebenen KIn, die in Spielen wie Schach, Go, oder StarCraft alle menschlichen Meister geschlagen haben, fallen unter den Begriff der schwachen KI.

Unter allgemeiner- bzw. starker KI oder *artificial general intelligence* (AGI) versteht man eine KI, die der menschlichen Intelligenz ebenbürtig ist. Das wäre ein System mit den gleichen kognitiven Fähigkeiten wie ein durchschnittlich intelligenter Mensch. Die besondere Abgrenzung zur schwachen KI liegt in der universellen Abstraktionsfähigkeit, die es einem AGI-System erlauben würde, sich wie ein Mensch in die unterschiedlichsten Sachverhalte einzuarbeiten, zum Experten auf verschiedenen Gebieten zu werden und auch selbst neue Erkenntnisse zu treffen. Bisher existiert keine solche allgemeine künstliche Intelligenz. Die Meinungen und Prognosen, ob bzw. wann eine solche AGI verfügbar sein könnte, sind sehr unterschiedlich und variieren zwischen der Prognose, dass es bereits um 2030 solche Systeme geben werde bis hin zu der Annahme, dass ein Computer niemals dieses Level an Intelligenz erreichen werde. Die meisten Computerwissenschaftler gehen tatsächlich davon aus, dass es bis zum Zeitraum 2060–2075 so etwas wie eine künstliche Intelligenz auf menschlichem Niveau geben werde.

Die Idee einer künstlichen Superintelligenz bzw. *Artificial Super Intelligence* (ASI) folgt dem Gedanken, dass sich starke KI, die menschliches Niveau erreichen würde, mit hoher Geschwindigkeit weiter entwickeln würde. Aufgrund ihrer technischen Möglichkeiten wie unbegrenztem Speicher oder millionenfach höherer Geschwindigkeit, Informationen zu verarbeiten sowie umfassender Vernetzung würde ASI ein Wissens- und Intelligenzniveau erreichen, das menschliche Intelligenz bei weitem übersteigen würde. Wie auch bei AGI gehen die Fachmeinungen auseinander, wann bzw. ob überhaupt jemals eine ASI existieren wird. Ebenso geteilt sind die Meinungen über die möglichen Konsequenzen einer solchen Entwicklung. Das ist tatsächlich ein Science-Fiction Thema. Die dystopische Seite ist über den Medienhype und das Framing der einschlägigen Filme gut bekannt: Die Maschinen würden die Menschen beherrschen und vermutlich kurzfristig ausrotten oder versklaven.

Die utopische Fraktion geht von einem Zeitalter des Überflusses aus, denn die universale Antwortkompetenz einer ASI sorge dafür, dass alle Fragen beantwortet und alle Probleme der Menschheit in kürzester Zeit gelöst würden. Die mit diesem Thema verbundenen Visionen, Hoffnungen und Ängste sind ein Indiz für den tief verwurzelten Glauben der Menschen an Technik als Heils- oder Todesbringer. Viele der utopischen Vorstellungen wären mit internationaler Solidarität und Zusammenarbeit und völlig ohne KI mittelfristig realisierbar. Alle dystopischen Ansätze gingen und gehen von Menschen aus, die die zur Verfügung stehenden Mittel in diesem Sinne nutzten.

3.2.2 Das ‚Denken' der Computer

Knapp 80 Jahre nach Alan Turings Gedanken über eine universelle Rechenmaschine sind viele seiner Vorstellungen bewiesen und auf dem Weg, Realität zu werden. Seine zentrale Erkenntnis ist, dass Computer fähig sind, alle Probleme zu lösen, die durch einen Algorithmus darstellbar und lösbar sind. Wenn ein Algorithmus einen kognitiven Prozess abbilden kann, dann kann dieser von einer Maschine, z. B. von einem digitalen Computer, ausgeführt werden. Auf diese Weise kann menschliche Intelligenz simuliert werden. Aber was sind nun diese Algorithmen eigentlich?

Algorithmen gehören zur Basis all dessen, was wir heute KI nennen. Ein Algorithmus wird oft mit einem Kochrezept oder einer Anleitung verglichen. Das liegt daran, dass Algorithmen tatsächlich eine Abfolge von Anweisungen, bei Computern Rechenoperationen, darstellen, die dann nacheinander abgearbeitet werden. Merkmale des Algorithmus sind außerdem, dass er endlich ist, also irgendwann mit einer letzten Anweisung endet und nicht in einer Schleife immer weiter läuft. Außerdem muss er so verständlich in Code verfasst sein, dass der Computer exakt versteht, was zu tun ist. Algorithmen sind heute tägliche Begleiter. Sie stellen Nachrichten zusammen, navigieren, durchforsten das WWW nach gesuchten Begriffen oder teilen uns den Zinssatz eines Kreditangebotes basierend auf unserem persönlichen Score mit. Der Vergleich der Algorithmen mit Kochrezepten soll nicht darüber hinwegtäuschen, dass es bei KI um mathematische Konzepte geht, die in Code gefasst werden. Für Informatiker/-innen und Data Scientists sind Algorithmen also in erster Linie mathematische Formeln, die zur Lösung eines bestimmten Problems in einem Modell Daten verarbeiten. Es gibt unzählige Algorithmen, die sich im Wesentlichen auf eine überschaubare Anzahl mathematischer Funktionen herunter brechen lassen. Die gängigen Algorithmen sind seit langem bekannt und vielfach im Netz verfügbar. Algorithmen und auf ihnen basierende Anwendungen können daher relativ modular zusammengestellt und angepasst werden, ohne das jedes Mal alles von Null auf programmiert werden muss. Ähnlich wie bei der objektorientierten Programmierung greifen Entwickler/-innen auf bestehende Ressourcen im Netz zurück. Zu den bekanntesten und meist genutzten zählen GitHub (https://github.com), TensorFlow (https://www.tensorflow.org), Anaconda Distribution (https://www.anaconda.com/distribution/), scikit-learn, (https://scikit-learn.org/stable/), Amazon Web Services (https://aws.amazon.com/de/machine-learning/) etc. Mit diesen Ressourcen können selbst komplexere Datenmodelle in relativ kurzer Zeit modular erstellt werden. Die Arbeit von Data Scientists, die vorab das mathematische Modell und den passenden Algorithmus für die zu lösende Aufgabe definieren, ist hier zentral.

Die Programme und verarbeiteten Algorithmen sind so vielfältig wie die denkbaren Anwendungszwecke. Sie können ausrechnen, wie viele Menschen in einem bestimmten Zeitraum ein Geschäft betreten, wie viel Baumaterial für ein Gebäude benötigt wird, mit welcher Wahrscheinlichkeit ein Fußballspieler ein Tor schießt oder wie hoch eine Steuerrückzahlung sein wird, um nur eine winzige Menge an Beispielen zu nennen. Dabei gibt es Berechnungsarten, die immer wieder auftauchen, wenn etwas kategorisiert, klassifiziert oder wenn z. B. ein Optimum oder ein Durchschnitt ausgerechnet werden müssen. Alle denkbaren Algorithmen zu behandeln wäre ein eigenes Buch bzw. eine kleine Bibliothek. Im Folgenden stelle ich beispielhaft ein paar typische Algorithmus-Typen dar, um ein besseres Bild der Art von Berechnung und Funktionsweise zu ermöglichen:

3.2.2.1 Bayes Klassifikation

Einen sehr grundlegenden Algorithmus definierte der presbyterianische Priester Thomas Bayes vor knapp 270 Jahren. Der Satz von Bayes ermöglicht die Berechnung einer bedingten Wahrscheinlichkeit, also der Aussage, wie wahrscheinlich es ist, dass eine Aussage unter einer bestimmten Bedingung wahr ist. Nehmen wir das Beispiel, wie wahrscheinlich es ist, dass eine Studentin in der nächsten Prüfung 15 Punkte bekommt, unter der Bedingung, dass wir wissen, dass sie sonst immer zwischen zehn und zwölf Punkten erreicht? Ähnlich könnten wir fragen, wie viele Menschen ein Live-Konzert besuchen werden in Abhängigkeit davon, wie oft die jeweilige Band auftritt und wie hoch der Kartenpreis ist. Das Ergebnis ist die Zuordnung zu einer Gruppe bzw. einem Merkmalsraum. Dieser Vorgang wird Klassifizierung genannt. Judea Pearl, ein israelisch-amerikanischer Computerwissenschaftler, entwickelte in den 1980er-Jahren basierend auf dem Satz von Bayes eines der Basis-Werkzeuge der heutigen KI und des *Machine Learning*, die sogenannten *Bayesian Networks*.

Pearl war fasziniert vom Gedanken einer Rückwärts-Kausalität, also der Möglichkeit, wie Sherlock Holmes aus einem Ergebnis eine Ursache ablesen bzw. kalkulieren zu können. Inspiriert durch einen Artikel über die kognitiven Vorgänge im Gehirn eines lesenden Kindes kam Pearl auf die Idee, die Wahrscheinlichkeiten eines Ereignisses oder einer Aussage hierarchisch in einem neuronalen Netzwerk abzubilden. Die verschiedenen Knoten enthalten Informationen über das fragliche Ereignis bzw. die Bedingung und stehen in Wahrscheinlichkeitsbeziehungen zueinander. Das Netzwerk kann nun für jeden Knoten berechnen, wie wahrscheinlich die Wahrheit seiner enthaltenen Information bezogen auf das betrachtete Ergebnis und welche Bedingungen die höchste Wahrscheinlichkeit für das Ergebnis darstellen. Was vielleicht einfach klingt, ist harte mathematische Arbeit. Pearl hat monatelang an der Architektur des Netzes und der Frage gearbeitet, welche Art von Informationen zwischen den Knoten übertragen werden. Über 10 Jahre später, Ende der 1980er-Jahre sind Bayesian Networks Standard. Sie finden Einsatz bei der Spracherkennung, in E-Mail Spam-Filtern, für Aktienkursprognosen und Wettervorhersagen oder zur Einordnung von Spieler-Rankings bei Videospielen usw (Pearl und Mackenzie 2019, S. 95–112).

3.2.2.2 Entscheidungsbäume

Entscheidungsbäume gehören auch außerhalb der KI zu den bekanntesten Algorithmen. Sie bilden Prozesse anhand einer Kette von hierarchischen Entscheidungen ab und sind sehr gut geeignet, um Klassifizierungen durchzuführen. Am Beginn des Algorithmus steht eine Entscheidung, z. B. Anzahl der Zimmer in einer Immobilie und ausgehend von dort entscheiden sich von oben nach unten die Anzahl und Ausgestaltung der weiteren Entscheidungsknoten. Das Ergebnis eines Entscheidungsbaum-Algorithmus kann die Aussage über Ja oder Nein einer Kreditvergabe sein, aber auch die Identifikation eines Tieres oder einer Pflanze in einem Bild. Entscheidungsbäume gehen logisch Schritt für Schritt vor und die Berechnung endet am letzten Knoten, der die finale Entscheidung bestimmt. Sie können auch im *Machine Learning* eingesetzt werden. Meistens ist menschlicher Input bei der Definition der Knoten notwendig.

3.2.2.3 Regressions-Algorithmen

Mithilfe von Regressions-Algorithmen können viele Variablen einer Fragestellung im Verhältnis zueinander dargestellt werden. Sie sind sehr häufig im statistischen *Machine Learning* zu finden und beliebt, wenn es darum geht, z. B. Preispunkte zu definieren oder eine Markttransparenz herzustellen. Anhand einer konkreten Fragestellung wie der Höhe des Immobilienpreises in Abhängigkeit zur Lage oder der Menge verkauften Bieres bei bestimmten Außentemperaturen lassen sich unterschiedliche Variablen zueinander ins Verhältnis setzen, um z. B. die beste Kombination für den höchsten Umsatz zu finden. Das System lernt, aus den gegebenen Parametern. Ebenso gut kann man auf Rohstoffmärkten, die Preise für Eisen und Gold bestimmen, Mieten, Flugzeiten oder Medikationen kalkulieren.

3.2.2.4 Clustering Algorithmen

In einer Datenmenge können Clustering Algorithmen dabei helfen, die Daten in bestimmte Cluster, das können Muster, Klassen, Gruppen, Kategorien o. ä. sein, aufzuteilen. Es geht darum, dass die Elemente innerhalb einer Kategorie möglichst ähnlich zueinander sind und gegenüber den Elementen einer anderen Kategorie möglichst unterschiedlich. Die Anzahl der Cluster muss endlich sein. Weder die Anzahl und Art der Cluster, noch die Verteilung der Elemente sind im Vorhinein bekannt. Der Computer errechnet die Cluster selbst. Die Daten werden so lange kalkuliert, bis die dem Modell entsprechend beste Verteilung erreicht ist. Mit dieser Methode können Kundengruppen segmentiert oder auch Texte oder Bilder strukturiert werden, z. B. eine Bildersammlung nach Inhalten sortieren: Urlaubs- und Familienfotos, Tierbilder, Architektur, Portraits etc. Etwas komplexer, aber typisch für moderne kommerzielle Anwendungen wäre es, z. B. im Einzelhandel auf Basis der Clustering-Ergebnisse das Ladendesign so zu gestalten, dass Kunden möglichst viel vom Sortiment einer Filiale zu sehen bekommen. Das geht, indem die Regale von Produkten, die häufig zusammengekauft werden, maximal weit voneinander entfernt aufgestellt werden. Häufiger werden Cluster benutzt, um im Marketing Kunden anhand von soziodemographischen Daten wie Alter, Geschlecht, Wohnort, Beruf sowie ihrem bisherigem Kaufverhalten, z. B. die Art und Anzahl ihrer Bestellungen, bestimmten Clustern zuzuordnen, um sie mit individualisierten Maßnahmen anzusprechen.

3.2.2.5 Klassifikations-Algorithmen

Ähnlich wie beim Clustering werden hier Gruppen aus der Datenmenge gebildet, anders als beim Clustering folgen die Gruppenzuordnungen einer vorab festgelegten Zuordnungslogik, die vom Algorithmus überprüft wird, um eine korrekte Zuordnung zu gewährleisten. Bei der Klassifizierung helfen auch Dimensionalität-Algorithmen. Ihr Ziel ist, die Anzahl von Variablen und Dimensionen im Datenmodell zu reduzieren. Einfacher gesagt, sollen die weniger bedeutungsrelevanten Daten aus dem Modell entfernt werden, ohne dass sich das Endergebnis verändert. Auf diese Weise wird es leichter, effektiv an Daten-Trainingssets zu arbeiten. Das System findet aus einer begrenzten Anzahl von Möglichkeiten die richtige Antwort, z. B. welche Farbe zeigt eine Ampel. Ein häufiger Klassifizierungs-Fall ist die Bestimmung, ob eine Aussage wahr oder falsch ist. Solch eine Entscheidung zwischen zwei Möglichkeiten wird auch binäre Klassifizierung genannt.

3.2.2.6 Netzwerkanalyse-Algorithmen

Diese Formeln helfen dabei, die Bedeutung einzelner Knoten in einem neuronalen Netz zu ermitteln oder auch die Struktur von Websites oder die Gewichtung von Accounts in sozialen Netzwerken transparent zu machen.

3.2.2.7 Ensemble Methoden

In den meisten Fällen, in denen KI-Anwendungen aktiv sind, haben wir es mit zweck-spezifisch angepassten Varianten allgemeiner Formeln zu tun. Ein einzelner Algorithmus zur Problemlösung ist auch eher selten, sondern es werden im Rahmen der Modellbildung verschiedene Rechenoperation, Bedingungen und Parameter festgelegt, die dazu führen, dass Programme mehrere Arten von Algorithmen einsetzen, die von den Daten durchlaufen werden. Im Falle einer Spiele-KI kann es zum Beispiel sein, dass über ein neuronales Netz eine Eingrenzung der bevorstehenden Spielsituationen erfolgt und dann eine oder mehrere Varianten von Entscheidungsbäumen per *brute-force* kalkuliert werden, um den optimalen Zug zu ermitteln. Die Kombination verschiedener Modelle verspricht hier bessere Ergebnisse, indem z. B. die Varianz, also die Streuung von Variablen reduziert wird oder Über- bzw. Unteranpassungen im Modell verhindert werden können. Letzteres meint, dass das Modell nicht zu viele, z. T. überflüssige Daten (Überanpassung/*overfitting*) bzw. zu wenige relevante Daten (Unteranpassung/*underfitting*) enthält. Dieses Austarieren ist schwierig und die Problematik ist auch als *Bias-Variance-Tradeoff* oder -Dilemma bekannt.

3.2.3 Maschinelles Lernen und neuronale Netze

Die Leistungsfähigkeit von KI-Systemen hat sich mit dem Einsatz von maschinellem Lernen oder auch *Machine Learning* (ML) und neuronalen Netzen (NN) enorm gesteigert. Die Anfänge dieser Technologien liegen bereits in den 1940er-Jahren. 1941 konstruierte Konrad Zuse in Berlin quasi im Alleingang den Z3, den ersten programmierbaren Computer der Welt. Ein Jahr später, 1942, bauten J. Presper Eckert und John W. Mauchly in den USA den ‚Electronic Numerical Integrator and Computer', kurz ENIAC. Der ENIAC war zehn mal 17 Meter groß und wog 27 Tonnen. Wie extrem sich seitdem die Mikroprozessortechnik entwickelt hat zeigt das Beispiel des ‚ENIAC on a Chip'-Projektes der Pennsylvania University, in dem schon 1996 ein Team von Informatik-Studierenden in Philadelphia die vollständige Rechenkapazität des ENIAC auf einen sechs mal sechs Millimeter großen Chip brachte.

Der Neurophysiologe und Kybernetiker Warren McCulloch und der Logiker Walter Pitts beschäftigen sich zur gleichen Zeit in Philadelphia mit der Funktionsweise des menschlichen Gehirns. Sie schrieben über mathematische Neuronen-Modelle und entwickelten das Konzept neuronaler Netze und bewiesen, dass Programme auf Basis von Turings Algorithmus Definition mithilfe solcher neuronalen Netzstrukturen berechnet werden konnten. 1949 formuliert Donald Olding Hebb seine Hebbsche Lernregel, die die Gewichtung der logischen Verbindungen zwischen den Knoten in einem neuronalen Netz beschreibt. Sie stellt die allgemeine Form der meisten künstlichen neuronalen Lernverfahren dar und besagt, dass häufige Verbindungen zwischen Neuronen dazu führen, dass diese Neuronen bevorzugt aufeinander reagieren. Die englische Kurzform „What fires together, wires together." ist Basis des Lernens sowohl im menschlichen Gehirn als auch in neuronalen Computernetzen.

Was genau ist der Unterschied zwischen *Machine Learning* (ML) und neuronalen Netzen (NN)? Sie werden oft in einem Atemzug genannt, doch sie sind nicht identisch. NN sind eine Form des maschinellen Lernens. ML wurde 1959 von Arthur Samuel als Feld der Informatik entwickelt, das Computer lernfähig macht, ohne dass sie explizit dazu programmiert wurden. Es geht darum, dass Programme flexibler auf Daten reagieren und sich mit veränderter Datenlage auch verändern und lernen können. Mithilfe von Algorithmen sollen die Programme das automatisiert und ohne menschliches Eingreifen können. Auf diese Weise können Maschinen sich auf Basis von gemachten Fehlern verbessern und in sehr hoher Geschwindigkeit riesige Datenmengen auswerten. Dabei ist nicht garantiert, dass ML-Algorithmen für alle Anwendungsfälle funktionieren. Die genaue Kenntnis der Materie, in der der jeweilige Algorithmus eingesetzt werden soll, ist wichtig und erfordert oft ein interdisziplinäres Team, das nicht nur aus Informatiker/-innen besteht. ML ist datenhungrig und manchmal stehen die notwendigen Datenmengen, um ein zuverlässiges Ergebnis zu erhalten, nicht zur Verfügung. Typische Anwendungen sind Text-, Bild- und Gesichtserkennung, bei denen viele Hunderttausend bis Millionen Pixel in eine vergleichsweise kleine Anzahl von relevanten Ergebnissen umgewandelt werden sollen.

Grundlegend für ML ist die Übersetzung der Aufgabe, die der Computer bzw. die KI lösen soll, in ein mathematisches Modell. Das übernehmen in der Regel Data Scientists. Das Modell, nach dem ein Computer lernt, ist die rechnerische Repräsentation der zu lösenden Aufgabe. Es wird von Entwickler/-innen für das jeweilige System in Code programmiert. Angenommen, ich möchte meine Fotos sortieren, so muss ich der Maschine mitteilen, nach welchen Kriterien ich die Sortierung haben möchte und welche Informationen überhaupt zu den Bildern zur Verfügung stehen. Sind zum Beispiel die Orte der Aufnahmen und die Aufnahmezeiten vorhanden? Ansonsten wird z. B. eine chronologische Sortierung schwierig. Auf Basis der Daten und des Modells lernt die Maschine Sortierungsmöglichkeiten. Aber wie lernt die Maschine nun? Die meisten modernen ML-Algorithmen arbeiten auf Basis von NNs. NNs ahmen sehr vereinfacht gesagt, die Funktionsweise des menschlichen Gehirns nach. Der grundsätzliche Aufbau ist immer gleich: Es gibt eine Eingabeschicht, den *Input Layer*. Hier gelangen die Daten ins System. Was beim Menschen die Augen sind, durch die Bilder ins Gehirn gelangen, können also für die Maschine Kameras oder Linsen sein. Genauso gut können Daten aus bestehenden Systemen oder von Sensoren übertragen oder über die Tastatur eingegeben werden. Die über die Eingabeschicht erfassten Daten werden in weiteren Schichten des Netzes, den sogenannten verdeckten Schichten oder *Hidden Layers*, verarbeitet. Diese Schichten enthalten künstliche Neuronen, die für die Verarbeitung von spezialisierten Informationen verantwortlich sind. Die Neuronen sind miteinander verbunden und kommunizieren miteinander. Jede Verbindung ist auf Basis der vorhergehenden Lernereignisse gewichtet und jeder neue Input bedeutet neues Lernen. Wenn z. B. Bilder erkannt werden sollen, so werden diese in sehr kleine Abschnitte und Grundformen herunter gebrochen. Ein Gesicht besteht dann aus Augen, Nase, Mund, Brauen, vielleicht aus einem Bart etc.. Diese Merkmale bestehen wiederum aus Strichen, Rechtecken und Kreisen. Die Neuronen in den einzelnen Schichten erkennen in diesem Beispiel jeweils einzelne Merkmale und liefern eine Ja/Nein-Information an die nächste Schicht, bis schließlich in der Ausgabe-Schicht, dem *Output Layer*, das Ergebnis der höchsten Wahrscheinlichkeit veröffentlicht wird. Das kann z. B. die Bestätigung sein, dass ein menschliches Gesicht auf einem Bild ist oder sogar die Identifikation eines ganz bestimmten Gesichts. Je nach System kann das Ergebnis auch ein Text, ein Bild oder ein Ton oder eine komplexere Kombination all dessen sein. Es kann auch sein, dass der *Output Layer* einen Steuerbefehl oder eine anderweitige Prozessinformation in einem automatisierten Ablauf liefert.

Ein Klassiker der NN-Algorithmen ist der Perzeptron-Lernalgorithmus, entwickelt von Frank Rosenblatt 1958. Inspiriert von den Arbeiten von McCulloch und Pitts ist ein Perzeptron in seiner einfachsten Form ein einschichtiges neuronales Netz mit binären künstlichen Neuronen. Ein zweischichtiges Perzeptron besteht aus Eingabe- und Ausgabeschicht und erst das dreischichtige Perzeptron, mit einer Input-, einer Output- und dazwischen einer verdeckten Schicht ist das einfachste mehrschichtige neuronale Netz. Dieses kann auf Basis einer Eingabe und gesetzten Gewichtungen für den Eingabewert eine Berechnung durchführen. Die Neuronen der Eingabeschicht tragen dabei die Input-Information. Wird ein definierter Schwellwert bei der Kalkulation mit den Gewichtungen überschritten, so ‚feuert' das Neuron. Das bedeutet, die Ausgabefunktion wird aktiviert und einer von zwei möglichen Werten wird ausgegeben, Null oder 1, Ja oder Nein, Schwarz oder Weiß usw., je nachdem, auf was das Perzeptron trainiert wurde. Es funktioniert also wie ein Kippschalter oder in der Sprache maschinellen Lernens: Wie ein binärer Klassifikator. Wie im menschlichen Gehirn geht es weniger um die in den einzelnen Neuronen gespeicherte Information, sondern vor allem um die Verbindungen zwischen ihnen, die zum vollständigen Ergebnis führen. Mit NN lassen sich Aufgaben lösen, die nicht jedes Mal neu einzeln programmiert werden müssen. Die einfachste Beschreibung ist vielleicht die, einer Maschine, die Muster in Daten erkennen kann und darauf basierend Beschreibungen oder Prognosen erstellt. Das Perzeptron kann noch keine komplizierten Muster erkennen, aber in einem modernen neuronalen Netz gibt es Millionen, vielleicht sogar Milliarden von Verbindungen zwischen den Neuronen. Dadurch kann es auch sehr komplexe Eingaben verarbeiten. Mit einer Datenschicht lässt sich ein einfaches Muster erkennen und mit vielen Schichten lassen sich Muster von Mustern erkennen. Das kann extrem komplex werden, wenn Millionen von neuronalen Verbindungen existieren.

NN können in eine Richtung programmiert sein, also so, dass gewichtete Informationen immer nur von einer Schicht zur nächsthöheren weitergegeben werden können oder auch so, dass eine Verbindung in beide Richtungen möglich ist. Letzteres erlaubt z. B. effektiveres Lernen durch Fehlerrückführung, engl. *Backpropagation*. Der Mathematiker Paul Werbos wendete dieses Verfahren 1982 erstmals für neuronale Netze an und gab ihnen damit in der KI-Forschung neuen Auftrieb. 1986 veröffentlichen der britische Psychologe und Informatiker Geoffrey Hinton, der Psychologe David Rumelhart und der Informatiker Ronald Williams die Arbeit ‚Learning Representations by Back-propagating Errors'. Sie gilt als Meilenstein in der Entwicklung neuronaler Netze und führte zusammen mit der über die Zeit immer leistungsfähigeren Hardware zu beachtlichen Fortschritten z. B. in den Feldern der Bild- und Spracherkennung und Übersetzung. Hinton glaubte daran, dass es möglich sein müsse, dass NN selbst lernen und selber definieren könnten, welche Daten für eine Aufgabe wichtiger seien als andere. 2006 gelang ihm auf dieser Basis ein weiterer Durchbruch. Sein Papier ‚Unsupervised Discovery of Non-Linear Structure using Contrastive Backpropagation' bildet heute die Basis für die massenhafte Verwendung von *Deep Learning* in unzähligen Bereichen.

Der strukturelle Aufbau von künstlichen Neuronen in Schichten und die Weitergabe von gewichteten Informationen von einer Schicht zur nächsten beschreibt schon das Prinzip des sogenannten *Deep Learning* bzw. der *Deep Neural Networks*. Diese algorithmischen Modelle verwenden viele verdeckte Schichten zwischen Eingabe- und Ausgabeschicht, also die schon bekannten *Hidden Layer*. Je mehr davon das NN verwendet, desto komplexer kann die Aufgabe des Modells gestellt werden. Aufgrund der Menge bzw. Tiefe der Schichten des NNs spricht man von *Deep Neural Networks* und *Deep Learning*. *Deep Learning* profitiert stark von der Menge der verwendeten Daten: Je mehr Daten, desto besser die Performance. Das ist einer der Gründe, warum Big Data, also die Anhäufung von Massendaten so wichtig geworden ist. Die Daten sind nicht nur in ihrer Menge, sondern auch in ihrer Qualität ein entscheidender Faktor für die Leistungsfähigkeit der KI. Entsprechend mächtig sind die möglichen Modelle, auf deren Basis gerechnet wird. Genau diese Fähigkeit hat NNs in den vergangenen Jahren so populär gemacht: Ein neuronales Netz kann unterschiedliche Komplexitäten verarbeiten, ohne dass ein Mensch das Modell und den Code besonders verändern müsste. Die Modelle können mit immer mehr Daten trainiert werden, so dass die Antworten des Systems mit der wachsenden Anzahl von Trainingsdurchläufen immer besser werden.

Deep Learning wird auch als Merkmals-Lernen bzw. *Feature Learning* oder *Representation Learning* bezeichnet und auch diese Namen erklären ganz gut, was innerhalb des *Deep Neural Networks* passiert, denn mit Merkmal oder

Repräsentation ist die Information gemeint, die von einer Schicht an die nächste übergeben wird. Die Auswahl dieser Merkmale oder Repräsentationen macht das Lernen des Netzes aus. Es lernt, sich auf bestimmte Informationen zu fokussieren. Auf Basis der Informationsauswahl aus allen zur Verfügung stehenden Daten entstehen über viele Durchläufe die optimalen Werte für das mathematische Modell des NNs und damit der Weg, bestmögliche Ergebnisse zu erzielen.

Komplexe neuronale Netze können auf diese Weise sehr tief werden, also viele Schichten und Millionen von Parametern enthalten und Milliarden von Trainingsdaten verarbeiten. Sie sind sogar genau für solche Fälle, in denen die Eingabedaten sehr hochdimensional sind, perfekt geeignet. Mit hochdimensionalen Daten sind z. B. Bilddateien mit Zusatzinformationen, z. B. in Produktkatalogen gemeint, wo es eine Vielzahl von Produkten mit Abbildungen in jeweils mehreren Varianten und entsprechenden Ausstattungslisten gibt. Es entstehen durch Multiplikation der Möglichkeiten leicht viele Millionen Werte, die jeweils als separate Dimension ein separates Eingabedatum für ein Neuron am Anfang des Netzwerks bedeuten. Die Algorithmen bilden ein statistisches Verfahren, bei dem die Daten selbst den Algorithmus beeinflussen und effizient Muster oder Anomalien aus den riesigen Datenmengen filtern und nach immer mehr Durchläufen immer genauere Prognosen stellen können. Die Verfügbarkeit von Massendaten ist also Voraussetzung für das effektive Training des neuronalen Netzwerks und gleichzeitig der Grund für den anscheinend unstillbaren Datenhunger von Unternehmen und Institutionen. Auf der Hardware-Seite wurden leistungsstarke Prozessoren, die für die parallele Ausführung ähnlicher Rechenoperationen ausgelegt sind, sogenannte *Graphics Processing Units* (GPUs) entwickelt. Sie wurden vor allem in Computer-Grafikkarten eingesetzt, um die immer anspruchsvolleren und hochauflösenderen Bild- und Filmdateien optimal verarbeiten zu können. Die Entwicklung der GPU-Technologie erlaubt *Machine Learning* Anwendern heute erheblich größere bzw. tiefere neuronale Netze als je zuvor zu nutzen, und diese auch schneller zu trainieren. Typische Anwendungen finden sich in der Bild- und Spracherkennung, aber auch in der Websuche von Google, im Newsfeed von Facebook oder bei den Netflix-Empfehlungen und mehr und mehr auch in industriellen Anwendungen wie Materialprüfung, Prozessanalyse, Design von Medikamenten oder sogenannten *Predictive Maintenance* Anwendungen, bei denen z. B. eine Maschine überwacht und Ausfälle anhand von Verschleißdaten vorherberechnet werden können. Der dadurch rechtzeitige Austausch eines Ersatzteils vor einem ungeplanten Ausfall spart Zeit, Geld und Nerven.

3.2.3.1 *Convolutional-* und *Recurrent Neural Networks*

Neuronale Netze gibt es je nach Einsatzzweck in vielen Varianten. Zu den häufigsten Formen zählen sogenannte faltende oder *Convolutional Neural Networks* (CNN) und rekurrente bzw. *Recurrent Neural Networks* (RNN). *Convolutional Neural Networks* bedeuten speziell für die Bilderkennung einen großen Fortschritt und werden dem französischen Informatiker Yann Lecun zugeschrieben, der Ende der 1980er- und in den 1990er-Jahren einige Arbeitspapiere zu dieser Form der NN veröffentlichte. Es handelt sich dabei um NN, die in ihrer Struktur der Sehrinde im menschlichen Gehirn nachgeahmt sind. Diese Struktur erlaubt ihnen, ihre eigene hierarchische Erkennungsstruktur zur Objekterkennung festzulegen, ohne dass diese langwierig von einem Menschen erdacht und programmiert und dem System trainiert werden muss. Genau hierin liegt der wesentliche Vorteil von CNNs und tiefen neuronalen Netzen allgemein. Sie berechnen selbst, ohne manuelle Eingaben, welche Bildmerkmale für ihren Zweck die wichtigsten sind. CNNs können, sobald sie ein Objekt fehlerfrei erkennen können, leicht auf andere Objekte angepasst werden. Das macht sie flexibel einsetzbar, z. B. von der Erkennung von Gesichtern in Bildern auf die Erkennung eines bestimmten Gesichts. Eine interessante Anekdote aus diesem Anwendungsbereich ist das ‚Cat Paper' aus dem Google Brain Projekt. Die Forscher haben Millionen von Bildern aus YouTube Videos in ein großes neuronales Netz mit mehr als einer Milliarde Verbindungen zwischen seinen Neuronen gefüttert. Das NN hat die Daten verarbeitet und über eine selbst trainierte strukturelle Hierarchie ein Muster in all diesen Daten entdeckt und als Bild reproduziert. Das Ergebnis belegt möglicherweise, was viele schon längst scherzhaft vermuten: Das Internet besteht zum größten Teil aus Katzenbildern? Zumindest zeigt das aus der gigantischen Datenmenge herauskristallisierte Bild klar erkennbar das Gesicht einer Katze (Lewis-Kraus 2016).

Ähnlich wie Bilder, kann ein neuronales Netz auch Stimmen oder gesprochene Sprache erkennen. Anders als bei Bildern, wo die gesamte Information auf einmal vorliegt, kommt Sprache in Form einer Sequenz von Silben bzw. Lauten, die im Kontext erkannt werden müssen. Das Netzwerk muss also in der Lage sein, auf vorhergehende Informationen zugreifen und referenzieren zu können. Gegenüber einem CNN, in dem Information eingegeben und in einem Zug verarbeitet wird, braucht ein NN für Sprache deswegen die Möglichkeit, Informationen zu speichern, um eingehende mit vorhergehenden Daten in Beziehung setzen zu können. Diese Art neuronales Netz nennt man *Recurrent Neural Network*. RNNs gibt es erst seit wenigen

Jahren. Sie können nicht nur Silben erkennen, die live gesprochen werden, sondern können diese auch in Relation zu vorherigem Gesprochenen setzen und auf der Basis lernen, wie Worte und Sätze geformt werden und auch, wie wahrscheinlich bestimmte Wort- und Satzkombinationen sind. Das funktioniert über Feedback-Schleifen, die dem RNN so etwas wie ein Gedächtnis geben. Realisiert wird das über eine Kette sich wiederholender, meist einschichtiger Module, in denen die zu erinnernde Information transportiert wird. RNNs sind vielfältig einsetzbar und können neben Sprache auch bewegte Bilder verarbeiten und so für die Analyse und Prognose von Film bzw. Bewegungsabläufen genutzt werden. Mithilfe solcher Systeme werden heute zum Beispiel in Videospielen naturgetreue Bewegungsabläufe von Spielfiguren animiert.

3.2.3.2 LSTM

Eine besondere Variante rekurrenter neuronaler Netze ist der Einsatz von ‚LSTM', bzw. *Long Short Term Memory*, übersetzt in etwa Langzeit-Kurzzeit-Gedächtnis. Diese Form von RNN wurde 1997 von Prof. Josef ‚Sepp' Hochreiter und Prof. Jürgen Schmidhuber wissenschaftlich dokumentiert und ist heute weit verbreitet. LSTMs erweitern die Gedächtnis-Funktion von RNNs und erlauben, Informationen, die das Netz bereits enthält, mit aktuellen Aufgabenstellungen sinnvoll zu verknüpfen. So könnte ein NN z. B. die Bildinformation von zukünftigen Filmszenen auf Basis der bereits abgelaufenen voraussehen oder die KI könnte wissen, dass ich Deutsch als Muttersprache spreche, weil ich in einer vorhergehenden Eingabe preisgegeben habe, dass ich aus Deutschland komme. Das ist über RNNs schon begrenzt möglich, doch je weiter die beiden zu verknüpfenden Informationen im NN auseinander liegen, desto unwahrscheinlicher wird es, dass das RNN den Zusammenhang der alten Information mit der aktuellen Aufgabe richtig herstellen kann. Genau hier setzen LSTMs an, denn speziell für diesen Zweck wurden sie entwickelt. Dabei wird die in herkömmlichen RNNs meist einschichtige Wiederholungsmodul-Struktur erweitert und die Daten werden über insgesamt vier Schichten durch sogenannte Gates gesendet, anhand derer entschieden wird, welche Informationen das Netz behalten oder auch vergessen soll. Die o.g. Information, dass ich Deutscher bin, kann z. B. vergessen werden, wenn sich die Aufgabenstellung des NN einer anderen Person zuwendet. Dies geschieht in der ersten Wiederholungsschicht. Die drei weiteren Schichten und Gates schützen oder modifizieren die Information je nach Aufgabe. Das funktioniert wie ein Förderband, auf dem bei jedem Schritt entschieden wird, was vergessen und was behalten bzw. modifiziert werden soll und diese Entscheidung schließlich umgesetzt und die Information weiter transportiert wird. Es gibt mittlerweile sehr viele LSTM-Varianten, in denen z. B. Entscheidungen über Vergessen und Hinzufügen parallelisiert werden oder die Netzwerkschichten über zusätzliche Verbindungen den Status gespeicherter Informationen einsehen können. Wichtig für das Verständnis ist, dass LSTM-Netze eine Erweiterung der RNNs, der erinnernden Netzwerke sind. Ohne solche Gedächtnis-Eigenschaften wären qualitativ anspruchsvolle Inhalte wie Dialoge über mehrere Schleifen, adäquate Text-Übersetzungen oder auch die Generierung von neuem Text, der über mehrere Zeilen Sinn ergibt, kaum möglich.

In den Medien wird oft berichtet, ein System habe sich etwas selbst beigebracht. Vielleicht hatten Sie in den 1980er-Jahren eine ‚Atari2600' Spielekonsole oder haben davon gehört. Die Rekordhalter von damals können Ihre Highscores heute getrost vergessen, denn die KI von Deepmind hat sich längst 49 der Atari-Arcade Spiele selbst beigebracht. Das System hat ohne vorherige Programmierung, lediglich auf Basis der Bildschirmdaten in wenigen Stunden Spielzeit ein unschlagbares Spielerniveau erreicht. Maschinelles Lernen und Deep Learning scheinen heute fast wie von selbst zu laufen. Das ist jedoch so nicht der Fall und ob und wie das Lernen funktioniert, hängt vom zu lösenden Problem oder der zu beantwortenden Frage sowie den zur Verfügung stehenden Daten und der Auswahl von Modell und den passenden Algorithmen ab. Das Lernverfahren ist dann Teil des Modells.

3.2.4 Lernverfahren der neuronalen Netze

Durch Lernverfahren trainieren NNs für bestimmte Dateneingaben spezifische Ausgabemuster zu erzeugen. Grundsätzlich gibt es drei Varianten, nach denen ein NN lernt:

- Überwachtes Lernen bzw. *Supervised Learning*,
- Freies Lernen bzw. *Unsupervised Learning* oder
- Bestärkendes Lernen bzw. *Reinforcement Learning*

Als menschliches Werkzeug erfasst KI die Welt nach menschlichen Maßstäben. KI ist jedoch Mathematik, im Wesentlichen Statistik. Mathematik und menschliche Maßstäbe zur Erfassung der Welt sind sehr unterschiedliche Dinge, deswegen ist *Supervised Learning* oder überwachtes Lernen, bei dem der Maschine Feedback auf die Ergebnisse gegeben wird, die bisher häufigste Form maschinellen Lernens. Bei diesen Algorithmen sind die Outputs bei den Trainingsdaten schon verfügbar. Die Maschine lernt, indem sie die Korrelationen zwischen den Input-Daten und der Output-Variablen, also dem gewünschten Ergebnis sucht. Bei Regressionen und Klassifizierungen beispielsweise kann es auch mehrere Ergebnisvariablen geben. Die Data Scientists, die das Modell betreuen, können die jeweiligen Ergebnisse sehen und korrigieren. Die Korrekturen, also das Feedback, wird wieder ins System gefüttert. Dieser Prozess wird Trainieren des Modells genannt. Das überwachte Training führt zur graduellen Optimierung des Modells, um die gewünschten Ergebnisse in immer besserer Qualität und Zuverlässigkeit zu erzielen. Diese Ergebnisse, also die nach den Regeln des Modells erzeugten Outputs, entsprechen der höchsten Wahrscheinlichkeit der Annahmen in der Welt des Modells. Sie sind deswegen nicht unbedingt die Wahrheit oder sagen über das Modell hinaus etwas über die Realität aus. Stellen Sie sich ein einfaches Datenmodell vor, das die Kreditvergabe für Mobilfunkverträge überwachen soll. Der Algorithmus könnte so programmiert sein, dass Anträge von Menschen aus Wohngegenden oder Postleitzahl-Bereichen, in denen ein niedriges Durchschnittseinkommen oder eine hohe Quote an Zahlungsausfällen dokumentiert sind, keine Vertragszusage erhalten, obwohl die individuelle Kreditwürdigkeit durchaus bestünde. Der Algorithmus berücksichtigt die Daten des Modells und kommt zu einem klaren Ergebnis. Ob auf dieser Basis eine Person kreditwürdig ist oder nicht ist jedoch außerhalb des Modells keine absolute Wahrheit. *Machine Learning* sagt lediglich Wahrscheinlichkeiten aus. Die KI macht eine Prognose auf Basis von Daten und Modell. 100-prozentig sichere Aussagen sind selten möglich, trotzdem funktionieren die Prognosen für den Großteil der bisherigen Anwendungen sehr gut.

Neben dem überwachten Lernen gibt es das freie oder auch *Unsupervised Machine Learning*. Das sind neuronale Netzwerke, die ohne externe Korrekturen, allein auf Basis der verwendeten Daten und ihres Modells zu einem Ergebnis kommen. Bei *Unsupervised Learning*-Algorithmen sind die Trainingsdaten entsprechend nicht gekennzeichnet, das heißt, es gibt keine vorgegebenen Werte für die Output-Variable in den Trainingsdatensätzen. Solche Algorithmen werden typischerweise für Clustering-Aufgaben verwendet. Ein anderes häufiges Einsatzgebiet dieser Algorithmen ist die Suche nach Anomalien. Das sind Datenpunkte, die sich deutlich entfernt von den gebildeten Clustern befinden. Solche Ausreißer deuten auf Besonderheiten wie Messfehler oder seltene Ereignisse hin. Mit der Erfassung durch den Algorithmus können solche Messfehler eliminiert oder die seltenen Ereignisse analysiert und so ggf. interessante Phänomene entdeckt werden. Im Einsatz sind diese Algorithmen u.a. in sogenannten *Predictive Maintenance* Anwendungen. Hier werden z. B. Maschinen überwacht, indem Sensoren an verschiedenen Messpunkten angebracht und deren Daten kontinuierlich ausgewertet werden. Die KI lernt über einen gewissen Zeitraum, welche Messwerte für normalen Betrieb stehen und kann Alarm auslösen, wenn der Normalbereich der Werte verlassen wird. So ist es möglich, Ersatzteile zu bestellen und auszutauschen, bevor es zu einem Ausfall kommt. Mikrofone sind übrigens häufig eingesetzte Sensoren, da die KI kleinste Unterschiede in Betriebsgeräuschen erfassen und auswerten kann. Bei genügend großer Datenmenge können auch konkrete Schäden vorhergesagt und je nach Integrationsgrad des Systems automatisch Back-up-Systeme eingeschaltet, Ersatzteile geordert und Montage-Teams disponiert werden. Nicht-Überwachtes oder freies Lernen erfolgt ausschließlich durch Eingabe der zu lernenden Muster, auf deren Basis sich das NN von selbst verändert.

Die dritte Lernvariante künstlicher NNs ist das bestärkende oder verstärkte Lernen oder auch *Reinforcement Learning*. Diese Algorithmen lernen nach dem *trial and error*-Prinzip. D. h. sie probieren etwas aus und wenn es funktioniert, verfolgen sie diese Strategie weiter und wenn nicht, passen sie ihr Verhalten an und reduzieren die Anwendung der nicht erfolgreichen Variante. Eine erfolgreiche Strategie wird positiv bewertet und bis auf Weiteres wiederholt und mit weiteren Versuchen und neuem Verhalten kombiniert. Nicht erfolgreiche Strategien werden seltener wiederholt und irgendwann ganz verworfen. Durch diese Iterationen von bewährtem Verhalten in verschiedenen Kombinationen und zusammen mit neuen Verhaltensweisen nähert sich das System beinahe evolutionär dem optimalen Verhalten bei der gestellten Aufgabe. Das Beispiel der Deepmind KI, die die Sony Arcade Games unschlagbar spielt ist ein passendes Beispiel, aber auch Routenoptimierung in Navigationsprogrammen kann so erfolgen. In Situationen, in denen die Rahmenbedingungen des Systems veränderlich sind und die KI angemessen darauf reagieren soll, bietet sich *Reinforcement Learning* an. Pragmatisch ist es auch dann sinnvoll, wenn den Eingabedatensätzen keine passenden Ausgabedatensätze zur Verfügung gestellt werden können, weil sie einfach nicht verfügbar sind. Solche Situationen treten zum Beispiel ein, wenn Roboter über weite Entfernungen gesteuert werden sollen und sich zunächst in einer unbekannten Umgebung zurechtfinden müssen. Es ist aus der Ferne oft nicht möglich, dem Roboter in jeder Situation das bestmögliche Verhalten mitzuteilen. Es kann jedoch eine Aufgabe gestellt werden, die der Roboter selbständig zu lösen hat und anhand derer er lernen kann.

3.2.5 Die Welt erkennen – Bilderkennung und Computer Vision

Besonders maschinelles Lernen und die effektiven Einsatzmöglichkeiten immer leistungsfähiger Algorithmen haben zum Durchbruch von künstlicher Intelligenz beigetragen. Damit KI noch besser und leistungsfähiger wird, muss sie noch mehr wissen und können und lernt deshalb gerade die Welt kennen. Dieses Kennenlernen beginnt, wie könnte es anders sein, mit unseren Augen. KI ‚sieht' die Welt nach menschlichen Maßstäben. Es beginnt damit, Dinge in der Welt benennen zu können. Bilder und Sprache sind der Einstieg in ein vielleicht irgendwann einmal sehr viel umfassenderes Weltbild bzw. Welt-Erkennen, vielleicht sogar Welt-Verstehen. Fei-Fei-Li hat dazu einen bedeutenden Beitrag geleistet. Sie ist Professorin und Co-Directorin des Human-Centered AI Institute und des Vision and Learning Lab der Stanford University. Kurz nach ihrer Informatik-Habilitation an der University of Illinois beschäftigte sie sich 2006 mit der Frage, ob die weltweite Suche nach immer besseren und leistungsfähigeren Algorithmen für immer bessere Entscheidungen, unabhängig von den Daten, der richtige Weg sei. Anlass waren die typischen Schwierigkeiten maschinellen Lernens, dass die Algorithmen gut funktionieren, wenn die verwendeten Daten sehr ähnlich denen sind, die der Algorithmus schon kennt. Abweichende Eingaben werden jedoch nicht erkannt. Das ist fast wie bei Menschen, oder? In der KI-Welt ist dieses Phänomen z. T. als *overfitting* bekannt. Die Daten weisen dann hohe Redundanzen auf. Umgekehrt kann es sein, dass ein Modell bei unterschiedlichen Eingaben die relevanten Muster in den Daten nicht gut genug erkennen und voneinander trennen kann (*overgeneralization*). Li hat festgestellt, dass die verwendeten Datensammlungen bzw. Datasets, mit denen die KI-Modelle trainiert werden, oft keine ausreichende Variabilität enthielten: Selbst einfache Objekte, wie z. B. einen Tisch, in einem Bild zu identifizieren, kann komplex sein. Es gibt unendlich viele Varianten von Tischen in unterschiedlichen Umgebungen, die in verschiedensten Winkeln bei wechselndem Licht fotografiert sein können. Es ist also nicht zu erwarten, dass ein *Machine Learning*-Modell auf Basis von 20 Bildern von Tischen zuverlässig generell Tische aus Bilddaten erkennen kann. Li fütterte daher die Modelle zum Lernen der Repräsentationen mit deutlich größeren Trainingsdatensätzen. 2000, 20.000 oder 200.000 Bilder ergeben eine weit größere Variabilität zum Training der Bilderkennung.

Auf der Suche nach weiteren Versuchen, die Welt zu katalogisieren stieß Li auf ‚WordNet', ein Projekt des Princetoner Psychologen George Miller aus den späten 1980er-Jahren. WordNet bildet, ähnlich wie in einem Dictionary, die englische Sprache ab, jedoch nicht alphabetisch, sondern in einer hierarchischen Struktur. Die Worte stehen also in Beziehung zueinander. ‚Tisch' ist ein Begriff der Kategorie ‚Möbel', die unter ‚Einrichtung' eingeordnet ist, usw. In dieser maschinenlesbaren Logik indexierte Millers Team über 155.000 Begriffe. Fei-Fei Lis Team war angespornt und setzte sich das Ziel, alle Objekte der Welt maschinenlesbar in Bildern zu kartographieren. Mithilfe von Amazons Mechanical Turk Ressourcen verknüpften sie schnell riesige Bildmengen manuell mit den passenden Schlüsselworten. Das Ergebnis ist eine Datenbank von Begriffen und ihren bildlichen Repräsentationen: ‚ImageNet'.

ImageNet wurde 2009 als wissenschaftliche Arbeit publiziert (Deng et al. 2009). Auf der ‚Conference on Computer Vision and Pattern Recognition', dem führenden Treffen für Bilderkennung, erhielt das Thema keinen eigenen Vortrag, erregte jedoch als Info-Poster auf den Konferenzflächen in Miami Aufmerksamkeit. Auf Basis der Erfolge, die sich durch das Training mit ImageNet einstellten, entstand ein jährlicher Wettbewerb um das beste Datenmodell zur Bilderkennung. ImageNet wurde Steigbügelhalter für den Durchbruch der bereits beschriebenen NNs für Bilderkennung und Geoffrey Hintons Arbeiten. 2012 gewann zum ersten Mal ein NN-Algorithmus die Challenge und ab 2014 waren alle führenden Einreichungen des Wettbewerbs *Deep Neural Networks*. Hinton und sein Team konnten endlich beweisen, dass Neuronale Netze andere Verfahren schlagen konnten. Heute werden sie fast überall eingesetzt, wo Bildinhalte ermittelt werden sollen. Facebook, Google, Apple und viele andere nutzen sie, um Fotos automatisch zu taggen, also mit beschreibenden Begriffen zu versehen. In selbstfahrenden Autos werden sie verwendet, um Kamerabilder auszuwerten usw. Was mit Bildern geht, funktioniert auch mit Film. Die Aufgabe ist etwas komplexer, weil sich die Objekte und parallel auch meist die Kamera bewegen. Trotzdem ist es nur eine Frage der Rechengeschwindigkeit und der Trainingsdaten, auch zu erkennen und zu benennen, was in einem Film abläuft.

Der ImageNet-Wettbewerb fand 2017 zum letzten Mal statt. Bis dahin stieg die Genauigkeit der Bilderkennung, also die korrekte Benennung von Objekten in Bildern, von 71,8 auf 97,3 %. Fazit: *Bigger data leads to better decisions* – mehr Daten führen zu besseren Entscheidungen – zumindest in der Welt von KI. Rein statistisch hat maschinelle Bilderkennung eine durchschnittlich höhere Genauigkeit als menschliche. Das bedeutet in erster Linie, dass Klassifizierung und Objektidentifizierung funktionieren. Auf dem Weg, die Welt kennenzulernen sind das erste Schritte. Bis KI auch die Eigenschaften und die Bedeutung eines Objektes kennt, weiß, woher es kommt und was sein Zweck ist und wie es mit seiner Umgebung in Zusammenhang steht, ist es noch weit. Aktuell können die Systeme die richtige Verbindung zwischen einem Pixelmuster und beschreibenden Wörtern herstellen, verstehen aber nicht, was sie sehen. Ähnlich verhält es sich bei der Spracherkennung (Gershgorn 2017).

3.2.6 Die Welt benennen – Natural Language Processing

Maschine-zu-Maschine-Kommunikation (M2M) ist vielfältig und sehr viel dieser Kommunikation findet bereits über das Internet statt. Tatsächlich besteht der globale IP-Datenverkehr in den letzten Jahren zu etwa gleichen Teilen aus maschineller und menschlicher Kommunikation. Die Werte schwanken von Jahr zu Jahr und mittelfristig ist mit einer Dominanz der Bot-Kommunikation zu rechnen, weil es einfach immer mehr Bots gibt, die immer mehr Aufgaben erledigen. Ein Bot macht auch naturgemäß nichts anderes, als im Netzwerk seiner Aufgabe nachzugehen, während Menschen trotz steigender Online-Nutzungszeiten doch noch den Großteil ihres Lebens offline verbringen. Zudem stehen wir an der Schwelle zum Internet der Dinge bzw. *Internet of Things* (IoT). Viele Geräte werden durch Mikroprozessoren, Sensoren und Software nach und nach smart; was digitalisiert werden kann, wird digitalisiert und was vernetzt werden kann, wird vernetzt und schließlich wird automatisiert, was automatisiert werden kann. Der Prozess hat begonnen und alles, was dafür sinnvoll erscheint, wird mit Sensoren, Prozessoren, Speicher und Sendern ausgerüstet und vernetzt: Glühbirnen, Kühlschränke, Stromzähler, Autos, Produktionsanlagen, die Teile, aus denen sie zusammengebaut sind u. v. m.. Diese Systeme kommunizieren über Software-Schnittstellen, sogenannte *Application Programming Interfaces* (APIs), miteinander. An ihnen werden bestimmte Informationen in definierten Formaten übergeben, z. B. die Temperaturinformation eines Thermostats an die Smartphone-App, mit der über die Cloud die Heizung gesteuert wird. Im Idealfall sind die Schnittstellen in globalen Standards mehr oder weniger genau beschrieben. Für Menschen ist diese Kommunikation nur relevant, wenn sie zum ersten Mal entwickelt wird, ansonsten lediglich, wenn Fehler auftauchen und untersucht werden müssen. Die Verarbeitung der riesigen Datenmengen, die aus den Milliarden von Sensoren in unzähligen Gegenständen, z. T. in Echtzeit kommen, ist nur mittels Algorithmen sinnvoll möglich, um z. B. Erkenntnisse aus der Nutzung, dem Verschleiß usw. zu ziehen und Prozesse weiter zu automatisieren. Neben der ganzen M2M-Kommunikation wird die Fähigkeit von Maschinen, gesprochene Befehle zu verstehen in absehbarer Zukunft zum *User Interface* Nummer Eins. Die Fortschritte, die in den vergangenen Jahren mit LSTM und *Deep* NN gemacht wurden, erlauben Maschinen schon jetzt, Menschen relativ gut zu verstehen, zu interpretieren und Sprache zu verarbeiten, um z. B. Übersetzungen zu machen oder selbst spezifische Texte zu generieren. Viele solcher meist relativ einfachen Texte begegnen uns schon im Alltag, z. B. in Form von kurzen Nachrichten-, Sport- oder Börsenmeldungen. Dieser Bereich von KI, der ebenso wie die Bilderkennung im Wesentlichen auf *Machine Learning* und *Deep Neural Networks* basiert, wird als *Natural Language Processing* (NLP) bezeichnet. NLP ist aus meiner Sicht eines der spannendsten Anwendungsgebiete für KI, denn Sprache ist in jeglicher Form die Essenz des menschlichen Denkens in der Technologie. Gedanken finden in Sprache statt. Sie ist das Transportmittel für jegliche Manifestation von Wünschen, Gefühlen und Gedanken. Sprechende Maschinen wirken am ehesten wesenhaft oder lebendig. Zur maschinellen Verarbeitung natürlicher Sprache gehören verwandte Begriffe wie *Natural Language Generation* (NLG) und *Natural Language Understanding* (NLU), das Erzeugen und Verstehen von natürlicher Sprache. Insgesamt beschreiben diese Felder die Fähigkeit von Computern, Sprache zu verstehen und darauf zu reagieren. Reagieren bedeutet, Befehle auszuführen, z. B. das Licht ausschalten, eine Frage beantworten, etwas elektronisch sortieren usw. NLP ermöglicht also, mit Maschinen zu sprechen, ohne dafür besondere Programmiersprachen zu beherrschen. Gesprochene Laute werden anhand ihrer akustischen Wellenform erfasst und analysiert und dann den entsprechenden Wörtern und Wortbedeutungen zugeordnet. Dazu muss das System Worte und Sätze verstehen. Das klingt evtl. nicht besonders schwierig, aber abgesehen von den weit über 6000 Sprachen auf der Erde, spricht jeder Mensch etwas anders. Es gibt Slang, Versprecher und Sprachfehler oder einfach Nebengeräusche bei der Aufnahme. Hinzu kommen, neben Semantik und der häufig mehrfachen Bedeutung, die Wörter haben, noch Grammatik und der Kontext, in dem gesprochen wird. Dann gibt es Besonderheiten wie Sprichworte, Redensarten und Modewörter, die einen übertragenen Sinn haben, der z. T. nichts mit der wortwörtlichen Äußerung zu tun hat. wie z. B. ‚jemanden auf den Arm nehmen' oder ‚Gib' Stoff'. Solche Varianten können in ein System trainiert werden, aber es gibt immer Ausdrücke, die für ein NLU-System zunächst schwer zu verstehen sein werden, weil ihm universelles Weltwissen fehlt, mit dem es etwas Unbekanntes aus einem allgemeinen Kontext ableiten könnte. Das können Ausdrücke wie ‚ein persönliches Waterloo erleben' oder sprachliche Adaptionen aktueller Themen z. B. im Kontext von ‚Fridays for Future', sein. Sinnvolle Reaktionen auf solche Äußerungen in Echtzeit sind deshalb immer noch schwer bis hin zu unmöglich.

Auch hier wird KI stark aufholen und in Zukunft perfekte Imitationen menschlicher Dialogfähigkeiten leisten. Schon jetzt sind die Anwendungsgebiete von NLP sehr breit, wenn es um das Verstehen von Sprache geht. Bereits häufig genutzt werden *Text Mining*, das Extrahieren von Informationen aus Texten, Übersetzungen oder auch Sentiment-Analysen von Social Media Postings. Hier werden die Äußerungen von Personen oder zu bestimmten Themen auf Social Media hinsichtlich Tonalität der Beiträge ausgewertet, um zu erkennen ob ein Thema positiv oder negativ bewertet ist und welche Haltungen dazu eingenommen werden. NLP ist die Grundlage von Spracherkennung bei Assistenten wie Siri, Alexa oder Google Assistant und gleichzeitig auch bei den Massen von textbasierten Chatbots im Web. Einfachste Anwendungen sind Rechtschreib-Korrektur oder die Echtzeit-Vorschläge bei der Eingabe von Suchwörtern in der Suchmaschine. Während der Eingabe lernt das System, macht Vorschläge und bekommt ein Feedback mit jedem weiteren Buchstaben, der eingegeben wird, fast als würde man dem NN bei der Arbeit zusehen. NLP-, bzw. Deep Learning-Algorithmen werden auch in der Werbung eingesetzt, wenn z. B. die Interessen einer Person mit dem Anzeigenrepertoire abgeglichen werden und dadurch personalisierte Werbung gezeigt wird.

Bei der Spracherkennung (NLU) wird die Eingabe zunächst in erkennbare Teile, meistens Wörter, zerlegt. Die Wörter werden auf ihre Grundformen reduziert und einer grammatikalischen Funktion zugeordnet. In diesem Schritt erkennt des Modell, ob es sich um Substantive, Verben, Pronomen usw. handelt. Danach werden Satzteile gruppiert und eine Bedeutung abgeleitet. Dazu greift die KI auf so etwas wie Wörterbücher zurück bzw. auf ein NN, in dem semantische und grammatikalische Informationen enthalten und bereits sinnvoll miteinander verknüpft sind. Ein Beispiel für ein solches System ist der 2012 veröffentlichte ‚Google Knowledge Graph', eine Art Wissensdatenbank, mit der Google bei der Websuche in ganzen Sätzen antworten kann, statt nur Links auszugeben. Ende 2016 waren hier schon ca. 70 Milliarden verknüpfte Informationspunkte enthalten. Inzwischen gibt es solche Datenbanken auch von Microsoft, Facebook oder IBM. Zu ihren Gemeinsamkeiten zählen, dass sie Begriffe erklären und sie zueinander in Beziehung setzen, z. B. „Antonio Vivaldi ist ein Komponist." und „‚Die vier Jahreszeiten' sind ein Konzert für Streicher von Vivaldi.". Dank des Knowledge-Graph kann die KI den Komponisten in Relation zu seinem Werk setzen, ‚Die vier Jahreszeiten' als Titel erkennen und ‚Streicher' als Musikinstrumente klassifizieren. Die existierenden Graphen haben meist unterschiedliche Schwerpunkte. Der LinkedIn-Graph enthält Wissen über Firmen und Berufstätige und ihre Funktionen während der Facebook-Graph sich besser mit Vorlieben und Hobbys von Privatpersonen auskennt. Dieses Hintergrundwissen dient dem NLP-Modell zur statistischen Berechnung, was in einer Sprachnachricht oder einem Sprachbefehl gesagt wird und was die wahrscheinlich beste Antwort darauf ist. Dank Milliarden von Trainingsdurchläufen, die täglich mehr werden, steigt die Verständnis- und Antwortkompetenz in ein für menschliche Dialoge zunehmend akzeptables Level. Bis auf Weiteres bleibt es allerdings egal, wie gut die KI mit mir spricht und wie schlau die Antworten erscheinen mögen, denn die Maschinen haben in Bezug auf die tatsächliche Bedeutung der Dinge in der Welt keine Ahnung, was sie sagen und es ist auch noch unklar, wie es ihnen beizubringen ist (Paulheim 2016).

3.2.7 Perfekte Imitation – Generative Adversarial Networks (GANs)

2014 hatte der damals 27jährige Programmierer Ian Goodfellow die Idee der *Generative Adversarial Networks* (GANs), die zu den bedeutendsten KI-Entwicklungen der letzten Jahre gehört. Freunde baten ihn um Hilfe bei der Programmierung eines Modells, das selbständig und ohne besondere Vorlagen Fotos oder Film generieren könne. Genutzt wird so etwas z. B. in der Videospiel-Industrie, wo viele Spieler- und Nichtspieler-Charaktere realistisch visualisiert werden müssen, in der Werbung und natürlich in Film und TV, um Filme oder Serien mit virtuellen Charakteren auszustatten. Manchmal werden auch jüngere oder ältere Versionen von Darsteller/-innen generiert oder sogar bereits verstorbene Akteure, die in aktuellen Filmen mitspielen sollen, als digitale Kopien reproduziert. In der Umsetzung wird ein Körperdouble gedreht, dem dann sozusagen die digitale Maske des Originals übergezogen wird. Solche Produktionen erfordern höchste Perfektion bis in kleinste Details. GANs können das in vielen Fällen leisten. Es handelt sich dabei um eine weitere Variante maschinellen Lernens. Schon vorher wurden neuronale Netze für sogenannte ‚generative Modelle' eingesetzt, also um z. B. Bilder zu erzeugen. Die Ergebnisse waren jedoch oft fehlerhaft: Die Bilder wirkten unscharf, enthielten falsche Elemente oder Details fehlten, z. B. erschienen Buchstaben im Bild oder es fehlten Nasenlöcher oder Ohren bei Gesichtern. Goodfellow kam auf die Idee, die Perfektionierung der Bilder durch einen Wettbewerb zweier gegnerischer (*adversarial*) neuronaler Netze zu erreichen. Angeblich programmierte Goodfellow das erste GAN-Modell noch in derselben Nacht und es funktionierte sofort. Das Prinzip des Zusammen- bzw. Gegeneinander-Arbeitens der NNs sorgt für eine hohe Ergebnisqualität: Beide NNs werden mit den gleichen Trainingsdaten gefüttert, bekommen jedoch unterschiedliche Aufgaben. Das eine NN, der ‚Generator', bekommt die Aufgabe, künstliche Bilder auf Basis der Trainingsdaten zu erstellen. Statt Bildern sind hier auch Handschriften, Filme, Geräusche, Stimmen usw. denkbar. Das zweite NN, der ‚Diskriminator', hat die Aufgabe, das Generator-Ergebnis mit den Trainingsdaten zu vergleichen und zu bestimmen, ob es ein echtes Trainingsbild ist oder nicht. Immer, wenn das Generator-Ergebnis als Fälschung entlarvt wird, erstellt das Generator-NN auf Basis des Feedbacks eine neue, verbesserte Version seiner Fälschung. Dies passiert so lange, bis das Diskriminator-NN keinen Unterschied mehr erkennen kann. Die Fälschung ist dann vom Original nicht mehr unterscheidbar (Goodfellow et al. 2014). Das klingt relativ leicht, erfordert aber viel Fingerspitzengefühl bei der Kalibrierung der beiden NNs aufeinander. Wenn der Diskriminator z. B. zu leicht zu täuschen ist, kommen keine realistischen Ergebnisse heraus. Wie bei fast allen *Machine Learning*-Aufgaben ist die Qualität der Trainingsdaten entscheidend für den Erfolg des GANs. Versuche, die obligatorischen Katzenbilder zu generieren führten z. B. zu Bildern mit Buchstaben, weil sich in den Trainingsdaten Katzen-Memes befanden, also Bilder, die Worte enthielten. Die NNs im GAN hatten deswegen interpretiert, dass Buchstaben zu realistischen Katzen-Abbildungen dazu gehörten (Giles 2018). GANs erfinden keine völlig neuen Dinge, sondern orientieren sich an den Bildungsregeln aus den Trainingsdaten. Wer lauter Katzenbilder in ein GAN füttert, wird folglich kein Giraffenbild herauskommen, sondern eine künstlich generierte Abbildung einer Katze.

Der offensichtliche Nachteil von GANs liegt nicht in der Technik, sondern wie so oft in den Entscheidungen, die Menschen bei ihrem Einsatz treffen: GANs sind z. B. die Voraussetzung für sogenannte *deepfakes*, digitale Fälschungen, die derart überzeugend sind, dass sie nur mit großer Expertise und mit forensischem Aufwand entlarvt werden können. So wurden Gesichter von Prominenten in pornographische Darstellungen montiert oder es wurden Politikern Statements in den Mund gelegt, die sie in Wirklichkeit nie gesagt haben. Aufgrund der täuschend echten Wirkung haben *deepfakes* das Potenzial, massiv Vertrauen zu erodieren und für Verunsicherung z. B. in einer breiten Öffentlichkeit zu sorgen. Ein bekanntes Beispiel ist ein Film, in dem Barack Obama seinen Nachfolger Trump als Volldiot („*Dipshit*"), bezeichnet. Der Regisseur Jordan Peele hatte dazu seine Mundbewegungen und Mimik mithilfe KI-unterstützter Simulation auf das Bild Obamas übertragen. Auf den ersten Blick ging die Fälschung als echt durch und demonstrierte anschaulich die Gefahr, die durch *deepfakes* entstehen kann (Kerkmann 2019). Die Qualität der Fälschungen entwickelt sich weiter und damit steigt auch der Aufwand, sie zu entlarven. Das GAN ist eine Maschine, die nicht weiß, was sie abbildet. Bei Bildern optimiert die KI lediglich ein Pixelmuster nach dem Vorbild der Pixelmuster in den Trainingsdaten. Einen Eindruck von der

Leistungsfähigkeit gibt die Seite ‚thispersondoesnotexist.com' mit Bildern von Personen, die von einem GAN erzeugt wurden. Die abgebildeten Personen existieren nicht.

3.2.8 Robotic Process Automation (RPA) und noch mehr KI

Deutlich profaner als GANs, und oft nicht einmal als künstliche Intelligenz anerkannt, sind *Robotic Process Automation* Systeme. RPA ist Software, die repetitive Aufgaben in Geschäftsprozessen automatisiert, in dem sie Vorgänge übernimmt, die sonst von Menschen an Bildschirmen durchgeführt werden. Das können Datenbankeingaben, Umrechnungen oder das Generieren von Rechnungen aus zehntausenden von Online-Bestellungen sein. RPA arbeitet auf OSI Schicht 7, der Applikationsebene bzw. nicht-technisch formuliert, auf der Bildschirmebene innerhalb der Programme, die auch genauso von Menschen bedient würden. Die Software hat die notwendigen Schnittstellen (APIs), um mit den jeweils eingesetzten Programmen zu interagieren und eine Programmierfunktion für den Bot selbst. Die Programmierung ist einfach und funktioniert oft wie eine Aufzeichnung, bei der ein Mensch die notwendigen Prozessschritte am Bildschirm vollzieht und die RPA-Software den Ablauf aufzeichnet und dann nachahmt. Es handelt sich meistens um monotone Aufgaben, die nun nicht mehr von Bürokräften, sondern von Maschinen erledigt werden. Gegenüber der menschlichen Arbeitskraft entstehen Geschwindigkeitsvorteile durch schnellere und parallele Abarbeitung von Aufgaben. Durch geringe Wartungszeiten läuft das Geschäft fast rund um die Uhr ohne Pausen und die Softwarelizenzen sind dauerhaft deutlich günstiger als Mitarbeiter/-innen. Da den Bots der Arbeitsort egal ist, können Standortvorteile genutzt werden. Qualitätsvorteile entstehen, weil alle Aufgaben standardisiert mit immer gleicher Genauigkeit bearbeitet werden. Bei Aufgaben, die in Wellen mal mehr oder mal weniger Ressourcen benötigen, verhalten sich RPA-Systeme auf Knopfdruck skalierbar und flexibel. Ergänzt durch maschinelles Lernen, kann RPA außerdem z. B. besondere Bearbeitungsfälle erkennen und für die menschliche Bearbeitung separieren oder mittels NLP Kundenanrufe selbst entgegennehmen, um z. B. Lieferstatus-Informationen am Telefon zu geben.

Diese Liste von Algorithmen, KI-Anwendungen und -Tools ist nur ein kurzer Überblick. Allein zu den beschriebenen Ausprägungen existieren Hunderte von wissenschaftlichen Arbeiten und es werden täglich mehr. Es gibt auch Spezialisierungen, doch diese Lösungen gehören zum täglichen Standardrepertoire in der KI-Entwicklung. Zu den wichtigsten Aspekten dieser Arbeit zählt die Auswahl des richtigen Algorithmus und die Architektur des richtigen Modells für das jeweils zu lösende Problem. Was auf den ersten Blick nach Standard aussieht, kann aufgrund der Datenbeschaffenheit schwierig sein und kein Verfahren ist so gut, dass es universell einsetzbar immer die beste Lösung bietet. Im Gegenteil ist es so, dass die jeweiligen Modelle ihre spezifischen Vor- und Nachteile haben, die bei der Implementierung vorab bedacht und eingeplant werden müssen.

Für diese scheinbare Selbstverständlichkeit stehen die sogenannten ‚*No-Free-Lunch*'-Theoreme. Der Ausdruck *No-Free-Lunch* ist abgeleitet von dem Zitat „There ain´t no such thing as a free lunch.", häufig abgekürzt als Akronym ‚TANSTAAFL', das seit Ende des 19. Jahrhunderts verschiedenen Persönlichkeiten zugeschrieben wird. Die größte Popularität erhielt es sicher durch den Wirtschaftswissenschaftler und Nobelpreisträger Milton Friedman, der 1975 ein Buch mit dem abgeleiteten Titel ‚There is nothing like a free lunch' veröffentlichte. Im Internet finden sich umfangreiche Sammlungen vorkonfigurierter Algorithmen und Tools, mit denen alle möglichen Arten von Problemen gelöst werden können. Die Auswahl und die Definition der Elemente des geeignetsten Modells bleibt trotzdem Aufgabe von Expertinnen und Experten, denn abgesehen vom Algorithmus sind auch die Quelle, Art, Menge und Qualität der verwendeten Daten sowie die zur Verfügung stehende Hardware in Bezug auf Rechenpower, Speicher usw. von Bedeutung.

Künstliche Intelligenz soll in den kommenden Jahren weniger künstlich und hoffentlich intelligenter werden. Das bezieht sich darauf, dass die Informationsverarbeitung etwas weniger klassisch-binär sein soll. Stattdessen soll sie sich mehr der Art annähern, wie Menschen kognitive Probleme lösen, nämlich intuitiver und mehr top-down orientiert. Trainiert mit Unmengen von Daten, sind die KI-Modelle Spezialisten für Detailsituationen, aber sie sind schnell überfordert, sobald etwas Unbekanntes auftaucht. Menschen haben weniger Schwierigkeiten, Anomalien zu verarbeiten. Algorithmen in einem selbstfahrenden Auto können z. B. zur Karnevalszeit verkleidete Menschen auf der Straße nicht so leicht einordnen. Trainierte Systeme wie z. B. die Gesichtserkennung zum Entsperren des Smartphones müssen ‚Morgengesichter' erst erkennen lernen. Manchmal stehen die für zuverlässige Performance des Systems notwendigen Mengen an Trainingsdaten einfach nicht zur Verfügung. Auf der regulatorischen Seite gibt es Anforderungen an Datenschutz und Datensicherheit von Systemen, die personenbezogene Daten verarbeiten. Zudem werden elektronische Systeme permanent angegriffen und es besteht schnell Erklärungsnot, wenn KI-Systeme falsch oder nicht funktionieren und der Fehler schnell ermittelt werden muss. Die NNs sind selbst für ihre eigenen Entwickler/-innen zunächst Black Boxes. Ohne aufwändige Fehlersuche geben sie nicht preis, wie genau der inkrementelle Entscheidungsweg durch das NN erfolgte und ob ein Ergebnis dem Modell zufolge korrekt errechnet wurde, ob Manipulation im Spiel war oder ob vielleicht das Modell als solches durch den Algorithmus oder die Trainingsdaten kompromittiert war.

Um sich in die Richtung menschlichen Denkens zu entwickeln, benötigen KI-Systeme in Zukunft ein breiteres konzeptuelles Verständnis der Welt. Auf dieser Basis könnten sie auch mit deutlich weniger Daten erfolgreich dazulernen. Menschen können sehr gut Entscheidungen fällen, auch wenn ihnen nur wenige Informationen vorliegen. Die Rede ist dann vom ‚gesunden Menschenverstand'. Ihn der KI beizubringen ist schwierig, aber es würde KI auf ein neues Level heben, auf dem sie sich weit besser in der Welt zurecht finden könnte, auch ohne für jedes Erkenntnis-Detail Millionen von Trainingsläufen absolvieren zu müssen. Sie könnte schneller alltägliche Dinge und Handlungen verstehen, auf natürlichere Weise kommunizieren, aus Erfahrungen lernen und besser bzw. überhaupt mit unvorhergesehenen Situationen umgehen. Ohne solche Fähigkeiten bleiben selbst einfache Fragen wie „Sind Erdbeeren im Sommer teurer als im Winter?" oder „Woran erkennt man, ob die Tankstelle nachts geöffnet hat?" für die Maschine kaum korrekt zu beantworten. Ein Weg zu dieser Fähigkeit ist die Anwendung sogenannter Gaußscher Prozesse für Situationen, in denen nur wenige Daten vorliegen. Mit Wahrscheinlichkeitsrechnung und linearer Algebra können Werte mit hoher Effizienz direkt aus den statistischen Größen der vorhandenen Welt errechnet werden. In der Mathematik geht es hier um probabilistische Modelle, die mit Unsicherheit umgehen, auf spärliche Daten reagieren und aus ihren Erfahrungen lernen können (Wilson et al. 2019).

Was ist nun also Intelligenz und was ist künstliche Intelligenz? Geht es darum, künstliche Wesen zu bauen, die wie Tiere oder Personen wirken? Oder geht es darum, menschliche Intelligenz und ihre Denkprozesse durch eine Kombination aus Mathematik und Logik mit mechanischen, elektronischen oder sogar biologischen Gerätschaften zu imitieren? Wie bereits ausgeführt, ist KI derzeit größtenteils eine Automatisierungs-Technologie, die nach bestimmten Regeln Daten verarbeitet und zu Ergebnissen kommt, die ggf. den nächsten Prozessschritt auslösen oder einfach für sich stehen und in ihrem passenden Medium publiziert werden. Das kann bedeuten, dass Sprache akustisch über einen Lautsprecher ausgegeben wird oder, dass eine Anzeige am Bildschirm erscheint oder auch, dass ein Automat oder ein Roboter eine bestimmte Handlung ausführt. Der amerikanische Philosoph John Haugeland prägte 1985 das Akronym ‚GOFAI' für *Good old-fashioned AI*, die gute, altmodische KI. Er meinte damit die sogenannte symbolische KI, die vor der Revolution des maschinellen Lernens klare Regeln und Repräsentationen für alles definierte, was der Computer berechnen sollte (Haugeland 1985). Dabei arbeitet die KI ihr Regelwerk ab, kann jedoch keine eigenen Regeln entwickeln. Soll ein System verändert werden, muss es umprogrammiert werden. Moderne, auf *Machine Learning* basierende KI kann selber lernen, zumindest in Bezug auf das Finden von Mustern in den zur Verfügung stehenden Daten. Auch die Intelligenz dieser modernen Systeme ist limitiert auf das Gebiet und die Aufgabe, für die sie trainiert werden.

Die in den NNs stattfindenden, unsichtbaren Entscheidungsprozesse sind problematisch, denn KI wird inzwischen in vielen Bereichen eingesetzt, in denen sie Entscheidungen fällt oder vorbereitet, die unmittelbare, z. T. weitreichende Konsequenzen für Menschen haben, z. B. bei Selektion von Bewerbungen oder bei medizinischen Diagnosen. In diesem Zusammenhang ist oft die Rede von sogenannter *accountable AI*, also der Idee einer verantwortlichen KI. Die gibt es allerdings nicht. KI kann kein verantwortlicher Akteur sein. Die Verantwortung liegt bis auf Weiteres immer bei den Menschen. Um dieser Verantwortung für die Entscheidungen komplexer *Machine Learning* Systeme überhaupt gerecht werden zu können, ist es notwendig, die Berechnungen erklären zu können. Erklärbare KI bzw. *explainable AI* ist deshalb eine Standardanforderung für kritische Anwendungsfälle, der jedoch oft nicht leicht oder schnell entsprochen werden kann. Trotzdem sind beinahe überall Algorithmen im Einsatz oder ihr Einsatz ist in Planung und weil das so effizient und vergleichsweise einfach ist, wird das voraussichtlich auch so weiter gehen. Heather M. Roff, Analystin an der Johns Hopkins University formuliert es so:

„AI can be applied almost anywhere. After all, to create and tailor AI for a given situation, we only need four things: computing power, expertise, data, and an algorithm. Thus, as society increasingly produces and sheds data, and the capabilities of computer processing and transfer speeds increase, AI will undoubtedly be applied simply because it can be" (2019)

Profan übersetzt: Warum nutzen wir KI? Weil wir's können.

3.3 Bewusstsein

> **Zusammenfassung**
>
> Das Bewusstsein ist ein wesentliches Unterscheidungsmerkmal zwischen Wesen und Maschinen. Menschliches Bewusstsein ist nicht physisch lokalisierbar, es wird aber im Gehirn vermutet. Das menschliche Gehirn ist etwas anderes als ein Computer. Es lebt und verändert sich und ist untrennbarer Teil des Körpers mit komplexen Stoffwechselfunktionen. Bewusstsein setzt sich gemäß der führenden Theorien aus physischen Erfahrungen zusammen. Trotz aller Fortschritte in Rechengeschwindigkeit und komplexer Programmierung bleiben selbst die höchst entwickelten KI-Systeme programmierte Datenmodelle ohne eigene Erkenntnisse oder das Verstehen, was eine Erkenntnis ist. Die Versuche, das Gehirn oder Teile davon nachzubauen oder zu programmieren, schaffen jeweils Annäherungen, das Bewusstsein als Phänomen bleibt aber ungeklärt. Von Relevanz für die Zukunft ist, in welchem Bewusstsein wir Technologie schaffen und was wir davon in die Maschine geben.

Manchmal habe ich die schwache KI oder auch *Artificial Narrow Intelligence* (ANI), die mich täglich umgibt, in verleumderischer Weise im Verdacht, eine eigene, meist gegen mich persönlich gerichtete Intention zu haben. Ampelsteuerungen z. B. lösen ganz offensichtlich immer dann Rot aus, wenn ich es eilig habe und dann auch extra lange oder etwa nicht? Das Beispiel der Ampel soll veranschaulichen, wie vergleichsweise profan die meisten Anwendungen sind, die über Daten und Algorithmen den Alltag steuern. In den meisten Fällen sind es einfache Prozesssteuerungen, die von den meisten Informatikern wohl noch nicht einmal künstliche Intelligenz genannt würden. Im allgemeinen Sprachgebrauch oder in der Marketing-Sprache, die für solche Anwendungen dauernd verwendet wird, heißen die Systeme trotzdem oft ‚smart' oder ‚intelligent' usw., aber sie denken nicht wirklich. Es werden lediglich Programmschritte abgearbeitet. Neben vielen anderen Dingen ist es diese Seelen- oder auch Leblosigkeit, die KI elementar von der menschlichen Intelligenz unterscheidet.

Die Maschine lebt nicht. Sie ist kein Lebewesen. Sie hat auch kein Bewusstsein in dem Sinne, dass sie ein Selbst sei, mit eigenständigen Gedanken und Gefühlen über sich selbst. Das trifft auf alle KIn zu, die wir bisher nutzen. Sie erledigen größtenteils Berechnungen, die auf statistische Wahrscheinlichkeiten hinauslaufen. So anspruchsvoll die Ergebnisse sein mögen, sie basieren auf Vorhersehbarkeiten. Selbst wenn KI in ihren Spezialaufgaben z. T. für Menschen nicht vorhersehbare Erkenntnisse oder Entscheidungen trifft, weiß die Maschine nicht, was eine Erkenntnis oder eine Entscheidung ist oder bedeutet. Sie arbeitet ihr programmiertes Modell mit den zur Verfügung stehenden Daten ab und stellt darüber hinaus keine Meta-Überlegungen, z. B. über den Sinn der Aufgabe, über persönliche Entwicklungsmöglichkeiten o. ä. an. Die nicht Vorhersehbarkeit oder manchmal sogar Überraschung, die KI-Ergebnisse bei Menschen auslösen, unterscheidet die breite Masse der Anwender/-innen, die sich wenig mit Daten und Algorithmen beschäftigen, vom Fachpublikum. Expertinnen und Experten machen sich schnell einen Reim, selbst auf ausgefallene Ergebnisse. Verwunderung gilt meist eher der Tatsache, dass eine Fähigkeit deutlich schneller erreicht wurde als vermutet oder äußert sich als Respekt vor herausragenden Erkenntnissen, die das Feld insgesamt erweitern.

Trotz aller Zuschreibungen und so menschenähnlich die Systeme auch designed sind: Die KI hat keine ‚eigene' Persönlichkeit, die es zu entwickeln gelte und schon gar keine, die sich von selber entwickeln würde. Sie hat dabei praktischerweise auch kein Ego. Statistische Werkzeuge, die wir benutzen, um Taxis zu rufen, Produktionsprozesse zu überwachen, Handlungsempfehlungen zu errechnen usw. brauchen auch grundsätzlich keine Persönlichkeit. Sie sollen rechnen und für die definierte Aufgabe bestmögliche Lösungen liefern. Imitierte Persönlichkeit und Charakter einer KI sind Merkmale, die im Sinne der *Usability* oder auch als Produktdifferenzierung extra erdacht und programmiert wurden.

Über diese Aspekte herrscht noch weitgehend Einigkeit in der wissenschaftlichen Diskussion. Die spannende Frage, auf die es heute noch keine beweisbare Antwort gibt, ist, ob Maschinen jemals ein eigenes Bewusstsein haben werden, und falls Ja, wie dieses bewusst-sein dann definiert würde? Grundsätzlich ist es bereits möglich und wird auch praktiziert, KI so zu programmieren, dass sie gekoppelt mit Sensoren ein Verständnis ihrer Umwelt erhält und anhand von Eingabewerten aus ihrer Sensorik über ein Bonus-/Malus-System möglicherweise sogar künstliche Emotionen hat. Diese können dann in speziellen Programmroutinen und bei passenden Eingabewerten ausgelöst und als Reaktionen erlebbar gemacht werden. Ein Beispiel wäre ein Roboter, der über Wärmesensoren erkennt, welche Temperatur um ihn herum herrscht und welche Temperatur Gegenstände haben, die er berührt. Der Roboter könnte so programmiert werden, dass er Temperaturen über 30 °C als ‚warm' empfindet und sich langsamer bewegt und bei Temperaturen über 60 °C eine Schmerzreaktion zeigt. Nun kann man die KI, die diesen Roboter steuert, lernen lassen, zu hohe Temperaturen zu meiden usw.. Das Beispiel lässt sich beliebig weiterdenken und am Ende steht eine komplexe Maschine, die ein schlüssiges Verhalten in Reaktion auf ihre Umwelttemperaturen und ggf. viele weitere Einflussfaktoren wie Licht, Lautstärke, Anzahl von beweglichen Objekten in unmittelbarer Nähe, Gerüche usw. an den Tag legt. Die meisten Menschen würden diesem Roboter im Umgang, vor allem, wenn er spricht, vermutlich zunächst eine Persönlichkeit und vielleicht so etwas wie ein Bewusstsein unterstellen. Das Thema KI und Bewusstsein polarisiert. Zu schnell spalten sich aus meiner Sicht die Lager in Befürworter und Gegner einer sich selbst bewussten KI. Beide Haltungen basieren letztlich auf Wunschdenken, wie es in Zukunft sein soll. Dabei geht es gar nicht darum, die jeweiligen Wünsche nach ‚besser' oder ‚schlechter' zu beurteilen. Aber ohne den Wunsch und das Vorstellungsvermögen, KI deutlich weiter zu entwickeln als heute, werden sich die notwendigen Mittel in Form von Kompetenz, Beharrlichkeit, Geld usw. nicht aufbringen lassen, um die Fortschritte zu erzielen, die vielleicht perspektivisch aus der Vorstellung Realität machen. Ohne den Zweifel oder sogar Widerstand gegenüber dieser Entwicklung auf der anderen Seite, liefe die Gesellschaft vielleicht Gefahr, einer technokratischen Quasi-Religion zu verfallen, die wesentliche weitere Aspekte menschlichen Zusammenlebens verkümmern ließe.

KI-Entwicklung wirft in großem Maßstab fundamentale Fragen auf, die für Einzelne hochrelevant sind, für die aber kaum Zeit zur Verfügung zu stehen scheint: „Wer bin ich?" „Was macht mich aus?" Wie gelingt es, die Dualität einer immer technologisierteren Zivilisation mit der Natur bzw. Kultur des menschlichen Wesens überein zu bringen? Die Verfechter/-innen des technischen Fortschritts und der massiven Investitionen in KI und in die Automatisierung sehen die digitale Transformation von Wirtschaft und Gesellschaft als alternativlosen Weg. Sie glauben es sei eine unausweichliche Kausalität technischer Innovation. Diese Weltsicht birgt die Gefahr, Menschen im Ergebnis selbst buchstäblich zu so etwas wie Maschinen zu machen, weil es verkürzt dargestellt, keine Alternative zur technischen Erweiterung unserer Biologie gäbe. Entsprechend des darwinistischen Prinzips vom Überleben der am besten Angepassten, würden wir durch graduelle technologische Augmentierung zu Cyborgs. In einer durch und durch automatisierten und an materiellen und messbaren Werten orientierten Lebenswelt, in der es vor allen Dingen um Gewinnmaximierung und Effizienz und daraus folgend um Performance i.S. von Höchstleistung geht, klingt das plausibel. Es wäre die konsequente Fortsetzung der Lebensweise, die uns im komplexen Zusammenspiel von Finanzwirtschaft, Politik und globalen Wirtschaftsströmen gewissermaßen schon jetzt zu Teilen einer Maschinerie gemacht hat. Unser effizientes Funktionieren darin beeinflusst die Qualität unseres Lebens und wie wir es wahrnehmen entscheidend.

Die aktuelle Phase der Digitalisierung kann allerdings auch ganz anders bewertet werden. Mit der wachsenden Virtualisierung ganzer Wirtschaftszweige und der zunehmenden Verlagerung kognitiver Aufgaben an Maschinen automatisieren sich Teile der Wertschöpfung. Technische Innovationen erlauben eine deutliche Anhebung der globalen Lebensqualität. Es entstehen viele neue Möglichkeiten für individuelle Lebensweisen und Gesellschaftsentwürfe. Teilhabe-orientierte Strukturen und eine Verlagerung des Fokus auf intangible Werte wie Nachhaltigkeit, Gesundheit, Solidarität etc. sind denkbar. Gleichzeitig sind die Risiken in Bezug auf immer mehr Konzentration von Wissen, Macht, Gütern und Geld und in Bezug auf wachsende Ungleichheit und den Abbau von Demokratie und Freiheit größer denn je. Technologie ist der Schlüssel für Entwicklungen in beide Richtungen und KI ist ein starker Hebel in dem Prozess. Diese größeren Überlegungen gehören in dieses Kapitel, weil der Ausgang dieser laufenden Entwicklung eine Frage von Bewusstsein ist: Orientieren wir uns weiter an den vor allem wirtschaftlich und technisch geprägten Werten der vergangenen 150 Jahre, so ist der Übergang von Mensch zu Maschine aus diesem Betrachtungswinkel kein Bruch, sondern eine Kontinuität, eine Evolution bzw. eine Beschleunigung der Evolution, weil diese biologisch viel zu lange dauert, um mit den Anforderungen der technisierten Umwelt Schritt zu halten.

Was läge also näher, als die zugleich fragile und scheinbar unvollkommene Mechanik des menschlichen Körpers immer weiter verbessern zu wollen? Wo doch Optimieren der ultimative Lebenssinn unserer sich immer detaillierter selbst überwachenden, ausmessenden, urteilenden und sich vergleichenden Gesellschaft zu sein scheint. Auf der Technologie-Seite finden sich beeindruckende Werte: Allein in Bezug auf die Rechengeschwindigkeit sind schon seit Juni 2019 in der Liste der 500 schnellsten Supercomputer der Welt ausschließlich Rechner, die mit mindestens einem Petaflop kalkulieren (ISC-Group o. J.). Das lustige Wort entspricht einer Billiarde Rechenoperationen pro Sekunde. Der schnellste Rechner schafft im November 2019 bis zu 200 Petaflops, also 200 Billiarden Rechenoperationen pro Sekunde. Diese Zahlen werden in naher Zukunft immer wieder übertroffen werden. Für den zweifelhaften, aber ständig auftauchenden Vergleich zwischen KI und Mensch spielt es schon lange keine Rolle mehr, ob es nun 200 oder 782 Petaflops sind: Maschinen können einfach unfassbar viel schneller rechnen als Menschen, was aber nicht überrascht, denn dafür werden sie gebaut. Da permanent neue ‚schnellste Supercomputer' gebaut werden, steht der nächste schon in der Warteschlange: ‚El Capitan', so der Name des Projektes, entsteht im Auftrag des US-Verteidigungsministeriums und soll das Verhalten der chemischen Komponenten von Atomwaffen simulieren. Dazu werden ab 2023 zwei Exaflops an Rechenleistung zur Verfügung stehen. Ein Exaflop sind eine Milliarde mal eine Milliarde Rechenoperationen pro Sekunde. El Capitan leistet das Tempo bei einem Stromverbrauch von 39 Megawattstunden (Postinett 2020).

Die Dualität zwischen Natur und Technik findet sich nicht nur materiell, sondern auch im Denken bzw. in der Software. Die heute gängigen Computersysteme basieren alle auf der gleichen Basis-Architektur, der Von-Neumann-Maschine. John von Neumann war ein ungarischer Mathematiker, der bereits in Zusammenhang mit der Dartmouth-Konferenz genannt wurde, die er krankheitsbedingt nicht besuchen konnte. 1943 arbeitete er an dem amerikanischen ENIAC-Projekt mit. Der ENIAC-Rechner bestand aus 18.000 Vakuumröhren und 1500 Relais und wurde durch Einstellen von bis zu 6000 mehrstelligen Schaltern programmiert. Von Neumann entwickelte die Idee eines speicherprogrammierten Universalrechners, der mit paralleler Binärarithmetik arbeitet, im Gegensatz zu der seriellen Dezimalarithmetik des ENIAC. Was so kompliziert klingt war einer der bedeutendsten Beiträge zur digitalen Computertechnik, wie sie bis heute verwendet wird: Jeder moderne Computer basiert auf der Von-Neumann-Architektur und enthält einen zentralen Prozessor mit Rechen- und Steuereinheit, der über ein Bus-System mit dem Speicher und einer Ein-/Ausgabe-Einheit verbunden ist, über die die Peripheriegeräte wie Bildschirm, Tastatur, Maus, Drucker usw. angeschlossen sind. Dieser Aufbau: Prozessor, Bus-System, Speicher und Ein-/Ausgabe-Einheit, ist unabhängig von der Aufgabe, die der jeweilige Computer lösen soll. Alle Aufgaben werden durch jeweils passende Programme und Daten gelöst, die sich im Speicher des Computers befinden. Alle Daten werden im Binärformat dargestellt. Das bahnbrechend Neue an dieser Maschine war die gemeinsame Ablage von Daten und Programmen im Speicher. Programme mussten nicht mehr langwierig als Hardware mit Transistor-Röhren gebaut werden, die dann lediglich eingefütterte Daten sequentiell abarbeiteten, sondern sie konnten direkt von der CPU im Speicher adressiert bzw. angesteuert werden, wodurch auch Sprünge zwischen Programmsequenzen möglich wurden und die Maschine enorm flexibel wurde. Egal, wie komplex die Maschine oder das ablaufende Programm auch ist, diese Architektur liegt immer zugrunde. An dieser Stelle und auch in Bezug auf die Frage nach einem maschinellen Bewusstsein ist wichtig, zu verstehen, dass trotz aller verwendeten Analogien, wie z. B. Elektronengehirn oder neuronale Netze usw., tatsächlich nur sehr geringe und grobe Übereinstimmungen zwischen der Funktionalität der menschlichen und der heutigen Maschinen-Intelligenz bestehen.

Das menschliche Gehirn ist etwas völlig anderes als ein Computer. Es ist zunächst einmal lebendes Gewebe und untrennbarer Teil eines Körpers mit komplexen Stoffwechselfunktionen. Es verändert sich ununterbrochen und enthält geschätzte 80–90 Milliarden Nervenzellen, sogenannte Neuronen, die jeweils bis zu zehntausend Verbindungen, Synapsen, untereinander halten (Azevedo et al. 2009). All diese Verbindungen sind physikalisch und direkt.

Aufgrund seiner Lebendigkeit steht das Gehirn niemals still. Wird ein Computer von seiner Energieversorgung getrennt, so steht er still und nimmt bei neuer Energiezufuhr seine Arbeit wieder auf. Ein menschliches Gehirn steht niemals still bzw. ist bei Stillstand tot und kann nicht durch Energiezufuhr wiederhergestellt werden. Stellen Sie sich also, wenn Sie so wollen, einen gigantischen analogen Computer vor. Analog bedeutet, dass die Signale ggf. schwanken, aber extrem schnell sind und sehr wenig Energie verbrauchen. Der Gesamtenergieverbrauch des menschlichen Gehirns liegt bei 20–30 Watt. Das ist vergleichbar mit einer einfachen Glühbirne. Digitale Computersysteme in der Von-Neumann-Architektur mit der gleichen Rechenleistung haben den Stromverbrauch von mehreren Tausend Haushalten und benötigen kubikmeterweise Wasser zur Kühlung der Systeme. Im Gehirn ist auch der Speicher analog und besteht aus Billiarden von Feedbackschleifen, Gabelungen und Sortierungen. Die Architektur ist hochflexibel und redundant. Es gibt keinen konkret definierbaren Speicherort wie bei einer Maschine. Menschliche Gehirne wissen nicht, was sie wissen. Damit ist gemeint, dass ein Computer, ähnlich wie bei einer Inventur, eine Liste mit allen Daten produzieren kann und alle Speicherinhalte bekannt und auslesbar sind. Im Gehirn gibt es keinen bekannten fest definierten Speicher, der enthält, was wir gestern Abend um 21.43 Uhr gemacht haben oder was unser letzter Einkauf war. Solche Informationen werden adhoc generiert, wenn eine entsprechende Abfrage, z. B. durch einen Dialog oder auch eine Erinnerung passiert. Vorher sind sie nicht bewusst vorhanden. Viele Funktionen des Gehirns sind biochemischer Natur und noch gar nicht erforscht bzw. nicht verstanden. Jedes einzelne der 90 Milliarden Neuronen ist für sich genommen ein komplexer analoger Prozessor, der chemische Signale durch ein kompliziertes Labyrinth von Fasern, Kanälen und Membranen sendet und empfängt. Die Vernetzungsstrukturen bilden und verändern sich kontinuierlich und dynamisch im Prozess der Verbindung der Komponenten innerhalb der Zellen. Die Signalinformationen sind in der Menge und in der Art der Zusammensetzung von Zehntausenden von Proteinen und anderen Molekülen sowie der unzähligen Quantenteilchen enthalten, die jede Zelle erzeugen kann und die mit hoher Geschwindigkeit miteinander in Wechselwirkung treten. Auf diese Weise ist beinahe jedes Molekül in einem Neuron so etwas wie eine Recheneinheit des Bio-Prozessors. Diese Prozessoren selbst werden durch die analogen chemischen Signale in der Zelle beeinflusst. Sie führen die in der DNA enthaltenen Anweisungen aus oder kopieren, reparieren oder übertragen sie an andere Zellen. Die Datenverarbeitungsgeschwindigkeit einer einzelnen Zelle ist einem modernen Laptop weit überlegen.

Darüber hinaus stehen die Neuronen mithilfe von chemischen Botenstoffen in Verbindung miteinander. Neben der erwähnten hohen Vernetzungsdichte gibt es somit auch eine Vielzahl von Verbindungsarten, z. B. das Senden einfacher chemischer Signale an Nachbarzellen oder aber das Leiten von Chemikalien in die Blutbahn, um entferntere Körperzellen zu manipulieren. Die Menge und Form dieser chemischen Verbindungen innerhalb und zwischen den Zellen ist schwindelerregend. Das Fazit ist: Sie tragen einen hocheffizienten analogen Supercomputer im Kopf, der aus einer extrem tief vernetzten Ansammlung von über 80 Milliarden analogen Prozessoren mit immenser Rechenleistung besteht, die billionenfach bis in die Quantenebene vernetzt sind und in Echtzeit durch Interaktionen von innen und außen gesteuert werden und die mit weiteren neuronalen Netzwerken in ihrem Körper verbunden sind. Den Menschen und sein Bewusstsein allein auf das Gehirn zu reduzieren, ist deswegen zu kurz gesprungen. Intelligenz, Bewusstsein und Körper sind ein integriertes, untrennbares organisches System und Körper und Geist beeinflussen sich gegenseitig stark. Als körperliche Wesen benötigen Menschen Haptik und sozialen Umgang von Geburt an, um zu überleben. Ohne sanfte Berührung verkümmern und sterben Säuglinge. Tasten ist der erste Sinn, den Babies im Mutterleib entwickeln und es ist meist der letzte Sinn, der uns vor dem Tod verlässt, deswegen ist es oft so bedeutend, Sterbenden z. B. die Hand zu halten. Für Maschinen und KI sind das irrelevante Konzepte. Das menschliche Bedürfnis nach Sicherheit, die ganze Maslowsche Bedürfnispyramide, basiert auf den Abhängigkeiten unserer Körperlichkeit, die Verletzbarkeit und Sterblichkeit bedeutet. Das macht Menschen aus. Emotionen wie Schmerz und Freude sind daran gekoppelt. Das schließt auch alle negativen, emotional-konnektierten Impulse und Regungen, Gefühle oder Gedanken wie Hass, Neid, Angst, Bosheit usw. ein. Sie alle lassen sich mit den bisherigen wissenschaftlichen und technischen Möglichkeiten nicht eindeutig im Körper, auch nicht in dem Teil, der das Gehirn ausmacht, lokalisieren oder identifizieren. Es fehlt sozusagen die Definition der Brücke zwischen Hard- und Software, die wir in der Technologie klar definieren können. Sie ist im menschlichen Körper diffus.

Umso spannender ist die Idee, das menschliche Gehirn nachzubauen, wie es das ‚Human Brain Project' (HBP) versucht. Als eines von vier sogenannten *Future Emerging Technology Flagship*-Projekten der Europäischen Union soll das HBP eine Forschungsinfrastruktur bereitstellen, auf deren Basis Fortschritte in den Neurowissenschaften, der Medizin und Informatik erwartet werden. Mit einem maximal möglichen Fördervolumen von knapp über 400 Millionen Euro gehört es zu den teuersten wissenschaftlichen Förderprogrammen, die die EU je finanziert hat. In seiner 10-jährigen Laufzeit arbeiten seit Oktober 2013 ca. 500 Wissenschaftler/-innen von über 100 Universitäten, Krankenhäusern und Forschungszentren aus ganz Europa an dem Projekt. Die Aktivitäten konzentrieren sich auf sechs Plattformen: Neuroinformatik, Gehirnsimulation, Hochleistungsrechner-Services und -Analysen, Medizinische Informatik auf Basis von Patientendaten und Krankheitsmustern, Neuromorphe Rechner und Neuro-Robotik. Darüber hinaus beschäftigt sich das HBP mit den gesellschaftlichen Auswirkungen seiner eigenen Tätigkeit und unternimmt Forschungen und Studien zur Struktur des Gehirns bei Menschen und Nagetieren. Für viele Aktivitäten des HBP sind ein paar der erwähnten Superrechner mit ihren Petaflops-Werten im Einsatz, doch trotz der immensen Rechenleistung, die zur Verfügung steht, können nur Ausschnitte der biologischen Gehirnleistung dargestellt und berechnet werden. Mithilfe der Rechner sind visuelle Modelle von Gehirnarealen und Funktionsprozessen des Gehirns dreidimensional darstellbar. Für die Frage nach der Intelligenz und dem Bewusstsein sind vor allem die Plattformen der neuromorphen Rechner und der Neuroinformatik relevant. Neuromorphe Rechnerstrukturen verwenden den biologischen Aufbau als Vorbild für das Design moderner Computerchips. Gleichzeitig lernen die Neurowissenschaften mit diesen Werkzeugen die dynamischen Lern- und Entwicklungsprozesse im Gehirn besser zu verstehen. Die Industrie verspricht sich von diesen Ansätzen nicht nur schnellere, sondern auch energieeffizientere Transistoren und eine verbesserte Architektur für die Lernfähigkeit in neuronalen Netzen z. B. für Sprach- und Bilderkennung auf Smartphones. Langfristig ist der Einsatz z. B. in selbstfahrenden Autos und Haushaltsrobotern im Fokus.

Mit der Plattform zur Gehirnsimulation sollen Modelle erprobt und Untersuchungen durchgeführt werden, die am lebenden Gehirn nicht möglich sind. Bisher kann jedoch kein Computer der Welt die über 80 Milliarden Neuronen mit ihren Tausenden von Synapsen-Verbindungen zueinander modellieren. Deswegen werden eine Reihe von reduzierten Simulationsansätzen gewählt, die jeweils molekular, subzellular, zellular und schließlich auf Ebene des gesamten Gehirns simulieren. Der Detaillierungsgrad nimmt mit dem Anstieg der Komplexitätsebenen ab, so dass auf der Ebene des gesamten Gehirns nicht viele Details erkennbar sind, die auf den unteren Simulationsebenen ablaufen können. Makroskopisch untersucht das Projekt die Zusammenstellung von Neuronen und ihre Rolle im Gehirn. Auf der mikroskopischen Ebene versuchen die Forscher/-innen, die Signalübertragung durch elektrische Impulse zwischen den Neuronen über die Synapsen zu entschlüsseln.

Die Neuroinformatik untersucht, wie Wahrnehmung, Erkenntnis und Bewusstsein funktionieren. Wie gelingt dem Gehirn die Darstellung des multisensorischen Erlebnisses, wenn ich daran denke, eine Zitrone zu zerschneiden oder auszupressen? Das Gehirn stellt aus der Erinnerung bereit, wie es sich anfühlt, mit einer Klinge Schale und Fruchtkörper zu zerschneiden und Geruch und Saftigkeit der Frucht wahrzunehmen. Vermutlich können Sie jetzt beim Lesen fast die Zitrone in ihrem Mund spüren, spätestens, wenn Sie sich vorstellen, wie Sie in ein saftiges Viertel einer aufgeschnittenen Zitrone beißen und wie Ihnen der Saft über Ihre Zunge läuft, setzt Speichelfluss ein. Wie werden aus solchen multisensorischen Erfahrungen im Gehirn die Darstellungen von Objekten wie der Zitrone? Diese Darstellungen sind grundlegend für die Kategorisierung, Argumentation und Sprache. Episodische Erinnerungen sind gleichzeitig persönliche, bewusste Erlebnisse in Raum und Zeit. Die Fähigkeit des Gehirns, Objekte und Erfahrungen aus derartigen abgesicherten, multisensorischen Informationen (z. B. Sehen, Hören oder Berühren) abzurufen, ist der Schlüssel zum Verständnis des menschlichen Gedächtnisses. Das HBP führt koordinierte Experimente durch, um die neuronalen Mechanismen hinter dem episodischen Gedächtnis zu identifizieren und sie durch Computermodelle und Robotersysteme zu validieren.

Um zu verstehen, was im Gehirn bei diesen Vorgängen passiert, entwickeln Wissenschaftler/-innen Theorien, Modelle und konzipieren Rahmenbedingungen, um sie zu testen. Diese Arbeit soll mit dem HBP unterstützt werden. Die Neurowissenschaft untersucht dazu eine Vielzahl von Ansätzen: Bilden und Überprüfen von Theorien über das Lernen, über das Gedächtnis, die Aufmerksamkeit und zielgerichtetes Verhalten. Entwickeln von Modellen komplexer kognitiver Fähigkeiten wie des räumlichen Denkens, der Verbindung von räumlichen und zeitlichen Strukturen im Gehirn, der visuellen oder akustischen Wahrnehmung oder zu den Rollen verschiedener Gehirnareale für unterschiedliche kognitive Aufgaben. Ebenso werden die Bewusstseinszustände wie Schlaf, Ohnmacht oder Koma im Vergleich zum wachen Bewusstsein untersucht.

Hier liegt eines der schwierigsten bisher ungelösten Probleme. Was genau ist das Bewusstsein und wie wird es vom Gehirn erzeugt? Das HBP zeichnet eine spannende Vision und seine Plattformen zeigen die Wege, auf denen international geforscht wird. Es wirft die Frage auf, ob es tatsächlich möglich ist, ein Gehirn nachzubauen. Momentan sieht es eher nicht danach aus: Die Billionen von Verbindungen zwischen den Neuronen müssten in einer digitalen Replik des Gehirns jeweils einzeln zugeordnet werden. Allein diese Aufgabe liegt weit über den zur Verfügung stehenden technischen und medizinischen Möglichkeiten. Selbst unter der Annahme, dass sich die

Entwicklungsgeschwindigkeit von Computern und darstellenden Verfahren in Zukunft deutlich schneller entwickelt als bisher, kann es noch Jahrzehnte dauern, bis so etwas möglich würde und selbst dann würde das nur für ein totes und zerlegtes Gehirn gelten. Darüber hinaus würden die Verbindungen allein nicht ausreichen, um zu verstehen, wie das Gehirn wirklich funktioniert. Dazu wäre exaktes Wissen, wie die Neuronen und Synapsen an den Verbindungen molekular interagieren erforderlich. Bisher ist weder dieses Wissen vorhanden, noch sind Computer in der Lage, diese Komplexität abzubilden. Die Grundproblematik, selbst wenn all dieses Wissen eines Tages vorliegen würde, bliebe wohl, dass ein biologisches Gehirn das Ergebnis einer organischen Evolution ist und nicht auf einer silizium-basierten, binär designten Logik basiert. Die These im Raum lautet also, dass rein technisch betrachtet, einzelne Funktionsaspekte eines Gehirns simuliert werden können, der Nachbau eines kompletten, echten Gehirns jedoch eher unwahrscheinlich erscheint. Und doch: Im Januar 2018 veröffentlichte ein Team des amerikanischen National Institute of Standards Technology in Colorado ein Papier, in dem dokumentiert wurde, dass es gelungen sei, im Bereich der neuromorphen Systemarchitekturen künstliche Synapsen herzustellen, die in etwa so wenig Energie verbrauchen, wie ihre biologischen Vorbilder im Gehirn, dabei jedoch bis zu eine Milliarde Impulse pro Sekunde abfeuern können, während eine organische Synapse im Gehirn ca. 50-mal pro Sekunde feuert. Es ist wirklich kaum vorherzusagen, was in 30 bis 50 Jahren möglich sein wird.

In Bezug auf künstliche Intelligenz ist das im Grunde irrelevant. Bei KI geht es nicht darum, ein Gehirn oder ein Bewusstsein zu bauen, sondern sukzessive die Werkzeuge zur maschinellen Problemlösung zu verbessern. Dr. Greg Corrado, Co-Founder des Google Brain Teams, formuliert es so: „It's not about what a machine ‚knows' or ‚understands' but what it ‚does', and – more importantly – what it doesn't do yet." (Lewis-Kraus 2016). Der ungebrochene Glaube an den technischen Fortschritt und an die grundsätzliche Lösbarkeit aller Probleme, die hier spricht, suggeriert, dass es irgendwann Computer mit Bewusstsein geben wird. Werden wir diese Computer dann noch als Maschinen ansehen? Wann ist die Grenze zwischen einem Werkzeug und einem Wesen mit eigenem Bewusstsein überschritten? Wann sprechen wir von Selbstbewusstsein bei einer Maschine? Ab wann beginnt eigene Motivation oder Intention, also ein eigenes, als solches wahrnehmbares, Interesse einer Maschine? Vielleicht wird eine ausreichend intelligente KI diese Grenze passieren und Handlungen und Reaktionen zeigen, die auf die Existenz maschineller Gefühle hinweisen. Was ist dann der Unterschied zwischen einer biologischen und einer künstlichen Intelligenz bzw. spielen diese Adjektive in diesem Zusammenhang dann noch eine Rolle? Welche Rechte und Verantwortlichkeiten hätte eine solche Maschine dann? Wenn Corrado richtigliegt, ist das die Kette von Fragen, die beantwortet werden müssen. Genauso gut ist es möglich, dass KI sich noch eine sehr lange Zeit auf dem heutigen Level der statistischen Vorhersage bewegt und die Systeme zwar mehr und mehr menschliche Emotionen und Verhalten nachahmen, jedoch lediglich in einem programmatisch vorgegebenen Rahmen, mit dem Zweck, psychologische Nutzungsbarrieren abzubauen.

Es ist nicht mehr besonders visionär, von der Evolution zu Mensch-Maschinen-Wesen bzw. Cyborgs oder deutsch Kyborgs auszugehen. Das Wort Cyborg setzt sich zusammen aus *Cyber-Organism* und bezeichnet einen biologischen Organismus, der durch künstliche Teile erweitert oder ergänzt bzw. augmentiert wurde. Diese Entwicklung ist schon seit langem im Gange und Teil unserer Zivilisation. Unmerkliche Augmentierung, die wir heute nicht einmal als solche wahrnehmen, ist z. B. unsere Kleidung, mit der wir uns mittels künstlicher Ergänzungen wie z. B. Schuhen, besser an die Umwelt anpassen. Die Umwelt selbst ist inzwischen bis zur Unkenntlichkeit von uns angepasst. Eine moderne Stadt hat nichts mit dem Urwald, der Steppe oder der Wüste zu tun, aus der die Menschheit einst gekommen ist. Diese Veränderungen haben sich jedoch über viele Hunderttausend Jahre oder zumindest über hunderte von Generationen entwickelt. Die Veränderung durch das Automobil hat weniger als 10 Generationen gebraucht, um den Planeten zu verändern. Der Technologiesturm der im Zuge der Digitalisierung passiert, wird in wenigen Jahrzehnten die Welt bis zu einer neuen Unkenntlichkeit verändern. Nachdem wir also Kleidung und medizinische Prothesen schon ewig kennen und auch Hörgeräte, Brillen und Kontaktlinsen scheinbar schon immer da waren, können heute selbst künstliche Gelenke und künstliche Organe wie Herzen, Nieren und Lungen nicht mehr überraschen. Die Medizin hat begonnen, mittels 3D-Druck digital designte Körperteile individuell zu produzieren. Es mag deswegen durchaus sein, dass sich einige Prognosen von Ray Kurzweil als richtig erweisen, ungeachtet der genauen Zeitachse. Raymond ‚Ray' Kurzweil, Jahrgang 1948, ist einer der renommiertesten Tech-Visionäre der Gegenwart. Seine Bücher ‚The Singularity Is Near' und ‚How To Create A Mind' sind weltweite Bestseller. Er hält 21 Ehrendoktortitel und arbeitet zur Zeit im Bereich *Machine Learning* und *Natural Language Understanding* für Google. Seine in ‚The Singularity Is Near' dargelegten Prognosen zu den Auswirkungen der Digitalisierung auf den Menschen gehen von einer nahezu völligen Austauschbarkeit menschlicher Körperteile gegen künstlich entwickelte Organe oder andere Elemente aus, wie z. B. die von Robert A Freitas Jr. 1998 konzeptionell entwickelten ‚Respirocyten'. Das sind Nanoroboter, die als künstliche rote Blutkörperchen funktionieren und über

200mal so viel Sauerstoff transportieren sollen, wie echte menschliche Erythrozyten (Freitas 1996). Freitas hat auch Blutkörperchen designed, die sich autonom bewegen und somit nicht auf das Herz als zentralen Pump-Muskel angewiesen wären. Kurzweil sieht das als effektiven Ansatz, auf diese Weise komplett auf ein Herz zu verzichten:

> „We are becoming Cyborgs. The human body version 2.0 scenario represents the continuation of a long-standing trend in which we grow more intimate with our technology. Computers started out as large, remote machines in air-conditioned rooms tended by white-coated technicians. They moved on to our desks, then under our arms, and now into our pockets. Soon, we'll routinely put them inside our bodies and brains. By the 2030s we will become more non-biological than biological." (Kurzweil 2005, S. 309)

Die Frage, ob solche *more non-biological* Wesen noch Menschen seien beantwortet Kurzweil mit der Gegenfrage nach der definierten Grenze, ab der ein Mensch zur Maschine werde. Sei es die Anzahl ausgetauschter Organe oder die Menge von künstlichen Nanorobotern im Körper? Ab welcher Anzahl sollte die Spezies in Frage gestellt werden? Grundsätzlich geht er davon aus, dass Spezies ein biologischer Begriff sei. Menschsein bedeute für ihn, Teil einer Zivilisation zu sein, die über ihre Grenzen hinausgehe und somit auch ihre Biologie transzendiere: „We have the means right now to live long enough to live forever." (Ebd. S. 371). Er meint damit, dass die gegenwärtigen medizinischen und technischen Möglichkeiten es erlauben, so alt zu werden, dass weitere Innovationen immer weiter lebensverlängernd sein werden, bis zur Unsterblichkeit.

Kurzweil zitiert in diesem Zusammenhang einen Dialog mit Bill Gates, der ihm vorhält, sein (Kurzweils) Optimismus sei beinahe so etwas wie ein religiöser Glaube. Kurzweil entgegnet, dass es an der Zeit für eine neue Religion sei, die rationalere Argumente für den Tod finde und es gibt eine interessante Aussage zum Thema Bewusstsein:

> „(…)
> Bill: (…) So is there a God in this religion?
> Ray: Not yet, but there will be. Once we saturate the matter and energy in the universe with intelligence, it will `wake up,´ be conscious, and sublimely intelligent. That's about as close to God as I can imagine.
> Bill: That's going to be silicone intelligence, not biological intelligence.
> Ray: Well, yes, we're going to transcend biological intelligence. We'll merge with it first, but ultimately the nonbiological portion of our intelligence will predominate. By the way, it's not likely to be silicon, but something like carbon nanotubes.

Bill: Yes, I understand – I'm just referring to that as silicon intelligence since people understand what that means. But I don't think that's going to be conscious in the human sense.
Ray: Why not? If we emulate in as detailed a manner as necessary, everything going on in the human brain and body and instantiate these processes in another substrate, and then of course expand it greatly, why wouldn't it be conscious?
Bill: Oh, it will be conscious. I just think it will be a different type of consciousness.
Ray: Maybe this is the one percent, we disagree on. Why would it be different?
Bill: Because computers can merge together instantly. Ten computers – or one million computers – can become one faster, bigger computer. As humans, we can't do that. We each have a distinct individuality that cannot be bridged.
Ray: That's just a limitation of biological intelligence. The unbridgeable distinctness of biological intelligence is not a plus. 'Silicon' intelligence can have it both ways. Computers don't have to pool their intelligence and resources. They can remain 'individuals' if they wish. Silicon intelligence can even have it both ways by merging and retaining individuality – at the same time. As humans, we try to merge with others also, but our ability to accomplish this is fleeting.
Bill: Everything of value is fleeting.
Ray: Yes, but it gets replaced by something of even greater value.
Bill: True, that's why we need to keep innovating." (Ebd. S. 375–376).

Die letzte Antwort oder eher der Abbruch ihrer Erörterung lässt vieles offen, was eine Aussage zum Thema Maschinen-Bewusstsein konkretisieren könnte. Das ‚Emulieren', also Nachbilden der menschlichen Denkprozesse in der KI deutet einerseits nicht darauf hin, dass es eine bahnbrechende Änderung von KI-Bewusstsein geben würde als wir sie heute haben. Das heißt, Computer können über programmierte Routinen pseudo-emotional reagieren, um menschlicher zu erscheinen. Es gibt ansonsten kein Bewusstsein von irgendetwas, sondern nur Simulation. Andererseits geht Kurzweil von KI-Systemen aus, die deutlich komplexer aufgebaut und programmiert sind und deren Sensorik und Feedbackschleifen der Maschine andere Erkenntnismöglichkeiten erlauben. Seine Vision der zukünftigen Entwicklung enthält so viel Optimierung und Perfektionierung scheinbar unzulänglicher menschlicher Biologie und Evolution, dass sie jeden Einwand mit einer schnelleren, effizienteren, klügeren oder wie auch immer gearteten verbesserten Version des Status-quo kontert. Kurzweil beschäftigt sich seit Jahrzehnten mit diesen Themen und ist mit verschiedenen anderen Prognosen, z. B. des Sieges einer KI gegen einen Schachweltmeister bis zum Jahr 2000 oder dem explosionsartigen Wachstum der Internetnutzung und der drahtlosen Nutzung als bevorzugte Zugangsvariante sehr treffsicher gewesen. Letztlich argumentiert er, dass, wenn die Simulation so überzeugend sei, dass sie nicht unterschieden werden könne, es im Grunde keinen relevanten Unterschied gebe.

Extrem ist die technokratische Überzeugung, das menschliche System aus Körper und Geist inklusive Gehirn per *reverse-engineering* aus Hightech-Puzzlestücken nachbauen zu können, wobei die Bauteile jeweils leistungsfähiger, langlebiger und besser als ihre natürlichen Vorbilder wären. Etwas außen vor erscheint dabei, dass Körper und Psyche in einem ununterbrochenen Austausch und gegenseitiger Beeinflussung stehen. Viele psychische Leiden sind körperlich therapierbar und umgekehrt. Die Theorien Kurzweils und seiner Anhänger/-innen werfen grundsätzliche Fragen auf, was Menschlichkeit ausmacht. Ist es die Kombination eines organischen, sukzessive verfallenden Körpers mit einem Intellekt, Bewusstsein und Gefühlen? Oder spielt es keine Rolle, zu welchem Anteil ein Lebewesen ein künstliches Gebilde mit austauschbaren künstlichen Teilen ist? Steuern wir in Zukunft in einen neuen Chauvinismus zwischen Menschen, Cyborgs und Robotern?

Kurzweil erwartet, wenn schon keine körperliche Unsterblichkeit, so doch zumindest die Möglichkeit, Wissen und ggf. auch Bewusstsein in so etwas wie einen Cloud-Speicher im Netz hochladen zu können und damit Unsterblichkeit des geistigen Wesens zu erreichen. Sollte dieses Vorhaben, nämlich die Ablösung eines menschlichen Bewusstseins vom Körper, überhaupt möglich sein, so ist unabsehbar, was mit so einem Wesen geschieht. Doch die Frage, was Bewusstsein überhaupt ist, wozu es dient und wo es herkommt, ist so alt wie die Geschichte der Philosophie und es gibt sehr unterschiedliche Antworten. Neben Intelligenz, Verstand und dem soweit als möglich definierten freien Willen ist das Bewusstsein ein weiterer Aspekt, der Menschen von anderen Lebewesen auf der Erde differenziert. Das Bewusstsein ist, ebenso wie der Rest des menschlichen Wesens, sehr gut für das Überleben angepasst. Es enthält die Fähigkeiten, das Erleben des Lebens zu reflektieren und die Lebenswelt spezifisch zu gestalten. Bewusstsein ist die Voraussetzung für Kultur, Wissenschaft, Religion, Kunst usw., kurz für alles, was wir Zivilisation nennen. Der ontologische Dualismus, der traditionell das Bild von Körper und Geist prägt, geht von einem Bewusstsein aus, das sich der Messung durch die empirischen Wissenschaften entzieht. Alle bisher bestehenden z. B. bildgebenden Verfahren der Gehirnmessung versagen beim Versuch, ein Bewusstsein zu lokalisieren. Es wird getrennt von der materiellen und über die Naturwissenschaften erfassbaren Welt gesehen. Trotz der Nicht-Lokalisierbarkeit gehen die meisten davon aus, dass es im Gehirn angesiedelt ist und nicht ohne Gehirn existiere. Der Neurowissenschaftler Dr. Christof Koch hat dazu nach sogenannten „(…) neuronalen Korrelaten des Bewusstseins (*neural correlates of consciousness*: NCC), also den minimalen Hirnaktivitäten, die notwendig sind, um eine spezifische Bewusstseinserfahrung zu erzeugen (…)" gesucht. (Koch 2019). Bei der Suche grenzte er auf Basis der neurologischen Erfahrungen und Erkenntnisse aus Experimenten und Operationen die hintere Großhirnrinde und die so genannte ‚hintere heiße Zone', die sich über Teile des Scheitel-, des Schläfen- und des Hinterhauptlappens erstreckt, als Gehirnbereiche ein, die für ein funktionierendes Bewusstsein erforderlich erscheinen. (Ebd.).

Der Begriff Bewusstsein beschreibt unterschiedliche Zustände, wie z. B. wach sein im Gegensatz zu schlafend, bewusstlos oder komatös usw. Bei der Abgrenzung zu KI geht es um die Zustände von lebendig und beseelt sein. Es geht um das Bewusstsein von eigenen Gedanken und sich selbst sowie seiner Individualität zu haben und ein Bewusstsein mentaler Zustände bei bestimmten Erlebnissen. Letzteres wird als ‚Qualia' oder auch als phänomenologisches Bewusstsein bezeichnet. Erfahrung kann ein anderes Wort dafür sein und meint, dass Menschen ihre sinnlichen Wahrnehmungen bewusst verarbeiten und mit entsprechenden Bewusstseinszuständen verknüpfen. Dadurch fühlen sich Dinge und Erlebnisse für Menschen spezifisch und auch individuell an, bzw. werden individuell gehört, gerochen, geschmeckt oder gesehen. David Chalmers, Professor für Philosophie an der New York University und einer der bekanntesten Bewusstseinsforscher, sieht in der Frage nach den persönlichen Erfahrungen, das ‚schwierige Problem des Bewusstseins' gegenüber den einfachen Fragen, wie z. B. der Fähigkeit, zu unterscheiden und einzuordnen, auf Umweltreize zu reagieren, mentale Zustände zu berichten, den Unterschied zwischen schlafen und wach sein usw. In seinem Aufsatz ‚Facing Up to the Problem of Consciousness', prägt er 1995 die Begriffe der *hard problems* gegenüber den *easy problems of consciousness*. Mit *easy* meint er nicht, dass diese Fragen nicht anspruchsvoll seien. Er geht aber davon aus, dass sich die einfachen Fragen, wie z. B. der Unterschied zwischen schlafen und wach sein prinzipiell neurophysiologisch erklären lassen.

> *„If these phenomena were all there was to consciousness, then consciousness would not be much of a problem. Although we do not yet have anything close to a complete explanation of these phenomena, we have a clear idea of how we might go about explaining them. This is why I call these problems the easy problems. Of course, 'easy' is a relative term. Getting the 3 details right will probably take a century or two of difficult empirical work. Still, there is every reason to believe that the methods of cognitive science and neuroscience will succeed."* (Chalmers 1995)

Das schwierige Problem, so Chalmers, sei die subjektive Erfahrung, genauer die Definition davon, wie es sei, etwas bewusst zu erfahren. Egal, ob Farbe als optischer Reiz oder eine Frucht haptisch oder als Geruch wahrgenommen werden, dies seien subjektive Erfahrungen. Sie seien subjektiv dadurch, wie es sei, sie individuell zu machen. Dies lässt sich nicht wissenschaftlich betrachten. Demgegenüber vertritt Daniel C. Dennett, Professor für Philosophie an der Tufts University, die Auffassung, Chalmers populäre Begriffsprägung lenke die Aufmerksamkeit vom eigentlichen relevanten Aspekt ab, indem die Frage nach der subjektiven Erfahrung übertrieben werde. Dennett nannte es bereits 1991 die ‚schwierige Frage', *the hard question*: „And then what happens?" (Dennett 1991, S. 255). Gemeint ist, was passiert, wenn etwas, ein Inhalt oder eine Erfahrung, ins Bewusstsein kommt? Dennett erinnert dazu an die bereits gemachten Entdeckungen der Neurologie. Nämlich, dass es keine Erkenntnis über eine doppelte Übertragung von Informationen oder Erfahrungen im Gehirn gebe: Neben der unmittelbaren Verwendung empfangener Reize und deren Umwandlung in neuronale, elektrische oder biochemische Impulse gebe es keinen Extra-Speicher, in dem z. B. Gerüche oder Bilder aufbewahrt würden. Es gebe auch keinen Ort für Erfahrungen bzw. Qualia an sich. Sie würden lediglich als Repräsentationen abgespeichert, doch wie, das bliebe verborgen. Mit Repräsentationen ist gemeint, dass eine Erinnerung wie z. B. ein gespeichertes Bild nicht das gleiche ist, wie die Sache oder Person selbst, die abgebildet ist. Das erscheint uns selbstverständlich, da wir auch wissen, dass Fotos nur Abbildungen von Dingen und nicht die Dinge selbst sind. Im Gehirn ist es jedoch so, dass wir nicht einmal eine Erfahrung der Abbildung haben. Eine Erinnerung ist nicht erklärbar wie ein Foto. Sie hat keine Textur und es gibt keine zuverlässige Aussage darüber, woraus sie besteht oder woher sie kommt i.S. von woher sie genau in diesem Moment abgerufen wird. Die Information einzelner Gehirnzellen ist nur ein winziger Teil einer komplexen Information wie einer Erinnerung oder eines größeren Bildes und es ist nicht bekannt, wie die Kombination dieser einzelnen Teile funktioniert. Menschen können bewusst denken, aber sie können nicht wirklich wissen, wie sie denken. Die tatsächlichen elektronischen und biochemischen Zellvorgänge beim Denken sind nicht erfassbar. Aus dieser Perspektive ist selbst Bewusstsein unbewusst bzw. gibt es keinen Zugriff auf den Prozess des Denkens selbst (Dennett 2018).

Das Gehirn ist Ergebnis einer Evolution und liefert sofort einsetzbare Informationen dorthin, wo überlebenswichtiges Verhalten koordiniert wird. Oft werden viele Informationen mit ausgeliefert, die im situativen Kontext keinen Sinn ergeben, aber das heutige zivilisatorische und mediale Umfeld hat wenig mit der ursprünglichen überlebensfeindlichen Umwelt zu tun, in der sich das Gehirn über Tausende von Generationen entwickelt hat. In modernen Gesellschaften ist z. B. das Erbe der Verhaltensbiologie evtl. hinderlich für zeitgemäße Entscheidungen. Das ist an Geschlechter-, Führungs- oder

Verteilungskonflikten täglich erkennbar. Im Hinblick auf so etwas wie KI-Bewusstsein oder Roboter-Bewusstsein ist interessant zu beobachten, ob es ähnliche Entwicklungen geben wird. Werden aufgrund neuer Software-Releases ältere Programmierungen gelöscht und überschrieben oder bleiben Reste erhalten, die zu bestimmten fundamentalen KI-Verhaltensmustern führen? Bleibt es eine rein biologische Thematik oder wird es auch je so etwas wie eine KI-Stammesgeschichte geben? Falls Letzteres der Fall wäre, könnte das gegenwärtige Aneignen menschlicher Verhaltensvorbilder durch *Machine Learning* sich nachhaltig negativ auswirken. Vieles spricht jedoch für ein Überschreiben alter Programmierungen und nahezu restlose Löschung alter Inhalte. KI kennt keine Evolution für sich, da sie immer nur als Mittel zur Evolution der menschlichen Lebenswelt angewendet wird und die reine Funktionsweise von Gehirn und Computer ist nicht vergleichbar: Im Gehirn gespeicherte Inhalte sind z. B. unbekannt abgelegt, so dass Menschen selber nicht wissen, was sie wissen. Computer legen in 0/1-basierter Logik Daten in Speicherblöcken ab, die klar durchnummeriert sind und auf die nach festen Ordnungsprinzipien und Programmierungen zugegriffen werden kann. Es existiert kein bekannter Raum für etwas wie das Wandern von Gedanken oder Träumen oder für individuelles Erleben, mit dem Philosophen wie Chalmers, Dennett oder auch Thomas Nagel Bewusstsein so eng verbinden. Ein Computer kann sensorische Daten seiner Umwelt oder auch seines eigenen Systems haben, mit etwas Fantasie ließen sich die Rechenvorgänge vielleicht auch als Wahrnehmung oder mentale Zustände der Maschine benennen, doch sie hat keine eigenen Affekte oder Bedürfnisse und kein individuelles Erleben ihrer eigenen Identität oder ihrer Verortung in Raum und Zeit. Die Maschine träumt nicht und fragt sich nicht, ob etwas Erlebtes real oder nur vorgestellt ist. Vermutlich, weil sie im Wortsinn selbst nichts er-lebt. Ein Computer macht sich auch auf Basis von empfangenen und verarbeiteten Sensordaten oder Eingaben keine eigenen Gedanken oder entwickelt Gefühle zu Themen oder Erlebnissen, wie Menschen. Menschen erleben Emotionen zunächst nicht bewusst, sondern als körperliche, verhaltensmäßige und physiologisch spezialisierte Reaktion auf Signale aus dem Gehirn, z. B., wenn wir einen heißen Gegenstand berühren und zurückzucken. Das geschieht instinktiv, ohne, dass wir es rational durchdenken und entscheiden. Das bewusste Denken an und über solche Emotionen und ihre Verknüpfung mit unterschiedlichen anderen Informationen erzeugt Gefühlszustände im Bewusstsein und diese Gefühle sind von Mensch zu Mensch individuell. Maschinen durchlaufen diesen Prozess nicht, es sei denn, er wäre vorab programmiert.

Funktionalistisch betrachtet ist die Frage nach dem Bewusstsein einer KI eher einfach: Wenn das System so programmiert werden kann, dass es wie eine bewusste Person agiert, ist es bewusst. Das ist erkennbar nahe an Kurzweils Sichtweise. Wie nähern wir uns nun am besten der Frage, ob Maschinen ein Bewusstsein haben und falls Ja, wie man es messen könnte? Dazu existieren zwei Haupttheorien. Die eine, die ‚Global Workspace Theory' (GWT), also Theorie des globalen neuronalen Arbeitsraumes, kommt von dem Psychologen Bernard Baars und den Neurowissenschaftlern Stanislas Dehaene und Jean-Pierre Changeux. Sie gehen davon aus, dass bewusst wahrgenommene Informationen im Gehirn von mehreren Bereichen genutzt werden, die darauf reagieren können, z. B. durch eine körperliche Reaktion, eine Antwort oder eine Erinnerung. Die Menge dieser Informationen und die Zeit, die sie bereitstünden, seien jedoch begrenzt. Sollte es in der Zukunft Prozessoren mit solchen fortgeschrittenen kognitiven Funktionen geben, so wäre es nach der GWT nur eine Frage der Zeit, bis auch Computer ein Bewusstsein, nämlich diese spezifische Art der Informationsverarbeitung, haben könnten.

Der zweite theoretische Ansatz kommt von Dr. Giulio Tononi. Er ist Neurobiologe und Psychiater an der University of Wisconsin in Madison und gehört zu den weltweit führenden Wissenschaftlern auf dem Gebiet der Bewusstseinsforschung. Für Tononi ist Bewusstsein Erfahrung und er fragt, wo diese Erfahrung stattfinde. Genauer behauptet er, Bewusstsein sei mit einer bestimmten Art von Information identisch, deren Realisierung physische Integration erfordere. Er bietet als Betrachtungsgrundlage seine ‚Integrierte Informations-Theorie' (IIT) an, innerhalb derer er eine Metrik vorschlägt, mit der Bewusstsein mathematisch über den sogenannten ‚Phi-Wert' gemessen werden kann. Je höher die Integration, Vernetzung und Rückkopplung einer Erfahrung oder eines Erlebnisses im Gehirn, desto höher der Phi-Wert. Aufgrund der geschätzten 80–90 Milliarden Gehirnzellen beim Menschen mit ihren jeweils Tausenden von Verbindungen, wäre der menschliche Phi-Wert sehr hoch. Tatsächlich scheint er noch nie errechnet worden zu sein.

Ausgangspunkt der IIT sind neurowissenschaftliche Beschreibungen des Gehirns, um zu definieren, was notwendig ist, damit ein physikalisches System bewusst sein kann. Der IIT zufolge ist eine Gruppierung von Elementen innerhalb eines Systems notwendig, die eine physikalische Ursache-Wirkungs-Kraft aufeinander haben: Das System braucht Feedback-Mechanismen, um Bewusstsein zu realisieren und einen Unterschied nicht nur für Außenstehende, sondern für sich selbst zu machen. So etwas wäre eine integrierte Information. Descartes' „Ich denke, also bin ich" ist ein passendes Beispiel einer solchen Rückkopplung. Der Satz stellt die unvermeidliche Gewissheit dar, dass die eigene Existenz als Denker nicht geleugnet werden kann, selbst wenn die eigenen Gedanken falsch sind. Welche Aussagen auch immer über das Bewusstsein gemacht werden, seine Existenz steht außer Frage. IIT verallgemeinert über das menschliche Bewusstsein hinaus auf das tierische und künstliche Bewusstsein. Mit der Phi-Metrik wird nur eine Dimension, nämlich die Menge der integrierten Information gemessen. Der Wert macht keine Aussage über die Qualität des Bewusstseins. Um zu einer klareren Aussage über den Charakter von Bewusstsein zu kommen, verwendet die Theorie fünf Axiome, die jeweils eine Dimension der Erfahrung formulieren, die für IIT als gegeben vorausgesetzt werden. Ohne ins Detail der Theorie zu gehen, zeigen die Axiome, welche Anforderungen hinsichtlich eines Bewusstseinsanspruchs an eine KI gestellt würden:

- Das Axiom der intrinsischen Existenz besagt, dass Bewusstsein real ist und diese Realität auch für das Subjekt der Betrachtung aus seiner eigenen Erfahrung heraus gilt. Das Subjekt, z. B. eine KI, müsste sich also seines Bewusstseins bewusst sein.
- Das Axiom der Zusammensetzung besagt, dass jede Erfahrung eine Struktur hat, sich also aus verschiedenen Merkmalen zusammensetzt und somit unterschieden werden kann. Eine visuelle Erfahrung kann z. B. die Merkmale Form und Farbe haben.
- Das Informations-Axiom gibt Auskunft über die individuelle und spezifische Art jeder Erfahrung, die sie von anderen differenziert. Dabei kann es sich um positive Informationen handeln i.S. von Phänomenen, die die Erfahrung enthält, z. B. ein sonniger Tag, ebenso wie um negative Informationen, die aussagen, was fehlt, z. B. ein Tag ohne Sonne.
- Mit dem Axiom der Integration erklärt die IIT, dass die Elemente einer Erfahrung voneinander abhängig sind. Gelbe Luftballons zu sehen, ist z. B. eine visuelle Erfahrung, bei der Farbe und Form bzw. Objekt nicht getrennt voneinander abgespeichert und bei Abruf wieder zusammengesetzt werden. Sie sind untrennbar verbunden.
- Über das Axiom der Eindeutigkeit oder Exklusion wird definiert, dass jede Erfahrung eindeutig und begrenzt erlebt wird. Es gibt keine zwei gleichzeitigen Erfahrungen und kein Erleben über die Grenzen einer Erfahrung hinaus. Innerhalb des Systems kann nur die größte Gruppe von Elementen mit einer physikalischen Ursache-Wirkungs-Kraft Bewusstsein haben (*Maximum Irreducible Conceptual Structure*: MICS), nicht mehrere unabhängig voneinander parallel. Damit wird das bewusste Erleben einer Erfahrung spezifisch und schließt gleichzeitig anderes aus.

Innerhalb der integrierten Informations-Theorie wirken bei bewussten physischen Systemen alle Axiome zusammen. Ein Apfel wird integriert als etwa faustgroße, sphärische Form mit rotgrüner Farbe und spezifischem Duft wahrgenommen. Alle bewussten Eindrücke sind untrennbar voneinander und zusammen bilden sie die Struktur der Erfahrung. Sie informiert über Form, Farbe und Duft in einer Weise, die sie von anderen möglichen Erfahrungen unterscheidet, etwa von einer braunen Kokosnuss. Der Apfel ist ein einfaches Beispiel. Erfahrungen und Erlebnisse sind meistens viel komplexer. Sie werden im Gehirn durch Neuronen erzeugt, die durch Ursache-Wirkungs-Kraft verbunden sind und die physisch miteinander kommunizieren (Fallon o. J.).

Einfache sogenannte *Feed-Forward*-Netzwerkarchitekturen neuronaler Netze, also *Machine Learning* Systeme ohne rekursive Schleifen können nach der IIT nicht bewusst sein. Selbst wenn eine solche KI menschliches Verhalten perfekt imitieren könnte, würde es eben nur eine Imitation bzw. Simulation von Bewusstsein sein. Die KI muss mindestens über eine RNN-Struktur verfügen. Das allein wäre wohl mittlerweile keine hohe Barriere mehr, doch solch ein System würde vermutlich einen sehr niedrigen Phi-Wert erzielen. Selbst ein rekursives Netz arbeitet heute auf Basis von physikalischen Transistoren, die mit nur wenigen anderen solcher Transistoren in direkter Verbindung stehen, während im Gehirn jedes Neuron direkt mit Tausenden von anderen Neuronen physikalisch verbunden ist. Ein Transistor ist im Vergleich zu einem Neuron eine primitive künstliche Einheit und die lebendige hochvernetzte Gehirnstruktur ist in der Lage, deutlich reichere Erfahrungen und Bewusstseinszustände zu erzeugen. Für den direkten Vernetzungsgrad sind daher die neuromorphen Architekturen so interessant für die Mikroprozessortechnik. Das fünfte Axiom, die Eindeutigkeit bzw. Exklusion schließlich, macht es schwierig für künstliche Intelligenz, nach IIT als bewusst kategorisiert zu werden: In KI-Architekturen gibt es nicht die eindeutig größte Elementengruppe mit Ursache-Wirkungs-Kraft. Es gibt eher mehrere kleinere Einheiten, die logisch verbunden sind, quasi so etwas wie mehrere Bewusstseins-Schubladen. KI mit Bewusstsein, das in die Nähe menschlicher Bewusstheit käme, bräuchte deswegen eine andere Architektur, die ein großes MICS ermöglicht, statt viele kleine, nicht überlappende. Der IIT folgend, sind selbst die tiefsten heute bekannten faltenden Netze nicht in der Lage, signifikante Grade von Bewusstsein zu haben.

Eine Metrik für Bewusstsein erklärt nicht das Phänomen von Bewusstsein, sie ist aber zumindest ein weiteres Hilfsmittel für die logische Abgrenzung zwischen Menschen- und Maschinenintelligenz. Diese Abgrenzung oder Differenzierung zwischen Mensch und Maschine sollte eigentlich leicht sein. Je näher die maschinelle Nachbildung jedoch dem Mensch-Sein kommt, desto mehr Schwierigkeiten scheint der Umgang mit diesen Dingen zu bereiten, sogar in regulatorischer Hinsicht. Die typischen Vermenschlichungen maschineller Eigenschaften in unserer eigenen Wahrnehmung und Kommunikation sind wir schon gewohnt. Sie projizieren das Menschliche in das Wesenhafte der Maschine. Es bleiben aber Geräte und insofern erscheint die Diskussion um tatsächliche Rechtsansprüche z. B. für Roboter, die über ihre Stellvertreter-Situation hinausgehen, als absurd. Unstrittig ist, dass wir mittels KI und Robotik anfangen, Maschinen zu bauen, deren Aufgaben sich wandeln. Soziale Interaktion mit Menschen wird zum wachsenden Betätigungsfeld und dafür ist es von hoher qualitativer Bedeutung, wie menschlich solche Maschinen erscheinen, konkret, wie menschlich sie kommunizieren oder sich verhalten. Bei sprachgesteuerten Systemen ist z. B. wahrgenommene Empathie ein wichtiges Merkmal, um erfolgreich mit Menschen in Kontakt zu kommen und zu bleiben. Allein die Tatsache, dass wir überhaupt mit einer Maschine sprechen, verkürzt die emotionale Distanz deutlich gegenüber z. B. einem Gerät, auf dem wir Knöpfe drücken müssen. Wahrgenommene Empathie ist nicht tatsächliche Empathie. Das Einfühlungsvermögen der Maschine ist simuliert und basiert auf ihrer Interpretation der Eingaben in ihr System als Gefühlszustände, auf die programmgemäß reagiert wird. Bei Menschen sind Emotionen, Gefühle und das Bewusstsein normalerweise untrennbar mit ihrer Körperlichkeit verbunden, die Verhalten äußert. Watzlawicks „Man kann nicht nicht kommunizieren." wie auch die anderen seiner fünf Axiome der menschlichen Kommunikation gelten nicht für Maschinen. Menschliches Bewusstsein und die Beziehungsebene, die automatisch zwischen allen Menschen in einer Kommunikation entsteht, geben jeder Handlung und Äußerung und ebenso jeder Nicht-Handlung und Nicht-Äußerung eine definitive Bedeutung. Wenn ich davon ausgehe, dass das Axiom nur gelte, wenn die Kommunikation auch bei der Maschine ankomme, so könnte ich alle Fälle ausschließen, in denen die Maschine vielleicht ausgeschaltet wäre oder die Kommunikation nicht empfangen könnte. Letzteres könnte sein, weil z. B. bestimmte Eingabemedien nicht vorhanden wären, so dass der Computer z. B. keine gesprochene Sprache oder auch Zeichen interpretieren könnte. Selbst dann bliebe die Nicht-Reaktion der Maschine für mich kein kausaler Kommunikationsakt. Der Computer kann sich ‚nicht-verhalten', ohne dass es eine Bedeutung hat. Da KI-Systeme für eine konkrete Aufgabe gebaut sind, werden sie auf fast alles, was nicht mit dieser Aufgabe zu tun hat, nicht reagieren. Das stellt aber keine Beziehungsaussage dar und hat nichts mit Bewusstsein oder gar bewusstem Verhalten zu tun.

Menschliche Emotionen sind mentale Zustände, die direkt mit einem körperlichen Erleben verknüpft sind. Sie münden oft in direkte Handlungsimpulse. Wenn ich eine Rose pflücken will und dabei in die Dornen fasse, löst der körperliche Schmerz ein sofortiges Zurückzucken meiner Hand aus. Starke menschliche Emotionen wie z. B. Freude, Verliebtheit, Schmerz oder Angst sind körperlich spürbar. Sie lösen nicht nur Verhalten, sondern auch Gedanken aus. Aus diesen Gedanken können Gefühle werden, die dann bei jedem Menschen subjektiv und möglicherweise unterschiedlich intensiv sind. Sie sind nicht allgemein nachprüfbar oder messbar. Der Sinn, Maschinen so etwas wie simulierte Emotionen zu geben, ist nicht, dass sie etwas fühlen oder sogar Gefühle entwickeln sollten, sondern um spezifische Verhaltensfunktionen umzusetzen (Misselhorn 2018, S. 43). So schaffen die Entwickler/-innen einen simulierten Rapport zwischen Nutzer/-innen und Systemen, der die Interaktion für Menschen angenehmer gestalten soll.

Bei Menschen schalten Emotionen in bestimmten Situationen Denkvorgänge ab, um schneller handlungsfähig zu sein. Das ist ein anderer, relevanter Grund für den Einsatz künstlicher Emotionen, denn schnelle Handlungsfähigkeit ist auch für automatisch agierende Systeme nützlich. Das als ‚Kampf- oder-Flucht-‘, bzw. ‚Stress-Reaktion‘ bekannte körperliche Alarmschema des Menschen dient als Vorbild: Das Gehirn sendet aufgrund bestimmter Reize ein Alarmsignal. Ein Grund könnte z. B. sein, dass ein Auto sich zu schnell auf mich zu bewegt oder sich jemand in bedrohlicher Weise nähert. Die körperliche Reaktion ist ein evolutionärer Überlebensmechanismus. Die eingehenden Informationen der Sinnesorgane werden im Gehirn in der Amygdala verarbeitet und von dort wird ein Signal an den Hypothalamus gesendet. Der Hypothalamus ist das Bindeglied zwischen Gehirn und vegetativem Nervensystem, wo unbewusste Körperfunktionen wie Atmung, Herzschlag, Blutdruck etc. gesteuert werden (Harvard Health Publishing o. J.). In Sekundenbruchteilen kommt es zu messbaren Reaktionen wie Steigerung von Hormonausschüttung, Herzfrequenz und Blutdruck, Veränderung der Blutzusammensetzung bei gleichzeitiger Pupillenerweiterung und Muskelanspannung. Dies wird oft als die Schrecksekunde bezeichnet, in der sich der Körper spontan auf eine neue Situation mit den Optionen Kampf oder Flucht einstellt (Spektrum o. J.). Dazu wird die maximale Muskelleistung bereitgestellt und die sinnliche Wahrnehmung geschärft, während der gesamte Verdauungsapparat so gut wie lahmgelegt ist. Das alles passiert schnell und unbewusst, denn Amygdala und Hypothalamus starten die Reaktion noch bevor das Sehzentrum im Gehirn die hereinkommenden Bilder überhaupt interpretieren kann. Diese Funktionen sind Kombinationsleistungen von Gehirn und Körper mit komplexen biochemischen und biophysikalischen Zusammenhängen. Sie zeigen klar den Unterschied zu einer Maschine, bei der die von-Neumann-Architektur eindeutige Grenzen zwischen der Physik und der Logik definiert. Das gilt bisher auch für die sogenannten Cyberphysikalischen Systeme. Grundlegend äußerte Marvin Minsky schon 1986 Zweifel, ob intelligente Maschinen ohne Emotionen überhaupt intelligent sein könnten:

„The question is not whether intelligent machines can have any emotions, but whether machines can be intelligent without any emotions. I suspect that once we give machines the ability to alter their own abilities we'll have to provide them with all sorts of complex checks and balances. It is probably no accident that the term „machinelike" has come to have two opposite connotations. One means completely unconcerned, unfeeling, and emotionless, devoid of any interest. The other means being implacably committed to some single cause. Thus each suggests not only inhumanity, but also some stupidity. Too much commitment leads to doing only one single thing; too little concern produces aimless wandering". (Minsky 1985, S. 163)

Die biologische Stress-Reaktion, die bei Menschen und Tieren ähnlich abläuft, ist ggf. auch für künstliche Systeme sinnvoll. Die menschliche Nutzen-Erfahrung mit automatischen Systemen ist absolut erfolgskritisch für ihre Verbreitung und die Marktanteile des jeweiligen Herstellers. Das bedeutet, dass Menschen die Arbeit oder Zusammenarbeit mit dem jeweiligen System nicht nur als effizient, sondern auch als angenehm empfinden müssen. Das passiert umso wahrscheinlicher, wenn die KIn, die den maschinellen Teil der Erfahrung steuern, möglichst menschenähnlich programmiert sind und agieren. Außerdem kann die Integration künstlicher Emotionen automatische Systeme in vielen Bereichen effektiver und schneller machen. Bei Menschen sorgen Emotionen durch Umgehen längerer kognitiver Prozesse für eine schnelle körperliche Reaktion. Das ist speziell in gefährlichen Situationen nützlich. Ebenso könnten künstliche Emotionen einer KI helfen, einfache, direkte und schnelle Reaktionen zu prozessieren, ohne dass komplexer Programmcode für jede Eventualität durchgerechnet oder gigantische Datenmengen vorher gelernt werden müssten. Menschenähnlichkeit ist also wichtig, aber selbst dort, wo es gar keine menschliche Interaktion gibt, können maschinelle Emotionsäquivalente die Leistungsfähigkeit z. B. von Robotern verbessern. Sie zeigen andere Wege zu einer im jeweiligen Kontext richtigen Verhaltensweise. In der Vertiefung seiner Gedanken schreibt Minsky 2006, dass Emotionen einfach andere Arten des Denkens seien: „(…) each person has multiple ways to think, and what we call „emotional" states are merely different examples of these." (Minsky 2006, S. 33). Emotionen sind demnach so etwas wie Abkürzungen zu körperlichen Reaktionen. Dieses etwas funktionalistische Bild erklärt die Bedeutung für die mögliche Steuerung cyberphysikalischer Systeme durch entsprechend programmierte, simulierte Emotionen. Für den Menschen springt es zu kurz, denn der Denkprozess ist nicht entkoppelt von der körperlichen Wahrnehmung. Letztere nimmt, besonders bei heftigen körperlichen Reaktionen, sogar massiven Einfluss auf die menschliche Psyche und kann Phänomene wie z. B. Schmerzkörper und Schmerzgedächtnis formen. Diese wirken sich in der Konsequenz ggf. später nicht nur auf das Denken und Fühlen, sondern evtl. auch auf die körperliche Disposition aus. Es kann so z. B. zu Haltungsveränderungen und entsprechenden Muskelverspannungen bis hin zu Schädigungen von Wirbelsäule und Gelenken kommen. Im gleichen Maße können sich z. B. sportliche Aktivitäten und körperliches Wohlbefinden positiv auf den mentalen Zustand auswirken.

Roboter mit künstlichen Emotionen, die Gefahrensituationen besser vermeiden könnten, hätten allerdings noch lange keine Gefühle oder eigene Intentionen. Sie müssten bloß weniger rechnen, um die nächste Handlungsentscheidung zu treffen. Sie wüssten sozusagen instinktiv, was die richtige Handlung ist, nur, dass es künstliche Instinkte wären. Was leicht und logisch klingt, ist nicht leicht implementierbar, denn auch die künstliche Emotion muss richtig dosiert sein, um den gewünschten Effekt zu erzielen. Wenn z. B. die Angst zu groß ist, droht Erstarren. Die Grenze in einer KI zu definieren, funktioniert nur über Experimente mit den Datenparametern im Modell. Anders als bei Menschen, gibt es zu solchen Fragen jedoch bei Robotern wenig bis keine Forschung, auf die zurückgegriffen werden kann. Dr. Eva Hudlicka, Honorarprofessorin an der University of Amherst beschäftigt sich mit der Entwicklung und Anwendung von Computermodellen von emotional-rationalen Interaktionen. Sowohl in der Psychologie als auch in der Neurologie gibt es in den vergangenen Jahrzehnten große Fortschritte und Erkenntnisse über die Zusammenhänge von rationaler und gefühlsbetonter Verarbeitung im Gehirn. Die Wissenschaft geht heute davon aus, dass beide Vorgänge im Gehirn eng miteinander verbunden seien, und dass Emotionen nicht bestimmten Gehirnregionen zugeordnet werden können, wie vorher angenommen wurde. Hudlicka entwickelte eine Methodologie zur Analyse und Modellierung individueller Differenzierung: ‚MAMID' – *Methodology for Analysis and Modeling of Individual Differences* (Hrdlicka 2019). Es gibt eine Menge solcher Modelle mit unterschiedlichen Ansätzen und inhaltlichen Schwerpunkten. Sie alle helfen, die Interaktion zwischen Mensch und Maschine zu verbessern, bestehende Intelligenzmodelle zu überprüfen und als Werkzeuge auch das Verständnis menschlicher Verhaltensweisen zu erweitern.

Ein weiterer, wichtiger Aspekt ist das Design glaubwürdiger, autonomer künstlicher Agentensysteme. MAMID eignet sich für Forschungszwecke zur Überprüfung von Theorien, wie auch für die Anwendung in der raschen Programmierung intelligenter Agentensysteme. Hudlicka hat als Beispiel eine Simulation einer Such-und-Rettungs-Aktion in arktischem Gelände konstruiert. KI-Bots sollten als Team Gefährdete finden und retten. Die Bots bewegten sich in der Simulation mittels Pistenraupen und hatten unterschiedliche emotionale Merkmale. In der Simulation war erkennbar, wie sich widrige Umstände auf künstliche Emotionen wie Angst auswirkten und das Verhalten der Bots individuell und als Team beeinflussten. Weniger ängstliche Bots bewegten sich z. T. schneller und konnten in Gefahrensituationen besser priorisieren, sie achteten jedoch nicht darauf, noch genügend Benzin für ihre Aufgabe zu haben. In Teams gleichen sich die verschiedenen Merkmale aus. Auch wenn es oberflächlich so erscheint, als würden künstliche Emotionen bei Maschinen ebenso wirken, wie menschliche Emotionen, hinkt der Vergleich schon daran, dass die Steuerung und Parametrisierung der KI-Emotionen von Menschen nach dem eigenen, evolutionär geformten Vorbild erdacht und programmiert wurde. KI-Emotionen sind also ein alternativer Weg effizienter Programmierung autonomer Systeme, nicht jedoch die bewusstseinsgebende Technologie, die Maschinen eine menschenähnliche Gefühlswelt verleiht.

Die meisten Forscher/-innen beschäftigten sich mehr damit, wie Computer menschliche Emotionen erkennen können. Ein umfassendes Modell menschlicher Emotionen würde nicht nur die Entwicklung emotionaler KI und entsprechender autonomer Systeme weiterbringen, sondern auch Fortschritte in Psychologie und Psychiatrie bedeuten. Bei aller Komplexität und auch Individualität menschlicher Gedanken und Gefühle, folgen sie doch auch einer Logik. Das macht es möglich, sie in digitalen Systemen abzubilden. Auch auf diesem Gebiet gibt es bereits viele wissenschaftlicher Arbeiten, die sich mit der Simulation von Emotionen in KI-Systemen beschäftigen. Ein Beispiel ist der Ansatz von Dr. Joost Broekens, Professor für *Affective Computing* an der TU Delft. In seinem Modell hat ein KI-Agent so etwas wie einen mentalen Status, der sich aus den Faktoren seiner Überzeugung, seiner Triebe oder Antriebe und seiner Grundemotion zusammensetzt (Kaptein et al. 2017). Diese relativ einfache Logik erlaubt Kalkulationen dieses mentalen Zustands, die sich aus den genannten Zustandsparametern ergeben. Ein Glückszustand ist demzufolge ein Ereignis, das die Parameter verbessert bzw. den Wert des mentalen Status gesteigert hat. Ereignisse werden als extern und intern differenziert, je nachdem, ob die KI sie selbst herbeigeführt hat (intern) oder ob sie durch einen anderen Agenten bzw. die Umwelt passiert sind (extern). Die Einbeziehung von internen und externen Ereignissen gibt dem System eine Wahrnehmung der inneren und äußeren Welt und koppelt die künstliche Emotion mit der Kognition, wie beim Menschen. Aus dem Verständnis, dass eine Handlung ein Resultat herbeiführt kann programmiert werden, dass der emotionale Zustand entsprechend aktualisiert und mit einer Situation verknüpft wird. Das System kann dann aus Beobachtung der internen und externen Ereignisse ableiten, wie sich eine Situation sozusagen ‚anfühlt' und ob eine Handlung z. B. bei einem anderen Freude oder Leid erzeugt. Der mentale Zustand hängt entsprechend auch davon ab, ob der Agent die Situation richtig interpretieren kann. Roboter können mit so einem System lernen und ihre Handlungsstrategien optimieren. Entwickler/-innen können die Parameter manuell verändern und nachsteuern. Wenn z. B. ein Roboter auf Basis seiner eigenen Werte errechnet, dass er gute Lernfortschritte macht, die Entwickler/-innen dies jedoch anders sehen, können sie den entsprechenden Wert anpassen und die Maschine auf diese Weise dazu bringen, mehr zu lernen. Künstliche Agentensysteme und Roboter werden somit in ihrem Verhalten menschenähnlicher und berechenbarer. Da sie tendenziell wie Menschen reagieren, kann ihr Verhalten von Menschen besser gelesen werden. Einfache Beispiele, die es schon aus dem Labor in den Alltag geschafft haben, sind Roboter, die Gesichtsausdrücke nachbilden und je nach Situation froh oder traurig erscheinen. Seit 2019 kann die eher neutrale und roboterhafte Stimme von Alexa eine fröhliche oder enttäuschte Tonalität haben. Das würde z. B. passen, wenn Alexa Sportnachrichten vorlesen würde und die Lieblingsmannschaft ihrer Nutzer/-innen gewonnen oder verloren hätte (Peters 2019).

Das alles sind nur winzige Ausschnitte globaler Entwicklungen auf den Gebieten von Neurologie, Informatik, Psychologie und ihren Teildisziplinen. Sie führen alle zu immer ausgeklügelteren Simulationen und vielfach auch zu neuen Erkenntnissen, die die Hoffnung schüren, irgendwann die Stufe der reinen Simulation, so perfekt sie auch erscheinen mag, zu durchbrechen. Interessanterweise kann niemand so genau sagen, was dann erreicht ist: Ein Computer mit Bewusstsein? Wenn Ja, mit was für einem Bewusstsein und was bedeutet das wiederum in Konsequenz?

Heutige KI kann anspruchsvolle Texte lesen und die gelesenen Inhalte so verarbeiten, dass sich Formate wie Zusammenfassungen, Interviews und neue Texte aus dem Gelesenen automatisiert und mit hoher Qualität erstellen lassen. Somit könnte eine KI heute schon massenhaft alle möglichen Texte zum

Thema Bewusstsein erfassen und aus diesem Wissen heraus Fragen formulieren, ohne das tatsächlich eigenes Bewusstsein oder echtes Verstehen der Inhalte vorläge, auch wenn dies auf den ersten Blick so erschiene. Wenn eine KI anfinge, von sich aus Fragen über subjektive Erfahrungen zu stellen oder solche Erfahrungen zu berichten, ohne dass dieses vorab programmiert oder angefordert wurde, dann sollte geprüft werden, ob ein künstliches Bewusstsein entstanden wäre und wenn ja, was für eins. Wie würde eine Analogie zum Turing Test für die Frage nach künstlichem Bewusstsein konzipiert sein? (Frohlich 2019). Dazu sind Fragen nach den individuellen sinnlichen Erlebnissen von großer Bedeutung. Diese Qualia sind zumindest Grundlage der menschlichen Bewusstseinswahrnehmung und auch der vielfältigen Verzerrungen, die durch Menschen in Dateninterpretation gebracht werden. Dieser Bias ist zutiefst menschlich, doch bei vielen KI-Anwendungen unerwünscht. Der maschinelle Bias ist jedoch fast unvermeidlich. Er beruht auf den mathematischen Definitionen und Werkzeugen, die seit den Ideen von Zufall, Wahrscheinlichkeit und Verteilung in der Mitte des 16. Jahrhunderts von Cardano, Pascal, de Fermat, Bayes, Gauss, Markov und vielen anderen bis in die heutige Zeit geformt wurden. Vorbilder dieser Ideen waren allerdings Würfel, Karten, Schach und andere Brettspiele und nicht menschliches Denken und Handeln. Diese Welt enthält nichts von den reichhaltigen Qualia, wie Bewusstsein, Sprache, Gedanken und Gefühle, die Menschen bewegen. Ebensowenig existiert ein Äquivalent zur menschlichen Entwicklung bis zum Erwachsensein oder zur Sozialisation, die das Verhältnis des Individuums zu seinem gesellschaftlichen Umfeld, z. B. in Familie oder im beruflichen Kontext bestimmt. Maschineller Bias ist quantitativ, während sich menschlicher Bias um Qualia dreht (Sherwin 2019).

Matthew Liao, Professor für Bioethik an der New York University, wählt einen interessanten Zugang zu diesen Fragen. Für ihn gibt es heute keine bewusste oder moralische KI, das könne sich jedoch ändern, äußert er in einem Interview:

„Auf internationaler Ebene gibt es Bemühungen, den Fadenwurm C. elegans vollständig am Computer zu simulieren – er besitzt eines der einfachsten Nervensysteme aller Lebewesen, mit gerade mal 302 Neuronen. Hat ein normaler, lebendiger C. elegans ein Bewusstsein? Kann er Dinge wahrnehmen? C. elegans sind keine Felsbrocken. Nehmen wir jetzt einmal an, wir hätten Computer-Algorithmen, die exakt simulieren würden, was C. elegans tut – und zwar so, dass ein simulierter C. elegans genauso funktioniert wie ein normaler, lebendiger C. elegans. Wenn man zu der Auffassung kommt, dass diese Wesen eine Art von Eigenwahrnehmung haben, dann könnte man zum Beispiel fragen: Haben sie eine Art intrinsischen Wert, weil sie

Bewusstsein besitzen? Daraus würde sich dann die Frage ergeben, ob ein simulierter C. elegans einen moralischen Status haben kann." (Fehrenbach 2018)

Liao folgert, dass eine KI, die Absichten, Handlungen, Konsequenzen und moralisches Denken zeige, ein moralischer Akteur sei und damit eine Person mit entsprechenden persönlichen Rechten. Doch ab wann ist ein Bewusstsein und somit ein moralischer Akteur zweifelsfrei erkennbar? Sprache und Kultur allein sind als Erkennungsmerkmale nicht ausreichend. Sie können bereits mit Rechengeschwindigkeit erschlossen werden. Dr. Joana Bryson führt Google Search als Beispiel für eine KI an, die sich selbst im Internet auffindet und behandelt wie alle anderen Suchergebnisse. Insofern bestünde ein Selbst-Wissen, jedoch kein Bewusstsein ihrer selbst. Ein moralischer Akteur müsse sich als Selbst seiner selbst und seiner Handlungen bewusst sein. Bryson plädiert, dass wenn schon intelligente Maschinen gebaut würden, sichergestellt sein sollte, dass es solche seien, denen wir nicht moralisch verpflichtet seien: „In fact, my own opinion is that we are obliged when we make intelligent machines to make ones we are not obliged to." (Bryson 2011).

Der Bewusstseinsbegriff ebenso wie der Intelligenzbegriff entziehen sich einer einfachen Definition.

„It often does more harm than good to force definitions on things we don't understand. Besides, only in logic and mathematics do definitions ever capture concepts perfectly. The things we deal with in practical life are usually too complicated to be represented by neat, compact expressions. Especially when it comes to understanding minds, we still know so little that we can't be sure our ideas about psychology are even aimed in the right directions. In any case, one must not mistake defining things for knowing what they are." (Minsky 1985, S. 39)

Marvin Minsky fasst in wenigen Sätzen zusammen, was in Bezug auf das Feld der KI-Entwicklung häufig vergessen wird. Basierend auf mathematischen Gesetzmäßigkeiten ist KI eine exakte Wissenschaft. Der Versuch, Algorithmen nach bekannten Strukturen der menschlichen Biologie und Neurologie zu ordnen, führt zu einer teils zugeschriebenen, teils bewusst designten Analogie zur menschlichen Psyche. Im Ergebnis gelingen immer wieder überzeugende Simulationen menschlichen Verhaltens, die die Wahrnehmung der tatsächlichen Fähigkeiten von KI manipulieren, so dass metaphysische Konzepte wie Bewusstsein, Verstand oder Gefühle zu scheinbar immanenten Eigenschaften der Maschinen werden. Sie sind es aber nicht.

3.4 Roboter

> **Zusammenfassung**
>
> Roboter sind programmierbare Mehrzweck-Handhabungsgeräte. Diese Definition reicht jedoch bei weitem nicht, um den fantasievollen Assoziationsraum zu füllen, den Roboter in der zeitgenössischen Kultur einnehmen. Neben Software Robots werden KI-gesteuerte physische Roboter aufgrund ihrer Belebtheit und ggf. humanoiden Verkörperung fast immer anthropomorphisiert und mit Science-Fiction Robotern wie R2-D2 oder auch dem Terminator assoziiert. In Wirklichkeit gibt es eine große Bandbreite meist industrieller Roboter und auch sehr kleine, die im Nanotechnologie-Bereich vorkommen. Zudem gibt es vermehrt soziale Roboter, die sich menschlich verhalten und zu denen Menschen emotionale Bindungen entwickeln. Politisch gibt es Ansätze, für autonome Maschinen spezielle Robotergesetze zu schaffen. Es mangelt den Entscheidungsträgern jedoch aktuell an Kompetenz, für eine verantwortungsvolle, zukunftsweisende regulatorische Behandlung von Robotern.

Künstliche Intelligenz ist an keine bestimmte Erscheinungsform gebunden. Im Gegenteil ist das digitale, elektronische Wesen von KI, unsichtbar und allgegenwärtig, immer genau das, was dem augenblicklichen Einsatzzweck entspricht. Das wäre zumindest das Ideal. Für Menschen wird KI als gefühlte, gesehene oder gehörte Anwendungen sinnlich in der Welt erlebbar. Obwohl die meisten KIn nur Entscheidungen in automatisierten Abläufen bereitstellen, denken Menschen oft an physische Roboter. Robotik und KI liegen nah beieinander, denn jeder Roboter braucht irgendeine Art von Steuerung, die in der Regel KI nutzt. Die menschliche Neigung zur Anthropomorphisierung verleiht der KI Persönlichkeit. Manchmal ist sie programmiert, manchmal wird sie nur bei der Nutzung imaginiert. Roboter verstärken die Zuschreibungen menschlicher Eigenschaften an sie durch ihre Belebtheit und Verkörperung, besonders, wenn sie humanoid ist. Die meisten Menschen sind in Bezug auf Roboter ohne Scheu. Laut Innofact Studie vom November 2018 kann sich jede/r Zweite vorstellen, mit einem Roboter zusammen zu arbeiten, wenn dieser Routineaufgaben übernähme. Zwei Drittel der Befragten sehen selbstlernende Roboter als sinnvolle Einsatzmöglichkeit von KI, ebenso wie autonomes Fahren, das durch intelligente Technik die Zahl der Unfälle reduzieren könne (Preuss 2018).

1920 schrieb der tschechische Autor Karel Čapek sein dystopisches Bühnenstück ‚R.U.R. – Rossum's Universal Robots' und verwendete hier das von seinem Bruder Joseph inspirierte Wort *Robot*. Davor gab es nur die tschechische Ursprungsvokabel *robota*, was soviel wie Sklaven- oder Zwangsarbeit bedeutet. Treiber der Roboter-Entwicklung war lange die Konstruktion von Maschinen im Zuge der Industrialisierung und der damit zunehmenden Technisierung und Automatisierung von Aufgaben und Tätigkeiten. Maschinen zur Handhabung, Montage und Fertigung wurden bald zu sogenannten Industrierobotern und das ist bis heute das wichtigste Einsatzfeld kommerziell genutzter Roboter. In fortgeschritten industrialisierten Volkswirtschaften wie z. B. Deutschland, den USA und Japan gibt es eigene, offizielle Definitionen und Regelwerke zur Robotik. In Deutschland ist das die aktuell wegen Überarbeitungsbedarf zurückgezogene VDI-Richtlinie 2860, in der es heißt:

„Industrieroboter sind universell einsetzbare Bewegungsautomaten mit mehreren Achsen, deren Bewegungen hinsichtlich Bewegungsfolge und Wegen bzw. Winkeln frei (d. h. ohne mechanischen bzw. menschlichen Eingriff) programmierbar und gegebenenfalls sensorgeführt sind. Sie sind mit Greifern, Werkzeugen oder anderen Fertigungsmitteln ausrüstbar und können Handhabungs- und/oder Fertigungsaufgaben ausführen."

Die Definition der amerikanischen Robotics Industries Association lautet:

„A robot is a reprogrammable, multifunctional manipulator designed to move material, parts, tools or specialized devices through variable programmed motions for the performance of a variety of tasks." (USLegal. o. J.).

Der Roboter ist also definiert als programmierbares Mehrzweck-Handhabungsgerät für das Bewegen von Material, Werkstücken, Werkzeugen oder Spezialgeräten. Der industrielle Hintergrund der Quellen ist offensichtlich. Dabei haben Roboter heute längst die Werkshallen und Montagebänder und ihre dortigen Käfige als einziges Betätigungsfeld verlassen und eine Vielzahl von anderen Domänen besetzt, wo sie bald zum täglichen Bild gehören werden. Neben den Robotern, die als Spielzeuge in den Kinderzimmern auftauchen, gibt es viele Situationen, z. B. auf Event- oder Showflächen in denen Roboter Gimmick-Funktionen erfüllen, z. B. als Blickfang oder als pseudo-innovative Gesprächspartner, die geskriptete Dialoge abspulen. So erschien es beispielsweise Ende der 2010er-Jahre fast unvermeidlich auf Veranstaltungen ‚Pepper' zu begegnen, einem programmierbaren Robotermodell, das Softbank Robotics 2015 auf den Markt brachte. Auf jeder x-beliebigen Bühne leierte eines dieser niedlichen weißen Dinger mit blauen Rehaugen mehr oder weniger inspirierende Botschaften herunter, meist ohne, dass über den Auftritt hinaus, besonderer Mehrwert erkennbar war. Das sagt mehr über die jeweiligen Events bzw. deren Veranstalter aus als über den Roboter, denn es gibt durchaus sinnvolle Einsatzmöglichkeiten für Pepper. So gibt es den Roboter unter verschiedenen Namen und in verschiedenen Funktionen, wie

z. B. als autonomen Bibliotheksassistenten an der TH Wildau, (TH Wildau o. J.) als Teil des CRM im direkten Publikumsverkehr in den Sparkassen in München und Bremen, (Factory 2018) und sogar in der medizinischen Pflege und Seniorenbetreuung bei der Caritas in Erlenbach (Gerstl 2019). Die meisten dieser Anwendungen starteten als Testprojekte, ein ganz normaler Anfang der Einführung von Innovationen.

Neben Industrierobotern sind schon verschiedene Serviceroboter im Privathaushalt etabliert, die staubsaugen, den Rasen mähen oder putzen. Hinzu kommen Überwachungsroboter, die definierte Areale mit Kameras, Mikrofonen u. ä. kontrollieren, medizinische Roboter, militärische Roboter usw. Natürlich gibt es unter den industriellen Robotern auch weiterhin solche, die aufgrund der Geschwindigkeit und der Kraft ihrer Bewegungen in Sicherheitskäfigen stehen müssen, um zu verhindern, dass Menschen versehentlich in den Radius der maschinellen Bewegungen laufen. Parallel werden Roboter mehr und mehr zu Zusammenarbeits-Maschinen, die in direkter Umgebung von Menschen z. B. Dinge anreichen oder Spezialaufgaben in der Montage erledigen und die bei physischem Kontakt mit Menschen zurückweichen oder ihr Tempo verlangsamen, so dass Verletzungsrisiken möglichst ausgeschlossen werden. Die neueren Entwicklungen sind vielen noch unbekannt, aber die Fertigungsroboter in Fabriken sind ein vertrautes Bild und auch das Konzept höher entwickelter und humanoider Roboter ist an sich nicht neu. Bei einer Umfrage, welche Science-Fiction-Maschinen die Vorstellung der Deutschen von KI am stärksten geprägt hätten, nannten die Befragten 2019 auf Platz Eins, mit etwa 20 % der Stimmen, den Roboter ‚R2-D2' aus den Star Wars Filmen. Weitere 17 % denken an die Killer-Maschine ‚Terminator'. Ebenfalls 17 % nennen ‚Commander Data' aus Star Trek, dicht gefolgt von dem sprechenden Auto ‚K.I.T.T.' aus der Serie ‚Knight Rider' mit 16 %. Nach den bekanntesten Science-Fiction-Maschinen mit künstlicher Intelligenz gefragt, antwortete die überwiegende Mehrheit (76 %) mit Arnold Schwarzenegger als Terminator, gefolgt von R2-D2 (65 %), K.I.T.T. (59 %) und Commander Data (50 %). (Gesellschaft für Informatik 2019). Auffallend ist die große Diskrepanz zwischen dem repräsentierten Bild von Robotern und KI in der Bevölkerung mit der Wirklichkeit von Robotern und KI. Die genannten Helden der Popkultur sind extrem intelligent und den Menschen in ihrem jeweiligen Narrativ kognitiv wie auch körperlich überlegen.

In der Betrachtung der unterschiedlichen Anwendungsgebiete von KI und Robotik zeigt sich schnell, welche Limitierungen die Technologie trotz aller Innovationsgeschwindigkeit wohl noch auf Jahre haben wird. Der Gedanke, Roboter seien Menschen schon heute weit überlegen, kommt trotzdem immer wieder auf. Die Vorstellung übermächtiger Maschinen, die sich das Leben auf der Erde untertan machen, regt die Fantasie extrem an. Hier ist neben der Science-Fiction hauptsächlich der schon angesprochene, fast alltägliche *Automation Bias* am Werk, die Vorstellung, Maschinen wüssten viel mehr als sie wissen und könnten viel mehr als sie tatsächlich können. Tatsächlich gibt es massenweise Maschinen, die Menschen in einer eng gesteckten Aufgabe überlegen sind, aber eben nur auf genau dem Gebiet, für das sie gebaut wurden. Es existieren z. B. eine Menge Roboter, die perfekt Autokarosserien schweißen und lackieren oder solche, die Objekte aus Regalen nehmen können. Diese Funktionen passieren meist an der immer gleichen, genau definierten Stelle in der gleichen Weise mit ebenso perfekt bereit gestellten Materialien. Solche Roboter arbeiten strikte Programme ab und haben außer den für ihr Programm notwendigen Sensoren so gut wie keine Wahrnehmung ihrer Umwelt. Sie entwickeln auch von selbst keine neuen Fähigkeiten. Die Perfektion, mit der sie ihre Aufgaben erledigen, ist direkt proportional zu ihrer Spezialisierung. Sie werden völlig selbstverständlich als Produktionsmaschinen wahrgenommen. Wie würden diese Maschinen wohl wahrgenommen, wenn sie humanoide Körper und Kamera-Augen hätten, die so etwas wie simulierten Blickkontakt aufnehmen würden und wenn sie dazu vielleicht noch ansprechbar wären oder sogar per Sprachausgabe antworten könnten? Notwendig ist das in ihrer Funktion nicht, aber das kann sich in Zukunft ändern. Eine neue Generation von Robotern wird entwickelt: Roboter, die mithilfe von KI von selber erkennen können, welche Arbeitsschritte notwendig sind und wie sie am besten ausgeführt werden können; Roboter, die sogar Verbesserungsmöglichkeiten an dem Produkt erkennen können, das sie herstellen, und die im Falle einer Abweichung im laufenden Produktionsprozess selbständig und flexibel reagieren können. Sie könnten sich z. B. selber notwendiges Montagezubehör holen o. ä.. Diese neue Robotergeneration ist für das Erlernen neuer Fähigkeiten auf verschiedene Varianten von *Machine Learning* angewiesen. Das Ziel solcher Entwicklungen sind nicht nur intelligentere Industriemaschinen, sondern Roboter die sich auch im Alltagsumfeld von Menschen, wie z. B. im Haushalt, bewegen und einfache Aufgaben zuverlässig ausführen können.

Experimente dazu laufen seit Jahren schon in der ganzen Welt, so auch in Mountain View, Kalifornien, im X-Lab von Alphabet. Es ist Teil der sogenannten *Moonshot*-Initiativen von Alphabet. Damit sind Projekte gemeint, die analog zur amerikanischen Zielsetzung der 1960er-Jahre, einen Menschen auf den Mond zu bringen, das Ziel haben, eine als allgemein unmögliche Sache möglich zu machen. Alltagsroboter scheinen eine so unmögliche Sache zu sein, weil eine extrem variantenreiche und komplexe Umwelt voller Details perfektioniert beherrscht werden muss. Menschen machen viel mit den Händen. Sie sind geniale Universalwerkzeuge, die maschinell bisher nur unzulänglich oder nur sehr spezialisiert nachgeahmt werden können. Bereits seit 2016 betreibt Alphabet die ‚Arm Farm', eine Versuchsanordnung, in der 14 Roboterarme mit einfachen Greifwerkzeugen versuchen, unterschiedlichste Gegenstände aus Kisten zu ergreifen. Mittels *Machine Learning* verbesserten sich die Greifbewegungen sukzessive und nach zwei Monaten und ca. 800.000 Versuchen, konnten die Arme ein Objekt mit 80-prozentiger Wahrscheinlichkeit korrekt greifen. In digitalen Simulationen aus den Daten der Roboterarme konnten eine Vielzahl weiterer Versuche virtuell durchgespielt werden und mit *Reinforcement Learning* und einer Kombination der Daten aus den Versuchen und den Simulationen steigerte sich die Erfolgswahrscheinlichkeit auf 90 % (Simonite 2019). Menschliche Hände sind im Vergleich extrem geschickt, sensibel, vielseitig einsetzbar und können flexibel und schnell immer neue Bewegungen und Anwendungen erfinden und erlernen. Neben maschineller Fingerfertigkeit müssen universale Alltagsroboter Sprachbefehle korrekt verstehen und in geschlossenen Räumen sicher navigieren. Das ist viel schwieriger als für die Roboter auf der Straße, die selbstfahrenden Autos. Letztere befinden sich in einer für rollende Maschinen geplanten Welt mit der Straßenverkehrsordnung als allgemeinem Regelwerk, das die Abläufe in Grenzen vorhersehbar gestaltet inklusive der dazugehörigen Markierungen, Schilder und Ampeln sowie einer Grundausbildung für alle motorisierten Verkehrsteilnehmer/-innen. Fußgängerbereiche und das Innere von Gebäuden sind dagegen vergleichsweise chaotisch. In einer Haushaltsumgebung gibt es Tausende verschiedener Gegenstände sowie Personen und Haustiere, die sich auf kleinster Fläche unvorhersehbar bewegen (Gallwitz 2018).

Dabei steht außer Frage, dass Maschinen mit KI ganz außergewöhnliche und nützliche Dinge können und vielseitige Einsatzgebiete haben. ‚Spot', der hundeartige Roboter der Firma Boston Dynamics wird z. B. für Hilfsaufgaben im Minenbetrieb eingesetzt, wo Transportmaschinen an unzugänglichen Orten gewartet werden müssen. Sein Einsatz bei der New Yorker Polizei musste nach kurzer Zeit allerdings aus eher ideologischen Gründen abgebrochen werden: „In der Praxis wurde der Hund nach diversen Einsätzen in armen Vierteln der Stadt nun aber zum Synonym für einen dystopischen Überwachungsstaat, der mit Brutalität gegen Minderheiten vorgeht." (Stepanek 2021). Weniger politisch ist es im All: An Bord der internationalen Raumstation ISS schwebt ein autonomer Mini-Roboter frei durch die Kapsel und zeichnet akustische Signale auf. Das System kann anhand der Geräusche, die die Geräte auf der Station machen, feststellen, ob etwas defekt ist oder in naher Zukunft ausfallen wird. Maschinen haben charakteristische Geräuschmuster und Abweichungen von diesen Mustern sind als Anomalien für KI leicht identifizierbar (Veitinger 2018). Neben den ganz großen, industriellen Robotern gibt es also auch kleine und sehr kleine. Es finden schon viele Labor-Experimente mit Nano-Robotern statt, ein Gebiet, auf dem ebenfalls weltweit geforscht wird. Marc Miskin kann hier erste Erfolge vorweisen. In seinem Labor an der University of Pennsylvania in Philadelphia entwickelt er mit seinem Team Roboter aus Silizium, die so winzig sind, wie menschliche Körperzellen. Die mit bloßem Auge nicht sichtbaren Maschinen können Sensoren oder Signalgeber sein und mechanische Aufgaben erledigen. Ihr Energieverbrauch liegt bei einem 10-milliardstel Watt. Zehntausende passen auf die Fläche einer Cent-Münze und sie kosten ca. einen Cent pro Stück. Sie können parallel millionenfach produziert werden und würden in der hohen Stückzahl sogar nur einen Bruchteil dieses Preises kosten. Die Anwendungsgebiete sind endlos: Von der Reinigung und Auffrischung von Smartphone-Batterien bis zu Aufgaben im menschlichen Körper, z. B. im Gehirn Signale von Nervenzellen aufzuzeichnen oder auch Krebszellen bekämpfen (Chang 2019). Das Konzept der Nano-Roboter geht auf Ideen von Prof. Kristofer Pister zurück, der an der University of California in Berkeley Elektrotechnik und Informatik lehrt. Pister gilt als Erfinder des sogenannten *smart dust*, eines Nebels oder Staubs aus mikroskopisch kleinen, intelligenten Robotern. Er ist Vorstand von Dust Networks, eines Unternehmens, das diesen intelligenten Staub kommerziell einsetzt, vor allem zur Überwachung von industriellen Prozessen. Den schwindelerregenden Möglichkeiten schlägt auch Kritik entgegen, wie die Befürchtung, dass solche intelligenten, unsichtbaren Systeme Datenschutz und Privatsphäre völlig aushöhlen könnten und bei Eingriffen in den menschlichen Körper sogar schwere gesundheitliche Risiken bergen. Das Spektrum der Möglichkeiten liegt offensichtlich zwischen den Utopien Ray Kurzweils und den dystopischen Risiken, vor denen Eliezer Yudkowsky oder Nick Bostrom warnen.

Die den Moonshot-Programmen zugrundeliegende ‚Alles ist möglich'-Ideologie sorgt dafür, dass die jeweiligen Entwicklungen eher etwas schneller stattfinden als wir es gewohnt sind. Das Innovationstempo und die Berichterstattung darüber erhöhen die impliziten Erwartungen an die Fähigkeiten von Robotern. Das betrifft alle Services mit direktem menschlichen Kontakt, die durch Roboter automatisiert werden sollen. Solange Maschinen keine umfassende Wahrnehmung und ein Verständnis ihrer Umwelt haben, kann die fantasielose Abarbeitung maschineller Programme auf Menschen aber langweilig oder sogar frustrierend wirken. Denken Sie z. B. an die Situation, eine Adresse in ein Auto-Navigationssystem zu sprechen und immer wieder mit einem falschen Ergebnis konfrontiert zu werden.

Humanoide Roboter haben nachweislich schon durch ihre Gestalt Einfluss auf Menschen. Insbesondere bei längeren Einsätzen solcher Maschinen im sozialen Umfeld, ist beim Design der KI-Anwendungen besondere Sorge zu tragen, welche Auswirkungen ihr Auftreten hat. Beispiele sind Roboterspielzeuge, Pflege- oder Verkaufsroboter. Probleme könnten auftauchen bei absichtlicher Programmierung böswilligen Verhaltens, wenn Roboter beispielsweise zu Täuschungszwecken programmiert wurden, was bisher jedoch selten der Fall ist. Häufiger kommt es vor, dass die Programmierung der steuernden KI und die verwendeten Daten Vorurteile enthalten und reproduzieren. Solcher Bias ist immer wieder anzutreffen und die Ursachen reichen von nicht repräsentativen Trainingsdaten in Bildern oder Texten bis hin zu Grenzfällen wie den sogenannten *Dark Patterns*, bei denen die Maschine Tricks anwendet, um eine gewünschte Reaktion der Nutzer/-innen zu provozieren, z. B. durch das Simulieren von Traurigkeit bei der Ablehnung eines Serviceangebots durch o. ä.. Vorsicht ist also geboten bei der Art, wie Roboter Produkte oder Services empfehlen. Dies ist ein stark wachsender Markt, so dass davon auszugehen ist, dass auch die damit verbundenen Probleme in Zukunft zunächst zunehmen werden. Bei solchen Anwendungen sind die Roboter Vermittler von Informationen und können die Personen, mit denen sie kommunizieren, extrem beeinflussen. Speziell Kinder sind leichter beeinflussbar und folgen auch fehlerhaften Vorschlägen von Maschinen, deswegen sollten soziale Roboter, die z. B. mit Kindern agieren, besonderen Standards entspreche. Sinnvoll wäre ein rechtlicher Rahmen, der Kinder und andere schutzbedürftige Personen vor den Risiken eines Fehleinsatzes solcher Maschinen absichert, ohne dadurch gleich die insgesamt vielversprechende Entwicklung dieses Technologiefeldes zu beeinträchtigen (Vollmer et al. 2018).

Wie sehr Kinder beeinflussbar sind, zeigt ein Experiment der University of Washington: Untersucht wurde, welche Art von Beziehungen Kinder mit sozialen Robotern aufbauen und wie sie reagieren, wenn ihr Roboter-Freund allein in eine dunkle Kammer gesperrt wird. In den Versuchsgruppen waren insgesamt 90 Kinder im Alter von neun, zwölf und 15 Jahren. Der Versuchsroboter, ‚Robovie‘, hatte humanoide Züge und wurde ferngesteuert, um ihm ein fortgeschrittenes und gleichzeitig glaubwürdiges Maß an Autonomie und Interaktivität zu geben. Im Versuchsablauf waren die Kinder jeweils mit Robovie und einigen Forscher/-innen für 15 Minuten in einer strukturierten Kennenlern-Situation, in der sie dem Roboter vorgestellt wurden und in denen Robovie sie dann zu einem Aquarium führte und mit den Kindern über Fische, Korallen usw. sprach. In diesem Abschnitt des Experiments sollte eine Verbindung zu den Kindern hergestellt werden. Danach spielte der Roboter ‚Ich sehe ʾwas, was Du nicht siehst‘ mit den Kindern und fragte sie am

Ende nach einer Umarmung. In der nächsten Runde waren die Rollen getauscht und Robovie musste Objekte raten und bekam Tipps von den Kindern. Dabei wurde das Spiel mittendrin durch das Versuchsteam unterbrochen, das plötzlich in den Raum kam und Robovie in einen Schrank sperrte. Der Roboter bat, die Runde zu Ende spielen zu dürfen, doch er musste sofort in den Schrank. Schließlich flehte Robovie, nicht in den Schrank zu müssen, weil er dort ganz alleine im Dunklen sei, doch er wurde eingesperrt. Danach wurden die Kinder ca. 50 Minuten befragt, um herauszufinden, inwiefern, die Kinder den Roboter als eine Person oder ein Ding wahrnehmen.

Die Ergebnisse waren eindeutig: 80 % der Kinder waren der Meinung, Robovie sei intelligent und 60 % glaubten, dass Robovie Gefühle habe. Gleichzeitig glaubten aber auch über 80 %, dass es in Ordnung sei, Robovie zu besitzen und zu verkaufen. Nur 54 % der Kinder in dem Experiment fanden es nicht in Ordnung, Robovie in den Schrank zu stellen, obwohl sie fast zu 90 % die Ansicht des Roboters teilten, dass es nicht fair sei, ihn einzusperren und ihm nicht zu erlauben, das angefangene Spiel zu Ende zu spielen. Mit zunehmendem Alter sank der Prozentsatz der Kinder, die Robovie Gefühle zusprachen. Bei den Neunjährigen waren es noch 67 %, bei den 15-jährigen immerhin noch 43 % der Befragten, die glaubten, die Maschine habe Gefühle. Die Wissenschaftler/-innen folgerten, dass die Kinder eine substanzielle Beziehung zu dem humanoiden Roboter aufgebaut hatten, es blieb jedoch unklar, ob der Roboter als Werkzeug oder als Lebewesen behandelt werden sollte und wenn nicht als Mensch, dann zumindest als Tier? Bürgerliche Rechte oder Freiheiten besaß Robovie in den Augen der Kinder nicht. Er konnte ihrer Meinung nach wie ein Sklave gekauft und verkauft werden und war somit Besitz von anderen. Er sollte auch kein Stimmrecht haben oder Recht auf Bezahlung seiner Arbeit. Weniger klar waren die Kinder in der Zuordnung, ob der Roboter ein Lebewesen sei. Immerhin 38 % wollten sich nicht festlegen und sprachen auf unterschiedliche Weise darüber, dass Robovie ‚zwischen' lebendig und nicht lebendig sei und eben einfach nicht eindeutig zu einer der beiden Kategorien passte.

Sind solche sozialen Roboter neue ontologische Wesen mit einzigartigen Eigenschaften? Wenn sich diese Frage jetzt schon, angesichts der derzeit verfügbaren, noch sehr primitiven sozialen Roboter stellt, welche Fragen werden dann erst fortgeschrittene Modelle der Zukunft aufwerfen? Die Antworten sind spekulativ, aber vielleicht wird es eine technologische Lebendigkeit geben, die durch bestimmte Merkmale gekennzeichnet ist. Dazu könnten Eigenschaften oder Fähigkeiten zählen, wie:

- Autonomie
- Selbstorganisation
- Selbstreflexion
- Fähigkeit, auf zufällige Reize zu reagieren
- Fähigkeit, Verhalten zu ändern und neues Verhalten zu erlernen
- in körperlicher Geste und Sprache kommunizieren
- soziales Verhalten und soziale Sprache (Kahn et al. 2012).

Das Kinder- und Jugendmagazin ‚Geolino' macht es sich einfacher und titelt in seiner Online-Ausgabe „Roboter – Lebewesen aus Stahl" (Szymanski o. J.). Der entsprechende Artikel endet mit dem Hinweis, dass Roboter nicht denken könnten. Übrig bleiben also Roboter als Lebewesen, die nicht denken können? Da wird sich jedes Kind seinen eigenen Reim darauf machen, und zwar unbewusst.

In Japan gibt es viele Roboter bereits im Alltag, die im Rest der Welt eher Labor-Charakter haben. Aufgrund des Bevölkerungsrückgangs gibt es z. B. schon seit Jahren Versuche, der steigenden Anzahl kinderloser Paare zur Ermutigung, selber Kinder zu bekommen, Roboter-Babys anzubieten (de Freytas-Tamura 2010). Die Gestaltungsansätze sind unterschiedlich und reichen von Robotern, die das Verhalten eines Säuglings nachahmen, bis hin zu relativ naturgetreu gestalteten Robotern. Der ‚Kirobo Mini' von Toyota ist ein Apfelsinen-großer Roboter, der babyähnliche Verhaltensweisen zeigt. Er bewegt sich instabil und kann Gesichter erkennen und reagiert auf bekannte Gesichter mit hohen Tönen. Das Verhalten soll eine emotionale Reaktion beim Menschen hervorrufen. Ein komplizierterer, bereits über 10 Jahre auf dem Markt befindlicher Ansatz ist der Baby-Robotersimulator ‚Yotaro', der emotionale Mimik auf eine gesichtsförmige Silikonoberfläche projiziert. Das Gerät reagiert auf Berührung und simuliert Stimmungen und Schnupfen durch eine eingebaute laufende Nase. Pädagogische Experimente mit Roboterbabys und Teenagern in den USA und Australien zeigten, dass die Roboter tatsächlich zu einer Zunahme von Schwangerschaften führten. Andere Roboter sollten Paare auf die längerfristigen Bedürfnisse eines heranwachsenden Kindes vorbereiten und simulierten neun Monate oder zwei Jahre alte Kleinkinder. Durchweg kann beobachtet werden, dass sich potenzielle emotionale Probleme für die ‚Eltern' solcher Roboterbabys ergeben. Verstärkt dadurch, dass die sozialen Roboter menschliches Aussehen haben oder menschliches Verhalten darstellen, entwickeln Menschen z. T. ein hohes Maß an Bindung an die Maschinen. Die hier auftauchenden ethischen Fragen gehen u. a. in die Richtung, welche Art von Verwendung eines Roboters akzeptabel sei und ob sich die Maschine selber ‚ethisch verhalte'. Im Fall der Roboterbabys stellen sich in diesem Zusammenhang Fragen wie beispielsweise, ob die Eltern die Funktionen ihres Roboters auswählen dürfen oder ob sie bei der Rückgabe ihres Roboterbabys beraten werden sollten und ob dasselbe Baby wieder in der gleichen Form bei anderen Paaren verwendet werden sollte? (Anderson 2016).

Es verändern sich offensichtlich nicht nur die Formen und Fähigkeiten von Robotern, sondern in Konsequenz auch ihre Einsatzzwecke und das Verhältnis, das zu ihnen entsteht. Unabhängig von der Haltung zu der Frage, ob Roboter nun eine im ontologischen Sinne neue Daseinsform darstellen oder nicht, kommen sich Mensch und Maschine auf vielen Ebenen näher. Intelligente Roboter stellen dabei offenbar eine besondere psychologische Herausforderung dar. Schon das Design der Roboter, die in Alltagssituationen eingesetzt werden, ist entscheidend für ihren Erfolg. Humanoide, also der Gestalt von Menschen nachempfundene, Roboter werden besser angenommen, denn ihre Gestalt ist vertraut. Wir gehen davon aus, dass sich solche Gestalten wie Menschen bewegen und denken deswegen, wir könnten das Verhalten humanoider Roboter besser vorhersagen. Zudem ist es sinnvoll, Maschinen, die im direkten Arbeits- und Lebensumfeld von Menschen vielseitige Aufgaben erfüllen sollen, menschenähnlich zu gestalten, denn unsere Welt ist ganz selbstverständlich menschenzentriert konstruiert. Die humanoide Form ist deswegen meistens die beste Körpermorphologie, um vielseitige Aufgaben in dieser Umgebung auszuführen. Trotzdem ist zu viel Ähnlichkeit auch ein Risiko, denn sobald die Eindeutigkeit der visuellen Zuordnung der Kategorien Mensch oder Maschine verloren geht, entsteht fast augenblicklich Reaktanz, eine innere Abwehrreaktion beim Menschen. Roboter, die Menschen sehr lebensecht nachgeahmt sind, werden oft Androiden genannt. Neben der Gestalt verfügen sie über weitere äußere Merkmale, die auch Menschen haben, wie z. B. eine hautähnliche Oberfläche, menschliche Gesichtszüge bis hin zu detaillierten Nachbildungen von Augen, Lippen sowie Mimik und Gestik. Bei aller Perfektion gelingt es trotzdem fast nie, eine wirklich täuschend echte Nachbildung zu erzeugen. Winzige Details in Farbe, Textur und vor allem Bewegungen, seien es auch nur die Lippen beim Sprechen, verraten die Kopie und erzeugen ein unbehagliches Gefühl beim Menschen. Im Englischen ist hier die Rede vom sogenannten *Uncanny Valley*. Der Begriff stammt von dem japanischen Robotik-Experten Masahiro Mori. Er schrieb 1970 einen Artikel, in dem er die Erfahrung schildert, dass die Affinität zu Robotern und menschenähnlich geformten Maschinen ansteige, bis sie in ein Tal stürze, das er das unheimliche Tal nennt: „I have noticed that, in climbing toward the goal of making robots appear human, our affinity for them increases until we come to a valley, which I call the uncanny valley." Am Beispiel einer künstlichen Hand führt er weiter aus:

> *„One might say that the prosthetic hand has achieved a degree of resemblance to the human form, perhaps on a par with false teeth. However, when we realize the hand, which at first site looked real, is in fact artificial, we experience an eerie sensation. For example, we could be startled during a handshake by its limp boneless grip together with its texture and coldness. When this happens, we lose our sense of affinity, and the hand becomes uncanny."*

Das Unheimliche, das Mori beschreibt und in dessen Wahrnehmung sich die meisten Menschen wiedererkennen, entsteht durch den Kontrast zwischen belebter Bewegung mit unbelebter Erscheinung. Das Beispiel der Hand beschreibt es: Eine realistische, menschlich aussehende Hand, mit kaltem, knochenlos-schlaffen Griff. Moris Beispiele offenbaren solche Wahrnehmungsinkongruenzen und lösen Unheimlichkeit aus (MacDorman 2019). Dieser Aspekt wird in der Popkultur in Filmen und Serien genutzt, ist aber auch bei vielen Androiden sichtbar, die inzwischen produziert werden. Die Geminoids von Prof. Ishiguro zeigen ebenfalls Merkmale des *Uncanny Valley*, während die Softbank Robotics-Produkte wie Pepper und Nao außer der humanoiden Gestalt keinerlei Ähnlichkeit oder gar Verwechslungsgefahr mit lebenden Menschen darstellen. Das macht es einfacher, sie eindeutig zuzuordnen und gibt ihrer Gestalt einen passenden Kontext zu ihren Fähigkeiten und Aufgaben. In den kommenden Jahren werden viele humanoide und sicher auch androide Roboter auf den Markt kommen. Auch abseits der industriellen Anwendungen haben Roboter die Forschungslabore verlassen. Sie kommen zunehmend in Privathaushalten vor und werden mittel- und langfristig überall anzutreffen sein. Deswegen sind regulatorische Rahmenbedingungen für den Roboter-Einsatz ein wichtiges Thema. Abhängig davon, wie die Maschinen in Zukunft verwendet werden sollen, ist zu klären, ob die bestehende Produkthaftung ausreicht, ob das Regelwerk angepasst werden muss oder ob es sogar notwendig wird, besondere Robotergesetze zu erlassen. So lange es um staubsaugende oder fensterputzende Geräte geht, besteht wenig Handlungsbedarf. Anders sieht es aus, wenn Roboter Verträge abschließen, autonom oder teilautonom Handlungen begehen oder auch wenn sie menschliche Gefühle simulieren und in ethisch relevanter Weise mit Menschen interagieren. Letzteres kann im pflegerischen, psychosozialen und seelsorgerischen Kontext der Fall sein.

Trotz dieser schon jahrelangen Entwicklungen ist die Robotik in der Öffentlichkeit wenig bekannt und wird eher mit den gängigen Science-Fiction und Medienbildern assoziiert. Dabei tauchen immer wieder die ‚Drei Gesetze der Robotik' auf, die von dem amerikanischen Schriftsteller Isaac Asimov 1942 in einer Kurzgeschichte formuliert wurden (Asimov 1950):

1. Ein Roboter darf kein menschliches Wesen (wissentlich) verletzen oder durch Untätigkeit (wissentlich) zulassen, dass einem menschlichen Wesen Schaden zugefügt wird.
2. Ein Roboter muss den ihm von einem Menschen gegebenen Befehlen gehorchen – es sei denn, ein solcher Befehl würde gegen das erste Gesetz verstoßen.
3. Ein Roboter muss seine Existenz beschützen, solange dieser Schutz nicht gegen Gesetz eins oder zwei verstößt. (S. 40).

Asimovs Geschichten zählen zur sogenannten *hard* Science-Fiction, deren Autor/-innen sehr um wissenschaftliche korrekte Darstellung der Inhalte bemüht sind. Das heißt nicht, seine Robotergesetze seien wissenschaftlich fundiert und deswegen allgemein anwendbar. Asimov hat die Gesetze in seinen Robotergeschichten immer wieder verwendet, um innere Konflikte und Dilemmata bei ihrer Anwendung aufzuzeigen. So kann ein Kampfroboter, der zu Tötungszwecken konstruiert wird, kaum diesen Gesetzen entsprechen, aber auch weniger extreme Beispiele führen zu Schwierigkeiten: Befehle sind unter Umständen nicht klar interpretierbar. Es ist oft schwer genug, Anweisungen von anderen zu verstehen. Wie soll ein Roboter immer garantiert richtig interpretieren? Wie soll ein Roboter wissen und in jedem Fall richtig erkennen, ob und in welcher Weise ein Mensch Schaden erleidet? Was gilt als Schaden? Sind psychische Verletzungen in dieser Definition enthalten? Letztlich – und darin liegt das Hauptargument gegen Asimovs drei Gesetze der Robotik – basieren sie auf der Grundannahme, dass sich Roboter verhalten als wären sie Menschen. Da jedoch Menschen die Roboter bauen müssen sie die eigentlichen Subjekte von Gesetzen sein. Regeln für Roboter sind also Regeln für diejenigen, die Roboter entwerfen, bauen, verkaufen und einsetzen. Seit Roboter ein Wirtschaftsgut im produzierenden Gewerbe geworden sind, gibt es viele solcher Regelwerke. Der Vorschlag des britischen ‚Engineering and Physical Sciences Research Council' ist pragmatisch gefasst. Fünf ‚Prinzipien' nebst Interpretation stellen ein Gerüst dar, das zusammen mit weiteren Gesetzen für einzelne Anwendungsbereiche eine Basis für Robotereinsätze darstellen kann. Die Prinzipien lauten:

1. Roboter sollten nicht als Waffen gebaut werden, außer aus Gründen der nationalen Sicherheit.

Dieses Prinzip mit seiner sehr angelsächsisch klingenden Ausnahmeregel, die es beinahe komplett überflüssig erscheinen lässt, trägt die aus medienwissenschaftlicher Sicht etwas überkommene Haltung, dass Werkzeuge neutral seien und so eben auch Roboter. Mit einem Messer können Brote geschmiert und Menschen erstochen werden, trotzdem sind Messer erlaubt. Ebenso kann auch ein Roboter für Verbrechen missbraucht werden. Explizit zum Töten oder zum Angriff konstruierte Roboter sollte es jedoch nicht geben. Der Forschungsrat sieht dies als eine wichtige Voraussetzung dafür, Roboter in der Gesellschaft als ‚sicher' zu akzeptieren und wahrzunehmen. Bestimmt würden sich Menschen grundsätzlich mit allen Arten von Robotern sicherer fühlen, wenn es ein solches Verbot gäbe. Angesichts der Einschränkung zur „nationalen Sicherheit" muss gleichzeitig davon ausgegangen werden, dass es Roboter gibt, die zur Kriegsführung und zu paramilitärischen Zwecken genutzt werden.

2. Roboter sollen in Übereinstimmung mit bestehendem Recht inklusive Datenschutz designed und eingesetzt werden.

Es ist bemerkenswert, dass so ein Prinzip überhaupt formuliert werden muss. Der Forschungsrat spiegelt hier jedoch nur die Erfahrungen, dass vieles, was technisch möglich ist, nicht gesellschaftlich wünschenswert sein muss. Das Prinzip drückt aus, dass die Programmierung von Robotern, deren Verhalten in Übereinstimmung mit geltenden Schutz- und Menschenrechten gewährleistet ist, die Zusammenarbeit verschiedener Disziplinen erfordert. Datenschutz ist dabei besonders sensibel, denn Roboter sammeln ggf. persönliche Daten, z. B. beim Einsatz in der Pflege. Manche Daten müssen an das medizinische Personal und die Krankenkassen übermittelt werden. Dann muss z. B. sichergestellt werden, dass personenbezogene Daten nur verschlüsselt versendet und sicher gespeichert und zeitnah wieder zuverlässig gelöscht werden können. Pflegeroboter müssten auch so konstruiert sein, dass die Nutzer/-innen das Recht auf ihre eigene Freizügigkeit und Unversehrtheit nicht verlieren und Behandlungen auch ablehnen oder abbrechen können. Die Konstrukteur/-innen tragen Verantwortung für den rechtmäßigen Einsatz ihrer Roboter und müssen design- und bauseitig soweit wie möglich garantieren, dass die Maschinen sich gesetzeskonform verhalten. Damit die Anwender/-innen die Roboter nicht dazu bringen, Dinge zu tun, die die Hersteller nicht voraussehen konnten, müssen die Hersteller sie ggf. in Bezug auf den Robotereinsatz beraten. Sollte trotzdem ein Roboter Gesetze brechen, so steht immer ein Mensch in der vollen juristischen und moralischen Verantwortung, nicht die Maschine.

3. Roboter sind Produkte: Wie alle anderen Produkte auch, müssen sie sicher konstruiert sein.

Mit diesem Prinzip soll sichergestellt werden, dass Roboter so konstruiert sind, dass sie selbst gesichert und geschützt sind, aber vor allem soll erreicht werden, dass sie sicher für die Menschen in ihrer Umgebung sind. Etablierte Konzepte wie Produkthaftung müssen auch für Roboter Pflicht werden, um sicher zu gehen, dass höchste Sicherheitsstandards für die Produktion von Robotern gelten. Es würde auch der Industrie die notwendige Sicherheit geben, was bei einer Produkteinführung zu beachten sei. Der Forschungsrat sieht hier noch eine offene Debatte darüber, inwieweit die Besitzer/-innen von Robotern ihre Maschinen vor der Anwendung von Gewalt, wie z. B. Diebstahl oder Hacking-Versuchen, schützen dürfen. Die Maschinen sollten zwar nicht bewaffnet sein, doch sie könnten sich evtl. durch Elektroschocks selbst verteidigen.

4. Roboter sind hergestellte Gegenstände. Sie sollten keine Illusion von Emotionen oder Intentionen zeigen, mit denen leichtgläubige Menschen ausgenutzt werden könnten.

Roboterspielzeug kann für Menschen, die aus Zeit- oder Geldmangel, aufgrund ihrer physischen Kräfte oder ihrer häuslichen Gegebenheiten keine Haustiere halten können, trotzdem Freude, Bequemlichkeit und Gesellschaft bedeuten. In einer solchen Bindung könnte der Hersteller der Maschine unter dem Vorwand, der Roboter habe bestimmte Bedürfnisse oder Wünsche, zusätzliche Kosten von den Besitzer/-innen verlangen. Letztere müssen jederzeit die Möglichkeit haben, zu erkennen, um welche Art von Maschine es sich handele und zu welchem konkreten Zweck sie gebaut wurde. Dieses Prinzip zu formulieren fiel den Mitgliedern des Forschungsrats am schwersten und es blieben Fragen offen wie z. B., ob ein Roboter einen sichtbaren Barcode tragen solle, über den man ihn identifizieren könne oder ob Roboterbesitzer jederzeit in einer Datenbank die genaue Funktionsweise der Maschine nachsehen können sollten?

5. Es soll möglich sein, für jeden Roboter die jeweils verantwortliche Person herauszufinden.

Kein Roboter, so das Prinzip, ist jemals juristisch für irgendetwas verantwortlich. Der Roboter ist ein Werkzeug und wenn es eine Fehlfunktion hat oder Schaden verursacht, so ist ein Mensch dafür verantwortlich. Diese verantwortliche Person zu finden, könnte jedoch schwierig sein. So, wie die Halter von Fahrzeugen registriert seien, sei deshalb ein Register für Roboter angemessen. Es gehe oft nicht nur darum, eine Maschine, die Schaden verursache, zu stoppen, sondern die geschädigte Seite würde ggf. auch finanzielle Ersatzansprüche gegen eine verantwortliche Person geltend machen wollen. Unabhängig davon, wie diese Aufgabe gelöst werde, bliebe wichtig, dass die Haftung zwischen Hersteller und Nutzer/-innen je nach Schadensursache geteilt oder übertragen werden könne. (EPSRC o. J.).

Gemessen an der vorhandenen Roboterdichte im Alltag erscheinen diese Prinzipien trotz ihrer Pragmatik exotisch. Es gibt jedoch schon viel weitergehende Gedanken zum allgemeinen Roboter-Einsatz. In Kap. 2 ging es bereits um die Debatte der Europäischen Union über den Rechtsstatus elektronischer Personen. Zugrundeliegend ist eine Anfrage des Europäischen Parlaments an die Kommission bezüglich der zu erwartenden Herausforderungen durch KI. Dabei ging es auch um Roboter und die Frage, ob, langfristig betrachtet, sehr fortgeschrittene autonome Roboter den Status einer ‚elektronischen Person' innehaben sollten. So könnten sie ggf. durch sie entstandenen Schaden wiedergutmachen und könnten überall dort, wo sie mit Dritten unabhängig agieren und autonome Entscheidungen treffen, als elektronische Persönlichkeiten anerkannt werden.

Die Anerkennung einer Maschine als juristische Person ist ein weitreichender Schritt und mit entsprechenden Rechten und Pflichten verbunden. Juristische Personen existieren bisher fast ausschließlich als natürliche Personen oder als Unternehmen. Sie sind fähig, ihre eigenen Rechte zu kennen und auszuüben. Ebenso unterliegen sie gesetzlichen Verpflichtungen und können für Rechtsverletzungen zur Rechenschaft gezogen und sanktioniert werden. Gabriel Hallevy, Professor für Strafrecht am israelischen Ono College, vertritt die Ansicht, dass KI-gesteuerte Roboter Straftaten begehen können und dafür, analog zu Firmen, rechtlich sanktioniert werden sollten. Voraussetzung sei eine Ausstattung des Roboters mit besonderen Fähigkeiten. Hallevy bleibt hier diffus in Bezug auf etwas, das er *mental elements* nennt. Das seien Attribute wie Kreativität, Wissen und Intention, die für das Begehen einer Straftat notwendig seien. Der Begriff Bewusstsein taucht dabei nicht auf. Um Hallevys Gedanken nachzuvollziehen ist sein Verständnis des Begriffs ‚Wissen' von Bedeutung:

> „Knowledge is defined as sensory reception of factual data and the understanding of that data. Most AI systems are well equipped for such reception. Sensory receptors of sights, voices, physical contact, touch, etc., are not rare in most AI systems. These receptors transfer the factual data received to central processing units that analyze the data. The process of analysis in AI systems parallels that of human understanding. The human brain understands the data received by eyes, ears, hands, etc., by analyzing that data. Advanced AI algorithms are trying to imitate human cognitive processes. These processes are not so different." (2018, S. 24)

Nach allem bisher Dargestelltem erscheint die These, dass sich die Imitation menschlicher Erkenntnisprozesse durch fortschrittliche Algorithmen nicht so sehr von der tatsächlichen menschlichen Erkenntnis unterscheiden würde, gewagt. Ebenso ist die Gleichstellung menschlichen und maschinellen Verstehens zweifelhaft. Konsequent denkt Hallevy sogar weiter, dass es eine interessante juristische Frage sei, ob eine KI mit Fehlfunktion in einem Strafprozess auf Unzurechnungsfähigkeit plädieren könne. (Ebd. S. 29.). In Zukunft wird es noch viele kritische Analysen der Fähigkeiten von weiter entwickelten Robotern geben. Heute reichen weder industrielle noch soziale Roboter annähernd an die universalen Fähigkeiten und Persönlichkeitsattribute von Menschen heran. Bis zur Entwicklung wirklich bewusster und autonom agierender Roboter oder zumindest von Maschinen, deren Verhalten nicht von solchen unterscheidbar ist, bleibt der wahrscheinlich häufigste Anwendungsfall strafrechtlicher Überlegungen die sogenannte mittelbare Täterschaft. In diesem Konstrukt gibt es eine Täterperson, die im Hintergrund beherrschend agiert und sich einer anderen Person oder Sache bedient, die die eigentliche Straftat ausführt. Diese ist Tatmittler bzw. das Tatwerkzeug und als solches meistens durch einen Defekt im Sinne einer Unterlegenheit gegenüber der Täterperson gekennzeichnet. Ein Defekt ist z. B. eine geistige Behinderung oder das Nicht-Verstehen einer Sprache oder auch, wenn ein Kind benutzt wird, um eine Straftat zu begehen, dessen geistige Entwicklung es noch nicht erlaubt, die Tat und ihre Folgen korrekt einzuschätzen. KI als Tatwerkzeug verweist demnach auf einen Menschen im Hintergrund, z. B. die Person, die das System programmiert hat oder jemanden der/die ggf. einen Befehl erteilt hat, der zur illegalen Handlung führte. Im ersten Fall könnte z. B. eine Produktionsmaschine so programmiert worden sein, dass sie in einer Fabrik Teile falsch einbaut, Schrauben nicht festzieht o. ä.. Im zweiten Fall könnte ein Roboter so gelenkt werden, dass er andere Personen verletzt oder fremdes Eigentum beschädigt. In beiden Fällen ist der Roboter die ausführende Einheit, die Täterschaft liegt aber im Hintergrund. Ein Roboter ist hier das Tatwerkzeug, wie z. B. ein Hammer, mit dem bei einem Einbruch eine Scheibe eingeschlagen wird. In diesem Fall hätte auch der Hammer keine strafrechtliche Verantwortung. In der Rechtsprechung ist die Betrachtung differenzierter und es gibt viele Variationen dieser Situation. Es kann z. B. argumentiert werden, dass Roboter oder auch Kinder, die als Tatmittler zu Tatwerkzeugen werden, eine deutlich komplexere Aufgabe als Tat erledigen können als ein Hammer oder ein Brecheisen bei einem Einbruch. Das ändert jedoch nichts an der grundsätzlichen Einordnung.

Um mehr als ein bloßes Tatwerkzeug zu sein, müsste ein Roboter seine Handlungen als Ausdruck eigenen Willens begreifen, doch wie soll ein Objekt, dass keine eigenen Intentionen, keine Wünsche und Sehnsüchte und auch keine daraus erwachsenden Interessen hat, einen solchen Willen entwickeln? Aus juristischer Sicht besteht weltweit die Auffassung, dass Schäden, die durch unbeaufsichtigte Roboter entstehen, wenn z. B. kein Mensch in der Nähe ist, Themen der Produkthaftung sind. Roboter werden entsprechend klar als Produkte bzw. Werkzeuge behandelt. Hallevy, der sich für die strafrechtliche Haftung von Robotern ausspricht, argumentiert, sie könnten auf Basis ihrer menschenähnlichen Eigenschaften auch wie Menschen bestraft werden. Basis sei, dass ein Roboter für eine Straftat angeklagt wurde, ein Prozess und eine Verurteilung stattfand. In der Festlegung des Strafmaßes habe das Gericht dann anhand bestehender Strafmaße für Menschen abzuwägen, welches der gewünschten Konsequenz für den Roboter am nächsten käme:

„The punishment adjustment considerations examine the theoretical foundations of any applied punishment. These considerations are applied in a similar manner and are comprised of three stages. Each stage may be explained by a question, as described below: (1) What is the fundamental significance of the specific punishment for a human? (2) How does that punishment affect AI robots? (3) What practical punishments may achieve the same significance when imposed on AI robots? The most significant advantage of these punishment adjustment considerations is that the significance of the specific punishment remains identical when imposed on humans and AI robots." (Ebd. S. 35)

Die Fragen seien also: 1. Was bedeute ein bestimmtes Strafmaß für einen Menschen? 2. Wie würde sich eine solche Strafe auf einen Roboter auswirken und 3. Welche konkrete Bestrafung des Roboters würde der Bedeutung für einen Menschen am ehesten entsprechen? Zu den möglichen Strafen gehören analog zu Menschen die Todesstrafe, Gefängnis, Bewährungsstrafen, Soziale Dienste und Geldstrafen. Die Todesstrafe als härtestes Mittel, so Hallevy entspräche bei einem Roboter der Löschung seiner Software (Ebd. S. 37). Angesichts der Serialität und Skalierbarkeit von Software, die unendlich ununterscheidbar kopiert werden kann, ist der Vergleich einer Löschung einer Software-Version oder vielleicht sogar einer ganzen Release-Generation – sofern dies überhaupt nachvollziehbar möglich ist – nicht mit dem unwiderruflichen Tod eines Menschen vergleichbar. Die anscheinende Gleichsetzung von Maschinen und Lebewesen erscheint absurd und macht ratlos.

Prof. S M Solaiman von der Law School der University of Wollongong widerspricht Hallevys Ausführungen. Unabhängig von der streitigen Vergleichbarkeit menschlicher und maschineller Persönlichkeitsmerkmale führe auch der Vergleich von Robotern mit Firmen in Bezug auf ihre Rechtspersönlichkeit nicht weiter. Auch Unternehmen setzen sich in allen Rechtssystemen aus Menschen zusammen. Unternehmen als Rechtspersonen sind nur durch ihre menschliche Vertretung handlungsfähig. ‚Person' ist mit ‚Persönlichkeit' verknüpft. Gegenüber Unternehmen, die ihre Persönlichkeit durch Menschen erlangen, haben Tiere eigene Persönlichkeiten. Trotzdem werden sie in der Rechtsprechung nicht als Rechtspersonen anerkannt, da sie keine dauerhaften Rechtspflichten erfüllen können. Tiere und Roboter würden als Eigentum betrachtet und seien somit ‚Rechtsgegenstände' und keine ‚Subjekte'. Bestrafungen von Unternehmen und Robotern seien effektiv immer die Bestrafung der hinter ihnen stehenden Menschen (Solaiman 2017, S. 36). Sie sind juristisch für die Handlungen eines Roboters verantwortlich. Obwohl Roboter zweifelsfrei von Menschen gebaute Maschinen sind, wie auch Waschmaschinen oder Klimaanlagen, existieren diese anthropomorphisierenden Überlegungen besonderer gesetzlicher Regelungen für diese besondere Art von Maschinen.

KI-Systeme und Roboter werden unter Aufbietung der Erkenntnisse aller Wissensgebiete so menschenähnlich wie möglich konstruiert. Je ähnlicher uns eine Sache oder Person ist, desto mehr gewähren wir Augenhöhe in der persönlichen Interaktion. Roboter, die in ihrer Bau- und Funktionsweise entsprechend sehr menschenähnlich sind, werden offensichtlich auch wie Menschen behandelt. Sophia von Hanson Robotics und Erica aus den Ishiguro Labs sind extrem menschenähnliche Roboter, die trotz ihrer offensichtlichen Unzulänglichkeiten und eindeutig maschinellen Eigenschaften in vielen Aspekten die Grenzen der Wahrnehmung und Differenzierung zum Menschen verwischen. Sie sind bewusste Wesen inszeniert. Erica ist eines der am stärksten staatlich geförderten Projekte in Japan. Sie hat eine eigene Legende über ihre Person inklusive erdachter Interessen, Wünsche, Hoffnungen und Träume sowie eines imaginären Alters: Sie wird als 23-jährige beschrieben, die gerne Südostasien bereisen würde. Ihr Traummann sei einer, mit dem sie sich gut unterhalten könne. Die Texte folgen einem vorgefertigten Skript, doch der Auftritt der Maschine beeindruckt. Ishiguro geht es um nicht weniger als um die Neudefinition dessen, was es bedeute, menschlich zu sein. So gilt Erica ebenso wie als technologisches, auch als philosophisches Vorhaben. Ishiguro: „Robots are a mirror for better understanding ourselves. We see humanlike qualities in robots and start to think about the true nature of the human heart, about desire, consciousness and intention." (McCurry 2015).

Eines seiner Ziele sei, menschliches Verhalten besser zu verstehen und herauszufinden, wie Menschen in der Zukunft enge Beziehungen zu Robotern knüpfen könnten. Erica, so Ishiguro, sei der schönste und intelligenteste Androide der Welt. Weibliche Androiden werden manchmal auch als Gynoide bezeichnet, wobei die geschlechtsspezifische Differenzierung immer nur den Phänotypen beschreibt und über das Neutrum der Maschine hinwegtäuscht. Ericas Gesichtsmaske entspricht einem Mix aus 30 Frauengesichtern, bei denen für jedes Merkmal der Durchschnittswert gewählt wurde, um potenziell allen zu gefallen. Die Roboter sollen zukünftig in der Lage sein, die Intentionen und Wünsche ihrer menschlichen Gegenüber zu lesen und entsprechend passend darauf reagieren können. Prof. Ishiguro: „It means, that one day, humans and robots will be able to love each other." (Ebd.). In den vergangenen Jahren haben die Japaner eine bemerkenswerte Akzeptanz gegenüber Robotern im sozialen Umfeld gezeigt, die Ishiguro teilweise mit dem in Japan verbreiteten Shintoismus in Verbindung bringt. Shintoismus basiert auf der Idee, dass alle Dinge beseelt sein bzw. Geister in ihnen leben können. Derart könne auch anorganische Materie wie z. B. Roboter eine Art von Bewusstsein haben und verdiene entsprechenden Respekt. Aus dieser Perspektive ist eine Beziehung zwischen Menschen und humanoiden Robotern oder Haustier-Robotern nicht ungewöhnlich. Die Projekte von Ishiguro drehen sich immer um die Interaktion mit Robotern, die visuell, haptisch oder auch verbal die psychologischen Besonderheiten der Mensch-Maschine Beziehung manipulieren (Ishiguro Lab o. J.).

Zurückkehrend zu der Frage nach der europäischen Regelung in Bezug auf intelligente Roboter gibt es eine differenzierte Betrachtung und Empfehlung von Bryson, Grant und Diamantis, die sich explizit mit den „Empfehlungen des Europäischen Parlaments an die Kommission zu zivilrechtlichen Regelungen im Bereich Robotik" vom 27. Januar 2017 (Europäisches Parlament 2017b), wie auch mit der darauf folgenden Entschließung des Parlaments vom 16. Februar 2017 (Europäisches Parlament 2017a) auseinandergesetzt haben. Aus ihrer Sicht erzeuge schon die Verwendung des Begriffes einer ‚elektronischen Person' bzw. einer ‚elektronischen Persönlichkeit' als langfristig zu schaffendem „speziellen rechtlichen Status für Roboter" eine deutlich höhere Einordnung der Idee als je zuvor (Ebd., Ziffer 59f.). Auch wenn hier „zumindest die ausgeklügeltsten autonomen Roboter" gemeint seien, so ergeben sich doch in der Anwendung erhebliche Bedenken (Ebd.). Roboter als juristische Personen hätten demzufolge eine Reihe von Rechten gegenüber Menschen, während unklar sei, wie reziproke Ansprüche gegenüber Robotern durchgesetzt werden sollten (Bryson et al. 2017).

Eine Anerkennung von Robotern als juristische Personen und ihre Einlassung in alltägliche Rechtsgeschäfte mit anderen juristischen Personen würde über kurz oder lang zu Konfliktsituationen führen. In diesen Konflikten würden die Rechte der Roboter mit denen von Menschen oder auch

Unternehmen kollidieren. Rechte gegenüber Robotern wären wertlos, wenn sie von den Robotern nicht akzeptiert würden und rechtliche Verpflichtungen von Robotern wiederum sind sinnlos, wenn es keinen Weg gibt, Roboter zur Verantwortung zu ziehen. In solchen Fällen sei damit zu rechnen, dass die Rechtslage und der Status der elektronischen Persönlichkeit von Menschen für ihre egoistischen Motive, z. B. als ‚Haftungsschild.' genutzt würde.

„We take the main case of the abuse: natural persons using an artificial person to shield themselves from the consequences of their conduct = "liability management" opportunities. Without some way around that shield, we would surely see robots designed to carry out activities that carry high legal risk for human or corporate legal persons. Though this might benefit the humans behind the robots, it would come at the expense of human legal interests more generally." (Ebd.)

Aus solchen gesetzlichen Möglichkeiten würde über kurz oder lang ein Wirtschaftszweig erwachsen, der Haftungsrisiken auf elektronische Personen abwälzt, zumal die Ausnutzung von Gesetzeslücken zum individuellen Vorteil gesellschaftlich akzeptiert ist und zum Teil sogar Anerkennung genießt. Die Wahrscheinlichkeit, dass autonome Roboter in Handlungen geraten, die die Rechte anderer betreffen, ist hoch. Ein einfaches Beispiel: Ein Logistikroboter, der etwas ausliefert, beschädigt ein parkendes Auto oder eine Haustür. Ist der Roboter eine juristische Person, stellt sich die Frage, ob und wie genau die Maschine zur Rechenschaft gezogen werden kann, ob sie zahlungsfähig oder auf andere Weise zu Kompensation fähig ist. Handelt die Maschine auch wirtschaftlich selbständig? Ist sie bei einem Lieferdienst angestellt oder eher Teil des Anlagevermögens im Fuhrpark? Würde ein Roboter sich im Prozessfall entsprechend einen eigenen Anwalt nehmen? Wie würde der Anwalt bezahlt? Verfügen autonome Roboter über eigenes Einkommen und Vermögen, ähnlich wie Unternehmen, die ebenfalls juristische Personen sein können? Ein solcher Rechtsstatus, wie er hier in der EU explizit gedacht wird, erfordert Klarheit in diesen Bereichen, die von der Entscheidung unmittelbar berührt werden und das sind nur kleine Ausschnitte denkbarer Themen, die die Gesellschaft und die rechtlichen Organe beschäftigen werden. Im vorliegenden Status bieten Roboter bzw. elektronische Persönlichkeiten in erster Linie eine Gesetzeslücke über die Verantwortung absorbiert werden kann und damit eine Einladung, die Lücke zu nutzen, um Rechtsansprüchen auszuweichen oder sie abzuwälzen. Bryson et al. formulieren entsprechend eine klare Absage an dieses Konzept:

> *„We currently have a legal system that is, first and foremost, of, for, and by the (human) people. Maintaining the law's coherence and capacity to defend natural persons entails ensuring that purely synthetic intelligent entities never become persons, either in law or fact."* (Ebd.)

Dabei geht es um die grundsätzliche Idee, Maschinen zu bauen, die sich wie Persönlichkeiten verhalten oder auch nur die Frage aufwerfen, ob sie tatsächlich ein Bewusstsein haben. Gemäß Bryson sollten Menschen keine Maschinen bauen, denen sie moralisch verpflichtet sind. In einem Interview mit der Zeitschrift ‚The Verge' kritisiert sie saudische Verleihung von Staatsbürgerrechte an die Sophia-Roboterpuppe. Einer KI zu erlauben, eine juristische Person zu sein, so Bryson, habe nichts mit humanoiden Robotern zu tun, sondern würde vor allem Haftungs- und Steuerfragen auf diese synthetischen Gebilde übertragen: „Basically the entire legal notion of personhood breaks down." (Vincent 2017). Entsprechend ist die Initiative des ‚Robotics Open Letters' an die EU-Kommission zu verstehen, der spezifisch auf Ziffer 59f der Empfehlung des Europaparlaments an die EU-Kommission eingeht, in der der Status der elektronischen Persönlichkeit formuliert wird. Die Unterzeichnerinnen und Unterzeichner des Open Letters sprechen sich klar gegen einen Status als juristische Personen für Roboter aus, da dieser von der falschen Voraussetzung ausgehe, dass eine Schadenshaftung für autonome Roboter ansonsten nicht nachweisbar wäre. Dieser Fehlannahme zugrunde liege, so die Unterzeichner des Briefes, eine gehörige Portion Unkenntnis und Vorurteile:

> *„From a technical perspective, this statement offers many bias based on an overvaluation of the actual capabilities of even the most advanced robots, a superficial understanding of unpredictability and self-learning capacities and, a robot perception distorted by Science-Fiction and a few recent sensational press announcements."* (Robotics-Openletter o. J.)

Hier hat die repräsentative Demokratie vorbildlich funktioniert. Die erkennbare Haltung im EU Parlament entspricht nach Ansicht der Robotik-und KI-Expertinnen und -Experten, die die Open-Letter-Initiative gestartet haben, offenbar durchaus der schon dargestellten Wahrnehmung von KI und Robotern innerhalb der Bevölkerung:

- Überbewertung der tatsächlichen Fähigkeiten selbst der fortschrittlichsten Roboter
- oberflächlichstes Verständnis von Unvorhersehbarkeit und Selbstlernfähigkeiten von KI

- verzerrte Roboter-Wahrnehmung durch Science-Fiction und die
- Beeinflussung durch Pressedarstellungen von angeblich sensationellen Fähigkeiten von KI und Robotern.

Gesetzgebung darf nicht auf solchen fiktional motivierten Zuschreibungen beruhen, deswegen sind professionelle Einlassungen zu den verschiedenen Aspekten wie Technik, Ethik, Jura, Psychologie, Soziologie usw. bei der Gestaltung des KI- und Robotereinsatzes in der Zukunft so wichtig.

3.5 Ein Dutzend Mal KI in der Anwendung

> **Zusammenfassung**
>
> Künstliche Intelligenz ist alltäglich. Das breite Anwendungsspektrum und die Leistungsfähigkeit von KI basiert auf einer überschaubaren Anzahl grundlegender mathematischer Fähigkeiten, die unendlich kombinierbar sind. Ein Dutzend Anwendungsbereiche sollen ein übergreifendes Bild der Möglichkeiten vermitteln, die KI in verschiedensten Kombinationen bietet. Dazu zählen erfolgreiche Beispiele aus den Feldern der Empfehlungsalgorithmen, der Sprach- und Bildverarbeitung und der Verhaltenserkennung. Branchenspezifische Anwendungen wie z. B. Bilderkennung im medizinischen Bereich, Anwendungen in der digitalen Bahntechnik, bei Versicherungen sowie in kreativen Feldern wie dem Journalismus oder der bildenden Kunst gehören ebenso ins KI-Repertoire wie Funktionsunterstützung z. B. bei HR-Aufgaben oder das weite Feld der Simulationen in der Industrie und Dienstleistungsbranche. Trotz der beeindruckenden Fähigkeiten existiert keine KI auf menschlichem Niveau mit eigener Erkenntnis oder Intention.

Künstliche Intelligenz ist mittlerweile fast überall im Einsatz und fast so normal, alltäglich und selbstverständlich wie Elektrizität, und noch unsichtbarer. John McCarthys ‚KI-Effekt', sobald es funktioniere, nenne es keiner mehr KI, hat sich schon tausendfach bewahrheitet. Bei Technologien wie Gesichtserkennung ist vielen vielleicht klar, dass sie mittels Algorithmen erfolgt und als KI-Anwendung bezeichnet werden kann. Doch je mehr KI im Einsatz ist, je einfacher sie funktioniert und je genauer sie auf die Bedürfnisse des jeweiligen Anwendungsziels angepasst ist, desto intuitiver ist der Umgang mit ihr und desto weniger wird sie überhaupt noch als Technologie bemerkt. Ein Beispiel dafür ist die automatische Vervollständigung, z. B. von Eingaben in der Suchmaschine. Milliarden täglicher Anfragen sind perfektes Trainingsmaterial für einen Algorithmus, der die Wahrscheinlichkeit für gemeinte Wörter oder Sätze errechnet und noch während der Eingabe schon Vorschläge zur automatischen Vervollständigung macht. Das ist bequem und Bequemlichkeit ist im positiven Sinne ein Killer-Kriterium für erfolgreiche digitale Services. KI kann hier aufgrund ihrer Fähigkeit, Wahrscheinlichkeiten zu berechnen, gute Unterstützung leisten. Bis hierher gab es schon viele KI-Anwendungsbeispiele und es werden auch in den weiteren Kapiteln noch einige auftauchen, im Folgenden sollen jedoch explizit verschiedene typische Einsatzmöglichkeiten vorgestellt werden. Ziel ist, das breite Spektrum von Anwendungen zu veranschaulichen, das KI inzwischen professionell abdecken kann. Außerdem wird sichtbar, dass trotz der scheinbar fast unendlichen Anzahl möglicher Lösungen, KI auf Basis weniger grundlegender Eigenschaften mehr oder weniger immer das gleiche macht.

I. Sprachsteuerung, Voice Activation und Smart Speaker

2007 hat Apple mit der Erfindung des iPhones *touch*, also die Berührung einer Glasfläche, zur Benutzer-Schnittstelle Nummer Eins gemacht. Im Digitalisierungs-Jargon ist eine Benutzer-Schnittstelle ein *User Interface*. Beides bezeichnet den Eingabeweg für Befehle an das Gerät. Seitdem ist der Siegeszug der Smartphones und Tablets erfolgt. Eine gigantische Industrie ist entstanden, die von Shenzhen aus die ganze Welt mit immer neuen, immer leistungsfähigeren Geräten flutet. Am Anfang spotteten noch viele angesichts der Notwendigkeit einer mobilen Internet-Verbindung. Sie ist heute selbstverständlich und wirtschaftlich betrachtet ein wichtiger Standortfaktor. Touchscreens sind überall zu finden und das Tippen und Wischen auf ihnen ist zur intuitiven globalen Bedienung geworden. Obwohl die Bauteile dank Miniaturisierung immer kleiner werden, werden die Geräte immer größer. Ursachen sind steigende Bandbreiten in den Netzen und damit wachsende Anwendungsmöglichkeiten und ein ebenfalls wachsender Streaming-Markt aus Musik, Podcasts, Filmen und Serien etc. Ein weiterer Grund für die Vergrößerung der Bildschirme ist der steigende professionelle Einsatz. 2011 kam mit ‚Siri' der erste Sprachassistent auf das iPhone. Seitdem mutet diese Technologie fast gewöhnlich an, wartet jedoch noch immer auf den Durchbruch. Mit ‚Google Assistant' und ‚Alexa' von Amazon sind digitale Sprachassistenten vor allem in Form von sogenannten Smart Speakern in die weltweiten Haushalte gekommen. Auch wenn das Thema buchstäblich in aller Munde zu sein scheint, verläuft die Marktdurchdringung nicht so blitzartig, wie bei den Smartphones. Ein Smart Speaker hat im Vergleich zu einfachen Lautsprechern zusätzlich ein Mikrofon, eine Internetverbindung und eine Software, die gesprochene Sprache erkennen und interpretieren kann und die auf einen Sprachbefehl eine relevante Antwort generieren kann. Die Internetverbindung ist wichtig, weil die Sprachverarbeitung rechenaufwändig ist und z. T. in der Cloud passiert und z. T. auf dem Gerät selbst. Wie funktioniert nun Spracherkennung, was macht man damit und was hat all das mit künstlicher Intelligenz zu tun?

Spracherkennung basiert auf den KI-Entwicklungen in Zusammenhang mit *Deep Learning* und *Convolutional Neural Networks*, die so erfolgreich von Geoffrey Hinton in der Bilderkennung eingesetzt wurden. Ebenso leistungsfähig können sie Sprache erkennen. Das System nutzt außerdem Sprachanalyse und Sprachsynthese, um zu ermitteln, welcher Befehl ausgeführt und welche Erwiderung gegeben werden soll. Ohne KI also keine Erkennung und auch keine Interpretation des Gesprochenen. Das Ganze funktioniert in einem Zusammenspiel zwischen Software und Hardware, fast immer nach dem gleichen Schema: Spracheingabe über ein Mikrofon wird mithilfe von sogenannter *Automated Speech Recognition* (ASR) in einen Text verwandelt. Der Text wird mittels *Natural Language Processing* (NLP) interpretiert und die Maschine ermittelt, worum es geht. Das Ergebnis wird oft in eine Software namens Dialog Manager eingespeist. Sie ermittelt meist basierend auf Entscheidungsbaum-Algorithmen eine sinnvolle Antwort. Diese wird dann per *Text-to-Speech*-Sprachsynthese über den Lautsprecher wieder ausgegeben. Interpretation ist dabei nicht gleich Verstehen. Die Systeme haben kein echtes Verständnis dessen, was sie hören. Neben akustischem und phonetischem Verstehen geht es bei der Interpretation der gesprochenen Texte in erster Linie um die Einordnung in den richtigen Kontext und das Erkennen der Intention hinter dem Sprachbefehl. Sprachassistenten verarbeiten diese Prozesse meist in der Cloud, also in einem Rechenzentrum, und senden ihr Ergebnis nahezu in Echtzeit zurück. Die hohe Geschwindigkeit ist notwendig, um Konversation zwischen digitalen Assistenten und Menschen akzeptabel zu gestalten, denn Menschen empfinden Unterbrechungen von mehr als einer Zehntelsekunde schon als störend. Wenn die NLP-Software die Intention des Befehls errechnet hat, entscheidet sich, wie das System reagieren kann. Manche Aktionen kann ein Gerät selbst erledigen, wie z. B. beim Abspielen von Musik die Lautstärke ändern, bei vielen Anliegen muss jedoch eine Übergabe von Daten an ein anderes System erfolgen, um z. B. ein Taxi zu rufen, eine Pizza zu bestellen oder um Nachrichten zu hören.

Sprachassistenten bzw. *Voice Assistants* sind digitale Agentensysteme, die auf eine gesprochene Anweisung hin einen bestimmten Befehl ausführen. Am Anfang steht immer die Aktivierung des Agenten durch ein Aktivierungswort oder *Wake Word*. Bei Amazon ist es „Alexa", beim Google-Assistant „Ok Google" und „Hey Siri" bei Apple. Die Bedienung durch Sprechen, ohne einen Browser zu öffnen oder überhaupt die Hände einsetzen zu müssen, ist bequem und schnell. Navigationshinweise beim Fahrradfahren oder Licht-einschalten während ich etwas trage etc., sind sinnvoll und angenehm.

Aufgaben wie ein Kalendereintrag oder eine E-Mail schreiben werden vereinfacht, da Einzelschritte wegfallen wie z. B. Apps öffnen, Tastatureingaben, Suchen von Eingabefeldern usw.. Die Assistenten werden über Smartphones oder Smart Speaker genutzt, um z. B. Nachrichten oder sonstige Informationen oder Musik abzurufen oder über Smart Home-Schnittstellen andere Geräte im Haushalt zu steuern. Ein weiterer Nutzungsaspekt ist das Einkaufen. KI ist hier zusammen mit Leistungsverbesserungen auf der Hardware-Seite Treiber des Fortschritts. Immer mehr Spracheingaben werden auf Anhieb korrekt verstanden und auch die Daten- und Kontext-Interpretation wird sukzessive besser. Bis auf Weiteres erweitert sich der Markt für *Voicebots* und Sprachassistenten von Jahr zu Jahr in moderatem Tempo. Was hindert nun Sprachsteuerung daran, der absolute Renner zu sein oder zu werden? Einen echten Quantensprung würde es vermutlich geben, sobald die verwendeten Systeme auch komplexere Befehle verstehen und korrekt ausführen können. Im Moment bewegen sich die Assistenten mehr auf der Drei-Wort-Satz-Ebene. Längere oder verschachtelte Kommandos werden oft nicht richtig interpretiert. Die Verbesserung steigert die Nutzungswahrscheinlichkeit und verändert die Gewohnheiten und das Verhalten in der Gesellschaft. Heute erscheint es noch eher fremd, mit einer Maschine zu reden. Zum Teil wissen die Nutzer/-innen auch gar nicht, was sie zu ihren Geräten sagen sollten, weil die Sprachbefehle, die tatsächlich verstanden würden und die Art und Weise, wie das System die Eingaben interpretiert, nicht allgemein bekannt sind.

Datenschutz-Bedenken spielen eine Rolle, wenn Sprachassistenten Befehle aufzeichnen und in der Presse steht, dass z. B. Tausende Amazon-Mitarbeiter/-innen aufgezeichnete Befehle an die Alexa-Software abhören und abtippen und dabei jeweils bis zu 1000 Audio-Dateien pro Tag anhören. So etwas ist hinderlich für das Vertrauen in die Technologie. (Fuest 2019). Gleichzeitig ist es hinderlich, dass die Geräte oft nicht in der Kontinuität eines Dialogs anschlussfähig sind, weil die Systeme keine aufeinander aufbauenden Aufgaben-Kombinationen erlauben, wie z. B. die Frage, „Wann fährt der ICE853 am Hauptbahnhof ab?" Antwort: „Um 18.30 Uhr" und dann „Bestelle für 30 Minuten vorher ein Taxi." – oder „Bestelle ein Taxi, 30 Minuten bevor der ICE853 am Hauptbahnhof abfährt.". In Situationen, in denen Spracheingabe unpassend ist, z. B., wenn andere dadurch gestört werden, in Bibliotheken, Schulen, Theatern, aber auch im Supermarkt oder ggf. im Zug, muss es die Möglichkeit geben, dem Assistenten z. B. durch Tastatureingabe Befehle zu geben.

II. Empfehlungs-Algorithmen oder *Recommendation Engines*

Empfehlungs-Algorithmen bzw. *Recommendation Engines* gehören seit langem zu den meistgenutzten und prominentesten KI-Anwendungen im Online-Business. Sie sind vielleicht sogar so etwas wie der Kern dessen, was KI heute ist. Algorithmen sind die Sprache der Mathematik und so wie jede Sprache für etwas besonders gut ist, so ist die Sprache der Mathematik natürlich wie keine andere dafür geeignet, etwas zu berechnen, z. B. wie wahrscheinlich etwas ist. Dass Mathematik und KI letztlich immer Wahrscheinlichkeiten berechnen wäre vielleicht eine Verkürzung, aber für die *Recommendation Engines*, die überall im Einsatz sind, gilt das definitiv. Die bekannteste ist vielleicht der *Collaborative Filtering*-Algorithmus, den Amazon seit über 20 Jahren einsetzt: „Kunden, die dieses Produkt gekauft/angesehen haben, haben auch diese Produkte gekauft/angesehen". Nichts fällt dem Algorithmus leichter als aus einer Unmenge von gleich strukturierten Daten, wie z. B. Seitenabrufen und Transaktionen in einem Online-Shopsystem Muster zu erkennen und aus ihnen Prognosen abzuleiten. Die Empfehlungs-Maschine macht genau das, wobei die Vergleichsdaten nicht nur das Verhalten anderer sein müssen, sondern auch die eigene Surf-Historie oder demographische Informationen sein können. Das Ergebnis ist in den meisten Fällen die effizienteste Möglichkeit, eine personalisierte Auswahl bereitzustellen, auch ohne dass viele persönliche Daten explizit von selber preisgegeben werden. Auch das kann sich allerdings lohnen, denn so entstehen deutlich verbesserte und personalisierte Empfehlungen, von Produkten in Online-Shops über Nachrichten zu spezifischen Wissensbereichen bis hin zu Musik- oder Filmempfehlungen z. B. auf Netflix oder bei Spotify. Die über 200 Millionen Netflix-Abonnenten erhalten personalisierte Programm-Empfehlungen auf Basis ihres bisherigen Sehverhaltens und im Vergleich zu anderen, die gleiche oder ähnliche Inhalte angesehen haben. Das ist eine erfolgskritische Funktion für den Streaming-Dienst, denn 80 % aller Programme werden basierend auf den Empfehlungen des Systems ausgewählt. Zuschauer sind ungeduldig und tendieren zu Abbruch, wenn sie nicht innerhalb von 90 Sekunden einen Film oder eine Serie finden, die sie gerne sehen würden. Zu häufige Abbrüche sind frustrierend und führen zur Beendigung des Abonnements. Netflix selbst geht davon aus, dass der Empfehlungs-Algorithmus solche Kündigungen vermeidet und dem Dienst damit jährlich Umsatz in Höhe von über einer Milliarde USD sichert (Bughin et al. 2017, S. 20). In diesem Beispiel wird *Churn*, die Abwanderung von Kunden, gesenkt. Die Empfehlungen sind jedoch geeignet, auch andere Erfolgsmetriken wie Klick- oder Konversionsraten usw. zu verbessern. Es verbessert sich auch das Nutzenerlebnis, denn schnell eine passende Filmauswahl als Empfehlung zu erhalten, erspart das Blättern durch uninteressante Titel und damit viel Zeit! Auch in der Filmproduktion wird KI als Empfehlungsmaschine eingesetzt. Warner Bros. arbeiten z. B. mit dem Start-Up Cinelytics zusammen. Ziel ist, den Erfolg von Filmen vorauszusagen und mithilfe künstlicher Intelligenz die Erfolgsaussichten zu verbessern. Die Algorithmen werden vor allem in den Phasen der Freigabe und der Festlegung der Budgethöhe bei neuen Filmen genutzt. Die Software kann den Wert des Einsatzes bestimmter Schauspieler/-innen analysieren und die Auswirkungen von Veröffentlichungsdaten bestimmen. Das geht auch ohne KI, der Einsatz der Algorithmen beschleunigt das Verfahren jedoch erheblich. Das System wird mit Marktdaten der Vergangenheit trainiert, erkennt passende Muster und wendet sie auf zukünftige Filme an. (Weiß 2020). Ein ähnliches Prinzip verfolgt das Hamburger Start-Up QualiFiction mit seiner KI ‚Lisa'. Die Software analysiert belletristische Texte und soll Bucherfolge vorhersagen. Die Trainingsdaten enthalten dafür Bestseller und Ladenhüter des Buchmarktes. Lisa kann damit in 30 Sekunden das Erfolgspotenzial von eingescannten Texten bewerten und wird entsprechend von verschiedenen Verlagen und auch Hunderten von Autoren genutzt.

Neben dem fast schon klassisch anmutenden Amazon-Beispiel und der Netflix-Auswahl oder der Hollywood-Prognose finden sich *Recommendation Engines* mittlerweile in fast allen Branchen und unzähligen Einsatzbereichen, wie z. B. bei Reisen als Flug-Suchmaschine oder für Pauschalangebote oder im Finanzbereich, wo Banken Kontoservices anbieten, die Unregelmäßigkeiten entdecken und über entsprechende Transaktionen informieren. Jede Empfehlungs-Maschine braucht Daten. Je mehr das Modell über die Nutzer/-innen weiß, desto hochwertiger und treffsicherer können die Ergebnisse aussehen. Das Sammeln der Daten geschieht dabei sowohl durch die direkte Abfrage von Profilinformationen wie Alter, Geschlecht, Wohnort usw., als auch durch die Protokollierung von Systemeingaben. Aus den indirekten Informationen lassen sich explizite Handlungen erkennen: Was wurde geklickt, gekauft, bewertet, verworfen etc. Darüber hinaus gibt es viele Kontextdaten, z. B. welche Geräte genutzt wurden, welche Browser, Orts- und Zeitangaben, die für die Relevanz einer Empfehlung entscheidend sein können. Ein Taxi-Gutschein wird potenziell eher genutzt, wenn er abends im Restaurant zugestellt wird wie Alter, Geschlecht, Wohnort usw., als, als morgens zu Hause. Grundsätzlich werden drei Formen von Empfehlungs-Algorithmen unterschieden

1. Bei der inhaltsbasierten Filterung sind die Informationen und Aktionen der einzelnen Nutzer/-innen die Meta-Datenbasis für die Empfehlungen, die ihnen gemacht werden. Meta-Daten sind ‚Daten über Daten', kurz gesagt, Informationen darüber, wie oft jemand z. B. an einem bestimmten

Ort eine Website besucht oder ähnliches. Dieser Algorithmus verbessert seine Ergebnisse, je mehr Informationen ihm vorliegen.
2. Das *Collaborative Filtering* empfiehlt basierend auf den Daten von vielen Tausend, idealerweise sogar von vielen Millionen von anderen Fällen. Solche Empfehlungen sind meist deutlich treffsicherer als die inhaltsbasierten.
3. Die dritte Form des Empfehlungs-Algorithmus ist das wissensbasierte System, in dem von Anfang an bestimmte Rahmenbedingungen festgelegt werden, die auf Expertise der Anbieter beruhen. Deren Wissen und Erfahrungen in einem Markt definieren die Regeln des Datenmodells. Ein einfaches Ergebnis dieses Modells kann sein, dass Banken ab einem bestimmten regelmäßigen Monatseinkommen Kreditangebote machen. Wissensbasierte Systeme ähneln prinzipiell den Expertensystemen, die bis Ende des 20. Jahrhunderts populär waren und heute kaum noch als KI angesehen werden. Sie eignen sich gut für Anwendungen mit niedrigen Fallzahlen, bei denen nicht auf Massendaten zurückgegriffen werden kann. Auch direkte Eingabe von vielen persönlichen Nutzerdaten ist nicht notwendig, allerdings ist es meist relativ teuer, das vorhandene Know-how sinnvoll in einem System zu ‚vercoden'.

Speziell im Handel sind *Recommendation Engines* so üblich, wie Einkaufswagen im Supermarkt. Sie funktionieren gut und sind einfach zu implementieren, aber sie haben auch Nachteile: So effektiv sie auf Basis von vorzugsweise vielen Daten funktionieren, so abhängig und angreifbar sind sie, wenn diese Daten fehlen oder nicht korrekt sind, z. B. wenn ähnliche Produkte vom Algorithmus verwechselt werden oder wenn es so viele Produkte und Varianten und Kundenpräferenzen gibt, dass selbst die besten Datenmodelle einfach nicht schnell und zuverlässig genug arbeiten oder ihr Bedarf an Bandbreite und Prozessorleistung zu hoch wird. Ob die Empfehlungen der KI am Ende als befriedigend empfunden werden oder nicht, hängt nicht allein von der KI ab. Der Algorithmus und das gesamte Datenmodell sind nur ein Vorhersage-Element in einer Interaktion mit Kundinnen und Kunden, die durch viele weitere Faktoren wie Zeitpunkt, Zugang zum Angebot, Prozessdauer, Anzahl von Klicks und Informationsabfragen usw. charakterisiert ist. Die gesamte Nutzenerfahrung ist entscheidend. KI kann hier mit einer guten *Recommendation Engine* effektiv unterstützen, es kann aber auch passieren, dass jemand den Kauf abbricht, weil die Website zu langsam lädt. Unternehmen messen die Wirksamkeit ihrer Empfehlungs-KIn, indem sie prüfen, wie genau ihre Vorhersagen waren, wie oft den Empfehlungen gefolgt wurde und welche Angebotsbreite ihres Kataloges effektiv von den Empfehlungen abgedeckt werden kann. Diese Werte stehen in relevantem Verhältnis zueinander, denn es ist leichter, gute Empfehlungen aus einem kleineren Sortiment zu geben als aus einem größeren.

Die Algorithmen erkennen lediglich einfache Muster und versuchen, diese zu reproduzieren. Wenn jemand Bettwäsche kauft, können praktischerweise noch Spannbettlaken mit angeboten werden. Die Wahrscheinlichkeit, dass das für Kunden relevant ist, wird durch Millionen positiver Fälle belegt. ‚Weiß' der Algorithmus deswegen etwas über mich? Nein. Er reproduziert ein passendes Angebot für ein gängiges Kaufverhalten und in diesem Fall profitieren Händler und Kunden gleichermaßen. Manchmal ist es auch ermüdend, dass die Algorithmen auf Basis des bisherigen Verhaltens immer wieder die gleichen Vorschläge machen, aber es bleibt trotz aller ausgeklügelten KI eben immer noch so, dass der Algorithmus mir heute das anbietet, was ich gestern gesucht habe.

III. Bilderkennung und Bildbeschreibung

Leistungsfähige Bilderkennung ist seit dem Durchbruch der neuronalen Netze und *Deep Learning* durch CNNs ein breites KI-Anwendungsfeld. Als sinnliche Wesen erfahren Menschen die Welt durch ihre Wahrnehmung und visuelle Reize sind für die überwiegende Mehrheit der Menschen eine primäre Quelle dieser Welterfahrung. KI ist nach menschlichem Vorbild designed und KI-Systeme lernen seit einigen Jahren sukzessive, die Welt in Bildern zu erkennen. Das wird z. B. genutzt, um eine Bilddatenbank zu strukturieren oder einfach meine Urlaubsbilder zu ordnen, um die Umgebung selbstfahrender Autos oder von Robotern zu erkennen, zur visuellen Qualitätskontrolle von Werkstücken in einer Produktion oder von Ware im Handel. Fahndungsbehörden suchen nach Gesichtern in Kameraaufnahmen, Ärztinnen und Ärzte benutzen Bilderkennung zur Diagnose von medizinischen Bildern wie Röntgen, MRT oder Ultraschall und es gibt viele weitere Einsatzfelder von der Verkehrsüberwachung bis zum Objektschutz. Immer gilt: Es steckt eine gehörige Menge *Machine Learning* dahinter. In der öffentlichen Berichterstattung über die Vielzahl der faszinierenden Anwendungsfelder und die Effizienz der automatisierten Bilderkennung entsteht beinahe der Eindruck, KI könne Bilder perfekt erkennen, besser als Menschen es könnten, aber die Bilderkennung folgt auch hier bestimmten Mustern. Sobald Bilder von diesen gelernten Mustern abweichen, steigt die Fehlerquote sprunghaft an. Selbst die leistungsfähigsten Systeme haben Schwierigkeiten mit Bildinhalten, die nicht der Norm entsprechen wie z. B. liegende Möbel oder Aufnahmen aus ungewöhnlichen Winkeln. Auch Gegenstände mit Farben oder Mustern, die der Umgebung zu sehr ähneln, senken die Trefferquoten der Bilderkennung. Für die meisten Anwendungen sind jedoch höchstmögliche Trefferquoten notwendig. Ein System, das zehn Prozent aller Bilder falsch einordnet genügt den meisten Anwendungsstandards z. B. in der Industrie nicht. Die o.g. Arten von Bildern zu trainieren ist nicht trivial. Sie sind u. a. deswegen für KI so schwer zu erkennen, weil sie selten sind. Bilderkennung als Anwendung an sich wird durch diese Unzulänglichkeiten nicht aufgehalten. Sie findet meist in spezialisierten Einsatzfeldern statt und wird dort entsprechend spezialisiert trainiert. Darüber hinaus arbeiten die meisten Systeme überwacht, so dass im Zweifelsfall immer noch ein Mensch dabei ist, der korrigierend eingreifen kann.

IV. Verhaltenserkennung durch KI
Wie bei der Bilderkennung, lässt sich KI auch in anderen Feldern nutzen, in denen Muster erkannt werden sollen, um aus ihnen Aussagen bzw. Vorhersagen abzuleiten. Eine für bisherige Verhältnisse relativ ungewöhnliche Anwendung der Mustererkennung gibt es seit 2019 in Zügen vom Typ Desiro HC von Siemens. Dieser elektrische Zug wird auf Nahverkehrsstrecken eingesetzt und ist in den Fahrgasträumen mit Kameras und Mikrofonen ausgestattet. Für eine KI sind eine Kamera und ein Mikrofon ein optischer und ein akustischer Sensor. Sensoren sind Datenquellen und die Daten können verarbeitet werden. Die Kamerabilder und die Tonaufnahmen lassen sich mithilfe von Algorithmen analysieren. Siemens bietet an, die standardmäßige Kamera-Ausstattung durch eine intelligente Software aufzuwerten, die in der Lage ist, aus den Bilddaten schnelle Bewegungsabläufe und aus den Mikrofonaufzeichnungen große Lautstärke zu erkennen. Beides in Kombination ist ein Indiz für Angriffe und Gewalt. Der Algorithmus, der das kombiniert, ist ein System zur Aggressionserkennung. Das Programm soll Alarm schlagen, wenn z. B. betrunkene Randalierer oder frustrierte Fußballfans im Waggon aneinander geraten. In dem Fall wird automatisch die Leitstelle benachrichtigt und ein Mitarbeiter begibt sich in den jeweiligen Zugteil. Geplant sei der Einsatz in Zügen in Berlin. (Fraune 2019). Das Beispiel zeigt, wie bei einem Zug die vorhandene Hardware durch nachträgliche Softwaremodifikation neue Funktionalitäten erhält. Der Zug verhält sich hier kaum anders als ein Smartphone, dessen bestehende Hardware durch eine Fülle von Apps unzählige unterschiedliche Funktionen erfüllen kann. Die Aggressionserkennung im Zug ist im Grunde eine App. Entsprechend lassen sich weitere Apps und Services denken, die weitere Zusatznutzen im Zug darstellen können. Ideen wären die Erfassung der Auslastung durch Fahrgastzählung oder Erkennung von Besonderheiten wie Transport von Fahrrädern oder Koffern oder die Mitnahme von Kindern. Mit solchen Daten lassen sich wiederum Geschäftsmodelle kalkulieren und vielleicht sogar etwas für die Verbesserung des Verbindungsangebots für derartige Sondernutzungen tun.

V. *Trains with Brains* – digitale Bahntechnik

Die Bahn ist generell ein breites Einsatzgebiet für unterschiedlichste Digitalisierungsprojekte, bei denen KI eine entscheidende Rolle spielt. Die erwähnte Fahrgastzählung kann über eine Kamera erfolgen, machen sich die Hersteller jedoch vorab weitere Gedanken und statten die Züge entsprechend aus, so gibt es am Ende eine Vielzahl von Sensoren, die für sich, aber auch in Kombination miteinander verblüffende Informationen liefern können. In Paris werden U-Bahnen mit Kamera-Systemen ausgestattet, deren Software dem Zugpersonal mitteilt, ob sich noch Fahrgäste im Zug befinden, wenn die Bahn nach Schichtende ins Depot fährt. Die Deutsche Bahn bietet schon lange mobile Fahrscheine auf dem Smartphone als Handy-Tickets an und lässt Kunden sogar selbständig im Zug einchecken, so dass sie nicht mehr vom Schaffner kontrolliert werden müssen. Das sind einfache, digitale Lösungen. Wie die Aggressionsmessung zeigt, kann Intelligenz jedoch im Zweifelsfall nachgerüstet werden. Viele der möglichen Services sind im Pilotbetrieb. Trotz der im Grunde für Transportmittel idealen Bedingungen in Bezug auf die Menge der möglichen Anwendungsfälle, die Möglichkeit der Personal-Unterstützung und des Platzes, der in Zügen für IT-Hardware denkbar ist, sind digitale oder sogar KI-gestützte Lösungen in der Bahntechnik noch weit davon entfernt, flächendeckend im Einsatz zu sein. Dabei gibt es viele pragmatische Ansätze, wie z. B. Systeme, die mit Video- und Infrarotkameras Hindernisse auf den Gleisen erkennen können. Das ist eine wesentliche Voraussetzung für den Einsatz von autonom fahrenden Zügen, abgesehen von Rangierbahnverkehr im Versuchseinsatz. Nach einem kurzen Probelauf mit der selbstfahrenden Straßenbahn ‚Combino' von Siemens auf einer sechs Kilometer langen Teststrecke in Potsdam war das ernüchternde Fazit der Stadtwerke, dass es bis zur Serienreife noch gut 20 bis 30 Jahre dauern könne. (von Cölln und Calvez 2019). Abseits der Schiene helfen KI und Augmented Reality, die Erweiterung einer visuellen Darstellung durch virtuelle Zusatzinformationen, bei der Wartung und Reparatur von Zügen, wenn z. B. per Handykamera ein defektes Bauteil erfasst wird und die Software von selbst erkennt, worum es sich handelt und welche Ersatzteile notwendig sind. Hier spielen wieder Bilderkennung und *Machine Learning* bei der Berechnung der Wahrscheinlichkeit für die Ersatzteilverwendung eine Rolle. Ähnliche Voraussetzungen schafft KI bei der sogenannten vorausschauenden Wartung bzw. *Predictive Maintenance*. Diese sehr effiziente und kostensparende Methode der Maschinenwartung ist überall, wo es zu Verschleiß kommt und damit überall, wo bewegliche Teile im Einsatz sind, von Interesse. In der Bahntechnik sind das u. a. die Fahrwerke, Räder und Bremsen von Wagons. Die vielen Daten, die hier gemessen werden können, wie Schallpegel, Schwingungen oder auch Materialdurchmesser, erfordern teure Sensorik. Um die beträchtlichen Kosten, die das pro Wagen bedeuten würde einzusparen, wird stattdessen in vielen Fällen am Gleis gemessen. Dieses sogenannte Wayside Monitoring ermittelt den Zustand eines Wagens während seiner Durchfahrt an der Messanlage mit fest am Gleis positionierten Sensoren, die alle notwendigen Daten protokollieren. Nur ein Beispiel von vielen, was digitale Technik und KI leisten können. In Deutschland und Europa gibt es mehrere Zehntausend Arbeitsplätze in diesem Bereich, aber die wahren Wachstumsmärkte liegen in China und Indien. Beide Länder bauen ihre Infrastruktur modern aus und bedienen auch den europäischen Markt. Intelligente, digitale Lösungen wären insofern eine wichtige Differenzierung in diesem wachsenden, umkämpften Segment. Dafür sind Milliarden an Investitionen notwendig. Derzeit gibt es in Deutschland nur auf der Neubaustrecke zwischen Berlin und München digitale Leit- und Steuerungstechnik, die eine Voraussetzung für autonome Züge ist. Sie müssten doch scheinbar viel leichter realisierbar sein als selbstfahrende Autos. Immerhin gibt es in Nürnberg seit mehr als zehn Jahren eine U-Bahn Linie, die autonom fährt. Die Umsetzung im deutschen Mischnetz aus Nah- und Fernverkehr mit 33.000 Streckenkilometern auf denen täglich 24.000 Personenverkehrszüge plus Güterzüge aus Deutschland, Polen, Tschechien und Portugal gemeinsam fahren, ist jedoch zu komplex, um sie schnell zu bewältigen. Die technischen Herausforderungen und die regulatorischen Vorgaben durch das Eisenbahnbundesamt sind extrem limitierend.

‚European Train Control System' (ECTS) heißt die digitale Leittechnik, die zusammen mit digitalen Stellwerken (DSTW) den Anfang der umfassenden Digitalisierung des gesamten Bahnbetriebs bedeuten würde. Züge könnten enger getaktet werden, was in einem Land, in dem das Fahrgastaufkommen verdoppelt werden soll, in dem es aber schwierig ist, neue Strecken zu bauen oder bestehende zu erweitern, extrem hilfreich wäre. Die neuen Systeme basieren auf Funk und Sensoren kombiniert mit künstlicher Intelligenz. Ziel ist, mehr Kapazität und mehr Stabilität zu schaffen. Der Start ist geplant zwischen 2025 und 2028 und bis 2040 soll das gesamte Netz mit ETCS und DSTW ausgestattet sein. In der gesamten Laufzeit steckt ein Investitionsvolumen von rund 28 Milliarden Euro. Neben mehr Kapazität und Stabilität werden Dinge wie ein Echtzeitfahrplan möglich, mit dem bei einer Zugverspätung in München simuliert werden kann, wie der Fahrplan so angepasst werden kann, dass der Zug trotzdem pünktlich in Hamburg ankommt. Derzeit benötigt die Bahn für ihr Fahrplanwerk einen Vorlauf von zwei Jahren. ‚Digitale Schiene', wie die Deutsche Bahn ihr Mammutprojekt nennt, bedeutet auch Hindernis- und Abstandserkennung über Kameras,

Radar, Laser oder Infrarot-Technik, um Züge im minimalsten Abstand zueinander fahren zu lassen. Das lastet die Strecken optimal aus, ist aber nur denkbar, wenn das Fahr- und Bremsverhalten weitestgehend automatisiert ist. Gemessen an den Gesamtinvestitionen sind die KI-Kosten im Projekt gering. Die Milliarden müssen vor allem für Infrastruktur und Hardware ausgegeben werden, um die Voraussetzungen für den KI-Einsatz überhaupt erst zu schaffen (Mortsiefer 2019).

VI. Medizinische Bildauswertung

‚Zeit ist Geld' heißt es, aber die unbarmherzige Weisheit der Neurologen heißt, ‚Zeit ist Hirn', denn nach einem Schlaganfall kommt es auf jede Minute an, die medizinische Hilfe schneller angewendet werden kann. Dabei zählt stark, wie viel Zeit die richtige Diagnose beansprucht, um schnellstmöglich mit der Behandlung beginnen zu können. Ein wissenschaftliches Papier aus dem Sommer 2018 beschreibt, wie ein *Machine Learning*-Algorithmus mit Computertomographie Aufnahmen aus der Notaufnahme auf die Anzeichen verschiedener Krankheitsbilder trainiert wurde und im Ergebnis eine Diagnose mit der gleichen Genauigkeit wie ein Facharzt stellen kann, allerdings etwa 150x schneller. Das macht bei zeitkritischen Gesundheitszuständen einen bedeutenden Unterschied und kann wichtige Gehirnfunktionen retten helfen (Titano et al. 2018).

In der medizinischen Diagnostik geht es oft darum, die spezifischen Muster zu erkennen, die die Symptome einer Krankheit auszeichnen, um sie sicher feststellen zu können. Ein anderes Feld ist der Nachweis der Wirksamkeit von Arzneimitteln in Test mit größtmöglicher Sicherheit. Kleinste Anomalien in Testreihen sind für Algorithmen einfacher zu erkennen als für Menschen. Wirkstoffkombinationen und ihre Varianten können mittels KI in massiv größerer Zahl und höherer Geschwindigkeit geprüft werden. Simulationen können z. T. Experimente mit Tieren und Menschen reduzieren oder ganz ersparen u.v.m. Die Zahl möglicher digitaler Anwendungen in der Medizin und den medizinischen Services ist riesig und künstliche Intelligenz ist geeignet, wie kaum eine andere Technologie, die Komplexität des Fachgebietes besser beherrschbar zu machen.

Ähnlich wie bei der Erkennung von CT-Bildern zur Schlaganfalldiagnose, hat Google ein neuronales Netz programmiert, das anhand mikroskopischer Gewebebilder Prostata-Krebs erkennen kann und mit höherer Wahrscheinlichkeit korrekte Befunde erstellt als erfahrene Pathologen (Stumpe 2018). Einen ähnlichen Erfolg erzielte ein Team der Stanford University bei der Klassifizierung von Hautkrebs. (Esteva et al. 2017). Diese Systeme basieren auf *Convolutional Neural Networks*, also einer *Deep Learning*-Variante. Sie gewinnen die jahrelange Erfahrung von Fachärzt/-innen für Bilderkennung in wenigen Stunden. Inwiefern die Übung hier den Meister macht, zeigt Google mit einem Algorithmus, der in Zusammenarbeit mit Verily Life Sciences entwickelt wurde. Beide Unternehmen gehören zum Alphabet-Konzern. Der besagte Algorithmus analysiert Bilder der menschlichen Netzhaut und kann daraus mittlerweile die Wahrscheinlichkeit für eine Herzerkrankung prognostizieren. Die Ergebnisse sind ebenso gut wie die aus bestehenden, aber deutlich invasiveren Analysemethoden. Diagnosen anhand von Netzhaut-Analysen sind nicht neu. Sie ergeben verlässliche Aussagen über Krankheiten wie Diabetes, Bluthochdruck und einige Krebsarten. Aus einem Trainingsset mit über 284.000 Patientenakten mit Retina-Scans sollte die KI Zusammenhänge erkennen. Das Modell nutzte für die Analyse lediglich optisch erkennbare, anatomische Merkmale des Auges, wie Linse und Blutgefäße. Die Ergebnisse wurden anhand der Daten zweier voneinander unabhängiger Kontrollgruppen von jeweils ca. 12.000 und 1000 Patient/-innen überprüft. Nach der Lernphase erfasste die KI 150 neue, bisher unbekannte Bilder und kam zu beeindruckenden Ergebnissen: Das System konnte das Lebensalter aus der Netzhaut-Abbildung mit einer Genauigkeit von durchschnittlich +/- drei Jahren richtig angeben und mit 71-prozentiger Wahrscheinlichkeit korrekt sagen, ob es ein/e Raucher/-in ist. Das Risiko für einen Herzinfarkt oder einen Schlaganfall innerhalb der nächsten fünf Jahre wurde mit 70-prozentiger Genauigkeit ermittelt. Selbst der Blutdruck konnte nahezu richtig vorhergesagt werden. Die höchste Genauigkeit erreichte die KI bei der Bestimmung des Geschlechts: Mit 97-prozentiger Wahrscheinlichkeit konnte die KI anhand des Retina-Bildes bestimmen, ob es ein Patient oder eine Patientin war. Selbst die erfahrensten Augenärzte schaffen eine maximal 50-prozentige Wahrscheinlichkeit. Mit anderen Worten: Sie müssen raten (Poplin et al. 2018).

Durch regelmäßige Röntgenaufnahmen der Brust kann das Risiko der Sterblichkeit an Brustkrebs reduziert werden. Das bestehende Risikomodell für Brustkrebs ist leider nicht sehr zuverlässig und es gibt u. a. deshalb Diskussionen darüber, ab wann und wie oft diese Untersuchung vorgenommen werden soll. Das Bostoner MIT hat in Zusammenarbeit mit dem Massachusetts General Hospital ein *Deep Learning*-Modell entwickelt, das nach Training mit über 90.000 Mammografie-Datensätzen eine Vorhersage zur Brustkrebs-Wahrscheinlichkeit machen kann. Dabei erkennt der Algorithmus Muster und Zusammenhänge, die selbst dem geschulten menschlichen Auge verborgen sind. Es ist seit Jahrzehnten bekannt, dass die Mammographien von Frauen individuelle, breit gestreute Eigenschaften des Brustgewebes zeigen. Dabei geht es um genetische und hormonelle Einflüsse, Schwangerschaft, Laktation, Ernährung und Gewichtsschwankungen.

Diese Informationen können nun erstmals als Teil des Datenmodells in Wissen gewandelt werden und zu einer viel präziseren und personalisierteren Diagnose dienen. Darüber hinaus arbeitet die KI gleichermaßen zuverlässig bei Aufnahmen von Schwarzen und Weißen Frauen und sorgt für angemessene Inklusivität der Diagnostik. In den USA sind Schwarze Frauen mit 43 % höherer Wahrscheinlichkeit von tödlichem Brustkrebs betroffen als Weiße. Weitere medizinische Verbesserungen erhoffen sich die Teams des MIT und des Krankenhauses von der Erweiterung des Anwendungsrahmens der KI, so dass sie, ähnlich wie die KI zur Erkennung des Schlaganfallrisikos, auch andere Krankheiten, insbesondere Krebsarten wie z. B. Bauchspeicheldrüsenkrebs frühzeitiger erkennen kann (Simons und Gordon 2019). Algorithmische Bilderkennungssysteme sind effektiv für alle bildgebenden Diagnostikverfahren und entsprechend viele Beispiele gibt es. Diese Anwendungen machen abseits von verkaufs- und bequemlichkeitssteigernden Apps und Systemen viel Hoffnung auf nachhaltig lebensverbessernden KI-Einsatz. Ein Wermutstropfen bleibt: Die korrekten Befunde sind rein mathematisch ermittelt. Sie sind Kalkulationsergebnisse ohne erklärbare Erkenntnis. Die eigentliche wissenschaftliche und medizinische Arbeit, nicht nur Antworten zu geben, sondern Zusammenhänge zu verstehen und echte Erkenntnis einer Sache zu gewinnen, bleibt Aufgabe von Wissenschaft und Medizin (Strogatz 2018).

VII. Kfz-Versicherungsberechnungen

Versicherungen nutzen Computerprogramme, um Daten ihrer Verträge auszuwerten und ein belastbares Bild von zu erwartenden Risiken, Forderungsentwicklungen, zur Einnahmesituation und vieler weiterer Kennzahlen zu haben. Typische Fragen lauten: Wie wahrscheinlich ist es, dass neue Verträge lukrativ ist, also die Prämien pünktlich bezahlt werden, ohne Schäden zu verursachen? Welche Kundinnen oder Kunden haben häufig Schadensfälle und schmälern die Bilanz? Welche Merkmale unterscheiden die einen von den anderen usw. Antworten auf solche Fragen lassen sich über Risiko-Modelle prognostizieren. Heutige *Machine Learning*-Modelle erlauben dabei in einer viel höheren Komplexität zu rechnen als in der Vergangenheit und dadurch bestehende Modelle weiter zu verfeinern. Das Beispiel aus April 2019, das hier erläutert wird, dient zur Verbesserung von Risikoeinschätzungen bei Kfz-Versicherungsverträgen. Der Weg zu diesem Ergebnis ist besonders interessant und wurde inspiriert von einem Experiment mit Daten aus Google Street View, das bereits zwei Jahre zuvor, im März 2017 veröffentlicht wurde. Zum Hintergrund: Die amerikanische Volkszählungsbehörde gibt jedes Jahr ca. eine Milliarde US-Dollar für repräsentative Befragungen aus, um demographische Daten zur Zusammensetzung der Bevölkerung zu erhalten. Dabei werden Informationen wie Alter, Geschlecht, Berufstätigkeit usw. abgefragt. So ergibt sich ein übergreifendes Bild der Bevölkerung und ihrer Entwicklung. Die Gesamtübersicht, das ‚American Community Survey', enthält Daten von allen Städten und Landkreisen mit mehr als 65.000 Einwohnern. Die Erfassung dieser Daten ist aufgrund der Größe des Landes und der Vielfalt der urbanen und ländlichen Räume sehr aufwändig, deshalb sind manche Informationen bis zu fünf Jahre alt, während andere neu sind. Das macht Vergleiche schwierig. Timnit Gebru, bis Dezember 2020 Co-Lead von Googles ‚Ethical Artificial Intelligence Team', kam während der Arbeit an ihrer Dissertation an der Stanford University auf die Idee, Bilder aus Google Street View zu verwenden, um aus der Bildanalyse Erkenntnisse zur Bevölkerungsdemographie abzuleiten. Gebru und ihr Team fingen mit 50 Millionen Street View Bildern aus 200 Städten an. Die Arbeitshypothese war, dass Autos ein aussagekräftiger Indikator für demographische Daten wie Rasse, Einkommen, Ausbildungsgrad, Beruf usw. seien. Entsprechend trainierte Gebru eine Reihe von Bilderkennungs-Algorithmen darauf, Autos in den Street View Bildern zu erkennen und sie dann einzeln in eine von 2657 unterschiedlichen Kategorien einzuordnen, die sich aus Bauart, Marke, Modell und dem Alter ergeben. Es entstand somit eine relativ realistische Einschätzung des Fahrzeugwertes, und zwar für rund 22 Millionen Fahrzeuge, was ca. einem Drittel der angemeldeten Fahrzeuge in den ausgewählten Städten entspricht. Die KI hat zwei Wochen für diese Aufgabe gebraucht, die einen Menschen nach Gebrus Schätzung etwa 15 Jahre gekostet hätte. Was haben nun die Autos mit der Demographie ihrer Region zu tun? Um das herauszufinden, trainierte das Team einen anderen Algorithmus in der Aufgabe, die Zusammenhänge zwischen Autotypen und den Daten der Volkszählungsbehörde sowie den Wählermustern der letzten Präsidentschaftswahlen in Bereichen von etwa 1000 Einwohnern zu erfassen. Dieses Trainingsdatenset bestand aus Daten von 35 Städten. Mit den restlichen Daten wurde der *Deep Learning*-Algorithmus getestet: Konnte die KI aus Mustern der Fahrzeuge in einem Bereich akkurate Aussagen über die Demographie und das Wahlverhalten der Bürger/-innen in dem Bereich machen? Wie sich herausstellte, konnte der Algorithmus das sehr gut. Aus den Autos in einem Bereich ließen sich Demographie und politische Präferenzen schließen. Limousinen, so das Ergebnis, deuten eher auf Wähler der Demokraten hin, während Pick-up Trucks eher den Wählern der Republikaner zuzuordnen seien:

> „*The resulting associations are surprisingly simple and powerful. For instance, if the number of sedans encountered during a 15-minute drive through a city is higher than the number of pickup trucks, the city is likely to vote for a Democrat during the next Presidential election (88% chance); otherwise, it is likely to vote Republican (82%).*" (Gebru et al. 2017)

Schließlich machte das Team die Gegenprobe und verglich die Ergebnisse der KI mit den Ergebnissen der Volkszählungsbehörde und dem American Community Survey. Es gab starke Korrelationen mit Faktoren wie Einkommen, Ausbildung, Beruf etc. Auch wenn das American Community Survey noch für eine Weile der Gold-Standard für die Sammlung demographischer Daten in den USA sein wird, ist der Ansatz von Gebru et al ein ganz neuer Weg, um qualitativ hochwertige Daten sehr schnell und vergleichsweise günstig zu bekommen und damit bestehende Datensätze zu vervollständigen oder zu ergänzen. Dabei ist Google nicht der einzige Dienst, der solche Bilder zur Verfügung stellt. Die gleiche Analyse kann über Twitter, Facebook oder andere soziale Netzwerke gemacht werden, bei denen es Bilder mit Geo- und Datums-Informationen gibt. Aber was hat all das nun mit den Kfz-Versicherungen zu tun? Die Arbeit von Gebru brachte Łukasz Kidziński aus Stanford und Kinga Kita-Wojciechowska von der Universität Warschau auf die Idee, zur Verbesserung der Risikoeinschätzung von Kfz-Versicherungen statt Autos, Häuser auf Google Street View zu analysieren. Anhand von 20.000 nach dem Zufallsprinzip ausgewählten Datensätzen von Kunden, die zwischen 2013 und 2015 in Polen ihre Kfz-Haftpflichtversicherung in Anspruch genommen haben sowie der bestehenden Risikoeinschätzung des Versicherers, kannten sie die Adressen, die Schadenhistorie, Alter und Geschlecht etc. zu den Verträgen. Im nächsten Schritt luden Kidziński und Kita-Wojciechowska die Bilder der Häuser an diesen Adressen aus Google Street View herunter und klassifizierten sie nach Bauart (Mehrfamilienhaus, Reihenhaus, Bungalow, alleinstehendes Gebäude usw.), Alter und Gesamtzustand. Um zu prüfen, ob zwischen den Häusern der Kunden und der Wahrscheinlichkeit, mit der sie ihre Versicherung in Anspruch nahmen, ein Zusammenhang bestehe, nutzte das Forschungsteam einen Algorithmus, der nach Mustern, Gemeinsamkeiten und sonstigen Auffälligkeiten suchte. Das Ergebnis überraschte: Tatsächlich bestanden Zusammenhänge in den Daten und die Wohngebäude an den Vertragsadressen waren gute Indikatoren für die Wahrscheinlichkeit, mit der Ansprüche an die Versicherung gestellt würden. Das Schadenfallrisiko lässt sich sogar unabhängig von den klassisch genutzten Variablen wie Alter der Fahrer/-innen oder der Postleitzahl des Wohnorts, allein anhand der Eigenschaften eines Hauses, die auf Bildern erkennbar sind, prognostizieren. (Kita-Wojciechowska und Kidziński 2019). Die Ergänzung des Risikomodells mit diesen Daten verbesserte die Vorhersagewahrscheinlichkeit um zwei Prozent. Das mag auf den ersten Blick gering erscheinen, aber das vorherige Modell der Versicherung ist lediglich um acht Prozent besser als das sogenannte Null-Modell, das auf einem Zufallswert inklusive Alter, Geschlecht und Schadenshistorie fußt.

VIII. Bildende Kunst

Am 25. Oktober 2018 wurde in der Prints & Multiples Auktion von Christie's in New York das ‚Portrait of Edmond de Belamy' in weniger als sieben Minuten für 432.500 US-Dollar und damit zum vierzigfachen des geschätzten Preises telefonisch an eine anonyme Person versteigert. Die Signatur auf dem Bild lautet: „min G max D $Ex[\log(D(x))]+Ez[\log(1-D(G(z)))]$". Wenige Tage zuvor hing es noch neben einem Druck von Andy Warhol und einer Bronze von Roy Lichtenstein, die zusammen für nicht einmal die Hälfte des o.g. Preises verkauft wurden. Hohe Lossummen sind bei Christie's Kunstauktionen nicht ungewöhnlich, wohl aber für Kunst, die nicht von Menschen, sondern von Algorithmen geschaffen wurde. Das ‚Portrait of Edmond de Belamy' gehört zu einer Gruppe von Portraits der erfundenen Belamy-Familie. Der fragliche Algorithmus hat natürlich nicht aus eigener Initiative oder Intention ein Bild gedruckt: Hinter dem Projekt steckt das Pariser Künstlerkollektiv ‚Obvious'. Ihr Interesse gilt der Erkundung der Übergänge zwischen Kunst und KI. Die Belamy-Portraits erschufen Sie mit einem GAN, das vorab mit einem Datenset aus 15.000 Portraits trainiert wurde, die zwischen dem 14. und 20. Jahrhundert gemalt wurden. Entsprechend zeigt das Bild die Merkmale eines Portraits einer Person aus dem 18. Jahrhundert: Die Kleidung erinnert an einen Geistlichen aus dieser Zeit, das Unfertige an dem Werk wirkt relativ zeitgenössisch. Hugo Caselles-Dupré von Obvious erklärt dazu, dass es zu den Attributen des Datenmodells gehöre, Verzerrungen einzubauen.

> *„We did some work with nudes and landscapes, and we also tried feeding the algorithm sets of works by famous painters. But we found that portraits provided the best way to illustrate our point, which is that algorithms are able to emulate creativity."* (Christies 2018)

Die Verwendung des Begriffes ‚emulieren' ist in diesem Kontext interessant. Das Wort bedeutet normalerweise, dass ein Computer einen anderen nachahmt. Das Verfahren kommt oft zur Anwendung, wenn Software auf Systemen genutzt werden soll, für die sie nicht geschrieben wurde, z. T., weil die ursprünglichen Computer und Betriebssysteme zu alt sind und nicht mehr existieren. In der Verwendung von Caselles-Dupré wirkt es, als ob er sagen wolle, die KI emuliere das Gehirn eines menschlichen Künstlers. Das Werk löste durch den hohen Verkaufspreis eine Debatte darüber aus, wem das Urheberrecht gehöre. Den ursprünglichen Algorithmus schrieb Robbie Barrat mit 17 Jahren und veröffentlichte ihn als Open Source auf GitHub. Die Diskussionen drehten sich darum, inwieweit Obvious diesen Originalcode verwendet oder modifiziert habe und um die Tatsache, dass das Künstlerkollektiv weder den Algorithmus, noch das Trainingsset selbst erstellt hatte. Beides wurde einfach aus dem Netz heruntergeladen, leicht modifiziert und dann vermarktet. Pierre Fauter von Obvious entgegnet darauf: „We are the people who decided to do this, who decided to print it on canvas, sign it as a mathematical formula, put it in a gold frame." (Bogost 2019). Später bedankten die Franzosen sich bei Ian Goodfellow, der das GAN-Algorithmus-Modell erfunden hat und Robbie Barrat, für seine Inspiration zu ihrem Werk. Etwa ein Jahrhundert nach Marcel Duchamps berühmten ‚ready mades' hat sich offenbar mit oder ohne KI nicht so viel verändert in der Kunstwelt. Robbie Barrat reagierte enttäuscht:

> *„Plus, they attached this horrible narrative to it about how the computer made the work so, now, every time I speak I have to take 15 mins at the beginning to explain: 'By the way, that's not really what happens.' They're just saying that because I guess it sells for more if you say that it's the first robot-authored painting."* (Boddington 2020)

Robbie Barrat bezieht klar Stellung, dass der Algorithmus nichts weiter sei als ein Werkzeug des Künstlers und nicht der Künstler selbst. Ein anderes Beispiel für eine KI, die bild-künstlerisch tätig ist, ist ‚The Painting Fool', ein Algorithmus des britischen Informatikers Simon Colton, der an der Queen Mary University in London als Professor für Computational Creativity lehrt. The Painting Fool tritt auf der gleichnamigen Website www.thepaintingfool.com auf als KI mit dem Ziel der Anerkennung als eigenständiger Künstler: „I'm The Painting Fool: a computer program, and an aspiring painter. The aim of this project is for me to be taken seriously – one day – as a creative artist in my own right." Wie bei Hansons Sophia- und Ishiguros Erica-Puppe, ist auch hier die ganze Seite mit einer Story zum Roboter bzw. zur KI in der ersten Person geschrieben, so als spräche die KI selbst. Das Projekt existiert seit 2006 und wird von Colton zur Verbreitung seiner Thesen genutzt, nach denen künstliche Intelligenz auf Basis der Simulation des physischen Malprozesses Fähigkeiten und Verhalten zeigen könne, das als kreativ bezeichnet werden könne. Noch eine weitere KI, die Bilder malt ist ‚Ai-Da', deren Name sich von Ada Lovelace ableitet und die ebenfalls als Roboterpuppe ausgeführt ist. Was Ai-Da von den o.g. Maschinen unterscheidet, ist vor allem die Vermarktungsgeschichte, in der klar unterschieden wird zwischen der Maschine als solcher und der zugeschriebenen Persönlichkeit, der ‚Künstlerin-Persona', die durch das Werk charakterisiert sei:

> *„Ai-Da is the world's first ultra-realistic AI robot artist. She can draw, and is a performance artist. As a machine, with AI capabilities, her artist persona is the artworks, along with her drawings, performance art and collaborative paintings and sculptures. (…) She is not alive, but she is a persona that we relate and respond to.*

This surreal situation of confusing realities is already part of our daily lives: in our digital realms, who are we speaking to on online platforms? What algorithms are working behind our internet choices? Who writes the algorithms, and who benefits and who loses?" (Ai-Da o. J.)

Ai-Da ist ein Projekt des britischen Erfinders und Galeristen Aidan Meller und der Kuratorin Lucy Seal und war Teil der Ars Electronica 2019. Ein Team von Ingenieuren der Roboterfirma Engineered Arts hat den Roboter gebaut und die Software wurde von Studierenden der Oxford University geschrieben. Es geht ihnen dabei um die Erforschung der „uses and abuses of A.I.". Bis auf weiteres überträgt Ai-Da durch einen Roboterarm und eine künstliche Hand mit einem Stift auf Papier oder Leinwand, was sie mit den Kameras, die in den Augen der Puppe eingebaut sind, erfasst. Ein menschlicher Künstler vollendet das Bild schließlich mit Farbe (Stock 2019).

Ein anderes künstlerisch motiviertes Projekt ist der sogenannte ‚Cloudpainter', präsentiert auf www.cloudpainter.com von Pindar Van Arman. Der Washingtoner Künstler und Robotik-Experte baut mit seinem Sohn seit 2005 Maschinen, die kreativ zeichnen oder malen sollen. Sein neuestes Projekt ist www.artonomo.us, ein portraitierender Roboter, bzw. eine Reihe von mehr als zwei Dutzend Algorithmen, die auf Basis bereits gemalter Elemente entscheiden, was ein Roboterarm als nächstes malt. Die Idee dahinter ist, dass der Computer beinahe wie ein Künstler von seinem Werk zurücktritt und aus der Übersicht über das Bild heraus entscheidet, was der nächste Strich sein sollte.

Es gibt eine Reihe weiterer Beispiele für malende oder zeichnende KIs, die sich im Wesentlichen durch die Intentionen ihrer Projektverantwortlichen unterscheiden. Das Experimentieren mit Algorithmen, die entscheiden, was und wie etwas dargestellt wird, ist eine neue Form von Kreativität und wird entsprechend von Kunstschaffenden ausprobiert und eingesetzt. Oft liegt dabei besondere Aufmerksamkeit auf Werken, bei deren Entstehungsprozess nicht vorhersehbar ist, wie das Ergebnis aussehen wird. Diese Werke werfen die Frage auf, ob nun die KI oder der Mensch kreativ sei. Im Ergebnis hat eine von Menschen designte und produzierte Maschine in einem von menschlicher Kreativität vorgegebenem Rahmen das getan, wofür sie konstruiert wurde.

IX. Musik
Musik ist der zweite große Bereich, in dem KI eingesetzt wird, um Kunst zu schaffen. Dank massenhaft vorhandener digitalisierter Musik mangelt es nicht an Trainingsdaten, die nach verschiedensten Fragestellungen analysiert wer-

den können: Was sind die Gemeinsamkeiten erfolgreicher Titel? Was sind die wesentlichen Elemente eines Genres? Wie ist das optimale Verhältnis von Gesang zu instrumentaler Musik usw. Die Analyse-Ergebnisse können als Datenset für das Modell dienen, das selber Musik erstellt. Komponieren wäre vielleicht das falsche Wort, aber ein passender Algorithmus kann neue Titel erzeugen, die von ihren Vorbildern aus den Trainingsdaten kaum zu unterscheiden sind. Viel Aufmerksamkeit bekam in diesem Zusammenhang das Projekt der Vollendung der 10. Sinfonie von Ludwig van Beethoven anlässlich seines 250. Geburtstags im Beethovenjahr 2020. Ein internationales Team von Musikwissenschaftler/-innen, Komponist/-innen und Informatiker/-innen arbeitete seit Sommer 2019 daran, einen Algorithmus so zu trainieren, dass die vielen fehlenden Passagen im Stile Beethovens ergänzt werden. Das Ganze ist ein spielerischer Versuch, den kreativen Prozess der Komposition mit technischen Tools zu unterstützen. Bereits vier Jahre zuvor, im Jahr 2016, stellte Sony in Paris den ersten Popsong vor, der von einer künstlichen Intelligenz geschrieben wurde. Die Software ‚Flow Machines' erstellte das Lied ‚Daddy's Car' im Stil der Beatles. Vorab hatte das System die Daten von unzähligen Songs analysiert. 2018 veröffentlichte die amerikanische Künstlerin und YouTuberin Taryn Southern mit „I AM AI" das erste komplette Album, das von einer KI erstellt wurde (Welsh 2019). Abseits der Frage, ob etwas Kunst sei, gibt es praktische wirtschaftliche Anwendungen für automatisiert erstellte Musik, sogenannte Produktionsmusik. Sie ist alltäglicher Bestandteil von z. B. Werbespots, von Jingles im Fernsehen und Radio, von Telefon-Warteschleifen und Computerspielen. Im Gaming-Bereich, werden pro Spiel im Schnitt etwa zwei Stunden Musik komponiert und produziert. Spielende halten sich jedoch oft weit über 100 Stunden in den virtuellen Online-Spielewelten auf. Ideal sind deshalb Titel, die quasi unendlich laufen und sich den Charakteren und Spielsituationen anpassen. Musiker/-innen liefern Vorgaben für musikalische Themen als Trainingsdaten. Die Ideen werden in eine endlos variierende Spielemusik umgewandelt, die sich sogar in Echtzeit an die aktuellen Spielsituationen anpasst. Produzieren lässt sich so etwas z. B. mit ‚AIVA'. Das Akronym steht für *Artificial Intelligence Virtual Artist,* eine KI der Entwickler Pierre und Vincent Barreau und Denis Shtefan. Sie haben über 30.000 Partituren von einigen der größten Komponisten der Musikgeschichte kategorisiert und gekennzeichnet, welche Partituren und Passagen wie zu interpretieren sind, wie dicht die einzelnen Noten in einem Stück sind, welche Stimmung eine Partitur trägt, für welchen Stil der Komponist steht usw. Diese Informationen sind in das Datenmodell geflossen. Mit diesen ‚tags' oder ‚labels' kann der Algorithmus Zuordnungen machen und die richtige Art von Musik zu einer geforderten Aufgabe liefern, z. B. Musik für Spiele, für einen

Popsong oder für ein klassisches Stück. Mittels *Deep Learning* kann AIVA auf Basis der Trainingsdaten die Musiktheorie und die Muster hinter den Partituren erfassen oder auch einige Takte eines Stückes analysieren und voraussagen, welche Noten als nächstes gespielt werden sollten. Taryn Southerns Album „I AM AI" wurde mit diesem System erstellt. Es ist ein leistungsfähiges Kompositionswerkzeug, mit dem Musiker/-innen sehr viel schneller als bisher auf Marktanforderungen reagieren können. Die Software wurde auch eingesetzt, um 2017 das Eröffnungsstück zum Nationalfeiertag in Luxemburg zu schreiben, das von den Luxemburger Philharmonikern und einem Chor aufgeführt wurde. AIVA hat die weltweit erste von einer KI-geschriebene Stadthymne ‚Ode to Dubai' geschrieben, ebenso wie Musik für Soundtracks und Kurzfilme (Zakharyan und Götz 2019). Die meisten Expert/-innen sehen in solchen Projekten keine echte Kreativität, sondern eher eine intelligente Zuarbeit für professionelle Musiker/-innen.

Neben bildender Kunst und Musik tut sich künstliche Intelligenz auch in der Literatur um:

„Auf der Flucht gezimmert in einer Schauernacht.
Schleier auf dem Mahle.
Säumliche Nahrung, dieses Leben."

Das sind die ersten Zeilen des Gedichtes ‚Sonnenblicke auf der Flucht', das die Brentano-Gesellschaft 2018 in ihren renommierten Jahresband ‚Frankfurter Bibliothek' aufnahm. Das Werk, eingereicht von der Wiener Agentur ‚Tunnel 23', ist von einem Algorithmus. Das System wurde vorab mit Werken von Goethe und Schiller trainiert und lernte so Vokabular, Semantik und Rhythmik. Auch wenn es bei Gedichten oft weniger auf die Stringenz im textlichen Sinnzusammenhang ankommt und formale Aspekte der Prosa in den Hintergrund rücken, ist der Computer auch in der Lyrik noch eher ein Unterstützungswerkzeug für menschliche Kreativität, die aus den maschinell vorgefertigten Textfragmenten das fertige Gedicht schafft. Die Vorstellung von 100-prozentig computergenerierter Lyrik, die bald nicht mehr von menschlichen Werken unterscheidbar ist, erscheint jedoch realistisch (Volkswagen-Stiftung o. J.). Zwei Jahre zuvor, 2016, sind zu dem renommierten ‚Nikkei Hoshi Shinichi'-Literaturpreis vier Bücher eingereicht worden, die in Co-Autorenschaft mit KI geschrieben wurden. Hoshi Shinichi war ein japanischer Science-Fiction Autor und der ihm gewidmete Preis ehrt explizit Werke, die nicht von Menschen geschrieben wurden. Die Jury wusste nicht, welche der Einreichungen von Mensch-Maschine-Teams geschrieben wurden und eines der vier Bücher dieser Teams schaffte es immerhin in die zweite von vier Auswahlrunden für den Preis. Auch wenn 80 % der Arbeit hier immer noch von Menschen kommt, so leistet der Computer schon die harte Arbeit des Schreibens an sich, während die menschlichen Ko-Autor/-innen die Handlung und die Charakter-Details der Figuren bestimmen (Schaub 2016).

2017 sorgte die Unterhaltungsfirma Botnick Studios mit einem maschinell verfassten Harry-Potter-Kapitel für Aufsehen. *Fanzine*, das Schreiben von Geschichten in bestehenden Romanwelten durch Fans von Autor/-innen ist ein globales Phänomen. Mit ‚The Handsome One' wurde zum ersten Mal eine solche Geschichte von einer KI geschrieben. Trainingsdaten waren die bereits von J.K. Rowling geschriebenen Harry Potter-Bände. Das KI-Werk zeigt, wie gut *Deep Learning* für Stil, Sprache und Syntax funktioniert und mit direkter und indirekter Rede sowie Relativsätzen sehr überzeugend den sprachlichen Rhythmus der Autorin kopiert. Inhaltlich kommt allerdings noch ziemlicher Unsinn heraus. Trotzdem wird auch in dieser Disziplin klar, dass die Frage nach Kreativität von KI auf Dauer weniger einfach zu verneinen sein wird (Liao 2017).

X. Roboter-Journalismus

Unter dem Begriff ‚Roboterjournalismus' werden keine physischen Roboter verstanden, die auf Veranstaltungen gehen und später darüber schreiben oder die in Redaktionen an Schreibtischen sitzen. Die Rede ist von Algorithmen, von Software-Robots, kurz Bots. Viele dieser Programme sind schon seit Jahren fester Bestandteil des Online-Journalismus. Bots verfassen seit Anfang der 2010er-Jahre zunächst vor allem kurze Texte, in denen vergleichsweise standardisierte Informationen zusammengefasst werden. Sport- und Finanznachrichten sind ideale Felder für die Bot-Anwendung, weil sich hier relativ einfach Parameter zur Inhaltserstellung definieren lassen. Im Sport sind das Informationen wie Spieldauer, Spielminute, Ergebnis der Partie, Namen von Torschützen, Tabellenplatzierungen, Mannschaftsaufstellungen usw. Das ist ähnlich für alle Sportarten aufgebaut und ebenso funktionieren z. B. Börsennachrichten, nur, dass es hier um andere Informationen wie Kurswerte, Kursentwicklungen, Kurs-Gewinn-Verhältnisse, Dividenden, Hauptversammlungstermine, Börsenplätze u. ä. geht. Finanznachrichten werden vor allem von großen Fondsgesellschaften an ihre Anleger/-innen versendet bzw. für diese online bereitgestellt. Automatisierte Nachrichten können hier viel schneller ausgespielt werden als redaktionell von menschlichen Reporter/-innen aufbereitete Informationen. Das haben sich auch die Nachrichtenagenturen wie Bloomberg, American Press (AP) oder Reuters zum Ziel gesetzt. 2018 war schon ca. ein Drittel der Inhalte, die Bloomberg News veröffentlichte, mithilfe von softwarebasierter Automatisierungstechnologie erstellt. ‚Cyborg', wie das System bei Bloomberg heißt, unterstützt z. B. dabei, Nachrichten zu den vierteljährlichen Unternehmensbilanzen zu schreiben. Die KI liest die Bilanz, zerlegt sie in die relevanten Parameter und erstellt automatisiert eine Nachricht mit den wichtigsten Fakten und Zahlen; eine Aufgabe, die in Redaktionen im Übrigen nicht besonders gern erledigt wird. AP hat dank der Automatisierung pro Quartal 3700 statt 300 Bilanznachrichten publiziert. In den USA wird so auch das Gros der Nachrichten aus dem College-Sport und den unteren Ligen produziert. Dieser Roboter-Journalismus ist Teil des normalen Arbeitsalltags in Medienredaktionen geworden und das Ergebnis ist nicht der Abbau von Arbeitsplätzen, sondern die Befreiung von langweiligen und zeitaufwändigen Texten zugunsten von qualitativ hochwertigerer, kreativer und investigativer journalistischer Arbeit. So geht AP davon aus, dass allein im Bereich Finanznachrichten etwa 20 % der Zeit, die Menschen für die Texte benötigten, eingespart würde, bei gleichzeitig gesunkener Fehlerquote. „This gives reporters more time to concentrate on the content and story-telling behind an article rather than the fact-checking and research. All in all, this could truly benefit journalism." (Martin 2019).

Bei Zeitungen, die sich mit internationaler Berichterstattung beschäftigen, können Algorithmen lokale Nachrichten erstellen. Durch die Fähigkeit, Texte schnell zu erfassen, kann KI bei bestimmten Inhalten automatisch eine/n Redakteur/-in einschalten, der/die die Story ansehen und modifizieren kann. Während der Olympischen Spiele 2016 hat die Washington Post ihr KI-System so konfiguriert, dass automatisch ein/e Journalist/-in benachrichtigt wurde, wenn ein Wettkampfergebnis um 10 % über oder unter einer bisherigen Rekordmarke lag. Diese Funktionalitäten müssen in z. T. kleinteiliger Arbeit von Entwickler/-innen und den Fachredaktionen zusammen implementiert werden. Viele Textbausteine werden vorab von Menschen geschrieben und bei Bedarf von der KI automatisch zusammengestellt. Die auf diese Weise in wenigen Millisekunden produzierten Texte sind oft lediglich Vorlagen, die es den Reporter/-innen erleichtern, längere Texte schneller und mit besserer Datenqualität zu schreiben. (Peiser 2019). Roboter-Journalismus ist ein weltweites Phänomen. Auch wenn die genannten Beispiele sich auf amerikanische Medien konzentrieren, so arbeiten die Medienhäuser in Asien und Europa, auch in Deutschland, mit diesen KI-Varianten, die u. a. auf *Machine Learning*, NLP und *Natural Language Generation*-Algorithmen basieren. In Deutschland bietet das Start-up soccerwatch.tv aus Essen explizit für den lokalen Fußballsport sogar eine automatisierte Kameralösung an, die, mittig am Spielfeldrand positioniert, mit sechs Kameras das gesamte Spielfeld aufzeichnen kann. Mithilfe eines erfolgreich trainierten KI-Modells werden relevante Kamerapositionen und Einstellungen ausgewählt. Somit folgt die soccerwatch.tv Software automatisch dem Spielgeschehen und kann Highlights wie z. B. Torschüsse erkennen. Auf diese Weise steht erstmals Amateurmannschaften in der Fläche eine professionelle Aufzeichnungs- und Online-Übertragungslösung für ihre Heimspiele zur Verfügung, sogar inklusive der Möglichkeit, individuelle Spielanalysen für das Training zu machen (Gruhn 2021).

In Schweden hat MittMedia Tausende neuer Abonnements für seine digitalen Angebote gewinnen können und führt dies u.a. darauf zurück, dass der sogenannte ‚Homeowners Bot' seit September 2017 schon mehr als 34.000 Artikel zum Immobilienmarkt für die Lokalzeitungen des Medienhauses geschrieben hat. Die Zielgruppe ist lokal fokussiert und hat hohes Interesse an Nachrichten wie „Wer hat das Nachbarhaus gekauft?" oder „Welches ist die teuerste Immobilie in einem Viertel?" Die Bilder werden vom Bot passend aus Google Street View übernommen.

Viel kürzer als Texte in journalistischen Online- oder Print-Medien sind Chat-Nachrichten und im Bereich der Chatbots lässt sich KI hervorragend einsetzen. Menschen sind auf Konversation und Dialog konditioniert. Chatbots simulieren solche Konversationen immer besser und sind u.a. deshalb eine der wesentlichen Ursachen für die Faszination von KI und der Tendenz zur Personifizierung und Anthropomorphisierung. Chatbots lassen sich auch im Journalismus effektiv einsetzen: 2016 startete z. B. die New York Times einen Chatbot, der automatisch kurze Nachrichten zum amerikanischen Präsidentschaftswahlkampf im Facebook-Messenger Konto des Politik-Reporters Nicholas ‚Nick' Confessore ausspielte. Das Zielpublikum war eher jünger und technikaffin. Das Experiment reiht sich zu einer Menge von Chatbots, die schon früh von unterschiedlichen Medien bereitgestellt wurden. Das renommierte Nieman Lab der Harvard University hatte diese Entwicklung vorausgesehen und sprach Ende 2015 von „The Botification of News". (Barot 2015). Das Chatbot-Reporter Experiment der New York Times war ein Mix aus vorbereiteten Nachrichten von Nick Confessore, die vor allem seine Meinung zur Entwicklung der Präsidentenwahl in den USA enthielten und automatisierten Nachrichten des Bots, mit zusätzlichen News-Angeboten zum Wahlkampf. Da sich alles im Messenger-Konto von Confessore abspielte, war es ein spannender Mix, denn seine eigenen Nachrichten waren seine persönliche Meinung, nicht der offizielle Standpunkt der New York Times. Insgesamt sind über 250.000 Leserinnen und Leser in einen Bot-Dialog eingestiegen und erlebten eine persönliche, einzigartige Kommunikation. Hinsichtlich des Engagements der Zielgruppe mit dem interaktiven Angebot war es ein sensationeller Erfolg, bei dem die wesentlichen Herausforderungen in der Kuratierung des Inhalte-Mix und im Treffen des richtigen Tonfalls in der Zielgruppenansprache lagen.

Als sinnvoll erweisen sich themenzentrierte Kanäle, z. B. Wahlberichterstattung oder Fußball-Nachrichten. Der Vorteil dieser Form des Journalismus ist die Interaktvität, die einen viel höheren Grad an Personalisierung der Meldungen erlaubt als die Ansprache über einen allgemeinen Text an alle. Das Ergebnis für Abonnent/-innen eines solchen Kanals ist eine vertiefte Kommunikation bzw. aus Anbietersicht ein vertiefter Konsum der angebotenen Inhalte. Weiter gedacht ist es vermutlich nur eine Frage der Zeit, bis komplett individualisierte Nachrichten zum Standard werden. Der Einsatz von KI im Journalismus ist definitiv nicht mehr wegzudenken. Medien wie die Washington Post und die New York Times sind heute explizit bekannt für ihren KI-Einsatz, aber auch in Deutschland ist das Thema nicht neu. Der Spiegel, die F.A.Z., die Süddeutsche Zeitung oder das ZDF setzen alle KI in der Berichterstattung ein. Im März 2016 ist die Öffentlichkeit durch den prominenten Go-Sieg von AlphaGo gegen Lee Sedol neu für die Fähigkeiten von KI sensibilisiert. Im gleichen Jahr erlebt die Welt einen US-Wahlkampf im Sommer und Herbst, der vor allem durch den massiven Bot-Einsatz in sozialen Medien wie Facebook und Twitter noch Jahre später Medien, Politik und Jurist/-innen beschäftigt. In diesem Zusammenhang ist auch die journalistische Nutzung von KI stärker in den Fokus der Aufmerksamkeit geraten und wird gewohnt dystopisch kommentiert: z. B. beim britischen Express mit der Überschrift: „RISE OF THE MACHINE: Journalists under threat as AI robot writes article in ONE SECOND." und weiter „ANOTHER industry is at risk of being replaced by robot workers (…)" (Martin 2017). Tatsächlich muss es eine unglaublich langsame KI sein, wenn sie eine ganze Sekunde für einen Artikel braucht. Fast ebenso reflexartig fordert der Deutsche Journalistenverband (DJV) im gleichen Jahr eine Kennzeichnung für Roboterjournalismus, von Artikeln, die von Software generiert wurden. Der DJV begründet seine Forderung mit der Notwendigkeit von Glaubwürdigkeit im Journalismus und sieht Quellentransparenz als ein wesentliches Merkmal dafür. Gleichzeitig erkennt der Verband an, dass „(…) die Künstliche Intelligenz sinnvolle Anwendungen aus Sicht einer Redaktion hervorbringen könne, wie der ‚Feinstaub-Radar' der Stuttgarter Zeitung/Stuttgarter Nachrichten zeige." (DJV 2018). Es geht scheinbar in erster Linie darum, wie sich der Wahrheitsgehalt automatisch erzeugter Inhalte überprüfen lasse?

Leser/-innen mögen anscheinend computergenerierte Texte, insbesondere, wenn sie nicht wissen, dass sie von einem Algorithmus generiert wurden. Das ist zumindest das Ergebnis einer Studie von 2016, der Universität München. Knapp 1000 Menschen wurden gebeten, online Nachrichtentexte zu lesen.

Im Ergebnis erhielten die Texte bessere Noten, wenn sie vermeintlich von einem Menschen geschrieben wurden, selbst dann, wenn der Text tatsächlich von einer Software kam. Den vermeintlich computergenerierten Texten wurde hingegen mehr Glaubwürdigkeit zugetraut, weil sie, wie die Forscher/-innen vermuten, fakten- und datenlastig seien. (Haim und Graefe 2018). Mit immer leistungsfähigeren Algorithmen und Textgeneratoren können aus vorhandenen Daten immer längere und auch inhaltlich bessere Texte erstellt werden. Das GPT-2 Modell von OpenAI ist so ein System. In der Ankündigung im Februar 2019 hieß es: „Due to our concerns about malicious applications of the technology, we are not releasing the trained model." (Radford et al. 2019). Es würde also nur ein abgespecktes Modell des Textgenerators veröffentlicht, da das vollständig trainierte Model zu bösartigen Zwecken missbraucht werden könnte. Angeblich habe sich OpenAI um die Formulierung keine besonderen Gedanken gemacht, aber im Kontext der erwartungsgemäß weltweit folgenden Überschriften, OpenAI habe eine KI entwickelt, die zu gefährlich sei, um veröffentlicht zu werden, wurde ein weiteres Mal das Ende der Welt durch künstliche Intelligenz beschworen und der Blog war eine sehr erfolgreiche PR-Maßnahme für die eigentliche Veröffentlichung des trainierten Modells im November des gleichen Jahres (Soleiman et al. 2019).

GPT-2 steht dabei für ‚Generative Pretrained Transformer 2', was bedeutet: *Generative* – das Modell ist trainiert, neuen Text zu generieren, bzw. auf Basis von bereits vorhandenen Informationen vorherzusagen. Dazu hat es eine große Menge an Rohtext im Hinblick auf statistische Merkmale verarbeitet. Das Modell weiß also, welche Worte oft aufeinander folgen, mit welcher Häufigkeit bestimmte Begriffe in welchem Kontext stehen usw.

Pretrained – das Sprachmodell hat ähnlich wie ImageNet aus Massen von unterschiedlichen Daten viele Inhalte gelernt und ist in entsprechend vielen Bereichen sofort in der Lage, zusammenhängende, inhaltlich weitgehend passende Texte zu erstellen.

Transformer – das Systems nutzt die sogenannte ‚Transformer Architektur', eine Weiterentwicklung der neuronalen Netze, die für Sprachverständnis (*Natural Language Understanding*, NLU) eingesetzt werden. Das sind *Convolutional-* und *Recurrent Neural Networks* sowie LSTM, erweitert um einen Aspekt, den die Informatiker ‚Attention', also Aufmerksamkeit, nennen. Gemeint ist, dass in der Transformer-Architektur das neuronale Netz bei jedem Schritt die Beziehungen aller Worte in einem Satz zueinander errechnet. So kann das Modell Wortzusammenhänge viel besser und schneller erkennen. In dem Beispiel: „Der Automat schien kaputt zu sein. Der Kaffee schmeckte nach Seife und ich trat dagegen." erkennt das Transformer-Modell, dass ich gegen den Automaten trete und nicht gegen den Kaffee (Vaswani et al. 2017).

Die ‚-2' in GPT-2 sagt lediglich, dass dies nicht das erste System dieser Art ist, das OpenAI entwickelt hat. Bereits im Juni 2020 veröffentlichte OpenAI mit GPT-3 eine Weiterentwicklung des Systems. GPT-2 wurde mit 1,5 Milliarden Wort-Parametern trainiert und ist in der Lage, mit sehr kurzen Eingaben, im Grunde schon ab dem ersten Wort, auf den ersten Blick sinnvolle Texte zu erstellen. GPT-3 wurde mit nahezu einer Billion Wörter trainiert. Das sind über 500 Gigabyte Textdaten und entspricht mehr als der 100-fachen Menge an Trainingsparametern seines Vorgängers (Brown et al. 2020). GPT-3 stellt die aktuelle Spitze der automatisierten Textgenerierung dar, aber es ist nur eine Frage von kurzer Zeit, bis Nachfolger die Leistungen übertreffen werden. Trotzdem hat das System viel Furore gemacht, nicht zuletzt durch einen vielbeachteten Beitrag im Guardian im September 2020, in dem die Redaktion einen Text von GPT-3 schreiben ließ. Thema natürlich: „Überzeuge uns, dass Roboter in Frieden kommen." (GPT-3 2020). Der Text ist qualitativ bemerkenswert gut, aber der finale Text wurde auch von der Redaktion überarbeitet. GPT-3 wurde wenige Wochen nach der Veröffentlichung exklusiv von Microsoft lizensiert. Der Digitalisierungskonzern ist jahrelanger Lieferant von Cloud-Ressourcen für OpenAI und hat sich in 2020 im Rahmen eines Vertrages für rund eine Milliarde US-Dollar die Rechte an der alleinigen Nutzung von GPT-3 gesichert. Die Investition ist ein klares Indiz für die Leistungsfähigkeit des Systems und die Ambition Microsofts sich im KI-Bereich führend zu positionieren.

GPT- 2 und -3 können also bereits ab der Eingabe eines einzigen Wortes Texte produzieren. Je kürzer die Eingaben sind, desto weniger halten die Ergebnisse jedoch einer tieferen inhaltlichen Überprüfung stand. Mittlerweile gibt es mehrere sehr leistungsfähige Transformer-Modelle und es ist absehbar, dass Textautomatisierung ebenso ein Alltagsstandard werden wird, wie z. B. die Websuche. Denkbar ist die völlige Automatisierung von Massenliteratur wie Kriminal-, Fantasy- oder Science-Fiction Romane. Computergenerierte Bücher werden bereits publiziert, doch selbst ein gut geschriebener Text einer KI wie GPT-3 ist im Ergebnis kein kreativ gut durchdachter, sondern immer nur ein probabilistisch gut gemachter Text. Der Wissenschaftsverlag Springer Nature hat das erste von einem Computer verfasste Buch verlegt. Es geht um Zusammenfassungen der neuesten Forschungsliteratur über Lithium-Ionen-Batterien. Die algorithmische Leistung liegt darin, große Mengen Text zu erfassen und Ähnlichkeiten abzuleiten, die drauf schließen lassen, dass ein bestimmtes Forschungspapier den wissenschaftlichen Stand repräsentiert. Die KI ist nicht im Fokus eigener Autorschaft zu sehen. Sie ist ein Werkzeug, das menschliche Autorinnen und Autoren unterstützt, Bücher zu schreiben (Chircos und Seynsche 2019).

Besonders in der Wissenschaft ist die Verfügbarkeit automatisch generierter Literaturüberblicke wertvoll. Die Menge der publizierten Arbeiten pro Jahr ist in den meisten Bereichen zu hoch, um sie von Hand verarbeiten zu können. 2015 schrieb der Spiegel bereits: „Unser Wissen scheint zu explodieren: Die Zahl wissenschaftlicher Aufsätze steigt pro Jahr um etwa acht Prozent. Rund zwei Millionen Artikel dürften im Jahr 2015 erscheinen." (Dambeck 2015). Schätzungen von 2018 deuten in eine ähnliche Richtung: „No one knows how many scientific journals there are, but several estimates point to around 30,000, with close to two million articles published each year." (Altbach und de Wit 2018). Auf ResearchGate, einer Online-Plattform für wissenschaftliche Arbeiten, besteht Zugriff auf über 135 Millionen wissenschaftliche Publikationen von über 19 Millionen Wissenschaftlern. Dieser Menge von Wissen kann ohne digitale Hilfe kaum noch repräsentativ Erkenntnis entnommen werden. Das Beispiel von Springer Nature zeigt einen Weg auf, bei dieser Wissensflut den Überblick zu behalten und in Disziplinen wie der Medizin eine Lösung zu bieten, wo frühzeitig die richtige Information zu haben, Menschenleben retten kann.

XI. Stellenbesetzung

Die Anwendung von KI bei Jobsuche und Stellenbesetzung ist ein extrem relevantes Thema in puncto Datenschutz. Es geht um Karrieren, Lebensläufe und Geld. Persönliche Informationen wechseln zwischen Bewerber/-innen und Stellenanbietern hin und her. Interessante, gut bezahlte Positionen bei großen Firmen in attraktiven Städten ziehen schnell Tausende von Bewerbungen an. Für Personalverantwortliche ist es oft nicht mehr möglich, Bewerbungen individuell und angemessen zu prüfen. HR-Verantwortliche haben heute zum Teil nur wenige Sekunden Zeit, einen Lebenslauf anzusehen (Stepstone 2018). Künstliche Intelligenz kann hier unterstützen, sagen die Anbieter sogenannter ‚Application-' bzw. ‚Applicant Tracking Systems' (ATS). In diesem Markt gibt es neben Schwergewichten wie Oracle oder SAP Success Factors viele kleine und mittlere Anbieter für *Human Capital Management Software*. Ihre Systeme übernehmen die elektronische Vorab-Überprüfung von Lebensläufen. Für die Bewerber/-innen bedeutet es, dass zunächst ein ATS-Bot in wenigen Sekunden die Bewerbung erfasst, sortiert, scannt und in eine Reihenfolge ordnet. Nur die vorderst eingeordneten Bewerbungen werden überhaupt noch im Personalbereich persönlich angesehen. Dazu werden die einzelnen Passagen des Lebenslaufes kategorisiert und nach Stichwörtern abgesucht, die den vorgegebenen Parametern der Ausschreibung entsprechen, wie z. B. Hochschulen, Abschlussnoten, Jahre von Berufserfahrung usw.. Nach Recherchen der New Yorker Firma TopResume setzen ca. 95 % aller großen Unternehmen ATS ein. Dadurch werden etwa 75 % der Bewerbungen von Bots ausgefiltert, ohne dass je ein Recruiter einen Blick darauf geworfen habe. Die KI sucht nicht die richtigen Bewerbungen aus, aber sie filtert alle Unterlagen heraus, die nicht auf das Jobprofil passen (Augustine o. J.). ATS wenden *Machine Learning* an, um die Bewerbungen zu filtern. Wenn es sich um Tätigkeitsprofile handelt, die bereits im Unternehmen vorhanden sind, werden oft die Bewerbungsunterlagen der schon erfolgreich eingestellten Mitarbeiter/-innen als Trainingsdaten verwendet. Ziel ist, das ideale Bewerbungsprofil in das ATS zu programmieren. Mit genau diesem Verfahren ist Amazon im Oktober 2018 negativ in die Schlagzeilen gerutscht als Reuters meldete, fünf *Machine Learning*-Spezialisten, die an einer ATS Software für Amazon arbeiteten, hätten berichtet, dass das System Frauen benachteilige (Dastin 2018). Hintergrund ist, dass in den gesuchten Tätigkeitsprofilen im IT-Bereich bisher fast ausschließlich Männer arbeiteten. Das ist relativ typisch für die dortige Geschlechterverteilung, nicht nur im KI-Bereich, und insofern auch für Amazon keine Überraschung. Der Fall zeigt beispielhaft, wie Bias in die *Machine Learning*-Daten gerät.

Eine andere Herangehensweise ist der Einsatz von *Machine Learning* bei der Analyse biometrischer Merkmale. Das kann z. B. die Video- und Stimmanalyse des Bewerbungsgesprächs sein, in der Stimmlage und Gesichtsausdruck interpretiert und kategorisiert werden. Das deutsche Unternehmen Precire bietet seit einigen Jahren Lösungen, bei denen Bewerber/-innen z. B. vor ihrem Vorstellungstermin ein 15-minütiges Telefon-Interview mit einem Computer machen. Die von Psycholog/-innen und Informatiker/-innen entwickelte Software stellt z. B. Fragen nach Hobbys, einem typischen Sonntag, schönen Erlebnissen oder Sorgen der vergangenen Wochen. Die Antworten werden auf Wortwahl, Satzstruktur und Stimmlage analysiert. Der Algorithmus schließt aus der Anzahl benutzter Verben oder Adjektive, Sprechgeschwindigkeit, Modulation und ob stockend oder flüssig gesprochen wird, auf Charaktereigenschaften wie Neugier, Risikofreudigkeit, Motivation oder Belastbarkeit. Das Ergebnis entscheidet ggf. über das Erreichen der nächsten Bewerbungsrunde. Andere biometrische Verfahren beobachten die Mimik und werten sogenannte Mikro-Expressionen aus. Das sind unbewusste Muskelbewegungen im Gesicht, die nur Bruchteile von Sekunden gehalten werden, bevor das Bewusstsein die Kontrolle über die Mimik zurückerlangt. Die Gesichtsausdrücke werden in sieben Grundemotionen unterschieden: Freude, Trauer, Wut, Ekel, Überraschung, Angst und Verachtung. Auch hier erfolgt die Auswertung der Gesichter z. B. aus Bewerbungsgesprächen über

Machine Learning. Das Ergebnis ist auch hier eine Bewertung der Eignung von Bewerber/-innen für die jeweils ausgeschriebene Stelle. Die Wissenschaft ist uneins über die Genauigkeit solcher Analyseverfahren, einige Großunternehmen testen die Technologien jedoch bereits. Die Ungenauigkeit dieser Systeme lässt sich nachweisen, trotzdem suggerieren sie, und darauf bezieht sich die Kritik, auch durch ggf. falsche Ergebnisse ein Wissen, auf das kein Verlass ist. Beispielsweise kommt eine Untersuchung zum Einfluss von Rasse auf die automatisierte visuelle Emotionserkennung anhand der Analyse von Fotos zu dem Schluss, dass Schwarzen Männern mit höherer Wahrscheinlichkeit auf ihren Gesichtsausdruck eher negative Emotionen zugeschrieben werden als Weißen Männern. Gleichzeitig wird eingeräumt, dass es möglich sei, dass die KI trotz der Fehlerquote die richtige Emotion mit höherer Genauigkeit erkennen könnte als ein Mensch (Rhue 2018). Insgesamt sind die Analysen biometrischer Merkmale und die daraus abgeleiteten Schlüsse auf Persönlichkeit und Charakter bei Bewerbungen mit Zweifel behaftet. Angesichts der Geschwindigkeit, mit der KI neue Expertise erlernt, gibt es möglicherweise in einigen Jahren zuverlässige Systeme zur Auswertung psychologischer Merkmale aus biometrischen Daten. Abschließend zu diesem Punkt hat eine repräsentative Untersuchung des Verbands der TÜV e.V. ergeben, dass bisher nur ca. neun Prozent der befragten Betriebe KI im Personalbereich ansetzten. Angesichts der vielen Berichte darüber könnte dieser Anteil viel höher eingeschätzt werden (VdTÜV 2020).

XII. Simulationen

Mit den gegebenen technischen Möglichkeiten hinsichtlich Prozessorgeschwindigkeit, Speichervolumina, Bandbreiten zur Datenübertragung und der Menge von Daten und Algorithmen lassen sich viele Prozesse und Situationen simulieren, deren Test sonst einen hohen Aufwand an Zeit, Material und Kosten bedeuten würden. KI spielt für die Berechnung dieser Modelle eine wesentliche Rolle. Simulationsmodellierung mit KI ist eine Analysemethode, die Experimente mit einer digitalen Abbildung eines Systems erlaubt. Dazu muss nichts physikalisch modelliert oder angefertigt werden. Die Simulationsmodellierung nutzt Computer, Algorithmen und Gleichungen. Die Modelle können mit sehr vielen Daten sehr detailreich ausgestattet werden, was entsprechend genauere Vorhersagen der jeweiligen Ergebnisse ermöglicht. Mit solchen Simulationen können risikolos Szenarien durchgespielt werden. Man kann z. B. errechnen, was es bedeuten würde, die Besetzung einer Produktionsschicht in einem Werk zu verändern, ohne die Produktion der Fabrik zu gefährden oder auch was die Veränderung chemischer Zusammensetzungen in einer Versuchsanordnung für Reaktionen ergeben würde, wie sich Wirkstoffe in Medikamenten im Körper verhalten, wie Energie am effizientesten in einem Netz verteilt werden kann oder welche Marktreaktionen auf neue Produkte, Preisänderungen o. ä. zu erwarten wären. Die Möglichkeiten sind grenzenlos. Die Simulationsergebnisse lassen sich in 2D oder 3D animieren und sind so leichter verständlich und besser kommunizierbar. Parameter einer Simulation können verändert und so verschiedenste Kombinationen risikolos und zudem sehr schnell getestet werden und der Verlauf einer Simulation kann vor- und zurück ‚gespult' werden, um z. B. die Phasen eines Tests besser zu analysieren. An der Technischen Universität Berlin forscht Dr. Klaus-Robert Müller als Professor für Maschinelles Lernen u. a. an den Grundlagen einer digitalisierten Produktentwicklung in der Fahrzeugindustrie. Dort werden anhand von Simulationen neue Produkte analysiert. Die Analysen finden an digitalen Prototypen statt, so dass kein physikalischer Prototyp gebaut werden muss. Mit *Machine Learning* sollen auch hier Datenanalysen automatisiert und Verbesserungen vorgeschlagen werden, ohne dass wie bisher, Ingenieur/-innen die riesigen Datenmengen, die von den Simulationen erzeugt werden, von Hand auswerten müssen. Ein Hauptaugenmerk der Forschung liegt dabei auf der Frage der Erklärbarkeit und Robustheit der Verfahren und der Frage nach der besten Form für die Darstellung des Entscheidungsprozesses der KI. Erklärbarkeit ist hinsichtlich der Akzeptanz von KI schon jetzt ein wichtiger Aspekt und spielt u.a. in der Automobilindustrie eine große Rolle, denn die Hersteller tragen die Verantwortung für ihre Produkte (Müller 2018). Verantwortlich sein heißt in diesem Zusammenhang vor allem, haftbar zu sein, denn natürlich sind fast alle KI-Anwendungen finanziell motiviert und fast alle Simulationen wirken sich effizienzsteigernd aus. In der industriellen Anwendung werden Simulationen dank ihrer vielen Vorteile immer mehr zum Standard. Das Stichwort lautet ‚Digital Twin'. Der digitale Zwilling ist mehr als nur eine virtuelle Kopie eines realen Gegenstands oder Prozesses. Digital Twins können so weit gehen, dass sie per Sensorik mit Echtzeitdaten aus dem realen Bauteil versorgt werden. Damit ergibt sich eine permanente Kontrolle über alle Bauteildaten und eine noch genauere Simulation verschiedenster Szenarien. Für diese Verfahren gibt es kaum Grenzen, denn egal ob es eine Fabrik oder eine ganze Stadt ist, ob es ein Kopiergerät, eine CNC-Fräse oder ein Auto inklusive aller Fahreigenschaften ist, all das kann simuliert werden. Je nach Kritikalität des nachgebildeten Objekts kann das Original vom digitalen Zwilling durch den gesamten Lebenszyklus begleitet werden. Mit dieser Überwachung sind z. B. sogenannte *Predictive Maintenance Services* umsetzbar, bei denen die Datenanalyse des Digital Twins anzeigt, wenn ein Teil verschleißt und ausgetauscht werden sollte, bzw. kommt sogar noch weiterreichend *Prescriptive*

Maintenance zum Einsatz: Wenn die Maschinendaten eine anstehende Reparatur anzeigen, werden automatisch alle notwendigen Leistungen und Teile bestellt und ein Termin reserviert. Eine solche Verbindung zwischen dem Original und dem digitalen Zwilling wird als ‚Digital Thread' bezeichnet. Dieser Thread ist wirklich wie ein Faden, der sich durch die Nutzungsgeschichte des betreffenden Objektes oder Prozesses zieht. Dank solcher Daten, verbunden mit detailgetreuen digitalen Abbildern der Originale, können neben der Simulation unterschiedlichster Situationen und Rahmenbedingungen auch intensive Zusammenarbeitsmodelle realisiert werden. Teams aus unterschiedlichen Bereichen, vielleicht sogar aus unterschiedlichen Unternehmen oder Organisationen können gemeinsam an einem Modell arbeiten und interdisziplinär zu weiteren Innovationen gelangen. Denkbar ist so etwas bei komplexen Simulationen, wie z. B. der des Stadtstaates Singapur, die von Dassault Systèmes realisiert wurde: Der dicht besiedelte urbane Raum hat nur wenig Platz für Experimente. Um städteplanerische Fehler zu vermeiden, hat die Regierung von Singapur ein dreidimensionales, detailgetreues, digitales Abbild der Stadt errechnen lassen. Anhand dieses Modells können die Auswirkungen verschiedenster Ideen aus Politik, Architektur, Verkehr etc. getestet werden. Das virtuelle Singapur enthält jede Bushaltestelle und jedes Gebäude der realen Stadt. Echtzeit-Datenübertragung von Sensoren in der Stadt reichern das Modell mit dynamischen Informationen an, wie Temperaturen, Luftfeuchtigkeit, Energieverbrauch von Gebäuden sowie Verkehrsdaten und sogar, wie viele Menschen gerade in einen Bus ein- oder aussteigen. Offizielles Ziel der Simulation ist, bestmögliche planerische Entscheidungen zu treffen und diese anhand des 3D-Modells auch sehr einfach kommunizieren zu können. Die virtuelle Stadt zeigt die Topographie und ermöglicht Flut-Vorhersagen, die Einrichtung von Fluchtwegen bei Naturkatastrophen ebenso wie die optimale Platzierung von Solar-Paneelen auf Gebäuden oder die Ausrichtung von WLAN-Antennen für nahtlosen Empfang im gesamten Stadtgebiet (Maxey 2015).

Für Hersteller ergibt sich ganz automatisch die Chance für neue datengetriebene Geschäftsmodelle und das Schaffen konkreter Mehrwerte für ihre Kunden. Das können Motoren sein, die weniger Benzin verbrauchen und geringeren Verschleiß haben, weil sich die Leistung immer optimal an die Fahrweise und die aktuellen Verkehrsverhältnisse anpasst. Rolls-Royce (RR) erweitert dank Simulationen sein schon seit 1962 bewährtes ‚Power-by-the-Hour'-Konzept, bei dem Fluggesellschaften schon seit über 50 Jahren nicht für die Turbine, sondern für die reibungslose Flugstunde bezahlen. Nun gibt es von RR ein komplettes Austauschangebot für alle Teile zu einem Festpreis pro Flugstunde: Mit Sensorik und KI-unterstützten Simulationen kann RR sein Angebot erweitern und mit ‚Engine Health Monitoring' die Überwachung laufender Turbinen anbieten und sein globales Reparaturnetzwerk mit den gewonnenen Daten für schnellstmögliche Wartung am Boden optimieren (Rolls-Royce 2012).

General Electric (GE) verwendet schon seit 2015 digitale Zwillinge für seine Windräder und legt für jedes hergestellte Windrad zuerst eine virtuelle Simulation für genau den geplanten Aufstellungsort an. Die Planungs-Ingenieur/-innen konfigurieren die Anlage modular mit 20 verschiedenen Parametern wie Masthöhe, Rotor-Durchmesser, Turbinenleistung etc., um die höchste Effizienz für jede Anlage zu erreichen. Darüber hinaus arbeitet der virtuelle Doppelgänger mit Daten aus dem realen Betrieb des Windrades, die in Echtzeit über Sensoren in der Anlage übertragen und mit den Daten weiterer Anlagen im Windpark abgeglichen werden. Das System gibt Empfehlungen, wie z. B. die Rotorgeschwindigkeit für mehr Effizienz oder auch geringere Lautstärke angepasst werden kann, falls sich Häuser in der Nähe befinden. GE verspricht sich eine um bis zu 20 % verbesserte Energieausbeute. *Machine Learning* und komplexe Datenmodelle machen das möglich (General Electric 2015).

Ein weiteres Beispiel, ebenfalls aus dem Energiesektor, ist die britische Firma National Grid, die in Kooperation mit der Google-Tochter Deepmind *Deep Learning* einsetzt, um Angebot und Nachfrage im Stromnetz mit Daten aus den Wetterberichten und intelligenten Thermostaten und Sensoren an Stromzählern, sogenannten ‚Smart Meter', vorherzusagen. Mit den Daten soll der Verbrauch landesweit um 10 % gesenkt und eine Verlagerung auf erneuerbare Energien erreicht werden. Zudem gibt es eine Reihe von Unternehmen, die an einem Programm teilnehmen, das deren Klimaanlagen steuert, um vorausberechnete Lastspitzen im Stromnetz auszugleichen (Bughin et al. 2017).

Diese erfolgreichen Anwendungen suggerieren, dass Simulationen immer reibungslos den Transfer in die nicht-digitale Welt schaffen. Oft ist die Wirklichkeit außerhalb des Computers jedoch zu komplex, um selbst vom besten Datenmodell fehlerfrei simuliert werden zu können. Wenn Firmen wie Audi oder staatliche Behörden Experimente zu autonomem Fahren in der simulierten Großstadt machen, können sie viele Millionen Kilometer Fahrpraxis elektronisch erwerben und aus vielen Situationen lernen, die im realen Straßenverkehr nicht passieren dürfen. Der tatsächliche Übergang hält bisher trotzdem noch zu viele Überraschungen bereit, um eine KI schon komplett autonom in der Stadt fahren zu lassen. Trotzdem sind die virtuellen Testfelder endlos mit den unterschiedlichsten Situationen programmierbar, so dass diese Art des Trainings Jahrzehnte an Testkilometern auf realen Straßen und alle damit verbundenen Kosten und Risiken erspart.

Die Schweizerischen Bundesbahnen (SBB) nutzen den Zeitgewinn des virtuellen Modells und trainieren KI auf einem Digital Twin ihres Schienennetzes. Das Ziel ist ein automatisiertes Zugplanungssystem, das auf unerwartete Zwischenfälle reagieren kann. Gegenüber jährlich 365 Beispielen des Bahnnetzbetriebs konnte die SBB im Computermodell in wenigen Wochen 65 Millionen Jahre Netzbetrieb durchspielen und dabei die KI mittels *Reinforcement Learning* trainieren, bei Verspätungen, Weichenschäden oder blockierten Strecken schnell Gegenmaßnahmen zur Stabilisierung des Fahrplans zu ergreifen. Um nicht der trotzdem bestehenden Lücke zwischen der perfekten Simulation und den komplexen Überraschungen der Wirklichkeit zum Opfer zu fallen, findet eine permanente Überprüfung der Realitätstauglichkeit der gefundenen Lösungen statt. Wie das virtuelle Singapur enthält die SBB-Verkehrssimulation unterschiedlichste Elemente einer wirklichkeitsgetreuen Abbildung mit Fahrzeugen, Fußgängern, Schildern, Gebäuden und sogar mit Merkmalen wie Schnee, Straßenglätte, unterschiedlichen Lichtverhältnissen, Laternen mit Lichtkegeln und Schatten. Die KI simuliert auch Unzulänglichkeiten der Sensorik, wie durch Schnee verrauschte Radar- oder Lidar-Bilder. Situationen, die in der Simulation besonders schwierig sind, können mit echten Testfahrten nachtrainiert werden (Meier 2018).

Das letzte Beispiel zeigt eine sehr einfache Anwendung, basierend auf einer völlig logischen Herleitung, deren Umsetzung allerdings ohne *Machine Learning* und *Reinforcement Learning* beinahe unmöglich wäre. Es geht darum, Hardware-Robotern Bewegungsabläufe nach natürlichen Vorbildern zu trainieren. Der Roboter im Test ist ein Modell ‚Laikago' der Firma Unitree und im Aufbau sehr ähnlich dem schon bekannteren Hunde-ähnlichen ‚Spot Mini' von Boston Dynamics. Informatiker/-innen bei Google haben für das Experiment Bewegungsdaten von Hunden genutzt, um Simulationen für verschiedene Manöver oder Bewegungen zu erstellen. Im nächsten Schritt wurden die Positionsdaten der Gelenke aus der Simulation mit den Daten des Digital Twins des Roboters synchronisiert, so dass der virtuelle Roboter dieselben Bewegungen ausführte, wie das virtuelle Modell, also wie ein echter Hund. Das *Reinforcement Learning* diente dazu, die Bewegungen des Roboters zu stabilisieren und die Abweichungen in der Gewichtsverteilung und dem Design zwischen Roboter und Hund zu korrigieren. Schließlich wurde der finale Code in den Roboter geladen. Das Ergebnis ist ein vierbeiniger Roboter, der sich fast ebenso dynamisch wie ein Hund in unterschiedlichstem Terrain bewegen kann. Diese Art von Training wird auch *Imitation Learning* genannt und ist eine adäquate Antwort auf die schwierige Aufgabe, wie sich Maschinen autonom in der realen Welt fortbewegen können. Für Autos werden Straßen gebaut, für Züge werden Schienen gelegt usw., viele Orte sind jedoch nur zu Fuß und ggf. auch nur unter Widrigkeiten erreichbar. Dazu zählen Bordsteine, Kopfsteinpflaster, Kies oder unbefestigte und bei Regen matschige Wege, Treppen und Flächen mit Bewuchs, ggf. all das mit Steigung oder Gefälle usw.. Es ist ein viel zu hoher und vielleicht unlösbarer Aufwand, die Fähigkeiten, sich auf so unterschiedlichen Terrains sicher zu bewegen, von Hand zu programmieren. Mit KI können Maschinen sich je nach Bauweise auf einfache Weise die Agilität von Tieren und Menschen aneignen (Hao 2020).

…und was KI also nicht ist:
Diese Beispiele sind ein Tropfen im Ozean der bereits im Einsatz befindlichen KI-Systeme. Mit den sich jeden Tag verbessernden technologischen Rahmenbedingungen werden die Systeme immer leistungsfähiger und per *Transfer Learning*, der Übertragung von passenden Datenmodellen auf eine andere Fragestellung, immer schneller operativ und produktiv einsetzbar. Jedes einzelne der vorgestellten Beispiele erzeugt erstaunliche Ergebnisse, gemessen an den menschlichen Fähigkeiten und manuellen Möglichkeiten für die gegebenen Aufgaben. Trotzdem ist das reflexartige Postulieren einer KI-Überlegenheit und einer daraus erwachsenden Bedrohung der menschlichen Zivilisation oder gar Spezies überzogen. Die bereits jahrzehntelange Suche nach Wegen zu einer künstlichen Intelligenz auf menschlichem Niveau, mit allgemeinen und flexiblen Problemlösungsfähigkeiten, bleibt eines der schwierigsten Forschungsfelder unserer Zeit. Die Publicity-trächtigen Erfolge der schieren Rechenstärke wie beim Schach-Sieg von Deep Blue gegen Kasparov 1997 oder die Niederlagen der menschlichen Champions bei Jeopardy oder im Go dank *Deep Learning* markieren starken KI-Fortschritt, sind jedoch eben nur auf ihren Spezialgebieten herausragend. Eine KI, die Dinge oder Personen und ihre Funktionen oder Rollen in der realen Welt und ihre Beziehungen zueinander erkennt, so dass Absicht, Kausalität und Sinn abgeleitet werden können, existiert nicht. So eine ‚starke KI' oder auch Artificial General Intelligence (AGI) bleibt vorerst ein Ziel in weiter Ferne.

KI-Systeme verarbeiten von Menschen beschriftete Massendaten, um mit statistischen Verfahren in neuronalen Netzen Katzen auf Bildern zu erkennen. Auch wenn das mittlerweile sehr gut funktioniert, weiß dieser Bilderkennungsalgorithmus nicht, dass Katzen schnurren, sich mit der Zunge das Fell putzen, Mäuse jagen und gerne in der Sonne liegen. Computer werden auf das mathematische Muster einer Sache trainiert und benötigen enorm viele Trainingsbeispiele, um am Ende nur das zu kennen. Kinder lernen aus wenigen Beispielen, lernen über soziale Interaktion und entwickeln dabei eine umfassende

Erkenntnis ihrer Umwelt. Moderne *Deep Learning*-Modelle leisten gegenüber vorzeitigen statistischen *Machine Learning*-Methoden deutlich verbesserte Mustererkennung. Sie benötigen aber trotzdem menschlichen Input in Form von überwachtem Lernen und riesiger Datenmengen. Menschen hingegen können aus einer geringen Anzahl von Informationen schnell abstrakte Modelle von Situationen bilden und aus ihnen allgemeine Regeln ableiten. Sie haben die Fähigkeit zu sozialem Lernen und einer kulturellen Entwicklung in einer Gemeinschaft.

In einer Studie über altruistisches Verhalten bei Kleinkindern und Schimpansen machte der Psychologe Felix Warneken während seiner Promotion am Max-Planck-Institut für Evolutionäre Anthropologie in Leipzig Experimente mit 18 Monate alten Kindern, um deren soziales Verhalten zu untersuchen. In einem gefilmten Versuch beobachtet ein Kleinkind, wie ein Mann mit einem Stapel Bücher wiederholt gegen eine geschlossene Schranktür läuft. Nach kurzer Zeit verlässt das Kind seine Position, zieht die Schranktüren auf, tritt zur Seite und blickt den Erwachsenen an, der dann seine Bücher im Schrank ablegen kann. In einem anderen Versuch probiert der Erwachsene, Bücher auf einen Stapel zu legen, verfehlt jedoch den Stapel und das Kind, das direkt vor dem Stapel sitzt, nimmt die Bücher und legt sie jeweils auf den Stapel (Warneken und Tomasello 2006). Was für das Kind in den gegebenen Situationen selbstverständlich ist, sind für Computer bzw. eine KI schwierige Probleme. In den Experimenten erkennt das Kind die Intention des Erwachsenen. In der Situation mit dem verschlossenen Schrank versteht das Kind den Plan hinter der Handlung des Erwachsenen, gegen die Schranktür zu laufen und erkennt selbständig die physikalischen Rahmenbedingungen. Das Kind weiß, wie eine Schranktür geöffnet wird und kann dies ohne zusätzlichen Impuls von außen aktiv umsetzen. Es entscheidet sich von selbst, zu helfen. Die Fähigkeit zu dieser Art von Erkenntnis, Bildung von Intention und Einleiten einer autonomen Aktion erfordert Fähigkeit zur Abstraktion und Regelableitung. Dies in einem Datenmodell zu programmieren oder zu trainieren gehört zu den schwierigsten Problemen heutiger KI. Trotz faszinierender Fortschritte und beeindruckender Anwendungsbeispiele von KI in so vielen Bereichen, in denen Menschen Computern für immer unterlegen sein werden, gilt nach wie vor das nach dem Computerwissenschaftler Hans Moravec benannte ‚Moravecs Paradoxon'. Es besagt, dass Dinge, die Menschen leichtfallen, für Computer sehr schwer sind und Dinge, die für Menschen schwer sind, Computern leicht fallen. Ein Computer kann mittels *Machine Learning* aus Millionen von gleichartigen Bildern in wenigen Sekunden das eine Bild identifizieren, auf dem eine für das menschliche Auge kaum sichtbare Besonderheit ist, z. B. bei der Analyse von Röntgenaufnahmen. Das ist für Menschen unmöglich. Andererseits kann der gleiche Computer keinen Zusammenhang zwischen dem Röntgenbild und der Funktion des Körperteils, von dem das Bild ist, herstellen, geschweige denn, einen Einkaufszettel für ein Abendessen mit vier Personen erstellen oder erklären, was eine Clownsnase ist.

Menschen können über eine wackelige Brücke gehen, entgegenkommenden Passanten ausweichen, sich dabei unterhalten, ihre Umgebung wahrnehmen und etwas aus einer Tasche holen. Die dafür notwendigen motorischen Fähigkeiten sind im Laufe der Evolution sozusagen fest in unser System kodiert. Sie laufen wie von selbst ab, während sie, besonders in ihrer Parallelität, einem Roboter aufwändig programmiert und eingebaut werden müssten. Moravec ist ein Schüler von John McCarthy und ähnlich wie Ray Kurzweil ein KI-Enthusiast, der an die Entwicklung maschineller Superintelligenz glaubt. Er sieht intelligente Roboter als konsequente evolutionäre Nachfolger der menschlichen Spezies. Folgerichtig postuliert er den ‚Transhumanismus', die baldige Evolution des Menschen zu einem Mischwesen aus Mensch und Maschine. Die Optimierung der biologischen Möglichkeiten des menschlichen Körpers durch Technologie bedeuten eine Erweiterung menschlicher Potenziale. Alternativ dazu bliebe den Menschen, so Moravec 1996 in dem Essay ‚Die Evolution postbiologischen Lebens' nur, „(...) hoffnungslos auf dem alten Planeten zurück (zu) bleiben, (…) bestenfalls ihre Pensionierung (zu) genießen oder als bedrohte Art, als ‚Pigs in the Cyberspace', (zu) überleben." (Moravec 1996). Für sein Buch ‚Mind Children, The Future of Robot and Human Intelligence' von 1990, in dem er seine Vorstellungen von der Zukunft der Robotik und der Menschheit vorstellt, erntete er viel Kritik, wurde aber auch zu einem der Vordenker der transhumanistischen Bewegung. In seinem Essay geht Moravec von rascher Entwicklung auf dem Feld der Robotik und von allgemein einsetzbaren, humanoiden Robotern aus, die in Fabriken, aber auch im Haushalt unterstützen und über Software-Updates und eigenes Lernen permanent ihre Fähigkeiten erweitern. Nach seiner Prognose müssten wir 2020 schon in der dritten Dekade der Roboter-Generation sein: Maschinen, die durch Simulation lernten und fast universell einsetzbar seien. Einige von Moravecs Prognosen sind bereits erkennbar falsch und zeitlich zu optimistisch. Viele der von ihm beschriebenen Eigenschaften und die Lernwege der KI dorthin sind jedoch in der bisherigen Entwicklung direkt nachvollziehbar und mit der Prognose der Roboterprogrammierung durch Lernen aus Simulationen lag er annähernd richtig.

Literatur

Ada Lovelace Informatik. (o.J.). *Adas Notizen.* http://www.ada-lovelace-informatik.de/adas-notizen/. Zugegriffen am 25.01.2021.

Ai-Da. (o.J.). *The worlds's first ultra realistic robot artist.* https://www.ai-darobot.com. Zugegriffen am 17.02.2021.

Altbach, P., & de Wit, H. (07. September 2018). Too much academic research is being published. *University World News.* https://www.universityworldnews.com/post.php?story=20180905095203579. Zugegriffen am 17.02.2021.

Anderson, M. R. (17. Oktober 2016). Robot babies from Japan raise all sorts of questions about how parents bond with AI. *The Conversation.* https://theconversation.com/robot-babies-from-japan-raise-all-sorts-of-questions-about-how-parents-bond-with-ai-66815. Zugegriffen am 13.02.2021.

Asimov, I. (1950). *Runaround.* New York: Doubleday.

Augustine, A. (o.J.). What is an ATS? How to write a resume to beat the bots. *Top Resume.* https://www.topresume.com/career-advice/what-is-an-ats-resume. Zugegriffen am 17.02.2021.

Azevedo, F., Carvalho, L., Grinberg, L., Farfel, J., Ferretti-Rebustini, R., Leite, R., Filho, W., Lent, R., & Herculano-Houzel, S. (2009). Equal numbers of neuronal and non-neuronal cells make the human brain an isometrically scaled-up primate brain. *The Journal of Comparative Neurology, 513,* 532–541. https://doi.org/10.1002/cne.21974. Zugegriffen am 30.01.2021.

Barot, T. (2015). The botification of news. *NiemanLab.* https://www.niemanlab.org/2015/12/the-botification-of-news/. Zugegriffen am 18.02.2021.

Beuth, P. (11. Mai 2018). Wir müssen reden, Google. *DER SPIEGEL.* http://www.spiegel.de/netzwelt/web/google-duplex-hallo-was-spricht-da-a-1207355.html. Zugegriffen am 25.01.2021.

Biography.com. (2020). *Alan Turing Biography.* https://www.biography.com/scientist/alan-turing. Zugegriffen am 25.01.2021.

Boddington, R. (2020). Robbie Barrat (24.02.2020). *It's nice that.* https://www.itsnicethat.com/features/ones-to-watch-2020-robbie-barrat-digital-240220. Zugegriffen am 17.02.2021.

Bogost, I. (06. März 2019). The AI-Art gold rush is Here. *The Atlantic.* https://www.theatlantic.com/technology/archive/2019/03/ai-created-art-invades-chelsea-gallery-scene/584134/. Zugegriffen am 24.01.2021.

Bringsjord, S., Bello, P., & Ferrucci, D. (2000). Creativity, the Turing test, and the (better) Lovelace test. *Minds and Machines, 11* (S. 3–27). https://doi.org/10.1023/A:1011206622741. Zugegriffen am 24.01.2021.

Brown, T. B., Mann, B., Ryder, N., Subbiah, M., Kaplan, J., Dhariwal, P., Neelakantan, A., Shyam, P., Sastry, G., Askell, A., Agarwal, S., Herbert-Voss, A., Krueger, G., Henighan, T., Child, R., Ramesh, A., Ziegler, D. M., Wu, J., Winter, C., Hesse, C., Chen, M., Sigler, E., Litwin, M., Gray, S., Chess, B., Clark, J., Berner,

C., McCandlish, S., Radford, A., Sutskever, I., & Amodei, D. (22. Juli 2020). Language models are few-shot learners. *arXiv*. https://arxiv.org/pdf/2005.14165.pdf. Zugegriffen am 18.02.2021.

Bryson, J.J. (2011). A role for consciousness in action selection. *International Journal of Machine Consciousness*. 04. https://doi.org/10.1142/S1793843012400276. Zugegriffen am 05.02.2021.

Bryson, J. J. (2015). Artificial intelligence and pro-social behaviour. In C. Misselhorn (Hrsg.), *Collective agency and cooperation in natural and artificial systems: Explanation, implementation and simulation* (Philosophical studies series, Bd. 122, S. 281–306). Berlin: Springer. https://doi.org/10.1007/978-3-319-15515-9_15.

Bryson, J. J. (2018). The past decade and future of AI's impact on society. In M. Baddeley, M. Castells, A. Guiora, B. Eichengreen, N. Chau, R. López, R. Kanbur & V. Burkett (Hrsg.), *Towards a new enlightenment? A transcendent decade* (S. 127–159). Madrid: BBVA.

Bryson, J. J., Diamantis, M. E., & Grant, T. D. (2017). Of, for, and by the people: The legal lacuna of synthetic persons (08.09.2017). *Artificial Intelligence and Law, 25*, 273–291. https://doi.org/10.1007/s10506-017-9214-9. Zugegriffen am 14.02.2021.

Bughin, J., Hazan, E., Ramaswamy, P. S., Chui M., Allas, T., Dahlström P., Henke N., & Trench, M. (2017). Discussion paper June 2017. In McKinsey Global Institute (Hrsg.), *Artificial intelligence. The next digital Frontier?* https://www.mckinsey.com/~/media/mckinsey/industries/advanced%20electronics/our%20insights/how%20artificial%20intelligence%20can%20deliver%20real%20value%20to%20companies/mgi-artificial-intelligence-discussion-paper.ashx. Zugegriffen am 24.01.2021.

Bughin, J., Seong, J., Manyika, J., Chui, M., & Joshi, R. (2018). Discussion paper September 2018. In McKinsey Global Institute (Hrsg.), *Notes from the AI Frontier. Modeling the impact of AI on the world economy*. https://www.mckinsey.com/~/media/McKinsey/Featured%20Insights/Artificial%20Intelligence/Notes%20from%20the%20frontier%20Modeling%20the%20impact%20of%20AI%20on%20the%20world%20economy/MGI-Notes-from-the-AI-frontier-Modeling-the-impact-of-AI-on-the-world-economy-September-2018.ashx. Zugegriffen am 24.01.2021.

Chalmers, D. (1995). Facing up to the hard problem of consciousness. *Journal of Consciousness Studies, 2*, 200–219. https://web.ics.purdue.edu/~drkelly/Chalmers-HardProblem1995.pdf. Zugegriffen am 01.02.2021.

Chang, K. (30. April 2019). The Microbots are on their way. *The New York Times*. https://www.nytimes.com/2019/04/30/science/microbots-robots-silicon-wafer.html. Zugegriffen am 07.02.2021.

Chircos, C., & Seynsche, M. (11. April 2019). Erstes computergeneriertes Buch publiziert. *Deutschlandfunk*. https://www.deutschlandfunk.de/kuenstliche-intelligenz-erstes-computergeneriertes-buch.676.de.html?dram:article_id=446126. Zugegriffen am 20.02.2021.

Christies. (2018). Is artificial intelligence set to become art's next medium? (12.12.2018). https://www.christies.com/features/A-collaboration-between-two-artists-one-human-one-a-machine-9332-1.aspx. Zugegriffen am 17.02.2021.

Dambeck, H. (12. März 2015). Forscher veröffentlichen zu viel. *DER SPIEGEL.* https://www.spiegel.de/wissenschaft/mensch/publikationsflut-forscher-veroeffentlichen-zu-viel-a-1022970.html. Zugegriffen am 17.02.2021.

Dastin, J. (11. Oktober 2018). Amazon scraps secret AI recruiting tool that showed bias against women. *Reuters.* https://www.reuters.com/article/us-amazon-com-jobs-automation-insight/amazon-scraps-secret-ai-recruiting-tool-that-showed-bias-against-women-idUSKCN1MK08G. Zugegriffen am 17.02.2021.

Deng, J., Dong, W., Socher, R., Li, L.-J., Li, K., & Li, F. F. (2009). ImageNet: A large-scale hierarchical image database. IEEE conference on computer vision and pattern recognition (S. 248–255). https://www.researchgate.net/publication/221361415_ImageNet_a_Large-Scale_Hierarchical_Image_Database. Zugegriffen am 26.01.2021.

Dennett, D. C. (1991). *Consciousness explained.* New York: Little Brown.

Dennett, D. C. (2018). Facing up to the hard question of consciousness (19.09.2018). *Philosophical Transactions of the Royal Society, B, 373.* https://doi.org/10.1098/rstb.2017.0342. Zugegriffen am 01.02.2021.

DJV, Deutscher Journalisten Verband. (2018). *DJV-NRW setzt sich für Kennzeichnungspflicht von automatisiert generierten Inhalten ein* (22.11.2018). https://www.djv-nrw.de/startseite/info/aktuell/pressemitteilungen/details/news-djv-nrw-setzt-sich-fuer-kennzeichnungspflicht-von-automatisiert-generierten-inhalten-ein. Zugegriffen am 17.02.2021.

Engineering and Physical Sciences Research Council (EPSRC). (o.J.). *Principles of robotics. Regulating robots in the real world.* https://epsrc.ukri.org/research/ourportfolio/themes/engineering/activities/principlesofrobotics/. Zugegriffen am 12.02.2021.

Esteva, A., Kuprel, B., Novoa, R. A., Ko, J., Swetter, S. M., Blau, H. M., & Thrun, S. (2017). Dermatologist-level classification of skin cancer with deep neural networks. *Nature, 542,* 115–118. https://doi.org/10.1038/nature21056. Zugegriffen am 17.02.2021.

Europäische Kommission. (2020). *Weissbuch Zur Künstlichen Intelligenz – ein europäisches Konzept für Exzellenz und Vertrauen.* COM(2020) 65 final. (19.02.2020). https://ec.europa.eu/info/sites/info/files/commission-white-paper-artificial-intelligence-feb2020_de.pdf. Zugegriffen am 24.01.2021.

Europäisches Parlament. (2017a). *Zivilrechtliche Regelungen im Bereich Robotik.* Entschließung des Europäischen Parlaments vom 16. Februar 2017 mit Empfehlungen an die Kommission zu zivilrechtlichen Regelungen im Bereich Robotik (2015/2103(INL)). https://www.europarl.europa.eu/doceo/document/TA-8-2017-0051_DE.pdf. Zugegriffen am 22.01.2021.

Europäisches Parlament. (2017b). *BERICHT mit Empfehlungen an die Kommission zu zivilrechtlichen Regelungen im Bereich Robotik (2015/2103(INL)).* https://www.

europarl.europa.eu/doceo/document/A-8-2017-0005_DE.html. Zugegriffen am 22.01.2021.
Factory. (2018). *Wo humanoide Roboter heute schon im Einsatz sind* (27.11.2018). https://factorynet.at/a/wo-humanoide-roboter-heute-schon-im-einsatz-sind. Zugegriffen am 06.02.2021.
Fallon, F. (o.J.). Integrated information theory of consciousness. *The Internet Encyclopedia of Philosophy*, ISSN 2161-0002. https://iep.utm.edu/int-info/. Zugegriffen am 01.02.2021.
Fehrenbach, A. (08. November 2018). Mit KI erschaffen wir eine komplett neue Spezies. *GQ*. https://www.gq-magazin.de/auto-technik/article/mit-ki-erschaffen-wir-eine-komplett-neue-spezies. Zugegriffen am 05.02.2021.
Fellien, A., (2012). *Künstliche Intelligenz zwischen Anspruch und Wirklichkeit* (07.12.2012). https://www.researchgate.net/profile/Arne_Fellien/publication/274372169_Kunstliche_Intelligenz_zwischen_Anspruch_und_Wirklichkeit/links/551c14140cf2909047b9c177/Kuenstliche-Intelligenz-zwischen-Anspruch-und-Wirklichkeit.pdf. Zugegriffen am 25.01.2021.
Fraune, B. (09. April 2019). Randalierer im Zug: Aggressionserkennung durch KI. *Heise online*. https://www.heise.de/newsticker/meldung/Aggressionserkennung-durch-KI-Wenn-der-Zug-Randale-meldet-4367652.html. Zugegriffen am 15.02.2021.
Freitas, R. A. Jr. (1996). Respirocytes. A mechanical artificial red cell: Exploratory design in medical nanotechnology. (17.04.1996). https://foresight.org/Nanomedicine/Respirocytes.php. Zugegriffen am 30.01.2021.
de Freytas-Tamura, K. (26. März 2010). Babypuppe soll Eltern in Japan zum Kinderkriegen animieren. *Zeit Online*. https://www.zeit.de/wissen/2010-03/japan-roboterbaby-eltern. Zugegriffen am 13.02.2021.
Frohlich, J. (05. März 2019). Here's how we'll know an AI Is conscious. *Nautilus*. http://nautil.us/blog/heres-how-well-know-an-ai-is-conscious?. Zugegriffen am 30.01.2021.
Fuest, B. (11. April 2019). Wie Amazon-Mitarbeiter Ihre Alexa-Aufnahmen mithören. *WELT*. https://www.welt.de/wirtschaft/webwelt/article191741517/Amazons-Echo-Mitarbeiter-hoeren-Alexa-Aufnahmen-mit.html. Zugegriffen am 11.02.2021.
Gallwitz, F. (14. Dezember 2018). *Auch 2029 wird es keine Künstliche Intelligenz geben, die diesen Namen verdient*. GQ. https://www.gq-magazin.de/auto-technik/article/auch-2029-wird-es-keine-kuenstliche-intelligenz-geben-die-diesen-namen-verdient. Zugegriffen am 06.02.2021.
Gebru, T., Krause, J., Wang, Y., Chen, D., Deng, J., Lieberman-Aiden, E., & Li, F.-F. (2017). Using deep learning and Google street view to estimate the demographic makeup of the US (02.03.2017). https://arxiv.org/pdf/1702.06683.pdf. Zugegriffen am 17.02.2021.
General Electric. (27. September 2015). *Wind in the cloud? How the digital wind farm will make wind power 20 percent more efficient*. https://www.ge.com/news/reports/wind-in-the-cloud-how-the-digital-wind-farm-will-2. Zugegriffen am 20.02.2021.
Gershgorn, D. (26. Juli 2017). The data that transformed AI research and possibly the world. *Quartz*. https://qz.com/1034972/the-data-that-changed-the-direction-of-ai-research-and-possibly-the-world/. Zugegriffen am 24.01.2021.

Gerstl, S. (21. Juni 2019). Pepper: Humanoider Roboter als Bankangestellter, Verkäufer und Pfleger. *Elektronikpraxis Vogel.* https://www.elektronikpraxis.vogel.de/pepper-humanoider-roboter-als-bankangestellter-verkaeufer-und-pfleger-a-839220/. Zugegriffen am 06.02.2021.

Gesellschaft für Informatik. (25. Juni 2019). *Allensbach-Umfrage: Terminator und R2-D2 die bekanntesten KIs in Deutschland.* https://gi.de/meldung/allensbach-umfrage-terminator-und-r2-d2-die-bekanntesten-kis-in-deutschland/. Zugegriffen am 07.02.2021.

Giles, M. (18. April 2018). Duell der KIs. *heise online.* https://www.heise.de/tr/artikel/Duell-der-KIs-4022412.html. Zugegriffen am 28.01.2021.

Goodfellow, I., Pouget-Abadie, J., Mirza, M., Xu, B., Warde-Farley, D., & Ozair, S., Courville, A., & Bengio, Y. (2014). Generative adversarial nets. https://arxiv.org/pdf/1406.2661.pdf. Zugegriffen am 27.01.2021.

GPT-3. (08. September 2020). A robot wrote this entire article. Are you scared yet, human? *The Guardian.* https://www.theguardian.com/commentisfree/2020/sep/08/robot-wrote-this-article-gpt-3. Zugegriffen am 17.02.2021.

Gruhn, V. (29. April 2021). Es gibt nicht die eine künstliche Intelligenz. *Computerwoche.* https://www.computerwoche.de/a/es-gibt-nicht-die-eine-kuenstliche-intelligenz,3545708. Zugegriffen am 05.05.2021.

Haim, M., & Graefe, A. (2018). *Automatisierter Journalismus.* https://doi.org/10.1007/978-3-531-93284-2_5. Zugegriffen am 17.02.2021.

Hallevy, G. (11. Februar 2018). Dangerous robots – Artificial intelligence vs. human intelligence. *Social Science Research Network.* https://doi.org/10.2139/ssrn.3121905. Zugegriffen am 11.02.2021.

Hao, K. (03. April 2020). Google taught this robotic dog to learn new tricks by imitating a real one. *MIT Technology Review.* https://www.technologyreview.com/2020/04/03/998489/google-ai-robotic-dog-learns-with-imitation-reinforcement-learning/. Zugegriffen am 20.02.2021.

Harvard Health Publishing. (o.J.). *Understanding the stress response.* https://www.health.harvard.edu/staying-healthy/understanding-the-stress-response. Zugegriffen am 30.01.2021.

Haugeland, J. (1985). *Artificial Intelligence: The Very Idea.* Cambridge, Mass.: MIT Press.

Hudlicka, E. (2019). Modeling cognition-emotion interactions in symbolic agent architectures: Examples of research and applied models. https://doi.org/10.1007/978-3-319-97550-4_9. Zugegriffen am 30.01.2021.

IBM. (o.J.). *Deep blue.* https://www.ibm.com/ibm/history/ibm100/us/en/icons/deepblue/. Zugegriffen am 25.01.2021.

ISC Group. (o.J.). *Top500 Die Liste.* https://www.isc-group.com/de/top500.html. Zugegriffen am 30.01.2021.

Ishiguro Lab. (o.J.). *Projects.* https://eng.irl.sys.es.osaka-u.ac.jp/projects. Zugegriffen am 14.02.2021.

Kahn, P., Kanda, T., Ishiguro, H., Freier, N., Severson, R., Gill, B., Ruckert, J., & Shen, S. (2012). „Robovie, you'll have to go into the closet now": Children's social and moral relationships with a humanoid robot. *Developmental Psychology, 48*, 303–314. https://doi.org/10.1037/a0027033. Zugegriffen am 11.02.2021.

Kaptein, F., Broekens, J., Hindriks, K., & Neerincx, M. (2017). The role of emotion in self-explanations by cognitive agents (S. 88–93). https://doi.org/10.1109/ACIIW.2017.8272595. Zugegriffen am 30.01.2021.

Kerkmann, C. (20. September 2019). So echt sehen Deepfake-Videos aus. *Handelsblatt*. https://www.handelsblatt.com/technik/digitale-revolution/manipulation-mit-ki-so-echt-sehen-deepfake-videos-aus/25036770.html. Zugegriffen am 27.01.2021.

Kita-Wojciechowska, K., & Kidziński, L. (10. April 2019) Google Street View image of a house predicts car accident risk of its resident. *arXiv*. https://arxiv.org/abs/1904.05270. Zugegriffen am 17.02.2021.

Koch, C. (02. November 2019). Was ist Bewusstsein? *Spektrum Psychologie*. https://www.spektrum.de/news/was-ist-bewusstsein/1681458. Zugegriffen am 01.02.2021.

Kurzweil, R. (2005). *The singularity is near*. New York: Viking.

Lewis-Kraus, G. (14. Dezember 2016). The Great A.I. awakening. *The New York Times*. https://www.nytimes.com/2016/12/14/magazine/the-great-ai-awakening.html. Zugegriffen am 26.01.2021.

Liao, S. (12. Dezember 2017). This Harry Potter AI-generated fanfiction is remarkably good. *The Verge*. https://www.theverge.com/2017/12/12/16768582/harry-potter-ai-fanfiction. Zugegriffen am 18.02.2021.

MacDorman, K. (2019). Masahiro Mori und das unheimliche Tal: Eine Retrospektive. In K. D. Haensch, L. Nelke & M. Planitzer (Hrsg.), *Uncanny interfaces* (S. 220–234). Hamburg: Textem.

Markoff, J. (16. Februar 2011). Computer wins on ‚Jeopardy!': Trivial, it's not. *The New York Times*. https://www.nytimes.com/2011/02/17/science/17jeopardy-watson.html. Zugegriffen am 25.01.2021.

Martin, N. (08. Februar 2019). Did a robot write this? How AI is impacting journalism. *Forbes*. https://www.forbes.com/sites/nicolemartin1/2019/02/08/did-a-robot-write-this-how-ai-is-impacting-journalism/#1d5eabf77795. Zugegriffen am 18.02.2021.

Martin, S. (23. Juni 2017). RISE OF THE MACHINE: Journalists under threat as AI robot writes article in ONE SECOND. *Express*. https://www.express.co.uk/news/science/757802/RISE-OF-THE-MACHINE-artificial-intelligence-ai. Zugegriffen am 17.02.2021.

Maxey, K. (23. Juni 2015). Dassault Systèmes and Singapore team up to create 3D model of an entire country. engineering.com. https://www.engineering.com/story/dassault-systmes-and-singapore-team-up-to-create-3d-model-of-an-entire-country. Zugegriffen am 20.02.2021.

McCarthy. (2006). *The Dartmouth workshop – As planned and as it happened* (30.10.2006). http://www-formal.stanford.edu/jmc/slides/dartmouth/dartmouth/node1.html. Zugegriffen am 25.01.2021.

McCarthy. (o.J.). *Arthur Samuel: Pioneer in machine learning.* http://infolab.stanford.edu/pub/voy/museum/samuel.html. Zugegriffen am 25.01.2021.

McCarthy, J., (2007). *What is artificial intelligence?* (12.11.2007). http://jmc.stanford.edu/articles/whatisai/whatisai.pdf. Zugegriffen am 24.01.2021.

McCarthy, J., Minsky, M. L., Rochester, N., & Shannon, C. E. (1955). *A proposal for the Dartmouth summer research project on artificial intelligence* (31.08.1955). http://www-formal.stanford.edu/jmc/history/dartmouth/dartmouth.html. Zugegriffen am 25.01.2021.

McCurry, J. (31. Dezember 2015). Erica, the ‚most beautiful and intelligent' android, leads Japan's robot revolution. *The Guardian.* https://www.theguardian.com/technology/2015/dec/31/erica-the-most-beautiful-and-intelligent-android-ever-leads-japans-robot-revolution. Zugegriffen am 12.02.2021.

Meier, C. J. (25. Juli 2018). Testfahrt durch den Datendschungel. *Heise online.* https://www.heise.de/hintergrund/Testfahrt-durch-den-Datendschungel-4093900.html#mobile_detect_force_desktop. Zugegriffen am 20.02.2021.

Meyer, B. (2011). *John McCarthy* (28.10.2011). https://cacm.acm.org/blogs/blog-cacm/138907-john-mccarthy/fulltext. Zugegriffen am 24.01.2021.

Minsky, M. (1985). *The society of mind.* New York: Simon Schuster.

Minsky, M. (2006). *The emotion machine – Commonsense thinking, artificial intelligence, and the future of the human mind.* New York: Simon Schuster.

Misselhorn, C. (2018). *Grundfragen der Maschinenethik.* Ditzingen: Reclam.

Moravec, H. (27. März 1996) Die Evolution postbiologischen Lebens. *Telepolis.* https://www.heise.de/tp/features/Die-Evolution-postbiologischen-Lebens-3445847.html. Zugegriffen am 21.02.2021.

Mori, M. (1970). The Uncanny valley (Übers. 2012). 12.06.2012. *IEEE Spectrum.* https://spectrum.ieee.org/automaton/robotics/humanoids/the-uncanny-valley. Zugegriffen am 12.02.2021.

Mortsiefer, H. (24. April 2019). Die Bahn rüstet sich für den Zugverkehr der Zukunft. *Tagesspiegel.* https://www.tagesspiegel.de/wirtschaft/digitalisierung-auf-der-schiene-die-bahn-ruestet-sich-fuer-den-zugverkehr-der-zukunft/24251792.html. Zugegriffen am 16.02.2021.

Müller, K.-R. (01. Oktober 2018). Es ist großartig, wenn wir maschinelles Lernen für die wichtigen Dinge einsetzen. *#ki_berlin.* https://ki-berlin.de/blog/article/maxmuster2. Zugegriffen am 20.02.2021.

Paulheim, H. (2016). Knowledge graph refinement: A survey of approaches and evaluation methods. *Semantic Web.* 8 (S. 489–508). https://doi.org/10.3233/SW-160218. Zugegriffen am 28.01.2021.

Pearl, J., & Mackenzie, D. (2019). *The book of why, the new science and cause effect.* London: Penguin.

Peiser, J. (05. Februar 2019). The rise of the robot reporter. *The New York Times.* https://www.nytimes.com/2019/02/05/business/media/artificial-intelligence-journalism-robots.html. Zugegriffen am 18.02.2021.

Peters, J. (26. November 2019). Alexa's voice can now express disappointment and excitement. *The Verge.* https://www.theverge.com/2019/11/26/20984629/amazon-alexa-voice-disappointment-empathetic-happy-excited-newscaster-music-us-australia. Zugegriffen am 05.02.2021.

Poplin, R., Varadarajan, A., Blumer, K., Liu, Y., McConnell, M., Corrado, G., Peng, L., & Webster, D. (2018). Predicting cardiovascular risk factors from retinal fundus photographs using deep learning. *Nature Biomedical Engineering, 2.* https://doi.org/10.1038/s41551-018-0195-0. Zugegriffen am 17.02.2021.

Postinett, A. (08. März 2020). Supercomputer „El Capitan" soll an Atomwaffen forschen. *Handelsblatt.* https://www.handelsblatt.com/technik/forschung-innovation/hp-enterprise-supercomputer-el-capitan-soll-an-atomwaffen-forschen/25616722.html. Zugegriffen am 30.01.2021.

Preuß, S. (19. November 2018). Die Hälfte der Deutschen weiß nicht, was KI ist. *Frankfurter Allgemeine Zeitung.* https://www.faz.net/aktuell/wirtschaft/kuenstliche-intelligenz/die-haelfte-der-deutschen-weiss-nicht-was-ki-ist-15898006.html. Zugegriffen am 04.10.2020.

Radford, A., Wu, J., Amodei, D., Amodei, D., Clark, J., Brundage, M., & Sutskever, I. (2019). Better language models and their implications (14.02.2019). https://openai.com/blog/better-language-models/. Zugegriffen am 17.02.2021.

Rhue, L. (2018). Racial influence on automated perceptions of emotions. *Social Science Research Network.* https://papers.ssrn.com/sol3/papers.cfm?abstract_id=3281765. Zugegriffen am 17.02.2021.

Robotics Openletter. (o.J.). *Open letter to the European Commission Artificial Intelligence and Robotics.* http://www.robotics-openletter.eu/. Zugegriffen am 14.02.2021.

Roff, H. M. (Juni 2019). Artificial intelligence: Power to the people. *Ethics & International Affairs.* https://www.ethicsandinternationalaffairs.org/2019/artificial-intelligence-power-to-the-people/. Zugegriffen am 30.01.2021.

Rolls-Royce. (2012). *Rolls-Royce celebrates 50th anniversary of power-by-the-hour* (30.10.2012). https://www.rolls-royce.com/media/press-releases-archive/yr-2012/121030-the-hour.aspx. Zugegriffen am 17.02.2021.

Schaub, M. (2016). Is the future award-winning novelist a writing robot? (22.03.2016). *Los Angeles Times.* https://www.latimes.com/books/jacketcopy/la-et-jc-novel-computer-writing-japan-20160322-story.html. Zugegriffen am 17.02.2021.

Sejnowski, T., & Rosenberg, C.R. (1986). NETtalk: A parallel network that learns to read aloud. *The Johns Hopkins University Electrical Engineering and Computer Science Technical Report,* JHU/EECS-86/01, S. 663–672.

Sherwin, G. (2019). The three horsemen of the AI apocalypse (18.07.2019). *Journal of Beautiful Business.* https://journalofbeautifulbusiness.com/the-three-horsemen-of-the-ai-apocalpyse-7848317da255. Zugegriffen am 05.02.2021.

Simonite, T. (21. November 2019). Alphabet's dream of an ‚everyday robot' is just out of reach. *Wired.* https://www.wired.com/story/alphabets-dream-everyday-robot-out-reach/. Zugegriffen am 07.02.2021.

Simons, A. C., Gordon, R. (2019). Using AI to predict breast cancer and personalize care. *MIT Computer Science & Artificial Intelligence Lab.* https://www.csail.mit.edu/news/using-ai-predict-breast-cancer-and-personalize-care. Zugegriffen am 17.02.2021.

Solaiman, I., Clark, J., & Brundage, M., (2019). GPT-2: 1.5B release (05.11.2019). https://openai.com/blog/gpt-2-1-5b-release/. Zugegriffen am 17.02.2021.

Solaiman, S. M. (2017). Legal personality of robots, corporations, idols and chimpanzees: A quest for legitimacy. *Artificial Intelligence and Law, 25.* https://doi.org/10.1007/s10506-016-9192-3. Zugegriffen am 12.02.2021.

Spektrum. (o.J.). *Kampf-oder-Flucht-Reaktion.* https://www.spektrum.de/lexikon/biologie/kampf-oder-flucht-reaktion/35305. Zugegriffen am 30.01.2021.

Stepanek, M. J. (29. April 2021). Polizei gibt Roboterhund nach Protesten zurück. *futurezone.* https://futurezone.at/produkte/polizei-gibt-roboterhund-nach-protesten-zurueck/401367383. Zugegriffen am 30.04.2021.

Stepstone. (2018). *Unter der Lupe* (17.10.2018). https://www.stepstone.de/Karriere-Bewerbungstipps/eyetracking/. Zugegriffen am 17.02.2021.

Stock, M. (05. Juni 2019). Ai-Da, the humanoid robot artist, gears up for first solo exhibition. *Reuters.* https://www.reuters.com/article/us-tech-robot-artist/ai-da-the-humanoid-robot-artist-gears-up-for-first-solo-exhibition-idUSKCN1T6215. Zugegriffen am 18.02.2021.

Strogatz, S. (26. Dezember 2018). One giant step for a chess-playing machine. *The New York Times.* https://www.nytimes.com/2018/12/26/science/chess-artificial-intelligence.html. Zugegriffen am 23.01.2021.

Stumpe, M. (2018). Improved grading of prostate cancer using deep learning (16.11.2018). *Google AI Blog.* https://ai.googleblog.com/2018/11/improved-grading-of-prostate-cancer.html. Zugegriffen am 17.02.2021.

Szymanski, D. (o.J.). Roboter: Lebewesen aus Stahl. *Geolino.* https://www.geo.de/geolino/forschung-und-technik/9553-rtkl-technik-roboter-lebewesen-aus-stahl. Zugegriffen am 11.02.2021.

TH Wildau. (o.J.). *Humanoide Roboter im Einsatz.* https://icampus.th-wildau.de/bewerbung-bdj-2017/robotic.html. Zugegriffen am 06.02.2021.

Titano, J., Badgeley, M., Schefflein, J., Pain, M., Su, A., Cai, M., Swinburne, N., Zech, J. Kim, J., Bederson, J., Mocco, J., Drayer, B., Lehar, J., Cho, S., & Costa, A., Oermann, E. (2018). Automated deep-neural-network surveillance of cranial images for acute neurologic events. *Nature Medicine, 24.* https://doi.org/10.1038/s41591-018-0147-y. Zugegriffen am 16.02.2021.

Turing, A. M. (1950). Computing machinery and intelligence. *Mind, 49*, 433–460.

Ulanoff, L. (12. Juni 2014). The life and times of ‚Eugene Goostman,' who passed the Turing test. *Mashable.* https://mashable.com/2014/06/12/eugene-goostman-turing-test/?europe=true. Zugegriffen am 25.01.2021.
University of Reading. (2014). *Turing test success marks milestone in computing history* (08.06.2014). http://www.reading.ac.uk/news-archive/press-releases/pr583836.html. Zugegriffen am 25.01.2021.
USLegal. (o.J.). *Robotics Law and Legal Definition.* https://definitions.uslegal.com/r/robotics/. Zugegriffen am 06.02.2021.
Vaswani, A., Shazeer, N., Parmar, N., Uszkoreit, J., Jones, L., Gomez, A. N., Kaiser, L., & Polosukhin, I. (2017). Attention is all you need. (31st Conference on Neural Information Processing Systems (NIPS 2017) vom 04.–09.12. in Long Beach. https://papers.nips.cc/paper/7181-attention-is-all-you-need.pdf. Zugegriffen am 17.02.2021.
Veitinger, T. (20. November 2018). Roboter als Kollegen: Was ist Künstliche Intelligenz? *Südwest Presse.* https://www.swp.de/wirtschaft/der-kollege_-herr-roboter-28378762.html. Zugegriffen am 06.02.2021.
Verband der TÜV e.V. – VdTÜV. (2020). *Künstliche Intelligenz in Unternehmen, Chancen nutzen – Risiken begegnen.* https://www.vdtuev.de/pressemitteilungen/ki-studie. Zugegriffen am 19.01.2021.
Vincent, J. (30. Oktober 2017). Pretending to give a robot citizenship helps no one. *The Verge.* https://www.theverge.com/2017/10/30/16552006/robot-rights-citizenship-saudi-arabia-sophia. Zugegriffen am 19.01.2021.
Volkswagen-Stiftung. (o.J.). *Kopfschiffe. – Gedicht aus unserem Magazin „Impulse".* https://www.volkswagenstiftung.de/impulse-gedicht. Zugegriffen am 16.02.2021.
Vollmer, A.-L., Read, R., Trippas, D., & Belpaeme, T. (2018). Children conform, adults resist: A robot group induced peer pressure on normative social conformity (15.08.2018). *Science Robotics, 3,* 21. https://doi.org/10.1126/scirobotics.aat7111. Zugegriffen am 10.02.2021.
Von Cölln, H., & Calvez. (08. Oktober 2019). Ein Zuhause für die autonome Straßenbahn in Potsdam. *Tagesspiegel Potsdamer Neueste Nachrichten.* https://www.pnn.de/potsdam/automatisierung-von-rangierprozessen-ein-zuhause-fuer-die-autonome-strassenbahn-in-potsdam/25095200.html. Zugegriffen am 16.02.2021.
Warneken, F., & Tomasello, M. (2006). Altruistic helping in human infants and young chimpanzees. *Science, 311,* 1301–1303. Video: https://www.eva.mpg.de/german/psychologie/publikationen-und-videos/videomaterial.html. Zugegriffen am 21.02.2021.
Weiß, E.-M. (09. Januar 2020). KI soll bei Warner Bros. Erfolg von Filmen vorhersagen. *Heise online.* https://www.heise.de/newsticker/meldung/KI-soll-bei-Warner-Bros-Erfolg-von-Filmen-vorhersagen-4631322.html. Zugegriffen am 16.02.2021.
Welch, C. (08. Mai 2018). Google just gave a stunning demo of Assistant making an actual phone call. *The Verge.* https://www.theverge.com/2018/5/8/17332070/google-assistant-makes-phone-call-demo-duplex-io-2018. Zugegriffen am 25.01.2021.

Welsh, A. C. (2019). *Künstliche Intelligenz und Musik – wie passt das zusammen?* (21.10.2019). https://www.redbull.com/at-de/musiker-werden-durch-kuenstliche-intelligenz. Zugegriffen am 17.02.2021.

Wilson, H. J., Daugherty, P. R., & Davenport, C. (14. Januar 2019). The future of AI will be about less data, not more. *Harvard Business Review.* https://hbr.org/2019/01/the-future-of-ai-will-be-about-less-data-not-more. Zugegriffen am 30.01.2021.

Zakharyan, A., & Götz, B. (18. April 2019). *AIVA: Die Künstliche Intelligenz komponiert die Musik der Zukunft.* PC Welt. https://www.pcwelt.de/a/aiva-die-kuenstliche-intelligenz-komponiert-die-musik-der-zukunft,3450745. Zugegriffen am 17.02.2021.

4
Künstliche Superintelligenz

Zusammenfassung 1950 fragte Alan Turing in seinem Aufsatz ‚Computing Machinery and Intelligence', ob Maschinen denken könnten. Daraus erwuchs die Herausforderung, eine dem Menschen ähnliche, künstliche Intelligenz zu schaffen. Technische Basis für die Fortschritte in diesem Vorhaben waren permanente Innovationen in Hard- und Software, vor allem hinsichtlich Prozessorgeschwindigkeit, Speichervolumina und Bandbreiten sowie die Entwicklung leistungsfähiger Algorithmen. Einige Wissenschaftler/-innen sind der Ansicht, künstliche Superintelligenz sei das logische Ergebnis der Evolution. Andere haben Einwände in Bezug auf die generelle Erkenntnisfähigkeit von Maschinen. Irving Good bringt 1965 den Begriff der Intelligenz-Explosion in die Diskussion, nach der intelligente Maschinen noch intelligentere Maschinen produzieren würden. Seit Kurzem macht KI durch spektakuläre Siege in verschiedenen Spielen Medienfurore. Trotz der beeindruckenden Erfolge bleibt offen, ob es je eine superintelligente KI geben wird.

Aus der Science-Fiction ist das Motiv einer überlegenen künstlichen Intelligenz vertraut. In den letzten hundert Jahren haben sich aber nicht nur Autorinnen und Autoren, sondern auch Wissenschaftler/-innen immer wieder mit der Idee auseinandergesetzt. Spätestens seit Alan Turings Aufsatz ‚Computing Machinery and Intelligence' von 1950 und seiner Frage darin „Can Machines think?", ist die denkende, und damit auch von-, über- und für- sich selbst denkende Maschine ein konstantes Narrativ. Für Computerwissenschaftler/-innen, so scheint es, ist es so etwas wie eine Herausforderung geworden, sich Schritt für Schritt einer dem Menschen ähnlichen, künstlichen Intelligenz anzunähern.

Dabei spielten die physikalischen Innovationen, die sich in der Weiterentwicklung der Computer-Hardware zeigten, immer eine wesentliche Rolle. Nur durch sie wurden die extrem rechenaufwändigen Algorithmen einsatztauglich. Auch die Verfügbarkeit von Massenspeichern und die leistungsfähige Verbindung all dieser Komponenten trägt dazu bei. Eine Berechnung, die erst nach Tagen und dann nur an einem bestimmten Ort zur Verfügung steht, kann wissenschaftlich bedeutsam sein. Kommerzielle und vor allem massenhafte Nutzung ist erst in den letzten 20 Jahren und damit seit vergleichsweise kurzer Zeit verfügbar und seitdem Jahr für Jahr immer wichtiger geworden. Am Ende der zweiten Dekade des 21. Jahrhunderts sind Rechenpower, Speicher und Bandbreite keine relevanten Probleme mehr. Es ist davon auszugehen, dass diese Entwicklung sich noch weiter fortsetzen wird und neben der Weiterentwicklung in diesen Bereichen erlebt die Welt gerade die massenhafte Ausbreitung von Sensortechnologie, die zu einer nie zuvor gekannten Datenflut führt. Ein Paradies für *Machine Learning*. Fast alle elektrisch betriebenen Geräte enthalten bereits Sensoren und Mikroprozessoren zur Steuerung ihrer Funktionen. Die Sensorik wird erweitert und vernetzt und vermehrt Daten aus der Umwelt sammeln. Die leistungsfähigsten Sensoren sind aktuell die Smartphones, die fast jede/r ununterbrochen bei sich hat. Im Vergleich zu vielen anderen Sensoren sind sie schon 100-prozentig vernetzt. Alle Daten fließen in Cloud-Infrastrukturen, also gigantische Datenspeicher in Tausenden global verteilter Rechenzentren, die alle mit dem Internet verbunden sind. Auf diese Weise werden aus Daten Informationen, die zu Wissen über ein Thema zusammengesetzt werden können, aus dem sich mit dem richtigen Datenmodell Erkenntnisse und Prognosen ableiten lassen. Das alles ist der Stoff, aus dem künstliche Intelligenz und in ihrer Evolution vielleicht irgendwann einmal künstliche Superintelligenz (*Artificial Super Intelligence* – ASI) gemacht wird.

Die Technologie macht weiterhin Sprünge, die solche Hoffnungen nähren. Die schon erwähnte Liste der 500 schnellsten Supercomputer der Welt hat im 26. Jahr ihres Bestehens einen Meilenstein erreicht: Selbst der langsamste Computer auf der Liste rechnet im Petaflop-Bereich. Diese Rechenleistung von einer Billiarde Rechenoperationen pro Sekunde schafften noch vor wenigen Jahren nur eine Handvoll Anlagen. Die Fortschritte, die man in der Geschichte dieser Liste ablesen kann, zeigen eine ungefähre Verdoppelung der Geschwindigkeit alle 14 Monate und lassen Parallelen zu ‚Moore's Law' erkennen. Das ist interessant, weil die Beobachtung der raschen Entwicklung maschineller Rechengeschwindigkeit seit Jahrzehnten zu Prognosen einlädt und ein Nährboden für die Theorie von der ASI ist. Gordon Moore stellte 1965 fest, dass sich die Anzahl von Transistoren auf einem Chip etwa alle zwei

Jahre verdoppelte. Tatsächlich ging es ihm bei der Analyse um die sinkenden Kosten pro Funktion auf einem Chip, wenn immer mehr Schaltkreise auf der gleichen Fläche integriert werden könnten. Die Vereinfachung auf die Verdoppelung der Anzahl der Transistoren und die wiederum daraus abgeleitete Vereinfachung auf die ungefähre Verdoppelung der Rechengeschwindigkeit von Computern alle 1–2 Jahre wurde allgemein als ‚Mooresches Gesetz' bekannt. Mittlerweile hat die Miniaturisierung ein Level erreicht, das es physikalisch immer schwieriger macht, die Halbleiterelemente noch weiter zu verkleinern. Viele sprechen deswegen von einem Ende der Gesetzmäßigkeit. Moore selbst hat bereits 2007 nur noch etwa weitere 10 Jahre für das Zutreffen dieser Entwicklungsgeschwindigkeit gesehen. Trotzdem gibt es immer wieder Innovationen, die die Gesetzmäßigkeit zu verlängern scheinen. Parallel steht die Forschung an den Anfängen der Quantencomputer-Technologie. Die Euphorie um Moore's Law wird durch Vergleiche gut veranschaulicht: 1996 war der ‚ASCI Red' der schnellste Supercomputer der Welt. Die US-Regierung hatte über 55 Millionen Dollar für seine Entwicklung ausgegeben und er beanspruchte in 100 Schränken fast die Fläche eines Tennisplatzes und verbrauchte so viel Energie wie 800 Haushalte zusammen. Als erster Computer der Welt erreichte das System Geschwindigkeiten von über einem Teraflop. Das sind eine Billion Rechenoperationen pro Sekunde. Mit dem ASCI Red wurden die Auswirkungen atomarer Explosionen berechnet. Knapp 10 Jahre später erreichte ein anderer Computer etwa 1,8 Teraflop. Dieser kostete allerdings nur etwa 500,- Dollar, hatte die Größe eines Toasters und verbrauchte nur 200 Watt pro Stunde: Sonys PlayStation 3, die global in über 64 Millionen Wohn- und Kinderzimmer verkauft wurde. (Brynjolfsson und McAfee 2014, S. 65).

1955, lange vor diesen Supercomputing-Leistungen, waren die Teilnehmer der Dartmouth-Konferenz der Ansicht, es sei möglich, auf Basis exakter Beschreibungen von Lernvorgängen oder anderen Merkmalen von Intelligenz, eine Maschine zu bauen, die diese Intelligenz simuliere. Diese Maschine sollte sprechen und abstrahieren können, um Probleme zu lösen, deren Lösung bisher allein Menschen vorbehalten war. Maschinen dieser Art sollten lernfähig sein und sich selbst weiter entwickeln können. Moderne KI-gesteuerte Systeme sind heute in der Lage, aus Interaktionen zu lernen und sich mit der Zeit zu verbessern bzw. ihr Verhalten anzupassen, wenn immer mehr Interaktionen stattfinden, die sie auswerten können. Trotzdem können Computer nicht in menschlicher Weise abstrahieren und ihre Problemlösungskompetenzen selbständig auf andere Felder übertragen. John McCarthy selbst formulierte 2006:

> „Within the engineering approach, the greatest success has been accomplished in making computer programs for particular tasks, e.g. playing chess and driving an off-the-road vehicle. None of these purport to have achieved general common sense knowledge. Thus the chess programs do not know that they are chess programs. Their ontology consists mainly of particular positions."

Argumentativ in die gleiche Kerbe schlägt der amerikanische Sprachphilosoph John Rogers Searle mit seiner bekannten Analogie des ‚chinesischen Zimmers', die er 1980 in seinem Aufsatz ‚Minds, Brains, and Programs' beschrieb. Dabei geht es um ein Gedankenexperiment mit dem Searle beweisen möchte, dass es keine selbständig denkende, also ‚starke KI' gebe. In dem Experiment ist eine Person, die nicht Chinesisch spricht, in einem Zimmer eingeschlossen und erhält durch einen Schlitz in der Wand Karten mit chinesischen Schriftzeichen, die eine Geschichte bilden sollen. Es gibt einen weiteren Schlitz, durch den die Person auf bestimmte Fragen hin selbst Karten als Antworten aus dem Raum heraus gibt. Anhand einer Anleitung weiß sie, welche Antwort-Karte sie herausgeben muss, wenn eine ganz bestimmte Frage-Karte zu ihr hereinkommt. Für jemand, der das Geschehen von außerhalb des Zimmers beobachtet, erscheint es, als würde im Raum jemand sitzen, der Chinesisch spräche. Searle wollte damit beweisen, dass eine KI nur codierte Anweisungen befolge und deswegen nicht wisse, was sie inhaltlich kommuniziere. Die KI kenne also die syntaktischen Regeln, nicht jedoch die Semantik der Fragen und Antworten. Sie arbeite lediglich ihr Programm ab. Er wendet sich damit gegen die These, dass ein System, das den Turing Test bestehe, indem es sinnvolle Antworten gebe, damit auch beweise, dass es tatsächlich denken könne. Ein Einwand auf Searle lautet, dass die Person im Zimmer zwar nicht Chinesisch könne, das gesamte System, bestehend aus der Person, der Anleitung und den Antwortkarten jedoch vielleicht schon. Eine andere kritische Anmerkung zu dem Experiment ist die Frage, ob denn das Gehirn etwas völlig anderes mache, als Regeln abzuarbeiten, um Sprache zu verstehen? Bei einer Diskussion der These und der Antithesen würde vermutlich wieder die Frage nach dem Bewusstsein im Raum stehen, das den Menschen von der Maschine differenziert?

Es gibt also einerseits eine technologische Entwicklung, die exponentielle Fortschritte in Bereichen zeigt, die als Voraussetzungen für starke KI und vielleicht sogar ASI gelten. Auf der anderen Seite gibt es ontologische Einwände über das Ausmaß von Erkenntnis und Erkenntnisfähigkeit der Maschinen. Die Faszination der Vorstellung einer künstlichen Superintelligenz ist unstrittig und vielleicht schon ausreichend, um die Idee immer wieder neu zu befeuern. Ebenso unstrittig ist, dass der Begriff der ASI immer wieder zuverlässig auftaucht, sobald das Themenfeld KI berührt wird. Vertreter/-innen der These von der Möglichkeit künstlicher Superintelligenz blicken zur Untermauerung ihrer Erwartungen auf bereits mehr als ein halbes Jahrhundert wissenschaftlicher Überlegungen zur Super-KI. Einer der ersten, der sich diesem Thema wissenschaftlich näherte, war der britische Mathematiker Irving John Good. 1965 schrieb er in seinem Aufsatz ‚Speculations Concerning the First Ultraintelligent Machine' über das Konzept einer Intelligenz-Explosion:

> „Let an ultraintelligent machine be defined as a machine that can far surpass all the intellectual activities of any man however clever. Since the design of machines is one of these intellectual activities, an ultraintelligent machine could design even better machines; there would then unquestionably be an 'intelligence explosion', and the intelligence of man would be left far behind. Thus the first ultraintelligent machine is the last invention that man need ever make, provided that the machine is docile enough to tell us how to keep it under control." (Good 1964, S. 33).

Eine superintelligente Maschine, so der Gedanke, sei bei weitem intelligenter als der intelligenteste Mensch und zwar in allen Bereichen. Und da einer der Intelligenzbereiche von Menschen die Konstruktion von Maschinen sei, könne die superintelligente Maschine auch bei weitem bessere Maschinen konstruieren als der Mensch. Die Folge sei eine ‚Intelligenz- Explosion', da immer intelligentere Maschinen immer noch intelligentere Maschinen bauen würden. Eine solche ultraintelligente Maschine zu bauen wäre demnach wirklich die letzte Erfindung, die die Menschheit je benötigen würde, wenn sie sich denn dem Willen ihrer Schöpfer fügen und kontrollieren lassen würde. Der Satz über die letzte Erfindung, die Menschen je machen würden, ist ein geflügeltes Wort unter KI-Dystopikern geworden und immer wieder zu lesen. Good ist sich bewusst, dass es ein unbequemer Gedanke sei, der Ängste wecke und der deswegen gern ins Reich der Phantasie geordnet werde. Er sagt:
„It is curious that this point is made so seldom outside of science fiction. It is sometimes worthwhile to take science fiction seriously." 1968 unterstützte er Stanley Kubrick als Berater für Supercomputer bei dem Film ‚2001 – Odyssee im Weltall'. Neben seiner eher besorgten Betrachtung führt Good aber auch schon 1965 seine Vorstellungen aus, wie Mensch und Maschine in Zukunft zusammenarbeiten würden:

> „It could already be used in this manner by a chess player quite effectively, although the effectiveness would be much increased if the chess-playing programs were written with extremely close man-machine interaction in mind from the start. The reason for this effectiveness is that the machine has the advantage in speed and accuracy for routine calculation, and man has the advantage in imagination. Moreover, a large part of imagination in chess can be reduced to routine. Many of the ideas that require imagination in the amateur are routine for the master." (Ebd. S. 34)

Diese Art der Mensch-Maschine-Kollaboration entspricht ein halbes Jahrhundert später im Wesentlichen der heutigen Nutzung. Schach gegen Computer zu spielen ist immer noch beliebt, jedoch so alltäglich, dass im Kontext von KI kaum noch darüber gesprochen wird. ‚Spiel' nicht gegen Computer!' sollte das Motto der Geschichten heißen, in denen Menschen gegen haushoch überlegene Computer Spiele verlieren, die sie ihnen kurz zuvor beigebracht haben. Schach galt lange als intellektuelle Königsdisziplin, deren Meister-Niveau allein Menschen vorbehalten sei. Selbst nach Goods Ausführungen von 1965 hat es nochmal über 30 Jahre gedauert, bis 1996 mit IBM´s ‚Deep Blue' zum ersten Mal ein Computer eine reguläre Schachpartie gegen den amtierenden menschlichen Schachweltmeister Garri Kasparov gewinnen konnte. 1997 gelingt es Deep Blue noch einmal, Kasparov zu schlagen, diesmal unter Turnierbedingungen, also mit 120 Minuten Bedenkzeit für die ersten 40 Züge. Schon drei Jahre zuvor, 1994 erhält die kanadische Software ‚Chinook' offiziell den Weltmeistertitel im Dame-Spiel. Die Forscher haben für die endgültige Lösung des Dame-Spiels sogar auf den 64Bit-Prozessor gewartet, um die notwendige Rechenleistung zur Verfügung zu haben. (Dambeck 2007). Im Vergleich zu Schach mag Dame nicht nach einer beeindruckenden Spielleistung klingen. Mathematisch geht man bei Dame allerdings von ca. 500 Trillionen möglichen Spielstellungen aus. Das ist eine Zahl mit 20 Nullen. Bei Schach wird diese Anzahl auf dem gleichen 8x8 Felder großen Brett auf über 10hoch43 geschätzt. Die möglichen Spielverläufe sind noch mal um ein Vielfaches größer und werden nach nur 40 Zügen bereits auf über 10^{115} bis 10^{120} geschätzt.

In Zahlen sieht das in etwa folgendermaßen aus:

- Mögliche Spielstellungen:
  - Dame: 500 000 000 000 000 000 000
  - Schach: 10 000 000 000 000 000 000 000 000 000 000 000 000 000 000
- Mögliche Schach-Verläufe nach 40 Zügen: bis zu 10 000 000 000 000 000 000 000 000 000 000 000 000 000 000 000 000 000 000 000 000 000 000 000 000 000 000 000 000 000 000 000 000 000 000 000 000 000 000 000 000 000

Vermutlich weiß so gut wie keine/r wie man diese Zahl überhaupt nennt. Für menschliches Vorstellungsvermögen kommt es hier auf ein paar Nullen mehr oder weniger sowieso nicht mehr an. Der Sieg von Deep Blue gegen einen Weltmeister in einem der komplexesten Brettspiele wurde zu Recht als Sensation betrachtet. Doch ein ‚Schachcomputer' wurde und wird in erster

Linie als eine Art Spielzeug angesehen. Heute gibt es Schach-Apps für das Smartphone, die den meisten Durchschnittsspieler/-innen klar überlegen sind, aber niemand fühlt sich durch diese auf Schachspielen spezialisierte Art von künstlicher Intelligenz bedroht. Seit dem Schach-Sieg von Deep Blue, gewinnen Menschen in aller Regel nicht mehr im Schach gegen Computer, und wenn doch, dann sind es meist Ausnahmen, in denen ein Schachmeister spezielles ‚Computerschach' spielt, also seine Figuren in spezieller Weise zieht, die explizit darauf ausgelegt ist, die Prognosefähigkeiten und die Strategie des Algorithmus zu stören.

Als IBM 2011 mit der KI ‚Watson' im TV-Duell der US-Quizshow ‚Jeopardy' die beiden bis dahin erfolgreichsten Spieler dieser Show schlägt, wird ein weiterer öffentlich sichtbarer Erfolg in der Entwicklung künstlicher Intelligenz gefeiert und er gilt einem System, das sich auf einem völlig anderen Level als Deep Blue befindet. Watson verfügt über leistungsfähige Spracherkennung und ist in der Lage, den Regeln der Spielshow entsprechend, auf die vorgegebenen Antworten die passenden Fragen zu formulieren. Wie bei Chinook mit dem 64Bit-Prozessor, ist auch Watson eine Gesamtlösung aus Code und Hardware, eine Architektur. Und da es bei Jeopardy vor allem um Allgemeinwissen geht, sind weniger die Rechen- und Prognose-Fähigkeiten wie beim Schach, sondern vor allem die semantischen und analytischen Fähigkeiten sowie die Filterung der richtigen Antwortinformationen aus gigantischen Datenbanken für den Spielerfolg bedeutsam. Nicht dass Watson in puncto Rechenleistung 15 Jahre später nicht konkurrenzfähig wäre, aber es geht weniger um die ‚PS' der Rechnerleistung als um intelligente Software. Im Ergebnis ergänzt sich immer beides. Während Deep Blue jedoch in der Domäne dessen blieb, was Computer gut können und Menschen nicht, nämlich komplexeste mathematische Berechnungen in unglaublicher Geschwindigkeit durchführen, wagte sich IBM mit Watson auf das Terrain menschlicher Sprache und demonstrierte ein perfekt orchestriertes Zusammenspiel aus *Deep Learning* und *Natural Language Processing*. Watson erregte, auch aufgrund der veränderten Medienlandschaft, noch mehr Aufsehen als Deep Blue und löste bei vielen Menschen eine konkretere Vorstellung davon aus, was es bedeuten könnte, wenn eine künstliche Intelligenz leistungsfähiger als ein menschliches Gehirn wäre. Inzwischen ist Watson ein aktiv vermarktetes Produkt für den Einsatz im Kundenservice, im Gesundheitswesen oder in der Finanzbranche. In der Medizin kann Watson beispielsweise helfen, Patientendaten auszuwerten, Diagnosen zu vergleichen oder Röntgenbilder zu interpretieren. In der Finanzbranche analysiert Watson in Sekunden Millionen von Börsenberichten und interpretiert Marktdaten und das ist nur der Anfang. Informationen erfassen hat mit KI eine neue Dimension erlangt:

Das Watson-System ‚liest' Datenmengen im Äquivalent von einer Million Bücher in einer Sekunde und unterstützt Polizeibehörden bei der Erkennung von Mustern in kriminologischen Daten, mit denen die Wahrscheinlichkeit von zukünftigem kriminellen Verhalten berechnet wird oder wertet Videoaufzeichnungen aus. Der nächste Höhepunkt der spielerischen Mensch-vs-Maschine Duelle war am 09. März 2016. An jenem Mittwoch kann die Hälfte der Weltbevölkerung auf ihren Smartphone-Bildschirmen vom spektakulären Sieg der KI ‚AlphaGo' gegen den koreanischen Go-Meister Lee Sedol lesen. AlphaGo gewinnt an dem Tag die erste Partie Go eines Best-of-Five Matches. Sechs Tage später ist das Match beendet und Sedol konnte nur ein einziges der fünf Spiele für sich entscheiden. Er war geschockt und überrascht und viele, die sich für dieses Event interessierten waren es mit ihm. Vor dem Match ging er davon aus, alle fünf Partien, mindestens jedoch vier davon, zu gewinnen. Stattdessen gewinnt die Software der Londoner Google Tochter DeepMind mit 4:1. Obwohl es allgemein keinen ernsthaften Zweifel darüber gab, dass eine KI eines Tages besser Go spielen würde als jeder Mensch, so war doch der Zeitpunkt, zu dem das passieren würde, in den Augen der meisten Beobachtenden schockierend früh. Das Ereignis war überraschend und markiert einen Meilenstein in der KI-Forschung und das liegt an der gegenüber Schach nochmals extrem schwierigeren Aufgabe, die AlphaGo zu lösen hatte: Go ist wegen des deutlich größeren Spielfeldes und den damit insgesamt möglichen Spielkombinationen sehr viel komplexer als Schach. Damit wird das Voraus-Berechnen von Spielzügen des Gegners noch aufwändiger. Gleichzeitig ist klar, dass allein schon die Rechengeschwindigkeit moderner Computer, mit der solche Vorausberechnungen möglich sind, ein Argument ist, warum ein KI-System mit Sicherheit früher oder später Menschen überlegen sein würde. Umgesetzt hat diesen Erfolg ein Team um David Silver und den Gründer von DeepMind, Demis Hassabis. Silver promovierte zum Thema *Reinforcement Learning* am Beispiel von Go und war ein Traumkandidat für diese Aufgabe (Shead 2016).

Deepmind gehört zu Google und beschäftigt sich mit der Entwicklung und Anwendung von KI für unterschiedliche Probleme und Anwendungen. In der Konzeption von AlphaGo wurden neuronale Netze mit einem Kurzzeitspeicher, der ein menschliches Gedächtnis simulieren sollte, und einem Entscheidungsbaum-Algorithmus verknüpft (Silver et al. 2016). Als selbstlernende und somit von selbst im vorgegebenen Feld nach und nach intelligenter werdende KI, entwickelt AlphaGo im Verlauf des Matches gegen Sedol eigene Strategien und findet Spielzüge, die kein menschlicher Go-Meister je zuvor dokumentiert gespielt hat. Das System geht damit klar über die Fähigkeiten rein wissensbasierter Systeme hinaus. Expert/-innen zufolge habe AlphaGo damit eine neue Qualität des Go-Spiels eröffnet und in jedem Fall, die Erwartungen, die an eine Maschine gestellt wurden, übertroffen (Wunderlich-Pfeiffer 2016). Im Gegensatz zu Deep Blue ist AlphaGo nicht spezialisiert. Das bedeutet, die KI kann auch auf andere Spiele oder generell andere Fragestellungen angewendet werden. Der südkoreanische Go-Verband Hanguk Kiwon war so angetan von den Spielkünsten des Systems, dass er AlphaGo nach dem siegreichen Match ehrenhalber den höchsten Rang ‚9p', ‚göttlich', eines 9. professionellen Dan verlieh. Dieser Go-Sieg gegen Lee Sedol ist ein erneuter Beweis für ein klares *outsmarting of the best human brain*, allerdings wie immer in einem sehr eng abgegrenzten Spezialisierungsbereich. Sedol zog seine persönliche Konsequenz und erklärte seinen Rücktritt als Profi-Spieler. Schon im Jahr darauf fand auch die göttliche Go-KI ihren Meister: Das Update namens ‚AlphaGo Master', das gegen 60 Go Meister gewann, wies eine noch höhere Spielstärke auf und im Oktober 2017 veröffentlichten Silver und sein Team ein Papier, das beschreibt, wie eine weitere neue AlphaGo-Variante, ‚AlphaGo Zero', sich anhand der Regeln das Go-Spiel selber beigebracht hat. Durch *Reinforcement Learning* wurde die Software durch Spielen gegen sich selbst immer besser. Die KI startete mit Null-Spielerfahrung und konnte nach etwa drei Stunden auf Anfänger-Level, nach ca. 19 Stunden auf Fortgeschrittenen-Level gegen Menschen bestehen. Nach ca. 70 Stunden spielte sie so überlegen, dass sie die ‚göttliche' AlphaGo in einem Match über 100 Spiele 100-mal schlagen konnte und nach 21 Tagen auch AlphaGo Master. Nach 40 Tagen war keine andere Variante der Software mehr in der Lage, AlphaGo Zero zu besiegen (Silver und Hassabis 2017). Diese Ergebnisse klangen ermutigend für die weitere Suche und Forschung nach einer sogenannten *general purpose AI*, einer künstlichen Intelligenz, die in der Lage sei, ohne weitere Modifikation die unterschiedlichsten Probleme zu lösen.

Zwischen diesen beiden Ereignissen meldete die Carnegie Mellon University in Pittsburgh, dass eine dort entwickelte KI namens ‚Libratus' über 120.000 Runden Poker gegen vier der weltbesten Profispieler gespielt habe und mit einem beeindruckenden Vorsprung alle vier Spieler schlagen konnte. Poker ist gegenüber den Brettspielen schwierig, weil hier keine sichtbare Situation auf einem Spielbrett existiert. Poker lebt von Entscheidungen auf Basis unvollständiger Informationen. ‚Libratus' Spielstärke stützt sich wie bei AlphaGo auf *Reinforcement Learning* und wie AlphaGo Zero hat auch Libratus durch millionenfaches Spielen gegen sich selbst gelernt. Die Software profitiert von der immer weiter steigenden Rechengeschwindigkeit moderner Computer, deren Leistungen schon bei den Anwendungsbeispielen zu Verkehrssimulationen gezeigt haben, welche Zeitgewinne möglich sind. Programmiert wurde Libratus von Tuomas Sandholm, Professor für *Machine Le-*

arning an der Carnegie Mellon University, zusammen mit Noam Brown, einem seiner Doktoranden. Libratus hat auch Bluffen gelernt und umgekehrt die Bluffs seiner Gegner erkannt (Armbruster 2017). Wie AlphaGo ist Libratus grundsätzlich nicht darauf beschränkt, Poker zu spielen. Beide Ansätze basieren auf den Erkenntnissen der algorithmischen Spieltheorie, in der es darum geht, die Komplexität eines Spiels zu analysieren und passende Algorithmen zum Auffinden von Gewinn-Strategien zu entwickeln. Die zugrundeliegenden Algorithmen dieser KIn sind offenbar für viele andere Anwendungen denkbar. Das Libratus-Modell besteht aus drei verschiedenen Modulen. Mit dem *Reinforcement Learning* gleicht Libratus per *trial and error*-Prinzip das eigene Verhalten mit den statistischen Wahrscheinlichkeiten des Spiels ab und verbessert seine Entscheidungsfähigkeit. Das zweite Modul analysiert das Spiel auf sich wiederholende Situationen und entwickelt für diese Züge Strategien und Lösungen. Das dritte Modul passt selbstentwickelte Strategien auf Spielsituationen an und verbessert kontinuierlich die Spielstärke. In der Kombination der Module analysiert Libratus in Echtzeit gegnerische Spielzüge, erkennt deren Schwächen und entwickelt einen eigenen Spielplan, der diese Schwächen nutzt. Diese Vorgehensweise ist auch militärisch von Interesse. Im Januar 2019 berichtet Wired, dass Sandholms 2018 gegründetes Start-up ‚Strategy Robot' im August des gleichen Jahres einen Vertrag über zehn Millionen US-Dollar mit dem Pentagon geschlossen habe. Strategy Robot adaptiert die Poker-Spiel Algorithmen für die US-Regierung, um in Kampf-Simulationen militärische Strategien und Planungen zu testen. Sandholm erklärt, das Programm könne in einer Simulation Entscheidungen wie z. B. die Disposition militärischer Einheiten in Kampfgebieten testen. Ein zweites Start-up von Prof. Sandholm, ‚Strategic Machine', beschäftigt sich mit spieltheoretischen Anwendungen im kommerziellen Bereich, z. B. in Energiemärkten, im Sport oder auch, um Nichtspieler-Charaktere in Videospielen anspruchsvoller zu designen (Simonite 2019).

Genau hier, im Bereich von Multiplayer-Echtzeit-Strategiespielen bewegt sich die nächste Stufe spielender KIn. OpenAI ist im Spiel ‚Defense of the Ancients' (Dota), einem Nachfolgespiel der Warcraft-Multiplayer Spielserie, schon seit 2017 erfolgreich. Deepmind schickt mit AlphaStar eine KI für StarCraft 2, eines der bekanntesten Spiele aus diesem Genre, ins Rennen. Bereits 2019 sind beide KIn in den jeweiligen Spielen für menschliche Gegner/-innen unschlagbar. Was macht diese Spiele aus und warum sind sie für die Entwicklung von künstlicher Intelligenz interessant?

StarCraft gehört zu den weltweit bekanntesten Spielen, für die es im E-Sports-Bereich professionelle Wettbewerbe und Teams gibt. Es handelt sich um ein Science-Fiction Strategiespiel in dem die Gegner/-innen jeweils eine

Basis aufbauen und dann Kampfeinheiten schaffen müssen, mit denen sie attackieren. Das Spiel gibt es seit über 20 Jahren und es werden jede Woche Hunderttausende registrierter Partien auf der Welt gespielt. Die Beliebtheit kommt u. a. daher, dass die Spieler/-innen bei StarCraft pro Spielzug hunderte Optionen beachten und sich für eine längerfristige Strategie entscheiden müssen. Auch zur strategischen Vorgehensweise gibt es viele Möglichkeiten, defensiv oder offensiv zu spielen. Der wesentliche Unterschied, der diese Art von Spielen für künstliche Intelligenz so interessant macht, ist, dass zwar ähnlich wie bei Dame, Schach oder Go voraus gedacht werden muss, es gibt jedoch keine festgelegten Züge. Jede/r kann agieren und muss auf z. T. unerwartete Manöver reagieren. Der Computer hat es also wieder mit verdeckten Informationen zu tun, wie Libratus beim Poker, jedoch auf einem nochmals extrem erhöhten Komplexitätslevel. Mit Komplexität wird beschrieben, wie viele erreichbare Positionen ein Spieler hat. ‚TicTacToe' z. B. als eines der einfachsten Spiele, hat mit drei mal drei Feldern eine Spiel-Komplexität von 10^3 und war bereits 1952 durch Computer lösbar. Die beschriebene Komplexität von Schach mit 10^{43} ist Welten davon entfernt und ebenso steht es beim Verhältnis von Schach zu Go, das bei einer Spiel-Komplexität von 10^{170} liegt. StarCraft wird mit 10^{1685} eingestuft, wobei diese Zahlen auf Schätzungen basieren. Schon Regelvariationen können sie verändern, die Steigerungen sind jedoch so augenscheinlich, dass es für die Botschaft nicht auf absolute Genauigkeit ankommt. Die Dominanz von KI ist trotz vieler leicht erkennbarer Fehler extrem. In einem Testmatch gegen Profis, das im Dezember 2018 und Januar 2019 über 11 Partien gespielt wurde, konnte AlphaStar zehn Siege erringen, und das sogar ohne die Zug-Geschwindigkeit, als einen der Hauptvorteile des Computers, auszuspielen. Der *actions per minute*-Wert, lag bei AlphaStar sogar niedriger als bei den menschlichen Kontrahenten. Dafür hatte die KI den Vorteil, das gesamte, bei StarCraft sehr große, Spielfeld überblicken, und dabei auch mehrere Einheiten gleichzeitig steuern zu können (Jansen 2019).

OpenAI setzt die gleiche Basisarchitektur wie Deepmind zur Lösung der Spielkomplexität ein. Massive Rechenpower mit vielen Prozessorclustern, konkret z. B. 128.000 Prozessorinstanzen in der Google Cloud, auf denen die fünf *Reinforcement Learning*-Algorithmen, die von OpenAI auch für andere Zwecke als Dota eingesetzt werden, trainieren. OpenAI trainiert sein Team in menschliche Spielzeit umgerechnet etwa 180 Jahre pro Tag. Nochmals umgerechnet auf die fünf Spielercharaktere im Team ergeben sich pro Tag 900 Jahre simulierte Spielzeit. Die Zahlen verdeutlichen, welchen Aufwand künstliche Intelligenz betreiben muss, um auf das Niveau eines Menschen mit ein paar Tagen Spielpraxis zu kommen. Ist das System einmal installiert, kann die

Rechenzeit beliebig skaliert werden, vorausgesetzt, Geld und Hardware stehen in ausreichender Menge zur Verfügung. Warum jedoch, so die berechtigte Frage, wird so viel Intelligenz, Zeit und Geld in die Lösung von Brett- und Computerspielen investiert? OpenAI gibt eine Antwort in ihrem Blogpost zum Dota-Experiment:

> „One AI milestone is to exceed human capabilities in a complex video game like StarCraft or Dota. Relative to previous AI milestones like Chess or Go, complex video games start to capture the messiness and continuous nature of the real world. The hope is that systems which solve complex video games will be highly general, with applications outside of games." (Farhi et al. 2018)

Online Rollenspiele mit vielen parallelen Spielern kommen der realen Welt, in der KI helfen soll, Probleme zu lösen, deutlich näher und sie bilden die zum Teil chaotisch wirkende Unvorhersehbarkeit und die Kontinuität, also den permanenten Fluss von Ereignissen in der Realität, realistischer ab als Brettspiele. Die Rede ist hier auch nicht von fünf bis zehn Mitspieler/-innen. Die erfolgreichsten und beliebtesten Multiplayer Spiele ‚League of Legends' oder ‚Crossfire' verzeichnen bis zu acht Millionen eingeloggte Spieler/-innen pro Tag. Die schnellen Fortschritte, die KI in diesen immer komplexeren Spielumgebungen macht, stoßen auf unterschiedliche Resonanz. Greg Brockman, Chief Technology Officer und Mitglied der Geschäftsführung bei OpenAI erwartet angesichts der Erfolge von KI, dass künstliche Intelligenz einen ähnlichen Effekt auf das gesellschaftliche Zusammenleben haben werde, wie das Internet:

> „In a lot of ways, we've had 40, 50 years to have the internet play out in society. And honestly that change has still been too fast. You look at recent events and – it'd just be nice if we'd spent more time to understand how this would affect us. But AI will transform the world much, much faster than that. It's been eight months since OpenAI Five struggled at the Dota competition the International. Now it's nearly unbeatable." (Piper 2019)

Unbeatable! Die KI ist in diesem Beispiel in wenigen Monaten in der Nische des Online-Rollenspiels unschlagbar geworden. Dahinter steht der Gedanke, die *general purpose*-KI zu entwickeln, die Algorithmen, die auf alle möglichen Zwecke angewendet werden könnten. Sie wären die Vorstufe bzw. Voraussetzung zu der von John Good prophezeiten Intelligenz-Explosion. Die KI-Spielsiege werden heute wie selbstverständliche Meilensteine, wie eine Perlenschnur, auf dem Weg zur künstlichen Superintelligenz dargestellt und propagiert. Doch zunächst sind sie einfach, was sie sind: Die erfolgreiche Adaption von KI auf immer komplexere Problemstellungen mit den mehr oder weniger gleichen Mitteln. Sie sind Nischen-Superintelligenzen. Es gibt nach wie vor keine Gewissheit, ob der Sprung zu einer echten Superintelligenz im umfassenden Sinn überhaupt möglich ist. Auch wenn die spezialisierte KI in der Medizin vielleicht die neuesten Forschungsergebnisse schon gelesen hat und die menschlichen Ärzte und Ärztinnen noch nicht, tragen die Letzteren dafür einen hocheffizienten analogen Supercomputer im Kopf, mit einer extrem tief vernetzten Ansammlung von über 80 Milliarden analogen Prozessoren immenser Rechenleistung, die billiardenfach bis in die Quantenebene vernetzt sind und in Echtzeit durch Interaktionen von innen und außen gesteuert werden. Dieses hochadaptive System hat das bisher im Vergleich dürftige Internet, in dem indirekt nur wenige Milliarden schwacher Serienprozessoren miteinander verbunden sind, erdacht und gebaut. Es bleibt bis auf Weiteres offen, ob es den menschlichen Gehirnen noch gelingt, sich selbst in Form von Maschinen umfassender zu übertreffen als in spezialisierten Einzeldisziplinen. Es spielt aber vielleicht außerhalb der Medienbranche, die auf Werbeeinnahmen durch viel gelesene und geklickte Artikel angewiesen ist, keine Rolle. Die Entwicklung ist nicht mehr einhol- oder umkehrbar. Das Wesen von Informationen ist, dass sie, einmal da, unwiderruflich sind. Den maschinellen Vorsprung in den unterschiedlichen Spieledomänen aufholen zu wollen, ist ungefähr so realistisch und so sinnvoll wie die Vorstellung, dass ein Mensch mit genügend Training jemals stark oder schnell genug sein könnte, um z. B. gegen einen Traktor im Tauziehen oder ein Rennen gegen ein Motorrad zu gewinnen. Beides ist Unsinn und niemand kommt auf die Idee, dass es jemals nötig sei.

4.1 Wie lange noch bis zur Singularität

Zusammenfassung

Trotz der mathematischen Eindeutigkeit algorithmischer Abläufe ist künstliche Intelligenz auch ein Thema, das die Vorstellungskraft bewegt. Aus der Fantasie, was möglich wäre, sind die Errungenschaften der Gegenwart entstanden, und der Versuch, in die Zukunft der Möglichkeiten von KI zu blicken, führt unweigerlich zum Gedanken an eine ASI, eine *artificial super intelligence*, und zu den Theorien von u. a. Hans Moravec, Eric Drexler, Ray Kurzweil, die den Gedanken der ‚Intelligenz-Explosion', den I.J. Good 1965 veröffentlichte, konsequent weitergedacht haben. Seit Kurzweil 2005 mit den Begriff der Singularität den Zeitpunkt definiert hat, an dem KI menschliche Intelligenz übertreffen und sich rasant autonom weiter entwickeln werde, sind viele neue, meist dystopische Fantasien und die entscheidende Frage aufgekommen, wann dieser Zeitpunkt sein werde. Kurzweil selbst prognostiziert das Jahr 2045.

Der Begriff der Singularität kommt aus der Systemtheorie und existiert heute in verschiedenen Kontexten. Es gibt mathematische, geographische, meteorologische, astronomische und einige andere Singularitäten. In Zusammenhang mit künstlicher Intelligenz geht es um die sogenannte technologische Singularität. Mit dem Begriff wird im Allgemeinen ein Zeitpunkt oder Zustand beschrieben, an dem oder ab dem Maschinen in der Lage sein sollen, sich selber zu verbessern und damit einen massiven technologischen Fortschritt zu verursachen. Die Fähigkeit zur Selbstverbesserung entstehe durch die Entwicklung künstlicher Intelligenz, die zum Zeitpunkt der Singularität das menschliche Niveau bereits überschritten habe und deswegen diese Entwicklungsbeschleunigung verursachen könne. In Konsequenz dieser Entwicklungen sei die Singularität auch ein Ereignishorizont, hinter dem die Zukunft der Menschheit nicht mehr vorhersehbar wäre. Abgesehen von der generellen Unvorhersehbarkeit von Zukunft bietet die Hypothese der Singularität die prophetische Kombination eines einerseits beinahe holzschnittartigen Technikoptimismus, der einer direkten Konfrontation mit konkreten wissenschaftlichen Gegenargumenten stets zirkulär ausweicht; andererseits eines tief sitzenden Kulturpessimismus, der mit beinahe zwanghafter Überzeugung davon ausgeht, dass diese Singularität nur zwei Extreme kennt, Utopie und Dystopie. Beide würden das Ende der Menschheit, wie wir sie kennen, bedeuten. Im Falle der Dystopie gibt es die dringliche Mahnung nach Vorkehrungen zur Rettung. Die rettenden Vorkehrungen bleiben allerdings ebenso nebulös wie die Darstellung der Gefahr durch KI. Diese Prophezeiungen haben die Eigenschaft, sich ein ums andere Mal weiter in die Zukunft zu verlagern, je näher sie rücken, um so ihre Allgemeingültigkeit und scheinbare Glaubwürdigkeit aufrecht zu erhalten.

Der Gedanke der technologischen Singularität stammt allerdings nicht von halluzinierender Phantasten, sondern gründet sich auf die Einschätzungen von renommierten, führenden und bewiesenermaßen fundiert qualifizierten und ebenso arbeitenden Wissenschaftler/-innen aus den Bereichen der Informatik, Mathematik und Kybernetik. Die erste Erwähnung des Begriffes der Singularität im Kontext des technischen Fortschritts stammt von Stanisław Marcin Ulam. Der polnische Mathematiker kam 1938 als Junior Fellow nach Harvard, wurde 1943 US-Staatsbürger und arbeitete auf Einladung des Computerpioniers John von Neumann mit am ‚Manhattan Projekt' zur militärischen Atomkraftnutzung. In einem Nachruf auf den 1957 verstorbenen von Neumann schreibt Ulam 1958:

„One conversation centered on the ever accelerating progress of technology and changes in the mode of human life, which gives the appearance of approaching some essential singularity in the history of the race beyond which human affairs, as we know them, could not continue." (S. 5)

Inhaltlich substanzieller äußerte sich Irving John Good, dessen These der Intelligenz-Explosion dem Bild der technologischen Singularität nahe kommt. In seinem Aufsatz: ‚Speculations Concerning the First Ultraintelligent Machine', der 1965 in der Zeitschrift ‚Advances in Computers' veröffentlicht wurde, sagt er im ersten Satz: „The survival of man depends on the early construction of an ultra-intelligent machine." (S. 31). Die Frage, warum die Zukunft der Menschheit von der Konstruktion einer solchen Maschine abhängig sei, wird in dem Papier nicht beantwortet. Allerdings beschreibt Good viele Details eines intelligenten Computers und obwohl er schreibt, dass seine Gedanken genau dies nicht sein sollten, lesen sie sich über 50 Jahre später wie eine Blaupause des Vorgehens auf dem Weg zu künstlicher Intelligenz: „This paper will, as we said, be speculative: no blueprint will be suggested for the construction of an ultraintelligent machine, (…)" (Ebd., S. 33). Good beschreibt eine Reihe von Aspekten, die bei der sukzessiven Entwicklung hin zu heutiger KI noch immer eine wichtige Rolle spielen:

- Mögliche ethische und soziale Probleme, die intelligente Maschinen gesellschaftlich bedeuten und die Möglichkeit, dass diese Probleme auch durch die Maschinen gelöst werden könnten. (Ebd. S. 34).
  - Die Vorstellung der effektiven Zusammenarbeit von Mensch und Computer. (Ebd. S. 35).
  - Die Einschätzung zur Verwendung künstlicher neuronaler Netze. (Ebd. S. 36).
  - Die Erkenntnis von der Bedeutung des Verstehens natürlicher Sprache für KI. (Ebd. S. 37f.).
  - Fragen nach Erinnerung und Bewusstsein i.S. von „the understanding of understanding" und wie die Maschine es schaffen könne, im Dialog Erinnerungen abzurufen. (Ebd. S. 37–38).
  - Das Bilden von Repräsentationen der ursprünglich eingegebenen Information in einem mehrschichtigen neuronalen Netzwerk. (Ebd. S. 41f.).
  - Die Bedeutung neurophysiologischer Erkenntnisse und der Hebbschen Lernregel. (Ebd. S. 42–43 und 58–59).

- Grundgedanken heutiger Transformer-Technologie. (Ebd. S. 43).
- Der schon von Alan Turing geäußerte Gedanke, dass Computer eher wie Kinder lernen könnten als aus mathematischer Massendaten-Analyse. (Ebd. S. 45–46).
- Die Ideen von überwachtem vs unüberwachtem Lernen von Algorithmen. (Ebd. S. 80).

Falsch lag Good mit der Prognose, dass es höchstwahrscheinlich sei – „(…) more probable than not (…)" – , dass eine ultraintelligente Maschine noch im 20. Jahrhundert gebaut und in Betrieb genommen würde (Ebd.).
In der Zeit von 1965, als Good sein Papier verfasste, bis in die 1990er-Jahre gab es eine Reihe inkrementeller, jedoch über die Zeitspanne hinweg insgesamt größerer Fortschritte in den Bereichen der Mikroprozessortechnik, der Speichermedien und in der Datenübertragung. Das ARPANet wurde entwickelt und zum Vorläufer des späteren Internet, Computer wurden zu Haushalts-, dann zu mobilen Alltagsgegenständen. Projekte, die mehr Rechenleistung benötigten rückten in Reichweite. Die Idee der künstlichen Superintelligenz blieb vor allem im Science-Fiction Genre lebendig. Der Filmregisseur und Produzent James Cameron veröffentlichte mit ‚Terminator' (1985) und ‚Terminator 2 – Judgement Day' (1991) ebenso ikonische wie dystopische Filmhits zum Thema KI und Robotik. Er lieferte einen düsteres Narrativ zu der immer weiter fortschreitenden Vernetzung der Welt. In die gleiche Zeit fiel 1993 ein Symposium der NASA zum Thema ‚Vision-21 Interdisciplinary Science and Engineering in the Era of Cyberspace'. Der Konferenzdokumentation wie eine Widmung vorangestellt, ist ein Gedicht von Geoffrey Landis, der für die NASA arbeitete und nebenbei Science-Fiction schrieb:

> „*Into the Era of Cyberspace*
> *Our robots precede us*
> *with infinite diversity*
> *exploring the universe*
> *delighting in complexity*
> *A matrix of neurons,*
> *we create our own reality*
> *of carbon and of silicon,*
> *we evolve toward what we chose to be.*" (Landis 1993)

Der NASA erschien eine gewollte Nähe zur Science-Fiction offensichtlich zu diesem Anlass angemessen, immerhin ging es um eine Vision des 21. Jahrhunderts. Arthur C. Clarke schrieb 1962 in ‚Profiles of the Future' passend zu dieser Beobachtung, dass Wissenschaftler schlechte Propheten seien, obwohl Vorstellungskraft zu den wichtigsten Voraussetzungen für ihre Arbeit gehöre. Viele hätten sich sogar mit Fehleinschätzungen lächerlich gemacht, während in der Science-Fiction Zehntausende von Geschichten über alles, was denk- und undenkbar sei, geschrieben wurden, so dass Science-Fiction Literatur ein grundlegendes Training für jede/n sei, der/die zehn Jahre in die Zukunft blicken möchte:

> „With few exceptions, scientists seem to make rather poor prophets; this is surprising, for imagination is one of the first requirements of a good scientist. Yet, time and again, distinguished astronomers and physicists have made utter fools of themselves by declaring publicly that such-and-such a project was impossible; (....)
> Over the last thirty years, tens of thousands of stories have explored all the conceivable, and most of the inconceivable possibilities of the future; there are few things that CAN happen that have not been described somewhere, in books or magazines. A critical – the adjective is important – reading of science fiction is essential training for anyone wishing to look more than ten years ahead. The facts of the future can hardly be imagined ab initio by those who are unfamiliar with the fantasies of the past." (S. 14–15)

Der Science-Fiction Autor Vernor Vinge war einer der Vortragsredner auf diesem Symposium. Der Titel seines Beitrags lautete ‚The Coming Technological Singularity: How to Survive in the Post-Human Era'. Ein Überlebenstraining für das Zeitalter nach der Menschheit sollte also erörtert werden. Vinge geht in seinem Manuskript davon aus, dass, basierend auf den technologischen Fortschritten der Vergangenheit, eine der menschlichen Intelligenz überlegene Maschinenintelligenz in ca. 30 Jahren entstehen sollte. Er spricht von ‚erwachten' Computern: „Computers that are awake and superhumanly intelligent may be developed. (…). Large computer networks (and their associated users) may wake up as superhumanly intelligent entities." (Vinge 1993). Vinge räumt ein, dass die Kritik zutreffend sei, solche Prognosen würden schon seit vielen Jahrzehnten mit immer der gleichen 30-jährigen Frist gemacht, jedoch ist er sogar 10 Jahre später, bei der Überarbeitung seines Textes im Jahr 2003 noch zuversichtlich:

> „Progress in hardware has followed an amazingly steady curve in the last few decades. Based on this trend, I believe that the creation of greater-than-human intelligence will occur during the next thirty years. (…) Just so I m not guilty of a relative-time ambiguity, let me be more specific: I ll be surprised if this event occurs before 2005 or after 2030. Now in 2003, I still think this time range statement is reasonable." (Ebd., S. 2)

Vernor Vinge gelangt zu dem Schluss, dass die Entwicklung einer künstlichen Superintelligenz aller Wahrscheinlichkeit nach unumgänglich sei und der Zeitpunkt dieses Ereignisses sei dann die Singularität: Ein Zustand, dessen Konsequenzen aus menschlicher Perspektive nicht mehr vorstellbar seien, so dass alles, was ab diesem Ereignis stattfinde, nicht beschrieben werden könne. Vinge sieht darin die ‚Post-Human-Era' und er selbst, so seine Worte, würde sich trotz all seines technologischen Optimismus besser fühlen, wenn er von diesen transzendentalen Geschehnissen 1000 Jahre entfernt sei, statt 20. Die einzige Möglichkeit, die künstliche Superintelligenz und damit die Singularität zu verhindern, läge möglicherweise darin, dass Hardware-Beschränkungen die Entwickler/-innen und Ingenieur/-innen daran hindern könnten, tatsächlich die notwendige Rechengeschwindigkeit zu konstruieren, um die Leistungsfähigkeit des menschlichen Gehirns zu erreichen bzw. zu übertreffen. Ansonsten, wenn sie technisch möglich wäre, sei die Singularität eine unausweichliche Tatsache, denn selbst wenn alle Regierungen der Welt sich der Bedrohung durch diese Entwicklung bewusst wären, so würde der Fortschritt in dieser Richtung trotzdem weiter vorangetrieben werden. Der Wettbewerbsvorteil durch die Technologie sei so hoch, dass jedes Verbot nur zur Gewissheit dafür würde, dass ein anderer sie zuerst habe:

> *„But if the technological Singularity can happen, it will. Even if all the governments of the world were to understand the threat and be in deadly fear of it, progress toward the goal would continue. The competitive advantage – economic, military, even artistic – of every advance in automation is so compelling that forbidding such things merely assures that someone else will get them first."* (Ebd. S. 6)

Die Unausweichlichkeit ist in Vinges Augen nicht nur ein Ergebnis des Forschergeistes und Innovationsdranges, sondern vor allem der Konkurrenz unter den Menschen. Das Ergebnis sei nicht von Vorteil für die Menschheit als Ganzes: „If the Singularity can not be prevented or confined, just how bad could the Posthuman era be? Well … pretty bad. The physical extinction of the human race is one possibility." (Ebd. S. 7). Abgesehen von der Möglichkeit der Vernichtung der menschlichen Spezies blieben noch unterschiedliche Variationen von Versklavung für Zwecke, die den Maschinen nützlich wären. Ein vorteilhafter Weg wäre, wenn sich die Singularität über einen sehr langen Zeitraum von bis zu 100 Jahren hinziehen würde, während derer es immer wieder Fortschritte und Annäherungen zwischen der maschinellen und der menschlichen Intelligenz gäbe. Vernor Vinge sieht dies als ‚Intelligence Amplification'. Die Menschen würden dann sukzessive zu technisch augmentierten Wesen, die schließlich mit der Singularität verschmelzen. Hier nähert er sich den Thesen

Moravecs. In seinen eher oberflächlichen Bezügen auf die wissenschaftlichen Gedanken seiner Vorbilder bleibt Vinge konsistent und er bleibt final überzeugende Argumente, warum genau was in der Zukunft passieren werde, schuldig. Ebenso, wie alle anderen. In seinen Bezügen kommen viele weitere Science-Fiction Autoren vor, so dass die Grenzen zwischen tatsächlicher technologischer und wissenschaftlicher Erkenntnis auf der einen und fantasievoller Prosa auf der anderen Seite verschwimmen. Seine Gedanken repräsentierten offenbar einen Zeitgeist, der großen Einfluss auf die Wahrnehmung und die Fantasie der weiteren Entwicklung von KI genommen hat. Der 17-jährige Eliezer Yudkowsky schrieb 1996 ein Essay mit dem Titel ‚Staring into the Singularity', in dem er den Zeitpunkt der Singularität für das Jahr 2021 errechnete. Im Text selbst gibt er Kalkulationsbeispiele und erklärt das Jahr 2035 als das am häufigsten genannte Datum dafür. Interessanter als das Datum ist seine Haltung diesem, auch aus seiner Sicht unausweichlichen, Ereignis gegenüber. In dem, im Laufe des Jahres 2020 von seiner Homepage gelöschtem, Text geht er vom Ende der Geschichte der Menschheit aus:

> „*It began three and a half billion years ago in a pool of muck, when a molecule made a copy of itself and so became the ultimate ancestor of all earthly life.*
> *It began four million years ago, when brain volumes began climbing rapidly in the hominid line.*
> *Fifty thousand years ago with the rise of Homo sapiens sapiens.*
> *Ten thousand years ago with the invention of civilization.*
> *Five hundred years ago with the invention of the printing press.*
> *Fifty years ago with the invention of the computer.*
> *In less than thirty years, it will end.*" (Yudkowsky 1996)

Zusammengefasst bleibt eine in sich konsistente Beschreibung einer scheinbaren Alternativlosigkeit zur Entstehung künstlicher Superintelligenz in den 2030er-Jahren mit den eher unvorteilhaften Folgen dieser Entwicklung für die Menschheit als Ganzes. Als Vernor Vinge 2003 sein altes Manuskript kommentiert, gibt es nur einen knappen Hinweis auf Ray Kurzweil und sein Buch ‚The Age of Spiritual Machines: When Computers Exceed Human Intelligence' von 1999. Dies überrascht ein wenig, da Ray Kurzweil einerseits schon 1990, also bereits dreizehn Jahre zuvor, mit ‚The Age of Intelligent Machines' ein ausführliches Werk zum Thema KI auf menschlichem Niveau verfasst hatte. In dem von Vinge erwähnten Titel geht Kurzweil weiter auf das Thema ein und beschreibt mit dem sogenannten ‚Law of Accellerating Returns', wie sich technischer Fortschritt fortsetzt und zu künstlicher Superintelligenz führen kann bzw. wird.

Die Darstellung all dieser für sich genommenen unbedeutenden Details aufeinander bezogener Texte zwischen Wissenschaft und Science-Fiction soll aufzuzeigen, auf welchem argumentativen Fundament das Bild der Singularität und der künstlichen Superintelligenz, die die gesamte Menschheit auszulöschen drohe, bis in die 1990er-Jahre fußt: – Auf Gedankenexperimenten und Euphorien über potenzielle Technologiesprünge; – auf Ideen von mehr Desselben, bzw. schnellerem Dasselbe durch immer komplexere Algorithmen mit immer mehr Daten; – auf Stapeln fantastischer Hypothesen und Erzeugen der Vision, dass in wenigen Jahrzehnten die Singularität erreicht werde. Sachlich betrachtet ist Science-Fiction vermutlich genau der richtige Ausdruck dafür und das bedeutet nicht, dass das alles Unsinn sei. Es bedeutet, dass die Vorstellung einer Singularität vor allem die faszinierende Idee einer Entwicklung ist, die einige hochkarätige Experten aus Mathematik, Physik und Informatik für möglich halten. Einer von ihnen ist Raymond Kurzweil, ein visionär denkender und unternehmerisch auf verschiedenen Gebieten erfolgreicher Erfinder von elektronischen Musikinstrumenten, Flatbed Scannern, Bilderkennungssoftware und Sprach-Ein-/ und -Ausgabesystemen sowie Autor mehrerer Bücher über Zukunftstechnologie. In Bezug auf die Idee der technologischen Singularität ist Kurzweil heute der wohl prominenteste Vertreter der Forschung. In 2005 publizierte er mit ‚The Singularity is near. When Humans Transcend Biology' vermutlich das Standardwerk zum Thema. Auf ca. 600 Seiten beschreibt er detailliert und hinterlegt mit Dutzenden Kalkulationen von technischen Merkmalen, Entwicklungen und Marktpreisen, warum seiner Ansicht nach die Singularität bald bevorstehe. 2007 wurde er Mitgründer der internationalen, kommerziell orientierten ‚Singularity University'. Was er mit Singularität meint, beschreibt Kurzweil in seinem Essay ‚Law of Accelerating Returns' von 2001, nämlich, dass technischer Wandel sich so schnell vollziehe, dass er einen Riss in der Struktur der Geschichte der Menschheit darstelle:

> „This, then, is the Singularity. The Singularity is technological change so rapid and so profound that it represents a rupture in the fabric of human history. Some would say that we cannot comprehend the Singularity, at least with our current level of understanding, and that it is impossible, therefore, to look past its „event horizon" and make sense of what lies beyond." (Kurzweil 2001)

Darauf folge eine Mensch-Maschinen-Zivilisation, in der der größte Teil aller vorhandenen Intelligenz künstlich, bzw. nicht biologisch, sei. Die rasante Entwicklung führe zu einer Welt des Überflusses, in der es keine unbeantworteten Fragen mehr gebe, bis hin zur Möglichkeit biologischer Unsterblichkeit. Ein Grund für die Vorstellung des Überflusses ist weniger die heute allgemein visualisierte Vorstellung, dass überall humanoide Roboter sämtliche anstrengende und gefährliche Arbeit erledigten, sondern vor allem der Gedanke, dass es mit universeller Antwortkompetenz möglich sei, einen *Molecular Replicator* bzw. *Molecular Assembler* zu bauen. Das ist eine Maschine, die Dr. Kim Eric Drexler 1986 in seinem Buch ‚Engines of Creation' beschrieben hat. Drexler war der erste, der über Nanotechnologie promovierte und Theorien zu Maschinen im Nano-Bereich entwickelte. Sein *Molecular Assembler* arbeitet in der Theorie in Nanometer-Größe auf atomarer und molekularer Ebene. Die Idee einer Maschine, die sich selbst nachbaut, also ‚repliziert', wird von Drexler zitiert:

> „ON MARCH 27, 1981, CBS radio news quoted a NASA scientist as saying that engineers will be able to build self-replicating robots within twenty years, for use in space or on Earth. These machines would build copies of themselves, and the copies would be directed to make useful products. He had no doubt of their possibility, only of when they will be built." (S. 48)

Neben Kurzweil beziehen sich u. a. auch Vinge und Yudkowsky auf Drexler. Seine Überlegungen aus den 1980er-Jahren sind keine Fantasien geblieben, sondern wurden Inspiration und Grundlagen für Versuche im Bereich der Bio- und Nanotechnologie, in denen es konkrete Ergebnisse in Form erster, einfacher *Molecular Assemblers* gibt (Kelly und Snapper 2017). Drexlers Ideen gehen jedoch viel weiter. Seine Vorstellungen sind getrieben vom Glauben an die Ingenieurswissenschaften, mit denen Autos, Flugzeuge und Raumschiffe gebaut werden können. Er erwartet, dass in Zukunft auch Replikatoren gebaut werden, die sich wie biologische Zellen selbst replizieren. Das biochemische Wissen um die molekularen Vorgänge in Zellen dient als Vorbild für die *Molecular Assemblers*. Gegenüber der Biologie habe die künstliche Replikation jedoch den Vorteil, auf massengefertigte Bausteine zurückgreifen zu können. Ähnlich, wie heute in einer Fabrik mit vorgefertigten Teilen Maschinen zusammengesetzt werden, könnten mit *Molecular Assemblers* Atome zusammengesetzt werden. Es entstünden Fabriken von der Größe von Zellen, in denen Nanomaschinen unterschiedliche Dinge herstellen. Die Atome, die die Rohstoffe der Produktion darstellen, werden innerhalb der Nano-Fabrik auf molekularen Transportbändern von Maschine zu Maschine gebracht. Jede Nanomaschine hat Werkzeugarme, an denen die Atome bzw. Moleküle andocken und weiterverarbeitet werden können. Ein etwas fortgeschrittener Nano-Assembler, der aus einer Million Atomen bestehe, so Drexler, könne zehntausend bewegliche Teile haben, von denen jedes aus ein paar hundert

Atomen bestehe. Der Nano-Assembler sähe in etwa aus wie eine Kiste mit einem Werkzeugarm, der hundert Atome lang sei. Box und Arm enthielten Mechanismen, die sowohl den Arm bewegen als auch die molekularen Werkzeuge an der Spitze verändern könnten. Hinter der Box befände sich die Einheit, die die Bauanleitung lese und über mechanische Signale den Werkzeugarm steuere. Vor dem Werkzeugarm befände sich das unfertige Werkstück. Transportmoleküle bringen Energie und Rohstoffe in die Konstruktion und so könne der Herstellungsprozess Atom für Atom laufen. Die Geschwindigkeit dieser Nano-Maschinen vergleicht Drexler mit enzymatischen Reaktionen. Enzyme, die im menschlichen Stoffwechsel vorkommen, wie Carboanhydrase oder Ketosteroid Isomerase, können etwa eine Million Moleküle pro Sekunde verarbeiten, selbst ohne molekulare Transportbänder und Werkzeugarme. Drexler führt aus, dass es schwer vorstellbar sei, das eine Nano-Maschine eine Million Mal pro Sekunde Atome bewege und zu neuen Strukturen zusammensetze, doch tatsächlich seien diese sehr kleinen Teile sehr schnell beweglich. Ein Mensch kann z. B. pro Sekunde die Finger deutlich schneller auf und ab bewegen als die Arme. Insekten bewegten ihre Flügel tausendfach schneller als Menschen ihre Arme und der Werkzeugarm einer Nanomaschine, der ungefähr 50 Millionen mal kürzer als ein menschlicher Arm sei, könne sich etwa 50 Millionen mal so schnell bewegen. Eine Million Bewegungen pro Sekunde wären für so eine Maschine also eher Schneckentempo. Das wäre, als würde ein Mensch seinen Arm ein Mal pro Minute bewegen. Eine flexible Replikationsmaschine, die schon eine primitive Computereinheit zur Steuerung hätte, würde nach Drexlers Schätzungen aus ca. 150 Millionen Atomen bestehen. Für das menschliche Auge wäre sie unsichtbar (Drexler 1986, S. 49). Da diese Nanomaschinen sich selber replizieren und in verschiedensten Größen zusammenarbeiten könnten, könnte alles nur Vorstellbare hergestellt werden. *Molecular Assembler* bzw. Replikatoren, die in der Lage sein würden, nach Bauplan milliardenfach Atom auf Atom zu schichten, entstünden aus den molekularbiologischen Forschungsergebnissen und Anwendungen in der Zellbiologie, wo es hauptsächlich um Eiweißmoleküle und die Reproduktion von DNA gehe. Nach und nach könnten jedoch die biologischen Stoffe, die z. B. sehr temperaturanfällig sind, durch anorganische, deutlich belastbarere Atome ersetzt werden. Die von den Molekular Assemblern produzierten Teile würden auch für den Bau von Nanocomputern verwendet werden. Ebenso, wie elektronische Computer Signale hunderte Millionen Mal schneller transportieren als menschliche Synapsen, könnten Nanocomputer aufgrund der extrem kurzen Signalwege nochmals millionenfach schneller sein (Ebd.).

Die von Kurzweil beschriebene Welt des Überflusses beruht also im wesentlichen auf den zu erwartenden Errungenschaften der Nanotechnologie, die zusammen mit der künstlichen Intelligenz in allen Facetten des täglichen Lebens zur Anwendung komme. Drexler beschreibt 20 Jahre vor Kurzweil, warum die Nano-Maschinen zum Überfluss an materiellem Reichtum führen werden. Er führt dazu neben den sich selbst replizierenden Assembler-Maschinen noch die Faktoren der automatisierten Produktion sowie der Rohstoffe und Energie aus dem Weltall an. Diese drei Variablen machen die Werte bedeutungslos, die im gegebenen Wirtschaftssystem die Kosten von allem bestimmen. Zu den Kostenarten zählt Drexler Arbeit und Kapital, Rohstoffe, Energie, Boden, Müllentsorgung, Organisationskosten, Verteilungskosten, Steuern und Entwicklungs- bzw. Designkosten. Da sich selbst replizierende Assembler keine Arbeitskosten verursachen, würde dieser Block ab der Fertigstellung der ersten Maschine wegfallen. Die Assembler seien selbst Produktivkapital und könnten sich unbegrenzt kopieren, so dass auch die Kapitalkosten gegen Null sinken würden. *Molecular Assembler* würden einfach Atome zur gewünschten Sache zusammensetzen. Typische Materialien wie Wasserstoff, Stickstoff, Sauerstoff, Aluminium und Silikon sind leicht und bilden starke Verbindungen, aus denen die meisten Produkte und Vorprodukte für Gebäude, Fahrzeuge, Computer, Kleidung usw. produziert werden könnten. Sie sind mehr oder weniger in Dreck und Luft schier unbegrenzt enthalten, so dass auch Rohstoffe so gut wie nichts kosten würden. Die Assembler würden mit elektrischer oder chemischer Energie angetrieben und sie könnten ihren eigenen Treibstoff bzw. die notwendigen Solarzellen für ihre Versorgung herstellen. Die Molekular-Fabriken benötigen nur wenig Raum. In einem Fingerhut könnten Milliarden von Fabriken stecken. Je nachdem, was sie produzieren, könnten größere Systeme unterirdisch oder im Orbit um die Erde platziert sein. Die Assembler selbst könnten die dafür notwendigen Tunnelbohrmaschinen und Raumschiffe herstellen. Da die molekulare Produktion ihre Bausteine auf atomarer Ebene zusammensetze, gäbe es so gut wie keinen Müll. Fast alles könne verwendet und wiederverwendet werden. Die gesamte Organisation von Arbeit und die Distribution von Waren würde obsolet, da es keine Arbeitsorganisation gäbe, sondern nur Assembler, die alles vor Ort herstellen könnten. Transporte würden überflüssig. Staaten bräuchten keine oder nur sehr wenige Steuern erheben, da sie mit ihren eigenen Assemblern alles herstellen könnten, was sie bräuchten und die gesamte Entwicklung der Technologie würde durch KI-Systeme schnell und kostengünstig möglich sein (Ebd. S. 80). Selbst für den Aufbruch der Menschheit ins Weltall und die Möglichkeit der Überwindung von Lichtjahre-weiten Distanzen gibt es

Lösungsansätze, ebenso wie für medizinische Fragen zur Reparatur unserer Körper durch Nano-Maschinen, die Körperzellen regenerieren oder ersetzen könnten. Diese Überlegungen führen zu einer sukzessiven Erweiterung der menschlichen Lebenserwartung bis hin zur Möglichkeit ewigen Lebens. K. Eric Drexler hat in ‚Engines of Creation' anscheinend schon fast alles vorgedacht und veröffentlicht, was Ray Kurzweil 2005 in ‚The Singularity is Near' mit vielen aktualisierten Zahlen nochmals aufbereitet.

Die Berechnung der Unberechenbarkeit
Wann, so die offenbar alles entscheidende Frage, wird der Zeitpunkt der Singularität sein? In der Auffassung der meisten Wissenschaftler/-innen wird es keine Vorhersage, sondern eine rückwärts betrachtete Feststellung sein. Das ist ein viel diskutiertes Thema mit z. T. sich ausschließenden Positionen. Das Spektrum reicht von ‚es wird niemals eine künstliche Superintelligenz mit den beschriebenen Konsequenzen geben' bis hin zu ‚in wenigen Jahrzehnten wird die Singularität passieren'. Wie soll diese Frage glaubwürdig beantwortet werden? Nick Bostrom geht 2014 in seinem Buch ‚Superintelligence' unter anderem dieser Frage nach und zieht dafür die Ergebnisse verschiedener Studien und Meinungen verschiedener Quellen zum Thema KI heran. Er fragt, in welchem Jahr künstliche Intelligenz auf dem Niveau menschlicher Intelligenz sein werde, wann wir also starke KI bzw. AGI erleben werden. Die Durchschnittswerte aller Antworten ergeben, dass die Befragten eine zehnprozentige Chance für AGI im Jahr 2022 sehen. Eine 50 %-Chance, dass KI menschliches Level erreicht, sehen die Expert/-innen im Durchschnitt im Jahr 2040 und im Jahr 2075 gehen sie mit einer 90-prozentigen Wahrscheinlichkeit davon aus, dass KI die Stufe menschlicher Intelligenz erreicht habe. Selbst die konservativsten Einschätzungen erwarten dieses Datum im Jahr 2093. Sind das nun mit Sicherheit die Daten, zu denen mit einer Singularität zu rechnen ist? So wie die Frage gestellt ist, kann sie nur mit Nein beantwortet werden, denn von Sicherheit kann hier nicht gesprochen werden. Alle Werte sind subjektive Schätzungen von Fachleuten, die aus verschiedenen Gründen eine Zahl genannt haben. Aus diesen Schätzungen wiederum ist nur der Durchschnitt erkennbar. Es besteht immer die Möglichkeit des Irrtums, des Ausgangs von falschen Quellen oder Erwartungen usw. Trotzdem ist es wohl die derzeit am meisten belastbare Aussage über diese mögliche Zukunft und es kann abgeleitet werden, dass die wissenschaftliche Community, die sich am stärksten fachlich mit dem Thema beschäftigt, davon ausgeht, dass künstliche Intelligenz noch in diesem Jahrhundert, wahrscheinlich zur Mitte der zweiten Hälfte hin, menschliches Niveau erreichen werde (Bostrom 2014, S. 23). Bostrom schließt direkt zwei Fragen an: Zum einen, wie lange es dauern

werde, bis KI von diesem Stand aus das Niveau der Superintelligenz erreichen werde und zum Anderem, ob sich das Ergebnis dieser Entwicklung positiv oder negativ für die Menschheit auswirken würde. Die Antworten gehen von einer zehnprozentigen Chance aus, dass KI innerhalb von zwei Jahren nach Erreichen menschlicher Intelligenz, das Superintelligenz-Niveau erreichen werde und von einer 75-prozentigen Chance, dass dies innerhalb von 30 Jahren geschehen werde.

Der 30-Jahres-Zeitraum taucht immer wieder auf, wenn es um Prognosen geht, die im Grunde nicht vorhersehbar sind. Auch Bostrom sieht die Zahlen als sehr vage an und verweist auf die Tendenz falscher Expertenprognosen aufgrund überhöhter und unrealistischer Überzeugungen in eigene Theorien:

> „There is a substantial literature documenting the reliability of expert forecasts in many domains, and there is every reason to think that many of the findings in this body of research apply to the field of artificial intelligence too. In particular, forecasters tend to be overconfident in their predictions, believing themselves to be more accurate than they really are (…)". (Ebd. S. 330)

In Bezug auf die positiven oder negativen Konsequenzen für die Menschheit rechnen etwa 23 % mit extrem positiven Konsequenzen und ca. 37 % mit insgesamt eher positiven Konsequenzen. Ca. 15 % erwarten ein neutrales Ergebnis und weitere ca. 15 % erwarten eher negative Folgen. Knapp 10 % der Expert/-innen gehen von extrem negativen Folgen dieser Entwicklung aus und erwarten so etwas wie eine existenzielle Katastrophe für die gesamte Menschheit. Nick Bostrom selber denkt, dass nach dem Erreichen starker KI eher eine sehr schnelle Entwicklung stattfinde und deswegen auch schnell das Level einer Superintelligenz erreicht werde. Das Ergebnis, sei es positiv oder negativ, erwarte er dann eher polarisiert, also entweder sehr positiv oder sehr negativ, nicht jedoch als eine eher ausgeglichene Bilanz (Ebd. 25). Nach heutigem Stand der Hypothesen und unter dem Vorbehalt von allerlei möglichen statistischen Unzulänglichkeiten und Fehlannahmen, würde eine technologische Singularität also ab dem Jahr 2040 möglich und zwischen 2105 und 2123 wahrscheinlich. Die Zahlen basieren auf den genannten Einschätzungen, die Bostrom zusammengetragen hat und die im Durchschnitt ab 2075 und im pessimistischsten Falle ab 2093 von starker KI ausgehen sowie der weiteren Schätzung, dass es ab diesem Datum noch weitere 30 Jahre dauern könnte, bis künstliche Superintelligenz erreicht sei. Ein Kind, das im Jahr 2020 geboren wurde, hätte somit eine realistische Chance, zu Lebzeiten Zeuge der technischen Singularität zu werden. Im frühestmöglichen Fall dieser Schätzungen wären es sogar nur noch 20 Jahre bis zu diesem Ereignis. Aber das sind

Spekulationen über Spekulationen. Sie sagen lediglich aus, was Nick Bostrom schon selbst dazu feststellte: „At the very least, they suggest that the topic is worth a closer look." (Ebd. 25). Es lohne sich, sich näher mit dem Thema zu beschäftigen. Bostrom kommt in seiner Analyse der Prognosen auch zu dem Ergebnis, dass Superintelligenz nicht gleich Superintelligenz sei und der Weg dahin verschiedene Verläufe nehmen könne. Nur der Weg über die Entwicklung einer maschinellen KI mit der entsprechenden Geschwindigkeit sei wahrscheinlich. Des Weiteren unterscheidet er drei Arten von Superintelligenz:

Eine ‚Speed-Superintelligenz'. Das wäre ein System, das alles könne, was das menschliche Gehirn könne, lediglich millionenfach schneller. Für solch eine Intelligenz würde alles, was ein normaler Mensch täte in extremster Zeitlupe ablaufen.

Die zweite Variante wäre eine kollektive Superintelligenz, in der eine Masse von kleineren, in begrenzten Disziplinen superintelligente Cluster arbeitsteilig zusammenwirken würden. Das wäre vergleichbar mit der gegebenen Situation akademischer und wirtschaftlicher Forschung und Wissenschaft, jedoch um den Faktor eine Million größer und durch effektive Kommunikations- und Kollaborationsmechanismen auf engstmögliche Weise integriert.

Die dritte, von Bostrom aufgezeigte Variante, ist die Qualitäts- oder qualitative Superintelligenz. Sie beschreibt ein System, das weder schneller, noch besser in den Dingen sei, die Menschen können, das aber trotzdem Dinge könne, die Menschen nicht könnten. Bostrom vergleicht es mit der Überlegenheit der menschlichen Intelligenz gegenüber vielen Tierarten, die zwar in Teilbereichen besser seien, z. T. auch größere Gehirne haben und vielleicht auch Dinge schneller können als Menschen, insgesamt jedoch nicht die gleichen intellektuellen Ergebnisse erreichen, was z. B. die Sprache, das Abstraktionsvermögen oder den Gebrauch von Werkzeug oder Technologie betreffe.

Die Prognosen ob, wann und auf welchem Weg KI zur technologischen Singularität führen wird, bleiben schwierig. Ray Kurzweil nähert sich rechnerisch über Hilfskonstruktionen mit Marktpreisen für Rechenleistung an. Seinen Berechnungen zufolge wird die Rechenleistung eines menschlichen Gehirns im Jahr 2023 für ca. 1000,- USD erhältlich sein und im Jahr 2037 nur noch einen Cent kosten. Die Rechenleistung der Gehirne aller Menschen werde im Jahr 2049 1000,- USD kosten und 2059 bereits für 1 Cent verfügbar sein:

> „My estimate of brain capacity is 100 billion neurons times an average 1,000 connections per neuron (with the calculations taking place primarily in the connections) times 200 calculations per second. Although these estimates are conservatively high, one can find higher and lower estimates. However, even much higher (or lower) estimates by orders of magnitude only shift the prediction by a relatively small number of years.

*Some prominent dates from this analysis include the following:
We achieve one Human Brain capability (2 * 10^16 cps) for $1,000 around the year 2023.
We achieve one Human Brain capability (2 * 10^16 cps) for one cent around the year 2037.
We achieve one Human Race capability (2 * 10^26 cps) for $1,000 around the year 2049.
We achieve one Human Race capability (2 * 10^26 cps) for one cent around the year 2059."* (Kurzweil 2001)

Diese Berechnungen über reine Hardware-Leistungsdaten sind unzureichend, um daraus überlegene KI abzuleiten, sie zeigen jedoch auf, mit welchen Größenordnungen gerechnet werden darf und vor dem Hintergrund, dass Hunderttausende von Wissenschaftler/-innen weltweit parallel an diesen Themen arbeiten, sind auch Beschleunigungseffekte möglich. Es darf nur nicht vergessen werden, dass es bei der Entwicklung einer technologischen Singularität um etwas anderes geht als um den bloßen Ingenieurtraum des Nachbaus eines menschlichen Gehirns. Die künstliche Superintelligenz, die möglicherweise auf uns zukommt, ist mit hoher Wahrscheinlichkeit etwas ganz anderes als das, was Menschen als Intelligenz bei ihren Artgenossen kennen. Auch wenn der Aufbau der neuronalen Netze, das bestärkende Lernen und Technologien wie LSTM, *Transformer* usw. entfernt an die biologischen Vorbilder im menschlichen Gehirn angelehnt sind, funktionieren Computer doch offensichtlich anders als Menschen und sehr viel von dem, was Menschen ausmacht, wie Bewusstsein und Psyche ist, zum Guten, wie zum Schlechten, nicht in KI-Systemen enthalten. Das vielzitierte Beispiel des Flugzeugs, dass sich in seiner Flügelform am Vorbild der Vögel orientiert, jedoch nicht mit den Flügeln flattert, kann analog für die Entwicklung von KI nach dem Vorbild des Menschen gesehen werden.

Einigkeit herrscht über die Reihenfolge, in der sich die bestehende schwache KI in Theorie zunächst zu starker KI bzw. *Artificial General Intelligence* entwickeln werde. Von diesem, der menschlichen Intelligenz ähnlichen, Niveau vollziehe sich dann der Sprung zur Superintelligenz. Insgesamt gehen die meisten KI-Expertinnen und Experten von diesem Kontinuum aus, in dem sich die Entwicklung im Zweifelsfall vollziehe. Dass KI auf menschlichem Niveau plötzlich anhalten und verharren würde, erscheint unlogisch. Das zeigen Bostroms Darstellungen zu den Einschätzungen sehr klar. Menschliches Intelligenzniveau ist für KI kein Endbahnhof, sondern eine kurze und für die Systeme selbst irrelevante Durchreise in einer größeren Entwicklung. Zumindest geht die Wissenschaft nicht wie die bekannten Science-Fiction Szenarios davon aus, dass die weiteren exponentiellen Entwicklungsschritte einer KI so schnell und so groß seien, dass wir uns schon wenige Tage oder im Extremfall sogar nur wenige Minuten später einer Superintelligenz gegenüber sähen, die so weit überlegen wäre, dass ihr Intellekt für uns gar nicht mehr nachvollziehbar wäre. Ein solches System würde vielleicht Zusammenhänge erkennen und Dinge tun, die uns heute ebenso magisch erscheinen würden, wie für einen Menschen aus dem Mittelalter eine Computertomographie oder ein Hubschrauber. Es wäre die ultimative Ablösung der Menschen als intelligenteste Gattung auf der Erde. KI könnte danach mächtiger sein als alles, was jemals auf diesem Planeten existiert hat.

Das wäre die Bestätigung der Thesen von Ray Kurzweil. Seine Vorstellung der technologischen Singularität polarisiert stark. Die einen halten ihn für ein visionäres Genie, andere sehen seine Theorien als unwissenschaftliche, quasireligiöse Heilsversprechen. Deutliche Worte findet der Physiker und Informatiker Douglas R. Hofstadter 2007 in einem Interview mit dem Chefredakteur der Zeitschrift Scientific American, Greg Ross. Auf die Frage, was Hofstadter von der Idee einer technologischen Singularität bzw. einer Intelligenz-Explosion halte, antwortet dieser, dass er eine Weile durch diesen Sumpf gewatet sei, und dass es sehr schwierig sei, ein klares Urteil über den Mix aus Ideen, die z. T. sehr gut und z. T. verrückt seien, zu fällen. Er vergleicht die Bücher von Kurzweil und Moravec mit einer Speise, in der sehr gutes Essen mit Hundekot vermischt wurde, so dass es unmöglich sei, zu sagen, was gut und was schlecht ist. Es sei schwer, das auseinander zu halten, auch aufgrund der hohen Intelligenz der Autoren.

„(…) I've organized several symposia about it; I've written a long article about it; I've participated in a couple of events with Ray Kurzweil, Hans Moravec and many of these singularitarians, as they refer to themselves. I have wallowed in this mud very much. However, if you're asking for a clear judgment, I think it's very murky.

The reason I have injected myself into that world, unsavory though I find it in many ways, is that I think that it's a very confusing thing that they're suggesting. If you read Ray Kurzweil's books and Hans Moravec's, what I find is that it's a very bizarre mixture of ideas that are solid and good with ideas that are crazy. It's as if you took a lot of very good food and some dog excrement and blended it all up so that you can't possibly figure out what's good or bad. It's an intimate mixture of rubbish and good ideas, and it's very hard to disentangle the two, because these are smart people; they're not stupid." (Raza 2007)

Es bleibt die unausgesprochene Tatsache im Raum, dass dieser Mix die gesamte Speise verdirbt. Gleichzeitig sind viele gedankliche Ansätze der ‚Singularianer' faszinierend. Sie öffneten neue Perspektiven und gaben das vielleicht nötige Quäntchen Fantasie in die KI-Domäne, das nötig war, um ein Investitions-Momentum zu schaffen, mit dem deutliche Fortschritte erzielt werden konnten. Die irgendwann berechtigte Frage, wie lange Milliardeninvestitionen fließen, wenn die Ergebnisse anscheinend vor allem mehr oder weniger spektakuläre KI-Spielsiege sind, erübrigt sich vorläufig. Die Menge und der wirtschaftliche Nutzen der KI-Alltagsanwendungen sind bereits extrem hoch und es gibt immer noch massenweise Daten zu erfassen und Prozesse zu automatisieren, so dass ein Ende der Investitionen auf lange Zeit unwahrscheinlich erscheint. Für ebenso unwahrscheinlich hält Dr. Sebastian Benthall, der an der UC Berkeley im Bereich Informatik und KI forscht, allerdings auch die von Kurzweil et al. vorgebrachte Theorie der Selbstoptimierung künstlicher Intelligenz, deren Geschwindigkeit nach Auffassung von Bostrom eine große Gefahr werden könne. Laut Benthall würde sie aller Wahrscheinlichkeit nach, wenn überhaupt, dann nicht exponentiell oder explosionsartig schnell stattfinden (Benthall 2017).

2007 überarbeitete John McCarthy seinen Artikel ‚What is Artificial Intelligence'. Darin kritisiert er, dass aus den gewonnenen Erkenntnissen der einstmals schwierigen Aufgabe, KI Schach spielen beizubringen, wenig gemacht wurde:

„Alexander Kronrod, a Russian AI researcher, said ‚Chess is the Drosophila of AI.' He was making an analogy with geneticists' use of that fruit fly to study inheritance. Playing chess requires certain intellectual mechanisms and not others. Chess programs now play at grandmaster level, but they do it with limited intellectual mechanisms compared to those used by a human chess player, substituting large amounts of computation for understanding. Once we understand these mechanisms better, we can build human-level chess programs that do far less computation than do present programs. Unfortunately, the competitive and commercial aspects of making computers play chess have taken precedence over using chess as a scientific domain. It is as if the geneticists after 1910 had organized fruit fly races and concentrated their efforts on breeding fruit flies that could win these races." (McCarthy 2007)

Es scheine leider, so beklagt McCarthy, als haben die KI-Erfolge im Schach nur dazu geführt, kommerzielles Computer-Schach zu fördern, statt die Erkenntnisse wissenschaftlich zu nutzen. Das ist, als hätten die Genetikforscher nach 1910 Fliegenrennen veranstaltet und ihr Wissen zur Vererbungslehre der Fruchtfliege genutzt, um Fliegen zu züchten, die diese Rennen gewinnen könnten, statt sich weiter der Genetik zu widmen.

Offenbar hatte Computer-Schach 2007 nicht so viel mit John McCarthys Idee von KI zu tun, wie er noch in den 1960er-Jahren geglaubt hatte. Weitere 10 Jahre später und sechs Jahre nach McCarthys Tod, stellte sich die Situation anders dar: Bis dahin war das beste Computer-Schachprogramm der Welt ‚Stockfish 8', bis es gegen AlphaZero verlor. Sieht man die Details des Duells an, so ist die sensationsheischende Berichterstattung verständlich. Immerhin verfügte Stockfish über Zugriff auf Jahrhunderte menschlicher und Jahrzehnte maschineller Schach-Erfahrung, während AlphaZero, eine Variante der KI, die das Go-Spiel perfektionierte, keinerlei Schach-Wissen einprogrammiert hatte, nicht einmal eine Standard-Eröffnung. AlphaZero bekam von seinem Entwicklerteam nur die Spielregeln, lernte Schach im Spiel gegen sich selbst und trainierte ganze vier Stunden. Das Ergebnis war am 06. Dezember 2017 100 Partien gegen Stockfish, voller für menschliche Schachspieler/-innen unkonventioneller Züge und mit 28 Siegen für AlphaZero und 72 Remis, ohne auch nur einen Spielzug von einem Menschen gelernt zu haben (Klein 2017). Die Kritik monierte bestimmte Turnierregeln, die Stockfish benachteiligten, aber am Ende bleiben das Details vor dem Hintergrund einer spektakulären Leistung: In vier Stunden von Null auf Schach-Weltklasse. Immerhin war Schach seit Jahrhunderten eine Krone menschlicher Intelligenz und nun lernt ein Computer zwischen Frühstück und Mittagessen, es besser zu machen?! Das vermittelt einen guten Eindruck von der Geschwindigkeit, mit der digitale Innovationen allgemein und KI bzw. *Deep Neural Networks* speziell die Welt verändern können. Heute werden bei Schachturnieren Spieler/-innen, die sich durch besonders kreative Spielweise auszeichnen am ehesten der Täuschung verdächtigt. Von Menschen werden keine sehr kreativen Spielzüge mehr erwartet. Sie sind im Schach zu einem Markenzeichen der Maschinen geworden.

Spiele sind ein guter Zugang für die Annäherung an menschliches Denken. Sie bieten außerdem durch ihren abgegrenzten Regel-Raum eine Trainingsumgebung für KI, in der je nach Spiel verschiedene algorithmische Verfahren, auch in Kombination miteinander, ausprobiert und verglichen werden können. Erhofft werden sinnvolle Adaptionen der im Spiel gewonnenen Erfahrungen und Erkenntnisse auf z. B. wirtschaftliche Anwendungen. Gleichzeitig befürchten andere das Übertragen gewonnener Erkenntnisse auf militärische Anwendungen. KI in Waffensystemen gibt es schon seit vielen Jahren. Wie weit diese Anwendungen getrieben werden und zum Einsatz kommen, wird in Kap. 7 unter dem Aspekt von KI und Verantwortung und ethischen Fragestellungen beleuchtet. Auf dem Weg zur Singularität, und das bedeutet aktuell noch auf dem Weg zu AGI, sind Spiele also die besten Trainingsumgebungen. Die beiden anscheinend führenden Organisationen bei diesem Vorhaben sind OpenAI und DeepMind. Beide Unternehmen beschäftigen sich inzwischen mit Online Multiplayer Umgebungen. Das sind Echtzeit-Strategiespiele mit Kampfsimulationen. OpenAI spielt Dota2 und Deepmind tritt mit seiner KI AlphaStar in StarCraft 2 an. Demis Hassabis, einer der Gründer von DeepMind sagt:

„Games or board games are quite easy in some ways because the transition model between states is very well-specified and easy to learn. Real-world 3D environments and the real world itself is much more tricky to figure out … but it's important if you want to do planning." (Wiggers 2018d)

Diese Spiele sind außergewöhnlich große Herausforderungen für KI. Dutzende von Spielfiguren mit unterschiedlichen Eigenschaften in unterschiedlichen Situationen müssen gleichzeitig taktisch kontrolliert werden. Parallel dazu muss strategisch mit eigenen Ressourcen gebaut und geforscht werden, um das Spiel zu gewinnen. Die Anforderungen sind massiv höher als bei Brettspielen. StarCraft zeigt beispielhaft, wie hoch der KI-Aufwand für ein solches Spiel ist: Da die meisten Aktivitäten des Gegenübers verborgen sind, stehen allen Spielern nur unvollständige Informationen zur Verfügung. Das macht es für die KI schwierig, ihre größte Stärke, nämlich das Vorausberechnen von Spielzügen, auszuspielen. Lediglich um eine aktive Spielfigur herum gibt es einen kleinen Umkreis, in dem Figuren und Gebäude sichtbar sind und diese wenigen Informationen müssen ausreichen, um die Taktik der anderen Seite zu durchschauen. Das ist wiederum eine Stärke von Menschen. Sie können schnell auch aus wenigen Informationen Rückschlüsse auf die Motive der Gegenseite ziehen und daraus Hypothesen für ihre eigene Strategie ableiten. StarCraft-Profis erkennen an kleinsten Hinweisen, welche Strategie die gegnerische Seite einschlägt und passen sich blitzschnell an. Die KI muss aktive Spielzüge machen, um zu sehen, wie die Gegenseite spielt. Dieses ‚Scouting' genannte Vorgehen ist der einzige Weg, die notwendigen Informationen für die eigene Strategie zu erhalten. Allerdings kommt es beim Scouting häufig zu Kämpfen, bei denen die Scout-Figur und mit ihr die benötigten Informationen verloren gehen. Zudem kann der Algorithmus die Spielgrafik nicht direkt interpretieren. Deshalb gibt es eine API namens PySC2, über die DeepMind durch sogenannte Feature-Karten direkt Informationen über das Spielgeschehen bekommt und dadurch weiß, welche Figur wo steht (Vinyals et al. 2018). Dank der API gibt es inzwischen eine eigene KI-Liga, in der ausschließlich Bots gegeneinander spielen. Das passierte zu Beginn auf eher niedrigem Niveau. 2018 hat DeepMind seine Anstrengungen bei StarCraft 2 erhöht, sein Team personell verstärkt und sich zum Ziel gesetzt, professionelle StarCraft-Spieler/-innen zu besiegen. Das zentrale Forschungsgebiet sind weiterhin tiefe neuronale Netze, kombiniert mit bestärkendem Lernen. Entscheidungsbaum-Algorithmen, wie sie für AlphaGo eingesetzt wurden, sind für StarCraft 2 nicht sinnvoll, weil der Baum viel zu breit werden würde. Stattdessen setzte das Team auf die ‚Transformer'-Architektur in Kombination mit LSTM, ähnlich, wie Google bei Übersetzungen. Darüber hinaus sorgt ein zweites neuronales Netz dafür, dass nach jedem Zug eine Wahrscheinlichkeit für Sieg oder Niederlage aus den Spielständen berechnet wird, so dass die Einzelentscheidungen unabhängig voneinander bewertet werden. Das ermöglicht es der KI, unterschiedliche Ziele für unterschiedliche Agenten im Spiel zu verfolgen. So kann ein Agent z. B. dafür belohnt werden, neue Spielfiguren zu bauen und ein anderer, wenn er Gegner besiegt. In dieser Struktur kann AlphaStar langfristige Strategien verfolgen. Der Einsatz von *Reinforcement Learning* erhöht dabei die Lerngeschwindigkeit, da die KI anhand der erfolgreichen Beispiele ihre Spielstrategie viel besser anpassen kann. In der ersten Phase ist deswegen überwachtes Lernen von Spielen, die bereits im ‚BattleNet', der StarCraft Online Spiel-Arena, gespielt wurden, sehr wichtig. AlphaStar absolviert im Training die Wiederholung von Tausenden bereits gespielter Spiele und lernt sehr schnell, welche Spielzüge zum Sieg führten. Ein Agent sammelt auf diese Weise in etwa einer Woche Trainingszeit umgerechnet gut 200 Jahre reine Spielzeit. Trainierte Agenten können ganze StarCraft-Spiele durchspielen, wenn auch lediglich auf Hobby-Spieler-Niveau. Danach spielte die KI dann in einer internen AlphaStar Liga bei DeepMind ihre eigenen Spiele, in denen sie verschiedene Strategien für einzelne Agenten ausprobieren konnte. Verlierer-Strategien sind jeweils aus der Liga geflogen und die Sieger wurden mit neuen Varianten weiterentwickelt. Bei StarCraft gibt es zu jeder Aktion eine passende Gegen-Aktion. Über die Zeit lernten die erfolgreichen Agenten somit, die richtigen Antworten auf die meisten gegnerischen Aktionen. Mit dem Ziel, immer die beste Strategie gegen den aktuell erfolgreichsten Spieler zu finden und anzuwenden, entwickelten die KI-Agenten schließlich neue Strategien, die Menschen bei StarCraft vorher nicht eingesetzt hatten (Vinyals et al. 2017).

Gegenüber den Atari-Arcade-Spielen, mit denen DeepMind 2013 begonnen hat, Computerspiele nur mit dem Input der rohen Pixel zu erlernen und zu gewinnen, ist StarCraft 2 auf professionellem Niveau zu spielen eine unglaubliche Entwicklung in relativ kurzer Zeit. Die Erkenntnisse aus beiden Projekten sollen Etappen auf dem Weg zur Entwicklung einer AGI sein. In Bezug auf die Atari-Spiele ist „Agent57" Ende März 2020 die Spitze der bisherigen Entwicklung. Die KI baut auf den Programmierungen voriger KIn auf, mit denen ‚Atari57' bereits auf menschlichem Niveau bzw. besser gelöst wurde. Atari57 ist eine Lernumgebung für KIn, die auf 57 verschiedenen Spielen basiert, die es in den 1980er-Jahren für die Spielekonsole Atari2600 gab. Praktisch an dieser Umgebung sind die Vielseitigkeit der Herausforderungen, die die KI lösen muss, und die einfache Messbarkeit von Erfolg für verschiedene Parameter anhand der digitalen Spielerdaten, allen voran natürlich die erzielte Punktzahl. Ähnlich wie AlphaStar ist auch Agent57 eine sogenannte *Distributed Agent*-Architektur. Die KI steuert mehrere Agenten zur gleichen Zeit und kann so verschiedene Ziele parallel verfolgen und die Steuerung auf ein Ziel oder eine Strategie optimieren. Dazu gehören eine Reihe von Fertigkeiten der KI, wie z. B. ein Kurzzeitgedächtnis über LSTM und so etwas wie ein episodisches Gedächtnis, um bestimmte Abläufe zu erinnern und zu reproduzieren. Außerdem wichtig ist eine Funktion ähnlich der menschlichen Neugier, um die richtige Balance zwischen *exploitation* und *exploration* zu finden, also einerseits dem Nutzen von Routine in einer Fertigkeit und andererseits dem Ausprobieren von etwas Neuem. (Puigdomènech et al. 2020). Im Februar 2021 stellten die Teams von GoogleAI und DeepMind zusammen mit der University of Toronto die Weiterentwicklung des sogenannten Dreamer-Agenten vor (Hafner 2021). ‚DreamerV2', so die Autoren, sei der erste *Reinforcement Learning Agent*, der auf einem Weltmodell basiert und den Atari-Benchmark auf menschlicher Ebene erziele. Gegenüber Agent57 errechnet DreamerV2 ein Weltmodell aus den Pixeln der Trainingsumgebung und kann zuverlässige Prognosen auf Aktionen machen. Die Weiterentwicklung zu den modellfreien Algorithmen liege darin, dass DreamerV2 mit deutlich weniger Prozessorleistung und Beispieldaten auskomme (Hafner et al. 2020).

Nachdem AlphaStar die besten Spieler/-innen im DeepMind-Team zuverlässig besiegen konnte, entschied das Team, fünf Spiele gegen Profis zu spielen. Ausgewählt wurden der deutsche Profi Dario ‚TLO' Wünsch und Grzegorz ‚MaNa' Komincz, beide aus der etablierten E-Sports-Mannschaft ‚Team Liquid'. AlphaStar hatte genug Spiele gegen sich selbst gespielt, so dass DeepMind fünf verschiedene Agenten auswählen konnte, die mit unterschiedlichen Taktiken ins Spiel gingen. Das erschwerte ihren menschlichen Gegnern, gezielt nach Schwächen der Software zu suchen. TLO und MaNa spielen mit ähnlicher Variationsbreite und wurden dadurch nicht benachteiligt. AlphaStars Zuggeschwindigkeit wurde auf das für menschliche Profis übliche Maß von etwas über 300 *actions per minute* begrenzt. Dank der API konnte AlphaStar das gesamte Spielfeld sehen, ohne die Kamera verschieben zu müssen. Dadurch war schnell eine Überlegenheit der KI bei Kämpfen zwischen Spielerfiguren auf dem Feld erkennbar Dieses sogenannte ‚Micro' ist Teil der Gesamtstrategie, des ‚Macro'. Mithilfe des *Reinforcement Learning* konnte sich AlphaStar hier schnell perfektionieren und die Profispieler schlagen, indem es Verluste vermied und sich auf Angriffstaktiken konzentrierte, die ein aufwändiges Micro-Management erforderten. Das bindet die Aufmerksamkeit der menschlichen Spieler auf zu viele Spielfiguren gleichzeitig. Die KI erspielte sich auf diese Weise einen Vorteil, den ihre menschlichen Gegner strategisch nicht einholen konnten. Beide Profis verloren alle fünf Spiele gegen die AlphaStar-Agenten. Die Aufzeichnungen der

Matches können auf YouTube angesehen werden. In einem späteren Match gegen MaNa, in dem AlphaStar auch die Kamera schwenken musste, um das Spielfeld zu übersehen, konnte sich MaNa durchsetzen. DeepMind ist überzeugt, dass sich die in StarCraft 2 angewendete Struktur von AlphaStar auch für andere sequenzbasierte Aufgaben wie z. B. Übersetzung und Video- und Textgenerierung eignen könne. Gegenüber bestehenden Systemen können langfristige Strategien viel besser verfolgt werden. Selbst die GPT-Modelle von OpenAI haben bei selbst erzeugten Texten ab einer gewissen Länge Schwierigkeiten, beim Thema zu bleiben. AlphaStar besitzt Flexibilität und kann langfristige Pläne verfolgen (Merkert 2019). Erste Anwendungsfelder könnten Textgeneratoren, Sprachassistenten und Hotline-Bots sein. Zu lösen wäre die Feedback-Frage, denn in der alltäglichen Business-Welt gibt es meist kein so klares Feedback, wie eine Punktzahl oder Sieg und Niederlage in Star Craft.

Eine andere Herangehensweise verfolgt Stan Franklin von der University of Memphis mit dem sogenannten ‚LIDA-Modell' für AGI. LIDA steht dabei für *Learning Intelligent Distribution Agent*. Die LIDA-Architektur versucht einen weiten, theoretischen Bogen zwischen den Neuro- und den Computerwissenschaften zu spannen. Dazu ist ein kognitiver Zyklus definiert, der sich in drei Phasen unterteilen lässt: die Verständnisphase, die Aufmerksamkeits- (Bewusstseins-) Phase sowie die Aktionsauswahl- und Lernphase. Dieses eher oberflächliche theoretische Modell nimmt für sich in Anspruch, AGI zu ermöglichen und sogar moralisch handlungsfähig zu machen (Wallach et al. 2010). Auf der Projekt-Website der Universität findet sich ein Verweis auf ein Förderprogramm der US-amerikanischen Marine (University of Memphis o. J.). Das Tutorial zur Architektur zeigt jedoch über eine Ansammlung von Foliensätzen zu Verlesungen oder Seminaren hinaus keinerlei praktische Anwendungen.

Eindrucksvoll und nützlich sind Beispiele aus der Medizin. DeepMind arbeitet u. a. mit dem University College London Hospital in einem Projekt zur Analyse und Segmentierung von Computertomographie-Scans von Tumoren im Kopf- und Nackenbereich. Das System erledigt die Aufgaben relativ schnell auf dem Niveau erfahrener Klinikärzte/-innen in einem Bruchteil der bisher benötigten Zeit (Suleyman 2018). Ein anderes Beispiel ist ‚Alpha-Fold'. Der Algorithmus prognostiziert die spezifische Faltung von Aminosäuren, deren schier unendliche Kombinations- und Faltmöglichkeiten die meisten Großrechnersysteme überfordern. AlphaFold konnte in einem internationalen Wettbewerb 98 andere Systeme in der Vorhersage der korrekten Faltung schlagen und 25 von 43 Proteinen korrekt bestimmen. Das zweitplatzierte Modell konnte lediglich drei Strukturen korrekt vorhersagen. Derartige Berechnungen könnten in naher Zukunft zu effektiveren Diagnosen und Therapien von Parkinson oder Alzheimer führen. Weiterhin ist denkbar, Proteine zu designen, mit denen Schmutzwasser zu Trinkwasser aufbereitet werden könnte oder solche, die Plastik oder Öl zersetzen könnten (Wiggers 2018c).

Es scheint, als sei mit dem passenden Algorithmus nichts unmöglich, aber ist das wirklich so? Die Annäherung an eine künstliche Intelligenz auf menschlichem Niveau bleibt die Voraussetzung für eine künstliche Superintelligenz und sie ist trotz aller Investitionen und Erfolge nach wie vor nicht trivial. Für Demis Hassabis sind die Erfolge von AlphaFold, AlphaGo, AlphaStar oder Agent57 kein Beleg dafür, das AGI in greifbarer Nähe sei. Menschen könnten bei Arcade-Spielen z. B. in wenigen Sekunden erkennen, mit welchen Motiven sich die Pixel auf dem Bildschirm bewegen und wissen dann sofort, ob sie ihre Spielfigur darauf zu oder davon wegbewegen müssten, während selbst die ausgeklügeltsten KIn dazu Hunderttausende von Trainingsschritten benötigen. Auch wenn diese Schritte dank immenser Rechengeschwindigkeit in wenigen Minuten oder Stunden kalkulierbar sind, haben Computer heute auch im Hinblick auf die allgemeine Einsetzbarkeit für unterschiedlichste Fragen keine Chance gegen Menschen. OpenAI spielte 2020 auf 256 Nvidia Tesla P100 Grafikkarten und 128.000 Prozessorkernen auf Googles Cloud Plattform täglich ca. 180 Jahre Spielzeit verschiedener Spiele gegen sich selbst. Trotz so viel Trainings sind die KIn immer noch kaum in der Lage, die erlernten Fähigkeiten über das spezifische Anwendungsgebiet, z. B. StarCraft 2, hinaus anzuwenden. Das reale Leben ist eben im Vergleich zu selbst dem komplexesten Multiplayer-Spiel unendlich reicher an Akteuren und möglichen Varianten.

Datenmodelle für Spiele sind immer den spezifischen Spiel-Umgebungen angepasst und die sind durch ein überschaubares Set an Regeln begrenzt. Selbst bestärkendes Lernen, so erfolgreich es in elektronischen Spielen anwendbar ist, bringt den meisten Maschinen im Alltagsleben kaum Vorteile. In der Spiele-Umgebung werden gleiche Situationen durch hunderttausendfaches Wiederholen perfektioniert erlernt. Der menschliche Alltag ist zwar auch von Routinen geprägt, die Anzahl der Wiederholungen ist jedoch nicht annähernd so hoch und nur über Massen von Menschen in Heuristiken abbildbar. Es ist nicht wie in dem Film ‚Und täglich grüßt das Murmeltier' aus dem Jahr 1993, in dem Bill Murray als arroganter Reporter ein und denselben Tag immer und immer wieder erlebt, so oft, dass er in der Zeit Klavier spielen lernt und die Namen, Geschichten und Gewohnheiten aller Menschen der Stadt in und auswendig kennt. Menschen verhalten sich möglicherweise sehr oft sehr ähnlich, aber es gibt keine 100-prozentige Sicherheit, dass sie nicht auch einmal etwas völlig anderes tun. Maschinen können deswegen nur bis zu einem gewissen Grad von ihrem Wiederholungslernen profitieren. Die Rückmeldungen aus den wenigen Wiederholungen im realen Leben sind zu schwach, um durch sie das System wirklich effektiv und schnell genug zu verändern und anzupassen. Zu viele andere Daten erzeugen zu viel ‚Rauschen', in dem das relevante Signal für den Algorithmus untergeht.

Mithilfe der Transformer-Architektur ist es Google gelungen, im Bereich der Spracherkennung und -übersetzung neue Maßstäbe für die neuronalen Netze im Hintergrund zu setzen (Uszkoreit 2017). Das Transformer-Modell benötigt deutlich weniger Wiederholungen für sein Training, da es die Zusammenhänge zu vorhergehenden Worten besser herstellen kann. Direkt darauf aufbauend hat Google schon Ende 2018 *Bidirectional Encoder Representations from Transformers*, ‚BERT', als Open Source Code veröffentlicht. BERT kommt auch in Open AIs GPT-3 Modell zum Tragen. Über den Effekt des Transformers hinaus, der sozusagen die Aufmerksamkeit des Algorithmus auf den Zusammenhang eines Wortes mit einem vorhergehenden Wort lenkt, gibt BERT der KI die Fähigkeit, in beide Richtungen des jeweiligen Satzes zu blicken und den Zusammenhang zu verstehen (Devlin et al. 2018). Der Aspekt der Aufmerksamkeit, also die Konzentration auf bestimmte, wenige Elemente ist dabei sowohl für das *Machine Learning*, wie auch in der neurowissenschaftlichen Theorie wichtig. Da Aufmerksamkeit als Ressource begrenzt ist, werden Informationen im Gehirn auf ihre auffälligsten Teile reduziert. Das gleiche funktioniert in der KI und könnte die Grundlage für Systeme bilden, die so etwas wie Bewusstsein simulieren und bei anspruchsvolleren Aufgaben unterstützen können als bisherige Modelle (Wiggers 2018b).

Doch selbst diese Erfolge bringen AGI nicht in Sicht. Alle dargestellten Überlegungen bleiben Überlegungen. Vielleicht ist schon die Denkhaltung zweifelhaft, eine menschliche Intelligenz sei eine *general intelligence*, also eine allgemeine, an der sich alles andere orientieren müsse? Nischen-Superintelligenz gibt es bereits in vielen Formen, wie die Spiele-KIn beweisen. Das *No-Free-Lunch*-Theorem suggeriert schon, dass eine auf restlos allen Gebieten überlegene Intelligenz unwahrscheinlich sei. Trotzdem jagt die Menschheit diese Vorstellung. Einzelne Unternehmen und Nationen versuchen, die ersten zu sein, die dieses Ziel erreichen, weil viele befürchten, es sei eine dieser digitalen *winner takes it all*-Situationen, bei der es nur einen absoluten Sieger geben kann. Das passt zumindest gut ins Narrativ der Singularität: Ab dem Moment ihres Erreichens sei nichts mehr so wie vorher. Diesen Glauben teilen die Anhänger/-innen der Singularität als sei es eine unwiderlegbare Tatsache. Es gibt jedoch bisher nur Hypothesen und Annahmen. Sie basieren

u. a. darauf, dass KI sich im Superintelligenz-Level selbst optimiert, ihren eigenen Code modifiziert und mit exponentieller Geschwindigkeit immer intelligenter werde (und schließlich die Menschheit vernichte). Die Entwicklung von Software bis in die Gegenwart legt solche Annahmen nicht nahe. Komplexe KI-Systeme bestehen häufig aus vielen Millionen Zeilen Programmiercode von sehr vielen verschiedenen Menschen. Die Programme kommen vielfach aus geteilten Softwarebibliotheken wie Github u. ä. oder aus Unternehmens- und anderen privaten Quellen. Sie bestehen aus verschiedenen Programmiersprachen wie C, C++, Java, Javascript, Python usw. Es kommen immer wieder neue Sprachen oder Varianten bestehender Sprachen mit veränderter Semantik hinzu. Oft sind sie informell spezifiziert, also nicht leicht nachvollziehbar oder reproduzierbar, schon gar nicht für eine maschinelle Verarbeitung. Für fast alle, die nicht gerade wie Entwickler/-innen selbst, täglich damit arbeiten, ist es ein chaotisches Durcheinander. Computerprogramme sind Anweisungen in Maschinencode. Seit Computer programmiert werden, hat sich der Code von reiner Zahleneingabe über Assembler, in dem die Zahlen in symbolisch lesbaren Text umgewandelt sind, hin zu höheren Programmiersprachen entwickelt, die über sogenannte Compilerprogramme die Informationen wieder in Maschinencode umgewandelt haben. KI-Systeme, die Code aus Beschreibungen in normaler Sprache in eine Programmiersprache umwandeln, werden seit den 1960er-Jahren versucht, umzusetzen. Die Ergebnisse sind bis heute insoweit unbefriedigend, als dass diese Systeme nur sehr generischen Code erzeugen und bei komplexeren logischen Fragestellungen wieder Entwickler/-innen benötigen, was die menschliche Aufgabe lediglich vom coden ins mathematische Problemlösen verlagert. Eine sich selbst verbessernde künstliche Superintelligenz müsste, um in den Selbstoptimierung-Loop einzusteigen, ihre Programmierung verstehen, also den Code, der von möglicherweise Hunderten von Menschen aus unterschiedlichen Quellen zusammengesetzt wurde. Ohne das Verständnis des eigenen Codes kann sich das System nicht selbst verbessern, geschweige denn, seinen eigenen Code neu schreiben. Bisher gibt es keine Systeme, die auch nur annähernd in der Lage sind, selbst einfache und kurze Programmbestandteile ihrer selbst auf diese Weise zu verstehen. Es bleibt nur die Hoffnung auf die exponentielle Entwicklung. Hier, so die Hoffnung, verläuft die Kurve der Entwicklung lange Zeit relativ waagerecht auf der Zeitachse von links nach rechts, scheinbar ohne Veränderung, bis nach einer unbekannt langen Steigerungsphase schließlich die Intelligenz-Explosion die Linie beinahe senkrecht nach oben katapultiert, geradewegs in die alles verändernde Singularität? In dieser Sache alles entscheidend ist die Antwort auf die Frage, ob tatsächlich alles darauf hinausläuft, dass technologischer Fortschritt, immer schnellere Rechner und immer schlauere Algorithmen usw. einen sich unaufhaltsam beschleunigenden Anstieg der Intelligenzkurve verursachen, der ebenso zwangsläufig zur Superintelligenz und zur Singularität führen wird? Glauben wir daran, so bleibt nur noch die Frage, ob es laut Kurzweil in etwa 20 oder laut Bostrom vielleicht erst in 50 bis 100 Jahren soweit sein wird. Vielleicht dauert es aber auch noch 300 Jahre oder passiert sogar niemals. Darauf vermag heute niemand eine zuverlässige Antwort zu geben.

4.2 Ersetzt KI die Menschen?

Zusammenfassung
Die Fähigkeiten von KI und KI-gesteuerten Robotern sind beeindruckend. Scheinbar jede Aufgabe, die ihnen gestellt wird, lösen sie in perfekter und Menschen weit überlegener Weise. Entsprechend verbreitet ist die Auffassung, dass es nur eine Frage der Zeit sei, bis Maschinen den Menschen weitgehend ersetzen würden. Industrielle Produktionsprozesse haben die Präzedenzfälle dafür lange geschaffen, und mit sich verbessernder KI werden weitere Berufsbilder folgen. Dabei wird übersehen, dass dies eine rein marktwirtschaftliche Perspektive ist und selbst dabei die menschliche Arbeitsfunktion immer nur in punktuellen Tätigkeiten ersetzt werden kann. Die Überlegenheit der elektronischen Verarbeitungsgeschwindigkeit ist gleichzeitig die einzige Existenzberechtigung der Maschinen. Ihnen fehlen vor allem ein echtes Verstehen der Welt und die Fähigkeit, ihre perfekt erlernten Fähigkeiten von einem Feld in andere Bereiche zu übertragen.

Immer wieder taucht die Frage auf, ob KI die Menschen ersetzen würde. Das würde zumindest den Vertreter/-innen der Stratigraphie viel Arbeit und Diskussion ersparen. Sie sind Geowissenschaftler/-innen und untersuchen die Abfolgen von Fels- und Bodenschichten, um daraus Erkenntnisse über die Geschichte der Erde abzulesen. Sie blicken auf die Langzeitperspektive und benennen Erdzeitalter, wenn sie besondere Wendepunkte in der Geschichte des Planeten identifizieren können. Bisher werden vier Erdzeitalter unterschieden: Erdfrühtum, Erdaltertum, Erdmittelalter und Erdneuzeit. Innerhalb der Zeitalter gibt es kürzere Abschnitte, die Perioden oder noch kürzere, die Epochen genannt werden. Erdzeitalter dauern Jahrmillionen. Heute leben wir in der Erdneuzeit, in der Periode ‚Quartär' und der Epoche ‚Holozän'. Sie begann ungefähr vor 11.700 Jahren. Auf einer geowissenschaftlichen Konferenz in Mexiko im Jahr 2000 brachte der niederländische Chemiker, Atmosphärenforscher und Nobelpreisträger Paul Crutzen den Begriff ‚Anthropozän' für das neue Zeitalter der Menschen ins Spiel. Menschen gibt es seit etwa 200.000 Jahren, doch in den letzten ca. 200 Jahren haben sie so drastisch in die biologischen, geologischen und atmosphärischen Prozesse auf der Erde eingriffen, dass die Konsequenzen noch in 100.000 bis 300.000 Jahren zu spüren sein werden. Aus dem spontanen Ausruf Crutzens im Jahr 2000 wurde 2016 ein offizieller Vorschlag für die Benennung der neuen Epoche. Anthropozän bildet sich aus dem altgriechischen ‚Ánthropos' für ‚Mensch' und ‚kainós' für ‚neu'. Der menschliche Einfluss ist in erster Linie an Umweltschädigungen erkennbar. Neue Stoffe wie Beton oder Aluminium, Kunststoffe, Flugasche aus der industriellen Produktion oder auch die Folgen der Atombombentests seit der ersten Explosion am 16. Juli 1945 sind global auf der Erdoberfläche nachweisbar (Kolbert 2011). Nun scheint es fast, als würde das menschliche Zeitalter vielleicht schneller von Maschinen abgelöst als es ausgerufen werden konnte, da nach Ansicht vieler, KI gerade dabei ist, die Menschen zu ersetzen. Ist das wirklich so?

Es gibt eine Meta-Frage dahinter, die ideologischer Natur ist, denn dieser ‚Ersatz', von dem die Rede ist, bezieht sich immer nur auf die Erwerbsebene in einem marktwirtschaftlichen System. Außerhalb der finanziellen Nutzenbetrachtung von Menschen und Maschinen, zwischen denen eine Konkurrenzsituation aufgebaut wird, ist er irrelevant. An dieser Stelle könte das Kapitel insofern abgeschlossen werden, denn es ist sicher zu bedauernswert und unakzeptabel, Menschen auf wie auch immer gearteten Nutzen zu reduzieren. Von den meisten denkbaren Nutzenaspekten sind die finanziellen auch noch die fragwürdigsten, weil das dahinterliegende, auf Angebot und Nachfrage basierende Wertegerüst auf Menschen nicht anwendbar sein sollte. Die legitime Anschlussfrage wäre wohl, inwiefern es denn für Tiere gelten könne? In einer auf Menschenrechten basierenden Gesellschaftsordnung kann der Ersatz von Menschen durch Maschinen kein ernsthaft relevantes Thema sein, ansonsten sind politische und wirtschaftliche Reformen fällig. Die Entwicklung der Atomisierung von Berufsbildern durch die Digitalisierung ist ein Faktor, der einige Systeme in das Experiment des bedingungslosen Grundeinkommens steuert. Über kurz oder lang werden Maschinen eingesetzt, wenn sie schneller, günstiger, umweltfreundlicher usw. sind. Dadurch entstehen neue Anforderungen, zunächst an die Agilität von Organisationen und ihre Mitarbeiterinnen und Mitarbeiter, perspektivisch aber an die gesamte Gesellschaft, eine schnellere Anpassungen an sich verändernde Umweltbedingungen zu meistern.

Alle Technologien sind von Menschen erfunden. Sie werden erfunden, weil sie in irgendeiner Weise einen Nutzen darstellen, den es vorher nicht gab. Technologie war oder ist im Grundgedanken deswegen immer für den Menschen. Leider gibt es zu viele Beispiele lebensbedrohlicher und lebensfeindlicher Erfindungen, die zwar auch für ihre jeweiligen Anwender/-innen spezifischen Nutzen haben, jedoch für oft erdrückend viele andere, Leid, Qual, Unfreiheit oder sogar Tod bedeuten. Bei allen Erfindungen und den oft mit ihnen einhergehenden Veränderungen der Welt, verbleibt die Verantwortung für die Konsequenzen der Innovation immer beim Menschen. Sie wird nicht auf die Technologie übertragen. Nicht einmal schrecklichste atomare, biologische und chemische Waffen werden personifiziert als Gegner der Menschheit dargestellt, sondern es ist klar, dass die Verantwortung für die Konsequenzen dieser Zerstörungstechnologien bei denen liegt, die mit ihrer Erfindung, Herstellung, Verbreitung und Nutzung in Zusammenhang stehen. Das sind immer Menschen.

Künstliche Intelligenz wird dagegen gern in scheinbare Konkurrenz zu Menschen gesetzt. Wie oft lesen Sie „Mensch gegen Maschine" oder „Mensch vs KI" bzw. „vs Computer". Hat eine KI etwas besser erledigt als bisher ein Mensch oder hat sie gar Menschen im direkten Vergleich übertroffen, so kommen schnell Formulierungen wie: „Es steht 2:0 gegen die Menschheit.", so als würde es einen Wettkampf geben, in dem die Menschheit zurückliegen könne oder in dem ein Rückstand sogar lebensbedrohlich wäre? Das ist alberne Theatralik, die zu oft von Bühnen geredet oder von Medien kolportiert wird. Sie gießt Wasser auf die Mühlen der Dystopen, deren Thesen das baldige Ende oder zumindest die baldige Irrelevanz der Menschheit in Bezug auf biologische Evolution proklamieren. Meist geht es dabei um das Herbeireden einer Sensation, mit der Geld verdient werden kann, sei es für ein Redenhonorar oder für Auflagen bzw. Klickzahlen.

Dieses seltsame Wettbewerbsdenken gibt es anscheinend nur bei künstlicher Intelligenz. Niemand sorgt sich darum, dass Autos schneller, dass Gabelstapler stärker oder dass Industriefräsen präziser sind als Menschen. Diese Erfindungen sind etabliert und die Gesellschaft hat sie integriert. Sie sind in ihrer Dinghaftigkeit passiv und müssen bedient werden. Auch KI muss bedient werden, aufgrund immer weitergehender Prozessautomatisierung wird ihr jedoch schnell oberflächlich eigene Intention und Initiative zugeschrieben, selbst wenn es sich nur um die Ausführung clever erdachter Programmierung handelt. Wirtschaftliche Globalisierung ist ein bestimmender Faktor des aktuellen Zusammenlebens auf der Erde. Dadurch führt die Geschwindigkeit, mit der KI und Robotik bzw. die Digitalisierung menschliche Tätigkeiten automatisieren, zu Verwerfungen im Arbeitsmarkt. Diese Veränderungskraft ist im Vergleich zum technologischen Fortschritt der vergangenen Jahrhunderte neu in ihrer Fähigkeit, unterschiedlichste Branchen und Funktionsbereiche zu erfassen. Das geschieht in rasantem Tempo und dieses Mal scheinbar auch in der Domäne des Denkens und Verstehens, die bislang allein Menschen vorbehalten war. Dies alles führt dazu, dass KI mit Angst und Unsicherheit verbunden wird. Dabei gibt es kaum eine andere Technologie, die so human-zentriert ist, wie künstliche Intelligenz. Sie wird in Feldern eingesetzt, die Menschen erdacht haben, sie folgt von Menschen entdeckten, mathematischen Axiomen und wird, sofern Menschen von ihrem Einsatz unmittelbar betroffen sind, größtenteils genutzt, um deren spezifische psychologische Merkmale zu erkennen und passend auf diese zu reagieren. Der strukturelle Aufbau von KI ist eine primitive Nachahmung dessen, was die Wissenschaft über die Funktionsweisen des menschlichen Gehirns herausgefunden hat und sowohl die Daten, mit denen sie arbeitet als auch die Formeln, die diese Daten verarbeiten, sind Reproduktionen menschlicher Weltsicht in all ihren positiven und negativen Ausprägungen. KI macht im Großen und Ganzen, was sie soll. Deswegen wird so viel in sie und die von ihr erhofften noch viel größeren Potenziale investiert. Dort, wo sie nicht macht, was sie soll, finden sich oft genau die Fehler, Vorurteile und kognitiven Unzulänglichkeiten, die in menschlichen Einstellungen zu Themen wie z. B. Gerechtigkeit und Fairness in Bezug auf Geschlecht, Alter, Hautfarbe, Herkunft von Menschen etc. begründet sind. Gleichermaßen gibt es Fehler, die mit mangelnder menschlicher Vorstellungskraft oder vorgefertigten Meinungen und Erwartungen von Ergebnissen zu tun haben, wenn es z. B. um die Erfassung und Interpretation von Daten geht, die in KI-Systemen schließlich immer dem Input und dem zugrundeliegenden Algorithmus folgen. So sehr Computer gerade wegen ihrer mathematischen Funktionalität objektiv erscheinen, so beginnen KI-Systeme auf Basis ihrer Datenmodelle doch immer mit einer Fragestellung, die von der Person oder Organisation geprägt ist, die das System entwickelt hat. Über die Fragestellung erfolgt die Annäherung an das Problem und das Design des entsprechenden Datenmodells. Im Ergebnis werden die Vorurteile der Entwickler/-innen, die in den gestellten Fragen stecken, ebenso sichtbar wie die, die in den verwendeten Daten liegen.

Kann KI tatsächlich alles, was Menschen machen, irgendwann besser? Einiges spricht dafür, auch wenn das Urteilsvermögen bei dem Vergleich durch die Implikationen des marktwirtschaftlichen Wertesystems manipuliert ist. Technologie wird bewusst so gebaut, dass sie ihren Zweck so gut wie oder besser als der Mensch erledigt. Das Urteil, das im ‚besser' steckt, ist meistens ein wirtschaftliches. Vermutlich ist es auch ein psychologisches und erkenntnistheoretisches Thema: Vielleicht gebe ich nicht gern zu, dass jemand oder etwas anderes besser ist als ich. Dann mache ich aus einem subjektiven Ego-Thema eines der gesamten Spezies, ohne tatsächlich zu wissen, ob es nicht einen oder mehrere unter den Milliarden Menschen gibt, der oder die tatsächlich besser kann, was auch immer die Maschine gerade macht. Bei den meisten maschinellen Aufgaben kann getrost davon ausgegangen werden, dass es keinen Menschen gibt, der es besser kann, aber es spielt im Grunde keine Rolle. Trotzdem können wir offenbar nicht davon lassen und beginnen, sogar Listen zu führen, was Maschinen schon alles besser können und stellen dann, wenig überraschend, fest, dass die Liste der Dinge, die Menschen besser können als Maschinen, von Tag zu Tag kürzer wird.

In Bezug auf Kunst kam bereits die Frage nach der Kreativität auf. Hier zumindest sollten Menschen den Maschinen doch dauerhaft überlegen sein. Diese Gedanken führen schnell zur Definitionsfrage, was Kreativität denn ist. Allerdings ist die viel bedeutendere Frage, auf die die zunehmende KI-Anwendung hinsteuert, die philosophische Frage, was Menschen sind und wozu es sie gibt. Die menschliche Kreativität ist ein soziales Phänomen. Menschen bewerten die Objekte ihrer Wahrnehmung, inkl. anderer Menschen vielleicht als kreativ. Hier gibt es unterschiedlich große Übereinstimmungen, je nach Anschauungsobjekt. Genauso gut können entsprechend maschinell hergestellte Dinge oder auch die Maschinen selbst als mehr oder weniger kreativ bewertet werden. In jedem Fall ist es ein Urteil und es lädt zum Vergleich ein, ohne das eines von beiden unbedingt notwendig wäre. Aus dieser Perspektive können Maschinen durchaus kreativ sein. In jedem Fall sind sie es dann nach menschlichen Maßstäben und auch hier gibt es härtere und weichere. Nach den weicheren Maßstäben ist KI kreativ, wenn sie z. B. aus den Trainingsdaten von Musikstücken eigene Werke komponiert oder, was sehr beliebt zu sein scheint, unvollendete Werke von berühmten Komponisten vollendet. Das kann die Maschine inzwischen so gut, dass selbst gut ausgebildete Musikexperten und -Expertinnen die maschinelle Komposition nicht vom menschlichen Original unterscheiden können. Das gibt es auch schon ganz ohne *Deep Learning* seit den 1970er-Jahren. Die Maschine erkennt ein musikalisches Muster und schreibt es fort.

Am 20. März 2019 hat Google anlässlich des 334. Geburtstags von Johann Sebastian Bach das ‚Doodle', das ist die Abwandlung des Google-Logos auf der Suchmaschinenseite, in eine KI-unterstützte, musikalische Version verwandelt. Nutzer/-innen konnten eigene Noten eingeben und das *Machine Learning* Modell ‚Counterpoint by Convolution' abgekürzt ‚Coconet', vervollständigte die Eingabe zu einem Stück im Stil des berühmten Komponisten. Trainiert wurde das Modell mit einem Dataset aus 306 Chorälen von Bach. Coconet ist dabei sehr flexibel und kann an jeder Stelle eines Chorals starten und ist damit ein interessantes Werkzeug, um Komposition allgemein zu unterstützen (Huang et al. 2019). Man könnte das auch als Mimikry bezeichnen. Andererseits beginnen Schüler/-innen auch damit, ihre Meister/-innen zu kopieren, bis sie ihren eigenen Ausdruck finden. Das ist das Stadium, auf dem sich KI heute in allen möglichen Bereichen bewegt. Egal, welche Art von Kreativität gefragt ist, mittels *Machine Learning* erfasst KI das zugrundeliegende Prinzip und kann darauf aufbauend sinnvolle Variationen produzieren. Das können Bilder, Musik, Kochrezepte, Videos, Strickmuster, Zellstrukturen oder Spiele sein. Dass, wie beschrieben, im Schach kreative Spielweisen von Menschen schon das Misstrauen der Schiedsrichter/-innen wecken, ob nicht heimlich ein Schachcomputer mitspiele, veranlasst den populären Historiker Yuval Noah Harari zu einem Vergleich mit dem sprichwörtlichen Kanarienvogel in der Kohlengrube, der als Warnvogel mit seinem Tod die Bergarbeiter rechtzeitig auf Gefahr durch giftige Gasgemische unter Tage aufmerksam machte:

> „At least in chess, creativity is already considered to be the trademark of computers rather than humans! So if chess is our canary in the coal mine, we have been duly warned that the canary is dying. What is happening today to human-AI teams in chess might happen down the road to human-AI teams in policing, medicine, banking, and many other fields." (Harari 2018)

Statt an dieser Stelle reflexartig wieder ein Bild der Gefahr als Vergleich zu wählen, können wir genauso gut sagen, die besten Spieler/-innen der Welt haben Schach auf ein Level gebracht, auf dem es ohne zusätzliche Hilfsmittel keine Entwicklung mehr geben konnte, aber dank KI seien neue Aspekte, Herausforderungen und Spielweisen entstanden und konnten angewendet und gelöst werden, die ohne die Technologie verborgen geblieben wären. Das ist vergleichbar damit, dass Menschen Maschinen bauen, die viel präziser und schneller arbeiten als es mit Händen und selbst ausgefeiltestem Werkzeug möglich wäre oder in Bereichen, die ohne maschinelle Unterstützung nicht erreichbar wären wie z. B. Arbeiten in mikroskopischer Dimension oder unter Vakuumbedingungen usw. Dabei wird relativ problemlos akzeptiert, dass Menschen physisch von Maschinen übertroffen werden, solange diese Maschinen nicht humanoid sind oder sonstige menschliche Merkmale haben. Wenn wir nun einmal dauerhaft 100 Meter gerade so unter zehn Sekunden laufen können und ein Sportwagen es in 1,5 Sekunden schafft, verursacht es kein Kopfzerbrechen. Wenn ein Androide aber auch nur doppelt so schnell ist wie wir, wird sofort die Litanei von der gefährlichen Überlegenheit der Maschinen angestimmt. Ebensolche Schwierigkeiten scheint es bei der Akzeptanz menschlicher Unterlegenheit in kognitiven Fähigkeiten zu geben.

Diese ‚kognitiven Fähigkeiten' basieren auf intelligenten Algorithmen, einer riesigen Menge möglichst hochwertiger Daten und vor allem der *brute-force* von Computern. Ihre rohe Gewalt ist Rechengeschwindigkeit. Sie spielt für *Machine Learning* und *Deep Learning* eine wichtige Rolle, denn nur so haben KI-Systeme eine Chance, die massive Datenmenge in für Menschen akzeptabler Zeit zu bewältigen. Was medial immer als maschinelle Überlegenheit dargestellt wird, ist in Wirklichkeit die einzige Berechtigung für die Existenz dieser Systeme. Viele Aufgaben, die Computer heute erledigen, hätten sie auch schon zehn oder zwanzig Jahre zuvor lösen können, wenn ihre menschlichen Nutzer denn so viel Geduld gehabt hätten. Die aktuellen KIn, die z. B. in Online-Shops chatten oder in Callcentern Anrufe entgegennehmen sind einfache Varianten von Systemen, mit denen in der Zukunft ebenso gute, vermutlich sogar für die Kundinnen und Kunden angenehmere, Dialoge geführt werden, wie heute mit den menschlichen Callcenter Personal. Der Google Assistant ist seit März 2020 unter dem Namen ‚Duplex on the Web' in den USA und Großbritannien im Einsatz. Das ist die Software, die auf der Google Entwicklerkonferenz 2018 Furore machte als sie in einem Friseursalon anrief und sich nicht als KI zu erkennen gab. Der Hintergrund ist einfach: Wenn Maschinen Fragen stellen und beantworten können wie Menschen, ist dies die komfortabelste Nutzenerfahrung. Genau deshalb wird es gemacht. Ebenfalls komfortabel sind Lastwagen, die autonom Waren ausliefern, regionale Wetterberichte, automatisierte Aussagen über die Tonalität von Social Media Beiträgen oder das Lesen von Nummernschildern beim Einfahren ins Parkhaus. KI ist dabei, in solchen einfachen Aufgaben Stück für Stück dazu zu lernen und besser zu werden. Das geht alles noch relativ langsam, aber die Geschwindigkeit wächst und damit wächst auch die Zahl der Felder, in denen KI den Menschen überlegen ist. Ab dann gibt es wenige Argumente, statt eines Menschen nicht einen künstlichen virtuellen Assistenten bzw. Agenten einzusetzen. Momentan lernen die Software-Agenten nicht nur etwas auszurechnen, sondern Aufgaben wie Auto fahren, Häuser bauen, Obst pflücken, Burger braten, Bank- und Börsengeschäfte erledigen und medizinische Diagnosen stellen. Das ist immer noch erst der Anfang. Anwaltskanzleien analysieren mit KI vergangene Fälle, um die besten Strategien für zukünftige Prozesse zu ermitteln und im letzten Kapitel war schon die Rede von Programmen, die in Unternehmen das Recruiting automatisiert unterstützen und Bewerber/-innen herausfiltern. Die klare Entwicklung hin zu mehr KI-Anwendungen in allen Bereichen des gesellschaftlichen und privaten Lebens ist unübersehbar geworden. In vielen Fällen fügt sich die KI-Innovation nahtlos in den Alltag, wo sie ein Produkt, einen Service o. ä. verbessert. Diese Art des Fortschritts ist oft inkrementell und seine disruptive Wirkung setzt ggf. erst mit einiger Verzögerung ein oder entfaltet sich durch die Kombination verschiedener neuer Services, die nach und nach in einem Ökosystem entstehen. Die Konsequenzen einer ‚kleinen' Veränderung können deswegen über einen längeren Zeitraum nicht so leicht eingeschätzt werden. Die Menge der kleinen Veränderungen wächst jedoch stetig und täglich. Die unzähligen kleinen Aufgaben, die KI zuverlässig erledigt, weiten sich mit der Zeit zu immer umfassenderen und noch komfortableren Services aus. Diese Services werden integraler Bestandteil der Informations-, Kommunikations- und Service-Infrastruktur, von der das Funktionieren der Gesellschaft in steigendem Maße abhängt. Die Vorteile sind auf den ersten Blick erkennbar. Vor allem in der Medizin, wo Algorithmen Diagnosen und Befunde stellen, weil sie in CT-Scans, Laborberichten, Blutbildern, Gen-Analysen und Krankheitsgeschichten Muster erkennen, die menschlichen Ärztinnen und Ärzten sonst verborgen bleiben würden. Sie bringen die Medizin, ähnlich wie Schach, auf ein neues Level. Es mag bald ethisch schwer vertretbar sein, den Empfehlungen einer Maschine nach der medizinischen Anamnese nicht zu folgen. Noch schwieriger wird es bei Fragen, die so komplex sind, dass sie ohne die Hilfe von KI kaum lösbar erscheinen. Das sind Fragen, die sich z. B. darum drehen, wie eine wachsende Weltbevölkerung mit Hunger bzw. Nahrungsmittelproduktion und -Verteilung, mit Energieverbrauch bzw. Energieerzeugung und -Distribution, mit klimatischen Veränderungen und Migration usw. umgehen soll. In einer elektronisch eng vernetzten Welt wird KI auch für Angriffe auf die Cyber-Infrastruktur eingesetzt werden und KI wird in der Konsequenz gebraucht, um diese Gefahren abzuwehren.

Digitalisierung & KI verändern den Arbeitsmarkt
In all diesen Beispielen gibt es Aufgaben, die heute von Menschen als bezahlte Arbeit erledigt werden und die im Zuge der skizzierten Entwicklungen entweder stark reduziert oder komplett obsolet werden. Das Weltwirtschaftsforum (WEF) sieht in seinem Bericht zur Zukunft der Arbeit aus dem Jahr 2018 komplexe Rückkopplungen zwischen Technologie, Arbeitsplätzen und den Fähigkeiten der Mitarbeiter/-innen:

„There are complex feedback loops between new technology, jobs and skills. New technologies can drive business growth, job creation and demand for specialist skills but they can also displace entire roles when certain tasks become obsolete or automated." (World Economic Forum 2018, S. 11)

Die gefragten Fähigkeiten der Menschen in der Arbeitswelt sind dabei ein Faktor wachsender Instabilität. Die Auflösung bestehender Geschäftsmodelle und die sich verändernde Aufgabenteilung zwischen Menschen und Maschinen verändert auch die damit verbundenen Berufsbilder. Die für den WEF-Report befragten Unternehmen gehen davon aus, dass sich bis 2022 in den meisten Berufen viele der notwendigen Fähigkeiten verändern werden, und dass deswegen ein hoher Bedarf an Weiterbildung bestehen wird. Die Arbeitgeber erwarten, dass sich in einem Fünf-Jahreszeitraum von 2018 bis 2022 durchschnittlich 42 % der notwendigen Fähigkeiten in den Berufen verändern werden (Ebd.).

Auf dem Bericht aufbauend, veröffentlichte das WEF im Januar 2020 eine Aktualisierung zum Thema ‚Jobs of Tomorrow: Mapping Opportunity in the New Economy'. In den neuen Daten werden 96 Berufe in sieben Bereichen identifiziert, in denen sowohl spezifisch menschliche, wie auch digitale Fähigkeiten als Wachstumstreiber vorkommen: „This new data reveals that 96 jobs across seven professional clusters are fast emerging in tandem reflecting „digital" and „human" factors driving growth in the professions of tomorrow." (World Economic Forum 2020). Die Ergänzung menschlicher Arbeitskraft durch Maschinen und mithilfe von KI ist ein Aspekt, der schon heute, z. B. in Callcentern, bei Übersetzungen oder in der Buchhaltung zu beobachten ist. Darüber hinaus gibt es viel Arbeit im Umfeld des Aufbaus und der Instandhaltung von KI-Infrastrukturen. Ebenso wie Flugzeuge auf weiten Strecken per Autopilot fliegen, ist trotzdem ausgebildetes Flugpersonal an Bord, um besondere oder kritische Aufgaben zu übernehmen. Die großen Digitalkonzerne wie Amazon, Google oder Facebook beschäftigen Zehntausende von Mitarbeiter/-innen mit der Sichtung und Beurteilung von Inhalten oder dem Testen von Online Services. Solche strukturellen Veränderungen des Arbeitsmarktes sind kein einzigartiges Merkmal einer KI-Revolution o. ä. McKinsey berichtet z. B., dass in den USA im Zeitraum von 1980 bis 2000 vier bis neun Prozent aller Erwerbstätigen in Berufen arbeiteten, die 10 bis 15 Jahre zuvor noch nicht existierten. Das sind keine randständigen Dimensionen. Die Beratung schätzt, dass im Durchschnitt bei 60 % aller Berufe etwa ein Drittel aller Aktivitäten schon heute automatisiert werden könnten. Bei solchen Darstellungen wird immer schnell ergänzt, dass die Maschinen die repetitive und für Menschen langweilige und unattraktive Arbeit übernähmen und die Mitarbeiter/-innen, befreit von dieser Last, sich dann sogenannten höherwertigen Tätigkeiten zuwenden könnten (Bughin et al. 2018, S. 14). Da KI bisher nur Einzelaufgaben perfektioniert erledigt, nicht aber komplette Berufsprofile, entspricht das meist der Wahrheit. Es gibt jedoch auch eine hartnäckige Sichtweise, die davon ausgeht, dass der Einsatz von KI dazu führen werde, dass immer mehr bestehende Jobs komplett durch Maschinen erledigt werden und dem Arbeitsmarkt verloren gehen. Der Blick nach China zeigt hier im Zeitraffer eine mögliche Zukunft. Kaum ein Land fokussiert sich seit Jahren so stark auf die Automatisierung und den Ersatz menschlicher Arbeitskraft, obwohl diese in Deutschland mit den vergleichsweise hohen Stundenlöhnen in der Industrieproduktion deutlich teurer ist. Chinesische

Fabriken ersetzen ihre Belegschaft um bis zu 90 %. Zum Teil wurde hier sicher vorab überproportional viel manuell hergestellt, so dass sich, wenn man diesen Effekt heraus rechnen würde, die Zahlen im Vergleich zu Europa oder Nordamerika etwas relativieren würden. Was bleibt, ist die Tatsache, dass nach dem Einsatz der Maschinen die Produktivität rasant nach oben schnellt und die Anzahl der Defekte sinkt (Javelosa 2017). Das ist genau, was sich Unternehmen von ihren Anlageinvestitionen versprechen. In den Feldern KI und Robotik ergeben sich hier die größten Hebel.

Die politische Diskussion dieser Szenarios konzentriert sich auf steuerliche Maßnahmen oder die Idee eines bedingungslosen Grundeinkommens, zwecks Umverteilung der durch Maschinen erzeugten Werte in der Gesellschaft. Es gibt daneben noch die Sichtweise, dass mittels KI viele neue Produkte und Services entstehen würden, dass neue Märkte erschlossen werden könnten, und dass zusätzliche Produktivitätsgewinne möglich seien, die als Investitionen in die Wirtschaft zurückfließen und für weiteres Wachstum sorgen könnten. McKinsey geht von Substitution menschlicher Arbeitszeit durch Automatisierung in allen derzeit ausgeübten Tätigkeiten in der Größenordnung von 15% bis zum Jahr 2030 aus (Bughin et al. 2018, S. 15). Über den Zeitraum hinweg klingt das im ersten Moment nicht nach sehr viel. Hier liegen vielleicht auch die Gründe dafür, dass die Regierungen der Welt noch keine Arbeitsmarkt- und sozialpolitischen Krisenpläne aufgelegt haben. Ist die Krisenfantasie also eher medial als real? Selbst dann wäre der Ersatz von global knapp einem Sechstel menschlicher Arbeitszeit keine Kleinigkeit. Verschärfende Faktoren wie globale Pandemien, z. B. in Form der Corona-Krise ab 2020, machen den Einsatz automatischer Systeme noch attraktiver und beschleunigen die Digitalisierung. Das tatsächliche Ausmaß des wirtschaftlichen Schadens und die Dauer bis zur Erholung der Märkte kann dies wiederum verlangsamen und spielt eine wesentliche Rolle bei der Abschätzung der Entwicklungen. Das tatsächliche Ausmaß, in dem Arbeit ersetzt wird, ist aufgrund der großen Menge an möglichen Einflussfaktoren kaum zuverlässig vorherzusagen. Die Grenzen zwischen Augmentierung und Substitution von Arbeit sind fließend.

Im Zuge der elektronischen Datenverarbeitung seit der Erfindung der Lochkarte, bereits Ende des 19. Jahrhunderts, wäre es eine realistisch klingende Prognose gewesen, dass das Berufsbild der Buchhalter/-innen im 20. Jahrhundert aussterben würde. Stattdessen gibt es selbst im 21. Jahrhundert 1000-fach mehr Buchhalter/-innen. Sie arbeiten heute mit anderen Werkzeugen an z. T. anderen Fragestellungen und der Grund für ihre gestiegene Anzahl trotz massivster Rationalisierungszyklen in ihrem Metier ist das globale Wirtschaftswachstum der letzten 150 Jahre. Auch Automatisierungen in gänzlich anderen Bereichen, wie z. B. in der Musik, wo Drumcomputer heute alltäglich sind, führten nicht dazu, dass es keine oder weniger Drummer gibt. Ganz im Gegenteil ist sogar ein Dialog zwischen Mensch und Maschine entstanden und es haben sich mithilfe dieser Computer neue Arten von Musik durch Genres wie Techno, House oder Trip Hop entwickelt. Zukünftige Musik-KI-Tools werden ggf. in den Händen kreativer Musiker/-innen noch weitere, interessante Neuerungen hervorbringen.

Die Zukunft bleibt ungewiss, doch es spricht viel dafür, dass sich keines der utopischen oder dystopischen Extreme erfüllen wird. Es ist nicht davon auszugehen, dass der Einzug von KI und damit die *smartness* aller möglichen Objekte folgenlos für die Entwicklung der Gesellschaft bliebe. Ebenso wenig ist es wahrscheinlich, dass KI und Robotik in wenigen Jahrzehnten alles übernehmen werden. Wahrscheinlich ist, dass Routinearbeit und sich wiederholende Aufgaben am ehesten durch Automatisierung ersetzt werden können, während neue Arbeitsplätze wahrscheinlich fortgeschrittene digitale Fähigkeiten erfordern oder mit Funktionen von hohem Mehrwert wie Kreativität, Design oder Konzeption u. a. verbunden sein werden. Das übergreifende Bild deutet außerdem auf eine hohe Wahrscheinlichkeit für die Zunahme von Ungleichheit bei der Verteilung von Arbeit und Einkommen hin. Facharbeit, Expertentum und alle Aufgaben, die überlegene Fähigkeiten erfordern, werden vermutlich überproportional von den Arbeitsmarktveränderungen profitieren. Non-repetitive und mit fortgeschrittenen digitalen Fähigkeiten verbundene Arbeiten sind schwieriger zu automatisieren. Die Löhne und Gehälter in diesen Bereichen werden sich steigern, weil diese Fähigkeiten knapp sind und weil sie die Produktivität steigern.

Auf der anderen Seite stehen Arbeitsplätze mit Aufgaben, die sich wiederholen und von denen ein größerer Anteil automatisiert werden kann und wird. Diese Fähigkeiten verlieren in der Arbeitsmarktsituation mit fortgeschrittener KI und Robotik an Wert und werden wahrscheinlich unter Druck geraten, trotz steigender Wertschöpfung, stagnierende Löhne, bzw. Reallohnverluste hinzunehmen. Arbeitskräfte mit digitalen Kompetenzen, die Maschinen ergänzen können, werden gefragt sein. Simulationen von McKinsey zeigen Zahlen zu diesem Thema: Der Anteil an Beschäftigung mit sich wiederholenden Aktivitäten und nur geringen digitalen Kenntnissen könnte sich um 25 % verringern. Die mit diesen Arbeitsplätzen verbundenen Gesamtlöhne könnten dabei jedoch sogar um 39 % sinken. Im Gegensatz dazu könne Beschäftigung, die hohe digitale Fähigkeiten und nicht routinemäßige Aufgaben erfordere, ansteigen, und auch die Löhne für diese Arbeit könnten aufgrund der Nachfrage und der höheren Produktivität bis 2030 um mehr als zehn Prozentpunkte steigen (Ebd., S. 14).

Die Veränderung des Arbeitsmarktes durch KI ist unumgänglich. Es werden sich Arbeitsplatzverluste und -gewinne ergeben. Immer wieder in der Geschichte haben Technologien solche Veränderungen hervorgebracht. Mit dem Siegeszug des Automobils wurden Pferde und Kutschen verdrängt und auch die Bahn in ihrer Ausdehnung verlangsamt. Hersteller von Waggons, Kutschen, Gurten und Sätteln sowie Pferdezüchter und Ställe wurden obsolet. Auf der anderen Seite entstanden jedoch nicht nur Automobilhersteller, sondern Millionen neuer Aufgaben wie Straßenbau, Autohäuser, Tankstellen, Servicebetriebe von Werkstatt bis Reifenwechsel, Zubehör und viele Aufgaben in Transport und Logistik. Auch bei KI ist aus diesen Erfahrungen eine Ausweitung der Wirtschaftstätigkeit und ein damit verbundener Anstieg von Beschäftigung zu erwarten. Die Berater von McKinsey schätzen den positiven Beitrag auf durchschnittlich 1,2 % jährliches Wachstum aller Aktivitäten bis 2030 (Ebd.). Die erwähnte Fähigkeit, mittels künstlicher Intelligenz klar abgegrenzte Aufgaben perfekt zu automatisieren, führt in den jeweiligen Disziplinen fast immer zu Ergebnisverbesserungen. Die anfängliche staunende Begeisterung der Anwender/-innen weicht schnell der Gewohnheit und Behandlung als normales Werkzeug. Niemand gerät mehr aus dem Häuschen, weil ein Taschenrechner in Sekundenbruchteilen die 3. Wurzel aus 16.587 ziehen kann. Mit *Deep Learning, Reinforcement Learning* etc. sind komplexere Problemlösungen durch KI möglich geworden. Einmal automatisiert, wird jedoch auch hier der Umgang mit der Technologie schnell zur Gewohnheit und meist kaum noch mit künstlicher Intelligenz, schon gar nicht mit besonders überlegener Intelligenz verbunden. Wenn Superintelligenz nur bedeuten würde, etwas viel besser als ein Mensch zu können, dann wäre sie längst da. Fast überall, wo KI eingesetzt wird, macht sie ihren Job besser als Menschen es könnten. Der Mensch ist dann zu Wartungszwecken oder zur Supervision noch im Prozess. Die mathematische Zuverlässigkeit, mit der KI ihre Jobs erledigt, wird manchmal als kalt beschrieben. Es ist eine maschinelle Abarbeitung. Sie funktioniert überall dort, wo geringes emotionales Engagement gefragt oder gegeben ist.

Geht es um Gefühle, sind Maschinen oft nicht die Idealbesetzung. Oft, weil es natürlich auch Situationen gibt, in der die Nüchternheit und Kälte einer Maschine z. B. deeskalierend, produktiv und genau das Richtige sein kann. Die Fähigkeit, seine eigenen und die Gefühle anderer zu erkennen und zu kontrollieren wird auch emotionale Intelligenz genannt. Auf diesem Feld haben Computer bisher noch kein Niveau erreicht, auf dem sie sich mit Menschen messen könnten. In der Mensch-Maschine-Interaktion ist das wichtig, denn Menschen sind gefühlsbetonte Wesen und in vielen Aufgabenbereichen, die von Zusammenarbeit geprägt sind, ist die emotionale Intelligenz und mit ihr die Fähigkeit, bei Menschen Vertrauen zu schaffen und mit ihnen in Beziehung zu treten, wichtiger als Automatisierung oder blitzschnelle Kalkulation. Besonders bei Service-Aufgaben kommt es auf Empathie an. Probleme zu lösen, ohne emphatisch zu sein, kann schwierig sein und zu Unzufriedenheit führen, obwohl das Anliegen an sich evtl. gelöst wurde. Für Menschen zählt nicht nur das ‚Was', sondern auch das ‚Wie'! KI kann Empathie als Verhaltensmuster erkennen und dieses Verhalten erlernen, doch ohne echtes Verständnis dessen, was Gefühle sind und was sie bedeuten ist fraglich, ob die Simulation von Mitgefühl ausreichend ist. Menschen erkennen oft schon an winzigen Details in der Mimik oder am Telefon in der Stimmlage bei der Aussprache bestimmter Worte und Sätze, ob sie es mit echter Empathie oder einem Lippenbekenntnis zu tun haben. Es gibt Entwickler, die überzeugt sind, Maschinen in naher Zukunft Gefühle geben zu können. Aktuell ist das noch Science-Fiction. Hier liegt also ein Feld von Aufgaben, in dem Menschen nicht ohne Weiteres von Maschinen ersetzt werden können.

Zur allgemeinen KI scheint der Weg lang und ungewiss. Noam Chomsky, einer der bekanntesten Linguisten der Welt wertete auf einer MIT-Konferenz im Jahr 2015 *Machine Learning* als bloße statistische Vorhersage und einen ‚glorifizierten Wetterbericht' ab. Selbst die perfektesten Sprachgeneratoren und Übersetzer brächten keinen Erkenntnisgewinn über die Natur von Sprache. Die KI könne nie beantworten, warum z. B. ein Pronomen im Dativ oder Akkusativ stehe und auch andere KI-Anwendungen, können nicht erklären, warum das, was sie prognostizieren, passiere. Auch die vielzitierten Algorithmen, die bei den bildgebenden Verfahren in der Medizin so erfolgreich maligne Muster erkennen und sagen, ob ein Patient z. B. Lungenkrebs habe oder nicht, können keine Auskunft darüber geben, was den Krebs verursacht. Allerdings können Radiologen das auch nicht. Sie zählen zu den best ausgebildeten und bezahlten Medizinern und bilden eine Elite, doch es hat in 2016 gerade mal ein Jahr gedauert, bis neuronale Netze Tumore in medizinischen Bildern nicht nur sehr viel früher erkennen konnten als ihre menschlichen Kollegen, sondern die Algorithmen waren sogar in der Lage, die Diagnose auf Basis der Notizen in den pathologischen Berichten zu stellen. In der Radiologie, so stellte sich heraus, geht es mehr um Mustererkennung als um medizinische Analysen. Auch sie bestätigt die Existenz einer Krankheit, ohne sagen zu können, woher sie kommt.

Der Vergleich kommt aus einem New York Times-Artikel über das Google Brain Projekt mit der Quintessenz, dass eine kleine Gruppe Informatiker/-innen mittels *Machine Learning* in nur neun Monaten die bis dato nicht mit Maschinen oder Automatisierung assoziierte Aufgabe von Übersetzungen lösen konnte (Lewis-Kraus 2016). Von hier ausgehend ist die Vorstellung, dass KI auch die höherwertigen, non-repetitiven Aufgaben von Menschen übernehmen könne, vielleicht nicht mehr so abwegig. Aber wie steht es mit der Idee einer Singularität, die Menschen in allen Aufgaben überflüssig macht und ablöst?

Wird superintelligente KI zur Gefahr?
Für Ben Goertzel, u. a. Chief Scientist bei Hanson Robotics, den Schöpfern der Roboterpuppe Sophia, für Ray Kurzweil und Jürgen Schmidhuber, Vernor Vinge und einige andere, scheint AGI und künstliche Superintelligenz ein definitives Zukunftsereignis zu sein. Für sie geht es mehr um das ‚Wann' als um das ‚Ob' einer ASI. Prominente Stimmen wie Bill Gates, Elon Musk und der verstorbene Physiker Stephen Hawking äußerten sich unabhängig voneinander besorgt über die Perspektiven von KI im Hinblick auf die Zukunft der Menschheit (Holley 2015). Paul Allen, einer der Microsoft Gründer und Gründer des Allen Institute for AI (AI2), gehört zu den lautesten Kritikern von Kurzweils Idee einer Singularität in 2045. In einem Artikel im MIT Technology Review geht er zusammen mit Co-Autor Mark Greaves zwar davon aus, dass aufgrund der Tatsache, dass das menschliche Gehirn eine endliche materielle Sache sei, es auch irgendwann komplett erforscht sein würde. Er hält jedoch die Aufgabe einer AGI und erst Recht einer Superintelligenz für zu komplex, um sie in der von Kurzweil beschriebenen Geschwindigkeit erreichen zu können (Allen und Greaves 2011). Kurzweil sieht in seiner Replik die Kritik an seinen Prognosen als einen eher mechanischen Pessimismus der Wissenschaft, den er für normal hält. Forscher/-innen, die an der nächsten Entwicklungsstufe eines Problems arbeiten, seien so auf die konkrete Lösung konzentriert, dass alle Fantasien darüber hinaus unerreichbar erschienen. Kurzweil erinnert an die Pionierarbeit zu integrierten Schaltkreisen, als es vor über 40 Jahren galt, die nächste Miniaturisierungsschwelle von zehn auf fünf Mikrometer zu überwinden. Die Forscher gingen zwar davon aus, dass ihr Vorhaben technisch möglich sei, aber sie wollten nicht einmal darüber nachdenken, dass es eines Tages Schaltkreise unterhalb eines Mikrometers geben könnte. Allein die Vorstellung erschien zu wild und zu abwegig und stattdessen fanden sie Argumente zu Zerbrechlichkeit und thermischen Effekte, die es unmöglich machen würden usw. Kurzweil referiert, dass 2011 bereits seit Jahren Schaltkreise in Massenfertigung hergestellt würden, die statt einem Mikrometer, also 1000 Nanometern, unter 20 Nanometer klein seien. Den gleichen Pessimismus konstatiert er beim Genomprojekt, bei dem nach der Hälfte des 15-jährigen Projektzeitraumes lediglich 1 % des Genoms ent-

schlüsselt war. Aufgrund der Entwicklung der Rechenkapazität und des Preisverfalls konnte das Projekt sieben Jahre später planmäßig abgeschlossen werden. IBMs Watson konnte mit den Speichern von 2011 die besten Menschen im Jeopardy besiegen. Die Geschwindigkeit und Zuverlässigkeit der Speicherelemente, so Kurzweil, würden Ende der 2020er -Jahre das menschliche Niveau erreichen. KI-Systeme könnten ihm zufolge dann Wissen anhäufen, indem sie im Internet Milliarden von Seiten lesen und Erfahrungen in virtuellen Online-Welten sammeln würden (Kurzweil 2011). Seinen Vorhersagen zufolge, sind in den nächsten Jahren erstaunlichste Fortschritte in Hard- und Software zu erwarten bis hin zur vollständigen *Artificial General Intelligence* die von Kurzweil um 2045 erwartet wird. Der nächste Sprung, die künstliche Superintelligenz wäre dann ein Paradigmenwechsel, dessen Konsequenzen nicht mehr abschätzbar sind: Prozessoren schalten schon heute rein physikalisch millionenfach schneller als das menschliche Gehirn und werden in 25 Jahren nach heutiger Schätzung nochmals mehr als tausendmal schneller sein. Speicherkapazität und Lebensdauer bzw. Ausfallrisiko sind bei einer Maschine sowieso überlegen, denn Speicher kann beinahe beliebig erweitert werden, defekte oder überholte Teile können einfach ausgetauscht werden. Die Sinne einer KI, ihre Sensorik, sind nicht dem gleichen, konstanten Alterungs- und Verfallsprozess ausgesetzt oder wie bei einem biologischen Organismus limitiert. Die Ausstattung kann permanent verbessert und sogar um neue Sensoren erweitert werden. Neben schärferen Linsen für Optik sind zusätzliche Rezeptoren für Nacht- oder Infrarot-Sicht denkbar, um einfache Beispiele zu nennen. Die KI hat demnach beliebig viele Sinne, je nachdem, wie viele Sensoren eingebaut werden. Je nach Anwendungszweck sind auch Spektralanalyse-Scanner oder Ultraschall usw. möglich. Die Technologie perfektioniert sich weiter bzw. wird durch das stetige Innovationsstreben von Menschen weiter perfektioniert. Eine vernetzte künstliche Superintelligenz kann theoretisch global jedwede Information sofort überall verfügbar haben und im wahrsten Sinne des Wortes omnipräsent sein. Lichtgeschwindigkeit ist das bekannte Limit bei der Synchronisierung von Informationen. Das kann bedeuten, was ein Element der KI in Deutschland lernt, ist der KI simultan in Asien und Amerika bekannt. Die Geschwindigkeit, mit der ununterbrochen Wissen aufgenommen und verarbeitet werden kann, übersteigt menschliches Vorstellungsvermögen. Da eine Maschine nicht schläft, kann sie nicht nur die menschlich wachen und konzentrierten 10–16 Stunden am Tag nutzen, sondern beinahe 24/7 ohne Begrenzung und ohne psychologische Vorgänge wie Ego, Sexualtrieb oder Ärger, Meinungsverschiedenheiten, Egozentrik, Narzissmus, auch ohne Liebe, Freude und Leidenschaft usw. ihre Ziele verfolgen.

4 Künstliche Superintelligenz 265

Diese Ziele sind in der ganzen Debatte um KI und Super-KI, Wesen und Werkzeug und Utopie und Dystopie das relevante Element. Sind es die Ziele der KI oder sind es die Ziele der Eigentümer/-innen, Besitzer oder Herstellerinnen der KI? Damit steht die Bewusstseinsfrage bzw. die Frage nach einer tatsächlichen eigenen Intention der Maschine im Raum, von der die überwiegende Mehrheit aller Fachleute aus Informatik, Ingenieurswissenschaften, Philosophie und Psychologie etc. sagen würde, dass diese Phänomene heute nicht existierten. Die KI hat kein Bewusstsein, keine Intention und keine Seele. Ihre Seelenlosigkeit geht im Grundsatz auch mit Körperlosigkeit einher. Im Gegensatz zum Menschen kann die Software leichter von der Hardware, dem Apparat, getrennt werden. Sie ist intangibel. Selbst die maschinelle Körperlichkeit in Form der jeweiligen Hardware ist austauschbar und kennt keine Jugend und kein Alter, sondern Austausch, Releasewechsel und Update ohne Gefühle und reminiszente Erinnerungen.

Prof. Stuart Russel, der zusammen mit Peter Norvig, einem KI-Forscher bei Google, eines der Standard-Lehrbücher über künstliche Intelligenz geschrieben hat, sieht Gefahren in der Technologie und kritisiert die z. T. ungebremst erscheinende Euphorie angesichts der Vorstellungen von Superintelligenz, die die menschlichen Fähigkeiten überflügele. Aus seiner Sicht käme es einer Tragödie gleich, wenn Menschen sich selbst durch Maschinen ohne Bewusstsein ersetzen würden. Solchen Maschinen die Welt zu überlassen oder sich durch so etwas wie einen Bewusstseins-Upload selber zur Maschine zu machen sei völlig unplausibel:

> *„As if somehow intelligence was the thing that mattered and not the quality of human experience (…). I think if we replaced ourselves with machines that as far as we know would have no conscious existence, no matter how many amazing things they invented, I think that would be the biggest possible tragedy. (…) There are people who believe that if the machines are more intelligent than we are, then they should just have the planet and we should go away. Then there are people who say, 'Well, we'll upload ourselves into the machines, so we'll still have consciousness but we'll be machines.' Which I would find, well, completely implausible."* (Dowd 2017)

Die Sorge, eine superintelligente KI könne sich gegen die Menschen wenden, sei nicht ohne Weitere zu entkräften. Diese Möglichkeit abzustreiten wäre, als würden wir auf die Klippen zu rasen, aber davon ausgehen, dass das Benzin alle sein würde, bevor wir ankämen. Russel erscheint das kein guter Weg, um die Geschicke der Menschheit zu kontrollieren. Ebenso wenig vertraut er Ideen, Roboter zu bauen, die in gemischten Menschen-Roboter-Teams mit Menschen zusammenarbeiten sollen und fragt, wie wohl die Zusammenarbeit aussehen solle, wenn der Roboter nicht die gleichen Ziele habe?

> „One [argument] is: It'll never happen, which is like saying we are driving towards the cliff but we're bound to run out of gas before we get there. And that doesn't seem like a good way to manage the affairs of the human race. And the other is: Not to worry – we will just build robots that collaborate with us and we'll be in human-robot teams. Which begs the question: If your robot doesn't agree with your objectives, how do you form a team with it?" (Ebd.)

Eliezer Yudkowsky erläutert die Schwierigkeit, die Belohnungsfunktionen, nach denen die KI sich selber beibringen kann, welches Verhalten richtig und welches falsch sei, im Programm zu codieren. Die KI müsste einen Not-Ausschalter haben, mit dem sie auch einverstanden sei. Sie müsste zulassen, dass ein Mensch den Not-Ausschalter drückt und im Falle einer sich selbst optimierenden KI dürfe diese den Schalter nicht selbständig versuchen zu löschen. Das zu programmieren, so Yudkowsky, sei nicht leicht (Ebd.).

Argumentativ liegt er damit auf einer Linie mit Nick Bostrom. Für Bostrom ist nicht vorhersehbar, wie eine superintelligente KI sich verhalten würde, da sie eben viel intelligenter sei als selbst die klügsten Menschen. Daraus ergebe sich ein Kontroll-Problem. In seinen Überlegungen geht Bostrom davon aus, dass eine so intelligente Maschine nicht eingehegt werden könne. Sie würde kontinuierlich daran arbeiten, sich selbst zu verbessern. Seiner Ansicht nach könnte die Maschine möglicherweise ein eigenes Bewusstsein und auch eigene Ziele und Ambitionen entwickeln. Dann wäre es nicht nur schädlich, wenn die KI divergente Ziele habe, sondern auch, wenn sie mit den menschlichen Zielen übereinstimmende auf schädliche Weise verfolge. Bostrom führt dafür das inzwischen berühmte *paperclip optimizer* Beispiel an. In diesem Gedankenexperiment bekommt eine starke KI, also eine künstliche Intelligenz auf menschlichem Niveau, den Auftrag, so viele Büroklammern wie möglich herzustellen. Diese KI durchläuft den Prozess der Intelligenz-Explosion und wird superintelligent. Sie optimiert ihre Nutzenfunktion auf das Ziel einer höchstmöglichen Menge an Büroklammern im Universum. Die KI wird nun ihre Fähigkeiten nutzen, um permanent Innovationen zu erzeugen mit dem Ziel, immer mehr Büroklammern herstellen zu können. Möglicherweise kommt das System irgendwann zu dem Ergebnis, dass der beste Weg zur Nutzenmaximierung sei, alle Atome des Universums zu Büroklammern zu verarbeiten. Das würde in Konsequenz das Ende der Menschheit, der Erde usw. bedeuten. Die Manipulation über die Optimierungsfunktion kann also zu unerwünschten Ergebnissen führen, auch wenn es nicht immer gleich das Ende der Menschheit sein muss. Wenn ein System z. B. darauf optimiert werden soll, in einem Spiel niemals zu verlieren, so könnte es, wenn die Rahmenbedingungen seines Modells das erlauben, das Spiel einfach unendlich lange pausieren und es gibt bereits KIn, die sich so verhalten (Steadman 2013). Um zu verhindern, in Level 2 zu verlieren, könnte sich die KI auch in Level 1 selbst töten usw. Das sind logische Problemlösungen, die jedoch nach menschlichem Ermessen nicht das eigentliche Problem lösen.

Eine superintelligente Maschine wäre für Menschen völlig unberechenbar, da sind sich die meisten Fachleute einig. Man kann also nicht wissen was sie tun würde und sich somit auch entsprechend kaum zuverlässig vor eventuellem Schaden schützen. Bostrom und andere, wie z. B. Bill Gates oder Elon Musk sind in diesem Zusammenhang besorgt, weil sie die Möglichkeit einer Singularität nicht ausschließen wollen. In diesem Fall müsse davon ausgegangen werden, dass die maschinelle Superintelligenz, wenn schon nicht feindlich, so doch vermutlich indifferent gegenüber den Zielen und Bedürfnissen von Menschen sein könnte. In etwa so, wie Menschen vergleichsweise indifferent gegenüber Zielen und Bedürfnissen von Tieren seien. In einem Interview sagt Nick Bostrom im März 2017:

> „*The hope that such machines will remain instruments of human production is just that – a hope. (…) We have to prepare for the inevitable and take seriously the possibility that things could go radically wrong.*" (Illing 2017)

Was Menschen noch besser können
Diese alarmierenden Gedanken setzen einige Eventualitäten voraus, die ein Zustandekommen der bedrohlichen Situation insgesamt unwahrscheinlich machen bzw. darauf hindeuten, dass eine derartige Gefahr, wenn überhaupt, dann eher später als früher entstehen würde. Keine Prognose kann allerdings mit Sicherheit bestätigt werden. Daher ist es interessant, sich mit den Argumenten und Gründen zu befassen, die die Zweifel an der technologischen Singularität und künstlichen Superintelligenz begründen.

Eines der schwerwiegendsten Argumente ist die Tatsache, dass KI nach heutigem Stand zwar extrem viel und extrem schnell lernen kann, aber nichts wirklich versteht. Bilder sind gut geeignet, um das zu illustrieren: Für KI sind Bilder Summen von Pixeln mit unterschiedlichen Werten. Daraus bildet sie Muster, die sie ggf. Begriffen zuordnet. So erkennt sie Bildinhalte. Wenn heute im Internet nach Bildern gesucht wird, sucht der Algorithmus nicht wirklich nach Bildern, die zu der eingegebenen Suche passen, sondern nach Beschreibungen von Bildern, sogenannten *tags*, die zu der Suche passen. Mit dem Suchwort werden also die passenden Begriffe gefunden, die wiederum Bildern zugeordnet sind. Das erklärt, warum in der Bildersuche oft völlig unpassende Motive auftauchen. Wenn bspw. nach der Insel Capri gesucht wird und außer Fotos von der Insel auch viele Bilder von Fruchteis, 7/8-Hosen oder Autos aus den 1970er-Jahren angezeigt werden, liegt es eben daran, dass der Begriff für all diese Dinge verwendet wird. Es kann auch etwas völlig anderes mit dem Wort Capri getagged sein und in der Liste erscheinen. Meist verursacht das keine besondere Irritation, weil Menschen entsprechende Zusammenhänge sofort kognitiv herstellen und einordnen können und ihre Suche entsprechend verfeinern. Sie passen sich dem System an, dass sie gebaut haben und früher oder später passt sich das System ihnen an, wenn es technologisch und wirtschaftlich möglich ist. Menschen sind in diesem Kontext meist das deutlich agilere Element.

Es ist auch möglich, auf Basis der optischen Bildähnlichkeit zu suchen oder das System so zu programmieren, dass es den Bildinhalt selbständig versucht, zu erkennen und mit beschreibenden *tags* zu versehen. Das erspart Nutzer/-innen dann z. B. schwierigere Beschreibungen, führt aber auch zu maschinellen Vergleichsbildungen, die für menschliches Empfinden unpassend oder im schlimmsten Fall sogar beleidigend sein können. Dazu gibt es das bekannte Beispiel der Google-Bildersuche, die 2015 dunkelhäutige Menschen als Gorillas einsortierte oder durch die Fehlinterpretation von Hauttönen und Beleuchtung, Menschen aller möglichen Hautfarben als Hunde deklarierte (Kühl 2015).

Am Bilder-Beispiel wird auch der Datenhunger von *Machine Learning/Deep Learning* deutlich. Um z. B. eine Katze in einem Foto zu erkennen, lernt das Netzwerk zuvor aus Millionen von Katzenbildern, wobei jedes Mal, wenn tatsächlich eine Katze im Foto ist, das Netzwerk erkennen muss, dass seine Annahme erfüllt ist und dafür z. B. den Wert Eins für ‚erfüllt' als Ergebnis erhält. Auf diese Weise entsteht eine Reihenfolge der Millionen von Bilder in Bezug auf den Ergebniswert zwischen Null und Eins. Es führt dazu, dass Bilder, die z. B. den Wert 0,87 erhalten ggf. per *Backpropagation* mit den anderen in ihrem Umfeld abgeglichen werden, so dass die Millionen von Bildern nochmals hunderttausendfach miteinander verglichen werden, um ein möglichst fehlerfreies, logisches Ergebnis zu haben, also eine möglichst hohe Wahrscheinlichkeit, dass die Annahme, es handele sich um das Foto einer Katze, zutreffend sei. Das logische Wissen ist dann eines darüber, dass sich zwei Bilder gleichen bzw. dass ein Bildinhalt mit der Mehrzahl derjenigen übereinstimmt, die mit der Beschreibung ‚Katze' versehen sind. Der Aufwand der für diese vergleichsweise einfache Sache betrieben werden muss, ist also erheblich. In Bezug auf die Frage, ob KI den Menschen ersetzen werde, wird klar, dass diese Vorstellung angesichts der heutigen technischen Möglichkeiten als geradezu absurd bezeichnet werden kann. KI benötigt eine solch gewaltige Masse an Daten in der richtigen Struktur und mit hoher Qualität und solch immense Rechenstärke und Geschwindigkeit, um Dinge zu erledigen, die Menschen beiläufig und unbewusst machen, dass es unvorstellbar erscheinen mag, komplexere Aufgaben, die wirkliche Erkenntnis verlangen jemals durch KI zu automatisieren. Das ist zumindest der Status-quo.

Was bedeutet hier ‚wirkliche Erkenntnis'? Am Beispiel des Katzenfotos: Wenn es sich um ein Bild handelt, auf dem eine Katze auf einem grünen Kissen auf einem Bett sitzt, müsste die KI in der Lage sein, auch folgende Fragen zu beantworten: Wie fühlt sich das Kissen wohl an? Hat die Katze ein Fell? Kann man das Kissen essen? Wie schmeckt es? In welchen Farben gibt es Kissen und Katzen? Wird die Katze auf dem Kissen sitzenbleiben, wenn es einen lauten Alarm gibt und Wasser aus einer Sprinkleranlage auf Bett, Kissen und Katze regnet? usw. Kein *Deep Learning Network* ist in der Lage, diese Fragen zu beantworten, geschweige denn, zu wissen, was eine Frage überhaupt ist. Alles Wissen im System basiert auf der Verknüpfung von Pixel-Koordinaten und Farbdaten zu den Beschreibungsdaten. Es gibt keine Relation zu irgendeiner anderen Bedeutung. Das neuronale Netz und seine Verbindungen zu Daten sind von Menschen entwickelt. Die Begriffe oder Zeichen, mit denen Daten getagged werden, stammen von Menschen und auch das Trainingsdatenset wurde von Menschen zusammengestellt und mit den notwendigen Schlagworten versehen. Im Fazit ist es nicht so leicht, sich das alles ohne Menschen vorzustellen.

KI erschließt sich auch kein neues Wissen durch Lesen. In vielen Science-Fiction Geschichten, in denen KI sich selbständig zum superintelligenten Wesen weiterentwickelt, wird suggeriert, dass KI mehr oder weniger durch Lesen intelligent wird: Eine auf menschlichem Niveau intelligente und mit maschineller Geschwindigkeit ausgestattete KI brauche nur online sein zu können, schon würde sie ‚das Internet durchlesen'. Danach würde sie einfach alles wissen, was je ein Mensch auf der Erde wissen kann und darüber hinaus alle wesentlichen Schlüsse und Fakten aus diesem Wissen richtig ziehen.

Ganz so einfach ist es allerdings nicht. Menschen nehmen ihr ganzes Leben lang Informationen auf, verarbeiten sie und legen sie mindestens in Form von Erinnerungen, wenn nicht sogar als neu Erlerntes, ab. Maschinen lernen spezifischer und mit guter Vorbereitung. Aus dem dauernden Strom von Informationen in Echtzeit und in Kombination mit bereits vorhandenem Wissen zu lernen, ist für Computer sehr schwierig. Ständig dazuzulernen und das zuvor Erlernte zu behalten nennen wir lebenslanges Lernen. Das erscheint Menschen selbstverständlich, ist jedoch für Maschinen eine komplexe Aufgabe. Das Hauptproblem liegt dabei darin, dass Computersysteme zu sogenanntem ‚katastrophalem Vergessen' neigen. Damit ist gemeint, dass neue Informationen zuvor erlerntes Wissen stören oder sogar zerstören. Das Phänomen wird auch als Interferenz bezeichnet. Die Folge ist typischerweise ein plötzlicher Leistungsabfall. Es kann sogar sein, dass das alte Wissen durch das neue vollständig überschrieben wird. Um das zu verhindern, müssen Lernsysteme einerseits plastisch sein, das bedeutet, sie müssen neues Wissen erwerben können. Andererseits müssen sie stabil sein, um das bestehende Wissen nicht zu beeinträchtigen oder zu verlieren. Das Problem ist als Stabilitäts-Plastizitäts-Dilemma bekannt und besteht gleichermaßen in biologischen Systemen wie dem menschlichen Gehirn.

Bei Menschen sind neue Lernerfahrungen oft mit bestehendem Wissen verbunden und verwoben. Deswegen ist katastrophales Vergessen vermutlich kein verbreitetes Phänomen bei Menschen. Es kommt eher in Ausnahmefällen vor, wenn neues Wissen sehr umfassend, immersiv und andauernd einströmt, z. B. wenn Kinder den Kulturkreis wechseln und eine neue Sprache im neuen Land lernen. Forscher/-innen können anhand solcher biologischer Faktoren des Lernens aus den Gehirnen von Säugetieren weitere Inspiration zur Entwicklung von Algorithmen ziehen. Um den Interferenzeffekt bei KI-Systemen zu reduzieren, wird versucht, neu Erlerntes mit bestehenden Daten zu vermischen und spezielle Schutzmechanismen gegen das Überschreiben bestehender Informationen einzubauen. Dazu müssen jedoch z. B. die alten Daten und zusätzliche Rechenkapazitäten zu schnellem Abruf bereitgehalten werden, so dass das System dann enorm viele Ressourcen benötigt (Parisi et al. 2019). Diese Überlegungen sind essentiell für die Entwicklung autonomer virtueller Agentensysteme. Für solche Software-Agenten oder virtuelle persönliche Assistenten (VPA) ist es unrealistisch, anzunehmen, sie könnten alle notwendigen Vorkenntnisse, sozusagen das Wissen der Welt, komplett vorprogrammiert enthalten, um unter realen Bedingungen effektiv arbeiten zu können. Sie brauchen also Lernfähigkeiten, um in der komplexen Realität mit Menschen zu kommunizieren und aus unregelmäßigen, unstrukturierten und unsicheren Eingaben zu lernen. Zur Lösung dieser Schwierigkeiten wurden eine Reihe neuronaler Netzwerkansätze mithilfe von interdisziplinären Erkenntnissen aus den Neuro- und Kognitionswissenschaften und der Psychologie entwickelt. So können Computer, ähnlich wie Menschen, nach einem Lehrplan lernen und sich von einfachen zu schwierigeren Aufgaben entwickeln. Sie könnten analog zum menschlichen Transferlernen eine Erfahrung oder ein Wissen auf eine andere Situation anwenden und so etwas wie eigene Neugier und intrinsische Motivation entwickeln, die sie umgebende Welt zu erforschen und kennenzulernen. Das alles sind gravierende algorithmische Herausforderungen, wenn es darum geht, ein System zu konstruieren, dass auch nur Einzelaspekte dieser Fähigkeiten auf menschlichem Niveau leisten könnte. Dabei ist ein solcher Ausflug in die technologischen Limitierungen des Lernens nicht einmal erforderlich, um die bisher unüberwindlich scheinende Stufe zu AGI aufzuzeigen. Die Problematik beginnt auch hier im eigentlichen Verstehen, denn Bücher, egal welche, setzen Vorwissen voraus. Menschen können z. B., wenn sie ein Buch nicht verstehen, ein anderes auswählen, welches ihnen beim Verständnis hilft. Da Computer kein Allgemeinwissen haben, ist es sehr schwer für sie, konkrete allgemeine Wissensfortschritte zu machen, wie es für eine AGI, geschweige denn Superintelligenz notwendig wäre. Wenn ein Mensch ein Foto von Albert Einstein mit einem Hund sähe und die Bildunterschrift lautete: „Der Physiker und sein Freund Timmy", wäre klar, wer wer ist. Einer KI fehlt dazu ggf. nicht nur das nötige Allgemeinwissen darüber, dass der Mann im Bild Albert Einstein wäre, sondern auch, welchen Beruf er hätte, ganz zu schweigen davon, dass die KI nicht weiß, was ein Mann überhaupt ist und was Beruf oder Freundschaft bedeutet usw.

Ebensowenig wie KI bisher die Welt versteht, kann sie sie menschenähnlich manipulieren. Selbst die ausgefeiltesten Roboter mit den komplexesten Datenmodellen und der besten Sensorik sind nicht einmal annähernd in der Lage, mit Roboter-Gliedmaßen die Fertigkeiten menschlicher Hände nachzuahmen. Dinge wie ein Handtuch und eine Flasche gleichzeitig oder nacheinander zu greifen und auch unabhängig voneinander wieder loszulassen sind für heutige Roboterhände nahezu unmöglich. Von der Echtzeit-Kalibrierung der vielen Muskeln und Gelenke, die einen Händedruck ausmacht, gar nicht zu reden. Den vielen Abbildungen davon zum Trotz, gibt es auch keinen Grund auf der Welt für einen Händedruck zwischen Mensch und Maschine. Allerdings gibt es die Notwendigkeit, überall dort maschinelle Kraft fein zu dosieren, wo heute und vor allem in Zukunft Roboter in direktem Kontakt mit Menschen schwere Arbeit verrichten. Die Hochpräzisionsarbeiten, die Industrieroboter seit Jahren in Fabriken durchführen, sind detailliert programmiert und basieren nicht auf variantenreichen Umgebungen, an die sich die Maschinen flexibel anpassen müssten.

Die beeindruckenden Leistungen, die das Google Brain-Team mit neuronalen Netzen im Bereich der Übersetzung geleistet hat, sind ein gutes Beispiel für die Schwierigkeit, bzw. derzeit sogar Unmöglichkeit für KI, ihre spezifisch programmierte Bestimmung zu verlassen. Um einen Text wirklich gut zu übersetzen werden nicht einfach Worte einzeln verglichen und in der anderen Sprache aneinander gehängt, sondern der Sinn eines Satzes oder Textabschnitts muss verstanden werden, um eine korrekte Wiedergabe in oder aus der Fremdsprache zu ermöglichen. Das ist schwierig, weil viele Worte unterschiedliche Bedeutungen haben können und dies in Verbindung mit anderen kulturellen Hintergründen, die immer sprachlich reflektiert werden, sehr komplex werden kann. Das Wort ‚teilen' in Deutsch steht z. B. gleichzeitig für etwas Verbindendes wie für etwas Trennendes. ‚Google Translate' könnte in solchen Fällen qualitativ bessere Übersetzungen machen, wenn es z. B. über die Suchmaschine den Kontext von Wörtern überprüfen könnte. Menschen unterscheiden solche Fragen aus ihrem Allgemeinwissen. Die Maschine müsste sich mathematisch über die Anzahl von Möglichkeiten zu einer gewichteten Plausibilität und schließlich einer Wahrscheinlichkeit durchrechnen, um schließlich die Wortbedeutung und Wortform zu finden, für die die höchste Wahrscheinlichkeit nahe oder gleich Eins wäre. Was kompliziert klingt, funktioniert insgesamt schon sehr gut. Maschinelle Übersetzung lässt den Markt für professionelle Übersetzer/-innen und Dolmetschen bereits schrumpfen. Für vieles, was diese Berufsgruppe heute übersetzt, werden nicht die gleichen, hohen Ansprüche gestellt, wie z. B. bei einer belletristischen Literaturübersetzung. Auch vieles, wofür sonst vielleicht bezahlte Übersetzungen nicht lohnenswert erscheinen, kann heute quasi kostenlos und für jedermann verständlich übersetzt werden, wie bspw. internationale Kommentierungen in sozialen Netzwerken. Auf Instagram und Facebook sind sie z. B. schon lange per Klick maschinell übersetzbar. Auch wenn diese Übersetzungen z. T. holprig und sichtbar falsch sind, so transportieren sie doch in den allermeisten Fällen den Sinn dessen, was kommentiert wurde.

Viele der genannten Beispiele zeigen, dass bei der Vorhersage von KI-Fähigkeiten, die angeblich demnächst ganze Berufe übernehmen werden, häufig der immer gleiche Fehler passiert. Nämlich, dass von einer spezifischen Aufgabe, die die KI überlegen lösen kann, auf eine allgemeine Kompetenz des KI-Modells geschlossen wird, die nicht vorhanden ist. Go- oder Schachspielende KI kann nicht die Steuererklärung machen oder Ersatz für eine kaputte Glühbirne kaufen. Der generelle Ersatz menschlicher Arbeitskraft ist in den allermeisten Fällen noch nicht möglich und wird vielleicht erst in sehr weit entfernter Zukunft möglich sein. Selbst der seit Jahren bestehende Hype um selbstfahrende Autos sollte nicht darüber hinwegtäuschen, dass es noch relativ lange dauern könnte, möglicherweise Jahrzehnte, bis die Algorithmen in der Lage sind sowohl im Pariser Stadtverkehr als auch auf einer Bergstraße auf Santorini sicher zu fahren. Bis dahin werden weiterhin Busfahrer/-innen gebraucht und Berufskraftfahrer/-innen werden mit schweren LKWs Ziele in Städten anfahren.

Abgesehen von den bereits bekannten und vielfach eingesetzten Systemen für *Predictive-* und *Prescriptive Maintenance*, sind automatische Systeme oder Roboter heute nicht in der Lage, einfache Wartungs- oder Reparaturnotwendigkeiten zu erkennen oder selber durchzuführen. Außer den staubsaugenden kleinen Kästen, die lärmend durch die Wohnungen rumoren und überall hängen und stecken bleiben, sind auch Haushaltsroboter noch weitgehend Science-Fiction. Als ehemaliger Chief Technology Officer von iRobot und emeritierter Professor für Robotik am MIT kennt sich Dr. Rodney Brooks in diesem Thema perfekt aus und äußert sich desillusioniert zu den Fähigkeiten aktueller Modelle:

> „(…) I don't know of any robot that would realize when the roof had blown off a house that they were in and be able to report that fact. At best today we could expect a robot to detect that environmental conditions were anomalous and shut themselves down. But in reality I think it is more likely that they would continue trying to operate (as a Roomba might after it has run over a dog turd with its rapidly spinning brushes–bad …) and fail spectacularly." (Brooks 2018a)

Bei diesen Beobachtungen geht es immer um die Bewertung der Aufgabenerledigung der jeweiligen Maschine. Wie schon anhand der fragwürdigen marktwirtschaftlichen Einordnung von Menschen wird auch hier der Unterschied zwischen Mensch und Maschine deutlich: Menschen und Tiere sind als Lebewesen andauernde Existenzen, unabhängig von Bedürfnissen oder Launen Dritter. KI und Roboter sind transaktionale Einheiten, d. h., sie sind im Grunde nur da, wenn sie für irgendetwas gebraucht werden und ihr Fortbestand ist direkt abhängig von der Qualität, mit der sie ihre Aufgaben erledigen. Die KI AlphaGo, die den 18-maligen Go-Weltmeister Lee Sedol im März 2016 besiegte, ist so eine transaktionale Einheit. Das Programm war für das Turnier da und existierte sonst nicht. Es wusste auch nicht, dass es ein Turnier spielt oder dass dort viele Menschen und ein Spielbrett in der physischen Welt waren. Die physische Welt existierte für AlphaGo nicht. Sedol hingegen nahm als lebender, atmender Mensch teil. Er spielte das Spiel allein mit seinem Kopf, ohne Support von Dutzenden von Informatiker/-innen und Go-Experten und Expertinnen. Christopher Moyer beschreibt es in seinem lesenswerten Artikel über das Match in The Atlantic mit den Worten:

> „AlphaGo itself is not any one machine – it's a piece of distributed software supported by a team of more than 100 scientists.
> Tonight, Lee Sedol is supported by one 33-year-old human brain and approximately 12 ounces of coffee." (2016)

Sedol war auch nach dem Match noch da und beantwortete Fragen, während die KI abgeschaltet wurde, ähnlich einer Bohrmaschine, die nach Gebrauch zurück in den Keller gelegt wird. Die Bohrmaschine ist nur ein Gerät und die meisten würden auf sie verzichten, wenn sie einfach nur die gewünschten Löcher erhalten könnten. Diese Selbstverständlichkeiten sind in der Debatte über den Nutzen von KI und Robotern und ihren möglichen Ersatz von Menschen, der immer nur der Ersatz menschlicher Arbeitskraft ist, unterrepräsentiert. Die Verantwortung dafür liegt nicht bei KI oder Robotern, nicht einmal bei ihren Entwickler/-innen, sondern in erster Linie bei den Unternehmen und der Politik. Sie sind die wirtschaftlichen und politischen Akteure, die den Einsatz von Arbeit und Kapital in der Gesellschaft gestalten. Die Wissenschaft spielt hier keine unbeteiligte Rolle. Die KI-Fortschritte der letzten zehn Jahre basieren auf massiven Investitionen, die wirtschaftlich und politisch motiviert werden durch massive Gewinnerwartungen. Aus wissenschaftlicher Sicht sollen die bisherigen Erkenntnisse, Produkte und Services Puzzleteile auf dem Weg zu einer AGI sein. Viel wichtiger ist aber schon immer gewesen, was sich damit verdienen ließ. Die KI-Winter erfolgten, weil sich die kommerziellen Potenziale nicht erfüllten. Dieses Problem existiert vorerst nicht mehr. Doch die gesammelten Leistungsbeweise gegenwärtiger KI, so lukrativ, hochperformant und Nischen-superintelligent sie auch sein mögen, stellen keinen sichtbaren Weg zu einer realistischen AGI oder gar umfassenden Superintelligenz dar. Trotzdem werden die Veränderungen, die Digitalisierung allgemein und künstliche Intelligenz im Besonderen bringen, global in fast allen Bereichen tiefgreifend sein und spürbare Auswirkungen auf Beschäftigung und Verteilung haben. Den Menschen wirklich ersetzen kann KI auf dieser Basis jedoch nicht.

In Richtung echter Weiterentwicklung hin zu einer AGI und vielleicht eines Tages einer Singularität, schlägt Rodney Brooks vier konkrete Ziele vor, auf die sich KI bzw. die weitere Forschung und Entwicklung von KI konzentrieren könnten. Dabei geht es um die Kompetenz in Bezug auf bestimmte Fähigkeiten im Vergleich zu Kindern:

- Objekte erkennen wie ein zweijähriges Kind
- Sprache verstehen wie ein vierjähriges Kind
- Manuell geschickt sein wie ein sechsjähriges Kind
- Die soziale Kompetenz eines achtjährigen Kindes haben

Es geht darum, sich vorzustellen, was alles in ein KI-System programmiert bzw. von ihm gelernt werden muss, um diese Fähigkeiten auf dem beschriebenen kindlichen Niveau zu beherrschen:

Zweijährige können Objekte erkennen. Sie verstehen Farben konsistent auch in unterschiedlichem Licht und sind in der Lage, die erkannten Objekte konkreten Funktionen zuzuordnen. Sie erkennen einen Stuhl als Sitzobjekt, unabhängig davon, wie er aussieht, wie viele Beine er hat oder aus welchem Material er ist. Ebenso sind sie in der Lage, andere Objekte, die keine Stühle, jedoch zum Sitzen geeignet sind, als Ersatz für die Funktion erkennen. Dieses visuelle Lernen und übertragen können Zweijährige beinahe universell. Wenn ein Kind ein von Hand gemaltes Bild oder ein Foto eines Elefanten sieht, einen Film über Elefanten, eine Elefanten-Puppe oder einen echten Elefanten, wird dieses Bildkonzept für immer im Gehirn des Kindes gespeichert sein und das Kind wird für den Rest seines Lebens immer einen Elefanten als solchen erkennen, egal in welcher Form dieser repräsentiert ist. Obwohl die meisten Menschen auf der Welt noch niemals echte Elefanten gesehen haben, sind sie trotzdem mit Leichtigkeit in der Lage, sie zu identifizieren. Eine AGI müsste nach Erkennen eines einzigen Beispiels in einer beliebigen Form das gleiche leisten können und nicht nach Training mit Tausenden oder sogar Millionen von Datensätzen. Natürlich gibt es auch Algorithmen, die datensparsam arbeiten und effektive Ergebnisse bringen können, dann dürfen jedoch die Variationen in den verwendeten Daten nur sehr gering sein.

Vierjährige können meistens weder lesen noch schreiben, aber sprechen und zuhören. Sie verstehen das hin- und her im Dialog und auch, ob sie jemanden unterbrechen oder selbst unterbrochen werden. Sie verknüpfen Stimmlage, Gestik und Mimik sowie Körpersprache und können diese Merkmale auch bei anderen korrekt ablesen und interpretieren. In Unterhaltungen erkennen sie Blickrichtungen und Blickwechsel von verschiedenen Personen. Sie sind sich bewusst, wenn sie in einer Konversation mit jemand anderem sind und auch, ob und wann diese Konversation beendet ist oder wenn sich während des Gesprächs der Dialogpartner geändert hat. In Konversation mit mehreren müssen sie ihre Gesprächspartner nicht mit Namen ansprechen oder selber mit Namen angeredet werden, um zu verstehen, dass sie gemeint sind. Sie leiten all dies korrekt aus der non-verbalen Kommunikation in der Gruppe ab. Verglichen mit den Sprachagentensystemen in heutigen Autos, auf Smartphones oder Smart Speakers, also mit Agenten wie Alexa, Siri oder Google Assistant ist das eine andere Liga. Kinder können auch den Kontext einer Konversation selbst mit unvollständigen Sätzen und einfachen Lauten ohne Wortbedeutung über viele Minuten halten. Darüber hinaus können Kinder mit vier Jahren bereits Gesprochenes, auch mit Akzent aus dem restlichen Geräuschhintergrund sicher herausfiltern und verstehen. Sie können Geschlecht und Alter anhand von Stimmen erkennen. Sie verstehen geflüsterte ebenso wie gesungene Sprache und beherrschen entsprechende Erwiderungen. Sie verstehen Humor und können ihn selbst in Unterhaltungen einflechten. Sie sind in der Lage, zu lügen und das in ihrem Sprachmuster zu verbergen und Einiges mehr.

Sechsjährige haben zwar noch relativ kleine und nicht ausgebildete Hände, sind jedoch damit schon sehr viel geschickter als jeder Roboter. Sie können beispielsweise beliebige Objekte, die sie zum ersten Mal sehen, gut in Bezug darauf einschätzen, ob sie sie mit einer Hand, mit beiden Händen oder vielleicht nur unter gesamtem Körpereinsatz bewegen können. Sie können Fenster und Türen öffnen, Wasserhähne aufdrehen und sich die Schuhe zubinden. Sie beherrschen den Umgang mit Messer und Gabel oder auch mit Stäbchen und können leserlich schreiben. Unter geringer Anleitung können sie einfache Arbeiten wie Tische abwischen, etwas auf- oder zuschrauben, Gemüse waschen und schneiden, Dinge aus Schränken holen oder sortieren, und zwar sowohl feste und unterschiedlich geformte Gegenstände, wie auch Kleidung. Sechsjährige können selbständig Wege von A nach B finden und mit Tieren umgehen, z. B. Hunde ausführen. In begrenztem Umfang können sie auch schon auf ihre jüngeren Geschwister aufpassen. Im Vergleich dazu sind selbst die modernsten Roboter nicht annähernd so vielseitig und in Schwierigkeiten, wenn sie ohne aufwändiges Training in einer neuen Umgebung mit unbekannten Objekten platziert werden und eine dieser Aufgaben ausführen sollen.

Mit acht Jahren haben Kinder ausgefeilte soziale Kompetenzen. Sie haben bereits Überzeugungen, Wünsche und Absichten entwickelt, die sie auch artikulieren und sie verstehen, dass andere Menschen möglicherweise andere Überzeugungen, Wünsche und Absichten haben. Sie sind in der Lage, sich Gedanken darüber zu machen, was andere denken könnten. Dieser ‚Theory of Mind' genannte Forschungsbereich bietet eine Reihe von Tests, um diese Hypothesen zu belegen. Einer der bekanntesten, der in vielen Variationen existiert, besteht darin, dass ein Kind, eine andere Person beobachtet, z. B. ein anderes Kind, wie es eine Tafel Schokolade in eine von zwei Kisten legt. Daraufhin verlässt es den Raum und eine dritte Person nimmt die Schokolade aus der Kiste und legt sie in die andere. Das Beobachter-Kind wird nun gefragt, in welcher Kiste das andere Kind die Schokolade suchen wird. Mit acht Jahren können die meisten mitteilen, dass es in der ersten Kiste nachsehen wird. Es weiß, dass dies auf der Überzeugung des Kindes beruht, auch wenn sie nun sachlich falsch ist. Darüber hinaus können die Kinder nicht nur Wünsche oder Absichten von Personen aus deren Handlungen ableiten, sondern auch nachvollziehen und sogar erklären, warum die Personen diese Wünsche haben. Dieses soziale Verständnis für andere Menschen, das in abgewandelter Form auch für Haustiere, nicht jedoch für Pflanzen, vorhanden ist, können KIn oder KI-gesteuerte Roboter gegenwärtig nicht oder nur in sehr fragmentierter Form (Brooks 2018b).

Wenn Systeme nicht wunschgemäß funktionieren, ist es vergleichsweise aufwändig, sie zu überprüfen, denn die internen Abläufe im *Machine Learning* und *Deep Learning* stellen zunächst eine Black Box dar, die nur mit individuellen, forensischen Maßnahmen transparent gemacht werden kann. Fehler im erlebten Verhalten sind dann auch nicht ohne Weiteres korrigierbar, sondern meist wird das gesamte System mit einem aktualisierten Datenmodell inkl. Trainingsdaten neu aufgesetzt und beginnt von vorn, Mustern in den Datenmassen zu erkennen und Prognosen und Entscheidungen abzuleiten. All das ist den Entwickler/-innen und Unternehmen natürlich bekannt und es gibt permanent Ideen und Experimente, um die beschriebenen Fähigkeiten zu verbessern. Auf der Microsoft Entwicklerkonferenz Build 2020 stellte der Konzern bspw. eine Software vor, die Maschinen steuern kann und die ihr Verhalten direkt von Menschen lernt, statt aus Daten. Letztlich besteht auch dieser Input für die KI aus Daten, doch Microsoft geht mit seinem Projekt einen anderen Weg: Mit sogenanntem *Machine Teaching* bringen Menschen, die geringes Wissen über KI-Systeme haben, der Software einzelne fachliche Schritte für ein zu steuerndes System bei. Mit diesen Informationen trainiert das Modell und wird dabei von den Trainern weiter angepasst. Ziel ist, die typische KI-Black Box zu vermeiden und mit dem System Maschinen und ganze Anlagen, wie z. B. Fertigungsstraßen oder ganze Fabriken automatisiert zu steuern. Der Geschwindigkeitsvorteil der KI kann trotzdem genutzt werden und programmierte Simulationen sind täglich bis zu 100.000 Mal durchspielbar. Die dabei vom System gefundenen Lösungswege können wieder dem Ingenieurteam vorgelegt werden, das die Software trainiert, um weiter justiert zu werden (Nickel 2020).

Abgesehen von den beschriebenen Unzulänglichkeiten von KI und den formulierten Anforderungen von Rodney Brooks bleiben noch weitere Hindernisse für die Intelligenz-Explosion bzw. weitere Argumente, warum Menschen vielleicht noch einen Aufschub bekommen, bevor sie durch KI ersetzt werden. Das sind im Wesentlichen die fünf Punkte der Datenverfügbarkeit, der Rechengeschwindigkeit, der Erklärbarkeit der KI-Ergebnisse, ihrer Übertragbarkeit auf andere Lösungsgebiete und der Furcht vor dem Bias der Daten.

Bei der Datenverfügbarkeit tauchen verschiedene Schwierigkeiten auf. Beim überwachten Lernen müssen alle Daten vorher von Menschen gekennzeichnet und kategorisiert werden. *Reinforcement Learning* und GANs können hier etwas Abhilfe schaffen, lösen jedoch das Problem des menschlichen Arbeitsaufwandes insgesamt nicht. Sogenanntes *One-Shot-Learning*, bei dem das KI-Modell mit passenden Data vortrainiert ist und dann nur noch auf Basis weniger Daten aus der physischen Welt lernt, ist evtl. eine Alternative. Die meist sehr großen Datenmengen, auch als ‚Big Data' bekannt, sind nicht in beliebiger Menge und vor allem oft nicht in ausreichender Qualität vorhanden. Gerade im medizinischen Bereich, in dem KI vielfach erfolgreich eingesetzt werden konnte, sind klinische Daten wichtig, jedoch nicht massenweise vorhanden bzw. ohne Weiteres nutzbar. Anbieter mit Zugriff auf große Datenmengen haben deshalb einen technologischen Vorteil. Aus diesem

Grund wird die KI-Entwicklung in Deutschland und Europa als vergleichsweise benachteiligt angesehen, denn die deutschen und europäischen Datenschutzbestimmungen sind viel restriktiver als bspw. in den USA oder in China, wo es so gut wie keinen Datenschutz ggü. staatlichen Institutionen gibt. Selbst wenn das Problem der notwendigen Datenmenge und -qualität für effektives *Machine Learning* gelöst wäre und die KI daraufhin z. B. Bilder von Autos aus dem Internet perfekt und fehlerfrei kategorisieren und zu den Typen alle Informationen liefern könnte; selbst wenn das System dazu sogar noch die gesamte Information über Motor-/Getriebe-Konstruktion, Aerodynamik, Auto-Design usw. aus Tausenden von fachlichen Dokumentationen gelernt hätte, so könnte sie trotzdem von selbst kein funktionierendes Auto bauen. Ein entsprechend ausgebildeter Mensch hingegen schon.

Angesichts der beschriebenen Supercomputing-Leistungen mag es kaum zu glauben sein, aber auch Rechenleistung ist ein Thema, das KI gegenwärtig daran hindert, Superintelligenz-Niveau zu erreichen und Menschen zu ersetzen. Die Algorithmen, die den Modellen der leistungsfähigsten KIn heute zugrunde liegen, gibt es schon seit Jahrzehnten. In dieser Zeit haben sich die Formeln zwar weiterentwickelt, Grund für den Erfolg von KI in den letzten 10–15 Jahren sind aber die physikalischen Innovationen, die zum Design immer leistungsfähigerer Mikroprozessoren führten. Die Computerchips in heutigen Geräten sind schnell und erfüllen die Anforderungen, die *Machine Learning* stellt. Die Performance ist jedoch noch immer viel zu weit von der Leistungsfähigkeit des menschlichen Gehirns entfernt und es gibt Zweifel, ob dies mit Parallelrechnerstrukturen überhaupt machbar sei. Quantencomputer könnten ein geeigneter Weg sein, in diese Leistungsbereiche vorzustoßen. Sie arbeiten im Vergleich zu den bestehenden Parallelprozessoren, deren Logik auf dem binären Prinzip von Null und Eins aufbaut, mit sogenannten Qubits. Das ist die Abkürzung für Quanten-Bits. Aufgrund der besonderen Effekte der Quantenmechanik können Qubits zusätzlich zu Null und Eins noch in der sogenannten Superposition auch beide Zustände gleichzeitig haben. Das bedeutet, gegenüber einem 0- oder 1-Zustand eines herkömmlichen Bits kann das Qubit 00, 01, 10 und 11 sein, und zwar alle vier Zustände gleichzeitig. Allerdings sind die Quantenzustände sehr instabil und lassen sich nur nahe dem absoluten Nullpunkt, also bei ca. minus 273 Grad Celsius, für wenige Millisekunden aufrechterhalten. Die sagenhaften Fähigkeiten der Quantenrechner sind deswegen noch sehr teuer und werden voraussichtlich nicht so schnell für jedermann zugänglich sein.

Anfang der 2020er-Jahre gehen Unternehmen wie Google oder IBM mit Quantencomputer-Ressourcen an den Markt, in denen bis zu 50 Qubits für ausgewählte Kunden und Projekte zur Verfügung stehen. Mit dieser Leistung ließen sich Quantenzustände modellieren, für die 1,125 Billiarden klassische Bits nötig wären. Zur gleichen Zeit entwickeln sich auch herkömmliche Parallelrechner weiter, so dass der scheinbare Wettlauf zwischen Quantencomputern und klassischen Computern noch nicht entschieden ist. Quantencomputer erfordern darüber hinaus sehr komplexe Algorithmen. Die Hauptanwendungen, die man sich derzeit von Quantencomputern verspricht, sind die Berechnungen von natürlichen Vorgängen auf molekularer Ebene, z. B. im Körper und in der Medizin bei der Entwicklung von Medikamenten oder bei verschiedenen Simulationen zu Theorien über die Entstehung des Universums. Die Technologie ist in jedem Fall noch in einem frühen Stadium und es ist schwierig, vorauszusehen, wann Quantencomputer massenhaft zur Verfügung stehen und ihre Rechenkapazität eine Cloud-Ressource wie so viele andere sein wird, die heute schon allgemein genutzt werden können.

Nach den Hindernissen durch Datenverfügbarkeit und -Qualität und Prozessorgeschwindigkeit gibt es auch Schwierigkeiten bei der Erklärung von KI-Ergebnissen. Es geht um die Nachvollziehbarkeit, z. B. der Prognosen oder Entscheidungsempfehlungen von großen, komplexen, neuronalen, netzwerkbasierten Systemen. Es gibt verschiedene Ansätze, diese Erklärungen zu finden und die mathematischen Prozesse der Systeme transparenter zu machen, z. B. durch den Versuch, zu identifizieren, auf welche Eingabedaten ein trainiertes Modell am meisten angewiesen ist, um Vorhersagen zu treffen oder durch die Reduzierung der Berechungsvorgänge auf jeweils ein Merkmal, so dass mit additiven Modellen gearbeitet werden muss, deren Schritte einfacher zu interpretieren sind. Dies geht deutlich auf Kosten der Geschwindigkeit.

Schließlich gibt es noch das Hindernis, dass die Informatik zwar viele spielerische Herausforderungen mittels KI perfekt gelöst hat, bisher aber nach wie vor nicht in der Lage ist, die erfolgreichen KI-Modelle zu verallgemeinern, also auf ähnliche Umstände außerhalb des trainierten Systems zu übertragen. Die Hoffnung ruht hier auf dem Transferlernen, bei dem ein KI-Modell expliziert trainiert, das Lernen von einer Aufgabe zur nächsten anzuwenden. Schließlich, wenn vielleicht und hoffentlich all diese Einschränkungen mithilfe fortschreitender Technologie gelöst werden können, bleibt das Problem des Bias, also der Voreingenommenheit in den Trainingsdaten und z. T. auch in den Algorithmen, das bereits in vielen Anwendungsfällen soziale Bedenken aufgeworfen hat und das insgesamt schwierig zu lösen ist (Bughin et al. 2018).

KIn als kreative Schöpfer
Es gibt also beeindruckende Fantasien über die Entwicklung und den Einsatz von KI in der Zukunft. Gleichzeitig gibt es beeindruckende Prognose-Potenziale, die KI schon jetzt bietet. Der Preisverfall der Berechnungen und

damit die Tatsache, dass der KI-Einsatz immer günstiger und damit allgegenwärtiger wird, gibt den Fantasien und Spekulationen über die Entwicklung künstlicher Superintelligenz Raum. Sensationslust und die Mechanismen des Medienmarktes sorgen dafür, dass Hype und ein gewisses Maß an Grusel und Dystopie die Berichterstattung über KI permanent begleiten. Dazu kommen mit zunehmender Anwendung von KI auch zunehmend Fragestellungen auf, die KI in Bereiche einordnen, die menschliche Domänen sind und vielleicht auch bleiben sollten, wie z. B. die Frage nach juristischer Verantwortlichkeit im positiven wie im negativen Sinn. Eine Schlüsselfrage in diesem Zusammenhang, die auch bei der Thematik KI und Kunst auftaucht, ist die Möglichkeit der Urheberschaft einer KI für geistiges Eigentum. Diese Frage ist weitreichend, denn geistiges Eigentum sind Kunstwerke im weitesten Sinne, aber auch Patente und Unternehmensinformationen mit einem konkreten Wert in der Geschäftswelt. Die Fragestellung ist nicht wirklich neu und ein einfacher Weg wäre, sich auf bestehendes Recht und seine Interpretationen zurückzuziehen. In den USA, wo die Frage schon mehrfach in Bezug auf Musikstücke, die von KI verfasst wurden, auftauchte, sagt z. B. das ‚Compendium of US Copyright Office Practices', eine Art Handbuch zur Auslegung der Urheberrechtsgesetze, unter Ziffer 306: „The Human Authorship Requirement: The U.S. Copyright Office will register an original work of authorship, provided that the work was created by a human being" (US-Copyright Office 2021).

Das Wort *human* taucht auf den 354 Seiten der US-amerikanischen Urheberrechtsgesetze nicht auf. Es ist ein großer grauer Bereich entstanden, in dem die Frage nach Copyright-Schutz für KI zu klären ist. In der Musikindustrie kann KI ein faszinierendes Unterstützungsinstrument sein und gleichzeitig Urheberrechte beeinträchtigen. Immerhin kann ein KI-System nach einem geringen *Machine Learning*-Aufwand quasi unendliche Mengen der Musik produzieren, deren Muster sie gelernt hat. Mit etwas Fantasie und Vertrauen in die weiteren Fortschritte der Sprachsynthese sind GANs denkbar, die neue Songs von bereits verstorbenen Superstars wie David Bowie oder George Michael produzieren. Sie wären nicht von ihren Originalen unterscheidbar. Im Grunde können auch lebende Künstler/-innen ihr Oeuvre mithilfe von KI automatisiert unendlich erweitern. Im Falle von Stil-Kopien bleibt offen, ob die Urheber/-innen der Originale, deren Stil auf diese Weise reproduziert wurde, entschädigt würden. Im Herbst 2019 hat das United States Patent and Trademark Office die Öffentlichkeit anhand von 13 spezifischen Fragen aufgefordert, dazu Stellung zu nehmen, wie künstliche Intelligenz evtl. das Urheberrecht verändern könnte. Dabei ging es der Behörde darum, herauszufinden, welche Auswirkungen KI generell auf die Bereiche des Urheber-, Markenrechts und Kopierschutzes haben könnte, angefangen mit der Frage, was passiere, wenn eine KI ein urheberrechtsverletzendes Werk erstelle, bis hin zu der Frage, ob es legal sei, urheberrechtlich geschütztes Material als Trainingsdaten zu nutzen. Weiter wurde gefragt, ob eine von KI ohne kreative Beteiligung eines Menschen erstellte Veröffentlichung als eigenständiges Werk der KI gelten sollte, welches dann durch das Urheberrecht geschützt werden könnte. Falls nicht, fragte die Behörde, welcher Grad an menschlicher Beteiligung würde oder sollte stattdessen ausreichen, damit das Werk für gesetzlichen Urheberrechtsschutz qualifiziert sei? Andere Fragen drehten sich darum, ob das Urheberrecht an das Unternehmen gehen sollte, das die KI trainiert habe oder ob diejenigen, die die Trainingsdaten erstellt hätten, dafür kompensiert werden sollten und falls Ja, wie? Das Vorgehen der öffentlichen Befragung wird häufig gewählt, um neue Entwicklungen besser zu verstehen und Erfahrungsberichte aus der Praxis zu erhalten. Das ist vermutlich eine kluge Vorgehensweise, denn die Fragen sind schwierig und es wird seit Jahren über diese Themen diskutiert, aber es gibt bisher keine konkreten Antworten im Gesetz. Die Rolle von KI bei kreativen Prozessen ist komplizierter und nuancierter geworden. Der Hinweis aus dem Kompendium des US Copyright Office Practices, wonach Werke einer Maschine keine Urheberschaft erhalten können, wenn sie ohne kreativen Input oder Eingreifen eines Menschen erstellt wurden, sollte wohl auf seine Gültigkeit hin überprüft werden (Deahl 2019).

Im April 2020 wurden zwei Patentanträge von der Behörde abgelehnt, für die jeweils eine KI namens ‚Dabus' eingetragen war. Der Patentanmelder, zugleich Besitzer von Dabus ist der Wissenschaftler und Unternehmer Dr. Stephen Thaler. Beide Patente, eines für Nahrungsmittelbehälter, die leicht für Roboter zu greifen sind und eines für eine Warnleuchte mit einem auffälligen Blink-Muster, wurden ebenso in Großbritannien und auch vom Europäischen Patent- und Markenamt (EPA) abgelehnt. Die Ablehnung, die das EPA nach einer Verhandlung mit dem Anmelder schon im November 2019 ausgesprochen hatte, wurde damit begründet, dass die Anmeldungen nicht den gesetzlichen Anforderungen des Europäischen Patentübereinkommens entsprechen würden, denn ein in der Anmeldung benannter Erfinder müsse ein Mensch sein. Das Amt stellte außerdem fest, dass das Verständnis des Begriffes ‚Erfinder' als eine natürliche Person als international anwendbarer Standard gelten könne, und dass verschiedene nationale Gerichte entsprechende Entscheidungen getroffen haben. Die mit einer Patentanmeldung verbundenen Rechte und Pflichten, z. B. in Bezug auf Haftung erforderten eine juristische Person. Maschinen sind keine juristischen Personen (Europäisches Patentamt 2020). Noch nicht. Zum jetzigen Zeitpunkt wissen Maschinen nicht, was sie wissen. Eine KI zu einer juristischen Person zu machen würde deswegen rechtliche Risiken bergen, in erster Linie die bereits in Kap. 3.4 ausgeführten, nämlich, dass sich andere natürliche und juristische Personen hinter dem Schutzschild einer KI oder eines Roboters, die bzw. der nicht relevant haftbar gemacht werden kann, verstecken könnten.

Insoweit behält ‚Lady Lovelace Einwand', wie Alan Turing es nannte, seine Gültigkeit, nämlich die Feststellung, dass ein Computer aus sich selbst heraus nichts erschafft, sondern nur das kann, was wir in der Lage sind, der Maschine an Fähigkeiten und Befehlen zu geben. Wenn Maschinen Menschen ersetzen sollen, dann ist das ein wirtschaftliches Thema des Arbeitsmarktes. In diesem Kontext können alle Aufgaben ersetzt werden, die eine Maschine auf menschlichem Niveau oder besser kann. Was Maschinen noch immer nicht können, ist selbständig denken. Vorerst verbleibt diese Fähigkeit beim Menschen, weil ihr Outsourcing an eine Maschine entweder unmöglich oder viel zu teuer wäre (Agrawal et al. 2018, S. 13). Jede KI-Entscheidung bzw. ihre Konsequenzen müssen von einer juristischen Person verantwortet werden. Selbst im Falle einer Firma steht am Ende der Verantwortungskette ein Mensch. Im medizinischen Bereich kann z. B. ein Algorithmus eine Diagnose und ggf. sogar eine Therapie auf Basis seiner Mustererkennung nahelegen. Ein Arzt muss die Verantwortung für die Behandlung übernehmen. Ein Zwischenfazit zeigt keine wirkliche Ersetzbarkeit des Menschen durch KI.

Spannende Einblicke versprechen Projekte der amerikanischen Defense Advanced Research Projects Agency (DARPA), der u. a. das Internetprotokoll zu verdanken ist. Dort gibt es mehrere Projekte zur Fragestellung, inwieweit KI die Nischen- oder Domänenkompetenz überwinden und zu allgemeinerer Problemlösungsfähigkeit gelangen könne. Das Projekt „Teaching AI Systems to Adapt to Dynamic Environments" versucht laut Beschreibung, KI-Systeme zu entwickeln, die an sich permanent verändernde Umweltbedingungen anpassungsfähig sind. Solchen Bedingungen wie Überraschungsaktionen von Gegnern, wechselndem Wetter und Operationen in unbekanntem Terrain, sind Truppen bei Militäreinsätzen ausgesetzt. Die Anpassungsfähigkeit ist erforderlich, um eine effektive Zusammenarbeit zwischen Mensch und KI zu ermöglichen bzw. zu verbessern. Dazu müsse die entsprechende KI in der Lage sein, sich nahezu in Echtzeit an fluide Rahmenbedingungen der Realität anzupassen (DARPA 2019). Ein anderes Programm beschäftigt sich mit ‚Lifelong Learning Machines (L2M)'. Auch hier geht es um die schnelle Adaption des KI-Modells an sich verändernde Rahmenbedingungen der Umwelt im Hinblick auf die Einsatzfähigkeit bei militärischen Operationen. Das L2M-Projekt strebt eine Weiterentwicklung der Systeme im Sinne eines Paradigmenwechsels der verwendeten KI-Architekturen und *Machine Learning*-Anwendungen an: Anstatt nur die spezifisch programmierten und trainierten Aufgaben lösen zu können, außerhalb derer der Einsatz solcher KIn ein sofortiges Sicherheitsrisiko darstellen würde, sollen die Modelle kontinuierlich dazulernen. Das klingt abgedroschen, ist für KI jedoch eine anspruchsvolle Angelegenheit. Die KI soll nicht nur während der Umsetzung einer Aufgabe lernen, sondern auch in der Lage sein, erlernte Fähigkeiten und Wissen auf neue Aufgabenfelder zu übertragen und dort einzusetzen. Die Herausforderungen für KI sind hier vielfältig, u. a. auch, bei der neuen Anwendung nicht die vorherige zu ‚vergessen'. Aus Sicht der DARPA geht es um die Entwicklung neuer Systeme und um die Erforschung biologischer Lernvorgänge. Dazu sollen Forscherteams aus interdisziplinären Bereichen zusammenarbeiten, um eine neue Generation von Computerarchitekturen, -mechanismen und -algorithmen zu erfinden (DARPA o. J.).

Die Frage, ob KI die Menschen ersetzt, ist nach derzeitigem Erkenntnisstand nicht abschließend zu beantworten. Das hat wenig mit Technologie und viel mit dem Umstand zu tun, dass Menschen diese Entscheidungen in gesellschaftlichen und politischen Prozessen selber treffen. Mit den Worten von Joanna Bryson: Die sicherste Lösung für die menschliche Gesellschaft liege wohl darin, den Wert von Menschen über den von Robotern zu stellen und weiter die Verantwortung für die Maschinen zu tragen, die wir herstellen (Bryson 2011).

Literatur

Agrawal, A., Gans, J., & Goldfarb, A. (2018). *Prediction machines – The simple economies of artificial intelligence*. Boston: Harvard Business Review Press.

Allen, P.G., Greaves, M. (12. Oktober 2011). Paul Allen: The Singularity Isn't Near. *MIT Technology Review*. https://www.technologyreview.com/2011/10/12/190773/paul-allen-the-singularity-isnt-near/. Zugegriffen am 28.02.2021.

Armbruster, A. (31. Januar 2017). Computergehirn gewinnt Poker gegen Menschen. *Frankfurter Allgemeine Zeitung*. https://www.faz.net/aktuell/wirtschaft/netzwirtschaft/kuenstliche-intelligenz-computergehirn-gewinnt-poker-gegen-menschen-14806575.html. Zugegriffen am 21.02.2021.

Benthall, S. (27. Februar 2017). Don't fear the reaper: Refuting bostrom's superintelligence argument. *arXiv*. https://arxiv.org/abs/1702.08495v1. Zugegriffen am 22.02.2021.

Bostrom, N. (2014). *Superintelligence. Paths, danger, strategies*. Oxford: Oxford University Press.

Brooks, R. (2018a). *[FoR&AI] steps toward super intelligence III, hard things today* (15.07.2018). http://rodneybrooks.com/forai-steps-toward-super-intelligence-iii-hard-things-today/. Zugegriffen am 19.12.2020.

Brooks, R. (2018b). *[FoR&AI] steps toward super intelligence IV, things to work on now* (15.07.2018). http://rodneybrooks.com/forai-steps-toward-super-intelligence-iv-things-to-work-on-now/. Zugegriffen am 19.12.2020.

Brynjolfsson, E., & McAfee, A. (2014). *The second machine age*. New York: W.W. Norton & Company.

Bryson, J. J. (2011). A role for consciousness in action selection. *International Journal of Machine Consciousness*. 04. https://doi.org/10.1142/S1793843012400276. Zugegriffen am 05.02.2021.

Bughin, J., Seong, J., Manyika, J., Chui, M., & Joshi, R. (2018). Discussion paper September 2018. In McKinsey Glo.bal Institute (Hrsg.), *Notes from the AI Frontier. Modeling the Impact of AI on the World Economy*. https://www.mckinsey.com/~/media/McKinsey/Featured%20Insights/Artificial%20Intelligence/Notes%20from%20the%20frontier%20Modeling%20the%20impact%20of%20AI%20on%20the%20world%20economy/MGI-Notes-from-the-AI-frontier-Modeling-the-impact-of-AI-on-the-world-economy-September-2018.ashx. Zugegriffen am 24.01.2021.

Clarke, A. C. (1973). *Profiles of the future [1962]*. 2nd revised and re-set printing. London: Pan Books.

Dambeck, H. (20. Juli 2007). Dame-Brettspiel ist gelöst. *DER SPIEGEL*. https://www.spiegel.de/wissenschaft/mensch/kuenstliche-intelligenz-dame-brettspiel-ist-geloest-a-495493.html. Zugegriffen am 21.02.2021.

DARPA. (14. Februar 2019). *Teaching AI systems to adapt to dynamic environments*. https://www.darpa.mil/news-events/2019-02-14. Zugegriffen am 17.01.2021.

DARPA. (o.J.). *Lifelong learning machines (L2M)*. https://www.darpa.mil/program/lifelong-learning-machines. Zugegriffen am 17.01.2021.

Deahl, D. (13. November 2019). The USPTO wants to know if artificial intelligence can own the content it creates. *The Verge*. https://www.theverge.com/2019/11/13/20961788/us-government-ai-copyright-patent-trademark-office-notice-artificial-intelligence. Zugegriffen am 23.02.2021.

Devlin, J., Chang, M.-W., Lee, K., & Toutanova, K. (11. Oktober 2018). BERT: Pre-training of deep bidirectional transformers for language understanding. *arXiv*. https://arxiv.org/abs/1810.04805. Zugegriffen am 25.02.2021.

Dowd, M. (26. März 2017). Elon Musk's billion-dollar crusade to stop the A.I. apocalypse. *Vanity Fair*. https://www.vanityfair.com/news/2017/03/elon-musk-billion-dollar-crusade-to-stop-ai-space-x. Zugegriffen am 23.01.2021.

Drexler, K. E. (1986). *Engines of creation: The coming era of nanotechnology*. New York: Anchor Books, Doubleday.

Europäisches Patentamt. (2020). *EPA veröffentlicht Begründung der Zurückweisung von zwei Patentanmeldungen, in denen eine Maschine als Erfinder genannt ist*. https://www.epo.org/news-events/news/2020/20200128_de.html. Zugegriffen am 04.03.2021.

Farhi, D., Dębiak, P., Raiman, J., Tang, J., Dennison, C., Chan, B., Sidor, S., Brockman, G., Zhang, S., Wolski, F., Pondé, H., Petrov, M., & Pachocki, J. (2018). *OpenAI Five* (25.06.2018). https://openai.com/blog/openai-five/#theproblem. Zugegriffen am 21.02.2021.

Good, I. J. (1964). Speculations concerning the first ultraintelligent machine. In F. L. Alt & M. Rubinoff (Hrsg.), *Advances in computers. 6* (S. 31–88). New York: Academic Press.

Hafner, D. (18. Februar 2021). Mastering Atari with discrete world models. *Google AI Blog*. https://ai.googleblog.com/2021/02/mastering-atari-with-discrete-world.html. Zugegriffen am 25.02.2021.

Hafner, D., Lillicrap, T., Norouzi, M., & Ba, J. (05. Oktober 2020). Mastering Atari with discrete world models. *arXiv*. https://arxiv.org/abs/2010.02193. Zugegriffen am 25.02.2021.

Harari, Y. N. (2018). Why technology favors tyranny. *The Atlantic*. https://www.theatlantic.com/magazine/archive/2018/10/yuval-noah-harari-technology-tyranny/568330/. Zugegriffen am 20.02.2021.

Holley, P. (29. Januar 2015). Bill Gates on dangers of artificial intelligence: ‚I don't understand why some people are not concerne'. *The Washington Post*. https://www.washingtonpost.com/news/the-switch/wp/2015/01/28/bill-gates-on-dangers-of-artificial-intelligence-dont-understand-why-some-people-are-not-concerned/. Zugegriffen am 22.02.2021.

Huang, C.-Z. A., Cooijmans, T., Dinculescu, M., Roberts, A., & Hawthorne, C. (2019). Coconet: The ML model behind today's Bach Doodle (20.03.2019). https://magenta.tensorflow.org/coconet. Zugegriffen am 20.02.2021.

Illing, S. (08. März 2017). Why not all forms of artificial intelligence are equally scary. *Vox*. https://www.vox.com/science-and-health/2017/3/8/14830108/artificial-intelligence-science-technology-robots-singularity-bostrom. Zugegriffen am 23.02.2021.

Jansen, J. (25. Januar 2019). Deepmind schlägt jetzt auch professionelle Computerspieler. *Frankfurter Allgemeine Zeitung*. https://www.faz.net/aktuell/wirtschaft/kuenstliche-intelligenz/deepmind-besiegt-pro-gamer-in-starcraft-16008041.html. Zugegriffen am 21.02.2021.

Javelosa, J. (22. April 2017). Robo revolution: A factory cut labor costs in half, thanks to Tiny Robots. *Futurism*. https://futurism.com/3-tiny-robots-help-cut-chinese-warehouse-labor-costs-by-half-kelsey. Zugegriffen am 20.02.2021.

Kelly, T., & Snapper, M. (2017). A molecular assembler. *Nature, 549*, 336–337. https://doi.org/10.1038/549336a. Zugegriffen am 22.02.2021.

Klein, M. (2017). Google's AlphaZero destroys stockfish in 100-game match (06.12.2017). *Chess.com*. https://www.chess.com/news/view/google-s-alphazero-destroys-stockfish-in-100-game-match. Zugegriffen am 23.02.2021.

Kolbert, E. (2011). Anthropozän – Das Zeitalter des Menschen. *National Geographic*. https://www.nationalgeographic.de/geschichte-und-kultur/anthropozaen-das-zeitalter-des-menschen. Zugegriffen am 24.02.2021.

Kühl, E. (02. Juli 2015). „Meine Freundin ist kein Gorilla". *Zeit Online*. https://www.zeit.de/digital/internet/2015-07/google-fotos-algorithmus-rassismus. Zugegriffen am 02.03.2021.

Kurzweil, R., (2001). *The law of accelerating returns* (07.03.2001). https://www.kurzweilai.net/the-law-of-accelerating-returns. Zugegriffen am 22.02.2021.

Kurzweil, R. (20. Oktober 2011). Kurzweil responds: Don't underestimate the singularity. *MIT Technology Review*. https://www.technologyreview.com/2011/10/20/190615/kurzweil-responds-dont-underestimate-the-singularity/. Zugegriffen am 24.02.2021.

Landis, G., (1993). Into the era of cyberspace. In NASA conference publication 10129. Vision 21: Interdisciplinary science and engineering in the era of cyberspace. Symposium cosponsors by the NASA Lewis Research Center and the Ohio Aerospace Institute, held in Westlake, 30.–31.03.1993. Washington, DC: National Aeronautics and Space Administration, Scientific and Technical Information Program.

Lewis-Kraus, G. (14. Dezember 2016). The great A.I. awakening. *The New York Times*. https://www.nytimes.com/2016/12/14/magazine/the-great-ai-awakening.html. Zugegriffen am 26.01.2021.

McCarthy. (2006). *The Dartmouth Workshop – As planned and as it happened* (30.10.2006). http://www-formal.stanford.edu/jmc/slides/dartmouth/dartmouth/node1.html. Zugegriffen am 25.01.2021.

McCarthy, J., (2007). *What is artificial intelligence?* (12.11.2007). http://jmc.stanford.edu/articles/whatisai/whatisai.pdf. Zugegriffen am 25.01.2021.

Merkert, P. (15. Februar 2019). Wie die DeepMind-KI AlphaStar Profispieler in StarCraft 2 besiegte. *Heise online*. https://www.heise.de/hintergrund/Wie-die-DeepMind-KI-AlphaStar-Profispieler-in-StarCraft-2-besiegte-4308763.html. Zugegriffen am 25.02.2021.

Moyer, C. (28. März 2016). How Google's AlphaGo beat a go world champion. *The Atlantic*. https://www.theatlantic.com/technology/archive/2016/03/the-invisible-opponent/475611/. Zugegriffen am 23.02.2021.

Nickel, O. (20. Mai 2020). KI lernt von Menschen, nicht von rohen Daten. *golem.de*. https://www.golem.de/news/microsoft-ki-lernt-von-menschen-nicht-von-rohen-daten-2005-148630.amp.html. Zugegriffen am 23.02.2021.

Parisi, G. I., Kemker, R., Part, J. L., Kanan, C., & Wermter, S. (2019). Continual lifelong learning with neural networks: A review. *Neural Networks, 113*, 54–71. https://doi.org/10.1016/j.neunet.2019.01.012. Zugegriffen am 27.10.2020.

Piper, K. (13. April 2019). AI triumphs against the world's top pro team in strategy game Dota 2. *Vox.com*. https://www.vox.com/2019/4/13/18309418/open-ai-dota-triumph-og. Zugegriffen am 21.02.2021.

Puigdomènech, A., Piot, B., Kapturowski, S., Sprechmann, P., Vitvitskyi, A., Guo, D., & Blundell, C. (31. März 2020). Agent57: Outperforming the Atari human benchmark. *DeepMind Blog.* https://deepmind.com/blog/article/Agent57-Outperforming-the-human-Atari-benchmark. Zugegriffen am 26.02.2021.

Raza, S. A. (28. März 2007). Very good food and some dog excrement. *3quarksdaily.* https://3quarksdaily.com/3quarksdaily/2007/03/greg_ross_inter.html. Zugegriffen am 23.02.2021.

Shead, S. (09. März 2016). David Silver: The unsung hero and intellectual powerhouse at Google DeepMind. *Insider.* https://www.businessinsider.com/david-silver-the-unsung-hero-at-google-deepmind-2016-3?r=DE&IR=T. Zugegriffen am 21.02.2021.

Silver, D., & Hassabis, D. (2017). *AlphaGo Zero: Starting from scratch* (18.10.2017). https://deepmind.com/blog/article/alphago-zero-starting-scratch. Zugegriffen am 21.02.2021.

Silver, D., Huang, A., Maddison, C., Guez, A., Sifre, L., Driessche, G., Schrittwieser, J., Antonoglou, I., Panneershelvam, V., Lanctot, M., Dieleman, S., Grewe, D., Nham, J., Kalchbrenner, N. Sutskever, I., Lillicrap, T., Leach, M., Kavukcuoglu, K., Graepel, T., & Hassabis, D. (2016). Mastering the game of Go with deep neural networks and tree search. *Nature,* 529 484–489. https://doi.org/10.1038/nature16961. Zugegriffen am 21.02.21.

Simonite, T. (16. Januar 2019). A poker-playing robot goes to work for the pentagon. *Wired.* https://www.wired.com/story/poker-playing-robot-goes-to-pentagon/. Zugegriffen am 20.02.2021.

Steadman, I. (12. April 2013). This AI ‚solves' Super Mario Bros. and other classic NES games. *Wired.* https://www.wired.co.uk/article/super-mario-solved. Zugegriffen am 27.01.2021.

Suleyman, M. (13. September 2018) Using AI to plan head and neck cancer treatments. *DeepMind Blog.* https://deepmind.com/blog/article/ai-uclh-radiotherapy-planning. Zugegriffen am 25.02.2021.

Ulam, S. (1958). Tribute to John von Neumann, *Bulletin of the American Mathematical Society, 64*(3), Teil 2, S. 1–49. https://doi.org/10.1090/S0002-9904-1958-10189-5. Zugegriffen am 22.02.2021.

University of Memphis. (o. J.). *IDA and LIDA.* https://www.memphis.edu/iis/projects/ida_and_lida.php. Zugegriffen am 25.02.2021.

US Copyright Office. (2021). *Copyrightable authorship: What can be registered.* (28.01.2021). https://copyright.gov/comp3/chap300/ch300-copyrightable-authorship.pdf. Zugegriffen am 04.03.2021.

Uszkoreit, J. (31. August 2017). Transformer: A novel neural network architecture for language understanding. *Google AI Blog.* https://ai.googleblog.com/2017/08/transformer-novel-neural-network.html. Zugegriffen am 25.02.2021.

Vinge, V. (1993). Technological singularity. In NASA conference publication 10129. Vision 21: Interdisciplinary science and engineering in the era of cyberspace. Symposium cosponsors by the NASA Lewis Research Center and the Ohio Aerospace

Institute, held in Westlake, 30.–31.03.1993. Washington, DC: National Aeronautics and Space Administration, Scientific and Technical Information Program.

Vinyals, O., Ewalds, T., Bartunov, S., Georgiev, P., Vezhnevets, A., Yeo, M., Makhzani, A., Küttler, H., Agapiou, J., Schrittwieser, J., Quan, J., Gaffney, S., Petersen, S., Simonyan, K., Schaul, T., Van Hasselt, H., Silver, D., Lillicrap, T., Calderone, K., & Tsing, R. (16. August 2017). StarCraft II: A New Challenge for Reinforcement Learning. *arXiv*. https://arxiv.org/pdf/1708.04782.pdf. Zugegriffen am 14.12.2020.

Vinyals, O., Gaffney, S., & Ewalds, T. (2018). DeepMind and Blizzard open StarCraft II as an AI research environment (09.08.2017). *Deep Mind Blog*. https://deepmind.com/blog/announcements/deepmind-and-blizzard-open-starcraft-ii-ai-research-environment. Zugegriffen am 23.02.2021.

Wallach, W. Franklin, S., & Allen, C. (2010). A conceptual and computational model of moral decision making in human and artificial agents. *Topics in Cognitive Science, 2*(3), 454–485. https://doi.org/10.1111/j.1756-8765.2010.01095. Zugegriffen am 26.02.2021.

Wiggers, K. (02. November 2018b). Google open-sources BERT, a state-of-the-art pretraining technique for natural language processing. *VentureBeat*. https://venturebeat.com/2018/11/02/google-open-sources-bert-a-state-of-the-art-training-technique-for-natural-language-processing/. Zugegriffen am 25.02.2021.

Wiggers, K. (03. Dezember 2018c). Deepmind's AlphaFold wins CASP13 protein-folding competition. *VentureBeat*. https://venturebeat.com/2018/12/03/deepminds-alphafold-wins-casp13-protein-folding-competition/. Zugegriffen am 25.02.2021.

Wiggers, K. (17. Dezember 2018d). Geoffrey Hinton and Demis Hassabis: AGI is nowhere close to being a reality. *VentureBeat*. https://venturebeat.com/2018/12/17/geoffrey-hinton-and-demis-hassabis-agi-is-nowhere-close-to-being-a-reality/. Zugegriffen am 12.11.2020.

World Economic Forum. (2018). *The future of jobs report 2018*. Genf: World Economic Forum.

World Economic Forum. (2020). *Jobs of tomorrow: Mapping opportunity in the new economy*. Genf: World Economic Forum.

Wunderlich-Pfeiffer, F. (15. März 2016). Die nächste Revolution im Go und anderswo. *golem.de*. https://www.golem.de/news/alpha-go-die-naechste-revolution-im-go-und-anderswo-1603-119777.html. Zugegriffen am 21.02.2021.

Yudkowsky, E. S. (1996). Staring into the Singularity. Dokument unter dem Original-Link auf der Autorenseite nicht mehr vorhanden. https://www.yudkowsky.net/obsolete/singularity.html. Zugegriffen am 22.12.2019. Archiviert unter: https://web.archive.org/web/20180330100000/http://yudkowsky.net/obsolete/singularity.html. Zugegriffen am 22.02.2021.

5

Updates – Generation Z

Zusammenfassung Aktualisierungen und Anpassungen in Form von Updates und neuen Releases gehören zur Routine digitaler Infrastrukturen. Aber auch biologische Systeme erneuern sich und passen sich dabei an. Jeder menschliche Generationswechsel durch heranwachsende Kinder bedeutet für sie zunächst eine neue Anpassung an die Welt und danach die Anpassung der Welt durch sie. Die sogenannte ‚Generation Z', geboren ca. in der ersten Dekade des 21. Jahrhunderts, dient als Beispiel für eine an die gegebenen Veränderungen durch Digitalisierung und KI-Nutzung optimal angepasste Gruppe, die sich in ihrer Grundhaltung gegenüber dem Technologieeinsatz klar unterscheidet. GenZ legt Wert auf nutzenorientierte Anwendungen und hohe Verfügbarkeit und Sicherheit. Die Neigung zur Vermenschlichung der Technik und zu dystopischen Narrativen ist geringer ausgeprägt. Wandel, auch technologisch, wird mehr als rationale Normalität erlebt als in den vorhergehenden Generationen.

Denken Sie in die Zukunft. Was wird morgen sein? Wenn Sie das konsequent machen, wird die Gegenwart zu einer Beta-Welt. In dieser Denkhaltung ist alles, was wir wissen, lesen, sehen, kaufen, alles, was wir erleben können, nur die Vorversion von etwas Besserem. Die Momente des Jetzt, die einzig realen Augenblicke des Lebens werden zu einer Kette von Zwischenstationen in einer endlosen Warteschleife. Marktwirtschaft, permanente Innovation und aktuell die Digitalisierung haben ‚Panta rhei' – ‚Alles fließt', die 2500 Jahre alte Weisheit von Heraklit, dass der Wandel die einzige Konstante sei, zur täglich erfahrbaren Erkenntnis gemacht. Kaufe ich heute einen Artikel online, sehe ich in den Bewertungen meist schon die Verbesserungsvorschläge und kann mir die Nachfolgeversion vorstellen. Das gilt für kaum etwas so extrem, wie für Software. Ein Update jagt das nächste und die Aktualität und Weiterentwicklung von Software ist hinsichtlich der Bedienungsfreundlichkeit erfolgsentscheidend und hinsichtlich der Cyber-Security-Anforderungen oft kritisch. Weil es dauernd neue Software gibt, sind wir Releases, Patches und Updates gewohnt. Längst benennen wir andere Vorgänge des Alltags analog zu den aus der Softwarewelt vertrauten Release-Zahlen. Da war vor 10 Jahren z. B. die Rede vom ‚Web 2.0' oder seit einigen Jahren von der ‚Industrie 4.0'. Im Zusammenhang mit künstlicher Intelligenz ist das Thema der Geschwindigkeit von Updates für viele Menschen besorgniserregend. Dabei bringen Updates meist neue und bessere Features, noch mehr Bequemlichkeit und in aller Regel auch Fehlerbehebung und das Schließen möglicher Sicherheitslücken.

In diesem Kapitel geht es um einen Aspekt, der oft vergessen wird, wenn die Bedenken, die Besorgnis oder sogar die Angst vor Zukunft, vor Technologie oder schlimmstenfalls sogar vor ‚Zukunftstechnologie' das Ruder des Denkens übernehmen und uns dazu veranlassen, uns gegen Veränderung oder Erneuerung zu stellen. Dabei kann sie nicht aufgehalten werden, zumindest nicht lange. Damit ist nicht KI gemeint. Sie ist nur ein Teil davon. Gemeint ist Veränderung als solche. Sich verändern bedeutet lebendig sein. Sich gegen Veränderung zu stellen ist nicht immer, aber sehr oft so etwas wie, sich gegen das Leben zu stellen. Das funktioniert nicht bzw. nicht besonders gut. Die Geschichte der Menschheit ist die Geschichte rasanter Veränderung. Gemessen am Alter von Erde und Sonnensystem, das mit ca. 4,6 Milliarden Jahren errechnet wird, ist die Geschichte des Homo Sapiens mit 200.000 bis 300.000 Jahren vergleichsweise kurz. In der Menschheitsgeschichte hat es neben der biologischen Evolution immer auch Technologie gegeben, vom Stock über den Faustkeil bis zum Quantencomputer hat sich das Innovationstempo auf dem letzten Promille der Zeitachse der menschlichen Spezies raketenhaft beschleunigt. Anfang der dreißiger Jahre des 21. Jahrhunderts entsteht das Gefühl, dass Veränderung, die vorher in Generationen oder Jahrzehnten abzulaufen schien, nun in wenigen Jahren oder vielleicht sogar innerhalb eines Jahres passiert. Mit der Steigerung der Geschwindigkeit von Veränderungen, vor allem getrieben durch schnelle technische Innovation, scheint sich auch die gesellschaftliche Polarisierung zu steigern. Die einen begrüßen Fortschritt als Heilsbringer, die anderen erleiden ihn resigniert als Boten eines kommenden Endes der Menschheit? Dabei sind Technologien Erweiterungen unserer selbst, die uns Dinge ermöglichen, die wir sonst nicht erleben und erfahren könnten. Sie sind Realität gewordene Gedanken, die wiederum den Möglichkeitsraum neuer Gedanken erweitern und damit neue Veränderungen provozieren.

Ein wesentlicher Teil und Triebfeder von Veränderung ist biologisch angelegt und das sind Kinder. Sie sind die menschlichen *Updates*. In dieser technischen Nomenklatur-Sicht wird klar, dass die menschliche Hardware und auch die grundlegenden, physikalisch bedingten Bestandteile unseres Betriebssystems noch nah an den frühen Releases sind. Der moderne Mensch trägt viel des urzeitlichen Menschen in sich. Trotz aller Zivilisation und Technologie stehen die Befriedigung körperlicher Grundbedürfnisse und die mit ihnen zusammenhängenden emotionalen Regungen im Vordergrund. Babys sind nicht gleich, aber sie kommen bei der Geburt sozusagen in einem physisch relativ standardisierten Auslieferungszustand. In den Anlagen sind sie allgemein lebenstauglich. Sie sind *general-purpose-body-mind-systems*. Unsere Updates werden in der sie umgebenden Welt trainiert. Sie reagieren auf ihre Umwelt und lernen anhand der zur Verfügung stehenden Trainingsdaten. Das sind am Anfang meist die Eltern als engste Bezugspersonen, Nahrung, Spielzeug usw. Die kognitiven und motorischen Fähigkeiten sind dabei in jeder Generation aufs Neue erstaunlich, obwohl sie doch im Grunde immer gleich sein müssten? Tatsächlich gibt es evolutionäre Veränderungen, wenn auch nicht in dem spektakulären Bereich wie bei der Prozessorgeschwindigkeit von Computern. Das Gehirn selbst verändert sich langsam, die Funktionsweise passt sich jedoch schnell den Lebenserfordernissen an. Die Bedienung moderner Geräte ist für jüngere Menschen meist einfacher als für ältere. Die Fähigkeit, jede Frage mithilfe einer Internet-Suchmaschine zu beantworten oder die Notwendigkeit, viele Texte schnell auf einer kleinen Glasfläche zu tippen, verändern die Nutzung von Gehirnarealen und die Verknüpfung von Gehirn und motorischem Apparat. Nachweisbar ist anscheinend schon die Verkürzung der Konzentrationsspanne. Viele Studienergebnisse deuten bereits in diese Richtung und in der Zukunft wird aus der Betrachtung über einen längeren Zeitraum vermutlich noch klarer werden, wie die verschiedenen Faktoren wie Mediennutzung, Trends, Technik etc. zusammenhängen und sich auswirken (Kaminsky 2019). In jedem Fall gehen die menschlichen Updates, also Kinder und Jugendliche, mit KI und vielen anderen Technik-Innovationen wesentlich unvoreingenommener um als ihre Eltern oder Großeltern.

Wie KI wahrgenommen wird, hängt vom Alter der Kinder ab. Am Beispiel des Verhaltens gegenüber sozialen Robotern in Kap. 3.4 war erkennbar, dass jüngere Kinder zwischen drei und sieben Jahren nicht so gut unterscheiden können, ob es sich bei dem Roboter um ein Lebewesen oder eine Maschine handelt. Auch Spielzeug, das sich von selbst bewegt oder sprechen kann, wird nicht eindeutig zugeordnet. Diese Gegenstände sind aus Sicht des Kindes weder lebendig, noch tot und werden irgendwo zwischen Person, Tier und Gegenstand wahrgenommen, also weder lebendig noch tot. Ab etwa sieben Jahren aufwärts realisieren Kinder, dass es sich um Geräte, also Gegenstände handelt, selbst wenn sie sprechen oder scheinbar Gefühle zeigen. Internationale Forschungen zu Kindern und Computern bzw. KI zeigen, dass viele der kindlichen Verhaltensweisen universell sind, manche jedoch auch landesspezifisch. Dr. Stefania Druga forscht an der Washington University und am MIT Medialab und hat in Langzeitstudien untersucht, wie 450 Kinder aus sieben Ländern mit KI aufwachsen und lernen, sich mit der Technologie auszukennen. Sie beobachtet, dass Kinder in Deutschland den Geräten am wenigsten vertrauen. Sie erwarteten, so Druga, dass z. B. Amazon Alexa nicht ehrlich auf ihre Fragen antworten, sondern versuchen würde, sie zu täuschen. Beispielsweise könne Alexa gar nicht wissen, wer Bundespräsident in Deutschland sei, weil sie nicht aus Deutschland komme. Diese Einstellung der Kinder gegenüber KI kann auf die Eltern, die Medien und die Gesellschaft zurückgeführt werden. Die Forscherin sieht hier die Rolle der Medien kritisch, da diese die betreffenden Geräte in einem von Angst getriebenen Narrativ präsentierten (Peteranderl 2019). Nicht nur, aber besonders wenn es um Sprachtechnologien geht, also Geräte mit Sprachinterfaces, die Gesprochenes verstehen und selber sprechen können, befindet sich die Gesellschaft in einer Experimentierphase. Die verwendeten Sprachassistenten-Systeme kommen vor allem von Amazon, Google, Apple, Microsoft und Samsung. Sie kommen in den allermeisten Fällen als Smartphone, Smart Speaker oder Stimmen von Autos in den Alltag. Sprachassistenten werden somit häufig mit einem bestimmten Objekt und als dessen Stimme verknüpft. Dabei sind sie im Grunde völlig unabhängig von einer spezifischen Hardware oder einem eindeutigen Ort. Sie existieren als Code in der Cloud, d. h. in einem Rechenzentrum irgendwo auf der Welt. Für die ‚Generation Z' sind das alles alte Hüte. Auch wenn ihre Vertreter/-innen nicht unbedingt die technischen Grundlagen aller Geräte oder Services verstehen, die sie nutzen, so ist ihnen doch meistens im Wesentlichen klar, wie etwas funktioniert und vor allem, welchen Nutzen es bringt. Aber wer steckt hinter oder in dieser Generation Z oder ‚GenZ'? Einfach gesagt sind es Menschen, die etwa um die Jahrtausendwende geboren sind. Je nach Quelle gibt es hier Spreizungen von 1995 bis 2012. Es sind die Kinder des beginnenden 21. Jahrhunderts und wie schon vor Ihnen für die spezifischen Generationen der ‚Baby Boomer', der ‚Generation X' und ‚-Y', so gilt auch für die GenZ ein bestimmtes Set an Merkmalen als typisch. Im Kontext zu KI ist es interessant und vielleicht auch für manche beruhigend, diese Thematik einmal zu betrachten, denn sie gibt eine andere Perspektive auf KI, die weniger überfordernd erscheint. Während die Generation Y im Jahr 2020 ihren Kindern z. T. beibringt, „Bitte" und „Danke" zu sagen, wenn sie sich mit Sprachassistenten unterhalten, gehen junge Erwachsene zwischen 16 und 22 sehr selbstverständlich, unaufgeregt und konsequent nutzenorientiert mit KI um. Sie erleben Algorithmen in erster Linie in Form von Services und Apps auf ihren Smartphones oder als Spiel-Merkmale bzw. Nichtspieler-Charaktere auf Ihren Spiele-Konsolen. Sie teilen sich in eine kleinere Gruppe, die programmieren kann und damit einen anderen Zugang zu digitalen Technologien hat und diese so manipulieren kann, dass sie tun, was sie wollen. Die überwiegende Mehrheit konsumiert die gegebenen Möglichkeiten der Digitalisierung und die bieten eine nie gekannte Fülle medialer Kanäle und Inhalte. Smartphones und Tablets können diese Kinder bereits im Grundschulalter bedienen, falls sie sie nicht sogar schon selbst besitzen. Daraus ergibt sich ihr Zugriff auf die scheinbar universelle Antwortkompetenz über Google und YouTube, wo es Nachrichten, Unterhaltung, Sport und einfache Erklärungen und Beispiele für alles gibt, was gerade in Schule, Job oder Freizeit wichtig sein könnte. Das Smartphone ist wie eine Erweiterung des Körpers immer in Reichweite. Inzwischen kursieren seit Jahren schon Satirebilder, auf denen die Maslowsche Bedürfnispyramide um ein Fundament erweitert gezeichnet ist. Auf der untersten, elementarsten Ebene ordnet Maslow die physiologischen Bedürfnisse aller Menschen, Luft, Wasser, Nahrung und Schlaf ein. Das neue Fundament darunter lautet „Akkuladung und Internetverbindung". Wer solche menschlichen Updates im Teenageralter, zu Hause hat und mit ihnen in den Urlaub fährt, weiß, was WLAN-Netzwerkausfall bedeutet oder gar ein Hotel ohne Wifi auf dem Zimmer. Das sind moderne Defizitbedürfnisse, aber für die GenZ ist es Normalität. Im Gegensatz zu ihren Vorgänger-Generationen kennen sie keine Welt ohne mobiles Internet. Der Zusatz ‚mobiles' ist hier auch nur Ausdruck des methusalemischen Alters des Autors, der sich noch an Zeitalter erinnert, in denen es gar kein Internet und dann zunächst nur Internet an einem Festnetzanschluss gab. Was ein Festnetzanschluss ist, wissen die meisten Leser dieses Buches vermutlich noch. Ein Kind, das heute geboren wird, findet den Begriff wahrscheinlich nicht einmal mehr selbsterklärend. Bezeichnungen wie ‚mobiles Internet' sind jetzt schon überflüssig, denn Internet ist einfach Internet und das gibt es fast immer und überall wie selbstverständlich. *Always on* sein, und zwar frei und sicher, allgegenwärtigen Zugriff auf Suchmaschinen und Quellen wie Wikipedia, Musik- und Videostreaming über YouTube oder Netflix etc. zu haben, sind für die GenZ selbstverständliche Versorgungsleistungen wie Strom und fließendes Wasser. In Deutschland sind 2020/2021 knapp zwölf Prozent der Bevölkerung im GenZ-Alter. Sie bilden eine signifikant große Gruppe und sind in Bezug auf ihre Haltung zur Digitalisierung eine Speerspitze gegenüber der Mehrheit der Deutschen. Mehr als die Hälfte der Deutschen, 47 Millionen Menschen, sind 40 Jahre alt oder älter. Sie kennen Autoatlanten, Compact-Kassetten, Telefonzellen, Walkmen und Kalten Krieg. Während sie mit ihren Smartphones online gehen, lebt GenZ online (Burfeind 2018). Weil sie so viel Zeit ihres Heranwachsens mit dem Blick auf die Glasflächen von Smartphones und Tablets verbringen, werden sie manchmal auch *Screenager* genannt.

Die Kinder der Jahrtausendwende wachsen in einer globalisierten Welt auf. Speziell der Nachwuchs aus der Mittelschicht ist schon als Kind mit den Eltern viel gereist und spricht fließend Englisch. Die Generation fühlt sich über soziale Netzwerke mit Menschen aus der ganzen Welt verbunden und geht relativ weltoffen und tolerant ins Ausland. Sie haben feste Vorstellungen und stellen Erwartungen an die Arbeitswelt und ihre zukünftigen Arbeitgeber. Sie sind selbstbewusst und anspruchsvoll, denn sie wissen, dass es für die Unternehmen Nachwuchsprobleme gibt. Entsprechend hoffen sie, ihre Vorstellungen von der Trennung von Beruf und Freizeit und Arbeit ohne Überstunden realisieren zu können. Ob sich tatsächlich die Firmen bei den jungen Kandidatinnen und Kandidaten bewerben werden und ob es dauerhaft die Arbeitgeber sind, die sich anstrengen müssen, um die GenZ zu halten, wird sich in den kommenden Jahren erweisen oder erhärten. (Ebd.).

In jedem Fall ändern sich, wie bei jedem Generationswechsel, Paradigmen. Die GenZ ist meist dort, wo auch KI ist, nämlich online. Viel von dem, was sie dort konsumieren, wird durch KI beeinflusst, d. h. in erster Linie kuratiert. Das betrifft die Feeds, Likes und Anzeigen auf Instagram, Snapchat oder Tik-Tok ebenso wie Vorschläge und Werbung auf YouTube und die Vorschläge auf Netflix. 52 % der GenZ beziehen Produktinformationen aus ihren sozialen Netzwerken. Das entspricht einer Verdoppelung der Rate gegenüber ihren Generation X-Eltern und einer zehnprozentigen Steigerung gegenüber der GenY. Influencer auf den Social Media Plattformen sind zu wichtigen Orientierungspersönlichkeiten in verschiedenen Lebensbereichen geworden. Der wirtschaftliche Einfluss über diese Netzwerke und Personen ist enorm. Als Beispiel dient die Amerikanerin Kylie Jenner, die aufgrund ihrer Verwandtschaft mit Sport- und Popstars früh ins Mode- und Beauty-Business kam. Sie war bereits mit 14 Jahren auf dem Laufsteg und gründete 2015 ein eigenes Kosmetikunternehmen, ‚Kylie Cosmetics'. Mit weit über 100 Millionen Followern auf Instagram hat sie ihre eigene Vermarktung in ihrer Zielgruppe perfekt in der Hand. Im Februar 2018 äußerte sie sich auf Twitter, dass sie Snapchat nicht mehr nutze, was die Snapchat-Aktie an dem Tag um sechs Prozent fallen ließ und damit nominell einen Börsenwert von rund

1,3 Milliarden US-Dollar vernichtete. Medienstreits darüber, ob sie nun mit 22 die jüngste Selfmade-Milliardärin der Welt gewesen sei oder ob ihr Vermögen doch nur rund 900 Millionen US-Dollar betragen würde, dokumentieren lediglich die finanzielle Wirkung ihrer Reichweite und die Kraft sozialer Netzwerke (Peterson-Withorn et al. 2020). Es sind diese Erfolgsgeschichten, verknüpft mit Social Media, die das Bewusstsein der GenZ forcieren, dass alles möglich ist.

GenZ ist mit Amazon geboren. Die Erfolgsrezepte des 1994 gegründeten US-Versandgiganten sind für diese Generation der Maßstab, an dem sich andere Anbieter messen lassen müssen, egal, ob es die schnelle und einfache ‚1-Click-Bestellung', der Käuferschutz, die Bewertungen oder die Vielfalt von Angebot und Serviceinnovation wie ‚Amazon Prime' sind. Die meisten dieser Services sind KI-basiert oder zumindest ohne die Algorithmen und Daten, die auf der Plattform genutzt werden, so nicht denkbar. Bereits frühere Generationen haben massiv viele Waren aus Katalogen oder später online bestellt, die GenZ ist jedoch die erste, die aus dem Supermarktbesuch und dem klassischen Haushaltseinkauf eine Versandhandelsleistung macht. Zumindest deuten die bisherigen Zahlen darauf hin. Sie weisen im Vergleich zu den Baby Boomern, GenX und den Millennials den niedrigsten prozentualen Anteil auf, wenn es darum geht, Haushaltseinkäufe im Supermarkt zu erledigen. Das sind trotzdem immerhin noch hohe 83 %, doch hinzu kommen Effekte wie die Tatsache, dass sie aufgrund ihrer Jugend noch nicht zu den typischen Supermarktkunden gehören, die den Familieneinkauf erledigen, dass sich die Versandinfrastruktur in den letzten zehn Jahren massiv weiterentwickelt hat, und dass mit der Entwicklung von Drohnenzustellung und selbstfahrenden Fahrzeugen hier auch weiterhin mit Verschiebungen zugunsten des Versandhandels zu rechnen ist.

In puncto Werte ist die GenZ an aufrichtiger, authentischer Kommunikation interessiert. Rein werbliche, verkäuferische Ansprache erzeugt Reaktanz. Diese Jugendlichen möchten individuell adressiert und bei ihren Anliegen informativ und serviceorientiert unterstützt werden. Die Befriedigung persönlicher Konsumbedürfnisse ist für GenZ wichtig, aber dabei geht es auch um ethische Fragen und Nachhaltigkeit. GenZ kauft z. B. doppelt so häufig 2nd-Hand Kleidung, wie ihre Elterngeneration. Sie isst weniger Fleisch als ihre Vorgängergenerationen. Hier gibt es mit Sicherheit auch angebotsinduzierte Effekte, aber die Differenzierung in Bezug auf die Grundhaltung ist deutlich. (Giammona et al. 2019).

Eine Marktforschung aus 2019 zeigt, dass die GenZ zugleich hedonistische und materialistische Werte hat, die ihnen sogar noch wichtiger sind als allen anderen Generationen. Es scheint jedoch, als würde die GenZ Erfolg im Mit-

einander und nicht im Gegeneinander anstreben. (Klauß und Munkes 2019).
Bei aller Konsumfreude sind Informationen wichtig. GenZ konsultiert Testberichte und Preisvergleichsportale vor dem Kauf häufiger als der Bevölkerungsdurchschnitt. Auch Marken sind ihnen wichtig: 73 % achten vor allem bei Sportschuhen auf die Marke und bestellen diese online. Der zweitwichtigste Markenartikel der GenZ ist mit 68 % das Smartphone, dicht gefolgt von Mode/Bekleidung mit 65 %.

Was macht die GenerationZ nun so besonders und bringt sie in einen so speziellen Zusammenhang mit künstlicher Intelligenz? Abseits von der Antwort und meinen Gründen, dieses Thema hier kurz anzusprechen ist die tatsächliche Antwort darauf wohl zum größten Teil die zeitliche Parallelität, also Zufall. GenZ ist einfach die Generation, die zur gleichen Zeit heranwächst, in der KI global zu einem der größten Technologiethemen wird. Auch wenn ihre Wurzeln bis zu Charles Babbage in die 1830er-Jahren zurückreichen, ist KI für die meisten Menschen erst seit 2010 in relevanter Weise in den Fokus der Aufmerksamkeit gerückt, vielleicht sogar erst seit 2016 mit der Berichterstattung über AlphaGo. Vor der Jahrtausendwende und selbst vor den Durchbrüchen bei *Machine Learning* und den *Deep Neural Networks* haben nur wenige, spezialisierte Unternehmen und Branchen sowie fachlich einschlägige Organisationen von der Forschung, den Möglichkeiten und im Grunde von dem Thema überhaupt abseits von Science-Fiction ernsthaft Notiz genommen.

Eine Sache mit einer einzigen Ursache zu erklären funktioniert oft nicht und es funktioniert in keinem Fall mit so komplizierten Verkettungen und Möglichkeiten, wie in soziologischen Zusammenhängen. Warum die GenZ ist, wie sie ist, hat viele verschiedene Gründe, einer davon ist aber mit Sicherheit das Heranwachsen mit allgegenwärtiger Verfügbarkeit von Online Medien, -Services und -Informationen über Smartphones und Apps. Diese Art von Normalität kannte keine Jugend vorher. Da Menschen perfekte Adaptionswesen sind, ist GenZ perfekt an die sich digitalisierende Umwelt angepasst. Vielleicht sind Sie Eltern von GenZ. Dann haben Sie sicher speziell mit der auffälligen Verbindung ihrer Kinder zu deren Smartphones einschlägige Erfahrungen gemacht. Sie wissen, was passiert, wenn Teenager in ihrer Freizeit für eine Stunde oder länger von ihren Smartphones getrennt werden. Psychisch scheint es einer Amputation gleich zu kommen und führt z. T. zu massiven Protestreaktionen. Auch Aufenthalte an Orten ohne Internet-Zugang erscheinen für GenZ nur eine extrem kurze Zeit mit ihren Grund- und Menschenrechten vereinbar. In diesem Punkt werden sie zumindest im Grundsatz demnächst gesetzliche Unterstützung finden. Nach dem Aufruf des WWW-Erfinders Tim Berners-Lee auf dem Web Summit 2018 in Lissabon zu einem ‚Contract for the Web', hat sich nach der französischen Regierung auch Deutschland als zweites Land weltweit dazu bekannt, den Vertrag für das Netz zu ratifizieren. Als staatliche Aufgabe sieht dieser u. a. vor, sicherzustellen, „(…) dass sich jeder Mensch mit dem Internet verbinden kann," und „das gesamte Internet jederzeit verfügbar [zu] halten." (Bundesregierung 2018). GenZ liegt damit voll im Zeitgeist und sie werden diejenigen sein, die in den nächsten 20 bis 30 Jahren die Geschicke der Welt maßgeblich in ihrer Hand halten. Sollten die optimistischen Einschätzungen für die Entstehung einer Singularität sich als richtig erweisen, so würden GenZ auch diejenigen sein, die diese Entwicklung weiter dorthin getrieben haben.

GenZ, Digitalisierung und KI – The perfect match!
Es sind drei Aspekte, die die Nachfrage der GenZ mit dem Angebot von Digitalisierung und KI perfekt verschmelzen lassen:

1. Der GenZ geht es in ihrem Lebensalltag, in ihrem Konsumverhalten und ihrer privaten und gesellschaftlichen Willensbildung anscheinend sehr stark um Authentizität, um die Qualität persönlicher Kontakte und um Transparenz über die Masse der Informationen, die sie erhalten. Sie sind kritisch gegenüber verkäuferischer und werblicher Kommunikation. Sie vertrauen Influencern, die sie als für sich repräsentativ oder für ein Thema als glaubwürdig identifiziert haben. Die Hälfte der GenZ erwartet, dass Personen tatsächlich die sind, die sie online vorgeben zu sein, z. B. bei Online-Kommentaren oder Kritiken und Bewertungen zu Produkten. Sie möchten nicht von Bots beeinflusst werden und wollen keine bezahlten Kundenbewertungen lesen. Sie klingen ggf. naiv, doch trotz ihrer Jugend sind sie alles andere als naiv und in ihrer Erwartung an Marken und Unternehmen anspruchsvoll. Die Eigenschaft, fast permanent online zu sein, lässt sie auch bestens informiert sein. Sie kennen sich technisch insoweit aus, als dass sie ein Gespür für Informationen haben und schnell herausfinden wo man diese bekommt. Preise und Features von Produkten zu checken kostet sie z. B. nur wenige Sekunden. KI treibt die meisten der dafür notwendigen Tools und Websites und ist in dieser Funktion ein vertrauter Partner. Der Umgang mit dieser eingebetteten, operationalen KI, die Alltagsprobleme löst, war für GenZ von Anfang an Normalität. Für sie gab es nie eine Welt ohne diese Möglichkeiten. Entsprechend unspektakulär und selbstverständlich ist ihr Umgang mit der Technologie. Letztere wird nicht einmal explizit als ‚Technologie' wahrgenommen, ähnlich, wie Generationen zuvor Kühlschränke oder Waschmaschinen nicht mehr als Technologie, sondern als alltägliche Haushaltsgeräte wahrgenommen

haben. In gleicher Weise besteht kein besonderer Respekt und keine Angst vor Digitalisierung & KI. Im Gegenteil werden sie als dienende Instrumente gesehen, von denen korrekte und reibungslose Funktionalität erwartet wird, wie von allen anderen Geräten und Services auch.
2. Die GenZ erwartet eine personalisierte, individualisierte Ansprache. Kommunikation kostet Zeit und muss deswegen einen Mehrwert bieten. Angebote, die anonym und austauschbar sind, werden unter dieser Bedingung zwar klaglos konsumiert, alles Weitere muss entweder persönlich sein oder zumindest einen individuellen Zuschnitt erkennen lassen. Laut einer amerikanischen Marketingstudie ist die GenZ im Vergleich zu ihren Vorgänger-Generationen mit 25-prozentiger Wahrscheinlichkeit eher bereit, persönliche Daten zugunsten einer besser prognostizierten und personalisierten digitalen Nutzenerfahrung herauszugeben. Entsprechend erwarten sie mehr von automatisierter Personalisierung, z. B., dass Webseiten schon beim Besuch wissen, was die Surfer suchen. Die Hälfte der Befragten würde den Besuch einer Seite sogar abbrechen, wenn nicht automatisiert erkannt würde, was sie brauchen oder wollen oder was ihnen gefällt. 55 % der GenZ gehen davon aus, dass Webseiten der Zukunft menschlicher auftreten und personalisiert so etwas wie Emotionen zeigen, wenn mit ihnen interagiert wird. (WP Engine 2017). Dabei stehen der Tool-Charakter und die Nutzenerwartungen an KI im Vordergrund. Auch wenn emotionale Reaktionen systemseitig erwartet werden, geht es um die Nutzung der technologischen Möglichkeiten zum Ausdruck von Empathie, einer der wichtigsten Eigenschaften in Servicefällen und nicht um eine übertriebene Vermenschlichung der Systeme, das Erwachen maschinellen Bewusstseins, die Übernahme der Weltherrschaft durch KI oder die Ausrottung der Menschheit usw. GenZ ist nicht so anfällig für die Science-Fiction, sondern erwartet eher, dass z. B. der Bot einfach sein Bedauern ausdrücken und eine Alternative anbieten soll, wenn die gesuchten Schuhe nicht mehr verfügbar sind o. ä. Das wiederum wird möglich sein, da in der Zukunft alle Geräte und Daten untereinander vernetzt sein werden, so dass personalisierte Erfahrungen über Plattform- und Website-Grenzen hinweg möglich sein werden. Die GenZ erwartet eine stärker durch virtuelle Realität geprägte Welt, in der biometrische Authentifizierungsverfahren und die Prognosemöglichkeiten durch KI die Interaktion zwischen Menschen und Maschinen grundlegend verändern und Stimme, Mimik und Gestik die Kommunikation gegenüber Tastatureingaben auf einem Gerät deutlich erweitern. Dabei gehe es nicht nur um die Steigerung von Produktivität, sondern um die Öffnung der Systeme für Empathie und das sind keine vereinzelten Fantasien, sondern die Erwartungen von 92 % der

befragten GenZ-Zielgruppe (Ebd.). Personalisierte Kommunikation ist für diese Generation entsprechend mehr, als einen Geburtstagsgruß zu erhalten oder in einer E-Mail mit dem Namen angesprochen zu werden, was vielen Systemen bis heute noch nicht gelingt. Für ein persönliches Einkaufserlebnis sind gespeicherte Versandadressen, bevorzugte Zahlungsmethoden, personalisierte Empfehlungen und eine unkomplizierte Abwicklung entscheidend, beispielsweise durch eine 1-Click-Bestellung à la Amazon. Dieses individuelle Einkaufserlebnis geht über die digitalen Kanäle hinaus. Ebenso wichtig wie die Website einer Marke ist die Präsenz im stationären Geschäft. Bereits ein Fünftel der Gen-Z-Kundinnen und Kunden erwarten die gleiche Personalisierung, wie sie im Internet möglich ist, auch im Laden. KI ist hier als elementares Marketing-Tool notwendig, um diese personalisierten Angebote in einem übergreifenden Cross-Channel-Erlebnis zu ermöglichen und nachhaltig zu gewährleisten. Übersetzt heißt das, dass z. B. eine online begonnene Produktrecherche oder ein Online-Bestellvorgang im Geschäft nahtlos fortgesetzt oder abgeschlossen werden kann. Derartige Services über alle Touchpoints hinweg anzubieten bedeutet u. a. die Einlösung eines Jahrzehntealten Marketingversprechens, der 1:1 Betreuung von Kunden, insbesondere Stammkunden, die Übertragung des vielzitierten Tante-Emma-Prinzips auf Massenproduktion, Massenkommunikation und Massenvertrieb.

3. GenZ ist anscheinend den Großteil ihrer wachen Zeit online. Ihr Verhältnis zu Technologie unterscheidet sich in seiner Intensität von dem aller vorhergehenden Generationen. Das ist möglicherweise eine Entwicklung, die die nachfolgende Generation ‚Alpha', noch weitertreiben wird. In 2010 kam das iPad auf den Markt und die Alphas, die Babys, die zwischen 2010 und 2025 zur Welt kommen, werden auch als ‚Generation Glass' bezeichnet. Sie sind noch weitgehend unter dem Marketingradar. Immerhin sind sie z. T. noch nicht geboren oder können noch nicht sprechen oder laufen. Diese Updates lernen jedoch zu scrollen, bevor sie sprechen können. (Williams 2015). Das mag erstaunlich klingen, aber es ist in erster Linie das Erlernen des Sets an mehr oder weniger für das Leben und Überleben wichtigen Grundfertigkeiten eines Babys. Erstaunlich ist vielleicht eher, wie viel manche schon über die zukünftigen Merkmale einer Generation zu wissen glauben, die noch im Sandkasten sitzt und sich in einer sich so dynamisch und schnell verändernden Welt gerade primär sozialisiert. Das hohe Maß an online verbrachter Zeit der GenZ lässt sie sich im digitalen Medium zu Hause fühlen. Sie sind nicht ängstlich vor Risiken der digitalen Welt, sondern haben die klare Erwartung, dass diese Risiken ausgemerzt werden und

sie nicht behindern. Cyber-Sicherheit ist ihnen wichtig, aber sie sehen sie nicht als Selbstzweck. Sie begreifen Cyber-Sicherheit als Notwendigkeit für eine Verbesserung und Intensivierung weitergehender Online-Erlebnisse. Ihre menschliche Erfahrung ist ebenso digital wie nicht-digital. In Ihrer Lebenszeit gab es kaum eine Zeit ohne digitale Erfahrungen. Sie nutzen das Netz weit über das Informations-Bedürfnis voriger Generationen hinaus zur Unterhaltung. *Second Screen* und *Third Screen* sind Normalität und prägen das typische Freizeiterlebnis zu Hause. Parallel zum Streaming-Programm auf dem TV-Gerät werden ggf. ein Tablet für Online-Shopping und ein Smartphone für Social Media und Messaging genutzt. Damit verbunden ist die Erwartung, dass es keine Einschränkungen und keine besonderen Nutzungsrisiken gibt. Der Zugang wird als frei und sicher vorausgesetzt und die Verantwortung dafür wird an die Anbieterseite abgegeben. Die *Usability*, also die intuitive Benutzbarkeit von digitalen Angeboten ist erfolgskritisch, denn GenZ toleriert keine merklichen Zeitverluste durch Dinge, die nicht oder kompliziert funktionieren. Internet oder online-sein ist für sie kein reparierbarer Lebenszustand, sondern ein nahtloser Teil ihres Lebens. Die digitale Welt ist allgegenwärtig und verschwimmt übergangslos mit dem restlichen Leben. Studien zufolge fällt es 27 % der GenZ schwer, mehr als eine Stunde nicht online zu sein, weitere 42 % halten es maximal acht Stunden offline aus (WP Engine 2017). Damit einher geht die Akzeptanz von Geschwindigkeit und Flüchtigkeit von Informationen. Gruppenkommunikation über Messenger-Apps wie WeChat oder WhatsApp kann tatsächlich zu Tausenden von Nachrichten innerhalb kürzester Zeit führen. Im Gegensatz zu ihren Eltern verspüren GenZ-Kinder wenig Impuls, versäumte Direkt-Nachrichten in Gruppenchats zu lesen. Sie steigen einfach beliebig in die bestehende Kommunikation ein. Es gibt sowieso keinerlei Hoffnung, auch nur einen winzigen Bruchteil der global geteilten Informationen aller Menschen und Organisationen zu verfolgen und GenZ versucht es deswegen nicht einmal. Für sie zählt KI zu den grundsätzlichen Elementen und Funktionen der Online-Infrastruktur und sie erwarten die weitere Ausdehnung der Bedeutung dieser Technologie für ihr tägliches Leben. Dabei sind sie sich darüber im Klaren, dass ihr Daten-Fußabdruck Konsequenzen für ihre Zukunft hat. Über die Hälfte (52 %) der GenZ sagt, sie erwarten, dass die Internet Nutzung einer Person ebenso aussagekräftig für die Kreditvergabe einer Bank sein werde, wie ihr Zahlungsverhalten. 57 % gehen davon aus, dass sich in der digitalen Welt entscheidet, was sie im Alltag erleben. 60 % denken, ihre Online-Reputation werde ihre Partnerwahl beeinflussen und sogar 71 % aller Befragten sehen einen Zusammenhang zwischen ihren Social-Media-Aktivitäten und

Online-Einkäufen der Vergangenheit und ihren möglichen Jobangeboten in der Zukunft (WP Engine o. J.). Es ist eine besondere Mischung aus Abgeklärtheit über die Möglichkeiten und Konsequenzen auf der einen Seite und fast schon naiv anmutender Erwartungshaltung an die digitalen Serviceanbieter auf der anderen Seite, die die GenZ klar von ihren Vorgängergenerationen abgrenzt. Im Vergleich wirken die Älteren deutlich regulierungs-orientierter und mehr auf Kontrolle bedacht, während GenZ ein anderes Maß an Loslassen gegenüber der scheinbaren Unvermeidlichkeit des technologischen Fortschritts demonstrert. Ob es eine jugendlich vorausschauende Weisheit oder einfach nur Bequemlichkeit ist, wird sich noch erweisen. Für alle Dystopen, zukunftsängstlichen Charaktere, Technologiepessimisten und KI-Kritiker/-innen sind die menschlichen Updates in Form der GenZ in jedem Fall ein wunderbares Gegenmittel. Ihre mühelose Lässigkeit im Umgang mit Nachrichtenüberflutung in parallelen Kanälen, ihre geradezu respektlose Gleichgültigkeit gegenüber scheinbar ehrfurchtgebietenden KI-Jeopardy- oder Go-Siegen und ihr gnadenlos pragmatischer Anspruch an KI im Sinne von ‚verschwende nicht meine Zeit' zeigt, dass Haltung ein absoluter *Gamechanger* sein kann. Der GenZ gehört die nächste Zukunft und ich bin gespannt, was sie daraus machen.

Literatur

Bundesregierung. (2018). *Bund unterstützt „Contract for the web"* (28.11.2018). https://www.bundesregierung.de/breg-de/aktuelles/bund-unterstuetzt-contract-for-the-web%2D%2D1554868. Zugegriffen am 04.03.2021.

Burfeind, S. (2018). Erst das Vergnügen, dann die Arbeit. *brand eins*. https://www.brandeins.de/magazine/brand-eins-wirtschaftsmagazin/2018/personal/generation-z-erst-das-vergnuegen-dann-die-arbeit. Zugegriffen am 14.02.2021.

Giammona, C., Wilson, C., & Ponczek, S. (05. April 2019). Investors' Guide to Gen Z: Weed, Social Justice and Kylie Jenner. *Bloomberg*. https://www.bloomberg.com/news/articles/2019-04-05/what-s-gen-z-and-how-can-you-invest-cannabis-influencers-key. Zugegriffen am 05.03.2021.

Kaminsky, P. (11. Juli 2019). Was Smartphones mit unserem Gehirn machen. *Manager magazin*. https://www.manager-magazin.de/lifestyle/artikel/forschung-was-smartphones-mit-unserem-gehirn-machen-a-1276828.html. Zugegriffen am 05.03.2021.

Klauß, N., & Munkes, J. (28. Mai 2019). Zwischen 68er und Null Bock. *Planung & analyse*. https://www.horizont.net/planung-analyse/nachrichten/themenspecial-generation-z-zwischen-68er-und-null-bock-174079. Zugegriffen am 05.03.2021.

Peteranderl, S. (05. März 2019). „Künstliche Intelligenz muss entzaubert werden". *DER SPIEGEL*. https://www.spiegel.de/netzwelt/gadgets/kuenstliche-intelligenz-und-kinder-mit-forscherin-stefania-druga-im-interview-a-1251721.html. Zugegriffen am 04.03.2021.

Peterson-Withorn, C., Berg, M., Sorvino, C., & Robehmend, N. (2020). Inside Kylie Jennerss web of Lies -and why she's no longer a billionaire. *Forbes*. https://www.forbes.com/sites/chasewithorn/2020/05/29/inside-kylie-jennerss-web-of-lies-and-why-shes-no-longer-a-billionaire/. Zugegriffen am 04.03.2021.

Williams, A. (19. September 2015). Meet alpha: The next 'Next generation'. *The New York Times*. https://www.nytimes.com/2015/09/19/fashion/meet-alpha-the-next-next-generation.html. Zugegriffen am 13.02.2021.

WP Engine. (05. Dezember 2017). *WP Engine study reveals generation Z lives through digital experiences*. https://wpengine.com/blog/wp-engine-study-reveals-generation-z-lives-digital-experiences/. Zugegriffen am 05.03.2021.

WP Engine. (o. J.). *Generation Influence: Results from the 2020 Gen Z report*. https://wpengine.com/gen-z-us/. Zugegriffen am 05.03.2021.

6

Chatbots

Zusammenfassung Chatbots sind Software-Roboter, mit denen über natürliche Sprache kommuniziert werden kann. Die meisten Chatbots kommunizieren per Text und ihre Fähigkeiten beschränken sich oft darauf, auf entsprechende Schlüsselworte vorab geskriptete Antworten zu geben. Mit zunehmender Fähigkeit des Natural Language Processing und der Verknüpfung von Services, die über Bots gesteuert werden können, werden *Voicebots* immer populärer. Mit ihnen kann einfach gesprochen werden. In der Mensch-Maschine-Interaktion wird Voice wahrscheinlich das *User Interface* Nummer Eins! Die Zuweisung von geschlechtsspezifischen Namen, Stimmen und Rollen der Bots reproduziert dabei die gewohnten gesellschaftlichen und geschlechtsspezifischen Stereotypen und Vorurteile in die digitale Bot-Kommunikation.

Die Generation X kennt wahrscheinlich ‚Karl Klammer' bzw. ‚Clippy', die animierte Büroklammer aus der Hilfe-Funktion der Microsoft Office Suite in den 1990er-Jahren. Die Funktion war so etwas wie ein früher virtueller intelligenter Agent, der, ausgestattet mit überschaubarer Intelligenz zu MS Office, direkte Anwendungstipps und -Hilfen gab. 2004 schmiss Microsoft Karl raus. Seitdem hat sich auf dem Feld der intelligenten Software-Agenten viel getan. So richtig überzeugend selbständig und themenübergreifend agieren können sie noch immer nicht, aber sie sind aus meiner Sicht eine Killer-Applikation für KI und kommerzielle Services der kommenden Dekade.

2016 stand Microsofts Entwicklerkonferenz ‚Build' ganz im Zeichen von Chatbots. Der Vorstand Satya Nadella kündigte die smarten Agenten für alle denkbaren Geräte an und stellte zugleich die Software-Plattform und die Tools vor, mit denen die intelligenten Helfer gebaut werden können. Eine Woche vorher, am 23. März 2016 launchte Microsoft mit ‚Tay' einen der bisher berühmtesten und zugleich unrühmlichsten Chatbots. Seit seinem kurzen Live-Auftritt ist Tay unter den anschaulichsten Beispielen dafür, was passiert, wenn ein Chatbot einfach aus den Gesprächsinhalten lernt, die ihm im Live Chat angeboten werden. In den nur 16 Stunden, die Tay online war, übernahm er die rassistischen und sexuell diskriminierenden Äußerungen seiner Konversationspartner/-innen und mutierte selbst zum Rassisten und Chauvinisten. Der Fall ist Microsoft kaum anzulasten. Er zeigt vor allem, in welchem Klima öffentliche Debatten im Netz, speziell auf Twitter, geführt werden und was passiert, wenn die Persönlichkeit virtueller Agenten über *Machine Learning* unüberwacht adaptiert wird. Es ist gut erkennbar, wie selbstlernende Bots die Stereotypen ihrer Programmierung übernehmen und auch, welches Maß an eingebauter Resilienz erforderlich wäre, um solche Systeme offen im Internet als Service-Anlaufstelle bereitzustellen. Leider ist Resilienz als menschliche Eigenschaft nicht ohne Weiteres in Bots programmierbar, aber ungeachtet solcher Risiken sind bereits über Hunderttausende von Bots allein im Facebook Messenger online. Daneben sind Alexa, Siri, Cortana, Bixby und Watson bekannte Namen für Systeme, die sprechen können. Worum geht es da genau?

Es ist nicht nur so, dass die Maschinen zu Menschen sprechen, indem akustisch über einen Lautsprecher Sprache übertragen wird. Das könnte auch das Abspielen einer zuvor gespeicherten Nachricht sein. Es geht darum, dass eine Unterhaltung zwischen Mensch und Maschine passiert. Ein Mensch fragt oder sagt etwas und die Maschine antwortet bzw. die Maschine fragt oder sagt etwas und reagiert danach entsprechend der Antwort, die sie erhält. Systeme, die so etwas können, haben z. T. unterschiedliche Namen. Die Bezeichnung ‚Chatbot' wird von manchen nur für Systeme benutzt, die auf Texteingabe reagieren und auch über Text antworten. Weizenbaums ELIZA ist so ein Programm. Hier geht es jedoch explizit um Systeme, die natürlich gesprochene Sprache verstehen und auch sprechend antworten. *Natural Language Processing* (NLP) bildet die Grundlage für diese Anwendungen. Die Systeme werden auch *Conversational Interfaces*, genannt, was auf Deutsch in etwa Konversations-Schnittstelle bedeutet, doch der deutsche Begriff wird so gut wie nie verwendet. Manchmal, wenn die Fähigkeiten des sprachbasierten Systems etwas fortgeschrittener sind, ist auch von Sprachassistenten, *Voicebots*, virtuellen Assistenten bzw. *Virtual Personal Assistants* (VPA) die Rede. Wie auch sonst im Umfeld von KI ist es sinnvoll, nachzufragen, was genau gemeint ist, denn die meisten Begriffe werden unterschiedlich genutzt und überschneiden sich im Sprachgebrauch. Streng genommen ist das *Conversational Interface* einfach die technische Umsetzung der Sprachverarbeitung im Computer und unabhängig davon, ob Text oder Sprache ein- oder ausgegeben wird. Die meisten Chatbots texten nur. Sie müssen also nicht unbedingt sprechende Bots sein, aber auf solche beziehe ich mich in erster Linie. Die Bots, also Software-Roboter, verstehen, was ihnen gesagt wird. Sie ordnen den Worten Bedeutung und Kontext zu und leiten daraus mögliche, situativ-sinnvolle Reaktionen bzw. Antworten ab. Statt einer Antwort kann auch ein Befehl ausgeführt werden, z. B. das Licht einschalten oder eine Kombination von Aktion und Antwort erfolgen, z. B. eine Online-Recherche ausführen und das Ergebnis mitteilen. Der Chatbot führt also eine Unterhaltung mit einem bestimmten Ziel und ahmt dabei menschliches Kommunikationsverhalten nach. Die Fortschritte von NLP und *Deep Learning* sorgen dabei für ein immer besseres Sprachverständnis der Systeme. Vorher gab es viele rein regelbasierte Systeme, in denen mögliche Unterhaltungen vorab durchgespielt und als vorgeschriebene Dialoge abgelegt waren, so dass auf eine bestimmte Frage oder einen Schlüsselbegriff einfach aus einer Datenbank ein vorkonfiguriertes Textelement in Sprache übertragen und ausgegeben wurde. Mit *Deep Learning* entwickelt sich das System nach dem initialen Training im laufenden Betrieb permanent weiter. Es beginnt damit, die gesprochene Sprache aufzuzeichnen und in die Cloud zu senden. Dort wird mittels Spracherkennung aus den Lauten ein Text gebildet. Mittlerweile beherrscht die KI diese Fähigkeiten sehr gut und erkennt über 99 % der Wörter korrekt. Dann beginnt der NLU-Prozess, das *Natural Language Understanding*. Das neuronale Netz versucht nun zu interpretieren, was gesagt wurde. Im Falle eines typischen Befehls an Alexa wie z. B. „Alexa, spiele die Playlist Aktuelle Charts" beginnt die Interpretation bei „spiele". Der Begriff ist mehrdeutig. War Musik oder ein Film gemeint? Das System sendet deswegen seine Interpretation des Befehls an viele Systemübergänge, um Feedbacks von den anderen Systemen zu erhalten. Anhand der Rückläufer wird festgestellt, welche Antwort die höchste Wahrscheinlichkeit erreicht, richtig zu sein. Dieses hin- und her an Informationen dauert unter 1,5 Sekunden und führt zu einer Entscheidung. Die finale Entscheidung wird bewertet und so lernt das System von Tag zu Tag, besser zu werden (Mansholt 2018).

Neue Eingaben werden permanent verarbeitet, integriert und mit bestehenden Informationen verknüpft. Das System wird durch die stetige Nutzung intelligenter in Bezug auf mögliche Gesprächsverläufe und damit in seiner Funktion als *Conversational Interface* bzw. als Chatbot immer nützlicher. Dazu muss heute nicht mehr alles selber programmiert werden, denn es gibt schon viele fertige Bibliotheken, z. B. für den Facebook Messenger, Whats-

App, Telegram, WeChat, Line, Slack usw. Mit diesen Ressourcen können Bots schnell, z. T. innerhalb eines einzigen Tages aufgesetzt werden und dabei sogar Nutzer/-innen-Feedback und etwas Testing berücksichtigen.

Diese ganzen Angebote und Services sind erst der Anfang einer Entwicklung hin zu weit mehr sprachbasierten Anwendungen. Menschen lieben es, zu sprechen. Es ist eine natürliche Art der Kommunikation und es gibt viele Situationen, in denen *Conversational Interfaces* ideal sind, wie z. B. im Auto, wo es besser ist, die Hände am Lenkrad zu haben, statt auf Displays oder anderen Bedienungselementen zu tippen. Sprachsteuerung macht vieles komfortabler, einfacher und effizienter. Je nach Anwendungsfall kann ein Bot auch mit Buttons gesteuert werden: Dann werden auf Fragen z. B. Antworten vorgegeben, die einfach als Knöpfe auf der Website oder in einer App gedrückt bzw. geklickt werden können. Solche Dialoge führen in der Logik von Entscheidungsbäumen meist nur über wenige Stufen und schnell zu einem klaren Ergebnis. Für eine einfache Auswahl aus überschaubaren Varianten sind das sinnvolle Lösungen, aber es gibt Situationen, in denen Nutzer/-innen keine Buttons drücken oder klicken können oder wollen. Ihnen in diesen Momenten die Möglichkeit zu geben, einfach mit ihren eigenen Worten sagen zu können, was sie wollen, ist intuitiv einfach und vielleicht die nächste Stufe der Evolution der Mensch-Maschine Beziehung. (Merritt 2017).

Die Verbesserung der Sprachfähigkeiten der Systeme vereinfacht die Nutzung und senkt die Bedenken, die bei technischen Neuerungen z. T. bestehen. Laut einer repräsentativen Umfrage im Auftrag des Digitalverbands Bitkom aus dem Januar 2018 sagten 63 % der Deutschen, dass sie keine Chatbots nutzen wollten, weil sie nicht mit Computern kommunizieren möchten. Jeder Zweite bezweifelte, dass Anfragen durch Chatbots zuverlässiger beantwortet werden. Hinzu kommen Vorbehalte wegen Datenschutz. Das klingt zunächst wenig ermutigend für die Zukunft der Technologie, aber die Realität sieht oft etwas anders aus und Einstellungen ändern sich mit neuen Erfahrungen: Gut eineinhalb Jahre später, im Sommer 2019, befragte Capgemini für die Studie ‚Smart Talk – How organizations and consumers are embracing voice and chat assistants' über 10.000 Personen zu ihren Einstellungen und ihrem Nutzungsverhalten in Bezug auf Chatbots und *Voicebots*. Demnach steigt die Anzahl der Bots auf den Websites und in den Apps von Anbietern. Zum Zeitpunkt der Befragung hatten jedoch immer noch weniger als die Hälfte der Top-Anbieter aus den Branchen Automobil, Einzelhandel, FMCG sowie Banken und Versicherungen Sprachassistenten oder Chatbots im Einsatz. Bei voll digitalisierbaren Produkten wie Bank- oder Versicherungsservices überrascht das. Auf der Kundenseite wächst die Gewöhnung und die Zufriedenheit mit den sprachbasierten Systemen. Generell ist in den westlichen Schlüsselmärkten USA, Großbritannien, Deutschland und Frankreich die Nutzung sprachbasierter Systeme auf Kundenseite im Zeitraum von November 2017 bis Mai 2019 von 51 % auf 55 % aller Befragten gestiegen. Der Anstieg in Deutschland war dabei von 36 % auf 51 %. 40 % derjenigen, die sprachbasierte Dienste genutzt haben, haben damit erst im vergangenen Jahr begonnen. Hier ist die steile Wachstumskurve in der Akzeptanz der Systeme erkennbar. Im Durchschnitt, so Capgemini, wird 70 % der Nachfrage in den kommenden Jahren statt über Besuche bei Händlern oder in Geschäften oder ihrer Bank durch Aufträge an Sprachassistenten ersetzt (CapGemini Research Institute 2019). 70 %!

Spracheingabe wird zur Benutzerschnittstelle Nummer 1. Die britische Marktforschung Juniper Research geht in ihrem ‚Voice Assistant Market'-Report von Ende April 2020 davon aus, dass es bis Jahresende 2020 etwa 4,2 Milliarden sprachfähige Geräte, vor allem Smartphones, aber auch Fernseher, Autos usw. geben wird, und dass sich diese Zahl bis 2024 auf 8,4 Milliarden Geräte verdoppeln werde (Juniper Research 2020). Das wären mehr sprechende Geräte als Menschen auf der Erde. Das allein ist im Zeitalter von Massenproduktion nichts Besonderes. Es gibt auch mehr Zahnbürsten als Menschen usw., aber es verdeutlicht, dass sprachbasierte Systeme längst ein Massenmarkt sind. Um vor diesem Hintergrund die gewünschten Effizienz- und Produktivitätsgewinne auch tatsächlich zu realisieren, sind klare und einfache Nutzungs-Szenarios und Rollen- bzw. Aufgabendefinitionen erforderlich. *Machine Learning* und die Entwicklung von Arbeitsorganisationen werden zu parallelen Aktivitäten, je mehr die sprachbasierten Bots auch den Alltag bzw. den Arbeitsalltag durchdringen. Der Erfolg von Assistenten-KIn, die mittelschwere Aufgaben übernehmen können, wird einerseits durch ihre algorithmischen Fähigkeiten und andererseits durch die Fähigkeiten ihrer Nutzer/-innen bestimmt. Sie müssen in der Lage sein, ein spezifisches Problem so eindeutig zu beschreiben, dass der jeweilige Bot seine Aufgabe in angemessener Qualität erledigen kann. Fortgeschrittenere digitale Assistenten können ihre User durch die entsprechend richtigen Fragen zu einer effizienten Nutzung bringen.

Neben den Assistenten kristallisiert sich die Rolle von Guides heraus. Diese Bots helfen ihren menschlichen Kolleginnen und Kollegen, durch die Komplexität bestimmter Aufgaben zu navigieren. Das kann buchstäblich heißen, mit ‚Waze' oder Google Assistant und Maps in der Rushhour durch die Stadt zu navigieren oder auch mithilfe eines Augmented Reality Systems einen Schaltplan zu durchschauen oder leichter zu erkennen, was die nächsten Schritte in einem technischen Ablauf sind. Diese Guide-Bots sind wie Software-Sherpas, die ihre Nutzer/-innen sicher zum Ziel geleiten. Eine weitere Bot-Kategorie sind Beratungsagenten, die zusätzliche Informationen und Entscheidungshilfen oder Empfehlungen zu definierten Situationen geben. So kann der Mensch über die KI eine schnelle und spezialisierte Erklärung zu Fragen oder Ereignissen bekommen. Das können auch Links zu weiteren Ressourcen oder sogar Fragen sein, die zur Lösung der Aufgabe beitragen usw.

Bei der Zusammenarbeit zwischen Menschen und Maschinen ist häufig die Rede vom ‚Kollegen Roboter' und neben dem Begriff der *Human Machine Interaction* gibt es schon lange die *Human Machine Collaboration*. Entsprechend sind mit Robotern oder Bots sowohl die physischen Roboter, die Aufgaben in Zusammenarbeit mit Menschen erledigen, wie auch die Software-Bots gemeint, die z. B. mit Informationen zu Arbeitsabläufen oder bei Recherchen liefern, die Budgets und Termine planen und verwalten und generell auf Augenhöhe bei der Arbeit unterstützen. Zuletzt gibt es noch eine spannende Variante der professionellen Software-Bots, die sogenannte ‚Boss-KI'. Das ist künstliche Intelligenz, die Menschen führt, dirigiert, anleitet, oder befehligt. Boss-KI errechnet Wahrscheinlichkeiten, schließt Optionen aus, sagt, was als nächstes zu tun ist und weiß im Zweifelsfall auch, wie es zu tun ist. Inwieweit Menschen tatsächlich Weisungen einer Maschine annehmen ist nicht repräsentativ erforscht. Entscheidend ist dann, welche Sanktionen die Maschine ergreifen kann. Sind disziplinarische Maßnahmen wie Abmahnungen und ggf. sogar Entlassungen durch eine Maschine konsensfähig? (Schrage 2017). Diese Fragen können nur im Rahmen neuer Gesellschaftsverträge entschieden werden. Boss-KI ist deswegen derzeit immer eine Stellvertretung für eine menschliche Führungskraft, die funktionale Aspekte ihres Verantwortungsbereiches an eine Stellvertreter-Maschine abgibt. Abhängig von der Akzeptanz, die sie von den Menschen in ihrem Umfeld erhalten, könnten Chatbots demnach dienend, gleichgestellt und vorgesetzt sein, je nach Funktion, Organisation und Grad an Autonomie.

Bots & Gender

Neben der hierarchischen Rolle, die KI einnehmen kann, ist auch dem maschinellen Neutrum zum Trotz in den vergangenen Jahren die Frage nach dem Geschlecht häufiger gestellt worden. Damit sind natürlich Geschlechterrollen gemeint und keine tatsächliche Sexualität. Es gibt unzählige Artikel, Posts und Tweets zum Thema von Geschlechterrollen und -vorurteilen, die durch Chatbots und KI reproduziert werden und hier ist definitiv auch Feuer, wo all der Rauch herkommt. Anfang 2019 publizierte die UNESCO zusammen mit dem Bundesministerium für wirtschaftliche Zusammenarbeit und Entwicklung und der gemeinnützigen ‚EQUALS Skills Coalition', die sich für mehr Frauen in technischen Berufen einsetzt, die Studie mit dem Namen ‚I´d blush if I could' (UNESCO 2019). Der Titel dieser 146-Seiten starken Publikation ist das Zitat einer verharmlosend-unterwürfigen Antwort des Apple Agenten Siri, wenn das System sexuell beleidigt oder belästigt wird. Der Bericht der UNESCO stellt die Frage, inwiefern Apples Siri, Microsofts Cortana oder Amazons Alexa dazu beitragen, Geschlechtervorurteile zu fördern und woran es liege, dass die Technologie-Branche und speziell der Bereich der künstlichen Intelligenz so eindeutig von Männern dominiert sei. Die Studie folgert, dass die ersten digitalen Assistenten in erster Linie von Männern entwickelt worden seien, die die Software so designed und programmiert hätten, wie es ihren Vorstellungen entsprach. Deswegen sei es nicht verwunderlich, dass einerseits unterwürfige feminine Persönlichkeiten simuliert und andererseits viele sogenannte *Easter Eggs* eingebaut seien. Das sind versteckte, lustige oder überraschende Antworten und häufig auch solche, die die Assistenten klischeehaft weiblich wirken lassen. Oft sind auch Referenzen auf TV-Shows, Musik oder Filme eingebaut, die vor allem Männer ansprechen.

Die Demographie der Branche ist tatsächlich eher einseitig. Einer OECD-Studie aus 2017 mit Arbeitsmarktzahlen der G20-Staaten zufolge, lag der Anteil von Frauen in der IT zwischen 13 % in Südkorea bis zu 32 % in Südafrika. Gemäß einer anderen Studie aus dem gleichen Jahr waren bei Apple 23 %, bei Google 20 % und bei Microsoft 17,5 % des technischen Personals weiblich. Noch niedriger ist der Anteil weiblicher Führungskräfte in diesen Firmen. Dieser Eindruck wiederholt und steigert sich, wenn der Fokus auf andere Bereiche in diesem Umfeld erweitert wird:

- Schätzungen zufolge sind gerade einmal sieben Prozent der IT-Patente aus den G20-Staaten von Frauen angemeldet
- Nur etwa zehn Prozent der Technologie Start-ups, die sich um Venture Capital bewerben, werden von Frauen gegründet
- Wired Magazine hat bei der Recherche in den Forschungsbereichen führender Technologiefirmen lediglich zehn bis 15 % Forscherinnen identifiziert
- Auf Googles KI-Seiten wurden z. B. 641 Personen im Bereich *Machine Intelligence* gelistet, nur etwa 60 von ihnen waren Frauen.
- Firmen, die Data Scientists einstellen möchten, geben an, dass weniger als ein Prozent der Bewerbungen von Frauen komme. (Ebd., S. 100)

Offenbar haben die innovativsten Technologiebereiche wie z. B. KI einen extrem niedrigen Frauenanteil. Es ist vielleicht eine Erklärung dafür, warum die bekanntesten KI-Assistenten alle weiblich klingende Stimmen haben. Im Falle von Alexa, Siri und Cortana deuten auch die Namen weibliches Geschlecht an, auch wenn Siri auf die Frage, ob sie eine Frau sei, mit „Ich habe kein Geschlecht." antwortet oder „Tiere und deutsche Nomen haben ein Geschlecht. Ich habe keins." Wobei die Antwort auf diese Frage nur geringe Relevanz hat, denn die Namen, Stimmen und die Sprachstile, die die wahrnehmbaren Persönlichkeiten der Assistenten ausmachen, geben klare Tendenzen vor. So unbedeutend das im ersten Moment klingen mag, hat es doch ggf. weitergehende gesellschaftliche Konsequenzen. Nach Dr. Judith Butler, Philosophin und Professorin für Rhetorik und Komparatistik an der University of California in Berkeley, greift hier das Prinzip der ‚Performativität': Durch die Benennung entsteht etwas in der Welt und erzeugt eine Macht-Dynamik. So werden durch die weibliche Benennung von Chatbots binäre Geschlechterrollen soziokulturell durch permanent wiederholte Sprechakte konstruiert und zementiert (Young 2016). Die Bots erhalten eine soziale Identität als Frauen. Wie eindeutig und weitgehend diese Feminisierung der Software-Assistenten wirkt, zeigt sich u. a. daran, dass Nutzer/-innen, aufgefordert ihre Vorstellungen der Bots in Bilder oder Zeichnungen zu verarbeiten, fast ausschließlich junge, attraktive Frauen darstellen (UNESCO, S. 99).

Die Unternehmen rechtfertigen die weiblichen Attribute der Bots mit wissenschaftlichen Arbeiten, nach denen die meisten Menschen eine weibliche Stimme vorziehen würden. Damit, so die UNESCO-Studie, würden Geschlechtervorurteile mit verkaufspsychologischen Argumenten unter den Teppich gekehrt. Die Firmen verdienten daran, Kunden anzulocken und zufrieden zu stellen. Kunden möchten gerne weibliche Assistenten, also kann mit weiblich wirkenden Assistenten am meisten verdient werden. Dabei gehe jedoch verloren, dass es zahlreiche gegenteilige wissenschaftliche Aussagen gebe, denen zufolge Menschen nicht pauschal weibliche Stimmen besser fänden. Es gebe Untersuchungen, die zeigten, dass viele Menschen tiefe, maskuline Stimmen mögen, und dass sie eine männliche Stimme bei Anweisungen und autoritativen Botschaften vorziehen, während weibliche Stimmen vor allem für Hilfe und Unterstützung bevorzugt seien. Zudem würden die meisten Menschen die Sprache des jeweils anderen Geschlechts bevorzugen. Die für die Studie von der EQUALS Skills Coalition gesichtete Literatur enthalte viele Beispiele von Frauen, die, sofern möglich, eine standardmäßige weibliche Stimme in eine männliche Stimme änderten. Es gebe jedoch kein einziges Beispiel, in dem ein Mann eine weibliche Standardstimme in eine männliche Stimme ändere. Siris Stimme ist männlich oder weiblich in Abhängigkeit der ausgewählten Sprache, z. B. ist die arabische Siri-Stimme als Standard männlich.

Die Gründe für die Beobachtung, weibliche Stimmen als hilfreicher zu charakterisieren, sind unklar. Möglicherweise basiert die Empfindung auf traditionellen sozialen Normen rund um Frauen als Erzieherinnen, da Mütter diese Aufgabe, ob freiwillig oder nicht, oft mit wesentlich mehr Zeit, Energie und Sorgfalt übernehmen als Väter. Die meisten der geschlechtsspezifischen Vorurteile sind sozial konstruiert. Insgesamt werden also hier, wie in vielen anderen Bereichen der digitalisierten Welt die bestehenden Ansichten, Überzeugungen, Glaubenssätze und Vorurteile der bisherigen Ordnung ins digitale Medium übertragen. Fei-Fei Li sagt es klar und einfach und subsumiert einiges, worum es in den kommenden Kapiteln gehen wird:

> *„Deep learning systems are, as Li says, „bias in, bias out." Li recognized that while the algorithms that drive artificial intelligence may appear to be neutral, the data and applications that shape the outcomes of those algorithms are not. What mattered were the people building it and why they were building it."* (Hempel 2018)

Bots mit Servicecharakter tendieren zu weiblichen Persönlichkeitsattributen. Die Unternehmen beschreiben ihre Assistenten am häufigsten mit den Adjektiven ‚hilfsbereit' und ‚bescheiden', Merkmale, die auch stereotyp mit Frauen verbunden sind. Einen wissenschaftlichen Beleg für die geschlechtsspezifischen Präferenzen außerhalb von sozialen Gewohnheitsmustern gibt es nicht. Diese Muster werden jedoch ununterbrochen im Verhalten und in alltäglichen Darstellungen reproduziert und damit verstärkt. In Videospielen, Filmen und Serien taucht z. B. immer wieder das Muster weiblicher Charaktere auf, die typischerweise als Assistentinnen eines zentralen männlichen Charakters auftreten. Warum spielt dieses Thema hier eine so große Rolle? Weil schon deutlich wurde, dass anscheinend kein Weg an der Anthropomorphisierung von KI vorbeiführt. Menschen wollen KI als Wesen, aber es soll ein Werkzeug bleiben oder andersherum: Sie, wir alle, wollen das mächtige und praktische technische Werkzeug, es soll sich wie ein Mensch anfühlen und wie ein Sklave verhalten oder eher eine Sklavin? Die Hoffnung bleibt, dass daraus kein Dilemma wird, weil es nur um Maschinen geht, aber schon jetzt ist klar: Es ist kompliziert. Mit einer Maschine einerseits umgehen, wie mit Menschen, sie aber andererseits wie ein Ding zu behandeln führt zu Paradoxa. Wir werden alle nach und nach im Verlauf dieses globalen Betatests erfahren, was daraus wird. Ausgehend von den bisherigen Erfahrungen ist es unakzeptabel, jetzt weiterhin in den traditionellen Geschlechterklischees zu verharren, denn jetzt wird definiert, was in Zukunft ‚normal' ist. Ein in der UNESCO-Studie zitiertes Beispiel zeigt, woher wir kommen und welcher Handlungsbedarf besteht:

Automatisierte und digitale Assistenzsysteme waren nicht immer einheitlich weiblich. Die frühen Versionen von Assistenten sind die sprachbasierten Varianten von Fahrzeugnavigationssytemen. Sie geben tendenziell knappe Anweisungen, wie bzw. auf welcher Route zu fahren ist: „An der nächsten Ampel rechts abbiegen." oder „In 200 m links fahren, dann der Landstraße für acht Kilometer folgen." und sie waren in ihren ersten Jahren fast immer männlich. In den späten 1990er-Jahren war ein 5er BMW-Modell eines der ersten Fahrzeuge mit einer weiblichen Navigationsstimme. In einem Fachaufsatz berichten der Psychologe Clifford Nass und die Professorin für Mensch-Computer-Interaktion, Leila Takayama, dass BMW dieses Modell zurückgerufen habe, da die Fahrer, obwohl sie wussten, dass es sich um eine computergenerierte Stimme handelte, keine Ansagen von einer Stimme mit weiblichen Charakteristika akzeptieren wollten oder etwas profaner ausgedrückt: Die überwiegend männlichen Fahrer wollten keine Anweisungen von einer Frau. (Takayama und Nass 2008, S. 2).

Natürlich gibt es auch viele männliche Bots und vielleicht liegt Bret Kinsella, der Herausgeber von *voicebot.ai*, richtig, wenn er argumentiert, dass vielleicht sogar die bedrohlichen Männerstimmen der frühen KI-Filmfiguren und auch die monoton-sanfte Männerstimme von HAL9000 eine Generation von KI-Entwicklern veranlasst habe, eine synthetische Männerstimme zu fürchten. In Japan setzen Callcenter Firmen für Brokerage Geschäfte automatisierte weibliche Stimmen für Unterstützung und Services wie Aktienkurse vorlesen ein, männliche hingegen zur Bestätigung von Transaktionen. Auch Watson, die KI, die 2011 das Jeopardy TV-Match gewann, hatte passend zum Namen eine unverkennbar männliche Stimme. Der Name IBM Watson ist eine Reminiszenz an den ersten IBM CEO Thomas J. Watson, der 1914 bis 1956 Vorstand von IBM war sowie seinen Sohn, der ebenfalls Thomas J. Watson hieß und nach dem Tod seines Vaters den Konzern bis 1971 leitete. Die Salesforce-KI heißt dagegen Einstein, die SAP-KI heißt Leonardo. Es lädt geradezu zu Spekulationen ein, dass einfache Service- und Assistenz-Bots Siri, Alexa und Cortana heißen, während Business-to-business Produkte mit vermeintlich höherer Komplexität und Intelligenz die Namen berühmter und genialer Männer tragen. Es ergibt sich ein Kontext, in dem diese, auf den ersten Blick nebensächlich erscheinenden Designfragen tiefer blicken lassen: Sie zeigen, dass der Bias, den KI in allen Facetten trägt und der hier gerade als geschlechtsspezifischer Bias auftaucht, in einer langen Tradition verhaftet ist und sich ohne explizite Gegenmaßnahmen nicht verbessern wird.

Clementine Collett und Sarah Dillon von der University of Cambridge schreiben in einem Papier mit vier Vorschlägen für zukünftige Forschungen in

Bezug auf KI und Geschlecht, dass die weiblichen Stimmen der Assistenz-Bots mit Dienerschaft und Machtungleichheit verbunden seien, was Besorgnis in Bezug auf den gesellschaftlichen Schaden wecke. Die Verknüpfung der Assistenten-Rolle mit weiblichen Stimmen bediene Geschlechter-Stereotypen und schädige die Gesellschaft. Es erlaubt Kontrolle und leistet einer digitalen Domestizierung der ohnehin schon domestizierten weiblichen Persönlichkeit Vorschub:

> „*The feminine voice of VPAs is associated with servitude and power disparity, and this gendering presents concerns with regard to societal harm (…). Linking the language of assistance with a feminine voice has damaging implications. (…) these gender stereotypes harm society, enable surveillance, and further domesticate the feminine persona through promoting ‚digital domesticity'.*" (Collett und Dillon 2019).

Die Firma Kasisto mit Büros in New York, Kalifornien und Singapur ist auf KI-basierte Automatisierung von Sprachservices im Banken- und Finanzsektor spezialisiert. Ihr Ziel ist es, ihre Lösung ‚KAI' klar als KI zu positionieren. Weder der Name, noch andere Attribute oder das Kommunikationsverhalten von KAI versuchen, sich an menschliche Merkmale anzunähern. Der Bot, so ein Unternehmenssprecher, solle seriös, professionell, freundlich, niemals apologetisch und trocken humorvoll wirken, ohne zu flirten. Es gibt keine Einigkeit und kein Patentrezept darüber, wie menschlich ein Bot wirken solle. Dennis Mortensen, der Gründer von x.ai, die die Terminplanungs-Bots Amy und Andrew Ingram vertreiben, beschreibt es als eine der ersten Fragen im Designprozess, ob ein Bot menschlich werden solle oder nicht. Seiner Ansicht nach bedeutet ein Ausweichen in dieser Frage durch den Anbieter nur, dass es den Kunden überlassen bleibe, was sie aus dem Bot machten. Bei x.ai habe man sich deswegen für die Vermenschlichung der Terminvereinbarungsbots entschieden, auch wenn es dafür keinen breiten Industrie-Konsens gebe.

> „*We believe strongly in the idea of humanizing intelligent agents and that includes us openly portraying gender in our two agents, but I don't think as a industry we've agreed that to humanize our agents is the best thing to do.*" (Coren 2017)

Das Interaktions-Design von x.ai weist eine geschlechtslose Stimme auf, die geschlechtsneutral kommuniziere und sich ohne viel Gerede an Fakten wie Uhrzeit, Ort und Treffpunkt halte (Ebd.). James Giangola hat für den Google Assistant eine detaillierte Hintergrundgeschichte entworfen, um den fiktiven Charakter des Bots für menschliche Konversation ‚normal' zu gestalten:

„Bots also need a good vibe. When Giangola was training the actress whose voice was recorded for Google Assistant, he gave her a backstory to help her produce the exact degree of upbeat geekiness he wanted. The backstory is charmingly specific: She comes from Colorado, a state in a region that lacks a distinctive accent. „She's the youngest daughter of a research librarian and a physics professor who has a B.A. in art history from Northwestern," Giangola continues. When she was a child, she won $100,000 on Jeopardy: Kids Edition. She used to work as a personal assistant to „a very popular late-night-TV satirical pundit." And she enjoys kayaking." (Shulevitz 2018)

Auch wenn es bereits Millionen von Chatbots gibt und sie auf immer mehr Websites sofort als Service-Angebot auftauchen, steht ihre Entwicklung noch am Anfang, insbesondere, was *Voicebots* betrifft. Noch können sie zu wenig. Siri macht in erster Linie Website-Vorschläge, die zu den gestellten Fragen passen und steuert z. B. Funktionen des iPhone. Für eine so auf perfektes *User Experience* Design fokussierte Firma wie Apple ist es erstaunlich, dass noch nicht mehr aus dem Agenten gemacht wurde, denn eine Suchmaschine mit der Stimme bedienen können die meisten auch selbst. Alexa ist an ihr Skills-Ökosystem gebunden, um Befehle zu verstehen und selbst mit Tausenden von Skills bleiben die Services bisher meist eher primitiv. Andrew und Amy koordinieren Termine, zumindest, wenn der Service auf Englisch angenommen wird. Im Facebook Messenger tummeln sich Chat-Bots, die Anfragen mit vorab geskripteten Antworten bedienen und immer mehr Systeme nehmen in Online-Call-Centern ihren Dienst auf. Es sind noch einfache, eindimensionale Aufgaben, die automatisiert werden. Bei manchen Gelegenheiten fällt nicht einmal auf, dass mit Maschinen kommuniziert wird. Es ist im jeweiligen Kontext egal und darin liegt nichts Negatives. Wenn jemand ein konkretes Anliegen, z. B. die Beantwortung einer Frage, hat, dann geht es um die Antwort und weniger darum, wer genau sie gerade gibt. Der Anruf von Google Duplex beim Friseur stellt daher nur eine logische Entwicklung der Fähigkeiten der Assistentensysteme dar. Moderne Chatbot-Umgebungen werden auch durch Kombination unterschiedlicher Bot-Expertisen smarter. Über eine sogenannte ‚Chatbot-Runtime' können spezialisierte Chatbots mit unterschiedlichen Aufgabenfeldern z. B. für Bestellungen, Service oder Personalbereich mit Anwendungen wie CRM und ERP verknüpft werden. Als zentrales Element funktioniert die Runtime in so einem System wie eine Integrationsschicht der einzelnen Bots oder nach außen wie ein Concierge-Service, der die Bots für ein nahtloses Gesprächserlebnis gegenüber den Nutzer/-innen orchestriert. (Kuessner und Polster 2020, S. 316–317).

Kommunikationstechnologie ist aufgrund des Internet Protokolls (IP), mit dem alles verknüpft wird, in einer rasanten Entwicklung. In Deutschland wird z. B. schon seit Jahren über IP telefoniert. Alle Arten von Daten, egal ob

Sprache, Bilder, Texte, E-Mails, Video usw. werden über das Internet gesendet und empfangen. Deswegen ist es in einer einzigen Anwendung wie WhatsApp oder Slack möglich, einen Sprach- oder Videoanruf zu machen, einen Link oder eine Datei zu senden und viele andere Plattformen wie YouTube oder GoogleDrive ganz einfach per Mausklick zu verbinden. Einst getrennte Technologien sind verschmolzen und haben dabei die Grenzen zwischen Medium und Inhalt verwischt. Künstliche Intelligenz bedeutet auch, dass nicht mehr nur über oder mittels elektronischer Systeme miteinander kommuniziert wird, sondern dass Menschen mit den Systemen selbst kommunizieren. Die KI ist Benutzeroberfläche, nämlich ‚Sprache' und inhaltliche Antwort zugleich. Sobald mehr verlangt wird als einfache Erledigungen wie Termine buchen oder Warenkörbe gegen Geld tauschen, ist noch viel Entwicklungsarbeit zu leisten, aber schon heute können Dialoge mit einer KI in Einzelfällen sehr natürlich wirken. Das Duplex-Beispiel zeigt diesen Fortschritt: Für einfache Servicedialoge wie Bestellungen, Terminabsprachen, Bestands- oder Preisabfragen usw. leisten die *Voicebots* ganze Arbeit. Nutzerseitig wahrnehmbar ist ein dem Menschen ähnliches, intelligentes, kognitives und kommunikatives Verhalten. Ob in diesen Fällen also mit einer Maschine kommuniziert oder über eine Maschine mit einem Menschen, lässt sich oft nicht mehr unterscheiden.

6.1 Commerce is conversation

> **Zusammenfassung**
>
> Der Online-Einsatz von KI ist fast ausschließlich kommerzieller Natur. Egal, ob in sozialen Netzwerken, auf Firmen-Websites oder in Shopsystemen, es geht immer darum, Daten über die Nutzer/-innen und ihr Verhalten zu sammeln und möglichst detaillierte Profile zu entwickeln, um zuverlässige Prognosen zu treffen. Chatbots sind Bestandteile dieser Systeme. Sie eignen sich sowohl zur Abfrage und Sammlung von Informationen, wie auch zu Verkaufsgesprächen und sind ihren menschlichen Pendants in vielerlei Hinsicht überlegen. Ihre Fähigkeit, Dialoge zu führen, auf entfernte Daten zuzugreifen und ihre individuelle Programmierbarkeit bieten noch viel Verbesserungspotenziale im Service. Schon jetzt wird KI massiv zur Unterstützung menschlicher Callcenter Agents, aber auch zur effizienten Steuerung des gesamten Betriebes eingesetzt.

Kommunikation ist die Basis von allem. Sie kann auf die unterschiedlichsten Arten geschehen, aber für Menschen ist Sprechen eine der natürlichsten, intuitivsten und inhaltlich reichsten Kommunikationsformen. Alle kommerziell getriebenen Unternehmen verkaufen auf die eine oder andere Weise etwas und jede Transaktion ist ein kommunikativer Vorgang. Ich frage nach einer Ware oder einem Service, z. B. einem Hemd oder ich möchte ein Auto mieten. Dann beginnt ein Dialog über die Spezifikationen. Beim Mietwagen sind viele Daten auszutauschen: Wo miete ich an, wo gebe ich das Auto ab? Was für ein Fahrzeug brauche ich und wie lange? Ist Sonderausstattung wie Navigation, Kindersitze oder Schneeketten notwendig? Überfahre ich eine Landesgrenze? Welchen Versicherungsschutz wähle ich usw., bis hin zur eindeutigen Identifikation und schließlich dem Tausch von Ware gegen Geld. In einer Gesellschaft globaler Massenproduktion sind Standards an der Tagesordnung und so sind auch Verkaufsdialoge standardisierbar und dank KI zunehmend automatisierbar. Die massenhaften Datenverarbeitungs-, Analyse- und Prognosefähigkeiten von KI versprechen sogar noch mehr: Künstliche Intelligenz und Big Data könnten im Marketing dazu verhelfen, ein seit Jahrzehnten uneingelöstes Versprechen endlich zu halten: Die tatsächlich funktionierende Umsetzung automatisierter kundenindividueller Kommunikation, die Erfüllung des 1:1-Kommunikationsmantras, das alle Gurus der Branche seit der Erfindung von CRM jedes Jahr aufs Neue skandieren, ohne dass es sich in den Postfächern und Messenger Accounts ihrer Zielgruppen bisher zeigt. Mir selber wurden nach Bestellung eines Bobbycars für mein Patenkind jahrelang Online-Anzeigen für Bobbycars und Zubehör ausgespielt, als ob ich entweder Dutzende von Kindern im Kleinkindalter hätte oder als ob diese heranwachsenden Kinder ewig auf der Bobbycar-Stufe stagnieren würden. Dabei könnten neue, leistungsfähige Algorithmen mit den massenhaften Informationen in den Kundendatenbanken von Großunternehmen heute viel effizienter arbeiten. Sie könnten individuelle Präferenzen auf Basis ihrer Datenmodelle ermitteln und entsprechend individualisierte Antworten aus den Systemen generieren. Diese Antworten könnten sogar über kundenindividuell präferierte Kanäle ausgespielt werden. Das Verhalten von Kundinnen und Kunden wird transparent, Browsing-Muster und die am häufigsten besuchten Websites sind bekannt und entsprechend personalisierten Empfehlungen steht – datenschutzkonformes Double-Opt-In vorausgesetzt – nichts im Wege. Marketings und Online-Shops wissen heute, welche Produkte und Services die meiste Aufmerksamkeit erhalten und wann Einkaufswagen uneingelöst stehen gelassen werden. Service im Online-Markt bedeutet, schnell und problemlos Anliegen zu erkennen und zu lösen. Die Zeit menschlicher Callcenter-Agenten ist knapp und teuer. Bots sind die Unterstützung der Wahl für eine schnellere und persönlichere Betreuung und auch deswegen vielleicht der derzeit beliebteste Trend im KI-gestützten Kundenservice.

Entsprechend sind Hunderttausende von Chatbots im Facebook Messenger im Einsatz, Tendenz steigend. Aufgrund der leichten Einrichtungsmöglichkeiten sind die Messenger die am meisten genutzte Einstiegsplattform für diese sogenannten *Conversational Interfaces*. Dabei handelt es sich in den meisten Fällen um automatisierte Dialog-Agenten, die kaum maschinelle Intelligenz aufweisen. Die Dialoge sind weitgehend geskriptet, das heißt vorkonfiguriert. Definierte Schlüsselworte oder Wortkombinationen lösen definierte Antworten aus. Ziel ist, einen Prozess, z. B. einen Verkauf oder einen Servicefall zu strukturieren und die für die Abwicklung notwendigen Daten zu erhalten. Da in modernen Verkaufs- und Service-Umgebungen zunehmend entsprechende IT-Systeme mit strukturierten Informationen gefüttert werden müssen, besteht hier großes Automatisierungspotenzial.

An reichweitenstarken Ereignissen wie z. B. dem ‚Cyber-Monday' oder dem chinesischen ‚Singles Day' am 11.11. jeden Jahres, ist das Online-Auftragsvolumen so hoch, dass es weder an dem Tag selbst, noch im After Sales Support möglich wäre, die Volumina ohne KI- und Bot-Unterstützung zu bewältigen. 2019 verzeichnete die Alibaba Group zum ‚11.11. Global Shopping Festival', wie der Singles Day auf der Shopping Plattform offiziell heißt, einen Tagesumsatz von 38,4 Milliarden US-Dollar mit geschätzten mehr als 500 Millionen Kundinnen und Kunden aus aller Welt. Die erste Milliarde Dollar an dem Tag wurde bereits nach 68 Sekunden umgesetzt. Nach einer Stunde betrug der Umsatz über zwölf Milliarden Dollar (Schmerer 2019). In 2020 steigerte sich das Volumen noch, die Zahlen sind jedoch nicht vergleichbar, da Alibaba das Event über mehrere Tage ausdehnte. Zu Spitzenzeiten verbuchten die Bestellsysteme rund 583.000 Transaktionen pro Sekunde. Bots sind der einzige Weg, das Kommunikationsaufkommen, das den Kaufrausch begleitet, ansatzweise zu beherrschen. Sie führen z. B. über Chat-Schnittstellen von Messaging-Apps Konversationen und können verschiedene Aufgaben ausführen, die das Kundenerlebnis bereichern. Einfache Chatbots bieten sachliche Antworten auf bestimmte Fragen wie die Adresse eines Geschäfts oder das aktuelle Wetter in einer bestimmten Stadt. Ausgefeiltere Bots interpretieren die Sprache und werden im Verlauf der Konversation intelligenter. Sie bieten immer detailliertere Antworten. In beiden Fällen wird der Service schneller, persönlicher und umfassender als zuvor. Seit sich die Bots zu Kundendienstkanälen entwickelt haben, sind ihre Rollen und Fähigkeiten umfangreicher geworden. Sie unterstützen bei verschiedenen Aufgaben, vom Lebensmitteleinkauf bis zum Shopping von Mode, Schuhen, Möbeln usw. Auch die Schnittstellen für natürliche Sprache werden einfacher, leistungsfähiger und liefern bessere Ergebnisse.

Im globalen Vergleich, bezogen auf die Anwendung neuer, digitaler Technologien, sind die Deutschen nicht die enthusiastischsten und schnellsten. Die Capgemini Studie aus 2019 zeigt trotzdem die sich abzeichnende Präferenz für die Nutzung von Chatbots und intelligenten Agentensystemen: Wenn es um die Beratung zu einem bestimmten Produkt gehe, so möchten in Zukunft 79 % der Befragten lieber den Rat von digitalen Sprachassistenten einholen und auf einen Besuch im Laden mit möglicherweise menschlicher Beratung verzichten. (Capgemini Research Institute 2019, S. 35). Die Akzeptanz im Markt ist also augenscheinlich da, auch in Deutschland. Jede/r vierte Deutsche könne sich vorstellen, Chatbots zu nutzen, stellte der Branchenverband Bitkom bereits im Januar 2017 in einer repräsentativen Umfrage fest. Von den damaligen Verweigerern gegenüber der Technologie führte etwa die Hälfte an, die Technik sei noch nicht ausgereift (Bitkom Research 2017). Noch ein Jahr zuvor, 2016, ermittelte Oracle, dass bis zum Jahr 2020 80 % aller Unternehmen Chatbots für ihre Kundenbetreuung einsetzen wollten. Die Studie prognostizierte bereits den Trend zur Nutzung von online bereitgestellten Self-Service-Angeboten gegenüber der Möglichkeit eines persönlichen Kontakts mit einem anderen Menschen für die gleiche Leistung (Oracle 2016). Im deutschsprachigen Raum setzen einer Umfrage im Mai/Juni 2020 zufolge nur 37 % Chatbots ein. Auch wenn die Erwartungen noch schneller und höher sind als die Realität, ist der Trend in Richtung steigender Chatbot-Nutzung offensichtlich. (Hundertmark 2020). 2021 ermittelt der IT-Dienstleister adesso in seiner KI-Bestandsaufnahme einen Anteil von 77 % der befragten Kundinnen und Kunden, die sagen, sie könnte sich vorstellen, mit einem Text-Chatbot zu kommunizieren. 62 % derjenigen, die damit bereits Erfahrung haben, beurteilen den Dialog als gut. Die größten Hürden der Chatbot-Nutzung sind der Befragung zufolge zu 84 %, dass die Anwendung die Frage nicht verstehe, zu 75 %, dass das System zu wenig wisse, um nützlich zu sein und zu 59 %, dass die Aussagen der Bots nicht zuverlässig seien. (adesso o. J., S. 33, 37).

Wenn die automatisierte Bereitstellung reibungslos funktioniert, wird sie in der Regel der zwischenmenschlichen Interaktion vorgezogen. Das Ergebnis sind neue Service- und auch neue Markenerfahrungen. Die Automatisierung und mehr noch der personalisierte Dialog über KI-gesteuerte Sprachassistenten ersetzen an dieser Stelle die menschlichen Servicekräfte, die zugleich Markenbotschafter/-innen sind. Es entsteht eine automatisierte Interaktion mit der Marke und dem Unternehmen. Typisch erlebt werden kann das z. B. bei Mobilitätsangeboten mit Fahrdienstanbietern wie Uber, Carsharing-Firmen wie ShareNow oder Miles oder auch den E-Scooter-Anbietern. Für viele ist das Erlebnis, lediglich eine App zu benötigen, um von A nach B zu gelangen, bequem und modern. Es entsteht eine Übertragung in der Erwartungshaltung gegenüber anderen Unternehmen und Marken. Chatbots, die einen flüssigen Dialog und vor allem eine schnelle und einfache Erledigung bzw. Erfüllung des Kundenanliegens im Gespräch abwickeln, werden diese Erwartungshaltung vertiefen und einen grundsätzlichen Wandel in der Interaktion zwischen Mensch und Maschine einläuten. So ist die Neigung, lieber online mit einem Bot über Produkte zu sprechen, als mit einem Menschen in einem Laden, vielleicht einfach der konsequente Abgesang auf eine Branche, bzw. einen Servicekanal, der über Jahrzehnte hinweg nicht verstanden hat, was Kundenorientierung wirklich bedeutet?

35 % der Deutschen sagen, dass sie im Laufe des Jahres 2018–2019 zum ersten Mal einen Sprachassistenten in Form eines *Voicebots* genutzt hätten, eines Bots, der auf gesprochene Sprache reagiert. Der Anteil dieser Bots wächst, da 76 % aller Unternehmen davon ausgehen, dass ihnen ein nachweisbarer Mehrwert aus den Systemen erwächst. Sie werden für mehrere unterschiedliche Zwecke eingesetzt und 58 % der Anbieter sehen ihre Erwartungen als erfüllt oder sogar übertroffen an. Die Kosten für den Kundenservice konnten durch digitale Assistenten um mehr als 20 % gesenkt werden, während die Nutzung der digitalen Assistenzangebote durch die Verbraucher sogar um 20 % anstieg. Trotz der gleichermaßen hohen Zufriedenheit auf Anbieter- und Konsumentenseite bleibt die tatsächliche Verbreitung noch hinter der Begeisterung und Nachfrage zurück und noch immer sind auch weltweit weniger als die Hälfte Top-100-Player in den Bereichen Automobil, Konsumgüter und Handel sowie Banken und Versicherungen mit eigenen Chatbots im Markt. Die Befürchtungen hinsichtlich nicht ausgereifter Technik unter den Verweigerern der Technologie aus der Bitkom-Umfrage von 2016 scheinen sich jedenfalls zu zerstreuen: 72 % der Nutzerinnen und Nutzer sind zufrieden mit ihrer Chatbot-Erfahrung und die Marktforschung prognostiziert, dass die Gesprächsassistenten weiter in den Mainstream vordringen werden. Neben Bequemlichkeit der Nutzung spielt auch das Thema Personalisierung eine wichtige Rolle. 56 % der deutschen Befragten wollen ihre Sprachassistenten personalisieren, 53 % wollen ihnen einen Namen geben und 52 % würden sogar gerne einen Charakter auswählen, um die Interaktion mit den Assistenten noch menschenähnlicher zu gestalten (Capgemini Research Institute 2019, S. 14). Die Personalisierung senkt die Kommunikationsbarriere zwischen Mensch und Maschine weiter ab. Hier liegt die Chance, die Bots so ‚menschlich' zu machen, dass sogar die Verweigerer überzeugt werden, die sich auch in Zukunft lieber mit einem Menschen unterhalten wollen. Ein wesentlicher Faktor ist hier das Vertrauen bzw. Nicht-Vertrauen in die Technologie. Einerseits ist eine Kommunikation mit einem echten Menschen psychologisch verbindlicher als mit einem elektronischen System, da sich beide Seiten einer bewussten Entität am anderen Ende des Kanals gegenüber wissen. Das kann Vertrauen schaffen und einen emotio-

nalen Unterschied gegenüber der Vorstellung machen, mit einer Maschine zu kommunizieren, die sich ca. genauso viel bei dem Gespräch denkt, wie mein Staubsauger. Diese vermeintliche Vertrautheit und Verbindlichkeit kann jedoch auch bei Menschen eine Täuschung sein, da beide evtl. sehr fokussiert ihr Ziel verfolgen und dem Gesprächsanliegen des Gegenübers viel weniger Beachtung schenken als ihrem eigenen persönlichen Interesse. Callcenter-Agenten, sind z. T. aufgrund ihres geschäftlichen Auftrags nicht im gleichen Maße aufrichtig oder wahrhaftig, wie Kundinnen und Kunden es in einem Gespräch erwarten würden. Die Kommunikation mit Bots ist an dieser Stelle klarer und effizienter. Der maschinelle Kontakt erfordert z. B. keinerlei soziale Konventionen, wie Höflichkeit und ist deswegen ungleich direkter und schneller. Es hängt dann sehr von der kommunikativen Leistungsfähigkeit des Bots ab, wie erfolgreich die Gespräche bei komplexeren oder auch kritischen Anfragen oder sogar bei Problemen bzw. Konflikten ablaufen. Die Wahrscheinlichkeit, dass in solchen Situationen ein Mensch den Dialog übernimmt, ist sehr hoch.

Das Thema des Vertrauens ist offensichtlich von Mensch zu Mensch verschieden und somit kundenindividuell zu betrachten. Trotz der Erkenntnis, dass ein menschlicher Callcenter-Agent möglicherweise unaufrichtig ist, gilt ein persönlicher Kontakt im Konfliktfall mehr als eine maschinelle Auskunft. Das ist u. a. so, weil sich mit einem Menschen eine konkrete Person benennen lassen würde, mit der ein Thema besprochen wurde, während ein Bot-Kontakt, wenn er nicht dokumentiert wird, so gut wie keine Verbindlichkeit hinterlässt. Eine Lösung hierfür sind die z. T. schon verwendeten Dokumentations-Mails, die von Unternehmen nach einem Bot-Kontakt versendet werden. Trotz des schon insgesamt erfolgreichen Einsatzes von Bots für viele Aufgaben, haben einige Menschen noch immer ein diffuses Unbehagen bei dem Gedanken an die Kommunikation mit einer KI. Daneben zieht sich das Thema des Vertrauens als zentrales Hindernis der Mensch-Maschine-Kommunikation wie ein roter Faden durch die Interaktion mit *Conversational Interfaces*. Es ist die Aufgabe der Bot-Anbieter, dieses Vertrauen aufzubauen und dann dafür zu sorgen, dass es nicht leichtfertig oder sogar vorsätzlich beschädigt wird.

Ein weiteres sensibles Thema ist Datenschutz, denn *Conversational Interfaces* spielen ihre Stärken erst bei Nutzung vieler Daten richtig aus. Das kann z. B. Zugriff auf persönliche Informationen in sozialen Netzen sein, aber es entstehen auch bei der normalen Nutzung viele Daten, die gesammelt und ausgewertet werden können. Im Fall von Sprachaufnahmen besteht sogar die Möglichkeit der Auswertung der Stimmen im Hinblick auf die emotionale Disposition der Sprechenden. Rein technisch wird alles an den Bot Gesprochene als Audiodatei zur Verarbeitung in die Cloud gesendet. Dort werden die Daten mithilfe von NLP-Algorithmen verarbeitet, eine Antwort wird generiert und anschließend an das Gerät zurückgesendet. Auf diese Weise funktionieren Smart Speaker und in diesem Kontext fand sich Amazon Ende Mai 2018 mit seinem Alexa-Sprachassistenten in einem Shitstorm wieder, weil das Gerät von seinen Benutzern, einem Ehepaar aus Portland, unbemerkt ausgelöst wurde und einen Gesprächsmitschnitt der gerade stattfindenden Unterhaltung per E-Mail an einen Arbeitskollegen des Mannes versendete. Die Überschrift zu der Meldung bei Netzpolitik.org lautet: „Amazon Echo: Alexa sendet Privatgespräch heimlich an Arbeitskollegen" (Kaiser 2018). Das „heimlich" in der Überschrift suggeriert eine Absicht, die es nicht gibt. Alexa hat die Datei einfach versendet, aber das System bräuchte so etwas wie eine eigene Intention, um heimlich zu versenden. Amazon spricht von einer „unwahrscheinlichen Folge von Ereignissen" und sagt damit vermutlich einfach die Wahrheit, so unspektakulär das auch klingen mag. Trotzdem bleibt ein fader Nachgeschmack zum Thema Datenschutz, denn so unwahrscheinlich, wie der Vorfall auch sei und so sehr Amazon sich auch bemühen wird, solche Vorfälle in Zukunft auszuschließen, so klar ist doch auf der anderen Seite, dass es keine 100-prozentige Sicherheit gibt. Die steigende Nutzung von *Voicebots* für immer mehr Services von immer mehr Geräten weltweit erhöht einfach die Grundgesamtheit der täglichen Anwendungsfälle derart stark, dass auch weiterhin mit solchen Unwahrscheinlichkeiten gerechnet werden muss.

Passend zum Thema Datenschutz wird eine weitere Besonderheit der aktuellen Marktsituation sowie die Dominanz der amerikanischen Digitalplattformen offensichtlich, nämlich die kommerzielle Nutzung von Endverbraucher-Daten allgemein und Sprachdaten im Besonderen. Sprachassistenten bzw. virtuelle persönliche Assistenten (VPAs), die Anbieter- und Serviceübergreifend sind, werden derzeit nur von wenigen großen Unternehmen bereitgestellt. Das sind Amazon (Alexa), Apple (Siri), Google (Google Assistant) und Microsoft (Cortana) sowie Samsung (Bixby) sowie die chinesischen Anbieter Tencent (TAI), JD.com (JD Connect), Alibaba (AliGenie) und Baidu (DuerOS). Der riesige chinesische Markt ist separiert und schwerer als die sprachlichen wiegen die kulturellen Unterschiede, die sich nachweislich in den Programmierungen aller Systeme niederschlagen. Neben den großen Konzernen mit ihren VPAs gibt es eine große und schwer überschaubare Anzahl von kleineren und kleinsten Firmen, die ebenfalls Chat- und *Voicebots* anbieten. Zu den größeren gehört z. B. die indische Firma Niki.ai, deren VPA-Software sich bereits in den Plattformen und Geräten von mehr als 50 Partnerunternehmen befindet (Kabel 2020, S. 23–24). Die meisten dieser

Systeme fristen ihr Dasein auf einer Unternehmens-Website oder als automatisierter Dialogservice in einem Messenger-Unternehmenskonto.

Bisher können erstaunlich wenige Geräte standardmäßig per Stimme angesteuert werden. Außer den Smart Speakern der o.g. Unternehmen sind die meisten VPAs Smartphone-Apps und einige Systeme sind in Autos verbaut. Bei Letzteren kommen die unterschiedlichsten internationalen Anbieter aus einzelnen Märkten zusammen, denn aufgrund der kulturellen Nutzungsunterschiede ist die Lokalisierung von Produkten, also deren Anpassung auf das Nutzungsverhalten in einem bestimmten Land oder einer Region, von kaufentscheidender Bedeutung. Auch hier gibt es natürlich Kooperationen wie z. B. Amazons Alexa im VW Golf (Schwartz 2019).

Für Voice Services Anbieter ist es technologisch betrachtet leicht, eine Sprachsteuerung anzubieten, weil es viele Firmen gibt, die in allen Aspekten der Integration unterstützen können. Bei der digitalen Strategie und dem Geschäftsmodell ist es schwieriger, denn das Verarbeiten von Daten über eine Sprachschnittstelle bedeutet ggf. Kundeninformationen auf den Servern von Partnern zu verarbeiten, die damit entweder das digitale Geschäftsmodell des Hardwareherstellers übernehmen oder zumindest parallel ausschöpfen können. Ein VW mit Alexa als Sprachassistent kann auf diese Weise zum rollenden Mikrofon für Amazon werden, mit dessen Hilfe wertvolle Sprachdaten mit den Algorithmen und auf den Servern der digitalen Supermacht verarbeitet werden. Auf der anderen Seite bedeutet der Aufbau eines eigenen Teams für KI bzw. NLP erheblichen Aufwand, abgesehen davon, wie schwer es ist, überhaupt geeignete Expertise zu finden.

Ein weiteres Datenschutzthema sind die oft nicht transparenten Bedingungen unter denen die Daten meist außerhalb der EU verarbeitet und auf unbestimmte Zeit gespeichert werden. Allein das klingt schon nach einem *Privacy*-Alptraum, aber es ist nur die Spitze des Eisbergs, denn die Systeme wollen immer mehr Daten, um immer bessere Angebote machen zu können. Je besser das Sprachdialogsystem funktioniert und je mehr es über die Zielgruppe weiß, desto individualisierter kann auf Kundenbedürfnisse eingegangen werden. Die Technologie erlaubt theoretisch, eine für alle Anfragen individualisierte Angebotsdarstellung. In ein stationäres Geschäft werden dann vielleicht nur noch diejenigen gehen, die nach einem besonderen Einkaufs- oder Serviceerlebnis suchen, wie z. B. ein Schminkservice in Beauty-Filialen.

Es ist auf jeden Fall eine Chance für Anbieter, die Agenten aktiver zu gestalten, so dass sie von sich aus in der Lage sind, in einem Service- oder Verkaufsdialog ein Cross-Selling-Thema anzusprechen. Dann verschmelzen Content- und Dialogmarketing mit dem Omnichannel-Ansatz, bei dem das

Anbietersystem, über alle Kundenkontaktpunkte informiert ist und im Gespräch einen zielgerichteten Kaufimpuls setzen kann. Der Gedanke ist sicher vielen unsympathisch, aber das ist, wofür diese Systeme heute in erster Linie gebaut werden. Sie sollen verkaufen. Im Beispiel könnte das so aussehen, dass der Chatbot bei der Frage nach einem Produkt oder Preis die Frage beantwortet und dann ergänzt: „Übrigens gibt es dieses Produkt gerade bei Deinem Lieblingsshop im Angebot, allerdings nur noch in blau und schwarz. Händler xyz bietet es in allen Farben für reguläre 199,- Euro und mit einer Null-Prozent-Finanzierung an."

Auch wenn diese Marketing-Verlockungen derzeit noch nicht realisiert sind, versprechen Chatbots eine extrem effiziente Kommunikationsmöglichkeit für Vertriebs- und Servicefälle. Effizienz ist, wie so oft, das Argument der Anbieter und es trifft den Bedarf, denn die meisten Menschen haben in Wahrheit von sich aus kaum großes Interesse, mit Unternehmen in Kontakt zu kommen. Kundinnen und Kunden melden sich nur, wenn sie etwas wollen. Das ist auch gut so, denn auch Unternehmen wollen im Grunde nicht dauernd mit Kunden im Kontakt sein, sondern sind an Umsatz und Gewinn interessiert. Kontakt ist nur das Mittel zum Zweck. Aus diesem Grund sind auch die Bots als Informationskanal für Produkte so erfolgreich, denn wir müssen dabei nicht in einen Verkaufsdialog mit einem Menschen eintreten, sondern bleiben in einer deutlich unverbindlicheren Kommunikation zu einer Maschine. Das reine Gespräch als gewünschte Transaktion ist deswegen ein Marketingmärchen aus ‚1001 Customer Journey'. Trotzdem ist Kundenkontakt wichtig, wenn er stattfindet. Wer in Kontakt tritt, möchte in erster Linie, dass gerade aktuelle und konkrete Anliegen erfüllt sehen, unabhängig davon, ob es ein Kauf, eine Preisauskunft, die Frage nach den Öffnungszeiten oder die Abgabe einer Beschwerde ist. Es lohnt sich daher für Unternehmen, übersichtliche Websites mit kundenfreundlich-reibungslosen Web-Services einzurichten, um schnell und effizient zu sein. Diese Art von Automatisierung schließt im Übrigen Freundlichkeit und guten Service nicht aus. Eine schnelle und zuverlässige Erledigung von Anliegen ist meist schon vorbildlichster Kundenservice.

Wer auf der Website nicht das Gesuchte findet, landet oft in Call- bzw. Contact Centern. Hier sind wir dem Mix aus Unternehmenskultur, Contact-Policy, Marketing und entscheidend: der Kompetenz und persönlichen Disposition derjenigen Person ausgeliefert, die am anderen Ende der Leitung spricht. Alle, die schon einmal ein Unternehmen über eine Hotline o. ä. angerufen haben, wissen: Ab hier kann es sehr gut oder sehr schlimm werden. Dabei gibt es gegenwärtig gar nicht mehr viele Gründe, warum es schlimm sein müsste und das ist der Verdienst eines Mix aus Kundenverständnis in

Marketing und Service und intelligenter Sprachdialogsysteme, also Bots, in den Callcentern. Die Bots punkten gegenüber menschlichen Servicekräften in vielen Feldern:

1. Sie sind sofort am Apparat. Es gibt kein nerviges Warten in dudeligen Warteschleifen in denen absurderweise gern erzählt wird, wie wichtig der Anruf sei, sondern der Bot nimmt den Anruf sofort entgegen. Wartezeit Null. Vorausgesetzt, die Bandbreite reicht aus, um dem Kundenaufkommen gerecht zu werden.
2. Bots sind beliebig kopierbar und update-fähig. Egal, ob es um Angebote, Preise, Anleitungen, Adressen usw. geht und ob sich das alles andauernd verändert. Ein Bot kann die neuesten Infos jederzeit in Sekundenbruchteilen aus einer Datenbank auslesen und ist, ganz ohne Schulung oder Info-Meeting, immer up-to-date.
3. Bots sind optimiert für ihre Aufgabe. Sie erledigen genügsam und effizient, was sie sollen. Die meisten Anliegen können in einer überschaubaren Anzahl von Anwendungsfällen vorkonfiguriert und beispielhaft gelöst werden, so dass das System immer weiß, was wann wie zu tun ist.
4. Sie agieren automatisiert und folgen dem Prozess bzw. ihrer Programmierung, die idealerweise auch Spielraum für Spontanität lässt, aber das System vergisst keinen Prozessschritt und macht alle Systemeinträge stets automatisiert korrekt, so dass auch im Nachhinein alles dokumentiert und abrufbar ist.
5. Die KI arbeitet konsistent. Das bedeutet, das System ist das System und funktioniert immer gleich bzw. verbessert sich mit jedem Update. Kunden, die häufiger anrufen müssen, finden sich schnell zurecht und der Bot weiß nach Kundenidentifikation noch, worum es beim letzten Mal ging. Der Bot muss auch nicht ewig unverständlich verfasste Protokolle anderer Agenten interpretieren, da er und seine Kopien immer alles standardisiert und verständlich formuliert ablegen.
6. Sprachassistenten sind global einsetzbar. Das System kann per Ländercode z. B. über die eingehende Rufnummer oder per Sprachbefehl in eine andere Sprache umgestellt werden.
7. Der Bot ist rund um die Uhr im Einsatz. Das System kennt keine Ferien, keine Feiertage und ist nie krank. Auf Wunsch singt er zu Weihnachten oder wenn ein Kunde Geburtstag hat. Alles ist programmierbar.
8. Der Bot ist immer freundlich. Im Gegensatz zu einem menschlichen Callcenter-Agenten verhält sich das System stets so, wie es programmiert

wurde. Es kennt keine schlechte Laune, ist niemals gestresst und es ist auch durch die aggressivsten Anrufe nicht aus der Ruhe zu bringen.
9. Das System ist programmiert, in der Tonalität und dem gesamten Serviceverhalten stets 100-prozentig die jeweilige Marke zu repräsentieren.
10. Der Bot hat Zugriff auf alle für seine Aufgabe notwendigen Informationen und gibt alle nötigen Auskünfte DSGVO-konform und wenn das System etwas nicht weiß, sagt es das einfach und denkt sich nicht irgendeinen Blödsinn aus, um einen insistierenden Kunden abzuwimmeln.

Dieses Szenario ist keine Science-Fiction, bedeutet aber viel Arbeit und eine Investition, die sich vermutlich schnell amortisiert, denn Differenzierung durch guten Service an einer Hotline ist leider selten. Trotz des Enthusiasmus angesichts der technischen Möglichkeiten wird es Anfragen geben, die auch der beste Bot nicht beantworten kann. Deswegen bleibt ein Überlauf zu menschlicher Betreuung bis auf Weiteres noch unverzichtbar. Auch bei Konflikten sind Bots nicht unbedingt die erste Wahl, denn solche Kommunikation erfordert oft ein besonderes Maß an Empathie. Die kann zwar von Bots bis zu einem gewissen Grad simuliert werden kann, Menschen sind jedoch sehr feinfühlig und durchschauen solche Taktiken leicht. Das kann zu einer weiteren Verschlechterung einer bereits verfahrenen Situation führen. Niemand möchte von einer Maschine abgefertigt werden, aber in Fällen, in denen es aus unterschiedlichsten Gründen auf eine Abfertigung hinauslaufen mag, ist vielleicht sogar auch ein Bot das richtige Medium. Die Ohnmacht, die Menschen in solchen Situationen häufig verspüren, ist ggf. für beide Seiten durch einen Bot besser aufzufangen. Die Maschine nimmt nichts von der menschlichen Emotion auf. Sie verliert niemals die Geduld oder den angemessenen Ton und gegenüber einer Maschine die Geduld zu verlieren bedeutet nicht in gleicher Weise sein Gesicht zu verlieren, als wenn dies in einem zwischenmenschlichen Kontakt passieren würde und ggf. sogar die Notwendigkeit einer Entschuldigung im Raum stünde.

Die scheinbare Allround-Einsatzfähigkeit der Call-Center-Bots ist aus heutiger Sicht eine passende Antwort auf eine Reihe von Kundenbedürfnissen, die sich mit zunehmender Qualität bei digitalisierten Services zwangsläufig entwickeln werden. In wenigen Jahren erwarten wir einen informativen und konsistenten Dialog mit einer Firma oder Marke über mehrere parallele Kanäle, z. B. durch eine App auf unseren Smartphones und Tablets, im Laden, per E-Mail oder eben über Bots. Dabei möchten wir uns nicht festlegen, sondern das nutzen, was im jeweiligen Kontext am besten und bequemsten ist.

Das kann von vielen Faktoren abhängen, z. B. Alter, Aufenthaltsort, zur Verfügung stehendem Zeitkontingent, Stimmung, individuellem Datenschutzbedürfnis usw. Je personalisierter, d. h. auf die individuellen Kommunikationsbedürfnisse abgestimmt, ein Bot reagieren kann, desto wahrscheinlicher wird das System von Menschen akzeptiert und angenommen. Solange noch anonyme Newsletter alltäglich sind, in denen die Adressaten noch nicht einmal mit Namen angesprochen werden, haben personalisierte Bots, die einen „wiedererkennen" können, ein so großes Differenzierungspotenzial, dass sie mit hoher Wahrscheinlichkeit auch Kaufentscheidungen deutlich stärker beeinflussen als die Kakophonie von Massen-E-Mails, Standard-Newslettern und -Katalogen, mit denen Millionen Menschen täglich geflutet werden. Gerade die Wiedererkennung, die bei den meisten Hotlines nicht funktioniert, ist für guten Service sehr wichtig, denn kaum jemand hat Lust und Verständnis dafür, dauernd die gleichen Informationen mehrfach wiederholen zu müssen. Das liegt auch daran, dass den meisten Menschen klar ist, welche Mengen an Daten bei jeder Gelegenheit, und aus ihrer Sicht nicht immer ganz wissentlich und freiwillig, von ihnen gesammelt werden. Damit zusammen hängt die Frage, ob ihnen außer mehr oder weniger zielgerichteter Werbung jemals ein Nutzen aus den ganzen Informationen erwachsen wird, die sie im Laufe der Zeit preisgegeben haben.

Am Anfang dieser Entwicklung steht das Ladengeschäft, in dem traditionell alle Transaktionen von der Information über Beratung, Kauf und Service stattfanden. Seit den 1990er-Jahren sind Browser und Websites Alltag. Mit den Smartphones und den wachsenden Bandbreiten im Netz sind die Websites mobil geworden und viele Angebote wurden zu Webservices und Apps. Smarte, sprachbasierte Agentensysteme in Form von Chatbots sind vermutlich einfach der nächste Schritt in der Evolution der *Customer Touchpoints*. Typische Bedürfnisse wie Kommunikation, Mobilität, Navigation, Gesundheit, Bildung, Finanzen, Organisation, Datenmanagement, Shopping und Unterhaltung können effizient durch digitale Sprachassistenten unterstützt werden. Informationsabrufe oder einfache Bestellvorgänge sind bereits häufig realisiert. Sie machen das Gros der Anwendungsfälle von Alexa und Google Assistant aus. Einzelhändler wie MediaMarkt experimentieren mit Robotern auf den Verkaufsflächen, die informieren, wo sich Produkte befinden. Einfache Beratungen, die im Wesentlichen auf dem Abruf von Informationen basieren, funktionieren auch, ähnlich wie auf Websites. Die Interaktion mit einem Roboter im Geschäft hat für viele Menschen noch Erlebnischarakter. Spätestens für den Teil der Generation Alpha, der in den 2020er-Jahren geboren wird, werden solche Maschinen und Situationen wahrscheinlich normal sein. Im Krankenhaus oder in Praxen könnten Sprachassistenten z. B. wichtige Standard-Anamnesen erledigen und die Informationen für das medizinische Personal pragmatisch aufbereiten, so dass mehr Zeit für die Beratung und Behandlung von Patientinnen und Patienten zur Verfügung stünde. Im Personalwesen unterstützen Chatbots das Recruiting neuer Talente, wie es so schön formuliert wird. Über Chatbots können sich Bewerber/-innen schon vorab über Details zu ausgeschriebenen Stellen informieren, wie z. B. Standorte, Aufgabengebiete, Voraussetzungen usw. Im Grunde ist durch den automatisierten Dialog sogar der Lebenslauf ersetzbar. Das System wird so programmiert, dass die für die Ausschreibung wesentlichen Informationen abgefragt werden.

Chatbots, egal wie sie ausgeprägt werden, sind im Moment der Anwendung das *User Interface* für den jeweiligen Service. Es gelten damit einerseits die gleichen Regeln wie für alle *User Interfaces* und andererseits auch wieder ganz andere: Gleich ist, dass die Bedienung möglichst einfach, intuitiv und direkt funktionieren sollte. Anders ist, dass spätestens wenn es sich um einen *Voicebot* handelt, der Medienwechsel einen anderen Dialogaufbau erfordert als auf einem Bildschirm. Die zweidimensionale Oberfläche erlaubt die grafische Gestaltung des visuellen Eindrucks, während der *Voicebot* eine Stimme ist, die auf Frage und Antwort reagiert und die andererseits aber auch Klang, Färbung und Tonalität des Ausdrucks hat. Diese Merkmale sind für KI nicht so leicht interpretierbar, wie für Menschen, darum spielt das Schnittstellendesign eine große Rolle.

Das Design-Konzept orientiert sich am Ziel, das mit dem Bot erreicht werden soll. Welches Problem wird gelöst? Was haben Nutzer/-innen und Anbieter von dieser Lösung? Die Antwort darauf bestimmt auch den Aufwand, der in Kauf genommen wird. Was auf einer grafischen Oberfläche ggf. mit wenigen Mausklicks schnell erledigt werden kann, erfordert bei einer 1:1 Umsetzung in einen *Voicebot* vielleicht viel Zeit wegen vieler Fragen und Antworten. Beim Verkauf spielt der visuelle Eindruck oft eine große Rolle, z. B. bei Produkten wie Kleidung oder Möbeln, wo Formen, Farben, Muster usw. kaufrelevante Merkmale sind. Gesprochenes alleine hilft hier nicht weiter, es kann jedoch im Servicefall das richtige Medium sein. Die Nutzenerfahrung der *Conversational Interfaces* sollte vorab genau geprüft und auch mit Testkunden erprobt werden. Der *Voicebot* braucht eine robuste Spracherkennung, um die Fragen und Befehle an ihn einwandfrei zu verstehen. Hier lauern sonst die ersten Verzögerungen und Übertragungsfehler in der Auswertung. Im Gespräch sollte der Bot sowohl konsistent eine Persönlichkeit bzw. Marke verkörpern als auch zielgruppenspezifisch auf die Besonderheiten des Gegenübers eingehen können. Es macht z. B. einen Unterschied, ob ich mit einer älteren Person oder einem Jugendlichen spreche oder mit jemandem mit oder ohne besondere Vorkenntnisse zum jeweiligen Thema, so dass ggf. mehr Erklärungen benötigt werden oder vielleicht ein Dialog in vereinfachter Sprache. Der elektronische Assistent kann theoretisch jede Persönlichkeit annehmen, die benötigt wird. Die Grenzen liegen im Aufwand der Programmierung. Da es normalerweise darum geht, mit überschaubarem Budget eine größtmögliche Anzahl von Servicefällen effizient abzudecken, folgen die Dialoge meist einem klar strukturierten Ablauf oder rotem Faden. Sie versuchen dann die Bedürfnisse, die zum Anruf bzw. Nutzung des Bots führen, so gut es geht zu antizipieren und eine schnelle Problemlösung mit möglichst wenigen Varianten anzubieten. Es lohnt sich, nach dem Pareto-Prinzip die 20 % der Antworten zu konfigurieren, mit denen 80 % des Fragevolumens bedient werden können. Geschlossene Fragen, die eindeutige Weichen für das Gespräch darstellen sind dazu wichtig. Sie kennen das aus gängigen Telefonwarteschleifen. Die automatisierte Begrüßung lautet nicht: „Was kann ich für Sie tun?", sondern z. B.: „Drücken Sie Eins, wenn Sie eine neue Bestellung aufgeben möchten. Drücken Sie Zwei, wenn Sie eine Frage zu einer bestehenden Bestellung haben …" usw.

Wie bei fast jeder KI-Anwendung sind die zur Verfügung stehenden Daten ein Schlüsselaspekt für die Qualität des Dialogs, der generiert werden soll. Dabei darf nicht vergessen werden, dass zwar objektiv ein Dialog entsteht, der Bot aber nur ein Programm verfolgt, das seine Antworten sinnvoll erscheinen lässt, ohne dass das System wirklich ein Wissen oder eine Erkenntnis zum Inhalts der Konversation hätte, vergleichbar mit dem Beispiel des chinesischen Zimmers von Searle. Selbst Anbieter mit enormem Kundenwissen, wie z. B. Facebook, Amazon und Google, sind kaum in der Lage, die notwendigen Informationen für ihre Assistenten so zusammen zu setzen, dass ein annähernd individualisiertes Gespräch entsteht, dabei ist davon auszugehen, dass diese Anbieter über alle, die schon länger als ein paar Monate ihre Services nutzen, so gut wie alles wissen. Bei der Frage nach Empfehlung für Filme, Musik, einem Urlaubsziel oder Kleidungsstück könnten Bots auf Basis von Suchmaschinen- und Social Media Verläufen oder auch der Historie angesehener und gekaufter Produkte theoretisch unglaublich treffsicher sein. Spätestens seit 2015 ist durch ein Experiment mit über 80.000 Studienteilnehmer/-innen bewiesen, dass z. B. Facebook schon ab einer geringen Datenmenge von nur 10 Likes bereits bessere Prognosen zur Einschätzung von Verhalten und Persönlichkeitsmerkmalen geben kann als der Durchschnitt befragter Menschen und ab 100 Likes sogar bessere Einschätzungen als die meisten Personen aus dem engeren Freundes- oder Familienkreis (Youyou et al. 2015).

VPAs sind wie gutes Verkaufspersonal und erkennen die Kundenbedürfnisse. Anbieter stehen vor der Aufgabe, durch Beobachtung und Interpretation des Online-Verhaltens sowie Verknüpfung mit persönlichen Informationen, z. B. aus Social Media, ein Kundenprofil zu errechnen, mit dem treffsicher individualisierte Angebote möglich sind. In Zukunft wird ein Mix unterschiedlicher, engmaschig vernetzter *User Interfaces* alle verfügbaren Daten sammeln und über alle Kanäle hinweg in einer VPA-Plattform bündeln, deren Kundenwissen in einem zentralen CRM-System abgelegt ist. Das ermöglicht qualitativ hochwertigere Dialoge, fließendere Übergänge zwischen den Nutzungsszenarios und nahtloses Online Storytelling. Auf dem Weg dahin sind die Call- und Contact-Center der Gegenwart in einer Transformation. CRM- und Call-Management Systeme sind verbreitet. Selbst in kleineren Betrieben, in denen die Selbständige oder deren Assistenz das Telefon selbst bedienen, können Daten bequem parallel zum Gespräch elektronisch abgerufen und modifiziert werden. Standard-Office-Software verfügt bereits über *Computer-Telephony-Integration*. Der Computer kann direkt mit einer Telefonanlage verbunden werden und online Daten erfassen, z. B. die Telefonnummer automatisch ins Adressbuch übertragen und Kontakteinträge anlegen u. ä.. Für große Unternehmen mit Tausenden oder sogar Millionen von Kontakten sind stärker automatisierte und auf das schnelle *Call-Handling* optimierte Strukturen notwendig.

Auf Seiten der Callcenter sind fast allen Kontakten zu menschlichen Agentinnen und Agenten intelligente Systeme vorgeschaltet. Es beginnt beinahe standardmäßig mit einer *Automatic Call Distribution*-Anlage (ACD), die einen Anruf entgegennimmt und in eine Warteschleife einordnet. Sie definiert auf Basis vorprogrammierter Bedingungen die Weiterleitung. Dazu gehört fast immer ein *Interactive Voice Response-System* (IVR) mit *Automatic Speech Recognition* (ASR). So können per Sprach- oder Tasteneingabe am Telefon Fragen zur Vorqualifizierung beantwortet und der Anruf den entsprechenden Warteschlangen zugeordnet werden. Eine *Contact Management Software* regelt die Dialogführung und unterstützt die Verwaltung des Kontaktes im CRM. Die Dialoge folgen Gesprächsleitfäden, die stichwortartig bis hin zu wortwörtlich vorgegebenen Texten für die Telefonate gehen können, die lediglich vom Bildschirm abgelesen werden.

Der gesamte Prozess der telefonischen und der Online-Betreuung von Anfragen ist softwarebasiert und arbeitet mit verschiedenen Algorithmen, um das möglichst optimale Ergebnis zu den geplanten Kennzahlen zu erreichen. Dazu gehört das sogenannte *Forecasting*, also das Vorhersagen des zu erwartenden Anrufaufkommens. Das funktioniert durch Auswertung der historischen Daten des Systems. Einige Systeme, die *Outbound*, also aktiv selber anrufend, arbeiten, verwenden darüber hinaus Algorithmen, die automatisieren, welches Gespräch als nächstes initiiert wird. Sie stellen auch vorab die entsprechenden Daten für die Anrufe zur Verfügung. Die Rede ist von *Predictive* und *Preview Dialing*. Im gesamten Betrieb werden meist Gespräche zu Kontrollzwecken mitgehört. Die Kontrolle soll in erster Linie die Effizienz des Anrufaufkommens sicherstellen. Dazu werden viele Daten gemessen, wie z. B. die durchschnittliche Zeit bis zur Anrufannahme (*Average Speed of Answer*, ASA) über die die Wartezeit der Anrufenden gemessen wird, die durchschnittliche Gesprächsdauer eines Telefonats, auch als *Average Talk Time* (ATT), *Average Call Duration* oder auch *Average Handling Time* (AHT) bekannt. Die Rede ist vom Zeitraum von der Annahme des Anrufs bis zum Auflegen. Immer häufiger bewerten die Gesprächspartner/-innen im Anschluss an das Telefonat den Anruf aus ihrer persönlichen Wahrnehmung. Die Daten laufen dann auf einem *Wallboard*, einer für alle Agents sichtbaren Anzeigetafel, zusammen. Es zeigt die aktuellen Statistiken, vor allem die Zahl der noch wartenden Anrufe. Die Auflistung zeigt, in welchem Maß KI im Contact Center bereits datenbasiert unterstützt, um ein verbessertes Kundenerlebnis zu schaffen, aber eben vor allem, um Kosten zu sparen und effizienter zu werden. Das verändert auch die Rolle der Callcenter Beschäftigten.

Die Hoffnung dabei ist, dass durch die Automatisierung des Standard-Kommunikationsaufkommens mehr Zeit bleibt, in der sich die Menschen um die komplexeren Anfragen kümmern können. Menschliche Agents bilden das Rückgrat für erweiterten Support, wenn dieser benötigt wird. Diese Beschreibung entspricht im Wesentlichen der Situation heutiger Callcenter. Die ‚Live-Agenten', wie die Menschen dort genannt werden, befinden sich dabei schon in prozessual enger Zusammenarbeit mit den o.g. elektronischen Systemen. Dialoge, die wortwörtlich vom Bildschirm abgelesen werden, könnte schon jetzt eine *Text-to-Speech*-Anwendung (TTS) erledigen, aber selbst in den Fällen, in denen Live-Agents im freien Gespräch sind, werden sie möglicherweise von einer KI-gestützten Software überwacht und begleitet, die z. B. feststellt, ob zu schnell, zu langsam oder emphatisch genug gesprochen wird. Dann kann das System Bildschirmhinweise einblenden, das Sprechtempo oder den Klang der Stimme anzupassen. Alle Hinweise der Software an die Agents werden in einem Statistik-Dashboard für die Vorgesetzten zusammengefasst. Angezeigt wird auch, wenn ein/e Agent/-in die Zusatzhinweise ausblendet.

Die KI, die das Gespräch mithört, erkennt, ob z. B. schnell oder langsam, laut oder leise usw. gesprochen wird und ob demnach ein Gespräch ‚gut' läuft oder nicht. Es entsteht ein Echtzeit- oder Live-Feedback, das dem Agent die Chance gibt, in einem Gespräch, das evtl. eine weniger gute Wendung zu nehmen droht, evtl. noch einmal das Ruder herumzureißen. Dieser Ansatz zielt nicht auf den Prozess, sondern versucht, den Menschen in seinem Verhalten zu optimieren. Beim amerikanischen Versicherer MetLife kommentiert Christopher Smith, der verantwortliche Manager, den Einsatz eines solchen Systems: „Es ändert tatsächlich das Verhalten der Menschen, ohne dass sie davon erfahren. (…) Es wird eine menschlichere Begegnung" (Roose 2019).

6.2 ‚Böse' Bots

> **Zusammenfassung**
>
> Bots sind nützliche Programme, die online Aufgaben erledigen. Ob sie ‚gut' oder ‚böse' sind, hängt vom Einsatzzweck, also ihrem Auftrag ab. Von dem beachtlich hohen Anteil des weltweiten Internet-Datenverkehrs, der von Bots verursacht wird, entfällt fast ein Viertel auf sogenannte *bad bots*. Sie dienen häufig zur illegalen Datensammlung und Manipulation von Meinungen in sozialen Netzwerken z. B. durch *fake identities* oder Fake News. Da sie in ihren Handlungen online zunächst nicht von Menschen unterscheidbar sind, ist ihre automatische Entdeckung schwierig. CAPTCHAs helfen, Bots aus geschützten Bereichen fernzuhalten, insgesamt ist jedoch mehr Aufklärung und Bildung über die Erscheinungsformen und Risiken von Bots notwendig.

Bei aller Euphorie und Faszination für die komfortable Bedienung und den vielseitigen Einsatz von virtuellen Assistenten, gibt es auch eine Kehrseite der Medaille: Die bösen oder *bad bots*. Mit steigender Beliebtheit und dem steigenden Einsatz von Bots im kommerziellen Bereich, werden sie auch zum Ziel für Missbrauch und Kriminalität, insbesondere, wenn sie Transaktionen abwickeln können. Entsprechend können persönliche Kreditkarten- und Kontodaten über Bots gestohlen werden oder auch beleidigende, rufschädigende Nachrichten in Business-Kanälen veröffentlicht werden u.v.m.. Das allgemeine Bewusstsein in Bezug auf Risiken durch Chatbots ist bisher nicht besonders hoch. Vermutlich haben Scans von System-Schwachstellen die Bot-Schnittstelle als neuen Angriffsvektor identifiziert und die Angriffe auf Chatbot-Code verursacht. Auf den ersten Blick erscheint der Kanal harmlos. Je besser die Bots angepasst und je schwieriger sie von Menschen unterscheidbar sind, desto schwieriger sind auch die Risiken erkennbar. Hinzu kommt, dass nur wenige Chatbot-Angriffe veröffentlicht werden. Aus veröffentlichten Meldungen lassen sich für Dritte fast immer interessante und wichtige Einblicke in Angriffsmuster erkennen sowie entsprechende Gegenmaßnahmen vorbeugend ableiten.

Grundsätzlich sind Bots einfach Programme, die online Aufgaben erledigen und sie sind nicht ‚gut' oder ‚böse', aber der *bad bot*-Begriff hat sich durchgesetzt als Bezeichnung für ihren Einsatz im Auftrag schädlicher Interessen. Ebenso wie der Begriff ‚Schadsoftware' wird hier also eine Aussage über die Intentionen der Menschen getroffen, die diese Programme benutzen.

Zu den immer noch bekanntesten Chatbot-Angriffen zählt ein Vorfall vom 23. Juni 2018, bei dem personenbezogene Daten und Kreditkarteninformationen von 40.000 internationalen Kundinnen und Kunden von Ticketmaster UK erbeutet wurden. Der Angriff erfolgte über ein JavaScript des Drittanbieters Inbenta (Ticketmaster o. J.). In solchen Fällen werden normalerweise alle betroffenen Kunden informiert, es wird Strafanzeige erstattet und ein Team aus Cyber Security Expertinnen und Experten sowie Daten-Forensiker/-innen macht sich an die Arbeit, um herauszufinden, wie die Sicherheitsmaßnahmen umgangen werden konnten, welcher Schaden entstanden ist und wie die Schadsoftware entfernt werden kann. Dabei lernt das Unternehmen auch gleichzeitig, seine Systeme noch besser abzusichern. Die beschriebene Kompromittierung des Microsoft Twitter Chatbots ‚Tay', der in gelernter Adaption an die Inhalte und die Tonalität von Kommentaren in seiner Timeline selbst antisemitische, rassistische und sexistische Botschaften sendete, ist vielleicht der bekannteste Chatbot-Missbrauchsfall. Häufigen Missbrauch über Bots gibt es außerdem auf gängigen Online-Dating-Plattformen und Apps. Auf Tinder beispielsweise versuchen Bots, Nutzer im Chat mit Hyperlinks auf kostenpflichtige Seiten zu locken oder sogar selber Zahlungsinformationen zu erhalten (Bashir und Mimoso 2020).

Die genannten Beispiele zeigen schon etwas von der Bandbreite möglichen Missbrauchs mit Bots. Es gibt jedoch noch mehr Manipulationsmöglichkeiten. Zu den häufigsten und bekanntesten zählen sogenannte *fake identities*. Das sind gefälschte Profile, die, um sie so realistisch wie möglich zu gestalten, oft reale Social Media Profile z. B. auf Facebook, Twitter oder YouTube einfach kopieren und minimal modifizieren. Manchmal wird im Unterschied zum Originalprofil nur ein einziger Buchstabe im Namen groß oder klein geschrieben. Zwischen Oktober 2018 und März 2019 hat Facebook 3,39 Milliarden gefälschte Accounts gelöscht (Bünte 2019). Das Netzwerk geht von etwa fünf Prozent gefälschter und unerwünschter Profile der monatlichen Nutzer/-innen aus. Das entspricht ca. 137 Millionen Profilen (Brandt 2020). Diese *fake identities* werden z. B. als Follower auf Social Media verkauft, wo es eine Währung geworden ist, wie viele Menschen einem Account folgen und wie viele Likes ein Foto oder ein sonstiger Post bekommt. Im Jahr 2013 war das Phänomen der *fake identities* bei YouTube sogar so hoch, dass mehr Bots als Menschen aktiv waren und bei YouTube befürchteten einige, die automatische Missbrauchserkennung würde die Menschen als Anomalie einstufen. Die Ingenieurinnen und Ingenieure sprachen von einer ‚Umkehrung':

„At one point in 2013, YouTube had as much traffic from bots masquerading as people as it did from real human visitors, according to the company. Some employees feared this would cause the fraud detection system to flip, classifying fake traffic as real and vice versa – a prospect engineers called ‚the Inversion'." (Keller 2018)

Das Paradebeispiel für *fake identities* sind Social Media *bad bots*, die z. B. 2008/2009 im Vorfeld der amerikanischen Präsidentschaftswahlkämpfe ins Zentrum der Aufmerksamkeit gelangt sind. Sie werden als Influencer benutzt, also als Beeinflussung über die sozialen Netzwerke wie Facebook, Twitter, Instagram usw., zur Verbreitung von Propaganda der einen oder anderen Seite. Sie treten nicht vereinzelt auf, sondern sind ein Massenphänomen. Sie werden von einem oder mehreren zentralen Stellen kontrolliert, deren klares Ziel die Manipulation öffentlicher Meinung z. B. vor Wahlen ist. Dieses Phänomen darf keinesfalls unterschätzt werden: Es ist ein überschaubarer Aufwand 100.000 Bots zu erstellen, die eine bestimmte Meinung in die Netzwerke posten. Diese Maßnahme untergräbt die demokratische Teilhabe realer Bürgerinnen und Bürger signifikant. Ihre Stimmen sind plötzlich ein mikroskopischer Anteil der vermeintlichen öffentlichen Meinung, die durch die Bots völlig verzerrt werden kann.

Es ist selten, aber es gibt auch den umgekehrten Fall, in dem sich Menschen als Bots ausgeben, meist mit dem Ziel, künstliche Intelligenz, z. B. Produkte ihrer eigenen Firma oder Branche als besonders fortgeschritten darzustellen. Außerdem gibt es *fake businesses*. Das sind Websites von fiktiven Unternehmen. Eine Shopping-Website ist heute in wenigen Stunden angemeldet und online. Diese Art von Fälschung ist einfach zu erstellen und vielfach kopierbar. Verkauft werden Produkte, die es gar nicht gibt.

Schließlich gibt es enorme Mengen weiterer Inhalte, die gefälscht oder manipuliert sind. Das können Videos auf YouTube oder Artikel in Blogs sein. Mittels GAN-Technologie können Bilder von Gesichtern und ganze Filme, Interviews usw. erstellt werden, die nur schwer von wirklich lebenden Personen oder wirklich geschehenen Ereignissen unterscheidbar sind. An dieser Stelle ist der inzwischen geflügelte Begriff der Fake News nicht mehr fern. Sie führen zu *fake politics*, der Ausnutzung sozialer Netzwerke, um mittels gezielter Desinformation und subtilen Framings die öffentliche Meinung zu manipulieren. Eine umfangreiche Übersicht aller möglichen Sorten von *bad bots* listet das Open Web Application Security Project (OWASP) in seinem ‚Automated Threat Handbook' (OWASP 2018).

Natürlich gibt es ganz unabhängig von KI oder Chatbots keine 100-prozentige Sicherheit, weder online noch offline. Besonders in der innovationsgetriebenen und sich permanent aktualisierenden Online-Welt bedeutet Sicherheit einen schnellen und permanenten Wettlauf. Das zeigt u. a. der jährliche ‚Bad Bot Report' der amerikanischen Online-Security Firma Imperva, der im April 2020 bereits zum siebten Mal veröffentlicht wurde, in dem Jahr unter dem Titel ‚Bad Bots Strike Back'. 2019 stieg der von *bad bots* verursachte globale Internet-Datenverkehr auf seinen höchsten Stand seit Beginn der Messungen. Imperva hat für das Jahr 2019 neben 62,8 % von Menschen verursachten Datenverkehrs 24,1 % Datenverkehr von *bad bots* gemessen. Ebenfalls in diesem Zusammenhang gestiegen ist der Anteil der sogenannten *advanced persistent bots* (APBs) (Imperva 2020). Das sind Agenten, die auf einem relativ hohen Entwicklungsniveau programmiert sind. Sie durchsuchen zufällig ausgewählte IP-Adressen und dringen über anonymisierte Proxy-Server in die Zielsysteme ein. Sie wechseln ihre falschen Identitäten und imitieren menschliches Verhalten. Wenn sie einmal eine Log-in-Sperre mit gestohlenen Zugangsdaten überwunden haben, sind diese Bots schwierig zu identifizieren und können deswegen länger unentdeckt bleiben. Auch wenn es sich hierbei um ausgeklügelte Systeme handelt, ist ihre künstliche Intelligenz überschaubar. Sie werden benutzt, um vorzugsweise vertrauliche Daten zu sammeln. Im dem Report berichtet die Security Firma von einem erfolgten *brute-force-login*-Angriff, bei dem über 60 Stunden hinweg 44 Millionen Login-Versuche stattfanden (Ebd.). Solche Attacken sind aufgrund der Verfügbarkeit von Milliarden gestohlener Daten im Internet möglich. In dieser Größenordnung verursachen die Angriffe möglicherweise auch Schaden, wenn sie misslingen, d. h. auch wenn es nicht gelingt, das Ziel zu knacken. Grund ist die massive Datenlast, die innerhalb von kurzer Zeit auf einen Server einströmt und zur Verlangsamung oder sogar Absturz des gesamten Systems führen kann, das den Datenansturm abarbeiten muss. Das ist fast vergleichbar mit den gefürchteten *Distributed Denial of Service* (DDoS)-Angriffen, bei denen Webserver lahmgelegt werden, indem sie in kürzester Zeit mit Millionen bzw. sogar Milliarden von Abrufen geflutet werden. Der Unterschied zu den DDoS-Attacken liegt u. a. darin, dass diese sich auf anderen logischen Ebenen des Netzwerks abspielen. Gemäß OSI-Schichtenmodell der International Standards Organisation (ISO), finden die Bot-Aktivitäten auf der Anwendungsschicht statt, während die volumetrischen DDoS-Attacken auf den tieferen Netzwerkprotokoll-Ebenen angreifen. Das ist der Grund für die erwähnte Schwierigkeit, manche Bots online von Menschen zu unterscheiden: Bots, die guten wie die bösen, fallen in die Kategorie sogenannter *automated application layer attacks*, also Angriffe auf der Ebene des Netzwerks, auf der die Programme laufen, die von Menschen bedient werden. Bots interagieren mit den Programmen wie Menschen. Auf sehr vielen Websites sind deswegen automatisierte Turing Tests vorgeschaltet, bevor Zahlungsinformationen eingegeben werden können, um sicherzustellen, dass ein Mensch die Eingaben macht. Dabei handelt es sich um sogenannte ‚CAPTCHAs'. Das Akronym steht für ‚Completely Automated Public Turing test to tell Computers and Humans Apart'. Typischerweise wird ein Block aus mehreren Bildern gezeigt, in dem die Bilder angeklickt werden sollen, deren Motiv mit einem geforderten Schlüsselwort übereinstimmt, z. B. Bilder mit Brücken, Ampeln, Bussen, Fahrrädern usw. Es ist nur eine Frage der Zeit, bis Bots auch CAPTCHAs lösen, aber bis auf Weiteres erhöht diese Abfrage die Sicherheit adäquat und erschwert es *bad bots*, alle möglichen Arten von Missbrauch mit Daten und Systemen zu verursachen und Websites, Apps und APIs anzugreifen. Der Hauptzweck von Bots, den guten wie den bösen, ist es, Daten zu sammeln. Die *bad bots* sammeln und kopieren Daten von Wettbewerbern ihrer Auftraggeber/-innen für unterschiedliche Auswertungen. Manche Bots stellen persönliche und finanzielle Daten zusammen, um sich unberechtigt Zugang zu geschützten Bereichen zu verschaffen oder sie nutzen falsche Identitäten für Betrugsgeschäfte. Bei *man-in-the-middle*-Angriffen werden andere Chatbots nachgeahmt, um per Phishing oder *Social Engineering* reale Nutzer/-innen zu Dateneingaben zu motivieren. Bei Phishing werden meist Links auf gefälschte Seiten zugespielt, wo dann Daten in Webformularen ‚abgefischt' werden, im schlimmsten Fall Kreditkarteninformationen oder sonstige Bezahldaten, die zu sofortigem Missbrauch führen können. Beim *Social Engineering* geht es um das Ausspionieren persönlicher Informationen im Gespräch, oft über einen längeren Zeitraum. Dafür sind sehr gute Dialogfähigkeiten erforderlich, sonst bemerken Menschen den Schwindel schnell.

Der unstillbare Hunger nach mehr und besseren Daten führt zu einer regelrechten Industrialisierung der Datensammlung im Internet. Auch hier wird es schwieriger, die guten von den bösen Bots zu unterscheiden. Imperva diagnostiziert das Phänomen der ‚Bad Bots as a Service' und identifiziert dazu offene, kommerzielle Angebote im Netz, die Business Intelligence-Leistungen wie z. B. ‚Pricing Intelligence', ‚Alternative Data for Finance' oder ‚Competitive Insights' verkaufen (Ebd.). Da Marktinformationen für Unternehmen wichtig sind, blühen diese Geschäftsmodelle, die z. T. auf zweifelhaften Methoden der Informationsbeschaffung fußen. Die Grenzen sind fließend. Millionen Preise von Millionen von Produkten werden täglich verglichen und um das überhaupt möglich zu machen, muss die Suchmaschine die Preise kennen. Die sogenannten *data-scraping bots*, Agentenprogramme, die Daten sammeln, können also nicht generell als *bad bots* klassifiziert werden. Seit 2019 wundern sich viele Online-Händler, wer wohl John Smith aus Mountain View sei, der in ihren Shops eine Spur aus verlassenen Einkaufswagen hinterlässt. Dabei handelt es sich um einen Google-Bot, der überprüft, ob die Preise, die von den Händlern bei Google hinterlegt werden, auch tatsächlich die gleichen sind, die den Kunden berechnet werden. (Rixecker 2020). Für die Suchmaschine ist das relevant, weil es maßgeblich die Qualität von Google Shopping beeinflusst, ob korrekte Preise angezeigt werden oder ob die Kunden beim Check-out an der Kasse eine negative Überraschung erleben. Letzteres würde mit der Zeit zu immer weniger Traffic führen, die Reichweite der Suchmaschine senken und sie damit für ihre Haupteinnahmequelle, die Werbekunden, unattraktiver machen. Schlechte Datenqualität kostet bares Geld. Ursache wären die Händler selbst, die sich zugunsten von vereinzelten, kurzfristigen, scheinbaren Vorteilen ihre eigene Zuführungsplattform durch Preismanipulationen verderben würden.

Insgesamt stellen Bots einen maßgeblichen Faktor der Kosten für die Internet-Infrastruktur dar. Wenn in der genannten Größenordnung von 24,1 % Bot-Traffic durch das Netz strömt, so bedeutet das massive Kosten im Jahr. Websites mit hohem Bot-Traffic müssen dafür sorgen, dass der technische Zugang für menschliche Besucher/-innen dadurch nicht verlangsamt oder sogar verhindert wird und somit sinkende Zugriffszahlen oder eine sinkende Zufriedenheit mit dem Angebot riskiert wird. Außerdem sind Auswertungen, die über die Website und ihre Nutzung gemacht werden, tendenziell durch die von den Bots verursachten Kennzahlen verzerrt. Dieser Aspekt trifft auch auf die nützlichen Bots zu. Sie sorgen z. B. im Netz dafür, dass Websites besser gefunden werden. Die Google- und BingBots z. B. indexieren als Suchmaschinen-Crawler das gesamte Internet und helfen dabei, Unternehmen und Produkte überhaupt auffindbar zu machen. Bot-Traffic ist immer ein Spiegel menschlichen Surfverhaltens. Bei 37,8 % Datenverkehr durch Bots wird es wichtig, bei Analysen zur Website-Nutzung, z. B. für Optimierungen in der Struktur oder für Online-Werbung, die Bots von echten menschlichen Anfragen unterscheiden zu können (Ebd.). 2017 kamen über zwölf Prozent des gesamten Datenverkehrs von *Feed Fetcher*-Bots. Mehr als ein Drittel von ihnen waren von Facebook. *Feed Fetcher* helfen, z. B. die Facebook-Feeds in der mobilen App zu aktualisieren. Das heißt, über vier Prozent des gesamten Internetverkehrs von 2017 wurden allein durch die Bot-Aktivitäten von Facebook zur Aktualisierung der persönlichen Feeds in der Facebook-App verursacht. Der Wert zeigt, was für ein digitaler Gigant Facebook ist. Bei all dem Bot-Gewusel müssen diese Agenten auffallen und das passiert auch. Bots und Menschen treffen oft aufeinander. Während Datensammler ihre Arbeit unsichtbar erledigen, sind andere Bots oft leicht zu erkennen: Spambots sind z. B. in vielen Kommentarbereichen in den sozialen Netzwerken und Twitterbots füllen die Timelines anderer Nutzer/-innen mit unterschiedlichstem

Zeug von Marketingbotschaften über politische Propaganda und Aktivismus bis hin zu purem Unsinn.

Die bösen Bots sind auch ein Spiegel menschlichen Erfindungsreichtums, wenn es darum geht, seine Artgenossen auszutricksen und zu übervorteilen. Online-Sicherheitshygiene ist mühsam, aber sie hilft potenziellen Angriffszielen zur effektiven Verteidigung. Das sind Maßnahmen, die bei der Server-Administration und Software-Entwicklung bekannt sind, beginnend bei der Anforderung einer Multi-Faktor-Authentifizierung zur sicheren Überprüfung von Identitäten bevor persönliche Daten oder sogar Zahlungsinformationen über einen Chatbot laufen. Das gilt auch für Services, die noch keine Chatbots einsetzen. Im Bankwesen, z. B. bei der Online-Kontenführung sind diese Verfahren in der EU seit dem 14. September 2019 gesetzlich vorgeschrieben. Ebenfalls Standard sollte sein, die verwendete Software regelmäßig zu aktualisieren und somit sicher zu stellen, dass Updates und Patches zeitnah installiert sind. Es werden immer wieder Fehler und Sicherheitslücken in bestehenden Installationen gefunden, die durch solche Patches berichtigt bzw. geschlossen werden. Für Unternehmen und Privatpersonen gilt die Empfehlung zur Datenverschlüsselung. Datenschutz fordert die Festlegung einer rechtskonformen Speicherdauer personenbezogener Daten. Zu guter Letzt sollten Nutzer/-innen stärker in Bezug auf Risiken sensibilisiert und geschult werden. Die Dialogfähigkeiten von Bots werden immer besser und Konversationen sind online oft anonym. Deswegen ist Schutz vor *Social Engineering* durch Bots und andere Methoden ein wichtiges Thema für alle (Bashir und Mimoso 2020).

6.3 Jeder Erst-Kontakt wird ein Bot-Kontakt

> **Zusammenfassung**
>
> Es ist unmöglich, sichere Prognosen zur Zukunft zu machen. Dafür gibt es genug Beispiele. Die technischen Entwicklungen in der IT-Services und Netzwerkindustrie sowie in der Softwarebranche und im KI-Bereich legen aber nahe, dass es nur eine Frage der Zeit ist, bis alle Menschen auf der Welt einen virtuellen persönlichen Assistenten (VPA) haben, der wie ein Concierge im Netz alles erledigt, was wir bisher selbst mit unseren Smartphones und Computern er-wischen und er-klicken bzw. telefonisch erledigen. Der VPA wird ‚das intelligente Interface für alles' und vertritt als solches ausschließlich unsere eigenen, persönlichen Interessen. Darin liegt der wesentliche Unterschied zu allen bestehenden Unternehmen, Services und Systemen.

„Prognosen sind schwierig, besonders, wenn sie die Zukunft betreffen". Vielleicht haben Sie das schon einmal online irgendwo gelesen. Im Internet werden diese Worte Karl Valentin, Mark Twain, Georg Christoph Lichtenberg, Kurt Tucholsky, Winston Churchill und einigen anderen zugeschrieben. So oder so sind sie wohl wahr. Selbst KI-Modelle, die in ihrer jeweiligen Disziplin meistens Prognose-Champions sind, erreichen keine 100-prozentige Sicherheit. Die Zukunft ist ungewiss. Ebenso wie die Zeit an sich, ist sie ein menschliches Konstrukt und es gelingt nicht, über die Grenze des Augenblicks hinweg zu sehen. Vorhersagen, die ein gewisses Maß an Komplexität berücksichtigen müssen, schlagen meist mehr oder weniger spektakulär fehl. Das gilt auch im Technologie-Bereich und einige Irrtümer sind sehr bekannt geworden, z. B. die Behauptung von Ken Olsen, dem Gründer von Digital Equipment Corp., der 1977 gesagt haben soll, es gäbe keinen Grund, warum jeder einen Computer zu Hause haben sollte. Heute stehen in jedem Haushalt Computer und abgesehen von den Geräten, die offensichtlich als Computer erkennbar sind, gibt es neben Tablets und Smartphones mit Sicherheit noch einige Dutzend weitere Geräte, die Mikrochips enthalten und irgendeine Art von Berechnung zu ihrem Betrieb durchführen, die 1977 wahrscheinlich als ‚computing' durchgegangen wäre. Heute stellt sich die Frage, wie viele der Geräte in persönlichem Besitz mit dem Internet verbunden sind und schon sehr bald, wie viele von ihnen untereinander kommunizieren. 2004 versprach ein optimistischer Bill Gates, dass das Spam-Problem in zwei Jahren gelöst sein werde. In der Zeit von 2000 bis 2006 entwickelte sich das weltweite E-Mail Aufkommen von ca. 8,2 Milliarden auf geschätzte 171 Milliarden E-Mails pro Tag. 2006 erhielt allein der deutsche Dienst T-Online täglich eine Milliarde Spam-E-Mails. Das entsprach 97 % des gesamten T-Online E-Mail-Verkehrs. (absolit 2009). Heute scheint es, als sei der Kampf gegen Spam aufgegeben. Täglich werden über 300 Milliarden Mails versendet und über 90 % davon sind Spam. Bis 2024 wird ein weiteres Wachstum von ca. 20 % prognostiziert, aber Prognosen sind natürlich so eine Sache (Statista 2021). Selbst Steve Jobs war nicht vor Irrtümern gefeit. Am 03.12.2003 erklärte er das Abonnement-Modell für den Kauf von Musik als gescheitert.

Sollte ich mich also irren, so wäre ich in bester Gesellschaft, aber ich bin mir sicher, dass es noch maximal 10 bis 15 Jahre dauert, bis aus meiner These ‚Jeder Erstkontakt wird ein Bot-Kontakt.' die Wahrheit ‚Jeder Erstkontakt *ist* ein Bot-Kontakt.' geworden ist. Kommerzielle Kommunikation ohne *Conversational Interfaces* und *Voicebots* ist kaum noch denkbar. Trotz Cybersecurity-Risiken und trotz Missbrauchsfällen wird KI ihren Siegeszug im Alltag fortsetzen. Durch Spracherkennung wird KI zum permanenten

Begleiter in Form persönlicher digitaler Agenten, die in unserem Auftrag allerlei Verrichtungen ausführen werden. Das beginnt mit Services wie Bankgeschäften, Reisebuchungen, Einkäufen und Recherchen erledigen und setzt sich früher oder später in der physischen Welt fort z. B. durch autonome Fahrzeuge und eine Menge Technologien, die die digitale mit der physischen Welt verschmelzen werden wie Augmented-, Virtual- oder Mixed Reality. Die Überlagerung dieser Wahrnehmungsebenen wird zur Normalität und erweitert den Spielraum der persönlichen digitalen Assistenten. Immer kleiner und billiger werdende Mikrochips und Sensoren werden überall eingebaut und beginnen zu senden. Immer mehr Dinge beginnen miteinander und mit Menschen zu kommunizieren. Das *Internet of Things* wächst explosionsartig und so ziemlich alles kann immer ansprechbar und abrufbar sein, egal, ob es sich um einen Produktionsroboter, persönliche Transportmittel oder Alltagsgegenstände wie Kaffeemaschine oder Toaster handelt. Rein technisch ist es leicht, alles ansprechbar zu machen. Ob etwas letztlich tatsächlich so smart und vernetzt gebaut wird, wird von der Bequemlichkeit oder sonstigen Nutzen abhängen, die damit erreicht werden können und sicher auch vom Geschäftsmodell, in das so ein Service und so ein Gerät passt. Als Co-Founder eines KI-Start-ups arbeite ich selbst daran mit, einen offenen Standard zu etablieren, über den *Voicebots* miteinander sprechen können.

Noch sprechen Menschen mit relativ wenigen Maschinen, darunter vor allem Smart Speaker, Smartphones und Autos. Im letzteren Fall liegt der Nutzen nahe, denn beim Fahren z. B. die Navigation durch Sprachbefehle zu bedienen und dabei die Hände am Lenkrad zu lassen ist einfach sicherer. Leistungsfähige Spracherkennung ist die Schlüsseltechnologie für die zukünftige Mensch-Maschine-Verbindung: KI wird UI – bzw. Sprache wird durch KI zum ultimativen *User Interface*. *Conversational Interfaces* senken die Einstiegshürden, denn Sprache ist schriftlich und gesprochen alters- und Nutzergruppen-übergreifend einsetzbar. Selbst Gruppen, die von Einstiegshürden betroffen sind, bspw. sehr alte Menschen oder auch auf Barrierefreiheit angewiesene Nutzer/-innen mit Hör- oder Sehschwächen, finden über die Bots einfacheren Zugang zu Online-Services. Die Kommunikation über natürliche Sprache verläuft intuitiver und erfordert weniger technische Vorkenntnisse zur Gerätebedienung und selbst wenn ein Gerät keine gesprochene Sprache versteht, so sind die Texteingabefenster der Bots vergleichsweise genügsame Varianten der sonst z. T. grafisch aufwändig gestalteten Benutzeroberflächen. Auch in der Programmierung stehen viele Ressourcen fertig zur Verfügung, so dass es einfacher geworden ist, in kurzer Zeit und zu geringen Kosten Bots zu integrieren.

Auf dem Weg zum universellen Helfer und zum Eingangstor für alles, sind die ersten Etappen genommen. Wir sagen z. B. dem Bot, was wir suchen, damit die KI es für uns findet. Es wird als bequem empfunden, im Web schnell Informationen, Adressen, Produkte usw. suchen zu können oder etwas zu suchen und dann direkt online bestellen zu können. Genau das machen Menschen inzwischen eben auch einen großen Teil ihrer Zeit: Sie suchen ununterbrochen irgendetwas und sind tatsächlich mehrheitlich jeden Tag stundenlang mit der Bedienung von Glasflächen und Tastaturen beschäftigt. Einigen macht das Spaß und sie surfen den ganzen Tag, gucken dies und das an, und konsumieren jede Menge Zeug, Texte, Bilder, Audio und Video. Das ist ein bisschen so, als würden Sie den Dachboden ausmisten und eine Menge interessanter Dinge finden, nur ist der digitale Dachboden so groß wie ein ganzer Planet und es gibt neben altem Zeug jede Menge neuer Sachen und dabei sehen wir meist nur eine kleine Sprachauswahl. Das sind zu viele Informationen und manche Menschen verlieren sich auch darin. Sie bleiben in Social Networks hängen, deren Algorithmen darauf optimiert sind, genau das zu liefern, wofür sie sich am meisten zu interessieren scheinen. Viele wollen nur einmal ein paar Minuten durch ihren Feed scrollen und stellen eine Stunde später fest, dass sie die Zeit völlig aus den Augen verloren haben. Die Flutung bzw. Überflutung mit Informationen ist für KI kein Problem. Facebook versucht beispielsweise mit ‚DeepText', einem *Deep Learning* Algorithmus, Textinhalte mit nahezu menschlicher Genauigkeit zu verstehen, allerdings parallel von mehreren Tausend Postings oder Nachrichten im Messenger pro Sekunde und in mehr als 20 Sprachen. Die *Deep Learning Engine* soll sichern, dass sich das Modell verbessert, je mehr Input es erhält und an Textinput herrscht im sozialen Netzwerk kein Mangel. Im Ergebnis soll DeepText Inhalte klassifizieren, um Texte nach Themenrelevanz zu filtern und auf Basis der erfassten Inhalte neue, passende Angebote zu machen. Theoretisch könnten bei positiven Reaktionen auf Urlaubsfotos Dritter direkt entsprechende Reiseangebote gemacht werden. Im Grunde ist das alles mehr desselben, das schon beim permanenten Suchen nach irgendwelchen Dingen im Netz passiert, denn Reiseangebote müssen nicht nur auf ein Ziel, sondern auch auf einen Kontext passen, z. B. ob gerade Ferienzeit ist, ob mit oder ohne Kinder verreist wird, ob der kommentierte Urlaub ins eigene Budget passt usw. Eine sprechende, vor allem aber auf Ihre individuellen Bedürfnisse personalisierte KI kann viel Zeit, Mühe, Nerven und auch Geld sparen. Voraussetzung dafür wäre, dass sie tatsächlich in Ihrem Interesse aktiv wäre und nicht, wie fast alle heute eingesetzten Assistenten nur dazu dient, einem Anbieter oder der werbetreibenden Industrie insgesamt, laufend Hinweise auf das persönliche Online-Kaufverhalten zu geben.

Es gibt schon Tausende von Bots in Unternehmen, die den Erstkontakt übernehmen und auch das komplette Anliegen bearbeiten. Ein extrem effizientes Beispiel ist ‚Jim', ein Bot, der bei der Online-Versicherung Lemonade die Schadenabwicklung unterstützt. Dabei erledigt Jim nicht nur kommunikative Zuleitungs- und Verteilungsfunktionen, sondern übernimmt konkrete Aufgaben in verschiedenen Prozessen. Ende 2019 sorgte der Bot für Schlagzeilen als das System in nur drei Sekunden eine komplette Schadenabwicklung erledigte, inklusive Überprüfen der Forderung anhand von 18 Anti-Betrugs-Algorithmen, Erstellen der Genehmigung und Anweisen der Bezahlung auf das Konto des Kunden (Jürschick 2019). Die Nutzenerfahrung ist optimal: In drei Sekunden erwarten Sie vielleicht nur die Bestätigung des Eingangs der Forderung, stattdessen erhalten Sie die Erledigungs- und Überweisungsmitteilung des Versicherers.

Die meisten Menschen wollen gar nicht selber suchen. Einem Bot einfach zu sagen, wonach man sucht, ist komfortabel. Geht es um den Kauf von Produkten, so brauchen Sie Unterstützung bei der Auswahl des richtigen Angebots. Bots könnten schon heute mit ihrem gesammelten Wissen sowie entsprechenden Auswertungen sehr individuell passende Empfehlungen geben, die den Kundenbedürfnissen entsprechen, ohne dass diese explizit geäußert werden müssen. Das ist eine erlernte und gewohnte Nutzenerfahrung, die schon bei der Google-Suche erkennbar ist. Die Ergebnisse der Suchmaschine sind oft so gut, dass nur wenige die zweite Seite überhaupt ansehen. Es hat sich anscheinend so etwas wie eine intrinsische, fast unbewusste Erkenntnis gebildet, dass die uns umgebende digitale Welt schon soweit wie möglich vorkonfiguriert sei, um unseren Bedürfnissen so schnell und so gut wie möglich zu entsprechen. So eine Erkenntnis ist das Ergebnis einer positiven Nutzenerfahrung und damit in ihren Auswirkungen sehr mächtig. Wann immer Menschen eine positive Erfahrung machen wird sie umgehend zum Gradmesser für alle nachfolgenden, ähnlichen Erfahrungen. Mit ‚umgehend' ist die gleiche Sekunde gemeint, in der die Erfahrung passiert. Im Online-Geschäft bedeutet es, dass jeder kundenbezogene Prozess und jeder Kundenkontaktpunkt diesen Benchmark-Bewertungen ausgesetzt ist. Kundinnen und Kunden vergleichen und bewerten bewusst oder unbewusst direkt mit ihrer bisherigen besten persönlichen Erfahrung. Entsprechend erwarte ich geradezu eine Ernte meiner Datensaat, zumindest in der Weise, dass ich proaktiv informiert werde, schnell zu passenden Lösungen geleitet werde und im Idealfall sogar zukunftsgerichtete Informationen zu meinem persönlichen Nutzen rechtzeitig vorab erhalte. Das kann die Ankündigung einer bevorstehenden Wartung, die Warnung vor einer riskant werdenden Aktienanlage oder einfach eine Routen-Empfehlung für die Urlaubsreise gemäß der Verkehrs- und Wetterprognosen zum Wochenende sein. Viele Menschen sind sich der Datensammelwut ihrer Smartphones und Tablets, der Apps und Websites die sie nutzen und vieler anderer Systeme bewusst. Die Argumente der sammelnden Anbieter sind immer die gleichen: Es gehe um die Bereitstellung passender Produkte, um die Entwicklung von Portfolios gemäß individualisierter Ansprüche usw., manchmal wird auch profan zugegeben, dass die Daten der Optimierung von Werbeausspielungen dienen. Problematisch an dieser Situation ist, dass diese Anbieter-Argumente und -Versprechen schwächer werden und immer weniger eingehalten werden. Wird denn die individualisierte Werbeausspielung tatsächlich immer besser, qualitativ hochwertiger und treffsicherer an den Bedürfnissen optimiert, so dass sie im besten Falle schon gar nicht mehr als Werbung wahrgenommen wird? Oder werden einfach immer mehr Daten über immer mehr Details von Individuen angehäuft, ohne dass sich die Situation für diese spürbar verändert? Aus Anbietersicht steht hier in jedem Fall der Datenschutz und speziell in Deutschland und Europa die Datenschutz-Grundverordnung im Weg. Die Gesetzgebung erschwert tatsächlich die Personalisierung von Angeboten und auch die Sammlung und Auswertung von Daten schon im Keim, da sie auf dem Prinzip des ‚Verbots mit Erlaubnisvorbehalt' gilt. Demnach ist jede Form der personenbezogenen Datenverarbeitung verboten, es sei denn sie wird durch eine Rechtsgrundlage legitimiert oder erfolgt mit der ausdrücklichen Einwilligung der betroffenen Person. Verstöße sind mit empfindlich hohen Bußgeldern belegt. Um vor diesem regulatorischen Hintergrund, überhaupt noch in größerem Stil Daten verarbeiten zu können, wird mit sogenannter ‚Pseudonymisierung' gearbeitet. Dabei werden die Namen oder sonstigen eindeutigen Identifikationsmerkmale von Personen durch Pseudonyme, meistens Zahlen- oder Buchstabenkombinationen, ersetzt. So wird es sehr schwer, wenn nicht unmöglich, einzelne Personen eindeutig zu identifizieren und auch größere Datenmengen können grundrechtskonform verarbeitet werden (BMWI o. J.).

Die restriktive und weltweit zu den strengsten zählende Datenschutzgesetzgebung Deutschlands und der EU wird seit Inkrafttreten am 25. Mai 2018 von allen Werbetreibenden und der gesamten Marketingbranche ohne Unterlass bejammert und beklagt und beschimpft. Aus Sicht der Endverbraucher/-innen und des Gesetzgebers ist sicher kritisch zu sehen, dass den Unternehmen bei der Umsetzung des Gesetzes im Internet nichts Besseres eingefallen ist, als ihre Websites mit Erklärungen und Rechtstexten zu pflastern, die Besucher/-innen mehr diffus und verklausuliert als deutlich, vermitteln, dass sie mit Akzeptieren der jeweiligen Bedingungen auf Datenschutz verzichten. Aus Marketingsicht ist das ein Armutszeugnis. Besonders armselig ist es überall dort, wo die Seitenbetreiber auch noch mit allerlei grafischen Tricks arbeiten, um die User zu überlisten, den minimalsten Datenschutz für sich anzuklicken – leicht erkennbar z. B. an der Anordnung und Färbung der entsprechenden Buttons. Besonders frech verhalten sich Seiten, die Datenschutz-bewusste Surfer/-innen an die z. T. Hunderte von Partnern weiterleiten, mit der Einladung, deren Datenschutzbestimmungen durchzulesen. Ob solche Seiten überhaupt noch besucht werden sollten, ist sicher eine Haltungsfrage. Genau mit der Haltung ist es aber in Bezug auf Datenschutz bei den meisten anscheinend nicht so weit her. Das belegt zumindest das ‚Privatsphären-Paradox'. Demnach behaupten die meisten Menschen, sie wollten ihre Privatsphäre schützen, während sie zur gleichen Zeit tatsächlich ihre persönlichen Daten sehr leichtfertig aus der Hand geben. Dieses Phänomen ist vielfach beobachtet, doch weniger häufig akademisch untersucht. Susan Athey von der Stanford Graduate School of Business hat 2017 ein Arbeitspapier mit dem Titel: „*The Digital Privacy Paradox: Small Money, Small Costs, Small Talk*" veröffentlicht. Darin dokumentiert sie die Ergebnisse eines Experiments, in dem Hunderten von Studierenden das Angebot gemacht wurde, eine Gratis-Pizza zu erhalten, wenn sie dafür drei E-Mail-Adressen von Freunden nennen würden. Fast alle gingen auf das Angebot ein. (Athey et al. 2017). Ein weiterer Teil des Experiments bot ein Bitcoin-Konto an, für das verschiedene Einstellungen zur Privatsphäre angeboten wurden. Hier entschied sich die Mehrheit der Probanden für die oberste der angebotenen Optionen, statt für die mit dem meisten Schutz. Des Weiteren wurde nahegelegt, die Daten zusätzlich zu verschlüsseln und auch hier brach die Hälfte derjenigen, die auf den Vorschlag eingingen, den Prozess ab als klar wurde, dass die Codierung einige Minuten dauern würde. Fazit des Experiments ist, dass die meisten Menschen sich für den Schutz ihrer Daten keinerlei Mühe geben möchten, selbst wenn sie das Gegenteil behaupten. Das Verhalten ist bekannt, denn Menschen wollen auch Umweltschutz und essen trotzdem Fleisch und fliegen über das Wochenende in eine andere Stadt; sie wollen gesund sein und rauchen und konsumieren Zucker und sie demonstrieren für Demokratie und Meinungsfreiheit und verpassen, zur Wahl zu gehen und sind intolerant gegenüber Andersdenkenden usw. Der Abstumpfungseffekt, der eintritt, wenn online permanent Datenschutzregeln oder Cookie-Freigaben zugestimmt werden muss, trainiert geradezu die Ignoranz des Datenschutzes. An dieser Stelle wird auch die Gesetzgebung stumpf und es kommen Zweifel am Sinn der Maßnahmen auf.

‚Das intelligente Interface für alles!'

Auf der anderen Seite ist es so, dass ein kontrollierter Verzicht auf Datenschutz bzw. die kontrollierte Freigabe persönlicher Daten an einen zentralisierten, autorisierten Dienst, massive Sprünge beim Zuwachs von persönlicher Lebensqualität und Zeitgewinn bedeuten kann. Der Bot wird zu einem VPA in neuer Qualität. Eine Online-Suchanfrage an den VPA geschieht dann unter voller Nutzung aller zur Verfügung stehenden Informationen des Benutzers bzw. der Benutzerin. Dazu gehören individuelle Profilinformationen wie die Standardangaben zu Adresse, Geburtstag und -ort, Kontaktinfos über Mail- und Social Media Konten, aber evtl. auch persönliche biometrische Daten wie Größe, Gewicht, Augen- und Haarfarbe, Allergien usw. Dazu kommen Angaben zu favorisierten Entscheidungen, also Lieblingsessen, -Farben, Stoffe, Städte, Tiere, Markenpräferenzen in den unterschiedlichsten Kategorien von Marmelade über Bettwäsche bis hin zu Autos, politische und sexuelle Orientierung sowie der gesamte Kontext des Verlaufs von Kalender, Orten, Kaufhistorie, Kontostand usw. Schon die kurze Auflistung zeigt die quantitative Fülle von Kategorien und möglichen Inhalten. Ein solcher VPA ‚kennt' ‚seinen' Menschen, besser als dieser sich selber kennt. Diese Form von Informations-Integration ist für Menschen normal und alltäglich, wenn auch unbewusst. Für ein Datenmodell stellt die Aufgabe eine extreme Komplexität dar, wenn die KI mehr als die üblichen Standardentscheidungen treffen soll. Diese Vision von Datenintegration gibt der Idee eines persönlichen digitalen Assistenten eine völlig andere Dimension. Ein solcher VPA ist in vielerlei Hinsicht ein zuverlässiges Alter Ego seiner Nutzer/-innenpersönlichkeit und muss das auch sein, um wirklich adäquat und relevant diese Agentenfunktion ausüben zu können. Diese Art VPAs sind die Zukunft und sie werden natürlich auch über das gesprochene Wort gesteuert, wann immer das möglich und passend ist. Weitere Bedienungsmöglichkeiten sind natürlich Nachrichten und Texteingaben oder weitere Kanäle, z. B. Augenbewegungen, aufgezeichnet mit einer Augmented Reality Brille o. ä.. Offen, aber mit Sicherheit ein zunehmend interessantes Feld werden direkte Verbindungen ins Gehirn sein.

Selbst mit Befehlseingabe lediglich per Sprache- oder Text werden VPAs mit dem geschilderten Grad von Informations-Integration sowie allen Schnittstellen zu den relevanten Services und Online-Ressourcen definitiv die ‚Killer-App' der Zukunft. Dieses ‚nächste große Ding' hätte das Potenzial, die Smartphones zu ersetzen. Der VPA selbst ist eine Cloud-Anwendung und der Zugang kann beliebig ausgestaltet werden, z. B. über Armbänder, Ohrhörer usw. Bildschirme werden für visuelle Informationen benötigt. Viele der heutigen Apps ließen sich als reine Sprachdialoge erledigen, in dem die Interaktion mit dem VPA wie in einem Telefonat funktionieren kann. Solche Assistenten könnten neben der herkömmlichen Suche völlig andere Aufgaben übernehmen, wie Produkte recherchieren, Angebote vergleichen, verhandeln und kaufen. Er bzw. es kann Reisen buchen, Kalender führen und perspektivisch auch Vertreterfunktionen bei Stimmabgaben mit Vollmacht haben, wie z. B. bei Aktionärs- oder Eigentümerversammlungen.

Undenkbar? Abwarten. Aufgaben auf diesem Niveau werden nicht schnell, sondern Schritt für Schritt abgegeben. Schritt für Schritt lernen die Systeme, sich besser zu orientieren, Umfelder und Interessen besser zu erkennen und die Ziele ihrer Auftraggeber/-innen besser zu interpretieren. Sie erlernen auch Taktiken und Wege, diese Ziele immer besser zu erreichen, z. B. indem sie *idle time*, also Zeit, in denen keine oder wenig Aufträge und somit kaum dringende Rechenoperationen anfallen, nutzen, um ‚erlebte' Situationen als Simulationsumgebung millionenfach durchzuspielen und Wege für bestmögliche Ergebnisse herauszufinden. Da das entsprechend alle VPAs machen würden, wären die millionenfachen täglichen Standardvorgänge, mit denen Menschen beschäftigt sind, jeweils in Sekundenbruchteilen automatisiert erledigt. Das sind Aufgaben wie E-Mail-Spam sichten und löschen, Versicherungsverträge prüfen, Fristen überwachen, Genehmigungen einholen, Anträge usw. erstellen, Orts- und Zeitauskünfte einholen, Geburtstagsgeschenke besorgen oder womit auch immer jede/r Einzelne einen VPA beauftragen würde. All diese Aufgaben und Verrichtungen würden größtenteils aus der Alltagswahrnehmung verschwinden.

Die meisten der Aktivitäten auf den Geräten können schon heute durch Bots übernommen werden. Dazu gehören: Messaging in verschiedenen Apps, Internet-Suche, E-Mails, Wetter und Verkehrsinformationen, Online-Shopping, Nachrichten und Sport, Streaming von Musik und Video. Ein vollintegrierter VPA würde vieles, was heute von Menschen selber auf der Glasfläche er-wischt werden muss, einfach so im Hintergrund erledigen und angesichts der genutzten Services ist schnell erkennbar, dass für nur wenige ein Bildschirm notwendig ist. Dieser könnte also auch als flexibel ansteuerbares Ausgabemedium optional eingesetzt werden. So, wie heute Audio-Boxen im WLAN oder per Bluetooth flexibel angesteuert werden können, so könnten auch Bildschirme in allen möglichen Qualitäten und Oberflächen integriert sein und flexibel angesteuert werden.

Eine solche VPA-Nutzung setzt alle Kontakte in die zweite Reihe, denn der Erstkontakt ist der Bot. Unternehmen verlieren in diesem Szenario ihren unmittelbaren Zugang zu ihrer Zielgruppe, denn sie müssten erst am Bot vorbei, um einen direkten Kontakt zu landen. Das ‚Bot-Gate' wird zum Lackmus-Test für die Bedeutung eines jeden Kontaktes, beruflich wie privat. Für Marketingabteilungen steigen die Anforderungen ein weiteres Mal. Sie haben in den vergangenen Jahrzehnten daran gearbeitet, die Vorzimmer und Stäbe von Führungskräften zu passieren. Nun stehen sie bald vor der Situation, dass jede/r ein Vorzimmer hat. ‚Wie passiere ich die Bot-Schranke?' wird dann zur neuen Schlüsselfrage im Marketing.

‚Jeder Erstkontakt wird ein Bot-Kontakt.' gilt universell, wenn der Bot nicht anders eingestellt wurde. Wann immer sich jemand über ein elektronisches Medium wie E-Mail, Messenger, Telefon usw. an eine Person, eine Firma oder Organisation wendet, übernimmt zunächst eine KI den Empfang. Person und Anliegen werden klassifiziert und auf Basis des Ergebnisses wird das Anliegen direkt gelöst oder an ein anderes System oder einen Menschen weitergeleitet. Bei Privatpersonen werden wahrscheinlich Ausnahmeregeln für bestimmte Kontakte aus dem engsten Umfeld und deren Adressen definiert. Sie erhalten vielleicht das Äquivalent einer direkten Durchwahl. Es wird sich eine neue Kontakt-Etikette entwickeln und sie wird für alle spürbar sein. Diese wahrscheinliche Veränderung ist für viele Menschen ein polarisierender und beunruhigender Gedanke. Aus meiner Sicht überwiegen die Vorteile die Nachteile bei weitem, aber es gilt, diese Zukunft zu gestalten und deswegen ist es sinnvoll, sich frühzeitig mit diesen Gedanken zu beschäftigen, die schon seit einigen Jahren immer weniger exotisch geworden sind. Parallele Entwicklungen wie der Umstand, dass Säuglinge vielleicht schon heute nicht mehr als Erstes ‚Mama' oder ‚Papa', sondern ‚Alexa' sagen, tragen ihren Teil zu diesem Wandel bei. Google hat die Eltern als umfassende Wissensquelle für Kinder abgelöst (Agrawal et al. 2018, S. 1). VPAs oder Smart Speaker Agenten wie Alexa sind lediglich der Zugang zur Suche.

Es betrifft also nicht nur Unternehmen, die Kundinnen und Kunden gewinnen möchten, sondern jedwede Kontaktaufnahme, die nicht direkt persönlich stattfindet, wird in Zukunft durch VPAs gemanagt. Sogar bei persönlichen Treffen könnten mithilfe von Bots perspektivisch über Augmented- und Mixed Reality-Anwendungen (AR/MR) Zugangsschranken errichtet werden: In einer Zukunft, in der Augmented Reality durch entsprechende Brillen, Kontaktlinsen oder Folien auf Scheiben usw. alltäglich und allgegenwärtig wäre, ist denkbar, dass ich auf eine Veranstaltung gehe und mir im Vorfeld aus der Gästeliste Personen heraussuche, mit denen ich in Kontakt treten möchte und allen anderen signalisiere ich, dass ich nicht an Gesprächen interessiert bin. Diese Informationen wären z. B. über den visuellen Feed in den Brillen oder Kontaktlinsen der anderen erkennbar, wenn sie mich ansteuern würden oder könnten wahlweise auch durch ihren VPA als Audionachricht mitgeteilt werden. Kontakt zu meinem eigenen VPA, der die Kontakte und Anfragen steuert, könnte ich über einen Knopf im Ohr halten.

In den vergangenen Jahren konnte ich diese Thesen bei Dutzenden von Vorträgen präsentieren und jedes Mal gab es teils faszinierte und inspirierte, teils besorgte, ablehnende oder ungläubige Reaktionen zur Vorstellung dieser Zukunft. Damit in naher Zukunft jeder erste Kontakt ein Kontakt mit einem Chatbot bzw. VPA sein wird, ist viel Vertrauen in die Sicherheit und Zuverlässigkeit der Technik und ggf. auch eine Modernisierung der regulatorischen Rahmenbedingungen erforderlich. Darüber hinaus, und das ist vielleicht die noch schwierigere Aufgabe, wäre zumindest in Deutschland ein stärkerer Technikoptimismus erforderlich, der die Menschen an die Verbesserung des Status-quo durch Digitalisierung glauben ließe und die Überzeugung vermittele, dass die Vorteile einer solchen Veränderung die Nachteile überwiegen würden. So oder so, davon bin ich überzeugt, wird das Szenario Realität.

Chatbots sind die aktuelle Ausprägung in der Entwicklung dieser intelligenten Assistenten. Alle relevanten Konzerne setzen sie auf ihren Plattformen ein. Bei Facebook wird das Ziel verfolgt, der KI beizubringen, die Welt durch eigene Beobachtung zu verstehen, statt durch langwieriges *Machine Learning*. Der Amazon-Assistent ist fokussiert auf ein Online-Ökosystem, das für Shopping optimiert ist und löst Bestellungen aus und steuert verbundene Hauselektronik. Mit vielen Tausend „Skills" scheint Alexa bisher das umfassendste Angebot an Services zu bieten. Die Skill-basierte Bedienung zeigt gleichzeitig die Grenzen des Ansatzes auf, denn so möchten vielleicht nicht alle Menschen in Zukunft mit ihrem VPA reden. Interessanter klingt die Vision von Viv Labs, der Firma von Dag Kittlaus und Adam Cheyer, die bereits maßgeblich an Apples Siri mitgearbeitet haben. Nicht weniger als „*The intelligent interface for everything*" verspricht die 2016 von Samsung gekaufte Firma, deren Technologie ab 2017 in den Samsung Smartphone Assistenten Bixby integriert wurde. Bixby soll die umfassende Gerätepalette von Samsung nutzen, die seit 2020 komplett vernetzt angeboten wird. Schätzungen sprechen von einer Milliarde Samsung-Geräten im Markt. Samsung, so Cheyer im Interview mit Vernturebeat 2019, investiere massiv in die Bixby-Plattform, um die KI zum allgegenwärtigen Zugangsassistenten zu machen, und zwar auch über Samsung-Geräte hinaus für die Produkte anderer Hersteller (Wiggers 2019). Diese Vision ist genau richtig.

Es geht nicht darum, alle Nutzer auf seine Plattform oder in sein Ökosystem zu zwingen, wie es bisher die Strategie von Amazon und Apple zu sein scheint, sondern darum, das intelligente Interface für alles zu werden. ‚Das intelligente Interface für alles!' Nicht weniger als das ist die zukünftige Aufgabe der personalisierten KI. Sobald die Systeme dafür leistungsfähig genug sind, werden echte VPAs, den Markt erobern und sie werden wie Menschen sprechen. Viele denken jetzt vielleicht nochmal an den medialen

Sturm im Wasserglas nach der Duplex-Präsentation auf der Google Entwicklerkonferenz 2018, als der Google-Bot sich am Telefon nicht als KI zu erkennen gab. Ob Software einen Menschen vortäuschen sollte, ohne sich zu erkennen zu geben, ist sicher zweifelhaft. Die meisten Menschen wollen wissen, mit wem oder was sie es zu tun haben und deswegen ist eine klare Kennzeichnung von KI geboten. Das lässt sich so einfach realisieren, dass dazu keine weiteren Diskussionen notwendig sein sollten, z. B. durch einen Hinweiston am Anfang eines Dialogs mit einem neuen Gesprächspartner, einer Standardinfo in Fußnotenform in einem Textchat usw. Zudem sollte eine KI immer verpflichtet sein, sich jederzeit auf Nachfrage zu offenbaren. Für die meisten Menschen ist es heute ein seltsamer Gedanke in einer normalen Konversation plötzlich zu fragen, ob die Stimme auf der anderen Seite einem anderen Menschen oder einer Maschine gehört, aber mit zunehmender Leistungsfähigkeit von Sprachdialogsystemen ist das in Zukunft vielleicht kein abwegiger Gedanke mehr. Duplex zeigt schon, wie sich der Anfang dieser Entwicklung anhört. Dazu kommen auch per Live-Videochat unglaublich realistische Darstellungsmöglichkeiten synthetischer Persönlichkeiten. Damit meine ich menschliche Abbilder, die 100-prozentig fotorealistisch sind, auch in ihren Bewegungen. Solche Bilder und Filme lassen sich längst mit GANs erzeugen und sind in der Lage, künstlich generierten Stimmen auch ein ebenso künstliches Gesicht und einen Körper im digitalen Medium zu geben. Sehen würde deswegen nicht ausreichen, um einen Menschen online von einer hochentwickelten Dialog-KI zu unterscheiden. Derartig leistungsfähige und perfekt als künstliche Persönlichkeiten dargestellte VPAs sind vermutlich auch die Zukunft. Kritisch betrachtet könnten vielleicht die eingestreuten „Ähs", „Hms" und künstliches Räuspern als vorsätzliche Täuschungsversuche im Duplex-Demo-Dialog gewertet werden, diese perfekte Nachahmung menschlichen Sprachverhaltens erzeugt jedoch auch ein viel natürlicheres Gesprächsempfinden beim menschlichen Gegenüber. Mit der allgemeinen Verfügbarkeit der beschriebenen VPAs werden diese Fragen an Brisanz verlieren. Sowohl die Technik als auch die Gewohnheit bei perfekter *User Experience* werden zu einem gesellschaftlich anders akzeptierten Umgang mit diesen Situationen führen.

In dem Moment, in dem VPAs für alle verfügbar sind, so wie heute Messaging für alle verfügbar ist, können automatisierbare Kommunikationen wie Terminabsprachen, Informationsanfragen und einfache Vertragsangelegenheiten auf beiden Seiten von Bots abgewickelt werden. In dem Moment spielt es auch nur eine untergeordnete Rolle, in welcher Sprache sich die Bots untereinander verständigen, denn nur das Ergebnis, nämlich z. B. der korrekt vereinbarte und in den betreffenden Kalendern eingetragene Termin wäre relevant. Eine Nachvollziehbarkeit der Bot-Konversation mag trotzdem in Abhängigkeit vom jeweiligen Kontext sinnvoll sein und müsste zumindest befristet durch Speicherung gewährleistet werden.

Im Szenario der Zukunft wird mein VPA so etwas wie mein digitaler Concierge, der jedwede notwendige und von mir bevorzugte Gestalt und Persönlichkeit annehmen kann. Die KI wird für mich das Eingangstor zu allen Services sein, die ich heute per Computer, Tablet oder Smartphone benutze. Ebenso wird sie das Eingangstor für alle Kontakte zu mir sein. Und noch mehr: Das System meiner Wahl wird vielleicht das einzige und alleinige System dieser Art sein, das ich nutze, denn warum sollte ich mehrere Assistenten haben, wenn einer alles zur Zufriedenheit erledigen kann? Schließlich ist der digitale Assistent eine einzigartige Vertrauensposition, die ich nicht beliebig oft vergebe. Die KI benötigt eine Menge Informationen und Berechtigungen von mir, um effizient und leistungsfähig ihre Aufgaben zu erledigen: Kreditkarten und Konto-Informationen, Passwörter und Pins sowie alle möglichen persönlichen Daten über mich, die weit über meinen Beruf, meine Standard-Identifikationsmerkmale, meinen Kalender, meine Freunde, Interessen, gesundheitliche Informationen usw. hinausgehen. Allein der Gedanke ist aus Datenschutzaspekten ein möglicher Alptraum und vor dem Hintergrund der Cybersecurity-Lage im Internet eine ernstzunehmende Situation. Aufgrund dessen wird dieses vollintegrierte Szenario vermutlich mehr Zeit in Anspruch nehmen, bis es im Alltag angekommen ist. Dass es ankommt, halte ich wie gesagt für unausweichlich.

Die leistungsfähigsten KI-Systeme entstehen derzeit in den Händen der digitalen Leader, die sich auf immer mehr Plattformen ausdehnen. Ihre Basis sind zunächst die Unmengen von Daten, die wir seit vielen Jahren permanent erzeugen und freigiebig im Netz und auf ihren Seiten hinterlassen. Es sind Massen von Daten, die uns vorhersehbar machen: massenhafte persönliche Posts in sozialen Netzwerken inkl. Fotos und Videos, massenhaft Quantified Self Daten aus Wearables wie Fitness-Armbändern, Fitness-Apps usw., Unmengen von Orts- und Bewegungsdaten, die an unzähligen Sensoren andauernd hinterlassen werden. Dazu kommt schon bald auch die noch viel größere Menge von Nutzungsdaten im *Internet of Things*. Es lässt sich ablesen, wer wie Auto fährt, wer sich wo befindet und über Gesundheitsdaten vielleicht auch in welchem physischen und psychischen Zustand. Es ist transparent, was online gesucht und gekauft wird und wie viel wofür ausgegeben wird. KI wird außerdem zur Optimierung von Administrations-, Service- und industriellen Produktionsprozessen eingesetzt und auch hier kommen immer mehr Systeme von Amazon, Google und anderen großen Playern wie Salesforce und SAP zum Einsatz. Natürlich ist die überwiegende Menge dieser Daten nicht frei verfügbar und kombinierbar, doch sie liegen auch nicht mehr in den Händen derer, denen sie eigentlich gehören: Uns selbst.

Leistungsfähige VPAs, denen ausreichend vertraut wird, sind deswegen extrem kritische Anwendungen, die streng überwacht sein sollten. Wer kann diese Überwachung auf Basis welcher Gesetzgebung leisten? Das kann sich kulturell bedingt und auch abhängig von Staatsformen deutlich unterscheiden. Ein deutscher VPA kann und darf möglicherweise andere Dinge als ein chinesischer oder vielleicht ist es eher so, dass die Zugriffe Dritter auf die Daten meines VPAs in der Bundesrepublik Deutschland anders aussehen als z. B. in China, in Ungarn, im Iran oder in den USA. Vielleicht wäre es sinnvoll, den Bot als Service auch selber zu bezahlen und nicht durch Werbung finanzieren zu lassen. Die Frage des Geschäftsmodells für solche Assistentensysteme ist natürlich noch offen und wird vielleicht auch abhängig davon sein, wer der Lieferant der VPA-Plattform ist, für die ich mich am Ende entscheide. Vielleicht kommt mein Assistent von einem der heutigen großen digitalen Anbieter, aber vielleicht auch von einer Firma, die heute im Start-up-Modus agiert und gerade ihre ersten VC-Runden dreht. Das Produkt enthält hohes disruptives Potenzial, was es für etablierte Unternehmen erfahrungsgemäß zu schwierig macht. Noch etwas tiefer in der Glaskugel steckt die Antwort auf die Frage, ob so ein Produkt aus Deutschland kommen kann. Gerade die grundlegenden Aspekte von Datenschutz und Datensicherheit könnten deutsche Unternehmen kulturell dazu prädestinieren, so etwas in einer Weise zu entwickeln, die Vertrauen erweckt und Verbindlichkeit schafft. Das zu erwartende Drama und der Alarmismus, mit denen fast sicher zu rechnen ist, sind die Faktoren, die es genauso gut speziell in Deutschland verhindern könnten. Auch die deutschen VCs zeichnen sich bei Deep Tech Ansätzen nicht durch Kompetenz und Durchhaltevermögen aus. Sie sind einfachere Geschäftsmodelle gewohnt; am besten eine Plattform, die bestehende Services bündelt und als digitaler Makler die Marge aller anderen Player abschöpft, wie es z. B. die Liefer-Apps zeigen. Bis alle deutschen Bedenken zerstreut sind, gibt es wahrscheinlich schon mindestens eine amerikanische und eine asiatische VPA-Variante, die dann zwar in Deutschland vermutlich mit noch mehr Angst und Misstrauen beäugt werden, aber was sollte die Entwicklung ernsthaft aufhalten in einer Welt, in der die meisten Menschen ihre eigenen und die Daten ihrer Freunde für eine Pizza verkaufen würden?

Literatur

absolit. (2009). *220 Milliarden E-Mails pro Tag*. https://www.absolit.de/studien-e-mail/220-milliarden-e-mails-pro-tag. Zugegriffen am 12.03.2021.

adesso. (o. J.). *KI – Eine Bestandsaufnahme 2021*. https://ki.adesso.de/ki-studie/. Zugegriffen am 14.05.2021.

Agrawal, A., Gans, J., & Goldfarb, A. (2018). *Prediction machines – The simple economies of artificial intelligence*. Boston: Harvard Business Review Press.

Athey, S., Catalini, C., & Tucker, C. (2017). The digital privacy paradox: Small money, small costs, small talk. *Social Science Research Network*. https://doi.org/10.2139/ssrn.2916489. Zugegriffen am 28.02.2021.

Bashir, A., & Mimoso, M. (17. Juni 2020). Chatbots say plenty about new threats to data. *IT Security Guru*. https://www.itsecurityguru.org/2018/08/17/chatbots-say-plenty-new-threats-data/. Zugegriffen am 16.03.2021.

Bitkom Research. (2017). *Jeder Vierte will Chatbots nutzen*. (18.01.2017). https://www.bitkom-research.de/de/pressemitteilung/jeder-vierte-will-chatbots-nutzen. Zugegriffen am 15.01.2021.

BMWI. (o. J.). *Europäische Datenschutz-Grundverordnung*. https://www.bmwi.de/Redaktion/DE/Artikel/Digitale-Welt/europaeische-datenschutzgrundverordnung.html. Zugegriffen am 21.01.2021.

Brandt, M. (2020). 11% aller Facebook-Accounts sind Duplikate (31.01.2020). *statista*. https://de.statista.com/infografik/11683/fake-accounts-bei-facebook/. Zugegriffen am 17.01.2021.

Bünte, O. (24. Mai 2019). Facebook löscht über drei Milliarden Accounts in einem halben Jahr. *Heise online*. https://www.heise.de/newsticker/meldung/Facebook-loescht-ueber-drei-Milliarden-Accounts-in-einem-halben-Jahr-4431056.html. Zugegriffen am 27.02.2021.

Capgemini Research Institute. (2019). *Smart Talk: How organizations and consumers are embracing voice and chat assistants*. https://www.capgemini.com/de-de/wp-content/uploads/sites/5/2019/09/Conversational-Interfaces-Research_Report.pdf. Zugegriffen am 01.01.2021.

Collett, C., & Dillon, S. (2019). *AI and gender: Four proposals for future research*. Cambridge: The Leverhulme Centre for the Future of Intelligence. http://lcfi.ac.uk/media/uploads/files/AI_and_Gender___4_Proposals_for_Future_Research.pdf. Zugegriffen am 12.02.2021.

Coren, M. J. (26. Juli 2017). It took (only) six years for bots to start ditching outdated gender stereotypes. *Quartz*. https://qz.com/1033587/it-took-only-six-years-for-bots-to-start-ditching-outdated-gender-stereotypes/. Zugegriffen am 21.02.2021.

Hempel, J. (13. November 2018). Fei-Fei Li's quest to make AI better for humanity. *Wired*. https://www.wired.com/story/fei-fei-li-artificial-intelligence-humanity/. Zugegriffen am 04.10.2020.

Hundertmark. (2020). *Chatbot Umfrage DACH 2020*. https://www.hundertmark.ch/chatbot-umfrage-dach-2020/. Zugegriffen am 03.03.2021.
Imperva. (21. April 2020). *Bad bot report 2020: Bad bots strike back*. https://www.imperva.com/blog/bad-bot-report-2020-bad-bots-strike-back/. Zugegriffen am 17.01.2021.
Juniper Research. (28. April 2020). *Number of voice assistant devices in use to overtake world population by 2024, reaching 8.4BN, Led by Smartphones*. https://www.juniperresearch.com/press/press-releases/number-of-voice-assistant-devices-in-use. Zugegriffen am 03.01.2021.
Jürschick, J. (30. Dezember 2019). InsurTech Lemonade zahlte Schaden nach drei Sekunden – AI überprüfe dazu 18 Anti-Betrugs Algorithmen. *IT Finanzmagazin*. https://www.it-finanzmagazin.de/insurtech-lemonade-ai-ki-anti-fraud-checks-99386/. Zugegriffen am 18.01.2021.
Kabel, P. (2020). *Dialog zwischen Mensch und Maschine – Conversational User Interfaces, Intelligente Assistenten und Voice Systeme*. Wiesbaden: Springer Gabler.
Kaiser, L. (2018). Amazon Echo: Alexa sendet Privatgespräch heimlich an Arbeitskollegen (25.05.2018). *Netzpolitik.org*. https://netzpolitik.org/2018/amazon-echo-alexa-sendet-privatgespraech-heimlich-an-arbeitskollegen/. Zugegriffen am 19.02.2021.
Keller, M. (11. August 2018). The flourishing business of fake YouTube views. *The New York Times*. https://www.nytimes.com/interactive/2018/08/11/technology/youtube-fake-view-sellers.html. Zugegriffen am 15.02.2021.
Kuessner, H.-P., & Polster, J. (2020). Chatbots in die Kommunikation integrieren „Hallo, können Sie mich verstehen?". In V. Gruhn & A. von Hayn (Hrsg.), *KI verändert die Spielregeln* (S. 310–320). München: Hanser.
Mansholt, M. (23. Dezember 2018). „Wir werden nie Daten weitergeben". *Stern*. https://www.stern.de/digital/online/alexa-chef-im-interview%2D%2D-natuerlich-kann-man-ki-fuer-boese-zwecke-nutzen%2D%2D-8497012.html. Zugegriffen am 07.03.2021.
Merritt, A. (26. April 2017). To click or to chat …That is still the question. *Chatbots Magazine*. https://chatbotsmagazine.com/to-click-or-to-chat-that-is-still-the-question-1f85c09c98f3. Zugegriffen am 04.03.2021.
Oracle. (2016). *Can virtual experiences replace reality?* https://www.oracle.com/webfolder/s/delivery_production/docs/FY16h1/doc35/CXResearchVirtualExperiences.pdf. Zugegriffen am 17.02.2021.
OWASP. (2018). *OWASP automated threat handbook web applications*. https://owasp.org/www-pdf-archive/Automated-threat-handbook.pdf. Zugegriffen am 19.01.2021.
Rixecker, K. (05. Juli 2020). John Smith: Ein Google-Bot auf „Shopping"-Tour. *t3n*. https://t3n.de/news/john-smith-google-bot-1296595/. Zugegriffen am 21.02.2021.
Roose, K. (23. Juni 2019). A machine may not take your job, but one could become your boss. *The New York Times*. https://www-nytimes-com.cdn.ampproject.org/c/s/www.nytimes.com/2019/06/23/technology/artificial-intelligence-ai-workplace.amp.html. Zugegriffen am 21.01.2021.

Schmerer, K. (12. November 2019). Singles' Day: Alibaba macht 38 Milliarden Dollar Umsatz. *ZDNet*. https://www.zdnet.de/88372991/singles-day-alibaba-macht-38-milliarden-dollar-umsatz/. Zugegriffen am 12.01.2021.

Schrage, M. (06. April 2017). AI won't change companies without great UX. *Harvard Business Review*. https://hbr.org/2017/04/ai-wont-change-companies-without-great-ux#comment-section. Zugegriffen am 04.02.2021.

Schwartz, E. H. (30. Oktober 2019). Volkswagen is Building Amazon Alexa into New Golf Model. *Voicebot.ai*. https://voicebot.ai/2019/10/30/volkswagen-is-building-amazon-alexa-into-new-golf-model/. Zugegriffen am 14.02.2021.

Shulevitz, J. (2018). Alexa, should we trust you? *The Atlantic*. https://www.theatlantic.com/magazine/archive/2018/11/alexa-how-will-you-change-us/570844/. Zugegriffen am 12.02.2021.

Statista. (2021). *Prognose zur Anzahl der täglich versendeten und empfangenen E-Mails weltweit von 2020 bis 2024*. https://de.statista.com/statistik/daten/studie/252278/umfrage/prognose-zur-zahl-der-taeglich-versendeter-e-mails-weltweit/. Zugegriffen am 12.03.2021.

Takayama, L., & Nass, C. (2008). Driver safety and information from afar: An experimental driving simulator study of wireless vs. in-car information services. *International Journal of Human-Computer Studies, 66*, 173–184. https://doi.org/10.1016/j.ijhcs.2006.06.005. Zugegriffen am 02.02.2021.

Ticketmaster.(o. J.). Information about data security incident by third-party supplier. https://security.ticketmaster.co.uk/. Zugegriffen am 08.02.2021.

UNESCO. (2019). *I'd blush if I could: Closing gender divides in digital skills through education*. https://unesdoc.unesco.org/ark:/48223/pf0000367416.page=1. Zugegriffen am 02.03.2021.

Wiggers, K. (22. Juni 2019). Adam Cheyer: Samsung's plan for winning with Bixby is empowering third-party developers. *VentureBeat*. https://venturebeat.com/2019/06/22/adam-cheyer-samsungs-plan-for-winning-with-bixby-is-empowering-third-party-developers/. Zugegriffen am 25.02.2021.

Young, S. (2016). Judith Butler: Performativity (14.11.2016). *Critical legal thinking*. https://criticallegalthinking.com/2016/11/14/judith-butlers-performativity/. Zugegriffen am 20.02.2021.

Youyou, W., Kosinski, M., & Stillwell, D. (2015). Computer-based personality judgments are more accurate than those made by humans (12.01.2015). *Proceedings of the National Academy of Sciences, 112*, 112–116. https://doi.org/10.1073/pnas.1418680112. Zugegriffen am 23.02.2021.

7

KI und Verantwortung

Zusammenfassung Verantwortung in Zusammenhang mit künstlicher Intelligenz ist ein weites Feld. „Der in den meisten Fällen kommerzielle Einsatz der Technologie lädt ein, das Thema auf Produkthaftung zu reduzieren," aber algorithmische Entscheidungsunterstützungs- und Automatisierungssysteme sind weit mehr als ein Haufen Apps, mit denen Musik, Filme, Bilder und Texte usw. leichter gefunden und sortiert werden können. Die Einsatzfelder reichen von der Medien- und Unterhaltungsindustrie über die Finanz- und Versicherungswirtschaft, alle produzierenden Gewerbe bis in das Bildungssystem, die öffentliche Verwaltung und die militärischen Organisationen der Nationalstaaten. Geheimdienste gehören zu den aktivsten Anwendern. Die Ergebnisse der KI-Anwendung werden Grundlagen vieler gesellschaftlicher und individueller Entscheidungen. Nicht selten entscheiden Algorithmen über wirtschaftliche Existenzen und sogar Leben und Tod. Entsprechend relevant ist, wer wofür und wie verantwortlich ist.

Wo beginnt Verantwortung in Zusammenhang mit KI und wo endet sie? Im Verlauf des gesamten Kapitels werden viele Aspekte gestreift, um ein Bewusstsein dafür zu wecken. Es gibt offensichtliche und subtile Verantwortungszusammenhänge und sie entstehen beim Einsatz von KI, aber auch schon vorher, bei der Entwicklung der Systeme, und nachher, in Form der Ergebnisse und daraus erwachsender Konsequenzen.

Ein Hauptaspekt betrifft den Datenschutz. Das ist für sich genommen bereits ein umfangreiches Gebiet und berührt bei KI-Anwendungen die Grundlage ihrer Funktionalität. Ohne Daten keine Verarbeitung und keine Ergebnisse. Die Erkenntnis über die mächtigen Anwendungsmöglichkeiten von *Machine Learning* ist ein wesentlicher Grund, warum das Sammeln von Daten so relevant geworden ist und warum die Datensammelwut von Unternehmen und Behörden durch Gesetze reguliert wird, wenn auch nicht überall auf der Welt in gleichem Maße. Die Verantwortung beginnt bei den Daten selbst. Dabei, wer sie wie und wofür erhebt und was dann tatsächlich mit ihnen geschieht. In Bezug auf die Daten kommt ein zweiter Hauptaspekt von Verantwortung in Bezug auf KI zum Tragen, nämlich das oft verzerrte Bild eines Sachverhalts, der aus Daten oder mithilfe von Daten ermittelt werden soll. Während der Corona-Pandemie ist diese Verzerrung der Wahrnehmung z. B. häufig in den vielen Zahlen und aus ihnen gefolgerten Thesen zu beobachten gewesen. Um Kausalitäten und Korrelationen zu erfassen und voneinander abzugrenzen, sind klare und eindeutige Definitionen sowohl der Daten, als auch der Methodik, mit der sie erfasst und verarbeitet werden erforderlich. Es gibt unzählige Details, die hier eine Rolle spielen und es ist unterschiedliches fachliches und mathematisches Know-how erforderlich, um diese Arbeit seriös zu leisten. Ansonsten besteht das Risiko falscher Schlussfolgerungen und auf ihnen basierender, fragwürdiger Entscheidungen. Beispiel dafür ist die steigende Zahl von Infektionen bei vermehrter Durchführung von Tests. Nicht bekannte Infektionen können nicht gezählt werden. Sie können überhaupt nur durch Testergebnisse ermittelt werden. Keine Tests bedeuten somit keine nachweisbaren Infektionen, wenige Tests ergeben wenige Infektionen und viele Test ergeben mehr Infektionen. Dass es bei mehr Tests mehr Infektionen gibt, könnte rein theoretisch auch bedeuten, dass der Test selbst die Infektion auslöst. Das wäre ein typischer Fall, wie Korrelation und Kausalität verwechselt werden können. Neben der fachlichen Kompetenz zu Virologie, Immunologie, Epidemiologie und vielen weiteren medizinischen Bereichen sowie Psychologie, Medien- und Kommunikationsexpertise, Logistik, Demographie etc. ist dringend Expertise im Umgang mit Daten erforderlich. Welche Informationen werden gebraucht? Welche Fragen müssen dafür beantwortet werden? Woher und von wem kommen die Daten? Was wird wie und wie oft gemessen? Welche Struktur und Qualität haben die Daten? Es geht hier wirklich um Details und um Details von Details, nach denen die Daten analysiert werden müssen. Data Analysts und Data Scientists sind heute für die Bearbeitung von datenbasierten Fragen und Anwendungen und für die Schlussfolgerungen, die aus den Ergebnissen gezogen werden können oder eben nicht, entscheidend.

Daten und ihre Verwendung sind in jedem Fall potenziell hochsensibel. Deswegen hat ihr Schutz so hohe Bedeutung. Die z. T. geringschätzige öffentliche Wahrnehmung des Datenschutzes und der gefühlt widerwillige kommerzielle Umgang damit sind problematisch. Ebenso ist es die meist komplizierte und langwierige Verfolgung von Missbrauch, die nicht auf Augenhöhe mit der Geschwindigkeit ist, in der digitale Player und Prozesse Fakten schaffen. Das beschriebene Privatsphären-Paradox sorgt für einen insgesamt schwerfällig erscheinenden Datenschutz, der von den meisten Menschen anscheinend als lästig empfunden wird? Als im Sommer 2013 die Enthüllungen von Edward Snowden das Ausmaß der Überwachung amerikanischer Geheimdienste öffentlich machten, gab es weltweit einen Aufschrei der Entrüstung. Wirklich tiefgreifend verändert hat sich seitdem jedoch nicht viel. Die europäische Datenschutz-Gesetzgebung sieht prohibitiv hohe Geldstrafen für Unternehmen bei Verstößen vor und erreicht damit auch Abschreckung. In der bereits kritisierten Umsetzung der Vorgaben durch Betreiber kommerzieller Websites werden die aus einer Schutzmotivation geschaffenen Gesetze häufig als juristisches Abschreckungsinstrument benutzt, mit dem Besucher/-innen der Seiten komatöser Tiefschlaf angedroht wird, falls sie von ihren Rechten Gebrauch machen und nicht alle ihre Daten einfach so jeder hergelaufenen Website anvertrauen möchten. Dann müssen sie nämlich seitenlange, juristische Fachtexte lesen. Die meisten sind vernünftig genug, nicht ihre kostbare, unwiederbringliche Lebenszeit mit so etwas zu verschwenden. Ob es nach dieser Entscheidung dann das Beste wäre, einfach konsequent auf den Besuch der jeweiligen Seite ganz zu verzichten oder eben seine Privatsphäre per Mausklick-Einverständnis preis zu geben, muss jede/r für sich entscheiden. Begrüßenswert wäre, wenn die ganzen Webseiten, es ihren angeblich so geschätzten Besucher/-innen einfach machen würden, der Datennutzung zuzustimmen oder sie abzulehnen. Stattdessen erleben letztere ein komplettes Marketingversagen mit visuellen Verwirrungstaktiken, um möglichst viele Daten abzugreifen, deren sinnvolle Nutzung dann sowieso meistens mangels Kompetenz ausbleibt.

So oder so bringt die gegebene Situation anscheinend nicht sehr viel. Die Nutzer/-innen sind erschöpft und genervt von Disclaimern, Einverständniserklärungen und Cookie-Richtlinien. Die Verantwortlichen in den Unternehmen sehen sich permanent mit einem Bein im Gefängnis und beklagen den hohen Aufwand, den sie betreiben müssen. Politisch betrachtet geht es seit Einführung der europäischen Datenschutz-Regulierung in erster Linie darum, so zu tun, als sei ein hohes Maß an Datenschutz und Datensicherheit ein Alleinstellungsmerkmal, mit dem die europäische Wirtschaft sogar noch einen Wettbewerbsvorteil generieren könne. Die Wirtschaft beklagt sich dagegen, dass die strenge Regulierung erhebliche Nachteile im Wettlauf um die besten KI-Anwendungen bringe. Hier verläuft der Riss oder die Sollbruchstelle, wenn es um den verantwortlichen Einsatz von künstlicher Intelligenz geht: Wie kann einerseits möglichst schnell möglichst viel Geld mit kommerziellen KI-Anwendungen verdient werden und wie kann andererseits gewährleistet werden, dass dieses Ziel nicht auf Kosten einzelner oder bestimmter Gruppen geschieht und es so etwas wie informationelle Selbstbestimmung des Individuums gibt? Letzteres soll die Datenschutzgesetzgebung gewährleisten. Deren Fokus auf Abschreckung hilft tatsächlich Geschädigten zunächst nicht viel. Sie haben zwar bei Datenschutzverstößen ein Recht auf Schadenersatz, aber die Verfolgung von Missbrauch ist meist kompliziert und langwierig, vor allem international, und sie ist definitiv nicht auf Augenhöhe mit der Geschwindigkeit, mit der digitale Player und Prozesse Fakten schaffen.

Mittlerweile gibt es genügend Beispiele dafür, wie dieses Fakten-schaffen durch die Entwicklung und Implementierung datengetriebener Systeme zu unerwünschten und z. T. kritischen Ergebnissen geführt hat. Die Akteure handeln dabei im Regelfall nicht mit negativen Intentionen, sondern es geht ihnen um die Verbesserung von Prozessen, um Effizienz, Geschwindigkeit usw.

Machine Learning, Deep Learning, GANs usw. erfordern große Datenmengen. Der Bias, der in diesen massenhaft angehäuften Daten, professionell auch als Big Data, Data Lakes usw. bezeichnet, steckt, stellt ein Problem dar. Oft wird erst zu einem viel späteren Zeitpunkt transparent, welches Wissen und welche Erkenntnisse die gesammelten Daten enthalten, aber so lange man nicht weiß, was man weiß, ist nicht absehbar, welche Verantwortung aus dem Wissen abzuleiten ist, noch weniger, welche Verantwortung aus dem Besitz der Daten abzuleiten ist. Wenn z. B. aus Bewegungs- und Ernährungsdaten aufgrund neuer medizinischer Erkenntnisse eine hohe Wahrscheinlichkeit für eine chronische Erkrankung ablesbar wäre, dürften diese Daten dann noch mit Dritten, wie etwa der Krankenkasse oder dem Sportverein geteilt werden? Die digitale Transformation ist ein iterativer Prozess, der z. T. über Betatests in der Gesellschaft abläuft. Wissenschaftliche Arbeiten und Studien, die mehr Klarheit in neue Sachverhalte bringen sollen, z. B. durch bessere Interpretation von Ergebnissen, können irren. In diesem Buch zitiere ich vielfach Studienergebnisse als Quellen und Belege für Thesen, doch sie spiegeln immer nur den jeweils aktuellen Stand der wissenschaftlichen Debatten und können nicht als universelle Wahrheiten gelten. Im September 2017 beschreibt der Stanford-Professors Michal Kosinski in einer Studie, eine Software habe anhand von Fotoanalysen mit hoher Treffergenauigkeit erkennen können, ob die abgebildeten Personen homosexuell seien. Analysiert wurden über 35.000 Bilder von Dating Websites mit dem Ergebnis, dass der betreffende Algorithmus zur Klassifizierung der sexuellen Orientierung anhand eines Fotos 81 % aller schwulen Männer und 74 % aller lesbischen Frauen richtig klassifizieren konnte. Demgegenüber konnten menschliche Probanden nur 61 % bzw. 54 % der gleichen Bilder richtig zuordnen. Die Forscher leiteten weiter ab, dass, im Einklang mit der pränatalen Hormontheorie der sexuellen Orientierung, homosexuelle Männer und Frauen zu einer geschlechtsuntypischen Gesichtsmorphologie neigen würden oder mit anderen Worten, sexuelle Neigungen seien angeboren und in der Gesichtsform ablesbar. (Wang und Kosinski 2018).

Wenig später, im Januar 2018, widerspricht der Princetoner Psychologe Alexander Todorov in einem kritischen Artikel den Aussagen Kosinskis. Todorov, einer der renommiertesten Forscher zur Gesichtswahrnehmung, kommt zu dem Schluss, dass die erkannten Unterschiede zwischen homosexuellen und heterosexuellen Gesichtern nicht auf den Gesichtsstrukturen, sondern auf der Art der Selbstdarstellung beruhen. Der Algorithmus erhält die Anhaltspunkte für die Klassifizierung durch Make-up, Brillen, Schmuck, Bärte, den Winkel, aus dem ein Bild aufgenommen wird usw. und nicht durch die spezielle Physiognomie der Gesichter. Todorov belegte, dass heterosexuelle Frauen im Durchschnitt häufiger Lidschatten trügen als lesbische Frauen und dass heterosexuelle Männer dazu neigten, Selfies von unten aufzunehmen, was optisch das Kinn vergrößere, die Nase verkürze, die Stirn reduziere und ein Lächeln dämpfe. Die von der KI als Muster entdeckten Unterschiede sind zwar korrekt, aber sie beziehen sich auf die Fotos und nicht auf die Gesichter. Die Interpretation der Stanford-Forscher sei entsprechend nur ein Spiegel der eigenen Vorurteile und Stereotypen. Zitiert wurden auch Experimente, bei denen ein und dasselbe Gesicht von der KI einmal als männlich und einmal als weiblich klassifiziert wurde, allein aufgrund der Veränderung des Bildkontrasts. (Aguera y Arcas et al. 2018). In einem älteren Artikel geht das Team mit Todorov auf eine Studie der renommierten Shanghai Jiao Tong University ein, in der die Forscher Xiaolin Wu und Xi Zhang behaupten, mithilfe von maschinellem Lernen ließe sich mit fast 90-prozentiger Sicherheit allein anhand eines Führerscheinfotos erkennen, ob eine Person ein verurteilter Krimineller sei. Die ‚Studie' verwendet jedoch nur sechs Fotos, auf denen drei verurteilte und drei nicht verurteilte Personen abgebildet sind. Die drei nicht Verurteilten tragen Anzüge, die Verurteilten nicht. Der Algorithmus erhält hier vor allem die Trainings-Information, Verurteilte trügen keine Anzüge. (Aguera y Arcas et al. 2017).

Bei einer Videoüberwachung am Flughafen würde das Datenmodell vermutlich fast alle Urlaubsreisenden als bereits einmal verurteilte Personen klassifizieren, während die meisten Geschäftsreisenden als unbescholten durchgingen. Beide Beispiele zeigen, dass sowohl die ins Modell gefütterten

Daten, wie auch die modellierten Interpretationen Verzerrungen enthalten, die mit den Klischees und Vorurteilen der auswertenden Personen zusammenhängen. Solche Verzerrungen und die aus ihnen abgeleiteten Fehlprognosen der KI sind ärgerlich, könnten jedoch behoben werden, wenn die Mechanismen, die zu ihnen führten, transparent wären. Schwieriger ist es mit den abgeleiteten Fehlentscheidungen von Menschen. Am Beispiel der mehr oder weniger zuverlässigen Identifikation von Homosexualität ergibt sich ein ernster Kontext: Homosexuellen droht laut dem Spartacus Gay Travel Index 2020 noch in 15 von 202 Ländern und Regionen weltweit die Todesstrafe und in mindestens 45 weiteren Staaten wurden in 2019 Menschen wegen ihrer Homo- oder Transsexualität ermordet. Im gleichen Jahr wurde im Sultanat Brunei die Todesstrafe durch Steinigung erst offiziell eingeführt, aufgrund von internationalen Protesten bisher aber nicht umgesetzt. (Krüger 2020). Verantwortung in Bezug auf die Anwendung von KI beginnt mit der Formulierung der Fragestellung und zieht sich wie ein roter Faden durch die Durchführung, Dokumentation, Rezeption und Interpretation ihrer Ergebnisse und weiter in den gesellschaftlichen Diskurs darüber, den Gesetzgebungsprozess, die Arten von Verfolgung und die Anwendung von Technologie auf der einen und Gesetz auf der anderen Seite.

KI zur Gesichtserkennung
Es geht zum Glück nicht immer um Diskriminierung von Minderheiten und maximale Bedrohung von Leib und Leben durch die Todesstrafe. Die geschilderten Fälle skizzieren, wie der Einsatz von KI schnell zu gravierenden Konsequenzen führen kann. Speziell die Fähigkeiten von *Machine Learning* in der Bild- und damit auch der Gesichtserkennung sind international im Fokus von wirtschaftlichen und staatlichen Akteuren sowie Interessenverbänden und Datenschützern. Von eher harmlosen Anwendungen, wie der Sortierung von Fotos auf der eigenen Festplatte, bis hin zu massiv in die Persönlichkeitsrechte von Einzelnen gehenden staatlichen Anwendungen ist das Spektrum sehr breit und erfordert einzelfallbezogene, detaillierte Prüfungen. Die finden aber erst statt, nachdem eine Anwendung oder ein Service schon im Markt ist. 2020 sind gleich zwei Fälle von zweifelhaften Bilddatenbanken ans Licht gekommen, die den Datenschutz beschäftigen und alle zu potenziell Betroffenen machen: Der durch die New York Times aufgedeckte Fall von Clearview.ai, einem New Yorker Startup zur Bilderkennung mit insgesamt über drei Milliarden Fotos (Hill 2020a) sowie PimEyes aus Polen, einer kostenlosen Suchmaschine für 900 Millionen Gesichter (Laufer und Meineck 2020). Beide Unternehmen haben sich die Fotos anscheinend aus Bilddatenbanken sozialer Netzwerke wie Facebook und Instagram zusammen gesammelt. Dieses so-

genannte *scraping*, das Abgrasen von Daten, hier Fotos von Gesichtern, ist bei fast allen Netzwerken verboten. In Deutschland und Europa kommt erschwerend hinzu, dass gemäß DSGVO biometrische Daten, mit denen Personen eindeutig identifiziert werden können, besonderen Schutz genießen. Ohne explizite Einverständniserklärung der Betroffenen ist die Verarbeitung dieser Daten verboten. Es erscheint unwahrscheinlich, dass solche expliziten Einverständniserklärungen vorliegen. Das Ganze wirkt wie eine westliche Neuauflage des russischen Dienstes ‚FindFace', der schon 2016 ermöglichte, mit einem beliebigen Foto nach Personen im russischen Facebook-Äquivalent ‚VK' zu suchen. FindFace, wie auch Clearview und PimEyes, wandelt das Bild in einen Datensatz um, ähnlich dem Verfahren bei Apples FaceID zur Entsperrung des iPhones. Die Daten werden in Sekundenbruchteilen mit der Bilddatenbank abgeglichen und passende weitere Fotos der gleichen Person aus anderen Quellen werden angezeigt. Unter anderem entstand so eine neue Form von Cyber-Mobbing, da Nutzer eines russischen Internetforums Bilder aus Pornofilmen mit der FindFace-Gesichtserkennung prüften, so die VK-Profile der Darstellerinnen fanden und dann deren Kontakte anschrieben und auf die Filme aufmerksam machten (Heller 2016). Während Clearview bisher hauptsächlich mit Behörden wie der Polizei, dem FBI oder dem amerikanischen Heimatschutz zusammenarbeitet, bieten FindFace und PimEyes ihre Dienste auch privaten Unternehmen kommerziell an. Darüber hinaus wäre es leicht, den Service auch als kostenlose App mit Bezahl-Funktion in den App Stores bereitzustellen. FindFace gibt an, sein Algorithmus sei so leistungsfähig, dass ein Foto in weniger als einer halben Sekunde mit einer Milliarde Bilder aus der Datenbank abgeglichen werden könne. In Moskau findet Gesichtserkennung und Analyse im öffentlichen Raum schon lange mithilfe von FindFace statt. Die Leistungsfähigkeit von Clearview ist ebenfalls auf hohem Niveau und Ermittler/-innen der amerikanischen Behörden wollen die Bildersuche bereits vielfach erfolgreich eingesetzt haben. Die Verwendung der Bilder ist juristisch fragwürdig, deswegen werde bei Ermittlungen nahegelegt, nicht zu offenbaren, dass eine Verfolgung durch die Anwendung von Clearview unterstützt wurde. Es wird dann gesagt, die Bildidentifikation unterstütze die Suche nach belastendem Beweismaterial. Dieses Vorgehen wird als *parallel construction* bezeichnet.

Gesichtserkennung im öffentlichen Raum und die Bereitstellung der Technologie dafür an ausgewählte Zielgruppen, z. B. nur an staatliche Institutionen oder auch an kommerzielle Anwender und Privatpersonen, sind Vorgänge, die schwerwiegende Konsequenzen haben können und deswegen eine große Verantwortung bedeuten. Die Praxis der bisherigen Anwendung hat schon Missbrauch erzeugt und selbst wenn die Bildersuchmaschinen nicht direkt die Namen von gesuchten Personen liefern, so sind durch die angezeigten Quellen diese Namen sowie viele Details zu ihnen, wie Arbeitgeber, Wohnort, Freizeitaktivitäten usw. oft leicht zu ermitteln.

Die Zusammenarbeit von Behörden mit diesen Anbietern ist angesichts der zweifelhaften Methoden, mit denen die Datenbanken erstellt sind, fragwürdig. PimEyes ist seit 2018 Partner des schwedischen Unternehmens Paliscope, das mit verschiedenen internationalen Polizeibehörden zusammenarbeitet. In den USA gibt es Kooperation von Polizeibehörden mit Amazon, die eine eigene Software für Gesichtserkennung anbieten. Viele dieser Anwendungen sind in Bezug auf rassistischen Bias problematisch und die automatisierte Gesichtserkennung im öffentlichen Raum ist insgesamt berechtigt zum Politikum geworden. Millionen Menschen sind durch Kameras an Bahnhöfen, Flughäfen, auf öffentlichen Plätzen, in Museen usw. potenziell aufgezeichnet worden. In Deutschland gibt es seit Anfang 2020 eine Debatte über die Forderung nach einem Recht auf Anonymität im öffentlichen Raum als Erweiterung und zum Schutz der allgemeinen Persönlichkeitsrechte, insbesondere der Privatsphäre und der informationellen Selbstbestimmung der Bürger.

Die Totalüberwachung des öffentlichen Raums wirkt sich auch auf andere Grundrechte, wie das der Versammlungsfreiheit aus, doch die Entwicklung bewegt sich seit Jahren in Richtung mehr Überwachung. In Polizeidatenbanken wie z. B. INPOL seien laut Netzpolitik.org ca. 3,65 Millionen Menschen gespeichert und das Bundesinnenministerium teilte im April 2020 auf Anfrage mit, dass im Vorjahr 54.000 Abfragen zu Ermittlungen stattgefunden haben (Ebd.). Mit der Weiterentwicklung der Technik steigen die Überwachungsmöglichkeiten: Das US-Militär investiert von 2019 bis 2021 ca. 4,5 Millionen Dollar in eine Infrarot-Gesichtserkennung, mit der Personen auf eine Distanz von bis zu 500 Metern selbst bei schlechten Lichtverhältnissen identifiziert werden können (Gershgorn 2020). Mittlerweile ist die Technologie durch sogenannte periokulare Erkennung auch bei Tragen einer Mund-Nasen-Schutzmaske einsatzfähig. Die dafür notwendigen Algorithmen gibt es schon seit 2009, sie wurden jedoch so weiterentwickelt, dass eine zuverlässige Identifizierung allein anhand von Augen- und Augenbrauen eines Gesichts möglich ist. (Rank One 2020). In der diesem Konflikt zugrundeliegenden Abwägung zwischen Freiheit und Sicherheit ringt Europa noch mit der Frage, ob es ein Moratorium für automatisierte Gesichtserkennung im öffentlichen Raum geben sollte, während die Polizeibehörden des Kontinents darüber nachdenken, ein untereinander verbundenes EU-weites Netz von Datenbanken zur Gesichtserkennung zu schaffen. Am 21.04.2021 hat die Europäische Kommission in einem Vorschlag für eine KI-Richtlinie sogenannte ‚biometrische Fernidentifizierungssysteme', darunter fallen die Gesichtserkennungssysteme, als Anwendungen mit ‚hohem Risiko' eingestuft und strenge Anforderungen für ihren Einsatz definiert. Grundsätzlich verboten wird demnach die Echtzeit-Nutzung im öffentlichen Raum zu Strafverfolgungszwecken. Es gibt einen engen Rahmen für Ausnahmen, z. B. bei Terrorgefahr oder der Suche nach einem vermissten Kind o. ä. Auf der anderen Seite des Globus, nahe dem Silicon Valley, einem der größten Datensammelbecken der Welt, hat San Francisco im Frühling 2019 als erste amerikanische Stadt ein generelles Verbot von automatischer Gesichtserkennung beschlossen (Conger et al. 2019).

‚Snake Oil'

Mehrere Milliarden Fotos von Personen sammeln, in einer Datenbank ablegen und in Echtzeit mit Kameraaufnahmen zu vergleichen ist im Grunde unvorstellbar. Da es schon Realität ist, scheint aber nichts Besonderes mehr daran bzw. ist es plötzlich doch vorstellbar. Daran lässt sich erkennen, welche Fortschritte Digitalisierung gemacht hat und wie sehr digitale Dienste zu alltäglichen gedanklichen Kategorien geworden sind. Eine Milliarde Bilder in weniger als einer halben Sekunde mit einer Vorlage abzugleichen ist ebenso vorstellbar, wie einen Film in 4K-Auflösung auf ein Wohnzimmer-TV zu streamen. ‚Vorstellbar' im dem Sinne, dass diese Leistungen nicht bestaunt, sondern eher zur Kenntnis genommen werden. Kinder der 1980er-Jahre, deren Spielkonsole Atari2600 hieß oder Kinder der 1960er-Jahre, die nicht wussten, was eine Spielkonsole ist, können in der Retrospektive die massive Veränderung erkennen, die die gegenwärtigen Gesellschaften global durch digitale Services durchlaufen. Das Zusammenspiel der digitalen Technologien und Geschäftsmodelle durch allgegenwärtige Sensorik und Vernetzung und damit die Möglichkeit, eine Fülle von Echtzeit-Informationen zu sammeln, aufzubereiten und zu verteilen, so dass Menschen überall direkt darauf reagieren können, macht die Daten so wertvoll. Allein der Abgleich der Kaufhistorie von Tausenden oder sogar Millionen von Käufen, wie es Amazon vorgemacht und perfektioniert hat, wird zum erstklassigen mobilen Empfehlungswerkzeug, wenn es z. B. gekoppelt mit Sensoren in stationären Geschäften, sogenannten *Beacons*, auf passende Angebote hinweist, In gleicher Weise können Preisalarme eingestellt werden, die uns automatisch benachrichtigen, sobald ein Produkt auf unserer Wunschliste oder auch nur auf der algorithmischen Empfehlungsliste des Händlers zum reduzierten Preis angeboten wird. Das sind alltägliche, verkaufsorientierte KI-Anwendungen im Marketing, die sich mit den entsprechend aufbereiteten Daten treffsicher aussteuern lassen.

Fast schon anekdotischen Charakter hat in diesem Zusammenhang die Geschichte des Vaters, der erbost in einen Target-Supermarkt in der Nähe von Minneapolis kommt, den Filialleiter sprechen möchte und sich beschwert, dass seine Tochter im Teenager-Alter von Taget Werbung zu Babykleidung, Kinderbetten usw. zugesendet bekäme. Es habe den Anschein, als wolle Target bei dem jungen Mädchen einen Kinderwunsch wecken? Der Target-Filialleiter konnte sich das nicht erklären und entschuldigte sich. Ein paar Tage später rief er den Vater an, um sich nochmals zu entschuldigen. Dieser wirkte zerknirscht und erklärte, er habe ein Gespräch mit seiner Tochter geführt und sie würde tatsächlich in wenigen Monaten ein Baby erwarten. Die Story war Teil eines Artikels von Charles Duhigg im New York Times Magazine vom 16. Februar 2012. Sie verbreitete sich weltweit und auch viele deutsche Medien reproduzierten sie, z. B. am 01. März 2013 die WirtschaftsWoche (Lorenzen 2013) oder sogar sechseinhalb Jahre später noch das Handelsblatt (Riecke et al. 2018). Sie wird bis heute wie ein Großstadtmärchen auf Konferenzen zu KI und Marketing erzählt, ist aber wahrscheinlich auch genau das: Ein Märchen. Das Schöne an Märchen ist, dass am Ende alle glücklich in den Sonnenuntergang reiten oder so ähnlich. Das Target-Schwangerschafts-Märchen endet ungefähr so: Des Rätsels Lösung, warum ein Supermarkt scheinbar noch vor dem werdenden Großvater wusste, dass das Mädchen schwanger war, lag an den tollen Algorithmen und dem tollen Marketing-Team, das bei der Datenanalyse messerscharf erkannt habe, dass sich das Mädchen genau so verhalten habe, wie es sonst werdende Mütter schon zuvor getan hatten, indem sie z. B. aus Angst vor Schwangerschaftsstreifen mehr duftneutrale Körperlotion kauften usw. Etwas mehr Recherche in der Sache führt zu einem Vortrag von Andrew Pole, der 2010 als leitender Angestellter von Target auf der Konferenz ‚Predictive Analytics World' über die unterschiedlichen Ansätze der Datenanalyse bei Target sprach, dabei auch über Targeting von schwangeren Frauen und auch darüber, dass diese z. B. nicht besonders gerne direkt auf Themen wie Schwangerschaft angesprochen werden oder Werbung dazu erhalten möchten. Menschen empfinden es offenbar als unangenehm, wenn Marketing sein Versprechen zu offensichtlich erfüllt und auf Basis gesammelter Daten zu treffsichere Produktvorschläge macht. Pole wurde ein Jahr später Interviewpartner des New York Times Magazine Reporters und die wahrscheinlich erdachte Geschichte illustriert einfach die vermuteten Chancen der Datenanalyse. (Piatetsky 2014). Ob die Geschichte wahr ist oder ein Märchen kann von außen nur vermutet werden, aber es gibt viele solcher Geschichten und das Grundthema ist immer die vermeintliche Unfehlbarkeit der KI. Die Stories und Headlines zeichnen den immer gleichen narrativen Weg in Richtung der vermeintlich unvermeidlichen, überlegenen Superintelligenz. Hier liegt eine andere Form von Verantwortung im Umgang mit KI, die darin besteht, die ohne Zweifel erstaunlichen, faszinierenden und auch z. T. spektakulären Ergebnisse zu sehen und dabei trotzdem insgesamt realistische und wahrheitsgemäße Aussagen über die durchschnittlichen Anwendungen zu machen. Der Data Scientist und Blogger Colin Fraser sieht das gleiche Problem und beklagt, dass künstliche Intelligenz in der Öffentlichkeit wie *Snake oil* behandelt werde, als Wundermittel, verbunden mit überzogenen Erwartungen und voller unhaltbarer Versprechungen. Viele Algorithmen, so Fraser, nervten einfach nur und den meisten sei nicht klar, dass es selbst für Expertinnen und Experten sehr schwer sei, einen Algorithmus zu entwickeln und einzusetzen, der tatsächlich korrekte Prognosen über etwas mache, vor allem wenn es um menschliches Verhalten gehe. Noch schwieriger sei es, diese Algorithmen so zu bauen, dass sie nicht bestehende Diskriminierung und Unterdrückung reproduzierten oder sogar verstärkten:

„(…) *a lot of algorithms actually just kind of suck. A little known secret is that it's very hard for even experts to build, productionize, and maintain an algorithm that makes accurate predictions about anything, let alone human behavior–and despite what you've heard, most companies are generally not doing a good job of it. And it's even harder to build these algorithms such that they won't incorporate and magnify systems of discrimination and oppression. Our popular discourse does not have the vocabulary to distinguish between useful machine learning algorithms and snake oil, so we end up writing about AI in terms of anecdotes and fall victim to the superhuman fallacy.*" *(Fraser 2020).*

Die Expertise für die kompetente Entwicklung von KI-Systemen ist global noch dünn. Perspektivisch werden deutlich mehr Entwickler/-innen, Data Analysts und Data Scientists gebraucht. Wer sich im Umgang mit Daten auskennt, versteht die Problematik der Anhäufung von Daten in der Gegenwart, die in der Zukunft zu noch unbekannten Zwecken analysiert werden. Das geschieht weltweit. Niemand weiß, welche Informationen daraus in Zukunft enthüllt werden, die sonst nicht massenhaft automatisiert hätten bekannt werden können oder dürfen. Das reicht von der Erkennung von Erbanlagen für Krankheiten bis hin zur Prognose von Versicherungs-Schadenmeldungen durch Fotos des Wohnhauses. Würde ein Arbeitgeber jemanden einstellen, wenn vorab festgestellt und bekannt würde, dass es eine Erbkrankheit gäbe, die perspektivisch zu Berufsunfähigkeit führen würde? Würden Krankenversicherer in einem solchen Fall einen anderen Tarif verlangen? Würde eine betroffene Person überhaupt noch eine Berufsunfähigkeitsversicherung abschließen können? Bezogen auf die massenhaften Personenfotos läuft die Argumentation oft in Richtung der Beschleunigung und Erleichterung von Strafverfolgung, aber unberechtigt Bilder aus dem Internet zu *scrapen* und beliebige Personen anlasslos im öffentlichen Raum zu überwachen bedeutet, alle unter Generalverdacht zu stellen. Zugespitzt könnten wir auch direkt bei Geburt oder während der Kindheit DNS-Proben von allen nehmen, um spätere mögliche Strafverfolgung zu erleichtern. Solche ‚guten Ideen' verdrehen das Menschenbild und die Grundordnung einer freiheitlich demokratischen Gesellschaft. Das deutsche Rechtsstaatsprinzip folgt der Europäischen Menschenrechtskonvention und der Allgemeinen Erklärung der Menschenrechte, nach denen eine beschuldigte Person so lange als unschuldig gilt, bis das Gegenteil bewiesen ist.

Bias-Vermeidung erfordert bessere Ausbildung
Die meisten Probleme, die mit gesammelten Daten und ihrem Einsatz in KI-Modellen auftreten, sind auf den ersten Blick weniger dramatisch als die angedeuteten Beispiele. Das bedeutet aber nicht, dass sie nicht trotzdem, vor allem in der Häufigkeit ihrer Anwendung, ein ernstes Problem darstellen oder zu einem solchen werden können. Warum passiert das tatsächlich immer wieder?

Der Grund ist, dass sowohl die Daten, wie auch die KI-Modelle voreingenommen, ‚*biased*' sind. Bias im Deutschen als Vorurteil, Voreingenommenheit, Befangenheit, Verzerrung, Parteilichkeit, Tendenz, Neigung usw. verwendet, ist ein normaler Zug menschlicher Persönlichkeit und da alles, was die zivilisatorische Lebenswelt ausmacht, von Menschen geschaffen wurde, so ist auch alles in dieser Welt potenziell voreingenommen. Tatsächlich alles.

Kann das wirklich stimmen? Vermutlich Ja, denn wie sollen Menschen anders denken als aus ihren eigenen Werten und Erfahrungen. Die Gedanken werden zu Dingen wie Geschäftsideen, Währungen, Berufen, Software, Maschinen, Häusern, Autos usw. Vorurteile haben nicht speziell etwas mit Daten oder KI zu tun. Es ist z. B. kein Zufall, dass in Deutschland Balkone und große Fenster, wenn möglich, meistens nach Süden gerichtet sind. Die meisten Menschen wünschen sich einen Balkon mit Sonneneinstrahlung und die gibt es in Deutschland eben vor allem aus Süden. Den Balkon an der Südseite des Hauses anzubringen oder ein Haus danach auszurichten, spiegelt aus dieser Perspektive betrachtet, Bias wieder. So ist es mit allen Dingen. Voreingenommenheit ist unausweichlich, aber sie ist nicht immer schlimm oder schädlich. Ansonsten wird in der Hoffnung, ein objektives Verfahren mit objektiven Ergebnissen erzielen zu können, i. d. R. versucht, die Verzerrungen auszumerzen. Das wird jedoch kaum vollkommen gelingen. Schädlicher Bias ist bei KI-Anwendungen in den meisten Fällen keine bewusst gewählte negative Manipulation des Systems. Die Schwierigkeit beginnt oft bei den Daten: So gut wie jedes Datum, das erfasst oder verwendet wird, ist ein gedankliches

Konzept im Gehirn und das eigene Denken ist immer der Filter für die Erhebung jedweder Daten. Ein beispielhafter und relativ bekannter Fall von Datenverzerrung ist ein Beispiel von Amazon, wo ein Algorithmus im Personalbereich gesucht wurde, der die besten Parameter für neue Einstellungen definieren könne. Das Modell wurde dazu mit den Daten der Bewerbungen und Einstellungen der vergangenen zehn Jahre trainiert. In diesem Zeitraum herrschte bei Amazon, wie in der gesamten Digitalindustrie ein extremer Männer-Überhang. Ein auf dieser Basis erstelltes Wunschprofil für neue Mitarbeiter/-innen hätte mit Sicherheit die Neueinstellung von Frauen verhindert. (Dastin 2018). Nach eigenen Angaben hat Amazon dieses Tool zwar nicht genutzt, trotzdem zeigt der Fall das Offensichtliche, nämlich wie die verwendeten Daten das Ergebnis einer Analyse beeinflussen und wie Unternehmen mit dem Einsatz solcher Instrumente in selbstgestellte Fallen tappen können. Das Personalwesen in größeren Unternehmen, ist ein Anwendungsfeld für verschiedene Arten von KI. Besonders dort, wo viele qualifizierte Bewerbungen auf eine Ausschreibung kommen, ist z. B. eine schnelle, effiziente Vorauswahl von Bedeutung. Unterlagen elektronisch erfassen und filtern klingt hier nach einer guten Idee. Dafür gibt es vielfältige, zunehmend KI-unterstützte Software für das Personalmanagement, z. B. ‚SuccessFactors' von SAP. Die HR-Bereiche versprechen sich davon Erleichterung und Effizienzgewinn. Ein Lufthansa Manager wird zitiert mit der Hoffnung: „Automatisierte Auswahlprozesse fördern die Gleichbehandlung", was, wie Beispiele aus aller Welt zeigen, leider auch eine Fehleinschätzung sein mag. (Lechtleitner 2017). Wenn die KI-Systeme z. B. lernen, dass langjährige Führungskräfte im Unternehmen fast ausschließlich männlich und zwischen 45 und 55 Jahre alt sind, ist es kein Wunder, wenn sie genau dieses Profil auch für Neueinstellungen empfehlen. Algorithmen können auf diese Weise den Status quo zementieren oder eine bestehende Situation sogar noch verschärfen.

Die Expertinnen und Experten aus Informatik, Datenanalyse und Programmierung fallen nicht stumpf auf diese Unzulänglichkeiten maschineller Entscheidungsfindung herein. Es geht um Entwicklung, nicht nur der Technologie, sondern auch der Werte und Denkweisen der Gesellschaft. Die vergleichsweise junge Disziplin spiegelt diesen Wandel und lernt. Statt einfache, sich permanent wiederholende Mustererkennung umzusetzen, werden Ergebnisse analysiert, um das Datenmodel zu optimieren und bessere Ergebnisse zu erzielen. *Reinforcement Learning* schafft ggf. die Möglichkeit, neue Strategien zu entwickeln. Dazu müssen Methoden und Fehlerquellen jedoch zunächst einmal bekannt sein. Es reicht auf Dauer nicht, wenn sich nur Fachleute mit KI beschäftigen. Insofern ist es gut, dass sich eine wachsame

Öffentlichkeit gebildet hat, die Ergebnisse automatisierter Prozesse wahrnimmt und öffentlich diskutiert. Damit diese wichtige Diskussion produktiv und orientiert an echter Ergebnisverbesserung konkreter Prozesse verlaufen kann, sind noch mehr interessierte und in Bezug auf die betreffenden Themen kompetente Menschen erforderlich. Digitale Kompetenz ist eine Basisverantwortung der Gegenwart und hier besteht großer Nachholbedarf. Es müssen nicht alle programmieren und Datenmodelle bauen können, aber die Grundzusammenhänge kennen, verstehen, wie etwas funktioniert und welche Vor- und Nachteile die Technologien haben, ist heute im Alltag wichtig. Dazu zählt das extrem umfangreiche Thema der Digitalisierung ebenso, wie die spezifischen Inhalte zu Daten, Algorithmen und dem Sammelbegriff der künstlichen Intelligenz. Es ist eine gesellschaftliche Verantwortung, die Politik und Wirtschaft betrifft, aber auch eine individuelle, denn das notwendige Wissen ist mit einem Internetzugang erreichbar und für alle frei verfügbar.

Der Unterschied, der einen Unterschied macht
Anfang 2018 befragten Dr. Sarah Fischer und Dr. Thomas Petersen 1221 Personen ab 16 Jahren über ihr Wissen zu Algorithmen. Die Ergebnisse der repräsentativen Umfrage ‚Was Deutschland über Algorithmen weiß und denkt', zeigen, dass das Wissen zum Thema in der Bevölkerung eher gering ist. 72 % der Befragten erinnerten sich, den Begriff vor dem Interview schon einmal gehört zu haben. Von dieser Gruppe sagten zehn Prozent, sie wüssten recht genau, wie Algorithmen funktionierten, 31 % gaben an, eine ungefähre Vorstellung zu haben und 56 % sagten von sich selbst, dass sie kaum Kenntnisse über Algorithmen hätten. Unterschiede gab es sowohl bei den Alters- und Bildungsgruppen, wie auch zwischen den Geschlechtern. Ein höherer Schulabschluss weist signifikant häufiger auf Kenntnisse über Algorithmen hin als ein Hauptschulabschluss, unter 45-jährige kennen sich besser aus als über 60-jährige, Männer haben öfter eine genauere Vorstellung von der Bedeutung des Begriffes als Frauen. „Anzeichen einer lebendigen gesellschaftlichen Debatte über die wachsende Bedeutung von Algorithmen lassen die Antworten nicht erkennen.", so die Autoren (Ebd., S. 13).

Weiter befragt nach den möglichen Chancen oder Risiken durch den Einsatz von Algorithmen, sahen 18 % der Befragten mehr Chancen und 36 % mehr Risiken, während sich 46 % unentschieden äußerten. Diese ungewöhnlich hohe Zahl Unentschiedener interpretiert die Umfrage als ein sicheres Zeichen für Orientierungslosigkeit: „Weite Teile der Bevölkerung haben sich über das Thema Algorithmen noch kein klares Bild gemacht". (Ebd., S. 20).

Große Übereinstimmung durch alle befragten Segmente gibt es zur Ablehnung der Vorstellung, dass Computer Entscheidungen über Menschen treffen. „In Deutschland herrscht gewissermaßen ein Konsens darüber, dass persönliche Entscheidungen über Menschen, mögen sie auch noch so fehlerhaft und subjektiv sein, automatisierten vorzuziehen sind." (Ebd., S. 25).

Auf die direkte Frage, welche Entscheidungen Menschen weiterhin alleine treffen sollten, konnten die Befragten aus verschiedenen Antwortoptionen auswählen. Hier entschieden sich diejenigen, die den Begriff Algorithmus nicht kannten, etwas restriktiver, als diejenigen, die nach eigenen Angaben eine Vorstellung davon haben wie Algorithmen funktionieren. Die Ergebnisse sind in ihrer Reihenfolge trotzdem nahezu identisch. Die drei Entscheidungen, die von den meisten weiterhin alleine beim Menschen gesehen wurden sind: die

- „Beurteilung des Risikos, ob ein Straftäter rückfällig wird", die
- „Vorauswahl von Bewerbern anhand bestimmter Kriterien wie Noten oder Berufserfahrung" und die
- „Diagnose von Krankheiten anhand bestimmter Symptome"
- Die Werte liegen bei der Einschätzung der Straftäter-Rückfälligkeit bei 59 % bzw. 50 % und sinken dann bei den weiteren Fragen sukzessive auf 48 % bzw. 33 % Zustimmung, dass ein Mensch entscheiden solle, welche Krankheiten diagnostiziert würden. Tatsächlich werden alle in der Umfrage zur Auswahl gestellten Optionen heute schon durch Algorithmen entschieden bzw. werden die Entscheidungen mithilfe von Algorithmen weitgehend vorbereitet. Dazu zählen u. a.: Die
- „Bewertung der Kreditwürdigkeit, also ob jemand einen Kredit bekommt oder nicht", die
- „Planung von Polizeieinsätzen durch Berechnung, welche Gebiete einbruchsgefährdet sind", die
- „Auswahl von möglichen Partnern bei Singlebörsen im Internet", der
- „Handel mit Aktien" und die
- „individuelle Auswahl an Nachrichten und aktuellen Meldungen, die man als Internetnutzer angezeigt bekommt".

Fazit der Untersuchung ist: Es besteht verbreitetes Unwissen über Algorithmen und große Unentschlossenheit zu den Chancen und Risiken ihrer Anwendung. Hinzu kommt Unbehagen beim Gedanken, Maschinen bzw. Algorithmen würden alleine Urteile und Entscheidungen treffen. Es existiert ein Wunsch nach Kontrolle und dafür ausschlaggebend „(…) scheint das Bedürfnis (..) zu sein, dass wichtige Themen von Menschen persönlich behandelt werden: Wenn es um das berufliche Schicksal eines Menschen, die öffentliche Sicherheit oder gar um Leben und Tod geht, hat für eine Mehrheit der Computer bei der Entscheidungsfindung nichts verloren." (Ebd. S. 25–28).

Dieses Meinungsbild ist nicht statisch. Die Haltung zu solchen Themen verändert sich über die Zeit durch unterschiedliche Wahrnehmungen in der Gesellschaft. Dr. Druga von der Washington University hat eine Vorstellung, wie mithilfe von Kindern aktiv an der Einstellung zu KI und ihren Vor- und Nachteilen gearbeitet werden kann. In einem Experiment gibt sie Kindern die Möglichkeit, einem Computer das Spiel ‚Schere, Stein, Papier' beizubringen. Dazu müssen sie den Computer trainieren, Fotos von diesen Gegenständen und auch von ihren Händen, die das Symbol formen, zu erkennen. Durch *Supervised Learning* mit Feedback der Kinder an den Computer wird das System besser. Die Kinder lernen dabei, dass der Computer z. B. nur Weiße Hände erkennen kann, wenn er nie Bilder von z. B. Schwarzen Händen als Trainingsmaterial bekommt. So werden spielerisch und pragmatisch die Effekte und Konsequenzen von Voreingenommenheit und Daten-Verzerrungseffekten deutlich und es wird erlernt, auf was geachtet werden muss und wie man Bias verringern oder sogar beinahe ausmerzen kann. (Peteranderl 2019). Eine besondere Verantwortung kommt folglich jenen zu, die die algorithmischen Entscheidungssysteme und die digitale Infrastruktur, in der sie funktionieren, planen und bauen. Entwickler/-innen von KI sollten nicht allein, sondern in einem diversen Team arbeiten, das sicherstellt, dass die zu entwickelnde KI keinen Schaden verursacht. Eine Gewähr für umfassende Sicherheit gibt es jedoch nicht, denn die Schwierigkeit im Umgang mit KI-Systemen und Daten bleibt die beschriebene Ungewissheit über Informationen, die zwar in den Daten stecken, die jedoch bis zur konkreten Fragestellung und Analyse möglicherweise unsichtbar bleiben. Konsequenzen, die aus historischen Daten und neuen Fragestellungen in der Zukunft erwachsen können, sind nicht vorhersehbar. Prozesse algorithmischer Entscheidungsfindung und darauf basierende Automatisierung müssen entsprechend angemessen kontrolliert werden, um Missbrauch zu verhindern, und um unerwünschte Ergebnisse zu reduzieren.

Angesichts der Menge an Presse zu ethischen Fragestellungen des KI-Einsatzes könnte der Eindruck entstehen, die gesamte Debatte passiere viel zu spät und würde nur bereits geschaffenen Fakten hinterherhinken. Das ist nur teilweise richtig. Viele Entwicklungen sind erst nach einiger Zeit erkennbar und im Nachhinein behaupten, etwas sei vorher absehbar gewesen, ist, selbst wenn es wahr wäre, meist nicht mehr hilfreich. Auch wenn es scheint, als gäbe es die Digitalisierung schon lange, stehen die meisten ihrer Entwicklungen noch am Anfang oder stehen sogar erst noch bevor. Selbst leicht vorstellbare Technologien wie z. B. selbstfahrende Autos, sind noch weit von einer Serienreife und einer allgemeinen Fahrerlaubnis auf deutschen Straßen entfernt. Daher ist es, wie schon die Theorien zur Singularität zeigen, zwar denkbar, dass intelligente Maschinen eines Tages Medikamente entwickeln, Fabriken bauen oder sich sogar selber weiterentwickeln und immer neue, intelligentere Systeme programmieren, aber es ist besonders im Hinblick auf einen klar definierbaren Zeitpunkt auch spekulativ. Die schiere Möglichkeit bedeutet für Jaan Tallinn, einen der Entwickler von Skype, die Notwendigkeit einer ganz neuen Denkweise: „Wir müssen das behandeln als würden wir eine neue Spezies auf unserem Planeten einführen – und wir müssen sicherstellen, dass diese Spezies und wir uns darüber einig sind, wie eine gute Zukunft aussieht", sagt er. Diesen Prozess nennt er *value alignment* (Future of Life Institute 2017). Wie diese Einigung über eine gute Zukunft zwischen Menschen und Maschinen aussehen könnte, bleibt offen.

Die Anthropomorphisierung und die überzogenen Erwartungen, die den tatsächlichen Errungenschaften von KI gegenüberstehen, verleiten immer wieder dazu, KI als Wesen zu betrachten und zu fragen, was KI aus der Zivilisation machen wird. Diese Art der Betrachtung birgt das Risiko, dass sich die meisten nur als Anwender/-innen und von der eigentlichen Verantwortung abgekoppelt sehen. Es ist aber nicht KI, die etwas aus der Zivilisation macht, sondern es sind wir selbst, die das in einem ununterbrochenen schöpferischen Prozess machen.

In der Zukunftsstudie ‚Leben, Arbeit, Bildung 2035+' wurden in zwei Wellen Expertinnen und Experten aus den Bereichen Digitalisierung und Technologie um ihre Bewertung zu 53 vorher entwickelten Thesen gebeten. Die Leitfrage lautete, was die drängendsten Fragen beim Gedanken an KI in der Zukunft seien, unter den Aspekten als Individuum, im Unternehmenskontext und für die Gesellschaft (Münchner Kreis 2020, S. 12). Über die Diskussion der Thesen wird deutlich, dass es auch für die an dieser Studie beteiligten Fachleute schwierig ist, Prognosen zu machen, wenn die abgefragten Szenarios nicht gerade sehr profan und nah an der Gegenwart sind. Die befragte Generation Golf denkt sich Thesen wie ‚Generation KI – Es wächst eine Generation auf, die völlig selbstverständlich und intuitiv KI-Systeme als integralen Bestandteil ihres täglichen Lebens verwendet (d. h. 24 Stunden am Tag, 7 Tage die Woche).' aus. Das ist allerdings zumindest hinsichtlich GenZ mehr eine Feststellung des Status-quo als eine kompetente These. Trotzdem sehen lediglich 22 % der Befragten das schon jetzt bzw. bis 2024 realisiert (Ebd., S. 44). Dabei nutzen in Deutschland bereits jetzt über drei Viertel der Bevölkerung ein Smartphone und dieses Gerät ist die Nummer-1-Manifestation angewendeter KI. Auf jedem Gerät laufen Dutzende von Apps, die die in der Studie typologisierten einfachen KI-Typen darstellen: KI mit reaktiven Eigenschaften und mit begrenztem Gedächtnis. Wenn Smartphones nicht ‚völlig selbstverständlich und intuitiv als integraler Bestandteil des täglichen Lebens verwendet' werden, was dann? Dafür muss keine ‚Generation KI' erdacht werden, die es ebenso wenig geben wird, wie es eine ‚Generation Strom', ‚Generation Düsenflugzeug' oder ‚Generation Videospielkonsole' gab. Auch wenn künstliche Intelligenz als einer der massivsten Treiber der Digitalisierung zu den größten technologischen Veränderungspotenzialen der bisherigen Menschheitsgeschichte zählt, so ist sie am Ende doch nur eine Technik und wird als Medium und Werkzeug den übergeordneten menschlichen Gedanken und Bedürfnissen dienen. Das könnten neben der Kuratierung der Facebook Feeds und Netflix-Empfehlungen auch beispielsweise die 17 globalen Ziele für nachhaltige Entwicklung der Agenda 2030 der Vereinten Nationen sein.

Wann würde die Grenze zwischen einem technologischen Werkzeug und einem KI-Wesen mit eigenem Bewusstsein überschritten sein? Ab wann beginnt eigene Motivation oder Intention, also ein eigenes, als solches wahrnehmbares, Interesse einer Maschine? Sollte eine ausreichend intelligente KI diese Grenze passieren und Handlungen und Reaktionen zeigen, die als eigenes Bewusstsein und Gefühle interpretierbar wären, dann würde sich die Frage nach dem Unterschied zwischen einer biologischen und einer künstlichen Intelligenz stellen. bzw. ob die Adjektive biologisch/künstlich dann überhaupt noch eine Rolle spielen. Bisher deutet viel darauf hin, dass diese einerseits enthusiastisch, andererseits alarmistisch propagierten Hypothesen eher Science-Fiction sind als eine tatsächlich ernstzunehmende Erwartung zur Entwicklung von KI. Zu den Hauptgründen, sich angesichts der fast 70-jährigen Geschichte von KI mit diesen Hypothesen näher zu beschäftigen zählen ihr unbestritten hoher Unterhaltungswert und die Faszination, die diesen Gedankenspielen innewohnt. Die geringe, aber definitiv existierende Wahrscheinlichkeit, dass sich die Vorstellungen von AGI, Singularität und Superintelligenz erfüllen und als richtig erweisen, tut ihr Übriges. Die Technologie- und Wissenschaftsgeschichte kennt viele Beispiele für Entwicklungen, die in der Vergangenheit von einer viel einstimmigeren Fachwelt als heute für unmöglich und völlig ausgeschlossen dargestellt wurden: Die Erde, die sich um die Sonne dreht, statt umgekehrt; die Existenz von Bakterien, die den menschlichen Organismus töten können, obwohl sie mikroskopisch klein sind, bis hin zu den beschriebenen Irrtümern rund um Computer und Digitalisierung. Es ist nicht gänzlich auszuschließen, dass genau das passiert, was Ray Kurzweil, Nick Bostrom, Elon Musk usw. vorhersehen bzw. befürchten.

Welche Rechte und Verantwortlichkeiten hätte ein solches technisches System dann? Die möglichen Antworten berühren grundsätzliche Themen wie: Was macht Menschen aus? Zur Antwort gehört die ganze Psychologie der menschlichen Entwicklung als Spezies sowie individuelle Emotionalität,

Kreativität, Empathie und vor allen Dingen Körperlichkeit. Einen lebendigen Körper zu besitzen definiert Menschen dann vielleicht mehr als alles andere. Lebendig zu sein ist bisher nicht einmal ansatzweise in vergleichbarer Form maschinell kopier- oder reproduzierbar. Lebendig sein bedeutet gleichzeitig sterblich zu sein und darin liegt die ultimative Verantwortlichkeit. Dazu kann sich eine Maschine nicht adäquat positionieren oder verantwortlich zeigen. Deswegen steht bis auf Weiteres am Ende jeder Kette von Verantwortung ein lebendes Bewusstsein, ein Mensch. In Konsequenz müssen Menschen KI und KI-gesteuerte Systeme und Prozesse kontrollieren. Das ist aufgrund der gigantischen Informationsmengen, die mehr oder weniger auf Knopfdruck verarbeitet werden, keine leichte Aufgabe. Verantwortung erfordert einen Handlungsrahmen, der tatsächliche wirksame Interventionen erlaubt, sonst ist sie nur eine Worthülse. Computer fällen heute bereits so viele Entscheidungen so schnell, dass es für Menschen immer schwieriger wird, nachzuvollziehen, wie und warum die eine oder andere Entscheidung gefällt wurde. Was ist die sinnvollste Aktion, wenn etwas schiefgehen sollte? Zu viel derartige Automatisierung birgt das Risiko, dass niemand verantwortlich gemacht werden könnte, wenn ein Algorithmus einen Fehler macht bzw. ein unerwünschtes Ergebnis verursacht, wie z. B. junge, qualifizierte Frauen nicht auf einer Bewerbungsliste zuzulassen oder vielleicht sogar eine fehlerhafte Entscheidung über Leben und Tod fällen. Liegt die Verantwortung dann bei den Entwickler/-innen oder bei denen, die das System gekauft und installiert haben oder bei denen, die die Dateneingabe erledigt haben? Die schlechteste Antwort wäre, der Algorithmus sei schuld (Bartlett 2018).

Ironischerweise ist das aber eine naheliegende Antwort, wenn ein Ablauf mithilfe von KI automatisiert wurde. Pausenlos treffen für Spezialaufgaben designte Algorithmen auf Basis der zur Verfügung stehenden Daten Entscheidungen. Präziser gesagt, steht am Ende fast jeder Berechnung eines KI-Systems eine Zahl, die eine Wahrscheinlichkeit ausdrückt, aus der sich eine Entscheidung ableiten lässt. Die Entscheidung selbst kann alles Mögliche betreffen: Welches Banner wird angezeigt, auf welche Bildschirmgröße wird optimiert, welcher Frachtwert wird angegeben, welcher Kreditrahmen wird genehmigt, welcher Grenzwert wird ggf. überschritten, welche/r Bewerber/-in wird empfohlen usw. Ein paar Entscheidungen erscheinen profan, manche können durchaus kritisch in ihrer Konsequenz sein. Die Bandbreite der Relevanz für Einzelne und die Gesellschaft reicht von belanglos bis existenziell. Bei aller Mathematik und auch der bestgemeinten Aufsicht über die Mechanismen der Algorithmen, liegen die Fallstricke von Verantwortung und ethischem Verhalten nicht nur in der KI und den verwendeten Daten, sondern schon in dem engmaschigen Netz von Klassifikationen und Kategorisierungen, die alle Lebensbereiche durchdringen und ohne die der zivilisatorische Alltag zusammenbrechen würde. Klassifizierungen sind eine menschliche Spezialität. Alles, was wahrnehmbar ist, wird klassifiziert und dann sub-klassifiziert und wenn möglich oder notwendig weiter und weiter subklassifiziert. Auto, Pkw, Kombi, Mittelklasse, gebraucht, alt, rot-metallic usw.. Das machen Menschen mit allem und jedem. Wir klassifizieren die Welt inkl. uns selbst darin: Familie, Freunde, Bekannte, Kollegen, etc.. Wer oder was nicht klassifiziert ist, kann in einem Prozess oder System oft nicht verarbeitet werden. Solche Personen oder Dinge sind dann zwischen den Kategorien ‚unsichtbar'. Wenn ein Fragebogen, der maschinell ausgewertet wird, nur die Kategorien ‚ledig' und ‚verheiratet' enthält, werden alle Geschiedenen und Verwitweten unsichtbar. Systeme, die nur ‚männlich' oder ‚weiblich' kennen, passen nicht in eine Gesellschaft, die die LGBTQ-Community gleichgestellt integrieren möchte.

Der gefürchtete Bias von KI-Systemen ist bis zu einem gewissen Grad normal und kann reduziert werden, solange elektronische Systeme flexible und schnelle Anpassungen erlauben, sobald solche ‚Anomalien' bzw. Prozessfehler oder -lücken entdeckt werden. In vielen Fällen arbeiten Systeme aber in kritischen Prozessen und mit enormen Datenmengen, die nicht ohne Weiteres und auch nicht von den Personen, die die Abweichung bemerken, auf die Schnelle angepasst werden können. Wer z. B. in Berlin eine Adresse hat, die mehrere Hausnummern umspannt, so wie Unter den Linden 231–237, kann diese nicht in seinem Ausweis beim Bürgeramt eintragen lassen. Das System lässt nur eine einzige Zahl als Hausnummer zu. Je nach Bauweise und Nummerierung der Häuser kann das ein Postzustellproblem darstellen. Das Personal im Bürgeramt kann dieses Datenbank-Feld nicht beeinflussen. Bürger/-innen müssen sich für eine Zahl entscheiden, die der Realität am nächsten kommt. Da sehr viele offizielle Adressverzeichnisse ihre Daten aus dem Melderegister kopieren, kann es bei Identitätsprüfungen auf Basis von nicht übereinstimmenden Adressdaten zu Irritationen kommen. Die Pointe dieser Geschichte ist, dass die Bürgerämter für Berlin-Pankow selbst Hausnummern wie 24A-26, 252–260 oder 8–10 haben. Die lakonische Beamtenantwort: ‚Wir sind ja auch eine Behörde'. Klassifikation und Kategorisierung auch hier. Das ist der Stoff, mit dem KIn arbeiten. Auf diesem Fundament werden Entscheidungen, zunehmend automatisiert, getroffen. Wie können solche Fehlerquellen und Bias-Risiken vermieden werden? Vermutlich kaum, denn jede Anpassung ist nur eine Erweiterung des Klassifizierungssystems. Um überhaupt mit den bestehenden Daten richtig arbeiten zu können, muss die KI selektieren. Das bedeutet, sie muss Daten verwerfen bzw. nicht in die Berechnung aufnehmen. Bei der Verarbeitung einer Adresse für eine Briefzustellung ist z. B. die Farbe der Fassade oder das Baujahr des Hauses irrelevant und wird als Information verworfen. Gregory Bateson definierte 1972 solche Informationen als Unterschiede, die einen Unterschied machen:

> „(…) when you enter the world of communication, organization, etc., you leave behind that whole world in which effects are brought about by forces and impacts and energy exchange. You enter a world in which "effects" – and I am not sure one should still use the same word–are brought about by differences. That is, they are brought about by the sort of "thing" that gets onto the map from the territory. This is difference." (S. 452).

Die im Englischen geläufige Redewendung von *map* und *territory*, also was vom Gelände tatsächlich auf die Karte des Geländes gelangt, illustriert sehr gut, was die gemeinten Auslassungen bedeuten. Eine zweidimensionale Karte stellt z. B. nicht ohne Weiteres Höhenunterschiede dar, die jedoch sehr wichtig sein können. Grüne Flächen auf einer Karte können Wiesen, Felder, Wald oder einfach unbebautes Land sein. Die Farbe macht keine Aussage über die tatsächliche Geländebeschaffenheit oder dessen Passierbarkeit. Selbst detaillierteste verbale Beschreibungen bleiben weit hinter der sinnlichen Wahrnehmung der Realität zurück. Die Filter werden durch die Priorisierung derjenigen gesetzt, die die Karte oder auch Abbildung von etwas zu einem bestimmten Zweck erstellen. Moderne Online-Karten auf dem Smartphone oder im Auto-Navigationssystem können je nach Einstellung Details wie Sehenswürdigkeiten, Parkhäuser, Tankstellen, Apotheken usw. hinzufügen oder weglassen. Das ist, worauf Bateson hinauswill, wenn er schreibt:

> „(…) In fact, what we mean by information–the elementary unit of information–is a difference which makes a difference, and it is able to make a difference because the neural pathways along which it travels and is continually transformed are themselves provided with energy." (S. 465).

A difference which makes a difference, bedeutet für KI wie für Menschen, dass wir Informationen auswählen oder weglassen, sogar löschen, wenn sie für unsere nächste Entscheidung wichtig bzw. unwichtig sind. Wann immer sich Entscheidungen oder deren indirekte Auswirkungen, auf das Erleben von Menschen beziehen, ist deswegen Achtsamkeit geboten. Das gilt nicht nur für KI, sondern auch in der Betrachtung und Auswahl der Kategorien, die die Entscheidungsfindung beeinflussen können. Viele Systeme und Datenmodelle, kennen binär nur das eine oder das andere, weil es Entscheidungen verlockend einfach und schnell macht. Die Einfachheit ist fast immer eine gewählte Vereinfachung. Daraus können auch vermeidbare Frustrationen, Missverständnisse und schlimmstenfalls sogar Konflikte und Konfrontationen erwachsen. Zum Beispiel durch die genannten Geschlechterkategorien oder auch, wenn in amtlichen Systemen nach Rasse gefragt wird oder wenn es um Nationalitäten und mögliche doppelte Staatsbürgerschaften o. ä. geht.

Der zunehmende Einsatz algorithmischer Systeme lässt diese Probleme von Verantwortlichkeit und ethischen Fragestellungen weiter an Bedeutung gewinnen. Insgesamt funktioniert die Automatisierung jedoch sehr gut. Bei Kreditkartenunternehmen zeigt der Einsatz von KI derart zuverlässige Resultate, dass sich die Firmen auf die Präzision der Vorhersagen von Missbrauchs-Wahrscheinlichkeiten einfach verlassen und die daraus abzuleitende Entscheidung für z. B. eine Kartensperrung konsequent automatisiert haben. Das Risiko eines KI-Irrtums und damit vielleicht die Verärgerung von Kunden ist offensichtlich gering. Die Menge der täglichen Transaktionen lässt darüber hinaus kaum einen anderen Weg zu. Ist es, wie Roman V. Yampolskiy, Associate Professor für Informatik an der University of Louisville sagt?

„Immer mehr komplizierte Systeme verlangen, dass KI das Sagen hat. Keine Einzelperson kann die Komplexität zum Beispiel des Aktienmarkts oder von militärischen Abwehrsystemen verstehen. Also haben wir keine andere Wahl, als einen Teil der Kontrolle an Maschinen abzugeben." (Hao 2019).

Wenn die KI-Entscheidungen so gut sind, ist es dann nicht genau richtig, wenn in dieser Weise automatisiert wird? Dem ist grundsätzlich zuzustimmen, dabei wird jedoch leicht vergessen, dass die relevanten Entscheidungen in der jetzigen Phase der Automatisierungen nicht erst während des Prozesses durch die KI gefällt werden. Sie sind bereits vorab, bei der Implementierung eines Systems von den verantwortlichen Menschen gefällt worden. Lorena Jaume-Palasi ist Gründerin der Ethical Tech Society. Sie vertritt die Ansicht, dass Maschinen überhaupt nichts entscheiden, weil Entscheiden bedeute, Interessen und Absichten zu haben und diese durch Entscheidungen zu verfolgen. Da Maschinen keine eigenen Interessen hätten, führten sie folglich nur aus, was schon vorab entschieden worden sei und verstünden nicht einmal den Output, den sie produziert hätten (2019). Sie führt weiter aus, das die Problematik darin liege, dass Menschen in erster Linie ihre Interessen durchsetzen möchten. Sie setzen Informationen hauptsächlich ein, um ihre Entscheidungen besser rational begründen oder legitimieren zu können. „Die Informationen stehen in Funktion der Interessen, die Interessen lenken die Entscheidung." (Ebd.). Aus diesem Grund benötigen wir Klarheit über die Intentionen, die den algorithmischen Entscheidungsfindungen zugrunde liegen, insbesondere, wenn Einzelne oder das Zusammenleben von Gesellschaften von den Ergebnissen betroffen sind.

Explainable AI
Für die meisten Automatisierungen trifft das bisher nicht zu, da sie in industriellen Prozessen passieren. Eine Intention bedeutet auch noch nicht, dass das dazugehörige Datenmodell die erwünschten Ergebnisse bringt. Um unter diesen Umständen Verantwortung tragen zu können, müssen die Verantwortlichen die algorithmischen Entscheidungswege nachvollziehen können. Bei den meisten der gegenwärtigen *Machine Learning*- und *Deep Learning* Systeme, ist das nicht ohne Weiteres möglich. Nicht einmal die Data Scientists und Developer, die ein Modell umgesetzt haben, wissen in jedem Fall, warum ihr System die eine und nicht eine andere Entscheidung getroffen hat. Diesen Aspekt nennt man auch das ‚Blackbox-Problem' von künstlicher Intelligenz: Bei *Deep Learning*-Modellen, die mit vielen Schichten arbeiten, kann nicht mehr nachvollzogen werden, an welcher der unzähligen Abzweigungen im neuronalen Netz welcher Entscheidungspfad beschritten wurde. Die bereits gelernten, jedoch nicht erwünschten Routinen sind nicht löschbar. Nicht funktionierende Modelle werden deswegen auch nicht repariert, sondern verworfen und neu aufgesetzt. Nicht-Nachvollziehbarkeit stellt ein Vertrauens- und Akzeptanzproblem dar und bedeutet für Unternehmen auch ein Compliance-Thema, denn natürlich besteht eine klare und berechtigte Anforderung darin, dass für die Verarbeitung von Daten und das Ergebnis dieser Prozesse Verantwortung übernommen wird. Banken müssen zum Beispiel erklären können, warum ein intelligenter Finanz-Bot ein bestimmtes Wertpapier gekauft oder verkauft hat. Ebenso müssen Datenschutzbestimmungen eingehalten und im Falle einer Überprüfung auch nachgewiesen werden können. Das sind Schwierigkeiten, die sich in tiefen neuronalen Netzen nicht einfach auf Knopfdruck beheben lassen.

Wünschenswert wären KI-Systeme, die nachvollziehbare und reproduzierbare Entscheidungen treffen. Die mögliche Lösung heißt *Explainable AI* bzw. XAI. Der Begriff beschreibt transparente künstliche Intelligenz, bei der nachvollziehbar ist, welche Daten wie verarbeitet wurden und auf welche Weise eine bestimmte Entscheidung zustande kam. Bei anderen technischen Produkten wird Vertrauen häufig über die Etablierung von Standards hergestellt. Es könnte z. B. Anforderungen geben, bestimmte Zertifikate zu erfüllen bis hin zu Bedingungen für eine Marktzulassung. Darüber hinaus sind viele Rahmenbedingungen denkbar, die regulierend unterstützen können. Unternehmen könnten z. B. verpflichtet werden, den kompletten Weg der Datenverarbeitung von der Quelle an transparent zu machen. Zum Schutz geistigen Eigentums könnte diese Transparenz dann z. B. unter besonderen Auflagen und nur für einen begrenzten Personenkreis, wie Ermittlungsbehörden o. ä. zugelassen werden. Solche Regulierungen könnten Kontext-bezogen abgestuft werden: Die Analyse und das *tagging* von Bildern auf Social Media ist eine andere Kategorie als die Auswertung von medizinischen Aufnahmen zu Diagnosezwecken oder die Analyse von Satellitenbildern für militärische Einsätze. In den beiden letzteren Fällen ist ein klares und detailliertes Verständnis des Entscheidungsprozesses erforderlich. Ein positiver Nebeneffekt solcher Gesetze wäre, dass mögliche Fehler oder Abweichungen, die sonst zu entsprechend falschen oder unzulässigen Entscheidungen führen würden, wohl schneller erkannt würden. Der Vorschlag der Europäischen Kommission für eine KI-Richtlinie aus April 2021 sieht für Fälle dieser Risikoklasse eine Protokollierung der Vorgänge vor, um die Rückverfolgbarkeit von Ergebnissen zu ermöglichen. (Europäische Kommission 2021).

XAI ist keine Science-Fiction. Es gibt verschiedene Verfahren um nachzuvollziehen, wie eine KI zur jeweiligen Entscheidung gekommen ist. Welches die beste Möglichkeit ist, würde abhängig vom untersuchten System entschieden werden. Beispielhaft sind hier deshalb nur drei Möglichkeiten dargestellt. Die aus Analyse-Sicht komfortabelste Lösung erscheint das Ende 2017 veröffentlichte Verfahren der ‚Rationalisierung' zu sein. Dabei wird das Verhalten eines KI-Systems beschrieben, als hätte ein Mensch sich so verhalten. Die Status-Informationen werden maschinell übersetzt und in natürlicher Sprache ausgegeben. Es entsteht eine für Menschen gegenüber anderen Methoden gut verständliche und relativ genaue Beschreibung des Verhaltens. (Ehsan et al. 2018).

Eine zweite Variante wird als *Counterfactual Analysis* oder *Counterfactual Explanation* beschrieben. Bei dieser Methode wird ein Ergebnis der algorithmischen Entscheidung mit einem Ergebnis verglichen, das ohne den Einsatz von KI erreicht wurde. Der Fokus liegt also auf dem Unterschied, der durch den KI-Einsatz entsteht. Dabei kann sich auch ergeben, dass der beobachtete Unterschied nicht zwangsläufig durch die KI, sondern evtl. durch andere Faktoren hervorgerufen wurde. Die Analyse der Parkplatzsuche in der Innenstadt mithilfe von KI- Navigation vs der Parkplatzsuche ohne Hilfsmittel kann z. B. ergeben, dass im Sommer beide Vorgehensweisen gleich erfolgreich sind, da sich aufgrund der Ferienzeit weniger Autos in der Stadt befinden. Durch die Veränderung der Inputvariablen der Datenmodelle kann die daraus entstehende Veränderung des Ergebnisses beobachtet und verglichen werden. Interessant sind dann die Fälle, in denen die Änderungen der Variablen auch zu relevanten Ergebnisveränderung geführt haben. Dieses Vorgehen ist nicht auf KI begrenzt und es ist unabhängig vom benutzten Datenmodell, da jeweils nur die Eingabe- und Ausgabewerte betrachtet werden (Dandl et al. 2020).

Eine dritte Variante der Nachvollziehbarkeit von Algorithmen ist die sogenannte *Layer-wise Relevance Propagation* (LRP), übersetzt etwa ‚schichtweise

Relevanz-Vorhersage'. Ähnlich wie bei den *Back Propagation*-Algorithmen wird im neuronalen Netz das Ergebnis einer Schicht zurückverfolgt, also ein Wahrscheinlichkeitswert, mit dem ein im Datenmodell definiertes Ereignis eintritt. Die Verfolgung ermittelt, welcher Eingangswert den Ausgangswert bestimmt hat. Mit LRP ist eine Skalierung der Nachvollziehbarkeit auch in komplexen und tiefen neuronalen Netzen möglich. (Montavon et al. 2019). Selbst bei Anwendung solcher Verfahren kann nicht jede Berechnung verstanden werden kann. Sie helfen aber, genug zu verstehen, um Vertrauen in die Arbeitsweise eines Systems zu gewinnen und werden vielleicht zum Standard für KI, deren Entscheidungen relevanten Einfluss auf Menschen haben.

Eine Untersuchung von Forschern aus Heidelberg und der Universität Duisburg-Essen zu XAI, speziell zur Frage der Erklärbarkeit von Ergebnissen aus *Deep Reinforcement Learning*-Modellen (DRL), führt noch mehr XAI-Varianten auf und unterstreicht die Bedeutung von Vertrauen in die Arbeitsweise und Ergebnisse von DRL-Systemen. Sie sind z. B. in der Lage, in komplexen Videospiel-Umgebungen wie Dota oder Starcraft über menschliche Problemlösungsfähigkeiten hinaus, Strategien und Lösungen zu entwickeln und anzuwenden. Hier liegt großes Potenzial für *superhuman* Innovation in realen strategischen Anwendungsfällen, deshalb ist eine menschliche Kontrolle und Nachvollziehbarkeit wichtig. Die überlegenen KI-Strategien sind für Menschen z. T. kontraintuitiv und nicht verständlich, so dass Vertrauen in diese Systeme durch Transparenz und Erklärbarkeit aufgebaut werden muss. Damit auch Nutzer/-innen ohne tieferes technisches Wissen über KI ansprechbar sind, müssten leicht verfügbare Tools zur Kontrolle implementiert werden. Das ist derzeit ein Feld für weitere Forschungen. (Andrulis et al. 2020).

Der Preis der Transparenz und Nachvollziehbarkeit ist bei allen Verfahren die Geschwindigkeit und Qualität der maschinellen Verarbeitung. In der Umsetzung geht es darum, auszubalancieren wie schnell und präzise ein System funktionieren soll, auf welche Weise es funktioniert und ob seinen Ergebnissen vertraut werden kann. Die Aufgabe ist schwierig, weil die XAI-Entwickler/-innen zunächst im Dunkeln tappen: Solange ein System nicht bereits ein bemerkbares Problem ausgelöst hat, ist meist nicht klar, wonach überhaupt gesucht und welcher Teil der Entscheidungsfindung überhaupt fokussiert werden soll. Auch die Problemdefinition ist nicht trivial, denn es gibt keine universalen, klar umrissenen Grenzen von Konzepten wie Gerechtigkeit, Gleichheit, Fairness usw., in deren Zusammenhang Bias-Probleme am häufigsten auftauchen. Deswegen muss jede Situation und jede Zielgruppe und jedes System auf Basis konkreter Anwendungsfälle separat angesehen werden. Ohne XAI ist der Part der menschlichen Verantwortung kaum sinnvoll wahrnehmbar.

Sepp Hochreiter, einer der Väter des LSTM-Algorithmus, bringt das Dilemma auf den Punkt. Anhand selbstfahrender Autos sagt er zur Problematik um Nachvollziehbarkeit von KI und Abgabe von Entscheidungen an KI in einem Interview im November 2018:

> *„Wenn eine KI (..) besser sein soll als der Mensch, braucht sie so viele Einflüsse, dass der Mensch das vielleicht gar nicht mehr begreifen kann. Im Grunde muss man sich also entscheiden: Entweder man hat ein schlechtes System und versteht dafür alles was passiert, oder die KI ist besser als der Mensch und ich kann dafür ihre Entscheidungen nicht mehr nachvollziehen. (…) Das heißt letztlich aber auch, dass nachvollziehbare Entscheidungen zu mehr Verkehrstoten führen würden. Das macht den Rechtsexperten zu schaffen."* (Brandstetter 2018).

Nicht alle KI-gesteuerten Systeme sind so zeitkritisch wie die selbstfahrender Autos, aber es gibt genügend andere Fälle, in denen elektronische Systeme in rasender Geschwindigkeit Datenberge abarbeiten, z. B. den Kaufrausch am chinesischen Singles Day oder die täglich billionenfach ablaufenden Protokollierungs-, Buchungs-, Produktions- und Steuerungsvorgänge sowie die dazugehörigen Analysen. Dass bei dieser Menge an Prozessen auch Fehler passieren, ist normal. In diesem Umstand liegt das Unwohlsein, das so viele Menschen noch immer befällt und sich in so vielen Artikeln, Filmen, Büchern, auf Social Media und in unzähligen Kommentaren ausdrückt. Künstliche Intelligenz übernimmt Funktionen, die bisher nicht an Maschinen übertragbar oder als Prozesse automatisierbar waren. Da dies nun in wachsendem Maße geschieht, wird die zunehmende Abhängigkeit von Systemen überdeutlich. In Bezug auf z. B. Wasser, Elektrizität und Telekommunikation galt dies schon vorher und die Kontrolle dieser Infrastruktur ist ein kritischer Machtfaktor, der in den Händen staatlicher Souveränität liegen sollte, aber die maschinelle Kontrolle von immer mehr miteinander vernetzten Systemen hat neben technischer Steuerungsmacht auch eine psychologische Manipulationsmacht entstehen lassen.

Daten bedeuten Macht über Menschen
In Anlehnung an McLuhan ist KI eine Erweiterung des Menschen. Diese Erweiterung ist jedoch interaktiver, schneller und universaler als die bisher bekannten Kanäle. Sie fügt der instantanen Botschaft der Elektrizität noch ein kognitives oder zumindest als kognitiv wahrgenommenes Element hinzu, das bisher allein Menschen vorbehalten war: Höhere Intelligenz. Die Kopplung menschlicher Intelligenz an den Körper mit seinen physischen Bedürfnissen ergibt ein System, das in der materiell- und marktwirtschaftlich geprägten

Welt entsprechend ausgenutzt werden kann. Die Ausbeutung von Menschen geschieht auf viele Arten, eine davon ist die Ausnutzung psychischer Merkmale wie Ego, Stolz, Eitelkeit, Scham und Angst, Kommunikations- und Nähebedürfnis etc.. In sozialen Netzwerken wie Facebook, Instagram, YouTube oder LinkedIn werden die Mechanismen dazu perfektioniert. Sean Parker ist ehemaliger Hacker und einer der Gründungsvorstände von Facebook. In einem Interview mit The Guardian liefert er eine desillusionierende Darstellung der kommerziellen Ausnutzung der menschlichen Psyche. Er beschreibt die Geisteshaltung von Facebook, gezielt menschliche Schwächen im Sinne der Gewinnmaximierung zu nutzen, so wie ein Hacker die Schwächen eines Computersystems nutze, um seine Ziele zu erreichen. Auf diese Weise, so Parker, wurde z. B. der ‚Like'-Button erfunden. Likes zu erhalten verursacht jeweils geringe Dopamin-Ausschüttungen im Gehirn und löst einen Belohnungseffekt aus, der neue Motivation zum Upload weiterer Inhalte vermittelt.

„How do we consume as much of your time and conscious attention as possible? [The 'like' button would give users] a little dopamine hit (…). It's a social-validation feedback loop (…) exactly the kind of thing that a hacker like myself would come up with, because you're exploiting a vulnerability in human psychology." (Solon 2017).

In diesem Sinne modifiziert Facebook routinemäßig seinen Algorithmus und testet z. B. die Anzahl von Anzeigen, die gezeigt werden oder ändert Bildgrößen, um die Reaktionen darauf herauszufinden. Das passiert unbemerkt. Niemand wird darüber informiert, es wurde mit den allgemeinen Geschäftsbedingungen bei der Anmeldung im Netzwerk akzeptiert. Ziel, so Facebook sei „(…) creating a more alluring and useful product." – verlockend und nützlich. Nützlich auch zur Steigerung der Profitabilität: Mithilfe psychischer Manipulation wird aus den Nutzer/-innen Kapital geschlagen, indem sie möglichst lange im Netzwerk festgehalten werden. Das maximiert die Reichweite, Frequenz und Dauer von Werbung und ist normal und legal, aber ist es auch verantwortlich? Oder wird das bei hoher Lukrativität nebensächlich? Facebook hat 2020 ca. 86 Milliarden Dollar Umsatz hauptsächlich durch Werbung gemacht. Allein im vierten Quartal 2020 verzeichnete das Netzwerk auf seinen Plattformen 3,3 Milliarden monatlich aktive User und machte 12,8 Milliarden US-Dollar Gewinn. (Lewanczik 2021).

Die verwendeten Algorithmen beeinflussen direkt die Informationen, die gezeigt werden und damit das Bild, das Wissen von und höchstwahrscheinlich auch die innere Haltung der Menschen gegenüber bestimmten Sachverhalten. Sogar ihre emotionale Verfassung kann über die gezeigten Informationen verändert werden. 2014 schrieb die New York Times „To Facebook, we are all lab rats." (Goel 2014). Aufhänger war die Information des Netzwerks, Facebook habe im Januar 2012 eine Woche lang die Feeds, also die Abfolge der Nachrichten, von knapp 700.000 zufällig ausgewählten Nutzer/-innen in Bezug auf die Anzahl der gezeigten positiven und negativen Nachrichten manipuliert. Das Experiment war Teil einer psychologischen Studie, mit der untersucht werden sollte, inwieweit Emotionen über Social Media verbreitet werden können. Die Studie ermittelte entsprechend, dass Launen, die über positive oder negative Beiträge auf Facebook transportiert werden, ansteckend seien. Wer mehr positive Posts sah, reagierte mit eigenen, positiven Posts und diejenigen, die mehr Negatives sahen, reagierten analog selbst mit negativen Nachrichten. (Kramer et al. 2014). Auch wenn das Handeln durch die Facebook-Nutzungsbedingungen abgesichert war, erregte es Kritik und eine Rüge der herausgebenden Fachzeitschrift der amerikanischen nationalen Akademie der Wissenschaften dafür, dass Facebook und das Studienteam eine ethische Grenze übertreten hätten, indem sie die Betroffenen nicht im Vorfeld informiert und deren Einverständnis eingeholt hätten, wie es sonst bei wissenschaftlichen Studien üblich sei. (Verma 2014). Der Fall zeigt auch die Filter-Macht von Social Media: Von den durchschnittlich ca. 1500 Inhalten, die täglich in jedem Feed gezeigt werden könnten, werden etwa 80 % ausgefiltert und entsprechend nicht gesehen, wenn die User nicht explizit über die ca. 300 selektierten Posts hinaus den gesamten Feed ansehen wollen. Der Facebook-Versuchsleiter Adam Kramer aus dem Core Data Science Team des Netzwerks schrieb dazu in einer Entschuldigung:

„The reason we did this research is because we care about the emotional impact of Facebook and the people that use our product. We felt that it was important to investigate the common worry that seeing friends post positive content leads to people feeling negative or left out. At the same time, we were concerned that exposure to friends' negativity might lead people to avoid visiting Facebook." (Goel 2014).

Das klingt fast nach Verantwortung, am Ende geht es jedoch sehr profan darum, allen mehr desselben zu servieren. Die dem Algorithmus zugrundeliegende Annahme ist, dass das, was angesehen wird, auch gefällt bzw. interessiert. Folglich wird diese Art von Inhalt vermehrt ausgespielt, um die Nutzungsdauer zu erhöhen. Das wiederum führt dazu, dass mehr Werbung gezeigt werden kann. Dabei gilt es, die optimale Balance zu treffen, um die maximale Nutzungsdauer und damit den maximalen Umsatz zu erzeugen.

Das sind Manipulationsinstrumente von höchster Qualität. Auch wenn das Geschäftsmodell der großen Plattformen bis dato im Wesentlichen auf der Generierung von Werbeeinnahmen basiert, so sind die Rufe nach staatlicher Regulierung spätestens seit dem Verdacht von Wahlmanipulation über Social Media nicht mehr überraschend. Damit sind staatliche Akteure auf dem Plan, deren Repräsentantinnen und Repräsentanten gegenüber den zu untersuchenden Fragestellungen wie aus einer anderen Zeit gefallen wirken. Das zeigten die Befragungen des Facebook-Gründers und CEOs Mark Zuckerberg vor dem amerikanischen Kongress zum Cambridge Analytica Datenskandal im April 2018 anschaulich. Statt zu erklären, wieso Cambridge Analytica auf Daten von knapp 87 Millionen Facebook-Konten zugreifen konnte und wieso Facebook versucht hat, die Affäre zu verschleiern, statt aufzuklären, wie viele Daten das Netzwerk wirklich speichert, mit anderen teilt usw., erklärte der Internet-Milliardär in seiner fast 10-stündigen Anhörung vor dem amerikanischen Senat und Repräsentantenhaus u. a., wie Facebook überhaupt funktioniere und ließ sich erklären, für wie mächtig man sein Unternehmen halte. Im Dezember 2020 fiel der Beschluss der amerikanischen Finanzbehörde, Facebook wegen seiner Quasi-Monopolstellung im Markt für digitale Werbeplätze in den sozialen Medien zu verklagen und damit ggf. eine Zerschlagung des Konzerns einzuleiten. Die Zukäufe von Instagram und WhatsApp, die Facebook zu dieser Vormacht verhalfen, wurden wenige Jahre zuvor noch von der gleichen Behörde genehmigt. Fazit ist, dass eine eventuelle Zerschlagung des Facebook-Konzerns nicht aufgrund seiner massiven Manipulationsmacht erfolgt, die eine mögliche Bedrohung von Gesellschaft und politischem System darstellt, sondern aufgrund seiner wirtschaftlichen Vormachtstellung. Das Verfahren kann so oder so viele Jahre dauern.

Viel Aufmerksamkeit, aber wenige Konsequenzen gab es, als im Sommer 2019 bekannt wurde, dass allein in Deutschland mehrere Tausend Amazon-Beschäftigte die Aufnahmen des Alexa-Smart-Speakers aus Millionen von Privathaushalten abhörten, um Daten nutzbar zu machen. Viele erledigten ihre Arbeit von zu Hause, wo es so gut wie keine Kontrolle über den Schutz der privaten Kundendaten gegeben habe. (Wittenhorst 2019). In puncto Privatsphäre entsteht ein Imageproblem für Smart Speaker wegen der berechtigten Frage, was alles aufgenommen und gespeichert wird und was mit den Aufzeichnungen passiert. Amazons Hardware Chef Dave Limp kommentierte:

> *„Uns ist erst mal wichtig zu betonen, dass nur gespeichert wird, was nach dem Wort „Alexa" folgt. Alles andere kann ohnehin niemand wiederherstellen – weil es nicht existiert. Es wird nichts auf dem Gerät gespeichert und es wird nicht in die Cloud geschickt. Das, was dann tatsächlich gespeichert wird, kann man jederzeit löschen. Wenn man die Daten löscht, hat auch niemand Zugriff darauf."* (Mansholt 2018).

Die Deutschen kaufen trotz Skandal weiterhin Amazon Alexa. Über 75 % der deutschen Haushalte mit Smart Speaker haben mindestens ein Gerät von Amazon und sie stellen diese Geräte am liebsten im Wohnzimmer (75 %), in der Küche (52 %) und im Schlafzimmer (47 %) auf. (Flaig 2020).

Die Beispiele der Datenskandale der großen Digitalkonzerne sollten nicht darüber hinwegtäuschen, dass die eigentlichen Datensammelkraken offensichtlich die Regierungen der USA sowie vermutlich Chinas und Russlands sind, mit hoher Wahrscheinlichkeit gefolgt von zahlreichen weiteren Staaten und deren Nachrichtendiensten. Unabhängig davon, wie man über diese Organisationen denkt, sind die notwendigerweise verdeckten und damit für demokratische Kontrollinstrumente intransparenten Aktivitäten, ein Thema von Ethik und Verantwortung von Individuen und ganzer Staatsgebilde. Das Ausmaß der Maßnahmen, denen sich jede/r Einzelne in diesem Zusammenhang gegenüber sieht, ist durch die Enthüllungen Edward Snowdens erstmals im Juni 2013 ans Licht der Öffentlichkeit gelangt. Ohne den Whistleblower, dem in den USA wegen Spionage jahrzehntelange Haft drohen, wären die weitgehenden und auch in die deutschen Grundrechte eingreifenden Überwachungsmaßnahmen der USA vermutlich gar nicht bekannt. Hinter diesen Maßnahmen steckt eine Strategie der Massendatenspeicherung, um Anti-Terror-Maßnahmen zu unterstützen. Der ehemalige NSA-Direktor, General Keith B. Alexander rechtfertigt die exzessive Datensammelei damit, dass die Ermittlungsarbeit der sprichwörtlichen Suche nach der Nadel in einem Heuhaufen gleiche. „You need the haystack to find the needle." (Gellman und Soltani 2013). Die NSA sammelt den ganzen Heuhaufen von Daten ein, wo sie nur kann und verschafft sich so eine verbesserte Ausgangslage für KI-basierte Analysen. Die Versuche, dieses Vorgehen zu unterbinden, blieben bisher weitgehend erfolglos. Im Mai 2019 erst wurde eine Klage gegen Massenüberwachung durch den US-Geheimdienst NSA von einem amerikanischen Bundesrichter mit der Begründung abgewiesen, dass ein mögliches Überwachungsprogramm geheim bleiben müsse, um die nationale Sicherheit zu schützen. (Mrohs 2019). Ohne Zweifel steckt ein Schutzinteresse hinter solchen Maßnahmen, doch es ist eine kritische Frage der Rechtsabwägung, wie der Umgang mit solchen Daten gestaltet sein soll. Wer erfasst sie? Mit welcher Legitimierung wird durch wen auf sie zugegriffen? Wie erfolgt der Zugriff? Wie und wo und mit welchen neuen Zugriffsrechten werden kopierte Daten gespeichert und wie werden diese Vorgänge überwacht? Die globalisierte Staatengemeinschaft, ist durch komplexe Vertragswerke miteinander verbunden und befindet sich gleichzeitig im Wettbewerb um Ressourcen und Macht. Die Statements zur angestrebten weltweiten Führung bei künstlicher Intelligenz seitens der Regierungen Chinas und Russlands verstärken die Befürchtungen, in Deutschland und Europa in einem Bereich digitaler Schlüsseltechnologie international zurück zu fallen, während andere genau hier Milliarden investieren. Vladimir Putin äußerte sich klar, als er die Führung im Bereich KI mit der Führung der Welt gleichsetzte und die russischen Investitionen in diesem Bereich mit den historischen Investitionen in die Elektrifizierung Russlands verglich, die 1920 Lenins Prototyp für die sowjetischen Fünf-Jahres Pläne wurde. (Bartlett 2018).

Die deutsche KI-Strategie
Die massiven wirtschaftlichen und sicherheitspolitischen Interessen, die mithilfe von KI verfolgt werden, fallen in die Bereiche von staatlicher Verantwortung für Wirtschaft, Wohlstand und Sicherheit. KI ist ein strategisches Instrument im internationalen Wettlauf. Entsprechend gibt es auch in Deutschland eine nationale Strategie für künstliche Intelligenz. Auf gut 40 Seiten beschreibt die Bundesregierung im November 2018 die Ziele und zwölf konkrete Handlungsfelder und stellt klar, dass KI als ‚gesamtgesellschaftliche Aufgabe' gelte. (BMBF 2018). Neben vielen Förderzielen hinsichtlich wirtschaftlicher Themen wie Forschung, Entwicklung, Innovation, Transfer in die Wirtschaft, Gründungsdynamik, Arbeitsmarkt, Ausbildung, Fachkräfte und Expertengewinnung usw. geht es in der deutschen KI-Strategie auch um Standards und einen gesellschaftlichen Dialog. Der Bereich der Standards wird dabei nicht auf Industrienormen und Zertifikate reduziert, sondern explizit hinsichtlich politischer, rechtlicher, kultureller und ethischer Fragestellungen formuliert:

> *„Die Bundesregierung setzt im gesamten Prozess der Entwicklung und Anwendung von KI grundsätzlich auf einen „ethics by, in and for design"-Ansatz als integralen Bestandteil und damit Markenzeichen einer „AI made in Europe". Dies umfasst die Forschung, Entwicklung und die Produktion von KI, aber auch den Einsatz, den Betrieb, die Kontrolle und die Governance KI-basierter Anwendungen. Der bestehende Ordnungsrahmen bietet bereits eine stabile Grundlage mit hohen Standards. Die Bundesregierung wird den Rechtsrahmen auf Lücken bei Algorithmen- und KI-basierten Entscheidungen, Dienstleistungen und Produkte überprüfen und ggf. anpassen, um die sie im Hinblick auf mögliche unzulässige Diskriminierungen und Benachteiligungen überprüfbar zu machen."* (Ebd., S. 38).

Internationale Zusammenarbeit ist auf den Ebenen der OECD, der G7 und G20 vorgesehen und ein Fokus liegt auf der europäischen Integration und bilateraler Zusammenarbeit mit Staaten wie den USA, Kanada und Israel (Ebd., S. 43). Das klingt verantwortungsbewusst und vertrauenserweckend, doch als eines der reichsten Länder der Welt gerät auch die Bundesrepublik mit ihren klaren wirtschafts- und sicherheitspolitischen Interessen und einer engen internationalen Bündnisverflechtung in Interessenkonflikte, wenn es um die Handlungsfelder der Nutzung von „KI zur Gefahrenabwehr und für die innere und äußere Sicherheit" geht. Hier sind unter dem Handlungsfeld „Forschung" auch Vorhaben „zu KI-Anwendungsmöglichkeiten insbesondere zum Schutz der äußeren Sicherheit und für militärische Zwecke (…)" benannt. (Ebd., S. 18). Darüber hinaus geht es in dem Strategiepapier auch um weitergehende Datenanalysen zur inneren Sicherheit:

„Im Sicherheitsbereich ist die Nutzung KI-basierender Systeme ein wichtiger Baustein für die digitale Souveränität Deutschlands und damit ein Beitrag zum Erhalt der Sicherheit der Bürgerinnen und Bürger und des Wirtschaftsstandortes Deutschland. Der Einsatz von KI kann eine deutliche Effizienzsteigerung gegenüber herkömmlichen Auswertungsmethoden darstellen, auch wenn diese derzeit lediglich eine zusätzliche Methode im Rahmen der Auswertung von Massendaten darstellt, die in Kombination mit anderen (auch herkömmlichen) Techniken grundrechtskonform eingesetzt werden kann. KI dient dabei als Instrument, um Informationen zur Entscheidungsfindung beizusteuern, die ohne KI nicht in einem adäquaten Zeitrahmen gewonnen werden können. Hierzu gehört z. B. die Wiedererkennung von Personen im Kontext der Analyse großer Datenmengen, auch wenn die darauf aufbauenden polizeilichen, nachrichtendienstlichen und militärischen Auswertungen sowie die darauf basierenden Entscheidungen auch künftig in der Hand der Mitarbeiterinnen bzw. der Mitarbeiter der Behörden liegen werden. Darüber hinaus kann KI in der Strafverfolgung/Gefahrenabwehr zum Schutz der Bürgerinnen und Bürger oder zur Steuerung des Einsatzes von Polizeikräften eingesetzt werden. Andere Anwendungsgebiete sind unter Wahrung der betroffenen Persönlichkeitsrechte und unter bestimmten Voraussetzungen das Predictive Policing (präventive Gefahrenabwehr), der Schutz von Kindern und Jugendlichen vor sexualisierter Gewalt im Internet und die Bekämpfung und Verfolgung der Verbreitung von Missbrauchsdarstellungen oder Social Media Forensics zur Bildung von Personenprofilen." (Ebd., S. 33).

Erwartungsgemäß integriert die KI-Strategie der Bundesregierung sämtliche kritischen Einsatzfelder von künstlicher Intelligenz bei gleichzeitig permanentem Hinweis auf die Verpflichtung der Grundrechtskonformität, wie im obigen Zitat oder in: „Die Bundesregierung ist bestrebt, diese Chancen zu erschließen und für Staat und Gesellschaft rechtskonform nutzbar zu machen." (Ebd., S. 32). Der rechtsstaatliche Rahmen und die in Deutschland institutionalisierte und rechtlich abgesicherte Gewaltenteilung sollen als Garanten für die Kontrolle und Einhaltung dieser Verpflichtungen stehen.

Der Blick auf die nationalstaatliche Perspektive führt von politischen und wirtschaftsstrategischen Überlegungen ebenso zur Möglichkeit der militärischen Anwendung künstlicher Intelligenz. In der deutschen KI-Strategie wird das unter dem Handlungsfeld ‚Sicherheit' einerseits deutlich und doch nichtssagend formuliert: „Der künftige Einsatz von KI-basierten Technologien und

Systemen wird Auswirkungen auf Streitkräfte haben und ist damit ein wichtiges Thema für die Zukunftsentwicklung der Bundeswehr." (Ebd., S. 32).

Künstliche Intelligenz als Kriegswaffe
2017 beklagte sich der amerikanische Verteidigungsminister James Mattis über den Rückstand seiner Behörde gegenüber Technologieunternehmen in Bezug auf die Anwendung von Technologien wie z. B. *Machine Learning*. Noch im selben Jahr startete *Project Maven* mit dem Ziel, die kommerziell verfügbaren KI-Techniken für US-Militärmissionen einzusetzen. Das erste Teilprojekt in Kooperation mit KI-Start-ups und großen Firmen wie Google landete gleich in den Schlagzeilen, weil sich Mitarbeiter/-innen z. B. von Google von der Kooperation in diesem Projekt distanziert hatten. Es ging darum, *Machine Learning* zur Erkennung und Markierung von Objekten in Überwachungsvideos einzusetzen, die von Aufklärungsdrohnen gemacht wurden. Auf die gleiche Weise lassen sich auch Menschen in solchen Videos erkennen und markieren und für die Maschine besteht auch kein Unterschied zwischen Markierungen in Aufzeichnungen oder Live-Bildern. Entsprechend eignet sich die KI zur Unterstützung für gezielte Tötungseinsätze. Von Februar bis Mai 2018 wurden bei Google offenbar intern über 4000 Unterschriften gesammelt, die forderten, dass weder der Mutterkonzern Alphabet, noch Google oder andere Tochterunternehmen jemals Kriegstechnologie herstellen sollten. (Wakabayashi und Shane 2018). Einige Entwickler/-innen sollen sogar im Mai 2018 bereits gekündigt haben, nachdem wochenlang keine Reaktion der Firmenleitung erfolgte. Die Protestierenden waren beunruhigt über das wachsende Interesse des Militärs und auch der Polizei in Bezug auf künstliche Intelligenz.

Der militärische Einsatz von KI hat viele Gesichter. Bereits seit Jahren bestehen unzählige Waffensysteme, die mit algorithmischer Unterstützung navigieren und gesteuert werden. Manöver und Planspiele werden mit KI-Unterstützung designed und ausgewertet. Militärische Simulationen dürften an der Tagesordnung sein. Gerade im Simulationsbereich kann mit KI-Unterstützung eine breite Palette von Optionen mit vielen Details durchgespielt und analysiert werden, die sonst weder zeitlich, noch finanziell möglich wären. Egal ob es um fiktive Gegenmaßnahmen bei Geiselnahmen, den Transport von Truppen und Material oder konkrete Kampfeinsätze in unterschiedlichsten Gebieten mit unterschiedlichstem Material und gegen verschiedene Gegner geht: KI-gestützte Simulationen erlauben eine höhere Präzision, einen höheren Grad an Detailschärfe und, so die Hoffnung der Militärs, eine höhere Zuverlässigkeit der Ergebnisse. Das aktuelle Level der Genauigkeit und Zuverlässigkeit lässt sich anhand der Leistungsfähigkeit der eingesetzten Ressourcen erahnen. Das US-Militär bedient sich hier der auf dem Markt verfügbaren KI, z. B. 2017 mit dem Einsatz des Poker-Bots Libratus, (vgl. Kap. 4) der vorher durch die Presse ging, weil er vier Top-Spieler bei Texas Hold'em-Poker ohne Limit besiegen konnte. Libratus testet Ideen für automatisierte Entscheidungen auf Grundlage der Spieltheorie. Strategy Robot, die Start-up-Ausgründung für die Zusammenarbeit mit dem amerikanischen Militär unterstützt eine Abteilung des Pentagon namens ‚Defense Innovation Unit'. Sie wurde bereits 2015 mit dem Ziel gegründet, Kontakte im Silicon Valley zu gewinnen und die Einführung neuer Technologien durch das US-Militär zu beschleunigen. Strategy Robot kann dem Militär auf Basis der Pokertechnik, die sich die Ausgangs-KI Libratus selbst beigebracht hat, vermutlich einige interessante Empfehlungen geben. Pokerprofis beschreiben den Spielstil der KI als nervösen Wechsel zwischen zahmen und hyperaggressiven Taktiken. (Simonite 2019). Auch wenn die Realität noch immer sehr viel komplexer, überraschender und chaotischer ist als selbst die beste KI-Simulation, ist der militärische Einsatz von KI z. B. für verbesserte Spieltheorie folgerichtig und wird mit Sicherheit parallel zur KI-Entwicklung ausgeweitet. Auf den Webseiten der DARPA finden sich weitere Forschungsansätze in diese Richtung. (DARPA o.J.). Alle militärischen Organisationen der Welt werden sich jetzt und in Zukunft mit diesen Themen auseinandersetzen.

Dank zahlreicher Thriller und Actionfilme gibt es im kollektiven Gedächtnis viele Bilder zum militärischen Einsatz von KI, die mit sogenannten LAWS zu tun haben. Das Akronym steht für ‚Lethal Autonomous Weapons Systems', also tödliche autonome Waffensysteme. Sie werden allgemein oft als Killer-Roboter bezeichnet. Prototypisch sind dann häufig die Terminator-Roboter aus dem gleichnamigen Film abgebildet, obwohl dieses detailliert humanoide Roboterdesign wahrscheinlich eher unpraktisch wäre. Es gibt allerdings bereits viele Roboter, die für den Kampfeinsatz konstruiert sind. Ein Beispiel ist THeMIS, ‚Tracked Hybrid Modular Infantry System'. Dieser Roboter wird von der estländischen Firma Milrem Robotics entwickelt und verkauft. Es handelt sich um ein Maschinengewehr-Geschütz auf einem mobilen Korpus, der auf kleinen Raupenketten montiert ist. Die Waffe wird ferngesteuert und ist mit kleinerem oder größerem Kaliber erhältlich. THeMIS verfügt über Kameras und eine Software zur Zielerfassung und -Verfolgung und kann somit je nach Programmierung Menschen oder Objekte verfolgen und beschießen. In der aktuellen Bauweise ist das System durch einen Menschen ferngesteuert. Rein technisch lassen sich alle Komponenten so kombinieren, dass die Maschine komplett autark agieren und potenzielle Gegner selber identifizieren und bekämpfen könnte. Auf der Webseiten von Milrem wird die Raupe als System mit intelligenten Funktionen (SIF) für vielfältige, nicht nur militärische, Einsatzzwecke bezeichnet: „The possible uses for the THeMIS are almost limitless."(Milrem Robotics o.J.-a). THeMIS ist nur ein Beispiel für vergleichsweise leicht herstellbare LAWS, wobei dieser Begriff erst wirklich angemessen ist, wenn am Ende der Entscheidung über Leben und Tod kein Mensch mehr stünde. Das wäre ein Novum in der Geschichte der Kriegsführung. Bisher war die Frage, ob in einem Kampf getötet wird, immer eine Frage menschlicher Entscheidung. Auch Milrem Robotics verweist in ihrer ‚Policy of Ethical Development of Systems with Intelligent Functions' auf die zwingende Voraussetzung einer sogenannten ‚Meaningful Human Control', also einer menschlichen Kontrolle der SIFs: „Milrem's Ethics Policy prohibits the development of any system capable of firing a weapon without Meaningful Human Control." (Milrem Robotics o.J.-b).

Die mittlerweile sehr fortgeschrittenen Möglichkeiten maschineller Entscheidungsfindung, maschineller Bildverarbeitung und -erkennung und die Fortschritte der Robotik bringen einige der größten Militärmächte der Welt dazu, über Waffensysteme nachzudenken, die in Kampfgebieten selbständig und ohne menschliches Eingreifen aufklären und auch Zielpersonen finden und töten können. An entsprechenden technischen Plattformen, die bestehende Waffen mit den notwendigen Sensoren und entsprechenden Zielcomputern nachrüsten lassen, arbeiten die USA, China und Russland gleichermaßen. Großbritannien und Israel nutzen schon Waffen mit automatischen Steuerungen wie Raketen und Drohnen, die gegnerisches Radar, Fahrzeuge oder Schiffe finden und angreifen, ohne dass ein Mensch einen Feuerbefehl erteilen muss. (Atherton 2018).

Schon bei den militärischen Aufklärungs- und Cyber-Aktivitäten sind Verantwortung und Ethik maßgebliche Themen, spätestens aber bei den autonom agierenden bzw. reagierenden Robotern wird die Tragweite der Verantwortung offensichtlich, die sich ergibt, wenn sich ein Mensch, eine Organisation oder ein Land für den Einsatz solcher Systeme entscheiden. Ein Ziel automatisiert auswählen und angreifen impliziert wichtige humanitäre, ethische und juristische Aspekte. Es bedeutet außerdem ein Risiko menschlichen Kontrollverlusts über Waffen- und Gewalteinsatz. Solche Einsätze ohne eine verantwortliche Person würden die Beachtung von Menschenrechten und ethische Belange in die Verantwortung von Maschinen legen und stünden damit im Widerspruch zu moralisch-ethischer Verantwortung und der Aufrechterhaltung der Würde des Menschen.

Ein verwandter Bereich, in dem KI wachsende Bedeutung bekommt, ist die sogenannte Cyber-Kriegsführung in all ihren Formen inklusive der entsprechenden Gegenmaßnahmen. Dabei geht es um eine sehr breite Palette von Aktivitäten, von der Spionage bis hin zum direkten Eingriff in ein fremdes System. Zugrunde liegen hier immer mehr oder weniger realistische und bedrohliche Gegner-Definitionen und -Positionen, deren Glaubwürdigkeit ein jeweils unterschiedliches Maß an Aktivität rechtfertigt. Cyber War oder Cyber

Defense sind am Ende netzwerkbasierte Angriffe und Abwehrmechanismen mit unterschiedlich weitreichenden Folgen. Bei der Beschaffung von Informationen kann das die Beobachtung von Personen oder Systemen und die Anhäufung von Informationen über sie bedeuten, um Wege und Strategien abzuleiten, sie über Belohnung oder Bestrafung für die eigenen Ziele einzuspannen. Direkte Eingriffe können die Manipulation eines Systems durch falsche Daten sein, so dass falsche Ergebnisse erzeugt werden bis hin zur Lahmlegung kritischer Infrastrukturen. Im ersteren Fall kann das z. B. die Beeinflussung einer Wahl durch gezielte Informationsmanipulation sein, im letzteren Fall kann es der Ausfall oder die Beeinträchtigung der Telekommunikations- oder Stromversorgung sein. Das sind Infrastrukturschäden, die das Funktionieren der betroffenen Gesellschaft empfindlich beeinträchtigen und als Terrorismus oder kriegerischer Akt eingestuft würden. Kritische Infrastrukturen wie die genannten öffentlichen Versorgungsbereiche und viele andere, vom Verkehr über Wasser- Lebensmittel- und Medikamentenversorgung, ebenso wie die entsprechenden Systeme von Unternehmen, wie z. B. Logistik, Warenwirtschaft, Personal, digitales Asset-Management und sonstige Buchführungssysteme, sind heute nach höchsten Sicherheitsstandards abgesichert bzw. sollten es zumindest sein. Cyber-Angriffe und die Erprobung von Einfallstoren in Systeme erfolgen jeden Tag milliardenfach automatisiert. Hier ist längst KI sowohl auf der Angriffs-, wie auf der Verteidigungsseite im Einsatz. Der Aufwand, der notwendig ist, um in diesen Systemen nicht nur ein bisschen an der Oberfläche zu kratzen und z. B. ein paar E-Mail-Adressen herauszufinden, mit denen dann ggf. weitere Angriffsstrategien verfolgt werden können, ist immens. Es erfordert Top-Kenntnisse in vielen verschiedenen Bereichen, die über reine Programmierkenntnisse hinausgehen. Das Bild des einsamen Hackers, der im Keller zwischen Pizzakartons vor seinem Bildschirm sitzt oder das des einen Star-Hackers, der vor einer ganzen Wand von Bildschirmen sitzt und dessen Finger nur so von Inspiration und Genialität beflügelt über die Tastatur fliegen, sind Hollywood-Klischees. Selbst nach Jahren werden sie immer weiter bedient und selbst in den besten Marketingabteilungen werden immer wieder die gleichen, stereotypen Abbildungen produziert, auf denen Hacker im Dunkeln und mit Kapuze vor dem Rechner sitzen. Die echten Hacker sitzen wahrscheinlich als Teams in normalen Büros oder arbeiten vernetzt aus relativ normalen Home Offices. Sie sind gut finanziert, entweder, weil sie als Hacker-Kollektiv über eigene Einnahmequellen im Darkweb verfügen oder weil sie durch ein größeres Unternehmen oder auch staatlich finanziert sind. Die Urheber von Cyber-Attacken sind in jedem Fall schwer, wenn überhaupt, nachweisbar. Selbst stark begründete Verdachtsmomente können oft nicht 100-prozentig eindeutig bestätigt werden und sind entsprechend auf der Ebene der Politik und Diplomatie zu lösen. Die überwiegende Menge solcher Vorfälle dringt vermutlich aus Gründen des Schutzes von Reputation der betroffenen Firmen oder Institutionen nicht an die Öffentlichkeit, auch wenn eine Öffentlichkeit gerade für illegale Cyber-Aktivitäten wichtig und informativ ist, um sich über Angriffsszenarios, -Strategien und passende Abwehr-Möglichkeiten schnell austauschen zu können.

Die Entwicklung, der Einsatz und die Bewertung von KI sind ungeachtet der Profanität der meisten Anwendungen ein Thema des öffentlichen Interesses und übergreifender unternehmerischer und staatlicher Verantwortung. Auf der Berliner ‚Digital Society Conference' zum Thema ‚Empowering Ecosystems', die im Dezember 2018 stattfand, äußerte sich der russisch-amerikanische Autor und Publizist Evgeny Morozov kritisch im Hinblick auf die Notwendigkeit genau dieser Debatte und ihrer Ergebnisse und forderte gerechte, faire Bedingungen für den Zugriff auf KI-Errungenschaften für die Gesellschaft ggü. der technokratisch-hierarchischen und zentralisierten Entwicklung, die derzeit stattfinde, in der private Unternehmen wie Uber oder Facebook Eigentümer von digitalen Identitäten ihrer Nutzer/-innen werden und möglicherweise nutzerspezifische ‚Scores', also Bewertungen, vergeben, z. B. in Hinblick auf die Attraktivität des Profils für bestimmte Services.

> *„We need just and fair conditions for access to the public good of AI vs the top-down, centralized, technocratic development we see today. (…) What if FB is giving us a score which we just do not know yet? (…) It is a problem, that a private company is owning the digital identity of their customers. Digital identity should be owned by the people and be mediated by the state."* (ESMT Berlin 2018).

7.1 KI und die Frage nach Ethik

> **Zusammenfassung**
>
> Der Einsatz von künstlicher Intelligenz berührt mehr als bei den meisten anderen technischen Anwendungen ethische Fragen. Die verdeckte Natur der Algorithmen, Entscheidungen vorzubereiten oder zu treffen, kann je nach Einsatzfeld weitreichende Auswirkungen haben. Betroffen sind dann nicht nur einzelne, sondern ggf. große gesellschaftliche Gruppen bis hin zur gesamten Menschheit. Das gilt z. B. bei Anwendungen im wirtschaftlichen, politischen und militärischen Bereich, sei es Hochfrequenzhandel, der zu Zusammenbrüchen im Wirtschaftssystem führen kann, die Manipulation öffentlicher Meinung z. B. vor Wahlen oder der massenhafte Einsatz tödlicher Drohnen. Das höchste Interesse gilt dem wirtschaftlichen Profit mit KI und zu dessen Absicherung haben die digitalen Konzerne eine akademisch gestützte Lobbying-Maschinerie aufgebaut, die die KI-Ethik-Debatte heute global dominiert. Kritisch ist hier die Rede von ‚Ethik-Waschmaschinen'.

Das wirtschaftliche Wachstumspotenzial durch künstliche Intelligenz ist enorm. Neue Wettbewerber mit datengetriebenen Geschäftsmodellen und integriertem KI-Einsatz stellen eine Bedrohung für etablierte Firmen dar, die ihre Prozesse und Geschäftsmodelle noch nicht digitalisiert haben. Mit dem Siegeszug der Algorithmen sind auch viele Beispiele fragwürdiger Ergebnisse und Anwendungen bekannt geworden, so dass KI auch mit Misstrauen begegnet wird.

2019 antworteten in einer CEO-Befragung von PwC 85 %, dass KI in den nächsten fünf Jahren ihre Geschäftsprozesse verändern werde. 84 % der CEOs gaben an, dass KI-basierte Entscheidungen nachvollziehbar sein müssten, damit ihnen vertraut würde. (PwC 2019). Kommerzielle KI-Anwendungen wecken wenig Vertrauen, wenn Betroffenen nicht vermittelt werden kann, dass Prinzipien von Fairness, Verantwortung oder Erklärbarkeit als Grundlagen der Entscheidungsfindung verankert sind. Das bestätigt eine Umfrage von Capgemini aus dem gleichen Jahr, in der Führungskräfte in neun von zehn Organisationen die Ansicht äußern, dass in den letzten zwei bis drei Jahren ethische Probleme durch den Einsatz von KI-Systemen entstanden seien. Als Beispiele werden im Gesundheitswesen die Erfassung personenbezogener Patientendaten ohne Einwilligung sowie bei Banken und Versicherungen überzogenes Vertrauen in automatisierte, vertrauliche Entscheidungen genannt. Die Gründe, so die Führungskräfte, lägen an internem Druck, KI umzusetzen, dem Versäumnis, beim Aufbau von KI-Systemen ethische Fragestellungen zu berücksichtigen und dem Mangel an Ressourcen für diese Aufgaben. Die Folgen sind Besorgnis und ethische Bedenken im Zusammenhang mit KI bei der Belegschaft, bei Kundinnen und Kunden und in der Öffentlichkeit. Es wächst der Wunsch nach Regulierung: 47 % der Befragten glauben, dass sie innerhalb der letzten zwei bis drei Jahre mindestens zwei Mal ethische Probleme durch KI-Anwendungen erlebt haben. 75 % gaben an, dass sie sich mehr Transparenz bei KI-gesteuerten Services wünschen und sogar 76 % der Befragten sprechen sich klar für eine Regulierung des wirtschaftlichen Einsatzes von KI aus. Entsprechend erkennen Unternehmen und Führungskräfte die Bedeutung ethischer Aspekte der KI-Nutzung: 51 % der Managerinnen und Manager halten es für wichtig, sicherzustellen, dass KI-Systeme ethisch und transparent seien. 41 % gaben sogar an, ein KI-System schon einmal vollständig aufgegeben zu haben, als ein ethisches Problem dazu angesprochen wurde. (Capgemini Research Institute 2019).

In der Konsequenz lauten nun Forderungen, KI müsse ethisch und menschenzentriert entworfen und entwickelt werden oder zumindest in Übereinstimmung mit den ethischen Prinzipien und Werten der Gesellschaft, in der sie wirke. Für Wirtschaft und Gesellschaft bedeutet das, die eigene Kultur auf den Prüfstand zu stellen. Sind Vertrauen, Transparenz und Verantwortlichkeit bzw. die Pflicht, Rechenschaft abzulegen vorhanden und als kulturelle Werte z. B. im Unternehmen etabliert? Die Bedeutung dieser Werte nimmt proportional mit der Durchdringung der Unternehmensprozesse durch KI zu und entsprechend steigt die Nachfrage nach ethischer Fundierung und Fähigkeiten zur Einordnung ethischer Fragestellungen im KI-Kontext. Allerdings gibt es keine klare Definition, wie solche Fähigkeiten auszusehen haben.

Braucht die Gesellschaft eine neue Form von Ethik? Eine ,KI-Ethik'? Etwas analog zur provokanten These aus Kap. 2, dass es immerhin auch keine ,Toaster-Ethik' gebe, antwortet Toby Walsh, Professor für künstliche Intelligenz an der University of New South Wales, im Herbst 2018 in einem Interview auf diese Frage:

> „Nein, ganz und gar nicht. Wir müssen uns nur an eben die Werte halten, die wir ohnehin schon haben. Der Großteil dessen, was die Menschen derzeit im Zusammenhang mit KI besorgt, ist einfach nur schlechtes Benehmen – unabhängig davon, ob eine Maschine dahintersteht. Beispiel Cambridge Analytica: Die privaten Daten von Menschen zu stehlen war schon immer schlechtes Benehmen, egal ob mithilfe eines Algorithmus oder ohne. Auch Wahlen zu manipulieren galt schon immer als schlechtes Benehmen. Dank der Algorithmen geht das heute schneller, ist billiger und einfacher, aber es waren die Entscheidungen von Menschen, die dahinterstanden und in diesem Fall hatten sie Facebook als Komplizen." (Köver 2018).

Die Aussage unterstreicht den Werkzeug-Charakter von KI, die sich lediglich im Sinne ihrer Anwender/-innen verhalte. Wie noch zu betrachten ist, kann das auch anders gesehen werden und hätte damit Implikationen für einen differenzierten Ethik-Begriff. Die Anforderungen und Diskussionen dazu haben in ihrer Dringlichkeit mit der Zeit zugenommen, da auch mehr und mehr Studien aufzeigen, dass der unbewachte bzw. nicht-kontrollierte Einsatz von KI nicht nur zu den mittlerweile bekannten Fällen der algorithmischen Voreingenommenheit führt, sondern die dadurch z. T. aufgedeckte strukturelle Ungerechtigkeit weiter zementiert und z. T. sogar verstärkt. Beispiele finden sich in den Bereichen von Bilderkennung und damit Gesichtserkennung, bei der Auswertung von Rückfallstatistiken im Strafvollzug, im Personalbereich großer Unternehmen, bei der medizinischen Datenauswertung, bei Kreditvergabebedingungen usw. Dieser Zustand hemmt und verzögert die Anwendung von KI. Auf der Suche nach Lösungen, um diese Hindernisse zu umschiffen, erhoffen sich Wirtschaft und Politik klare Richtlinien, Vorgaben oder Orientierungshilfen aus dem Bereich der KI-Ethik. Ideal wäre dazu, so scheint es, eine einfache Liste, die aufzeigt, wie ‚ethische KI' aussehen kann oder muss. Wäre es nicht am besten, Punkt für Punkt einfach abhaken oder abarbeiten zu können, um relativ schnell sagen zu können, man sei ethisch und damit auch gleichzeitig das Problem los zu sein. So entstehen Ideen, wie z. B. die Verwendung der allgemeinen Erklärung der Menschenrechte als Maßstab für die ethische Tauglichkeit eines KI-Systems. (Canca 2019). Es gibt jedoch keine allgemein gültigen Vorschriften, nach denen Datenmodelle ethisch korrekt konzipiert werden können. Ungeachtet des Buzzword-Status und der vielen Expertinnen und Experten sowie der vielen gleichnamigen Unternehmensabteilungen, die seit ein paar Jahren wie Pilze aus dem Boden sprießen, bleibt KI-Ethik diffus. Die New York Times fragt angesichts der geschilderten Zusammenarbeit von Firmen wie Clarifai und Google mit dem amerikanischen Militär, ob ethische KI überhaupt möglich sei: „Is Ethical A.I. Even Possible?" (Metz 2019). Die Antwort lautet Nein oder relativistisch: Es kommt darauf an, was darunter verstanden werden soll. Geht es um die hypothetische künstliche Superintelligenz, die völlig autonom und extrem fortgeschritten alle Rahmenbedingungen in Betracht zieht und selber Entscheidungen fällt, die ethisch vertretbar sind? Der amerikanische Philosoph Daniel Dennett schreibt dazu pointiert, dass sich KI in ihren derzeitigen Ausprägungen parasitär zu menschlicher Intelligenz verhalte. Sie schlucke alles, was Menschen produzierten, durchsuche es nach Mustern und reproduziere dabei selbst die schädlichsten Gewohnheiten. Noch fehlten diesen Maschinen die Ziele, Strategien oder Fähigkeiten zur Selbstkritik und Innovation, die es ihnen ermöglichten, ihre Datenbanken hinter sich zu lassen, indem sie über ihr eigenes Denken und ihre eigenen Ziele reflektierten:

> *„AI in its current manifestations is parasitic on human intelligence. It quite indiscriminately gorges on whatever has been produced by human creators and extracts the patterns to be found there–including some of our most pernicious habits. These machines do not (yet) have the goals or strategies or capacities for self-criticism and innovation to permit them to transcend their databases by reflectively thinking about their own thinking and their own goals."* (Dennett 2019, S. 48).

Wie wird Ethik berechnet?
Dringlicher als die sicher wichtigen ethischen Implikationen einer eventuellen Super-KI, sind die ethischen Konsequenzen aus bereits bestehenden Anwendungen schwacher KI, wie z. B. die vielen schon heute mit algorithmischer Unterstützung getroffenen Entscheidungen. Nach welchen Werten, so muss die aktuelle Frage lauten, sollen automatisierte oder teilautomatisierte

Entscheidungssysteme optimiert werden: Geht es um Fairness oder Gleichheit? Um Transparenz oder Datenschutz oder wie so oft um Effizienz? Bei zu vielen dieser Diskussionen sind weder Ethiker/-innen, noch Expertinnen oder Experten aus den Bereichen der Politik- oder Rechtsphilosophie involviert. Selbst wenn sie es wären, bliebe die Frage, ob dies ausreichend sei. Es mag, ebenso wie die Reduzierung von KI-Ethik auf eine einfache Prinzipienliste, eine verlockende Vorstellung sein, die ethischen Fragen der KI-Nutzung an akademische Gremien zu delegieren. Dort könnten unterschiedlichste Richtlinien verfasst und global erlassen werden. Die Allgegenwärtigkeit algorithmischer Systeme deutet jedoch mehr in Richtung der Notwendigkeit eines partizipativeren Verfahrens, bei dem die ethischen Überlegungen für jede/n Einzelne/n bekannt und beeinflussbar sind und nicht einer kleinen Elite vorbehalten bleiben.

Der Ethik-Begriff ist abgeleitet vom griechischen ethos = ‚Sitte', ‚Gebrauch' oder ‚Charakter'. Ethik kann deskriptiv, beschreibend oder normativ, wertend angewendet werden. Als ein Teilgebiet der Philosophie befasst sich Ethik mit in Bezug auf gut und böse richtigem menschlichen Handeln. Die auf der Meta-Ebene der Ethik angestellten Überlegungen drücken sich in moralischen Handlungsmustern und Regeln aus. Sie bilden Konventionen oder Prinzipien von Individuen, Gruppen oder Kulturen. Normalerweise repräsentieren sie die gegenwärtig geltenden Werte, Normen und Gesetze von ganzen Gesellschaften und gelten innerhalb dieser Gesellschaften universal, unabhängig von Geschlecht, Alter, Stand, usw. Mit der Zeit können sich diese Werte wandeln und sie sind auch in verschiedenen Gesellschaften und Kulturkreisen unterschiedlich. Sie bilden aber das Fundament oder die Grundhaltung, die Gesellschaft und Individuum zu den wichtigsten Fragen des Zusammenlebens einnehmen. Inhaltlich sind das Themen wie der Wert des Lebens, Fragen zu Gerechtigkeit, Aufrichtigkeit etc. Dieses Wertefundament wirkt sehr stark und ist immer Rückbezugsquelle in ambivalenten Sachverhalten und genießt dann auch Priorität. Moral steht über anderen, auch rechtlichen Konventionen. In aller Regel ist das Rechtssystem einer Gesellschaft auf moralischen Werten und Normen gefußt. Daneben gibt es soziale Funktionen, die das Zusammenleben regulieren und z. B. die Sanktionsfunktion, die auch unabhängig von gesellschaftlicher oder juristischer Sanktion zu eigener innerer Sanktion bei Verstoß gegen moralische Regeln z. B. durch schlechtes Gewissen o. ä. führt. (Misselhorn 2018, S. 51). Vor diesem Hintergrund erscheint es möglich, Moral als regelbasiertes Konstrukt zu programmieren. Die schiere Anzahl und die Subtilität möglicher Uneindeutigkeiten in Alltagssituationen ist andererseits so enorm groß, dass algorithmische Entscheidungsfindung, selbst auf Basis gigantischer *Machine Learning* Aufwände, keine Garantie für moralisch richtiges Verhalten gewährt. Das funktionsübergreifende Wesen von KI bedingt außerdem, dass auch die ethischen Aspekte übergreifend zu sehen sind.

Die von der Europäischen Union eingesetzte ‚Hochrangige Expertengruppe für künstliche Intelligenz' (HEG) sagt in ihrer Ausarbeitung zu den ‚Ethik Leitlinien für eine vertrauenswürdige KI':

> *„Die KI-Ethik ist ein Teilbereich der angewandten Ethik und beschäftigt sich mit den ethischen Fragen, die durch die Entwicklung, Einführung und Nutzung von KI aufgeworfen werden. Von zentraler Bedeutung ist dabei die Frage, inwiefern die KI das Leben von Bürgerinnen und Bürgern verbessern kann bzw. welche Bedenken dabei aufgeworfen werden, ob im Hinblick auf die Lebensqualität oder die für eine demokratische Gesellschaft notwendige Autonomie und Freiheit des Menschen."*
> (HEG-KI 2018, S. 11).

KI-Ethik ist z. B. auch Daten-Ethik, wenn es um die Daten geht, die verarbeitet werden dürfen und Roboter-Ethik, wenn es um die moralischen Fragen beim Bau und Einsatz von Robotern geht. Wann immer Maschinen nach moralischen Aspekten entscheiden und sogar handeln sollen bzw. können, entscheidet die entsprechende Anwendung über den ethischen Kontext und die daraus abzuleitenden moralischen Regeln. Es bleibt die Frage ‚nach welcher Moral' gehandelt werden soll?

Die philosophische Spielwiese, die diese Fragen eröffnen, ist weit. Immer wieder auf ihr zu finden ist das berühmt-berüchtigte ‚Trolley Problem', ein Gedankenexperiment einer Dilemma-Situation. Schriftlich erwähnt findet es sich bereits 1930 in der Habilitationsschrift des Rechtstheoretikers Karl Engisch, die bekannteste und meist zitierte Version ist aber von der britischen Philosophin Philippa Foot aus dem Jahr 1967. In dem Experiment fährt eine Bahn auf eine Gruppe Menschen zu und droht, fünf Personen zu überfahren. Die Bahn kann durch die Umstellung einer Weiche auf ein anderes Gleis umgeleitet werden. Dort befindet sich eine Person. Die Frage in diesem Dilemma ist, ob durch Umstellen der Weiche der Tod der einen Person mit der Rettung der fünf anderen Personen gerechtfertigt werden könne. Auch wenn selbstfahrende Autos vielleicht erst in 20 oder 30 Jahren auf deutschen Straßen unterwegs sein werden, wird die Frage im Zusammenhang mit der KI-gesteuerten Software dieser Fahrzeuge heute häufig gestellt. 2016 vertrat der Abteilungsleiter für ‚Aktive Sicherheit' bei Mercedes, Christoph von Hugo, in einem Interview die Ansicht, dass bei einem Unfall mit einem autonomen Auto im Zweifel immer die Insassen geschützt werden sollten. (Müller-Jung 2016). Im Idealfall sollen autonom fahrende Autos kaum solche Unfallsituationen hervorrufen, aber mit diesem Wissen bliebe vielleicht trotzdem ein mulmiges Gefühl, z. B. auf dem Fahrrad von lauter Mercedes-Fahrzeugen umgeben zu sein? Aus Herstellersicht ist der Gedanke des Insassenschutzes naheliegend. Das belegt eine Befragung zur Dilemma-Situation mit selbstfahrenden Autos, die im Juni 2016 in der wissenschaftlichen Zeitschrift Science veröffentlicht wurde. Im genutzten Szenario rast ein Wagen in eine Menschenmenge und tötet 10 Passanten oder das Fahrzeug weicht aus, prallt gegen ein Hindernis und tötet den oder die Fahrer/-in. Etwa drei Viertel der Befragten waren entschlossen, lieber den einen Menschen am Steuer zu opfern, als die Menschenmenge. Selbst die modifizierte Frage, ob sich die Meinung ändere, wenn die Befragten selbst oder jemand aus ihrer Familie in dem Auto wäre, änderte das Ergebnis kaum. Es wurde rational versucht, die Zahl der Opfer so niedrig wie möglich zu halten. Als es jedoch darum ging, wie die eigenen Fahrzeugwünsche der Befragten seien, wollten nur 19 % ein utilitaristisches Fahrzeug, das rational abwägen und ggf. die Insassen töten würde. Auch wenn die meisten es begrüßen würden, wenn andere solche Autos kaufen würden, so entschieden sich doch 50 % klar für ein Auto, das in jedem Fall ihr eigenes Leben schützen würde. Paradoxerweise würden utilitaristische Autos, die ggf. auch ihre Insassen opfern würden, um mehr Leben zu retten, wahrscheinlich insgesamt die Opferzahl erhöhen, weil sie die Einführung der lebensrettenden Technologie verzögerten. (Bonnefon et al. 2016).

Bereits 2014 startete das MIT eine Online-Befragung zum Trolley-Problem bezogen auf autonom fahrende Autos. Über 40 Millionen Teilnehmer/-innen aus 233 Ländern und Regionen nahmen an dem Experiment teil. Die Ergebnisse belegen die unterschiedlichen moralischen Wertevorstellungen je nach Herkunftsland oder -Region und entsprechend treffend titelt der MIT Technology Review dazu: „Should a self-driving car kill the baby or the grandma? Depends on where you're from." (Hao 2018). Die Ergebnisse solcher Befragungen offenbaren die Schwierigkeit, moralische Entscheidungen zu programmieren oder als Wahrscheinlichkeit ausrechnen zu lassen. Letzteres scheint zumindest ein rational gangbarer Weg zu sein. Es würde eine nachvollziehbar berechnete Entscheidung entstehen, gegenüber einer menschlichen Entscheidung, die letztlich immer aus der Blackbox des Gehirns käme. Aber ist wirklich ein angemessener ethischer Anspruch erfüllt, wenn eine Maschine sich lediglich so verhält, wie es statistisch-wahrscheinlich für Menschen intuitiv erscheint?

Ein weiterer wesentlicher Grund warum die Berechnung nicht der immer klar präferierte Weg sein sollte ist, dass die KI, wie schon ausgeführt, nicht im menschlichen Sinne ‚versteht', was sie entscheidet. Menschen verstehen auf unterschiedlichen kognitiven, emotionalen und gefühlsmäßigen Ebenen gleichzeitig. Maschinen führen Code aus. Die Komplexität menschlichen Verstehens in Algorithmen und Code und den richtigen Daten nachzubilden ist vielleicht unmöglich. Die Versuche werden umso fehleranfälliger, je mehr Parameter miteinander vermischt werden. Die Abarbeitung algorithmischer Vorgaben kann immer nur zu einem Ergebnis gemäß der Berechnungen kommen. In diesem ‚gemäß der Berechnung' steckt zusammen mit den verwendeten Daten der Großteil der Voreingenommenheit und der moralischen Komplexität der so berechneten Entscheidungen.

Es spielt dabei keine Rolle, ob es um selbstfahrende Autos, die viel weniger Unfälle verursachen werden als Menschen, oder um die Abwägung des Risikos bei Bewährungsbeurteilungen für Häftlinge geht. Generell wird KI zunehmend für Analysen in Bereichen eingesetzt, in denen ethische Fragestellungen und moralische Abwägungen wichtig sind. Dabei sind Algorithmen für solche schwierigen Entscheidungen nicht ausgelegt. Ihr Ziel ist, ein definiertes mathematisches Problem zu lösen. Fahrzeuginsassen retten oder generell die Zahl möglicher Opfer so niedrig wie möglich zu halten, sind für das zugrundeliegende Datenmodell Optimierungsfunktionen. Sobald eine Fragestellung mehrere und aus menschlicher Sicht sogar konkurrierende Ziele hat, wird die Berechnung fragwürdig, weil rein mathematisch kein zufriedenstellendes Ergebnis mehr erreichbar ist. Eine Annäherung kann über die Gewichtung von Werten im Datenmodell versucht werden, aber wenn Werte wie ‚Glück' oder ‚Würde', die sich gar nicht zahlenmäßig berechnen lassen, einbezogen sein sollen, bleibt das Problem bestehen. Menschen können sich widersprechende Haltungen oder Ziele haben und mit den Unvereinbarkeiten leben. Peter Eckersley ist Forschungsleiter bei Partnership on AI, einer amerikanischen Organisation, die Best Practices für KI untersucht und definiert und als offene Diskussionsplattform das Verständnis für KI in der Öffentlichkeit fördert. Er sieht einen möglichen Ansatz für die algorithmische Lösung solcher Unvereinbarkeiten darin, explizit Unsicherheit in die Datenmodelle zu programmieren:

„*Utility functions or their equivalents (…) run into practical and conceptual difficulty when there are independent, multi-dimensional objectives that need to be pursued simultaneously and cannot be reduced to each other. (…) We argue that this is a practical problem for any machine learning system (…). We explore the alternative of using uncertain objectives (…).*" (Eckersley 2019).

Die in der Ethik als Unmöglichkeitstheoreme bezeichneten Probleme könnten algorithmische Entsprechungen finden, die explizit so gestaltet würden, dass sie am Ende der Berechnung nicht sicher sind, was die richtige Entscheidung sei. Da Algorithmen-Design wenig Spielraum für Unsicherheit lässt, führt Eckersley zwei Methoden ein, die die gewünschte Unsicherheit erzeugen sollen. Die erste ist die sogenannte ‚partielle Ordnung'. Dabei wird dem Algorithmus eine Präferenz gegeben, z. B. in einem Krankenhaus Krebs-OPs und Transplantationen gegenüber orthopädischen Operationen bevorzugt zu behandeln. Der Algorithmus erhält jedoch keine Präferenz bezüglich der Termine für Krebsoperationen oder Transplantationen.

Die zweite Methode wird als ‚unsichere Ordnung' bezeichnet. In dieser werden mehrere Listen mit absoluten Präferenzen genutzt und jede davon erhält eine Wahrscheinlichkeit. Als Beispiel könnten in zwei Drittel der Fälle Transplantationen gegenüber Krebsoperationen und diese gegenüber orthopädischen Operationen bevorzugt werden und bei dem restlichen Drittel Krebsoperationen vor Transplantationen und diese wieder vor orthopädischen Operationen bevorzugt. Das könnte ein Algorithmus verarbeiten und mehrere mögliche Lösungen berechnen, die dann zur Auswahl stünden. Eckersley wählt das Beispiel einer KI zur Unterstützung medizinischer Entscheidungen, die statt einer eindeutigen Therapie-Empfehlung drei Möglichkeiten benennt: Eine zur Maximierung der Lebensdauer, eine zweite für die Minimierung des individuellen Leidens und die dritte zur Minimierung der Kosten.

Die problematischsten KI-Anwendungsfelder
Yampolskiy, aus dessen Sicht wir aufgrund der Komplexität der Probleme keine Wahl haben, als Kontrolle an Maschinen abzugeben, repräsentiert eine populäre Seite der Diskussion. Seine Haltung wirkt etwas fatalistisch in Bezug auf die menschlichen Gestaltungsmöglichkeiten des individuellen und gesellschaftlichen Lebens. Er geht davon aus, dass es z. B. keine Alternativen zur Automatisierung komplexer elektronischer Aktienmarkttransaktionen und automatisierter Kriegsmaschinerie gibt, dabei sind beides politische, regulatorische Entscheidungen, die sehr wohl beeinflussbar sind. An ihrem Ende liegt die Antwort auf die Frage, wie und nach welchen Prinzipien wir leben wollen. Die nach den Prinzipien von industrieller Arbeitsteilung und materieller Wertschöpfung strukturierte Welt des 19. und 20. Jahrhunderts transformiert sich seit Beginn des 21. Jahrhunderts in eine von digitalen Strukturen und Denkmustern geprägte Informations- und Ego-Identifikationsgesellschaft. Die Staaten, die es sich leisten konnten, haben im letzten Jahrhundert eine Decke sozialer Grundsicherung und bürgerlicher Freiheiten zur Abfederung unerwünschter Armutseffekte und kritischer Unzufriedenheit über ihre merkantilistisch-marktwirtschaftlichen, kurz ‚Globalisierung' genannten, Aktivitäten gebreitet. Sie entspricht heute kaum noch den Anforderungen der neuen, digitalen Ordnung und die Bruchkanten werden seit Jahren sichtbar. Künstliche Intelligenz und der mit ihr einhergehende Denkapparat sind nicht nach den bedürfnisorientierten Mustern der menschlichen Psyche, sondern nach universalen mathematischen Prinzipien konstruiert. Die Universalität

gibt ihnen scheinbar höherwertige Glaubwürdigkeit und *Entitlement* im Sinne eines Anspruchsdenkens aus vermeintlicher Überlegenheit. Im so immanent begründeten, systematisch vorgegebenen Einsatz von Technologie, kommt es zu den vielen Fällen, in denen KI nicht ‚im Sinne des Erfinders' zu funktionieren scheint. Tatsächlich funktioniert sie genau in diesem Sinne, allerdings im Sinne der Erfinder/-innen, die für die aktuellen Ausprägungen unseres wirtschaftlich-technologischen, finanziellen und politischen Systems und für unsere Vorstellungen von Sinn, Erfüllung oder Erfolg und Glück und Wert verantwortlich sind. Sie funktioniert nicht im Sinne vom ‚Menschlichkeit' in der Form, dass sie auf Mensch-sein bezogen wäre oder dass so etwas in digitalisierten Prozessen überhaupt eine Rolle spielen würde.

Ungerechtigkeit, Unfairness, Daten-Bias usw. sind deswegen normale, zu erwartende Phänomene der Anwendung von KI und bei näherer bzw. erweiterter Betrachtung der Prozesse und Ergebnisse sicher auch in vielen Systemen zu finden, die scheinbar ‚gut funktionieren'. Zu den häufigsten Fällen der problematischen KI-Einsätze, die auch in entsprechenden Beispielen immer wieder genannt werden, zählen ein halbes Dutzend Anwendungskategorien und ihre Varianten:

1. Trolley-Problem-Abwandlungen als Dilemmata
2. Militärische Nutzung, hier vor allem Bilderkennung zur Identifikation von Zielen und strategische Simulationen
3. Sogenannte *Policing*-Anwendungen, die die Polizei bei ihrer Einsatzplanung unterstützen sowie Bilderkennung im öffentlichen Raum zur Identifikation von Straftäter/-innen und die berüchtigten Berechnungen zur Wahrscheinlichkeit von Rückfälligkeit bei Verurteilten.
4. *Credit Scoring*, die automatisierten Empfehlungen zur Kreditwürdigkeit in der Finanzbranche
5. *Hiring*, die Unterstützung von Personalbereichen bei der Auswahl von Bewerberinnen und Bewerbern
6. Last but not least die fragwürdigen Social Media Algorithmen, die zu Meinungsblasen, Fake News-Verbreitung und Informationsmanipulation, z. B. zur Beeinflussung von Wahlen oder Kaufentscheidungen genutzt werden kann.

Darüber hinaus gibt es eine Vielzahl weiterer ethisch zweifelhafter Einsatzformen und -beispiele von KI, aber diese sechs decken den Großteil der Geschichten ab, die immer wieder erzählt und weitererzählt werden, auch in diesem Buch. Bei der Frage nach Ethik ist also wichtig, zu verstehen, dass nicht die KI allein ethisch ist oder nicht. Ein Algorithmus ist Teil eines Prozesses: Jemand entscheidet, etwas zu automatisieren. Hier beginnen schon die ethischen Implikationen, je nachdem, was automatisiert werden soll. Daraufhin übersetzt und formalisiert ein/e Mathematiker/-in das Thema in die Sprache der Mathematik und schließlich fassen Entwickler/-innen die entstandene Formel in Code. Das Ergebnis ist also an vielen Stellen beeinflussbar. Ein ethisch fragwürdiges Ergebnis erfordert deshalb, sich mehr als nur den Algorithmus anzusehen. (Jaume-Palasi und Wiens 2019). So ist bei Optimierungsmodellen z. B. zu hinterfragen, auf was sie tatsächlich optimieren und das ist am Ende mehr als die Zahl, die das mathematische Modell ausgibt. Sorgt das Ergebnis für mehr Umsatz, höhere Gewinne, mehr Fairness, mehr Gleichheit? Die KI und ihr Prozess sind Ergebnisse einer oder sogar mehrerer Intentionen, denn es sind fast immer viele an dem Entstehungsprozess beteiligt. Die KI selbst hat keine eigene Intention und kein Interesse. Der Code führt Ergebnis-agnostisch aus, was programmiert wurde. Sichtbare Ergebnisse sind von Intentionen und Interessen derer getrieben, die den automatisierten Prozess geschaffen haben. Deswegen ist das Feedback auf diese Ergebnisse wichtig. Jetzt scheint es, als haben die Gestalter/-innen KI-gesteuerter Prozesse immer etwas Spezielles im Sinn, das versteckt programmiert sei. In den meisten Fällen geht es jedoch um eher unbewusste Reproduktionen des Status quo. Ein Beispiel sind KI-unterstützte Systeme für Bewerbungsprozesse, die dafür sorgen sollen, dass jeweils der/die beste Bewerber/-in den Job bekommt und sich der entstehende Bereich durch Diversität auszeichnet. Algorithmen können hier beim Filtern der eingehenden Bewerbungen helfen. Wenn nach der Analyse aller Bewerbungen im Entscheidungssystem des Algorithmus angelegt wird, dass Abschlüsse von amerikanischen Elite-Universitäten oder Bewerber/-innen mit technischer Ausbildung priorisiert berücksichtigt werden sollen, so hat das Konsequenzen auf die Auswahl: Im ersten Fall werden sich überproportional viele *Asian-Americans* und im zweiten Fall überproportional viele Männer in der Auswahl befinden. Durch einen Feedback-Loop in den Prozess kann jetzt sichergestellt werden, dass die ursprünglichen Interessen, ‚Bewerberqualität' und ‚Diversität' tatsächlich ausreichend berücksichtigt sind.

Der Versuch, eine ethische KI oder wie auch immer öfter formuliert wird, eine ‚*responsible AI*', also eine verantwortlich agierende KI zu bauen, kann nur nach der Analyse des Einsatzes beurteilt und vielleicht sogar garantiert werden. Wie bestehende Technologie heute genutzt wird, macht keine zuverlässige und generell gültige Aussage über ihre zukünftige Nutzung. Vor wenigen Jahren wurden bspw. der GPS- und Gyro-Sensor des Smartphones für die Lokalisierung eines verlorenen oder gestohlenen Gerätes oder für Funktionen wie Kompass oder Wasserwaage verwendet. Heute können Data Scientists mit diesen Sensordaten den Gang einer Person, die das Smartphone in der

Gesäßtasche trägt, analysieren und z. B. Hinweise auf eine Parkinson Erkrankung feststellen. (Juutinen et al. 2020). Solche Analysen werden durch intelligente Software zu Routinearbeiten und Routinen werden automatisiert. Allerdings: Automatisiert Bilder zu interpretieren und Hinweise auf medizinische Diagnosen zu geben, kann zu ethischen Konflikten führen. Wie wollen wir damit umgehen, dass ein heute zur Identifikation hochgeladenes Passfoto oder ein Iris-Scan morgen die Datenbasis zur maschinellen Feststellung unserer sexuellen Orientierung, unserer politischen Präferenzen oder auch der Prognose einer schweren Erkrankung sein können, obwohl es um all diese Themen bei der ursprünglichen Datenabfrage gar nicht ging?

Welche Daten zu welchem Zweck abgefragt werden, bekommt angesichts solcher Beispiele große Bedeutung und eine eindeutige moralische Komponente. Ein konkreter Fall ist in einer Studie aus 2017 dokumentiert, in der es darum ging, Geschlechterdiskriminierung anhand der Ausspielung von Facebook-Werbeanzeigen zu belegen. Beworben wurden Jobs in den MINT-Bereichen, also Mathematik, Ingenieurs- und Naturwissenschaften sowie im technischen Bereich. Vergessen wurde offensichtlich, im Mediabriefing klar Mädchen und Frauen als präferierte Zielgruppe zu definieren. Laut Studie hat Facebook diese Anzeigen eher an Männer als an Frauen ausgespielt. Der Grund war keine bewusste Aussteuerung nach Geschlecht durch Facebook, sondern weil junge Frauen, die hier eigentlich inhaltlich adressiert werden sollten, eine teurere demographische Platzierung für Werbung waren, als Männer. Der Targeting-Algorithmus optimierte die Ausspielung der Anzeigen auf das Budget und platzierte dort, wo der höchste Rücklauf pro Schaltung erzielt wurde. Ausgehend von der Annahme, dass Männer und Frauen ungefähr gleich oft die Anzeige klicken, ist logisch, dass die programmatische KI die in diesem Fall günstigere Platzierung, also Männer, auswählt (Agrawal et al. 2018, S. 196). Es passierte genau das Gegenteil der Intention der Werbetreibenden und die Automatisierung zementierte auf Basis der wirtschaftlichen oder gesellschaftlichen Zusammenhänge einfach den Status quo. Diese sogenannten *unintentional discriminations*, unbeabsichtigten Diskriminierungen, sind schwer aufzudecken. Wenn nicht gerade eine Studie zum Thema durchgeführt wird, basieren die Korrekturen solcher Mechanismen fast immer auf seltenen Zufällen, in denen jemand etwas bemerkt und meldet, so dass die Systeme angepasst werden können. Das passiert immer wieder, aber verhältnismäßig selten. Allein die Entdeckung so eines Mechanismus ist schon fast Glückssache, wenn nicht forensisch danach gesucht wird. Inzwischen sind so viele Entscheidungsfindungsprozesse von KI beeinflusst, dass ethische Fragen zur Funktionsweise dieser Systeme immens wichtig geworden sind.

Undurchsichtigkeit, Skalierung und Schaden

Dr. Cathy O'Neil ist eine amerikanische Mathematikerin, die sich kritisch zur Finanzbranche und zum Einsatz von Massendatenverarbeitung im gesellschaftlichen Kontext positioniert. In ihrem Buch ‚Weapons of Math Destruction' (WMD) beschreibt sie Dutzende von Fällen, in denen Daten zur Kategorisierung und Entscheidungsfindung in den unterschiedlichsten Feldern genutzt werden und in denen dabei oft gesellschaftlich unerwünschte oder zumindest fragwürdige Ergebnisse zustande kamen. Kernpunkt der Kritik von O'Neil ist die Unfairness, mit der auf Basis von KI-gestützten Prognosen Entscheidungen über das Leben von Individuen und gesellschaftlichen Gruppen gefällt werden. Zwar seien nicht alle WMDs universell schädlich, denn immerhin würden sie manche Leute nach Harvard schicken, anderen günstige Kredite verschaffen und manchen glücklichen Häftlingen die Haftstrafen verkürzen, doch gemäß O'Neil gehe es nicht darum, dass ein paar Leute profitierten, sondern darum, dass sehr viele unter datengetriebenen Entscheidungen leiden würden:

> „(…) not all of these WMDs are universally damaging. After all they send some people to Harvard, line others up for cheap loans or good jobs, and reduce jailsentences for certain lucky felons. But the point is not wether some people benefit. Its that so many suffer." (O'Neil 2016, S. 31).

Unter den Beispielen finden sich auch die genannten Anwendungskategorien wieder, z. B., dass die Polizei KI einsetzt, um zu planen, in welchen Vierteln eines Ortes mehr Streifen gefahren werden sollen. Die höhere Anzahl von Polizeistreifen in einer Gegend führt dort zu mehr Kontrollen und damit zu mehr protokollierten Vorfällen. Anhand erhöhter polizeilicher Vorfälle kann das System folgerichtig interpretieren, dass in diesem Viertel noch mehr Streifen gefahren werden müssten (Ebd., S. 93). So eine Feedback-Schleife verzerrt zunächst die Wahrnehmung eines Zustands und steigert diese Verzerrung dann. Ein häufig zitiertes Beispiel für die Obskurität der Wirkungsweise von Algorithmen ist die Behandlung von Bewährungs- und Strafmilderungsfällen im amerikanischen Justizsystem. Mithilfe mathematischer Modelle wird versucht, zu prognostizieren, wie hoch das Risiko ist, dass Gefangene rückfällig werden. O'Neil kritisiert, dass das zugrundeliegende Vorhersagemodell dieser Rezidivismus-Einschätzungen in Algorithmen versteckt und nur einer kleinen Elite zugänglich sei. Es werde unter anderem ein ausführlicher Fragebogen eingesetzt, den die Gefangenen ausfüllen müssten und der auch viele Fragen zu Familie und zum sozialen Umfeld sowie der Jugend enthalte. Die Auswertung und Gewichtung der Antworten sei intransparent. Während vor Gericht solche Fragen durch Einspruch verhindert werden könnten, würden sie durch das automatisierte Modell ggf. zum Zünglein an der Waage einer richterlichen Entscheidung. Damit werde, so O'Neil, die Basis des Rechtssystems berührt, indem Menschen nach ihrer sozialen Identität be- oder verurteilt würden, statt auf Basis ihrer konkreten Taten: „This is the basis of our legal system. We are judged by what we do, not by who we are." (Ebd., S. 26).

Ein gesetzlich korrektes, moralisch jedoch fragwürdiges Verhalten stellt auch das Online-Targeting von Anbietern von überteuerten Krediten und Bildungsangeboten dar, die bewusst und gezielt ihre Werbung so optimieren, dass sie vor allem Haushalte mit niedrigen Einkommen erreichen. Sie fallen leichter auf solche Angebote herein oder sind vielleicht sogar auf sie angewiesen. Aus moralischer Perspektive müsste das Gegenteil passieren, um die Situation dieser Menschen und die Gesamtsituation für die Gesellschaft zu verbessern, statt die Schwäche einer Schicht auszunutzen und sich an ihr zu bereichern (Ebd., S. 81). Das zitierte Beispiel der Personaleinstellungen bei Amazon zeigt ebenfalls die moralischen Fallstricke dieser Systeme. Cathy O'Neil geht noch einen Schritt weiter und behautet, dass die Fragestellungen in standardisierten, automatisch ausgewerteten Einstellungstests nicht dazu dienten, den besten Kandidaten oder die beste Kandidatin auszuwählen. Die Automatisierung erfülle in erster Linie den Zweck, so viele Bewerbungen wie möglich, so schnell und so günstig wie möglich aus dem Verfahren heraus zu nehmen (Ebd., S. 109). Über diese problematischen Anwendungen hinaus tauchen durch die Automatisierung der Informationsbeschaffung weitere Fehlerquellen auf. Dazu zählen beispielsweise Zufälle, wie die Gleichheit von Namen und Geburtsdaten und daraus entstehende Verwechslungen oder oberflächliche Plausibilitätsprüfungen. Die Fehler können massive Konsequenzen haben und sie betreffen nicht nur Einzelfälle, sondern sind ein gesellschaftlich relevantes Phänomen. Deswegen wählt O'Neil auch den an den Begriff der Massenvernichtungswaffen angelehnten Titel der *Weapons of Math Destruction*, denen sie drei Eigenschaften zuschreibt ‚opacity', ‚scale' and ‚damage', Undurchsichtigkeit, Skalierung und Schaden (Ebd., S. 31).

Opacity – Undurchsichtigkeit besteht, weil das Gros der Algorithmen eingebettet in komplexe Datenmodelle für das Auge unsichtbar ist und in automatisierten Prozessen verborgen wirkt und selbst für die Beteiligten innerhalb der Prozesse unbemerkt bleibt. Maschinelle Entscheidungen sind ohne Wissen um die Mechanismen der Entscheidungsfindung schwer nachvollziehbar und es ist deswegen auch schwierig, bei fragwürdigen Ergebnissen gegen sie vorzugehen.

Scale – Skalierung, das Ausmaß, das Konsequenzen von KI potenziell haben können, ist beispielhaft anhand der Auswirkungen massenhafter in Millisekunden ablaufender Finanztransaktionen im sogenannten *High-Frequency-*

Trading vorstellbar, wodurch Unternehmens- und Wirtschaftskrisen ausgelöst werden können. Ein Beispiel ist der *Flash-Crash* vom 6. Mai 2010, bei dem der Dow Jones Index an der New Yorker Börse in wenigen Minuten um über Tausend Indexpunkte bzw. neun Prozentpunkte gefallen ist und in nur 10 Minuten knapp 1,3 Milliarden Aktien und damit das Sechsfache des durchschnittlichen Geschäfts gehandelt wurden. Dabei sind einige Aktien für einen kurzen Zeitraum um bis zu 99 % ihres Kurses gefallen. In Folge sind regulatorische Sicherheitsmaßnahmen eingezogen worden.

Damage – Der Schaden, der entstehen kann ist anhand des Kursverlustes bei Wertpapieren nachvollziehbar. Massenhafter schwerer Schaden entsteht aber z. B. auch, wenn eine Bevölkerungsgruppe über Jahre hinweg datenbasiert durch Polizeieinsätze, vor Gericht und im Strafvollzug systematisch benachteiligt wird, wie es für Schwarze Menschen in den USA galt und z. T. noch gilt.

KI im Polizeieinsatz
Am Beispiel der Strafverfolgung in den USA, die auch international immer wieder negativ in den Fokus der Berichterstattung gerät, lassen sich verschiedene Aspekte der WMD-Thematik gut erkennen, deshalb soll im Folgenden dieser Bereich etwas ausführlicher gestreift werden. Yeshimabeit Milner ist Mitgründerin und Direktorin von ‚Data for Black Lives', einem Kollektiv von Aktivistinnen und Aktivisten und Informatiker/-innen. Sie wollen mithilfe von Daten eine Reform des amerikanischen Strafjustizsystems erreichen. Milner erlebte 2008 in der Schule einen Vorfall, bei dem der Schuldirektor einen Schüler im Würgegriff hielt. Am darauffolgenden Tag protestierten einige Dutzend Schüler/-innen friedlich gegen dieses Vorgehen. Der Protest endete mit einem Polizeieinsatz, bei dem 25 Schüler/-innen festgenommen und wegen verschiedener Delikte, wie gewaltsamem Widerstand gegen die Festnahme, angezeigt und damit aktenkundig wurden. Diese Kinder werden für den Rest ihres Lebens aufgrund dieser Akteneinträge voreingenommen beurteilt werden. Darüber hinaus werden diese Informationen von polizeilichen KI-Systemen verarbeitet, deren Algorithmen dafür sorgen, dass alle jungen Schwarzen entsprechend voreingenommen beurteilt werden. Milner spricht von einer *school-to-prison pipeline* für Schwarze, die hier entstehe. Obwohl die Verwendung von Rasse als Prädikator verboten ist, erlauben die Systeme Rückschlüsse mit hoher Genauigkeit aus den anderen Variablen wie dem sozioökonomischen Hintergrund, der Ausbildung und der Postleitzahl. (Heaven 2020). Die Datenbanken und Algorithmen der amerikanischen Justizbehörden enthalten nachweislich historische Daten aus Zeiten, in denen fehlerhafte, rassistisch voreingenommene und zum Teil offen

rechtswidrige Polizeipraktiken keine Seltenheit waren. Ihre heutige weitere Nutzung hilft dabei, system-immanenten Rassismus aufrechtzuerhalten. Das Phänomen ist als *Dirty Policing* wissenschaftlich bekannt. Trotz dieser ungenauen und systematisch verzerrten Datenbasis werden die Systeme weiter eingesetzt mit dem Ergebnis rassistisch voreingenommener Empfehlungen. (Richardson et al. 2019). Die datengetriebene Fortsetzung des *Dirty Policing* basiert also auf *Dirty Data*, ein ebenso wissenschaftlich genutzter Begriff. Die Vorurteile und Diskriminierungen aus Jahrzehntealten gesammelten Daten werden Teil der heute eingesetzten Tools. Die vorhandenen Werkzeuge sind seit den ersten Generationen von polizeilichen Vorhersagemodellen, die vor 20 bis 30 Jahren installiert wurden, immer wieder neu kombiniert im Einsatz, so dass ein sich selbst immer weiter verstärkender Kreislauf entstanden ist. So wird Rassismus nicht vermieden, sondern eher verschleiert. Erst seit wenigen Jahren findet ein Umdenken anhand der lange bekannten Erkenntnisse statt. Wie leicht Situationen durch ungeeignete Daten und Systeme verschärft werden zeigt das Beispiel des Trainings von Algorithmen auf veraltete Prädikatoren: Das System lernt, dass Beschuldigte ohne Telefon-Festnetzanschluss wahrscheinlich nicht zur Anhörung erscheinen werden? Obwohl schon seit vielen Jahren Millionen Menschen nur eine mobile Telefonnummer haben, wird noch immer mit solchen alten Ableitungen gearbeitet. Wenigstens ist an diesen Merkmalen erkennbar, dass es sich bei den Datenselektionen und der Verarbeitung nicht grundsätzlich um absichtlich rassistische oder anderweitig voreingenommene Einstellungen handelt, sondern dass oft einfach versucht wird, mit den bestehenden Informationen so sinnvoll wie möglich umzugehen. Dabei stellen sich eine Reihe von Denkfallen für das Design und die Anwendung von KI, die im Weiteren noch behandelt werden. Beispiele für Nutzung bestehender Daten sind Informationen über Festnahmen und Anrufe bei der Polizei:

Auf den ersten Blick scheint es sinnvoll, zu analysieren, wann und wo es aus welchen Gründen wie viele Festnahmen gibt. Auch ob aus einem bestimmten Gebiet oder zu einer bestimmten Zeit Anrufe bei der Polizei eingehen, können interessante Informationen für das Verständnis kriminologischer Muster sein. Diese müssen dann aber sowohl inhaltlich, wie auch in Bezug auf ihre Rolle und Gewichtung im Datenmodell regelmäßig überprüft und hinterfragt werden. Eine Festnahme ist kein Beweis für Schuld oder ein Verbrechen, sondern zunächst nur eine Maßnahme aufgrund eines Verdachts. Die Erfahrung zeigt dabei, dass Festnahmedaten z. T. rassistisches Polizeiverhalten codieren und in diesen Fällen die logische Basis für die Vorhersage hoher Kriminalitätswahrscheinlichkeit bei Minderheiten darstellen. Nach Statistiken des US-Justizministeriums besteht z. B. eine mehr als doppelt so hohe

Wahrscheinlichkeit für Schwarze, festgenommen zu werden, wie für Weiße und gleichzeitig werden Schwarze von der Polizei fünf Mal so oft ohne Grund gestoppt und überprüft, wie Weiße. (Office of Justice Programs o.J.). Bei einem Schwarzen Bevölkerungsanteil in den USA von ca. zwölf Prozent ist das mehr als auffällig.

Noch drastischer ist die Verbrechensvorhersage auf Basis der Analyse von Anrufen bei der Polizei von Weißen wegen Schwarzer. Besonders hier kommen häufig rassistische Motive zum Tragen, wenn z. B. die Polizei gerufen wird, weil eine Schwarze Studentin in der Lounge ihres eigenen Wohnheims eingeschlafen ist, wenn Schwarze aus einem AirBnB auschecken und ihr Auto beladen oder wenn Schwarze mit Einkaufstüten ein Kaufhaus verlassen. In all diesen Fällen wurden aufgrund der Hautfarbe Verbrechen unterstellt, die es nicht gab. (Viktor 2018). Solche Anrufe ohne das Ergebnis der Einsätze in ein Vorhersagemodell zu integrieren, verfälscht dessen Ergebnisse massiv und ist moralisch zumindest fahrlässig.

Die Systeme, die beim sogenannten *Predictive Policing* zum Einsatz kommen, beschäftigen sich vorwiegend mit zwei Bereichen: Zum einen werden ortsbezogene Algorithmen genutzt, um aus vorhergegangenen Verbrechen kriminologische Verbindungen von bestimmten Orten, Uhrzeiten, Ereignissen, sogar Wetterdaten, herzustellen. Das Ergebnis sind *Hot Spots*, Orte, die vom System als Verbrechensschauplatz als statistisch wahrscheinlich definiert werden. Systeme wie ‚PredPol', das von Dutzenden amerikanischer Städte eingesetzt wird, funktioniert wie eine Kriminalitäts-Wettervorhersage, die Polizei zu Orten schickt, wo demnächst Verbrechen vermutet werden. Es überrascht nicht, wenn Beamte an solchen Orten in einer entsprechenden Erwartungshaltung kontrollfreudiger agieren als in einem nicht vorab durch die KI beurteilten Bereich.

Die zweiten Modelle basieren auf Personendaten und soziodemographischen Informationen. Ein typisches System, das oft genutzt wird, um zu entscheiden, ob Angeklagte vor dem Prozess auf freiem Fuß sein können und das bei Verurteilungen oder Strafminderungseinschätzungen hilft, ist ‚COMPAS'. Die Software liefert z. B. einen statistischen Wert zwischen eins und zehn um auszudrücken, wie wahrscheinlich die Rückfälligkeit einer Person ist. Neben den bekannteren und häufiger genutzten Programmen wie PredPol und COMPAS gibt es viele weitere von kleineren Firmen bei kleineren Behörden und viele proprietäre Systeme, die weitgehend unbekannt sind. Ihre Nutzung wird zudem oft verdeckt, so dass es kaum Transparenz darüber gibt, wer welches Tool für welchen Zweck nutzt. Folglich kennen auch Anwälte die Systeme und ihre Funktionsweisen oft nicht und Empfehlungen und Einschätzungen aus dem Strafvollzug werden weniger hinterfragt, als wenn dieses

Wissen vorhanden wäre. Die Programme arbeiten alle ein bisschen anders, so bleibt oft nur der Versuch einer Rückberechnung auf Basis der Ergebnisse, um die Funktionsweise zu verstehen.

Presserecherchen ergaben z. B., dass die Polizei in New Orleans Datenauswertungen mit einem System der Firma Palantir betreibt (Winston 2018). Die New Yorker Polizei zahlte 2,5 Millionen US-Dollar an Palantir, offenbart jedoch nicht, wofür. (Harvard CRCL 2018). Eine Anfrage zu einem Audit von PredPol wurde von der zuständigen Polizeiinspektion in Los Angeles abgelehnt mit der Begründung, dass diese Aufgabe wegen der Kompliziertheit des Tools unmöglich sei. (Ryan-Mosley und Strong 2020). Auf Anbieterseite herrscht zu entsprechenden Anfragen weitgehend Schweigen. Das Argument lautet, man könne keine Informationen herausgeben, da sonst entweder Geschäftsgeheimnisse oder persönliche Daten betroffener Personen preisgegeben werden müssten. Unter dieser Situation leiden im Grunde alle, denn wären die Funktionsweisen transparenter, würden die Vorbehalte sinken und die Tools wahrscheinlich noch häufiger angewendet werden. Das käme auch den Herstellern zugute. Es könnte dadurch auch mehr Kompetenz auf der Käuferseite aufgebaut werden und entsprechende Regulierung für den Einkauf solcher Systeme geschaffen werden.

Milner von ‚Data for Black Lives' sieht ein wesentliches Problem darin, wenn Polizeibehörden und Gerichte nicht sicherzustellen, z. B. durch regelmäßige Prüfung und Analysen, dass die Tools, die sie kaufen, auch wie erwartet funktionieren. Dabei mangelt es bei der Polizei auch an Know-how. Milner kritisiert, dass die Einkaufsbedingungen der New Yorker Polizei für ein KI-*Policing*- oder -Risikobewertungstool die gleichen seien, wie für den Kauf eines Schneepfluges. (Heaven 2020).

Während Wissenschaftler/-innen teilweise die Löschung von Polizeidaten und Tools fordern, gehen andere Ansätze zur Lösung des Bias-Problems in die Richtung, den Algorithmus zu verändern und so die Auswertungen zu manipulieren. Eine im April 2020 veröffentlichte Studie untersucht drei Möglichkeiten, um die Verzerrung in den Algorithmen zu beseitigen. Untersucht wurden Systeme, die die Rückfallrisiken für knapp 68.000 Personen bewertet hatten. Die Testgruppe bestand zu je 50 % aus Schwarzen und aus Weißen. Die Ergebnisse stellen neue moralische Herausforderungen dar: Zum einen wurde offensichtlich, dass die Algorithmen die Rasse explizit berücksichtigen und daher Schwarzen zum Ausgleich eine höhere Schwelle zur Risikobewertung zuweisen müssten. Das ist gesetzlich verboten ist, wäre jedoch das Beste, um ein faires Gleichgewicht zwischen den Rassen zu erreichen. Die Manipulation der Daten würde im Prinzip bedeuten, aufgrund der Rasse der Täter unterschiedliche Standards innerhalb der registrierten Daten zu schaffen. Obwohl damit lediglich die bereits bestehenden, ungleichen und ungerechten Standards korrigiert würden, widerspricht so ein Vorgehen dem Fairness-Empfinden vieler Menschen. (Skeem und Lowenkamp 2020).

Angesichts der geschilderten und scheinbar schwer lösbaren Probleme stellt sich die Frage, warum diese Systeme überhaupt noch einsetzt werden und warum gerade in einem so sensiblen Bereich der Strafverfolgung und des potenziellen Freiheitsentzugs von Menschen? Die Antworten sind vielschichtig. Die Polizei nutzt solche Systeme und Konzepte seit Jahrzehnten in vielen Umfeldern und Einsatzbereichen, von denen viele nicht rassistisch besetzt sind und die Tools unterstützen dort die Polizeiarbeit. Budgetkürzungen erfordern den Einsatz von automatisierten Systemen, weil zu wenig Beamte zur Verfügung stehen. ‚Defund the police', der Polizei das Geld entziehen, war eine zentrale Forderung der weltweiten Demonstrationen gegen die Polizeigewalt in den USA, ausgelöst durch die Tötung von George Floyd Ende Mai 2020 bei einem Polizeieinsatz in Minneapolis. (Smith 2020). Dabei, so Milner, sei dies bereits geschehen. Angesichts der hoch verschuldeten Etats der Städte sind Budgetkürzungen auch bei der Polizei die Folge. Viele Beamte wurden durch KI ersetzt. In den Anfängen der polizeilichen KI-Nutzung glaubten viele, die Algorithmen seien objektiver und vorurteilsfreier als Menschen und würden das Justizsystem fairer und transparenter machen. Das begann in den 1990er-Jahren mit regelbasierten Entscheidungsbaum-Algorithmen. Heute wird *Machine Learning* eingesetzt. Manche Prozesse erscheinen ohne KI gar nicht mehr möglich zu sein. Bei gerichtlichen Vorverhandlungen z. B. müssen in sehr kurzer Zeit viele Dutzend Fälle behandelt werden. In einer Studie über gerichtliche Kautions-Anhörungen in Cook County, Illinois, wurde festgestellt, dass die Richter/-innen mit jedem Fall durchschnittlich nur 30 Sekunden verbrachten. Ohne eine KI-Unterstützung erscheint in solchen Fällen fast sicher, dass vorschnelle Entscheidungen getroffen werden, die von persönlichen Vorurteilen beeinflusst sind. Besteht also nur die Wahl zwischen der Blackbox des Algorithmus oder der Blackbox des menschlichen Gehirns? Alice Xiang, AI Ethics Lead bei Sony und vorher Head of Fairness, Transparency, and Accountability Research bei Partnership on AI ist sicher, dass es möglich sei, das Potenzial algorithmischer Werkzeuge für mehr Fairness zu entfalten. Dazu müssten alle, die an ihrer Entwicklung und Verwendung beteiligt sind, sich ihrer Grenzen bewusst sein und daran arbeiten, sie fair zu gestalten. (Xiang 2020).

Das Bewusstsein für diese Notwendigkeiten wächst rasant und darin liegt vielleicht der größte Verdienst der KI-Ethik-Diskussion. Die bisher eher verdeckte Rolle von KI in gesellschaftlichen Konfliktsituationen ist offensichtlicher und transparenter geworden. Das Wissen um die Technologie befähigt mehr Menschen, bessere Fragen zu stellen und fordert damit auch mehr Klarheit und Legitimierung von den Antwortenden. Ein gutes Beispiel für die kritische Beobachtung einer digitalen Entwicklung mit KI-Bezug ist die wachsende Ausleuchtung öffentlicher Räume durch Videokameras und die automatisierte Überwachung und Analyse dieser Bilder. Entsprechende Diskussionen erzeugte der Feldversuch der Deutschen Bahn in Zusammenarbeit mit der Bundespolizei am Berliner Bahnhof Südkreuz. Dort wurden ab 2017 Kameras und Systeme zur biometrischen Identifikation von Passanten, also zur Gesichtserkennung, installiert. Wie weiter oben ausgeführt ist das Recht am eigenen Bild in Deutschland ein Grundrecht und entsprechend hohe Datenschutzbestimmungen gelten. Versuchspersonen konnten sich für den Test registrieren lassen und alle anderen wurden durch Hinweise in den Bahnhofsbereichen informiert, dass sie sich in einem Kamera-überwachten Raum befinden. Eine Fortsetzung mit Software für Verhaltens- und Mustererkennung wurde von der Bahn im Februar 2019 offiziell aus Kostengründen gestoppt. Die Systeme sollten in Echtzeit erkennen, ob gerade Gefahr bestehe, z. B. durch abgestellte Gegenstände, Betreten von vorher definierten Bereichen sowie Zählung und Nachverfolgung von Personen. Ein ähnlicher Test läuft in Mannheim, wo 76 Kameras seit Dezember 2018 Menschen auf zentralen Plätzen und Straßen in der Innenstadt überwachen. Sollten solche Systeme dauerhaft leistungsfähig arbeiten, so wäre u. a. die ebenso dauerhafte Speicherung von Hunderttausenden von Gesichtern auf Vorrat notwendig. Videoüberwachung mit Erkennung von Bewegungsmustern ist in Bezug auf die Grundrechte in Deutschland bedenklich, da sie einen starken Konformitätsdruck auf die Einzelnen ausübt. Der Deutsche Anwaltsverein warnt im Januar 2020 in einer Pressemitteilung: „Ein Scannen dieses Ausmaßes führe zu einem nicht hinnehmbaren Gefühl des Überwachtwerdens und der Einschüchterung" (Deutscher Anwaltverein 2020). Weiterhin besteht Undurchsichtigkeit im Hinblick darauf, welche Bewegungen die Algorithmen registrieren und interpretieren und wie rechtswidrige Verhaltensmuster überhaupt definiert sind. Ein längerer Aufenthalt, z. B. um jemanden vom Bahnhof abzuholen, kann ggf. als Verdachtsmoment in die Auswertung einfließen. (Reuter 2019).

Auch technisch ergeben sich Schwierigkeiten. Bekannt ist das Problem der sogenannten Vorhersageungleichheit. In den USA setzen Polizei und Einwanderungsbehörden z. B. die Software ‚Rekognition' von Amazon ein, die eine hohe Fehlerrate bei der Erkennung dunkelhäutiger Menschen hat. Vor allem dunkelhäutigere Frauen werden allgemein schlechter erkannt und mit Männern verwechselt. (Buolamwini und Gebru 2018). Im Sommer 2018 wurde die Software mit 25.000 Polizeifotos gefüttert, um als Test einen Abgleich mit Fotos der amerikanischen Kongressabgeordneten zu machen. 28 Abgeordnete wurden fälschlicherweise als Kriminelle identifiziert. (Wiggers 2018a).

Derartige ‚Sehschwächen' von KI können sich im Anwendungsfall extrem negativ auswirken. Eine Studie zur Vorhersageungleichheit am Georgia Institute of Technology untersuchte 2019 mehrere Objekterkennungssysteme, die für autonome Fahrzeuge verwendet werden, auf Hinweise zur fehlerhaften Erkennung der Hautfarbe. Anhand einer großen Bilddatenbank mit Fußgängerfotos wurde ermittelt, dass die Systeme Personen mit dunkleren Hauttypen unabhängig von der Tageszeit, vom Verdeckungsgrad durch andere Gegenstände oder vom verwendeten Programm schlechter erkennen konnten. Im Klartext bedeutet das, dass dunkelhäutigere oder Schwarze Menschen ein höheres Unfallrisiko hätten, wenn autonome Fahrzeuge mit diesen Systemen auf den Straßen unterwegs wären. Auch beim hypothetischen Trolley-Dilemma würde sich in diesem Fall auswirken, in welche Richtung ein autonomes Fahrzeug ausweichen würde. Dabei geht es in der Studie nicht um ethische Probleme, sondern nur um die *predictive inequality*, deren Ursachen sehr einfach in den Trainingsdaten des *Machine Learning*-Modells zu finden ist. Dort sind überwiegend Bilder von Personen mit hellerer Hautfarbe. In so simplen Fällen reicht manchmal eine Veränderung der Gewichtung für den Algorithmus, um die Ergebnisse zu verbessern. (Wilson et al. 2019). Die Analyse ist auf jeden Fall notwendig, um sowohl Ursache, wie auch Ergebnis von Verbesserungsmaßnahmen zu ermitteln. Kleine Datensets können z. B. einerseits eine geringere statistische Gewissheit für ein Ergebnis bedeuten oder auch beim Lernen eine geringere Bedeutung erlangen. Das sind zwei voneinander unabhängige Konsequenzen, die bei der Datenauswahl und bei der Kontrolle, wie sich ein Modell verhält, berücksichtigt werden müssten. (Rötzer 2019).

Autonome Waffensysteme
Die universalen Möglichkeiten des KI-Einsatzes machen die Technologie in allen Feldern zu einem potenziell ethisch relevanten Thema. Besondere Kritikalität entsteht zuerst in Kontexten, in denen Leib und Leben von Menschen betroffen sind. Die körperliche Unversehrtheit spielt vor allem in der Medizin und im Straßenverkehr eine Rolle, wo es um Heilung, Hilfe und Vermeidung von Unfällen geht. Dann gibt es noch die Bereiche, in denen es explizit um Gewalteinsatz geht und in denen das staatliche Gewaltmonopol greift. Das sind im zivilen Bereich die polizeilichen Einsätze und schließlich das weite Feld militärischer Nutzung. Der bereits vorgestellte THeMIS-Roboter von Milrem hat weltweit viele Wettbewerber, um nicht zu sagen Gegner in Form anderer automatisierter Waffensysteme. Die bewaffneten

Land- und Wasserfahrzeuge liegen im Vergleich zu ihren fliegenden Pendants zurück. Viele der luftgestützten Systeme haben bereits einen automatischen Modus, z. B. um extrem schnell anfliegende Munition abzuwehren, die schnellere Reaktion erfordert, als ein Mensch das könnte. Dazu zählen z. B. das US-Luftabwehrsystem Patriot oder die deutsche Mantis-Maschinenkanone. Sie operieren überwacht von Menschen in einfachem Gelände und sind technisch betrachtet autonom. Von autonomen Waffensystemen (AWS) ist in der Regel dann die Rede, wenn diese innerhalb eines allgemeinen Auftrags ihre Ziele selbstlernend auch in komplexerem Gelände suchen und angreifen. Seit 2014 finden im Rahmen der UN-Waffenkonvention in Genf informelle Gespräche über die Regulierung dieser Waffen statt. Die Fortschritte erfolgen im Schneckentempo und es gibt bis heute keine gemeinsame Definition für autonome Waffensysteme. Seit 2017 wird das Thema offiziell durch Vertreterinnen und Vertreter von Regierungen und aus der Zivilgesellschaft diskutiert. Dabei ist schon die Definition der Systeme ein Problem für die internationale Staatengemeinschaft. Während das US-Verteidigungsministerium und das Rote Kreuz AWS im Wesentlichen als Waffensysteme mit Autonomie in ihren kritischen Funktionen definieren, die Ziele ohne menschlichen Einfluss auswählen und angreifen können, hat die Bundesrepublik eine speziellere Definition:

„Ein letales autonomes Waffensystem (LAWS) ist ein Waffensystem, welches in erster Linie dazu bestimmt ist, tödliche Gewalt allein gegen Personen zur Wirkung zu bringen, und welches, ohne jegliche menschliche Einflussnahme und Kontrolle sein Umfeld und seinen internen Zustand wahrnimmt, eine Beurteilung der Situation vornimmt, entscheidet, handelt, evaluiert und daraus lernt." (Bundeswehr 2019).

Zu dieser sehr komplexen Definition kommen noch einige Ausnahmen. Die Bundeswehr zählt alle folgenden Systeme explizit nicht als LAWS:

- *„Waffensysteme, die lediglich festgelegten ReizReaktions-Schemata oder automatisierten Programmschritten folgen, aber nicht in der Lage sind, unabhängig von einer menschlichen Einflussnahme eine Beurteilung der Situation vorzunehmen, zu entscheiden, rational zu handeln, zu evaluieren und daraus zu lernen.*
- *(Waffen-)Systeme, die nicht in erster Linie dazu bestimmt sind, tödliche Gewalt gegen Personen anzuwenden.*
- *Waffensysteme, welche in erster Linie dazu bestimmt sind, gegen Objekte, wie z. B. Flugköper, Luftfahrzeuge, Panzer oder Schiffe eingesetzt zu werden.*
- *Waffensysteme, die unter menschlicher Kontrolle ferngesteuert werden (remote).*

- *Waffensysteme, bei denen ein menschlicher Bediener jederzeit Entscheidungen oder Aktionen des Systems übersteuern, oder deren Einsatz abbrechen kann." (Ebd.).*

Darüber hinaus positioniert sich die Bundeswehr in dem Papier klar gegen LAWS: „Neben den politischen und rechtlichen Rahmenbedingungen ist auch aus militärischer Sicht der Einsatz von zukünftig denkbaren LAWS nicht gewollt und wird nicht angestrebt." (Ebd.). Der Gründer und geschäftsführende Vorstand der Umwelt- und Menschenrechtsorganisation Facing Finance e.V., Thomas Küchenmeister ist auch Sprecher der Kampagne ‚Stop Killer Robots' in Deutschland. Er sieht eine große Diskrepanz in der deutschen LAWS-Politik der Gegenwart,

> „die sich zwischen den öffentlichen Bekundungen der Bundesregierung auf der einen und dem Abstimmungsverhalten der Koalitionsparteien im Bundestag sowie dem tatsächlichen Handeln auf UN-Ebene auf der anderen Seite beobachten lässt." (Küchenmeister 2020).

Während der jahrelangen politischen Konsultationen entwickeln die Hersteller vor allem in den USA, Großbritannien, Frankreich, Russland, China und Israel mit Hochdruck weiter an autonomen Kampfsystemen. Diese Staaten haben entsprechend kaum Interesse an einer Regulierung der Systeme. Bis 2020 schlossen sich nur 30 Staaten der Forderung nach einem Verbot im Rahmen der Kampagne ‚Stop Killer Robots' an. Die Bundesrepublik Deutschland gehört nicht dazu, obwohl das Thema der Ächtung autonomer Waffen explizit Teil des Koalitionsvertrages von 2018 zwischen CDU/CSU und SPD war. Bei einem Treffen der Regierungen 2019 wurde im Rahmen von 11 verabschiedeten Leitprinzipien unter anderem die Gültigkeit des humanitären Völkerrechts für den Einsatz autonomer Waffensysteme sowie die menschliche Verantwortung und Rechenschaft über deren Einsatz festgeschrieben. Diese Leitprinzipien haben jedoch keine völkerrechtliche Verbindlichkeit. (Ferl 2020).

Der Physiker und Friedensforscher Jürgen Altmann von der Technischen Universität Dortmund sieht die deutsche Position als problematisch an. Aus seiner Sicht fahren während der schleppenden politischen Einigung …

> „(…) in Bezug auf AWS und die sonstige Nutzung künstlicher Intelligenz für den Kampf (..) gegenwärtig drei Schnellzüge aufeinander zu: Die USA wollen die militärtechnologische Überlegenheit durch Mensch-Maschine-Kampfteams und AWS behalten; Russland baut ein vollautomatisches Kampfmodul und arbeitet an künstlicher Intelligenz für Drohnenschwärme; China will seine Kriegsführungsfähigkeit durch intelligente und autonome unbemannte Systeme stärken.". (Altmann 2020).

Deutschland schränkt den Begriff LAWS auf Waffen ein, die Personen bedrohen, während Systeme, die gegen Objekte wie Autos, Schiffe oder Häuser eingesetzt werden sollen, nicht enthalten sind, auch wenn sich Personen in diesen Fahrzeugen oder Gebäuden befinden können. Außerdem soll ein Waffensystem nur als LAWS gelten, wenn es lernen und sich selbst wahrnehmen kann. Niemand kann aber genau sagen, ob und wann solche Systeme verfügbar sein werden. Es wird aber mit hoher Wahrscheinlichkeit in fünf bis zehn Jahren eine Menge Waffen geben, die ohne menschliche Steuerung Ziele auswählen und angreifen können, ganz ohne zu lernen oder sich selbst wahrzunehmen. Genau diese Waffen stellen laut Altmann eine große Gefahr für die internationale Stabilität und den Frieden dar. (Ebd.).

Ein Großteil der Entwicklung dieser KI-gesteuerten Waffen konzentriert sich aus Effektivitätsgründen auf fliegende Objekte. Sogenannte *unmanned air vehicles*, (UAVs) werden seit Jahrzehnten von über 90 Staaten meist für Aufklärungsflüge genutzt. 2001 führten die USA bewaffnete UAVs ein. Sie wurden von den Amerikanern systematisch im Nahen und Mittleren Osten sowie in Afrika eingesetzt. Seitdem greifen über 30 weitere Länder auf eine Vielzahl bewaffneter UAVs zurück. Mehr als zehn Staaten hatten sie bereits im Kampfeinsatz. Diese Waffen funktionieren weitgehend automatisch. Sie fliegen Patrouillenrouten ab und können z. T. sogar selbständig starten und landen. Bei Angriffen werden sie von Menschen ferngesteuert. Die autonome israelische ‚Harpy'-Kampfdrohne ist ein Exportschlager. Sie kann viele Stunden über einem Einsatzgebiet in der Luft sein, nach feindlichen Radarsystemen suchen, in diese hineinfliegen und dabei explodieren. (Ebd.).

Küchenmeister berichtet von Waffenmessen, auf denen die Hersteller erklärten, die Autonomie der Waffensysteme stelle technisch kein Problem mehr dar. Letztlich entschieden die Käufer, mit welchen Fähigkeiten ein gewünschtes System ausgestattet werde. Dabei seien besonders solche Waffen gefragt, bei denen zwischen teilautonom und autonom gewählt werden könne. Neben Kamikazedrohnen wie der Harpy oder der türkischen KARGU, die per KI Gesichter erkennen-, im Schwarm operieren- und Ziele selbständig finden und zerstören können soll, gibt es teilautonome Projekte wie das ‚Next Generation Weapon System', das in Kooperation zwischen Airbus, Dassault Aviation, MTU und MBDA entsteht und die Integration von Kampfflugzeugen, autonomen Drohnenschwärmen und Raketen vorsehe. Bereits bestellbar ist der Boden-Kampfroboter ‚Mission Master' von Rheinmetall, der ferngesteuert, teil- oder vollautonom eingesetzt und je nach Wunsch mit Kamikaze-Drohnen oder 70mm-Raketen bewaffnet werden kann. (Küchenmeister 2020). Zusammenfassend können viele Waffensysteme mittlerweile autonom betrieben werden oder sind in Vorbereitung dazu. Es sieht aus, als sei der Krieg von morgen eine Schlacht autonomer Robotersysteme. Das ist kritisch, da autonome Roboterschwärme als Massenvernichtungswaffen eingeordnet werden können.

KI ist ein essentieller Bestandteil der Effektivität dieser Tötungsmaschinen. *Machine Learning*, insbesondere die Entwicklungen in Richtung automatischer Zielerkennung, ist in den meisten Fällen das Fundament bestehender und zukünftiger LAWS. Die Geschwindigkeit, mit der diese Systeme operieren, stellt angesichts der Konsequenzen des Einsatzes neue Anforderungen an die Erklärbarkeit und Transparenz der steuernden KI. Immerhin ist es ein gravierender Unterschied, ob Daten verloren gehen oder in falsche Hände geraten oder ob Menschen automatisiert getötet werden. In einem Krieg mit automatisierten Waffen wird die Geschwindigkeit von Aktion und Reaktion menschliche Maßstäbe bei weitem überschreiten. *Fighting at machine speed* bedeutet, Aktion und Reaktion folgen in wenigen Millisekunden aufeinander. KI kann in dieser Geschwindigkeit Schwärme von Drohnen, die aus Tausenden oder sogar Millionen von Objekten bestehen, effektiv steuern, eine Aufgabe, die kein noch so erfahrener menschlicher Pilot leisten kann. Die Kontrolle über solche Systeme kann deshalb eine empfindliche Verschiebung militärischer Macht bedeuten. Vor dem Gesetz, auch völkerrechtlich, können nur Menschen zur Verantwortung gezogen werden. Sie sind rechtlich und moralisch die letzten Instanzen aller Technikfolgen, auch automatisierter Kampfhandlungen. Dieser Verantwortung nachzukommen erfordert, dass Werkzeuge vorhanden sein müssen, die dem maschinellen Geschwindigkeits- und Präzisionsvorteil etwas entgegensetzen können oder die zumindest in der Lage sind, schnell nachzuvollziehen, was die automatisierten Systeme entscheiden und ausführen. Ob es gelingt, autonome Waffensysteme auf die Geschwindigkeit menschlicher Entscheidungsprozesse zu drosseln, um noch Einfluss auf das Ergebnis der algorithmischen Entscheidung zu erlangen, darf bezweifelt werden. (ICRC 2019). Gleichermaßen zweifelhaft ist, ob angesichts der klaren militärischen und wirtschaftlichen Vorteile von autonomen Waffensystemen und dem technologisch betrachtet eindeutigen Übergang zum Schießen ohne menschliche Steuerung eine internationale Ächtung von LAWS in Zukunft konsensfähig sein wird.

Alle Staaten der Welt könnten militärisches Personal einsparen, denn ein einziger Soldat könnte viele AWS beauftragen und überwachen. Selbst im Falle eines Zusammenbruchs der Kommunikationsnetze, die stets zu den ersten Angriffszielen gehören, könnten autonome Waffensysteme weiterkämpfen. Sie wären ohne die Funkverbindung für Gegner sogar schwerer auffindbar. Computersysteme in den LAWS könnten vor Ort entscheiden und erheblich schneller reagieren als wenn erst Daten zu einem entfernten

Kommandostand übertragen werden und auf eine Freigabe von Aktionen gewartet werden müsste. Solche Situationen werden in erster Linie bei Lufteinsätzen entstehen, in denen bei Flugmanövern Sekundenbruchteile entscheidend sind. Längst werden dafür unbemannte Kampfflugzeuge mit Düsenantrieb entwickelt. Sie legen autonome oder hybride Einsätze nahe. Die Drohne könnte autonom fliegen und Aufklärungsaufgaben erledigen und im Falle von potenziellen Kampfhandlungen könnte ein Mensch die Steuerung übernehmen. Die Steuerung durch Menschen ist in einigen Ländern klar politisch vorgegeben und so sehen es auch die Pläne für das deutsch-französisch-spanische ‚Future Combat Air System' vor, das ab 2035 stationiert werden könnte. Pilotinnen und Piloten sollen dann in einem vernetzten Verbund, der sogenannten ‚Combat Cloud' während des Fluges parallel mehrere Kampfdrohnen steuern. Die ethischen Aspekte werden in diesem Projekt durch ein Forum von Bundeswehr, Friedensforschung und Industrie begleitet.

Im Rahmen der amerikanischen DARPA-Forschungen, KI in einer Vielzahl von militärischen Anwendungen einzusetzen, gibt es auch sogenannte ‚AlphaDogFight Trials'. Das sind Experimente, in denen Luftkampfsituationen mit autonomen Kampfjets simuliert werden. DARPA unterstützt seit 2004 Versuche mit autonomen Fahrzeugen, dazu gehören selbstfahrende Autos ebenso wie die Entwicklung eines autonomen Schiffes, das ohne menschliche Intervention von San Diego nach Hawaii gefahren ist. Es kann zu Aufklärungszwecken eingesetzt werden, U-Boote aufspüren und Minen suchen. Genauso gut sind friedliche Einsätze wie Such- und Umweltschutz- oder wissenschaftliche Missionen zur Erforschung der Meereswelt denkbar. Bei den AlphaDogFights geht es darum, einen Kampfjet automatisiert gegen eine andere KI oder eine menschliche Besatzung zu steuern. In einem Experiment im August 2020 kämpfte ein Computerprogramm gegen einen Top-Piloten. Der Pilot wurde über ein Virtual-Reality Headset in die Simulation eingebunden, so dass er die Situation visuell so erlebte, als säße er im Cockpit. Die Jets fliegen mit Geschwindigkeiten von über 800 Stundenkilometern und bei den schnellen Drehungen und Kurven der Luftmanöver wirken bis zu 9G, das Neunfache der normalen Schwerkraft, auf Mensch und Material ein. Das sind physische Belastungen, die für den menschlichen Organismus Grenzbereiche darstellen, in denen der Körper nicht mehr uneingeschränkt funktionieren kann. Maschinen können so gebaut werden, dass sie solchen Belastungen lange und ohne Beeinträchtigungen standhalten. In der Simulation wurde die Maschinenkanone der Jets durch einen Laserstrahl ersetzt. In den fünf aufeinanderfolgenden Runden besiegte das Computerprogramm den Jetpiloten jeweils mühelos in weniger als zwei Minuten. Die KI war nicht durch Standard-Flugmanöver abzuschütteln und konnte während des Hochgeschwindigkeitsflugs ihre Waffen präziser einsetzen als der Pilot. Entwickelt wurde das Programm von einer kleineren Zulieferfirma namens Heron Systems. Es hatte vor dem Experiment bereits alle anderen Wettbewerber-KIn besiegt, u. a. solche von Kampflugzeughersteller Lockheed-Martin. (Pressman 2020). Das Experiment ist Teil der ersten Phase des ‚Air Combat Evolution' Projekts der DARPA (ACE). In einer erneuten Simulation im Februar 2021 steuerte die KI zwei F-16 Jets, die als Team zusammenarbeiten sollten und mit verschiedenen Waffen ausgerüstet waren. Das sind Vorbereitungen für die Phasen 2 und 3 von ACE, in denen echte Flugzeuge zum Einsatz kommen sollen und die ab Ende 2021 geplant sind. (Newdick 2021).

Auch wenn das Ergebnis der Experimente eindeutig erfolgreich hinsichtlich des KI-Einsatzes ausfiel, sind viele Einschränkungen und Zusatzhinweise der Simulationen zu berücksichtigen, so dass die Schlussfolgerung, die KI hätte auch in einem realen Jet bereits die Kämpfe gewonnen, zweifelhaft erscheint. Trotzdem ist der Trend klar. Was heute als Unterstützungssoftware hergestellt wird, kann morgen autonom und besser die Aufgaben der Menschen erledigen. Eine Maschine kann die gegnerischen Flugmanöver schneller erfassen und schneller auf die Systeme des eigenen Flugzeugs reagieren. Die KI kann auch die Steuerung von Drohnen erleichtern.

Sind automatisierte Waffensysteme vielleicht eine positive Entwicklung, weil sie Leben retten? Der Einsatz von LAWS reduziert immerhin die Notwendigkeit, Menschen in Kampfeinsätze zu senden und nicht alle LAWS-Einsätze fordern Menschenleben. Oder senkt diese scheinbar weniger verlust- und risikoreiche Form der Kriegsführung nur die Schwelle, ab der es überhaupt zu Kampfhandlungen kommt? Viele militärische Operationen richten sich gegen Objekte. Die ersten Ziele in militärischen Konflikten sind meist Infrastrukturziele. Aus Sicht von Friedensforscherinnen und -Forschern senkt die Möglichkeit, solche Infrastrukturen, Gebäude, Kommunikationsnetze, Energie- und Wasserversorgungssysteme usw., ohne Menschen, sondern mit ferngesteuerten Waffen angreifen zu können, tatsächlich die Schwelle der Kriegsführung und der Gewaltanwendung. Autonome Systeme gehen in ihren Konsequenzen vielleicht sogar einen Schritt weiter und erzeugen, wenn sie nur von einer Seite eingesetzt werden, eine so starke Macht-Asymmetrie, dass es zwangsläufig zwischen militärisch wichtigen Staaten zu einem rasanten Wettrüsten ihrer autonomen Arsenale kommen kann. Keine Seite kann sich erlauben, ins Hintertreffen zu geraten. Zusätzliche Risiken ergeben sich durch die Möglichkeiten, dass LAWS in die Hände nicht-staatlicher Akteure wie Milizen oder Terrororganisationen gelangen, deren militärische Schlagkraft dadurch überproportional ansteigen würde. Jürgen Altmann prophezeit ein Krisenszenario, in dem sich zwei gegnerische Flotten von AWS gegenüberstehen und sich intensiv beobachten. In kurzer Entfernung voneinander und bei nur wenigen Sekunden Flugzeit, müssten beide Seiten ihre Systeme so programmieren, dass Flugkörper schon gestartet werden, bevor sie durch die der anderen Seite zerstört werden können. In so einer Situation könnte ein Computerfehler zum unbeabsichtigten Krieg führen. Es könnte zu einer massiven Eskalation beider Seiten in Sekunden führen, wenn die automatischen Strategie- und Gefechtssysteme, ähnlich wie beim Hochfrequenzhandel an der Börse, in Sekundenbruchteilen auf die gegenseitigen Aktionen reagierten. (Altmann 2020). Aus diesem Grund sind Menschen als Teil der definierten Befehls- und Prozesskette unverzichtbar.

Auch wenn es bereits einige autonome Waffen gibt, sind sie bis auf wenige Ausnahmen und Vorläufer noch nicht eingeführt und ein präventives Verbot wäre dadurch einfacher möglich. Ein Abkommen könnte AWS verbieten, so Altmann. Definierte Ausnahmen könnten für Kurzstrecken-Abwehrsysteme gegen schnell anfliegende Projektile bestehen. Einzelne Einsätze von Gewalt müssten grundsätzlich unter „bedeutsamer menschlicher Steuerung" stehen. (Ebd.). Dabei wird deutlich, dass solche Definitionen schwierig sind. Inwieweit beim Einsatz von Drohnenschwärmen mit autonomen Eigenschaften eine bedeutsame menschliche Steuerung überhaupt möglich ist, bleibt offen. Das Zeitfenster für ein solches Abkommen vor Einführung schwindet mit jedem Tag dahin. Wenn autonome Waffen erst einmal in allen Rüstungshaushalten genehmigt und in den Militärarsenalen installiert sind, werden Verhandlungen über den Abbau ungleich schwieriger als vor dem Kauf und der Produktion. Die bereits vorhandenen ferngesteuerten Systeme blieben erlaubt, da hier das wesentliche Kriterium der menschlichen Kontrolle als moralische Institution zur Entscheidung über Leben und Tod gegeben ist. Gleichzeitig ist klar, dass diese ferngesteuerten Waffen einfach automatisierbar sind und ihre Operationen, speziell bei Kamikaze-Einsätzen, sind schwierig nachzuvollziehen. Das bliebe somit eine andauernde Herausforderung in puncto Kontrolle, sollte es zu einer Ächtung automatisierten Tötens kommen.

Zur Nachvollziehbarkeit des Einsatzes autonomer Waffen haben die Physiker und Friedensforscher Mark Gubrud und Jürgen Altmann ihre Gedanken in einem wissenschaftlichen Papier dargelegt: Sie schlagen ein Überwachungsverfahren der Einsätze ferngesteuerter Waffen vor, bei dem alle Einsatzdaten sowie Video- und Audio-Aufzeichnungen aus dem Einsatzzentrum aufgezeichnet und von dem jeweiligen Staat aufbewahrt würden. Gleichzeitig würde ein verschlüsselter Code aus den Daten generiert, ein sogenannter

Hash, der in einer *glass box* zusammen mit einem Zeitstempel des Einsatzdatums aufbewahrt würde. Die Glasbox garantiert Transparenz der verwendeten Hard- und Software. Der codierte *Hash* dient als digitales Siegel der Einsatzdaten. Würden sie manipuliert, könnten sie nicht mehr mit dem *Hash*-Code geöffnet werden. *Hash* und Zeitstempel würden den Wissenschaftlern als ‚use of force identifier' (UFI) dienen, mit dem jedes Ereignis identifiziert werden könnte. Ein solches Verfahren könnte Bestandteil eines multilateralen Vertrages sein, dessen Einhaltung von einem Gremium der Vertragsparteien anhand von Stichproben sichergestellt würde. (Gubrud und Altmann 2013).

In der Gegenüberstellung von KI-Anwendung im wirtschaftlichen und gesellschaftlichen Alltag, über den Einsatz bei Verfolgung zivil- und strafrechtlich relevanter Vergehen, bis hin zur Nutzung im militärischen Bereich, gibt es eine Verschiebung der Gewalteinwirkung. Sie geht von der eher strukturellen und durch Voreingenommenheit in Daten und Systemen einzelne und Gruppen benachteiligenden Wirkung, hin zur konkreten, z. T. Leib und Leben von Menschenmassen bedrohenden Tötungsmaschinerie, die mit hoher Geschwindigkeit und Effizienz autonom Entscheidungen über Leben und Tod fällen könnte. Der Widerstand gegen alle diese Arten von KI-Einsatz ist vor allem ein Widerstand aus Misstrauen gegenüber den Motiven der handelnden Personen und Institutionen, die KI einsetzen. Es bleibt die Frage, warum trotz aller Belege für die fehlgeleiteten Ergebnisse nur langsam oder sogar gar nicht umgesteuert wird. So lange die Nutzung von Algorithmen und Daten auch trotz ungerechter und ungleicher Ergebnisse anscheinend als kleineres Übel angesehen wird, gibt es keine befriedigende Lösung. Argumentativ hat sich keine Gruppe breit konsensfähig durchsetzen können. Selbst gegenüber denen, die die extreme Bedrohung durch autonome Waffensysteme betonen, gibt es Stimmen, die sie für ethischer als menschliche Soldatinnen und Soldaten halten. Sie verweisen darauf, dass Menschen in der Vergangenheit immer wieder unzählige Kriegsverbrechen begangen hätten, aus Willkür Unschuldige angriffen und auch Gegner töteten, die sich bereits ergeben hätten. Darüber hinaus werden Menschen müde, sind gestresst oder verwirrt und machen Fehler, vor allem, wenn sie unter Druck stehen. Maschinen folgen einfach ihrer Programmierung. Sie agieren ohne Angst oder Wut und werden ihre Gegner nicht aus emotionaler Überforderung, psychischem Stress oder sogar psychiatrisch krankhafter Disposition heraus töten oder misshandeln. Sie können ggf. in kritischen Situationen besser Maß halten. (Piper 2019a). Der frühere US Army Ranger und Verteidigungsexperte im Pentagon, Paul Scharre, schreibt darüber 2018 in seinem Buch ‚Army of None: Autonomous Weapons and the Future of War.':

„Armed robots deciding who to kill might sound like a dystopian nightmare, but some argue autonomous weapons could make war more humane. The same kind of automation that allows safe driving cars to avoid pedestrians could also be used to avoid civilian casualties in war, and unlike human soldiers, machines never get angry or seek revenge. They never fatigue or tire. Airplane auto pilots have dramatically improved safety for commercial airliners, saving countless lives. Could autonomy do the same for war? It isn't hard to imagine future weapons that could outperform humans in distinguishing between a person holding a rifle and one holding a rake." (S. 384).

Politische und unternehmerische Ansätze zur KI-Ethik
Die Exkurse bleiben an der Oberfläche, zeigen jedoch, wie aufwändig eine ethische Einordnung von KI und die Umsetzung von Maßnahmen in nur einem einzigen Feld sind. Ob die Vor- oder die Nachteile überwiegen, scheint eine Frage des Standpunkts zu sein. In einer immer mehr vernetzten Welt, sind Initiativen zur Klärung moralisch-ethisch relevanter KI-Anwendungen extrem wichtig, denn, wie Kathy O'Neil zeigt, überspringen Algorithmen potenziell ihre Einsatzbereiche. Mathematische Modelle zur Verwaltung von Menschen im Strafvollzug sind auch in anderen gesellschaftlichen Feldern einsetzbar. Die Konsequenzen können Risiken darstellen, dass viele von uns zu potenziellen Kollateralopfern einer Vorhersage-Wirtschaft werden. (O'Neil 2016, S. 31). Ein Algorithmus kommt außerdem selten allein. Er ist normalerweise in eine komplexe Folge unterschiedlicher Systeme eingebettet, die sich um Datenerfassung, Analyse, Strukturierung, Lernen und Entscheiden drehen. Die Funktionen können beliebig gewichtet werden. Sie können zeitlich und auch räumlich verteilt stattfinden, so dass es für selbst für Eingeweihte schwer nachvollziehbar sein kann, was genau passiert. Für Außenstehende ist das beinahe unmöglich. Wie soll ein Mensch hier verantwortlich handeln? Wie sollte es eine Maschine? Verantwortliches Handeln setzt Intention voraus, und dass die handelnde Person zumindest imaginäre Kontrolle über das Ergebnis ihrer Handlung hat. Das bedeutet, selbst wenn eine Handlung dazu führt, dass keine Kontrolle mehr vorhanden ist, z. B. wenn eine Explosion verursacht wird, so besteht vorher eine Vorstellung von den Konsequenzen und dementsprechend auch vom Verlust von Kontrolle. Von Selbstbewusstsein, Intentionalität, Willensfreiheit und eigenem Denken als Voraussetzungen für verantwortliches Handeln, kann bei Maschinen keine Rede sein, bei Menschen aber schon. Cathy O'Neil formuliert es so: „Big Data processes codify the past. They do not invent the future. Doing that requires moral imagination, and that's something only humans can provide." (Ebd., S. 204). Sie fordert deswegen so etwas wie einen hippokratischen Eid für Data Scientists

und Developer und sieht zusätzlich die Notwendigkeit, Gesetze zu ändern. Als Basis für diese Veränderungen beschreibt auch sie einen Wandel in der gesellschaftlichen Bewertung von ‚Erfolg', und zwar weg von den materialistisch dominierten, zählbaren Assets wie Profit oder Effizienz. (O'Neil 2016, S. 205). In der Beschäftigung mit KI und Ethik ist die Analyse der WMDs durch O'Neil ein wertvoller Beitrag zur Aufklärung über die Mechanismen algorithmischer Entscheidungsfindung und die strukturellen Konsequenzen in der Gesellschaft.

Unabhängig von allen Schwierigkeiten bei der Nachvollziehbarkeit der Berechnungen durch *Opacity* und bei der korrekten ethischen Einordnung, ist es eine positive Entwicklung, dass diese Fragen unausweichlich im Raum stehen und ihre Beantwortung öffentlich eingefordert wird. In der öffentlichen Diskussion und in den Reaktionen von Unternehmen, Verbänden und Politik wird als Ergebnis oft eine Liste von ‚Prinzipien für den Umgang mit KI' oder etwas Äquivalentes produziert. Diese Listen zu verfassen und zu lesen vermittelt zunächst ein gutes Gefühl, ‚es werde etwas getan'. Ob sie wirklich zu den gewünschten Anwendungseffekten führen, ist in der Zukunft zu bewerten. Schon heute sind Denkfallen sichtbar, die in diesen Listen und den Diskussionen auf dem Weg zu ethischem KI-Einsatz liegen. Es handelt sich in dieser Frage um einen Prozess und nicht um eine einmalig zu lösende Aufgabe. Dies legt auch die permanente Entwicklung der technischen und gesellschaftlichen Rahmenbedingungen nahe. Eine der offensichtlichsten Denkfallen ist die der Gleichsetzung von Ethik oder ethischem Einsatz mit Transparenz und Nachvollziehbarkeit zur Vermeidung von Unfairness. So wichtig diese Faktoren sind und so sehr sie auch das Fundament für die Bewertung von Algorithmeneinsatz darstellen mögen, würde eine Reduzierung auf sie zu kurz springen.

Wie lässt sich die oft verlangte Nachvollziehbarkeit überhaupt definieren und bewerkstelligen? Den ‚Ethik-Leitlinien für eine vertrauenswürdige KI' der Hochrangigen Expertengruppe (HEG) für künstliche Intelligenz der EU folgend, ist ‚ethisch sein' und die ethischen Grundsätze und Werte garantieren, eine von drei Komponenten, die eine vertrauenswürdige KI auszeichnen. Die anderen beiden sind ‚rechtmäßig sein' und ‚robust sein'. Damit ist gemeint, dass das System Gesetze und Bestimmungen einhalte und eine technische und soziale Stabilität aufweise. Hergeleitet aus den Grundrechten, die in den EU-Verträgen, in der EU-Grundrechtecharta und in den internationalen Menschenrechten verankert sind, die wiederum auf Demokratie und Rechtsstaatlichkeit basieren, werden vier ethische Grundsätze, die das Fundament der vertrauenswürdigen KI bilden sollen als ‚ethische Imperative' formuliert:

- Achtung der menschlichen Autonomie
- Schadensverhütung
- Fairness
- Erklärbarkeit

Diese sind Grundlage der Herleitung von sieben Kernanforderungen (HEG-KI 2018).:

1. Vorrang menschlichen Handelns und menschliche Aufsicht
2. Technische Robustheit und Sicherheit
3. Schutz der Privatsphäre und Datenqualitätsmanagement
4. Transparenz
5. Gesellschaftliches und ökologisches Wohlergehen
6. Vielfalt, Nichtdiskriminierung und Fairness
7. Rechenschaftspflicht

Die vergleichsweise komplexe Struktur mit Komponenten, Grundrechten, Grundsätzen bzw. ethischen Imperativen und schließlich den Kernanforderungen, wobei selbstredend jedes der genannten Elemente ausführlich erklärt wird, ist kompliziert und spiegelt die Diversität der Sichtweisen von 52 internationalen Expertinnen und Experten auf das Thema. Zur Nachvollziehbarkeit findet sich hier etwas in der Kernanforderung zur Transparenz. Diese wird wiederum unterteilt in drei Bereiche:

- Rückverfolgbarkeit. Durch sie soll sichergestellt werden, dass es eine nachvollziehbare Dokumentation zu den Bestandteilen des KI-Systems gibt. Das umfasst die Daten und die Prozesse der Erfassung und die Algorithmen, die zur Entscheidung des Systems geführt haben. Fehlerhafte Entscheidungen, so die Hoffnung, können auf der Basis leichter analysiert und in der Zukunft vermieden werden.
- Erklärbarkeit. Dieser Aspekt bezieht sich sowohl auf die technische Erklärbarkeit eines Systems, wie auch auf die menschlichen Entscheidungen, die zu dem System geführt haben und die durch das System selbst beeinflusst werden. Eine besondere Anforderung stellt die HEG an die Verständlichkeit der Erklärungen.

- Kommunikation. Hier geht es um die Erkennbarkeit von KI-Systemen als solche. Eine KI soll sich gegenüber den Menschen, die mit ihr interagieren als Maschine zu erkennen geben. In Bezug auf die mit solcher KI automatisierten Prozesse soll es die Möglichkeit geben, dass sich Menschen auch gegen die Maschine als Interaktionspartner entscheiden und stattdessen mit einem anderen Menschen verbunden werden. Das KI-System müsse außerdem wahrheitsgemäß über seine Fähigkeiten Auskunft geben.

Obwohl die Ausarbeitung der HEG vermutlich zu den detailliertesten und fundiertesten Dokumenten ihrer Art weltweit gehört, gibt es auch Kritik an der Arbeit der Gruppe, beginnend bei ihrer Zusammensetzung. Die Hälfte der 52 Mitglieder kommt aus Unternehmen, die selber KI einsetzen sowie industriellen Interessenverbänden, während nur vier ausgewiesene Ethik-Experten und zehn Vertreter/-innen von Organisationen, die sich für Bürgerrechte oder Verbraucherschutz einsetzen, in dem Kreis sind. Die Zusammensetzung sei industriedominiert und keine adäquate Spiegelung des gesellschaftlichen Mandats der HEG. Weitere Kritik geht konkret dahin, dass sich eben die Industrievertreter/-innen stark für verharmlosende und positive Formulierungen in Bezug auf KI eingesetzt hätten. (Köver und Fanta 2019).

Dr. Thomas Metzinger, selbst Mitglied der Expertengruppe, ist Ethiker und Professor für theoretische Philosophie an der Universität Mainz. Er schreibt in einem Zeitungsartikel im April 2019:

„Die Zusammensetzung der Gruppe, die sie erarbeitet hat, ist Teil des Problems: Sie bestand aus vier Ethikern und 48 Nicht-Ethikern – nämlich Vertretern aus der Politik, den Universitäten, der Zivilgesellschaft und vor allem aus der Industrie. Das ist so, als würden Sie mit 48 Philosophen, einem Hacker und drei Informatikern (von denen zwei immer gerade in Urlaub sind) einen topmodernen, zukunftssicheren KI-Großrechner zur Politikberatung bauen." (Metzinger 2019).

Zur Arbeit und den publizierten Ergebnissen beschreibt er weiter, dass es seine Aufgabe war,

„(…) die Red Lines zu erarbeiten – also nicht-verhandelbare ethische Prinzipien, die festlegen, was in Europa mit KI nicht gemacht werden darf. Der Einsatz von tödlichen autonomen Waffensystemen war ein naheliegender Punkt auf unserer Liste, ebenfalls die KI-gestützte Bewertung von Bürgern durch den Staat (Social Scoring) und grundsätzlich der Einsatz von KI, die Menschen nicht mehr verstehen und kontrollieren können." (Ebd.).

Ähnliche Formulierungen wie die der HEG sowie die Forderung nach – oder in dem Falle eher die Versprechen von – Transparenz sind auch in den

Unterlagen zur KI-Ethik verschiedener Unternehmen, z. B. von SAP oder der Deutschen Telekom zu finden. SAP gibt sich im September 2018 sieben ‚Grundsätze für den Umgang mit KI'. Dort heißt es z. B. unter Punkt 4: „Bei allem was wir tun, streben wir Transparenz und Integrität an." und weiter: „Unsere Systeme unterliegen bestimmten Standards, die im Einklang mit ihren technischen Möglichkeiten und dem Verwendungszweck stehen." (SAP 2018a). Die Aussagen sind sehr allgemein. So auch bei der Telekom, die im Dezember 2018 unter dem Aspekt ‚Digitale Verantwortung' neun ‚Leitlinien zu einem transparenten und menschenzentrierten Umgang mit KI-Systemen' veröffentlicht (Deutsche Telekom o.J.). Bei der Telekom sind etwas konkretere Beschreibungen zu finden, aber auch hier zeigt sich bei genauerer Betrachtung der einzelnen Punkte, dass KI-Leitlinien definitorisch eine Quadratur des Kreises sind, denn sie müssen einerseits allgemein gültig sein, um die unendlichen Möglichkeiten des KI-Einsatzes zu reflektieren. Andererseits müssten sie konkrete Handlungsanweisungen, Beschreibungen oder Anforderungen enthalten, die eindeutig klarmachen, was zu tun ist. Derartig konkrete Anweisungen sind im Ergebnis nur für wenige Anwendungsfälle geeignet.

In der KI-Strategie der Bundesregierung ist der Aspekt der Nachvollziehbarkeit ein wesentliches Merkmal in allen Phasen der KI-Entwicklung und -Verwendung. Das beginnt bei der Forderung einer Nachvollziehbarkeit von Datenverwendung und der systemischen Einbettung von KI-Technologien in komplexe Produkte. Die KI-Strategie sieht aufgrund der Schwierigkeiten bei der Herstellung von Überprüfbarkeit, Nachvollziehbarkeit und Transparenz, insbesondere bei *Machine Learning*-Anwendungen, die Notwendigkeit für eine Verstärkung der Forschung in diesen Feldern. Zur Wahrung eines ethisch vertretbaren Ansatzes verlangt die KI-Strategie schon im Grundsatz:

> *„(…) dass bei der Entwicklung, Programmierung, Einführung und der Nutzung von KI-Systemen (unter Einbeziehung der Trainings- und Anwendungsdaten) Transparenz, Nachvollziehbarkeit, Diskriminierungsfreiheit und Überprüfbarkeit der KI-Systeme gewährleistet sind. Diese Forderung sollte insbesondere für solche automatisierten Prozesse umgesetzt werden, die Entscheidungen vorbereiten oder Folgerungen ziehen, die gegebenenfalls auch ohne weitere menschliche Einflussnahme unmittelbar umgesetzt werden sollen."* (BMBF 2018, S. 39).

Dabei stützt sich die Bundesregierung auch auf die Empfehlungen der Datenethikkommission und erwägt die Einrichtung von staatlichen und privaten Institutionen zur Prüfung und Kontrolle von KI-Entscheidungen, um missbräuchliche Nutzungen und Diskriminierungen zu verhindern. Die dafür notwendigen Standards sind jedoch noch nicht entwickelt. Diese

Lücke und die Forderung, gegenüber solchen Kontrollsystemen die Elemente des KI- bzw. *Algorithmic Decision Making* (ADM) Prozesses vollständig offenzulegen, sind u. a. die gegenwärtigen Hindernisse im Prozess der staatlichen Regulierung. Diese Hindernisse sind lösbar, aber schwierig und extrem abstimmungsintensiv, denn es gibt z. B. in Bezug auf maschinelles Lernen keine einheitliche Definition für Erklärbarkeit oder Nachvollziehbarkeit. Verschiedene Ansätze konkurrieren und selbst bei einer Einigung auf eine Reihe von technischen Verfahren für verschiedene Anwendungstypen würden rein technische Maßnahmen Nachvollziehbarkeit nicht gewährleisten können. Dazu bedarf es auch des Verständnisses davon, welche Ziele die KI-Systeme verfolgen und wie sie in technische und geschäftliche Prozesse integriert sind.

Der Blick auf das System, mit dem ein KI-Ergebnis erzeugt wurde, ist nur ein Zwischenschritt. Das System zu entwickeln und zu modellieren hat bereits viele Entscheidungen erfordert, in denen sich die Intentionen und Ziele der Hersteller spiegeln, die jedoch nur als implizite Konsequenzen im finalen Modell auffindbar sind: Welche Daten wurden gewählt? Wie wurden sie aufbereitet? Welche Verfahren wurden trainiert und auf Basis welcher Parameter wurde verglichen und optimiert? Auf welchen Annahmen und Zielen fußt das Ergebnis und welche Kompromisse mussten auf dem Weg zum finalen Modell eingegangen werden, z. B. je nachdem, ob es um Qualität oder Geschwindigkeit ging? Abseits von Richtlinien, Strategien und Vorschriften ist in der praktischen Anwendung immer eine Kombination aus organisatorischen und technischen Maßnahmen nötig. (Bitkom 2019, S. 92–94).

Dr. Annette Zimmermann und Ben Zevenbergen, beide von der Princeton University, beschäftigen sich mit politischer Philosophie und Algorithmeneinsatz im gesellschaftlichen Kontext. Sie haben die typischen Denkfallen in der Beschäftigung mit Ethik und künstlicher Intelligenz herausgearbeitet. Bei der Fokussierung auf Fairness z. B., so die beiden, bestehe das Risiko, zu übersehen, wie die Optimierung auf ein vermeintlich faires Ergebnis sich auf andere Faktoren auswirke. Das können die Transparenz als Grundlage für demokratische Kontrolle und Anfechtung sein oder das Ziel der Verbesserung von Vorhersagegenauigkeit maschineller Lernsysteme oder auch Datenschutzbelange. Die KI kann nicht auf alle Ziele gleichzeitig optimiert werden, deswegen gibt es immer Konflikte. Fairness ist ein wichtiges Ergebnis, wenn es z. B. um die Gleichstellung von Rassen und Geschlechtern geht, sie ist aber kein alleiniger Wert stellvertretend für ‚ethische KI'. Eine pluralistische Sicht auf alle relevanten ethischen Werte erlaube die kritische Einschätzung, welche Kompromisse möglicherweise nötig seien. (Zimmermann und Zevenbergen 2019).

Ethik nach Checkliste
Die Bildung von Ethik-Checklisten vermittelt eine trügerische Sicherheit, denn die typische benutzerfreundliche Compliance-Checkliste ist nicht ausreichend, um den moralischen Handlungsrahmen adäquat auszufüllen. Listen suggerieren Einfachheit. Sie suggerieren, Ethik könne anhand eines Waschzettelformats erledigt oder abgehakt werden und sei dann sichergestellt. Notwendige, kontextsensitive Listenelemente, die explizit klarstellen, dass ein Sachverhalt individuell geprüft werden muss, können immerhin dafür sorgen, dass ein Datenmodell nicht nur ein einziges Mal betrachtet wird, obwohl es Tausende oder sogar Millionen von Entscheidungen fällt. Auch das Eingeständnis, eine Liste sei nicht vollständig, ist ehrlich, aber es führt Anwender/-innen gleichermaßen in die Situation, einen Checklistenprozess zu bearbeiten, der zwar unvollständig sein mag, der im Ergebnis jedoch auch nichts anderes bedeutet, als ‚etwas getan zu haben' und Ethik eben ‚abzuarbeiten'. Im schlimmsten Fall entsteht sogar die Wahrnehmung, eine einmalige Überprüfung sei ausreichend, statt kontinuierlich bzw. regelmäßig Compliance herzustellen. Kontinuität ist aber wichtig, denn moralische Bewertungen sind jeweils bezogen auf den Zeitpunkt, zu dem sie getroffen werden. Ethisches Denken sollte jedoch keine statische, einmalige Bewertung sein. Neue ethische Probleme, die erst später offensichtlich werden, bleiben sonst verschleiert. Damit würde auch Beteiligten oder Betroffenen, die erst später in den ethischen Diskurs über einen konkreten KI-Einsatz einsteigen, die Möglichkeit genommen, im Lösungsprozess mitzuwirken. Diversität und Offenheit, auch zeitlich, sind weitere Erfordernisse an einen Prozess, der ethisch geprüften KI-Einsatz ermöglicht.

Entsprechend beurteilt es auch die HEG der EU, die in ihrer aufwändigen Herleitung von Anforderungen an eine ethische bzw. vertrauenswürdige KI zwar auch eine Liste veröffentlicht, dazu allerdings betont, dass die Anforderungen der Liste gleichermaßen wichtig nebeneinander stünden, die Reihenfolge somit keine Hierarchie darstelle und weiter:

„Ein fachspezifischer Ethikkodex, so einheitlich, hochentwickelt und exakt dieser auch in Zukunft sein mag, kann niemals ein Ersatz für die ethische Vernunft an sich sein; letztere muss stets Einzelheiten im bestehenden Kontext aufgreifen, die sich nicht in allgemeinen Richtlinien erfassen lassen. Die Entwicklung eines Regelwerks reicht nicht aus, wenn wir eine vertrauenswürdige KI gewährleisten wollen. Dazu müssen wir des Weiteren durch öffentliche Debatten, Bildung und praktisches Lernen eine ethische Kultur und Einstellung aufbauen und bewahren." (HEG-KI 2018).

Das ist auch deshalb wichtig, weil ebenso wie kulturelle, auch individuelle oder auf eine Interessengruppe bezogene Unterschiede in der moralischen Bewertung eines Sachverhalts bestehen können. Tatsächlich gibt es keine Objektivität für den einen, reinen und ethisch-richtigen KI-Einsatz. Es entsteht immer ein Ergebnis, das sich besser oder schlechter, relativ zu einem anderen Ergebnis verhält. An Eckersleys Beispiel der KI zur Unterstützung medizinischer Entscheidungen ist die Frage, ob das System optimiert auf Steigerung der Lebensdauer oder optimiert auf Minimierung von Kosten das Bessere sei, eine Frage der Perspektive. Trotzdem kann diese Relativierungsfalle offensiv adressiert werden, indem der ethische Diskurs eindeutig definiert, welches Ergebnis im Vergleich das Beste sei. Wenn es, wie oft bei ethischen Fragestellungen, nicht die eine richtige Antwort gibt, so existieren vielleicht verschiedene Varianten, von denen eine weniger schlecht ist als die anderen? Unabhängig vom moralischen Dissens der Beteiligten, wirkt der Vergleich der möglichen Ergebnisse damit handlungsfördernd.

Die nächste Falle bezieht sich auf die Neigung von Organisationen, Werte-Übereinstimmung herbeiführen zu wollen. Diesen Ansatz hat auch Jaan Tallinn für den Umgang mit einer möglicherweise in der Zukunft existierenden, superintelligenten KI vorgeschlagen. Er geht davon aus, dass sich die Menschen dazu auf eine konkrete, moralisch-richtige Antwort auf ein Problem einigen. Vor dem Hintergrund der beschriebenen Relativierungsfalle kann der Gedanke, dass es bei der Suche nach einer Lösung nicht darum geht, eine Fragestellung einfach so gut wie möglich, sondern im ethischen Sinne definitiv richtig zu lösen, dazu führen, dass Organisationen anderslautende Meinungen und Andersdenkende nicht nur als falsch, sondern sogar als moralisch schlecht ansehen. Das führt zu Polarisierung und Bildung von Meinungsblasen, die sich unversöhnlich gegenüberstehen und damit genau zum Gegenteil der Vielfalt, an der KI-Ethik interessiert sein müsste.

Polarisierendes und auf Gegenteiligkeit beruhendes Denken ist eine weitere Falle der Anwendung von KI-Ethik, denn es führt leicht zu der Haltung, dass das Ziel ‚ethisch zu sein' gleichzeitig bedeute, dass alles andere ‚nicht ethisch' oder ‚unethisch' sei. Ethik in dieser Form als Adjektiv und Attribut einer Sache oder Person zu betrachten, täuscht über die Notwendigkeit hinweg, sie als Aktivität oder Prozess zu betrachten, der kontinuierlich reflektiert wird und nicht als etwas, das Menschen oder Technologien einfach sind oder eben nicht. Insofern ist auch der Begriff ‚KI-Ethik' missverständlich.

Nahe an diesem Missverständnis liegt die Annahme, dass ethischer Umgang durch Gesetze repräsentiert werde. Gesetze und Ethik sind einander nahe, sie sind aber nicht das Gleiche. Wenn ein Algorithmus diskriminiert oder generalisiert, so trennt oder bündelt er mathematisch z. B. Muster in den bestehenden Daten. Die Einordnung des Ergebnisses kann eine ethische Fragestellung sein. Werden dadurch moralisch relevante Urteile gefällt, die z. B. eine unrechtmäßige Benachteiligung für Individuen oder Gruppen darstellen? Werden individuelle Rechte verletzt oder wird gesellschaftliche Ungleichheit geschaffen oder zugespitzt? Werden dadurch Gesetze verletzt oder besteht die Notwendigkeit für neue bzw. angepasste Gesetze? Auch wenn Ethik und Recht nicht das Gleiche sind, sollten sie keine entweder/oder Entscheidung darstellen. Manchmal können Gesetze wichtige ethische Werte nicht durchsetzen und einige ethische Argumente sind möglicherweise nicht 1:1 in Gesetze übersetzbar. (Zimmermann und Zevenbergen 2019).

Diese Aspekte sind nicht einzigartig für den Bereich der künstlichen Intelligenz. Sie können bei unterschiedlichen technologischen Innovationen auftauchen. Aus der einfachsten Perspektive kann jederzeit im Sinne von Walsh argumentiert werden, dass der Einsatz von Technologie ethisch einwandfrei sei, wenn der Zweck des Einsatzes ethischen Prinzipien entspreche und wenn nicht, wäre der Einsatz unethisch. Beispiele gibt es viele: Die Erstellung von Charakterprofilen führt zu Diskriminierung von Minderheiten und ist deswegen unethisch. Dann ist das auch so, wenn die Profile mithilfe von KI erstellt werden. Weibliche Sexpuppen objektivieren Frauen und unterstützen eine frauenfeindliche Kultur. Dann ist der Einsatz von KI in diesen Sexpuppen nicht ethisch vertretbar.

Ethische und philosophische Fragen, mit denen sich neue Erkenntnisse zu künstlicher Intelligenz erforschen lassen, müssten enger mit KI verbunden sein, z. B. könnten sie einzigartig aufgrund von KI entstehen, sie könnten sich direkt um KI drehen oder von KI abhängig sein. Spannende Fragen in diesem Kontext könnten sein, welche Bedeutung das Verhalten konkurrierender KI-Agenten zueinander hat, z. B. im elektronischen Handel auf Angebots- und Nachfrageseite oder auch wenn beide Agenten auf der gleichen Seite stehen und entweder um die Kunden oder einen Service bzw. ein Produkt konkurrieren. Wie sollen sich Systeme verhalten, wenn sie technisch kollaborieren können und auf diese Weise ihre Ziele maximieren könnten, obwohl ihre Nutzer/-innen nicht zusammenarbeiten würden? Wie werden Interessenkonflikte ausgeglichen, wenn z. B. ein Bot für Flugreservierungen mit einem für Hotelbuchungen oder Mietwagen zusammenarbeiten würde? Sie könnten gemeinsam oder auf Kosten voneinander Preise senken oder erhöhen. Es wären am Ende die Kosten und das finanzielles Risiko der Nutzer/-innen. In welchem Maß können KI-Systeme ihr eigenes Verhalten und über ihre Motive oder Handlungen reflektieren?

Amin Ebrahimi Afrouzi von der UC Berkeley School of Law schlägt vor, Fragen zum KI-Verhalten aus KI-Sicht zu stellen. Er beschäftigt sich mit Fragen an der Grenze von Informatik und Philosophie und mit der Beschaffenheit der mathematischen Grundlagen. Entsprechende Fragen wären z. B., ob eine Belohnungsfunktion in einem Datenmodell einen hinreichenden Grund für ein Verhalten darstellt und ob sie geeignet wäre, um Rechte und Pflichten im System zu verankern. Ein kollaboratives System könnte seine Belohnungen teilen und dabei ‚erhoffen', selbst eine Belohnung zu erhalten. Wie entsteht dieses Muster, wie weit geht es und was sind die Vor- und Nachteile, die sich daraus im Verhalten ergeben? Welches divergierende Verhalten von KI ergibt sich daraus evtl. gegenüber anderen Systemen und gegenüber den Auftraggeber/-innen? (Afrouzi 2018). Datenmodelle könnten in Simulationen auf ihr Verhalten getestet und analysiert werden. Möglicherweise ließen sich aus dem Design eines Datenmodells Rückschlüsse über die Eigenschaften der KI treffen, ähnlich wie bei einem Menschen. Die gebildeten Annahmen könnten in der Simulation überprüft werden. So könnte getestet werden, ob z. B. KI-Agenten mit einem Multi-Vektor-Belohnungssystem, also mehreren möglichen Belohnungen für ein Verhalten, diese verschiedenen Belohnungen als austauschbar wahrnehmen oder ob sie ihnen unterschiedliche Eigenschaften und ggf. daraus resultierend eine unterschiedliche Gewichtung geben.

Derartige philosophische Experimente mit fortgeschritteneren KI-Systemen entbinden die Akteure in Wirtschaft und Politik nicht von der Verpflichtung, ihre Motive bei KI-Einsatz zu überprüfen. Gerade wenn das Wesen der Technologie ethisch nicht zweifelsfrei ist, sind die direkten Beweggründe für konkrete Programmierungen umso wichtiger. Die beschriebene massenhafte Manipulation der psychologisch wirksamen Belohnungssysteme in den sozialen Netzwerken dient nur der Maximierung der Nutzungsdauer der Websites und Apps, um in der längeren Zeit mehr Werbung auszuspielen und so maximal viel Geld zu verdienen. Den damals noch sehr jungen Start-ups kann daraus kein Vorwurf gemacht werden. Es gehört zur Start-up-Kultur, mit Regeln zu brechen und unkonventionelle Wege zu finden und sie zu gehen. Die gesamte Zunft des Marketings beschäftigt sich seit jeher mit der Manipulation der menschlichen Psyche. Der Erkenntniszuwachs über die Mechanismen und die Folgen der mittlerweile sehr massiven Online-Manipulationen mit ihren gesellschaftlichen Auswirkungen ist seit 2004 gleichfalls hoch. Was zu Beginn als überraschend, erstaunlich, unternehmerisch-genial und legitim erschien, wird im Licht der Auswirkungen 20 Jahre später anders bewertet. Das von Sean Parker beschriebene Hacking der psychologischen Schwächen ist die Grundlage der Entstehung des immensen, konzentrierten Reichtums sowie einer Reihe weiterer Geschäftsmodelle, die größtenteils auf der mehr oder weniger offensichtlichen Abhängigkeit ihrer Nutzer/-innen basieren. Es ist erstaunlich, wie viel Geld mit den kleinen, süchtig machenden Dopamin-Ausschüttungen für Likes und Kommentare bewegt wird. (Solon 2017).

Der Reichtum der digitalen Supermächte basiert außerdem auf der Menge der Daten, die ihnen zufließt. Auch wenn in vielen digitalen Plattformmärkten ein recht klares ‚Winner-takes-all'-Prinzip herrscht, also die größte Plattform konzentriert so viel Traffic und Business, dass schon der zweite nur noch Nischenplayer sein kann, sind auch in Zukunft Verschiebungen zu erwarten. Viele weitere kommerzielle und industrielle Anwendungen und Prozesse werden digitaler, vernetzter und automatisierter. Ein Vorsprung der bestehenden Riesen Amazon, Google, Facebook, Apple und Microsoft sowie ihrer chinesischen Pendants Alibaba, JD.com, Tencent und Baidu wird vermutlich recht lange erhalten bleiben. Zum einen ist ihre wirtschaftliche Macht so groß, dass sie nur noch durch konsequente Regulierung in Grenzen gehalten werden und zum anderen sind sie mächtige und schnelle Gatekeeper des persönlichen Kontakts zu ihren Nutzer/-innen. Ihre Daten sind personenbezogen. Sie kontrollieren den Zugang zu Menschen und damit zur Verfügungsmacht über Strategien, Pläne, Budget usw. Industrielle Player wie Bosch, Siemens oder auch General Electric oder andere Riesen aus Versorgungs-, Finanz- oder Service-Industrien weltweit werden massenhaft Produktions- und Service-Daten sammeln und könnten damit z. B. Spezialisten für Prozess Know-how werden. Mit zunehmender globaler Automatisierung wird das immer wichtiger und wertvoller. Der Globalisierungsgrad ist jedoch ungleich niedriger und weniger konzentriert. Jeder der heutigen Digitalriesen könnte sich unreguliert, allein aufgrund seiner finanziellen Möglichkeiten, vergleichsweise einfach Zugang zu Kontrolle über die meisten anderen Industriezweige verschaffen.

‚KI-Ethik' als Lobbyismus-Erfindung
Im Diskurs zur KI-Ethik stehen diese Konzerne als Datenkraken da. Es bleibt oft unerwähnt, welche dominante Rolle diese mächtigen Unternehmen in dieser Debatte gespielt haben. Schon 2016, noch lange vor den meisten Regierungs- und Verbraucherinitiativen haben sie gehandelt und eine eigene Organisation ins Leben gerufen, die ihre Interessen in den ethischen Belangen rund um KI auf einer breiten Basis vertreten kann: Partnership on AI (PAI). PAI ist von einer Gruppe von Informatikern aus sechs der größten und einflussreichsten Technologiefirmen gegründet worden: Apple, Amazon, DeepMind und Google, Facebook, IBM und Microsoft. Zweck der Partnerschaft ist, Aufklärung und Transparenz in Zusammenhang mit KI sowie eine offene Plattform für Austausch und zur Förderung von Projekten zum Wohle der Allgemeinheit zu schaffen. Mit über 100 Partnerunternehmen und -Organisationen aus 13 Ländern widmet sich PAI auch ethischen Fragen des Algorithmeneinsatzes. Die Organisation stellt hier jedoch kein Regelwerk zur

Verfügung und hat auch keine Bündelungsfunktion für die Positionen ihrer Mitglieder. Allerdings setzt sich PAI in verschiedenen Kombinationen mit Partnern und auch im Rahmen von Gesetzgebungsprozessen für die gleichen Positionen wie ihre Gründungsunternehmen ein. Einen Blick auf die Anfänge und hinter die Kulissen der noch vergleichsweise kurzen Geschichte der KI-Ethik gewährt Rodrigo Ochigame: Als er am MIT Media Lab forschte, unterhielt dessen derzeitiger Leiter Joicho Ito enge Verbindungen zu den großen Unternehmen und Investoren im Silicon Valley. Ito bot den KI-Ethik-Initiativen der Konzerne mithilfe des MIT zusätzlichen akademischen Hintergrund. Bis dato, so Ochigame Ende 2019, bestand mäßiges Interesse unter KI-Forscher/-innen am noch jungen Phänomen der KI-Ethik. Joichi Ito hatte in seiner Funktion als Direktor des MIT Media Labs eine einflussreiche Rolle als Ethiker für künstliche Intelligenz. Seine Initiativen und Projekte, für die er seit 2017 ca. 27 Millionen US-Dollar aus dem ‚Ethics and Governance of AI Fund' des Media Lab und des Berkman Klein Center for Internet and Society an der Harvard University investierte, waren entscheidend, um die öffentliche Diskussion über KI-Ethik zu etablieren, die jetzt in der akademischen Welt und der Presse allgegenwärtig ist. Ochigame sieht in der maßgeblich von Ito getriebenen Diskussion über KI-Ethik eine strategisch auf die Ziele des Silicon Valley abgestimmte Kommunikation, um rechtlich durchsetzbare Beschränkungen der kontroversen Technologie zu vermeiden. Ochigame führt aus, dass aus Sicht der Konzerne drei Möglichkeiten des regulatorischen Umgangs mit KI bestünden:

1. Keine gesetzlichen Regelungen, sondern nur ‚Ethische Grundsätze', ‚KI-Prinzipien', ‚verantwortungsvolle Praktiken' usw. als freiwillige Verpflichtung der Akteure.
2. Eine moderate gesetzliche Regelung, die technische Anpassungen fördert oder erfordert und deren Konsequenzen die Konzerngewinne nur unwesentlich beeinflussen oder
3. Restriktive gesetzliche Vorschriften, die KI eindämmen oder ihren Einsatz sogar verbieten würden.

Die Varianten 1. und 2. seien die bevorzugten Ergebnisse für Unternehmen, die KI einsetzen wollen oder müssen und so konstituiere der vehemente Einsatz der Unternehmen für KI-Ethik einen strategischen Lobbying-Ansatz mit dem Ziel, restriktive KI-Gesetzgebung zu vermeiden. Inhaltlich werden seit 2016 die Begriffe der ‚ethischen KI' und der ‚fairen Algorithmen' in der akademischen Welt propagiert, um akademische Unterstützung als Legitimierung der eigenen Position zu gewinnen. Auch das MIT Media Lab gab und gibt durch sein Engagement der Idee, dass Technologieunternehmen ihren KI-Einsatz selbst regeln können, zusätzliche Glaubwürdigkeit. (Ochigame 2019). Die Gründung der Partnership on AI stellt ein Beispiel für finanzielles und organisatorisches Handeln der Tech-Konzerne in dieser Sache dar.

Nach den Aktivitäten des MIT und der Harvard University bekamen weitere Universitäten und neue Institutionen Geld aus der Digital-Industrie, um an Fragen zur KI-Ethik zu arbeiten. Die meisten dieser Studien und Organisationen würden laut Ochigame von früheren Führungskräften von Technologiefirmen geleitet. Er nennt die Beispiele des Data & Society Research Institute, das von einem Microsoft-Forscher geleitet und durch eine Stiftung von Microsoft gegründet wurde, das AI Now Institute der New York University, das von einem anderen Microsoft Forscher mitbegründet wurde und zum Teil durch Microsoft, Google und DeepMind finanziert werde, das Stanford Institute for Human-Centered AI, geführt von einem früheren Google-Manager als Co-Lead, die Division of Data Sciences der UC Berkeley, geleitet von einem früheren Microsoft-Manager und das MIT Schwarzman College of Computing unter der Führung eines Amazon-Geschäftsführers. (Ebd.). Ochigame beschreibt außerdem, wie PAI Gesetzgebungsverfahren beeinflusst: Im November 2018 habe PAI sich zusammen mit dem MIT Media Lab als Mitglied bzw. Partner an die wissenschaftliche Community gewendet, um sich an einer Kommentierung für den juristischen Beirat des Bundesstaates Kalifornien zu beteiligen. Das Thema war eine Gesetzesvorlage im US-Senat zur Abschaffung von Bar-Kautionen. Kommentiert werden sollte die Erweiterung algorithmischer Verfahren zur Risikoabschätzung. Der Beirat sollte sich zur Identifikation und Reduzierung von Bias-Risiken äußern. PAI sah hier Spielraum, das Gesetzgebungsverfahren zu beeinflussen, so Ochigame. Gegen den Widerstand des Media Labs habe PAI die Risikoabschätzung als ein eher technisches und lösbares Thema dargestellt. Die aktivistische Graswurzel-Bewegung argumentierte klar, dass die auf den bestehenden Polizeidaten basierenden Algorithmen zu einem rassistischen Feedback-Loop führen würden und warnten davor, Entscheidungen über die persönliche Freiheit von Menschen an derartig konstruierte KI zu übergeben. PAI führte bei ihrer Begründung für die Empfehlung der algorithmischen Risikoabschätzung eine lange Liste technischer Beschreibungen an:

- die Mindestanforderungen für eine verantwortungsvolle Bereitstellung- die Gültigkeit und Verzerrungen der Datenstichprobe
  - die Verzerrungen bei statistischen Vorhersagen
  - die Auswahl der geeigneten Zieldefinitionen für die Vorhersage
  - Fragen zur Mensch-Maschine-Interaktion

- Benutzerschulung
- Politik und Governance
- Transparenz und Überprüfung
- Reproduzierbarkeit
- Prozess und Aufzeichnung
- die Bewertung nach der Bereitstellung auf. (Ebd.).

Die kaum Daten- und KI-kundigen Teilnehmer/-innen des Gesetzgebungsverfahrens würden geradezu erschlagen von einem Dickicht Kompetenzsuggerierender Aspekte, würden aber darüber im Unklaren gelassen, was genau passiere. Als Reaktion auf diese Kritik an ihrem Entwurf erwähnte PAI zusätzlich, dass innerhalb der PAI-Mitgliedschaft und der breiteren KI-Gemeinschaft viele Expertinnen und Experten darauf hinweisen, dass Einzelpersonen niemals allein auf Basis ihrer Risikobewertung ohne Anhörung durch einen Richter rechtmäßig festgenommen werden können sollten.

Das Einräumen, dass ein rein Software-basiertes Urteil, ohne richterliche Beteiligung oder sonst ein individualisiertes Verfahren nicht zu Inhaftierung führen dürfe, sei laut Ochigame für PAI einfach zu argumentieren, da keines ihrer großen Mitgliedsunternehmen Software für Entscheidungsfindung in Vorverfahren verkaufe. Anders als bei Gesichtserkennungstechnologie, bei der Microsoft, Google, Facebook, IBM und Amazon Produkte anbieten, sei die vorgerichtliche Risikoabschätzung zu kontrovers und der Markt sei zu klein. (Ebd.). Ochigames Artikel stellt die KI-Ethik-Bestrebungen der Industrie als negativ und berechnend dar. Die Indizien für diese Interpretation sind offensichtlich. Ob tatsächlich alle Initiativen und die vielen sinnvollen Erkenntnisse, die gefunden wurden, in diesem negativen Licht zu sehen sind, bleibt offen.

Für die großen Technologieunternehmen zahlt sich aus, dass sie schon früh begonnen haben, in KI zu investieren. Sie verfügen heute über die Daten, die Systeme und das Know-how in ihrer Belegschaft, um sich schnell zu entwickeln und vielfältige Innovationen zu treiben. Ihr eigenes Datenwachstum erfordert Unmengen von Speicher und prädestiniert sie geradezu Wiederverkäufern von Cloud-Speicher und damit noch einflussreicher in zusätzlichen Märkten zu werden. Zum Einstieg bzw. der strategischen Entscheidung, den Cloud-Markt zu fokussieren sagte Google CEO Sundar Pichai bereits 2016 „In the long run, we will evolve in computing from a mobile-first to an AI-first world." (Statt 2016). Pichai spricht einen Paradigmenwechsel an, wie er in vielen Bereichen immer wieder vorkommt, wenn sich Rahmenbedingungen so verändern, dass ein grundsätzlicher Wandel im Denken oder Verhalten notwendig wird. Einfache Beispiele sind der Wechsel von Zeit- auf Datenvolumen-Tarife in der Telekommunikation. Heute heißt es nicht mehr ‚Fasse Dich kurz.' und GenZ telefoniert sowieso deutlich weniger als GenX oder die Baby-Boomer. Auch der Wechsel zu mobiler Kommunikation bis hin zur gegenwärtigen Situation, dass immer mehr Haushalte gar keinen Festnetz-Anschluss mehr haben, ist Wandel, der im Nachhinein logisch erscheint. Es ist einfach sinnvoller, eine Person anzurufen als einen Ort. Die Erwähnung einer ‚AI-first'-Welt löste Spekulationen aus, was der Google-Chef wohl gemeint haben könnte. Zu den wahrscheinlichsten Antworten gehören u. a. sprachbasierte Assistenzfunktionen, die über jedwedes Gerät, vor allem aber über Smartphones, abgerufen werden können. Das sind intelligente Agenten für alle in Form zukünftiger VPAs, die persönlich zugeordnet sind. KI bietet die Plattformtechnologie für diese Entwicklung. Neben den persönlichen VPAs wird es auch Plattformservices wie z. B. standardisierte Rechner, Übersetzungen, Kalenderfunktionen, Trading-Bots, Buchungsassistenten usw. als zentrale Services geben, auf die viele Nutzer/-innen gleichzeitig zugreifen. KI wird Sprache durch Stimmeingabe als Zugangstechnologie flächendeckend ermöglichen und zum *User Interface* Nummer Eins machen. Einfache, sich seit Jahren fortlaufend perfektionierende KI-Anwendungen aus der Cloud wie Bilderkennung, Spracherkennung, Websuche, Empfehlungen etc. werden ihren Weg aus der Consumer-Nutzung in die Geschäftswelt finden und neue, kommerzialisiertere Cloud-Services darstellen. Dieser Prozess ist längst im Gange.

KI-Ethik – Leichter gesagt als getan
Im Juni 2016 äußert sich auch der Microsoft CEO Satya Nadella in einem Artikel zur Zukunft mit künstlicher Intelligenz und ordnet sie als neue Plattform ein, auf der die zukünftigen Programme installiert würden. Genauso wie Textverarbeitung, Tabellenkalkulation und Präsentationen als Software auf der Office-Plattform programmiert seien, die sich im Laufe der letzten Jahre ins Web verlagert habe, so würden die Anwendungen der Zukunft sich auf diese neue KI-Plattform verlagern, die nicht nur Informationen managen, sondern auch aus ihnen lernen und mit der physischen Welt interagieren könne:

> *„In an A.I. and robotics world, these productivity and communication tools will be written for an entirely new platform, one that doesn't just manage information but also learns from information and interacts with the physical world."* (Nadella 2016).

Nadella spricht von einer KI-Flutwelle, angesichts derer die universalen Prinzipien und Werte überdacht werden sollten, die das Denken, das Design und die Entwicklung von Technologie lenken. In einem scheinbar humanistischen Ansatz formuliert er sechs Forderungen an KI, die als Blaupause für die vielen KI-Ethik-Bereiche in wirtschaftlichen und politischen Organisationen gesehen werden könnten.

- KI, so Nadella, müsse als Unterstützung der Menschheit designed werden und Menschen bei gefährlichen und beschwerlichen Arbeiten z. B. durch Zusammenarbeit mit Robotern entlasten.
- Sie müsse transparent sein, so dass die Maschinen nicht nur verstehen könnten, sondern auch selbst verstehbar seien. Er spricht von symbiotischer statt künstlicher Intelligenz, Design und Ethik gingen Hand in Hand.
- Die Gestaltung von KI müsse neben der Steigerung von Effizienz auch die Würde der Menschen und kulturelle Werte schützen und Vielfalt fördern. Dazu sei nicht das Diktat der Technologie-Konzerne, sondern ein stärkeres Gestaltungs-Engagement aus der Bevölkerung für die Werte und Tugenden von KI erforderlich.
- Ebenso erforderlich sei ein vertrauenswürdiger Schutz der Privatsphäre durch KI und
- eine Rechenschaftspflicht bzw. Zurechenbarkeit von KI, so dass unbeabsichtigter Schaden rückgängig gemacht werden könne. Satya Nadella fordert in diesem Zusammenhang, die Technologien für das Erwartete und das Unerwartete zu entwickeln.
- Schließlich adressiert er das Problem der Voreingenommenheit, und verlangt repräsentative Forschung, um zu verhindern, dass aufgrund falscher Heuristiken Diskriminierung geschehe.

Der kritischste nächste Schritt in der weiteren Entwicklung sei es, sich über ein ethisches und emphatisches Gerüst für das Design von KI zu einigen. (Ebd.).

Eine weitere Liste also. Auch wenn die Auflistung von Prinzipien zum Umgang mit KI eine der Denkfallen der KI-Ethik sein mag, so ist das Nicht-Formulieren einer Liste auf dem gleichen Schwierigkeitsgrad, wie Nadellas' Forderung, ‚KI für das Unerwartete zu entwickeln'. Das Wichtige an den Listen ist weniger, sie als Lösung der Aufgabe an sich, denn als Teil und Hilfsmittel in einem Prozess zu verstehen. In diesem Prozess kommt es immer wieder zu neuen Erkenntnissen oder Ereignissen, die eine andere Art von Umgang mit dem bereits bestehenden Wissen erfordern.

2018 gab es zum ersten Mal öffentlich sichtbare Proteste seitens der Belegschaft der großen Technologiekonzerne gegen die Kooperation bei militärischen KI-Anwendungen. Dieser Widerstand aus den Unternehmen selbst kam schnell und überraschend laut und offen in einer Industrie, in der solche Themen bisher gerne intern gehalten wurden. Auch die Forderung an die CEOs, die lukrativen Verträge mit den verschiedenen US-Behörden zu kündigen oder zu überdenken, war klar und weitgehend. Interne Petitionen und Briefe an die Geschäftsführung bekamen bei Microsoft, Amazon und Salesforce Hunderte von Unterschriften. Bei Zehntausenden von Mitarbeiter/-innen in diesen Konzernen ist es nicht leicht, den tatsächlichen Rückhalt der Initiativen genau zu ermessen, aber die Öffentlichkeit, die die Aktionen bekamen sowie die Unterstützung einflussreicher Wissenschaftler/-innen, die ebenfalls Petitionen verfassten, gab ihnen Gewicht. Die betroffenen Unternehmen sind berühmte Marken der Digitalisierung. Ihre Angestellten sehen sich eher als Technologie-Heldinnen und -Helden, denn als Helfershelfer todbringender Waffenproduktion oder von Menschenrechtsverletzungen.

Im Sommer 2020 spitzt sich die Situation um die beschriebenen, vergleichsweise lange bekannten Unzulänglichkeiten und offen rassistischen Ergebnisse des polizeilichen KI-Einsatzes in den USA weiter zu. Die übertriebene Brutalität und schließlich Tötung von George Floyd bei seiner Festnahme in Minneapolis löste Massenkundgebungen und gewaltsame Ausschreitungen mit weiteren Todesopfern aus. Es kam auch zur überfälligen Abrechnung mit der *Policing*-Software, die Schwarze im ganzen Land anhand der beschriebenen Mechanismen seit Jahren strukturell benachteiligt. Der Protest auch innerhalb der Digitalkonzerne führte dazu, dass IBM, Amazon und Microsoft im Juni 2020 überraschend verkünden, keine weitere Technologie zur Gesichtserkennung mehr an die Polizei verkaufen zu wollen, solange es keine bundesgesetzliche Lösung gebe. Offen bleibt, ob es hier um die Ziele der *Black Lives Matter*-Bewegung oder um die vorsichtige Kalkulation von finanziellen und kommunikativen Risiken geht.

Die Auswirkungen des maschinellen Bias in den amerikanischen *Policing*-Systemen sind relativ klar: In den USA werden z. B. doppelt so viele Schwarze, wie Weiße von der Polizei getötet. (Washington Post 2021). In Minneapolis, wo George Floyd starb, wendet die Polizei statistisch sieben Mal so oft Gewalt gegen Schwarze an, wie gegen Weiße. Protestierende werden mit Kameras von Polizeibeamten sowie per Drohnen aus der Luft überwacht. Die Polizei und der amerikanische Heimatschutz nutzen automatische Gesichtserkennungssoftware, die mithilfe von KI und *Machine Learning* Bilder und Details von Gesichtern mit bestehenden Datenbanken abgleicht, um die entsprechenden Personen zu identifizieren und zu kategorisieren. Die umfangreichen Möglichkeiten der Gesichtserkennung laden zu weitreichenden Auswertungen ein: biometrische Messungen, die physische und Verhaltensmerkmale erfassen, die Messung der individuellen Körpermorphologie sowie physiometrische Messungen von Körperfunktionen wie Herzfrequenz oder Blutdruck sind möglich. So wie in der Vergangenheit Rassismus wissenschaftlich fundiert wurde, werden durch KI-unterstützte *Policing*-Software nicht nur mögliche Bedrohungen identifiziert, sondern, so die Kritiker der Technologie, erst erschaffen und intensiviert. Die Kategorisierungen basieren möglicherweise z. T. sogar auf Basis pseudowissenschaftlicher, rassistischer und eugenischer Theorien. (Chinoy 2019).

Das Ausmaß, in dem diese Technologie von der Polizei genutzt wird, ist immens. Einem Bericht des Georgetown Law Center on Privacy and Technology zufolge wurden schon 2016 etwa die Hälfte aller Erwachsenen in den USA in den Gesichtserkennungsdatenbanken der Polizei geführt und eine von vier Polizeidienststellen greift in Strafverfolgungsfällen routinemäßig auf diese Bilder zu. (Garvie et al. 2016). 2020 gibt es über die Datenbanken von Clearview AI die Möglichkeit für Strafverfolgungsbehörden, Firmen und private Organisationen wie die NBA-Liga, Best Buy oder die Kaufhauskette Macy's, Gesichter in Echtzeit mit persönlichen Daten zu verbinden. Die Technologie kann sogar in Verbindung mit Augmented Reality Brillen genutzt werden, um Personen live zu identifizieren. Mit etwa drei Milliarden Fotos ist die Clearview-Datenbank die mit Abstand größte weltweit. Die Datenbank des FBI besteht aus Pass- und Führerscheinfotos und ist mit ca. 641 Millionen Bildern von Gesichtern die zweitgrößte. Die Clearview-Bilder stehen Strafverfolgungsbehörden in den USA allgemein zur Verfügung und wurden 2019 von mehr als 600 Dienststellen genutzt, und dass, obwohl sie unter Verstoß gegen die Nutzungsbedingungen von Social-Media-Plattformen wie Facebook und Twitter von dort herunter geladen wurden. Clearview selbst verteidigt die Aneignung der Bilder damit, dass sie öffentlich im Internet verfügbar seien. (Hill 2020b). Ethisch wie juristisch stellen sich dazu eine Reihe von Fragen. Der Fall ist aber zunächst ein gutes Beispiel dafür, wie mit der Einsatzgeschwindigkeit digitaler Technologien Fakten geschaffen werden, die im Nachhinein schwierig korrigierbar sind. Gesichtserkennung ist ohne Referenzdatenbanken zum Abgleich der Bilder nicht möglich, doch schon die Ausrüstung von öffentlichen Gebäuden und Plätzen mit Kameras schafft potenzielle Risiken für Missbrauch, sobald Bilddaten aus verschiedenen Quellen verknüpft werden. Das kann auch missbräuchlich, z. B. durch Hacking oder Datenlecks passieren. Im Januar 2020 war der Lockport City School District im Bundesstaat New York einer der ersten bekannten Bezirke des Landes, der automatisierte Gesichtserkennung auf dem Schulgelände einführte. Facebook und Apple nutzen die Technologie auf ihren Plattformen und Geräten zur Identifikation. Geräte werden entsperrt, Fotos werden markiert. Die Daten sind quasi überall verbreitet und werden, wie die Beispiele zeigen, auch genutzt.

Die Ankündigung der Digitalkonzerne, keine Gesichtserkennungssoftware mehr an die amerikanische Polizei verkaufen zu wollen, wird zu einem Fall für Ethik-Gremien innerhalb der Unternehmen. Microsoft hat bisher noch nie solche Technologie an die Polizei verkauft, sehr wohl aber z. B. bereits vor zehn Jahren ein System, mit dem die New Yorker Polizei Stadtbezirke in Bezug auf ihre Kriminalitätsrate und Einsatzplanung einstuft. Für Amazon stehen ebenfalls Rhetorik und Handeln auf zwei verschiedenen Seiten. Am 10. Juni 2020 erlässt Amazon ein einjähriges Moratorium für die polizeiliche Nutzung seiner ‚Rekognition'-Software zur Gesichtserkennung. (Amazon 2020a). Zuvor wurde die Lösung aggressiv vermarktet und Hunderte von Polizei- und Bundesbehörden nutzten sie. 2019 wurde die Software sogar mit einem Update zur Emotionserkennung von Angst ausgerüstet. Die KI kann Einsatzkräften damit z. B. mitteilen, dass ein Gegenüber bei einer Befragung ängstlich wirke. Verschiedene Bürgerrechtsorganisationen beunruhigt der Gedanke, dass die amerikanische Polizei, ausgerüstet mit Bodycams, in Gefahrensituationen innerhalb von Sekundenbruchteilen einschätzen muss, ob sie ihre Waffen tödlich einsetzen muss und sich dabei evtl. von der Einschätzung einer KI beeinflussen lässt. Evan Greer, Sprecherin der gemeinnützigen Interessenvertretung für digitale Rechte ‚Fight for the Future' beschuldigte Amazon, einen alptraumhaften dystopischen Überwachungsstaat zu bauen:

> *„Facial recognition already automates and exacerbates police abuse, profiling, and discrimination. Now Amazon is setting us on a path where armed government agents could make split-second judgments based on a flawed algorithm's cold testimony. Innocent people could be detained, deported, or falsely imprisoned because a computer decided they looked afraid when being questioned by authorities."* (Nickelsburg 2019).

Ähnlich alptraumhaft oder zumindest perfekt in die dystopischen Science-Fiction Narrative der britischen Serie ‚Black Mirror' passend ist die Vermarktung von ‚Ring', einer Klingel mit Kamera von Amazon, die in den USA direkt mit der Polizei verbunden werden kann. Die Electronic Frontier Foundation fordert aus Datenschutzgründen ein Ende dieser Polizei-Partnerschaften. Diese Systeme würden nicht nur auf den Hauseingang, sondern auch auf die Straße gerichtet und führten dazu, dass eine Totalüberwachung ganzer Viertel entstehe. Auf Basis willkürlicher, spontaner, subjektiver Entscheidungen, wer in die Nachbarschaft gehöre und wer nicht, würde unerwünschter Besuch automatisiert mit der Polizei konfrontiert. (Kelley und Guariglia 2020). Amazon und Microsoft haben zwar erklärt, in Sachen Gesichtserkennung nicht mehr mit der Polizei zusammenarbeiten zu wollen, verkaufen ihre Produkte und Services aber weiterhin an amerikanische Bundesbehörden wie FBI, Heimatschutz, Zoll usw. sowie an ausländische Behörden. Anders IBM, die ihre betreffenden Dienste komplett einstellen wollen. Der IBM CEO Arvind Krishna ging sogar so weit, eine nationale Debatte darüber anzuregen, ob Gesichtserkennung überhaupt von Strafverfolgungsbehörden verwendet werden sollte. Amerikanische Bürgerrechtsgruppen wie die Electronic Frontier Foundation, Fight for the Future, Color of Change, MediaJustice und Mijente fordern ein vollständiges Verbot von Gesichtserkennungstechnologie für Strafverfolgungsbehörden auf allen Regierungsebenen. Einige Städte, z. B. Oakland, San Francisco, Berkeley in Kalifornien, Somerville, Brookline, Easthampton, Boston, Springfield, Cambridge und Northampton in Massachusetts sowie die Bundesstaaten Oregon und New Hampshire haben Gesichtserkennung in Polizeikameras verboten. In Kalifornien trat im Januar 2020 ein dreijähriges Moratorium in Kraft. (Devich-Cyril 2020). Im September 2020 geht Portland, Oregon, als erste Stadt in den USA den Schritt eines völligen Verbots ab Januar 2021 sowohl für öffentliche wie auch für private Zwecke. Grund sei eine breite Studie des National Institute of Standards and Technology, einer Bundesbehörde im Finanzministerium, die im Dezember 2019 herausfand, dass die Mehrheit der Gesichtserkennungssysteme ‚demographische Unterschiede' auswiesen, deren Genauigkeit je nach Alter, Geschlecht oder Rasse einer Person unterschiedlich sein können (Mills Rodrigo 2020). Zeitgleich wurde bekannt, dass Amazon insgesamt ca. 24.000 Dollar für Lobbying aufgewendet habe, um die Entscheidung der Stadt aufzuweichen. Als Teil einer Gruppe privater Unternehmen, die sich für die weitere Verwendung der Technologie einsetzten, äußerte sich Amazon, dass die Gesichtserkennung weder gut, noch schlecht sei, sondern lediglich die spezifische Nutzung reguliert werden müsse, wenn man Schaden von Portlands Technologie-Industrie abwenden wolle. (Ongweso Jr 2020). Auch IBM verkauft seine KI-gestützten *Predictive Policing* Produkte weiterhin, obwohl die Beweislast erdrückend ist, dass die auf der Grundlage bisheriger Haftstrafen und Verbrechensdaten errechneten Rückfallvorhersagen dieser KIn vor allem bestehende Rassenvorurteile verstärken. Auch dort, wo Städte die Technologie explizit ausgesetzt haben, existieren weiterhin Schlupflöcher, z. B. in den übergeordneten Organisationen, die nicht unter die städtische Verwaltung fallen, Gesichtserkennungsservices zur Verfügung stellen. (Ng 2021).

Die Firmen geben ein widersprüchliches Bild ab, zwischen einerseits ethisch getriebenen öffentlichkeitswirksamen Maßnahmen und dem entgegenstehenden wirtschaftlich motivierten Verhalten. Im Sommer 2020 wenden sich 1650 Google-Angestellte unter dem Motto ‚Googlers against Racism' an den CEO Sundar Pichai und fordern, nicht nur mit Worten gegen Rassismus vorzugehen, sondern die Strukturen abzuschaffen, die ihn fördern. Geschäfte mit Polizeibehörden, die für fragwürdige Methoden bekannt seien, stünden in Kontrast zu Aussagen von Pichai und dem Alphabet-Management zum Thema Gleichberechtigung von Menschen unterschiedlicher Hautfarben. Google gebe zwar viel Geld für afroamerikanische Unternehmer aus, profitiere aber parallel durch Einnahmen aus Verträgen mit der Polizei. „Black Lives Matter" rufen, sei unglaubwürdig, wenn gleichzeitig Systeme verkauft würden, die Menschen mit dunkler Hautfarbe automatisiert diskriminierten. (Dickey 2020).

Die KI-Ethik-Positionen der Digitalen Supermächte
KI-Ethik-Richtlinien sind in solchen Diskussionen PR-technisch oft der letzte Ausweg der betroffenen und zum Teil angegriffenen Unternehmen. Im Falle von Google stehen hier sieben Richtlinien, die zwar als ‚Ethische Charta' bezeichnet werden, in denen das Wort ‚Ethik' selbst jedoch nicht auftaucht. (Google o.J.-a). Das bedeutet nicht, dass die Prinzipien nicht ethisch motiviert seien oder sinnvolle Inhalte enthielten, wie z. B. dem Wohle der Gesellschaft dienen zu wollen oder unter menschlicher Kontrolle zu stehen etc. Die Prinzipien selbst sind vergleichsweise weich beschrieben, aber Sundar Pichai macht in seinem Bog konkrete Angaben, wofür KI von Google nicht eingesetzt werden solle. Außerdem ist die Geschichte der Anwendung und Implementierung der Prinzipien transparent dargestellt. Zu den Anwendungsausschlüssen zählt der Einsatz für Waffen oder andere Technologien, deren Hauptzweck darin bestehe, Menschen zu verletzen, ebenso der Einsatz für Technologie, deren Zweck internationalem Recht oder Menschenrecht widerspreche. Gleichzeitig macht das Unternehmen unmissverständlich klar, dass es trotz der Absage an Waffentechnologie weiterhin mit dem Militär und der Regierung zusammenarbeiten wolle und werde und nennt hier u. a. die Bereiche der Cybersicherheit, Ausbildung, Gesundheitsvorsorge für Veteranen und Such- und Rettungsmissionen. Mit Referenz auf den *Founders Letter* der Google Gründer Larry Page und Sergey Brin von 2004, betont das Unternehmen den langfristigen Ansatz in Bezug auf die Technologie „There we made clear our intention to take a long-term perspective, even if it means making short-term tradeoffs. We said it then, and we believe it now." (Pichai 2018).

Dieser langfristige Ansatz ist an den konsistenten Aktualisierungen zu den Prinzipien zu erkennen, die Google auf seiner Website unter der Überschrift ‚Implementing our AI principles' veröffentlicht. Das ist ein zeitgemäßer und angemessener Weg, KI-Ethik lebendig zu machen und ihrer Relevanz gerecht zu werden. Hier werden nicht einfach gute, aber schwer umsetzbare Intentionen in möglichst perfekt formulierten Regelwerken begraben, sondern Google geht eine Selbstverpflichtung auf breiter Basis ein, die unter einer ständigen Beobachtung in den verschiedensten Kontexten immer wieder auf dem Prüfstand steht. Dabei ist es vorbildlich, nicht bei jeder sich bietenden Gelegenheit die Grundprinzipien zu ändern oder zu ergänzen, sondern die Entwicklung der unterschiedlichen Anwendungsformen im Blick zu haben und in deren Kontext individuell zu reagieren und dazu Transparenz zu schaffen. Auf diese Weise entsteht ein sichtbarer Lernprozess und das entspricht der dynamischen Entwicklung sowohl von Technologie als auch der Anwendungsideen und deren Umsetzung. Als Beispiel sei hier der Report zum einjährigen Bestehen der Prinzipien genannt, der unter der Überschrift ‚AI Principles 1-Year Progress Update' erschien. (Google o.J.-b). Darin dokumentiert das Unternehmen die breit angelegten Aktivitäten im Rahmen der Arbeit mit und an den Prinzipien. Dazu zählen neben 79 wissenschaftlichen Papieren internationale Ausbildungsprogramme und Trainings, interne und externe Vorträge, Forschung und die Entwicklung eigener Tools um z. B. die Auswirkungen von Veränderungen in einem Datenmodell besser verstehen zu können oder die geschlechtsspezifische Voreingenommenheit bei Google Translate zu verringern, aber auch interdisziplinäre Arbeit an internen Prozessen und die Teilnahme und Unterstützung von Workshops und Events mit Partnern auf der ganzen Welt, z. B. viele Workshops mit Partnership on AI zu Themen der Fairness, Transparenz und Nachvollziehbarkeit von KI, den sozialen Einflüssen und Konsequenzen des Algorithmeneinsatzes und zu Ansätzen für positive Zukünfte mit KI.

Alle relevanten Unternehmen haben inzwischen entsprechende Richtlinien und Selbstverpflichtungen veröffentlicht. In vielen Fällen sind es natürlich Listen und vieles, was verpflichtet und versprochen wurde, sollte sowieso bereits durch die bestehenden rechtlichen Rahmenbedingungen und die *Corporate Compliance*, also die unternehmerische Verantwortung und Verpflichtung zur Beachtung der Gesetze und Vorschriften, abgedeckt sein. Die komplexe Natur des digitalen Entscheidungsprozesses in den algorithmischen Systemen und die damit oft versteckte bzw. unsichtbare Missachtung von Gesetzen oder Normen, machen diese Selbstverpflichtungen aber zu einem wichtigen und sinnvollen Aspekt der Unternehmensführung. Den Versuch einer übergreifenden Übersicht macht das deutsche Portal ‚Algorithmwatch' indem es über 160 Dokumente mit den Positionen verschiedenster Unternehmen und Organisationen zu KI und Ethik auflistet (Algorithmwatch o.J.-a).

Werden die ganzen Regeln und Prinzipien all dieser Institutionen denn überhaupt beachtet und in der täglichen geschäftlichen Praxis befolgt? Unaufgeforderte Berichte wie der Überblick, den Google zur Verfügung stellt, geben dazu Orientierung. SAP geht einen ähnlichen Weg mit einer Selbstverpflichtung auf sieben Richtlinien in 2018, Online-Quellen zu Einzelthemen und einem Resümee als Blogbeitrag nach einem Jahr. Gemessen an Google ist das etwas dünn und wirkt wie eine Nabelschau. Transparenz und Detaillierungsgrad beschränken sich weitgehend auf die Darstellung der Mitarbeit in Gremien zur Definition ethischer KI wie z. B. des HEG der EU. Dort ist für SAP Markus Noga tätig, der sonst Leiter des Bereichs SAP Cloud Platform Business Services ist, zu dem bei SAP auch KI gehört. Er ist gleichzeitig Mitglied des SAP-Lenkungsausschusses für KI und wird am Ende des Jahresrückblicks 2019 prominent zitiert:

„Die Arbeit an Ethik-Leitlinien für KI ist noch nicht beendet. Es ist erst ein Jahr vergangen. Da bleibt immer noch viel zu tun, um die Leitprinzipien in die Praxis umzusetzen und sicherzustellen, dass alle SAP-Mitarbeiter KI unter Einhaltung ethischer Grundsätze entwickeln und verkaufen." (SAP 2020).

Durch Nogas Teilnahme sei SAP insgesamt gleich drei Mal in der HEG vertreten, kritisiert Netzpolitik.org: Durch ihn selbst, durch ‚Digitaleurope', einen Lobbyverband, dem SAP angehöre sowie durch den Vorsitzenden der Expertengruppe, Pekka Ala-Pietilä, aus dem Aufsichtsrat von SAP. (Köver und Fanta 2019).

Wie ein Engagement für ethische KI-Anwendung umfassend und gut präsentiert werden kann, demonstriert Microsoft: Unter dem Begriff ‚Responsible AI' findet sich zunächst ein relativ oberflächlicher Einstieg, dass sich Microsoft ethischen Prinzipien verpflichtet fühle, die Menschen an erster Stelle stellen sowie sechs Prinzipien in Form einzeiliger Statements zu den Themen: ‚Fairness, Reliability & Safety', ‚Privacy & Security', ‚Inclusiveness', ‚Transparency und Accountability'. Zu jedem Begriff gibt es ein ca. zweiminütiges Video, aus hunderten zusammengekaufter Filmschnipsel, unterlegt mit allgemein gehaltenen Statements zum jeweiligen Feld von Microsoft Expertinnen und Experten oder Führungskräften. Nach dem werblichen Einstieg punktet Microsoft auf vielen weiteren Seiten stark mit einzelnen, pragmatischen Guidelines zu den Themen ‚Human-AI-interaction', ‚Conversational AI', ‚Inclusive design', einer ‚AI Security Engineering Guidance' sowie einer ‚AI Fairness' Checkliste und Informationen zu ‚Datasheets for Datasets', einer wissenschaftlichen Arbeit zur besseren Dokumentation von Daten für KI-Anwendungen. (Gebru et al. 2018). Darüber hinaus gibt es Anleitungen zur eigenen Anwendung, Fallbeispiele, Links zu praktischen Werkzeugen, mehr als ein Dutzend Podcasts zu verschiedenen Facetten des Themas und Links zu weiterer Forschung. Insgesamt bietet Microsoft eine beispielhafte und lehrreiche Seite zum Thema KI & Ethik bzw. zum verantwortungsvollen Umgang mit KI. (Microsoft o.J.-a).

Bei IBM gibt es einen im Vergleich zu Google oder Microsoft etwas kürzeren Abschnitt zu KI-Ethik. Die generelle Expertise zu künstlicher Intelligenz ist auf vielen unterschiedlichen Seiten kleingedruckt verteilt. Die verstreute, schwer lesbare Ablage des Wissens zu Technologien, Trends und politischen Rahmenbedingungen etc. erschwert die Auffindbarkeit und das Verständnis. Kommunikatives Gewicht liegt auf den Themen *Cognitive Computing*, *Transparency* und *Data Responsibility*. Die Texte sind z. T. von 2017, als in Deutschland noch keine Firma etwas zu dem Thema publiziert hatte, und verweisen auf hohe und langjährige Kompetenz zu KI. Allen Superintelligenz-Dystopen erteilt Big Blue eine klare Absage:

„*The value in AI lies in human augmentation, not replacement. AI systems will not become conscious or sentient beings; rather, they will be integrated into the world's processes, systems and interactions. Artificial intelligence cannot and will not replace human decision-making, judgment, intuition or ethical choices.*" (IBM o.J.-a).

Die Inhalte zu KI-Ethik stützen sich auf die drei Prinzipien, dass der Zweck von KI sei, menschliche Intelligenz zu erweitern, dass die Daten und das daraus gewonnene Wissen denen gehörten, die sie erzeugt haben, womit die Kunden-Unternehmen bzw. End-Nutzer/-innen gemeint sind. Außerdem bekennt sich IBM zu KI-Systemen, die transparent und erklärbar sein sollen. Auf diesen Prinzipien ruhen die fünf Säulen, die IBM für KI-Ethik definiert:

- Erklärbarkeit der Systeme und ihrer Ergebnisse sowie der Entscheidungsfindung
- Fairness gegenüber Individuen und Gruppen, Unvoreingenommenheit und Inklusive
- Robustheit gegen Angriffe und Manipulationen des Systems und der Daten
- Transparenz über die Systeme und Trainingsdaten und die Möglichkeit, Funktionen zu überprüfen
- Privacy, der Schutz persönlicher Daten und die Klarheit, welche Daten wozu verwendet werden, Datensparsamkeit, Verschlüsselung usw. (IBM o.J.-b).

Eine Besonderheit ist der 27-seitige Ratgeber ‚Everyday Ethics for Artificial Intelligence', in dem am Beispiel der Entwicklung von KI für ein Hotel verschiedene ethische Themen praxisnah erläutert werden. (IBM o.J.-c). Die meisten großen Digitalunternehmen haben Ethik-Programme im aademischen Sektor verankert. Das ist eine der stärksten und effizientesten Quellen für Glaubwürdigkeit in der Vermarktung des Engagements. Sie wirken unabhängig und publizieren von sich aus. IBM hat das Notre Dame-IBM Technology Ethics Lab gegründet und wie die anderen Firmen auch, an den KI-Ethik-Richtlinien der Europäischen Union mitgearbeitet.

Sowohl Microsoft als auch IBM haben am 28. Februar 2020 einen Aufruf des Vatikan unterschrieben, den sogenannten ‚Rome Call for AI Ethics'. Ziel dieser Initiative des Vatikans ist eine internationale Verständigung zwischen politischen Entscheidungen, Institutionen der Vereinten Nationen und anderen zwischenstaatlichen Organisationen sowie der akademischen Welt und Nichtregierungsorganisationen hinsichtlich der ethischen Prinzipien, auf deren Fundament KI-Technologien gebaut werden sollten. Gemeinsam soll eine sogenannte ‚Algor-Ethik' gefördert werden. Sie bedeutet wieder, KI nach einer Liste, dieses Mal im Sinne von sechs Grundsätzen, zu entwickeln:

1. Transparenz: KI-Systeme müssen grundsätzlich erklärbar sein
2. Inklusion: Die Bedürfnisse aller Menschen müssen berücksichtigt werden
3. Verantwortung: Diejenigen, die den Einsatz von KI entwerfen und einsetzen, müssen verantwortungsbewusst und transparent vorgehen
4. Unparteilichkeit: Fairness und Menschenwürde müssen durch vorurteilsfreies Handeln gewährleistet sein
5. Zuverlässigkeit: KI-Systeme müssen zuverlässig arbeiten können
6. Sicherheit und Datenschutz: KI-Systeme müssen sicher funktionieren und die Privatsphäre der Benutzer schützen

Inhaltlich kommt hier also nichts Neues und auch dieser Aufruf bleibt auf dem gewohnt oberflächlichen Niveau und bietet damit nichts als einen allgemeinen Rahmen, anhand dessen es kaum möglich ist, konkrete Projekte zu prüfen.

Facebook gehört zu den größten und wichtigsten kommerziellen Akteuren im Bereich kommerzieller KI-Anwendung. Trotzdem gibt es so gut wie keinen Hinweis auf ein spezifisches KI-Ethik-Programm im Unternehmen selbst. Auf den Unternehmensseiten des Networks about.fb.com finden sich konkrete Themen wie Datenschutz, Kampf gegen Fake News, Schutz gegen Wahlmanipulation usw. erst auf den zweiten oder dritten Klick unter ‚Ressources' gibt es einen Link für Entwickler/-innen und dort findet sich dann der Bereich ‚Artificial Intelligence'. Diese Informationen existieren nur auf Englisch, was Absender und Inhalt einerseits angemessen ist, andererseits zeigt, welche Priorität Facebook der Kommunikation dieser Inhalte in lokalen Märkten wie Deutschland oder z. B. Japan beimisst. Auf den Seiten geht es nicht um Ethik an sich, aber es gibt relevante Themen und Links z. B. über die Erkennung von *deepfakes* oder Ansätze für algorithmische Fairness in Produktionsprozessen. (Facebook 2021). Insgesamt profiliert Facebook sich in der Selbstdarstellung nicht mit KI-Ethik, sondern hält Informationen und Regelungen für die im Kontext seiner Produkte wie Facebook, Messenger, Instagram und WhatsApp, ethisch-relevanten Themen bereit:

- ‚Promoting Safety and Expression' – freie Meinungsäußerung und Schutz vor Hate Speech, Fake News etc.
- ‚Protecting Privacy and Security' – Schutz persönlicher Daten, Schutz vor unerwünschter Datenweitergabe etc.
- ‚Preparing for Elections' – Aufspüren von Desinformationskampagnen, Fakten-Check, Transparenz zu politischer Werbung usw.
- Darüber hinaus engagiert sich Facebook bei der ‚AI4People'-Initiative des Think Tanks Atomium EISMD und ist Gründungsmitglied von Partnership on AI. Das größte öffentliche Engagement in dieser Hinsicht ist wohl die finanzielle Unterstützung des Lehrstuhls für Wirtschaftsethik an der Technischen Universität München (TUM). Dort erhält das neue TUM Institute for Ethics in Artificial Intelligence umgerechnet ca. 6,5 Mio. Euro, um die ethischen Implikationen von KI zu erforschen. (Facebook 2019). Das Institut ist im Munich Center for Technology in Society (MCTS) angesiedelt, in dem die Universität 2012 im Rahmen ihrer Exzellenzinitiative ein Ausbauprogramm für die Geistes- und Sozialwissenschaften gestartet hatte. Im MCTS sollen Forschung und Lehre auch die Fachbereiche Philosophie, Ethik, Soziologie und Politische Wissenschaften integrieren. Für Facebook hat dieses Outsourcing neben dem PR-Effekt, dem Unternehmen ein Ethik-Aushängeschild verschafft, ohne dass es ansonsten besonders sichtbare Facebook-interne Engagements zum Thema der KI-Ethik gegeben hätte.

Amazon ist ebenfalls Gründungsmitglied von Partnership on AI, zeigt aber darüber hinaus keine signifikanten Aktivitäten, die spezifisch KI-Ethik betreffen, sondern konzentriert sich auf seinen Unternehmensseiten, ähnlich wie Facebook, auf KI-Themen zu seinen Produkten. Als weltweit größter Cloud-Services Anbieter beschäftigt Amazon viele *Machine Learning* Entwickler/-innen und publiziert in diesem Feld über Fairness, Bias-Bekämpfung und ethische Erkenntnisse. Seit Januar 2021 fördert Amazon in einem Joint Venture mit der University of Southern California (USC) das Center for Secure and Trusted *Machine Learning*. Ziel ist, neue Ansätze für Datenschutz, Sicherheit und Vertrauenswürdigkeit im *Machine Learning* zu entwickeln. Stipendiaten werden in Anerkennung ihrer Versprechen und Erfolge als Amazon ML-Stipendiaten benannt. Darüber hinaus wird es sogenannte Amazon ML

Fellowship-Stipendien geben, so dass im Weiteren ein Recruitment-Vorteil für Amazon entsteht. Ein Amazon-Sprecher begründet das Engagement:

„At Amazon, our mission is to be Earth's most customer-centric company. For us, customer trust is of paramount importance. And that means maintaining the highest possible standard of security and privacy when handling customer data." (Amazon 2021)

Die Liste der Unternehmen ließe sich beliebig verlängern, die grundsätzlichen Typen des Engagements ändern sich dadurch jedoch nicht. Gerade privatwirtschaftliche Initiativen sind volatil und können sich bei Marktveränderungen und Managementwechsel mitverändern. Gleiches gilt für die dargestellten Aktivitäten.

Neben Unternehmen der digitalen Welt, die selber Algorithmen einsetzen und spontan mit KI assoziiert werden, gibt es viele weitere Organisationen, die zum Thema Positionen und Regeln publizieren und sich politisch betätigen. Auf internationaler Ebene gibt es u. a. das Weltwirtschaftsforum, die G20 und G7-Organisation. In Deutschland finden sich Beiträge des KI Bundesverbandes e.V., des Ethikverbandes der Deutschen Wirtschaft e.V. oder auch des VDE, des Verbands der Elektrotechnik Elektronik und Informationstechnik e.V. Der VDE sticht selbstbewusst heraus. Anlässlich der Veröffentlichung des ‚Weißbuchs KI' der EU-Kommission im Februar 2020 äußert sich der Verein gegenüber der Presse:

„Der VDE ist in der Diskussion um KI-Ethik einen Schritt weiter und hat ein Modell entwickelt, mit dem sich Ethik für KI transparent und differenziert abbilden lässt." Der verantwortliche KI-Experte des VDE, Dr. Sebastian Hallensleben weiter „Ethik wird genauso wie das Thema Nachhaltigkeit zum Wettbewerbsvorteil." (VDE 2020a).

Die Einordnung von Ethik als Wettbewerbsvorteil ist vielsagend. In der Medieninformation heißt es außerdem:

„Das VDE-Modell zu einer Ethik-Kennzeichnung lehnt sich an die leicht verständliche und bereits bei Haushaltsprodukten bewährte Energieeffizienzkennzeichnung an. Ähnlich der Energieeffizienzklassen macht das Modell die Eigenschaften von KI-Systemen, wie beispielsweise Schutz der Privatsphäre, Transparenz oder Diskriminierungsfreiheit, sichtbar. Es geht dabei bewusst nicht um ein Ja/Nein-Gütesiegel, sondern eine abgestufte Kennzeichnung wichtiger Eigenschaften. „Wir machen KI-Ethik messbar und schaffen damit einen transparenten Wettbewerb, ermöglichen regionale Mindeststandards für bestimmte Anwendungen und geben Kunden Transparenz", erläutert KI-Experte Hallensleben das Modell. Der Schlüssel ist dabei die Messbarkeit, damit die Kennzeichnung auch tatsächlich aussagekräftig ist." (Ebd.).

Das macht der VDE nicht allein, sondern hat sich zusammen mit der Bertelsmann Stiftung, dem High Performance Computing Center Stuttgart und den Hochschulen Karlsruhe Institute of Technology, TU Darmstadt, TU Kaiserslautern, der Eberhard Karls Universität Tübingen und dem Berliner iRightsLab in der ‚AI Ethics Impact Group' organisiert. Heraus kommt das ‚KI Ethik Label', eine Kennzeichnung, wie sie in ihrer Einfachheit auch auf der Rückseite des Kühlschranks kleben könnte und genau das ist auch beabsichtigt. Was bisher schwierig und komplex war, ist jetzt scheinbar ganz einfach: KI-Ethik messbar machen. Beschrieben wird das Wunder in einem knapp 40-seitigen Papier. (Bertelsmann Stiftung 2020). Wunder, weil die Versprechen wundersam vollmundig sind:

> *„Das WKIO-Modell kann von Politikentwicklern, Regulierern und Aufsichtsbehörden genutzt werden, um Anforderungen an KI-Systeme zu konkretisieren und durchzusetzen. Das ebenfalls im Rahmen der Studie entwickelte Ethik-Label für KI-Systeme ermöglicht Unternehmen, die ethischen Eigenschaften ihrer Produkte klar und einheitlich zu kommunizieren."* (VDE 2020b).

Anforderungen konkretisieren und durchsetzen bleibt mit dem Modell in Wirklichkeit so schwierig oder leicht wie zuvor, da es dabei meist weniger um ein Modell oder eine Technologie, sondern um die Legitimierung und Haltung von verantwortlichen Personen geht, um eine Veränderung zu erreichen. Die versprochene klare und einheitliche Kommunikation ist zwar möglich, sagt jedoch nichts über die Wahrhaftigkeit der jeweils kommunizierten Inhalte aus. Auf das Dokument wird wiederholt als ‚Studie' referenziert, obwohl ‚Modellvorschlag' vielleicht eine korrektere Beschreibung wäre. Die Unterlage existiert online anscheinend nur auf Englisch, obwohl die gesamte Organisation ausschließlich aus deutschen Mitgliedern besteht. Inhaltlich werden in dem Modell für die sechs Kategorien ‚Transparenz', ‚Rechenschaftspflicht', ‚Datenschutz', ‚Rechtmäßigkeit', ‚Zuverlässigkeit' und ‚Nachhaltigkeit' sieben Abstufungen von A in Grün über D, gelb, bis nach G in dunklem Rot vergeben. Kreise um den jeweiligen Buchstaben zeigen die Einstufung der geprüften Anwendung in Bezug auf das Attribut. So kann eine KI z. B. ein grünes A für ihre Transparenz bekommen, jedoch ein rotes F beim Thema Datenschutz. (Bertelsmann Stiftung 2020, S. 13).

Ob die Kennzeichnung von Ethik verglichen mit einer Energieeffizienzkennzeichnung von Haushaltsgeräten das Richtige ist, wird sich vielleicht noch erweisen. Auf den ersten Blick wirkt ein Ethik-Prüfsiegel mit der gelernten rot-gelb-grünen Ampellogik auf mich, wie eine Verharmlosung möglicher Konsequenzen einer unethischen KI. Hier stehen auf der einen Seite Dutzende bereits bekannter ethischer Fallstricke beim KI-Einsatz und

z. B. Cathy O'Neil, die eindringlichste Beispiele für massive Ungerechtigkeiten, ausgelöst durch voreingenommene KI-Programmierungen, auflistet, deren Reichweite so groß ist, dass sie die Analogie zu Massenvernichtungswaffen wählt. Auf der anderen Seite kommt als vermeintliche Lösung aller KI-Ethik-Probleme das bunte Listensiegel des VDE, das am Ende suggeriert, es sei eben wie beim Kühlschrank oder bei der Waschmaschine. Ohne näher auf die Marketingpsychologie und das Manipulationspotenzial hinsichtlich von Farbkennzeichnungen einzugehen, ist die Analogie zwischen den gelernten Energieeffizenz-Labeln und den Ethik-Labeln in Schieflage, weil ein etwas mehr gelb oder rot markiertes Gerät trotzdem gekauft und benutzt werden kann. Dann wird es eben etwas teurer bei der Stromrechnung. Übertragen auf KI hieße das, wenn Rechenschaftspflicht oder Datenschutz rot markiert sind, kann ein System trotzdem genutzt werden? Es werden eben ein paar Daten mehr übertragen?

Fairerweise sei hinzugefügt, dass das so nicht dargestellt wird. Das VDE-Papier geht eher davon aus, dass rote Kennzeichnungen dazu führen, dass nachgebessert bzw. durch Regulierung ein Mindeststandard gesetzt werde. Systeme mit gelben oder roten Ethik-Bewertungen bei Kategorien wie Rechtmäßigkeit, Datenschutz oder Zuverlässigkeit dürften überhaupt nicht zum Einsatz kommen. Der Vorschlag ist nachvollziehbar wirtschaftlich motiviert. Es geht im Interesse der Verbandsmitglieder darum, eine schnelle, vermeintliche Klarheit zu schaffen, die wirtschaftliche Handlungsfähigkeit fördert. Das Label suggeriert eine Einfachheit, die so nicht existiert und eine Genauigkeit, die ebenso wenig existiert. Energieeffizienz ist mit entsprechend normierten Geräten jederzeit für jedermann von zu Hause nachprüfbar. Ob eine Dokumentation der Hintergründe für eine KI Ethik-Einstufung für alle ebenso leicht und verständlich, geschweige denn nachprüfbar wäre, ist zweifelhaft.

Trotz der Kritik ist das Anliegen an sich nachvollziehbar und hat viele positive Aspekte. Auch wenn ethische Einstufungen komplex sind und insofern eine elitäre Aufgabe darstellen, so ist die schnelle Verständlichkeit, womit wir es bei einer KI-Anwendung in etwa zu tun haben, wünschenswert. Auch in der Herleitung der Einstufung über die Prüfung der Punkte ‚Werte, Kriterien, Indikatoren, Observablen' (WKIO) ist Sorgfalt und Expertise erkennbar, so dass das Label sicher als ein Maßstab zu sehen ist, an dem sich andere Kennzeichnungen messen lassen und als wirksamer und besser erweisen müssten.

Eine andere Kennzeichnung ist z. B. das auf einer unternehmerischen Selbstverpflichtung basierende ‚KI Gütesiegel' des gemeinnützigen ‚Bundesverbandes KI'. (KI Bundesverband 2019). Im Vergleich zum eben beschriebenen WKIO-Modell der AI Ethics Impact Group oder den Empfehlungen der HEG kommt es eher übersichtlich daher. Ziel der Kennzeichnung

„(…) ist die Etablierung eines Gütesiegels für eine ethisch verträgliche Service- und Produktentwicklung, um Vertrauen in der Gesellschaft aufzubauen und die Wettbewerbsfähigkeit der beteiligten Unternehmen international zu stärken." (Ebd., S. 3).

Der direkte Bezug zur Wettbewerbsfähigkeit in der Zielbeschreibung seitens des Vereins offenbart ähnlich wie beim VDE realistisch die starke und dauerhaft unvermeidbare wirtschaftliche Motivation fast aller KI-Ethik-Bestrebungen. Das Siegel des privaten Bundesverbandes orientiert sich an vier sogenannten Gütekriterien: ‚Ethik', ‚Bias', ‚Transparenz' sowie ‚Sicherheit und Datenschutz'. Es soll aufzeigen, dass Produkte oder Services, die mit dem Siegel gekennzeichnet sind, „branchenübliche Qualitätsanforderungen erfüllen und nach anerkannten Regeln der Technik entwickelt werden." Branchenüblichkeit ist angesichts der noch relativ jungen *Machine Learning* und *Deep Learning*-Technologie und den bisher häufig verdeckten Technikfolgen der in allen möglichen Feldern eingesetzten Datenmodelle ein eher ungeeignetes Attribut. In Bezug auf das Kriterium der Ethik soll KI ‚menschenzentriert' und entsprechend der europäischen Grundwerte von Menschenwürde, Freiheit, Demokratie, Gleichheit und Rechtsstaatlichkeit entwickelt und angewendet werden. Der Begriff menschenzentriert soll in Mensch-Maschine-Interaktionen sicherstellen, dass Abläufe angehalten oder abgeschaltet werden können. Menschen sind gewohnt, dass das so funktioniert, von Fahrstuhltüren bis zu Mikrowellengeräten oder Sicherheitsschaltkreisen in Industrieanlagen. Unfälle und Missbrauch können so reduziert, wenn auch nicht gänzlich verhindert werden. Um das Gütesiegel zu erhalten, müssen Unternehmen sicherstellen, dass bei der Produktimplementierung gesellschaftliche, rechtliche und ethische Grundlagen berücksichtigt werden und das einsetzende Unternehmen soll „sich zu den genannten Werten im Zusammenhang des Grundgesetzes und der UN-Menschenrechtskonvention" bekennen. (Ebd. S. 4). Letzteres dürfte wohl zumindest für deutsche Unternehmen selbstverständlich sein.

Die Anforderungen des Gütesiegels wirken in ihrer Beschreibung wie ein Mix aus einerseits generischen und erfahrungsspezifischen Formulierungen von Beteiligten. Der Katalog stößt naturgemäß an seine Grenzen, wenn es um die Konkretisierung von Kontrollmechanismen geht, weil das Feld der Anwendungen zu groß ist, um es in den wenigen Zeilen zu beschreiben, die die Gütekriterien generisch formulieren. Die folgenden Sätze aus dem Gütesiegel-Dokument offenbaren eine gewisse Hilflosigkeit angesichts der Fülle des Themas und der Komplexität der Aufgabe: „Eine gute Dokumentation der Datenvorverarbeitung ist weiter zur KI-Modellbereitstellung ratsam (…)", „Die Modellevaluation soll je nach Problemstellung und KI-Verfahren geeignete Metriken zur Bewertung der KI-Modellgüte verwenden." oder „Die genannten Punkte sind bei der Erstellung von KI-Produkten und Projekten zu berücksichtigen und, falls nicht explizite Gründe dagegen sprechen, anzuwenden.". (Ebd., S. 6). Adjektive werden zu Fallen, da sie zu viel Interpretationsspielraum in der mathematisch-exakten Welt der Algorithmen zulassen. ‚Branchenüblich', ‚gut', ‚ratsam', ‚geeignet' sind Worte, die je nach Anspruchshaltung an das zu prüfende Datenmodell oder Erwartung an das Ergebnis zu weite Spielräume lassen. Ebenso ist es mit Abschwächungen wie „falls nicht explizite Gründe dagegen sprechen". Was ist ein expliziter Grund? Und wenn er denn ‚explizit' ist, muss seine Möglichkeit dann überhaupt prophylaktisch beschrieben werden? Hier sind Beispiele notwendig.

Jörg Bienert, Vorstand des Bundesverbands KI, gibt sich anlässlich der Veröffentlichung des Gütesiegels zuversichtlich, dass es ein Markenzeichen werde. Andere sehen es verhaltener: Algorithmwatch kommentiert zwei Tage später unter der bissigen Überschrift ‚Güte gemeint': „Das unlängst vorgestellte Gütesiegel des KI Bundesverbandes ist unzureichend. Es mangelt ihm an Schärfe, Deutlichkeit sowie mess- oder bezifferbaren Zielvorgaben." (Matzat 2019). Auch Netzpolitik. org kritisiert den niedrigschwelligen Ansatz der Selbstverpflichtung:

„Genügt im Fall von autonomen und intelligenten Anwendungen, die sich an immer mehr Stellen auf unser Leben auswirken, eine reine, selbst ausgestellte Bestätigung: Macht euch keine Sorgen, wir achten schon darauf, dass unser Produkt nichts Schlimmes anstellt?" (Köver 2019).

Es stellt sich außerdem die Frage, warum der private Bundesverband sich nicht den KI-Prüfsiegel-Aktivitäten des Deutschen Instituts für Normung (DIN) angeschlossen hat? Auf Initiative von Stephan Hinze, KI-Qualitätsexperte und Geschäftsführer der Berliner Firma Neurocat, Mitglied im Bundesverband KI, ist bereits 2018 die Erarbeitung einer DIN SPEC-Reihe, also eines Normungsansatzes, für sichere und transparente Entwicklung und Einsatz von KI gestartet worden. DIN-Chef Christoph Winterhalter kommentiert:

„Die Frage der Datenethik und Regelauslegung bei KI muss europäischen Maßstäben entsprechen. Deshalb müssen wir dieses Feld aktiv selbst gestalten und dürfen das Terrain nicht anderen überlassen. Wir brauchen eine systemische und dynamische Herangehensweise und eine Betrachtung des Lebenszyklus." (Hiller 2019).

Beim DIN gibt es einen 30-köpfigen ‚Arbeitsausschuss KI', nach dessen Kickoff 2018 bereits zwei Teile der DIN SPEC-Reihe veröffentlicht wurden, Anfang 2019 zum Qualitäts-Meta-Modell und Ende 2020 zur Robustheit von KI-Systemen (Ebd.).

7 KI und Verantwortung

Am 03. März 2020 veröffentlichte auch die deutsche Dienstleistungsgewerkschaft Verdi ihre ‚Ethischen Leitlinien für die Entwicklung und den Einsatz von Künstlicher Intelligenz (KI): Gemeinwohl und Gute Arbeit by Design' als Diskussionspapier. Sie richten sich zunächst an

„(…) Entwickler*innen, Programmierer*innen, Entscheider*innen, aber auch an Beschäftigte, die an der Konzeptionierung, Planung, Entwicklung und dem Einkauf sowie dem Einsatz von KI-Systemen in Unternehmen beteiligt sind und damit Verantwortung tragen." (ver.di 2020, S. 1).

Ziel der gewerkschaftlichen Ausarbeitung, die inhaltlich gegenüber den bereits besprochenen Dokumenten keine wesentlichen Neuerungen enthält, ist es, „(…) Orientierung, Checkliste, Hilfestellung und Handlungsanleitung für diejenigen [zu] sein, die KI-Anwendungen entwickeln, einführen und nutzen." (Ebd.).

Bei aller Kritik und Skepsis angesichts schwammiger oder zu breit interpretierbarer Formulierungen bei der Ausführung der jeweiligen Prinzipien, Kriterien o. ä., ist entscheidend, zu verstehen, welche definitorische Schwierigkeit schon allein in der Formulierung der Anforderungen für ethische KI steckt. Positiv zusammenfassend wird offensichtlich, dass das Thema der KI-Ethik als Notwendigkeit in Wirtschaft, Politik und Gesellschaft breit angekommen ist. So, wie das AI Ethics Label der AI Ethics Impact Group als Maßstab für eine Kennzeichnung aussehen kann, so kann die Herangehensweise von Microsoft und insbesondere Google an das Thema der KI-Ethik als Maßstab gesehen werden. Kein anderes Unternehmen ist bisher so transparent und konsistent wie Google in der offenen Darstellung des Prozesses der Entwicklung und Implementierung von KI. Google zeigt in Worten und Taten, dass KI-Ethik kein Zustand, sondern ein Prozess und als solcher niemals fertig ist.

Boards & Gremien – die neue Ethik-Verwaltung
Es bleibt die bereits gestellte Frage, ob und wie nun nachvollzogen und sichergestellt werden soll, ob die Regeln und Prinzipien all dieser Institutionen überhaupt beachtet und in der täglichen geschäftlichen Praxis befolgt werden? Die Lösung scheinen Ethik-Gremien zu sein, die in vielen Unternehmen und Organisationen wie Pilze aus dem Boden schießen. Doch wozu sollen diese Gremien gut sein? Darauf gibt es eine Reihe von Antworten und die negativsten Varianten sind häufig im Zusammenhang mit Facebook zu lesen. Auf die Ankündigung eines neuen ‚Oversight Boards' bei Facebook zitiert der britische Guardian die Medienwissenschaftlerin Siva Vaidhyanathan von der University of Virginia, das Gremium sei noch nicht einmal Kosmetik, sondern

nichts als Schaumschlägerei. Wenn Facebook externe Kritik ernst nehmen würde, so hätte es in den letzten Jahren in Zusammenhang mit den Problemen in Myanmar und auf den Philippinen oder in Bezug auf Belästigungen oder das Untergraben von Demokratie genug Gelegenheiten gegeben:

> *„I wish I could say that the Facebook review board was cosmetic, but I'm not even sure that it's that deep," said Siva Vaidhyanathan, a professor of media studies at the University of Virginia and author of a book on Facebook. "If Facebook really wanted to take outside criticism seriously at any point in the past decade, it could have taken human rights activists seriously about problems in Myanmar; it could have taken journalists seriously about problems in the Philippines; it could have taken legal scholars seriously about the way it deals with harassment; and it could have taken social media scholars seriously about the ways that it undermines democracy in India and Brazil. But it didn't. This is greenwashing."* (Wong 2020).

Hier spricht wütende Resignation angesichts der schlimmen Ereignisse, in die Facebook durch seine algorithmischen, automatisierten Mechanismen involviert war. Das betreffende Oversight Board ist dabei noch nicht einmal ein explizites Ethik-Gremium, sondern soll klärenden Einfluss auf die Verfahrensweisen bei der Kuratierung und Löschung von Inhalten in den Netzwerk-Feeds haben. Insgesamt stehen aber wenige Firmen in so starkem und dauerhaftem Kreuzfeuer öffentlicher Kritik und Kommentierung wie Facebook. KI verlangt Expertise mit Daten und Computersystemen und viele Manager/-innen in den Fachfunktionen haben das Ausmaß der Verantwortlichkeit und die möglichen Konsequenzen fehlgeleiteter Algorithmeneinsätze verstanden. Für sie liegt es nahe, ein zentrales Anlaufgremium zu schaffen, das als Clearing-Stelle für die ethischen Fragen des KI-Einsatzes funktioniert. Hier können KI-Ethik-Gremien wichtige Funktionen erfüllen:

- Fachlich kompetente, motivierte Mitarbeiter/-innen aus verschiedenen Fachbereichen zusammenbringen, so dass eine Gruppe entsteht, die in der Lage ist, Positionen zu erarbeiten, Antworten zu geben und in Anwendungsfällen beratend zu unterstützen
- Sie können die wichtigen Entscheidungsträger/-innen im Unternehmen auf das Thema verpflichten, schulen und dafür sorgen, dass KI-Ethik-Themen auf der Management-Agenda sind
- Sie können Prozesse und Verfahren und weitere Gremien initiieren oder unterstützen, die sich mit konkreten Anwendungsfällen beschäftigen und theoretische Szenarien und Modelle sowie Reaktions-Schemata für kritische Situationen erarbeiten. Gerade vor dem Hintergrund der schnellen technischen Entwicklung ist die Beschäftigung mit Prognosen und möglichen Technikfolgen wichtig

- Sie stellen eine Anlaufstelle für externe Kontakte verschiedenster Art dar und können diese zentral erfassen und an die richtige Unternehmenseinheit weiterleiten. Das kann z. B. Presse oder Wissenschaft oder auch ein Industriepartner oder Kunde sein
- Schließlich können sie ein Empfehlungs- oder sogar Entscheidungsgremium für Algorithmeneinsatz im Unternehmen sein

KI-Ethik ist Chefsache und es bedarf einer Initiative des Vorstandes oder der Geschäftsführung, um ein Ethik-Board ins Leben zu rufen und in der Organisation zu implementieren. Dabei ist der erste Schritt die Zusammenstellung der richtigen Personen und die Definition der Form des Gremiums und seiner konkreten Rolle. Welche Funktionen sollen übernommen werden? Sind die Werte und Prinzipien des Gremiums schon geformt und wenn ja, von wem und welche sind es? Wie setzt sich das Board zusammen? Wann, wo und wie oft tagt es und wie ist der Prozess für die Zusammensetzung und die Arbeit des Gremiums? Es erscheint sinnvoll, hier als Unternehmen einen entsprechenden Auftrag zunächst intern zu erteilen und die organisatorischen und prozessualen Details so maßgeschneidert wie möglich auf die eigene Unternehmung zu erarbeiten und von der Geschäftsführung verabschieden zu lassen. Ebenfalls sinnvoll ist der Blick über den Tellerrand, wie andere Unternehmen aus der Branche und in der etwa gleichen Größenordnung verfahren. Auch wenn der Prozess für ein KI-Ethik-Gremium intern beginnt, ist die Anhörung externer und unabhängiger Expertise wichtig, um ein klares und unvoreingenommenes Bild zu erhalten. Einfach klingend, aber schwieriger umzusetzen ist außerdem, Transparenz der unternehmensinternen KI-Projekte gegenüber dem Ethik-Board herzustellen. Erfahrungsgemäß werden in Fachbereichen Informationen mindestens gefiltert, oft sogar zurückgehalten oder manipuliert. Ohne Daten bleibt ein KI-Ethik Board jedoch ahnungslos und kann wenig Nutzen entfalten. Das Gremium benötigt deswegen Zugang zu allen erforderlichen Details von KI-Anwendungen, um sinnvolle Empfehlungen zu den Projekten abgeben zu können. Nur auf diese Weise wird sich auch dauerhaft ein kompetentes und leistungsfähiges KI-Ethik Board etablieren können.

Zu den ersten Unternehmen in Europa, die nicht nur Leitlinien, sondern auch ein Gremium für KI-Ethik etablierten, gehört SAP. Es handelt sich dabei um einen externen ‚Beirat'. Dieser soll zusammen mit einem internen ‚Lenkungsausschuss für KI' die selbst gegebenen Leitlinien weiter entwickeln und ihre Umsetzung sicherstellen. In dem Paket aus Leitlinien, externem Beirat und internem Ausschuss, der sich aus Führungskräften verschiedener Bereiche zusammensetzt, sieht SAP einen ‚Kontrollrahmen' der helfe, dass „(...)

die Integrität des Unternehmens und das Vertrauen in sämtliche SAP-Lösungen gewahrt (…)" bliebe. Unter den Beiratsmitgliedern befindet sich Prof. Dr. Henning Kagermann, Vorsitzender des acatech Kuratoriums, der 27 Jahre für SAP arbeitete und zuletzt, von 2003 bis 2009 Vorstandssprecher des Software Konzerns war. (SAP 2018b). Solche Insider-Kenntnisse und Beziehungen können hilfreich für die Rolle sein. Ausreichend sind sie nicht. Die Zusammensetzung der Kontrollgremien ist entscheidend für den Einfluss und die Relevanz ihrer Arbeit. Aktivistinnen und Aktivisten für KI-Ethik kritisieren, dass Technologieunternehmen unter einem Mangel an Diversität litten und dass, selbst wenn es Bereiche oder sogar Gremien für KI-Ethik gäbe, diese meist kaum Macht oder Einfluss hätten. Auch die technischen Lösungen, die vorgeschlagen würden, gingen in die falsche Richtung. *Debias algorithms*, die Korrektur von Voreingenommenheit in den Algorithmen, in erster Linie durch Entfernen evtl. kompromittierter Daten, suggeriert fälschlich, dass es so etwas wie Bias-freie Daten gäbe. Hilfreich sei deswegen, die KI-Ethik Gremien auch mit Menschen aus gesellschaftlichen Gruppen zu besetzen, die von voreingenommener KI und deren Einsatz betroffen seien. Das sind vor allem Minderheiten. (Gibney 2020).

Im Dezember 2019 stellt das AI Now Institut der New York University in einem Bericht fest, dass es eine Inflation von KI-Ethik-Prinzipien, -Leitlinien und -Grundsätze gebe, die allein 2019 von Firmen, Regierungen, Nichtregierungsorganisationen und akademischen Instituten entworfen wurden. Nur selten würde fokussiert, wie diese Regeln tatsächlich implementiert würden und wie effektiv sie wirklich wirkten. Es handele sich dabei, so der Bericht weiter, um eine im Wesentlichen westliche, weiße, männliche und eher wohlhabende Meinungsgruppe. Die vielfache gegenseitige Wiederholung der immer gleichen Prinzipien suggeriere einen globalen Konsens zu KI-Ethik, der in Wirklichkeit auf einer vermeintlichen Mehrheitsmeinung basiere, die in besorgniserregender Weise die Interessen unterrepräsentierter Gruppen ignoriere. Diese jedoch seien überproportional von den negativen Folgen von Bias in KI-Systemen betroffen. Die überwiegende Anzahl der KI-Ethik-Dokumente komme von der nördlichen Welthalbkugel. Ethische Prioritäten des Südens fehlten in diesen Listen. Vage Definitionen und Ideale und der Mangel an fachlicher und gesetzlicher Rechenschaftspflicht untergraben zudem die vorhandenen unternehmensethischen Ansätze. Eine weitere subtile Schwierigkeit in der Verfolgung ethischer Verletzungen durch Unternehmen mithilfe von privatwirtschaftlich initiierten KI-Ethik-Gremien sei die fast immer übersehene Besonderheit, dass die Selbstverpflichtung der Unternehmen auch einen impliziten Anspruch darstelle, gegenüber dem Rest der

Welt darüber zu entscheiden, was genau ethisch korrekter bzw. verantwortungsbewusster Einsatz der Technologie bedeute. (Crawford et al. 2019, S. 19–20).

Gegenüber diesen Argumenten erscheinen die Initiativen in Richtung einer ethischen Anwendung von KI sowie die Einrichtung entsprechender Ethik-Boards fadenscheinig. Aktivistinnen und Aktivisten auf den Straßen, die Presse auf allen Kanälen und letztlich die moralisch-engagierten Beschäftigten in den Technologiefirmen, die ihre Proteste artikulieren und in die Öffentlichkeit tragen, zeigen zuhauf, dass die Bemühungen der Unternehmen nur zweitrangig der Ethik und erstrangig der Sicherung ihrer Reputation, dem Schutz ihrer Marken, der Abwehr konkreter regulatorischer Maßnahmen oder auch von Boykotten und/oder Streiks, dienen, die ihr Geschäft gefährden könnten. Das ist eine unangenehme, aber realistische These. Wer diesen Positionen etwas wirksam entgegensetzen möchte, braucht Ethik-Gremien, die wirkungsvoll arbeiten. Neben dem erforderlichen Durchgriff auf Informationen und Details zu allen KI-Anwendungsfällen brauchen diese Boards auch eine klare Vorstellung davon, wer am Ende diejenigen sind, die mit den Konsequenzen der KI-gesteuerten Produkte und Services leben müssen. Im Falle der Gesichtserkennungssoftware für die Polizei sind die letztlich Betroffenen z. B. diejenigen, deren Gesichter von den Kameras und Algorithmen erfasst und kategorisiert werden. Ihre Stimmen sollten im Board vertreten sein, und sei es temporär. In der Gewichtung sollten sie vielleicht sogar überrepräsentiert sein, um sicher zu gehen, dass fehlgeleitete Produktentwicklungen schnell entdeckt und gestoppt bzw. überarbeitet werden. In Konsequenz bedeutet das, Entscheidungen des Ethik-Boards haben bindenden Charakter für Führungskräfte, die in transparenter Weise zu reagieren haben. Führungskräften Weisungen zu geben, erfordert Legitimierung und Unabhängigkeit. Darum sind externe Gremien empfehlenswert, die ohne Weisung und frei von formalen Restriktionen der Unternehmensorganisation sind. Einmal installiert, sollte das Gremium selber über seine Zusammensetzung entscheiden können und dabei personelle Nähe zum Geschäft, das es überwacht, vermeiden. Im Idealfall hat das unabhängige Board seine eigene Organisation mit eigener Kommunikation. Darüber hinaus sind Diversität und Kompetenz, nicht nur im KI-, *Machine Learning* und Datenanalyse-Bereich, sondern auch aus anderen Fachbereichen eine wichtige Voraussetzung für tragfähige Entscheidungen für Wirtschaft und Gesellschaft. Ein Board von dieser Güte und mit diesem Setup kann wirksam agieren und ein Unternehmen in eine verbesserte Ausgangslage in Bezug auf KI-bedingte ethische Konflikte bringen, bevor die Presse, die eigene Belegschaft oder politische Interessenträger Einfluss und Druck ausüben.

Wie stark sind die KI-Ethik-Organisationen in den Unternehmen? Wie steht es tatsächlich um die Wirksamkeit von Maßnahmen zur KI-Ethik innerhalb der Unternehmen? Es gibt darauf keine allgemein gültigen und richtigen Antworten. Zu unterschiedlich sind die Kulturen der Firmen und zu intransparent ist der Blick von außen auf die internen Abläufe rund um das Thema KI. Es bleibt nur ein Eindruck oder eine Momentaufnahme, denn auch diese nun laufende Institutionalisierung von KI-Ethik ist ein Prozess. Bei IBM gibt es zusätzlich zu der Unterschrift unter den *Rome Call* ein internes KI-Ethik Board. Ein interdisziplinäres Team ‚senior IBMer' unter dem Co-Vorsitz des Chief Privacy Officers und des KI-Ethik Global Leaders bei IBM berichtet an höchste Ebenen des Unternehmens. So sei ein stabiler Kontrollrahmen geschaffen, der die IBM-Kultur und Entscheidungsfindung durchdringe und Prinzipien mit der Praxis verbinde:

> „For cases without simple answers, we established an internal AI Ethics Board and a network of AI "focals" throughout our business for centralizing the assessment of more complicated questions. The board is comprised of a cross-disciplinary team of senior IBMers, co-chaired by IBM's Chief Privacy Officer and AI Ethics Global Leader, and reports to the highest levels of the company. This has created a robust governance framework that permeates IBM's culture and our decision-making – connecting principles with practice." (IBM o.J.-d).

Viel schwammiger lässt sich KI-Ethik-Kontrolle kaum installieren oder beschreiben, aber auch bei der ansonsten vorbildlich agierenden Microsoft ringen das ‚Office of Responsible AI, ORA', das für KI-Ethik verantwortliche ‚Aether Committee' (Aether = AI, Ethics, and Effects in Engineering and Research) und die ‚Responsible AI Strategy in Engineering (RAISE)' leider abgesehen von ihren schicken Akronymen kaum besondere Bewunderung ab. So diffus, wie die Wortbedeutung des Namens, dessen Nähe zu historischen Betäubungsmitteln keinen Glücksfall darstellt, ist auch der Rest der Informationen, die der Software Riese zu seinen Gremien preisgibt. So würde das Aether-Board sich über die gesamte Firma erstrecken und auf Fragen aus den Abteilungen mit Studien, eigenen Überlegungen und Empfehlungen reagieren. Diese Empfehlungen können sich dann evtl. zu allgemeinen Microsoft-Richtlinien oder Verfahrensweise entwickeln. Die Mitglieder/-innen des Boards besäßen Expertise in Schlüsselbereichen sogenannter ‚verantwortlicher KI', seien leitende Ingenieurinnen und Ingenieure und Mitarbeiter/-innen, die von den Spitzen wichtiger Unternehmensbereiche nominiert wurden. Neben solchen Arbeitsgruppen stütze sich Aether auf die breitere Community und Expertise außerhalb des Unternehmens, um schnelle Studien durchzuführen. (Microsoft o.J.-b). Auch hier fehlen konkretere Informationen zum

Gremium, seiner Zusammensetzung und Arbeitsweise und vor allem zu seiner Governance, also der Macht des Aether Committees, Beschlüsse innerhalb des Microsoft Konzerns zu kommunizieren und durchzusetzen. Zusammengefasst: Es ist nicht klar, wer dabei ist, was wie behandelt wird, wie oft getagt wird und was dabei herauskommt.

Ende März 2019 kommunizierte auch Google eine KI-Ethik-Kommission. Das ‚Advanced Technology External Advisory Council' (ATEAC) sollte, besetzt mit externen Expertinnen und Experten, die KI-Aktivitäten des Konzerns und deren Übereinstimmung mit seinen eigenen Ethik-Prinzipien überwachen. Bei der Besetzung des ATEAC zeigte Google jedoch keine glückliche Hand. Neben Prominenz aus den akademischen Bereichen von KI, Philosophie, Psychologie und Robotik waren auch Mitglieder/-innen mit politischem Hintergrund nominiert. Massive Kritik gab es zur Personalie von Kay Coles James, der Präsidentin der amerikanischen Heritage Foundation, eines einflussreichen, konservativen Think Tanks in Washington. Die Abneigung gegenüber James beruht auf ihren Äußerungen gegen LGBTQ- und Transgender-Personen und deren Rechte sowie auf ihrer Opposition gegen die Bekämpfung der Klimakrise. Ihre politischen Haltungen lösten Zweifel an ihrer Eignung für eine solche Aufgabe und auch hinsichtlich der Frage aus, ob sie die richtige Repräsentantin für Google sei. Es wurden über 2350 Google-interne sowie über 300 externe Unterschriften gegen James' Teilnahme an dem Board gesammelt, darunter auch namhafte KI-Wissenschaftler/-innen und Organisationen wie die AI Justice League. Am 4. April 2019 veröffentlichte der Suchmaschinenkonzern in Konsequenz eine Erklärung, in der das Board nach einer Woche der Kontroverse aufgelöst wurde:

„It's become clear that in the current environment, ATEAC can't function as we wanted. So we're ending the council and going back to the drawing board. We'll continue to be responsible in our work on the important issues that AI raises, and will find different ways of getting outside opinions on these topics." (Piper 2019c).

Der Konflikt erregte weltweit Aufsehen und Verwunderung über das amateurhafte Vorgehen. In den folgenden zwei Jahren wurde es stiller um dieses Thema. Es gibt seitdem weder eine neue Initiative zur Schaffung eines KI-Ethik-Gremiums bei Google oder Alphabet, noch besonderen öffentlichen Druck zu einem neuen Anlauf dafür. So lange Unternehmen keine schwerwiegenden Konsequenzen zu befürchten haben, wenn sie ihre eigenen ethischen Grundsätze verletzen, sind KI-Ethik-Bemühungen schön und gut. Die Rechenschaft wird dann auf andere verlagert: Die Belegschaft, die Presse, die Politik und die Wissenschaft. Ohne Einzelne aus diesen Bereichen, die bereit sind, die Mühen auf sich zu nehmen, genauer hinzusehen und unethische KI-Anwendungen öffentlich zu machen, geschieht nichts. (Crawford et al. 2019, S. 21).

‚Ethik-Waschmaschinen'?
Hier liegen auch die Schwächen des KI-Gütesiegels des Bundesverbandes KI. Die Erfüllung z. B. des Ethikkriteriums, nach dem vor allem die gesetzeskonforme Entwicklung und Anwendung sowie die Verankerung des Unternehmens in deutschem und europäischen Rechtssystem erforderlich ist, erscheint für europäische Unternehmen eher wie eine Formalität. Die eingegangene Selbstverpflichtung ohne wirksame Rechtsgrundlage ist dann auch schnell genau das – eine Formalität und nicht mehr.

Die z. T. skandalösen Konsequenzen aus dem Bias der Systeme lösten in der jüngeren Vergangenheit ein Gewitter an Beschwerden und Protesten aus. Der Rückzug auf das von namhaften akademischen Einrichtungen wie dem MIT u. a. unterstützte Terrain der KI-Ethik ist bequem. Das Business läuft weiter: Der Cambridge Analytica Skandal, in dem Facebook private Daten von ca. 87 Millionen Nutzer/-innen zugunsten der Präsidentschaftskampagne von Donald Trump preisgegeben hatte und die Information zu Googles Vertrag mit dem Pentagon über Computer-Vision-Software zum Einsatz in Kampfgebieten wurden beide im März 2018 in der Presse veröffentlicht. Die Facebook-Aktie erlebte zwar einen deutlichen Rücksetzer, aber nur temporär und steht drei Jahre später beim doppelten Wert. Im Mai 2018 wurden die Information zum Verkauf von Gesichtserkennungstechnologie von Amazon an die Polizei bekannt und einen Monat später, gab es Berichte über Microsofts Vertrag mit der US-amerikanischen Einwanderungs- und Zollbehörde. Im September wurde IBMs vertrauliche Zusammenarbeit mit der New Yorker Polizei bei Gesichtserkennung und Rassenklassifizierung in Videoüberwachungsmaterial enthüllt. Es sieht so aus, als würden Taten nur dort folgen, wo es nicht mit Kosten für die Unternehmen verbunden ist.

Im Mai 2018 kündigte Facebook an, ein Werkzeug zur Erkennung von Bias in Daten entwickelt zu haben: ‚Fairness Flow', so der Name des Tools, solle z. B. bei Stellenausschreibungen prüfen, ob die Ausgangsdaten zur Bewerbungseinschätzung Vorurteile gegen Frauen, Männer oder ältere oder jüngere Personen enthielten. Es kann also die Genauigkeit von *Machine Learning*-Modellen für verschiedene Benutzergruppen gemessen werden, z. B. auch Genauigkeit von Gesichtserkennung für Altersgruppen, Geschlechter und Hautfarben. Es gibt bei Facebook somit zwar ein Mittel, um mehr Fairness zu ermöglichen, was es jedoch nicht gibt, ist eine Verpflichtung, es auch zu nutzen oder Algorithmen überhaupt auf Fairness zu testen. Maßgeblich für die Bezahlung der Teams sind Wachstum und Engagement der Nutzer/-innen auf der Plattform. Damit wird Geld verdient. Existierende Richtlinien zur Fairness-Definition in bestimmten Situationen werden nicht durchgesetzt. Das führte 2020 dazu, dass von Konservativen gepostete Fehlinformationen in verhältnismäßig geringerem Maße gekennzeichnet wurden, als liberale Fake News. Grund ist nicht Fairness Flow, sondern die bewusst parteiische Anwendung des Tools durch den Einfluss des Trump-nahen Public Policy Chefs von Facebook, Joel Kaplan. Er manipulierte die automatisierte Moderation von Inhalten und die Entscheidungen, wie Beiträge in den Newsfeeds eingestuft wurden. Mit der verzerrten Interpretation von Fairness, die Kaplans Team gewählt hatte, würde der Einsatz von Fairness Flow dazu führen, dass Fehlinformationen im Netzwerk systematisch belohnt würden, anstatt zu helfen, sie zu bekämpfen. Diese Informationen kommen leider nicht von einem Facebook-internen Kontrollgremium, sondern durch eine Journalistin, die sich mit der Person und Rolle von Joaquin Quiñonero Candela beschäftigt hat. Er ist seit 2012 maßgeblich für die Entwicklung der Algorithmen verantwortlich, die die persönlichen Newsfeeds kuratieren, die also bestimmen, was wem angezeigt wird. Das ist maßgeblich für die individuelle Nutzungsdauer und es ist der Kern des Geschäfts von Facebook sowie des Konflikts, in dem ethische Initiativen wie Fairness Flow stehen: Es geht dem Konzern nicht darum, Fake News oder manipulative Agitation herauszufiltern. Die KI soll Menschen dazu bringen, sich lange mit Inhalten zu beschäftigen und sie zu teilen. Das geht am besten mit Inhalten, die aufregen und empören. Deshalb werden Datenmodelle genutzt, die Kontroversen, Fehlinformationen und Extremismus zeigen. Menschen mögen diese Themen. Wozu sie führen können, zeigt das Beispiel Myanmar auf verheerende Weise. Hier sind bestehende politische Spannungen gesteigert worden, gefälschte Nachrichten und Hassreden über die muslimische Minderheit der Rohingya wurden viral und der religiöse Konflikt eskalierte zum Völkermord. Nach jahrelangem Herunterspielen seiner Rolle gab Facebook 2018 zu, dass es nicht genug getan habe, um zu verhindern, dass das Netzwerk die Spaltung der Gruppen fördere und die Gewalt anrege.

Die Macht der Algorithmen in der Massenkommunikation ist sichtbar und gut untersucht. Karen Hao von MIT Technology Review hat in einem investigativen Artikel viele dieser Informationen zusammengestellt und wirft ein zweifelhaftes Licht auf die KI-Ethik Aktivitäten von Facebook und die Anwendung von mitigierenden Werkzeugen wie Fairness Flow, deren Wirksamkeit von der Intention ihrer Anwendung abhängt. Prof. Hany Farid von der UC Berkeley, der mit Facebook zusammenarbeitet, um bild- und videobasierte Fehlinformationen auf der Plattform zu verstehen, fasst es in wenigen Sätzen:

> „When you're in the business of maximizing engagement, you're not interested in truth. You're not interested in harm, divisiveness, conspiracy. In fact, those are your friends. (…) They [Facebook] always do just enough to be able to put the press release out. But with a few exceptions, I don't think it's actually translated into better policies. They're never really dealing with the fundamental problems." (Hao 2021).

Im September 2018 kündigte auch IBM an, mit dem Tool „AI Fairness 360" in Zukunft Datensätze und Modelle für *Machine Learning* auf Bias überprüfen zu wollen und im März des darauffolgenden Jahres sponserte Amazon zusammen mit der amerikanischen National Science Foundation das Programm ‚Fairness in AI' mit 20 Millionen US-Dollar. Bei so vielen Initiativen und so hohen Summen verwundert es nicht, dass die Bemühungen der Unternehmenslobby zur Gestaltung der akademischen Forschung sehr erfolgreich waren. KI-Ethik ist in kurzer Zeit zu einem quantitativ enorm großen Feld mit vielen Studien und wissenschaftlichen Arbeiten geworden. Neben vielen differenzierten Arbeiten, vor allem in den Geistes- und Sozialwissenschaften, steht der Tenor eines Großteils der gut finanzierten Arbeiten zur ‚ethischen KI' in klarem Einklang mit den Positionen der Wirtschaft. In diesen geht es in erster Linie darum, überall dort, wo KI-Einsatz kontrovers diskutiert wird und zu Fehlurteilen und Ungerechtigkeiten führt, eine gemäßigte und vor allem freiwillige, herstellerseitige Anpassung durchzuführen, anstatt klare gesetzliche Schranken zu definieren. Alles in allem ist es fünf großen Technologiekonzernen anscheinend gelungen, mit Geld in wenigen Jahren ein akademisches Feld zu schaffen, um nicht zu sagen, zu kaufen, und mit ihren Interessen zu besetzen. Jedwede gesetzliche Regulierung muss diesen wissenschaftlichen Papieren und Positionen und ihren Vertreterinnen und Vertretern entgegenwirken. In einem Artikel über die KI-Ethik-Kommissionen der großen Konzerne überschreibt die Süddeutsche Zeitung die Situation 2019 mit den Worten: ‚Das Silicon Valley kauft sich ein Gewissen' (Moorstedt 2019).

Welche Formen das annehmen kann, beschreibt Rodrigo Ochigame anhand des Beispiels der Veröffentlichung von Empfehlungen eines Innovationsgremiums des Pentagons zu KI-Ethik-Prinzipien am 01. November 2019. Eric Schmidt, der ehemalige Aufsichtsratsvorsitzende von Alphabet leitete das Board, dem verschiedene Führungskräfte von Google, Microsoft und Facebook angehörten. Eine Pentagon-Mitarbeiterin, die für die Überwachung solcher Interessenkonflikte verantwortlich war, wurde nach Ochigames Informationen aus dem Innovationsgremium entfernt, nachdem sie ‚Beziehungen des Ministeriums zum Amazon-CEO Jeff Bezos und zu Eric Schmidt' in Frage gestellt hatte. Die veröffentlichten Empfehlungen zielten laut Ochigame darauf ab, das Pentagon zu überzeugen, militärische Investitionen für ethische KI-Systeme einzuführen, die von den im Board sitzenden Unternehmen aus dem Silicon Valley, entwickelt und verkauft werden. Dabei nennt das Board das Pentagon eine ‚zutiefst ethische Organisation', deren bestehender Ethikrahmen auf KI ausgedehnt werden sollte. Praktischerweise zitiert wurden dazu die KI-Ethik-Forschungsgruppen bei Google, Microsoft und IBM sowie die vom MIT-Harvard-Fonds gesponserten Wissenschaftler/-innen. (Ochigame 2019).

Nachdem die amerikanischen Digitalkonzerne sozusagen die Grundlagenarbeit geleistet haben, etablierte sich das Feld der KI-Ethik global in fast allen größeren Unternehmen in unterschiedlicher Ausgestaltung. In Fällen wie bei Google geschieht es durch Regelwerke und Absichtserklärungen, in Fällen wie bei Facebook, Apple oder Amazon über Ethik-Engagements außerhalb der Unternehmen und in wieder anderen Firmen wie z. B. bei SAP oder Microsoft existieren eigene Gremien, die auch unterschiedliche Formen haben können. Gegenüber dem internen Lenkungsausschuss aus Führungskräften und einem externen akademischen Beirat bei SAP, ist bei Microsoft zumindest von außen nicht sichtbar, wer dem Aether-Kommittee angehört. Generell weitgehend unbekannt ist auch die Arbeitsweise dieser Gremien. Die vielfältigen und komplizierten ethischen Fragestellungen in großen Firmen dürften nicht in wenigen Stunden Sitzung alle paar Monate abzuarbeiten sein und insofern ist hier ein kritischer Blick berechtigt. Die permanente Botschaft an die Öffentlichkeit lautet mehr oder weniger: ‚Vertraut uns ruhig, denn wir sind sehr ethisch.' Tatsächlich ethisch handeln ist aber etwas anderes, als Ethik-Kommissionen zu besetzen, Ethik-Chartas, -Prinzipien, -Leitlinien o. ä. zu schreiben oder Studien und Forschung zu ethischen Fragen wie Daten-Bias usw. zu fördern. Der AI Now Bericht 2018 sieht diesen Ansatz entsprechend als problematisch, denn es bleibt offen, wie die ethischen Prinzipien im Zweifelsfall durchgesetzt werden sollen und welche Art von Rechenschaftspflicht dazu bestehe. Die Kodizes stellten dann eher eine Ablenkung dar. Indem die Unternehmen durch sie anerkennen, dass Probleme bestehen, werde suggeriert, dass etwas getan werde. Die Ethik-Beauftragten haben aber keine echte Befugnis zur Regulierung oder Veränderung der Art und Weise, wie Technologie entwickelt und angewendet wird. (Crawford et al. 2018).

Das ‚Fairness Flow'-Beispiel von Facebook zeigte schon, dass das unternehmerische Handeln im Kontext der ethischen Selbstverpflichtung offenbarend ist. Auch Google gibt hier ein schlechtes Beispiel ab. Der Suchmaschinenkonzern verpflichtete sich selbst, keine Anwendungen zu schaffen, die gegen allgemein anerkannte Grundsätze des Völkerrechts und der Menschenrechte verstoßen würden. Trotzdem wurde aufgedeckt, dass Google für den chinesischen Markt stillschweigend eine Android Suchmaschine mit dem Codenamen Dragonfly entwickele, die politisch unliebsame Inhalte filtern könne. Für die autoritäre chinesische Regierung sind das z. B. Informationen über politische Dissidenten, freie Meinungsäußerung, Demokratie, Menschenrechte oder friedliche Demonstrationen und Proteste. Jack Poulson arbeitete für Google als Senior Research Scientist an dem

Projekt. Der frühere Stanford Dozent kündigte aufgrund der Nachricht über die Arbeit für die chinesische Regierung, nicht nur, weil er darin einen Bruch der eigenen Ethik-Regeln von Google sah, sondern auch, weil er befürchtete, dass das Hosting der Kundendaten auf dem chinesischen Festland politische Aktivistinnen und Aktivisten und Pressevertreter/-innen gefährden könnte, sobald chinesische Sicherheitsbehörden auf die Daten zugreifen könnten. Darüber hinaus bestehe das Risiko, dass andere Staaten nun ebenso von Google fordern könnten, ihre nationalen Sicherheitsanforderungen zu erfüllen. (Gallagher 2018). Davon ist natürlich auszugehen und dabei geht es nicht um totalitäre Regime, sondern auch um Anforderungen demokratischer, rechtsstaatlicher Gesellschaften. Ethik ist nicht Recht und gleichzeitig ist es keine leichte Frage, ob sich ein Unternehmen ethisch über das Recht eines Landes stellt, in dem es operiert. Solche Fragestellungen und auch die mediale Berichterstattung scheinen sich, einer Studie der Association for Computing Machinery (ACM) von 2018 zufolge, evtl. stärker auf die Ergebnisse von KI-Programmierung auszuwirken, als ethische Regeln. Die Forscher fanden heraus, dass Software Entwickler/-innen, die explizit darauf hingewiesen wurden, den ACM-Ethik Kodex zu beachten, sich nicht beobachtbar anders verhielten als eine Kontrollgruppe ohne Ethik-relevante Hinweise. Allerdings lösten mediale oder historische Berichte über ethische Kontroversen in den Ingenieurwissenschaften, wie z. B. der Volkswagen Dieselskandal, direktere Reflexion auf die eigene Arbeit aus. (McNamara et al. 2018).

Poulson ist nicht der einzige, der Google verlässt. Immer wieder kommt es zu Kündigungen und Entlassungen wegen Meinungsverschiedenheiten zu Fragen von Transparenz, Ethik und Teilhabe. Weltweite Schlagzeilen machte der Weggang von Timnit Gebru im Dezember 2020. Die für ihre wissenschaftlichen Arbeiten zu KI-Bias renommierte Forscherin verlässt Google anlässlich der Einreichung einer Studie, bei der sie Ko-Autorin war und in der es darum geht, dass große KI-Sprachmodelle wie z. B. OpenAIs GPT-3 oder Googles BERT durch ihre Fähigkeit, Sprache nachzuahmen, Missbrauchsrisiken bergen. Die Lernfähigkeit dieser KIn erfordere eine sehr sorgfältige Auswahl von Trainingsdaten. Ansonsten führten die Modelle zu Diskriminierung von Sprachen, die online nicht weit verbreitet seien, zugunsten einer homogenisierten Sprache der reichsten Länder und Gesellschaften, die auch das Internet dominierten. Weitere Kritikpunkte sind die Einfachheit, mit der mittels solcher KI Fake News zur Massenmanipulation erzeugt werden könnten, das Risiko der Verbreitung rassistischer und sexistischer Redeweisen sowie der extreme Energieverbrauch, der hohe Kosten und einen hohen CO_2-Ausstoß erzeuge. Google kritisierte, das Papier sei zu spät zur internen Prüfung eingereicht worden und würde im Hinblick auf die Quellen nicht den vollständigen Stand der Forschung repräsentieren. Daher müsse es zurückgezogen werden. Das alles geschah kurz vor Gebrus Urlaub und auf von ihr gestellte Forderungen hinsichtlich der Grundlagen einer Zusammenarbeit antwortete Google, man würde ihre Kündigung akzeptieren. Offensichtlich war keine Einigung erzielbar und die tatsächlichen Gründe der beiden Parteien können von außen nur vermutet werden, aber es bleibt im Raum, dass Google evtl. versucht hat, zu verhindern, dass ein kritisches Papier veröffentlicht wird. Ein Kollege von Gebru, der Google Brain Forscher Nicholas Le Roux kommentiert am 03. Dezember auf Twitter, dass es nun wohl an der Zeit sei, alle daran zu erinnern, dass der einfachste Weg zu diskriminieren sei, strenge Regeln zu erlassen und danach zu entscheiden, wann und bei wem man sie anwenden wolle. Er fügt hinzu, dass bei seinen Einreichungen immer die Vertraulichkeit der Informationen, aber nie die Qualität des Literaturverzeichnisses geprüft worden sei:

> *Now might be a good time to remind everyone that the easiest way to discriminate is to make stringent rules, then to decide when and for whom to enforce them. My submissions were always checked for disclosure of sensitive material, never for the quality of the literature review.* (Le Roux 2020)

Professor Ben Wagner von der Wiener Wirtschaftsuniversität spricht in Bezug auf die Selbstverpflichtungen der Wirtschaft 2018 von *ethics washing*. Aus seiner Perspektive dienten die in diesem Kontext von den Unternehmen entwickelten Modelle weniger praktisch-ethischen Fragen, sondern eher der Implementierung von politischen Zielen, ohne diese wirklich konkret zu machen. Er sagt weiter, dass so die Vermeidung einer reglementierenden Gesetzgebung und auch die Missachtung von Menschenrechten in der Sprache der Ethik formuliert würden, um sie der breiten Öffentlichkeit schmackhaft erscheinen zu lassen: „As a result, avoiding any governmental regulation or respect of human rights can be couched in the language of ethics to make it seem more palatable to the general public." (Wagner 2019).

In die gleiche Richtung zielt die scharfe Kritik von Thomas Metzinger. Zwar sieht der Ethiker die juristische Verankerung der Ethikrichtlinien für KI in den europäischen Grundwerten als ausgezeichnet. Aber es sei „(…) höchste Zeit, dass die Universitäten und die Zivilgesellschaft sich den Prozess zurückerobern und der Industrie die selbst-organisierte Diskussion wieder aus der Hand nehmen." Die Aktivitäten der freien Wirtschaft in Sachen KI sieht der Wissenschaftler kritisch:

„Ich beobachte derzeit ein Phänomen, das man als ethics washing bezeichnen kann. Das bedeutet, dass die Industrie ethische Debatten organisiert und kultiviert um sich Zeit zu kaufen – um die Öffentlichkeit abzulenken, um wirksame Regulation und echte Politikgestaltung zu unterbinden oder zumindest zu verschleppen. (…) Die Industrie baut (…) eine „Ethik-Waschmaschine" nach der anderen." (Metzinger 2019).

Entsprechend äußert er sich „sehr enttäuscht" über die Arbeit und die Ergebnisse der Hochrangigen Expertengruppe für Künstliche Intelligenz der Europäischen Kommission, deren Mitglied er war:

„Die Richtlinien sind lauwarm, kurzsichtig und vorsätzlich vage. Sie übertünchen schwierige Probleme (explainability) durch Rhetorik, verletzen elementare Rationalitätsprinzipien und sie geben vor, Dinge zu wissen, die in Wirklichkeit einfach niemand weiß." (Ebd.).

Die Problematik beginnt in Metzingers Augen schon in der Benennung einer ‚vertrauenswürdigen KI'. Dies sei

„(…) zunächst schon mal begrifflicher Unsinn. Maschinen sind nicht vertrauenswürdig, nur Menschen können vertrauenswürdig sein. Wenn ein nicht vertrauenswürdiger Konzern oder eine nicht vertrauenswürdige Regierung sich unethisch verhält und in Zukunft eine gute, robuste KI-Technologie besitzt, dann kann er oder sie sich noch besser unethisch verhalten." Er beschreibt dieses Narrativ als eine Marketing „Gute-Nacht-Geschichte für die Kunden von morgen." (Ebd.).

Die unverhandelbaren roten Linien, die z. B. bei autonomen Waffensystemen oder auch Social-Scoring-Einsätzen angebracht gewesen wären, wurden nach Angaben Metzingers nach vehementem Insistieren der Industrievertreter/-innen zugunsten einer ‚positiven Vision' entfernt. Übrig blieben lediglich ‚critical concerns'. Metzinger sieht nach den Fake News das Risiko der Fake-Ethik „Inklusive jeder Menge Nebelkerzen, hochbezahlter Industriephilosophen, selbsterfundener Gütesiegel und nicht-validierter Zertifikate für *Ethical AI made in Europe*." (Ebd.).

Die Firmen-Gremien, die Industriephilosophen und die selbsterfundenen Gütesiegel sind inzwischen Realität. Die ernüchternden Folgerungen von Expertinnen und Experten, die sich schon lange unabhängig mit dem Feld beschäftigen, wie z. B. Prof. Dr. Metzinger, Dr. Ben Wagner, Dr. Joanna Bryson sowie Insidern aus den Digitalkonzernen, die Missstände offenlegen und anklagen wie Sean Parker, Rodrigo Ochigame, Jack Poulson oder Timnit Gebru und viele weitere, bestätigen die kritische Sichtweise auf die wirtschaftlichen Akteure und ihre Interessen, wenn es um die Debatte der KI-Ethik geht. Am Ende komme steht doch wieder die Provokation mit dem Begriff der ‚Toaster-Ethik', der stellvertretend für jedweden Technologieeinsatz stehen kann. Der Anspruch einer ethischen Verfahrensweise sollte wohl stets selbstverständlich sein! Die meisten Menschen haben einen relativ zuverlässigen moralischen Kompass und wissen, ob das, was sie tun, richtig oder falsch ist. In den wenigen Fällen, die so komplex sind, dass ich es nicht mehr selber wissen kann, muss es eben in einer sach- und fachkundigen Runde unter Einbeziehung der tatsächlich Betroffenen erörtert und zu einer bindenden Entscheidung, möglicherweise sogar zu einem Gesetz geführt werden. In vielen Fällen von Unklarheit besteht in Wahrheit nur scheinbare Unklarheit, in der wirtschaftliche Interessen das Kräftefeld des moralischen Kompasses so beeinflussen, dass ‚richtiges Handeln' schwer erkennbar erscheint. Die Lösung ist die gleiche wie vorher: Fachkundige Erörterung unter Einbeziehung der tatsächlich Betroffenen.

Wichtig ist, dass sich Politik und Gesellschaft und tatsächlich jede/r Einzelne persönlich involvieren, bevor noch mehr Fakten geschaffen werden und noch mehr Komplexität und finanzielle Interessen das Feld der KI-Ethik unterwandern und den Status-quo zementieren. Daniel C. Dennett weist in Bezug auf die Frage, wie sich die Gesellschaft der Technologie gegenüber positionieren kann, darauf hin, dass bereits eine Gegenwart geschaffen ist, in der George Orwells ‚Ministerium der Wahrheit' eine praktische Möglichkeit geworden sei. Eine der verstörenden Lehren aus den jüngsten Erfahrungen mit KI sei die Erkenntnis, dass es viel günstiger sei, eine Reputation zu zerstören, als sie zu schützen. Dennett referenziert auf den Mathematiker und Philosophen Norbert Wiener, der als Begründer der Kybernetik gilt. Wiener sah 1950 in seinem Buch ‚The Human Use of Human Beings' vorher, dass die Gefahr bestehe, dass sich Menschen der Macht durch Maschinen bedienen würden, um andere zu kontrollieren: „Its real danger, however, is (…) that such machines, though helpless by themselves, may be used by a human being or a block of human beings to increase their control over the rest of the human race (…)." (Wiener 1954, S. 181). Dem entgegenzuwirken sei keine leichte Aufgabe, denn der wissenschaftliche Fortschritt rüste über kurz oder lang alle Seiten des Konfliktes gleichermaßen aus: „(…) in the long run, there is no distinction between arming ourselves and arming our enemies." (Ebd.). Oder in den Worten von Dennett: „Das Informationszeitalter ist auch das Desinformationszeitalter." (Dennett 2019).

Trotzdem wäre es falsch, die gesamten KI-Ethik Bestrebungen der Technologieunternehmen und sonstigen wirtschaftlichen Akteure als verdecktes Eigeninteresse zu diskreditieren und ihre Ergebnisse zu verwerfen. Schwarz-Weiß-Denken wird der komplexen Lage nicht gerecht. Auf Dauer kann die Frage nach der ethischen Bewertung algorithmischer Systeme und ihrer Konsequenzen nicht in der bisherigen Weise der Industrie bzw. Wirtschaftsunternehmen überlassen werden. Es gilt, einen gesellschaftlichen Diskurs und am besten sogar Konsens darüber herzustellen, was ungeachtet von technologischen Möglichkeiten erlaubt sein soll und was nicht. Die Ergebnisse dieser Debatte sollten sich in klaren Gesetzen zum Einsatz von KI spiegeln.

7.2 Ist KI gut oder böse?

> **Zusammenfassung**
>
> Böse KIn, also Computersysteme und vorzugsweise Roboter mit schädlichen Intentionen, sind ein favorisiertes Thema der Science-Fiction. Mit zunehmender Abhängigkeit von Technologie und ihrem nach menschlichen Vorbildern designten Auftreten und Verhalten werden Fragen nach so einer möglichen maschinellen Gesinnung immer relevanter. Als *Dual-Use-Technology* kann KI in beide Richtungen entwickelt und eingesetzt werden. Technikphilosophische Betrachtungen deuten in die Richtung, dass die uns umgebende Technik nicht neutral sei, sondern für den Menschen unkontrollierbar einer Intention folge, die systemimmanent angelegt sei. Die Akteur-Netzwerk-Theorie und wissenschaftliche Experimente zum menschlichen Umgang mit Maschinen sowie die Missbrauchspotenziale von KI zeigen das Wesenhafte digitaler Technologien und die Notwendigkeit, die Verflechtungen mit den Haltungen und Intentionen, die die Systeme und Prozesse unseres globalen Zusammenlebens bestimmen, zu verstehen.

Am Abend des 19. Dezember 2016 rast ein Terrorist mit einem LKW in die Menschenmenge des Weihnachtsmarktes auf dem Berliner Breitscheidplatz an der Gedächtniskirche. Zwölf Menschen sterben bei dem Anschlag. Wie sich bei der Untersuchung des Falles herausstellte, wäre die Opferzahl möglicherweise höher gewesen, hätte nicht ein Algorithmus im Bordcomputer des Sattelschleppers Kollisionssignale von Kameras und Radar erhalten und eine Vollbremsung ausgelöst. Dies sei im Fahrzeugsystem programmiert, wenn ein Fahrer nicht innerhalb einer Sekunde auf ein Warnsignal reagiere. So konnte der LKW nicht noch mehr Menschen überrollen. (Diehl und Schmid 2016). Das Beispiel ist traurig, zeigt jedoch plakativ, wie ANI schon heute Menschenleben rettet, auch wenn das nicht in diesem Kontext wahrgenommen wird. Ein genauerer Blick auf die vielen positiven Auswirkungen KI-basierter Systeme, die im Alltag Leben und Gesundheit schützen, beeinflusst möglicherweise die Perspektive auf die Entwicklung in positiver Weise. Das beschriebene Phänomen ist die Folge eines passiven Sicherheitssystems. KI hat nicht intentional Menschenleben gerettet, sondern ein System hat gemäß Programmierung seine Funktion erfüllt. Ethische Problemstellungen sind für künstliche Intelligenz enorm schwer abwägbar und selbst ausgeklügelte Modellierungen und Programmierungen würden einer menschlichen Überprüfung der moralischen Entscheidungsgrundlagen wahrscheinlich im Einzelfall nicht standhalten.

Künstliche Intelligenz ist jedoch, wie Kap. 7.1 aufzeigt, ein ethisch relevantes Thema. Nicht nur im direkten Einsatz, sondern auch angesichts der damit verbundenen z. T. sehr weit über die spezifische Anwendung hinausgehenden Konsequenzen. Was liegt näher als die Grundsatzfrage zu stellen, ob der Einsatz von KI oder sogar KI selbst gut oder böse sind? Im Folgenden geht es darum, sich anzusehen, warum die sehr einfache Antwort auf diese Frage am Ende leider auch nicht ganz so einfach ist.

Die Schwierigkeiten, die nicht nur mit der ethischen, sondern auch der rechtlichen Einordnung der Wirkungen von algorithmischen Systemen zu tun haben, haben dazu geführt, dass Transparenz in Bezug auf KI-Systeme und Datenmodelle wichtig geworden ist. Etwa zur gleichen Zeit als die amerikanischen Digitalkonzerne begannen, Ethik in den Vordergrund ihres Lobbyings zu stellen, ist das Thema auch in Deutschland wichtiger geworden. Transparenz war eines der ersten Attribute, das von KI gefordert wurde. Anfang Mai 2016 wurde zeitgleich zur Digitalkonferenz re:publica 10 in Berlin die Organisation AlgorithmWatch gegründet. Ziele sind, die Auswirkungen des *Algorithmic Decision Making*, (ADM) auf das Verhalten von einzelnen und Gesellschaft zu untersuchen und dazu eine interessierte und kompetente interdisziplinäre Gemeinschaft zusammenzubringen und sich gemeinsam für mehr Nachvollziehbarkeit in diesen Prozessen einzusetzen. Die Abkürzung ADM wird vielfach auch synonym für *Automated Decision Making* verwendet. In einem Manifest zur algorithmischen Entscheidungsfindung kommt AlgorithmWatch zu den fünf folgenden Schlüssen:

„1. ADM ist niemals neutral
2. Die Schöpfer von ADM-Prozessen sind verantwortlich für ihre Resultate. ADM-Prozesse werden nicht nur von ihren Entwicklern erschaffen
3. ADM-Prozesse müssen nachvollziehbar sein, damit sie demokratischer Kontrolle unterworfen werden können
4. Demokratische Gesellschaften haben die Pflicht, diese Nachvollziehbarkeit herzustellen: durch eine Kombination aus Technologien, Regulierung und geeigneten Aufsichtsinstitutionen
5. Wir müssen entscheiden, wie viel unserer Freiheit wir an ADM übertragen wollen" (AlgorithmWatch o.J.-b).

Die Verlockung automatisierter Entscheidungsfindung ist groß, da es in so vielen Fällen so gut funktioniert, z. B. bei der Erkennung von Kreditkartenbetrug oder bei den Vorschlägen, die für Musik oder Filme generiert werden. Statistik ist als zugrundeliegende Mathematik der Algorithmen jedoch bei der Erstellung der Datenmodelle auf das Abstraktionsvermögen von Data Scientists und Entwickler/-innen angewiesen. Die Welt ist komplexer als jedes Datenmodell und zu entscheiden, welche Elemente in die Kalkulationen eines Algorithmus einfließen, bedeutet, zu entscheiden, viele Parameter wegzulassen. Das abstrahierte, simplifizierte Modell der Welt muss genügen, um die gewünschten Ergebnisse zu liefern, aber Menschen misstrauen der Undurchsichtigkeit dieser Vorgehensweise und fürchten, dass sie zu unsicheren Ergebnissen führe, auch wenn oft das Gegenteil der Fall ist. Die Vereinfachung reduziert oft die Unsicherheit, aber eben nicht immer. Das *overfitting* statistischer Modelle kann leicht zur Verzerrung von Daten führen z. B. zugunsten eines historischen Musters, das wiederholt wird. Das häufige Argument, Zahlen würden nicht lügen oder hätten keine inhaltliche Intention, ist irreführend, denn Zahlen existieren immer im Kontext zu einer Fragestellung und es gibt keine Fragestellungen ohne dahinterstehende Annahmen, Vorurteile, Weltanschauungen und Prioritäten. (Zimmermann 2020). Die genauere Beobachtung der Algorithmen ist entsprechend ein berechtigtes und aus ethischer Perspektive wünschenswertes Vorgehen.

Obwohl zu seiner Zeit noch Röhrencomputer im Einsatz waren, die sich in nichts mit der Leistungsfähigkeit heutiger Systeme messen konnten, hat Norbert Wiener die menschlichen Abhängigkeiten, die sich aus den Automatisierungsmöglichkeiten ergeben, visionär vorausgesehen. Wiener verstand, dass denkende Maschinen Menschen nicht nur unterstützen und z. T. ersetzen würden, sie würden auch das menschliche Verhalten verändern. (1950). Gegenwärtig kann gut beobachtet werden, welche hohe Bereitschaft Menschen auf der ganzen Welt zeigen, im Umgang mit digitalen Technologien und speziell KI-basierten Anwendungen, gegen einen geringen Preis ihre persönlichen Daten preiszugeben. Meist, um damit Zugang zu neuen Möglichkeiten zu nutzen. Das kann ein Fitnesstracker sein, der Strecken, Zeiten und Kalorien zählt, die Finanz-App, die Konten und Ausgaben übersichtlich darstellt oder einfach ein Messenger wie WhatsApp oder ein Kartendienst wie Google Maps. Es dauert gewöhnlich nicht lange, bis wir so an den Umgang mit diesen Tools gewöhnt sind, dass wir die Fähigkeit verlieren, uns ohne sie weiter zu entwickeln. Die Wahl eines Services wird zur Notwendigkeit. Das gilt für viele Technologien, die Menschen im Laufe der Zeit erfunden haben und ist kein unmittelbares Merkmal von KI. Wir wären auch ohne Kühlschränke, Waschmaschinen, Autos, Uhren, Kleidung, Kreditkarten und natürlich Smartphones und das Internet relativ aufgeschmissen. KI erlangt sukzessive mehr und mehr Bedeutung, auch wenn wir eher ein Werkzeug als einen Kollegen oder eine Kollegin bauen. In der Presse gab es schon viele Überschriften wie ‚Kollege KI' oder ‚Kollege Roboter' usw., aber die Lücke zwischen dem, was heute möglich ist und den Science-Fiction-Fantasien hinter solchen Überschriften ist immer noch riesig. Fachleute wie Laien überschätzen die KI regelmäßig. Sie glauben den fantastischen Marketing-Darstellungen z. B. von IBM, die suggerieren, Watson könne fast alles und das auch noch mehr oder weniger einfach so, auf Zuruf. In Wahrheit kann Watson noch lange nicht einfach so ein anregendes Gespräch führen. Das System ist das komplexe Ergebnis eines gigantischen Forschungs- und Entwicklungsprozesses, in den hunderte von Personenjahren an Design und Entwicklung geflossen sind und dessen Prozesse die tausendfache Energie des menschlichen Gehirns benötigen. Ohne Training würde Watson keinen Turing Test bestehen und selbst dabei ginge es nur um die Illusion einer realen Person und nur für eine kurze Zeit. Das Gewinnen solcher Tests ermuntert die Allgemeinheit einmal mehr, dem mit Sprach-KI ausgerüsteten Objekt menschenähnliche Denkkräfte zuzuschreiben. Es löst offenbar sogar fast schon psychologische Reaktanz aus, ein scheinbar so intelligentes Ding nicht als Person zu behandeln. Anders sind die Diskussionen darüber, ob Sprachassistenten gegenüber ‚Bitte' und ‚Danke' gesagt werden sollte, kaum zu erklären. In Wahrheit geht es nur um uns Menschen selbst. Menschen bedanken sich in der Regel nicht bei Objekten, nicht bei komplexen Maschinen, Autos, Fahrkartenautomaten oder TV- und Haushaltsgeräten. Vielleicht ist im Umfeld frühkindlicher sozialer Erfahrungen vorbildlich höfliches Verhalten sprechenden Maschinen gegenüber angemessen? Allerdings können auch Kinder sehr wohl unterscheiden, wie Erwachsene mit Dingen einerseits und Menschen andererseits umgehen.

Die KI, ob nun mittels NLP sprachfähig oder nicht, nimmt es nicht übel, keinen Dank zu erhalten, es sei denn, sie wurde so programmiert und selbst dann nimmt sie es nicht übel, sondern imitiert ein menschliches Verhalten, das wir als Reaktion auf Kränkung oder als Wut etc. erkennen könnten. Bewusstheit ist da nicht und somit auch kein bewusstes Gut oder Böse. Die Maschine, die macht, was sie soll, ist alles, was benötigt wird. Ein wie auch immer bewusstes System mit dem Charakter einer Person ist nicht erforderlich. Die Intelligenz des Tools befähigt es zur Erledigung seiner Aufgaben. Darüber hinaus denkt es nichts, hat keine Gefühle und benötigt keine Rechte. Maschinen menschliche Reaktionen zu programmieren, wird nur deshalb gemacht, weil es ggf. ein besseres Nutzenerlebnis bedeutet. Dennett sieht diese Anthropomorphisierungen kritisch:

"We don't need artificial conscious agents. There is a surfeit of natural conscious agents, enough to handle whatever tasks should be reserved for such special and privileged entities. We need intelligent tools. Tools do not have rights and should not have feelings that could be hurt or be able to respond with resentment to "abuses" rained on them by inept users." (Dennett 2019, S. 51, 52).

Maschinen können nicht zur Rechenschaft gezogen werden und sind deswegen als moralische Instanzen nicht geeignet.

"So what we are creating are – rather like oracles, with no conscience, no fear of death, no distracting loves and hates, no personality: boxes of truths (if we're lucky) almost certainly contaminated with a scattering of falsehoods." (Ebd. S. 52, 53)

Dennett liegt damit auf der gleichen Linie wie Joanna Bryson. Die renommierte, britische Wissenschaftlerin gehört zu den deutlichsten Vertreterinnen der Position, dass KI nicht ‚vertrauenswürdig', ‚verantwortlich' oder ‚ethisch' sein könne. KI sei keine moralische Instanz und werde es auch nicht sein, deswegen könne KI auch nicht darüber entscheiden, was moralisch richtig sei. Die beste Metapher für KI, so Bryson, sei, sie als Erweiterung der menschlichen Intelligenz zu begreifen. (Mols 2019). Heather M. Roff, von der Johns Hopkins University schreibt 2019 dazu in einem Aufsatz: „Math does not morals make. This is a simple but effective truth in the great AI debate. An AI can never be a moral agent, (…). It is we humans who control it, and we who define whether it is functioning appropriately." (Roff 2019). Ähnliche Statements gibt es zuhauf. Es besteht in der philosophischen Fach-Community Einigkeit, dass sogenannten intelligenten Maschinen oder künstlicher Intelligenz keine moralischen Entscheidungen überlassen werden sollten. Das Beispiel von Eckersley aus Kap. 7.1, in dem eine KI zur Unterstützung medizinischer Entscheidungen statt einer eindeutigen Therapie-Empfehlung drei Möglichkeiten zur Auswahl stellt, Maximierung der Lebensdauer, Minimierung des individuellen Leidens oder Minimierung der Kosten, zeigt die Verantwortung der menschlichen Entscheidung. Das Gedankenspiel offenbart aber auch, dass jede technologische Möglichkeit dem Effizienzgedanken folgt, dem das gesamte Wirtschafts- und Gesellschaftssystem unterworfen ist. Ethik wirft Menschen in diesem Entscheidungskontext in ein Dilemma aus Moral und Wirtschaftlichkeit. Statt aus diesen Denkschablonen auszubrechen, verharrt die Gesellschaft im Effizienz-System und versucht, mit der Annahme, dass Technologie zum Guten wie zum weniger Guten eingesetzt werden könne, die Illusion von eigener Kontrolle und individueller Verantwortung aufrecht zu erhalten.

In der Öffentlichkeit und in den Unternehmen werden zunehmend Überlegungen zur Form des KI-Einsatzes laut. Die New Yorker Firma Clarifai beschäftigt sich mit Computer Vision, also Bilderkennung mithilfe von KI. Aufgrund einer Zusammenarbeit mit dem Pentagon zur Auswertung von Videomaterial militärischer Drohnen stellten Entwickler/-innen der Firma die Frage, inwieweit ihre Arbeit dabei helfen würde, automatische Waffensysteme oder auch Massen-Überwachung zu perfektionieren. Die ehrliche Antwort des Gründers und CEOs, Matthew Zeiler lautete, dass Clarifai eines Tages dabei helfen würde, autonome Waffensysteme zu bauen. KI, insbesondere im hier eingesetzten Szenario, ist eine sogenannte *Dual-Use-Technology*. Mit ihr kann auf einer Website eine Designer-Handtasche erkannt oder in einer Drohne ein militärisches Ziel identifiziert werden. Das Gleiche gilt für KI, die redaktionelle Texte für einen Verlag schreibt und ebenso gut Falschmeldungen in Social Media verfassen kann. Nach internen, öffentlich gewordenen Protesten gegen die Zusammenarbeit mit dem Pentagon im gleichen Projekt wie Clarifai, hat sich Google aus der Kooperation mit dem US-Verteidigungsministerium zurückgezogen. (Metz 2019).

Wesen oder Werkzeug?
Geht es bei diesen Fragen immer nur um Geld und Macht oder ist etwas an der Technik, dass es den Menschen anscheinend schwermacht, sich klarer zu positionieren und gesellschaftlich schädliches und moralisch fragwürdiges Verhalten oder Technologie, die dieses Verhalten begünstigt bzw. erst ermöglicht, nicht zu nutzen oder überhaupt zu entwickeln? Besonders im 20. Jahrhundert existierte die dominante Auffassung von Technologie als Werkzeug im Sinne einer Verlängerung oder Erweiterung des menschlichen Körpers. Aus dem Werkzeug-Kontext wird sie neutral begriffen. So wie ein Hammer einen Nagel in die Wand oder einen Schädel einschlagen kann und so wie eine Klinge Brot, Obst oder Tiere und Menschen zerschneiden kann. Ist es also so einfach, dass nur zählt, wer das Werkzeug mit welcher Intention benutzt? KI wäre dann die Erweiterung des Verstandes? Der Begriff von der Augmentierung der menschlichen Intelligenz taucht immer wieder in der vielschichtigen Debatte über KI auf. ‚Gut und Böse' blieben bei der Betrachtung von Technik als wertneutral erweiterndes Mittel klar beim Menschen.

In der Technikphilosophie gibt es in den letzten hundert Jahren einen Wandel in der Rezeption. Im Allgemeinen wird Technik mit Modernität und Fortschritt verknüpft und steht in dieser Hinsicht meist in einem positiven Erfahrungskontext. Durch Technik haben sich die Lebens- und Arbeitsbedingungen in vielen Feldern verbessert. Menschliche Schwerstarbeit, z. B. in der Landwirtschaft oder im Bergbau, wird von und mit Maschinen erledigt.

Technik ermöglicht schier grenzenlose Mobilität und Entfaltung. Die industrielle Massenproduktion wurde zum Wohlstandsbringer. Medientechnik unterhält und informiert die Millionen. Das lässt sich bis in die Gegenwart mit der Verbreitung des Internets und der Kanal- und Ausdrucksvielfalt über Facebook, Instagram, TikTok, Twitter, YouTube usw. beobachten.

Auf der negativen Seite stehen extrem diversifizierte Waffentechnik und auch zivile Technologien, deren Spätfolgen für die Menschen bedrohlich sind. Der Blick auf die Waffen offenbart ein geradezu absurdes Schaffenspotenzial für Vernichtung. Die Militärarsenale enthalten Zerstörungs- und Tötungstechnologie zu Lande, zu Wasser und in der Luft, konventionell, biologisch, chemisch und atomar. Zivile Technologie aus der industriellen Produktion, aber auch in der Nahrungsmittelproduktion, erweist sich in der Kombination mit den gesellschaftlichen Wertesystemen und politischen Ideologien ebenfalls in vielen Fällen als verheerend für das Überleben der menschlichen Spezies: Zu den Technologiefolgen zählen die Ausrottung des Lebens in den Meeren, die Rodung kontinentaler Waldgebiete und die Veränderung des Klimas z. B. durch Verkehrsmittel und Massentierhaltung zur Fleischproduktion. Weitere Felder sind die exzessive Müllproduktion, die über Jahrzehnte verschwenderische und umweltschädliche Energieerzeugung oder die unbeabsichtigte Züchtung multiresistenter Bakterien durch die Überdosierung von Antibiotika usw.. An sich positive wissenschaftliche und technologische Entwicklungen erweisen sich in ihren Folgen zu häufig als schädlich für einzelne und Gruppen bis hin zur ganzen Menschheit. Die konkrete Erfahrung dieser Spätfolgen stellt erst seit kurzem die Fortschritts- und Wohlstandsfunktion von Technologie stärker in Frage. Rückblickend erweist sich, dass eine sehr kleine Gruppe von Menschen durch den Einsatz von Technologie Konsequenzen für eine sehr große Gruppe hervorruft. Diese Konsequenzen wirken zeitlich und räumlich so ausgedehnt, dass die Verhältnismäßigkeit von Aktion und Folge verloren geht. Sehr eindrucksvoll ist das an den Atombombeneinsätzen der Vereinigten Staaten von Amerika 1945 gegen Hiroshima und Nagasaki erkennbar oder im zivilen atomaren Kontext an den Folgen der Reaktorkatastrophen von Tschernobyl und Fukushima. Die entwichene Radioaktivität ist nicht sinnlich wahrnehmbar, aber unabänderlich über Jahrzehnte hinweg wirksam. Auch die weiteren o. g. Beispiele von Spätfolgen ziviler Technologien sind gleichermaßen alarmierend.

Zu beobachten ist die Durchdringung und Überformung von immer mehr Bereichen des Lebens, die anhand der nicht beabsichtigten und nicht erwarteten negativen Folgen die Verflechtungen zeigen, die zwischen Individuen und Gesellschaft und ihren jeweiligen Handlungs- und Bedeutungszusammenhängen bestehen. Kann der oder die Einzelne einen Unterschied für die ganze Gesellschaft machen, z. B. bei Reisegewohnheiten, privatem Konsum, Heizverhalten, Ernährung usw.? Für viele Menschen ist das eine offene Frage. Technologisch offenbart sich ein systemischer Charakter, der individuelles Handeln erweitert und verstärkt. So wie *Machine Learning* als Entscheidungshilfe den Bias in einem System verstärken kann, so wirken sich die Eindimensionalität und materielle Ausrichtung technischer Prozesse normierend auf Menschen und Gesellschaft aus. Büros und Fabriken werden zu Orten, in denen Menschen, in Effizienzprozesse integriert, Rollen ausüben und Teil einer größeren Prozess-Maschinerie und einer übergeordneten Technik werden. Im Privatleben sorgt massenhaft produzierte Technik für Veränderungen des menschlichen Zusammenlebens. Das Schaffen von Infrastruktur für Verkehr und Kommunikation und eine arbeitsteilige Wirtschaft führen zur Anpassung an diese Strukturen. So wie Arbeitsprozesse zergliedert werden, zergliedern sich nach und nach Familienstrukturen. Die Technik erleichtert das durch entsprechenden Wohnraum, standardisierte Produkte wie Wasch- und Spülmaschinen, Staubsauger, Kühlschränke usw. Die Hauswirtschaft wird für Einzelpersonen beherrschbar, alle sind mobil und die Arbeitswelt macht entsprechende Angebote. Es gehört zur Standardfrage bei der Jobsuche, ob die Bewerber/-innen ‚mobil' seien. Damit ist gemeint, ob sie bereit seien, ihr Zuhause und ihre persönlichen Beziehungen zugunsten einer neuen Funktion in einem neuen Unternehmensprozess anderswo zurück zu stellen. Die Gesellschaft fokussiert sich auf materiellen Zugewinn, der durch technisch standardisierte Massenproduktion angeboten wird. Ein hohes Einkommen erlaubt mehr von diesem Konsum und das wird als positiv bewertet. In einer Gesellschaft, die das Aufgeben persönlicher Bindungen zugunsten einer Rädchenrolle in einem entfernten neuen Räderwerk für mehr Geld, um mehr Zeug zu kaufen, als Erfolg bezeichnet, sind die o. g. Fehlsteuerungen nicht überraschend. 2017 schreibt der Sozialwissenschaftler Christoph Müller:

„Ich sitze seit Stunden vor einem Computerbildschirm und orientiere mich in einem Textverarbeitungsprogramm, das mir auf einfachste Weise erlaubt, Sätze umzustellen und zu löschen, das mir aber gleichzeitig penibel genau vorgibt, welche Schritte ich ausführen darf und welche nicht. Computer und Internet ermöglichen mir Fernkommunikation, Zugriff auf Unmengen von Informationen, ein papierloses Archiv, Datenanalysen und vieles mehr. Aber sie halten mich auch gefangen in einem rigiden Universum, das eine ganz bestimmte Denkweise einfordert. Technik ist nicht neutral, ist auch ein Prozess. Und Technologie ist eine Denkweise. Für einen selbstbestimmten Umgang mit Technik und Technologie wird es darum gehen, ob und wie wir Autonomie durch Technik und Autonomie von der Technik miteinander verbinden können." (Müller 2017, S. 62).

Müller zeigt auf, wie Technologie Möglichkeiten eröffnet und durch die Erweiterungen der Digitalisierung sogar so etwas wie Verfügungsmacht über digitale Produktionsmittel erlaubt, wie sie aber dabei auch eingrenzt, konditioniert und von einer Online-Infrastruktur abhängig macht, in der es darüber hinaus Gefahren durch unzählige Manipulationsmöglichkeiten gibt. Diese sind sehr wirksam, denn digitale Strukturen könnten zwar theoretisch ein Höchstmaß an Transparenz bieten, sind aber in der Realität fast immer undurchsichtig. Menschen, ganz gleich ob Anbieter/-innen oder Endnutzer/-innen eines Systems, erkennen nicht mehr ohne Weiteres die Kriterien, nach denen Systeme miteinander verbunden sind und nach denen Daten miteinander in Beziehungen gesetzt werden. Die Schlüsse, die aus solchen Verknüpfungen gezogen werden, sind undurchsichtig, aber evtl. folgenschwer: eine Zu- oder Absage bei einer Bewerbung, eine positive oder negative Kreditentscheidung usw. Auch wenn die Schlüsse, die auf Basis von Daten automatisiert gezogen werden, falsch sind, so sind sie trotzdem real! Die Manipulier- und Rekombinierbarkeit von Daten macht sie zu einem eigendynamischen Feld, das der menschlichen Verfügungsgewalt entgleitet. Diese Technik ist nicht neutral, sie funktioniert nach eigenen Regeln, die als komplexes System von Konsequenzen und Abhängigkeiten ein Eigenleben erlangen, dem sich menschliche Individualität und Gesellschaft anpassen und das die Entscheidungsfindung von Einzelpersonen und in der Politik beeinflusst. Müller führt als Beispiele für die Unkontrollierbarkeit der Technik die schon beschriebenen globalen, ökologischen und zivilisatorischen Probleme bzw. Katastrophen an, die

> *„(…) vielleicht nicht beabsichtigt waren, aber für die Entwicklung in Kauf genommen wurden und in den Auswirkungen verheerend sind. Dazu gesellten sich abrupte Folgen wie die Havarien von immer größeren Tankern, die unter Zeitdruck und Rentabilitätsdruck immer mehr Waren um die Welt verschieben, die Explosionen in Chlorchemiefabriken (…), die Katastrophe beim Atomreaktor in Tschernobyl – und schließlich auch die Befürchtung, dass insbesondere die Atomtechnik „in falsche Hände gelangen könnte".* " (Ebd., S. 57).

Dies alles zeige deutlich die Komplexität der von der Menschheit geschaffenen Techniken, ihre Unbeherrschbarkeit, und dass sie potenziell außer Kontrolle geraten und ein Eigenleben entwickeln könnten, welches wir in Kauf nehmen, auch wenn es nicht beabsichtigt sei. Technik werde damit, so Müller, von einem Instrument, das zu verschiedenen Zwecken eingesetzt werden könne, zu einem eigendynamischen geschichtlichen Subjekt. Sie setze durch normalen Einsatz in z. T. späten Nebenfolgen oder im Katastrophenfall direkt Prozesse in Gang, die weder kontrollierbar noch umkehrbar seien.

„Technik ‚entgleitet', es kommt zu einer Bedeutungsverschiebung von der „Macht der Mächtigen" zur „Macht der Prozesse"." (Ebd.).

Besonders die Automatisierungseffekte moderner, oft KI-unterstützter Prozesse suggerieren Handlungswissen in Maschinen und formen die Handlungen der sie benutzenden Menschen. Moderne Fahrassistenzsysteme machen die Fahrer/-innen zu Elementen der Mobilität. Sie sind in ihren beinahe vegetativ ablaufenden Routinen der Fahrzeugsteuerung selbst zum Teil der Maschine geworden. Mit dem Gefährt sind sie ein Teil eines Systems aus Infrastruktur und Logistik, in dem die Ursache-Wirkungsbeziehungen in so vielen anderen Zusammenhängen und Prozessen verflochten sind, dass weder ein Ursprung noch ein Ende erkennbar sind. Als erkennbar übrig bleiben Mikroaktionen oder Aktivitäts-Cluster von Individuen in einem größeren wirtschaftlich-gesellschaftlichen Prozess, die jedoch ohne das Gesamtbild des übergeordneten Prozesses keinen Sinn mehr ergeben.

Trotz extremer technischer Innovationszyklen gibt es von innen kaum einen Wandel des Systems. Für die verschiedensten systemischen Probleme werden permanent neue Lösungen entwickelt, wie z. B. andere Energiesysteme, abgasarme Autos oder automatisierte Fertigung statt menschlicher Schwerstarbeit oder klimafreundliche pflanzliche Nahrungsmittelproduktion. Diese Lösungen behandeln immer nur Symptome. Die Ursachen der Probleme liegen in einer Lebensweise, die den Planeten und alles auf ihm Lebende aus Profitgier ausbeutet. Die Lösungen innerhalb des Systems sind lediglich *Workarounds*, die systemstabilisierend ernsthafte politische Diskussionen der tatsächlichen Problemursachen verhindern, indem sie auf innovative Weise ein ‚weiter so' bzw. sogar ‚mehr davon' ermöglichen. Sie sorgen dafür, dass so weiter konsumiert werden kann, wie bisher. Ist das nun gut oder böse?

Es ist keins von beiden und es steckt kein systemimmanentes Bewusstsein oder Wesen dahinter als das seiner Urheber/-innen, denen in fast allen Facetten ihrer Schöpfungen und ihrer Erfindungen die Rentabilität und Effizienz am wichtigsten waren und sind. Diese Interessen sind unweigerlich in die Techniken eingebaut. Sie sind in diesen Interessen erdacht und konstruiert worden. Die Technik ist im Ergebnis somit Teil der Erfüllung der Interessen ihrer Erbauer/-innen und kann damit nicht neutral sein. Das technische Verfügbarmachen von Fähigkeiten und die durch Technik vermittelte Erfahrung von Wirklichkeit mittels Informationen und Kommunikation in digitalen Kanälen, bedeutet im Ergebnis eine wachsende Abhängigkeit von diesen Fähigkeiten und damit eine Abhängigkeit von diesen Technik-Plattformen. Beispiele sind digitale Online-Kartendienste, Online-Einkaufs- oder Videokonferenzerlebnisse, digitale Lernerfahrungen und Unterhaltung in interaktiven Spielewelten oder einfach Nutzung von Suchmaschinen wie Google, Wikipedia oder YouTube.

Wie weit kann diese Abhängigkeit gehen? Die Frage ist relevant, da sich der Großteil der Menschheit als reine Bediener/-innen von elektronischen, digitalen und KI-gesteuerten Systemen wiederfindet und über dieses reine, von spezifisch programmierten *User Interfaces* geleitete, Bedienen hinaus kaum über Handlungskompetenz im Umgang mit technischen Systemen verfügt. Martin Heidegger schreibt zu dieser Abhängigkeit von der Technik 1953:

> *„So ist denn auch das Wesen der Technik ganz und gar nichts Technisches. Wir erfahren darum niemals unsere Beziehung zum Wesen der Technik, solange wir nur das Technische vorstellen und betreiben, uns damit abfinden oder ihm ausweichen. Überall bleiben wir unfrei an die Technik gekettet, ob wir sie leidenschaftlich bejahen oder verneinen. Am ärgsten sind wir jedoch der Technik ausgeliefert, wenn wir sie als etwas Neutrales betrachten; denn diese Vorstellung, der man heute besonders gern huldigt, macht uns vollends blind gegen das Wesen der Technik. Als das Wesen von etwas gilt nach alter Lehre jenes, was etwas ist. Wir fragen nach der Technik, wenn wir fragen, was sie sei. Jedermann kennt die beiden Aussagen, die unsere Frage beantworten. Die eine sagt: Technik ist ein Mittel für Zwecke. Die andere sagt: Technik ist ein Tun des Menschen. Beide Bestimmungen der Technik gehören zusammen. Denn Zwekke setzen, die Mittel dafür beschaffen und benützen, ist ein menschliches Tun. Zu dem, was die Technik ist, gehört das Verfertigen und Benützen von Zeug, Gerät und Maschinen, gehört dieses Verfertigte und Benützte selbst, gehören die Bedürfnisse und Zwecke, denen sie dienen. Das Ganze dieser Einrichtungen ist die Technik. Sie selber ist eine Einrichtung, lateinisch gesagt: ein instrumentum."* (Heidegger 1953, S. 7.).

Seit den 1980er-Jahren wurde in Frankreich die Akteur-Netzwerk-Theorie (ANT) durch die Soziologen Michel Callon und Bruno Latour entwickelt. Dabei geht es darum, dass in Gesellschaften keine Einzelpersonen oder Dinge als alleinige Akteure agieren, sondern dass jedwede Handlung in Abhängigkeiten zu anderen Elementen des jeweiligen Netzwerkes geschieht. Innerhalb dieser Theorie können auch Gegenstände handelnde Elemente sein, die im Netzwerk zusammen mit menschlichen Akteuren Handlungszusammenhänge herstellen. Latour spricht von ‚Aktanten'. Das können Dinge oder Entitäten sein, die noch nicht soziologisch figuriert sind und aus einem latenten Handlungspotenzial heraus agieren, wie z. B. ein Auto oder eine Kaffeemaschine. In direkten Handlungszusammenhängen mit Menschen können sie zu Akteuren werden. Im weiteren Sinne könnten auch soziale Medien und die in ihnen wirkenden KIn Aktanten bzw. Akteure in einem Netzwerk sein. Wobei in der Akteur-Netzwerk-Theorie mit dem Netzwerk immer der soziologische Zusammenhang gemeint ist und niemals der technische wie z. B. die elektronische Vernetzung über das Internet oder ein Stromnetz usw. Die ANT unterstützt den Gedanken, das Handlungen in einem System – hier Netzwerk – stattfinden und die Akteure bzw. Aktanten nicht als losgelöst verantwortlich handelnde Entitäten zu sehen sind, sondern Vermittlerrollen in einem Netzwerkprozess geworden sind:

> „Handeln bedeutet immer von dem überholt zu werden, was man gemacht hat. Machen ist machen lassen. Wenn man handelt, beginnen andere zu handeln. Daraus folgt, dass man niemals einen Akteur auf ein Kräftefeld reduzieren oder in einem Kräftefeld oder in einer Struktur auflösen kann. Man kann an der Handlung nur teilhaben und sie unter anderen Aktanten aufteilen. Dies trifft sowohl auf die Fabrikation wie auf die Manipulation zu. Um sich zu amüsieren sagt man manchmal, dass die Akteure der Soziologen wie Marionetten in den Händen der „sozialen Kräfte" sind. Das Beispiel ist exzellent und beweist das genaue Gegenteil dessen, was allgemein unterstellt wird. Hierzu reicht es aus, mit einem Marionettenspieler zu sprechen, um zu erfahren, dass er jedes Mal von seiner Marionette überrascht ist. Sie lässt ihn Dinge tun, die sich nicht auf ihn reduzieren lassen und über die zu verfügen er nicht die Kompetenz oder die Macht besitzt. Ist das Fetischismus? Nein, sondern die simple Anerkennung dessen, dass wir von dem überholt werden, was wir fabrizieren. Handeln ist handeln lassen. Aber was stromabwärts für die Fabrikation gilt, gilt stromaufwärts für die Manipulation. Unterstellen wir, dass metaphorisch irgend etwas anderes an den Fäden unseres Marionettenspielers zieht: ein sozialer Akteur, das „künstlerische Feld", der „Zeitgeist", die „Epoche", die „Gesellschaft"... Dieser neue Akteur in seinem Rücken könnte ihn nicht mehr beherrschen, wenn er nicht selbst die Marionette beherrschen kann. Wenn er durch das Eigene überholt wird, warum nicht auch durch diejenigen, die ihn manipulieren? Das Beispiel zeigt sehr anschaulich, dass es selbst in Extremfällen niemals eine Kräfteübertragung, eine Manipulation, eine Beherrschung gibt. Man kann sich nur Vermittler vorstellen, von denen jemand niemals weder exakt Ursache noch Konsequenz seiner Partner ist. Es gibt also nicht auf der einen Seite die Akteure und auf der anderen Seite die Kräftefelder. Es gibt nur die Akteure – die Aktanten –, von denen jeder nur dann „zum Handeln übergehen" kann, wenn er sich anderen anschließt, die ihn überraschen und überholen können." (Latour 2001).

Das Beispiel der ANT dient der Illustration der theoretischen Betrachtungsmöglichkeiten von Technik und Objekten als handelnde Akteure und der Überprüfung, ob daraus eine Ableitung im Hinblick auf die Antwort auf die Frage getroffen werden kann, ob KI gut oder böse sei. Auch hier gibt es keine andere Antwort auf die Frage als den jeweiligen Handlungszusammenhang und seine intentionale Beschaffenheit.

Aktanten mit den latent bedrohlichsten Handlungszusammenhängen sind wahrscheinlich alle Sorten von Waffen und in Bezug auf den Einsatz von KI die autonomen Waffensysteme. Ihre Autonomie kann unterschiedliche Ebenen haben. Die eigenständige Auswahl von Angriffszielen hat dabei die schwersten humanitären, rechtlichen und ethischen Implikationen. Die Maschinen könnten Menschen oder Gegenstände, in denen Menschen sind, oder deren Zerstörung oder Beschädigung Menschenleben gefährdet, als Ziele auswählen. Die Maschine kann alleine keine moralische Entscheidung treffen. Derartige Entscheidungen automatisiert ohne menschlichen Einfluss fällen zu können, würden somit den Verlust der moralischen Entscheidungsinstanz bedeuten. Benötigt werden deshalb Mechanismen, die sicherstellen, dass Menschen den Einsatz solcher Waffen überwachen und in den Prozess eingreifen und die Waffe wenn nötig auch deaktivieren können. Aber schon vor dem Einsatz ergeben sich viele schwerwiegende Fragen z. B. in Bezug auf die Zuverlässigkeit des Systems, die Geschwindigkeit der Entscheidungsfindung, die Frage nach den Einsatzgebieten und möglichen Zielen, die Dauer des Einsatzes und die Reichweite der Waffe, um nur einige zu nennen. Das internationale Komitee des Roten Kreuzes fordert eine realistische Einschätzung der tatsächlichen Fähigkeiten und auch der Grenzen von KI-Systemen. Dazu müsse begriffen werden, dass es fundamentale Unterschiede gebe, wie Menschen oder Maschinen handeln. Sie machen Dinge unterschiedlich und sie machen unterschiedliche Dinge:

„While much is made of the new capabilities offered by AI and machine learning, a realistic assessment of the capabilities and limitations of these technologies is needed, especially if they are to be used for applications in armed conflict. It requires an understanding of the fundamental differences in the way humans and machines do things, as well as their different strengths and weaknesses; humans and machines do things differently, and they do different things." (ICRC 2019).

Die Notwendigkeit einer realistischen Einschätzung führt zurück zu der grundlegenden Forderung nach Transparenz bei der Gestaltung KI-gesteuerter Systeme. Sie führt auch dazu, verstehen zu müssen, wie und warum KI so handelt, wie sie handelt.

Spiegel menschlichen Denkens und Handelns
2017 führte ein Team von Wissenschaftlern bei Googles Tochter Deepmind Experimente zur Kooperationsfähigkeit künstlicher Agentensysteme durch. Die Ergebnisse werden gerne von Fans der Vision, bösartige KI könne sich gegen Menschen wenden, als Argument ins Feld geführt. In dem Experiment sollten Software-Bots in einem einfachen Spiel virtuelle Äpfel einsammeln. Der Bot, der die meisten Äpfel sammelt, gewinnt. Das Ergebnis war, dass die beiden gegeneinander spielenden Bots zum Ende des Spiels zunehmend aggressivere Strategien anwendeten, um zu gewinnen. In einem anderen Spiel ging es darum, dass zwei Spieler als Wölfe einen dritten Wolf jagen. Die Wölfe können bei der Jagd kooperieren und sich die Beute teilen oder gegeneinander arbeiten und dabei riskieren, die Beute jeweils komplett an Geier zu verlieren. (Leibo et al. 2017). Beim Äpfel sammeln lief alles harmlos, bis die Äpfel

knapp wurden. Die Bots hatten dann die Möglichkeit, ihren Gegner mit Laserschüssen zu betäuben. Die weniger intelligenten Agenten entschieden sich für eine gleichwertige Verteilung der Äpfel, ohne den Kontrahenten zu beschießen, während intelligentere Varianten der Bots aggressivere Strategien anwendeten: Sie begannen früh, ihre Gegner zu sabotieren, um sich den Löwenanteil der Äpfel zu sichern. Im Wolfsjagd-Spiel war Zusammenarbeit wichtiger, um die Beute zu stellen und dann vor Geiern zu schützen. In dem Fall bekamen beide Wölfe den gleichen Anteil, unabhängig davon, wer die Beute letztlich erlegt hatte. Dieses Spiel maximierte den individuellen Erfolg durch Zusammenarbeit. (Crew 2018). Früchtesammeln belohnte aggressiven Eigennutz und im Wolfsrudel-Spiel war Teamarbeit für beide Seiten das Beste. Klares Ergebnis war, dass sich bekämpfende KI-Systeme ihr Verhalten ohne Rücksicht auf Verluste auf ihre jeweilige Belohnungsfunktion optimieren. Die Folgerung ist, dass KI nicht allein auf Basis der Tatsache, dass sie von Menschen erdacht und umgesetzt wurde, automatisch Menschen dienende Interessen vertritt. Dazu bedarf es eines extra programmierten Korrektivs. Ansonsten rechnet eine KI im Interesse von denen, in deren Geist z. B. ihr Datenmodell und ihre Optimierungsfunktionen konzipiert wurden. In der Gegenwart sind somit fast alle datengetriebenen Geschäftsmodelle und die für sie entwickelten Algorithmen im Geiste einer wettbewerbsorientierten und effizienzbasierten Ideologie verfasst. Innerhalb dieser Ideologie sind gedankliche Prägungen und Vorurteile immer in das Werk eingebaut. Voreingenommene Systeme sind das Erzeugnis voreingenommener bzw. sehr unbewusster Menschen. Laut der Mitgründerin von AI4All, Dr. Olga Russakovsky, sind Vorurteile in Menschen unvermeidlich und somit ebenso auch in den von ihnen gebauten KI-Systemen: „I don't think it's possible to have an unbiased human, so I don't see how we can build an unbiased A.I. system. But we can certainly do a lot better than we're doing." (Smith 2019). AI4All setzt sich mit Diversität und Inklusion im Rahmen der Ausbildung, Forschung und Entwicklung von KI auseinander. Die Erkenntnis, dass alle Menschen und somit auch alle KIn voreingenommen sind, ist, wie angedeutet, ein Bewusstseinsthema in dem Sinne, dass sich die meisten Menschen ihrer Vorurteile nicht bewusst sind. Beispiele dafür lassen sich in den gängigen Debatten zu Vorurteilen gegenüber Geschlecht, Alter, Hautfarben, Behinderungen usw. finden. Sie werden überall dort offensichtlich, wo etwas als ‚normal' oder als Standard definiert wird. Etwas mehr Bewusstheit für die unterschiedlichen Bedürfnisse und Einsatzzwecke ermöglicht verbesserte Sensortechnologie und auch entsprechend bessere Trainingsdaten und Algorithmen.

Abgesehen von den vielen KI-bezogenen Fällen, gibt es ein vergleichsweise bekanntes Beispiel aus der Technik: Mit Aufkommen von Farbfotografie und Farbfilm wurden dunklere Töne nicht so gut wiedergegeben, was zu Beschwerden von Firmen aus der Schokoladen- und Möbelindustrie führte, die eine gute Farbabbildung ihrer Produkte wünschten. Im Fernsehen wurden die Gesichter von Schwarzen durch das Manko des Farbfilters relativ unkenntlich. Philips entwickelte extra die LDK-Serie, die mit zwei Mikrochips für die Verarbeitung von helleren und dunkleren Farben arbeitete. Solche Kameras wurden z. B. in der amerikanischen Oprah Winfrey Show benutzt, deren Produzenten ein Bewusstsein für die Thematik hatten. Der bisherige Standard wurde von weißen Ingenieuren bedient, für die Menschen mit heller Haut Standardmotive waren. Der Standard ist also nicht unbedingt neutral. Er reflektiert den *Coded Gaze* den Blick auf die Welt mit den Augen derer, die Technologie entwickeln und er entspricht deren Präferenzen und Gewohnheiten. Dieser Blick kann manchmal andere ausschließen. (Buolamwini 2017).

Der schon mehrfach als Beispiel für reproduzierte menschliche Vorurteile erwähnte Twitter-Chatbot Tay adaptierte mithilfe von *Machine Learning* aus den Texteingaben der menschlichen Gesprächspartner rassistische, homophone und extremistische Äußerungen. Mit ca. 100 Tweets pro Minute schaffte Tay, in den 16 Stunden, die das System online war, ca. 96.000 Tweets abzusenden. Nach dem gleichen Muster finden sich immer wieder Vorurteile und Stereotypen in automatisierten Übersetzungen oder maschinellen Bildbeschreibungen. Englische Wörter wie ‚lawyer' werden mit ‚Anwalt' übersetzt, da in der Erfahrung des Systems ein Anwalt immer männlich ist. Google hat für einige Worte, wie z. B. ‚Doctor' in seinem Übersetzungsprogramm diesen Bias bei einigen Sprachen in geschlechtergerechte Formulierungen geändert. Die Ärztin, die den Pfleger ruft, wird jedoch bei der Übersetzung von Englisch nach Spanisch noch immer zum Arzt, der nach der Schwester ruft. Die Beispiele zeigen, wie algorithmische Systeme lernen und welche Art von Intelligenz sie aufweisen. Sie zeigen auch einmal mehr, welche Haltungen insgesamt in der Gesellschaft vorherrschen. Mit Gut oder Böse haben sie nichts zu tun. Die Aggressivität, mit der die Früchtesammler im Spiel gegeneinander vorgehen, entspricht dem menschlichen Vorbild, das die Lernerfahrungen des programmierten Verhaltens liefert. Die KI hält ihrem Umfeld den Spiegel vor. Google-Suchmaschinenrankings oder Facebook-News-Empfehlungen arbeiten ähnlich. Die Maschinen unterscheiden nicht, ob Inhalte wahr oder gelogen, Nachrichten, Märchen, Beleidigungen oder auch Kauderwelsch sind. Bei Facebook z. B. geht es darum, ob ein Beitrag häufig geklickt wird, Likes bekommt, kommentiert und weitergeleitet wird. Auch hier trainiert die Masse den Algorithmus und solange sich die Mehrheit für Populismus, Empörung, Beleidigungen, Gewalt und Sex etc. interessiert, werden diese Inhalte weiterhin maßgeblich die Feeds des Netzwerks füllen. Besonders gefälschte Inhalte stellen eine Gefahr dar, da sie zu Missverständnissen bzw. zu bewusster Desinformation führen, um z. B. das Verhalten bei Wahlen oder auch Konsumgewohnheiten zu manipulieren. Mittels GANs, die in Kap. 3.2 erklärt wurden, können Fälschungen von Texten, Bildern und sogar Film so perfekt hergestellt werden, dass der forensische Aufwand, sie aufzuspüren, erheblich ist. Zu den bisher angewendeten Methoden zählen z. B. die Prüfung der digitalen Datei auf Manipulation, die Prüfung der Beleuchtung bei Bildern oder Detailprüfungen nach logischen Inkonsistenzen, z. B. ob für ein bestimmtes Datum passendes Wetter sichtbar ist oder ob Personen auf einem Bild sind, die sich zu dem Zeitpunkt woanders befanden usw.

Vorurteile sind immer inhärent. Sie können nie ausgeschlossen, aber nach und nach aufgespürt werden. Dazu notwendig ist in erster Linie ein Bewusstsein der jeweiligen Voreingenommenheit, denn Menschen können oft nicht sehen, was sie nicht wissen. An dieser Stelle kann KI durch Erkennen von Mustern vielleicht unterstützen, Bias aufzudecken. Zur Wiederholung: Diese Voreingenommenheiten kommen nicht aus dem digitalen System oder durch die KI. Sie werden aber in KI-Systemen mit einfachen Mitteln und hoher Geschwindigkeit und Konsequenz maschinell verstärkt. Vorurteile betreffen darüber hinaus alles und jeden. Menschen sind von ihrem kognitiven Apparat her Mustererkennungs- und Beurteilungsmaschinen. Dieses Erkennen und Beurteilen betrifft nicht nur andere Menschen oder Tiere. Genauso werden Dinge wie Geräte, Gebäude, ganze Länder und Kontinente, Denksysteme usw. kategorisiert, beurteilt und gespeichert. 2018 führte Dr. Christoph Bartneck am Human Interface Lab der University of Canterbury in Neuseeland eine Untersuchung zu rassistischen Sehgewohnheiten gegenüber Robotern durch. Konkret ging es Bartneck darum, herauszufinden, ob die gesellschaftlichen Vorurteile, die gegenüber Personen und Bevölkerungsgruppen mit bestimmten Hautfarben bestehen, auch gegenüber entsprechend farbigen Maschinen festzustellen seien. Methodisch arbeitete das Forschungsteam mit dem Shooter-Bias oder auch ‚Schützen-Fehler'-Paradigma. Es besagt, dass rassistische Vorurteile bei kritischen Entscheidungen unterbewusst das Verhalten beeinflussen. In den Fokus geriet diese These durch den Schusswaffengebrauch amerikanischer Polizisten gegenüber Minderheiten wie Schwarzen oder Hispanics. Die umfassenden amerikanischen Untersuchungen sind auch als ‚Police Officer's Dilemma' bekannt und wurden 2016 auch in Deutschland an der Universität Hamburg von Dr. Iniobong Essien im Rahmen seiner sozialpsychologischen Promotion zusammen mit der Psychologin Marleen Stelter nachgewiesen. Inhaltlich werden Versuchspersonen in einer Videospielsituation mit Bildern von bewaffneten und unbewaffneten Personen konfrontiert und sollten im Falle einer bewaffneten Person einen Knopf drücken. Gemessen wurden die Reaktionsgeschwindigkeit und die Fehlerquote. In Variationen der deutschen Untersuchungen wurden auch Bilder von muslimisch wirkenden Personen gezeigt und mit dem Knopfdruck wurde nicht Schiessen, sondern der Wechsel der Straßenseite bei einem Gegenüber mit Messer verbunden. Die Ergebnisse führten alle klar in die gleiche Richtung: Gehört der mögliche Angreifer zu einer ethnischen Minderheit, wird schneller reagiert und es werden bei der Beurteilung mehr Fehler gemacht. Marleen Stelter:

> *„Es hat nichts damit zu tun, ob wir positive oder negative Einstellungen gegenüber bestimmten Gruppen haben, sondern es geht tatsächlich eher um die Frage, wie sehr haben wir die Verknüpfung zum Beispiel zwischen Arabisch und Bedrohlich gelernt. Diese Verbindung geht meist nicht auf persönliche Erfahrungen mit aggressiven Migranten zurück. Entscheidend ist eher das gesellschaftliche Klima. Also welches Bild dieser Gruppen am Stammtisch und in den Medien zum Tragen kommt."* (Wildermuth 2016).

Die neuseeländischen Forscher konnten in ihrer Studie ‚Robots and Racism' feststellen, dass die Stereotypen und Verhaltensmuster aus den Shooter-Bias-Experimenten auf Roboter übertragbar waren. Wenn Roboter nach menschlichem Vorbild gebaut werden, menschlich klingen und menschliche Bewegungen und Emotionen nachahmen, werden sie als Personen wahrgenommen. Bartnecks Ergebnisse legen nahe, dass menschenähnlich geformte Roboter von Menschen als Rasse wahrgenommen und beurteilt werden. Entsprechend sind die Maschinen den gleichen Vorurteilen ausgesetzt, wie die entsprechenden ethnischen Gruppen der Gesellschaft. In den Tests wurden schwarze Roboter, auch wenn sie nicht bedrohlich waren, häufiger erschossen als weiße. (Bartneck et al. 2018, S. 200).

Dr. Bartneck beschreibt die menschliche Vorstellungskraft in der Zuweisung menschlicher Attribute auf Maschinen als erstaunlich. Menschen hätten kaum Gelegenheit gehabt, eigene Erfahrungen mit Robotern zu machen, so dass die unbewussten Vorurteile gegenüber schwarzen Robotern Konsequenz der Vorurteile gegenüber Afro-Amerikanern seien. Obwohl die Erbauer von Robotern divers seien, schienen sie zu glauben, dass menschenähnliche Roboter weiß sein sollten? Menschenähnliche Roboter sollten eher die Diversität der menschlichen Gesellschaft repräsentieren. Es wäre z. B. seltsam, so Bartneck, wenn alle Roboter in Afrika weiß wären.

> *„Moreover, people barely had any opportunity to form prejudices against certain groups of robots – the power of the human mind to anthropomorphism is amazing. (…) The bias against black robots is a result of bias against African Americans. (…) Human shaped robots should represent the diversity of humans, it would be weird if all robots in Africa were white."* (Curtis 2019).

Sie können selbst prüfen, welche Bilder Sie sehen, wenn Sie in der Suchmaschine ‚Roboter' eingeben. In Bezug auf Roboter und KI geht es aber nicht nur um Rassismus, sondern auch um andere Kategorien von Vorurteilen. In vorigen Kapiteln sind z. B. schon die Vorurteile beschrieben, nach denen Menschen unabhängig vom eigenen Geschlecht normalerweise eine männliche Stimme bevorzugen, wenn es um Autorität geht und eine weibliche Stimme, wenn sie Hilfe benötigen. Es ist auch hier keine Frage von Gut oder Böse der KI oder der Roboter, sondern die Verzerrung von menschlichen Werte-Wahrnehmungen und -Repräsentationen, die solche Vorurteile in der Technik manifestiert. In der gegenwärtigen Zeit des schnellen Einsatzes von Sprachassistenten und Robotern, die mit Menschen zusammenarbeiten, sollten solche Vorurteile zügig in Frage gestellt werden, wenn eine inklusive Zukunft bei KI und Robotik gewünscht ist.

Die Frage der Ethik in der Anwendung von KI steht im Spannungsfeld der möglichen Perfektion von Automatisierung auf der einen und der eigenen menschlichen Unzulänglichkeiten in den dazugehörigen Problemfeldern auf der anderen Seite. Könnten Menschen einen sicheren Modus für Vorurteilsfreiheit finden, so ließe sich das vielleicht in ein KI-System modellieren. Bisher ist es jedoch eher so, dass effektive Techniken, mit denen KI komplexere Entscheidungssituationen bewältigen kann, von den Systemen mittels *Deep Learning* erlernt werden. Sind menschliche Beispiele Vorlage der Lernerfahrung, so werden automatisch viele Vorurteile übernommen. Es wäre mindestens überwachtes Lernen notwendig, um dem System ein besseres Verständnis von richtig oder falsch zu vermitteln. KI, die aus menschlichen Beispielen lernt und sich dann gegen ihre Schöpfer wendet, ist so gesehen nicht unrealistisch. Auf jeden Fall ist sie ein beliebtes Science-Fiction Motiv. Hollywood-Dialogschnipsel á la „Skynet lernt mit geometrischer Geschwindigkeit. Am 29. August 1997 um 2:14 Uhr entwickelt Skynet sein eigenes Bewusstsein. In Panik versucht man den Stecker zu ziehen …" aus James Cameron's ‚Terminator'-Story haben beim Framing des Angstszenarios vor künstlicher Superintelligenz ganze Arbeit dabei geleistet. Als wenn es damit getan wäre, ein entwickeltes KI-Modell wie z. B. AlphaZero von Deepmind oder Open AIs GPT3 oder auch die zu erwartenden Folgeversionen ‚ans Internet anzuschließen'. In verkürzten Drehbuchfantasien ist das ausreichend, um Superintelligenz zu wecken. In der tatsächlichen technischen Umsetzbarkeit ist es eine Fantasie. Auch die Vorstellung, es müssten nur genügend Informationen in etwas hineingefüttert werden und dann würde sich schon von selber ein ‚eigenes Bewusstsein entwickeln' ist ebenso fantastisch i.S.v. fantasievoll. Ungeachtet dessen fürchten die schon in Kap. 4.2 genannten Wissenschaftler und Experten Russel, Bostrom, Hawking, Gates, Musk et al., eine

Gefahr durch eine übermächtige künstliche Superintelligenz, deren Ziele nicht mit den Werten der Menschheit übereinstimmen könnte und die ‚böse werde' (*turns evil*). Das führt schnell zur weiteren Fantasie der Auslöschung der Menschheit durch KI. Dass zu dieser Konsequenz überhaupt die Notwendigkeit eines andersartigen Bewusstseins, wie KI oder mit vermutlich gleicher Wahrscheinlichkeit Außerirdische, notwendig sein sollte, mutet fast ironisch an, angesichts des Auslöschungspotenzials, dass die Menschheit in ihrer Entwicklung in den letzten 100 Jahren ganz alleine geschaffen hat.

Namhafte Praktiker/-innen, die aktuell verantwortlich in hochentwickelten KI-Projekten arbeiten, äußern sich dahingehend eher desillusionierend: Andrew Ng ist heute u. a. Lehrbeauftragter für Informatik an der Stanford University und einer der einflussreichsten Informatiker der Gegenwart. Er leitete das Google Brain Projekt, war Chief Scientist beim chinesischen Internetkonzern Baidu und 2012 Mitgründer und CEO der Online-Lernplattform Coursera. Auf einer Konferenz äußerte er sich schon 2015 zur Frage bösartiger KI, dass diese Frage eine unnötige Ablenkung sei und er vergleicht die Angst vor einer solchen bösartigen Superintelligenz mit der Angst vor dem Risiko einer Überbevölkerung auf dem Mars:

> „There's also a lot of hype, that AI will create evil robots with super-intelligence. That's an unnecessary distraction. (…) There's a big difference between intelligence and sentience. There could be a race of killer robots in the far future, but I don't work on not turning AI evil today for the same reason I don't worry about the problem of overpopulation on the planet Mars. If we colonize Mars, there could be too many people there, which would be a serious pressing issue. But there's no point working on it right now, and that's why I can't productively work on not turning AI evil." (Williams 2015).

Yann LeCun, KI-Chef bei Facebook, äußert sich ähnlich gegenüber der BBC und sagt, dass es Science-Fiction Szenarios aus Filmen wie ‚Ex-Machina' oder ‚Terminator' nicht geben würde, da Roboter nicht mit menschlichen Antrieben wie Hunger, Fortpflanzung oder Selbsterhaltung gebaut würden. Stuart Russel kontert, es sei mathematisch falsch, dass KI keinen Selbsterhaltungstrieb habe:

> „Yann LeCun keeps saying that there's no reason why machines would have any self-preservation instinct, and it's simply and mathematically false. I mean, it's so obvious that a machine will have self-preservation even if you don't program it in because if you say, 'Fetch the coffee,' it can't fetch the coffee if it's dead. So if you give it any goal whatsoever, it has a reason to preserve its own existence to achieve that goal. And if you threaten it on your way to getting coffee, it's going to kill you because any risk to the coffee has to be countered. People have explained this to LeCun in very simple terms." (Dowd 2017)

Würden wir die Maschine also beim Kaffee-holen bedrohen, so würde sie uns umbringen, denn jedem Risiko für den Auftrag müsse begegnet werden? Das Beispiel zeigt, dass auch Fachdiskussionen nicht immer rational ablaufen. Vermutlich denkt Stuart Russel nicht wirklich, dass KI Menschen für einen Kaffee umbringen wird, aber die Klarheit der Bedenken in Richtung einer potenziellen Gefahr für Leib und Leben durch KI, ist frappierend. Auch hier basiert die Dystopie auf der Zuweisung menschlicher Eigenschaften an die Maschine.

Menschen, so scheint es, können nicht außerhalb der eigenen Wahrnehmungs- und Erfahrungswelt denken. Sie projizieren deswegen menschliche Züge und Motive in alles, vor allem, wenn es sich um eine menschenähnliche Form handelt. Auf der Suche nach dem Gut und Böse der KI werden wir folgerichtig auch am ehesten bei denen fündig, die KI herstellen und anwenden. Neben den massenhaften positiven Anwendungsmöglichkeiten gibt es auch eine lange Liste moralisch fragwürdiger KI-Anwendungen mit vielen Varianten:

- Das Streben nach Dominanz von Nationalstaaten, die KI entwickeln und einsetzen, um damit Cyber-Waffen und autonome physikalische Systeme für den militärischen Einsatz zu haben, wie z. B. Kampfdrohnen
- Regierungen, die mittels KI ihre innerstaatliche Herrschaft festigen möchten und ihre Bürger überwachen
- Regimes, die die Technologie verdeckt gegen andere Staaten einsetzen, z. B. zur Manipulation der Medien und der öffentlichen Meinung vor Wahlen
- Unternehmen, die quasi-Monopole schaffen möchten und mit illegalen Mitteln gegen ihre Wettbewerber vorgehen, z. B. durch Industriespionage
- Hacker, die Informationen stehlen, Systeme manipulieren oder sogar Infrastrukturen lahmlegen, um z. B. Geld zu erpressen oder politische Ziele zu verfolgen
- Weitere Kriminelle, die KI nutzen, um z. B. Menschen anhand von falschen Websites oder Fake-Profilen mit dem Verkauf vermeintlicher Leistungen zu betrügen, Registrierungen zu manipulieren, um z. B. Passwörter und Kreditkarteninformationen zu stehlen, um sich auf Kosten anderer zu bereichern usw.
- Organisationen, die mittels KI-Einsatz ihre Ideologien und Ziele verbreiten
- Psychisch gestörte Einzeltäter, die sich in den Geschichtsbüchern verewigen möchten

- Leugner von KI-Risiken, die Probleme untergraben, um ihre Positionen weiter zu stützen
- Betrügerische KI-Sicherheitsexpertinnen und -Experten und
- Wissenschaftler/-innen, die ihre eigenen Finanzierungen sichern, indem sie gezielt problematische KI entwickeln und so ihre Daseinsberechtigung erhalten
- …

Die Möglichkeiten für Missbrauch sind also vielfältig. Sie reichen von relativ herkömmlicher Online-Kleinkriminalität bis hin zu weitreichenden Verbrechen, wenn z. B. staatliche oder unternehmerische Funktionen untergraben und für eigene Ziele missbraucht und Mittel entgegen ihrer Bestimmung umgeleitet werden oder wenn Staaten ein System lückenloser Überwachung aufbauen oder ein solches bestehendes System erweitern und ausbeuten, die Privatsphäre einschränken und versuchen, selbst in das Denken ihrer Bürger manipulativ einzugreifen. Solche Szenarios können die Bewegungsfreiheit einschränken und bis zur Versklavung reichen. Unter Ausnutzung psychologischer und physiologischer Erkenntnisse und Simulationen sind perfekt individualisierte Missbrauchs- und Foltermethoden denkbar. (Yampolskiy 2016). Das technische Fundament dafür besteht. Einige der beschriebenen Möglichkeiten sind realisiert. Apps sollen helfen, bei Wahlen die Programme der aufgestellten Parteien besser zu verstehen und die richtige Partei für die eigenen Überzeugungen zu finden. Dazu werden Antworten auf Fragen zu politischen Themen eingegeben und die App spuckt eine Wahlempfehlung auf Basis der geäußerten Präferenzen aus. Wer garantiert, dass nicht subtil in eine bestimmte politische Richtung manipuliert wird? Am Ende zählt das Vertrauen in die Angebote. Das chinesische *Social Credit* System wirkt beklemmend für Menschen in freiheitlichen westlichen Demokratien. Unter Einsatz fast allgegenwärtiger Gesichtserkennung im öffentlichen Raum, Nutzung von Geodaten zur Bestimmung des Aufenthaltsortes, Satellitenüberwachung und Analyse persönlicher Adressdaten etc. ist u. a. erkennbar, ob eine Person mehr als 300m von ihrem Zuhause entfernt ist. Die permanente Überwachung der Öffentlichkeit gestattet eine Klassifizierung des individuellen Bürgerverhaltens für sogenannte *Social Credits*, ideologisch erwünschtes Sozialverhalten. Die Auswirkungen können weitreichend sein: Von unterschiedlichen Strafen für Vergehen, Bonus oder Malus bei der Kreditvergabe oder Jobsuche bis hin zu Einschränkungen der persönlichen Freiheit z. B. durch Berufs- oder Reiseverbote u. v. m. Der westlichen Welt stehen die gleichen Technologien zur Verfügung und ihre Nutzung und möglicher Missbrauch solcher Systeme werden argwöhnisch beobachtet. Was heute mit der Begründung des Schutzes vor Terrorismus und Verbrechen eingesetzt werden soll, kann morgen helfen, Geimpfte zu erkennen, Aktivistinnen und Aktivisten oder die Presse zu überwachen und irgendwann ermitteln, wer wann seinen Müll in der falschen Tonne entsorgt hat. Wir entscheiden über den Sinn und den Einsatz von Technologie und die daraus entstehenden Konsequenzen für unser Zusammenleben und unseren Lebensalltag, sofern wir uns denn der Möglichkeiten und Implikationen überhaupt bewusst sind. Dabei geht es um weitreichende Entscheidungen über persönliche Freiheiten, die nicht leichtfertig für kurzfristige Ziele geopfert werden dürfen, sonst ist die Basis der freiheitlichen, demokratischen Grundordnung schnell in Gefahr.

Aus den genannten Gründen ist die Fragestellung und der Versuch einer Einordnung von künstlicher Intelligenz in die Kategorien von Gut oder Böse nicht sinnvoll. Es ist aber auch nicht so, dass die Technik völlig neutral sei und es wirklich auf nichts anderes als ihre Anwendung und die Intention dahinter ankäme. Die vielen systemischen Abhängigkeiten und Einflussfaktoren und die schwierig abschätzbaren Langzeitfolgen des KI-Einsatzes machen einen schon in der Ideen- und Konzeptionsphase verantwortlichen Umgang mit KI unabdingbar. Das betrifft die Daten und Modelle, die gewissenhafte Begleitung der Modellierungsphasen, die Aufbereitung von Trainingsdaten sowie das *Deployment*, also die Implementierung in die verarbeitenden Systeme und schließlich die Überwachung und Qualitätssicherung im laufenden Betrieb. Diese Schritte involvieren viele unterschiedliche Aufgaben und in den meisten Fällen interdisziplinäre Expertise. Der Rolle von Data Scientists kommt dabei eine besondere Bedeutung zu. Für diese Berufsgruppe gibt es jedoch kein standardisiertes Berufsprofil und keine standardisierte Berufsethik. Dabei wären diese Punkte für alle Phasen ein wichtiger Ansatz, um Fehler zu vermeiden. In einem Arbeitspapier der Bertelsmann Stiftung stellt die Informatikerin Dr. Katharina Zweig fest, dass die Berufswege „(…) eher erratisch (…)" seien, und dass „(…) klassische Ausbildungen als Physiker, Informatiker oder Mathematiker (…) weder eine interdisziplinäre Grundausbildung noch die Berufsethik, die für diese besonderen Entscheidungssysteme notwendig wäre (…)" beinhalten. Zweig fordert: „Eine Professionsethik für Entwickler und Data Scientists müsste Prinzipien beinhalten, die auf einen ethischen, sicheren, nützlichen und nachvollziehbaren Einsatz von Entscheidungssystemen abzielen." (Zweig et al. 2018). Sie verweist auf die Ausbildungsstandards im eigenen Haus mit dem Studiengang ‚Sozioinformatik' an der TU Kaiserslautern, wo sowohl allgemein dazu ausgebildet wird, mögliche gesellschaftlichen Folgen von Softwaresystemen zu antizipieren und zu modellieren, als auch sinnvolle Softwaresysteme für gesellschaftliche Kontexte zu entwickeln. Gleichzeitig verweist sie auf die ‚Asilomar KI Prinzipien' der

Beneficial AI-Konferenz, die im Januar 2017 vom Future of Life Institute durchgeführt wurde. Das Institut beschäftigt sich neben künstlicher Intelligenz auch mit Biotech, Atomenergie- und Klima-Themen und versammelte zur Konferenz viele der weltweit namhaftesten KI-Forscherinnen und Forscher, Führungskräfte aus der Industrie und berühmte Wissenschaftler/-innen wie den Nobelpreisträger Daniel Kahnemann und weitere, die bereits in diesem Buch aufgetaucht sind, darunter: Nick Bostrom, Eric Brynjolfsson, David Chalmers, Eric Drexler, Ian Goodfellow, Ray Kurzweil, Yann LeCun, Elon Musk, Andrew Ng, Peter Norvig, Larry Page, Heather Roff, Stuart Russell, Jürgen Schmidhuber, Jaan Tallinn, Max Tegmark, Toby Walsh, Roman Yampolskiy und Eliezer Yudkowsky. Die erarbeiteten und diskutierten 23 Prinzipien sind vergleichsweise allgemein und enthalten ebenfalls die wesentlichen in Kap. 7.1 besprochenen Themen.

Fazit ist, das Gute oder Böse kommt, wie die Kategorien selbst, von den Menschen. Trotzdem sind die Technologien und somit auch KI nicht einfach ‚neutral'. Ihr Sein ist verflochten mit den Haltungen und Intentionen, die die Systeme und Prozesse unseres globalen Zusammenlebens bestimmen. Das Infragestellen von KI in diesem Kontext bleibt an der Oberfläche. Es geht jeweils um die darunter liegenden Motive und die Fragen, wem oder was sie dienen.

7.3 Mehr oder weniger Arbeit durch/mit KI

> **Zusammenassung**
>
> Das Schreckgespenst der voll automatisierten Wirtschaft, in der Maschinen nicht nur Produktionsaufgaben in Fabrikhallen, sondern demnächst flächendeckend auch Bürotätigkeiten, die sogenannten ‚Wissensarbeiter' bzw. *white collar jobs* ersetzen, wird häufig beschrieben. Es wäre naiv, zu glauben, dass KI und Robotik in Bereichen, in denen sie maßgebliche Produktivitätsgewinne gegenüber Menschen erzielen können, nicht auch eingesetzt würden. Das Ausmaß der möglichen Substitution menschlicher Arbeitskraft und der Zeitraum, in dem sich der Prozess vollzieht sind jedoch nur schwer einzuschätzen. Die vielen Befragungen, Studien und Hypothesen zu diesen Themen deuten auf einen tiefgreifenden Strukturwandel im Zuge der digitalen Transformation hin, der im Ergebnis wahrscheinlich eine Steigerung der Anzahl von Arbeitsplätzen bringen wird, aber es werden andere Tätigkeiten sein und die Gesellschaft ist gefordert, ihr Menschenbild im marktwirtschaftlichen System zu reformieren.

Künstliche Intelligenz und Digitalisierung verändern die Welt und auch im besonderen die Arbeitswelt. Allein das medial allgegenwärtige Szenario der selbstfahrenden und -fliegenden Vehikel wird massive Folgen für den Alltag haben, auch wenn es vielleicht noch zwei Jahrzehnte dauert, bis sie die Straßen füllen. Städte werden ihre Infrastruktur verändern. Parkraumbedarf wird sinken. Die Automobilindustrie wird sich wandeln. Neue Dienstleistungszweige rund um die veränderte Mobilität werden entstehen usw. All das bedeutet, dass es vieles nicht mehr geben wird. Berufsbilder z. B. in der Logistik werden sich verändern, wie sich in jedem Wandel Berufsbilder und Anforderungen an die Qualifikationen etc. verändern. Auch der Wechsel von fossil angetriebener zu elektrischer Mobilität verändert die Rahmenbedingungen. Das beginnt bei der Konstruktion der völlig andersartigen Motoren und geht bis zum Aufbau und der Erweiterung der Ladeinfrastruktur. Veränderungen auf dem Arbeitsmarkt werden durch viele Faktoren beeinflusst, von denen die Digitalisierung ein starker Antrieb ist und innerhalb der Digitalisierung nimmt die Automatisierung mithilfe von KI einen großen Stellenwert ein. Das Besondere an dem KI-Einfluss auf die Entwicklung ist, dass damit viel stärker als je zuvor in der bisher kurzen Geschichte der Menschheit, geistige Fähigkeiten und Berufe im Fokus der Automatisierung und im wahrsten Sinne des Wortes der Rationalisierung stehen.

Die Frage der Auswirkungen des KI-Einsatzes auf den Arbeitsmarkt wurde schon in Kap. 4.2 behandelt und es ist unausweichlich, dass künstliche Intelligenz überall dort eingesetzt werden wird, wo Technik besser funktioniert und/oder günstiger bzw. effizienter ist als menschliche Arbeitskraft. Etwas anderes zu erwarten, wäre naiv. Es gibt zu wenige Argumente dagegen und es gibt zu viele Einsatzgebiete in wirklich fast allen Branchen und Funktionen, um diesen Trend auch nur zu bremsen, geschweige denn, aufzuhalten. Dabei verändern sich auch die menschlichen Berufsbilder rasant. Es geht bei vielen Funktionen um die Ergänzung und Erweiterung menschlicher Fähigkeiten und die Anwendungen neuer Mensch-Maschine-Kombinationen. Darüber hinaus wird es zunehmend Fälle geben, in denen Robotik und KI die jeweiligen Funktionen früher oder später zu 100 % ausfüllen werden. McKinsey schätzt bis 2030 die Substitution von 15 % bis 18 % der menschlichen Arbeitszeit in heute ausgeübten Tätigkeiten. Auf dem Weg dahin profitieren die Beschäftigten, die digitale Kompetenz vorweisen können und die Arbeitsinhalte haben, die mehr Kreativität, Empathie oder konzeptionelle Fähigkeiten erfordern, gegenüber denjenigen mit repetitiven Aufgaben, deren Routinen durch Automatisierung ersetzbar sind. (Bughin et al. 2018a)

Die unumgänglichen Veränderungen des Arbeitsmarktes durch KI bedeuten sowohl Verluste, wie auch Zugewinn von neuen und veränderten Arbeitsplätzen. Immer wieder in der Geschichte haben Technologien solche Veränderungen hervorgebracht. Wie das Beispiel der Mobilität zeigt, sorgt die international insgesamt steigende wirtschaftliche Tätigkeit, die mit den technischen Möglichkeiten permanent effizienter und ertragreicher wird, auch konsequent für den Anstieg des Bedarfs an Arbeitskräften in den Wachstumsfeldern. Der Einsatz von KI ist nicht anders zu bewerten und die Auswirkungen werden von McKinsey mit einem durchschnittlichen jährlichen Wachstum von 1,2 % bis 2030 geschätzt. (Ebd.). Auch wenn also die Erfahrungen und die Expertisen der Vergangenheit eher das Gegenteil versprechen, so ist die Angst vor Jobverlust und sozialem Abstieg nachvollziehbar, wenn Maschinen Menschen vom Arbeitsmarkt verdrängen. Schon im 16. Jahrhundert wurden die ersten maschinellen Webstühle errichtet und ein/e einzelne/r Weber/-in konnte damit in der gleichen Zeit so viele Stoffbänder weben, wie 16 andere in Handarbeit. Es vergingen noch über 200 weitere Jahre, bis Edmund Cartwright 1785 das erste Patent für einen mechanischen Webstuhl beantragte. Er koppelte dann den weiter entwickelten Webstuhl an eine Dampfmaschine und mit diesen sogenannten *Power Looms* begann das Zeitalter der Industrialisierung. Gleichwertige Produkte konnten extrem schnell in bis dato unvorstellbaren Mengen und in gleichwertiger Qualität hergestellt werden. Damit wurden die Erzeugnisse kostengünstiger und für eine größere Bevölkerung erschwinglich. Diese Revolution führte zu großer Arbeitslosigkeit und z. T. unmenschlichen Arbeitsbedingungen in den Fabriken und aus dem Protest der Arbeiter/-innen gegen diese Zustände entwickelten sich schließlich Ende des 19. Jahrhunderts die Gewerkschaftsbewegungen und die Anfänge der Sozialgesetzgebung. Heute, fast 150 Jahre später, gibt es im globalisierten Wirtschaftssystem gegenüber Lohnarbeitern und -arbeiterinnen noch immer ähnlich ausbeuterische Zustände wie im Europa des späten 19. Jahrhunderts. Sie befinden sich nur viele Tausend Kilometer entfernt, in Asien. Der Abbau der sogenannten *Sweatshops*, der Fabriken, in denen Niedriglohnarbeiter/-innen die Kleider, Geräte und sonstigen Produkte für westliche Märkte herstellen, geht nur langsam und unter dem Druck von Menschenrechtsorganisationen vonstatten. Parallel wächst die Ungleichheit der globalen Einkommen und der Vermögensverteilung stetig weiter und wurde durch die Digitalisierung und den Einsatz von KI auf neue Rekordhöhen getrieben. Derzeit offen, wenn auch zu erwarten, ist, ob sich die Prognosen der steigenden Zahl von Arbeitsplätzen dank KI und Robotik erfüllen werden. Diese Technologien unterscheiden sich vom Maschineneinsatz der vergangenen Jahrhunderte, denn in der nahen Zukunft konkurrieren Maschinen nicht mehr nur in hauptsächlich manuellen Arbeiten, sondern erledigen mehr und mehr Arbeiten, die höhere kognitive Fähigkeiten erfordern. Dies geschieht für absehbare Zeit, vermutlich noch Jahrzehnte, auf einem Niveau, das die Zusammenarbeit von Mensch und Maschine zur effektivsten

Kombination macht. Fabrikarbeit und Bürotätigkeiten laufen schon heute so ab. Sachbearbeiter/-innen arbeiten an und mit Computern in ihren Fachgebieten und einzelne Prozessschritte werden zunächst teilweise, später voll automatisiert. Trotzdem entstehen ununterbrochen neue Jobs, die Kreativität und menschliches Urteilsvermögen fordern. Auch nach Besiegen des Schachweltmeisters durch einen Computer entwickelten sich menschliche Spieler weiter und wurden mithilfe von Computern trainiert. Teams aus Mensch und Computer spielten besser als Computer, die alleine spielten. Der Historiker und Philosoph Yuval Noah Harari befürchtet, dass auch das erwartete weitere Wachstum an Arbeitsplätzen die Spirale der wirtschaftlichen Ungleichheit weiter drehen werde. Zukünftige Jobs erfordern vermutlich viel Fachwissen und Kreativität. Arbeitslose, ungelernte und alle Arbeitsuchenden, die nur zu extrem niedrigen Löhnen beschäftigt werden können, drohen auf der Strecke zu bleiben. In einer längerfristigen Betrachtung, in der sich KI mit der bisherigen Geschwindigkeit entwickele, könne sich sogar die Zahl der Arbeitsplätze mit höheren Ausbildungs- und Kreativitätsanforderungen stark reduzieren. (Harari 2018).

Etwas tiefergehend analysiert Michael Webb die Entwicklung. Er forscht im Bereich Wirtschaft an der Stanford University zu den Zusammenhängen zwischen künstlicher Intelligenz, dem Arbeitsmarkt und wirtschaftlichem Wachstum und versucht, die Zusammenhänge der Nachrichten zu verstehen, in denen es immer wieder um die übermenschlichen Leistungen von KI auf allen Gebieten geht. Warum sind die Einschätzungen der Auswirkungen auf den Arbeitsmarkt so schwierig? Zum einen sind die Ergebnisse früherer Fallstudien nicht unbedingt übertragbar auf KI-Anwendungen, zum anderen werden in Arbeiten zu Automatisierungstechnologien Software, Robotik und KI zu wenig differenziert. Webb sah sich einem Ergebnis gegenüber, dass viel Diskussion und wenig Klarheit und sowohl utopische wie apokalyptische Prognosen enthielt. Um aussagekräftige Ergebnisse zu erhalten veränderte Webb die Analysemethodik, indem er nicht die Auswirkungen bestehender Technologien untersuchte, sondern nach Überschneidungen bei Patenten mit KI einerseits und Stellenbeschreibungen andererseits suchte. Die Überschneidungen der Analyse von Stellen- und Patentbeschreibungen ergeben die Felder, in denen menschliche Arbeit von KI ausgeübt werden könnte. Webb stellte dar, wie sehr eine bestimmte Arbeit oder Funktion Konkurrenz durch KI bekommt. Aus der Gesamtbetrachtung entwickelte er einen Index, der jeweils anzeigt, ob der Konkurrenzdruck für eine Aufgabe über- oder unterdurchschnittlich ist. Im Gegensatz zu den bisherigen Untersuchungen, die darauf hindeuteten, dass weniger ausgebildete Arbeitnehmer/-innen mit niedrigeren Löhnen am stärksten durch KI verdrängt würden, kam Webbs

Analyse zu einem anderen Ergebnis: Besser ausgebildete und höher bezahlte Arbeitskräfte mit höheren College- und Universitäts-Abschlüssen sind fast viermal, solche mit Bachelor-Abschlüssen sogar fünfmal so stark von der Substitution ihrer Arbeitsplätze durch KI betroffen, wie diejenigen mit einem mittleren Bildungsabschluss. Tätigkeiten, die einen mittleren Ausbildungsgrad verlangen, werden stärker durch Standardsoftware-Anwendungen beeinflusst, während Arbeiter mit niedrigem Bildungsgrad überdurchschnittlich mit Konkurrenz durch Robotern rechnen müssen. Es gibt keine Garantie dafür, dass eine besonders gute berufliche Qualifikation oder eine hierarchisch hohe Position vor KI-Substitution schützen. Auch gut bezahlte Führungskräfte oder auch speziell ausgebildete Fach- und auch Wissensarbeiter/-innen werden in ihrem beruflichen Alltag wahrscheinlich direkt mit KI zu tun haben. Dabei sind besonders Aufgaben mit analytisch-technischem Bezug betroffen. KI unterstützt kognitive Arbeit z. B. durch eine ‚zweite Expertenmeinung', indem die KI ähnliche Sachverhalte prüft und einen schnellen Vergleich von Ergebnissen erlaubt. Auf die gleiche Weise können Inhalte vorqualifiziert und vorsortiert und ebenso können umfangreiche Recherchen auch medienübergreifend in kürzester Zeit durchgeführt werden. (Striemer und Gruhn 2020, S. 50–51).

Geschlechterspezifisch scheinen Frauen bis dato etwas weniger von KI-Substitutionseffekten betroffen zu sein. Das ist darauf zurückzuführen, dass sie noch immer einen hohen Anteil in Berufsfeldern mit stärkerem zwischenmenschlichen Bezug, z. B. in der Bildung, im Gesundheitswesen und im Pflegebereich darstellen. (Webb 2020, S. 43).

Die neuartige Erhebungs- und Vergleichsmethode macht die Ergebnisse interessant. Ihr Status kann kontinuierlich beobachtet werden und zeigt, dass die meisten Berufsfelder betroffen sein werden, sobald sich der KI-Einsatz lohnt. Das Fazit daraus ist ebenso einfach, wie profund: Über kurz oder lang werden beinahe alle Berufe von Automatisierung und KI beeinflusst. In den meisten Fällen wird die Technik die menschliche Arbeit unterstützen und Qualität und Geschwindigkeit verbessern. In einigen Fällen wird die Maschine den Menschen in der Aufgabe komplett ersetzen. Das werden auf lange Zeit alle vergleichsweise monotonen und spezialisierten Aufgaben sein. Mit verbesserten Datenmodellen und Algorithmen werden sich darüber hinaus weitere Möglichkeiten ergeben. Trotzdem wird es auch in der Zukunft weiterhin Aufgaben und Arbeit für Menschen geben. Die Veränderungen durch Algorithmen und Daten im beruflichen Umfeld geschehen nicht in einem Vakuum, sondern inmitten von unzähligen parallelen Entwicklungen. Das vielstrapazierte Beispiel der Mobilität zeigt deutlich das mittelfristige Veränderungspotenzial. Getrieben von neuen Wettbewerbern aus der Digitalbranche, aber auch von den Kundenerwartungen und ihren eigenen Ambitionen, investieren die globalen Autokonzerne in selbstfahrende Autos. Die Veränderungen, die sich im öffentlichen und privaten Raum ergeben, z. B. neue Nutzungsszenarios für unendliche Parkflächen, werden von Menschen erdacht, geplant und gestaltet. Potenziell bedroht sind alle möglichen Arten von Fahrertätigkeiten. Wenn ein LKW selbständig von einem Logistikzentrum zum nächsten über die Autobahn fahren kann, wird vielleicht kein/e Fahrer/-in mehr gebraucht. Mittels *Platooning*-Technik, bei der ein vorausfahrender LKW eine Anzahl weiterer, selbstfahrender Laster seinem Kurs im Konvoi folgen lässt, kann eine Person oder ein Team aus zwei Fahrern oder Fahrerinnen eine Menge LKWs fast pausenlos bewegen. Vielleicht ist es aber auch trotz Automatisierung noch eine Weile sinnvoll, dass ein Mensch die Fracht begleitet, sei es zum Schutz oder zur Regelung der Übergaben an den Endpunkten oder um einzugreifen, wenn etwas Unvorhergesehenes wie eine Straßensperrung, eine Panne oder ein Unfall passiert. In Schulbussen lenken Fahrer/-innen auch nicht nur den Bus, sondern tragen zusätzlich Verantwortung für die Sicherheit der Kinder, die nicht unbeaufsichtigt durch die Gegend transportiert werden sollen (Agrawal et al. 2018, S. 149). Menschen steuern und bedienen Maschinen, sie überwachen sie. In Zukunft werden sie enger mit ihnen zusammenarbeiten. Vielleicht werden die Maschinen irgendwann selbstgesteuert und gewartet kompliziertere Aufgaben erledigen, um die sich Menschen nicht mehr kümmern müssen. Weiterhin werden in besonderen Fällen oder Situationen, von denen das Leben mehr als voll ist, menschliche Kreativität, menschlicher Einfallsreichtum, Neugier, Humor und vielleicht Intuition, die menschliche Big Data-Analyse, gebraucht. Das gilt vor allem dort, wo allein mit vorliegenden Daten kein klares Bild gewonnen werden kann.

Wenn Menschen sich über eine Sache im Unklaren sind und keine weiteren Informationen bekommen, so bleibt die Möglichkeit, über die Sache nachzudenken. Das kann eine Maschine nicht. Es fehlt ihr schon ein Antrieb dazu. Bestehende Ergebnisse werden nicht wieder und wieder rekombiniert und zu neuen Lösungen zusammengesetzt. Es fehlen auch neben der reinen Informationsverarbeitung die Gefühle zu den Gedanken, wenn man die maschinellen Vorgänge so nennen wollte. Um dieses Thema ging es schon in Kap. 5, bei der Frage, ob KI den Menschen ersetze. Dort behauptete ich, dass Maschinen noch immer nicht selbständig denken können und daher das Denken selbst, und auf Basis dieses Denkens zu entscheiden, teure Fähigkeiten seien und bis auf Weiteres Menschen vorbehalten blieben. Das liegt unter anderem daran, dass Menschen relativ gut darin sind, auch dann Entscheidungen zu treffen, wenn nur wenige Daten vorliegen. Vor allem wenn es darum geht, das Verhalten anderer zu verstehen und zu prognostizieren, sind Menschen Computern beim Denken mit geringen Datenmengen meist überlegen, weil sie sich in andere hineinversetzen können. Das kann eine KI nicht. Das als ‚Theory of Mind' bekannte psychologische Phänomen beschreibt die Fähigkeit, Annahmen über Denk- und Bewusstseinsvorgänge anderer Individuen zu entwickeln und daraus Entscheidungen und Handlungen abzuleiten. Die Theory of Mind ist auch die Grundlage für ‚Metakognition', für das Nachdenken über das Denken. Für Maschinen ist das aufgrund der nur sehr schwer, wenn überhaupt ermittelbaren Daten nahezu unmöglich. Zudem verwenden Menschen viele Informationen, ohne diese rational zu verarbeiten. Intuition oder Bauchgefühl beschreiben die unbewusste Massendatenverarbeitung des Gehirns, die gerade in Bezug auf das Verhalten anderer Menschen oft sehr treffsicher ist, jedoch nicht einfach über den Verstand nachvollzogen werden kann. Wissenschaft und Wirtschaft behelfen sich in solchen Fällen mit Experimenten oder Tests, um die notwendigen Daten für ein zuverlässiges Ergebnis zu ermitteln, aber auch das ist nicht immer machbar. Agrawal, Gans und Goldfarb liefern in ‚Prediction Machines' ein gutes Beispiel für eine solche Situation aus dem Zweiten Weltkrieg, als alliierte Ingenieure die Panzerung von Bombern verbessern wollten. Welches Teil des Flugzeuges sollte man besser panzern vor dem Hintergrund, dass mehr Panzerung auch mehr Gewicht und damit einen Verlust von Reichweite und Wendigkeit bedeutete. Experimentell ließ sich das nicht ermitteln, ohne das Leben der Piloten aufs Spiel zu setzen. Die einzigen zur Verfügung stehenden Daten waren die Einschusslöcher in den zurückkehrenden Flugzeugen. Die Lösung entwickelte der Statistiker Abraham Wald. Er erkannte, dass einige Flugzeuge nicht von ihren Einsätzen zurückkamen, während die zurückkommenden an Stellen getroffen wurden, die offenbar nicht fatal für die Flugeigenschaften waren. Die Lösung war eine zusätzliche Panzerung der Flächen, die nicht von Einschusslöchern betroffen waren und sie basierte auf einer Erkenntnis über fehlende Daten. Das ist sehr schwer für eine Maschine zu lösen. (Agrawal et al., S. 100). Durch die Entwicklung von Modellen und in Simulationen können KIn sich an solche Prognosen herantasten. Modellierung und Simulation sind deswegen wesentliche Felder in der Anwendung von künstlicher Intelligenz.

In unternehmerischen Funktionen wie Marketing oder Vertrieb geht es darum, mithilfe von permanentem kreativen Kombinieren und datengetriebenem Experimentieren die besten Möglichkeiten zu finden, seine Zielgruppen wirksam zu erreichen. Daten sind dank der wachsenden Verlagerung des Geschäfts auf digitale Kanäle massenhaft vorhanden und wenn es Budget für Dienstleister und Tools gibt, um Neues auszuprobieren, sind die Felder ein Paradies für die verschiedensten Anwendungen: Datenaufbereitung in Dashboards oder Cockpits für Statusinformationen und zur Steuerung des Geschäfts, Infos und Konfigurationen zu Produkten, -Services und Rechenbeispielen, Datenbanken und Analysen zu Kunden, -Märkten oder Regionen, eine schier unendliche Menge von Nutzungsdaten der verschiedenen Online-Plattformen. Alles ist vorhanden und es ergeben sich viele Möglichkeiten für schnelle Simulationen und Tests, die z. T. in Echtzeit online durchgeführt werden, wie z. B. A/B-Tests, bei denen zwei Varianten eines Produkts, einer Website oder einer Kampagne ausprobiert werden können. Anhand der messbaren Reaktionsparameter der Zielgruppe kann das Unternehmen entscheiden, was besser funktioniert, um die eigenen Ziele zu erreichen. Speziell im Marketing sind mit Marketing- und Sales-Automation eigene, umfassende Bereiche entstanden, in denen datengetrieben ganze Prozesse vollautomatisiert ablaufen und ausgewertet werden und in denen auch Digital-Firmen wie Salesforce mit erfolgreichen Software-Lösungen aus der Cloud zu Giganten in ihren Branchen wurden. Im März 2018 lieferte der Online Modehändler Zalando den Beweis und einen Paukenschlag als das Unternehmen ankündigte, 250 Mitarbeiter/-innen im Marketing durch Algorithmen ersetzen zu wollen. Gleichzeitig wurden ca. 2000 neue Mitarbeiter/-innen in anderen Bereichen eingestellt und eine Kosmetiksparte eröffnet. Zu den automatisiert auszuführenden Aufgaben bei Zalando zähle u. a. die Versendung von Werbe-E-Mails. (Sawall 2018). Die Aufgaben verlagern sich hier von einer fachlichen Spezialisierung im Marketing zu einer fachlichen Spezialisierung im Bereich des Umgangs mit Daten. Anders gesagt: Das eine ist vom anderen weder zu unterscheiden, noch zu trennen. Datenhandling wird eine Schlüsselqualifikation in wirtschaftlichen Berufssparten wie z. B. Marketing und Vertrieb, aber auch im Finanzwesen und Controlling, in der Produktentwicklung und Fertigung und natürlich in allen Management-Funktionen, in denen verantwortlich gesteuert werden muss.

Sehr starke Veränderungen und Hoffnung auf Verbesserungen durch den Einsatz von künstlicher Intelligenz bieten sich im Medizin-Sektor an. Dort sind z. B. einfache Lösungen, wie die Aufnahme von Standard-Anamnesen und die pragmatische Aufbereitung der Informationen für das behandelnde Personal denkbar. So bliebe mehr Zeit für die Beratung und Behandlung von Patientinnen und Patienten. Auch Arzthelfer/-innen, Krankenhaus- und Pflegepersonal hätten mehr Zeit für persönliche Aufmerksamkeit gegenüber Pflegebedürftigen und für ihre eigentlichen pflegerischen Kernaufgaben. Letztere sind gerade im Pflegebereich oft der Ausgangspunkt der Entscheidung für die Berufswahl. Ein Gesundheitssystem, in dem das medizinische, insbesondere das Pflegepersonal, dann tatsächlich so arbeiten kann ohne bei jeder Extra-Tätigkeit für einen Einzelfall mit der gesamten Arbeit auf der Station in Rückstand zu geraten, würde sicher extrem positive Behandlungseffekte verzeichnen. Das heißt, zumindest wenn das System nicht profitmaximiert auf einen möglichst hohen Umsatz, sprich hohen Durchsatz in kurzer Zeit, ausgesteuert wäre, so wie jetzt.

Auch die schon erwähnten Beispiele erfolgreicher Anwendungen von Computer Vision und *Machine Learning* z. B. bei der Erkennung medizinischer Bilder aus MRT, CT oder Röntgen, können die Qualität der Behandlung verbessern, ohne zwangsläufig Personal einzusparen. Das Brustkrebs-Screening von Frauen erfordert heute, dass sich immer zwei Radiologinnen bzw. Radiologen die Röntgenbilder der Mammographie ansehen. Aktuell wird diskutiert, ob eine Software z. B. eine/n ersetzen könne, um alle normalen Befunde, also die von gesunden Menschen, zuverlässig auszusortieren. Der/die andere müsste nur noch bei den positiven Befunden entscheiden, ob die Veränderung gut- oder bösartig wäre. Der freie Arzt/die freie Ärztin könnte z. B. die KI weiter testen und trainieren. Wie in der Wirtschaft geht es auch in der Medizin darum, mit KI viele Routinearbeiten zu erledigen. Dazu können auch das Auszählen von Entzündungsherden bei Multipler Sklerose oder die Vermessung der Tumorgröße bei Krebs-Kontrolluntersuchungen sein. Durch die Übernahme solcher Routineaufgaben entlastet KI das Fachpersonal, das sich intensiver um die Analyse der Aufnahmen oder auch um andere Themen, wie z. B. Lungenscreenings kümmern könnte. Bei einer Mammographie werden zwei Aufnahmen pro Patientin angesehen. Bei einem Lungenscreening, mit dem die Früherkennungs- und damit die Heilungschancen deutlich gesteigert werden können, geht es um 600–800 Bilder. Hier wäre KI eine noch größere Unterstützung und vielleicht ein echtes Hilfsmittel für eine personalisiertere Medizin. (Menn 2019). Im medizinischen Bereich gibt es über die unzähligen diagnostischen und kurativen Anwendungsmöglichkeiten hinaus auch viele KI-Einsatzmöglichkeiten im betriebswirtschaftlichen Bereich der Krankenhäuser, Krankenkassen und weiterer medizinischer Dienstleister. Es gibt unzählige Apps, die mit Unterstützung von Algorithmen Hinweise zum individuellen Gesundheitszustand geben, sogar Depressionszustände erkennen können. Auch der Pharma- und Therapiebereich ist ein weites Anwendungsfeld von der Simulation neuartiger Wirkstoffkombinationen, pharmakologischer Auswertungen bis hin zu Marktforschung und in der Therapie z. B. die Individualisierung von Medikationen und Nachsorgeüberwachung. Im häuslichen Pflegebereich sind sogenannte *ambient assisted living* Lösungen erhältlich, mit denen Pflegebedürftige länger autonom zu Hause leben können. Dazu zählen Video-Chat-Lösungen für medizinische Fragen und für den Kontakt mit Freunden und Familie, automatische Notruf- und Bestellsysteme, Apps, die Texte vorlesen oder andere Hilfsfunktionen bieten, Teppiche, die registrieren, wenn jemand stürzt und nicht mehr aufsteht u. v. m. Generell ist das Innovationspotenzial für KI in diesem Sektor aus verschiedenen Gründen extrem hoch: Es stehen sehr viele Daten zur Verfügung, viele Erkenntnisse können mit heutiger Technologie schneller erworben und besser fundiert werden. Simulationen ermöglichen schnellere Weiterentwicklung von Erkenntnissen, Budget ist bei Erfolg in großer Menge vorhanden usw. Der vielbeschworene Pflegenotstand und die Knappheit an Klinikpersonal und Arztpraxen lässt eine steigende Arbeitslosigkeit im Gesundheitswesen aus Perspektive der Nachfrageseite nicht möglich erscheinen. Dass es diese Phänomene trotzdem gibt, hängt wohl mit den anders gesetzten Prioritäten bei der finanziellen Aussteuerung des Gesundheitssystems zusammen.

Veränderungen kommen auch auf die Servicekräfte in Hotel und Gastronomie zu. Während in der Gastronomie erlebnisorientierte Konzepte mit digitalen Ordermöglichkeiten und Robotern, die Cocktails mixen, getestet werden, gibt es Hotels mit KI-gesteuertem Roboterpersonal und Automatisierung z. B. des Check-in oder Check-out schon länger. Das Henn Na Hotel in Japan, eröffnete 2015 und war schon oft in den Medien. 2019 kam es in die Schlagzeilen, weil die Hälfte seiner Roboter wieder ausgemustert wurden. Sie konnten die für den Hotelbetrieb erforderlichen Services nicht in der notwendigen Qualität erbringen und verursachten sogar zusätzliche Arbeit für das menschliche Personal, das zu häufig gerufen wurde, um Fehlfunktionen der Maschinen zu beheben. (Shead 2019). Die Hotelkette Marriott startete 2018 Automatisierungsinitiativen und rief damit starke Proteste der Angestellten hervor. Die Problematik, die das Hotelpersonal anspricht, ist exemplarisch für viele Automatisierungen, die in den verschiedensten Branchen eingeführt werden: Überall dort, wo Niedriglöhne gezahlt und Tätigkeiten teilweise automatisiert werden, reduzieren Maschinen den Arbeits- und damit Stundenaufwand, den die Menschen haben. Das führt dazu, dass ein Job nicht mehr ausreicht, um den Lebensunterhalt zu decken. Menschen sind gezwungen, mehrere Jobs mit mehreren Anfahrtswegen usw. zu haben. Bei Marriott, einer der größten und profitabelsten Hotelketten der Welt, gibt es inzwischen Drei-Stunden-Schichten für Hauspersonal. Roboter und KI erledigen Buchungen, stapeln Teller, reinigen Fußböden. In manchen Häusern werden die Küchen- und Zimmerservices reduziert und den Gästen Restaurants aus der Umgebung empfohlen, die ins Hotel liefern. (Holder 2018) Diese Entwicklung wird sich eher fortsetzen als umkehren.

Ein Beispiel für einerseits völligen Ersatz von menschlichem Personal und andererseits auch Schaffen neuer Arbeitsplätze ist die Virtualisierung von

Nachrichtensprecher/-innen. Bei der chinesischen Nachrichtenagentur Xinhua News Agency sind 2018 Anchor-Avatare aus Aufzeichnungen der Original Nachrichtensprecher/-innen erstellt worden. Mit *Machine Learning* wurden die Bewegungen im Gesicht und von den Lippen gelernt und mithilfe von GANs wurden die gesamten Körper animiert. Das Verlesen der Meldungen erfolgt per *Natural Language Generation*. Bewegungen und Mimik sind noch etwas eingeschränkt, werden sich aber vermutlich mit weiteren Technologieschritten perfektionieren, bis eine Unterscheidung von Menschen kaum noch möglich sein wird. Die Avatare sind auf allen Kanälen rund um die Uhr einsetzbar und können Produktionskosten massiv reduzieren, denn im Grunde wird auch kein Studio mehr benötigt. (Vincent 2018). Die Arbeitsplätze, die in der Medienproduktion verloren gehen, werden dort ersetzt, wo die virtuellen Charaktere entwickelt werden. Gäbe es nur noch Avatare, die Agenturmeldungen vorlesen, würden die meisten Nachrichtensendungen überflüssig. Der Zugang zum Feed der Meldungen würde ausreichen, um sich seine Nachrichten selber zusammenzustellen oder, was wahrscheinlicher wäre, sich von einer KI anhand der persönlichen Interessen kuratieren zu lassen. Damit es noch Differenzierungen zwischen Sendern und Sendungen gibt, werden auch die virtuellen Anchors so etwas wie einen erfundenen Charakter oder eine Persönlichkeit haben. Die muss erdacht und konzipiert und in Tausenden kleiner Details naturgetreu entwickelt werden. Dabei geht es um viele Äußerlichkeiten wie Mimik, Körpersprache und Stil des Auftritts in Kleidung und Stimme, dann aber vor allem um komplexere Merkmale wie Temperament, Humor, Weltanschauung, Extrovertiertheit usw., die interessant und stimmig sein müssen, um nicht zu langweilen oder lächerlich zu sein. Eine KI, mehr oder weniger ein Chatbot als künstliche virtuelle Persönlichkeit wäre vielleicht das Ergebnis solcher Anstrengungen. Neben und Entwickler/-innen wäre ein Team mit Kenntnissen in Psychologie, Design, Storytelling, möglicherweise sogar Theaterregie notwendig, um eine möglichst perfekte Repräsentation einer solchen Figur zu schaffen. Daraus könnte eine neue Industrie erwachsen, da solche Charaktere in Filmen, Serien und Videospielen einsetzbar wären. Die Idee an sich hat eher Remake-Charakter: 1984 hat die Kunstfigur ‚Max Headroom' im britischen Channel 4 Musikvideos angesagt und ist sogar Hauptfigur eines Films geworden. Hier wurde allerdings ein menschlicher Schauspieler nachträglich grafisch verfremdet. Eine ähnliche Figur mit ähnlicher Technik verwendete die Deutsche Telekom im Jahr 2000 als ‚Robert T-Online' in ihrer Werbung. Gegenwärtig ist ‚Miquela Sousa' eine der erfolgreichsten virtuellen Persönlichkeiten. Mit über drei Millionen Followern auf Instagram, Werbeverträgen mit großen Modemarken wie Chanel und auch eigenen Musikproduktionen und Videos sowie kurzen Filmen mit Tipps und

Antworten auf Fragen, die direkt an sie gestellt werden. Auch Miquela hat eine Hintergrundgeschichte: Sie ist ein 19-jähriges Mädchen aus Los Angeles mit brasilianisch-spanischen Wurzeln. In der Kreation des Avatars und der Produktion spielen Algorithmen eine Rolle, Miquela ist jedoch kein Bot im üblichen Sinn, sondern eine Kunstfigur des Tech-Startups Brud aus Los Angeles, das mit den Werbeeinnahmen seiner *Virtual Influencers* auf Instagram und YouTube Geld verdient.

Abgesehen von solchen virtuellen Charakteren, die grundsätzlich programmierte fiktionale Figuren sind, gibt es die massenweisen funktionalen KIn, die für Menschen arbeiten. Hier wird gern von Zusammenarbeit gesprochen, aber auch wenn ein kleiner smarter Algorithmus in meiner Textverarbeitung mir Vorschläge zur Rechtschreibkorrektur macht, würde ich nicht sagen, dass ich mit dem Programm zusammenarbeite, sondern ich benutze es einfach. Ebenso ist der Terminus vom ‚Kollege Roboter' eine pseudoromantisierte Darstellung dieser Mensch-Maschine Beziehung. Vermutlich erzählt kein Arbeiter seinem Roboterkollegen, wie der Urlaub oder das Wochenende war oder lädt ihn zum Grillen ein. Die Verhältnisse sind klar und der Werkzeugcharakter wird nicht in Frage gestellt. Eher interessant ist, was in den einzelnen Fachbereichen aus dem KI-Einsatz gelernt werden kann. Firmen wie Bosch sehen autonomes Fahren als die Killer-Applikation für KI und arbeiten dazu an innovativen Lösungen. Bosch Chief Digital Officer Michael Bolle sieht künstliche Intelligenz neben den typischen Anwendungsszenarios wie Bilderkennung zur Erfassung der Umgebung und produktiven Services zur Überwachung von Motorfunktionen auch als Unterstützung beim Design. Er sagt: „Wie ein Motor aussieht, der von Maschinen entworfen wird, das überrascht sogar Ingenieure." Aber auch: „Wir müssen deutlich machen, dass der Mensch die Kontrolle über die KI behält." (Veitinger 2018). Ist es wirklich die allgemein typische Ängstlichkeit gegenüber dem scheinbar so unkontrollierbaren kognitiven Tool oder ist es eher die political correctness in öffentlichen Statements, um sich gegenüber den arbeitnehmerseitigen Interessen abzusichern?

Einer Umfrage des Verbandes der TÜV zufolge sehen durchschnittlich 77 % der Befragten durch KI eine massive Veränderung der beruflichen Tätigkeiten auf sich zu kommen. In erster Linie wird dies mit 82 % Zustimmung im produzierenden Gewerbe so gesehen, dicht gefolgt vom Sektor Energie, Bau und Verkehr (81 %). Die Dienstleistungsbranche vermutet mit 71 % ebenfalls überwiegend veränderte Jobprofile, doch vergleichsweise weniger Auswirkungen für ihre Branche. (VdTÜV 2020). Einigkeit besteht über den Bedarf an qualifizierten Fachkräften und für die Weiterbildung der eigenen Belegschaft. 65 % der Unternehmen signalisieren Bedarf und 33 % stufen diesen Bedarf sogar als hoch ein. (Ebd., S. 40). Langfristig erwarten 80 % der Befragten, dass die Mehrzahl von Routineaufgaben durch KI geleistet wird, auch wenn die Befragten deshalb nicht davon ausgehen, dass Menschen 1:1 durch KI ersetzt werden. 94 % der Befragten denken, dass die Beschäftigten Kompetenzen entwickeln, um mit KI-Anwendungen umzugehen. (Ebd. S. 41).

KI-Einsatz ist also auch in dieser Betrachtung nicht gleichbedeutend mit Arbeitsplatzverlust. Mittlerweile gibt es eine ganze Reihe von Studien zum Thema KI und ihren Auswirkungen auf die Zukunft von Arbeit und Arbeitsmarkt. Die Aussagen sind z. T. unterschiedlich, ebenso wie die daraus abgeleiteten Prognosen. Insgesamt scheint sich aber eine Betrachtungsweise durchzusetzen, die in Bezug auf die Erwartung des Stellenabbaus durch KI-Substitution und den gleichzeitig aufgrund von KI neu entstehenden Stellen eine positive Tendenz für den Arbeitsmarkt ableitet, nach der es am Ende der betrachteten Entwicklungszeiträume jeweils mehr Stellen gibt als zuvor. KI und die vielen komplementären Techniken mit ihren unendlichen neuen Möglichkeiten schaffen ein so großes Potenzial in beide Richtungen und die Fragestellung des Arbeitsmarktes hat so viele zusätzliche Einflussfaktoren, dass wirklich zuverlässige Abschätzungen im Detail nicht möglich sind. Hinzu kommt, dass neben der Unzuverlässigkeit quantitativer Schätzungen eine qualitative Differenzierung und eine zeitliche Komponente berücksichtigt werden müssten: Es ist nicht so, dass auf einer Seite Arbeitsplätze und ganze Berufe wegfallen und auf der anderen Seite neue Berufe in gleicher oder größerer Menge entstehen. Vielmehr ergibt sich eine komplexe Kombination von Möglichkeiten aus den unterschiedlichsten Faktoren wie Branchen, geographische Märkte, Unternehmensgrößen, Status der Digitalisierung und KI-Adoption, Wettbewerbsfähigkeit sowie gesellschaftlicher Demografie. Das führt dazu, dass die Befragten in den Umfragen vermutlich ausgehend von ihrer persönlichen Wahrnehmung nur raten können, was noch kommen wird.

Das ganze Ausmaß möglicher Ahnungslosigkeit zeigt sich in der siebenteiligen Reihe ‚Generation KI', des Security-Software-Anbieters Kaspersky. Dort werden unter 31-jährige als eben diese Generation angesehen, da sie „(…) privat und beruflich voraussichtlich am meisten mit Künstlicher Intelligenz (KI) zu tun haben werden (…)" (Kaspersky 2020). Die Berufstätigen unter den Befragten sind zu den meisten der Fragestellungen eher unentschlossen. Mit 48,6 % glaubt beinahe die Hälfte, KI werde ihnen mehr Raum für Kreativität und Kommunikation schaffen, indem monotone und sich wiederholende Aufgaben übernommen würden. 39,7 % gehen davon aus, dank KI für gleiches Gehalt weniger arbeiten zu müssen. Fast ebensoviele, 38,8 %, sehen KI gleichbedeutend mit Arbeitslosigkeit. Unter den Berufen, die der Substitution durch KI zum Opfer fallen, werden von 44,7 % der Befragten „Verkäufer" genannt, nur 11,1 % nennen „Journalisten". Insgesamt bleibt der Kaspersky Report relativ an der Oberfläche der Fragestellungen zu Themen wie ‚Wissen und Nutzung', ‚Smart Cities und Klimaschutz' oder auch ‚Fußball & KI' (Kaspersky o.J.).

In der sogenannten Zukunftsstudie ‚Leben, Arbeit, Bildung 2035+' wirft der Münchner Kreis mit der Bertelsmann Stiftung Schlaglichter auf 53 Thesen und stellt dazu passende zweiseitige Überblickscharts dar. Die Betrachtung enthält interessante Fragestellungen, wie z. B. die, nach der Möglichkeit, die Wochenarbeitszeit durch KI zu halbieren, ob in Zukunft zwischen KI und Menschen in Teams noch unterschieden werde oder ob KI eigene Unternehmen gründen werde etc. Die Auswertung ist vor allem quantitativ und reduziert auf das Maß von Zustimmung und Ablehnung zu den Thesen. Eine tiefere Interpretation und Erörterung der Antworten wäre spannend. Die Zahlen laden aber zum selber nachdenken ein. (Münchner Kreis e.V., Bertelsmann Stiftung 2020, S. 110–115).

Die Evolution der heutigen Arbeitswelt kann ohne den Einfluss von KI nicht mehr vollständig gedacht werden. Technologische Fähigkeiten und grundlegende digitale Kenntnisse werden zu erforderlichen Schlüsselqualifikationen. Besonders gesucht sind fortgeschrittene technologische Fähigkeiten wie Programmierung/Informatik und Datenanalyse. Ende 2020 veröffentlicht die Plattform Lernende Systeme eine Landkarte mit über 170 Hochschulen, die Studiengänge zu KI und Data Science anbieten. Datenbasis soll der Hochschulkompass der Hochschulrektorenkonferenz sein (Plattform Lernende Systeme o.J.). Hier kommt Bewegung in das ansonsten in Deutschland eher moderate Tempo der Digitalisierung und KI-Adoption. Die wissenschaftlichen Fertigkeiten sind wichtig, ebenso nachgefragt werden in der Wirtschaft aber auch die sozialen und emotionalen Fähigkeiten, die notwendig sind, um andere Menschen, Teams und Projekte zu führen. Kontinuierliches Lernen und die Veränderung von Organisationsstrukturen in Unternehmen hin zu funktionsübergreifender und teambasierter, agiler Arbeit sind schon gegenwärtig. Einem McKinsey-Diskussionspapier zufolge verfügen 19 % der Führungsteams in den Unternehmen nicht über ausreichende Kenntnisse, um die Einführung von Automatisierung und künstlicher Intelligenz voranzutreiben. (Bughin et al. 2018a, S. 47). Die Beratung sieht Arbeitnehmer/-innen aller Qualifikationsstufen von den Auswirkungen von KI und den neuesten Automatisierungstechnologien betroffen und weist auf das Risiko einer weiter polarisierten Ungleichheit zwischen denen hin, die nicht repetitive, digitale Arbeit verrichten und überdurchschnittliche Bezahlung erhalten und denen, die unterdurchschnittliche Bezahlung für sich wiederholende, nicht digitale Jobs erhalten. Befragt, ob sie in Zukunft eine Veränderung der Beschäftigtenzahlen in ihrem Unternehmen aufgrund der Einführung von KI und Automatisierung sehen würden, antworteten ca. 77 % der über 3000 Geschäftsführer/-innen, sie würden keine Veränderung der Zahlen erwarten. Über 17 % erwarten einen Anstieg der Arbeitsplätze:

> „*About 77 percent of the respondents in our survey expect no net change in the size of their workforces either in the United States or in Europe as a result of adopting automation and AI technologies. Indeed, over 17 percent expect their workforces on both sides of the Atlantic to grow.*" (Ebd. S. 36)

Entlassungen sind in Branchen bzw. Betrieben zu erwarten, die nicht schnell wachsen und in denen Automatisierung die Arbeit in hohem Maße ersetzen kann. Der Abbau wird dabei oft dadurch umgesetzt, dass kaum Neueinstellungen gemacht werden und die Belegschaft durch normale Fluktuation und Ruhestand oder durch Arbeitszeitverkürzung sinkt. Auch die Struktur von Belegschaften ändert sich. Die jahrzehntelang bestehende Unterscheidung zwischen den sogenannten *white collar*- und *blue collar jobs*, den Büroarbeitsplätzen und den manuellen Tätigkeiten, z. B. in Fabriken, werde aufgeweicht durch die ‚*new collar*'-Funktionen. Das sind Jobprofile mit mittlerem Qualifikationsniveau, die dadurch entstehen, dass heutige Funktionen in allen Bereichen Aufgaben enthalten, die z. T. automatisiert werden. Die verbleibenden Tätigkeiten, die weiterhin und auf absehbare Zeit von Menschen ausgeführt werden, können neu gebündelt und an die neuen Geschäftsprozesse angepasst werden. Aufgaben werden so gemäß ihres unterschiedlichen Qualifikationsniveaus neu verteilt. Unternehmen können damit ihre Effizienz weiter steigern und z. T. neue Arbeitsplätze mit mittleren Qualifikationen schaffen. (Ebd. S. 45). Die Zunahme agiler und teambasierter Arbeitsorganisation öffnet die Firmen für mehr projektbasierte Kooperation mit Freelancern und unabhängigen Auftragnehmer/-innen.

Unter den gesuchten Qualifikationen der Zukunft sieht auch das McKinsey Diskussionspapier soziale und emotionale Fähigkeiten wie Führung und Management, fortgeschrittene Kommunikation und Verhandlungsgeschick, Empathie, Unternehmertum und Eigeninitiative, Anpassungsfähigkeit und kontinuierliches Lernen. Bei den technischen Fähigkeiten stehen u. a. fortgeschrittene Kommunikations- und IT-Kenntnisse und Programmierung, Datenanalyse und komplexe Informationsverarbeitung auf der Anforderungsliste. (Ebd. S. 51).

Die Wirtschaftsprüfer von PWC kommen in ihrer Studie ‚Auswirkungen der Nutzung von künstlicher Intelligenz in Deutschland' von 2018 zu besonderen Schlussfolgerungen: Sie erwarten, wenig überraschend, ein höheres Potenzial für Produktivitätssteigerungen in Zusammenhang mit dem Ersatz und der Erweiterung von Arbeitskräften durch KI. Das erhöhte Maß an Automatisierung führe im Ergebnis zu höherwertigen Waren und einem vielfältigeren Angebot. Überraschend und vielleicht etwas naiv erscheint die daraus abgeleitete Folgerung, die erheblich gesteigerte Produktivität würde quasi automatisch zu deutlichen Erhöhungen der Reallöhne führen und diese wiederum würden die Arbeitnehmer/-innen veranlassen, weniger zu arbeiten, um bei gleichem Einkommen mehr Freizeit zu haben. (PwC 2018a, S. 12). Dieses Szenario sehe ich kulturell bedingt in Deutschland leider nicht. Weiterhin sieht das PwC-Papier die Schaffung neuer Arbeitsplätze für die Entwicklung und Anwendung von KI und für den Bau neuer Geräte und Anlagen, die in Folge gewartet und betrieben werden müssten. Global werden bis 2030 etwa zehn Prozent der Arbeitsplätze als von KI abhängig eingeschätzt. Die meisten Arbeitsplätze entstünden für ungelernte Arbeitskräfte. (Ebd. S. 13). In einer anderen Studie zum digitalen Arbeitsmarkt ermittelt PwC eine Zustimmung von 67 % zur Aussage, die Entwicklungen der Arbeitswelt durch KI würden positiv gesehen. (PwC 2018b, S. 5). Zu den Vorteilen von KI im Arbeitsalltag, zähle, dass KI Arbeiten mit gefährlichen Stoffen (62 %) und körperlich stark belastende Aufgaben (60 %) übernehmen könne. Aus den Antworten kann geschlossen werden, dass KI und Roboter gleichgesetzt wurden. (Ebd. S. 9). Trotz der positiven Einstellung sehen beinahe ebensoviele der Befragten, nämlich 65 %, dass Arbeitsplätze in bestimmten Bereichen verloren gehen. 50 % befürchten sinkende Löhne. Der Aussage ‚Ich habe das Gefühl, von der digitalen Welle überrollt zu werden.' stimmen 48 % der Befragten zu. 43 % haben ‚große Angst vor den Veränderungen in der Arbeitswelt durch künstliche Intelligenz'. (Ebd. S. 15). Auffällig ist, dass 36 % der Befragten die Gefahr von Demotivation sehen, da die Maschine wesentlich schneller arbeite und 23 % befürchten, die Maschine könne z. B. aufgrund ihres Aussehens Ängste hervorrufen. Vielleicht wurde hier etwas suggestiv gefragt und visualisiert, denn es ist immerhin seit Jahrhunderten so, dass Maschinen schneller arbeiten als Menschen. Deswegen werden die Aufgaben so verteilt, dass Menschen Maschinen z. B. überwachen und nicht parallel das gleiche, nur 100-mal langsamer machen. Maschinen in Produktionsprozessen sollten natürlich auch nicht so designed werden, dass sie furchteinflößend aussehen.

Wenn Ellie ihr Gegenüber fragt, wie es geht und das Blinzeln der Augen registriert, geht es auch um Ängste, jedoch nicht vor ihr. Sie hat braune, zu einem Pferdeschwanz zusammengebundene Haare und trägt einen beigefarbenen Pullover über einem blauen Hemd. Sie wirkt professionell, sieht ihrem Gegenüber in die Augen und spricht ruhig. Sie ist ein Bot. Ihr Zweck ist, mit traumatisierten Menschen zu sprechen und deren körperliche Reaktionen im Gespräch zu protokollieren. Dazu befinden sich unterhalb des Bildschirms, auf dem Ellies Avatar zu sehen ist, eine Videokamera, ein Bewegungssensor und ein Mikrofon, um Gesichtsausdruck, Gesten und Bewegungen und natürlich die Stimme aufzuzeichnen. Analysiert werden rund 60 verschiedene Merkmale von Körper, Gesicht und Stimme. Etwa 1800 Messpunkte pro Minute ergeben am Ende ein Bild der Körpersprache, das ähnlich wie ein Blutbild gelesen und zur Unterstützung einer Diagnose verwendet werden kann. Ellie ist ein Projekt des Psychologen und Verhaltensforschers Albert Rizzo und des Informatikers Louis-Philippe Morency von der University of Southern California. Beauftragt durch das amerikanische Verteidigungsministerium, sollte Ellie dabei unterstützen, Soldatinnen und Soldaten zu therapieren, da es nach Kampfeinsätzen im Irak und in Afghanistan viele Selbstmorde gab. Auch wenn die Veteranen nicht gerne über ihre Gefühle und Probleme reden, zeichnet die Sensorik körperliche Botschaften auf, die nicht mit Worten ausgedrückt werden. Das System erstellt nach einer Gesprächssitzung einen visuellen Report, der mit den Mustern von Depressiven verglichen werden kann. Bei Übereinstimmungen gibt das System einen Hinweis. Die schnelle und zuverlässige Auswertung der vielen Daten ist Ellies Vorteil gegenüber menschlichen Psychologinnen und Psychologen. Ein weiterer Vorteil ist die größere Offenheit und Ehrlichkeit gegenüber der virtuellen Therapeutin als bei einem menschlichen Gegenüber. Die Gründe liegen in der noch immer z. T. stigmatisierten Sicht auf psychische Erkrankungen und dem Eindruck, von einer Maschine nicht beurteilt zu werden. Dieses futuristisch klingende Beispiel von Ellie ist 2013 in Betrieb gewesen. Um das Systems erfolgreich Gespräche führen zu lassen, war eine fast zweijährige Vorbereitungszeit notwendig, in der es um die detaillierte Ausgestaltung der künstlichen Persönlichkeit bis hin zur Aufnahme von über 200 Füllwörtern wie ‚Aha', ‚Mhm' usw. ging. (Spiegel 2013). Ellie erinnert ein wenig an Weizenbaums ELIZA aus dem Jahr 1966. Das ist über 50 Jahre her. Die Integration und Übernahme der verschiedensten Aufgaben und Qualifikationen ist ein Prozess, der schon lange begonnen hat. Sorgen darüber, was noch alles kommen mag und wie damit umzugehen ist, wiegen evtl. weniger schwer, wenn wir uns vor Augen führen, dass Innovationen und auch der mögliche Ersatz menschlicher Arbeitskraft und damit ggf. auch der Verlust von Arbeitsplätzen in den allermeisten Fällen nicht spontan passieren. Disruption bleibt eine Ausnahme. Viel spannender ist, wie sich das individuelle und gesellschaftliche Verhalten durch die immer neuen und erweiterten Anwendungsmöglichkeiten verändert. Ist es z. B. so, wie Harari glaubt, dass Menschen tatsächlich immer mehr Autorität auf vernetzte Maschinen verlagern, nur, weil wir Suchmaschinen vertrauen, schnell und effizient Informationen zu finden? Definiert Google damit wirklich schon ‚Wahrheit'? „Already today, 'truth' is defined by the top results of a Google search." (Harari 2018). Geben wir damit als Spezies wirklich langfristig unsere Entscheidungskompetenz an Maschinen ab? Und wenn Ja, ist das wirklich dauerhaft und umfassend? Oder ist es nur eine sehr selektive Übergabe von entscheidungsvorbereitenden Schritten an eine Instanz, die viel weniger emotional und viel besser in Wahrscheinlichkeitsrechnung ist als der menschliche Denkapparat? Mir scheint, die Vision der völligen Abgabe unserer freien Entscheidungen beschwört nur wieder das Bild der bewussten künstlichen Intelligenz, die mit eigener Intention entscheide. Geoffrey Hinton, einer der Erfinder des *Deep Learning*, sieht KI nicht als Ersatz von Menschen, sondern auf einem viel einfacheren Level. Im Gegensatz zu der Vorstellung, eine einzelne Maschine, z. B. ein Roboter, sei plötzlich schlauer als ein Mensch, denkt Hinton, dass KI wie bisher mehr und mehr tägliche Routineaufgaben übernehmen wird. Die Eindimensionalität und Nischenintelligenz, Hinton spricht von ‚Kurzsichtigkeit der KI', sorge dafür, dass Menschen nicht ersetzt werden, sondern nur einzelne Aufgaben. Gemessen an den enormen Automatisierungsaktivitäten, die derzeit in allen Industrien und Funktionsbereichen stattfinden, ist diese Einschätzung vielleicht ein wenig zu optimistisch gedacht, aber sie deckt sich mit den Marktforschungen dort, wo es um die Einschätzung der Wahrscheinlichkeit oder Auswirkung von AGI geht. Angst vor KI kommentiert Hinton lakonisch: „[People] should be really afraid to ride in a car that's controlled by a huge neural net that has no way of telling you what it's doing. That's called a taxi driver." (Wiggers 2018b).

Die Prognosen zur Arbeitslosigkeit sind erwartungsgemäß ebenso schwierig, wie viele andere Dinge, die nicht jetzt, sondern irgendwann in der Zukunft passieren werden. Die Fragen sind vom Bedürfnis nach Sicherheit veranlasst und es akzeptiert gerne vermeintlich ‚gute' Antworten. Ein anderer Blickwinkel auf das Thema bietet andere Antworten, nämlich auf die Frage nach typischen Eigenschaften von Menschen und nach Tätigkeiten, die wahrscheinlich auch in den kommenden Jahren noch am besten von Menschen erledigt werden können. Solchen Überlegungen liegt eine gewohnte Weltsicht zugrunde, deren Normalität uns nachdenklich stimmen sollte. Menschen, in all ihrer Unterschiedlichkeit, sind wie sie sind. Das Sosein von Menschen benötigt keinen marktwirtschaftlichen oder sonst wie begründet zugeschriebenen Wert. Doch aus Sicht des Arbeitsmarktes erhalten Menschen einen Wert, der sie vergleichbar macht und der ihrer Verschiedenheit Preisschilder gibt. Der Mechanismus erscheint selbstverständlich und scheinbar in keinem Widerspruch zur Würde des Menschen, die in der Allgemeinen Erklärung der

Menschenrechte sowie im deutschen Grundgesetz im ersten Artikel verankert ist? In der Marktwirtschaft, in der Arbeit ein Produktionsfaktor ist, nehmen Menschen daher in Bezug auf die Wirtschaftsleistung, die sie mit ihren persönlichen Fähigkeiten erbringen können, einen Warencharakter an, dem ein konkreter Wert zugemessen werden kann. Die Würde des Menschen ist unabhängig von seiner Arbeitskraft und von deren Warencharakter. Leider kann im Alltag und buchstäblich auf der Straße allzu oft genau die gegenteilige Haltung beobachtet werden. Die Mehrzahl der Menschen urteilt und handelt in der Mehrzahl der Gelegenheiten wirtschaftlich motiviert und lässt wirtschaftlich Schwache ihre Schwäche spüren. Die Eigenschaften, die Menschen möglicherweise auch in der Zukunft besser beherrschen als Maschinen, sind also deswegen so wichtig für sie, weil sie im bestehenden Gesellschafts- und Wertesystem das wirtschaftliche Überleben bzw. den sozialen Status sichern.

In der bereits zitierten Rede von Satya Nadella im Juni 2016 über die Partnerschaft zwischen KI und Menschen spricht der Microsoft Chef von Fähigkeiten, die Menschen haben müssten, um auch in Zukunft bedeutsam zu sein. „To stay relevant, our kids and their kids will need (…)." (Nadella 2016) Er nennt: Empathie, Bildung, Kreativität, Urteilsvermögen und Verantwortungsbewusstsein. Wir können das als wohlwollende Empfehlung und zugleich als Nötigung auf Basis geschaffener Tatsachen lesen, die spätere Generationen binden. Empathie ist eine wichtige Eigenschaft, um mit anderen zusammenarbeiten zu können, einander zu verstehen und Beziehungen zu entwickeln. Es ist eine für Maschinen nach wie vor schwierig, wenn überhaupt erlernbare Eigenschaft. Sie wird meistens wie im Fall der virtuellen Psychologin Ellie nur aufwändig simuliert. Mit Bildung meint Nadella eine Ausbildung als Grundlage für Innovationen und Wachstum und Wohlstand. In die gleiche Richtung ist Kreativität interpretiert. Urteilsvermögen und Verantwortungsbewusstsein schließlich sind erforderlich, weil es immer eine Haftung für die automatisierten und smarten Aktivitäten der vielen Maschinen geben muss.

Eine Betrachtung der Auswirkungen von künstlicher Intelligenz auf den Arbeitsmarkt deutet darauf hin, dass der Einsatz von Algorithmen und datengetriebenen Geschäftsmodellen, ähnlich wie in der Vergangenheit, zu einer Phase vorübergehender, vermehrter Arbeitslosigkeit führen kann, nach der eine Erholung einsetzt und die Geschäftsprozesse transformiert werden. Die breiten Einsatzmöglichkeiten von KI, ähnlich wie bei der vor über 100 Jahren eingeführten Elektrifizierung, bedeuten eine potenzielle Steigerung der Produktivität und Effizienz in allen Bereichen. Dieser Wandel, der fast alle Bereiche und Ebenen gleichzeitig erfasst, ist so umfassend, dass er in vielen

Bereichen zwar sehr schnell abläuft, als Strukturwandel jedoch wie die vorhergehenden auch, einen jahrzehntelangen Prozess darstellt, in dem sich Generationen ablösen. Aus diesem Grund besteht auch die Möglichkeit, dass KI sukzessive eine immer höhere Durchdringung erreicht, ohne dass es zu signifikanten, plötzlichen Einbrüchen von Beschäftigung kommt, da sich die Technik insgesamt inkrementell und umfassend ausbreitet, so dass alle Arbeitsplatzverluste von Anfang an durch erhöhte Beschäftigungsnachfrage in anderen Bereichen (über-)kompensiert werden. Das Ergebnis wäre ein andauernder Mangel an Arbeitskräften fast aller Qualifikationsniveaus. Offen bleibt auch die Frage, wie sich die mögliche Arbeitslosigkeit strukturell auf die unterschiedlichen Marktsegmente und Demografien aufteilt. Werden wirklich mehr niedrig-qualifizierte Arbeitnehmer/-innen arbeitslos oder sinkt der Bedarf an Top Manager/-innen z. B. durch wachsende Unternehmenskonzentration?

7.4 Gesellschaftsverträge der Zukunft

> **Zusammenfassung**
>
> Digitalisierung und tägliche KI-Nutzung sind längst Normalität. Die Menschen in den industrialisierten und zunehmend digitalisierten Gesellschaften haben, wie auch in den Strukturwandel-Phasen zuvor, sich selbst und ihr Verhalten mehr an die Technologie angepasst als umgekehrt. Globalisierung bringt Risiken und Folgen der Entwicklung wie Umweltzerstörung und Ungleichheit auf ein neues Level. KI scheint als Treiber des Wandels auf dem Arbeitsmarkt Probleme zuzuspitzen. Parallel stellen die Möglichkeiten der Berechnung und Prognose menschlichen Verhaltens und teilweiser Autonomie von KI-gesteuerten Systemen neue Herausforderungen dar. Dabei geht es z. B. um die Rechtssysteme im Hinblick auf den Schutz von Grundrechten und Statusfragen von KIn als juristische Personen. Die große Vielfalt offener Fragen und führt immer wieder an den Punkt des Vertrauens in die gesellschaftlichen Lösungsfähigkeiten zu diesen Themen und damit in die Notwendigkeit, gewünschte Ziele zu definieren und eigenverantwortlich in diese Richtungen zu denken und zu handeln.

2021 ist es 80 Jahre her, dass Konrad Zuse in Berlin den ersten funktionstüchtigen Computer der Welt baute. Seit den 1970er-Jahren haben sich Mikroprozessoren und die damit zusammenhängenden Technologien wie Miniaturisierung und Softwareentwicklung nahezu exponentiell entwickelt. Wie aus der Steinzeit erscheint der deutsche Begriff der elektronischen Datenverarbeitung, EDV. Er beschreibt auch die heutigen Anwendungen relativ gut, obwohl global längst von IT und Digitalisierung gesprochen wird. Sie sind Alltagsthemen in den Medien geworden und Digitalisierung selbst bestimmt inzwischen, wie Medien genutzt werden. Während manche Veränderungen eine Menschengeneration brauchen, um in ihrer Konsequenz sichtbar zu werden, so sind digitale Innovationen binnen weniger Jahre, manchmal sogar in wenigen Monaten zu verhaltensverändernden Einflüssen geworden. Der Blick in die Zukunft wird dadurch noch schwieriger. Die Welt ist zu komplex geworden, um selbst auf kurze Distanz sichere Prognosen zu machen. Je mehr uns Beratungen, Marketings, Medien und Gurus weismachen, wie die Zukunft sein werde und was passieren werde, desto misstrauischer dürfen wir sein. Sonnenklar absehbare Entwicklungen passieren in der Regel sehr schnell. In maximal ein bis zwei Jahren sind sie sichtbar und mit etwas Recherche und Nachdenken kann sie jede/r selbst erschließen. Was angeblich in 10 Jahren passieren soll, passiert vermutlich irgendwann, aber vielleicht auch erst in 20 oder 30 Jahren. Alles, bei dem von vornherein ein 30-jähriger Ereignishorizont genannt wird, ist eine 50:50 Spekulation und sollte vielleicht erst einmal in Science-Fiction-Geschichten ausprobiert werden, um die Chance zu haben, zu einer breiteren Inspiration zu werden. Wir haben also eine hohe Innovationsgeschwindigkeit im Digitalen und die Technologie hat kreative Ausdrucks- und Kommunikationsmöglichkeiten in einer Weise demokratisiert, die eine scheinbare Wissensexplosion zur Folge haben. In Wahrheit geht es aber eher um eine Informationsexplosion. Es entstehen nicht immer mehr einzigartige Wissensdomänen aus neuen Informationen, sondern ganz im Sinne der digital unendlichen Kopierbarkeit werden neben neuen Erkenntnissen und Innovationen auch die immer gleichen Informationen immer und immer wieder in den Feedback-Loop der Netzwerke gespeist. Wie bei einem Memoryspiel, bei dem gleichartige Kartenpaare entdeckt und dafür verdeckte Karten immer wieder aufgedeckt werden müssen, kreisen die immer gleichen Informationen umher und werden wiederholt, paraphrasiert, ggf. in neue Kontexte oder auch nur Farben gekleidet und recycelt. Frei nach Karl Valentin wird immer wieder fast alles gesagt, auch von fast allen. Das ist weder gut, noch schlecht, sondern eine subjektive Beobachtung und Medienerfahrung der letzten 20 Jahre. Dieses Buch ist ein weiterer Beweis.

In den letzten 10 Jahren, in denen aus aufstrebenden Digitalunternehmen im Silicon Valley Konzerngiganten geworden sind, deren Finanzmittel es mit Staatshaushalten aufnehmen können, ist auch eine neue Art von Wachstumsideologie in diese Informationsspirale geflossen. Sprüche wie ‚Think exponential' kommen aus dieser Ecke und wurden Mantras zweitklassiger Management Berater und zeitgenössischer ‚Tschakka'-Ersatz auf entsprechenden Veranstaltungen. Menschen sind körperliche, lineare Wesen. Exponentielles Denken ist nicht unsere Stärke. Wir sind an Erfahrungswissen orientiert und meist nicht gut darin, exponentielle Entwicklungen abzusehen oder auch ohne Hilfe schnell erkennen zu können. Der enorme Wissens- und Erkenntniszuwachs der letzten Jahrzehnte ist unzweifelhaft, aber er findet in immer tiefer spezialisierten Nischen statt und hat wenig gemein mit dem eher profanen Wissen das einen Großteil der Daten in den globalen Kommunikationssystemen darstellt. Letzteres ist auch eine Demokratisierung, denn die Leistungsfähigkeit der Infrastruktur erlaubt allen, sie jederzeit für noch so profane Zwecke zu minimalen Kosten zu nutzen.

In der globalen, Marktwirtschaft ist ein Fortschritts- und Innovationsglaube gewachsen, der die Fähigkeiten zur Lösung aller gegenwärtigen Probleme als technische Möglichkeiten in die Zukunft projiziert. Dieser Glaube basiert auf den Erfahrungen der letzten 200 Jahre, in denen selbst fantastische Ideen im Wesentlichen Realität wurden. Technischer Fortschritt erscheint heute unvermeidlich. Theoretisch haben wir die Wahl, den Sturm von Innovationen hinzunehmen oder stärker zu selektieren, welche Technologien und welche Forschungen gewünscht sind und welche nicht. Aber etwas ablehnen bedeutet auch, Erkenntnisgewinn und potenziellen kommerziellen Gewinn abzulehnen. Das ist in unserer bestehenden Werteordnung definitiv kontraintuitiv, wenn nicht sogar überfordernd. Viele der aktuell bestehenden Probleme, deren Lösung von Zukunftstechnologien erhofft werden, z. B. im Energiesektor oder in der Nahrungsmittelindustrie, bestehen ausschließlich aufgrund des scheinbar alternativlosen und wenig nachhaltigen, dafür umso konsequenteren Einsatz aller technischen Möglichkeiten. Das Ergebnis ist ein folgenschwerer Paradigmenwechsel, in dem die Anpassung gesellschaftlicher Normen an technologische Möglichkeiten zur Normalität geworden ist. ‚Panta rhei'. Beispielhaft abgelesen werden kann diese Anpassung an der Art, wie sich selbst in engsten persönlichen Beziehungen das Kontaktverhalten mit den Möglichkeiten der Apps auf unseren Smartphones verändert hat, bis hin z. B. zu Menschen, die einen unangekündigten Anruf als übergriffig empfinden.

Ebenso ist sie in die Logistik der Wirtschaft gewachsen, die dem unmittelbaren Online-Liefermodell digitaler Produkte nacheifert und materielle Güter in ebenso unmittelbar erscheinender Geschwindigkeit versucht auszuliefern. Die Infrastruktur, die dafür notwendig ist, verändert nicht nur den Arbeitsmarkt. In der Begeisterung über die Möglichkeiten kommt zu selten die Frage auf, wofür das genau benötigt wird und ob es dem Zielbild der Gesellschaft entspricht, in der wir leben möchten, falls es ein Zielbild gibt. ‚Weil ich es kann.' – ist die zu häufige Antwort auf die Frage nach dem Sinn. Im Wettbewerb führt das zu einer permanenten Verstärkung der Anstrengungen und einer Steigerung der Intensität des Innovations- oder Technologiesturms.

Die Fixierung auf Geschwindigkeit kommt natürlich durch die elektrische, digitale Technologie, wie in Kap. 1.2 beschrieben. Um die Jahrtausendwende haben Menschen ihre Computer mit fiependen Modems ins Netz gebracht. Im Mittelstand, diesem urdeutschen Volkswirtschafts-Phänomen, feierte ISDN einen Siegeszug, weil der Verbindungsaufbau so vergleichsweise schnell war. Computer sind zuverlässig jedes Jahr schneller, kleiner und günstiger geworden. Die Betriebssysteme und Applikationen wurden parallel immer leistungsfähiger. Heute sind wir, wie gesagt, in einem Technologiesturm in Bezug auf:

- Prozessorleistung/Rechengeschwindigkeit
- Datenübertragung/Bandbreite
- Miniaturisierung/Nanotechnologie
- Automatisierung/KI und Robotik
- Umwelterkennung/KI und Sensorik
- Betriebssysteme und die Macht von Algorithmen

Dieser Sturm ist nicht langsam, aber doch vergleichsweise unbemerkt heraufgezogen. Wenn man in der Stadt lebt, ist z. B. eine 50 MBit/s-DSL-Anbindung eher Standard, also die beinahe eintausendfache Datenübertragungsgeschwindigkeit im Vergleich zu den Modems Ende des 20. Jahrhunderts. Im August 2010 wurde in Deutschland der erste Sendemast für LTE in Betrieb genommen. Etwa 2–3 Jahre später gab es ausreichend Mobilfunkgeräte, um die Geschwindigkeiten dieses Standards nutzen zu können, die immerhin schon zwischen 300 und etwas später 1000 MBit/s betragen. Inzwischen gibt es 5G-Netzabdeckung in Großstädten und die Bandbreitenentwicklung schreitet weiter voran. Die einen fragen sich, wozu mehr als 100 MBit/s auf mobilen Geräten notwendig sein sollen, während auf der anderen Seite eine Industrie beginnt, 4K- und 8K-Video-Inhalte und Hologramme zu produzieren. Das Netz ist niemals schnell genug. Zumindest nie sehr lange. Die Programme für 6G-Mobilfunknetze in 2030 sind schon gestartet. Es scheint, als habe sich die Digitalisierung von hinten angeschlichen, und überfalle uns plötzlich. Dabei sind die kleinen Schritte und Entwicklungen für alle sichtbar und sind es immer gewesen. Hier liegt der große Irrtum der Disruption, von der überall und allenthalben die Rede ist. Natürlich ist Digitalisierung eine erlebbare Veränderung, die Altes ablöst, aber die Schritte dahin sind nicht unsichtbar oder nicht erkennbar. Es gibt permanente Iteration, die inkrementelle Verbesserung von Dingen, die es schon gibt. Selten wird von einzelnen zu Ende gedacht, was der nächste kleine Fortschritt in seiner Konsequenz bedeutet. Dann, irgendwann führt einer dieser Schritte zu völliger Veränderung und es scheint plötzlich, als sei dieser eine letzte Schritt die überraschende Wende, die völlige Disruption des bestehenden Systems. Aber nochmal: In Wirklichkeit ist es fast immer eine schrittweise Entwicklung, auch wenn die entsprechenden Schritte – zumindest die technologischen – mit zunehmend höherer Geschwindigkeit aufeinander folgen. Deswegen ist heute so viel gleichzeitig und überall möglich und genau deswegen betrifft das, was allgemein digitale Transformation genannt wird, alle Wirtschafts- und Gesellschaftszweige und jede/n einzelne/n. Die immer größere Menge von technischem Fortschritt pro Zeiteinheit oder andersherum, die immer kleineren Zeitabschnitte zwischen technischen Fortschritten stellen eine steile Kurve der technischen Entwicklung dar. In den letzten Jahrzehnten erschien es aufgrund des Tempos der Miniaturisierung von Prozessoren als ob der jeweils nächste Schritt immer eine Verdopplung sei. In einer solchen Kurve sind das Überschreiten des Scheitelpunktes und die damit immer größer werdenden Fortschritte in gleichen Zeiträumen unvorstellbar. Die steigende Komplexität nicht nur der Technik, sondern auch der restlichen Welt, spricht dafür, dass die Entwicklung nicht so extrem exponentiell verlaufen könnte. In jedem Fall aber ist künstliche Intelligenz ein maßgeblicher Faktor in dieser Schrittfolge. Durch KI wird die gesamte Entwicklung der Digitalisierung nochmals beschleunigt und erweitert. Dabei, und das ist ein wichtiger Punkt, ist KI nur ein Faktor in einem komplexen Szenario, das die Phase des gegenwärtigen Wandels ausmacht. Da sind noch viele andere, wachsende, technische Möglichkeiten. Sie sind so dynamisch, weil sie sich in komplementären Bereichen gegenseitig beschleunigen. Prozessortechnologie, Nanotechnologie, Software-Entwicklung, KI und Robotik und die permanent engmaschigere und leistungsfähigere Vernetzung sind Beispiele für Digitalisierungstechnologien, bei denen Fortschritte in einem Bereich direkte Entwicklungsimpulse in die anderen Bereiche leiten.

Auch der beschriebene Generationenwechsel bringt eine veränderte Dynamik in das Geschehen. Die wirtschaftlich-technisch geprägten Gesellschaftsnormen und das Wertesystem in seinem Spannungsfeld zwischen Leistungsorientierung und Humanismus werden von neuen Generationen auf neuartige Weise kritisch in Frage gestellt. Das birgt neue Herausforderungen für die politischen Systeme. Hinzu kommen globale und regionale Konsequenzen politischer, wirtschaftlicher, aber vor allen Dingen ökologischer Natur, die aus dem Verhalten der jüngeren Vergangenheit erwachsen sind. Die globalen ökologischen Rahmenbedingungen wie Klimakrise, Sterben der Wälder und Ozeane, Wasserknappheit und Verlust fruchtbarer Böden, um nur die dramatischsten Handlungsfelder zu beschreiben, erfordern große Anstrengungen und Veränderungen in vielen Aspekten des täglichen Lebens und des individuellen Verhaltens. Die Folgen der menschlichen Eingriffe in die Biosphäre sind nicht verhandelbar. Ohne regulatorische Eingriffe sind die Risiken deswegen kaum noch kontrollierbar. Das Klammern an einen Status-quo wird zum Problem für die Zukunft, nicht nur von Unternehmen oder bestimmten Gruppen, sondern früher oder später für die Menschheit. Digitalisierung und künstliche Intelligenz werden in diesen Zusammenhängen gern als mögliche Lösungen, zumindest als Assets, betrachtet. Bisher konnten sie noch nicht unter Beweis stellen, ob mit ihnen die Welt gerettet werden kann. Das liegt weniger an technologischen Mängeln oder Unzulänglichkeiten, sondern an den Interessenkonflikten und Prioritäten in Wirtschaft und Politik, an denen wir alle beteiligt sind.

Das Maschinenstürmer-Ethos in der Frage nach KI-Einsatz und potenzieller Arbeitslosigkeit ist nicht hilfreich bei der Lösung der internationalen Probleme. Gleichwohl ist es nachvollziehbar angesichts der Sparten, in denen weiterhin Arbeitsplätze durch Automatisierung wegfallen und denen, die Maschinenmacht in Form riesiger Serverfarmen und Rechenzentren und damit das Kapital neu in den Händen von noch weniger Menschen als bisher konzentrieren. Darin steckt zusätzlicher gesellschaftlicher Zündstoff. Sascha Lobo brachte es 2014 auf den Punkt: „Die meisten fortschrittsoptimistischen Leute sind so lange für neue digitale Geschäftsmodelle, bis ihr eigener Job durch eine 99-Cent-App ersetzbar wird." (Lobo 2014).

Bereits begonnen hat ein Strukturwandel für Millionen von Arbeitsplätzen, beginnend in einfachen Arbeitszusammenhängen mit geringer Komplexität und hoher Wiederholungsfrequenz. Das trifft z. T. Arbeitnehmer/-innen mit niedriger Qualifikation, die es sowieso schwer haben, für sich und ggf. ihre Familie ein Auskommen zu finden. Automatisierung macht aber hier nicht halt, sondern auch höhenqualifizierte Tätigkeiten wie z. B. Unterstützungsarbeiten in Rechtsanwaltskanzleien oder bei Gerichten und ähnliche, wissensbasierte Arbeiten sind betroffen. Der japanische Versicherer Fukoku Mutual Life Insurance hat Anfang 2017 34 Angestellte, die bisher Schadensfälle reguliert haben, durch ‚IBM Watson Explorer' ersetzt. (Rottwillm 2017). Viele andere Firmen machen schon geraume Zeit ähnliche Tests und auch wenn nicht jeder Arbeitsplatz, der von einer Maschine besetzt werden kann, automatisiert wird, so werden Roboter und Software den Arbeitsmarkt und die Welt weiter verändern.

Wie stark diese Veränderungen das Zusammenleben beeinflussen und ob sie positiv oder negativ sind, liegt in der Verantwortung des Staates, aber auch des Individuums. Es sind die zwei Seiten der Medaille: Auf den Staat zu warten, der alles löst, kann nicht funktionieren, denn er ist die Summe der Wartenden. Alles den Einzelnen aufbürden kann nicht funktionieren, denn die

Situationen und Schicksale der Betroffenen sind zu unterschiedlich. Hilfreich ist, frühzeitig in eine realistische und zielorientierte Betrachtung zu schwenken, die nicht in einer technikoptimistischen Win-Win-Utopie gipfelt. Die Gesellschaft braucht auch einen Blick für die, deren neue Situation sich in prekären Jobs ausdrückt, mit denen z. B. keine Familie mehr ernährt und keine Rente mehr abgesichert werden kann und es ist eine gesellschaftliche Aufgabe, diese Situationen zu erkennen, die Menschen darin anzuerkennen und ihnen das Stigma zu nehmen, das jeder materiellen Unterlegenheit in diesem System latent zugeordnet ist. In den bestehenden Wohlstandsgesellschaften wird der persönliche Wert einer Person fälschlicherweise fast immer mit ihrem sozialen Status korreliert. Dabei geht es auch um gegenseitige Toleranz und Akzeptanz und die Erkenntnis, dass es nicht das eine, gute und richtige Modell von Zusammenleben und -arbeiten gibt. Für die einen ist die traditionelle Kernfamilie mit konservativem Rollenverständnis das Richtige, für die anderen sind es andere Beziehungsformen in anderen Kombinationen mit und ohne Trauschein, mit und ohne Kinder, mit einem oder zwei Berufstätigen. Emanzipatorische, inklusive und gleichstellende Ziele müssen gesellschaftlich und politisch getragen werden, auch wenn es Individuen ebenso gestattet ist, ihre eigene Lebenswirklichkeit anders zu gestalten. Der Zusammenhang zu Digitalisierung und künstlicher Intelligenz besteht darin, dass diese Techniken bisher vor allem dazu geführt haben, die typischen, z. T. stabilisierenden Elemente der Gesellschaft z. B. durch Virtualisierung in Frage zu stellen. Etwas, das z. B. vorher an einem Ort als Ding vorhanden war und bearbeitet werden musste, kann heute elektronisch von überall bearbeitet werden. Das können Modelle von etwas sein, aber auch Akten. Zusammenarbeit, die vor Ort passierte und zu der Menschen angereist sind, passiert heute per Videokonferenz und/oder Online Collaboration Tool. Statt des positiven Aspekts des Zuwachses von Freiheit und Möglichkeiten vollzogen die meisten den Weg in eine digitale Monokultur. Die Debatte um Homeoffice, die in der Pandemie neuen Rückenwind erhalten hat, zeigt die zunehmende gesellschaftliche Unfähigkeit, mit Uneindeutigkeit zu leben. Scheinbar muss entweder im Büro oder von Zuhause gearbeitet werden. Wäre ein angemessenes Misch-Modell, auf das sich die einzelnen Betriebe mit den Angestellten einigen, nicht der naheliegendste Gedanke?

Obwohl die erwähnten technologischen Innovationsschübe der deutlichste Beweis für die Notwendigkeit von Weiterbildung i.S.v. lebenslangem Lernen sind und das schon seit vielen Jahren, ist das Thema der Aus- und Weiterbildung noch immer weitgehend den einzelnen überlassen. Persönliche Initiative ist meist mit Ehrgeiz und Aspirationsniveau für eine bessere Position verbunden oder im negativen Fall von Abstiegsängsten motiviert. Ausbildung, die notwendig ist, um den Status-quo zu erhalten, ist meist betrieblich organisiert.

Die seit Jahren geführte Debatte um das bedingungslose Grundeinkommen, dem sich auch einige einflussreiche Manager/-innen politisch zugewendet haben, spiegelt ebenfalls die Schwierigkeiten der Gesellschaft, ausgewogene Positionen, geschweige denn Entscheidungen, zu Gerechtigkeit, Gleichheit und damit zusammenhängend, Berechnung und Verteilung von Ressourcen zu finden. Das gilt offensichtlich selbst dann, wenn es genug zu verteilen gibt. Stattdessen ist zu beobachten, dass ein wachsender Bevölkerungsanteil, sich ‚abgehängt' fühlt und mangels Perspektiven die freiheitlich-demokratische Gesellschaft in Frage stellt. Die Auflösung gesellschaftlichen Zusammenhalts stellt in einer wettbewerbsorientierten Gesellschaft ein Problem dar, wenn sich das wirtschaftliche Wachstum verlangsamt oder sogar stagniert. Sie führt vielleicht sogar zu gefährlichen Zuständen, wenn die Wirtschaft schrumpft. In diesem Fall drehen sich die permanenten Verteilungskämpfe nicht mehr um Zuwächse oder darum, den bestehenden Anteil einer Gruppe zu verteidigen, sondern dann geht es darum, dass etwas abgegeben werden muss und je weniger eine Gruppe hat, desto stärker ist der Widerstand noch etwas abzugeben. Wohlhabendere Gruppen sind zu überproportionalem Beitrag aufgerufen, was ebenso großen Widerstand weckt, selbst wenn die Verteilung vielleicht nicht mal zu einer spürbaren Veränderung des Lebensalltags führen würde. In den Diskussionen über gesellschaftliche und wirtschaftliche Verteilungsfragen, z. B. in Steuerdiskussionen oder zu Themen gesellschaftlichen Zusammenhalts oder Auflösung hat künstliche Intelligenz keine eigene Haltung. Sie hat per se überhaupt keine Haltung, bis auf die, die in ihren Strukturen verankert ist, die darauf basieren, dass es eine Dualität zwischen Null und Eins, Strom-an und Strom-aus, gibt und wenig dazwischen. Ein weiteres strukturelles Grundelement ist die Berechenbarkeit oder der Glaube an die Berechenbarkeit von allem, wo KI-Systeme eingesetzt werden. Würden wir nicht an Berechenbarkeit glauben, bräuchten wir keine KI. Eine unbewiesene Hypothese wäre, dass wirtschaftliche Einheiten, in denen überproportional viel KI angewendet wird, analog zu typischen Maximierungsfunktionen, solche sind, in denen auch überproportional viele Ressourcen, vor allem Kapital, angehäuft werden. Bereits bewiesen ist, wie sich die algorithmischen Einstellungen in den sozialen Netzwerken auswirken, in denen im April 2021 global ca. 4,33 Milliarden Menschen und damit etwa die Hälfte der Weltbevölkerung aktiv sind. Im Durchschnitt verbringen sie knapp zweieinhalb Stunden täglich in ihren sozialen Netzwerken, allen voran WhatsApp, Facebook und Instagram, die alle dem Facebook-Konzern gehören. (Kemp 2021). Kumuliert entspricht das einer Bildschirmzeit von beinahe 1,2 Millionen Jahren, die die menschliche Spezies pro Tag in Social Media ‚investiert'. In den Netzwerken schotten Algorithmen die Nutzer/-innen in Filterblasen und Echokammern ab, deren Themen- und Meinungsspektren immer homogener und eindeutiger werden. Populistische und polarisierte Haltungen gewinnen die Oberhand gegenüber Uneindeutigkeit und Toleranz. Der Ton wird im Konfliktfall schnell rau. *Shitstorms* sind eine Folge dieser Art von Kommunikation, die im weitesten Sinne von KI kuratiert wird. Das Ziel sind nicht *Shitstorms*, aber Reichweite und *Engagement*, also viele Nutzer/-innen, viele Klicks, lange Verweildauer. Websites und Apps registrieren, was geklickt und angesehen wird und wie lange. Algorithmen werden genutzt, um diese Daten auszuwerten und die inhaltliche Zusammenstellung des Feeds, aber übergeordnet auch das gesamte Erscheinungsbild der Benutzeroberfläche, das sogenannte *Graphical User Interface* (GUI) und damit das Nutzerlebnis, bzw. die *User Experience* zu optimieren. Optimiert werden damit im Ergebnis die Kapitalzuflüsse der Plattformen, weniger die Qualität oder der Inhalt der Kommunikation. Die Vielzahl und die Komplexität der Themen steht im Gegensatz zur Tendenz des Netzwerks, Differenzierungen zu Polaritäten zu steigern, zu extremisieren und Zwischentöne auszublenden. Sachliche Diskussionen erscheinen daher online kaum sinnvoll führbar zu sein. Trotz allem sind soziale Medien ein kommunikativer Gewinn und bieten die Chance, z. B. auch Minderheiten eine Stimme zu geben, direkte Kommunikationswege zu wählen und Zielgruppen anzusprechen, die auf klassische Weise sonst kaum erreichbar gewesen wären. Selbst wenn keine konsensfähigen Ergebnisse entstehen, so sind zumindest Debatten auf diese Weise möglich und es kann für relevante Themen schnell eine große Reichweite hergestellt werden.

Außer den nicht-verhandelbaren ökologischen Herausforderungen gilt für die meisten anderen Themen, dass sie über einen mittleren bis längeren Zeitraum moderierbar und durch systemische Veränderungen in den einzelnen Feldern lösbar sind. Dabei helfen wirtschaftliche Strukturwandel-Programme wie z. B. beim Wechsel auf nachhaltigere Energiequellen, veränderte Ausbildungskonzepte und vielleicht alternative soziale Absicherungssysteme. Die gesellschaftlichen Veränderungspotenziale durch künstliche Intelligenz sind zu stark auf das Thema Arbeit reduziert. Viele der heute bestehenden Jobs werden in Zukunft durch Software und Maschinen erledigt, doch nicht alle Tätigkeiten, die automatisiert werden können sind 1:1 in Jobs übersetzbar. Substitution menschlicher Arbeit wird selektiv und sukzessive über einen Zeitraum hinweg vorhersehbar passieren. Wer rechtzeitig handelt, wird keine Disruption erleben. Viele Arbeitsplätze werden durch Rekombination von Aufgaben und *upskilling*, also Weiterbildung des Personals, erhalten bleiben, andere werden durch neue Technologien entstehen. Zusätzlich kann nicht oft genug betont werden, dass die Technik und die Geschwindigkeit ihrer Innovation untrennbar mit zwei komplementären Antrieben verbunden sind: Auf der Angebotsseite mehr Geld zu verdienen und auf der Nachfrageseite mehr Komfort, Bequemlichkeit und Service zu erleben. Beide Motive begünstigen sich gegenseitig und sorgen für weitere Umdrehungen der Digitalisierungs-Spirale. Dieses Ergebnis jahrzehntelanger politischer, wirtschaftlicher und wissenschaftlicher Entwicklungen ist ideologisch beinahe beliebig besetzbar. Vieles, was luxuriös und elitär war, steht jetzt allen zur Verfügung, während die Kapitalkonzentration einen neuen Höhepunkt erreicht und eine Handvoll Menschen mehr besitzen als die gesamte ärmere Hälfte der Weltbevölkerung mit knapp vier Milliarden Menschen zusammen.

Wichtige Einflussfaktoren im digitalen Wandel sind außerdem die soziale Akzeptanz der Veränderungen, wirtschaftliches Wachstum, Veränderungen der Gesetzgebung und die demographische Entwicklung. Die differenzierte Betrachtung lässt viel Dramatik aus dem medial so schillernden Szenario einer ‚KI-Revolution' entweichen. Trotz hohen Innovationstempos wird sich der Wandel über viele Jahre vollziehen und anhalten, so lange Maschinen die Arbeit von Menschen nicht nur besser, sondern auch billiger machen. Auf der unternehmerischen Kostenseite geht es um Anschaffung und Wartung von Maschinen vs Lohnkosten sowie um Steuern und Versicherungen. Volkswirtschaftlich bedeutet der Austausch von menschlicher Arbeit gegen Maschinen den Wegfall von Arbeitsplätzen und zusätzliche Kosten für die Alimentierung der Betroffenen bei weniger Steuereinnahmen und wachsendem Potenzial für sozialen Unfrieden. Auch wenn nicht das gesamte Rationalisierungspotenzial kompensiert werden kann, schafft die Produktion und Wartung von Robotern im gleichen Atemzug neue Arbeitsplätze, steigert die gesamtwirtschaftliche Produktivität und hat ggf. positiven Einfluss auf das BIP und die Außenhandelsbilanz. Eine Steuer auf Roboter-Arbeit wäre eine von vielen Möglichkeiten, sich alternativen Lösungen zu nähern. Solange alles bleibt, wie es ist, werden die handelnden Akteure wohl weiter Menschen durch Maschinen ersetzen. Die Unternehmen handeln im Rahmen des Systems vorhersehbar und berechenbar. Es gibt nicht die eine einfache Lösung, mit der allen gleichermaßen geholfen ist, aber es ist zu hinterfragen, warum die Ziele des Kapitals so profan geblieben sind, wie vor 100 Jahren. Hier liegen die Stellschrauben für mögliche Veränderungen.

Die maßgeblichen kommerziellen Anwendungen künstlicher Intelligenz und die leistungsfähigsten Systeme befinden sich in den Händen der digitalen Leader. Diese Unternehmen, hauptsächlich aus den USA und aus China, kommerzialisieren die Technologie bisher insgesamt am besten. Gemeint sind

Alphabet (Google/Deepmind), Amazon, Apple, Facebook, IBM, Microsoft, aber auch Alibaba, Baidu, JD.com und Tencent, um nur die bekanntesten und größten zu nennen. Mithilfe der datengetriebenen Plattformen, die sie aufgebaut haben, verdienen sie nicht nur am meisten Geld, sie haben auch eine neue Art von Wirtschaft erfunden, in der sich die Grenzen zwischen Kunden bzw. Nutzern und Produkt stellenweise verwischen. ‚Wenn es nichts kostet, bist Du das Produkt.' ist ein geflügeltes Wort geworden, denn die schwindelerregenden Umsätze und Gewinne der sozialen Netzwerke und Suchmaschinen werden aus Werbegeldern für die Daten ihrer User gespeist. Auch wenn es scheint, als würden diese ihre Daten einfach verschenken, ist es in Wahrheit so, dass sie schon etwas dafür bekommen, nämlich bestmögliche, bestorganisierte, individuell kuratierte, erstklassig designte und Nutzen-erlebnis-optimierte Vernetzung, die außerdem ununterbrochen aktualisiert wird. Das Geschäftsmodell funktioniert überall, wo es Internet gibt und das ist fast synonym geworden für ‚überall, wo Menschen sind'. Sie gehören zu den beliebtesten Arbeitgebern, weil sie sowohl die besten Gehälter zahlen als auch die besten Arbeitsumgebungen bieten. Zu dieser Umgebung gehören neben schicken Büros und perfekter elektronischer Ausstattung und jeder Menge nützlicher Service-Angebote von der Kantine über die Reinigung, den Friseur, Massage, Yoga usw. auch *top peers*, einzigartige Kolleginnen und Kollegen. Das ist für Menschen in der digitalen Welt, die sich permanent weiterbilden und -entwickeln möchten, vielleicht der wichtigste Aspekt. Wer die Möglichkeit hat, für viel Geld in bester Umgebung mit den Besten seines Faches zusammen zu arbeiten, wird sich nicht unbedingt leicht abwerben lassen. Fluktuation findet deshalb fast ausschließlich im Kreis dieser Digital Leader statt oder Top-Mitarbeiter/-innen scheiden aus, um ihr eigenes Unternehmen zu gründen. Es ist schwierig, für Player außerhalb dieser Gruppe, die gleiche Liga von Personal in dieser Menge zu beschäftigen. Die am Anfang von Kap. 7 beschriebenen Proteste und der Einsatz von Mitarbeiter/-innen der Digitalkonzerne für Menschenrechte und gegen Benachteiligung von Minderheiten oder gegen den Einsatz von KI beim Militär zeigen, dass diese Elite sich inzwischen auch für gesellschaftliche Themen bei ihren Arbeitgebern interessiert, dass sie sich, wenn es sein muss, sogar gegen ihre Arbeitgeber engagiert und organisiert. Aber deswegen gibt es noch lange keinen Grund, die Gestaltung der Art, wie Menschen zusammenleben und wie die Gesellschaft jetzt und in Zukunft funktionieren soll, anderen zu überlassen. Es ist nicht notwendig, die Zukunft zu delegieren und ebensowenig, sie sich durch automatisierte Prozesse aus der Hand nehmen zu lassen. Gerade in dieser Zeit, in der so viele Umbrüche auf die Menschheit zu kommen, ist es wichtig, sich aktiv daran zu beteiligen, die Gesellschaft auf die neue Welt mit ihren neuen Chancen und Risiken vorzubereiten. Diese aktive Beteiligung ist ein Prozess, denn Digitalisierung ist ein langfristiger Strukturwandel, der noch lange andauern wird.

Zusammenfassend ist also ein Grundthema des Einsatzes von Technik, und zwar nicht nur von KI, sondern von fast jedweder Technik, dass sie einem bestimmten Zweck und dieser wiederum einer bestimmten Gruppe oder vielleicht auch einer einzelnen Person zum Vorteil dient. Technik bzw. KI haben deswegen zunächst nicht viel mit Gerechtigkeit oder Gleichheit oder sonstigen möglichen Zielen einer Gesellschaft oder eines politischen Systems zu tun. Die vergangenen Jahrhunderte haben gezeigt, dass es immer um den Ausgleich von Interessen zwischen Mächtigen ging und daran hat sich auch bis heute wenig geändert. Ungeachtet aller Ethikwäsche und aufrichtiger Bemühungen zur verantwortungsvollen Nutzung ist deswegen jedweder KI-Einsatz von Gruppen- oder Individualinteressen geleitet und es gibt wenige solcher Interessen, die nicht auch eine Kehrseite oder Opposition haben. Das ist unvermeidlich, denn es ist schwierig, interessenlos kreativ zu sein. Jeder Gedanke, jede Idee und Innovation schaffen etwas. Erst die Opposition durch andere oder auch eine Reaktion z. B. durch Markt- oder Naturgesetze, setzt Schranken. Auf jede patentierte Innovation und jedes kaufbare Produkt kommen hunderte oder sogar tausende Varianten und Versuche, die gescheitert sind. Es ist also nachvollziehbar, dass nach so einem hohen Aufwand, etwas in die Welt zu bringen, das Gewinnstreben und die Bereitschaft, für die eigene Lösung zu kämpfen, hoch sind. Von den vielen Erfindungen und Entdeckungen, die das Licht der Welt erblicken, sind manche z. B. aus gesundheitlichen, biologischen oder ethischen Gründen oder aus Nachhaltigkeitsperspektive nicht wünschenswert. Die Probleme bzw. das Bewusstsein dafür tauchen oft erst später auf, wenn Schaden entsteht. Selbst bei relativ evidenten Verbots- oder Beschränkungsgründen gibt es häufig noch einen jahrelangen, zähen Kampf der Interessen, bis tatsächlich gehandelt wird. Im Ergebnis bleibt, dass Menschen erstklassig im Erfinden und Erschaffen, jedoch relativ schlecht im Vorhersehen sind. Trauen Sie also niemandem, der Ihnen sagt, was in der Zukunft passieren wird. (s. o.). Bei den meisten, noch so tollen Dingen werden früher oder später Nachteile bekannt. Die negativen oder unerwünschten Folgen von Technik erfordern Handeln und Gegensteuern. Dies passiert meist in Form verschiedener Arten von Reparaturen und Nachbesserungsversuchen. Menschen sind also gut im Erfinden, Erschaffen und Reparieren. Unsere Welt ist zusammengesetzt aus Dingen, denen wir einen bestimmten Wert zuschreiben und die wir permanent ergänzen, sanieren und austauschen. Neue Technik, die gefällt oder nützlich ist, wird eingesetzt, bis sie zu ggf. beunruhigenden, schlimmstenfalls sogar desaströsen Vorfällen führt. Dann wird entweder die Technik oder die Welt modifiziert. Das gilt für

Fahrräder und Toaster wie für Elektroautos und KI. Die Disziplin der Technikfolgenabschätzung ist fast so alt, wie die künstliche Intelligenz. In Deutschland führend ist das Institut für Technikfolgenabschätzung und Systemanalyse (ITAS) des Karlsruher Instituts für Technologie (KIT). Anfang 2019 initiierte das ITAS zusammen mit dem Bundesministerium für Bildung und Forschung und den Branchenverbänden VDI und VDE das zweijährige Projekt ‚Abklärung des Verdachts aufsteigenden Bewusstseins in der Künstlichen Intelligenz'. Dabei gehen die Technikfolgenforscher/-innen der Frage nach, die auch in diesem Buch immer wieder auftaucht und die die Menschen vermutlich noch lange beschäftigen wird, denn jeder Fortschritt aktualisiert die Fragestellung.

Maschinen und Menschen und Statusfragen
Unter dem Aspekt der Gesellschaftsverträge der Zukunft ist die verbreitete animistische Sichtweise auf KI, insbesondere in Form humanoider Maschinen, sehr relevant, denn sie ändert die Einstellung und das Verhalten gegenüber diesen Dingen. Auch wenn Konsens darüber herrscht, dass Maschinen prinzipiell unbelebt sind, werden Antworten auf die Fragen nach Persönlichkeit, Verhalten und sogar Rechten von Maschinen immer wieder diskutiert. Wie wollen wir intelligente Maschinen in Zukunft behandeln? Aus der Science-Fiction sind hochentwickelte, in vielen Fällen den menschlichen Protagonisten weit überlegene Charaktere bekannt. Werden wir solche Maschinen entwickeln? Wenn wir es können, vermutlich Ja. Die Entwicklung der Chatbots zu VPAs wird eine Zwischenstation auf dem Weg zu leistungsfähigen, perfekt designten, vermutlich sehr menschenähnlichen Maschinen sein.

Die deutschen Elektropop-Pioniere Kraftwerk texten 1978 in ihrem Song „Die Mensch-Maschine":

„Die Mensch-Maschine
Halb Wesen und halb Ding
Die Mensch-Maschine
Halb Wesen und halb über Ding"

Es ist das Narrativ der Überwindung menschlicher Unzulänglichkeiten, gespeist aus einem relativistischen Menschenbild, das an einer wie auch immer gearteten Perfektion gemessen wird. Vorbild waren die Maschinen und Menschen aus Fritz Langs ‚Metropolis'. Heute landet der Diskurs schnell bei Begriffen wie Transhumanismus oder Cyborgs, aber es geht zunächst rein um

Maschinen. Es geht um KI, die einen humanoiden Roboter steuert. Die spannende Frage ist, wie weit die Integration der KI mit der Hardware, also dem Körper des Roboters, geht. Dieser Körper könnte humanoid sein, müsste es aber nicht. Menschen sind körperliche Wesen und ihre Körperlichkeit ist in der Realität nicht von ihrem Bewusstsein trennbar. Es ist ein integriertes biologisches Bewusstseins-System. Bei Robotern kann zumindest heute noch klar die Software von der Hardware getrennt werden.

Vielleicht wird es in 100 Jahren Maschinen geben, die sehr menschenähnlich aussehen und sich wie Menschen verhalten. Allein die Faszination dieses Schaffensprozesses macht ihn vermutlich unvermeidlich. Je nachdem welche Entwicklung die menschliche Gesellschaft bis dahin genommen haben wird und abhängig davon, welche kognitiven und kommunikativen Fähigkeiten diese Roboter dann haben, wird ihre Position im Alltag vielleicht eine komplizierte Angelegenheit. Sind es Maschinen, Maschinen-Menschen oder Mensch-Maschinen? Aufrecht gehende, menschlich aussehende, sich menschlich verhaltende und sprechende Roboter werden vermutlich, wenn nicht als Menschen, so doch als Personen wahrgenommen. Solche künstlichen Persönlichkeiten sind wahrscheinlich. Schon die Entwicklung der VPAs wird Bot-Persönlichkeiten hervorbringen, also Systeme, die charakterliche Besonderheiten haben, indem spezifisches menschliches Verhalten imitiert und simuliert wird. Es wird zu Bedeutungsverschiebungen in der Wahrnehmung solcher künstlichen Persönlichkeiten kommen, d. h. ihre eigentliche Beschaffenheit als Simulationen oder Maschinen wird nach und nach hinter der Wahrnehmung als individuelle Persönlichkeiten zurücktreten. Das sind natürlich Hypothesen, die die kritische 10- und 30-Jahre Prognose-Zeitlinien überschreiten und somit als ‚geraten' gelten dürfen.

Die Frage ist noch theoretisch, aber sie erscheint schon mit den in Kap. 3.4 beschriebenen Risiko-Implikationen auf der politischen Agenda, nämlich, was die Einordnung von synthetischen Personen angeht, die, ähnlich wie Unternehmen, als juristische Personen mit natürlichen Personen interagieren könnten. In Bezug auf mögliche neue Gesellschaftsverträge sind die Gedanken nochmals wichtig: Menschen sind aufgrund ihrer körperlichen Verletzlichkeit und Sterblichkeit in den Haftungsaspekten gegenüber Maschinen im Nachteil und Maschinen könnten als Haftungsschilde benutzt werden. Bisher existieren derart intelligente Roboter nicht, aber da in so vielen Kontexten an KI und Robotik geforscht wird, wird die Existenz solcher Systeme in den kommenden Jahrzehnten eher wahrscheinlich. Wenn technische Entwicklung ab einem gewissen Punkt sehr schnell verläuft, ist es gut, sich rechtzeitig vorab mit den Konsequenzen zu beschäftigen. Welche Auswirkungen hätten diese intelligenten Systeme gesellschaftlich, rechtlich und moralisch?

Wie grenzen sie sich von Menschen und Tieren oder dem rechtlichen Status von Unternehmen ab? Jeglicher rechtlicher Status von allem und jedem kann rein formal entschieden werden. Vor dem Gesetz ist zunächst alles, was keine Person ist, Eigentum. Etwas, das jemand anderem gehört, hat keine bzw. sehr eingeschränkte Rechte. Entsprechend sind Roboter heute Rechtsobjekte, über die verfügt werden kann. Vielleicht erhalten sie irgendwann bestimmte Schutzrechte, um z. B. ihren Missbrauch analog zu Tierquälerei zu verhindern. Absehbar werden sie möglicherweise zu Rechtssubjekten mit eigenen Rechten und Pflichten, also zu juristischen Personen. Sie könnten dann ggf. selbst Eigentum besitzen und als Kläger und Angeklagte vor Gericht stehen. Dagegen spricht, dass KI, in welcher Form auch immer, keine Persönlichkeitsmerkmale wie Bewusstsein, Willen, Gefühle, Wünsche und Interessen analog zu Menschen hat. Alle Hinweise auf solche Eigenschaften sind in ihrer programmierten Simulation begründet. Moralische Verantwortung kann nicht programmiert werden. Sie verbleibt beim Menschen, so wie die Verantwortung für die Wahl eines TV-Programmes bei der Person mit der Fernbedienung liegt und nicht beim TV-Gerät, auch wenn es das Programm abspielt. Während die Entscheidungen autonomer Kriegswaffen nach heutigem Stand der Interpretation immer von einem Menschen überwacht werden müssen, scheint sich im zivilen Bereich bereits mehr juristischer Spielraum zu ergeben. Die KI könnte selbst eine juristische Person oder Stellvertreterin in Geschäften mit anderen juristischen Personen sein. Wäre KI analog einer juristischen Unternehmensperson eingeordnet, so könnte sie Geschäfte abschließen und Dinge kaufen und verkaufen. Sie könnte sogar eigenes Vermögen haben, Konten führen, ggf. sogar ein Unternehmen gründen und Menschen beauftragen und einstellen. Eine KI als juristische Person würde in diesem Gedankenspiel ein Unternehmen als juristische Person besitzen. Da die KI im Zweifelsfall keine eigenen Absichten und Wünsche hat, selbst wenn ihre algorithmisch getroffenen Entscheidungen als Willenserklärungen interpretiert würden, bräuchte sie in vielen Kontexten, für die ihre Fähigkeiten nicht ausgelegt sind, eine menschliche Repräsentation. Aber warum sollte eine KI wohl überhaupt als wirtschaftliche Akteurin in einem System auftreten, das zu 100 % nach den materiellen Wünschen und Bedürfnissen von Menschen angelegt ist? Warum sollte eine Maschine ein Vermögen anhäufen oder besitzen? Die Analogie der Unternehmen als Körperschaften zeigt klar, dass es darum geht, einen für Menschen vorteilhaften, wirtschaftlichen Sinn zu erfüllen. Bei Unternehmen z. B. durch die Beteiligung vieler Individuen an einem gemeinsamen Geschäftszweck. Unternehmen werden als intangible Objekte und juristische Personen nicht nach Bewusstsein oder moralischen Werten, sondern nach ihrer im gesetzlichen Rahmen stattfindenden Wirtschaftstätigkeit beurteilt. Bei KI als Rechtsperson ist demnach eine der Hauptfragen, warum dieser Status für die menschliche Gesellschaft sinnvoll sein sollte und nach welchen Kriterien sie juristisch beurteilt würden. Bei den bisherigen Betrachtungen geht es hauptsächlich darum, mittels KI effiziente Maschinen zu bauen, die Gewinn erwirtschaften oder als fortgeschrittenere Modelle in der Zukunft autonome Handels-Subjekte sein könnten, die eigenes Vermögen anhäufen. Wesentliche Haftungsfragen können dadurch sehr kompliziert, langwierig und am Ende obsolet werden, da die Maschinen nach wie vor Eigentum von jemandem sind. Am Ende dieser Kette steht immer ein Mensch oder eine Gruppe von Menschen.

Sollte es in der Zukunft KI und Roboter geben, die tatsächlich ein eigenes Bewusstsein hätten, würde die Frage eine andere Bedeutung bekommen und es wäre notwendig, nachvollziehbar zu klären, wie dieses Maschinen-Selbstbewusstsein zu definieren sei und wie nahe es einem menschlichen Bewusstsein käme. Diese Fragen stellen sich nicht kurzfristig, aber es ist, wie gesagt, sinnvoll, diese Gedanken und mögliche Lösungen, auch in Form regulativer Mechanismen, früh zu entwickeln. So wie im Alltag ständig Menschen gegenseitig ihre Rechte verletzen, ist davon auszugehen, dass dies auch durch autonome KI oder Roboter geschehen würde. Roboter mit gleichen Rechten wie Menschen, aber ohne entsprechende Verpflichtungen, würden eine deutliche Schieflage zugunsten der Roboter bedeuten. Der persönlichen Verantwortlichkeit von Menschen gegenüber, könnten Roboter maximal finanzielle Kompensation leisten, sofern sie über Vermögen verfügten. Alle Rechtsfragen gegenüber Maschinen wären auf reinen Finanzausgleich reduziert. Roboter könnten sich bei Streitigkeiten sogar juristisch vertreten lassen. Insolvente Roboter wären nicht zur Rechenschaft ziehbar. Eine Entschuldigung oder auch eine Haftstrafe sind bei Maschinen nicht sonderlich effektiv. (Bryson et al. 2017). Eine Regulierung erscheint notwendig, um die Grauzonen vertraglicher Verbindlichkeiten zu regeln, sollten Maschinen in Zukunft autonom Geschäfte abschließen oder autonome Fahrzeuge Schäden oder Unfälle verursachen. Spätestens nachdem Saudi-Arabien im Rahmen einer PR-Aktion einer Puppe die Staatsbürgerschaft verliehen hat (vgl. Kap. 2.1), ist der Status von KI und Robotern eine juristische Angelegenheit. Sind es Objekte, also das Eigentum anderer Rechtspersonen oder sind es Personen i. S. des Gesetzes, vielleicht sogar so ähnlich wie Menschen? Im letzteren Fall stehen neben den wirtschaftlichen auch eindeutig moralische Fragestellungen im Raum, die je nach Einsatzzweck der KI bzw. Roboter unterschiedlich sein können. Einerseits gilt es, die Überlegenheit maschineller Informationsverarbeitung nicht missbräuchlich einzusetzen, z. B. durch Roboter, die im öffentlichen Raum durch Einsatz von Gesichtserkennung den

Datenschutz verletzen, andererseits spiegeln menschliche Handlungen moralische bzw. unmoralische Haltungen. Das kann z. B. die Objektifizierung, meist von Frauen, durch den Einsatz von Robotern sein, die heute im Handel als Liebes- oder Sexpuppen erhältlich sind. Was derzeit noch ein Randphänomen ist, kann sich angesichts der Geschwindigkeit, mit der die Sex- und Pornoindustrie digitale Technologien adaptiert, schnell im Mainstream landen. Der weltweite Sex-Tech-Markt wird auf ca. 30 Milliarden US-Dollar beziffert und soll bis 2026 auf ca. 50 Milliarden US-Dollar wachsen. Die Roboter, meist Frauenpuppen, werden vor allem in den USA und Japan verkauft und zielen auf eine möglichst lebensechte Nachahmung ab, die sogar Herzschlag und Atmung simulieren soll. Ziel ist eine realistische Interaktion mit ausgeklügelten, KI-gesteuerten Robotern, die auch sprechen können. Es gibt in dem Zusammenhang bisher wenig Forschung, jedoch Diskussionen darüber, inwieweit das Design dieser Puppen das Frauenbild beeinflusst. Auch die Frage, wie diese Maschinen behandelt werden, ist Gegenstand moralischer Überlegungen. Es gibt z. B. Sexpuppen, die bei entsprechender Berührung ihre Zustimmung zum Sex verweigern. Die Anthropologin Kathleen Richardson, Professorin für Roboterethik und künstliche Intelligenz an der Universität Leicester und Gründerin einer Kampagne gegen Sexroboter, sagt, mit einem Roboter zu schlafen, der das explizit ablehne, sei Vergewaltigung. Der Einwand dagegen lautet, dass die Maschine weder ablehnen, noch zustimmen könne. Die Ablehnung des Roboters repräsentiere keinen Gefühlszustand des Objekts, es könne genauso gut ein Weihnachtslied abgespielt werden. Die Diskussion kreist um den validen Punkt von Richardson, dass wohl davon auszugehen sei, dass es Teil der sexuellen Fantasie der Nutzer/-innen ist, sich über die Weigerung hinwegzusetzen. Richardson befürchtet, dass es über kurz oder lang zur Vergewaltigung von Frauen führen könne, wenn solches Verhalten bei Sexrobotern normiert wird. Tatsache ist, dass es so oder so mit Robotern keine realistische Einwilligung, wie in einer menschlichen Beziehung, geben kann. Ebenso Tatsache ist, dass Frauen durch solche Roboter objektifiziert werden. Juristisch würde das Verhalten aktuell nicht sanktioniert werden, es gibt aber eine moralische Position dazu. Auch hier nimmt KI wieder eine Stellvertreterfunktion ein, diesmal jedoch nicht, um Macht auszuüben, sondern um ggf. missbraucht zu werden. Das ist in dem Kontext wahrscheinlich nicht rechtswidrig, aber ggf. unethisch. (Mendgen 2020).

Dr. Jan-Erik Schirmer von der Juristischen Fakultät der Humboldt Universität sieht ein doppeltes Dilemma in der Frage des juristischen Status von KI: Angesichts des Tempos, mit dem sich KI entwickele, ist nicht ausgeschlossen, dass intelligente Agentensysteme irgendwann einen Status als Rechtsperson einfordern könnten, schlimmstenfalls mit Gewalt, auch wenn das heute weit hergeholt klingen mag. KI andererseits als juristische Person anzuerkennen, berge das Risiko, sich auf einem unumkehrbaren Weg in Richtung einer dauerhaften rechtlichen Gleichstellung von KI mit Menschen zu befinden. Als Lösung schlägt Schirmer den Begriff der Teilrechtsfähigkeit vor. Das bedeutet teilweise rechtliche Subjektivität aufgrund spezifischer Rechtsfähigkeiten. Die Konsequenz wäre, die Vermeidung des Status als Person bei gleichzeitiger Zuweisung von bestimmten Rechten und Pflichten. Schirmer führt das Beispiel von Tieren anhand des BGB-Paragraphen 90a an: „Tiere sind keine Sachen. Sie werden durch besondere Gesetze geschützt. Auf sie sind die für Sachen geltenden Vorschriften entsprechend anzuwenden, soweit nicht etwas anderes bestimmt ist." Tiere sind demnach keine Sachen, aber auch keine Personen. Die Definition, dass sie keine Sachen sind, kann sie vor Missbrauch schützen. Sie werden der Kategorie der Sachen in dieser Hinsicht entzogen. Ein Hund ist demnach kein Fahrrad, aber das Gesetz behandelt beide weitgehend gleich. Basierend darauf schlägt Schirmer vor, eine ‚umgekehrte Tierregel' auf intelligente Agenten anzuwenden: „Intelligent agents are not persons. Consistent with their serving function, they are governed by the provisions that apply to agents, with the necessary modifications, except insofar as otherwise provided.". (Schirmer 2020, S. 15–18). Damit werden drei Punkte aufgelöst: Die Bots sind keine Personen und somit auch keine Rechtspersonen. Sie haben bestimmte Berechtigungen in Übereinstimmung mit ihren Funktionen, die jedoch juristisch und wissenschaftlich definiert und begründet werden. Zuletzt bleiben sie die meiste Zeit als Objekte definiert und sind somit verkaufbares Eigentum.

Ein etwas anderer, doch nicht so unterschiedlicher Weg wurde in Estland gewählt. Dort, so scheint es, wird die Entmythologisierung von KI genau durch ihre Mythologisierung erreicht. Im modernen Estland wird Digitalisierung ernst genommen und stark gefördert. In diesem Zusammenhang haben die Esten vieles als Erste gemacht: Im Jahr 2000 beschließt das estnische Parlament ein Grundrecht aller Bürger/-innen auf einen Internetzugang und alle sieben Jahre eine Erneuerung der Online-Infrastruktur. Seitdem wird die Digitalisierung öffentlicher Services konsequent vorangetrieben und heute haben fast alle Esten eine mobile ‚e-ID Card', bezahlen überall mit dem Smartphone, können online wählen und in wenigen Minuten ihre Steuererklärung online machen. Estland erlaubte als erstes Land der Welt *Ride Sharing* Dienste und Lieferroboter und bietet schon seit 2015 die sogenannte ‚e-Residency', eine staatlich gewährte digitale Identität, die es erlaubt, in Estland online eine Firma zu gründen und zu führen. Inzwischen dürfte es ca. zehnmal so viele ‚e-Esten' wie dort lebende Bürger/-innen geben. 2017 fügten die Esten ihrer digitalen Infrastruktur ‚Kratt-Gesetze' hinzu und nutzen den mythologischen Begriff als Synonym für künstliche Intelligenz. ‚Kratt' ist ein Dämon, eine Figur der estnischen Sagenwelt, die aus Stroh, Stöcken und alten Haushaltsgegenständen zusammengebaut wird. Für ein paar Tropfen Blut erhält ein Kratt eine Seele und ist nun ein Sklavenwesen, das auf Befehl Dinge für seine/n Meister/-in stiehlt. Diese Geschichte kennen wohl fast alle, der knapp 1,3 Millionen Esten. Der digitale Kratt hat nicht die gleichen Rechte, wie Menschen, sondern nur Stellvertreterrechte, um z. B. flexibel und autonom im Auftrag Bestellungen auszuführen (Kaevats 2017). Ziel der estnischen Initiative ist zunächst, die bereits bestehenden Online-Verwaltungsdienste zu erweitern und über Kratts komfortabel per Sprachsteuerung zugänglich zu machen. Die Kratts sind im Grunde Verwaltungs-Chatbots, die im Sprachdialog Anträge annehmen und bearbeiten. (Sikkutt et al. 2020). In Estland gibt es auch ein gut implementiertes elektronisches Gesundheitssystem mit digitalen Patientenakten und Rezepten, Röntgen- und Ultraschallaufnahmen, Befunden und Diagnosen, die alle dort gespeichert sind. Weniger als ein Prozent der estnischen Bevölkerung hat diese Daten gesperrt. Es ist offensichtlich eine Frage der nationalen Haltung zum Thema Digitalisierung, welche Services machbar sind. Der Gesellschaftsvertrag der Esten in Bezug auf Vertrauen in den Staat und die handelnden Institutionen im Gesundheitssystem ist augenscheinlich bei weitem belastbarer als in Deutschland, wo die elektronische Patientenakte seit Jahren einen schweren Stand hat. In Zukunft werden viele Leistungen und z. B. im medizinischen Bereich auch die Behandlungsqualität maßgeblich davon abhängen, wie viel Vertrauen eine Gesellschaft in ihre Institutionen und Systeme hat. Lückenlose Patientenakten, ergänzt um detaillierte physiologische Daten, erlauben mithilfe von KI z. B. viel besser abgestimmte Medikationen und Therapien, in denen Wirkstoffe auf die individuelle Körperphysiologie abgestimmt werden, statt einem standardisierten Wert des Herstellers zu folgen, der in seinen medizinischen Studien vermutlich noch nicht einmal international repräsentativ getestet ist.

KI und das Vertrauen in Datennutzung
Transparenz, als eines der meist geforderten Kriterien für KI-Systeme, kann vertrauensbildend wirken. Je mehr KI in allen möglichen Bereichen des Lebens eingesetzt wird, desto wichtiger ist auch die Nachvollziehbarkeit der Ergebnisse der Systeme und das wird schon in ihrer Entwicklung, z. B. bei der Konzeption des Datenmodells, beeinflusst. In Bezug auf gesellschaftliche Übereinkünfte muss deswegen der Transparenz generell als Wert ein hoher Stellenwert verliehen werden. Sie dient der Nachprüfbarkeit von Wahrhaftigkeit. Vertrauen hat also etwas mit Kontrolle zu tun, auf die verzichtet wird,

doch der Verzicht ergibt nur Sinn, wenn er real ist. Wenn etwas nicht kontrollierbar ist, kann nicht auf die Kontrolle verzichtet werden. Selbst in der Doppeldeutigkeit des Satzes steckt Wahrheit. Das Vertrauen der Gesellschaft gründet sich auf vertrauenswürdige Institutionen und Prozesse. Sie sind vertrauenswürdig, weil sie transparent und damit kontrollierbar sind. Sie nicht zu kontrollieren, spart Ressourcen. Das Spannungsverhältnis von Vertrauen und Kontrolle kann sehr produktiv sein. Hier schließt sich der Kreis zur Transparenz.

In der Entwicklung von algorithmischen Entscheidungssystemen, die für ihre Anwender als Blackbox erscheinen, ist also schon die Art und Weise, wie sie programmiert sind, grundlegend für ihre Funktion. Entwickler/-innen tendieren dazu, zu ihrer eigenen Orientierung, aber auch zur leichteren Nachvollziehbarkeit ihrer Gedanken für andere, ihren Code mit vielen Hinweisen, Abkürzungen und erklärenden Benennungen für Variablen, mit denen gerechnet wird, zu versehen. Die Variablen für Paketmaße in einer Logistik-Anwendung könnten so z. B. ‚$parcelsize^L$', ‚$parcelsize^W$' und ‚$parcelsize^H$' für die Werte der Länge, Breite und Höhe einer Sendung lauten. Bei medizinischen Berechnungen könnte Körpergröße und -gewicht durch ‚$body^H$' und ‚$body^W$' benannt werden. Für die maschinellen Compilerprogramme spielt das keine Rolle. Die Werte hätten für sie auch q und y heißen können. Für Menschen wird es auf diese Weise einfacher, nachzuvollziehen, was und wie berechnet wird. Erklärende Kommentare im Code und eine gute Dokumentation, was von wem zu welchem Zweck und für welches System entwickelt wurde, sind deswegen wichtige Grundlagen einer transparenteren KI. (Brooks 2018). Ohne eine semantische Codierung sind einfache Vorgänge nur schwer und langsam für Menschen zu erfassen und ein Gesamtsystem ist fast undurchschaubar. Ein modernes Auto z. B. enthält heute über 100 Mikroprozessoren und die Software des Fahrzeugs hat Millionen Zeilen Code. Aus Effizienzgründen wird damit begonnen, dass sich intelligente Systeme teilweise selber programmieren und in Zukunft soll das die Regel werden. Wer diese Entwicklung heute treibt, handelt fahrlässig, wenn nicht darauf geachtet wird, dass die Selbstprogrammierung semantisch nachvollziehbar wird. In einer Gesellschaft, die Transparenz als Fundament eines vertrauensvollen Miteinanders begreift, ist das eine völlig normale Anforderung.

Wie schwierig es in einer marktwirtschaftlich, materiell und kompetitiv ausgerichteten Gesellschaft ist, zu solchen transparenten und auf Vertrauen basierenden Maßnahmen und Prozessen zu gelangen, zeigt täglich das Thema Datenschutz. Die europäischen Bemühungen um den Schutz persönlicher Daten haben nicht zu ernsthaften Neubewertungen der Bedeutung persönlicher Daten geführt. Entstanden sind, überspitzt formuliert, aber auch tatsächlich, viel Verunsicherung und Frustration, eine größtenteils selbsternannte Datenschutz-Inquisition in den sozialen Medien, Zusatzeinkommen für Anwaltskanzleien und das neue Berufsbild des Datenschutzbeauftragten. Letzteres in puncto Beliebtheit vergleichbar mit Drückerkolonnen für Rundfunkgebühren. In den Unternehmen ist so etwas wie ein neues Angstregime entstanden, in dem persönlich haftende Chief Compliance Officer, sobald sie konsultiert werden, flugs alles verbieten, was evtl. mit der Nutzung personenbezogener Daten zu tun haben könnte. Was nicht verboten wird, wird so zurechtgestutzt, das auch nicht der geringste Verdacht auf irgendeinen Nutzen des geplanten datengetriebenen Modells übrig bleibt. Wer nichts macht, macht keine Fehler, ist der Leitgedanke der Verzagten, die damit den größten aller Fehler in der Digitalisierung machen. Steuerung ohne Daten ist wie Segeln ohne Steuerruder. Selbst wer ohne IT, Datenbanken, Analysen und KI steuert, verwendet irgendwelche Informationen, deren Qualität jedoch meist nicht mit dem Datenwissen aus bestehenden Systemen mithalten kann. Die Gesetzgebung ist wie das Glas Wasser, das den einen halb voll und den anderen halb leer erscheint, denn es ist in erster Linie eine Frage des Bewusstseins und der Zielsetzungen, welche Haltung zu Datennutzung eingenommen wird.

Intuitive Entscheidungen, bei denen Menschen ‚aus dem Bauch' agieren, sind schnell und datenbasiert. Der größte Teil der menschlichen kognitiven Kapazität ist unbewusst, aber nicht ungenutzt. Das Gehirn prozessiert weit mehr Informationen als rational zugänglich sind und das rationale Denken kann irren. Bestimmt kennen Sie den Confirmation Bias oder Bestätigungsfehler, nach dem wir dazu tendieren, aus vorliegenden Informationen denjenigen mehr Gewicht zu verleihen, die unsere persönliche Meinung stützen. Der Hindsight Bias oder Rückschaufehler führt dazu, hinterher zu glauben, wir hätten es schon vorher besser gewusst usw. Hunderte solcher Mechanismen sind bekannt, aber sie werden trotz wissenschaftlichen Fundaments und ihrer handfesten Bedeutung im täglichen Leben nicht in Schulen unterrichtet. Stattdessen sind sie Inhalt launiger Artikel und Geschenkbüchlein, Rubrik ‚Lebenshilfe', als seien es unterhaltsame Aphorismen. In Wahrheit sind es datenwissenschaftliche Erkenntnisse. Sie müssen nicht erdacht, sie können errechnet werden. Da das mögliche Anwendungsspektrum von Daten unüberschaubar ist, gehört die Frage, wie wir mit Daten umgehen wollen, zu den wichtigsten Fragen der Digitalisierung. Mit den bereits zur Verfügung stehenden Daten z. B. in der Medizin, in der Energieversorgung oder der staatlichen Haushaltsplanung ließen sich lebensverbessernde Ergebnisse erreichen. Auf der anderen Seite sind Daten durch Missbrauch oder Fehlinterpretation potenziell Auslöser für Ungerechtigkeit und Leid. Die Abwägung von Chancen und Risiken der Datenverwendung bedeutet entsprechend große Verantwortung und somit ist die Sensibilität, mit der das Thema behandelt wird, angemessen. Vor allem, da es nur begrenzt möglich ist, abzusehen, welche Anwendungen morgen möglich sein werden. Ein einfaches Beispiel sind biometrische Zugangssysteme, deren Daten anders analysiert werden könnten. Aufnahmen von Iris-Scannern können zur Identifikation einer Identität, aber z. B. auch zur Erkennung diabetischer Augenerkrankungen und per Handy-App mittlerweile offenbar als Corona-Test verwendet werden. Die Ergebnisse lassen sich unmittelbar an alle möglichen Adressen versenden, ggf. auch ohne Wissen oder Zutun der getesteten Person. (t3n 2021). Einerseits erlaubt KI, frühzeitig über ein therapierbares Krankheitsrisiko informiert zu sein. Andererseits könnten Unternehmen oder Versicherungen im Rahmen ihres Risikomanagements diese Daten nutzen, um sich von Personen zu trennen oder Verträge zu ihren Gunsten anzupassen. Daten sind ein Spiegel unserer selbst und der Beziehungen innerhalb der Gesellschaft. Es wird vermutlich keine dauerhafte Klärung, sondern eher eine dauerhafte Auseinandersetzung i. S. eines beständigen Ringens um die zeitgemäße, ethisch vertretbare Nutzung von Daten geben. Schwierig daran ist, dass die Komplexität der physischen und auch der inhaltlichen Vernetzung schon jetzt so hoch ist, dass die Frage der Datennutzung in vielen Fällen gar nicht mehr eindeutig identifizierbar, geschweige denn aus einem bestehenden Prozess subtrahierbar ist.

Die am Anfang des Buches verwendete Vorstellung, dass KI und damit Datennutzung allgegenwärtig sein wird, wie Strom, birgt die Hoffnung, dass durch integrierte KI alles besser werde, so wie durch integrierten Strom fast alles besser wurde. Die Verfügbarkeit von Strom ist heute überlebenswichtig. Die Anwesenheit und das Fehlen von Energie sind schnell und leicht zu erkennen. KI wirkt verdeckter. Wir werden mit Situationen konfrontiert, die das Ergebnis automatisierter Entscheidungen sind, die kausalen Zusammenhänge und die Wirkungsweise von KI, die zur gegebenen Situation geführt haben, bleiben aber meist verschleiert. Vielleicht wäre eine Kennzeichnung, wann immer eine KI-unterstützte Entscheidung getroffen wurde, sinnvoll. Das würde Transparenz darüber erfordern, welche Daten zur Entscheidungsfindung genutzt wurden und welche Schritte zum jeweiligen Ergebnis führten. Entscheidungen im Gesundheitsbereich können z. B. schwerwiegende Konsequenzen für die Betroffenen haben, z. T. auch für viele Betroffene zur gleichen Zeit, bspw. bei Entscheidungen über Arzneimittel. An diesen Stellen ist Kontrolle und mehrfache Überprüfung wichtig, um Nachvollziehbarkeit zu gewährleisten. Es ist z. B. nicht schwer, durch geringfügige Bildmanipulationen von nur wenigen Pixeln auf Röntgen- oder MRT-Aufnahmen eine automatisierte Bildanalyse in die falsche Richtung zu lenken und falsche

Diagnosevorschläge zu produzieren. Im besten Fall bedeutet es nur viel mehr mühselige Arbeit, die Fehler auszusortieren und die Ursachen zu finden. Im schlimmsten Fall kommt es zu unnötigen Behandlungen oder sogar dem Ausbleiben von Behandlung, obwohl dringender Handlungsbedarf bestünde. Neben den therapeutischen Anwendungssystemen in den Praxen, Krankenhäusern und Laboren sind auch die nachgelagerten Systeme des Sektors betroffen, in denen Leistungen erfasst, analysiert und mit Dienstleistern und Versicherungen abgerechnet werden. Im Gesundheitsbereich fließen Milliardenbeträge für Therapien und die Informationsbasis für die Zahlungen ist oft mehrdeutig. Wie soll im Einzelfall nachgewiesen werden, ob der Einsatz bestimmter Geräte und Medikamente wirklich notwendig war? Subtile Änderungen in Abrechnungscodes oder anderen Dateien können Auszahlungen, die oft auch noch unter konkurrierenden finanziellen Anreizen erfolgen, stark beeinflussen. Es müssen also nicht unbedingt Hacker sein, die sich widerrechtlich Zutritt zu Systemen verschaffen und wahrscheinlich ist auch die externe Manipulation von Bildmaterial zum Schaden von Patienten eher selten. Diese Fälle lösen aber deutlich mehr Angst aus als die vermutlich häufiger vorkommenden zu hohen Rechnungen an Krankenkassen aufgrund geschickter Anpassung von Diagnosedaten und Therapien durch Ärzte und Krankenhäuser, wie z. B. in Fällen, in denen einfache Röntgenaufnahmen als komplizierte Scans beschrieben wurden, um die Auszahlungsbeträge zu erhöhen. (Metz und Smith 2019). Wie sollen also Daten z. B. im Gesundheitssektor eingesetzt werden und wie werden diese Daten und Systeme gegen Angriffs- und Manipulationsmöglichkeiten abgesichert? Wie behalten die Eigentümer/-innen die Kontrolle über ihre Daten? Wer sorgt für Transparenz in den verarbeitenden Systemen und wie? Das sind schwierige Fragen, auf die es keine endgültige Antwort gibt. Sie sollten in Intervallen immer wieder gestellt und neu beantwortet werden. Im Moment scheint dieser Prozess mehr ein zufälliges Mäandern von *trial and error* zwischen dem Fakten-Schaffen durch wirtschaftliche Player und der Iteration zu diesen Fakten durch journalistische, juristische und ggf. regulatorische Intervention. Bei unerwünschten Konsequenzen von großer Tragweite entsteht ggf. sogar gesetzgeberischer Handlungsbedarf.

Wie groß ist das Risiko der Manipulation automatisierter Entscheidungen tatsächlich? Reicht die Anpassung bestehender Gesetze aus oder sind spezifische neue Gesetze notwendig? Die schon mit beschriebenen *Algorithmic* bzw. *Automated Decision Making*-Systeme (ADM), also automatisierte Entscheidungssysteme, sind etabliert und, wie alle Computersysteme, angreifbar. Ihre Menge, ihre Einsatzformen, ihre unterschiedliche Integration in uneinheitlich gesicherte Systeme und auch ihre Hard- und Softwarebasis sind so verschieden, dass die Manipulations-Risiken derzeit als ‚sehr hoch' angesehen werden müssen. Bilderkennungssysteme sind z. B. in ihrer Basisfunktion, dem Erkennen von visuellem Input, seien es Gesichter oder Gegenstände usw., leicht manipulierbar: Auf Brillen aufgeklebte Muster oder für Menschen unsichtbares Infrarotlicht, dass aus Kopfbedeckungen auf das Gesicht geleuchtet wurde, verwirrten Gesichtserkennungssoftware. Kleine Aufkleber auf Straßenschildern tricksten selbstfahrende Autos aus. Auch Fingerabdrücke wurden in einem Experiment der New York University in 22 % der Fälle falsch erkannt. Mit anderen Worten: Jede fünfte Erkennung war falsch oder jedes fünfte auf diese Weise gesperrte Smartphone oder Notebook könnte ohne Weiteres missbräuchlich entsperrt werden. Gleichzeitig hat Indien das weltgrößte Fingerabdruck-basierte Identifikationssystem für staatliche Förderungen und Services ins Leben gerufen und viele Banken nutzen Gesichtserkennung für den Zugang zum Geldautomaten. (Ebd.).

Im Kap. 3.5 wird ein Anwendungsbeispiel zur Berechnung von Kfz-Versicherungstarifen anhand der angenommenen Wahrscheinlichkeit von Schadensfällen beschrieben. Die grundsätzliche Idee ist plausibel, aber die Berechnung des Wissens aus der Analyse von Lage und Aussehen der Häuser der Versicherten mittels Bilddaten aus Google Maps überrascht. Die Prognosefähigkeit der Versicherung konnte um 25 % gesteigert werden. Die gesellschaftlich relevante Frage ist, wie weit die Nutzung von offen zugänglichen Daten von Staat und Wirtschaft für Analysen, die auf Einzelpersonen heruntergebrochen werden können, zulässig sein soll. Würde für so eine persönliche Auswertung nicht eine ebenso persönliche Einverständniserklärung notwendig sein? Kunde bzw. Bürger/-innen denken vermutlich nicht einmal daran, dass solche Daten ausgewertet werden und zu personenbezogenen Aussagen über sie führen, wenn sie in einem Vertrag die Nutzung ihrer Privatadresse freigeben. Ich würde von postalischen Zustellzwecken ausgehen, nicht davon, dass die Versicherung Bilder meines Hauses speichert und auswertet, zumindest dann nicht, wenn es keine Versicherung rund um das Haus ist. Der nächste Schritt, der meist von den Datenschutzerklärungen abgedeckt wird, ist die Weiterleitung von Informationen an andere Unternehmen. Weiterleitung an eine Bank wäre im genannten Beispiel praktisch, da sich die Risikomodelle von Banken und Versicherungen sehr ähnlich sind.

Die Erkenntnis, dass jede Bewegung im digitalen Raum Spuren hinterlässt, haben die meisten schon einmal gehört, aber es gibt einen Unterschied zwischen dem Wissen und dem Verhalten dazu. In Deutschland nutzen etwa sechs Prozent der Internetnutzer/-innen ein *Virtual Private Network* (VPN), eine verschlüsselte Verbindung ins Internet, die die Identität und den Aufenthaltsort verbirgt. Ca. ein Drittel davon nutzen ihre VPNs zum Vortäuschen eines falschen Aufenthaltsorts, um z. B. auf Netflix auf Filme oder Serien zuzugreifen, die es nur in bestimmten Ländern gibt. (vpnmentor 2021). Über 90 % der Deutschen sind relativ transparent im Internet unterwegs und hinterlassen riesige Mengen an Daten, die z. B. von Website-Betreibern genutzt werden können, allen voran von den großen Suchportalen wie Google und YouTube, aber auch durch die sozialen Netzwerke Facebook, Twitter, Instagram und deren Messenger. Im Internet gibt es also Informationen über Sie, die eigentlich niemand wissen können sollte. Sie werden aus maschinell korrelierten Daten gewonnen, die Sie online hinterlassen haben. Hier könnte noch mit Selbstverantwortlichkeit argumentiert werden, im Fall der Kfz-Policen ist jedoch klar, dass ein Kamerawagen von Google die Fotos der Häuser gemacht hat. Sie haben ggf. lediglich versäumt, der Nutzung zu widersprechen und Ihr Haus auf Google Maps verpixeln zu lassen, aber vermutlich gibt es auch ein Datenmodell für verpixelte Gebäude.

Ebnet KI den Weg in den Überwachungsstaat?
Nach Paul Watzlawicks erstem Axiom der Kommunikation kann man nicht nicht kommunizieren. (Watzlawick et al. 1967, S. 48, 72). Niklas Luhmann ergänzt: „Die Regel, es sei nicht möglich, nicht zu kommunizieren, gilt nur innerhalb von Interaktionssystemen unter Anwesenden, und selbst hier regelt sie nur, dass, nicht was kommuniziert wird." (1981, S. 31). Einfacher gesagt: Alles was existiert, kann in Daten repräsentiert werden und wird somit zu Informationen, die Computer und Algorithmen verarbeiten können. Die gegenwärtigen Paradigmen dazu lauten: Alles, was digitalisiert werden kann, wird digitalisiert, wird vernetzt und wird schließlich automatisiert, und zwar mit hoher Geschwindigkeit. In den vergangenen zwanzig Jahren sind die maschinellen Fähigkeiten, Informationen zu sammeln, zu analysieren und das gewonnene Wissen zu nutzen, extrem gesteigert worden. Für die meisten Menschen und auch den Gesetzgeber ist nicht in der gleichen Geschwindigkeit nachvollziehbar, was alles mit persönlichen Daten möglich ist. Außerhalb des global viel zu kleinen Kreises von Fachleuten und sachverständigen Laien werden Nachrichten zu KI wie beschrieben, meist überinterpretiert und führen zu neuen Angstszenarios. Der Staat und private Unternehmen haben ein berechtigtes Interesse, digitale Möglichkeiten für ihre Zwecke einzusetzen und neue Potenziale auszuschöpfen. Die Gesichtserkennung im öffentlichen Raum ist eines von vielen Beispielen, wie mit Digitalisierung, Vernetzung und KI elementare Grundrechte sozusagen ‚technisch abgeschaltet' werden können. Die Ausstattung von immer mehr öffentlichen Plätzen mit Kameras und die Vernetzung dieser Kameras mit Datenbanken und Softwaresystemen erlaubt es, Individuen in der Öffentlichkeit jederzeit eindeutig zu identifizieren.

Es wäre naiv, zu glauben, das hätte keine Auswirkungen auf die Verhaltensweisen einer Gesellschaft. (Laufer und Meineck 2020). Wenn die Polizei, Geheimdienste und andere staatliche Stellen jederzeit und überall anlasslos bestimmen könnten, wer sich wo bewegt und z. B. an einer Demonstration teilnimmt oder sich wann mit wem trifft, dann ist das ein Überwachungsstaat. Selbst wenn das geltende Recht diese Nutzungen so nicht vorsieht, so ist doch im Falle einer Rechtsänderung technisch sofort dafür gesorgt, dass dieser Überwachungsstaat quasi per Knopfdruck voll einsatzfähig ist und auch viele andere Freiheiten zur Disposition stellen, einschränken oder sogar unmittelbar aufheben kann. Das ist problematisch. Die freiheitliche, demokratische Grundordnung Deutschlands steht immer wieder zur Disposition, wenn die Gesellschaft sich zwischen Freiheit und Sicherheit entscheiden muss. Es ist im Laufe der Jahrzehnte und auch mit steigendem Wohlstand in diesem, zu den reichsten Ländern der Welt zählenden Staat ein hohes Bedürfnis nach Absicherung aller Lebensrisiken, vor allem aber des materiellen Status-quo, entstanden. Anscheinend sind viele Bundesbürger/-innen auch bereit, diesem materiellen Wohlstand freiheitliche Rechte zu opfern. Dabei dürfen wir den Schutz unserer Grundrechte und unserer freiheitlichen Gesellschaftsordnung mit Werten wie Teilhabe, Toleranz und auch Mitgefühl gegenüber schlechter Gestellten nicht vergessen. Digitalisierung mit Verantwortung bedeutet deswegen auch, darauf zu achten, dass in einer überängstlichen Gesellschaft nicht sukzessive Freiheit gegen vermeintliche Sicherheit eingetauscht wird. Automatisierte Videoüberwachung von Tausenden, um ggf. einige wenige aufspüren zu können, Staatstrojaner, die private Nachrichten auslesen, massenweise online Überwachung durch amerikanische Geheimdienste in Deutschland, Einschränkung der Meinungsfreiheit durch Löschen und Sperren von Konten und Beiträgen in den sozialen Medien und das Mobbing und die Diskreditierung Einzelner durch einen digitalen Lynchmob in den sozialen Medien in Folge entsprechender Kampagnen, Framings und Hashtags – das alles sind Dinge, die bereits jetzt jeden Tag passieren. Der Umgang mit diesen Möglichkeiten erfordert eine freiheitliche Gesinnung in Form eines vielleicht auch ungeschriebenen Gesellschaftsvertrages, der die Grundrechte stärker stützt und mehr Toleranz und Akzeptanz für Andersdenkende betont. Das ist eine permanente Gratwanderung in einer Kette von Entscheidungen. Eine Gratwanderung zwischen der Fortsetzung einer bereits installierten Verbotskultur, in der der Staat in immer mehr private Lebensbereiche eingreift, um immer mehr vermeintliche Sicherheit zu garantieren auf der einen, und dem Vertrauen, dem Anspruch und dem Einfordern persönlicher Verantwortung der Einzelnen auf der anderen Seite. Vor diesen Entscheidungen, die zu den geschriebenen und ungeschriebenen Gesellschaftsverträgen gehören, liegt ein Prozess der Information und Willensbildung, in dem die Medien eine wesentliche Rolle spielen. Der schon mehrfach kritisierte Umgang mit Erkenntnissen und Wissen in der popularisierten Darstellung in Zeitungen, in Fernsehen und Radio und natürlich online trägt zur Verzerrung der Wahrnehmung bei. Besonders die Filterblasen und Echokammern der sozialen Medien verstärken in einem Stille-Post-Effekt die z. T. absurdesten und meist negativen Nachrichten. Wieder am Beispiel der Videoüberwachung und Gesichtserkennung wird diese Verstärkung oder Übertreibung in der Darstellung der visuellen Emotionserkennung durch KI sichtbar.

Wenn sich Menschen persönlich begegnen, können sie in der Regel die Emotionen ihres Gegenübers lesen. Sie verhalten sich meist so, dass Mimik, Gesten und Körpersprache die wesentlichen Botschaften des aktuellen Befindens verraten. Da dieses Verhalten unbewusst abläuft, ist es unmittelbar, wahrhaftig und nur bis zu einem gewissen Grad kontrollierbar. Es zu verbergen erfordert Bewusstmachung und langes Training. Das wiederum haben die meisten Menschen auch, denn es gibt ständig Situationen, in denen Gefühle verborgen werden oder bleiben sollen, bspw. in einem Vorstellungsgespräch oder bei Vertragsverhandlungen oder einfach, wenn Sie ein Paket geliefert bekommen oder einkaufen gehen und die Welt nicht an Ihren aktuellen Stimmungen teilhaben lassen. Je nach Situation treten wir manchmal stärker kontrolliert auf, um ganz bewusst einen bestimmten Eindruck, z. B. Gelassenheit, zu vermitteln. Selbst Alltagssituationen, wie eine Begrüßung oder die Annahme eines Geschenks lösen kontrolliertes Verhalten aus, das den allgemeinen Gepflogenheiten der Höflichkeit entspricht. Auch hierzu gibt es viele Gesellschaftsverträge bzw. Konventionen, die unterschiedlich schwer wiegen. Bei einer Begrüßung nicht zu lächeln oder weg zu sehen wird wahrscheinlich wahrgenommen und evtl. als unhöflich interpretiert, jedoch nicht besonders geahndet. In der gleichen Situation vor Ekel das Gesicht zu verziehen oder z. B. sich bei einer Bestattung amüsiert zu verhalten hingegen, dürfte für stärkere Irritation und auch Konsequenzen, wie Nachfragen oder sogar Verweis sorgen. Das ist alles völlig normal und nach entsprechender Sozialisation in einer Gesellschaft und einem Kulturkreis beherrschen Menschen diese Regeln intuitiv. Digitalisierung und KI bringen durch die Möglichkeiten der Bild- und Gesichtserkennung eine neue Dimension in diese Verhaltensmuster. Dabei gibt es eine kontinuierliche Steigerung:

- Vor vielleicht 30 Jahren war es an den meisten Orten unkontrollierbar, ob sich dort jemand aufhielt oder nicht.

- Mit Bewegungsmeldern kamen die ersten Sensoren, die meist dafür sorgten, dass ein Licht eingeschaltet wurde. Es waren im übertragenen Sinn Anwesenheitssensoren. Je nach Technik, ob Hochfrequenz- oder Infrarot- oder auch Kameramelder sind unterschiedliche Ergebnisse möglich. Die Systeme sind wie Schalter, die die nächste Aktion auslösen, z. B. Licht einschalten oder Schiebetüren im Supermarkt öffnen.
- Der nächste Schritt waren Kameras in allen Varianten, live überwacht oder ausgelöst durch Bewegung, z. T. mit Aufzeichnung, die im Bedarfsfall kontrolliert werden kann usw.
- Heutige KI-gestützte Kameraüberwachung kann automatisiert Personen erfassen, Gesichter durch Abgleich der biometrischen Daten mit Gesichtsdatenbanken erkennen und eine eindeutige Identifikation erreichen.
- Bereits im Einsatz, aber noch ungenau, sind Systeme, die über die Gesichtserkennung hinaus Mimik erfassen und interpretieren.

So lange diese Überwachung transparent ist, stellt sie verhaltenstechnisch keine besondere Veränderung zur gewohnten Situation dar, dass sich Menschen im Kontakt zueinander sehen und ‚lesen' können, und sich unter Beobachtung anders verhalten als unbeobachtet. Sobald jedoch die Überwachung verdeckt ist oder die Erkennung von Merkmalen zu automatisierten Abläufen führt, also beispielsweise einem aggressiv wirkenden Flugreisenden der Zugang zum Boarding verwehrt wird, wird es kompliziert. Dieses Beispiel klingt vermutlich noch nachvollziehbar, denn aggressive Personen sollten nicht in Flugzeuge, aber ist die Analyse zuverlässig genug? Technik ermöglicht Effizienzsteigerung, Vermeidung von Konflikten, höhere Zufriedenheit bei Reisenden und Personal, erhöhte Sicherheit usw., aber die theoretische Möglichkeit permanenter Überwachung bedeutet in Konsequenz auch permanente Verhaltenskontrolle. Möchten wir eine Gesellschaft, in der alle Menschen permanent unter Beobachtung stehen? Und was ist, wenn die Maschine einen Interpretationsfehler macht und Ihnen unberechtigt einen Zugang verwehrt? Vielleicht machen ausgereifte Systeme weniger Fehler als Menschen in der gleichen Funktion. Vielleicht dürften nur perfekt ausgereifte Systeme, die so gut wie keine Erkennungsfehler machen, eingesetzt werden und vielleicht dürften die Systeme nie zur Überwachung, sondern lediglich zur Serviceoptimierung genutzt werden? Wer entscheidet darüber?

Überlegungen wie diese und klare Forderungen nach Kontrolle von Überwachung gibt es in allen freiheitlichen und rechtsstaatlichen Gesellschaftssystemen. Sie sind wichtig, auch zum Schutz von Grundrechten. Seit 2018 gibt es im Rahmen der DSGVO erweiterte Kennzeichnungspflichten zu videoüberwachten Zonen. Neben der vorher einfachen Hinweispflicht durch ein Piktogramm, sind seit 2018 auch Name und Kontaktdaten einer für die Überwachung verantwortlichen Person sowie einer bzw. eines Datenschutzbeauftragten erforderlich. Darüber hinaus sind u. a. Angaben zu den Verarbeitungszwecken und der Rechtsgrundlage, zur Dauer der Speicherung der Aufnahmen und zu weiteren Pflichtinformationen wie Auskunfts- und Beschwerderecht vorgeschrieben. Das klingt bürokratisch, trägt aber der Verantwortung Rechnung, die ausgeübt wird, wenn unbewachter zu überwachtem Raum wird oder anders gesagt: Wenn Vertrauenszonen zu Kontrollzonen werden. Kontrolliert wird in den überwachten Zonen der Zukunft vermutlich nicht nur, wer sich dort aufhält, sondern mithilfe möglicher Vernetzung weiterer Informationsquellen, wie z. B. persönlicher Kalender vielleicht sogar, warum sich jemand irgendwo aufhält und schließlich auch ‚wie' sich jemand aufhält, also in welcher persönlichen Stimmung. Das sind keine aufwändigen Technologien mehr. Diese Dienste lassen sich schnell und komfortabel aus frei verfügbaren Cloud Services ‚zusammenklicken'. Für die Microsoft ‚Azure'-Cloud klingt das so:

„Betten Sie die Gesichtserkennung in Ihre Apps ein, um ihre Leistung zu optimieren und sie noch besser zu sichern. Es sind keine Vorkenntnisse im maschinellen Lernen erforderlich. Folgende Features sind enthalten: Gesichtserkennung zum Ermitteln von Gesichtern und Attributen in einem Bild, Personenidentifikation zum Abgleich einer Person mit Ihrem privaten Repository mit bis zu 1 Million Personen, Erkennung wahrgenommener Emotionen, die verschiedene Gesichtsausdrücke wie Glück, Verachtung, Neutralität und Angst erkennt, sowie die Erkennung und Gruppierung ähnlicher Gesichter in Bildern." (Microsoft o.J.-c).

Aus Erkennen von allem wird perspektivisch bald auch Interpretation von allem. Die Entwicklung folgt stringent dem menschlichen Vorbild, denn Menschen sehen auch nicht einfach nur etwas, sondern erkennen, kategorisieren und bewerten es innerhalb von Sekundenbruchteilen. Wenn Ihnen also der Gedanke, dass eine künstliche Intelligenz Sie vorhersagen und ‚durchschauen' kann, mulmig erscheint, so ist das ungute Gefühl begründet. Tatsächlich lassen sich mit genügend Daten über Sie und über andere wie Sie, hohe Wahrscheinlichkeiten für zutreffende Aussagen über Ihre Einstellungen und Handlungsmuster errechnen. Ihr Verhalten ist berechenbarer als Sie denken. Die KI, die Sie berechnet, ist nur eine Maschine, die nicht versteht, wen oder was sie berechnet. Dahinter stehen Menschen und Organisationen, meist Wirtschaftsunternehmen, manchmal auch der Staat. So oder so bedeutet diese Art von Prognosefähigkeit ein Machtpotenzial, das missbräuchlich eingesetzt werden kann. Umso wichtiger ist, sich zwei Aspekte vor Augen zu führen:

- Personen und deren Emotionen anhand von Bildern identifizieren sind zwei verschiedene Dinge und letzteres funktioniert noch nicht sehr zuverlässig
- Es ist ein Unterschied, ob man von einer Maschine oder einem Menschen beobachtet bzw. beurteilt wird

Die Idee, aus dem Bild eines Gesichts eine Emotion abzulesen, ist im Grunde nicht revolutionär. Das machen wir ununterbrochen mit anderen Menschen, persönlich oder in einer Videokommunikation usw.. Wir interpretieren die Gesichtsausdrücke und die Körpersprache und reagieren darauf. Unbewusst nehmen Menschen dabei mehr wahr als bewusst. Die wissenschaftliche Fundierung für ein entsprechendes System, das Maschinen lernen können, ist auf den amerikanischen Psychologen Silvan Tomkins, den Begründer der Affekttheorie, und seinen Schüler, den Anthropologen und Psychologen Paul Ekman zurückzuführen. Ekman und sein Kollege Wallace Friesen veröffentlichten 1978 das ‚Facial Action Coding System' (FACS). Es gründet auf Tomkins' Theorie genetisch programmierter Affekte bei Menschen. Die Idee ist, dass Menschen eindeutige und unabhängig von geographischer und sozialer Herkunft universell gültige Gesichtsausdrücke für Gefühlslagen zeigen. Das FACS ist eine Systematik zur Mimik- bzw. Emotionserkennung: Ekman definierte abgestuft die Kategorien:

- Interesse/Begeisterung
- Vergnügen/Freude
- Überraschung/Erschrecken
- Leid/Qual
- Ärger/Wut
- Angst/Grauen
- Scham/Demütigung

sowie Ekel vor schlechtem Geruch und Ekel vor schlechtem Geschmack. Zu den Emotionen gehören spezifische Gesichtsausdrücke. Die dafür notwendigen Muskelbewegungen sind als sogenannte *Action Units* in einem Katalog hinterlegt. Auch wenn Menschen ihre Emotionen perfekt verbergen können, so gibt es doch häufig sogenannte *Microexpressions*, Mimik, die als unmittelbare, wahrhaftige Reaktion auf einen Affekt gezeigt wird, die aber nach Sekundenbruchteilen von einem kontrollierten Gesichtsausdruck abgelöst wird. Ekman hielt von 1971 bis 2004 eine Professur an der University of California in San Francisco. Seit seiner Emeritierung vermarktet er sein Wissen über die Paul Ekman Group. Seine Methoden werden von Strafverfolgungsbehörden und Geheimdiensten ebenso angewendet, wie von der Unterhaltungs- und Filmindustrie z. B. zum Erstellen von animierten Charakteren genutzt. Ekman selbst diente als Vorbild für den Charakter ‚Dr. Cal Lightman' in der US-Serie ‚Lie to me', in der der Hauptprotagonist und sein Team in immer gleicher Manier und vergleichsweise holzschnittartig Lügner/-innen überführen, die sich anhand ihrer *Microexpressions* selbst offenbaren.

Auch nach vier Jahrzehnten wird Ekmans Arbeit weiterentwickelt, z. B. durch Studien zu zusammengesetzten Emotionen, in denen die Mimik eine Kombination aus zwei grundlegenden Emotionskategorien zeigt, wie z. B. ‚schrecklich' als einen Ausdruck der Gefühle von Ekel und Wut, mit dem Schwerpunkt auf Ekel. Die Forschung berücksichtigt die Sachverhalte auch im Hinblick auf die automatisierte Erkennung der Mimiken. (Du et al. 2014, S. 5). Ekman wird u. a. kritisiert, seine Forschungen nicht zum unabhängigen Peer Review zur Verfügung zu stellen und eine unipolare Sichtweise zu propagieren, in der nur ein Aspekt, wie z. B. Freude, in Abstufungen betrachtet werde, statt bipolar von Trauer und Freude auszugehen. Mimik ist auch nicht nur ein feststehender Gesichtsausdruck, sondern eine Abfolge von Gesichtsbewegungen, die in einem Kontext stehen. Es tauchen außerdem immer wieder empirisch belegte Zweifel an der Allgemeingültigkeit der Ansätze von Ekman auf. 2019 identifizieren z. B. Forscher/-innen verschiedener Universitäten drei wesentliche Mängel in der bisherigen Arbeit, die zu einem Missverständnis darüber beigetragen haben, wie Emotionen tatsächlich in der Mimik abgelesen werden können:

1. Begrenzte Zuverlässigkeit der Theorie, da verschiedene Zustände in einer Emotionskategorie durch einen gemeinsamen Satz von Gesichtsbewegungen weder zuverlässig ausgedrückt noch wahrgenommen würden
2. Mangel an Eindeutigkeit zwischen einer Abfolge von Gesichtsbewegungen und den dazugehörigen Zuständen einer Emotionskategorie
3. Eingeschränkte Generalisierbarkeit bzw. Universalität, denn kontextuelle und kulturelle Auswirkungen seien zu gering dokumentiert und berücksichtigt. (Feldman Barrett et al. 2019, S. 3).

Trotz der Kritik bieten Microsoft, Google, Amazon und viele weitere Firmen Cloud Services mit Gesichts- und Emotionserkennung an. Es ist ein technokratischer Traum, dass Software, die mit den entsprechenden Mimik-Informationen aus einer Datenbank gefüllt wird, etwas, das nur wenige Menschen auf der Welt können, als einfache und sogar universell kopier- und einsetzbare Zusatzfunktion *as-a-Service* anbietet. Selbst wenn es die wissenschaftlichen Kritikpunkte nicht gäbe, lohnt sich ein Blick hinter die Schlagzeilen. Was steckt in den Maschinen, die Gefühle am Gesichtsausdruck erkennen und demnächst vielleicht per Gehirn-Computer-Verbindung Gedanken lesen? Wie funktionieren diese Systeme?

Die Maschinen machen bei der Gesichtserkennung einen Abgleich mit einer Datenbank voller Bilder von Gesichtern. Auch wenn es so scheint als würden sie Gefühle lesen, lesen sie tatsächlich etwas sehr viel Oberflächlicheres. Sie haben in ihren *Machine Learning*-Routinen viele, vielleicht Millionen von Bildern, gescannt und gelernt, wie ein Gesicht aussieht. Die gelernten Bilder, sind vorher manuell beschriftet worden, allerdings nicht von den Menschen, die auf den Bildern zu sehen sind und sich somit selbst korrekt beschreiben könnten. Fremde beschreiben die Bilder. Mitarbeiter/-innen z. B. von Amazons Mechanical Turk, erstellen zu den Bildern jeweils Beschreibungen bzw. ordnen Schlagworte und Attribute zu, die die Bildinhalte beschreiben sollen. Die KI lernt also, ein Muster von Pixeln mit einem Begriff zu verbinden, den ein Mensch in diesem Muster erkannt und zugeordnet hat. Der Computer kann von sich aus nichts erkennen. Das System errechnet anhand der Millionen gesehenen Bilder und Beschreibungen für jedes neue Motiv die Wahrscheinlichkeit, wie der Inhalt beschrieben werden würde. Im Falle von Emotions-Erkennung wird demnach berechnet, wie jemand, der ein Bild von einem Gesicht sieht, wahrscheinlich die Emotion der Person auf dem Bild beschreiben würde. Das ist etwas anderes als zu berechnen, wie sich die Person auf dem Bild tatsächlich fühlt. Kompliziert? Es ist wie bei René Magrittes ‚La Trahison des images (Ceci n'est pas une pipe)‘, einem der berühmtesten Bilder des belgischen Malers, das eine Pfeife zeigt, die aber eben keine Pfeife, sondern nur das Bild einer Pfeife ist. Die *Deep Learning*-Modelle, die für Bilderkennung trainiert werden, lernen anhand der beschrifteten Beispiele die Muster, mit denen sie später unbeschriftete Bilder selbst beschriften. Auch das *labeling* oder *tagging*, wie die Etikettierung der Trainingsdaten durch Menschen genannt wird, enthält keine individuellen Beschreibungen. Das würde viel zu lange dauern und das Ergebnis wäre wahrscheinlich verwirrend, denn fünf unterschiedliche Menschen beschreiben ein und dasselbe Bild fast immer unterschiedlich. Deswegen wird bei der Etikettierung aus kurzen Listen vorangestellter Attribute z. B. ‚glücklich‘, „traurig", ‚nachdenklich‘, ‚überrascht‘ usw. per Mausklick ausgewählt. Auf diese Weise lassen sich Bilder sekundenschnell *taggen*. Korrekterweise werden diese Etiketten manchmal als ‚wahrgenommenes Gefühl‘ bezeichnet. (Greene 2020, S. 5).

‚Ausgereift‘ ist noch nicht das richtige Wort für die Entwicklung von Gesichtserkennung. Es hält trotzdem weder Anbieter davon ab, diese Produkte zu verkaufen, noch hält es Unternehmen und sogar Regierungen davon ab, die Systeme zu installieren. Die Konsequenzen sind noch gar nicht absehbar und gehören zum Kontext der Frage nach dem verantwortlichen Umgang mit KI und den dafür notwendigen rechtlichen und sozialen Rahmenbedingungen. Anfang 2019 teilte die Straßen- und Verkehrsbehörde von Dubai mit, dass sie in vier sogenannten ‚Customer Happyness Centers' intelligente Kameras installiert habe, um die Kundenzufriedenheit zu messen. Aus Datenschutzgründen würden die Bilder vor und nach der Bearbeitung des Kundenvorgangs in Echtzeit analysiert und dann gelöscht.

> „The RTA added that the system was able to produce detailed reports of a customer's happiness levels, with instant alerts triggered when a center's „happiness rating" drops below a predefined level". When this happens, actions can be taken to „restore customers' happiness level." (Frangoul 2019).

Das klingt etwas moderner als die drei Plastikknöpfe mit Ampelfarben und Emojis, die manchmal in Deutschland installiert sind, um die Service-Zufriedenheit zu messen, mit dem Unterschied, dass diese freiwillig genutzt werden. Der Datenschutz in Bezug auf solche Anwendungen ist der überwiegenden Mehrheit der Nutzer/-innen digitaler Services praktisch egal. Praktisch, weil Datenschutz zwar in expliziten Umfragesituationen eine wichtige Rolle spielt, sich diese Bedeutung jedoch nicht im Nutzungsverhalten von Apps, Websites usw. zeigt. Obwohl allgemein bekannt ist, dass z. B. Google, Amazon und Facebook Daten intensiv zur Angebotsoptimierung nutzen, sind trotzdem täglich Milliarden Menschen auf diesen Plattformen und hinterlassen freigiebig persönliche Informationen.

Manchmal mache bei Vorträgen ein Gedankenspiel mit dem Publikum, was wäre, wenn wir alle eine App hätten, die jedes Gespräch mithören und errechnen würde, wie hoch die Wahrscheinlichkeit sei, dass unser Gegenüber gerade gelogen habe. So etwas würde das Miteinander extrem verändern. Es ist ein einfaches Beispiel für ein tatsächlich disruptives Potenzial von Mensch-Maschine-Interaktion. Im Grunde ist bekannt, dass Menschen im Durchschnitt Dutzende Male pro Tag lügen, aber die ganz konkret errechnete Evidenz, selbst wenn sie nur eine Wahrscheinlichkeit darstellt, ist etwas anderes und persönlicheres als die allgemeine Statistik. Das Gedankenspiel ist keine Fantasie, sondern eine Prognose technischer Möglichkeiten und gesellschaftlicher Anwendungsinteressen. Seit einigen Jahren schon können Unternehmen beim Recruiting auf KI-Unterstützung setzen, nicht nur bei der Analyse von Lebensläufen, sondern auch bei der Analyse der Charakter- oder Persönlichkeitsmerkmale der Kandidatinnen und Kandidaten. Im persönlichen Interview, im Video-Meeting oder am Telefon und sogar in geschriebenen Texten kann deren Sprache analysiert und ein Charakterprofil erstellt werden. Firmen wie SAP oder kleinere Unternehmen wie Precire bieten schon jetzt Tools für Marketing und die Personalbereiche, perspektivisch vielleicht auch für den medizinisch-psychologischen Sektor und die Polizei. Noch etwas weitergedacht, landen wir schnell bei der App aus dem Gedankenspiel. Wenn es also machbar ist, so eine App zu bauen, warum gibt es dann nur Versionen, die explizit als Spiel- und Spaß-Apps gekennzeichnet sind? Der Grund ist, dass ein echter Polygraph, also ein Lügendetektor deutlich mehr Sensorik erfordert als eine Sprachaufnahme oder Textprobe. Bild- und Videoanalyse durch KI sind oft unzulänglich, ebenso die Auswertung von Texten oder gesprochener Sprache. Es werden nur Prognosen für bestimmte Charaktereigenschaften oder Persönlichkeitsmerkmale errechnet. Mögliche Fehlerquellen liegen in den Daten selbst, dem Datenmodell und der Interpretation. Ein echter Polygraphentest erfordert zudem Expertise zur richtigen Interpretation der Ergebnisse. Im Falle von Smartphone-Apps liegen die Erfolgsmerkmale und somit auch der Fokus auf einem einfachen Zusatznutzen und intuitiver Bedienung. Der gelernte Umgang mit dieser Art von Software ist nicht, ein Ergebnis anhand verschiedener Perspektiven und alternativer Möglichkeiten objektiv abzuwägen und zu interpretieren. Das wäre aber notwendig. Das Ergebnis der App wird vermutlich als wahr angesehen, auch dank der sicher vertrauenswürdig formulierten Hersteller-Kommunikation, die solche Produkte gewöhnlich begleitet. Bei den aktuellen Precire-Lösungen im Recruiting heißt es z. B. auf der Website zum Produkt ‚TalentCube', einer Plattform für Video-Interviews:

> *„Kommunikationsanalyse mit KI bringt Objektivität ins Recruiting. (...) Nutze eine KI, die auf psychologischem Expertenwissen in Kombination mit Natural Language Processing , Psychological Language Processing und Machine Learning basiert. (...) Die Wirkungsweise von Sprache spiegelt die Persönlichkeit wider. Die Kommunikationsanalyse ermöglicht im Recruiting eine neuartige Perspektive auf das Verhalten, Erleben und Reflektieren der Bewerber. Durch die Analyse der Kommunikation aus den Video-Antworten werden objektive psychologische Schlüsse gezogen, die deine Entscheidungsfindung unterstützt – ohne aufwändige Testverfahren."* (Precire o.J.).

Der wiederholte Hinweis auf die Objektivität der Ergebnisse dokumentiert einen Anspruch, der gar nicht erfüllbar ist, abgesehen von der grundsätzlichen Frage, die nicht mehr gestellt wird: Ob wir ein solches Programm überhaupt wollen?

Ein anderes Beispiel ist das Fitnessarmband ‚Halo' von Amazon, das seit Spätsommer 2020 verkauft wird. Halo misst mit verschiedenen Sensoren die

Aktivitäten, Körpertemperatur und Herzfrequenz sowie die Schlafqualität. Alle Daten werden durch ein Set von Algorithmen zu einem individuellen Profil zusammengesetzt. Mithilfe von zwei Mikrofonen beurteilt Halo per Stimmanalyse zusätzlich auch noch die emotionale Verfassung seiner Träger. (Amazon 2020a). Das Vorhaben wird von Datenschützern kritisch gesehen, angefangen bei der Notwendigkeit, zur Analyse der Körperfettwerte ein Ganzkörperfoto mit möglichst enganliegender Kleidung oder in Unterwäsche hochzuladen. Das Produkt ist Beispiel für das gesellschaftliche Dilemma der technischen Möglichkeiten und den sich daraus ergebenden positiven Potenzialen auf der einen und den Risiken des Missbrauchs von Technologien auf der anderen Seite. Halo ist nur eines von hunderten solcher Geräte, die mit immer mehr Funktionen und Analysen aufwarten. In der Soziologie ist schon länger von einer ‚Quantify Yourself'-Bewegung die Rede. Gemeint ist eine wachsende Gruppe der Gesellschaft, die die Digitalisierung nutzt, um mit physiologischen Daten alles Mögliche zu ‚optimieren'. Innerhalb dieses Datenparadieses ist alles errechenbar und jeder erdenkliche Durchschnitt und Grenzwert kann gebildet werden. Es entsteht eine eigene Welt aus Zahlen, in der es z. B. für Laufen oder Radfahren ‚Rekorde' für Abschnitte zufälliger Strecken in Bezug auf Geschwindigkeit oder Häufigkeit pro Woche oder Monat usw. gibt. Die Kombinationen sind unendlich und triggern Spieltrieb, Ehrgeiz und Wettbewerbssinn. Die ermittelten Benchmarks und Rekorde ähneln in ihrer psychologischen Wirkung den Likes auf Social Media und sind ansonsten für ein erfülltes Leben größtenteils komplett irrelevant. Aber es lässt sich Geld damit verdienen und es gibt unbestritten positive Effekte. Der geweckte Wettkampfgeist und die Bewegung kann sich motivierend und positiv auf die Gesundheit auswirken. Halo arbeitet z. B. mit der American Heart Association zusammen und vergibt Punkte, basierend auf medizinischen Empfehlungen. Kritisch betrachtet führt die kontinuierliche digitale Vermessung persönlicher Eigenschaften dazu, Menschsein auf einen Haufen von Kennzahlen zu reduzieren. Das wäre egal, würden sich die Kennzahlen nicht innerhalb eines Wertesystems einordnen, das Menschen nach falschen Prioritäten klassifiziert. Innerhalb dieses Systems und dem Ansatz derart fehlgeleiteter Klassifizierungen folgend, kommen selbst promovierte Juristen, wie Stefan Ulrich, auf fragwürdige Ideen. Im Dezember 2020 fordert er in einem Kommentar, angesichts drohender Triagen in deutschen Kliniken, der Gesetzgeber möge in die Gewissensentscheidungen von Mediziner/-innen eingreifen und klären, „(…) welches Leben gerettet werden soll und welches nicht." (Ulrich 2020). Es ist nur ein kleiner Schritt von dieser Forderung dahin, die Entscheidung oder mindestens die Vorbereitung der Entscheidung anhand von messbaren Parametern einem KI-System zu übergeben. Das sind gefährliche Positionen. Das Bundesverfassungsgericht hat in einem anderen Kontext geurteilt, dass der Staat nicht Leben gegen Leben aufrechnen dürfe. (BVerfG 2006). Die menschliche Existenz als körperliche, bewusste Wesen hat nichts mit den willkürlichen Maßen und Daten zu tun, die zu Hilfszwecken ausgedacht sind und die nun in ebenfalls ausgedachten Systemen ein automatisiertes, eigenes Wesen führen. Dieses eigene Wesen offenbart sich am Beispiel des Halo-Armbands z. B. in der Erweiterung des physischen Produktes auf verbundene Serviceangebote. Von Anfang an dabei sind WW – Weight Watchers, die eine Kontoverbindung anbieten und Aktivitäten des Halo-Bands in ‚FitPoints' ihrer Programme umrechnen. Die John Hancock Versicherung bietet eine Nutzung der Halo-Daten in ihrem ‚Vitality wellness program' und der Gesundheits-IT Dienstleister Cerner integriert Halo-Informationen direkt in eine elektronische Gesundheits-Akte. Damit werden Körperfett-Informationen sowie die Daten zu Aktivitäten und Schlaf mit weiteren Institutionen geteilt. Halo Nutzer/-innen bestätigen die Verwendung und Weiterleitung per Opt-In und können das über die App wieder rückgängig machen. Im Grunde sind das sinnvolle Standardvernetzungen, auch wenn sie definitiv Datenschutzbelange berühren, denn die von Halo erfassten Informationen sind umfassend, persönlich und personenbezogen. Besondere Aufmerksamkeit fällt auf das vergleichsweise neue Merkmal der Stimmanalyse. Der Halo-Algorithmus untersucht Tonlage, Intensität, Tempo und Rhythmus der Sprache und bewertet anhand dieser Daten, wie die Stimme sich wahrscheinlich für andere anhört. Kritik an der Idee und Umsetzung kommt von Dr. Sandra Wachter, Professorin für KI-Ethik an der Universität Oxford. Sie bezweifelt, ob ein Algorithmus die Feinheiten der Sprache im Kontext sozialer Erwartungen, Kultur und Bräuchen lesen und verstehen könne. Auch der Gedanke, dass die KI errechnen könne, wie Dritte die Stimme wohl wahrnehmen würden, scheint Wunschdenken zu sein. Immerhin müsse hier verstanden werden, was und wie jemand spreche und was und wie eine andere Person das verstehe. Das sei wie doppeltes Gedankenlesen. Wachter hält die Aufgabe deshalb zum jetzigen Zeitpunkt für zu komplex für eine Maschine, sieht aber darüber hinaus auch grundsätzlich ein Problem in der Anwendung von Stimmanalyse vor dem Hintergrund der Menschenrechte, die auch Gedanken und Emotionen schützten. Sie seien die intimsten und persönlichsten Aspekte unserer Selbst, auch oder vielleicht sogar, weil wir sie nicht immer kontrollieren können. Weil Gedanken und Gefühle zudem wichtige Elemente im Prozess der Meinungsbildung seien, so Wachter, würden die Menschenrechte kein Eindringen in diese Sphäre erlauben und deswegen sei es wichtig, diese Grenze auch zu respektieren.

"Our inner thoughts and emotions are at the same time very important to form opinions and express those. This is one of the reasons why human rights law does not allow any intrusion on them. Therefore, it is very important that this barrier is not intruded, and that this frontier is respected." (Hamilton 2020).

Auch hier ist die grundsätzliche Frage: Wollen wir in einer Welt leben, in der wir in allen Variationen ausgemessen, analysiert und bewertet werden, z. T. sogar in Echtzeit und sogar in Bezug auf unsere innersten Gemütszustände? Die Antwort erfordert Differenzierung. Wir leben bereits in einer Welt, in der an unzähligen Stellen Daten über alle erfasst und hinterlegt sind. Manchmal geht es nur um Adressen zur Identifikation und Erreichbarkeit. Sehr häufig werden die Daten aber viel umfassender genutzt, um, wie beschrieben, diverse Analysen durchzuführen und Hypothesen aufzustellen und ihre Wahrscheinlichkeit zu prüfen.

Das Überschreiten der Grenze zur Sphäre von Gedanken und Gefühlen, also den persönlichsten Attributen der Menschen, führt in die Welt der sogenannten emotionalen künstlichen Intelligenz. Emotionale KI soll Systeme menschenähnlicher und damit in erster Linie vertrauenswürdiger erscheinen lassen. Je besser das gelingt, desto mehr vergessen Menschen den maschinellen und rechnerischen Aspekt ihrer Interaktion mit Systemen. Wir interagieren dann mit Simulationen. Das maschinelle Auswerten von Stimme oder Mimik und Körpersprache dient u. a. dem Design von Routinen für *Human Machine Interaction*, um die es schon im Chatbot-Kapitel ging. Die Maschine soll sich so gut wie möglich auf die persönliche Disposition ihres jeweiligen menschlichen Gegenübers einstellen können. Da Menschen komplexe und emotional komplizierte Wesen sind, ist das schwierig. Solange die Maschine diese Anpassung nicht beherrscht, sind vielleicht die altbekannten Automaten, die auf einfachen Knopfdruck eine einfache Aktion ausführen, am besten. Sie können nicht viel mehr als einfache, fertige Produkte verkaufen. Komplexere Leistungen, das kann z. B. schon eine Fahrkarte im Netz der Deutschen Bahn sein, erfordern höheren Aufwand. Mithilfe von KI sind verbesserte *Usability* bei einfachen Transaktionen wie Fahrkartenkauf sowie Beratung zu komplexeren Produkten denkbar. Moderne Onlineshops machen es bereits vor. Autonomere Maschinen beginnen mit dem Erkennen einer Person i.S. von Erfassen einer Anwesenheit bis hin zur persönlichen Begrüßung. Das Verstehen von gesprochener Sprache und eine adäquate Antwortfähigkeit sind weitere Elemente, die zunächst in grundlegender Form und dann je nach Einsatzzweck und den Kosten der technischen Umsetzung immer besser und differenzierter ausgeprägt werden können. Das algorithmische Spektrum reicht dann vom Kaugummiautomaten aus der Nachkriegszeit mit einer einfachen Münz-Mechanik bis hin zu Science-Fiction Gedankenspielen mit Robotern wie ‚Data' aus ‚Star Trek'. Letzterer thematisierte innerhalb seiner Fiktion sogar die Abwesenheit von Gefühlen und interessierte sich für diese Eigenschaften, die ihn unabänderlich vom Menschsein trennten. So weit muss jedoch nicht gedacht werden. Heutige emotionale KI soll per Erkennung der Stimmen oder Gesichter die automatisierten Reaktionen der entsprechenden Systeme möglichst Kunden-optimiert anpassen. Ein gereizter Anrufer wird dann z. B. im Callcenter auf Empfehlung der KI hin mit mehr Empathie und Geduld behandelt, eine fröhlich wirkende Kundin löst evtl. ein humorvolleres Vokabular bei der KI aus, eine müde Fahrerin wird an eine Pause erinnert usw. Die ausgelösten Reaktionen nach der Interpretation der Bilder drücken die Voreingenommenheit derjenigen aus, die die Systeme entwickeln. Die Algorithmen wiederholen, verstärken und bestätigen eine bereits bestehende Prägung. Wenn die Hypothese z. B. lauten würde, Frauen benötigten mehr Empathie als Männer und entsprechend würden Frauen empathischer behandelt als Männer, dann würde die Ergebnisanalyse ergeben, dass Männer mit einer weniger empathischen Behandlung zurechtgekommen wären und somit die Hypothese bestätigen, dass sie weniger, bzw. Frauen mehr Empathie benötigten. Dieser Zirkelschluss hat nichts mit Wahrheit zu tun. Bestätigung und Verstärkung bestehender Klischees passieren, wenn das Datenmodell oder die Daten selbst entsprechende Annahmen enthalten. KI-gestützte Empfehlungen sind für Callcenter Mitarbeiter/-innen die Leitplanken, von denen angenommen wird, dass sie genauestens errechnet wurden und deswegen korrekt sein müssen. Selbst wer persönlich nicht einmal an solche Annahmen glaubt, befolgt möglicherweise die KI-Empfehlung und stützt damit die systematische Verbreitung der Vorurteile.

An keinem dieser Punkte findet absichtsvoll unethisches Verhalten statt. Es passiert einfach die konsequente Fortschreibung systemischer Fehler. Wie soll z. B. ein Algorithmus im Personalbereich bei technischen Berufen, der ausschließlich mit Trainingsdaten von Männern gearbeitet hat, richtig interpretieren, wie eine Frau denkt und handelt? Solche Irrtümer können in Unternehmen zu Fehlentscheidungen bis hin zu konkreten Benachteiligungen Einzelner führen. Ungenauigkeiten ergeben sich an vielen Punkten. Ältere Gesichter werden z. B. schlechter erkannt und weniger gut interpretiert als jüngere. Das Versprechen oder Potenzial, mit emotionaler KI jedes Produkt oder jede Dienstleistung zu einer anpassungsfähigen Erfahrung werden zu lassen, stößt auch bei kulturellen Unterschieden an seine Grenzen. Sie werden maschinell nicht gut verstanden und es ist schwieriger, auf einer so unsicheren Basis automatisiert die richtigen Schlussfolgerungen zu ziehen. Abhilfe gegen diese Ungenauigkeiten verspricht die Kombination verschiedener Technologien, z. B. die Zusammenfassung von Ergebnissen und Erkenntnissen aus neurowissenschaftlichen Untersuchungsmethoden. Das ist aber aufwändig und teuer. Während die Gesichtscodierung nach FACS vergleichsweise ungenau ist, bringen biometrische Messungen bis hin zur Elektroenzephalographie (EEG) bessere Ergebnisse, aber auch keine 100-prozentige Genauigkeit. In Kombination der Verfahren miteinander werden über 80 % Genauigkeit erreicht, aber es verbleibt immer noch eine relativ hohe Fehlerquote, abgesehen davon, dass die Methoden nicht alltagstauglich anwendbar sind. (Purdy et al. 2019). Effektive Informationsverarbeitung muss im normalen Tagesablauf in Echtzeit passieren, ein EEG ist da bis auf Weiteres keine adäquate Lösung. Echtzeit ist erforderlich, weil alle Daten, die auf menschliche Gefühle hinweisen nur innerhalb des richtigen Kontextes auch richtig interpretierbar sind. Ein Lächeln z. B. kann abgesehen von der kulturellen Verschiedenheit, mit der bspw. in Asien oder Nordamerika gelächelt wird, viele verschiedene Bedeutungen haben, von denen die Mehrzahl keine Freude ausdrückt. Menschen lächeln z. B. aus Verlegenheit und Unsicherheit und sogar bei Schmerzen.

Der Wunsch, menschliche Gefühle maschinell lesen zu können ist wirtschaftlich nachvollziehbar. Ebenso nachvollziehbar ist der Wunsch nach komfortablen, intuitiven Services. Wenn KI-gestützte Systeme uns im wahrsten Sinne des Wortes die Wünsche von den Augen ablesen, finden wir das im Grunde gut, aber nur dann, wenn diese Wünsche in Konsequenz erfüllt werden. Fulfilment ist die einzige Legitimierung für diesen Eingriff in die Privatsphäre. Für Unternehmen ist das Lesen biometrischer Daten generell interessant, denn sie können ihre Systeme damit trainieren, Analysen und Optimierungen innerhalb des eigenen Geschäftes machen und im besten Fall die Daten sogar gewinnbringend Dritten zur Verfügung stellen – natürlich anonymisiert. Da sich die Technologie hinsichtlich der Erkennung von Emotionen noch in den Anfängen befindet, ist jetzt der richtige Zeitpunkt, um sich Gedanken darüber zu machen, was leistungsfähige und zuverlässige und potenziell allgegenwärtige Erkennung von Gefühlen gesellschaftlich bedeuten soll. Wie wollen wir die Möglichkeiten nutzen und welche Grenzen möchten wir setzen? Wie lassen sich Schutzmechanismen installieren und welche Art von Sanktion ist bei Übertretungen angemessen?

Vertrauen wird zum Schlüssel für die effektive KI-Nutzung in allen Bereichen. Das gilt nicht nur für die Fragen, welche persönlichen Daten wie genutzt werden, sondern auch dafür, wie viel Vertrauen elektronischen Medien entgegengebracht werden kann bzw. darf, wenn digitale Inhalte immer wieder und immer besser gefälscht werden? Mittlerweile gilt es als naiv, auf plumpe Phishing-Mails, in denen Millionenvermögen für einfache Bank-Transfer-Leistungen versprochen werden, hereinzufallen. Trotzdem passiert es immer wieder. Mit professionell produzierten Phishing-Mails wird versucht, an Passwörter und Pins von Bankkonten zu gelangen. Waren diese Nachrichten in der Vergangenheit leicht erkennbar, so ist es inzwischen oft schwierig, sie auf den ersten Blick zuverlässig von echten Mails einer Bank zu unterscheiden. Das Beispiel der virtuellen Moderation der Xinhua News Agency zeigt, dass selbst die Dinge, die wir täglich online hören und sehen, nicht unbedingt sind, was sie zu sein scheinen. Sowohl die Bilder, wie auch die Stimmen sind mit GANs so perfekt reproduzierbar, dass selbst professionelle Analysen nur mit hohem Aufwand den Unterschied erkennen. Die Technologie für diese Simulationen ist darüber hinaus leicht zugänglich. In den USA hat das Start-up Modulate.ai ein Verfahren entwickelt, um in Echtzeit Stimmen umzuwandeln. Benötigt werden Trainingsdaten der Person, die imitiert werden soll, der Rest läuft dann fast automatisch ab. Modulate generiert die täuschend echten Simulationen nur mit Genehmigung der Original-Stimmen. Für Modulate geht es um die realitätsnahe Darstellung von virtuellen Charakteren in Online-Spielen wie Call of Duty oder Fortnite, die mit den menschlichen Spielerinnen und Spielern sprechen können.

Charles Seife ist Professor für Journalistik an der New York University und beschäftigt sich mit Fake News und ihrer Verbreitung. In seinen Augen ist die Technologie von Modulate sehr fortgeschritten. Er sieht in den Möglichkeiten, Video und Audio mittels KI zu manipulieren, das Potenzial, die Welt der Medien grundlegend zu verändern. Entsprechend weit geht sein Statement: „Wir müssen anfangen, darüber nachzudenken, was Realität bedeutet." (Knight 2019). Die teure Schwester von Vertrauen heißt Kontrolle. Um KI z. B. in solchen GAN-basierten Systemen, aber auch in vielen anderen Formen und Anwendungen zu kontrollieren, wäre eine gesetzliche Lizenzierung von Betreibern intelligenter Systeme denkbar, ähnlich wie bei Apotheken, Personen, die Kräne führen dürfen und anderen Feldern, in denen Fehler und Fehleinschätzungen schwerwiegende Folgen haben können. Staatliche Stellen könnten hier für Umsetzungsdruck sorgen, aber auch Versicherungen, sobald eine missbräuchliche Nutzung zu einklagbaren Schadensfällen führt. Unternehmen, die entsprechende KI-Systeme entwickeln, wären gezwungen, deutlich härtere und konsequentere Maßnahmen zu etablieren, um Missbrauch auszuschließen oder nachvollziehbar zu machen. Ebenfalls würde wohl systematischer nach Schwachstellen und Lücken in Produkten gesucht und mehr Wert auf Ausbildung und Schulung gelegt. (Dennett 2019, S. 50).

Letztlich scheint es, als seien die Fragen, die sich übergeordnet zum Einsatz von künstlicher Intelligenz stellen, auf gesellschaftlicher Ebene weitgehend nicht abschließend beantwortet. Weil KI in sehr unterschiedlichen Geschwindigkeiten in Produkten eingesetzt und genutzt wird, kann es lange dauern, bis evtl. daraus erwachsende Phänomene in einem pluralistischen System offenkundig werden und zu Entscheidungen führen. Höchste Aufmerksamkeit kommt Themen wie autonomen Waffensystemen und selbstfahrenden Autos zu. Diese Art von KI ist erlebbar bzw. sehr plakativ vorstellbar und in vielen Science-Fiction Narrativen eindringlich verarbeitet. Autonome Killerroboter, wie in Kap. 7.1 beschrieben, sind ein allgemeines Angstszenario. Die Initiativen des Internationalen Komitees des Roten Kreuzes (IKRK), der Menschenrechtsorganisationen Human Rights Watch und Amnesty International sowie auch des Bundes der Deutschen Industrie (BDI), haben die Öffentlichkeit und den Fokus auf das Thema geschaffen, der die Bundesregierung in ihrem Koalitionsvertrag von 2018 dazu bewegt hat, eine Ächtung tödlicher autonomer Waffensysteme zu verfolgen. Die geforderte verbindliche Ächtung in einem internationalen Vertragswerk ist am Ende der Legislaturperiode trotzdem nicht erreicht und scheint auch weiterhin fern. Der Nachdruck der deutschen Bemühungen in dieser Sache könnte offensichtlich stärker sein. Nicht zuletzt der Schutz eigener Soldatinnen und Soldaten treibt Nationen wie China, Russland und die USA dazu, weiter an solchen System-Plattformen zu entwickeln. Das gleiche Argument, der Schutz eigener Streitkräfte, beflügelt die Debatte um den Einsatz bewaffneter Drohnen für die Bundeswehr zum Jahreswechsel 2020/21. Hier geht es zwar zunächst um Aufklärung, aber wäre es nicht praktisch, wenn bei Aufklärung einer feindlichen Aktivität, die Menschenleben, auch das deutscher Truppen, gefährden könnte, auch direkt ein bewaffneter Präventivschlag gegen das Ziel geführt werden könnte? So argumentieren mehr oder weniger die Befürworter/-innen der Bewaffnung. Momentan muss so ein potenziell tödlicher Einsatz durch Menschen gesteuert werden, die einsatznah stationiert sind und die Operationen lenken können. Vollautonome Systeme werden für die Abwehr von Cyberangriffen oder auch für sogenannte Triple-D-Missionen (*dull, dirty, dangerous*) gesehen. Das sind monotone, schmutzige i.S. von gesundheitsschädliche und sehr gefährliche Aktionen. Diese Überlegungen und die leidenschaftliche Diskussion darüber zeigen, dass die Bedeutung der Fragen vielen bewusst ist, die es sich nicht leichtmachen, so eine Entscheidung zu fällen, denn der Schritt hin zu einer Automatisierung tödlicher Angriffe wird angesichts der technischen Möglichkeiten immer kleiner. Wohin die Entwicklung tatsächlich führen wird, wird die Zukunft zeigen. Bisher wird aus einer Position relativer Unversehrtheit, aus einer Komfortposition, diskutiert und gehandelt. Wie immer kommt es zum Schwur, wenn die Umstände vielleicht weitaus schlimmer kommen, was sich niemand wünschen sollte.

Im Falle der selbstfahrenden Autos zeigt das *Moral Machine*-Experiment des MIT, dass die gesellschaftlichen Konventionen, die z. B. die ethische Seite der Automatisierung individueller Mobilität betreffen, nicht universell, sondern regional und national verschieden sind. Auf die Frage, welche Personengruppe in der Dilemma-Situation des Trolley Problems überleben sollte, unterscheiden sich die Antworten der Befragten aus unterschiedlichen Ländern teils erheblich (Moralmachineresults o. J.). Ein Netzdiagramm mit neun Achsen zeigt online die globale Einordnung der Ergebnisse einzelner Länder im Verhältnis zu allen 117 Nationalitäten, die an der Befragung teilgenommen haben. Die Mongolei belegt z. B. den ersten Platz, wenn es darum geht, ob Menschen mit höherem gesellschaftlichen Status gerettet werden sollten. Japan belegt Platz Eins beim Schutz von Fußgängern und Frankreich ist das Land mit der meisten Zustimmung, junge Menschen zu retten. Die Ergebnisse lassen sich grob in westliche, östliche und südliche Gruppen zusammenfassen, die sich klar unterscheiden. Die westliche Gruppe mit Ländern wie den USA, vielen europäischen Staaten und z. B. Kenia und Südafrika zeigen eine Tendenz, jüngere Menschen zu retten. Die östliche Gruppe mit Ländern, wie Japan, China und Südkorea, geprägt von klaren hierarchischen Normen wie dem Konfuzianismus und konservativen Kulturen aus dem mittleren Osten und Südasien, in denen der Respekt vor älteren Generationen betont wird, würden hingegen eher ältere als jüngere Menschen retten. Individualistische Kulturen, die sich vorwiegend in der westlichen Gruppe befinden, würden versuchen, mehr Menschen zu retten, statt weniger. Japan belegt auch hier eine Spitzenposition, allerdings als die Nation, wie am wenigsten Wert darauf legt, möglichst viele Menschen zu retten. Im südlichen Cluster mit lateinamerikanischen Ländern, aber auch Frankreich und Ländern mit großem französischen Einfluss, lässt sich eine Präferenz für das Retten von Frauen im Gegensatz zu Männern feststellen. Trotzdem gibt es innerhalb der Gruppen auch Unterschiede, die die Stereotypen widerlegen. In Bezug auf das Retten von Fußgängern ist Japan z. B. deutlich ähnlicher zu Norwegen als zu China. Dort würden die Befragten eher die Personen retten, die sich an die Gesetze und Regeln halten, was trotz vieler anderer Ähnlichkeiten nicht für Indien gilt. Die subtilen Unterschiede verschaffen einen Eindruck der Schwierigkeiten, KI mit universell richtigen Prioritäten zu programmieren. (Huang 2018).

KI-Einsatz und gesellschaftliches Miteinander

Aus diesen Gründen ist eine intensivere und in Bezug auf alle gesellschaftlichen Gruppen breiter angelegte Beschäftigung mit Fragen und Entscheidungen rund um die Entwicklung und Anwendung von künstlicher Intelligenz so wichtig. Fast alle wichtigen Erkenntnisse und Informationen dazu existieren bereits, sie sind nur nach wie vor elitär konzentriert. Die Professionalisierung der ethischen Beschäftigung mit KI ist ein Verdienst des Lobbyings der großen amerikanischen Digitalkonzerne. Der Impuls, in diesen Bereichen in akademische Programme zu investieren, ist eigennützig motiviert und kann den Vorwurf des *ethics washing* nicht komplett abstreifen. Die Investitionen haben aber trotzdem wertvolle Inhalte erzeugt und eine lebhafte Diskussion in Gang gesetzt. Auch die utopischen Vorstellungen der Singularianer/-innen, die an die Entwicklung künstlicher Superintelligenz glauben, die die Menschheit als intelligenteste Evolutionsstufe ablöse, haben nicht nur spannende Science-Fiction Gedankenspiele inspiriert, sondern auch die Aufmerksamkeit für die Grauzonen der Begriffe von Intelligenz und Bewusstsein geschärft. Die Vorstellung einer superintelligenten Robotergeneration wirft z. B. die Frage auf, ob und wie diese Maschinen noch kontrolliert werden könnten. Warum sollten sie sich an von Menschen gemachte Gesetze halten? Dieser Zustand liegt, falls er überhaupt je eintreten kann, in weiter Zukunft, doch KI zeigt in einer wachsenden Anzahl von Domänen ihre von Menschen gewollte und geschaffene Überlegenheit. Menschen sind entsprechend nach und nach nicht mehr die unumwunden besten Entscheider/-innen für alle Fragen. Sie haben nicht mehr in jedem Fall die richtigen und die besten Antworten auf kalkulierbare Problemstellungen. Aber sie bleiben die besten Akteure, wenn es darum geht, Entscheidungen zu verantworten. Aus dieser Verantwortung, um die es im gesamten Kap. 7 geht, erwächst die Notwendigkeit, zu verstehen, wie Maschinen zu Entscheidungen gelangen. Einen kleinen, sehr grundsätzlichen Beitrag dazu will dieses Buch leisten, aber für den jeweils konkreten Fall geht es darum, dass ermittelt werden kann, mit welchen Daten, welchen Berechnungen und welcher Intention die maschinelle Entscheidung zustande kam. Sonst wird es z. B. schwierig, im Falle maschineller Entscheidungsfehler schnell eingreifen zu können. Die Konsequenz solcher Gedanken ist die Notwendigkeit für die Menschheit, selbst klüger zu werden. Damit sind nicht nur Ausbildung und Informationen und Wissen gemeint, sondern auch moralische und ethische Wertmaßstäbe. Sie sind nötig, um das gesellschaftliche und politische, aber auch das wissenschaftliche und das bisweilen alles dominierende wirtschaftliche Verhalten einzuhegen, wenn es sein muss per Gesetz. Schon jetzt zeigt KI uns durch die Verstärkung der gängigen Vorurteile die Handlungsfelder auf, in denen sich Menschen persönlich und als soziale Gruppen verändern können. Wenn also z. B. der Aspekt der Gleichstellung der Geschlechter ernsthaft umgesetzt werden soll, muss aus den unzähligen Worten und vereinzelten Taten in diese Richtung eine konsistente Art des Zusammenlebens erwachsen. Aber: Männer mögen Autos und Fußball, Frauen interessieren sich für Mode, kochen und dekorieren die Wohnung. Das sind beispielhafte Stereotypen in den Ergebnissen maschineller Bilderkennung. KI zeigt die Welt, wie sie in den Trainingsdaten ist. Es ist unsere Entscheidung, wie die zukünftige Realität sein soll. Die Rolle von KI ist dafür nicht unbedeutend, aber alles entscheidend bleiben die Haltung und die Handlungen der moralischen Akteure. Das sind wir alle. Veränderungen des Status-quo wären, wenn wir es wirklich wollten, theoretisch fast über Nacht möglich. Tatsächlich jedoch halten Gewohnheit, Angst, Egoismus, Machtbewusstsein und viele nachgelagerte zivilisatorische Phänomene die Gesellschaften wirksam von einem schnellen Wandel ab.

KI kann Change-Prozesse beschleunigen oder bremsen, indem sie überwacht, kontrolliert und eingreift, wenn das gewollt ist oder eben nicht. Wird ein privates Unternehmen ohne gesetzlichen Zwang Eingriffe in seine Einstellungspolitik, seine Produktion, seine Standortwahl o. ä. erlauben? Wann darf oder sollte sogar gesetzlicher Zwang gelten? Private Haushalte könnten ihre Wohnungen durch KI überwachen lassen, die permanent zusieht und zuhört. So könnten ein höheres Maß an Komfort, Sicherheit und vielleicht Fairness in alltäglichen Situationen erreicht werden. In Notfällen oder bei Verbrechen wie Einbruch oder ehelicher Gewalt könnte die KI die Polizei verständigen. Bei Streits könnte sie unparteiisch versuchen, zu schlichten. Sind solche Argumente konsensfähig genug, um Grundrechte einer elektronischen Dauerüberwachung zu opfern? Sollen Autos, wenn sie Alkohol im Atem erkennen, die Fahrer/-innen ermahnen oder nach einer Minute den Motor abstellen oder gar nicht erst starten? Das System könnte z. B. einen Ausnahmemodus für Gefahrenfälle haben, der eine Übertretung dieser Programmierung erlaubt, die jedoch protokolliert und vorsorglich der Polizei übermittelt würde. Wären solche Autos insgesamt wünschenswert? Solche Fragestellungen müssen mit ethischer Expertise vorausschauend in die Entwicklung von Systemen einfließen. Fälle, in denen entgegen ethisch begründeter Einwände gehandelt wird, müssten untersucht werden. Würde eine Ethik-Schulung ausreichen, um den gewünschten Zustand zu erreichen oder sind Gesetze und damit verbundene Sanktionen notwendig?

Die Tendenz von Unternehmen, bei ethisch fragwürdigem KI-Einsatz erst einzuschreiten, wenn finanzieller oder Reputationsschaden entstehen, unterscheidet KI nicht von anderen Technologien. Wenn die Folgen schwer oder erst spät absehbar sind, wird meist nach größtmöglicher wirtschaftlicher Effizienz bzw. dem Prinzip der Gewinnmaximierung verfahren. In einer rein wirtschaftlichen Betrachtung verspricht der laissez-faire Umgang mit KI enorme Effizienzpotenziale in so vielen Bereichen, dass die monetäre Verlockung entsprechend groß ist, auch zweifelhafte Anwendungen wie z. B. *Policing*-Systeme einzusetzen oder Datenschutzfragen großzügig auszulegen. Die gesellschaftliche und gesetzgeberische Verantwortung ist jedoch komplexer. Die DSGVO und die bei ihrer Missachtung empfindlich hohen Strafen sollen dem Rechnung tragen. Die wirtschaftliche Abhängigkeit des politischen Systems macht es schwierig, Gesetze, die zu wirtschaftlichen Nachteilen führen, zu erlassen. Sie müssen gut begründet sein und politischen Konsens finden, um etabliert und durchgehalten zu werden. „The question is whether we as a society are willing to sacrifice a bit of efficiency in the interest of fairness. Should we handicap the models, leaving certain data out?" (O'Neil 2016, S. 95).

Welche Werte sollen geschützt werden und wie sollen diese Entscheidungen getroffen werden? Die Debatte um die Corona Warn-App während der SARS-CoV-2-Pandemie zeigt den Konflikt zwischen der effektiven Infektionsverfolgung und dem Recht auf Schutz persönlicher Daten. Beispiele lassen sich jedoch in fast allen Bereichen finden. Ob Autoversicherungstarife gekoppelt an individuelles Fahrverhalten, Lebensmittelangebote basierend auf dem individuellen Warenkorb der letzten 24 Monate usw. Allein im Marketing ist leicht vorstellbar, was mit freier Nutzung personenbezogener Daten möglich wäre. Was für viele ein Horrorszenario darstellt, ist zur gleichen Zeit eine Chance auf mehr gesellschaftliche Transparenz, Chancengleichheit und Gerechtigkeit und enormen Zuwachs an Wissen.

Der etablierte Meinungsbildungsprozess im pluralistischen System soll helfen, die Interessen auszuregeln. Am Beispiel der Entwicklung in der amerikanischen Gesellschaft in Zusammenhang mit der Präsidentschaft Trumps und der COVID-Krise spricht die Politikwissenschaftlerin Prof. Ruß-Sattar von Polarisierung, Radikalisierung und Tribalismus und weitergehenden spaltenden Tendenzen:

„Direkter Kontakt und Austausch mit politisch Andersdenkenden wird, wie einige Studien nahelegen, zunehmend seltener, weil sich die ideologischen Lager auch in ihrem Alltag immer klarer zu sortieren scheinen, etwa bei der Wahl der Universität, der Arbeitsstätte oder der Wohngegend. Zudem zeigen Studien zu den strukturellen Entwicklungstrends der Zivilgesellschaft, dass Gewerkschaften und andere traditionelle Mitgliedschaftsorganisationen, die relativ heterogen waren, wie etwa Eltern-Lehrer-Verbände, seit Jahrzehnten Mitglieder verlieren, und es stattdessen zunehmend professionalisierte Vereinigungen und advocay groups gibt." (Ruß-Sattar 2021).

Scheinbar führt die Vielfalt der Kanäle nicht zur Meinungsvielfalt, sondern zu Abschottung in Filterblasen und Echokammern. Die Rolle personalisierender Algorithmen in Suchmaschinen und Social Media ist hier wissenschaftlich noch umstritten. Für das Zielbild einer offenen, diversen und freien Gesellschaft sind es aber maßgebliche Instrumente, deren Gebrauch beobachtet und ggf. reglementiert werden muss. Letzteres nicht nur aufgrund der verdeckten Natur von KI und Datenwirtschaft, deren Wirken unsichtbar, nur an Ergebnissen und auch dort oft nur mittelbar ablesbar, ist. Ein weiterer Grund ist die starke Konzentration von Macht in den Händen weniger Unternehmen und Personen auf der Welt und schließlich sind es die bisher weitgehend ungelösten Konflikte zwischen wirtschaftlichem Wachstum und nachhaltigkeitsorientierten Gesellschaftszielen, bei denen KI bisher klar im Team der Wirtschaft spielt.

So oder so verändert sich die Welt grundlegend. Bei gleichbleibendem Fortschrittstempo dürften die meisten aktuellen Wissensfragen im Laufe des 21. Jahrhunderts als gelöst betrachtet werden können. Dabei nimmt das Fortschrittstempo eher zu. In Zukunft müssen viele konfliktäre Entscheidungen gefällt und dazu viele Themen und Werte neu verhandelt werden. Es werden neue Gesellschaftsverträge mit konsensfähigen Antworten erforderlich für Fragen wie:

- Wie wollen wir mit Privatsphäre umgehen, wenn wir ununterbrochen von z. T. unsichtbaren Sensoren umgeben sind, die, miteinander vernetzt, Daten aufzeichnen, von denen wir ggf. nicht einmal wissen, dass es sie gibt?
- Wie können wir Freiheit erhalten in einer Welt, in der jede/r Einzelne permanent überwacht ist?
- Wie schaffen wir Sicherheit in einer Welt, die voller elektronisch angreifbarer Infrastrukturen und Risiken steckt?
- Wie weit wollen wir in biologische und humangenetische Vorgänge eingreifen und wo definieren wir die Grenzen von Medizin?
- Wie erfassen und bewerten wir Informationen in einem Umfeld, dass so vielfältig psychologisch manipulierbar ist und wie treffen wir individuell und in einem politischen System die richtigen Entscheidungen?

Das sind nur einige der relevanten Fragen, die in naher Zukunft beantwortet werden, mit oder ohne unsere Mitwirkung. Wir sollten also besser selber die Spielregeln festlegen, nach denen KI Entscheidungen fällt. Genau das passiert auch gerade, allerdings noch zu unsystematisch und inselhaft. In den meisten Fällen sind Entwickler/-innen fokussiert auf ein bestimmtes Ergebnis in der Produktivität ihrer Systeme. Sie können nicht alle für ein wirklich übergreifend gutes Ergebnis relevanten Parameter in Betracht ziehen. Unerwünschte, ethisch fragwürdige und sogar entgegengesetzt intendierte Ergebnisse algorithmischer Prozesse werden auch in Zukunft passieren. Es muss ein normaler Zustand sein bzw. bleiben, dass Fehlsteuerungen alltäglich entdeckt, angezeigt und korrigiert werden. Es wird entsprechend zunehmend unaufgeregt und ohne viel Aufhebens in den Medien einfach geschehen, etwa in der nüchternen Art, in der wir es gewohnt sind, technische Fehler zu korrigieren. Gleiches gilt für die magisch anmutenden Möglichkeiten, die KI immer wieder anbietet, sobald ein neues Anwendungsfeld erschlossen wird oder konzentrierte Arbeit an einer Verbesserung zum Durchbruch führt. Vielleicht gelingt es, dass solche Ereignisse ohne den Reflex einer KI-Weltbeherrschungsfantasie einfach positiv zur Kenntnis genommen werden, so wie es auch bei einer höheren Bandbreite im Mobilfunk oder einer verbesserten Energieeffizienz bei einem Motor gelingt.

In jedem Fall geht es weitgehend ungebremst weiter damit, auch die letzten Winkel des Lebens zu digitalisieren. Manche schaudern beim Gedanken daran, aber meist siegt doch die Euphorie der Masse über das nächste Gadget mit noch höherer Geschwindigkeit, Auflösung, mehr Komfort, neuen Features etc. Das Ende der Reise bleibt ungewiss, weil es kein Ende gibt. Treiber sind wirtschaftliche Erwartungen. Tempomacher ist die Technik. Im Interesse gesellschaftspolitisch tragbarer Ergebnisse können die Dinge aber nicht einfach laufen gelassen werden. Die Marktkräfte allein werden z. B. keine Balance sozialer und gerechter Werte herbeiführen. Selbst die deutsche soziale Marktwirtschaft hat in den letzten zwanzig Jahren eine Schere wachsender Ungleichheit gefördert. KI kann hier wie ein universaler weiterer Verstärker bestehender Tendenzen wirken. Die offenen Fragen sind Haltungsthemen, zu denen es keine einfachen und deshalb auch kaum klaren Antworten gibt, sondern nur Leitplanken. Diese Leitplanken sind schon erkennbar, aber es wird nun dringend erforderlich, sie klarer zu definieren und mit konsequentem Handeln zu hinterlegen. Sich für eine Resolution gegen autonome Waffensysteme zu entschließen ist schon möglich, sie tatsächlich international zu beschließen ist der notwendige nächste Schritt. Dann beginnt die Arbeit, sie vehement bei allen Gelegenheiten zu positionieren, zu promoten und z. B. als rote Linie kompromisslos zu verteidigen.

Künstliche Intelligenz, heute und in der Zukunft ist nicht verantwortlich, sondern muss verantwortbar sein. Gesellschaftsverträge der Zukunft, ebenso wie KI der Zukunft, erfordern Transparenz und Diversität in einem freiheitlichen, demokratischen und rechtsstaatlichen Rahmen. Selbst in den Staaten der Welt, in denen dieser Rahmen gegeben ist, liegen viele Grundlagen, wie z. B. das Thema der Diversität im Argen. Älterer Code kommt fast ausschließlich von heute alten weißen Männern und neuerer Code kommt noch immer überwiegend von jüngeren weißen Männern. Zu glauben, dass die Systeme mit diesem Code keinen Bias enthielten, wäre vor zehn Jahren naiv gewesen, heute ist es unverantwortlich. Hier liegt die Aufgabe sinnvoll eingesetzter KI-Ethik-Abteilungen, nicht in der Proklamation der immer gleichen Phrasen, die von den Silicon Valley Giganten seit 2015/16 in die Universitäten hinein gesponsert wurden. Zur Unterstützung sind kurzfristig auch Gesetze wichtig, sonst bleibt es in den meisten Fällen bei wohlklingenden Regeln auf seriös wirkenden Websites und der Rest funktioniert wie bisher nach dem Muster: *Who can stand in the way, when there is a dollar to be made?* Gehandelt wird bis dato erst im Bedarfsfall, das heißt bei Aufdeckung von Missständen im Rahmen mehr oder weniger großer Skandale. Dieser Zustand ist unseriös und auf Dauer der eigentliche Skandal. Nicht laisser-faire und Abwarten, sondern das i.S. eines gewünschten Ziels verantwortliche Denken und Handeln gestalten die Gesellschaft der Zukunft.

Literatur

Afrouzi, A. E. (2018). The dawn of AI philosophy (20.11.2018). *Blog of the APA*. https://blog.apaonline.org/2018/11/20/the-dawn-of-ai-philosophy/. Zugegriffen am 05.03.2021.

Agrawal, A., Gans, J., & Goldfarb, A. (2018). *Prediction machines – The simple economies of artificial intelligence*. Boston: Harvard Business Review Press.

Aguera y Arcas, B., Mitchell, M., & Todorov, A. (07. Mai 2017). Physiognomy's new clothes. *Medium*. https://medium.com/@blaisea/physiognomys-new-clothes-f2d4b59fdd6a. Zugegriffen am 14.02.2021.

Aguera y Arcas, B., Mitchell, M., & Todorov, A. (11. Januar 2018). Do algorithms reveal sexual orientation or just expose our stereotypes? *Medium*. https://medium.com/@blaisea/do-algorithms-reveal-sexual-orientation-or-just-expose-our-stereotypes-d998fafdf477. Zugegriffen am 14.02.2021.

Algorithmwatch. (o.J.-a). *ai ethics guidelines global inventory*. https://inventory.algorithmwatch.org/. Zugegriffen am 14.02.2021.

Algorithmwatch. (o.J.-b). *Was wir tun*. https://algorithmwatch.org/was-wir-tun/. Zugegriffen am 10.03.2021.

Altmann, J. (2020). Autonome Waffensysteme. In Beilage zu *Wissenschaft & Frieden*, 2020-3, Dossier Nr. 90. https://www.wissenschaft-und-frieden.de/seite.php?dossierID=094). Zugegriffen am 12.01.2021.

Amazon. (2020a). *We are implementing a one-year moratorium on police use of Rekognition* (10.06.2020). https://blog.aboutamazon.com/policy/we-are-implementing-

a-one-year-moratorium-on-police-use-of-rekognition. Zugegriffen am 03.01.2021.
Amazon. (2020b). Press release introducing Amazon Halo and Amazon Halo Band – A new service that helps customers improve their health and wellness (27.08.2020). https://press.aboutamazon.com/news-releases/news-release-details/introducing-amazon-halo-and-amazon-halo-band-new-service-helps. Zugegriffen am 19.12.2020.
Amazon. (2021). USC and Amazon establish center for secure and trusted machine learning (28.01.2021). https://www.amazon.science/academic-engagements/usc-and-amazon-establish-center-for-secure-and-trusted-machine-learning. Zugegriffen am 12.03.2021.
Andrulis, J., Meyer, O., Schott, G., Weinbach, S., & Gruhn, V. (12. November 2020). Domain-level explainability – A challenge for creating trust in superhuman AI strategies. *arXiv*. https://arxiv.org/abs/2011.06665. Zugegriffen am 12.03.2021.
Atherton, K. D. (15. November 2018). Are killer robots the future of war? Parsing the facts on autonomous weapons. *The New York Times*. https://www.nytimes.com/2018/11/15/magazine/autonomous-robots-weapons.html. Zugegriffen am 05.03.2021.
Bartlett, J. (15. August 2018). How AI could kill off democracy. *New Statesman*. https://www.newstatesman.com/science-tech/technology/2018/08/how-ai-could-kill-democracy-0. Zugegriffen am 07.01.2021.
Bartneck, C., Yogeeswaran, K., Ser, Q., Woodward, G., Sparrow, R., Wang, S., & Eyssel, F. (2018). Robots and racism. In *Proceedings of 2018 ACM/IEEE international conference on humanrobot interaction* (S. 196–204). New York: ACM.
Bateson, G. (1972). *Steps to an ecology of mind*. Chicago: University of Chicago Press.
Bertelsmann Stiftung. (2020). *From principles to practice an interdisciplinary framework to operationalise AI ethics*. https://www.vde.com/resource/blob/1961232/c6db9894ee73aefa489d6249f5ee2b9f/studie-ethik-in-ki-messbar-machen-data.pdf. Zugegriffen am 18.12.2020.
Bitkom. (2019). *Blick in die Blackbox Nachvollziehbarkeit von KI-Algorithmen in der Praxis*. https://www.bitkom.org/sites/default/files/2019-10/20191016_blick-in-die-blackbox.pdf. Zugegriffen am 13.01.2021.
BMBF Bundesministerium für Bildung und Forschung. (2018). *Nationale Strategie für künstliche Intelligenz*. https://www.ki-strategie-deutschland.de/home.html?file=files/downloads/Nationale_KI-Strategie.pdf. Zugegriffen am 22.02.2021.
Bonnefon, J.-F., Shariff, A., & Rahwan, I. (2016). The social dilemma of autonomous vehicles. *Science*. 352. https://doi.org/10.1126/science.aaf2654. Zugegriffen am 12.03.2021.
Brandstetter, T. (18. November 2018). „In Zukunft werden die Autos den Führerschein machen müssen". *GQ*. https://www.gq-magazin.de/auto-technik/article/in-zukunft-werden-die-autos-den-fuehrerschein-machen-muessen. Zugegriffen am 24.02.2021.

Brooks, R. (2018). *[FoR&AI] Steps toward super intelligence III, hard things today* (15.07.2018). http://rodneybrooks.com/forai-steps-toward-super-intelligence-iii-hard-things-today/. Zugegriffen am 19.12.2020.

Bryson, J. J., Diamantis, M. E., & Grant, T. D. (2017). Of, for, and by the people: The legal lacuna of synthetic persons (08.09.2017). *Artificial Intelligence and Law, 25,* 273–291. https://doi.org/10.1007/s10506-017-9214-9. Zugegriffen am 14.02.2021.

Bughin, J., Seong, J., Manyika, J., Chui, D. C. M., & Joshi, R., (2018a). Discussion paper September 2018. In McKinsey Global Institute (Hrsg.), *Notes from the AI Frontier. Modeling the Impact of AI on the World Economy.* https://www.mckinsey.com/~/media/McKinsey/Featured%20Insights/Artificial%20Intelligence/Notes%20from%20the%20frontier%20Modeling%20the%20impact%20of%20AI%20on%20the%20world%20economy/MGI-Notes-from-the-AI-frontier-Modeling-the-impact-of-AI-on-the-world-economy-September-2018.ashx. Zugegriffen am 24.01.2021.

Bughin, J., Hazan, E., Lund, S., Dahlström, P., Wiesinger, A., & Subramaniam, A. (2018b). Discussion paper May 2018. In McKinsey Global Institute (Hrsg.), *Skill shift, automation and the future of the workforce.* https://www.mckinsey.de/~/media/McKinsey/Locations/Europe%20and%20Middle%20East/Deutschland/News/Presse/2018/2018-05-24/Studienreport_MGI_Skill%20Shift_Automation%20and%20future%20of%20the%20workforce_May%202018.pdf. Zugegriffen am 05.11.2020.

Bundeswehr. (2019). *Künstliche Intelligenz in den Landstreitkräften. Ein Positionspapier des Amts für Heeresentwicklung.* https://www.bundeswehr.de/resource/blob/156024/d6ac452e72f77f3cc071184ae34dbf0e/download-positionspapier-deutsche-version-data.pdf. Zugegriffen am 04.01.2021.

Buolamwini, J. (29. Mai 2017). Algorithms aren't racist. Your skin is just too dark. *Hackernoon.* https://hackernoon.com/algorithms-arent-racist-your-skin-is-just-too-dark-4ed31a7304b8. Zugegriffen am 03.03.2021.

Buolamwini, J., & Gebru, T. (2018). Gender shades: Intersectional accuracy disparities in commercial gender classification. In *Conference on fairness, accountability, and transparency, proceedings of machine learning research*, 81, S. 1–15. New York: New York University, 23.-24.02.2018.

BVerfG. (2006). *Leitsätze zum Urteil des Ersten Senats vom 15. Februar 2006.* http://www.bverfg.de/e/rs20060215_1bvr035705.html. Zugegriffen am 17.12.2020.

Canca, C. (2019). AI & global governance: Human rights and AI ethics – Why ethics cannot be replaced by the UDHR (19.07.2019). *United Nations University.* https://cpr.unu.edu/publications/articles/ai-global-governance-human-rights-and-ai-ethics-why-ethics-cannot-be-replaced-by-the-udhr.html. Zugegriffen am 13.01.2021.

Capgemini Research Institute. (2019). Why addressing ethical questions in AI will benefit organizations. https://www.capgemini.com/research/why-addressing-ethical-questions-in-ai-will-benefit-organizations/. Zugegriffen am 31.12.2020.

Chinoy, S. (10. Juli 2019). The racist history behind facial recognition. *The New York Times.* https://www.nytimes.com/2019/07/10/opinion/facial-recognition-race.html. Zugegriffen am 12.02.2021.

Conger, K., Fausset, R., & Kovaleski, S. F. (14. Mai 2019). San Francisco Bans facial recognition technology. *The New York Times.* https://www.nytimes.com/2019/05/14/us/facial-recognition-ban-san-francisco.html. Zugegriffen am 25.01.2021.

Crawford, K., Dobbe, R., Fried, G., Kaziunas, E., Mathur, V., Richardson, R., Schultz, J., Myers West, S., Schwartz, O., & Whittaker, M. (2018). *AI now report 2018.* New York: AI Now Institute. https://ainowinstitute.org/AI_Now_2018_Report.pdf. Zugegriffen am 17.12.2021.

Crawford, K., Dobbe, R., Dryer, T., Fried, G., Green, B., Kaziunas, E., Kak, A., Mathur, V., McElroy, E., Nill Sánchez, A., Raji, D., Rankin, J. L., Richardson, R., Schultz, J., Myers West, S., & Whittaker, M. (2019). *AI now 2019 report.* New York: AI Now Institute. https://ainowinstitute.org/AI_Now_2019_Report.html. Zugegriffen am 12.12.2020.

Crew, B. (2018). Google's AI has learned to become „highly aggressive" in stressful situations (31.03.2018).

Curtis, C. (24. Juli 2019). Study: Humans' racial biases extend even to black and white robots. *The Next Web.* https://thenextweb.com/tech/2019/07/24/human-racial-biases-extend-to-black-white-robots/. Zugegriffen am 22.10.2020.

Dandl, S., Molnar, C., Binder, M., & Bischl, B. (2020). *Multi-objective counterfactual explanations.* https://doi.org/10.1007/978-3-030-58112-1_31. Zugegriffen am 23.01.2021.

DARPA. (o.J.). *Serial interactions in imperfect information games applied to complex military decision making (SI3-CMD).* https://www.darpa.mil/program/serial-interactions-in-imperfect-information-games-applied-to-complex-military-decision-making. Zugegriffen am 14.01.2021.

Dastin, J. (11. Oktober 2018). Amazon scraps secret AI recruiting tool that showed bias against women. *Reuters.* https://www.reuters.com/article/us-amazon-com-jobs-automation-insight-idUSKCN1MK08G. Zugegriffen am 01.03.2021.

Dennett, D. C. (2019). What can we do? In J. Brockmann (Hrsg.), *Possible minds: Twenty-five ways of looking at AI* (S. 41-54). New York: Penguin Press.

Deutsche Telekom. (o.J.). *Leitlinien für Künstliche Intelligenz.* https://www.telekom.com/de/konzern/digitale-verantwortung/details/ki-leitlinien-der-telekom-523904. Zugegriffen am 22.01.2021.

Deutscher Anwaltverein. (2020). *PM 01/20: Deutscher Anwaltverein warnt vor systematischer Videoüberwachung mit Gesichtserkennung* (07.01.2020). https://anwalt-

verein.de/de/newsroom/pm-01-20-dav-warnt-vor-systematischer-videoueberwachung-mit-gesichtserkennung. Zugegriffen am 13.01.2021.
Devich-Cyril, M. (2020). Defund facial recognition. *The Atlantic.* https://www.theatlantic.com/technology/archive/2020/07/defund-facial-recognition/613771/. Zugegriffen am 23.01.2021.
Dickey, M. R. (23. Juni 2020). Google employees demand company stop selling tech to police. *Techcrunch.* https://techcrunch.com/2020/06/22/google-employees-demand-company-stop-selling-tech-to-police/. Zugegriffen am 26.01.2021.
Diehl, J., & Schmid, F. (28. Dezember 2016). Bordcomputer stoppte Lkw. *DER SPIEGEL.* https://www.spiegel.de/politik/deutschland/anschlag-von-berlin-bordcomputer-stoppte-lkw-a-1127835.html#. Zugegriffen am 23.10.2020.
Dowd, M. (26. März 2017). Elon Musk's billion-dollar crusade to stop the A.I. apocalypse. *Vanity Fair.* https://www.vanityfair.com/news/2017/03/elon-musk-billion-dollar-crusade-to-stop-ai-space-x. Zugegriffen am 23.01.2021.
Du, S., Tao, Y., & Martinez, A. M. (2014). Compound facial expressions of emotion (31.03.2014). *Proceedings of the National Academy of Sciences of the United States of America.* https://doi.org/10.1073/pnas.1322355111. Zugegriffen am 12.02.2021.
Duhigg, C. (16. Februar 2012). How companies learn your secrets. *The New York Times.* https://www.nytimes.com/2012/02/19/magazine/shopping-habits.html. Zugegriffen am 29.01.2021.
Eckersley, P. (05. März 2019). Impossibility and uncertainty theorems in AI value alignment. *arXiv.* https://arxiv.org/pdf/1901.00064.pdf. Zugegriffen am 31.01.2021.
Ehsan, U., Harrison, B., Chan, L., & Riedl, M. (2018). *Rationalization: A neural machine translation approach to generating natural language explanations.* https://doi.org/10.1145/3278721.3278736. Zugegriffen am 12.01.2021.
ESMT Berlin. (2018). *DSI – The digital society conference 2018: Keynote by Evgeny Morozov.* https://www.youtube.com/watch?app=desktop&v=AKDbgcRSs-s&list=PLYBplsEOOPkG1F46O8vRqV5JQ_Kn6kCOZ&index=5&t=0s. Zugegriffen am 09.01.2021.
Europäische Kommission. (2021). *Für vertrauenswürdige Künstliche Intelligenz: EU-Kommission legt weltweit ersten Rechtsrahmen vor* (21.04.2021). https://ec.europa.eu/germany/news/20210421-kuenstliche-intelligenz-eu_de. Zugegriffen am 27.04.2021.
Facebook. (2019). *Facebook and the Technical University of Munich announce new independent TUM Institute for ethics in artificial intelligence.* https://about.fb.com/news/2019/01/tum-institute-for-ethics-in-ai/. Zugegriffen am 20.03.2021.
Facebook. (2021). *Fairness on the ground: Applying algorithmic fairness approaches to production systems.* https://ai.facebook.com/research/publications/applying-algorithmic-fairness-approaches-to-production-systems/. Zugegriffen am 21.03.2021.
Feldman Barrett, L., Adolphs, R., Marsella, S., Martinez, A. M., & Pollak, S. D. (2019). Emotional expressions reconsidered: Challenges to inferring emotion from human facial movements. *Psychological Science in the Public Interest, 20*(1), 1–68. https://journals.sagepub.com/doi/pdf/10.1177/1529100619832930. Zugegriffen am 13.12.2020.

Ferl, A.-K. (2020). Ein Schritt vor, zwei Schritte zurück? In Beilage zu *Wissenschaft & Frieden*, 2020-3, Dossier Nr. 90. https://www.wissenschaft-und-frieden.de/seite.php?dossierID=094). Zugegriffen am 12.01.2021.

Fischer, S., & Petersen, T. (2018). Was Deutschland über Algorithmen weiß und denkt. In Bertelsmann Stiftung (Hrsg.), *Impuls Algorithmenethik*. https://doi.org/10.11586/2018022. Zugegriffen am 02.03.2021.

Flaig, M. (29. April 2020). „Die Deutschen finden Voice wichtig". *w&v*. https://www.wuv.de/tech/die_deutschen_finden_voice_wichtig. Zugegriffen am 30.12.2020.

Frangoul, A. (12. März 2019). Dubai introduces cameras that use AI to measure people's happiness. *CNBC*. https://www.cnbc.com/2019/03/12/dubai-introduces-cameras-that-use-ai-to-measure-peoples-happiness.html. Zugegriffen am 14.12.2020.

Fraser, C. (04. Januar 2020). Target didn't figure out a teenager was pregnant before her father did, and that one article that said they did was silly and bad. *Medium*. https://medium.com/@colin.fraser/target-didnt-figure-out-a-teen-girl-was-pregnant-before-her-father-did-a6be13b973a5. Zugegriffen am 03.03.2021.

Future of Life Institute. (2017). AI and value alignment | Jaan Tallinn. https://youtube.com/watch?v=d6pIk-JxfG. Zugegriffen am 24.02.2021

Gallagher, R. (13. September 2018), Senior Google scientist resigns over „forfeiture of our values" in China. *The Intercept*. https://theintercept.com/2018/09/13/google-china-search-engine-employee-resigns/. Zugegriffen am 11.01.2021.

Garvie, C., Bedoya, A., & Frankle, J. (2016). *The perpetual lineup, unregulated police face recognition in America* (18.10.2016). https://www.perpetuallineup.org/. Zugegriffen am 14.12.2020.

Gebru, T., Morgenstern, J., Vecchione, B., Vaughan, J., Wallach, H., Daumeé, I., & Crawford, K. (2018). Datasheets for datasets. *arXiv*. https://arxiv.org/abs/1803.09010. Zugegriffen am 04.03.2021.

Gellman, B., & Soltani, A. (14. Oktober 2013). NSA collects millions of e-mail address books globally. *Washington Post*. https://www.washingtonpost.com/world/national-security/nsa-collects-millions-of-e-mail-address-books-globally/2013/10/14/8e58b5be-34f9-11e3-80c6-7e6dd8d22d8f_story.html. Zugegriffen am 17.02.2021.

Gershgorn, D. (13. Januar 2020). The military is building long-range facial recognition that works in the dark. *OneZero*. https://onezero.medium.com/the-military-is-building-long-range-facial-recognition-that-works-in-the-dark-4f752fa713e6. Zugegriffen am 19.01.2021.

Gibney, E. (24. Januar 2020). The battle for ethical AI at the world's biggest machine-learning conference. *Nature*. https://www.nature.com/articles/d41586-020-00160-y. Zugegriffen am 02.01.2021.

Goel, V. (29. Juni 2014). Facebook tinkers with users' emotions in news feed experiment, stirring outcry. *The New York Times*. https://www.nytimes.com/2014/06/30/technology/facebook-tinkers-with-users-emotions-in-news-feed-experiment-stirring-outcry.html. Zugegriffen am 12.01.2021.

Google. (o.J.-a). *Artificial intelligence at Google: Our principles.* https://ai.google/principles/. Zugegriffen am 03.03.2021.

Google. (o.J.-b). *AI principles 1-year progress update.* https://ai.google/static/documents/ai-principles-2019-progress-update.pdf. Zugegriffen am 03.03.2021.

Greene, G. (30. Juli 2020). The ethics of AI and emotional intelligence. *Partnership on AI.* https://www.partnershiponai.org/the-ethics-of-ai-and-emotional-intelligence/. Zugegriffen am 15.11.2020.

Gubrud, M., & Altmann, J. (2013). Compliance measures for an autonomous weapons convention. In *International Committee for Robot Arms Control, ICRAC Working Paper,* 2, Mai 2013, https://www.icrac.net/wp-content/uploads/2018/04/Gubrud-Altmann_Compliance-Measures-AWC_ICRAC-WP2.pdf. Zugegriffen am 17.02.2021.

Hamilton, I. A. (29. August 2020). AI experts doubt Amazon's new Halo wearable can accurately judge the emotion in your voice, and worry about the privacy risks. *Business Insider.* https://www.businessinsider.com/experts-skeptical-amazon-halo-judges-emotional-state-from-voice-2020-8. Zugegriffen am 15.12.2020.

Hao, K. (24. Oktober 2018). Should a self-driving car kill the baby or the grandma? Depends on where you're from. *MIT Technology Review.* https://www.technologyreview.com/2018/10/24/139313/a-global-ethics-study-aims-to-help-ai-solve-the-self-driving-trolley-problem/. Zugegriffen am 22.02.2021.

Hao, K. (08. Februar 2019). Moral durch Unsicherheit. *Heise online.* https://www.heise.de/news/Moral-durch-Unsicherheit-4300982.html. Zugegriffen am 26.02.2021.

Hao, K. (11. März 2021). How Facebook got addicted to spreading misinformation. *MIT Technology Review.* https://www.technologyreview.com/2021/03/11/1020600/facebook-responsible-ai-misinformation. Zugegriffen am 21.03.2021.

Harari, Y. N. (2018). Why technology favors tyranny. *The Atlantic.* https://www.theatlantic.com/magazine/archive/2018/10/yuval-noah-harari-technology-tyranny/568330/. Zugegriffen am 20.02.2021.

Harvard CRCL Civil Rights Civil Liberties. (07. März 2018). Minority report: Why we should question predictive policing. *Civil Rights Civil Liberties Law Review.* https://harvardcrcl.org/minority-report-why-we-should-question-predictive-policing/. Zugegriffen am 15.01.2021.

Heaven, W. D. (17. Juli 2020). Predictive policing algorithms are racist. They need to be dismantled. *MIT Technology Review.* https://www.technologyreview.com/2020/07/17/1005396/predictive-policing-algorithms-racist-dismantled-machine-learning-bias-criminal-justice/. Zugegriffen am 28.02.2021.

HEG-KI Hochrangige Expertengruppe für Künstliche Intelligenz. (08. April 2018). Ethik-Leitlinien für eine vertrauenswürdige KI. https://doi.org/10.2759/22710. Zugegriffen am 12.12.2020.

Heidegger, M. (1953). Die Frage nach der Technik. In F.-W. von Herrmann (Hrsg.), *Gesamtausgabe. 1. Abteilung: Veröffentlichte Schriften 1910–1976* (Vorträge und Aufsätze (1936–1953), Bd. 7, S. 5–36). Frankfurt: Vittorio Klostermann.

Heller, P. (20. Mai 2016). Die Erkennungsmaschine aus Russland. *DER SPIEGEL*. https://www.spiegel.de/netzwelt/web/findface-app-mit-gesichtserkennung-loest-hype-in-russland-aus-a-1092951.html. Zugegriffen am 17.02.2021.

Hill, K. (20. Januar 2020a). Unmasking a company that wants to unmask us all. *The New York Times*. https://www.nytimes.com/2020/01/20/reader-center/insider-clearview-ai.html. Zugegriffen am 25.02.2021.

Hill, K. (18. Januar 2020b). The secretive company that might end privacy as we know it. *The New York Times*. https://www.nytimes.com/2020/01/18/technology/clearview-privacy-facial-recognition.html. Zugegriffen am 12.02.2021.

Hiller, N. (2019). Gütesiegel für KI-Systeme. *A4 – Das DIN Magazin*. https://www.din.de/de/din-und-seine-partner/publikationen/din-magazin/guetesiegel-fuer-ki-systeme-326996. Zugegriffen am 11.03.2021.

Holder, S. (19. Oktober 2018) Why Marriott workers are striking. (19.10.2018). *Bloomberg*. https://www.bloomberg.com/news/articles/2018-10-19/marriott-staff-won-t-be-replaced-by-tech-without-a-fight. Zugegriffen am 04.11.2020.

Huang, E. (01. November 2018). The East and West have very different ideas on who to save in a self-driving car accident. *Quartz*. https://qz.com/1447109/how-east-and-west-differ-on-whom-a-self-driving-car-should-save/. Zugegriffen am 27.12.2020.

IBM. (o.J.-a). *Data responsibility @ IBM*. https://www.ibm.com/blogs/policy/dataresponsibility-at-ibm/. Zugegriffen am 12.03.2021.

IBM. (o.J.-b). *AI ethics*. https://www.ibm.com/artificial-intelligence/ethics. Zugegriffen am 12.03.2021.

IBM. (o.J.-c). *Everyday ethics for artificial intelligence*. https://www.ibm.com/watson/assets/duo/pdf/everydayethics.pdf. Zugegriffen am 12.03.2021.

IBM. (o.J.-d). *AI Ethics board puts principles into action*. https://www.ibm.org/responsibility/2019/case-studies/aiethicsboard. Zugegriffen am 20.03.2021.

ICRC – The International Committee of the Red Cross. (2019). *Artificial intelligence and machine learning in armed conflict: A human-centred approach* (06.06.2019). https://www.icrc.org/en/document/artificial-intelligence-and-machine-learning-armed-conflict-human-centred-approach. Zugegriffen am 21.12.2020.

ICRC International Committee of the Red Cross. (2019). *Artificial intelligence and machine learning in armed conflict: A human-centred approach*. https://www.icrc.org/en/document/artificial-intelligence-and-machine-learning-armed-conflict-human-centred-approach. Zugegriffen am 16.01.2021.

Jaume-Palasi, L., & Wiens, M. (2019). Können uns Algorithmen helfen, bessere Entscheidungen zu treffen? Interview. *Neue Narrative, 5*, 88–92.

Juutinen, M., Wang, C., Zhu, J., Haladjian, J., Ruokolainen, J., Puustinen, J., & Vehkaoja, A. (2020). Parkinson's disease detection from 20-step walking tests using inertial sensors of a smartphone: Machine learning approach based on an observational case-control study (23.07.2020). *PLoS One, 15*(7), e0236258. https://doi.org/10.1371/journal.pone.0236258. Zugegriffen am 12.03.2021.

Kaevats, M. (25. September 2017). Estonia considers a „kratt law" to legalise Artifical Intelligence (AI). *Medium*. https://medium.com/e-residency-blog/estonia-starts-public-discussion-legalising-ai-166cb8e34596. Zugegriffen am 15.11.2020.

Kaspersky. (2020). *Generation KI: Fast jeder zweite unter 31 wünscht sich zukünftig ein durch Künstliche Intelligenz gestütztes Leben* (15.04.2020). https://www.kaspersky.de/about/press-releases/2020_generation-ki-fast-jeder-zweite-unter-31-w-nscht-sich-zuk-nftig-ein-durch-k-nstliche-intelligenz-gest-tztes-leben. Zugegriffen am 05.11.2020.

Kaspersky. (o.J.). *Generation KI*. https://www.kaspersky.de/blog/ki/. Zugegriffen am 05.11.2020.

Kelley, J, & Guariglia, M. (10. Juni 2020). Amazon ring must end its dangerous partnerships with police. *Electronic Frontier Foundation*. https://www.eff.org/deeplinks/2020/06/amazon-ring-must-end-its-dangerous-partnerships-police. Zugegriffen am 27.02.2021.

Kemp, S. (21. April 2021). *60 percent of the world's population is now online*. https://wearesocial.com/blog/2021/04/60-percent-of-the-worlds-population-is-now-online. Zugegriffen am 28.04.2021.

KI Bundesverband. (2019). *KI Gütesiegel*. https://ki-verband.de/wp-content/uploads/2019/02/KIBV_Guetesiegel.pdf. Zugegriffen am 13.12.2020.

Knight, W. (14. März 2019). Sprechen wie Barack Obama. *Heise online*. https://www.heise.de/hintergrund/Sprechen-wie-Barack-Obama-4333339.html. Zugegriffen am 14.12.2020.

Köver, C. (06. November 2018). Interview mit KI-Forscher Toby Walsh: „Wir müssen jetzt die richtigen Entscheidungen treffen. *Netzpolitik.org*. https://netzpolitik.org/2018/interview-mit-ki-forscher-toby-walsh-wir-muessen-jetzt-die-richtigen-entscheidungen-treffen/. Zugegriffen am 03.01.2021.

Köver, C. (27. März 2019). Firmen verleihen sich selbst ein Gütesiegel für Künstliche Intelligenz. *Netzpolitik.org*. https://netzpolitik.org/2019/firmen-verleihen-sich-selbst-ein-guetesiegel-fuer-kuenstliche-intelligenz/. Zugegriffen am 12.01.2021.

Köver, C., & Fanta, A. (08. April 2019). Keine roten Linien: Industrie entschärft Ethik-Leitlinien für Künstliche Intelligenz. *Netzpolitik.org*. https://netzpolitik.org/2019/keine-roten-linien-industrie-entschaerft-ethik-leitlinien-fuer-kuenstliche-intelligenz/. Zugegriffen am 03.01.2021.

Kramer, A., Guillory, J., Hancock, J. (2014). Experimental evidence of massive-scale emotional contagion through social networks. *Proceedings of the National Academy of Sciences of the United States of America*. 111. https://doi.org/10.1073/pnas.1320040111. Zugegriffen am 14.03.2021.

Krüger, S. (12. März 2020). In 15 Ländern droht Homosexuellen die Todesstrafe. *WELT*. https://www.welt.de/reise/Fern/article206490685/Gay-Travel-Index-In-15-Laendern-droht-Homosexuellen-Todesstrafe.html. Zugegriffen am 23.02.2021.

Küchenmeister, T. (2020) Autonome Waffen auf dem Vormarsch. In Beilage zu *Wissenschaft & Frieden*, 2020-3, Dossier Nr. 90. https://www.wissenschaft-und-frieden.de/seite.php?dossierID=094). Zugegriffen am 12.01.2021.

Latour, B. (2001). Eine Soziologie ohne Objekt? Anmerkungen zur Interobjektivität. *Berliner Journal für Soziologie, 11*(2), 237–252.
Laufer, D., & Meineck, S. (10. Juli 2020). Eine polnische Firma schafft gerade unsere Anonymität ab. *Netzpolitik.org*. https://netzpolitik.org/2020/gesichter-suchmaschine-pimeyes-schafft-anonymitaet-ab. Zugegriffen am 26.02.2021.
Le Roux, N. [le_roux_nicolas] (2020). Now might be a good time to remind everyone that the easiest way to discriminate is to make stringent rules, then to decide when and for whom to enforce them. My submissions were always checked for disclosure of sensitive material, never for the quality of the literature review. [Tweet]. *Twitter*. https://twitter.com/le_roux_nicolas/status/1334601960972906496. Zugegriffen am 22.03.2021.
Lechtleitner, S. (04. September 2017). Wenn der Algorithmus entscheidet. *Human Resources Manager*. https://www.humanresourcesmanager.de/news/wenn-der-algorithmus-entscheidet.html. Zugegriffen am 02.03.2021.
Leibo, J. Z., Zambaldi, V., Lanctot, M., Marecki, J., & Graepel, T. (2017). Multi-agent Reinforcement Learning in Sequential Social Dilemmas. In S. Das, E. Durfee, K. Larson & M. Winikoff (Hrsg.), *Proceedings of the 16th International Conference on Autonomous Agents and Multiagent Systems* (AAMAS 2017). May 8–12, 2017, Sao Paulo.
Lewanczik, N. (28. Januar 2021). Milliardengewinn und Riesenumsatz: Facebook bricht Rekord um Rekord. *Onlinemarketing.de*. https://onlinemarketing.de/cases/milliardengewinn-facebook-rekord-rekord. Zugegriffen am 23.01.2021.
Lobo, S. (03. September 2014). Auf dem Weg in die Dumpinghölle. *DER SPIEGEL*. https://www.spiegel.de/netzwelt/netzpolitik/sascha-lobo-sharing-economy-wie-bei-uber-ist-plattform-kapitalismus-a-989584.html. Zugegriffen am 17.11.2020.
Lorenzen, M. (01. März 2013). Big Data schafft den Zufall ab. *WirtschaftsWoche*. https://www.wiwo.de/unternehmen/it/algorithmen-was-heute-schon-geht/7865208-2.html. Zugegriffen am 31.01.2021.
Luhmann, N. (1981). Die Unwahrscheinlichkeit der Kommunikation. In Ders (Hrsg.), *Soziologische Aufklärung 3* (5. Aufl., 2009, S. 29–40). Wiesbaden: VS Verlag für Sozialwissenschaften.
Mansholt, M. (23. Dezember 2018) „Wir werden nie Daten weitergeben". *Stern*. https://mobil.stern.de/digital/online/alexa-chef-im-interview%2D%2D-natuerlich-kann-man-ki-fuer-boese-zwecke-nutzen%2D%2D-8497012.html. Zugegriffen am 30.12.2020.
Matzat, L. (26. März 2019). Güte Gemeint. *algorithmwatch*. https://algorithmwatch.org/de/guete-gemeint/. Zugegriffen am 17.12.2020.
McNamara, A., Smith, J., & Murphy-Hill, E. (2018). Does ACM's code of ethics change ethical decision making in software development? In *Proceedings of the 2018 26th ACM joint meeting on European software engineering conference and symposium on the foundations of software engineering*, 729. New York. https://doi.org/10.1145/3236024.3264833. Zugegriffen am 21.03.2021.

Mendgen, A. (29. Februar 2020). Der Mensch in der Maschine. *Zeit Online*. https://www.zeit.de/digital/internet/2020-02/sexroboter-sexualitaet-ki-digitalisierung-begehren/komplettansicht. Zugegriffen am 29.11.2020.

Menn, A. (22. Februar 2019). KI in der Medizin, Algorithmen sehen mehr als Ärzte. *Wirtschaftswoche*. https://www.wiwo.de/unternehmen/it/ki-in-der-medizin-algorithmen-sehen-mehr-als-aerzte/24025456.html. Zugegriffen am 04.11.2020.

Metz, C. (01. März 2019). Is ethical A.I. even possible? *The New York Times*. https://www.nytimes.com/2019/03/01/business/ethics-artificial-intelligence.html. Zugegriffen am 24.01.2021.

Metz, C., & Smith, C.S. (21. März 2019) Warnings of a dark side to A.I. in health care. *The New York Times*. https://www.nytimes.com/2019/03/21/science/health-medicine-artificial-intelligence.html. Zugegriffen am 06.12.2020.

Metzinger, T. (08. April 2019). Nehmt der Industrie die Ethik weg! *Tagesspiegel*. https://www.tagesspiegel.de/politik/eu-ethikrichtlinien-fuer-kuenstliche-intelligenz-nehmt-der-industrie-die-ethik-weg/24195388.html. Zugegriffen am 29.12.2020.

Microsoft. (o.J.-a). *Responsible AI resources*. https://www.microsoft.com/en-us/ai/responsible-ai-resources. Zugegriffen am 22.03.2021.

Microsoft. (o.J.-b). *Operationalizing responsible AI*. https://www.microsoft.com/en-us/ai/our-approach. Zugegriffen am 13.03.2021.

Microsoft. (o.J.-c). *Gesichtserkennung*. https://azure.microsoft.com/de-de/services/cognitive-services/face/. Zugegriffen am 12.12.2020.

Mills Rodrigo, C. (09. September 2020). Portland adopts landmark facial recognition ordinances. *The Hill*. https://thehill.com/policy/technology/515772-portland-adopts-landmark-facial-recognition-ordinance. Zugegriffen am 23.01.2021.

Milrem Robotics. (o.J.-a). *The THeMIS UGV*. https://milremrobotics.com/defence/#product-category-eod. Zugegriffen am 27.01.2021.

Milrem Robotics. (o.J.-b). *Policy of ethical development of systems with intelligent functions*. https://milremrobotics.com/policy-of-ethical-development-of-systems-with-intelligent-functions/. Zugegriffen am 27.01.2021.

Misselhorn, C. (2018). *Grundfragen der Maschinenethik*. Ditzingen: Reclam.

Mols, B. (07. November 2019). Only humans can be accountable For AI. *Communications of the ACM*. https://cacm.acm.org/news/240737-only-humans-can-be-accountable-for-ai/fulltext. Zugegriffen am 14.12.2020.

Montavon, G. Binder, A., Lapuschkin, S., Samek, W., & Müller, K.-R. (2019). *Layer-wise relevance propagation: An overview*. https://doi.org/10.1007/978-3-030-28954-6_10. Zugegriffen am 29.01.2021.

Moorstedt, M. (2019). Das Silicon Valley kauft sich ein Gewissen. *Süddeutsche Zeitung*. https://www.sueddeutsche.de/meinung/silicon-valley-ethik-kommissionen-feigenblatt-1.4399509. Zugegriffen am 17.12.2020.

Moralmachineresults. (o.J.). *Moral machine*. http://moralmachineresults.scalable-coop.org/. Zugegriffen am 21.01.2021.

Mrohs, L. (09. Mai 2019). USA: Erneut Klage gegen Massenüberwachung durch NSA abgewiesen. *Netzpolitik.org*. https://netzpolitik.org/2019/usa-erneut-klage-gegen-massenueberwachung-durch-nsa-abgewiesen/. Zugegriffen am 23.01.2021.

Müller, C. (2017) „Gibt es eine Neutralität der Technik? Grundlegende Aspekte der Technikkritik der Moderne". In H. Baumann, M. Gallusser, R. Herzog, U. Klotz, C. Michel, B. Ringger, H. Schatz (Hrsgg.), *Technisierte Gesellschaft*, DENKNETZ Jahrbuch 2017, S. 53–62. Zürich: edition 8.

Müller-Jung, J. (18. Oktober 2016). Ein moralischer Elchtest. *Frankfurter Allgemeine Zeitung*. https://www.faz.net/aktuell/feuilleton/autonome-autos-von-mercedes-ein-moralischer-elchtest-14485534.html. Zugegriffen am 17.01.2021.

Münchner Kreis. (2020). *Leben, Arbeit, Bildung 2035+. Durch Künstliche Intelligenz beeinflusste Veränderungen in zentralen Lebensbereichen*. Zukunftsstudie, Band VIII. 2020. https://www.muenchnerkreis.de/fileadmin/dokumente/_pdf/Zukunftsstudien/2020_Zukunftsstudie_MK_Band_VIII_Publikation.pdf. Zugegriffen am 25.02.2021.

Münchner Kreis e.V., Bertelsmann Stiftung. (2020). Leben, Arbeit, Bildung 2035+. *Zukunftsstudie Münchner Kreis,* Bd. VIII. https://www.bertelsmann-stiftung.de/fileadmin/files/user_upload/2020_Zukunftsstudie_MK_Band_VIII_Publikation.pdf. Zugegriffen am 05.11.2020.

Nadella, S. (28. Juni 2016). The partnership of the future. *Slate*. https://slate.com/technology/2016/06/microsoft-ceo-satya-nadella-humans-and-a-i-can-work-together-to-solve-societys-challenges.html. Zugegriffen am 19.02.2021.

Newdick, T. (22. März 2021). AI-controlled F-16s are now working as a team in DARPA's virtual dogfights. *The Drive*. https://www.thedrive.com/the-war-zone/39899/darpa-now-has-ai-controlled-f-16s-working-as-a-team-in-virtual-dogfights. Zugegriffen am 24.03.2021.

Ng, A. (28. Januar 2021). Police say they can use facial recognition, despite bans. *The Markup*. https://themarkup.org/news/2021/01/28/police-say-they-can-use-facial-recognition-despite-bans. Zugegriffen am 12.04.2021.

Nickelsburg, M. (14. August 2019). Civil rights activists up in arms over Amazon update adding fear detection to facial recognition tech. *GeekWire*. https://www.geekwire.com/2019/civil-rights-activists-arms-amazon-update-adding-fear-detection-facial-recognition-technology/. Zugegriffen am 27.01.2021.

O'Neil, C. (2016). *Weapons of math destruction*. London: Penguin.

Ochigame, R. (20. Dezember 2019). The invention of „ethical AI". *The Intercept*. https://theintercept.com/2019/12/20/mit-ethical-ai-artificial-intelligence/. Zugegriffen am 06.03.2021.

Office of Justice Programs. (o.J.). Statistical briefing book. https://www.ojjdp.gov/ojstatbb/crime/ucr.asp?table_in=2. Zugegriffen am 26.02.2021.

Ongweso Jr, E. (09. September 2020). Amazon spent $24,000 to kill portland's facial recognition ban. *Vice*. https://www.vice.com/en/article/g5p9z3/amazon-spent-dollar24000-to-kill-portlands-facial-recognition-ban. Zugegriffen am 23.02.2021.

Peteranderl, S. (05. März 2019). „Künstliche Intelligenz muss entzaubert werden". *DER SPIEGEL.* https://www.spiegel.de/netzwelt/gadgets/kuenstliche-intelligenz-und-kinder-mit-forscherin-stefania-druga-im-interview-a-1251721.html. Zugegriffen am 04.03.2021.

Piatetsky, G. (07. Mai 2014). Did target really predict a teen's pregnancy? The Inside Story. *KDnuggets.* https://www.kdnuggets.com/2014/05/target-predict-teen-pregnancy-inside-story.html. Zugegriffen am 12.03.2021.

Pichai, S. (07. Juni 2018). *AI at Google: Our principles.* https://blog.google/technology/ai/ai-principles/. Zugegriffen am 22.01.2021.

Piper, K. (21. Juni 2019a). Death by algorithm: The age of killer robots is closer than you think. *Vox.com.* https://www.vox.com/2019/6/21/18691459/killer-robots-lethal-autonomous-weapons-ai-war. Zugegriffen am 23.01.2021.

Piper, K. (04. April 2019c). Exclusive: Google cancels AI ethics board in response to outcry. *Vox.* https://www.vox.com/future-perfect/2019/4/4/18295933/google-cancels-ai-ethics-board. Zugegriffen am 15.12.2020.

Plattform Lernende Systeme. (o.J.). *KI-Landkarte.* https://www.plattform-lernende-systeme.de/ki-landkarte.html. Zugegriffen am 13.03.2021.

Precire. (o.J.). *PRECIRE @ TALENTCUBE Video-Recruiting mit Künstlicher Intelligenz.* https://precire.com/talentcube/. Zugegriffen am 15.12.2020.

Pressman, A. (20. August 2020). An F-16 pilot took on A.I. in a dogfight. Here's who won. *Fortune.* https://fortune.com/2020/08/20/f-16-fighter-pilot-versus-artificial-intelligence-simulation-darpa/. Zugegriffen am 23.01.2021.

PricewaterhouseCoopers – PwC. (2018a). *Auswirkungen der Nutzung von künstlicher Intelligenz in Deutschland.* https://www.pwc.de/de/business-analytics/sizing-the-price-final-juni-2018.pdf. Zugegriffen am 06.11.2020.

PricewaterhouseCoopers – PwC. (2018b). *Der digitale Arbeitsmarkt.* https://www.pwc.de/de/digitale-transformation/kuenstliche-intelligenz/pwc-bevoelkerungsumfrage-ki-der-digitale-arbeitsmarkt.pdf. Zugegriffen am 06.11.2020.

Purdy, M., Zealley, J., & Maseli, O. (18. November 2019). The risks of using AI to interpret human emotions. *Harvard Business Review.* https://hbr.org/2019/11/the-risks-of-using-ai-to-interpret-human-emotions. Zugegriffen am 20.12.2020.

PwC. (2019). *22nd annual global CEO survey. CEOs' curbed confidence spells caution.* https://www.pwc.com/gx/en/ceo-survey/2019/report/pwc-22nd-annual-global-ceo-survey.pdf. Zugegriffen am 21.01.2021.

Rank One. (2020). Rank One's next-generation periocular recognition algorithm (06.05.2020). https://blog.rankone.io/2020/05/06/rank-ones-next-generation-periocular-recognition-algorithm/. Zugegriffen am 20.01.2021.

Reuter, M. (14. Februar 2019). Deutsche Bahn stoppt neuen Überwachungstest am Berliner Südkreuz. *Netzpolitik.org.* https://netzpolitik.org/2019/deutsche-bahn-stoppt-neuen-ueberwachungstest-am-berliner-suedkreuz/. Zugegriffen am 26.01.2021.

Richardson, R., Schultz, J., & Crawford, K. (13. Februar 2019). Dirty data, bad predictions: How civil rights violations impact police data, predictive policing systems, and justice. *Social science research network.* https://ssrn.com/abstract=3333423. Zugegriffen am 14.02.2021.

Riecke, T., Gauto, A., Kerkmann, C., & Matthes, S. (16. August 2018). Die Macht der Algorithmen. *Handelsblatt.* https://www.handelsblatt.com/technik/forschung-innovation/kuenstliche-intelligenz-die-macht-der-algorithmen/22913114.html. Zugegriffen am 27.01.2021.

Roff, H. M. (2019). Artificial intelligence: Power to the people. *Ethics & International Affairs, 33*(2) https://www.ethicsandinternationalaffairs.org/2019/artificial-intelligence-power-to-the-people/. Zugegriffen am 19.10.2020.

Rottwillm, C. (05. Januar 2017). Japanischer Versicherer ersetzt 34 Leute durch Künstliche Intelligenz. *Manager Magazin.* https://www.manager-magazin.de/digitales/it/kuenstliche-intelligenz-japanischer-versicherer-ersetzt-menschen-durch-ki-a-1128653.html. Zugegriffen am 17.11.2020.

Rötzer, F. (08. März 2019). Vorhersageungleichheit bei Fußgängererkennung von autonomen Fahrzeugen. *heise online.* https://www.heise.de/tp/features/Vorhersageungleichheit-bei-Fussgaengererkennung-von-autonomen-Fahrzeugen-4328894.html. Zugegriffen am 07.01.2021.

Ruß-Sattar, S. (2021). *Im Treibhaus der Polarisierung Amerikanische Zivilgesellschaft und Demokratie in der Präsidentschaft Donald J. Trumps* (12.03.2021). de Gruyter. https://doi.org/10.1515/fjsb-2021-0007. Zugegriffen am 21.03.2021.

Ryan-Mosley, T., & Strong, J. (05. Juni 2020). The activist dismantling racist police algorithms. *MIT Technology Review.* https://www.technologyreview.com/2020/06/05/1002709/the-activist-dismantling-racist-police-algorithms/. Zugegriffen am 23.02.2021.

SAP. (18. September 2018a). *Die Grundsätze für Künstliche Intelligenz von SAP.* https://news.sap.com/germany/2018/09/ethische-grundsaetze-kuenstliche-intelligenz/. Zugegriffen am 13.02.2021.

SAP. (18. September 2018b). *SAP gründet als erstes europäisches Technologieunternehmen Ethik-Beirat für künstliche Intelligenz.* https://news.sap.com/germany/2018/09/ethik-beirat-fuer-kuenstliche-intelligenz/. Zugegriffen am 16.12.2020.

SAP. (2020). Verantwortungsvoll mit künstlicher Intelligenz umgehen – ein Jahr des Lernens. https://news.sap.com/germany/2020/01/ki-kuenstliche-intelligenz-ethik/. Zugegriffen am 12.03.2021.

Sawall, A. (09. März 2018). Zalando ersetzt Beschäftigte durch Algorithmen. *golem.de.* https://www.golem.de/news/marketing-zalando-ersetzt-beschaeftigte-durch-algorithmen-1803-133259.html. Zugegriffen am 10.03.2021.

Scharre, P. (2018). *Army of none: Autonomous weapons and the future of war.* London: W. W. Norton & Company.

Schirmer, J.-E. (2020). Artificial intelligence and legal personality: Introducing „Teilrechtsfähigkeit": A partial legal status made in Germany. https://doi.org/10.1007/978-3-030-32361-5_6. Zugegriffen am 13.03.2021.

Science Alert. https://www.sciencealert.com/google-deep-mind-has-learned-to-become-highly-aggressive-in-stressful-situations. Zugegriffen am 13.03.2021.

Shead, S. (16. Januar 2019). World's first robot hotel fires half of its robots. *Forbes*. https://www.forbes.com/sites/samshead/2019/01/16/worlds-first-robot-hotel-fires-half-of-its-robots/. Zugegriffen am 04.11.2020.

Sikkutt, S., Velsberg, O., & Vaher, K. (2020) Vision Paper: #Kratt AI, the next stage of digital public services in #eEstonia (24.02.202). https://complexdiscovery.com/what-is-kratt-a-vision-and-concept-for-artificial-intelligence-in-estonia/. Zugegriffen am 30.11.2020.

Simonite, T. (16. 2019). A poker-playing robot goes to work for the pentagon. *Wired*. https://www.wired.com/story/poker-playing-robot-goes-to-pentagon/. Zugegriffen am 20.02.2021.

Skeem, J. L., & Lowenkamp, C. (17. April 2020). Using algorithms to address trade-offs inherent in predicting recidivism. *Social Science Research Network*. https://ssrn.com/abstract=3578591. Zugegriffen am 11.02.2021.

Smith, C. S. (19. November 2019). Dealing with bias in artificial intelligence. *The New York Times*. https://www.nytimes.com/2019/11/19/technology/artificial-intelligence-bias.html. Zugegriffen am 29.12.2020.

Smith, M. D. (07. Juni 2020). Die Mittel der Staatsgewalt. *Zeit Online*. https://www.zeit.de/kultur/2020-06/defund-the-police-proteste-polizeigewalt-usa-new-york. Zugegriffen am 24.01.2021.

Solon, O. (09. November 2017). Ex-Facebook president Sean Parker: Site made to exploit human 'vulnerability'. *The Guardian*. https://amp.theguardian.com/technology/2017/nov/09/facebook-sean-parker-vulnerability-brain-psychology. Zugegriffen am 27.02.2021.

Spiegel, A. (20.Mai 2013). If your shrink is a bot, how do you respond? *npr*. https://www.npr.org/sections/health-shots/2013/05/20/182593855/if-your-shrink-is-a-bot-how-do-you-respond. Zugegriffen am 08.11.2020.

Statt, N. (21. April 2016). Google believes its superior AI will be the key to its future. *The Verge*. https://www.theverge.com/2016/4/21/11482576/google-ceo-sundar-pichai-cloud-ai-future. Zugegriffen am 12.02.2021.

Striemer, R., & Gruhn, V. (2020). KI verändert den Blickwinkel: Aufgaben anders definieren, Prozesse anders sehen, Daten anders verstehen. In V. Gruhn & A. von Hayn (Hrsg.), *KI verändert die Spielregeln* (S. 42–59). München: Hanser.

t3n (12. April 2021). Augen-Scan: Diese App soll den Coronatest ersetzen können. *t3n*. https://t3n.de/news/augen-scan-diese-app-coronatest-1371934/. Zugegriffen am 13.04.2021.

Ulrich, S. (16. Dezember 2020). Das Recht darf die Ärzte nicht alleinlassen. *Süddeutsche Zeitung*. https://www.sueddeutsche.de/politik/coronavirus-triage-kommentar-1.5149584. Zugegriffen am 04.01.2021.

VDE. (2020a). *VDE entwickelt erste international konsensfähige Ethik-Kennzeichnung für KI*. https://www.vde.com/de/presse/pressemitteilungen/vde-ethik-kennzeichnung-ki. Zugegriffen am 22.12.2020.

VDE. (2020b). *KI-Ethik messbar machen.* https://www.vde.com/de/presse/pressemitteilungen/ki-ethik-messbar-machen. Zugegriffen am 22.12.2020.

Veitinger, T. (20. November 2018). Roboter als Kollegen: Was ist Künstliche Intelligenz?. *Südwest Presse.* https://www.swp.de/wirtschaft/der-kollege_-herr-roboter-28378762.html. Zugegriffen am 22.12.2020.

Verband der TÜV e.V. – VdTÜV. (2020). Künstliche Intelligenz in Unternehmen, Chancen nutzen – Risiken begegnen. https://www.vdtuev.de/pressemitteilungen/ki-studie. Zugegriffen am 19.01.2021.

Verma, I. (2014). Editorial expression of concern and correction (22.07.2014). *Proceedings of the National Academy of Sciences of the United States of America, 111.* https://doi.org/10.1073/pnas.1412469111. Zugegriffen am 14.03.2021.

ver.di. (2020). *Ethische Leitlinien für die Entwicklung und den Einsatz von Künstlicher Intelligenz (KI): Gemeinwohl und Gute Arbeit by Design.* https://innovation-gute-arbeit.verdi.de/++file++5e561a72452768ee1b1845cd/download/verdi_Ethische_Leitlinien_KI_170220.pdf. Zugegriffen am 17.12.2020.

Viktor, D. (11. Mai 2018). When white people call the police on black people. *The New York Times.* https://www.nytimes.com/2018/05/11/us/black-white-police.html. Zugegriffen am 14.02.2021.

Vincent, J. (08. November 2018). „China's state-run press agency has created an 'AI anchor' to read the news". *The Verge.* https://www.theverge.com/2018/11/8/18074806/ai-news-anchor-china-xinhua-digital-composite. Zugegriffen am 04.11.2020.

vpnmentor (2021). *VPN use and data privacy stats for 2021* (04.02.2021). https://de.vpnmentor.com/blog/vpn-nutzung-und-datenschutz-statistiken-fuer/. Zugegriffen am 09.04.2021.

Wagner, B. (2019). *Ethics as an escape from regulation. From „ethics-washing" to ethics-shopping?.* https://doi.org/10.1515/9789048550180-016. Zugegriffen am 20.03.2021.

Wakabayashi, D., & Shane, S. (01. Juni 2018). Google will not renew pentagon contract that upset employees. *The New York Times.* https://www.nytimes.com/2018/06/01/technology/google-pentagon-project-maven.html. Zugegriffen am 23.01.2021.

Wang, Y., & Kosinski, M. (2018). Deep neural networks are more accurate than humans at detecting sexual orientation from facial images. *Journal of Personality and Social Psychology, 114,* 246–257. https://doi.org/10.1037/pspa0000098. Zugegriffen am 09.01.2021.

Washington Post. (26. März 2021). *981 people have been shot and killed by the police in the past year.* https://www.washingtonpost.com/graphics/investigations/police-shootings-database/. Zugegriffen am 27.03.2021.

Watzlawick, P., Beavin, J. H., & Jackson, D. D. (1967). *Pragmatics of human communication: A study of international patterns, pathologies and paradoxes.* New York: W.W. Norton & Co.

Wiener, N. (1954). *The human use of human beings, cybernetics and society.* [1950]. Boston: Houghton Mifflin.
Wiggers, K. (26. Juni 2018a). Amazon's Rekognition misidentified 28 members of Congress as criminals. *Venturebeat.* https://venturebeat.com/2018/07/26/amazons-rekognition-misidentified-28-members-of-congress-as-criminals/. Zugegriffen am 09.01.2021.
Wiggers, K. (17. Dezember 2018b). Geoffrey Hinton and Demis Hassabis: AGI is nowhere close to being a reality. *VentureBeat.* https://venturebeat.com/2018/12/17/geoffrey-hinton-and-demis-hassabis-agi-is-nowhere-close-to-being-a-reality/. Zugegriffen am 12.11.2020.
Wildermuth, V. (06. April 2016) Shoot first, ask later. Experimente zum Shooter-Bias offenbaren Vorurteile. *Deutschlandfunk.* https://www.deutschlandfunk.de/shoot-first-ask-later-experimente-zum-shooter-bias.676.de.html?dram:article_id=350372. Zugegriffen am 22.10.2020.
Williams, C. (19. März 2015). AI guru Ng: Fearing a rise of killer robots is like worrying about overpopulation on Mars. *The Register.* https://www.theregister.co.uk/2015/03/19/andrew_ng_baidu_ai/. Zugegriffen am 23.10.2020.
Wilson, B., Hoffman, J., & Morgenstern, J. (21. Februar 2019). Predictive inequity in object detection. *arXiv.* https://arxiv.org/pdf/1902.11097.pdf. Zugegriffen am 08.01.2021.
Winston, A. (27. Februar 2018). Palantir has secretly been using New Orleans to test its productive policing technology. *The Verge.* https://www.theverge.com/2018/2/27/17054740/palantir-predictive-policing-tool-new-orleans-nopd. Zugegriffen am 22.01.2021.
Wittenhorst, T. (04. August 2019). „Bericht: Amazon lässt Alexa-Mitschnitte im Homeoffice auswerten". *Heise online.* https://www.heise.de/newsticker/meldung/Bericht-Amazon-laesst-Alexa-Mitschnitte-im-Homeoffice-auswerten-4487911.html. Zugegriffen am 30.12.2020.
Wong, J. C. (07. Mai 2020). Will Facebook's new oversight board be a radical shift or a reputational shield? *The Guardian.* https://www.theguardian.com/technology/2020/may/07/will-facebooks-new-oversight-board-be-a-radical-shift-or-a-reputational-shield. Zugegriffen am 21.12.2020.
Xiang, A. (2020). Reconciling legal and technical approaches to algorithmic bias (13.07.2020). *Tennessee Law Review,* 88, Nr. 3, *Social Science Research Network.* https://ssrn.com/abstract=3650635. Zugegriffen am 26.02.2021.
Yampolskiy, R. V. (13. Juni 2016). Fighting malevolent AI: Artificial intelligence, meet cybersecurity. *The Conversation.* https://theconversation.com/fighting-malevolent-ai-artificial-intelligence-meet-cybersecurity-60361. Zugegriffen am 24.10.2020.
Zimmermann, A. (14. August 2020) The A-level results injustice shows why algorithms are never neutral. *NewStatesman.* https://www.newstatesman.com/politics/education/2020/08/level-results-injustice-shows-why-algorithms-are-never-neutral. Zugegriffen am 18.12.2020.

Zimmermann, A., & Zevenbergen, B. (25. März 2019). AI ethics: Seven traps. *Freedom to tinker*. https://freedom-to-tinker.com/2019/03/25/ai-ethics-seven-traps/. Zugegriffen am 22.01.2021.

Zweig, K. A., Fischer, S., & Lischka, K. (2018). Wo Maschinen irren können. Fehlerquellen und Verantwortlichkeiten in Prozessen algorithmischer Entscheidungsfindung. In Bertelsmann Stiftung (Hrsg.), *Impuls Algorithmenethik #4*. https://doi.org/10.11586/2018006. Zugegriffen am 24.10.2020.

8

Wie es weitergeht

Zusammenfassung Die Zukunft bleibt trotz der Prognosefähigkeiten von KI-Systemen ungewiss. Gewiss ist, dass mehr Computer, mehr Daten und mehr KI in noch mehr Lebensbereichen sein werden. Die Entwicklung zu mobilen Geräten wird sich fortsetzen und im Kontext des Internet of Things wird ‚Computing' allgegenwärtig. ‚Smart' wird viel smarter sein als zuvor. Die von manchen erwartete künstliche Superintelligenz könnte sich als Vorhersagefehler entpuppen, aber auch bei einer insgesamt positiven Erwartungshaltung sind die Gedanken und Erwartungen zu KI unterschiedlich. Es existiert Misstrauen gegenüber den Ergebnissen voreingenommener KI und ein Wunsch nach Kontrolle und Regulierung, insbesondere in Bereichen wie Live-Gesichtserkennung und Datenschutz. Nach menschlichem Vorbild konstruiert, kann KI z. B. im Einsatz für die 17 nachhaltigen Entwicklungsziele der U.N. helfen, die menschlichen Lebensgrundlagen zu erhalten. Wir entscheiden, wie es weitergeht.

„It would appear that we have reached the limits of what it is possible to achieve with computer technology, although one should be careful with such statements, as they tend to sound pretty silly in 5 years." Das Zitat wird John Neumann aus dem Jahr 1949 zugeschrieben und sagt im Grunde alles über die Voraussagen, die ich noch treffen könnte, nachdem Sie es bis hierher geschafft haben oder das Buch von hinten lesen? So oder so hier ein kleiner Spoiler zum Anfang vom Ende: Ich weiß ebensowenig wie Sie, wie es weitergeht.

Anders gesagt wissen wir beide, wie es weitergeht, nämlich so, wie wir es jetzt denken und umsetzen. Es liegt in unserer Hand. Das hört sich verrückt oder zu optimistisch an? Zu sehr *If-you-can-dream-it,-you-can-do-it*?-ish? In beiden Positionen liegt Wahrheit. Wir wissen heute aus Erfahrung, dass Dinge, die uns verrückt oder unmöglich erscheinen, irgendwann Alltag sind. Zum Beispiel die Idee, dass Sie einem Computer ein Foto einer Speise zeigen und er Ihnen das Rezept dazu gibt? Ein Facebook-KI-Team hat dieses Modell entwickelt und es generiert das Rezept tatsächlich besser aus den Bilddaten als mithilfe des Bildes in einer Rezeptdatenbank nach ähnlichen Bildern zu suchen. Die Leistung wird leicht unterschätzt, aber Bilder von Speisen bzw. Lebensmitteln gehören zu den für Computer am schwersten korrekt erkennbaren, da es so viele Varianten, z. B. von Äpfeln oder Zwiebeln gibt und sie in verschiedenen Zuständen, z. B. roh, geschnitten, gebraten, gekocht etc. sehr unterschiedlich aussehen. So oder so, ‚Reverse Cookies', sie sind machbar! (Facebook 2019).

Knapp 20 Jahre vor dem ersten Sieg eines Schachcomputers gegen den damaligen Weltmeister Kasparov fanden sich Wissenschaftler und Schachmeister zu einem Gespräch des Nachrichtenmagazins DER SPIEGEL zum Thema Computerintelligenz zusammen. Die beiden Hamburger Informatik-Professoren Klaus Brunnstein und Frieder Schwenkel äußerten sich über die Perspektiven der künstlichen Intelligenz:

> *SPIEGEL: Aber es wird bald Computer geben, die wirklich wie Menschen sprechen und Gesprochenes verstehen können. Das übersteigt die Vorstellungskraft vieler Menschen, Herr Professor Schwenkel, wann wird es soweit sein?*
>
> *SCHWENKEL: Schon in wenigen Jahren, denn in den Labors amerikanischer Universitäten gibt es den sprechenden Computer heute schon. Hier steht eine umwälzende Entwicklung bevor, die das Image der Computer vollständig ändern wird. Sie werden für viele nicht mehr die unheimlichen Maschinen sein, sondern zu einer Art Person werden. (…) Nun aber wird der Computer richtig sprechen, mit einer angenehmen Stimme, und er wird einen echten Dialog führen können, weil er das vom Gesprächspartner Gesagte im tieferen Sinne richtig verstehen kann.*
>
> *SPIEGEL: Können Sie uns an einem Beispiel sagen, was möglich sein wird?*
>
> *SCHWENKEL: Nun, Sie werden mit dem Computer so sprechen können wie mit einem Schalterbeamten bei der Bundesbahn. Ein solcher Dialog begilt (sic!) damit, daß Sie Ihr Reiseziel nennen, und er endet damit, daß Sie mit der Fahrkarte weggehen. Alles, was dazwischen gesprochen werden muß, wird der Computer sagen können.*
>
> *SPIEGEL: Geben Sie uns eine Prognose, wie es in acht oder zehn Jahren auf dem Hamburger Hauptbahnhof zugehen wird. Welche Funktionen werden noch von Menschen, welche werden von Computern ausgeübt werden?*

SCHWENKEL: Wir werden dann nur noch ein paar Bahnpolizisten brauchen, alles andere werden die Maschinen erledigen.
SPIEGEL: Sie werden auch die Züge abfahren lassen?
SCHWENKEL: Selbstverständlich. Die rote Mütze kommt ins Museum.
SPIEGEL: Aber heute kommt mancher sogar schon mit den Fahrkarten-Automaten nicht zurecht. Was geschieht, wenn eine Oma aus dem Bayrischen Wald auf dem Hamburger Hauptbahnhof dem Computer sagt, daß sie „an die Elbe" will und nicht weiß, wie sie fahren soll?
SCHWENKEL: Dann wird der Computer sich ein wenig mit ihr unterhalten, ihr ein paar Fragen stellen und ihr schließlich eine S-Bahn-Karte nach Blankenese verkaufen und ihr natürlich auch noch den Bahnsteig sagen.
(…)
BRUNNSTEIN: (..). In den nächsten 30 Jahren wird es zu einer drastischen Reduktion des Anteils menschlicher Arbeit zugunsten der maschinellen Arbeit kommen. Das hat die Schattenseite, daß viele Arbeitsplätze vernichtet werden, ohne daß in annähernd gleicher Zahl ähnliche Arbeitsplätze geschaffen werden. Es hat die positive Seite, daß frustrierende Arbeit von Maschinen erledigt wird. Und spätestens um die Jahrtausendwende wird das Hauptproblem der Gesellschaft die Bewältigung der Freizeit sein. Dann wird der kleine Computer in der Wohnung so selbstverständlich sein wie heute das Fernsehgerät. (Harenberg 1979).

Die Schwierigkeit liegt offensichtlich weniger in der Vorhersage grundsätzlicher Möglichkeiten als in der zuverlässigen Prognose eines dafür realistischen Zeitrahmens. Zu viele Parameter beeinflussen solche Prozesse. In anderen Abschnitten des zitierten Gesprächs gab es Einigkeit zwischen Prof. Schwenkel und dem Psychiater und Neurologen Hoimar von-Ditfurth über die Prognose, dass Computer innerhalb der nächsten 100 Jahre intelligenter sein würden als Menschen. Ähnlich argumentiert heute Elon Musk, wenn er, bezogen auf die Entwicklungspotenziale von KI, ein paar Jahrzehnte oder sogar Jahrhunderte vor dem Hintergrund der ca. 200.000-jährigen Geschichte der Menschheit als nicht so relevant einordnet. Über 40 Jahre nach dem SPIEGEL-Gespräch sind Menschen im Schach von Computern besiegt, aber ein flüssiger Verkaufsdialog am Fahrkartenautomaten funktioniert meist noch nicht gut genug. Auch ist trotz aller Automatisierung Freizeit nicht das Hauptproblem der Gesellschaft. Dafür ist der ‚kleine Computer in der Wohnung' in ungeahnter Weise eingetreten. Fehlprognosen sind also normal. In Kap. 6.3 haben wir bereits Beispiele für Irrtümer von Experten mit fundierten Fachkenntnissen gesehen, aber mein Appell lautet definitiv, ‚Denken Sie KI jenseits von Angst.' Tatsächlich ist das ein guter Tipp für jedes Thema, aber solange Robotervideos von Boston Dynamics mit Terminator-Kommentaren bedacht werden, solange die Rede von ‚Robot Overlords' und künstlicher

Superintelligenz ist, die die Welt beherrschen wird, bleiben Sie ruhig und atmen Sie durch. Auch das wird vorübergehen. Vielleicht hat irgendwann jeder Haushalt einen humanoiden Roboter, der die Arbeit macht. Na und? Wir haben Wasch- und Spülmaschinen, Staubsauger, Fenstersauger, Wischmaschinen, eine Armada von Küchengeräten usw. Gut möglich, dass irgendwann so etwas wie das Smartphone der Haushaltsgeräte kommt: Eine Maschine, die alles übernimmt. Gedacht ist sie längst, sie zu bauen ist das Nächste und dann folgen die bekannten Phasen der Technologie-Anpassung. Das technisch Machbare wird gebaut, durch Retrofit-Varianten bestehender Maschinen ersetzt, z. B. Autos, wie wir sie kennen, jedoch ohne Lenkrad. In der dritten Phase, die z. T. als disruptiv empfunden wird, folgt eine Anpassung der Technologie an die tatsächlichen Nutzenbedürfnisse. Autos werden komfortable, mobile Kabinen für Arbeit und Freizeit, die sich je nach Reisedauer unterschiedlich konfigurieren.

Bei KI fällt es offensichtlich ungleich schwerer, sich die Phasen der Adaption vorzustellen als bei den meisten anderen Technologien. Es wurde vielleicht in der Science-Fiction schon so weit und in so vielen Varianten gedacht, vielfach sehr bedrohlich, dass es im kollektiven Denken zu schwerfällt, KI ohne anthropomorphisierte Framings zu denken, bis sie eine konkrete Form als Produkt angenommen hat? Der Google-Suchalgorithmus oder die Amazon-Shoppingvorschläge erscheinen ebensowenig bedrohlich, ja nicht einmal mehr als KI, wie die Nachrichtenauswahl auf Facebook, die Tweet-Kuratierung auf Twitter oder die Erinnerung an eine Fahrpause im Autocockpit. Diese kleinen Anwendungen schwacher KI, die entweder so in Systeme eingebettet sind, dass sie nicht mehr separat wahrgenommen werden oder die einfach nützliche Assistenzfunktionen darstellen, erinnern daran, dass Computer nicht denken, sondern rechnen.

Für viele Menschen macht das kaum einen Unterschied. Sie fürchten sich vor dem Gedanken, eine künstliche Intelligenz könne sie lesen, vorhersagen und berechnen. Andere fürchten sich davor, dass ein anderer Mensch dies könne. Der erste Fall läuft wohl auf den letzteren hinaus. Führen wir uns vor Augen, was schon heute technisch machbar ist und wie Menschen bisher mit solchen Mitteln und der aus ihnen erwachsenden Macht umgegangen sind: Menschen wollen alles wissen, erforschen, aufdecken und verändern. Sie erschaffen permanent neu und nehmen dabei oft irreparablen Schaden an Umwelt und Artgenossen in Kauf. Sollte eine KI ebenso agieren, wären Skepsis und Sorge berechtigt. Doch so beängstigend eine Maschine auch sein mag, der Geist darin ist menschlich. Angst vor Technik ist daher meistens Angst vor den Menschen, die sie bauen oder einsetzen. Diese Konflikte sind aus anderen Bereichen bekannt, z. B. Waffen, Genussmittel, Kampfhunde, Autos, Medikamente usw. Der Gedanke, dass eine Maschine uns ‚sieht' im Sinne von ‚wie ein anderer Mensch begreift' und sogar ‚vorhersieht' ist deswegen erschreckend, weil es die Ordnung der Welt ändert. Seit Jahrhunderten bauen Menschen Maschinen und wissen, wie sie funktionieren. Mittlerweile wissen wir, wie sehr vieles funktioniert, auch das, was wir nicht gebaut haben, wie Pflanzen, das Meer oder das Wetter. Wir dringen tiefer und tiefer in die Gesetzmäßigkeiten der Natur vor und greifen überall ein, wo wir es für richtig halten, selbst, wenn wir die Folgen nicht absehen und damit auch nicht verantworten können wie z. B. im Falle von Atomkraft/-Waffen, der Gentechnologie und des Klimas, vielleicht auch wie im Falle von künstlicher Intelligenz? Wenn Maschinen von sich aus auch so handeln könnten, bestünde wohl Anlass zu Nervosität, schließlich sind sie nach menschlichem Vorbild gebaut.

Ein technisches System mit oder ohne KI birgt keine Geheimnisse. Wir wissen i. d. R. von wem es wann, wie, zu welchem Zweck konstruiert wurde. Wir kennen die Schwachstellen, können es ausschalten, zerstören oder reproduzieren usw. Das ist ein Gattungsprivileg, aber es wächst der Gedanke, dass in nicht allzu ferner Zukunft Maschinen selbst Maschinen bauen, deren Zweck für Menschen nicht sofort erkennbar ist. Vielleicht richtet sich irgendwann der analytisch-wissende Blick einer Maschine, auf uns selbst und vielleicht in einer ungleich vollständigeren Weise als es heute ein menschliches Spitzenteam aus Medizin, Psychologie usw. könnte.

Wenn ‚smart' plötzlich viel smarter ist
In den letzten Jahren wurde immer wieder gesagt, dass alles, was digitalisiert werden kann, auch digitalisiert werden würde. Das ist eine vergleichsweise leichte Prognose. Es scheint wie eine allgemeine Vorgehensweise mit allen verfügbaren wissenschaftlichen und technologischen Entdeckungen zu sein. Wird nicht genauso irgendwann alles genetisch verändert, was genetisch verändert werden kann? In der Informationstechnologie wird die Welt in immer kleinere Bestandteile zerlegt und in diesen digitalen Happen berechenbar gemacht. Das ist eine unaufhaltsame Entwicklung mit hohem Nutzen in so vielen Bereichen. Schon in wenigen Jahren wird KI noch tiefer in den Alltag eindringen als es bereits heute über Smartphones und Bots der Fall ist. Viele Geräte und Apps werden überflüssig, weil die Systeme automatisiert agieren können und ansprechbar sein werden. In den meisten Fällen werden sie von selber wissen, was sie zu tun haben. KI wird also vieles von selbst erledigen, was heute Lebenszeit kostet und damit die Lebensqualität in vielen Bereichen erhöhen. Möglicherweise wird KI auch das Ende des Smartphones bedeuten, wenn ‚smart' plötzlich unvergleichlich smarter sein wird. KI wird wie eine unsichtbare Schicht in einer digitalisierten Welt permanent das Umfeld ent-

sprechend der aktuellen Disposition der jeweils Anwesenden versuchen, zu rekonfigurieren. Dabei werden die im Auftrag ihrer Nutzer/-innen handelnden Agentensysteme, genau wie Menschen in der physischen Welt, überall dort an Grenzen stoßen, wo die Interessen anderer berührt werden. Neue Kommunikationsformen werden entstehen. Wearables, also Computer in Schmuck oder Kleidung können z. B. verknüpft mit dem VPA viele Dateneingaben, die wir heute selbst irgendwo eintippen müssen, automatisch bzw. auf kurzen Sprach- oder Gestenbefehl hin erledigen. Das sind im ersten Schritt wahrscheinlich Kalender-, Kontakt- und Gesundheitsfunktionen. Geräte für so eine Interaktion sind vielleicht Kombinationen aus Brille und Knopf im Ohr. In dieser Welt voller smarter, vernetzter Dinge, dem *Internet of Things* (IoT), wird das permanente Wischen und Starren auf kleine Glasflächen vielleicht nicht mehr so wichtig sein. Stärkere Vernetzung, weiter steigende Leistungsfähigkeit von Hard- und Software und KI-Systemen werden Wirtschaft und Gesellschaft in den kommenden Jahren weiter verändern. Über wenige Jahrzehnte hinweg werden sich die Versorgungs-, Informations- und Verkehrsinfrastruktur stark verändern. Straßen und Parkflächen werden neue Funktionen bekommen und das Bild von Städten erneuern. Das Ausmaß der miteinander kombinierten Veränderungen ist wahrscheinlich vergleichbar mit dem Unterschied zwischen Shanghai oder New York in 1920 und 2000. KI wird in diesem Zeitraum von 80 Jahren nach Ansicht der meisten renommierten KI-Forscher/-innen mindestens menschliches Niveau erreicht haben, aber viele sagen auch, dass dies niemals passieren werde.

Wie sollen wir am besten mit der Entwicklung und all den Fragen, die sie mit sich bringt, umgehen? Mahnende Stimmen wie Stephen Hawking, Max Tegmark, Stuart Russel und Frank Wilczek warnen 2014 in einem gemeinsamen Artikel davor, sich nicht darauf vorzubereiten, wie mit superintelligenter KI umzugehen sei:

> *„So, facing possible futures of incalculable benefits and risks, the experts are surely doing everything possible to ensure the best outcome, right? Wrong. If a superior alien civilization sent us a text message saying, „We'll arrive in a few decades," would we just reply, „OK, call us when you get here – we'll leave the lights on"? Probably not – but this is more or less what is happening with AI. Although we are facing potentially the best or worst thing ever to happen to humanity, little serious research is devoted to these issues outside small non-profit institutes such as the Cambridge Center for Existential Risk, the Future of Humanity Institute, the Machine Intelligence Research Institute, and the Future of Life Institute. All of us – not only scientists, industrialists and generals – should ask ourselves what can we do now to improve the chances of reaping the benefits and avoiding the risks."*
>
> (Hawking et al. 2014).

Der Vergleich von KI mit einer außerirdischen Spezies ist das perfekte Framing für alle Arten dystopischer Theorien und Fantasien und so überzogen, wie die Überschriften, die es generiert. Natürlich sind nach beträchtlichen Fortschritten von KI in den letzten 50 Jahren heute Dinge möglich, die damals undenkbar schienen. Pro Jahr erscheinen mehrere Zehntausend wissenschaftliche Arbeiten zu allen möglichen Feldern der KI-Forschung, allen voran über *Machine Learning* und neuronale Netze. Wahrscheinlich ist ein Überblick über die KI-Wissenschaft nur noch mithilfe von KI-Unterstützung möglich. Ein weiterer Durchbruch, wie es der Übergang zu *Machine Learning* und neuronalen Netzwerken war, wird erwartet, ist aber noch nicht in Sicht. Die KI-Forschung ist zu Beginn der zweiten Dekade des 21. Jahrhunderts von allgemeiner KI bzw. AGI noch sehr weit entfernt. Künstliche Intelligenz, die als unabhängige, geschweige denn bewusste, Entität dauerhaft existiert, ist nirgends auch nur ansatzweise erkennbar. Alles, was an KI wie menschliches Denken wirkt, ist nach wie vor reine Simulation. Wird es also jemals tatsächlich AGI, eine KI auf menschlichem Niveau, geben? Je weiter der zeitliche Horizont gespannt wird, desto weniger kann die Möglichkeit ausgeschlossen werden, ein Denkfehler ist jedoch der Umkehrschluss, dass es irgendwann definitiv so sein wird. Vielleicht würde eine so hochentwickelte Technologie nicht mehr auf der heutigen binären Hard- und Softwarearchitektur basieren. Wenn es wirklich darum geht, ein adäquates Äquivalent zum menschlichen Gehirn zu bauen, sind vielleicht nicht einmal die sich gerade entwickelnden Quantencomputerkapazitäten ausreichend, weil sie zwar andere Rechenoperationen und astronomische Geschwindigkeitssprünge erlauben, aber letztlich auch völlig anders funktionieren als menschliche Gehirnzellen. Eine AGI der Zukunft ist vielleicht am ehesten ein wie auch immer geformtes, flexibles Robotersystem, ein *Body-Mind-System*, mit der Möglichkeit, eigene und autonome Erfahrungen über die Welt zu machen und sich auf deren Basis weiter zu entwickeln. Aus meiner Sicht ist ein Körper wesentlich für die Erfahrung der Welt. Selbst die kompliziertesten und am weitesten entwickelten Roboter in den Laboren der Gegenwart sind jedoch noch auf keinem entsprechenden Level. Die Wahrscheinlichkeit, dass die AGI der Zukunft ein technologisch-biologisches Hybrid sein wird, halte ich für hoch. Der biologisch lebendige Körperanteil bildet die Trennung von der Maschinenwelt und macht in dieser Hinsicht das Lebe-Wesen aus. Die Forschungen, mit denen heute schon Robotergelenke über Nervenimpulse gesteuert werden, sind vielleicht die ersten Schritte in eine solche Richtung. Doch diese Gedanken sind zur Zeit nur Science-Fiction Versatzstücke. DARPA, die Innovationsbehörde des amerikanischen Verteidigungsministeriums, finanziert Forschungsprojekte, die darauf abzielen, die Unfähigkeit der heutigen *Machine Learning* Modelle zu überwinden, über ihre Spezialisierung hinaus ihr Wissen auf neue Situationen und Daten anzupassen und anzuwenden. Die aktuellen maschinellen Lernsysteme sind auf ihren programmierten Zweck festgelegt und entwickeln sich nur innerhalb dieses Rahmens kontinuierlich im Training mit Daten. Die KI, die z. B. anhand von Geräuschmustern Unregelmäßigkeiten im Radlager eines Eisenbahnwaggons erkennt, kann also nicht Schach spielen und die KI, die den Go-Champion schlägt, kann keine Serviceanfragen im Chat beantworten. Auch das Erlernen zusätzlicher Fähigkeiten ist derzeit keine Option. Neue Daten für neue Fähigkeiten erlernen bedeutet, die alten Daten und Fähigkeiten zu verlieren. Mit dem Projekt ‚Lifelong Learning Machines' sollen die Systeme kontinuierlich lernen und dabei sowohl immer kompetenter werden als auch bestehende Kenntnisse auf neue Situationen anwenden können, ohne das vorher Gelernte zu vergessen. In einem der unterstützten Projekte wurde z. B. ein von der Natur inspirierter Algorithmus entwickelt, mit dem ein Roboterglied innerhalb von wenigen Minuten selbst erlernt hat, eine Bewegungsaufgabe zu lösen. Das Gerät kann sich sogar automatisch von einer Störung des Gleichgewichts erholen. Solche Entwicklungen können auch als Simulationen stattfinden, bevor Hardware gebaut wird. Sie stellen wichtige Fortschritte auf dem Weg zu KI dar, die sich in unterschiedlichsten Domänen autonom weiterentwickeln kann, so die Hoffnung der Wissenschaft. Für die Robotik bedeuten sie einen extremen Fortschritt, weil die Maschinen auf diese Weise, ähnlich wie Lebewesen, Bewegungen mit wenigen Versuchen erlernen können. Ein Kleinkind, das eine Bewegung erkennt und diese nachahmt, braucht nicht mehrere Hunderttausend oder sogar Millionen Wiederholungen, sondern ist meist nach wenigen Versuchen in der Lage, die gewünschte Bewegung zu reproduzieren. (Marjaninejad et al. 2019).

In einem anderen DARPA-Projekt mit dem schönen Akronym SAIL-ON (‚*Science of Artificial Intelligence and Learning for the Open-World-Novelty-Program*'), wird am Design von KI-Systemen geforscht, die in unbekannten Situationen und offenen Umgebungen funktionieren sollen. Es sollen Prinzipien zur Messung und Beschreibung von Erfahrungen entwickelt werden, damit die KI sinnvoll auf neue Erfahrungen reagieren kann. Mithilfe von SAIL-ON würde eine KI ohne neues Training auf einem großen Datenset lernen, selbständig Situationen einzuschätzen, die beste Vorgehensweise festzulegen und dann zu handeln. (DARPA 2019).

Der Physiker Tailin Wu und sein Doktorvater Max Tegmark haben ein Modell eines ‚KI-Physikers' entwickelt. Diese KI wurde mit unterschiedlichen simulierten Umweltbedingungen konfrontiert und hatte die Aufgabe, vorherzusagen, wie sich ein Objekt in der jeweiligen Umgebung bewegen würde. Dazu musste der Algorithmus Theorien darüber entwickeln, welche physikalischen Gesetze in der simulierten Umgebung herrschten. Das Besondere des Ansatzes von Wu und Tegmark ist, dass sie nicht versuchen, ein umfassendes Modell zu schaffen, das alle Daten integriert. Sie spalten die Beobachtungsdaten in Teilmengen auf, die dann jeweils mit einem kleineren Modell erklärt werden können. Vereinfacht gesprochen werden diese kleineren Modelle am Ende addiert, um hoffentlich zu einem korrekten Ergebnis für die umfassende Theorie zu gelangen. Um das zu bewerkstelligen, trainierten sie die Maschine mit vier verschiedenen physikalischen Theorien, die die KI jeweils anwenden konnte, um sich der Lösung anzunähern. Der KI-Physiker wurde in insgesamt 40 verschiedenen Umgebungen getestet und war in über 90 % der Fälle in der Lage, eine korrekte Theorie über die physikalischen Gesetze in der jeweiligen Simulation aufzustellen. Außerdem reduzierte das Modell Vorhersagefehler gegenüber bisherigen Algorithmen. Praktische Anwendungsfälle für so einen Algorithmus könnten z. B. in der Modellierung von Wirtschaftsprozessen oder Klimadaten liegen. (Wu und Tegmark 2019). Menschen lösen solche Aufgaben normalerweise nebenbei, in der Berichterstattung über die Entstehung des Papiers wird dennoch gefragt, ob der Algorithmus besser als Einstein sein könne. (Rosso 2018). Ein anderer Artikel vermutet, der nächste Einstein oder Newton könne ein Algorithmus sein: „Indeed, the world's next Newton or Einstein may just be some computer code." (Oberhaus 2018). Diese Art ‚Journalismus' wird vermutlich auch in Zukunft erhalten bleiben. Entsprechend verwundert auch die teilweise quasi-religiöse Verehrung von KI kaum. Im Silicon Valley gibt es nicht wenige, die an künstliche Superintelligenz glauben und die diesbezüglichen Vorhersagen von Ray Kurzweil laufen auch erst 2029 und 2048 ab. Zu diesen Terminen soll KI den Grad menschlicher Intelligenz erreicht haben bzw. zumindest den Turing Test bestehen und zum späteren Datum die Singularität, also Superintelligenz erreicht haben. 2014 hat der Informatiker und frühere Google Manager Anthony Levandowski sogar eine Kirche namens ‚Way of the Future' gegründet, deren Ziel die Entwicklung und Umsetzung einer KI-basierten Gottheit sei. (Harris 2017).

Die von Kurzweil prognostizierten Daten sieht Rodney Brooks als Vorhersagefehler an. Er erklärt, Rechengeschwindigkeit allein sei kein ausreichendes Element, um zu begründen, dass kurzfristig eine KI bevorstehe, die sich selbständig erforsche und ihren eigenen Code neu schreiben könne, um sich zu verbessern. Heutige Programme, so Brooks, verstünden weniger von Code als Studierende nach einem Monat Programmierkurs. Dieses Wissen sei weit entfernt davon, dass KI besser KI-Programme schreiben könne, als Menschen.

(Brooks 2017). Auch die Simulation des menschlichen Gehirns auf neuronaler Ebene sieht Brooks als wenig erfolgversprechend. Er empfiehlt daher, mit dem Sterben noch einige Jahrhunderte zu warten, wenn sich solche Hoffnungen vielleicht erfüllen sollen und illustriert seine Aussage mit dem Beispiel des Wurms C.elegans: Seit über dreißig Jahren sei der ‚Schaltplan' der 302 Neuronen im Wurm C. elegans sowie die 7000 Verbindungen zwischen ihnen vollständig bekannt. Diese Studie eröffnete Erkenntnisse darüber, wie Verhalten und Neuronen miteinander verbunden sind, doch sie ist nicht einmal halb vollendet und dauerte bereits ca. 30 Jahre und hatte Hunderte von Beteiligten, die alle versuchten, nur diese 302 Neuronen zu verstehen. (Ebd.). Selbst wenn mit dem Wissen des C. elegans-Projekts das menschliche Gehirn schneller entschlüsselt werden könnte, sprächen die 80–90 Milliarden Neuronen mit ihren unzähligen Verbindungen im Gehirn eines Menschen für eine Komplexität, deren Auflösung, wenn überhaupt, dann vermutlich ebenfalls erst in entfernter Zukunft möglich sei. Wie können wir übertreffen, was wir nicht verstehen? Selbst die fortschrittlichsten neuronalen Netze, so Brooks, seien nicht vergleichbar mit der Leistungsfähigkeit und Effizienz des Gehirns, das sie nachahmen. Verbesserte Entwicklungen, um menschlicher Intelligenz wirklich näher zu kommen, seien auf tiefere Erkenntnisse aus der Hirnforschung angewiesen. Die Komplexität der realen Welt im Vergleich zu den Versuchsbedingungen in den wissenschaftlichen Papieren verhindere ebenfalls schnelle Fortschritte. Brooks beschreibt, wie schwierig es für ihn war, 2014 bei iRobot Haushaltsroboter zu bauen, die in Millionen von Wohnungen und Häusern auf der Welt funktionieren sollten. Die Ergebnisse wissenschaftlicher Arbeiten beziehen sich meist nur auf eine Handvoll Umgebungen, die als *Proof of Concept* dienten. (Brooks 2018).

Die Implementierung von KI-Anwendungen ist voller profaner Schwierigkeiten. Ein System, das zu einem bestimmten Zeitpunkt für seine Aufgabe trainiert ist und mit überwältigender Wahrscheinlichkeit die richtigen Ergebnisse für seine nächsten Schritte errechnet, erscheint intelligent. Der Weg dahin ist für die späteren Nutzer/-innen unsichtbar. Ich erinnere mich an die Implementierung eines einfachen Messenger Chatbots für das Recruiting bei T-Systems in 2017. Das System war sehr einfach. Wie die meisten dieser Art lieferte es vorkonfigurierte Antworten auf Schlüsselworte in vorab weitgehend geskripteten Dialogen. Aber auch diese einfachen Funktionen mussten entwickelt und erprobt werden. Dies geschah intern und ich hatte dazu eine Menge Kolleginnen und Kollegen aus dem HR-Bereich gebeten, mit dem Bot zu kommunizieren, um ihn besser trainieren zu können. In der ersten Woche bekam ich viele Mails von ihnen voller Zweifel, wie ‚erstaunlich dumm', oder ‚überraschend unfähig' der Bot sei und ob wir uns mit so einem Service nicht eher blamieren würden. Am Ende konnte der Bot, was von ihm verlangt wurde ganz gut. KI wird sichtbar, wenn sie ihre überlegenen Eigenschaften ausspielen kann und das ist auch normal und richtig. Autos, Elektrogeräte oder Möbel kaufen wir auch dann, wenn sie ausgereift und geprüft sind und meist nach Standards in Massen gefertigt wurden. Software ist tatsächlich eines der wenigen anorganischen Produkte, das manchmal immer noch ‚beim Kunden reift', was aber auch mit den schnellen Fortschritten der Technik zusammenhängt, die ständig Updates und Ergänzungen erfordern. Die Möglichkeit dieser instantanen Verbesserung von Produkten durch schnelle *over the air*-Updates ist komfortabel und nachhaltig. Der Autobauer Tesla zeigt mit zusätzlichen Leistungsmerkmalen, welches Potenzial Software-Updates bieten, um selbst nicht-digitale Produkte aktuell und wertvoll zu halten. Die Voraussetzung ist eine entsprechenden Online-Infrastruktur.

KI-Regulierung als Ultima Ratio
Perfekt erscheinende KI wird unterschiedlich wahrgenommen. Im Herbst 2020 befragt der Digitalverband Bitkom 1004 Personen ab 16 Jahren in Deutschland zu ihren Gedanken über künstliche Intelligenz. Würde sie die Menschen versklaven und die Weltherrschaft übernehmen oder sei sie evtl. völlig überschätzt? 20 % der Befragten glauben an die Übernahme der Weltherrschaft durch KI. Bei den über 65-jährigen sind es sogar 25 %, bei den 16- bis 29-jährigen nur 15 %. Im Schnitt denken 28 %, dass die großen Erwartungen an KI nicht erfüllt werden. Jüngere sind zuversichtlicher als Ältere (22 % ggü. 37 %). Auch in dieser Befragung zeigt sich großes Misstrauen: Insgesamt 47 % sind besorgt, dass KI von Unternehmen missbraucht werden könnte. 34 % sehen diese Gefahr durch den Staat. 46 % befürchten aufgrund des KI-Einsatzes die Entmündigung der Menschen durch Maschinen. (Bitkom 2020). Auffallend ist die Maßlosigkeit der negativen Konsequenzen in den pessimistischen Aussagen. Da geht es nicht um Ungleichheit, Zementierung von Vorurteilen oder Gefahr von Missbrauch, alles Dinge, die nachweisbar vorhanden und problematisch sind. Stattdessen geht es um die Versklavung oder Entmündigung der Menschheit, Massenarbeitslosigkeit, Übernahme der Weltherrschaft durch KI usw. Die völlig dystopischen Vorstellungen erwachsen aus dem Unwissen über die tatsächliche Funktionsweise der Technik, welches durch Science-Fiction Narrative kompensiert wird. Die milderen negativen Erwartungen entspringen der Erfahrung, dass KI bisher immer zur Maximierung der Vorteile und Vermögen derer führte, die sie einsetzen und die dabei nur beiläufig oder nach Ermahnung ethische Regeln explizit befolgten oder ernsthaft das Wohl der Allgemeinheit im Sinne hatten. Die sedierenden KI-Ethik-Botschaften der Digitalkonzerne und ihrer Lobby-

isten, im Sinne von Selbstverpflichtungen und marktwirtschaftlicher Selbstregulierung, erfüllen sich bisher nicht oder nur unmerklich.

> *„However, if we leave this issue to the marketplace, which prices efficiency, growth and cash flow (while tolerating a certain degree of errors), meddling humans will be instructed to stand clear of the machinery."* (O'Neil 2016, S. 155).

Eine der schwierigsten Aufgaben z. B. im Hinblick auf die Reduzierung von Bias in der KI bleibt vielleicht, diesen Nebel zu durchdringen und eine gesetzliche Regulierung zu schaffen. Die Haltung zu diesem Thema im Parlament ist unentschlossen: Im September 2018 hatte eine Enquete-Kommission des Deutschen Bundestages aus 19 Abgeordneten aller Fraktionen und weiteren 19 externen Sachverständigen ihre Arbeit zur Untersuchung der Chancen und Risiken künstlicher Intelligenz aufgenommen. Zwei Jahre später, im September 2020 hat sie ihre Ergebnisse vorgestellt. Wenige Zeilen hier können dem knapp 500-seitigen, sehr detaillierten Bericht nicht gerecht werden, aber insgesamt bleibt das Werk vergleichsweise folgenlos. Zu Beginn wird der obligatorische Anspruch einer ‚führenden Rolle in der Entwicklung und Anwendung' von KI für Deutschland und Europa formuliert, im gesamten Dokument werden aber auch fast 500-mal die Risiken des KI-Einsatzes angesprochen. (Deutscher Bundestag 2020, S. 28). Die Kommission fordert, den Menschen in den Mittelpunkt zu stellen und,

> *„(…) dass KI-Anwendungen vorrangig auf das Wohl und die Würde der Menschen ausgerichtet sein und einen gesellschaftlichen Nutzen bringen sollten. Dabei ist zu beachten, dass der Einsatz von KI-Systemen die Selbstbestimmung des Menschen als Handelnden und seine Entscheidungsfreiheiten wahrt und möglicherweise sogar stärkt. Die Enquete-Kommission ist zuversichtlich, dass mit dieser Prämisse das positive Potenzial von KI-Anwendungen ausgeschöpft und das Vertrauen der Anwenderinnen und Anwender bei der Verwendung von KI-Systemen am besten begründet und gestärkt werden kann."* (Ebd., S. 31).

Dabei ist konfliktär, dass KI-Systeme i. d. R. nicht gebaut werden, um menschliche Entscheidungsfreiheit zu wahren oder zu stärken. Sie errechnen Entscheidungen nach Modellen, denen eine programmierte, meist unsichtbare Intention zugrunde liegt. Der Weg der Entscheidungsfindung ist meistens nicht nachvollziehbar. Allerdings wird eine positive Prognose für die deutsche Wirtschaft gegeben:

> *„Dank des hohen ethischen Anspruchs und der Ausbildung von Schwerpunkten in der deutschen Forschungs- und Entwicklungslandschaft können deutsche Unternehmen ihre Position im Massenendkundengeschäft (z. B. in der Servicerobotik als absehbarem Zukunftsmarkt) wieder verbessern"* (Ebd., S. 105)

Gleichzeitig hält die Kommission in Bezug auf die ethische Bewertung fest:

„Ethik darf aber nicht als Argument gegen jeglichen technologischen Wandel ins Feld geführt werden, auch wenn die Gewöhnung an die neue Technologie schwerfallen mag. Der parallel mit dem technologischen Wandel einhergehende Wertewandel ist nicht per se schlecht, der Wertewandel gehört zur Entwicklung von Mensch und Gesellschaft. Aber Technikwandel und der damit verbundene Wertewandel brechen nicht über die Menschen herein, sondern sind Folgen des Überlegens und Handelns der Menschen. Die technische Entwicklung braucht daher unsere demokratische Gestaltung – und zwar auf der Basis einer moralischen Übereinkunft über gutes und gerechtes Leben für uns heute und für zukünftige Generationen." (Ebd., S. 79).

In der demokratischen Gestaltung setzt die Kommission auf Dialog und Konjunktive, was alles getan werden könnte. Am Ende geht es weniger darum, wie Gesetze zugunsten einer Garantie ethischer Mindestanforderungen an KI-Systeme aussehen könnten, sondern der Fokus liegt auf Eigenverantwortlichkeit und wie die Menschen befähigt werden müssten,

„(…) mit den gesellschaftlichen Umbrüchen (positiv wie negativ) infolge des Einsatzes von KI-Systemen umzugehen. Ein wichtiges Handlungsfeld ist die Förderung des Verständnisses und des Bewusstseins für KI-Systeme im Alltag sowie bezüglich der eigenen Kompetenz und des Wissens über deren Wirkungsmechanismen. So ist es beispielsweise nötig, angesichts KI-basierter Informations- und Medienräume die digitale Nachrichtenkompetenz der Bürgerinnen und Bürger zu stärken. Hierbei kann eine positive Aufklärungskampagne zu den Einsatzfeldern von KI-Technologien im Leben der Menschen ein Anreiz sein, sich aktiv mit dem Thema zu beschäftigen." (Ebd., S. 92).

Möglicherweise haben Sie es ganz allein, ohne eine positive Aufklärungskampagne erledigt, dieses Buch und sicher einiges mehr zu lesen und sich Know-how anzueignen. Unberechtigt ist der Wunsch der Kommission nach einer KI-bezogenen Nachrichtenkompetenz allerdings nicht. Im Rahmen des Wissenschaftsjahres 2019 zum Thema KI hat das Allensbach Institut eine Umfrage durchgeführt, in der die Deutschen ab 16 Jahren repräsentativ befragt wurden, welche die bekanntesten Science-Fiction Maschinen mit künstlicher Intelligenz seien. Auf den Plätzen Eins, Zwei und Drei landeten in dieser Reihenfolge mit 76 % der Terminator, mit 65 % R2-D2 und mit 59 % K.I.T.T., das sprechende Auto aus der der Serie Knight Rider. (Gesellschaft für Informatik 2019). Wie gelingt es wohl, KI als Technologie zu entmystifizieren und mit den gängigen Science-Fiction Fantasien zum Thema aufzuräumen und ein realistisches Bild der Möglichkeiten, aber auch der Risiken zu etablieren? Was muss geschehen, um nicht nur die Ethik-Interessierten, sondern alle, die an und mit KI arbeiten, dafür zu sensibilisieren, dass es keine

‚verantwortliche KI' oder ‚ethische KI' gibt, sondern Verantwortung und ethisches Handeln immer bei den Menschen, bei uns selbst, liegen? Wie etablieren wir die Erkenntnis, dass KI, wie alle anderen Technologien auch, immer voreingenommen ist, da sie von voreingenommenen Wesen gebaut wurde? Dabei geht es ggf. weniger darum, dass KI voreingenommen ist, als um die Notwendigkeit, zu verhindern, dass aus dieser Voreingenommenheit weiteres Unrecht erwächst. Alle bestehenden KI-Systeme reproduzieren die Gedanken, Meinungen und Überzeugungen derer, die sie beauftragen, entwickeln und einsetzen. In diesem Sinne gibt es keine guten oder schlechten Algorithmen, sondern die Verantwortung für gute oder schlechte Entscheidungen, die durch oder mithilfe von KI-Systemen gefällt werden. Diese Verantwortung liegt immer bei einem Menschen. Wenn also jetzt mehr und mehr Funktionen und Prozesse des alltäglichen Zusammenlebens durch KI-gestützte Systeme automatisiert werden, so entspricht das in gewisser Weise einer Automatisierung der Gesellschaft als solcher. Die Systeme dieser Automatisierung sind keine objektiven Apparate, sondern Machtinstrumente. Sie bedürfen einer Kontrolle.

Die Organisation AlgorithmWatch hat das in Bezug auf die zunehmend eingesetzten ADM-Systeme deutlich gemacht und weist auch in ihrem jährlichen ‚Automating Society Report' darauf hin und konstatiert darüber hinaus z. B. ein alarmierendes Ausmaß, mit dem automatisierte Gesichtserkennung innerhalb nur eines einzigen Jahres europaweit in Schulen, Stadien, Flughäfen und sogar in Kantinen eingesetzt werde. Trotz immer mehr Beweisen für die mangelnde Genauigkeit umschifften die Einsatzverantwortlichen einfach die Einwände und schafften Tatsachen, so die Kritik von Algorithm Watch. Auf diese Weise bestehe die Gefahr, dass permanente und zudem noch verdeckte Massenüberwachung eine neue Normalität werde. (Chiusi 2020). Besonders besorgniserregend aus der Sicht der Organisation sind in diesem Zusammenhang die Klagen vieler Forscher/-innen über den endemischen Mangel an digitalen Fähigkeiten und Kompetenzen im öffentlichen Sektor. Wie sollten Beamtinnen und Beamte für Transparenz zu Systemen sorgen, die sie nicht verstehen oder erklären können? Mangelnde digitale Kompetenz wird als bekanntes Problem großer Teile der Bevölkerung in Europa beschrieben. Bürgerinnen und Bürger sollen die Durchsetzung von Rechten fordern, von denen Sie nicht wissen, dass sie sie haben? Solche Kritik werde in Deutschland jedoch gerne als völlige Ablehnung von Innovation verstanden. Die Befürworter/-innen digitaler Rechte würden als ‚Neo-Ludditen' dargestellt. (Ebd.) Kritische Stimmen schnell zu diskreditieren ist ein destruktiver und leider nicht seltener Aspekt der deutschen Diskurskultur.

Ethics washing durch einen wachsenden Lobbying-Bereich der Wirtschaft und der Digital-Industrie wird in einem solchen Klima aus Unwissenheit und mangelnder Kritikfähigkeit zu einem realistischen Risiko. Algorithm Watch plädiert deswegen dafür, bestimmte Aktivitäten generell nicht zu automatisieren. Das betrifft z. B. soziale und gemeinnützige Projekte und Live-Gesichtserkennung im öffentlichen Raum. Diese Art von KI-Einsatz sei zu verbieten. Nur eine informierte, integrative und evidenzbasierte, demokratische Debatte, so Algorithm Watch, könne helfen, das Gleichgewicht zwischen den Vorteilen wie Geschwindigkeit, Effizienz, Fairness, besserer Prävention und Zugang zu öffentlichen Dienstleistungen und den Herausforderungen, die diese Systeme für die freiheitlichen Rechte der Gesellschaft von uns allen darstellen, zu balancieren. (Ebd.). In dem oben zitierten Spiegel-Experten-Interview sagt Prof. von Ditfurth zur Frage der Grenzen des Computer Einsatzes:

> *„DITFURTH: Ich sehe darin, ob dem Computer Grenzen gesetzt werden, weder ein technisches noch ein abstraktes ethisches Problem, es ist in erster Linie ein soziales Problem. Es wird in Zukunft oft zu entscheiden sein, wo man Computer zuläßt und wo nicht. Diese Entscheidungen werden sehr weit in das Verständnis vom Menschen reichen.*
> *SPIEGEL: Inwiefern?*
> *DITFURTH: Eine Gesellschaft, die vor dieser Frage steht, wird ihre Prioritäten, ihre Wertmaßstäbe, kurz: ihr Selbstverständnis mit einer Konsequenz und Rationalität durchdenken müssen, wie sie bisher in der Geschichte noch nie verlangt wurden. Eine gesellschaftliche Utopie oder auch Wahnidee -- denken Sie nur an den Nazismus -- würde sonst Folgen haben können, die vergangene Erfahrungen noch in den Schatten stellen."* (Harenberg 1979)

Die Debatte um die Abwägung des Für- und Wider bzw. der Grenzen des KI-Einsatzes legt frei, wie handlungsfähig die Gesellschaft wirtschaftlich und politisch in der Setzung ihrer Prioritäten, und wie stabil sie in ihren ethischen Wertmaßstäben ist.

KI-Anwendungen sind Entscheidungsmaschinen und oft werden viele dieser Maschinen miteinander verknüpft, um schwierigere Entscheidungen zu treffen und mit ihnen zusammenhängende Prozesse zu steuern. Diese Entwicklung befindet sich noch relativ am Anfang und es werden weit leistungsfähigere und komplexere Systeme entstehen als die heute erkennbaren. Der Traum einer allwissenden Superintelligenz ist vielleicht auch ein Traum von der vollständigen Abgabe von Verantwortung bei gleichzeitig großer Angst, dass die Entscheidungen, die unweigerlich automatisiert fallen würden, unangenehm für Einzelne, größere Gruppen oder sogar die gesamte Spezies sein könnten. Die KI-Enquete-Kommission bemerkt an dieser Stelle klar:

„Ethik ist im Feld KI wichtig, weil die Maschinen zwar immer mehr leisten können und in die Domänen des Menschen eindringen, dabei aber nicht gleichzeitig auch verantwortungsvoller werden – denn Verantwortung tragen kann nur ein Mensch. KI-Systeme können immer mehr, können selbst aber nicht Verantwortung tragen: Dieses Auseinanderdriften von (immer größer werdender) „Handlungsmacht" einerseits und (fehlender) Verantwortung andererseits stellt einen wichtigen Grund dar, mit dem Einsatz von KI-Systemen besonnen umzugehen." (Deutscher Bundestag 2020, S. 79).

Die ‚Handlungsmacht', von der hier Rede ist, existiert nicht nur dort, wo z. T. kritische Infrastrukturen wie Wasser, Energie oder Telekommunikation unter Einbeziehung algorithmischer Systeme gesteuert und überwacht werden oder z. B. in der Medienmacht durch meinungsbildende Kuratierung von Inhalten, sondern ganz profan bereits dort, wo Menschen eher einer Maschine als einem Menschen glauben. Dank Milliarden von zuverlässigen Maschinen ist das fast normal und es ist dann auch im übertragenen Sinn vielleicht eher ein Vertrauen in die Konstruktion der Maschinen. Entsprechend tauchen die Effekte auch im Umgang mit Sprachassistenten auf. In einer Studie zur Nutzung von Sprach-Bots ermittelte eine Marktforschung 2019 zunehmende Bereitschaft, den Empfehlungen dieser einfachen KIn zu vertrauen. In Deutschland würden 63 % der Befragten einer Maschine bei Produktempfehlungen vertrauen, während nur 46 % den Empfehlungen eines Verkäufers oder einer Verkäuferin vertrauen würden. Allerdings fürchtet jeder zweite Deutsche, dass die Sprachassistenten im Hintergrund ihre privaten Gespräche belauschen würden. Faszination und Grusel bleiben dicht beieinander, letzterer hindert aber insgesamt den Siegeszug von KI nicht sonderlich. (Capgemini Research Institute 2019).

In seiner letzten wöchentlichen Kolumne auf dem Nachrichtenportal VOX schreibt der amerikanische Tech-Journalist Walt Mossberg über die Entwicklung, die er 26 Jahre lang jede Woche kommentierte: Das Ziel des unsichtbaren, allgegenwärtigen Internets sei noch nicht erreicht, so Mossberg, solange der Zugang ausschließlich über Geräte wie Smartphones oder Smart Speaker möglich sei und solange immer noch spezielle Wörter benutzt werden müssten, statt einfach wie bei Star Trek überall und jederzeit im normalen Gespräch zugreifen zu können.

„Even now, if you look around a restaurant, you'll see smartphones on the tables, waiting to be used. Computers have gotten vastly easier to use, but they still demand attention and care, from charging batteries to knowing which apps to use and when to use them." (Mossberg 2017).

Die Zukunft sind unsichtbare, allgegenwärtige Systeme – ‚Ambient Computing', ‚Living Services' oder wie immer das Konzept einer solchen Schicht aus künstlicher Intelligenz, die über allem liegt, genannt werden wird. Die damit verbundenen Potenziale für innovative Produkte und personalisierte Dienste sind die kommerziellen Treiber des Fortschritts. Kehrseite der Medaille sind die ebenso verbundenen Risiken ungezügelter Datennutzung, bis hin zum möglichen kompletten Verlust der Privatsphäre bzw. ihrer Ausbeutung. Obwohl sich in den letzten Jahren Bundespolizeibehörden Zugang zu gesperrten, privaten Smartphones verschafft haben, Unternehmen, aber auch Krankenhäuser gehackt und erpresst wurden und Menschen gestorben sind, obwohl Hacker erfolgreich Uran-Anreicherungsanlagen, Öl-Pipelines und Stromnetze attackiert haben, bleiben die Risiken für die meisten Menschen nur theoretische Vorstellungen. Die Ereignisse erscheinen als Nachrichten aus anderen Teilen der Welt über spektakuläre Einzelfälle abseits des persönlichen Lebens, aber nicht wie etwas, was jemandem tatsächlich jetzt und hier passiert, oder? Dabei kann jede/r einfach die Phishing Mails zählen, die im privaten E-Mail-Postfach landen oder die Nachrichten über die täglich wachsende Anzahl von Menschen lesen, die persönlich Opfer von Cyber-Erpressung, Ransomware oder Identitätsdiebstahl im Netz wurden. Das wirklich Ausmaß dessen, was möglich ist, wenn Vernetzung und Automatisierung im bisherigen Tempo fortschreiten, bleibt für die meisten Bürgerinnen und Bürger ungeahnt und so verändert sich auch das Verhalten der meisten in puncto Sicherheit kaum. Auch Mossberg ist der Ansicht, dass strengere Sicherheits- und Datenschutzstandards und eine bindende Gesetzgebung die Lösung seien. Die Herausforderung dabei sei, angemessenen Schutz und trotzdem noch genügend Freiraum für Innovation zu gewährleisten. (Ebd).

Die Gegenposition zur Regulierung appelliert an die Vernunft und Verantwortung der einzelnen Nutzer/-innen. Diese sind mit ihren persönlichen Daten gegenüber Amazon, Google, Facebook & Co. sehr freigiebig, sobald es jedoch um staatliche Institutionen geht, entsteht großes Misstrauen und der Ruf nach Datenschutz. Hier gibt es ein offensichtliches Vertrauensproblem gegenüber dem Staat als Akteur im Cyber-Sicherheitsbereich, vermutlich u. a. auch aus historischen Gründen: Staatliche Gewalt und das staatliche Gewaltmonopol wurden in den vergangenen 100 Jahren in Deutschland fast beispiellos missbraucht. Was Nationalsozialismus im Deutschen Reich bis 1945 und SED-Parteidiktatur in Ostdeutschland bis 1989 angerichtet haben, sucht international seinesgleichen. Die Enthüllungen durch Edward Snowden zeigen, dass auch in der Gegenwart staatlicher Missbrauch passiert. Entsprechend erstaunt die Herablassung, mit der in Deutschland heute nach gerade einmal 30 Jahren im freiheitlichen Rechtsstaat über andere, sogenannte Unrechtsstaaten gesprochen wird. Dieser Teil der Geschichte spiegelt sich in dem Misstrauen der Öffentlichkeit gegenüber staatlicher Vereinnahmung auf allen Ebenen. Verbunden mit dem staatlichen Gewaltmonopol obliegt es der Regierung auch, die Bürger/-innen vor der Ausübung staatlicher Willkür zu schützen, z. B. private Daten vor staatlichem Zugriff zu schützen. Der Staat interessiert sich aber auch für Ihre Daten. Die freiheitlich konstituierten Staaten der Welt fragen z. B. zu unterschiedlichen Zwecken Daten bei Google ab. Die Bundesrepublik Deutschland liegt hier Anfang 2021 auf Platz Eins der Länder mit den meisten Abfragen pro Kopf der Bevölkerung, vor Frankreich, Großbritannien und den USA. (vpnmentor 2021). Digitale Service-Anbieter und Online Shops wissen im Zweifelsfall zwar alles Mögliche über ihre Kundinnen und Kunden, sie haben aber nicht das Recht oder die Macht, im Zweifelsfall morgens um halb fünf mit einem Sondereinsatzkommando die Wohnungstür einzutreten. In Deutschland gibt es noch immer Tausende von Menschen, die so etwas in den vergangenen knapp 90 Jahren als staatliche Willkür erleben mussten.

Wir entscheiden, was als Nächstes kommt
In Summe lassen sich die immer wieder auftauchenden Schaden- und Nutzenaspekte von künstlicher Intelligenz auf den Menschen zurückführen, der Urheber der Technik, ihres Wesens und der unterschiedlichsten direkten und indirekten Intentionen bei ihrem Einsatz ist. Erfolgreicher KI-Einsatz bedeutet wirtschaftliche und politische Macht. Darum ist mit der Fortsetzung und wahrscheinlich sogar Zuspitzung der bisherigen Entwicklung von KI zu rechnen. In einer Welt von Nationalstaaten ist KI ein geopolitischer Machtfaktor geworden. Je nach Betrachtungswinkel wird Deutschland gerne zur Gruppe führender KI-Nationen gerechnet, im wirtschaftlichen Vergleich zu den USA oder China ist der Abstand jedoch riesig. Der wirtschaftliche Betrachtungs- und Bewertungsschwerpunkt von KI, ihren Anwendungen und deren Konsequenzen ist systemimmanent. Er erscheint nicht ohne Weiteres veränderbar, ohne die Grundpfeiler der letztlich global geltenden marktwirtschaftlichen Werte zu verändern.

1964 spekulierte Hans Moravec über universell einsetzbare Roboter und die ‚Evolution postbiologischen Lebens' (Moravec 1996). In diese Richtung denken auch die Anhänger Kurzweils und Wissenschaftler wie Jürgen Schmidhuber. Deutlich vor dieser Science-Fiction-artigen Pseudo-Evolution der Menschheit erscheint eine komplexe gesellschaftliche Evolution wahrscheinlicher. Der kanadische Philosoph, Literaturwissenschaftler und Kommunikationstheoretiker Marshall McLuhan setzt sich im gleichen Jahr wie Moravec, 1964, mit der Frage nach der Funktion von Arbeit in der Zukunft auseinander:

> „In Zukunft besteht die Arbeit nicht mehr darin, seinen Lebensunterhalt zu verdienen, sondern darin, im Zeitalter der Automation leben zu lernen. Das ist ein ganz allgemeines Verhaltensmuster im Zeitalter der Elektrizität. Es beendet die alte Dichotomie von Kultur und Technik, von Kunst und Handel und von Arbeit und Freizeit. Während im mechanischenZeitalter der Fragmentierung Freizeit die Abwesenheit von Arbeit bedeutete oder bloßes Müßigsein, gilt im Zeitalter der Elektrizität gerade das Gegenteil. Wenn das Zeitalter der Information von uns den Einsatz aller Fähigkeiten gleichzeitig verlangt, entdecken wir, dass wir am stärksten das Gefühl empfinden, frei zu sein, wenn wir am intensivsten >dabei< also mit einbezogen sind, ähnlich wie es Künstler aller Zeiten waren." (McLuhan, 521).

Das ist anhand der gegenwärtigen Umstände und Fragestellungen, bspw. aus dem Bereich ‚New Work', eine deutlich moderner und relevanter erscheinende Position als davon auszugehen, dass in den kommenden Jahren Millionen technologisch und genetisch manipulierte Cyborgs die Erde bevölkern werden. McLuhan beweist auch hinsichtlich der grundsätzlichen Motivationen menschlichen Daseins Weitblick:

> „Merkwürdigerweise macht die Automation die Allgemeinbildung erforderlich. Das elektronische Zeitalter der Servomechanismen befreit die Menschen von der mechanischen und spezialisierten Routinearbeit des vergangenen Maschinenzeitalters. Wie die Maschine und das Auto die Pferde ablösten und sie dem Sport und Vergnügen zuführten, macht die Automation das mit den Menschen. Uns droht plötzlich eine Befreiung, die unsere inneren Kräfte der Selbstbeschäftigung und des schöpferischen Einsatzes in der Gemeinschaft mobilisiert." (McLuhan, 538).

Gegenwärtig bedeutet die Befreiung von der mechanischen und spezialisierten Routinearbeit in erster Linie Zeitgewinn, um andere Arbeit zu erledigen. Statt Freiheit greift ein Zwang, nach wie vor in einem wettbewerbsorientierten System seinen Lebensunterhalt verdienen zu müssen und sich nicht, wie McLuhan erträumte, in der Selbstbeschäftigung und dem schöpferischen Einsatz in der Gemeinschaft zu betätigen.

Die Faszination und zugleich die Schwierigkeit im Umgang mit künstlicher Intelligenz liegt darin, dass sie als Technologie im Kern elektronisch und mathematisch ist und damit weit entfernt von menschlichem Erleben. In der Architektur und Anwendung ist sie jedoch oft so nahe wie möglich am menschlichen Vorbild konstruiert und an der Art, wie wir die Welt wahrnehmen und erleben. Ihre Grenzen liegen im Bereich der Gedanken und Gefühle, der menschlichen Kreativität, des universalen Abstraktionsvermögens sowie in der einzigartigen und untrennbaren Kombination aus Körper und Geist und der im Geistigen verborgenen Kraft des Unbewussten. So bleibt KI eine clevere mathematische Erweiterung der rationalen, kognitiven Fähigkeiten des Menschen. Sie ergänzt uns in den Feldern, in denen wir evolutionär anders entwickelt sind als unsere effizienzgetriebene Zivilisation von uns verlangt. Hier liegt eine wesentliche Aufgabe der globalen Gesellschaft, nämlich, durch nachhaltiges Handeln die ausgleichenden Kreisläufe von Leben und Natur wiederherzustellen und damit das Überleben aller Spezies des Planeten zu sichern. Zu diesem Zweck haben die Vereinten Nationen im Sommer 2015 die ‚Agenda 2030 für nachhaltige Entwicklung' verabschiedet, deren Herzstück die 17 nachhaltigen Entwicklungsziele bzw. ‚Sustainable Development Goals' (SDGs) sind. (United Nations 2015). Dabei geht es um den dringenden Handlungsaufruf zu einer globalen Partnerschaft, um u. a. Hunger und Armut auf der Welt zu beenden, Gesundheit und Bildung zu verbessern, Ungleichheit zu reduzieren, Wachstum zu ermöglichen und gleichzeitig die Klimakrise zu bekämpfen und die Umwelt intakt zu erhalten. Im Juli 2020, fünf Jahre nach Beschluss der Ziele in New York durch 193 Mitgliedsstaaten, melden die Vereinten Nationen einen ernüchternden Status ihrer globalen nachhaltigen Entwicklungsziele. An der Klimafront ist der globale Ausstoß an Treibhausgasen gestiegen, so dass die Katastrophe deutlich schneller eintreten wird als erwartet. Dies behindert auch das Erreichen der Ziele bei der Bekämpfung von Armut und Hunger. Auch wenn es weniger Menschen gibt, die weltweit in extremer Armut leben, so werden es nach heutiger Prognose in 2030 doch immer noch sechs Prozent der Weltbevölkerung und damit etwa 420 Millionen Menschen sein. Umweltkatastrophen und nationale Konflikte spielen dabei eine große Rolle. Schockierend ist, dass mehr Menschen weltweit hungern als noch vor vier Jahren. Laut den Vereinten Nationen hat einer von neun Menschen nicht genug zu essen. Auch z. B. die Gleichstellung der Geschlechter kommt auf globaler Ebene zu langsam voran. Es muss bei allen wirtschaftlichen und technologischen Aktivitäten darum gehen, diese Felder ins Gleichgewicht (zurück-)zubringen. Digitalisierung und künstliche Intelligenz können dabei helfen,

- die notwendige Transparenz zu schaffen, um überhaupt zu erkennen, wo es wirksame Handlungsmöglichkeiten gibt,
- die Strategien und Pläne für eine Verbesserung der Umstände zu entwickeln, zu simulieren und zu testen,
- die Ressourcen und Fähigkeiten zu definieren und zu allokieren, die für eine rasche Umsetzung benötigt werden und
- dafür zu sorgen, dass die nachhaltigen Entwicklungsziele nicht nur erreicht, sondern auch nachhaltig gesichert und überwacht werden.

8 Wie es weitergeht

Die Vereinten Nationen sehen auch eine Reihe von Risiken durch die digitale Revolution, u. a. den Verlust von Arbeitsplätzen, zunehmende Ungleichheit und weitere Verlagerung des Reichtums von der Arbeit zum Kapital, niedrigere Realeinkommen bei neuen Jobs, Risiken der Cybersicherheit und für die Privatsphäre, die Gefahr von Manipulation, Sucht und Depression bei Nutzung sozialer Medien bis hin zur Bedrohung durch die Entwicklung autonomer Waffen. Die U.N. fragen weiter, ob die Digitalisierung als sich selbst entwickelnder Evolutionsprozess mit riesigen globalen Monopolen überhaupt sozial steuerbar sei. Auch die Vereinten Nationen befürchten die Entwicklung superintelligenter Maschinen, die ein Eigenleben entwickeln und Menschen gefährden könnten. (United Nations 2019, S. 118). Die daraus erwachsende Forderung nach Prinzipien der digitalen Transformation für eine nachhaltige Entwicklung umfasst KI-Vorschriften und Verhaltenskodizes, die ein ausgewogenes Verhältnis zwischen technologischem Fortschritt und dem Recht der Menschen auf Privatsphäre und Menschenwürde herstellen. (Ebd., S. 37).

Die unbestreitbar großartigen Möglichkeiten, die sich durch künstliche Intelligenz in nahezu allen Bereichen ergeben, lassen keinen Zweifel an der weiteren Entwicklung und Verbreitung der Technologie. Die vielen angeführten Beispiele unerwünschter Folgen von KI machen parallel ebenso deutlich, dass dauerhaft die Notwendigkeit von Regulierung und Kontrolle besteht. Der Einsatz von KI im Kontext der globalen Nachhaltigkeitsziele öffnet den Raum für eine breitere Auswahl von Anforderungen und Qualifikationen für diejenigen, die heute und in Zukunft KI-Systeme bauen und betreiben. Sie könnten für einen grundsätzlich anderen Umgang mit Technologie allgemein und mit KI im Besonderen stehen. Eine breite interdisziplinäre und explizit divers und humanistisch angelegte Ausbildung ist dafür wünschenswert:

> „Why should computer scientists read African-American poets? What does information science have to do with race-critical or feminist methods and metaphysics? The collective wisdom in those domains is one of the richest places from which to understand these core problems in information systems design: how to preserve the integrity of information without a priori standardization and its often attendant violence. In turn, if those lessons can be taken seriously within the emerging cyber world, there may yet be a chance to strengthen its democratically ethical aspects. It is easy to be ethnocentric in virtual space; more difficult to avoid stereotypes. The lessons of those who have lived with such stereotypes are important, perhaps now more than ever."
> (Bowker und Leigh Star 2000, S. 302).

Mehr Wissen über Minderheiten, über Diversität und Diskriminierung sowie über die Mechanismen und ideologischen Konstrukte dahinter, sind wichtige Qualifikationen für Entwickler/-innen von KI-Systemen. Diese Inhalte gehören in die Grundlagenkurse der Informatik-Studiengänge und sollten Pflichtfächer für Data Scientists, Data Analysts und Programmierer/-innen sein. John Donnes ‚No man is an island.' gilt für alle, überall. Menschen sind vernetzter denn je und in Bezug auf ihre Perspektiven für gute Zukünfte mehr denn je aufeinander angewiesen. Die weltweit vernetzten Systeme sind die ersten Indikatoren für jedwede Entwicklung. Nirgends werden schneller Konsequenzen sichtbar und Informationen ablesbar. Die Freiheit und Offenheit dieser Vernetzung ist deswegen ein Thema der Menschenrechte.

Die Idee künstlicher Intelligenz ist von Anfang an durch das menschliche Vorbild inspiriert. Der Appell oder die Forderung nach ‚menschenzentrierter KI' war in dieser Hinsicht schon immer erfüllt und dieser Weg wird bis heute weiter beschritten. Anfang März 2021 wird ein Projekt der University of Massachusetts zusammen mit Lockheed Martin von der DARPA ausgezeichnet: Das Forschungsteam versucht, ein *Machine Learning*-System zu designen, das Wissen über sich selbst und seine verwendeten Daten hat. Die ‚Modular Knowledgeable AI'(MOKA) bedeute einen großen Sprung in der Entwicklung künstlicher Intelligenz. Die Leiterin des Projektes, Hava Siegelmann beschreibt:

> *„Meta-cognition is the ability of the human mind to leverage knowledge about the self in relation to a given task. Our proposed MOKA system will incorporate knowledge about self, its inputs, and other components it may interface with, already starting at the neural architecture. This will lead to computing that is informed of itself and its environment."* (Goff 2021).

Vielleicht entsteht hier ein Äquivalent zu menschlichem Bewusstsein, doch auch das ist nur eine holzschnittartige maschinelle Annäherung an das menschliche Wesen, von Menschen erdacht für menschliche Zwecke.

Egal, was sie über Technologie, KI oder alles andere denken, wovon Sie bis hierhin gelesen haben. Ihre Gedanken, Ihr Geist und Ihr Körper sind die großartigsten Werkzeuge, die Sie je besitzen werden. Sie sind das Zuhause Ihres Bewusstseins, das über alle noch so perfekten Simulationen und technischen Errungenschaften weit hinausgeht.

Wie geht es also weiter? Daniel Dennett:

> *„(…) the ‚general' answer to the hard question, ‚And then what happens?' is ‚Almost anything can happen!' Our conscious minds are amazingly free-wheeling, open-ended, protean, untrammelled, unconstrained, variable, unpredictable, …. Omnirepresentational. Not only ‚can' we think about anything that ‚can' occur to us, and not only, ‚can' almost anything (anything ‚imaginable', anything ‚conceivable') occur to us, but once something has occurred to us, we can respond to it in an apparently*

unlimited variety of ways, and then respond to those responses in another vast variety of ways, and so forth, an expanding set of possibilities that outruns even the productivity of natural languages (words fail me)." (2018).

Als soziale, kreative Wesen erschaffen wir permanent neu. Also werden wir entscheiden und umsetzen, wie KI sich in das Leben integriert und was als Nächstes kommt.

Ja, ‚als Nächstes' – oder glauben Sie wirklich, KI sei die größte und letzte Erfindung der Menschheit?

Literatur

Bitkom. (2020). *Künstliche Intelligenz: Zwischen ‚Wird nicht funktionieren' und ‚Wird die Weltherrschaft übernehmen'* (22.10.2020). https://www.bitkom.org/Presse/Presseinformation/Kuenstliche-Intelligenz-Zwischen-Wird-nicht-funktionieren-und-Wird-die-Weltherrschaft-uebernehmen. Zugegriffen am 30.12.2020.

Bowker, G. C., & Leigh Star, S. (2000). *Sorting things out. Classification and its consequences.* Cambridge: MIT-Press.

Brooks, R. (2017).*[FoR&AI] The seven deadly sins of predicting the future of AI* (07.09.2017). https://rodneybrooks.com/the-seven-deadly-sins-of-predicting-the-future-of-ai/. Zugegriffen am 09.01.2021.

Brooks, R. (2018). *[FoR&AI] Steps toward super intelligence III, Hard things today* (15.07.2018). http://rodneybrooks.com/forai-steps-toward-super-intelligence-iii-hard-things-today/. Zugegriffen am 19.12.2020.

Capgemini Research Institute. (2019). *Smart talk: How organizations and consumers are embracing voice and chat assistants.* https://www.capgemini.com/de-de/wp-content/uploads/sites/5/2019/09/Conversational-Interfaces-Research_Report.pdf. Zugegriffen am 01.01.2021.

Chiusi, F. (2020). *Automating society report 2020: Life in the automated society: How automated decision-making systems became mainstream, and what to do about it.* https://automatingsociety.algorithmwatch.org/. Zugegriffen am 30.12.2020.

DARPA (2019). *Teaching AI systems to adapt to dynamic environments* (14.02.2019). https://www.darpa.mil/news-events/2019-02-14. Zugegriffen am 17.01.2021.

Dennett, D. C. (2018). Facing up to the hard question of consciousness (19.09.2018). *Phil. Trans. R. Soc, B 373.* https://doi.org/10.1098/rstb.2017.0342. Zugegriffen am 01.02.2021.

Deutscher Bundestag. (2020). Bericht der Enquete-Kommission Künstliche Intelligenz – Gesellschaftliche Verantwortung und wirtschaftliche, soziale und ökologische Potenziale (28.10.2020). Drucksache 19/23700. https://dip21.bundestag.de/dip21/btd/19/237/1923700.pdf. Zugegriffen am 02.01.2021.

Facebook. (2019). *Food for thought: AI researchers develop new way to reverse engineer recipes from photos* (16.12.2019). https://about.fb.com/news/2019/12/food-for-thought-ai-researchers-develop-new-way-to-reverse-engineer-recipes-from-photos/. Zugegriffen am 04.03.2021.

Gesellschaft für Informatik. (2019). *Allensbach-Umfrage: Terminator und R2-D2 die bekanntesten KIs in Deutschland* (25.06.2019). https://gi.de/meldung/allensbach-umfrage-terminator-und-r2-d2-die-bekanntesten-kis-in-deutschland/. Zugegriffen am 07.02.2021.

Goff, S. D. (2021). *University of Massachusetts awarded DITTO contract to improve AI* (04.03.2021). https://www.umass.edu/newsoffice/article/university-assachusetts-awarded-ditto. Zugegriffen am 10.05.2021.

Harenberg, W. (22. April 1979) Computer als Richter und Arzt? Gespräch mit von-Ditfurth, H., Hübner, R., Brunnstein, K., Schwenkel, F., Küderli, F., Soboll, H., Friedel, F. *DER SPIEGEL*. https://www.spiegel.de/spiegel/print/d-40352047.html. Zugegriffen am 03.01.2021.

Harris, M. (27. September 2017). God is a bot, and Anthony Levandowski is his messenger. *Wired*. https://www.wired.com/story/god-is-a-bot-and-anthony-levandowski-is-his-messenger/. Zugegriffen am 09.01.2021.

Hawking, S., Tegmark, M., Russel, S., & Wilczek, F. (19. April 2014) Transcending complacency on superintelligent machines. *The Huffington Post*. https://www.huffpost.com/entry/artificial-intelligence_b_5174265. Zugegriffen am 02.01.2021.

Marjaninejad, A., Urbina-Meléndez, D., Cohn, B. A., & Valero-Cuevas, F. J. (2019) Autonomous functional movements in a tendon-driven limb via limited experience (Authors' preprint). *arXiv*. https://arxiv.org/pdf/1810.08615.pdf. Zugegriffen am 02.01.2021.

Moravec, H. (27. März 1996) Die Evolution postbiologischen Lebens. *Telepolis*. https://www.heise.de/tp/features/Die-Evolution-postbiologischen-Lebens-3445847.html. Zugegriffen am 21.02.2021.

Mossberg, W. (2017). Mossberg: The disappearing computer (). *Vox*. https://www.vox.com/platform/amp/2017/5/25/15689094/mossberg-final-column. Zugegriffen am 02.01.2021.

O'Neil, C. (2016). *Weapons of math destruction*. London: Penguin.

Oberhaus, D. (01. November 2018). Researchers created an ‚AI physicist' that can derive the laws of physics in imaginary universes. *Vice*. https://www.vice.com/en/article/evwj9p/researchers-created-an-ai-physicist-that-can-derive-the-laws-of-physics-in-imaginary-universes. Zugegriffen am 09.01.2021.

Rosso, C. (20. Dezember 2018). Can an „AI Physicist" Outperform Einstein?. *Psychology Today*. https://www.psychologytoday.com/us/blog/the-future-brain/201812/can-ai-physicist-outperform-einstein. Zugegriffen am 09.01.2021.

United Nations. (2015). *Sustainable development. Make the SDGs a reality*. https://sdgs.un.org/. Zugegriffen am 13.01.2021.

United Nations. (2019). *Global sustainable development report 2019: The future is now – Science for achieving sustainable development* (S. 118). https://sustainabledevelopment.un.org/content/documents/24797GSDR_report_2019.pdf. Zugegriffen am 16.01.2021.

vpnmentor. (2021). *VPN use and data privacy stats for 2021* (04.02.2021). https://de.vpnmentor.com/blog/vpn-nutzung-und-datenschutz-statistiken-fuer/. Zugegriffen am 09.04.2021.

Wu, T., Tegmark, M. (04. September 2019). Toward an AI physicist for unsupervised learning. *arXiv*. https://arxiv.org/pdf/1810.10525.pdf. Zugegriffen am 07.01.2021.

9

Epilog – Europa reguliert KI

Zusammenfassung Im April 2021 legt die Europäische Kommission nach vielfältigen KI-bezogenen Maßnahmen einen Vorschlag zur risikobasierten Regulierung von künstlicher Intelligenz in der EU vor. Ziel ist, KI-Anwendungen mit unzumutbarem Risiko, wie z. B. staatliche, biometrische Überwachungs- und Social Scoring-Systeme, zu verbieten und für Anwendungen mit hohem Risiko, strenge Anwendungsregelungen vorzuschreiben. Dazu zählen z. B. die Steuerung kritischer Infrastrukturen oder der Zugang zu Berufsangeboten oder Krediten durch automatisierte Profile. Auch wenn das Gros der KI-Anwendungen in Europa als kaum riskant eingestuft und somit unreguliert bliebe, kommt viel Widerstand aus der Wirtschaft. Grund sind Befürchtungen, dass eine fachlich unkundige, bürokratische Überregulierung zum Hindernis für Innovationen und Investitionen wird und Europa im Rennen um technologische Führung im KI-Bereich als Schlusslicht hinter den USA und China zurückbleiben würde.

Auf echte Durchbrüche in Sachen AGI wird weiterhin gewartet, aber die Rezeption von KI in der Gesellschaft wandelt sich, auch wenn immer noch zu viele den Inhalten fern sind. Mit dem starken Wachstum der Digitalindustrie in den vergangenen Jahren sind die Themen der Besteuerung von Unternehmensgewinnen der amerikanischen Digitalkonzerne, aber auch der KI-Regulierung in die ersten Reihen der politischen Agenda gerutscht. In Fortsetzung der seit 2017/2018 laufenden Aktivitäten hinsichtlich KI-spezifischer Gesetzgebung in der EU, hat die Europäische Kommission Ende April 2021, kurz vor Abgabe des Manuskriptes für dieses Buch, einen Vorschlag für einen europäischen Rechtsrahmen für KI vorgelegt. Mit den Regeln soll sichergestellt werden, dass alle Europäerinnen und Europäer KI vertrauen können. Zuvor sind u. a. 2018 die europäische KI-Strategie und der erste Koordinierte Plan für KI als gemeinsame Handlungsverpflichtung mit den Mitgliedstaaten veröffentlicht worden. 2019 folgten die Leitlinien für vertrauenswürdige KI der hochrangigen Expertengruppe für künstliche Intelligenz und 2020 eine Bewertungsliste für vertrauenswürdige KI. Die EU hat sich in vielen Kontexten intensiv mit dem Thema beschäftigt. Der vorgelegte Ansatz strukturiert die Einsatzmöglichkeiten nach Risiken. Die Kommission äußert sich dazu bei der Veröffentlichung: „Europa soll das globale Zentrum für vertrauenswürdige künstliche Intelligenz (KI) werden." (Europäische Kommission 2021). Die Rede ist außerdem davon,

> *„(…) Europas Führungsposition bei der Entwicklung einer auf den Menschen ausgerichteten, nachhaltigen, sicheren, inklusiven und vertrauenswürdigen KI zu stärken. Europa soll das globale Zentrum für vertrauenswürdige künstliche Intelligenz (KI) werden." (Ebd.).*

Angesichts der in den USA und China bereits existierenden KI-Anwendungen, den dortigen Investitionsvolumina und den wirtschaftlichen und politischen Entwicklungen muss die Führungsposition Europas wohl noch etwas genauer definiert werden. Die EU-Wettbewerbskommissarin und Vize-Chefin der Kommission, Margrethe Vestager, erklärt:

> *„Bei künstlicher Intelligenz ist Vertrauen ein Muss und kein Beiwerk. Mit diesen wegweisenden Vorschriften steht die EU an vorderster Front bei der Entwicklung neuer weltweiter Normen, die sicherstellen sollen, dass KI vertrauenswürdig ist. (…) Mit der Schaffung der Standards können wir weltweit den Weg für ethische Technik ebnen und dafür sorgen, dass die EU hierbei wettbewerbsfähig bleibt. Unsere Vorschriften werden zukunftssicher und innovationsfreundlich sein und nur dort eingreifen, wo dies unbedingt notwendig ist, nämlich wenn die Sicherheit und die Grundrechte der EU-Bürger auf dem Spiel stehen". (Ebd.).*

Die Formulierungen ‚vertrauenswürdige KI' oder ‚ethische Technik' sind dabei unglücklich gewählt. Sie weisen in die falsche Richtung einer Wahrnehmung, die davon ablenkt, dass KI selbst keine Verantwortung übernehmen wird und kein vertrauenswürdiger Akteur sein kann. Personen und Organisationen sind vertrauenswürdig und verantwortlich oder eben nicht.

In einer Diskussionsrunde auf der Digitalkonferenz re:publica 2021 betonte Vestager die Bedeutung der Privatsphäre und erteilte biometrischen

Identifikationssystemen eine Absage. Auch die Auswertung der Daten solcher Systeme z. B. zur Bewertung persönlichen Verhaltens von Bürgerinnen und Bürgern sei nicht die Aufgabe des Staates: „Europa ist kein Kontinent der Massenüberwachung", sagte die Kommissarin. (Fanta 2021). Der Vorschlag eines risikobasierten Ansatzes sieht vor, KI-Anwendungen in solche mit hohem, niedrigem und minimalem Risiko einzuteilen und die Risikoklassen entsprechend zu regulieren. Zusätzlich gibt es so etwas wie eine ‚Blacklist': Anwendungen, die als ‚unannehmbare Risiken', „(…) als klare Bedrohung für die Sicherheit, die Lebensgrundlagen und die Rechte der Menschen gelten (…).". Sie sind verboten. Darunter fallen z. B. staatliche Social Scoring-Systeme oder KI, die systematisch menschliche Schwächen ausnutzt und Verhalten dahingehend manipuliert, den freien Willen von Nutzer/-innen zu umgehen, wie z. B. sprechendes Kinderspielzeug, das Minderjährige beeinflusst. Ein grundsätzliches Verbot trifft in diesem Zusammenhang auch die ausführlich besprochenen Gesichtserkennungssysteme, wenn sie als Echtzeit-Überwachung im öffentlichen Raum stattfinden. In der Vorlage heißen sie ‚biometrische Fernidentifizierungssysteme'. Sie werden als ‚hohes Risiko' eingestuft und dürfen nur unter strikt definierten Ausnahmebedingungen und mit expliziter Genehmigung einer Justizbehörde eingesetzt werden, z. B. zur Bekämpfung akuter Terrorgefahr, zur Suche nach vermissten Kindern oder um Täter schwerer Verbrechen zu identifizieren und zu verfolgen. Die Ausnahmen sind dann jeweils zeitlich und geographisch zu begrenzen.

Als ‚hohes Risiko' sieht die Vorlage außerdem KI-Systeme u. a. in den folgenden Bereichen an:

- kritische Infrastrukturen, durch die Leben und Gesundheit gefährdet werden können, z. B. im Verkehrswesen, in der Strom-, Wasser-, Nahrungsmittel- oder auch der medizinischen Versorgung
- Zugang zu Schul- oder Berufsausbildung und zu Bildungs- und Berufsangeboten oder auch die automatisierte Bewertung von Leistungen. Darunter fallen auch personal- und beschäftigungsbezogene Aufgaben, wie z. B. Screenings von Bewerbungen u. ä.
- Strafverfolgung, Beweismittelanalysen, rechtspflegerische Aufgaben und Verfahrensaufgaben, durch die Grundrechte berührt werden sowie hoheitliche Aufgaben in Bezug auf Migration, Asyl und Grenzkontrollen
- private und öffentliche Services mit wichtigen Bewertungsfunktionen wie z. B. Bonitätsanalyse für Kreditvergabe und KI-Komponenten, die die Sicherheit anderer Produkte oder Prozesse kontrollieren

Um diese Risiken in einem angemessenen Rahmen zu halten, sollen strenge Vorgaben erfüllt sein, wie z. B. die außerordentliche Robustheit, Sicherheit und Genauigkeit der Systeme; Transparenz i. S. der Rückverfolgbarkeit der Ergebnisse; hohe Datenqualität, um Bias zu reduzieren; eine ausführliche Dokumentation zu Zweck und Arbeitsweise des Systems zur Beurteilung der Rechtskonformität durch die Behörden und eine entsprechende Information für die Nutzer/-innen. Darüber hinaus sollen Systeme mit hohem Risiko unter angemessener menschlicher Aufsicht stehen. Bei Nichtbeachtung drohen hohe Strafen von bis zu sechs Prozent des Jahresumsatzes privater Unternehmen bzw. maximal 30 Millionen Euro.

Systeme mit geringem Risiko sind z. B. Chatbot-Anwendungen. Hier soll es in erster Linie um Transparenz gehen. Es kann z. B sein, dass wir unserer Bank oder Versicherung online Nachrichten schreiben und am anderen Ende ohne unser Wissen ein Bot antwortet. Solche Fälle und Anrufe, wie das Beispiel von Google Duplex, in dem die KI mit menschlichen Fülllauten wie „äh", „mmhm" usw. am Telefon einen Menschen vortäuscht, sollen verboten sein. Nutzer/-innen sollen im Klaren darüber sein, ob sie es mit einem Menschen oder einer Maschine zu tun haben und sollen frei entscheiden können, ob sie eine maschinelle Anwendung weiter nutzen möchten.

Unter KI-Anwendungen mit minimalem Risiko versteht die EU-Kommission z. B. Videospiele mit KI-Unterstützung, Spamfilter, automatische Bildsortierung, maschinell erstellte Persönlichkeitsprofile zur verbesserten Werbeausspielung usw. Die Masse der heutigen Anwendungen fällt in diese Kategorie. Da hier keine besonderen Bedrohungen von Bürgerrechten und Sicherheit bestehen, sind diese Systeme von der Regulierung nicht oder kaum betroffen.

Die Einhaltung der Vorschriften soll den zuständigen nationalen Marktüberwachungsbehörden obliegen. Vorher müssen die Regelungsvorschläge der Europäischen Kommission noch mit dem EU Parlament verhandelt und im Rahmen der Gesetzgebungsverfahren der EU-Mitgliedsstaaten ratifiziert werden. Dieser Vorgang wird noch einige Jahre dauern.

International traut sich die Europäische Union damit als Erste, ‚rote Linien' für KI zu formulieren. Die Hoffnung ist, damit wie bei der Datenschutz-Grundverordnung den globalen Standard zu setzen und Nachahmer zu finden. (Finke 2021). Das 108-seitige Dokument erntet auch viel Kritik. Den einen sind die Vorschläge zu restriktiv und innovationshemmend, die anderen halten sie für nicht weit genug gehend. Tatsächlich werden bspw. bei den Verboten der Live-Gesichtserkennung die privaten Nutzungen ausgeklammert. Bei den Verboten von manipulativen Systemen ist nicht eindeutig geklärt, wo die Grenze zwischen erlaubter und unerlaubter Einflussnahme liegt. Die Vermutung drängt sich auf, dass vage Formulierungen auch auf mangelnde Fachkompetenz zu den sich schnell verändernden technischen Sachverhalten zurückzuführen sind. Im Ergebnis würde auf Basis ungenauer gesetzlicher Formulierungen in Streitfällen anhand konkreter Sachverhalte von Gerichten entschieden werden müssen. Das ist ein für Behörden und wirtschaftliche Akteure ungewisser und mühsamer Prozess. Der Professor für IT-Recht, Martin Ebers, von der estnischen Universität Tartu kritisiert darüber hinaus das Fehlen von Betroffenenrechten und stellt die Binnenmarktkompetenz der EU für die Regelungen infrage. Er plädiert angesichts der Blacklist und der vorgesehenen Verbote für einen ‚Whitelist'-Ansatz, der aufführen sollte, was ausdrücklich erlaubt und förderungswürdig sei. Ebers plädiert dafür, die Ermöglichungsfunktion des Rechts bei der Schaffung eines KI-Rechtsrahmens mitzubedenken. (Ebers 2021, S. 3). Auf der anderen Seite des Atlantiks beschreibt die New York Times eine süffisante, amerikanische Sicht:

> „Europe is the global capital of tech backlash. (…) This week regulators sketched out limits on what are so far mostly hypothetical harms from artificial intelligence technology. Here are possible explanations for why Europe is so hard on tech companies: It might be scapegoating American giants for Europe's status as a technology backwater, and overreach of clueless government bureaucrats. But European authorities also repeatedly choose to risk making too many rules for technology rather than too few. The European approach might be visionary, or it might kill helpful innovation in the cradle. It is definitely a real-world laboratory of what technology might look like with far more guardrails." (Ovide 2021).

Die Haltung ist deutlich: Ein technologisch rückständiges Europa voller ahnungsloser Regierungsbürokraten riskiere, Innovationen schon in der Entstehung abzutöten und die Schäden, vor denen geschützt werden soll, seien bisher überwiegend hypothetisch.

Auch abseits zugespitzter journalistischer Beschreibung sehen Fachbeobachter/-innen in Europa einen Mangel an Investment bei gleichzeitiger Überregulierung von KI. Tatsächlich wurde in den USA, bei einer Bevölkerungszahl von ca. 331 Millionen gegenüber ca. 447 Millionen in der EU, im Jahr 2020 mit 23,6 Milliarden US-Dollar etwa 12-mal so viel in KI investiert, wie in der Europäischen Union. Setze die EU diesen Kurs fort, könne sie zwar die globale Führung bei KI-Regulierung erreichen, würde aber vermutlich innovative Unternehmen an KI-freundlichere Länder verlieren. (Minevich 2021).

Im globalen Rennen um KI-Überlegenheit scheint Europa keine führende Rolle zu spielen, sondern eher zurückzufallen. Im KI-Kontext ist oft nicht mal die Rede vom alten Kontinent. Der Wettbewerb um die Führung findet, wie von Kai-Fu Lee beschworen, zwischen den USA und China statt. Regulierung spielt dabei eine wichtige Rolle. Einem Bericht der Weltbank zufolge, kamen z. B. 2019 mit 38 % aller Compliance-Anfragen, mehr als dreimal so viele aus der Europäischen Union, wie aus Nordamerika (12 %). Einige Ökonomen sehen darin ein ‚geschäftsunfreundliches' Umfeld und für viele Unternehmen einen Grund, andere Standorte auswählen, um zu wachsen. (Leprince-Ringuet 2021). Die tatsächliche Entwicklung bleibt abzuwarten, denn auch in den USA gibt es die gleichen Kritikpunkte und z. B. bereits Kartellverfahren gegen die vier großen Digitalkonzerne Google, Apple, Facebook und Amazon. Ihnen wird in Dutzenden von Fällen vorgeworfen, ihre Marktmacht missbraucht zu haben und Wettbewerber aufzukaufen oder durch überzogene Nutzungsgebühren u. ä. zu benachteiligen. Ein kartellrechtlicher Justizausschuss im US-Repräsentantenhaus empfiehlt in einem abschließenden Untersuchungsbericht der Aktivitäten der Unternehmen aufzuteilen. So sollte die Macht der Konzerne eingeschränkt und Aufsicht unterstellt werden. Google z. B. sollte nicht über Tochterfirmen preistreibend an den eigenen Auktionen teilnehmen und Amazon sollte nicht als Wettbewerber für andere Händler auf dem eigenen Marktplatz agieren. Die Unternehmen sehen das naturgemäß anders, lehnen staatliche Eingriffe in den Markt ab und begreifen sich als normale Konkurrenz innerhalb verschiedener Branchen.

Bezogen auf die Debatte zur KI-Regulierung in Europa, sind die meisten KI-Anwendungen gemäß des EU-Vorschlags nur wenig oder minimal riskant und damit vom Rechtsakt gar nicht betroffen. Die Schlaglichter der Diskussion zeigen jedoch, dass sich die globale KI-Entwicklung in vielerlei Hinsicht an einem Scheideweg befindet. In der Wirtschaft ist die kommerzielle Bedeutung und Wissen um die Bias-Problematik angekommen, so dass mehr Anwendungen und ein bewussterer Umgang mit entsprechenden Daten und Modellen zu erwarten sind.

Das löst nicht alle Probleme, aber vielleicht hilft das Bewusstsein dabei, den Bias nicht nur aus den Daten zu entfernen, sondern aus der Welt.

Literatur

Ebers, M. (20. Mai 2021). Kontroverse KI-Verordnung. *NJW Neue Juristische Wochenschrift, 74*(21), 3. München: C.H. Beck.

Europäische Kommission. (2021). *Für vertrauenswürdige Künstliche Intelligenz: EU-Kommission legt weltweit ersten Rechtsrahmen vor* (21.04.2021). https://ec.europa.eu/germany/news/20210421-kuenstliche-intelligenz-eu_de. Zugegriffen am 27.04.2021.

Fanta, A. (2021) „Europa ist kein Kontinent der Massenüberwachung" (21.05.2021). *Netzpolitik.org*. https://netzpolitik.org/2021/eu-kommissarin-vestager-europa-ist-kein-kontinent-der-massenueberwachung/. Zugegriffen am 21.05.2021.

Finke, B. (21. April 2021). Was das neue KI-Gesetz der EU vorsieht. *Süddeutsche Zeitung*. https://www.sueddeutsche.de/wirtschaft/ki-ai-eu-gesichtserkennung-intelligenz-1.5271653. Zugegriffen am 22.04.2021.

Leprince-Ringuet, D. (21. April 2021). Europe wants to set tough rules for AI. Not everyone thinks it's a good idea. *ZDNet*. https://www.zdnet.com/article/europe-wants-to-set-the-rules-for-ai-not-everyone-thinks-its-going-to-work/. Zugegriffen am 24.04.2021.

Minevich, M. (15. Mai 2021). European AI needs strategic leadership, not overregulation. *Techcrunch*. https://techcrunch.com/2021/05/15/european-ai-needs-strategic-leadership-not-overregulation/. Zugegriffen am 17.05.2021.

Ovide, S. (22. April 2021). Why Europe is hard on big tech. *The New York Times*. https://www.nytimes.com/2021/04/22/technology/europe-tech-regulations.html. Zugegriffen am 27.04.2021.

Printed by Printforce, the Netherlands